天
Borderless
下

献给

在微芒中追寻法治

在焦灼中等待正义

的人们

第 3 版

行政诉讼法

何海波 著

法律出版社·北京

图书在版编目（CIP）数据

行政诉讼法 / 何海波著. -- 3版. -- 北京：法律出版社，2022（2025.4重印）
ISBN 978-7-5197-6372-5

Ⅰ. ①行… Ⅱ. ①何… Ⅲ. ①行政诉讼法－基本知识－中国 Ⅳ. ①D925.304

中国版本图书馆CIP数据核字（2022）第008642号

行政诉讼法（第3版）
XINGZHENG SUSONGFA(DI-3 BAN)

作　　者：何海波
责任编辑：黄倩倩
装帧设计：柏拉图　鲁　娟
出版发行：法律出版社
编辑统筹：学术·对外出版分社
责任校对：晁明慧
责任印制：胡晓雅　宋万春
经　　销：新华书店
开　　本：787毫米×1092毫米　1/16
印　　张：49.25
字　　数：1065千
版　　本：2022年2月第3版
印　　次：2025年4月第7次印刷
印　　刷：固安华明印业有限公司
书　　号：ISBN 978-7-5197-6372-5
定　　价：138.00元

销售电话：010-83938349　客服电话：010-83938350　咨询电话：010-63939796
地　　址：北京市丰台区莲花池西里7号(100073)
网　　址：www.lawpress.com.cn
投稿邮箱：info@lawpress.com.cn
举报盗版邮箱：jbwq@lawpress.com.cn
凡购买本社图书，如有印装错误，我社负责退换。电话：010-83938349

全书要目

江必新序

海波拿了本行政诉讼法的书稿，让我写个序。他说他想写一本与众不同的教材。我从事行政审判多年，也写过、编过一些论文和教材，见证和亲历了当代中国行政诉讼的发生、发展。所以，乐意为之。

粗略看了一下，这确实是一本不同凡响的行政诉讼法教材，从体系、内容到文字都独具一格，清新扑面。

在体系上，行政法与行政诉讼法在教材中如何融会贯通，始终是一个需要研究的问题。例如，行政行为的合法性，在行政法部分讲、在行政诉讼部分也讲，如何处理二者之关系委实颇费思虑。海波的《行政诉讼法》采用了全新的体系，从司法审查这个窗口透视整个行政法，把现有的行政法规范和理论做了体系化的整理。这样既避免了两者的重复，也抓住了行政诉讼制度的重点。其中对受理条件、审查标准和救济方式的阐述，更是对行政法和行政诉讼法理论体系的一个有益探索。

在内容上，多数教材重原理阐述而不重案例分析。时下案例教学的做法，往往是在核心教材之外编一本案例教程作为补充读物。海波的《行政诉讼法》援引了大量的法律条文和数百上千的案例，令人叹为观止。在他的书中，案例不但用来诠释法律，也用来说明问题。这些案例包含了中国行政诉讼实践的真实信息，并可能预示着行政法的未来。它们也提示人们，法官除了解决个案纠纷，同时还可能发现和宣示法律规则。

在语言上，多数教材的观点尽可能地用通说，文字力求平稳。海波的《行政诉讼法》，在严密的体系中流动着明快的文字，闪烁着作者对现实的洞察和对法治的情怀。书中还配有多幅图表，引人入胜。

"文章千古事，得失寸心知。"这本《行政诉讼法》记录了我们时代行政法治之进程，描述了中国行政法的规范体系，并探索了中国行政法未来之走向。它的出版，不仅是海波个人学术生涯中一件值得纪念的事，也应当是行政法学界的一件好事。它值得作为行政法实践者的案头书、研究者和学习者的参考书。

是为序。

江必新

2011 年 8 月 20 日

姜明安序

《中华人民共和国行政诉讼法》颁布施行以来，阐释这部法律、探讨相关制度的专著和教科书远不下百种了。在众多的专著和教科书中，海波教授的这本《行政诉讼法》（以下简称何著）具有以下鲜明的特色：

其一，何著特别注重将行政法的理论研究与行政诉讼法的制度探讨熔于一炉。通过研究行政诉讼法的外在条文阐释行政法的内在原理、原则，又通过阐释行政法的内在原理和原则解说行政诉讼法的具体制度内涵。这种研究方法将使读者双重受益：读者既能从实际具体制度中学习和把握理论，通过形象思维去理解抽象的原理、原则；又能从基本理论的高度去研究审视具体制度，通过逻辑思维去探索深植于具体制度之中的观念、精神。例如，在第二编“行政诉讼的受理条件”中，何著展开了对行政法上行政行为基础理论的探究，包括对行政行为范围、行政行为类型、行政行为形态，以及行政行为所涉“合法权益”的分析。在第三编“司法审查的标准”中，何著展开了对行政法上行政职权一般理论的探究，其中包括剖析行政职权性质、来源、内容、授权方式，以及行政机关的管辖权、不同行政行为的适用条件、行政机关违法处理行为的表现形式（如越权、明显不当、滥用职权、不作为等）。何著把行政职权、行政行为合法性、合理性标准的一般理论与行政诉讼司法审查的具体标准结合起来进行研究，显然有助于读者对此问题有更明晰、更深刻的理解。

其二，何著特别注重研究行政审判中的实际问题，寻求解决实际问题的对策。其著书立说完全是从读者的现实需要出发，努力提供对读者真正有用、能解决实际问题的知识和理论。例如，在第四编“司法救济的手段”中，何著研究了作为撤销判决的附随判决“责令重作”。考虑到读者（特别是法官读者）对这一判决的适用情形难于把握，何著即总结行政审判实践，归纳出适用“责令重作”的五种情形。又如，在研究针对行政不作为的“履行判决”时，何著考虑到读者（特别是法官读者）对这一判决如何作出难以把握，即总结行政审判实践，归纳出“履行判决”的三种判法以及各自的适用条件。何著这么用心地关注现实生活中的实际问题，为解决法律运作实践中出现的和可能出现的各种实际问题这么细致地寻求解决方案，而非就法理说法理，就法条论法条，这无疑会给读者（特别是法律实务界的读者)带来实实在在的益处。

其三,何著特别注重运用真实、鲜活的案例阐释抽象的法理和枯燥的法条。作者在自序中说,虽然中国不是一个判例法国家,但案例仍是对司法实践的最好诠释;一部没有案例的法律教科书,就像一本没有图画的儿童书,是不可爱和难以吸引读者的。基于这样的认识,何著的每篇每章对每一个法律原理、每一个法律制度、乃至每一个法律条文的阐释,几乎都以实际案例说明,使读者对相应法律原理、法律制度、法律条文有通透、明晰的理解。何著第一编即以讲述温州市农民包郑照诉苍南县政府一案的故事开篇。作者宣告“一个新的时代开始了”,从而吸引读者和他一道探索:这个“民告官”的新时代究竟是个什么样子的?民如何告官,官的哪些事可以告,法院怎么评判官的行为,告官的民能获得什么样的救济?等等。这样一个一个问题地展开,并以更多的案例、更多的故事告诉读者,行政诉讼法给予我们这些问题的答案是什么,法律为什么给予我们是这样而不是那样的答案。何著最后一编最后一章最后一节研究“非诉案件的强制执行”时,还引用了六个案例,分别阐释法院裁定不予执行或准予执行的情形、法院裁定不予执行后行政机关需要对有关事项进行处理的情形,以及法院应申请采取的强制执行措施违法造成损害后果的责任承担。

何著有此三大特色,实属难能可贵。值此再版之际,以此序向读者推荐。

姜明安

2016 年 1 月 28 日

第三版序

第三版是2018年开工的，断断续续写了三年时间。动手前，我曾问自己："你是否能比原来有实质性的进步？"现在我可以回答了："是的。"

改动之处，主要在三个方面：

一是更新了材料。继2014年《行政诉讼法》后，《政府信息公开条例》《行政处罚法》《民事诉讼法》先后修改，最高法院出台了几个重要司法解释。在此期间，各地法院公开了海量裁判文书，最高法院也裁判了众多案件，精彩案例让人目不暇接，书中案例自然吐故纳新。除了公开的司法统计数据，我通过自己建设的裁判文书数据库，尝试对220万份行政裁判文书进行大数据分析。上述法条、案例和数据一般截至2021年底。

二是充实了内容。增加了一章"诉讼程序概论"，涉及行政诉讼的任务、参与人和基本原则。节与小节有多处调整，受案范围、事实认定、判决方式几章做了较大改动，适格原告、行政协议、行政行为无效、规范性文件审查、协调处理、再审程序等问题也有了更多学习和思考。全书篇幅增加了近20万字，体系更趋合理。

三是改进了文字和图表。全书文字重新翻修，不少地方完全重写。图表做了调整和补充，力求直观和美观。附录索引做了完善，增加了行政诉讼法图书目录。

本书修改过程中，我有幸得到众多读者的帮助。王志、王凌光、施立栋、何晓琴几位博士给我提了很详细的修改意见。清华法学院的王敏、王姝、何源、胡璇、石依林、高一宁、谢智洁、李航舰等多位学生，在课堂内外给我提了大量的问题和意见，帮我查找许多案例，或者参与文稿校对；马超、何洪全、徐芃协助我整理和统计了裁判文书数据。法律界同行的著作，特别是蔡小雪、李广宇、梁凤云、陈裕琨、薛政、章剑生等编写的法律适用指南和司法案例汇编，为我的写作提供了不少便利。

本书第二版曾获首届应松年行政法学优秀著作奖和清华大学优秀教材奖。第三版的修订得到清华大学"本科教育教学改革项目"的支持。如果说这一版内容更充实、可读性更强，那是因为我花了更多时间，也得到了更多人的帮助。谢谢你们！

2021年12月31日

第二版序

在施行24年后,《行政诉讼法》不久前作了重大修改,配套的司法解释也已出台。过去几年里,各地法院产生了众多有新颖性和代表性的案例,最高法院发布了若干指导性案例。本书内容据此做了较大幅度的增删,数据做了更新,书中的文字也从头至尾翻修过一遍。全书的体系结构基本不变,但有部分章节做了调整。

原书出版后,学界朋友和读者给我提了不少意见,有鼓励的,有指正的,有建议的。老友何兵两次打来电话,给我提意见。浙江大学章剑生教授主持的《公法研究》专门组织了一次讨论,章志远教授和徐建博士对这本书做了深入解读和友善批评。这些意见对我订正或者修改原书起到了宝贵的指引作用。在《行政诉讼法》修改的过程中,我密切参与了相关讨论,并在清华大学法学院公法研究中心和耶鲁大学法学院中国法中心的合作下组织了一系列的讨论会。这些讨论大大增进了我对行政诉讼法的理解。书稿修订过程中,黄海华处长、梁凤云法官、李广宇庭长寄来了他们的新作,为相关问题的论述提供了参考。书稿完成后,清华大学研究生米粒、杨金晶和李贵超帮我做了校对,杨金晶和俞黎芳还帮我编制了索引。

本书旨在描述中国现行的行政法规则体系,较少阐述行政法学原理,基本不谈行政诉讼法的完善。对此,我曾在《法律教科书的另一种写法》一文中交代过我的想法。在《行政诉讼法》修改前夕,我和一些年轻学者共同起草了《理想的行政诉讼法:〈中华人民共和国行政诉讼法〉学者建议稿》,发表在《行政法学研究》上。那份建议稿就是以本书的体系为基础的,它代表了我们对一个良善、精致的行政法体系的憧憬。

2015年8月31日

第一版序

一

中国并不缺少法律教科书,缺少的是有个性的教科书。

多年前,当我读到英国学者韦德的《行政法》,我为它那清晰、翔实而带有激情的文字所陶醉。我发愿,自己日后也写一本教材,一本可以作为法官案头书和学者参考书的教材。

韦德的《行政法》出版时,有同行评论说,他的著作令人信服地证明英国确实存在一个行政法体系。对于中国来说,行政法作为一个独立的法律部门早有共识,需要证明的是:中国的行政管理已经形成一个大体可以预期的规则体系。这样一个规则体系不但需要从《行政诉讼法》和其他立法中得到证明,还需要从行政法的实践中得到证明。行政诉讼无疑是行政法实践中最讲道理、最富理性的一部分。手头的这本书,可以说是从行政诉讼这个窗口透视的行政法。这本书并不着重理论阐述,主要是对这个法制建设时代中国行政法图景的描绘。它展示了中国行政法治所取得的成就、所遇到的困境、所蕴含的希望。

本书的篇章结构并不采用《行政诉讼法》的章节体系。采用法典章节体系自然是一种省力的办法,但它可能遮蔽了太多的东西。在行政诉讼中,最重要的问题莫过于这么几个:法院可以审理哪些案件(受理条件),法院判断行政行为合法性的标准是什么(审查标准),法院能够给予当事人什么样的帮助(救济方式),以及各方当事人应当遵循的步骤(诉讼程序)。在目前的《行政诉讼法》中,对于第二、三个问题的回答主要是一个条文,即第54条;相应地,在主流的行政诉讼法教科书中,法院的审查标准和救济方式多半塞在某章某节下面的一个标题中,几页纸就打发了。我的书分5编,上面4个问题各占一编,另加总论。我相信,这种篇章结构更加简明,也能够更好地回应行政诉讼的现实问题。

不但如此,书中对各编内容的叙述也努力回应现实问题,并努力保持学术逻辑。例如,"受理条件"这一编分为三章,分别为受案范围,原告、被告和法院,复议前置、诉讼时效、重复起诉等其他起诉条件。其中的"受案范围"一章,除了概论,分别为行政行为的界限、行政行为的类型、行政行为的形态。而其中“行政行为的界限”,又分别讨论了行政机关和行政人员不同性质的行为、行政机关以外组织行使行政职权的行为、社会自治组织对其成员的管理行为。诸如此类的结构安排肯定不是完美的,却包含了作者对中国行政法问题的认识和对理论体系的归纳。《行政诉讼法》可能修改,具体的行政法律制度可能修改,这样的篇章结构却可以延续不动。

翻看这本书,读者可能会惊讶于书中密密匝匝的法条和案例。在中国这样一个制定法国家中,教科书大量援引法律条文自不待言,只是由于行政诉讼法的特殊性,所引的法律条文除了《行政诉讼法》,还有大量的实体性法律(包括司法解释和其他规范性文件)。虽然中国不是一个判例法国家,司法先例不具有法律拘束力(充其量也只有参考意义),但案例仍是对司法实践的最好诠释。即使是那些充满争议、尚无定论的案例,各地法院判法不一、甚至不了了之的案例,也能够透露司法实践的信息,并构成中国行政法图景的一部分。没有对行政法案例的广泛阅读,坐在书斋里引经据典的学者是无法想象实践中存在的形形色色的问题。而一部没有案例的法律教科书,在我看来就像一本没有图画的儿童书,不可爱。

读者还可能注意到,本书对行政诉讼法的叙述采取了一种观察者的视角。也就是说,我试图告诉人们,中国行政法是怎么样,而不是“应当怎么样”;法院对某个情况将会怎么处理,而不是“应当怎么处理”。那些裁判理由和结论可以商榷的案例也好,媒体报道的故事也好,还有对行政诉讼法实施状况的统计分析也好,都是这种视角的体现。虽然书中并没有严格贯彻这种视角,时不时地还夹杂一些评论和建议,但它是我努力保持的视角,相信也是本书一个特色。我这样做是因为我知道:读者不是傻瓜,从司法个案或者普遍实践中自然会形成自己的判断;作者并不高明,许多自以为合理的建议其实未必合理、自以为美好的设想未必能成为现实。在一个波澜万丈的社会转型时期,能够观察并记录法治进程本身就属于当代人的福分。在这里,我更乐意做一个叙述者,而不是呼吁者。

但是,一个观察者、叙述者并非没有自己的判断。在形形色色的案件中,某一个案件是中国法院的典型做法还是极端案例,什么样的案件代表法律共同体的普遍理解,什么样的案件预示中国法律发展的方向,都必须由作者做出判断和筛选。既然无法摆脱自己的判断,那我就声明自己的判断。在实际处理时,作者尽可能选择那些真实、权威而有代表性的案例。在一些情况下,作者只简单地陈述法院的态度。但凡作者强烈反对的,书中都会表明态度。在一个规则混沌、充满不确定的法律世界里,对法治和正义的追寻就是苍茫晨色中的启明星。

二

本书的写作历时两年,而作者学习行政法正好20个年头。它是作者学习和研究行政法的产物,也是多位前辈同道教授和激励的产物。

1991年,《行政诉讼法》刚刚实施,我还在浙江政法专科学校上大学。学校发来胡建淼教授主编的《行政诉讼法教程》(杭州大学出版社1990年版)作为下学期的教材。我用了两个通宵,读完那本还散发着墨香的新书。我读的第二本行政诉讼法著作,是姜明安教授的《行政诉讼法学》(再版后改名为《行政诉讼法》)。这是我考研的必读书,曾经烂熟于胸;它也是一本比较有个性的教科书,书中对《行政诉讼法》立法过程和立法背景的叙述,至今令我激动。叶必丰教授的《行政法与行政诉讼法》(高等教育出版社2007年版),在案例使用上做了大胆的探索,成为我借鉴的对象。还有几本司法实务风格较浓的书,如罗豪才教授主编的《中国司法审查制度》、江必新和梁凤云法官的《行政诉讼法理论与实务》、杨小军教授的《行政程序法实证研究》,也让我受益良多。

在大学时期,燕广、于绍元等老师对我思考行政法的问题勉励有加。进入北大后,先后从师于姜明安、罗豪才、应松年教授。他们亲历了《行政诉讼法》的制定并长期密切关注行政诉讼的实践。他们对行政诉讼法的深刻见解及言传身教,让我一生受益。马怀德、刘莘、杨小军、湛中乐、章剑生、朱新力、朱芒等多位学者对一些行政法问题的洞见,也让我深受启发。

除了自己曾经代理过的三五个行政诉讼案件,与法律实务的接触让我受益匪浅。在北大读书期间,正好赶上一期高级法官培训行政法班,我旁听了课程,并同宋龙凌、高若敏、李季、尹昌平等法官有过不少交谈,很受触动。读书期间还曾有一段时间在最高法院行政庭实习,受益于江必新、蔡小雪、甘文等法官的指导。读者也许能够感觉得出,本书的写作风格多多少少地受到司法实务的影响。

在本书酝酿和写作过程中,我的研究生张建江、赵小波、李燕等帮我查找了大量资料,清华法学院的多位同学在课堂上提出富有见地的意见或者质疑。余凌云、沈岿、杨伟东、李洪雷、黎宏、张建伟、梁凤云等多位前辈同道阅读了我的书稿,并参加了这本书稿的讨论会,给我提了许多修改意见,也给了我鼓励。章剑生教授收到书稿的电子版后,给我寄回了他的打印稿,上面的批注数以百计!

谢谢你们,谢谢!

三

声称"不足和错误在所难免",对于这样一本想有点创新的书来说,实在不

是一句客气话。除了尚未意识到的诸多不足和错误,我写作时也时时为几个问题所困扰:

援引案例能够提供直观、感性的认识和更多启发,但大量案例的铺陈也可能妨碍读者对叙述脉络的把握,甚至只见案例、不见原理;

篇章结构的标新立异可能使全书更加符合学理、更有内在逻辑,但也可能增加读者理解的困难,一时不知说的是哪里;

众多行政法规范的介绍为行政诉讼法提供了一个更加广阔的背景,但对于一些主要关心司法审查操作的读者来说,可能显得不着边际……

这些问题,阅读过书稿的前辈同道也曾给我指出过,但囿于时间和水平,一时还难以弥补。诚挚地欢迎读者对本书提出批评指正,或者为本书提供补充材料。意见和材料请寄 hehaibo@ tsinghua. edu. cn。

曾经考虑在书后做一个法律条文、司法案例、参考文献和关键词的索引,但碍于篇幅,还是算了。

2011 年 8 月 5 日夜,再版时有修改

凡例

一　当事人和机构名称

行政诉讼的原、被告，一民一官，很好识别。叙述上诉、申诉案件时，为避免不同称谓带来的混淆，一般不用"上诉人""被上诉人"等，仍称"原告""被告"。

国家机构有约定俗成的简称的，使用约定俗成的简称。例如，最高人民法院行政审判庭简称"最高法院行政庭"，全国人大常委会法制工作委员会简称"全国人大法工委"，国家工商行政管理总局简称"国家工商总局"。

二　引用法规

(一)略称

法律、法规、规章和规范性文件的名称，加书名号，名称中的"中华人民共和国"省略，其余一般不做略称。例如，《中华人民共和国海关法行政处罚实施细则》写"《海关法行政处罚实施细则》"，不写"海关处罚细则"。

以下5个名称冗长而又频繁出现的法律文件，使用缩略语：

(1)《贯彻意见》，即《最高人民法院关于贯彻执行〈中华人民共和国行政诉讼法〉若干问题的意见(试行)》，法行发〔1991〕19号；

(2)《若干解释》，即《最高人民法院关于执行〈中华人民共和国行政诉讼法〉若干问题的解释》，法释〔2000〕8号；

(3)《适用解释》，即《最高人民法院关于适用〈中华人民共和国行政诉讼法〉若干问题的解释》，法释〔2015〕9号；

(4)《行诉法解释》，即《最高人民法院关于适用〈中华人民共和国行政诉讼法〉的解释》，法释〔2018〕1号；

(5)《证据规则》，即《最高人民法院关于行政诉讼证据若干问题的规定》，法释〔2002〕21号。

(二)制定机关、年份和文件号

叙述法律、法规、规章，必要时在名称前后标明其制定机关和制定年份。例如,《税收征收管理法》(2001 年修正)、国务院 1999 年的《城市居民最低生活保障条例》。

引用法律、法规、规章以外的规范性文件,一般标明制定机关和文件号,文件号中的年份加六角括号“〔　〕”。例如,《最高人民法院关于规范上下级人民法院审判业务关系的若干意见》,法发〔2010〕61 号。

(三)法律文件的版本

内容经过修改的法律文件,除非另外说明,均引用现行有效的文本;相关条款的内容和序号相同的,一般引用最早的文本。例如,《行政诉讼法》制定于 1989 年,在 2014 年全面修改后,2017 年再次修改(第 25 条增加一款)。引用 1989 年的版本,称“1989 年的《行政诉讼法》”或者“《行政诉讼法》(1989 年)”;引用 2017 年修正的条款,标注“2017 年修正”;引用其他条文时,标注“2014 年修正”或者不标注年份。

引用已经失效的法律、法规、规章和其他规范性文件,如果从上下文看不出已经失效的,标明“已废止”或者“已失效”。

(四)条文序数

法规章节条款项目的序数改用阿拉伯字,法律文件名称中的条款序数除外。

(五)款项标示

全文引用法律条文时,一个条文的各个款、项之间不分段、不分行,款与款之间空两个字符。

三　引用案例

(一)案例名称

案例名称格式统一为“×××(原告)诉×××(被告)×××(案由)案”,案由可省略。上诉、申诉案件的名称也使用同样格式,一般不用“×××上诉(再审)案件”的说法。有的案例汇编与之不符,引用时也照此统一。

案例名称一般不加引号;使用广泛知晓的俗称时,加引号。例如,“夹江打假案”“处女嫖娼案”。

(二)案例引注

援引案例,原则上注引裁判文书信息;最高法院发布的指导案例,只注明指导案例序号和发布时间;《最高人民法院公报》上的案例,一般只援引公报内容,不再引用裁判文书。找不到裁判文书的,援引媒体报道。

(三)案例文号

裁判文书一般注明审判法院、文书名称和案号。审判法院用全名,案号中的年份加圆括号“(　)”,案号序数开头不写“0”。例如,北京市海淀区人民法院行政判决书,(2001)海行初字第63号(而不写“第0063号”)。

四　引述文献

直接引述他人文献,涉及机构、法规和案例名称的,原则上照旧。引文如遇法规名称和条款序数,按照第二条,统一用书名号和阿拉伯字。

规范性文件和学术文章标题中的机构名称、案例名称、法规名称及条文序数,一律从原文,不用简称,不改阿拉伯数字。例如,《最高人民法院关于如何执行〈最高人民法院关于执行中华人民共和国行政诉讼法若干问题的解释〉第四十二条的规定的请示的答复》,〔2002〕行他字第6号。

部分文献引自报纸电子版,无法查证版次,不再注明。

五　统计数据

有关行政诉讼的统计数据,分别来自官方统计、学者调研和我自己对公开裁判文书的大数据分析。没有另外说明的,均来源于最高法院相关部门,书中不再一一注明。官方数据大部分可见于《最高人民法院公报》《中国法律年鉴》《中国统计年鉴》《行政执法与行政审判》及法院网站。

六　引注体例

引注体例遵循通行的《法学引注手册》。

正文目录

第一编　行政诉讼制度概论

第二编 行政诉讼的受理条件

第三编 司法审查的标准

第四编 司法救济的手段

第五编 行政诉讼程序

附 录

第一编　行政诉讼制度概论

本编导论

1987年7月，温州市苍南县农民包郑照及其家人，因不服苍南县政府强行拆除其房屋的行为，向法院提起诉讼。原告称，他们于1985年在舥艚镇东面的河滩上建造三间楼房，建造前得到镇城建办的批准，建造后又到镇上办理了房屋产权登记。两年后，苍南县政府却以原告在海堤河道建房、影响防汛抗洪为由，下令其自行拆除"违章房屋"。原告认为在此地建房非他一家，而且自己还办了手续，因而拒绝拆除。苍南县政府调动70余名武警及县、区、镇干部300多人，采用爆破手段强行拆除了他家房屋。原告要求被告赔偿损失。

经过一番曲折，在省院领导的支持下，温州市中级法院受理了该案。1988年8月，温州中院在苍南电影院开庭审理，律师楼献等代理原告参加诉讼，苍南县县长黄德余代表被告出庭应诉，20余家新闻单位云集苍南。在该案二审过程中，中国政法大学研究生胡建淼也作为原告代理人，加入了诉讼。

温州中院判决认为，镇城建办无权批准在海堤河道上建房。原告违反规定毁堤填河建房，影响行洪排洪，所建房屋应予拆除。苍南县政府在多次教育无效的情况下，依据国务院《关于清除行洪蓄洪障碍保障防洪安全的紧急通知》，强行拆除原告违章建造的部分房屋，是合法的。原告的赔偿请求予以驳回。浙江省高级法院二审维持原判。[1]

包郑照诉苍南县人民政府强制拆除房屋案并不是中国第一起行政诉讼案件，却是当代中国法治进程中一个标志性的时刻。该案因系全国首例“农民告县长”，当时就在社会上引起强烈反响，多年后还被人铭记。虽然原告最终败诉，但它激发了“民可以告官”的意识，推动了正在进行的行政诉讼立法。公民与行政机关平等对簿公堂、共同接受法院裁判，构成了一幅官民关系的新图景，并预示着行政纠纷解决和行政管理的法治化。

一个新的时代开始了！一段新的征程开启了！

作为全书概论，本编阐述中国行政诉讼制度的三个基本问题：第一，行政诉讼制度的历程，即它在中国社会转型过程中因何而生、从何而去？第二，行政诉讼制度的功能，特别是它在建构行政法治秩序中的作用和局限在哪里？第三，行政诉讼制度的法律适用，即它在整个法律体系框架中所受的基本约束有哪些？

---

〔1〕 浙江省温州市中级人民法院民事判决书，(1988)民初字1号；浙江省高级人民法院民事判决书，(1988)浙法民上字7号。对此事件的详细叙述，参见黄传会：《中国的“挑战者”号：首例农民告县长案始末》，海潮出版社1990年版。

第一章　行政诉讼制度的历程

尽管中国古代曾有相当发达的行政监察制度,行政诉讼却是在现代化大潮下借鉴西方经验的结果。几经沉浮之后,行政诉讼制度在改革开放时代应运而生。然而,其实施困难重重,其未来仍有待观察。

第一节　外国行政诉讼的经验

在我们讨论中国行政诉讼的发展历程前,不妨简要地叙述西方国家的经验。这些经验最初被当作"舶来品",现在则已融入中国的法学理论,并成为中国法律制度的重要渊源。

大体上讲,西方国家的行政诉讼制度有大陆法和普通法两大传统,分别以法国和英国为开端。下面阐述行政诉讼制度在这两个国家的建立和发展。

一　法国式行政诉讼制度的确立

法国是世界范围内"行政法的母国",很早就建立了行政法院。法国的行政法院最初却是一种特殊的历史情境和分权理论——"行政不受司法干预"——的结果。[1]

法国大革命初期,代表旧势力的法官仍然把持着法院。他们利用手中的权力阻挠革命政府颁布的措施。而当时法国人普遍接受孟德斯鸠等人的分权学说,认为行政权和司法权应当各司其职,井水不犯河水。于是,1790 年 8 月,法国制宪会议通过法律,规定"司法权与行政权从此分立";法官不得以任何方式干预行政机关的活动,也不得因官员履行职务的行为而将其传唤,违者以渎职罪论处。从此,法院不能过问行政活动。

但行使权力总会有人受害,受害人总得有个说理的地方。1796 年,国民议会的一项法律规定,对行政行为不服的,应当向最高行政长官申诉。可是,行政长官根本就无暇顾及这类事情。1799 年,刚刚担任首席执政官的拿破仑授权一个叫"参事

---

〔1〕 关于法国行政诉讼制度的起源和发展,参见王名扬:《法国行政法》,中国政法大学出版社 1988 年版,第 10 章"行政诉讼";[英]L. 布朗、约翰·贝尔:《法国行政法》,高秦伟、王锴译,中国人民大学出版社 2006 年版,第 3 章"行政法院";[法]让·里韦罗、让·瓦利纳:《法国行政法》,鲁仁译,商务印书馆 2008 年版,第 3 卷第 2 编"对政府部门的司法监督"。

院”(*Conseil d'État*)的专家班子,帮他处理各类申诉,同时也对政府的法律草案和命令、规章提供咨询意见。尽管对申诉的处理决定须以首席执政官的名义作出,但首席执政官(以及后来的当政者)从善如流,对参事院草拟的处理决定几乎从不否决。由此,形成了行政法院发展历程中的一个重要惯例。1872 年,法国议会通过一项法律,授权参事院对申诉进行审查后以“法国人民”的名义直接作出决定。这就给了它独立的决定权,使它成为今天意义上的行政法院。

此后,行政法院的职能和机构不断扩充。1889 年的一项法律规定,当事人不服行政行为的,无须先经部长裁决,可直接向行政法院起诉。随着案件的增多,1953 年设立了地方行政法院,一般案件向地方行政法院起诉,参事院原则上只受理上诉案件。再往后,参事院审理上诉案件也忙不过来。于是,在 1987 年按大区设立了 5 个上诉行政法院。参事院作为最高行政法院,原则上只审理终审案件。

直到今天,法国的行政法院在法律上还是行政机关的一部分,受行政首长的领导。法国总理名义上兼任最高行政法院院长,行政法官是行政官员而不是法官,他们与行政部门在人员和业务上有广泛的交流。但实际上,最高行政法院副院长主持行政法院的工作,总理从不过问。在人事任命上,行政法官的任命有一套固定程序,连总理也不能随意任命或者撤换。在业务上,行政法院独立性很强,没有一个行政官员可以对它横加干预。这样,行政法院成为设在普通法院之外、专管行政纠纷解决的独立机构。

在长期工作中,行政法院自身形成了一套良好的程序,确立了许多重要的规则。行政法院审理案件的程序越来越司法化。对案件的处理也注重公正,绝不是一味袒护行政机关。它为公法领域创立了许多重要的法律原则和规则。行政法院处理行政争议非常尊重先例,从而在行政法领域里形成了判例制度。对于法国的大陆法传统来说,这无疑是一个独特的景观。有评论说:如果立法者大笔一挥,把法国的民法典取消,法国就没有民法了;把法国的刑法典取消,法国也没有刑法了;但如果把法国的行政法取消,法国的行政法仍然存在——那就是行政法院确立的原则和规则。确实,在过去的两个多世纪中,法国的政权频繁更迭、宪法多次废立,行政法院在一定程度上成为动荡不宁的法国社会的“压舱石”。

法国行政法院的成功经验为欧陆国家所纷纷效仿。德国在 19 世纪中期建立了普通法院以外单独的行政法院,连名义上都独立于行政机关了。日本在明治维新期间,也仿行法、德,创立了行政法院(“二战”后被取消)。在今天中国的澳门特区和台湾地区,也能看到行政法院的模式。

像所有国家的法律制度一样,法国的行政诉讼制度也面临公正与效率的双重压力,自身也在不断调适。在过去几十年内,行政案件快速增长(最近几年,案件总量超过 20 万件),审理周期漫长(2001 年,初审平均 10 个月,上诉 37 个月,最高 20 个月),案件严重积压。与之同时,法国最高行政法院承担的咨询职能、政府专员参与合议的程序,也引发人们对其公正性的质疑。为此,法国做了一系列改革,包括调整行政审判体制、剪裁普通行政审判程序、发展特别行政审判程序、探索替代性纠纷解决机制。但同时,法国的改革者牢牢守护“审理行政案件也是行政”的传统理念,保持了行政法院制度的基本特色。〔2〕

二　英国式司法审查制度的确立

英国的司法审查与欧陆迥然有别,但同样源于其独特的历史。对特权法院的恐惧阻碍了英格兰在普通法院之外生长出另一套法院系统。然而,在控制公共权力的探索中,英国还是诞生了行政法体系,并出现公法与私法的分野。〔3〕

自从11世纪诺曼人征服英格兰后,国王派遣法官赴各地巡回审理,由此形成了通行于整个王国的普通法,产生了稳定的法律职业群体。国王法院在与领主法院的竞争中占据了优势,又在控制王权的斗争中赢得了威望。在斯图亚特王朝期间,国王一度大量利用“星法院”去逮捕和审判臣民,打压异己。斯图亚特王朝倾覆以后,出于对特权法院的反感,英国人坚信:一个国家只能有一个法院,那就是普通法院;一个国家只能有一套法律,那就是普通法。原则上,任何纠纷都可以上普通法院获得最终解决,普通法院之外不应再有法院,普通法之外不应再有法律。

出于这种历史经验,英国学者一度斥责法国的行政法院是“保护行政专横”的工具,甚至不承认有什么行政法。后来,他们发现自己错了,法国的行政法院事实上能够很好地提供行政救济,而行政法在英国的发展也势不可当。但是,他们的传统已经牢固地形成,英国始终没有建立法国式的行政法院。尽管如此,高等法院的王座法庭(Queen's Bench Division,其前身为王座法院)对英格兰和威尔士境内的行政案件行使司法审查权,实际上成了一个行政法庭。

进入20世纪,随着政府职能的膨胀,行政纠纷急剧增加,英国法院解决行政纠纷的任务也日益繁重。英国议会先后颁布《王权诉讼法》(1947年)、《行政裁判所和调查法》(1958年)、《人权法》(1998年)和《裁判所、法院和执行法》(2007年),改进司法审查和相关的行政纠纷解决制度。〔4〕与欧陆国家一有行政纠纷就直奔行政法院不同,英国原则上要求先穷尽行政救济。由于行政裁判有效化解了绝大部分纠纷,最后进入司法审查的案件数量较少。与法国行政法院数以十万计的案件量形成鲜明反差,英国高等法院全年审理的行政案件只有几千件。但通过判例宣示法律的界碑,英国法院在捍卫法治、保护人权方面发挥了令人称羡的积极作用。

---

〔2〕陈天昊:《公正、效率与传统理念——21世纪法国行政诉讼的改革之路》,载《清华法学》2013年第4期。

〔3〕关于英国法院制度的起源和发展,参见[英]F. W. 梅特兰:《英格兰宪政史》,李红海译,中国政法大学出版社2010年版;于明:《司法治国:英国法庭的政治史(1154—1701)》,法律出版社2015年版。关于英国司法审查的更多介绍,参见王名扬:《英国行政法》,中国政法大学出版社1987年版;何海波:《司法审查的合法性基础:英国话题》,中国政法大学出版社2005年版;[英]威廉·韦德、克里斯托弗·福赛:《行政法》,骆梅英等译,中国人民大学出版社2018年版。

〔4〕关于英国行政裁判制度的晚近发展,参见郑磊、沈开举:《英国行政裁判所的最新改革及其启示》,载《行政法学研究》2009年第3期;王建新:《英国行政裁判所制度研究》,中国法制出版社2015年版。

由于大英帝国的影响力,英国的模式在美国和英联邦国家普遍采行。回归后的香港,仍然是普通法院模式的一个样本。

三　西方国家行政诉讼的发展

行政诉讼的具体制度是一国特定历史的产物,有很强的路径依赖。但是,无论哪种法律体系,不管什么法律传统,也不论具体名称,在面对化解行政纠纷的社会需要时,最后都必须实现公正解决的目标。行政权力必须受到制约、行政纠纷必须得到解决、行政损害应当得到救济,是不变的定律。一个独立于行政机关的法院构成行政救济制度的中流砥柱。在这一点上,英美和法德所代表的世界两大主要法律体系走了两条截然不同的道路,最后却殊途同归。

进入20世纪以后,特别是最近半个世纪以来,西方各国的行政诉讼面对一些共同的主题。一方面,政府的管制和服务职能空前扩大,各国步入"行政国家",行政机关对公民更加利害攸关。另一方面,由于行政事务日趋精细和复杂,立法机关把大量的权力(包括行政立法和行政司法)授予行政机关,其事先的立法根本不能胜任控制行政权力的需要。在此背景下,大约在20世纪六七十年代,行政诉讼这种事后救济迅速勃兴,在范围、力度和实际成效上都得到大大扩展和加强。

首先,在受理条件上,可诉行为的范围不断扩大,原告资格逐步放宽。各国相继修正了"国王特权""特别权力关系"等限制法院受理的理论和规定,把原先普遍视为内部管理的行为纳入法院的审查范围。行政机关行使立法性质的行为,也成为法院审查对象。一些社会组织行使公共职能的行为,也进入行政诉讼的范围。英美法上限制公民诉权的"特权"理论被放弃,政府为公民提供的福利不再被视为恩赐而是政府的义务。在环保等少数领域,法律承认一些与行政行为没有直接利害关系的公民和团体的起诉资格。

其次,在审查标准上,法院对被诉行为的合理性与合宪性审查都得到加强。法院在遵循议会制定法的同时,还创制大量有关行政行为合法性的原则和先例,如诚信原则、比例原则、信赖保护原则、正当程序原则。这些原则和先例构成了行政行为的基本准绳,也是行政诉讼制度的重要内容。为保障宪法这一最高准则的贯彻,一些国家还由普通法院或者特设的宪法法院对立法是否违宪进行审查。在欧洲国家,《欧洲人权公约》、欧盟法等超越传统主权国家立法的规则成为司法审查的重要依据。

最后,也许更为重要的是,行政诉讼制度获得了更加广泛的认可和更加牢固的确立。公民与政府的争议通过诉讼获得公正解决、公民遭受政府侵害获得救济,被认为是基本人权的一部分。由法院依照诉讼程序对行政行为进行审查和监督,被视为法治国家的基本内涵和良好行政的基本要素。

正是以前述西方各国的情况为参照,中国在20世纪进行了建立行政诉讼制度的探索,基本实现了行政监督和权利救济的现代转型。

第二节　中国行政监督的现代转型

对中国来说,行政诉讼制度的建立是过去一百多年现代化进程的一部分,是国家治理体系变革的一个环节。在社会转型跌宕起伏的背景下,它也经历了一段反复。在清末法制改革中,就曾试图建立行政诉讼,但未及实现;到了民国时期,两度建立行政诉讼制度,但相当简陋。在中华人民共和国成立以后,经历长时期的缺失,行政诉讼制度在改革开放和重建法制的过程中得以确立,绵延不断。

一　传统行政监督方式的衰亡

(一) 传统中国的治理方式

秦汉以来,农业经济、集权政治和儒家文化构成了中国社会的基本特征。为管理庞大的帝国,在中央层面,先后设有以"三公九卿""三省六部"或者"六部"为核心的机构,掌理政事。在各地,则由皇帝派遣官吏,分级治理。皇权与相权、中央与地方之间,形成了一种既互相依赖又互相制约的关系。[5] 以《唐六典》《明会典》《清会典》等为代表,中国古代行政管理(尤其是对机构和官吏的管理)高度法典化,在当时堪称完备,令人称羡。

以今天的眼光来看,中国古代管理臣民的法律内容广泛,涉及土地赋税、商工市场、河防水利、军防警卫、丧葬祭祀、服饰仪仗、教育、宗教寺院管理以及关于少数民族聚居区的管理。但在通常年代,行政事务相对简单,主要是征收皇粮国税。老百姓和官府的直接接触,主要是户婚田土、盗窃斗殴之类的民、刑诉讼(这也是按照当代的观念来理解的)。府台县令是统管一方的牧民之官,审断诉讼是其职责的一部分。通过自主灵活地掌握程序与规则,综合运用情、理、律,官府力求以最便捷有效、也最能为当事人接受的方式解决纠纷,从而维护地方社会的安定和谐。[6]

传统中国不存在现代意义的行政诉讼,但有流传久远、至今为人熟悉的"民告官"。[7] 这套制度是嵌合在整个监察体系中的。中央政府设立御史(汉唐后形成御史台,明清改都察院),专门纠劾百官过失,防止官吏作奸犯科。臣民对民、刑判决不

---

〔5〕 对这种关系的描述,可以参见[美]黄仁宇:《万历十五年》,中华书局1982年版(2007年增订); [美]孔飞力:《叫魂:1768年中国妖术大恐慌》,陈兼、刘昶译,上海三联书店1999年版。

〔6〕 里赞:《司法或政务:清代州县诉讼中的审判问题》,载《法学研究》2009年第5期。对于传统中国(尤其是清代)的治理方式,可以参见瞿同祖:《清代地方政府》,法律出版社2003年版; 那思陆:《清代州县衙门审判制度》,中国政法大学出版社2006年版; 里赞:《晚清州县诉讼中的审断问题》,法律出版社2010年版。

〔7〕 伍跃:《传统中国行政诉讼的一个场景:民告官》,载[日]夫马进编:《中国诉讼社会史研究》,范愉、赵晶等译,浙江大学出版社2019年版。

服，认为有重大冤屈的，可以向上控诉，直至达闻天听。[8] 由于法律对官员实行特殊保护，"不许擅自勾问"，[9] 老百姓与职官对簿公堂的情形是不可能出现的。发生在晚清的杨乃武、小白菜案，以今天的观念不算行政案件，但其中的故事——家属进京申诉、都察院过问、太后下旨、刑部重审以及随后对浙江官吏的整肃——是中国古代监督方式的一个缩影。[10]

总体来说，中国古代行政法与现代行政法存在明显的不同之处。首先，中国古代以农业经济立国，一家一户、自给自足的生产生活方式构成了社会的基础；相应地，行政职能比较简单。现代行政法诞生于工业社会，它所面对的诸多问题在古代并不存在或者并不突出，行政管理方式和过程也因此大为不同。其次，中国古代设官分职、各司其守，却不存在现代意义上的分权。行政、立法和司法的分立，在中国古代是找不到的；独立于行政系统的司法系统和司法审查，更是闻所未闻。最后，中国古代主要以礼教立国，强调仁政爱民，注重对官员的监察，却不是以保护臣民权利、追求法治为价值取向，也没有建立起保护臣民权利的制度化的纠纷解决机制。

（二）清末法律改革的构想

在与西方相撞后，古老的中华文明再也难以按原有的轨道运行，它面临着从经济方式、政治制度到文化观念的整体转型。初尝西方列强的船坚炮利，有识之士最初设想"师夷长技以制夷"，洋务运动由此而兴。当"天朝上邦"败于"蕞尔小岛"日本，朝野变法呼声日益高涨；到义和团运动酿成辛丑之祸，再施新政已成为清政府不得不为、迫在眉睫之举。同时，为了得到列强的认可，跻身文明开化国家行列，并收回领事裁判权，政府亟须进行全面的法律改革。

1901 年 8 月，经历了八国联军的国难之后，清廷发布上谕，申明"唯有变法自强，为国家安危之命脉，亦即中国生民之转机"，提出"择西法之善者……救中法之弊者"。1906 年 7 月，清廷宣布预备立宪，仿行西制，同时要求"将各项法律详慎厘订"。[11] 同年 9 月，总理大臣奕劻等人上奏《行政裁判院官制草案》。草案共 21 条，描绘了行政裁判院的权限、组成、受案范围、审判程序等行政诉讼制度的蓝图。奕劻等人的奏折声称，"按立宪国官制，立法、行政、司法三权并峙，各有专属，相辅而行"，而司法制度采用德国、奥地利和日本行政法院与普通法院分立的二元司法体制。

---

〔8〕［美］欧中坦：《千方百计上京城：清朝的京控》，谢鹏程译，载高道蕴、高鸿钧、贺卫方编：《美国学者论中国法律传统》，清华大学出版社 2004 年增订版；张晋藩：《中国监察法制史》，商务印书馆 2021 年版。

〔9〕《大清律·职官有犯》："凡在京在外大小官员，有犯公私罪名，所司开具事由，实封奏闻请旨，不许擅自勾问。"

〔10〕William P. Alford, *Of Arsenic and Old Laws: Looking Anew at Criminal Justice in Late Imperial China*, 72 California Law Review 1180 (1984)；浙江省政协文史委编：《余杭杨乃武与小白菜冤案》，浙江人民出版社 1993 年版；王策来：《杨乃武与小白菜案真情披露》，中国检察出版社 2002 年版。

〔11〕《宣示预备立宪先行厘定官制谕》，载故宫博物院明清档案部编：《清末筹备立宪档案史料》，中华书局 1979 年版，第 43～44 页。更详细的叙述，参见李刚：《大清帝国最后十年：清末新政始末》，当代中国出版社 2008 年版。

1911年,修订法律馆议定了《行政审判院编制法草案》,等待批准。但未及颁行,烽烟四起,大厦倾覆,行政诉讼制度亦成画饼。

二　中华民国时期的行政诉讼

贯穿民国,涉及行政诉讼制度的一个重大争议是采用一元司法体制还是二元司法体制。[12] 1913年的《中华民国宪法草案》(“天坛宪草”)第86条规定:“法院依法律,受理民事、刑事、行政及其他一切诉讼。但宪法及法律有特别规定者,不在此限。”1923年的《中华民国宪法》(“曹锟宪法”)第99条沿用该规定。这说明,立宪者一度考虑采用一元司法体制。但是,“天坛宪草”只是草案,而因贿选搞得臭名昭著的“曹锟宪法”也因曹锟迅即被黜而形同废纸。一元制的司法,在整个民国时期都没有实行。

(一) 民国初年的行政诉讼

中华民国刚刚诞生,宋教仁就提出裁撤都察院、设立行政审判院的设想。后来,行政审判院的名称为“平政院”所代替。《中华民国临时约法》第10条规定:“人民对于官吏违法损害权利之行为,有陈诉于平政院之权。”第49条规定:“法院依法律审判民事诉讼及刑事诉讼。但关于行政诉讼及其他特别诉讼,另以法律定之。”[13] 由于时局紧张,有关行政诉讼的法律一时还来不及制定,平政院还来不及设立。在此背景下,发生了称得上中国行政诉讼第一案的民国大学诉工商总长刘揆一案。

民国元年(1912年),袁世凯接受民国大学的呈请,同意将前清翰林院的房屋拨给民国大学使用。及至大学接收屋产时,发现其早已被工商部占用。交涉双方均不相让,民国大学遂将工商部告到京师地方审判厅。刘揆一是当时的工商部总长,因此成为被告。然而,刘揆一不以被告身份提交答辩状,代之以公函知照京师地方审判厅:早在民国大学申请之前,国务院已经同意将该地产交工商部使用;“此案原由行政处分而起,与私法上之契约关系绝对不同”,京师地方审判厅无权管辖。而原告代理人汪有龄则主张京师地方审判厅有管辖权:“当此行政裁判所未立之先,人民据约法,当然有诉讼于法院受其判审之权。不然即人民无所控诉,岂非约法上所载之权利横被剥削?”[14]

---

〔12〕 张生:《中国近代行政法院之沿革》,载《行政法学研究》2002年第4期;李启成:《清末民初关于设立行政裁判所的争议》,载《现代法学》2005年第5期。

〔13〕 “平政院”的名称为后来的《中华民国约法》(“袁记约法”)所沿用。《中华民国约法》第8条规定:“人民依法律所定,有请愿于行政官署及陈诉于平政院之权。”第43条规定:“国务卿、各部总长有违法行为时,受肃政厅之纠弹及平政院之审理。”

〔14〕 判决书见熊元翰等编:《京师地方审判厅法曹会判牍汇编》(第一集民事·下编),京师地方审判厅1914年版,第232~236页。转引自北京记忆网站,http://www.bjmem.com.cn/literatureView?id=15120380。时人报道和评论见黄远庸:《黄远生遗著》(卷二),商务印书馆1926年版,第240~243页;朱新谟:《论民国大学控告工商总长之判决案》,载上海经世文社辑:《民国经世文编》,北京图书馆出版社2006年版,第1988~1991页。

（二）北洋政府时期的行政诉讼

1914年3月，北洋政府以大总统令颁布了《平政院编制令》，并依令设立平政院。同年5月，颁布《行政诉讼条例》，不久即由参议院议定《行政诉讼法》。这是中国历史上最早施行的行政诉讼法。

依照上述法律，平政院直属于大总统，察理行政官吏违法及不正行为。平政院受理人民对于中央或者地方最高级行政官署违法处分之陈诉，或者人民对于中央或者地方行政官署违法处分经过诉愿后提起之陈诉，以及平政院肃政史对官吏提起的纠弹；但平政院不受理损害赔偿诉讼。平政院的裁决，对于与案件有关的事项具有拘束力。对于平政院的裁决不得请求再审。对于裁决撤销或者变更主管官署违法处分的，由平政院长呈请大总统批令主管官署行之。

平政院设3个审判庭，每庭置评事5人。庭长和评事由大总统根据院长呈请或者密荐任命。评事和肃政史非受刑罚之宣告或者惩戒之处分等法定原因，不得强令退职、转职和减俸。据不完全统计，平政院的历任评事八成以上出身传统科第（前清进士、举人），大约半数有留学背景（几乎都习法政），"称得上系一时之选"。[15]

自1914年成立到1928年撤销，平政院受理和裁判了数百（也许上千）个案件，涉及产权、水利、捐税、矿务、营业、征收、教育、人事等十余事项领域。其重大者，有法制局参事刘建诉国务总理无故免职案，撤销内务部长孙洪伊的决定还导致部长辞职。就今天来说，最著名的也许是周树人（鲁迅）诉教育部案。1925年8月，教育部长章士钊因鲁迅支持国立女子师范大学的学生运动，以"勾结学生、反抗部令"为由，免去其教育部佥事职务。鲁迅向平政院提起行政诉讼。次年3月，平政院判决撤销教育部的处分决定。其理由是：原告是否确有"反抗部令"情事，被告未能证明；纵使属实，涉及文官惩戒应由文官惩戒委员会议决处分，被告遽行呈请免职与现行法令规定程序不符。[16] 根据对录存的部分判决书的统计，平政院判决维持行政行为（行政处分）的约为54%，撤销的约为24%，变更的约为22%。[17] 作为中国历史上的第一个行政法院，平政院看来也不全是"聊备一格"之摆设，更不应简单地斥之为欺骗人民的道具。

---

〔15〕 黄源盛：《民初平政院判决书整编与初探》，载"台湾科学委员会"研究丛刊：《人文及社会科学》第10卷第4期（2000年），第501页。

〔16〕 黄源盛编：《平政院裁决录存》，台北，五南图书出版股份有限公司2007年版，第995页；毕洪海：《民国行政法的一段往事》，载《行政法论丛》第11卷，法律出版社2009年版。在诉讼过程中，章士钊于1925年底去职，新任教育总长取消了对鲁迅的免职处分。平政院作出判决后，教育部正式恢复鲁迅的职务。

〔17〕 黄源盛：《民初平政院判决书整编与初探》，载"台湾科学委员会"研究丛刊：《人文及社会科学》第10卷第4期（2000年），第508页；赵勇：《民国北京政府行政诉讼制度研究——基于平政院裁决书的分析》，中国政法大学出版社2017年版，第154页。

（三）南京政府时期的行政诉讼法

南京国民政府于1928年11月修订的《司法院组织法》规定，司法院由司法行政部、最高法院及行政法院组成，“行政法院依法律掌理行政诉讼审判案件”。1932年，国民政府又颁布了《行政诉讼法》和《行政法院组织法》。前者经过1937年、1942年两次修订，条文由最初的27条增加到30条。

国民政府的行政诉讼法大体上沿袭了北洋政府的制度，但也有一些改变。例如，平政院改名为行政法院，隶属于司法院，性质上为司法机关。在具体制度上，原告在提起行政诉讼时可以附带提起损害赔偿请求；当事人对于行政法院的判决可以向该院提起再审之诉；行政判决的执行，由行政法院呈交司法院，转呈国民政府训令行之。

在其存续期间，行政法院通常一年受理100余件行政诉讼。从1933年到1947年，总共审理行政案件712件，平均每年不到50件；在审结的案件中，全部驳回原告诉讼请求的占61%。[18] 相对于几亿人口的国家，行政法院的受理数量实在微不足道，它保护人民权利的职能也聊胜于无。在政治专制、社会动荡甚至兵荒马乱的年代中，行政法院的象征意义显然多于其实际的功能。

随着解放战争的进行，南京国民政府的法统被宣告废除，包括《行政诉讼法》在内的“六法全书”在中国大陆一扫而光。[19] 但在我国台湾地区，其经过多次修改，施行至今，行政诉讼制度也在20世纪80年代后蓬勃发展。

三　新中国行政诉讼制度的沉浮

中华人民共和国成立之初，也曾有过建立行政诉讼制度的设想。但在此后长达30多年的时间里，行政诉讼一直不见影踪。当代意义的行政诉讼制度仅仅是最近30多年的现象。沉浮起落的背后，是时代的变迁。

（一）新中国成立初期的行政诉讼

1949年9月的《中国人民政治协商会议共同纲领》第19条第2款规定：“人民和人民团体有权向人民监察机关或人民司法机关控告任何国家机关和任何公务人员的违法失职行为。”当时也有一些单行的法律、法规规定了行政诉讼性质的诉权。例如，1950年的《土地改革法》第31条规定，本人或其他人对于民主评定、区政府批准的阶级成分划定有不同意见，“得于批准后15日内向县人民法庭提出申诉，经县人民法庭判决执行”。1952年政务院《关于“五反”运动中成立人民法庭的规定》，工

---

〔18〕 江必新、梁凤云：《行政诉讼法理论与实务》（第3版），法律出版社2016年版，第146页。更多讨论，参见谢冬慧：《南京国民政府时期行政审判的实证分析》，载《行政法学研究》2015年第2期。

〔19〕 中共中央《关于废除国民党〈六法全书〉与确定解放区司法原则的指示》，1949年2月22日。

商户对于节约检查委员会关于守法户、基本守法户和半守法半违法户的审定和处理不服的，可以请求市人民法庭或者市县人民法院处理。1954 年的《输出输入商品检验暂行条例》和《海港管理暂行条例》，也有类似规定。

虽然法律赋予公民行政诉权，但实际上，即使不是没有也是罕有提起行政诉讼的。而设立行政案件专门审判庭的事一拖再拖，行政庭始终缺失。1949 年 12 月，中央人民政府委员会批准的《最高人民法院试行组织条例》设想，最高人民法院设民事、刑事和行政三个审判庭。但 1951 年 9 月中央人民政府委员会通过并公布的《人民法院暂行组织条例》没再提及行政审判庭，条例规定的法院职能限于审理刑、民案件。

尽管 1954 年《宪法》第 97 条继续肯定，公民对于任何违法失职的国家工作人员，有向各级国家机关提出控告的权利，但在实践中，法院除了审理行政违法构成犯罪的刑事案件，从不干预行政争议。1957 年"反右"之后，连监察机关和检察机关的监督职能也受到冲击。从此，行政纠纷均由党委、政府处理，与法院无关。"文化大革命"后，砸烂公、检、法，更遑论行政诉讼。1979 年的《人民法院组织法》干脆删去了设置行政审判庭的规定。

为什么新中国在长达 30 多年的时间里，没有建立起行政诉讼制度，甚至连宪法和法律承诺的行政诉讼也实行不了呢？姜明安教授曾经有精辟的分析，[20] 这里我再结合自己的理解，略述如下。首先，政治上的集权体制。这种体制以实现党的纲领为行动目标，以党的政策和领导的指示为依据。当整个国家以"赶英超美"、迅速实现现代化为奋斗目标，以阶级斗争、继续革命为行动纲领时，人权和分权被认为妨碍国家意志的贯彻，妨碍国人步调一致向前走。所以，人权必须让步、甚至抵制，国家机构之间的分权必须摒弃。其次，经济上与公有制相联系的计划体制。在计划经济体制下，公民附属于单位，单位附属于政府。人民都是"无产者"，在政府面前没有独立的主体身份和平等的法律地位，也没有很多需要维护的权益。最后，观念上的原因。中国传统社会就有"民不告官"的观念，而在社会主义的新时期，这种观念在新的思维方式下延续着。许多人认为，人民政府为人民服务、代表人民利益，人民应当热爱和拥护自己的政府，怎么还能去告政府呢？

（二）改革开放时代下行政诉讼的兴起

从中国的经验来看，赋予公民权利主体地位的经济结构，保障国家机构分工的政治体制，以及承认公民和政府平等的思想观念，是建立行政诉讼制度所必要的社会条件。在 20 世纪 80 年代，中国进行改革开放，政治、经济、观念开始转轨，行政诉讼制度也就应运而生了。

---

〔20〕 姜明安：《行政诉讼法学》，北京大学出版社 1993 年版，第 20～22 页；姜明安：《行政诉讼法》（第 3 版），北京大学出版社 2016 年版，第 47～51 页。

政治上,1978年中国共产党第十一届三中全会拨乱反正,提出保障人民民主、加强社会主义法制的口号。会议强调“有法可依、有法必依、执法必严、违法必究”,提出加强立法,检察机关和司法机关要保持应有的独立性。之后,又相继提出实行党政分开、改革政府工作机构、改革干部人事制度、完善社会主义民主政治、加强社会主义法制建设等政治体制改革的目标和任务。

经济上,农村人民公社彻底瓦解,生产队集体劳动改为“单干”(生产承包责任制)。国营、集体企业开展了以政企职责分开、扩大企业自主权为核心的改革。外资企业进入中国,个体、私营经济遍地开花。原有的单位体制开始分崩离析,国家与社会界限日渐清晰,公民在政府面前获得了独立的主体地位。内容模糊的政策和直接的指令不再适应国家治理的需要,政府在行政管理领域制定了越来越多的法律。

观念上,原先漠视人民权利的做法受到了批判。在知识界思想解放的声浪中,加强行政法制、建立行政诉讼成为法学界的强烈呼吁。[21] 从20世纪80年代初开始,就有一批法律规定,当事人对行政机关的行为不服可以向法院提起诉讼。1982年《宪法》第41条规定,“中华人民共和国公民……对于任何国家机关和国家工作人员的违法失职行为,有向有关国家机关提出申诉、控告或者检举的权利……”虽然没有证据显示制宪时有建立行政诉讼制度的明确意图,这条规定后来被一些学者抬出来,作为建立行政诉讼制度的根据。

在此背景下,建立行政诉讼制度适逢其时。1987年10月,中国共产党十三大报告明确提出,“要制定行政诉讼法”。不到两年时间,法律就出台了。

(三)转型还在进行中

《行政诉讼法》是改革开放的产物,它也为改变官民观念、改进行政执法、改善行政立法作出了巨大贡献。但是,由于中国社会的全面转型还在进行之中,行政诉讼的建立和实施难免遭遇夹缝中的困窘。

1983年制定《海上交通安全法》时,民可告官的想法就遇到了挑战。该法草案规定,当事人对海上交通主管部门的处罚不服的,可以向法院提起诉讼。交通部的负责人强烈反对。他们提出,海上交通管理部门在执法中头顶国徽、代表国家,把他们告上法庭就是把中华人民共和国告上法庭,有损国家尊严。经过彭真等立法机关领导的解释和劝说,这一条才确定下来。[22]

《行政诉讼法》颁行之初,许多行政人员对民告官难以理解,抵触情绪强烈。几

---

〔21〕 参见熊先觉:《论行政诉讼》,载《法学杂志》1983年第2期;张尚鷟:《我国行政法领域迫切需要解决的三大问题》,载《政治与法律》1984年第1期;朱维究:《试论我国的行政诉讼》,载《法学研究》1984年第4期;胡建淼:《谈谈我国的行政诉讼》,载《政治与法律》1985年第2期;龚祥瑞:《关于公民行政诉讼权的几个问题》,载《群言》1985年第9期。

〔22〕 赵蕾:《限制公权力滥用是30年立法的大思想:专访原全国人大法工委副主任张春生》,载《南方周末》2008年7月24日;《彭真传》第4卷,中央文献出版社2012年版,第1566~1567页。

百名大小官员给中央写信反对,质问“有了民告官,那我们还怎么开展工作?”广西桂林一个镇长说:“群众告镇长,这是孙子告爷爷。”有人说:“我们办的案子,还要法院认可,这是全国人大吃了饭没事干想出来的。”[23] 许多行政机关对行政诉讼百般阻挠,不愿“当被告”。有个行政案件开庭前,市长打电话把法院院长叫去,把传票扔给院长,让他拿回去。[24] 甚至,法律施行后,还有人指责《行政诉讼法》是“资产阶级自由化的产物”,要求取消。

《行政诉讼法》实施30年后,当初的抵触情绪有了很大减缓,行政机关也逐渐适应了当被告,取消行政诉讼制度的呼声更是销声匿迹。甚至,一向强调纪律和服从的军事机关也开始试行行政诉讼。[25] 尽管如此,行政诉讼的推行仍然困难重重。一些领导要求法院主动配合地方政府的“中心工作”,“不要给行政机关找麻烦”。法官们发现,他们“胳膊拧不过大腿”,很难承担、有时候根本无力承担“依法、独立、公正审判”的重任。一些当事人感叹,民告官路漫漫,起诉难、胜诉难、纠纷解决难。

《行政诉讼法》宣示了法治的理想,却无法单独支撑起法治的大厦。究其原因,行政诉讼制度镶嵌在中国社会之中,只是社会整体结构的一部分。它的根本性改观,有待社会转型的整体推进,特别是健全的市场经济的成长和民主的政治体制的建设。乐观地估计,这大约仍然需要一代人的时间。在这之前,借用唐德刚先生的话,我们都只是在穿越云谲波诡乃至惊涛骇浪的“历史三峡”。这是当代中国行政诉讼制度的宿命。

第三节　当代行政诉讼的建立和发展

1989年《行政诉讼法》标志着行政诉讼制度的全面建立。2014年,该法做了重大修改。这部法律的颁行对行政法治起到了巨大的推进作用,然而其实施始终没有摆脱艰难困顿的局面。

一　《行政诉讼法》的制定和修改

(一)《行政诉讼法》制定前的状况

严格说来,当代中国行政诉讼制度的建立并非肇始于《行政诉讼法》的颁行。早在20世纪80年代初,中国就有一批法律陆陆续续地规定了今天意义上的行政诉讼。为了适应对外开放,1980年制定的《中外合资经营企业所得税法》和1981年制定的《外国企业所得税法》分别规定,合营企业和外国企业同税务机关在纳税问题上

---

〔23〕 江必新、梁凤云:《行政诉讼法理论与实务》(第3版),法律出版社2016年版,第150页。
〔24〕 孙文鹰、黄献安:《行政案件异地审判,陈崇冠们先行一步》,载《人民法院报》2004年2月5日。
〔25〕 《军事行政诉讼试点启动》,载《解放军报》2017年7月3日,第1版。

发生争议,可以向法院提起诉讼。此后,1981 年的《经济合同法》、1982 年的《海洋环境保护法》、1986 年的《土地管理法》和《治安管理处罚条例》等一系列的法律,也作了类似规定。到《行政诉讼法》颁布时,规定可以向法院提起行政诉讼的法律、行政法规达到 130 多部。[26]

与行政诉讼制度相关的一部重要法律,是 1982 年制定的《民事诉讼法(试行)》。该法第 3 条第 2 款规定:"法律规定由人民法院审理的行政案件,适用本法规定。"这一规定虽然简陋,但为法院审理行政案件提供了重要的程序依据。此后,法院受理了一批行政诉讼案件,涉及商标、税务、森林、环境保护、食品卫生、药品管理、土地征用等几个领域。**汨罗县药材公司诉汨罗县卫生局行政处罚案**是较早的行政诉讼案件之一。法院认为,原告将保健食品饮料当作药品销售,违反《药品管理法》,被告认定其"销售假药"并予以处罚是适当的,故予维持。[27]

随着《治安管理处罚条例》和《土地管理法》的施行,行政案件大幅度上升。1987 年,全国一审行政案件从此前一年的 632 件跃升到 5240 件,其中治安行政处罚案件占 45%,土地行政处罚案件占 28%。截至 1989 年底,全国法院共受理一审行政案件 26,805 件,其中公安、土地各占 1/3 以上(其余依次为林业、城市规划、食品卫生、工商、税务、环保等管理领域)。从被诉行政行为类型上,绝大多数是行政处罚和行政裁决。

起初,法院还没有设立行政审判庭,行政案件由经济审判庭审理。1986 年 10 月,武汉市中级法院和湖南省汨罗县法院率先设立了行政审判庭。两年后,最高法院行政审判庭宣告成立。截至 1989 年初,虽然《行政诉讼法》还未颁布,39% 的基层法院已经设立了行政审判庭。到 1990 年底,《行政诉讼法》实施最初,行政审判庭已经普遍设立,行政审判人员达到 9723 人,平均每庭 3.2 人。[28]

在此期间,最高法院发布了多个司法文件,对行政诉讼的法律适用作了补充。这些司法文件以及司法实践中的做法,一定程度上影响了后来《行政诉讼法》的规定。行政诉讼"审被告"的观念,是那个时期形成的;法院审理行政案件不适用调解,也是那个时期确立的。[29]

(二)《行政诉讼法》的制定过程

1986 年,《民法通则》颁布后,在一次全国人大常委会法制工作委员会(法工委)召开的会议上,曾任新中国第一任政府法制局局长、时任全国人大法律委员会顾问的陶希晋,提出了制定"新六法"的主张:"我们废除了国民党的六法全书,但我们不

---

[26] 对相关法规的整理,可参见王万华:《新中国行政诉讼早期立法与制度——对 104 部法律、行政法规的分析》,载《行政法学研究》2017 年第 4 期。

[27] 汨罗县人民法院判决书,(1986)汨法经第 43 号。

[28] 江必新、梁凤云:《行政诉讼法理论与实务》(第 3 版),法律出版社 2016 年版,第 151 页。

[29] 《最高人民法院关于人民法院审理经济行政案件不应进行调解的通知》(已废止),1985 年 11 月 6 日。

能没有自己的法律体系。我觉得我们应当建立一个新六法。现在看来,民法、民事诉讼法、刑法、刑事诉讼法都有了,缺的就是行政法和行政诉讼法了。"时任全国人大常委会秘书长、法工委主任的王汉斌非常赞同。

《行政诉讼法》的初稿由"行政立法研究组"负责起草。这个研究组是在陶希晋的倡议下,于1986年成立,由行政法学者和来自法工委、法制局、法院等实务部门的专家共同组成。研究组共14人,组长江平,副组长罗豪才、应松年,其余成员有肖峋、高帆、费宗祎、朱维究、姜明安、张焕光、皮纯协等;龚祥瑞、张尚鷟、王名扬等被聘为顾问。研究组的主要任务就是为重大的行政立法提供"毛坯",即对我国需要制定的行政法应该包含的大致内容提出一个框架,作为一项建议提供给立法机关参考。1987年2月,行政立法研究组开始起草,1987年8月完成《行政诉讼法(试拟稿)》,提交全国人大法工委。

1988年10月,第七届全国人大常委会第四次会议审议了《行政诉讼法(草案)》。当年11月10日,根据常委会的决定,草案在《人民日报》全文刊登,广泛征求意见。法工委共收到中央和地方国家机关的意见130份,公民直接寄送法工委的意见300份。此后,法工委又召开了4次座谈会,征求部分省市人大、法院、检察院、国务院有关部门和法律专家的意见,对草案做了多处修改。中共中央政治局常委会也进行了两次专题研究。经过第七届全国人大常委会第六次会议审议,决定提请全国人大审议。1989年4月4日,第七届全国人大常委会二次会议通过了《行政诉讼法》,定于一年半后的1990年10月1日起施行。〔30〕

(三)《行政诉讼法》的修改

在颁布25年后,《行政诉讼法》做了重大修改。社会各方对行政诉讼制度实施中的问题反响强烈,对修改《行政诉讼法》寄予很高的期待。学界和实务界进行了大量调研和讨论,提出了各种修改建议。〔31〕

从2009年开始,《行政诉讼法》修改提上立法机关的议事日程。全国人大法工委在参考最高法院的修改意见和学者建议的基础上,起草了《行政诉讼法》修正草案。草案两次在网上公开,向全民征求意见。全国人大常委会对草案进行了三次审议,于2014年11月1日通过了《关于修改〈中华人民共和国行政诉讼法〉的决定》。

---

〔30〕 立法的过程,可参见何海波编:《行政法治奠基时:1989年〈行政诉讼法〉史料荟萃》,法律出版社2019年版。该书汇编了法律草案、讨论文章和部分亲历者的回忆。

〔31〕 参见马怀德主编:《司法改革与行政诉讼制度的完善:〈行政诉讼法〉修改建议稿及理由说明书》,中国政法大学出版社2004年版;江必新主编:《中国行政诉讼制度的完善——行政诉讼法修改问题实务研究》,法律出版社2005年版;胡建淼主编:《行政诉讼法修改研究——〈中华人民共和国行政诉讼法〉法条建议及理由》,浙江大学出版社2007年版;杨小君主编:《行政诉讼法问题研究与制度改革》,中国人民公安大学出版社2007年版;莫于川主编:《建设法治政府需要司法更给力:行政诉讼法修改问题研究及专家建议稿》,清华大学出版社2014年版;何海波等:《理想的行政诉讼法——〈中华人民共和国行政诉讼法〉学者建议稿》,载《行政法学研究》2014年第2期。

经过修改，条文从原来的75条增加到103条，其中改动45条、增加33条、删除5条，原文中只有25条没有改动。修改后的《行政诉讼法》，从2015年5月1日起施行。

这一次修改，着力解决行政诉讼中普遍存在、人民群众反映强烈的立案难、审理难、执行难等突出问题。[32] 法律改立案审查制为“立案登记制”，严词杜绝法院既不受理又不出具材料的做法。经过复议的案件，当事人起诉到法院的，复议机关一律当被告。法律强化行政机关的应诉义务和执行生效裁判文书的义务，强调行政机关负责人出庭要求。对“明显不当”的行政行为，法院可以撤销；行政程序轻微违法、不损害当事人合法权益的，法院应当确认其违法。这次修改没有根本性扩大行政诉讼的受案范围，没有明确法院对地方性法规的审查权力，也没有接受社会团体提起行政公益诉讼的建议。法律没有对行政审判体制作出根本性的调整，但为异地管辖、集中管辖、提级管辖等做法留了余地。[33] 在这次修改后不久，《行政诉讼法》于2017年再次修改，增加了检察机关提起行政公益诉讼的内容。

中国的行政诉讼，从此迎来了它的3.0时代。

二　行政诉讼制度的基本内容

1989年《行政诉讼法》确立了“民告官”的一系列基本制度，其中有些内容后来有所修改，但没有根本性的变化。与两大法系的通行做法相比，中国的行政诉讼制度富有自己的特色。

（一）“民告官”

《行政诉讼法》开宗明义，其立法宗旨是“保护公民、法人和其他组织的合法权益，监督行政机关依法行使职权”。其中第2条第1款规定：“公民、法人或者其他组织认为行政机关和行政机关工作人员的行政行为侵犯其合法权益，有权依照本法向人民法院提起诉讼。”由此，确立了中国行政诉讼“民告官”的基本含义。

“民告官”意味着行政诉讼主要审查行政行为的合法性，而不是行政相对人行为的合法性。行政机关对公民作出处罚，到了法院，不是问公民是否违法，而是问行政机关认定公民违法有没有证据、实施处罚有没有依据、是否符合程序、处罚是否适当，等等。法律原则上要求由被告对与其所作行政行为的合法性有关的事实根据和法律依据承担证明责任。如果被告不能证明其行为合法，法院就应当判决撤销该行政行为，或者确认其违法、无效。通俗地讲，行政审判主要是“审被告”。

---

〔32〕 信春鹰：《关于〈中华人民共和国行政诉讼法修正案（草案）〉的说明》，第十二届全国人大常委会第六次会议，2013年12月23日。更多资料，参见信春鹰主编：《中华人民共和国行政诉讼法释义》，法律出版社2014年版；全国人大常委会法制工作委员会行政法室编：《行政诉讼法立法背景与观点全集》，法律出版社2015年版。

〔33〕 对2014年修改的回顾，参见何海波：《一次修法能有多少进步？——2014年〈中华人民共和国行政诉讼法〉修改回顾》，载《清华大学学报（哲学社会科学版）》2018年第3期。

在《行政诉讼法》颁行前，一些地方曾经尝试通过行政机关对公民、法人提起行政诉讼来解决行政争议。[34] 这种模式在西方（尤其是普通法国家）是很常见的。但《行政诉讼法》规定的适用范围排除了“官告民”模式。行政机关在行使行政职权过程中与公民、法人或者其他组织发生争议，行政机关不再向法院提起诉讼。这一制度的前提是，中国的行政机关具有行政优先权，能够依法直接、单方面地对公民、法人或者其他组织作出具有法律约束力的决定。在当事人不履行行政决定所确立的义务、法律又没有赋予行政机关强制执行权的情况下，行政机关可以向法院申请强制执行。尽管如此，“官告民”的个案在司法实践中仍零星出现，确立“官告民”制度的讨论也时有所见。

《行政诉讼法》也排除了“官告官”模式。国家机关在行使职权过程中发生的争议，不能诉诸法院解决。[35] 这主要是因为法院在政治体制中的地位，不足以承担解决国家机构之间职能划分的重大职责。排除“官告官”的一个例外是，如果行政机关在行使职权过程中对其他行政机关作出类似于公民、法人或者其他组织的处理决定，后者作为行政管理的相对人，可以依法提起行政诉讼。2017 年《行政诉讼法》修改后，检察机关可以就特定领域的事项，对行政机关提起公益诉讼。这是排除“官告官”的另一个例外。

（二）普通法院内部的行政庭

在行政诉讼立法过程中，对于审判组织是由普通法院承担还是在普通法院之外设立行政法院、行政法院是设立在行政系统内部还是行政系统之外，有很大的争议。即使到今天，设立行政法院的呼声也没有消失。

1989 年《行政诉讼法》第 3 条（今第 4 条）规定：“人民法院依法对行政案件独立行使审判权……人民法院设行政审判庭，审理行政案件。”这是一种折中模式。一方面，它否定了设立单独的行政法院的提议和在行政系统内部解决行政争议的主张，把审判权交给普通法院。另一方面，它在普通法院内部设立专门的行政审判庭，审理行政案件。在实践中，专门法院、基层法院所属的人民法庭不审理行政诉讼案件，也不审查和执行行政机关申请执行其行政行为的案件。[36] 虽然这只是法院内部审判职能的分工，但与民事、刑事诉讼相比，行政审判业务的归属更加明确。

由于在《行政诉讼法》制定前，多部法律规定由法院审理行政纠纷，各地法院也

---

〔34〕 深圳市蛇口区环境监测站诉香港凯达企业有限公司环境污染案，载《最高人民法院公报》1985 年第 3 期。

〔35〕 1998 年 6 月，河南省商丘市烟草专卖局以商丘市夏邑县检察院无准运证运输烟叶为由，暂扣了检察院查扣且在运输途中的一车烟叶。夏邑县检察院向商丘市梁园区法院提起行政诉讼。法院受理并开庭审理了此案，但最后没有作出判决。相关讨论参见魏慧梅：《烟草专卖机关能否扣押检察机关已扣押的烟叶》，载《法律适用》1999 年第 1 期。

〔36〕 2000 年《若干解释》，第 6 条；2018 年《行诉法解释》，第 3 条。司法改革过程中，新设立的知识产权法院、互联网法院、金融法院和从铁道部新接收的铁路运输法院，构成越来越多的例外。

已纷纷设立行政庭,《行政诉讼法》的规定不过是对立法时已经形成的“人民法院行政庭”模式的确认。这种模式也比较符合中国当时的情况。从事行政审判的机关设在行政系统以外,对行政系统具有较大的独立性和中立性。[37] 同时,由专门设立的法庭来审理行政案件,也有利于法官积累行政审判经验,提高其专业性。更重要的是,行政诉讼对行政行为的审查采取了诉讼程序的模式,理论上有助于保障诉讼的公开、公平和公正。行政诉讼这种在行政系统以外解决行政纠纷的制度,也催生了行政系统内部的复议制度。两者在功能上互相补充,共同构成行政纠纷的解决机制。

在行政诉讼制度刚刚推行、行政诉讼案件数量不多的情况下,行政庭设到每一个区县法院,也带来了案件管辖过于分散、基层法院难以抗拒干扰的问题。这个问题一直延续到今天。

(三) 有限的司法审查权

鉴于行政诉讼在中国还处于起步阶段,1989 年《行政诉讼法》授予司法审查的权力还是相当有限的。

首先,法院的受案范围以法律规定为限。比较突出的是,行政机关对公务员的管理行为、行政机关所作的具有普遍约束力的行为,都被排除出受案范围。

其次,法院的审查基准比较有限。法院把行政法规和地方性法规都奉为“依据”,更别谈对法律的合宪性审查。对行政机关的裁量行为,法院也只有在其“滥用职权”“显失公正”等有限情况下,才可以干预。

最后,法院的救济手段比较有限。行政决定违法的,法院只能撤销而不能变更,除非行政处罚显失公正。对于与行政裁决、行政确认相关的民事争议,法院在行政诉讼中也不能裁判(后来最高法院才规定可以一并审理)。

这些规定在以后的司法审查实践中产生了诸多问题,这些问题留待后面章节详细阐述。

三　行政诉讼制度的初步成效

《行政诉讼法》的成效是多方面的。下面分别从它解决行政纠纷、推动行政法治和促进法学研究三个方面来阐述。

(一)《行政诉讼法》对纠纷解决的贡献

相对于原先的体制,行政诉讼制度的创设改变了行政争议的解决方式:当事人不再总是向“上级”寻求救济,而是向一个独立于行政系统的机构起诉。同时,它也

---

〔37〕《最高人民法院关于进一步加强行政审判工作的通知》(法〔2004〕33 号)要求,“务必时刻注意维护行政审判的中立性和独立性,遇有当地要求与有关部门‘合署办公’、‘联合执法’等现象,要积极向有关方面做好说服工作”。

或多或少地改变了当事人与行政机关的博弈方式:行政系统的领导们不再为某些争议劳神,同时他们也无权对这些争议说了算。这也许是这套制度的另一种影响。

自《行政诉讼法》实施到2019年,全国法院受理和审结了300余万件行政诉讼案件(不含非讼执行案件)。这些案件分别涉及治安管理、农民负担、企业经营自主权、山林土地权属、土地征收、房屋拆迁、工伤认定等社会热点问题。从行政行为类型来看,除了行政处罚、行政许可、行政裁决、行政强制措施,还有相当比例的行政不作为。粗略地估算,大约有1/5的原告通过诉讼得到某种程度的救济。

相对于当前范围广泛、数量巨大的社会冲突,这不是一个可以让人满意的成绩。但是,如果没有行政诉讼,这里的很多人将得不到任何救济,很多人将告状无门,很多人将仍然奔走在上访的路途中。如果没有行政诉讼,还可能有更恣意的行政执法,更频繁的行政违法,以及更多因之而起的行政纠纷。

(二)《行政诉讼法》对行政法治的推动

可以说,《行政诉讼法》是中华人民共和国历史上第一部以保障公民权利、监督行政职权为主要目标的立法。在此意义上,有人称它是当代中国行政法治的开篇之作。

首先,它促进依法行政观念的成长。《行政诉讼法》不但构建了一个"民告官"的纠纷解决机制,还确立了行政行为合法性审查的标准。它的制定和实施起到了观念启蒙的作用。如果没有行政诉讼,相当多的行政官员可能至今还不知道"超越职权""违反法定程序"为何物。不仅如此,该法实施不久,中国政府相继提出了"依法行政"和"依法治国"的口号。此后,国务院发布了《关于全面推进依法行政的决定》(1999年)及其实施纲要(2004年),提出建设"法治政府"的目标和纲领。在地方政府的工作报告和省部级领导的公开言论中,"依法行政"与"法治政府"出现的频率逐渐增多,甚至开始超过"市场经济"。[38] 2014年,中共中央作出《关于全面推进依法治国若干重大问题的决定》,进一步描绘了"中国特色社会主义法治体系"的蓝图。

其次,推动行政法律体系的完善。受《行政诉讼法》的催促,中国先后制定了《行政复议条例》(1990年,后为《行政复议法》所取代)、《国家赔偿法》(1994年)、《行政处罚法》(1996年)、《行政许可法》(2003年)、《行政强制法》(2011年)以及《立法法》(2000年)等一批以保护公民权利、规范行政权力为主旨的法律、法规。具体行政管理领域的立法也更加注重对公民权利的保护,更加注意与行政诉讼制度的协调。得益于这些法律,行政法规范体系愈加完善,公民权利和行政权力的配置更趋平衡。

最后,培育了行政法的职业群体。随着行政诉讼制度的实施,法院内部产生了

---

〔38〕 王敬波:《行政法关键词三十年之流变》,载《法学研究》2008年第6期。

一个新的群体——“行政法官”，人数几千上万。部分地受该法影响，行政机关内部出现了“政府法制机构”，其职能和规模不断扩大。在律师行业中，开始出现一些熟悉行政诉讼规则并以行政诉讼为主业的律师和律师事务所。[39] 在法律学者中，不用说，也有一个这样的专门群体。最近几年，参加中国行政法学年会的人数都在300人以上。这样一个法律职业共同体对行政诉讼制度的实施和行政法的发展，起到持续的推动作用。

（三）《行政诉讼法》对法学研究的促进

《行政诉讼法》的制定和实施也深刻影响了中国行政法学的发展。新兴的行政法学界参与了《行政诉讼法》的起草，众多的行政法学概念通过立法得以确立，许多众说纷纭的观点也在争论中取得了共识。《行政诉讼法》的实施为行政法研究者提供了取之不竭的源头活水，使行政法学在研究内容和研究深度上迅速拓展。如果没有《行政诉讼法》，行政法学不会有今天的繁荣局面。

首先，行政诉讼法构成了行政法学研究的重要主题和基本视角。中国当代的行政法学可以说是从研究行政诉讼法开始的。1989年《行政诉讼法》的颁布，标志着行政法学真正成为一门独立的学科。长期以来，行政诉讼法始终是行政法学研究的一个核心领域，占据行政法学研究成果的显著篇幅。不但如此，行政诉讼还构成中国学者讨论行政法问题的基本视角。关于行政处罚、工伤认定、行政协议等诸多领域的讨论，大体上是以合法性为基本取向，以行政诉讼为假想场景进行的。直到近年，一些学者意识到这种“司法审查中心主义”的局限，尝试另辟蹊径。[40] 但总体上，行政法学仍然没有改变这一格局。

其次，行政诉讼所使用的术语为行政法学提供了基本的概念体系。仅举《行政诉讼法》上的几个例子：行政机关、法律法规授权的组织，受案范围，人身权和财产权、合法权益、利害关系，行政行为、具体行政行为、行政处罚、行政强制措施、行政协议，合法性，主要证据不足、违反法定程序、超越职权、滥用职权、显失公正（明显不当），起诉期限、举证责任、强制执行，等等。如果加上司法解释和裁判文书，行政诉讼实践中产生的概念覆盖行政法学的大部分天地。[41] 不掌握这些基本概念，行政法学者很难进行有效的交流，初学者和海外的研究者很难理解中国的行政法体系。

最后，《行政诉讼法》为行政法学提供了一些重要规则和原则。例如，法院独立审判、受案范围法定、被告负举证责任、合法性审查及其标准、对规章的参照适用、起诉不停止执行等。如果没有《行政诉讼法》所确立的这些基本规则和《行政诉讼法》

〔39〕 这方面的样本，可以参见袁裕来律师的办案手记系列《特别代理：民告官手记》（Ⅰ—Ⅷ）、王才亮律师《房屋拆迁实务》（法律出版社2002年版）等多本著作，以及薛政律师编著的《行政诉讼法注释书》（中国民主法制出版社2020年版）。

〔40〕 朱新力、宋华琳：《现代行政法学的建构与政府规制研究的兴起》，载《法律科学》2005年第5期。

〔41〕 更加周全的术语列表，可参看书后附录。

的实施,行政法学研究将是纸上谈兵,甚至天方夜谭。而对这些规则、原则、原理的应用及其实施中问题的讨论,又为制度变革提供了新的起点。

四　依然困顿的行政诉讼

《行政诉讼法》的颁行意义巨大,其实施却相当艰难,立案难、判决难、执行难,终了更难。立案难、判决难,是行政诉讼中的普遍现象;执行难若隐若现,挥之不去;“终了难”鲜有提及,却尤其值得关注。[42] 新《行政诉讼法》实施后,问题有不同程度好转,但艰难困顿的局面没有根本改变。

(一) 立案难

立案难曾经是行政诉讼的第一难。自从行政诉讼制度建立以来,行政案件的数量在曲折中增长,2014 年达到《行政诉讼法》修改之前的历史最高点。当年全国法院受理一审行政案件 141,880 件。一年 14 万件是什么概念呢？按人口平均,大约每一万人一件行政案件。一家典型的基层法院,一年大约受理 40 件行政案件。在法院审理的各类诉讼案件中,行政案件始终不超过 2%。在图 1 中,要仔细看,才能在它的顶部发现行政案件。与国内高达千万计的信访案件相比,行政诉讼案件更是微不足道,单是国家信访局登记的上访人次都比它多得多。

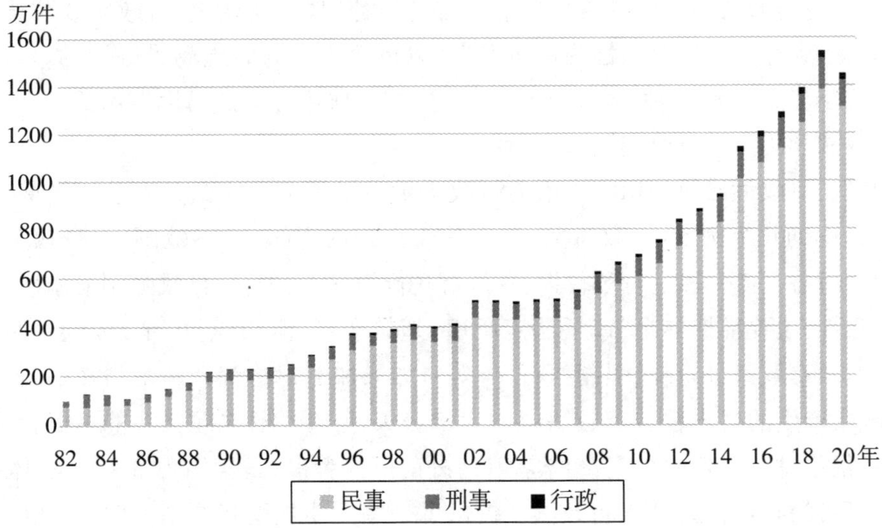

图 1　三类诉讼案件数量占比[43]

[42] 对《行政诉讼法》实施状况的实地调查和统计分析,参见龚祥瑞主编:《法治的理想与现实——〈中华人民共和国行政诉讼法〉实施现状与发展方向调查研究报告》,中国政法大学出版社 1993 年版; 何海波:《困顿的行政诉讼》,载《华东政法大学学报》2012 年第 2 期; 林莉红主编:《行政法治的理想与现实:〈行政诉讼法〉实施状况实证研究报告》,北京大学出版社 2014 年版。

[43] 有关全国法院行政诉讼的统计数据,没有另外说明的,均来源于最高法院研究室统计处; 2017 年起,改由最高法院信息技术中心负责。横轴坐标为美观计,只保留年份后两位。以下不再一一说明。

除了老百姓不懂告、不敢告、不愿告，行政诉讼案件少的一个原因是，相当一部分该受理的案件被法院挡在门外。在不同时期，一些法院不受理与计划生育相关的罚款、“超生费”和行政强制，不受理农村土地征用和城市房屋拆迁中的征收（拆迁）决定，不受理企业转制、“经租房”、“农嫁女”等难以处理的案件。〔44〕 在全国人大法工委调研时，一位立案庭法官无奈地说：“我们的任务就是每天跟当事人纠缠，千方百计不立案。”实际上，法院裁定不予受理的相对较少，更多的是，法院对于原告起诉既不受理也不作裁定。针对这种状况，最高法院曾经严词要求地方法院不得随意限缩受案范围、坚决清除限制行政诉讼受理的各种“土政策”，〔45〕但没有起到多少作用。一旦涉及地方政府征地拆迁一类的“中心工作”，这些要求很难得到认真执行。

上述情况在新《行政诉讼法》实施之后有了很大改变。新《行政诉讼法》采用立案登记制，符合起诉条件的要求法院必须受理。新法实施当年，全国一审行政诉讼案件比2014年增长了55%，达到22万件。行政诉讼“立案难”已经大大缓解。尽管如此，法院既不立案也不出具裁定的情况仍有耳闻。〔46〕 有个别法院为缓解案多人少的矛盾，采取排队取号、限额立案的方式，变相限制诉权。彻底解决行政诉讼“立案难”，还需进一步努力。

（二）判决难

判决难首先体现在法院以判决方式结案的比例较低。判决结案率在《行政诉讼法》实施前曾有六七成。《行政诉讼法》实施后一段时间，反而降低了，有些年份还不到三成。最近几年有所回升，接近一半。在没有判决的结案中，大量的是法院通过动员撤诉、驳回起诉等方式处理（见图2）。原告的撤诉率在30多年的实践中大起大落，最高时达57%，2019年最低，也近两成。法院动员原告撤诉的案件，如果依法判决的话，相当一部分是被告可能败诉的。驳回起诉的比例在实行立案登记制后大幅上升，最近几年都在两成以上。这主要是由于立案门槛降低导致大量不符合起诉条件的案件进入法院，但也有少部分是法院难以处理而硬推出去的。〔47〕

---

〔44〕 陈晓凤：《经租房：一个跨世纪的沉重话题》，载《中国地产市场》2005年第4期；包祥水等：《对“农嫁女”涉法纠纷问题的调查与思考》，载《人民司法》2005年第4期。

〔45〕 《最高人民法院关于依法保护行政诉讼当事人诉权的意见》，法发〔2009〕54号。

〔46〕 一个被公开报道的案例，见祁彪：《民告官有多难？上海一企业遭遇踢皮球式行政诉讼立案难》，载《民主与法制》2019年第32期。

〔47〕 这里仅举一例：新郑市具茨山景区旅游开发有限公司诉新郑市人民政府违建别墅拆除案。几经来回后，法院声称拆违行动系“依据政策实施”，他们无法审查，裁定驳回起诉。河南省高级人民法院行政裁定书，（2020）豫行终2838号。

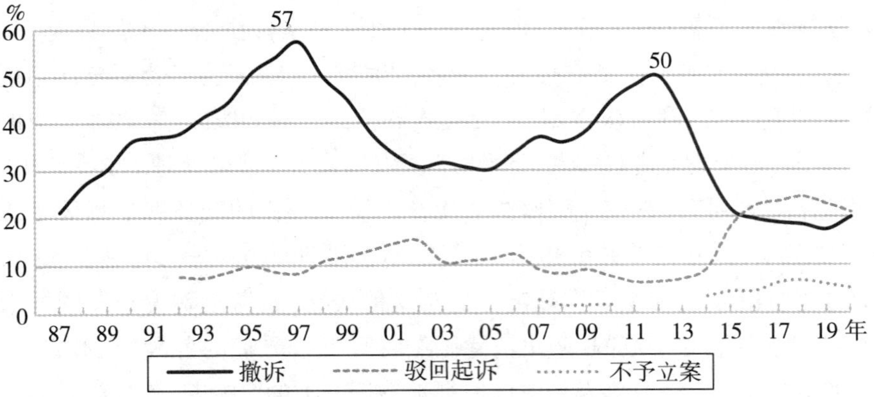

图 2　一审行政案件撤诉、驳回起诉和不予立案的比例

判决难的另一个表现是原告通过判决获胜的比例低,服判率也低。在法院审结的一审案件中,判决原告胜诉的从《行政诉讼法》实施初期的 20% 多,一路下降,有几年只有 8% 左右;2014 年之后有所提高,大体在 13%(见图 3)。行政诉讼的上诉率总体较高,上升趋势明显。最近几年,上诉案件占法院审结的所有一审案件的一半。特别是法院以判决结案的,当事人八成要提起上诉;上诉人中,原告占九成,行政机关不到 5%。二审法院的处理结果对老百姓稍微有利,但撤销原判的同样不到一成,而有利被告的占到七八成。与之相应的是,行政案件申请再审和申诉的比例特别高,往往是民事案件的几倍。笼统地说"法院支持原告越多越公正",肯定是不对的;但就当前全国情况而言,原告的胜诉率整体上是偏低的。河南全省法院自 2014 年 7 月实行异地管辖后,原告的胜诉率一度达到 28.6%,比改革前高出 18 个百分点。[48]可见,即使在《行政诉讼法》修改后,原告胜诉率仍有较大的提升空间。

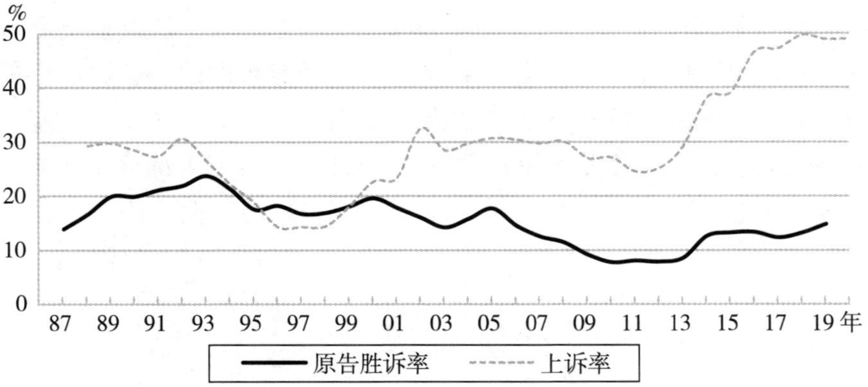

图 3　一审行政案件的原告胜诉率和上诉率[49]

[48] 时岩:《河南民告官案异地管辖改革:割断地方政府关系网》,载人民网 2015 年 8 月 11 日,http://henan.people.com.cn/n/2015/0811/c356896－25927749.html。

[49] 2017～2019 年的原告胜诉率没有官方统计。这里以公开裁判文书为根据,扣除 2014～2016 年官方数据与公开裁判文书数据的差异进行推测。上诉率以当年二审受案数除以一审结案数推测。

（三）执行难

行政诉讼案件进入强制执行的（包括被执行人为原告一方的），从 20 世纪末的 4 万多件一度下降到不到 1 万件，最近几年有所回升。总体来说，行政诉讼执行难并没有成为一个特别严重的问题。一个可能的原因是，执行难的问题被立案和裁判给遮挡了。由于法院在立案环节已经排除了一些棘手案件；在裁判环节也考虑了后续的执行，需要强制执行的案件确实并不多，在执行环节发生冲突的更是少数。

尽管如此，有少数行政案件仍然出现“执行难”的问题。这可能是由于情势变迁、难以执行（如房屋已拆除、土地已经盖楼），也可能是由于行政机关强烈抵制、拒不执行。在樊占飞诉陕西国土厅要求撤销采矿许可证案中，败诉的被告竟通过多个部门参加的“行政协调会”，否定了法院的生效判决。〔50〕 另一个极端的事例是，湖南法院判决天津一个公安分局赔偿 500 多万元，12 年后还没有得到执行。虽然最高法院关注、中央政法委发函，但也没有解决。〔51〕 这类现象并不普遍，但恰恰是一块“试金石”，说明了孱弱的司法在面临行政机关抵制的时候无可奈何。它们进一步挫伤当事人对行政诉讼的信心。

（四）终了难

终了难，指的是案了事不了，纠纷实质性解决难。法院在一些案件中撤销行政行为或者责令行政机关履行职责，原告看上去胜诉了，实际上只是把案件打回行政程序；行政机关重新作出决定后，诉讼很可能重来一遍，有的甚至多次轮回。还有的纠纷同时涉及行政行为和第三人的民事权益，当事人分别走民事诉讼和行政诉讼两个渠道，法院的判决缺乏协调，案件反复折腾。在河南焦作的一个房产纠纷中，当事人 10 年时间拿到了 28 份判决、裁定。〔52〕 在此情况下，审判可能在几个月之内就结束了，纠纷却没有真正解决；原告胜诉，往往也只是空洞的胜诉。

行政诉讼终了难，部分是因为法院缺少裁判的手段。但这些问题在 2014 年《行政诉讼法》修改时，已经有所触及。例如，扩大法院直接变更的适用范围，允许当事人申请一并解决相关民事争议。问题更可能在于，法院不愿意卷入实质性的争论，只是简单地判决撤销或者笼统地责令履行。司法权威的不足、法官对问责的担心、一些不尽合理的考评方法，可能也导致一些法官倾向于就案论案地解决。纠纷的实质性解决需要法官的担当，更需要一个独立、强健的司法体系。

《行政诉讼法》的修改给了行政诉讼制度一个新的起点。然而，行政诉讼能否从

---

〔50〕 王文志、肖波：《陕西国土厅否了法院判决　导致矿权纠纷矛盾激化》，载《经济观察报》2010 年 7 月 19 日；赵蕾：《陕西国土厅否决法院判决　施压最高院要求改判》，载《南方周末》2010 年 8 月 5 日。

〔51〕 吴意：《执行难，难于上青天?》，载《中国律师》2007 年第 10 期；贺信：《天津公安塘沽分局被法院判赔 500 万　12 年不执行》，载《南方都市报》2008 年 4 月 24 日。

〔52〕 王贵松主编：《行政与民事争议交织的难题——焦作房产纠纷案的反思与展开》，法律出版社 2005 年版。

此走向一个新的天地,仍然有待观察。行政诉讼制度的困境,有的属于司法体制和更深层次政治体制的原因,不是一次修法就能够解决的。最高法院前任院长肖扬曾用"司法权力地方化、审判活动行政化、法官职业大众化"来概括现行司法制度存在的主要问题。[53] 几年后,这些问题仍然困扰着法院。司法考试制度初步解决法官专业化的问题,但就行政审判来说,法官专业化还是一个突出的问题。[54] 而在诸多问题的纠结中,法院缺乏独立性和权威性是其主要症结。地方法院人、财、物均受制于地方党委和地方政府,地方法院依法裁决行政争议、保护公民权利的实际能力非常有限。法官行使审判职权,有时要承受不测之风险;[55] 当事人即使赢得官司,往往也是伤痕累累。[56] 这些体制性的问题,有待于更加深入的体制改革才能解决。在司法体制改革没有完全到位的情况下,行政诉讼只能继续"在夹缝中生存,在困厄中发展"。

---

〔53〕《肖扬:人民法院司法改革明确八大目标》,载《中国青年报》2002 年 12 月 9 日。

〔54〕十几年前,最高法院还不得不强调"大力加强行政审判法官队伍建设",要求按照规定配齐行政审判人员,注意保留业务骨干。《最高人民法院关于进一步加强行政审判工作的通知》,法〔2004〕33 号。

〔55〕两个极端的事例,参见孟天、郑永节:《法官,谁为你主持公道》,载《法制日报》2000 年 1 月 10 日;黄广明:《一名法官"抗上"的代价》,载《南方周末》2001 年 3 月 23 日。

〔56〕两个极端的事例,参见于鉴、晓宁:《民告官难于上青天——普通农民 15 年告赢县政府落下伤痕累累》,载《政府法制》2006 年第 4 期;杨大正:《中国民告官第一案 13 年诉讼调查:原告未获分文赔偿》,载《南方日报》2009 年 7 月 3 日。

第二章　行政诉讼制度的功能

行政诉讼有什么用呢？

关于这个问题，从《行政诉讼法》制定前后直到今天，已经有不少讨论。[1] 但是，现有文献多半是从正面予以叙说，其中不乏浪漫主义的憧憬；而对于行政诉讼制度本身的局限（不一定是缺陷），却少有论述。法院不能包打天下，行政诉讼当然也不能包治百病。如果看不到行政诉讼制度固有的局限，一味地要求法院"案结事了"，那么，一些貌似追求彻底解决纠纷的举措可能反过来制造更多的纠纷。相反，如果不理解行政诉讼对于权利保护、行政监督和法律发展的意义，那么，行政诉讼不过是给行政机关和法院"找麻烦"，几乎没有存在的必要。在行政诉讼制度全面实施三十多年后的今天，人们应当更理性地看待它在现实中的作用，更具体地分析它固有的局限和潜在的意义。

行政诉讼制度的功能是多方面的，对其功能的描述存在不同的视角和话语。有研究诉讼制度的学者，把诉讼制度的功能归纳为纠纷解决、社会控制、政策形成等几个方面。[2] 本章将沿袭这一视角，从解决纠纷、监督行政和发展法律三个方面，分别加以检讨。其中，解决纠纷和监督行政的功能是《行政诉讼法》所规定的，[3] 发展法律的功能则是司法实践所衍生的。《行政诉讼法》还提到"保护公民、法人和其他组织的合法权益"。由于权利保护功能与纠纷解决功能基本上重合，本章不再单独叙说。

行政诉讼功能的命题也是多层面的，包括实际的功能、法定的功能和应然的功能。本章的讨论主要是规范层面的，即它在现行法律框架下应当具有的功能和可能具有的潜力。这种层面的讨论给了我们"通过斗争实现法律"的期待，而不必沉陷于困窘的现实；甚至，它也给了我们一些改进现有制度的想象空间，让我们不必拘泥于现

---

〔1〕 张树义：《冲突与选择：行政诉讼的理论与实践》，时事出版社1992年版，第16～18页（保护权利，监督行政、实现法治，稳定社会秩序）；罗豪才主编：《中国司法审查制度》，北京大学出版社1993年版，第6～8页（完善宪制、保障公民权益，促进依法行政，保障改革开放，提高民主法治意识）；邓刚宏：《论我国行政诉讼功能模式及其理论价值》，载《中国法学》2009年第5期；姜明安：《行政诉讼功能和作用的再审视》，载《求是学刊》2011年第1期。

〔2〕 左卫民：《法院制度功能之比较研究》，载《现代法学》2001年第1期；蒋红珍、李学尧：《论司法的原初与衍生功能》，载《法学论坛》2004年第2期；蒋飞：《论当代中国司法的基本功能解决纠纷》，载《法律适用》2010年第10期。

〔3〕 《行政诉讼法》第1条指明了该制度应有的功能，即"保证人民法院公正、及时审理行政案件，解决行政争议，保护公民、法人和其他组织的合法权益，监督行政机关依法行使职权"。其中"公正、及时审理行政案件"的主要目的在于解决行政纠纷、保护公民权利、监督行政行为，它是《行政诉讼法》的立法目的而不是行政诉讼制度的功能。

有的规定。但是,我们的讨论毕竟是在当代中国的情境中进行,不可能完全超越现有的国家治理体系。首先,在整个法律体系中,行政诉讼制度只是其中的一部分,必须与其他纠纷解决机制、行政监督机制、法律规范形成机制相辅相成。其次,在法律生活中,司法权威和司法公信力还有待提高,依法独立审判也还需要更加有力的保障。最后,在可预见的未来,中国法院在法律上的权能仍然是有限的。法院没有对规范性文件予以立案审查的权力,没有对法律、法规的合宪性审查权力,没能形成稳定的遵循判例制度。我们对行政诉讼制度功能的讨论不得不立足这个现实,不做漫无边际的想象。同时,还要统筹考虑各种相关政策,认真对待相关制度之间的分工衔接。

第一节　解决纠纷的功能

当前中国仍处在经济和社会转型时期,社会矛盾凸显,行政争议呈上升趋势。涉及农村土地征收、城镇房屋拆迁、治安维稳、环境保护、生产安全、社会保障等方面的纠纷大量增加,急需依法、公正、及时解决。中共中央也意识到事态的严重性,曾经专门发文要求预防和化解行政争议、健全行政争议解决机制;〔4〕后又强调,“健全依法维权和化解纠纷机制”。〔5〕

就个案来说,当公民对一个行政行为不满,他在法律上面临着不同选择:第一,他可以选择服从,不管是出于“民不与官斗”的考虑还是嫌麻烦、“不找事”;第二,他可以通过行政复议或者诉讼挑战该行政行为,由此形成一个法律上的纠纷;第三,他既不服从也不寻求救济,而是直接抵制该行政行为。直接抵制的情形有多种:他可能拒绝履行行政行为设定的作为义务,如不去交纳罚款;他可能拒不遵从行政行为设定的不作为义务,如行政机关拒绝检疫而食品公司照卖猪肉;他也可能阻碍行政行为的实施,如拉扯民警不让其取走碟片。但公民的抵制仍然可能因“妨碍执行公务”而面临行政处罚或者遭受直接强制,最后可能还得上法院说话。〔6〕 这里只讨论业已形成的法律上的纠纷。

一　解决行政纠纷的多种途径

公民、法人或者其他组织与行政机关发生纠纷,其解决途径是多样的。在行政过程中,当事人对行政机关拟作出的行政行为有异议的,可以申辩和交涉。行政决定作出后,当事人认为其中有错误的,可以要求决定机关补正、变更、撤销或者赔偿;

---

〔4〕《中共中央办公厅、国务院办公厅关于预防和化解行政争议、健全行政争议解决机制的意见》,中办发〔2006〕27 号。

〔5〕《中共中央关于全面推进依法治国若干重大问题的决定》,2014 年 10 月 23 日中国共产党第十八届中央委员会第四次全体会议通过。决定提出,“强化法律在维护群众权益、化解社会矛盾中的权威地位,引导和支持人们理性表达诉求、依法维护权益”。

〔6〕何海波:《公民对行政违法行为的藐视》,载《中国法学》2011 年第 5 期。

当事人也可以向上级行政机关申请复议,或者到法院提起诉讼。在复议和诉讼之外,当事人还可以用来信来访等方式,向党政机关申诉冤屈、寻求救济。在特定领域,当事人可以依据法律规定或者依据其与行政机关事先达成的仲裁协议,就行政纠纷申请仲裁。不同途径共同构成了行政纠纷的解决体系。

下面重点阐述复议、信访、仲裁这三种纠纷解决渠道,然后讨论它们与行政诉讼的整合。

(一)行政复议

行政复议是行政系统内部解决行政纠纷的一种法律制度。对于申请复议的公民、法人或其他组织来说,它具有行政救济的性质;而对于接受申请的行政机关来说,它具有行政监督的性质。但行政复议最主要和最直接的功能,还是解决行政纠纷。

行政复议制度在中国有较长的历史。20 世纪 50 年代就有了行政复议制度的雏形。[7] 从 80 年代开始,中国法律逐渐规定了在特定情况下当事人可以申请行政复议。行政复议制度的全面确立,则是在《行政诉讼法》施行后,作为行政诉讼的配套制度建立的。原有的《行政复议条例》在 1999 年被《行政复议法》取代,后者在 2023 年又做了全面修订。

在现有制度下,公民、法人和其他组织对行政机关所作的行政行为不服,可以向该行政机关的上一级行政机关申请复议。在行政复议机关内部,一般由法制工作部门作为行政复议机构办理行政复议事项。行政复议机构受理行政复议申请后,除了要求被申请人书面答复,还通过互联网、电话等简便方式听取当事人意见,必要时组织听证。在此基础上,复议机关作出相应复议决定。[8] 被申请机关应当服从并履行复议决定;但如果申请人对复议决定不服的,通常还可以向法院提起诉讼。

从理论上讲,行政复议制度由于其程序的便捷和复议机关的权威,应当可以受理和解决大部分行政纠纷,成为解决行政争议的"主渠道"[9]。但从实践来看,行政复议制度的成效并不理想,与行政争议"主渠道"的目标还有较大差距。

首先,复议机关受理案件的数量,在《行政复议法》实施后长期徘徊在七八万件,直到近年才有较大幅度上升,2017 年首次超过 20 万件(见图 4)。尽管如此,所受理的复议案件仍然少于法院受理的行政诉讼案件,更不要说与汹涌如潮的信访

---

[7] 例如,1950 年 1 月政务院批准的《财政部设置检查机关办法》第 6 条就提到"申请复核处理"。

[8] 行政复议决定的种类包括:维持行政行为,变更或者撤销行政行为,确认行政行为违法、无效,责令被申请机关履行法定职责或者赔偿、补偿等。

[9] 应松年:《行政复议应当成为解决行政争议的主渠道》,载《行政管理改革》2010 年 12 月;郜风涛(时任国务院法制办副主任):《认真贯彻胡锦涛总书记重要讲话精神　把行政复议打造成化解行政争议的主渠道》,2011 年行政复议年度工作会议上的讲话,讲话摘要参见中国政府网 http://www.gov.cn/jrzg/2011-12/16/content_2021634.htm;周佑勇:《行政复议的主渠道作用及其制度选择》,载《法学》2021 年第 6 期。

案件相比了。要不是一些法律、法规规定提起行政诉讼前必须经过复议,行政复议案件的数量必定更少。

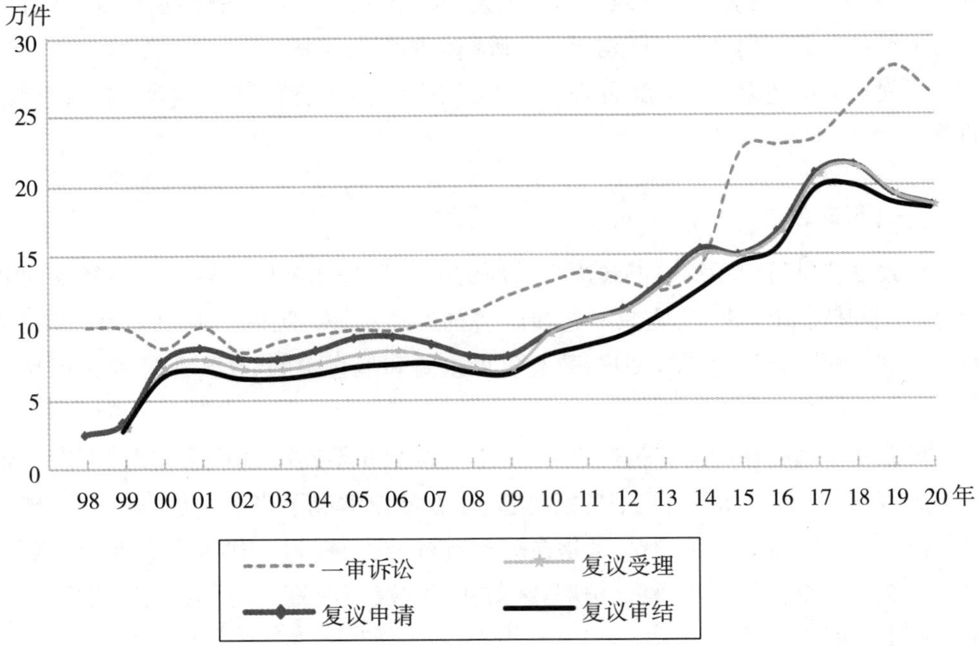

图4 全国历年行政复议案件的数量[10]

其次,行政复议决定支持申请人(包括撤销、变更行政行为、确认行政行为违法和责令履行)的比例,明显偏低。从《行政复议法》实施前的近30%一路走低,有几年竟然不足10%,直到最近几年才有所扭转;复议决定支持行政机关的,则一路上升,并稳定在60%以上(见图5)。申请行政复议成功率低下,反过来挫伤了公民、法人和其他组织对复议制度的信心,阻却了他们通过复议寻求救济的积极性。

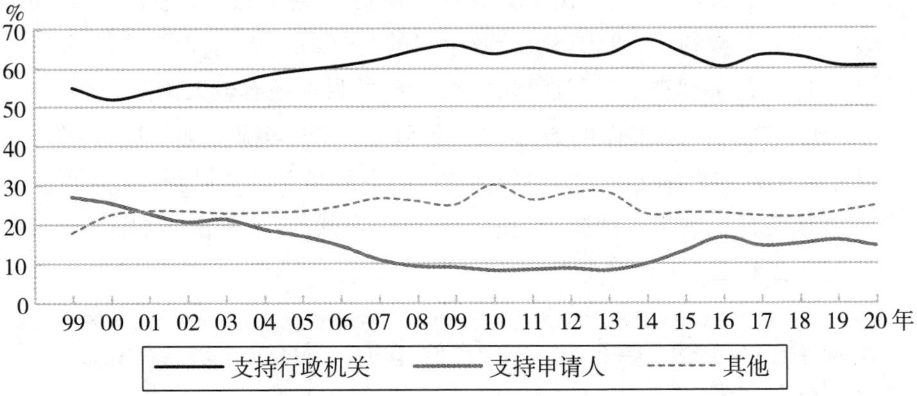

图5 全国历年行政复议案件的审结方式

---

[10] 数据来源于司法部网站,http://www.moj.gov.cn/government_public/node_634.html,下同。

2014 年《行政诉讼法》修改,增加了“复议机关当被告”的规定。2023 年 9 月,《行政复议法》全面修订。新法基本上取消了上级政府部门对行政复议的管辖权,把行政复议职能集中在县级以上地方各级政府。县级以上政府设有相关政府部门、专家学者等参与的行政复议委员会,以备咨询。新法稍微扩大了行政复议受案范围,把行政赔偿决定、行政协议等明确纳入复议事项;同时,增加行政复议前置范围,即对于当场作出的行政处罚、行政机关未履行法定职责、不予公开政府信息等情形,要求当事人先行复议,才可起诉。新法还完善了复议程序,不再以书面复议为主,原则上要求听取当事人意见,重大疑难复杂的案件还要求组织听证。必要时,上级行政复议机关可以受理和审理下级机关管辖的行政复议案件。上述修改体现了“发挥行政复议化解行政争议的主渠道作用”的目标,但要实现行政纠纷公正、便捷、有效的解决,使行政复议真正成为行政纠纷解决的主渠道,还需更多努力。

(二)信访

信访制度在中国有久远的历史。有人把它与一些国家的议会督察专员制度(Ombudsman)联系在一起,更多的人则从中国古代社会中的“登闻鼓”和“京控”找到它的影子。当代的信访制度自政务院 1951 年《关于处理人民来信和接见人民工作的决定》颁布后得到正式确立,被认为是体察民情、联系群众的重要渠道。[11] 此后,县市以上人民政府均设有信访接待机构。2000 年,原中办、国办信访局更名为国家信访局,作为国务院办公厅管理的负责信访工作的行政机构,业务上接受中共中央办公厅、国务院办公厅指导。[12] 2023 年,国家信访局调整为国务院直属机构,受中共中央社会工作部统一领导。[13]

从实际情况来看,信访内容多是对有关事项处理不满的投诉申诉;其中相当一部分涉及行政机关作出或者参与的行为。信访的方式,包括写信、打电话、在政务网络平台上投诉,也包括走访行政机关办公场所,要求当面诉说。一些地方为此设立了市民电话热线、网络信访平台或者专门的信访接待场所。长期以来,信访数量居高不下,一度出现“信访洪峰”。2004 年,全国县以上党政信访工作机构受理来信来访 1373. 6 万件(人)次,其中国家信访局受理来信来访 60. 5 万件(人)次。在国家推行“诉访分离”、采行信访终结机制后,信访数量有明显下降,但仍然维持在较高水平。[14]

为了畅通信访渠道、维护信访秩序,国务院于 1995 年、2005 年两次颁布《信访

---

〔11〕 刁杰成:《人民信访史略》,北京经济学院出版社 1996 年版;李秋学:《中国信访史论》,中国社会科学出版社 2009 年版。

〔12〕 中共中央办公厅、国务院办公厅《国家信访局职能配置、内设机构和人员编制规定》,厅字〔2000〕5 号。

〔13〕 中共中央、国务院《党和国家机构改革方案》,载中央人民政府网,https://www. gov. cn/zhengce/2023 - 03/16/content_5747072. htm。

〔14〕 白阳:《国家信访局:2015 年全国信访增量存量实现“双下降”》,载新华网,http://news. xinhuanet. com/legal/2016 - 01/24/c_1117876355. htm。

条例》，对信访工作作了规范。2022年，中共中央、国务院印发了《信访工作条例》。新条例强调“党政同责”，把各级党政机关、群团组织、国有企事业单位的信访工作都纳入适用范围。新条例要求，各级机关、单位应当向社会公布信访渠道、查询信访事项处理进展的方式等事项，为信访人提供便利；各级机关、单位领导干部应当阅办群众来信和网上信访、定期接待群众来访、定期下访，包案化解群众反映强烈的突出问题。信访人采用走访形式提出信访事项的，应当到有权处理的本级或者上一级机关、单位设立或者指定的接待场所提出；采用走访形式提出涉及诉讼权利救济的事项，应当按照法定程序向有关政法部门提出。[15]

信访制度具有多方面功能，在提供政务服务、及时发现舆情方面尤其显著。[16]但是，信访解决纠纷的实际效果相当有限。不同于复议机构和法院，信访部门不直接负责处理纠纷，主要是转送诉求、汇总情况。[17] 绝大多数情况下，事情还得回到原先的机关，能够报送并得到各级领导关注的终究是少数。根据社会学者几年前所做的调查，通过上访途径解决问题的概率只有千分之二。[18] 信访制度在实施中还出现了异化。一些地方政府在信访数量统计和通报的压力下，对上访者进行“截访”“劫访”，这些做法更是背离了信访制度的初衷。[19] “上访妈妈”唐慧的故事就是一个典型案例。唐慧因自己未成年女儿被强迫卖淫，6年期间进京23次，赴省城百余次，要求处理并将涉案人员全部判处死刑。地方政府为“稳控”唐慧，据说花费上百万，还对她先后动用拘留和劳动教养。在全国舆论的关注下，劳教决定被撤销，而唐慧明显偏执的要求最终也没有实现。[20]

对于信访机构的存废和信访制度的改革，学界有针锋相对的讨论。批评者认为，信访制度的存在导致人们信权而不信法，找领导而不找法院，是对法治秩序的破坏。从法治国家的理念和纠纷解决体系的建构出发，信访不应成为纠纷解决的常态，更不应作为纠纷解决的主要渠道。[21] 支持者则强调，信访制度在纠纷解决、法

---

〔15〕 更多介绍，参见中央信访工作联席会议办公室、国家信访局编：《信访工作条例辅导读本》，中国法制出版社2022年版。

〔16〕 两个具体例子，参见彭晓、梁艳、许立言、李迪华：《基于“12345”市民服务热线的城市公共管理问题挖掘与治理优化途径》，载《北京大学学报（自然科学版）》2020年第4期；赵金旭、王宁、孟天广：《链接市民与城市：超大城市治理中的热线问政与政府回应——基于北京市12345政务热线大数据分析》，载《电子政务》2021第2期。

〔17〕 关于信访处理流程，可参见邹春霞、曹文欣：《国家信访局首次公开接访流程》，载《北京青年报》2015年1月31日；张洋：《国家信访局让信访“阳光化”》，载《人民日报》2015年2月9日。

〔18〕 赵凌：《国内首份信访报告获高层重视》，载《南方周末》2004年11月4日。

〔19〕 于建嵘：《对560名进京上访者的调查》，载《法律与生活》2007年第10期；封丽霞：《应纠正地方维稳工作中的“异化”现象》，载《学习时报》2011年3月7日。

〔20〕 涂重航：《“稳控”唐慧拉锯战》，载《新京报》2013年4月19日，第A25、26版。对该案的一个评论，见陈柏峰：《从“唐慧案”看中国法治生态》，载《中国法律评论》2014年第3期。

〔21〕 于建嵘：《中国信访制度批判》，载《中国改革》2005年第2期；杨小军：《信访法治化改革与完善研究》，载《中国法学》2013年第5期。

律和政策协商、社会剩余事务兜底等方面，有无法替代的功能。[22] 在可预见的未来，信访制度不会消亡。如何规范信访秩序、实现信访工作的法治化，仍是一个值得研究的课题。

（三）仲裁

这里所说的仲裁其实是几种不同制度的集合。它们的适用条件、程序和效力并不相同，但都是在国家机构之外设立并得到国家承认、更多体现当事人自愿的纠纷解决制度。具体地说，包括民事仲裁、行政仲裁和国际仲裁。

1. 民事仲裁

根据《仲裁法》，平等主体的公民、法人和其他组织之间发生的合同纠纷和其他财产权益纠纷，当事人可以选择仲裁。选择仲裁的，必须事先达成仲裁协议，约定仲裁解决并选定仲裁机构。仲裁庭的组成可以由当事人约定，仲裁员由当事人选定。仲裁裁决一旦作出，具有法律效力，当事人不能就同一纠纷再次申请仲裁或者提起诉讼（除非仲裁裁决被法院裁定撤销或者不予执行）。依据《仲裁法》的规定，“依法应当由行政机关处理的行政争议”不能仲裁。但在招商引资过程中，政府与企业签订的大量 PPP、BOT 协议约定以仲裁方式来解决可能出现的纠纷。这一做法在实践中广为采用。2014 年《行政诉讼法》修改后，特许经营协议被纳入行政协议，要求走行政诉讼途径。前述 PPP、BOT 协议仲裁条款的效力变得疑云重重。

2. 行政仲裁

在个别领域，中国法律规定了“强制仲裁”，即仲裁为纠纷解决的法定途径，无须当事人双方协议；对仲裁裁决不服，还可以提起诉讼。除了在仲裁机构的组成和仲裁人员的选任上当事人有一定自主性，这种仲裁与“双方自愿，一裁终局”的民事仲裁有较大差异，在性质上更接近行政机关对民事纠纷的行政裁决。但与行政裁决不同，对仲裁裁决不服的不适用行政诉讼，当事人只能就原有争议提起民事诉讼。依据法律，行政仲裁适用于劳动争议仲裁和农村土地承包经营纠纷仲裁；[23] 跟本书讨论的行政纠纷解决相关的，目前只有人事争议仲裁。

一般来说，行政机关对公务员的奖惩、任免等决定不适用行政诉讼、行政复议解决，但法律为聘任制公务员建立了人事争议仲裁制度。依据《公务员法》的规定，聘任制公务员与所在机关之间因履行聘任合同发生争议的，可以向人事争议仲裁委员会申请仲裁。人事争议仲裁委员会由公务员主管部门的代表、聘用机关的代表、聘任制公务员的代表以及法律专家组成。当事人对仲裁裁决不服的，可以向法院提起诉讼。仲裁裁决生效后，一方当事人不履行的，另一方当事人可以申请法院执行。法律、法规授权的具有公共事务管理职能的事业单位与其工作人员（工勤人员除外）

---

〔22〕 周梅燕：《理性求解中国信访的制度困境》，载《半月谈》2004 年第 7 期；陈柏峰：《信访制度的功能及其法治化改革》，载《中外法学》2016 年第 5 期；

〔23〕 参见《劳动争议调解仲裁法》和《农村土地承包经营纠纷调解仲裁法》。

的争议,参照该规定。[24]

3. 国际仲裁

自1982年开始,中国在对外开放过程中先后签订了100多个双边投资协定(Bilateral Investment Treaty,BIT),其中一部分约定投资纠纷由世界银行旗下的国际投资争端解决中心(International Centre for Settlement of Investment Disputes,ICSID)仲裁。1993年,中国加入《关于解决国家和他国国民之间投资争端公约》,同意因征收和国有化产生的有关补偿争端提交ICSID管辖。实践中,已经出现了外国投资者针对中国政府提起仲裁申请的案例,其中德国海乐·西亚泽公司诉中华人民共和国案是第一个进入实质审查程序的投资仲裁案件。[25]

总体来说,引入和接受国际仲裁有助于提升开放形象,改善投资环境。但就整个行政纠纷解决来说,通过这个渠道解决的纠纷毕竟是、也只应是极少数的。

(四)行政纠纷解决机制的整合

在多种纠纷解决机制并存的情况下,行政诉讼如何找准自己的定位,并与其他纠纷解决渠道相互协调、相得益彰?

行政诉讼制度的正当性不是建立在"法院比行政机关高明"这一基础上。[26] 行政诉讼制度存在的理由是,与现行的其他纠纷解决方式比较,它至少在理论上能够公开、公正地解决行政纠纷。这种可能性是由行政诉讼在机构、人员、程序和实体上的一系列制度支撑的。首先,诉讼是由一个特设机构(人民法院)和专门人员(法官)进行裁判。法院的组织由《宪法》和《人民法院组织法》规定,法官的任职条件由《法官法》规定,具有较高的专业性。其次,它包含了一系列相对严格的程序要求,包括不告不理、合议、回避、公开审理、二审终审、审理期限,乃至文书格式和裁判文书公开等。最后,它在实体问题上遵循一系列的法律规则,从受理条件、审查标准、救济方式到法律效力都有章可循,减少了裁判的恣意性。

由于行政诉讼的这些特征,它被人们奉为"解决行政纠纷的最后一道防线"。通

---

〔24〕 最高法院的司法解释规定,事业单位与其工作人员之间因辞职、辞退及履行聘用合同所发生的争议,适用《劳动法》的规定处理;当事人对依照国家有关规定设立的人事争议仲裁机构所作的人事争议仲裁裁决不服,在规定时限内向法院提起诉讼的,法院应当受理。《最高人民法院关于人民法院审理事业单位人事争议案件若干问题的规定》,法释〔2003〕13号。稍后,最高法院行政庭的一个答复主张,"人事主管部门对当事人的人事争议进行的人事裁决,因其直接涉及到当事人的人身权、财产权,可依法提起行政诉讼,但国家行政机关与其工作人员之间发生的人事争议和事业单位与其工作人员之间因辞职、辞退及履行聘用合同所发生的争议除外"。《最高人民法院对人事争议仲裁委员会的仲裁行为是否可诉问题的答复》,〔2003〕行他字第5号。在一个早前的答复中,最高法院也主张人事主管部门对企事业单位职员做出的开除处分,属于法院的受案范围。参见《最高人民法院行政审判庭关于开除公职是否属于受案范围请示的答复》,〔1997〕行他字第28号。

〔25〕 ICSID Case No. ARB/17/19. 在该案中,济南市华山片区实施旧城改造,申请人德国海乐公司的全资子公司济南海乐公司的房屋和土地位于拆迁范围内。济南海乐公司对济南市人民政府的征收决定不服,先后提起行政复议和行政诉讼,但均被驳回。申请人德国海乐公司遂提起仲裁申请。

〔26〕 江必新、梁凤云:《行政诉讼法理论与实务》(第3版),法律出版社2016年版,第19~23页。

常情况下，当事人对行政复议结果不服的，仍然可以提起行政诉讼，寻求法院救济。而法院判决后，当事人不能就同一事项再向行政机关申请复议。当事人对法院的生效裁判不服的，应当依据《行政诉讼法》规定的程序申请再审；即使法院的裁判有错，也应当通过法院裁判予以纠正，不能任由其他机关“废止”。这就是司法的终局性。从程序的角度来看，是司法的终局性维护了它的权威性，因此必须由法院来说“最后一句话”。但在实践中，司法裁判的终局性还没有完全确立，各种相互矛盾的指示不时冲击着司法裁判的权威性。

行政诉讼在解决行政纠纷中的作用，应当与行政复议、信访等其他纠纷解决机制衔接。行政复议由于简便、高效，可以成为解决行政纠纷的主要渠道，做到受理和消解大部分行政纠纷。行政诉讼更强调程序公正和法律适用的统一性，可以作为纠纷解决的主要保障。申诉上访作为一种特殊的救济渠道，应当是补充性的、少量的。至于行政纠纷的仲裁，只能适用于少数特定的领域。一个理想的制度构造应当是——粗略地讲——全国一年行政复议1000万件，行政诉讼100万件，申诉上访10万件甚至更少。现在的状况，明显主次颠倒。

中央也认识到了问题之所在，从2013年开始改革信访体制和司法体制。在信访体制方面，实行“诉访分离”，即把涉及诉讼权利救济的信访事项从普通信访体制中分离出来，由政法机关依法处理；同时依法终结诉讼，即涉法涉诉信访事项已经穷尽法律程序的，依法作出的判决、裁定为终结决定。[27] 在司法体制方面，改革司法机关人财物管理体制，确保司法机关依法独立公正行使审判权，禁止领导干部干预司法活动、插手具体案件处理。[28] 《行政诉讼法》《行政复议法》也分别于2014年、2023年作了修改完善。随着这些措施的落实，信访制度有可能实现全面退却，行政复议和行政诉讼有望更好地承担起行政纠纷解决的功能。[29]

二　行政诉讼在法律上的局限

尽管行政诉讼常常被说成解决行政纠纷的核心机制、维护社会正义的中流砥柱，但我们实在不可夸大、更不能迷信它在解决纠纷中的作用。多种因素限制了行政诉讼的纠纷解决功能。一方面，法律赋予法院的审查范围、审查对象、审查标准、救济手段和裁判效力是有限的。另一方面，当事人和法院也受各种现实条件的约束，不去告、不愿审或者“判不了”。这部分先说行政诉讼在法律上的局限，下一节再

---

〔27〕 中共中央办公厅、国务院办公厅《关于依法处理涉法涉诉信访问题的意见》，中办发〔2013〕26号，新华社2014年3月19日摘要播发。中央同时强调，依法、及时、就地解决群众合理诉求，引导群众以理性合法方式逐级表达诉求，不支持、不受理越级上访。中共中央办公厅、国务院办公厅《关于创新群众工作方法解决信访突出问题的意见》，中办发〔2013〕27号，新华社2014年2月25日播发。

〔28〕 中共中央办公厅、国务院办公厅《领导干部干预司法活动、插手具体案件处理的记录、通报和责任追究规定》，中办发〔2015〕23号；《最高人民法院关于完善人民法院司法责任制的若干意见》，法发〔2015〕13号。

〔29〕 何海波：《〈行政诉讼法〉修改之后的悬念》，载《中国改革》2014年第12期。

讨论事实上的局限。

（一）司法审查范围的局限

法院能够受理并解决什么样的行政纠纷,取决于法律的规定。在现行的行政诉讼制度下,中国法院能够受理的行政案件还比较有限。许多类型和相当数量的行政争议,完全不在法院的主管范围之内。对相关问题的详细阐述,将在本书第二编展开,这里只提示几个重要的方面。

首先,涉及政治问题的争议、行政机关的人事管理和财政支出的问题,都不在法院的管辖范围。一个公务员在行使职权过程中对他人实施的行为,可能被告到法院(但以机关为被告);而他认为自己在单位受到不公正的处理,则不能请求法院解决。其次,对于规章和规范性文件的合法性,法院不能直接受理,更不能判决撤销或者宣告其无效。一个公民所能做的是,等待行政机关根据规范性文件作出处理决定,再去起诉该处理决定,在诉讼过程中请求法院附带地审查规范性文件的合法性。法院所能做的只是不适用该规范性文件,并建议有权机关予以撤销或者废止。最后,公民、法人或者其他组织与行政行为不具有法律上的利害关系的,也不能提起诉讼。例如,公民报名参加公务员考试未被录用的,法院可以受理他的起诉,但对于行政机关"量身定做"而他没有机会报名的,法院就不会受理他的起诉。[30]

通过对现有法律的重新理解,行政诉讼的受案范围在实践中不断扩张,这些扩张可能得到相关司法解释的确认。但囿于立法的明确限制,受案范围的扩张不可能是无止境的。在任何法治国家,法院都不可能受理所有的争议;而与一些国家相比,中国法院所受的限制无疑要多一些。

（二）司法审查对象的局限

法院在行政诉讼中审查的是被诉行政行为的合法性,简单地说就是"审被告"。这是行政诉讼的一条基本原则。这一原则体现了行政诉讼的监督职能,但它在实质性解决纠纷上有所不足,与公众的理解和期望也存在落差。

"审被告"意味着,法院在行政诉讼中需要回答被告行为的合法性,而不是原告行为的合法性。在行政处罚案件中,一旦法院发现被告超越职权、违反法定程序,就应依法撤销被告的行为,而不问原告是否违法。这一规则简单明了,在中国情境下也相当合理,但有时难免让人误解和不满。20 世纪 90 年代中期的"夹江打假案"就是这样一个典型案例。夹江县彩印厂被人举报,未经授权印制他人电热灭蚊药片包装盒;四川省质量技术监督局查封了彩印厂的包装盒及相关设备,被后者告到法院。当时的媒体纷纷质疑"造假者居然状告打假者",批评法院做假冒伪劣的

〔30〕 李松:《福建屏南招聘被指"量身定做"》,载中国新闻网,http://www.chinanews.com.cn/df/2010/11-25/2681932.shtml。

"保护伞"。[31] 媒体的批评包含着对行政诉讼制度的严重误解,因为法院受理原告的起诉并不意味着法院认为原告行为合法。但面对公众质疑,行政诉讼制度确实暴露出内在的局限,因为它可能回答不了原告是否合法的问题。

在现实世界,纠纷往往是民事、行政、刑事不同法律关系交织在一起。然而,在几大诉讼分离的制度下,法院在行政诉讼中仅仅解决其中的行政纠纷,而相关的民事、刑事纠纷往往要留待另外程序解决。例如,在**刘秋海诉广西北海市银海区交通警察大队扣留车辆案**中,刘秋海到底是交通肇事致人损害还是好心救人反被诬陷,成了媒体追问的核心主题。当法院在行政诉讼中确认被告扣留原告的交通肇事嫌疑车辆合法后,媒体纷纷质疑法院"避重就轻"。[32] 公众希望法院解决他们心目中的法律疑问、洗刷刘秋海的"冤屈",是可以理解的,但法院在行政诉讼中只审查扣车行为的合法性,而不负责回答原告是否"好心救人"。又如,在**深圳贤成大厦案**中,合资企业双方发生股权纠纷,行政机关注销了该合资企业并批准第三人参与新的合资企业。法院的裁判只能解决行政机关注销行为的合法性,至于合资企业各方的纷争仍需通过民事诉讼或者仲裁解决。[33] 在诸如此类民、行纠纷交织的案件中,行政裁判往往无法给予"一揽子"的解决。

针对上述问题,最高法院倡导一并解决相关纠纷,以求"案结事了",[34] 2014 年《行政诉讼法》也授权法院对相关民事争议一并审理和裁判。这项制度能够解决一部分问题,但看来效果有限。囿于司法体制和诉讼程序上的诸多障碍,法院仍然没法像医院处理一个身患多种疾病的病人一样,组织各科医生会诊并进行综合治疗。

(三) 司法审查标准的局限

《行政诉讼法》所确立的合法性审查原则还有一层意思:法院在行政诉讼中审查被告行为的合法性,而不是其合理性。在法律容许的裁量范围内,法院通常不去评价行政行为的优劣得失,更不代替行政机关作判断。例如,在治安处罚案件中,如果法律规定的是"处 10 日以上 15 日以下拘留",即使法官认为处 10 天的拘留更适宜,

---

〔31〕 对该事件的评论和反思,参见莫于川:《从夹江打假案看行政法治的若干现实问题》,载《行政法学研究》1997 年第 1 期;博夫:《夹江打假案说明了什么?》,载《人大建设》1997 年第 5 期;徐迅:《回眸"夹江打假案"》,载《法律与生活》1998 年第 7 期。

〔32〕《传媒与"刘秋海事件"》,载《南方周末》2000 年 1 月 14 日("刘秋海系列案中,各案事由不同,但最核心的就是到底是刘秋海救人,还是刘秋海肇事");高改芳:《〈南方周末〉对"刘秋海事件"报道的得失》,载《新闻记者》2001 年第 3 期;袁曙宏、何海波:《道德的审判还是法律的审判——刘秋海诉北海市银海区交警大队案》,载《中国改革》2000 年第 5 期。

〔33〕 泰国贤成两合公司、深圳贤成大厦有限公司诉深圳市工商局、深圳市引进外资领导小组办公室注销企业登记案,最高人民法院行政判决书,(1997)行终字第 18 号。相关报道参见李南玲、众涛杰:《案件聚焦:历时 10 年的"贤成大厦案"尘埃落定》,载新华网,http://news.xinhuanet.com/legal/2004-04/11/content_1412432.htm。

〔34〕《最高人民法院关于当前形势下做好行政审判工作的若干意见》(法发〔2009〕38 号)第 9 条提出,"充分发挥行政诉讼附带解决民事争议的功能,在受理行政机关对平等主体之间的民事争议所作的行政裁决、行政确权、行政处理、颁发权属证书等案件时,可以基于当事人申请一并解决相关民事争议"。

很难说15天的拘留决定就是违法的,就应当撤销。当问题涉及较强的技术性、政策性,法官不得不对行政机关的判断给予更多的尊让。例如,在博士学位评定案件中,博士学位论文是否达到博士学位水准之类的专业问题,法官显然不适宜作出判断。又如,政府为减缓交通拥堵而采取的限行措施是否合理,法官大概也很难判断。诸如此类的问题,指望法院在判决中给一个直截了当的说法,恐怕是不现实的。

2014年《行政诉讼法》修改时增加规定,行政行为"明显不当"的,法院可以撤销。这意味着法官可以对行政行为的合法性作更深入的审查,但法院仍然不能以自己的判断代替行政机关作判断。只有通情达理、了解情况的人普遍认为行政机关的裁量不适当,行政行为才属"明显不当",法院才可出手干预。从行政诉讼实践来看,法院以此理由撤销或者改变行政行为的情况也不是很多。

(四) 司法救济手段的局限

法院对行政行为的合法性进行审查后,可以分情况作出各种判决。但司法救济的手段是有限的,除了例外的情况,法院不能代替行政机关作决定。有时候,法院可以说行政机关这样做不行,但不能说怎么做才行。如果法院认为行政行为违法,可以撤销该行政行为或者责令行政机关履行,但具体如何作出往往取决于行政机关的裁量。所以原告胜诉之后,对行政机关作出或者重新作出的决定不服的,仍然需要诉诸法院。在一些极端情况下,虽经三番五次判决,问题仍然得不到实质性解决,当事人无奈在诉讼的轮回中艰苦挣扎。

2014年《行政诉讼法》修改时,稍微扩大了法院的变更权,有助于缓和这种尴尬。[35] 但在实践中,法院对变更权的运用非常谨慎,极少使用。而在更多情况下,法院无权变更。

(五) 司法裁判效力的局限

司法判决既判力有限,原则上只拘束案件当事人,而不能自动适用于同类案件。这一点在规范性文件的附带审查上尤其明显。法院认为被诉行政行为所依据的规范性文件违法,只能在该案中不予适用,而不会终止规范性文件的效力。行政机关仍然可能依据该规范性文件,对其他人作出同样的行为。其他与原告同样处境的人,为求纠纷得到解决,不得不另行提起诉讼。即使一个案件得到广泛宣传和知晓,它也很难带来"判决一个、解决一片"的效果。在这一点上,法院推行政策的能力显然不如行政系统那么强大。行政诉讼解决纠纷的有效性,很大程度上取决于行政机关能否诚心自觉地遵循判决的精神。

---

〔35〕《行政诉讼法》第77条第1款规定:"行政处罚明显不当,或者其他行政行为涉及对款额的确定、认定确有错误的,人民法院可以判决变更。"

三 行政诉讼在事实上的局限

除了前述法律制度上的局限,行政诉讼解决纠纷的功能还受到一些现实因素的制约。具体可以从行政诉讼两个最主要的行动者——原告和法院的角度来理解。

(一)当事人意愿的限制

行政诉讼程序启动的前提是,行政行为的当事人知晓并愿意通过诉讼来解决纠纷、获取救济。但现实中,一些老百姓法律意识淡漠,许多人甚至不知道诉讼这条途径。有学者曾从文化心理的角度,解释中国老百姓为什么"不喜欢"行政诉讼。[36] 还有学者注意到,公民对司法渠道和党政渠道解决纠纷有同等的需要,不同社会群体的选择有不同偏好。[37] 相比于法律意识和法律文化,后一种解释更加有力。但需要进一步追问的是,为什么一些老百姓没有选择诉讼?下面从行政诉讼制度本身的问题出发,尝试略作解释。

首先,诉讼成本的制约。差不多每个人都经历或听说过别人被衙门胥吏、街头官僚欺负。许多人会选择投诉,但很少有人因为一笔数目不大的罚款或者收费提起诉讼,也不太可能因受警察盘查、呵斥之类的侵扰走向法庭,更不会因为行政机关不尽合理的程序要求、不太过分的程序拖延跑了"冤枉路"就与之对簿公堂。理由很简单:诉讼有成本,为琐细之事打官司划不来。只有事关较大的利益,原告才会走上法庭。

其次,诉讼结果的不确定性。一个理性的当事人不但要计算讼争的利益和需要付出的成本,还要计算胜诉的可能性。不幸的是,法律问题往往很复杂,影响诉讼结果的因素更复杂,没有几个原告在起诉时确信自己会赢得诉讼。裁判结果向来不是非黑即白,诉讼期间的拖延、诉讼程序的往复都是可能的,"赢了判决输了官司"也不奇怪。当法院缺少独立、权威和公正,"到法院打官司"变成"跟法院打官司",诉讼结果就更难期待了。对于这些不可预测因素的感知,往往也让当事人却步。

最后,对诉讼外后果的考虑。当事人在起诉时,有时还会顾虑官司可能给自己名誉上带来的伤害,或者担心行政机关今后可能会报复。"赢一阵子、输一辈子"的官司,赢不起,更输不起。也许是因为这样的原因,公安机关对卖淫嫖娼案件的处罚极少遇到诉讼,行政诉讼这一救济制度在此几乎沦为摆设。[38] 尽管税收执法数量浩瀚,税收数额每年以惊人的速度增长,然而全国税收行政诉讼多数年份只有几百

---

〔36〕 张泰苏:《中国人在行政纠纷中为何偏好信访?》,载《社会学研究》2009年第3期(行政诉讼制度因冲突性过强而遭排斥)。

〔37〕 左卫民、何永军:《政法传统与司法理性》,载《四川大学学报(哲学社会科学版)》2005年第1期;程金华:《中国行政纠纷解决的制度选择——以公民需要为视角》,载《中国社会科学》2009年第6期。

〔38〕 谈敏佳:《卖淫嫖娼治安案件相关法律问题研究》,清华大学2007年硕士学位论文,第26~29页。

件。[39] “气死不告官”的说法已经落伍，但没有完全过时。

（二）司法能力的局限

行政诉讼要发挥解决纠纷的功能，法院有解决纠纷、提供救济的能力无疑是关键。有些案件法院本该受理，但受理以后很难解决。在此情况下，与其勉强受理，越搞越被动，不如一开始就拒之门外。

法院不愿受理有多种情形。首先，法院受到地方当局的限制，不愿受理某些案件。特别是涉及计划生育、征地拆迁、社会稳定等不同时期地方政府的“中心工作”，法院有时难以做到依法受理。其次，法院面对一些棘手案件，因自身处理能力有限不予受理。例如，涉及“农嫁女”在集体经济组织合法权益的案件，可能因为责任田、补偿款已经分配（分发）完毕，即使判决也难以执行，干脆不予受理。[40] 最后，对于一些政策性较强、社会影响复杂的问题，法院也可能不予受理。例如，对于“经租房”、企业转制、党政机构改革过程中出现的一些问题，法院也可能建议当事人通过其他途径解决。

法院不能完全做到公正裁判，也有多方面的原因。对于中国法治建设时期所遇到的一些特殊问题，本书前面曾作分析，此处不赘。

需要强调的是，现代审判是规模化、流水线作业，裁判就是司法的产品，要不出次品是不可能的。首先，法院的权威有限。法院不像传说中的所罗门王一样拥有无上权威，可以下令将孩子一劈两半；法官也不像戏文中的包公身带光环，其公正性无人怀疑。其次，法官的认识有限。要从双方当事人相互矛盾的材料中发现事实，从含糊其词、相互冲突的法条中确定规则，本来不是容易的事。法官总体上是法律人中的精英，但不是个个优秀。最后，法官的时间有限。诉讼有审限的要求，法官有考评的压力，及时结案、不犯错误可能是许多法官的第一考虑。我们对法官有许多美好的期待，但就法官而言，审判只是他的一份工作。对当事人可能是一辈子的事情，对法官只是手头的一件事情。

随着2014年《行政诉讼法》修改，长期困扰行政诉讼的一些制度性问题得到了缓解，但行政诉讼解决纠纷的实际功能有待继续观察。在深入调研的基础上，客观理性地评估行政诉讼的作用，是摆在学术界面前的一项任务。

四　行政诉讼解决纠纷的实效

行政诉讼制度被赋予法治建设的重要使命，同时又受到法律制度本身和各种社会条件的制约，它的实施状况是一个备受关注的话题。从诉讼制度的实际运作来

---

〔39〕 据不完全的资料，2000年税务行政案件共2010件，可能是历史上最多的；2009、2010年分别为293、398件。即使在实行立案登记制之后的2016年，也才683件。

〔40〕 包祥水等：《对“农嫁女”涉法纠纷问题的调查与思考》，载《人民司法》2005年第4期。

看,基本问题是:谁告谁?为何告?谁来审?怎么审?对这些问题的认知,不仅影响人们对行政诉讼制度的理解、当事人的诉讼意愿,也将影响行政诉讼的制度设计。

(一) 行政案件的数量

一个制度必须被人使用才有效果。民国时期建立的行政诉讼制度,虽然原告胜诉率不低,但毕竟数量有限,对整个社会的纠纷解决作用极其有限。当代行政诉讼制度建立之初,一些法院也曾面临"无米下锅"的尴尬。

自行政诉讼制度建立以来,行政案件的数量总体上有较大的增长。《行政诉讼法》制定的1989年,全国法院受理一审行政案件9934件。1990年10月全面实施后,1991年全国法院受理一审案件25,667件,约为1990年的两倍。此后,受案数量总体上升,至2014年达到141,880件。受《行政诉讼法》修改和立案登记制的刺激,全国一审行政案件的数量大幅增加。2019年受案达到279,574件,是2014年的两倍。二审行政案件也持续上升,2019年达到139,513件(见图6)。

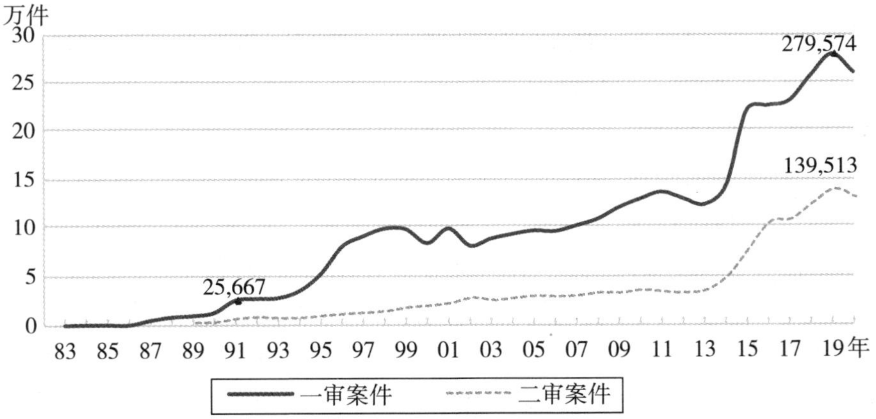

图6　一、二审行政诉讼案件数量

当然,相对于14亿人口的大国和社会纠纷多发的转型时期,这个数字并不算高。如果考虑到法院不予立案和立案后驳回起诉的情况,进入实质审理的案件数量还得打一个折扣。尤其是实行立案登记制后,起诉门槛降低,法院裁定不予立案和驳回起诉相应增多。最近几年,这两项相加,占到三成左右。以2020年为例,裁定不予立案的占5.2%,驳回起诉占21.1%。

从地域分布来看,山东、河南长期是行政诉讼案件最多的省份,两个省相加一度占据全国的1/3,目前仍有1/5。北京、广东、江苏、浙江、四川等地也有相当数量的案件。而直到近年,青海、宁夏、甘肃、新疆、海南等地可能一年只有数百件行政案件,西藏则只有几十件。各地行政诉讼案件的数量,除了当地人口数量,还与经济发展水平、行政执法状况、司法环境和民风有关,很难用单一的因素来解释,也不宜简单地用行政案件数量来评判一个地方行政法治的状况。

尽管如此,有一个因素对行政诉讼案件的数量起到显著的影响:房地产开发。房地产投资带来了大量的征地拆迁,引发了土地管理、城乡规划领域的大量纠纷,也衍生出信息公开、社会治安等领域的诉讼。这也印证了当代中国伴随快速城市化"大拆大建"的特征。

(二)行政诉讼的原告和被告

行政诉讼中有一个挥之不去的问题:是谁在告政府?原告中,有多少企业、多少个人、多少外国人?来自农村、没有多少知识却一心讨要说法的"秋菊",现在还有多少?占据较高社会地位的人群,有多少会提起行政诉讼?

从全国来看,一审行政诉讼中,原告为公民个人的约占八成。这个数字因地域和案件类型而异。在浙江东部的一个山区县,法院自 1990 年至 2015 年审理的 1985 件行政诉讼案件中,原告为公民个人的占 89.4%,原告为村民集体(包括村委会、村民小组、生产队、自然村)的占 5.1%,而原告为企业的只有 3.8%;个人原告中,男性占 3/4,标明职业为农民的占 3/4。[41] 在城市里,景观自然相当不同,北京知识产权法院审理的案件尤其特殊。自该院 2014 年 11 月建院以来 4 年半左右的时间里,涉外知识产权行政案件(不包括涉港澳台地区)达 1.3 万件,占总收案量的 1/5,其当事人不乏世界 500 强企业。[42]

与原告情况相应的是,我国行政诉讼中律师代理的比例较低。有学者对部分法院的裁判文书进行统计,结果发现:一审行政诉讼案件中,原、被告聘请律师代理的分别占 35%和 30%,委托公民代理(包括委托亲戚、单位员工)仍是常见现象。[43] 律师代理的比例近年有所提高,但仍处在较低水平。[44] 律师代理比例较低,一个重要原因是原告多为"升斗小民",所争案件价值细小,聘请律师对他们而言还是相当奢侈的事情。由于法律没有强制要求律师代理,到最高法院申诉的很多案件中的当事人依然没有律师代理。

被告情况也从一个侧面反映了行政案件的性质。根据全国法院网上公开的 2014～2020 年的 68 万份裁判文书,五级政府承当被告的比例分别为:中央 5.3%,省级 3.4%,地市级 21.4%,县级 57.9%,乡镇 10.9%。这在很大程度上反映了中国"县域治理"的重要地位。在县级以上政府中,由其部门承当被告的占七成以上。这

---

〔41〕 朱岚怡:《基层社会运作中的行政诉讼功能:以浙江省 T 县为例》,清华大学 2019 年硕士学位论文,第 22～26页。

〔42〕 《北京知识产权法院涉外知识产权案件审理情况综述》。转引自中国知识产权网,http://www.cnipr.com/sj/zx/201910/t20191017_235857.html。

〔43〕 黄启辉:《行政诉讼一审审判状况研究——基于对 40 家法院 2767 份裁判文书的统计分析》,载《清华法学》2013 年第 4 期。关于二审情况,参见朱春华:《行政诉讼二审审判状况研究——基于对 8 家法院 3980 份裁判文书的统计分析》,载《清华法学》2013 年第 4 期。

〔44〕 根据全国法院网上公开的 2014～2020 年的 68 万份一审裁判文书,行政诉讼原、被告聘请律师的比例分别占 39%和 33%。如果统计同期的判决书,其中记载的律师代理比例则要高得多,原、被告聘请律师的比例分别为 47%和 40%。

在很大程度上显示了中国政府"部门治理"的特征。

(三) 行政诉讼的争议事项

法院受理的行政案件的性质也是评判其诉讼制度的重要方面。我们设想两种情况:在A国,法院经常受理以中央机关为被告的涉及重大决策的行政案件;在B国,法院审理的案件充斥着鸡毛蒜皮的纠纷,重大纠纷几乎不在法院解决。不管最后的结果如何,这两个国家司法的面貌是相当不同的。如果法院不能受理并解决实质性的纠纷,以致真正冤屈者不来法院,这样的诉讼制度就有走向空洞化的危险。

我们很难知道,那些没有进入法院的纠纷是什么;而根据裁判文书,我们能够大概知道,那些进入法院的纠纷是什么。

从行政管理领域来看,行政诉讼案件几乎遍及所有部门。公安案件曾经长期是行政诉讼的第一大类。在《治安管理处罚条例》施行的1987年,治安案件占比高达45%。此后,公安行政案件所占比例不断下降,连续几年都在10%以下。随着计划生育政策的调整,曾经的"老大难"计划生育案件从几千件迅速萎缩到两三百件。与之同时,国土资源和城乡建设成为数量最多的两类行政案件,两者之和一度超过40%。国土资源行政案件(包括土地、林业、草原、矿产等)的比例整体上有下降,但仍然突出。2020年,国土资源行政案件占全部一审行政案件的15.9%。城乡建设行政案件(包括规划、拆迁、房屋登记等)自2002年以后有较大上升,跃居第一大类。2020年,城乡建设行政案件占全部一审行政案件的21.7%。这反映了土地管理、城乡规划和征收拆迁成为当前社会的热点问题。此外,知识产权、劳动与社会保障案件日益显著(见图7)。

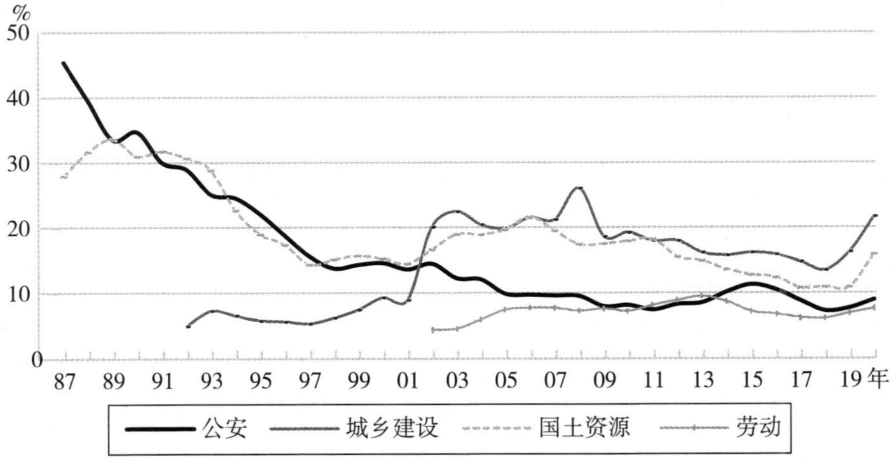

图7　主要领域行政诉讼案件的占比

法院受理的行政行为类型,受限于统计口径和方法,很难有精确可靠的数据,但总体趋势仍是清晰可辨的(见图8)。早期曾经有一半以上的行政案件是针对行政处罚提起的,此后行政处罚比例不断下降,最近几年已经不到10%。行政机关违法要求履行义务(主要是向农民和企业的摊派)曾经是一个严重问题(1998 年还有 15.5%),最近几年已经不到 2%。根据全国法院上网公开的 2014 ~2020 年 68 万份裁判文书,被诉最多的行为分别是行政处罚(10.1%)、行政登记(9.3%)、政府信息公开(7.3%)、行政确认(5.8%)和行政强制(5.7%)。行政诉讼案件类型构成的变化反映了行政管理方式的变化。总体来说,行政处罚、强制、许可等管制行政不再占据行政法的大部分天空,行政给付、登记、裁决等服务行政正在日渐扩展。

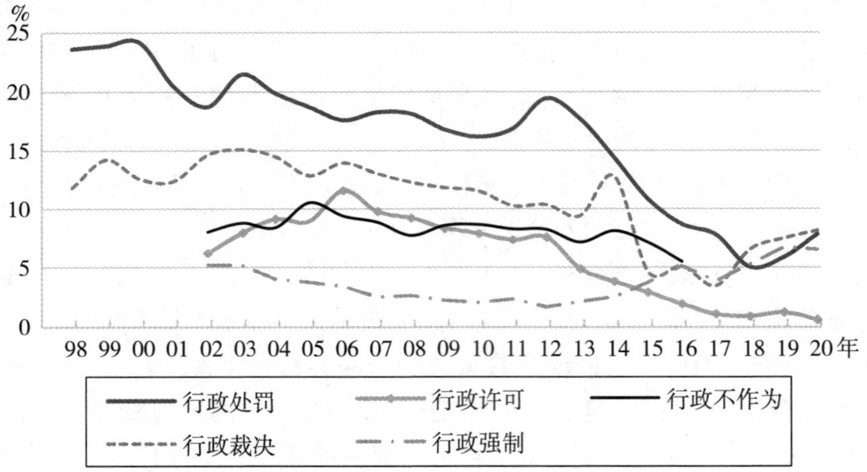

图 8　主要类型行政诉讼案件的占比

(四)法院对行政纠纷的处理情况

我们很难知道,有多少案件的当事人在诉讼过程中感受到了公平正义;我们甚至很难统计,有多少案件的原告获得了胜诉。但有两个相对简单的指标可以帮助理解行政纠纷的处理情况:一是有多少案件法院作了实体裁判,二是有多少案件判决原告胜诉。

原告起诉的案件不一定都有判决。法院可能不予立案,立案后驳回起诉,或者移转给其他法院审理;原告还可能撤回起诉,或者因为不交诉讼费、不参加开庭而被法院按撤诉处理;原、被告之间还可能达成调解。从实践来看,不予受理和驳回起诉占据了一个显著比例;尤其是在 2014 年修正后的《行政诉讼法》和立案登记制实施后,驳回起诉的比例更是在 20% 以上。原告撤回起诉一度是最主要的结案方式,最高时曾经超过一半(见第一章图 2)。原、被告以调解结案的相当少见;即使新《行政诉讼法》扩大了调解的适用范围,也没有显著变化。2020 年,一审行政诉讼调解结案 1148 件,只占 0.4%。

一审案件中,法院判决结案的比例有较大起伏:行政诉讼制度实施初期曾超过七成,最低时不足三成,最近几年接近一半(见图 9)。相比之下,在法院判决结案的一审案件中,原告的胜诉率比较稳定,长期在 30% 上下。如果以法院审结的所有一审案件为基数,判决原告胜诉的比例则有所起伏:《行政诉讼法》实施初期曾经超过

20%，后来一度跌到不足10%，最近几年维持在13%上下。但不同地方、不同类型案件的情况可能差异较大。2017年，北京知识产权法院审结的7279件授权确权行政案件，以判决方式结案的6622件，其中法院判决撤销行政行为1708件，占全部审结案件的23.5%。[45]

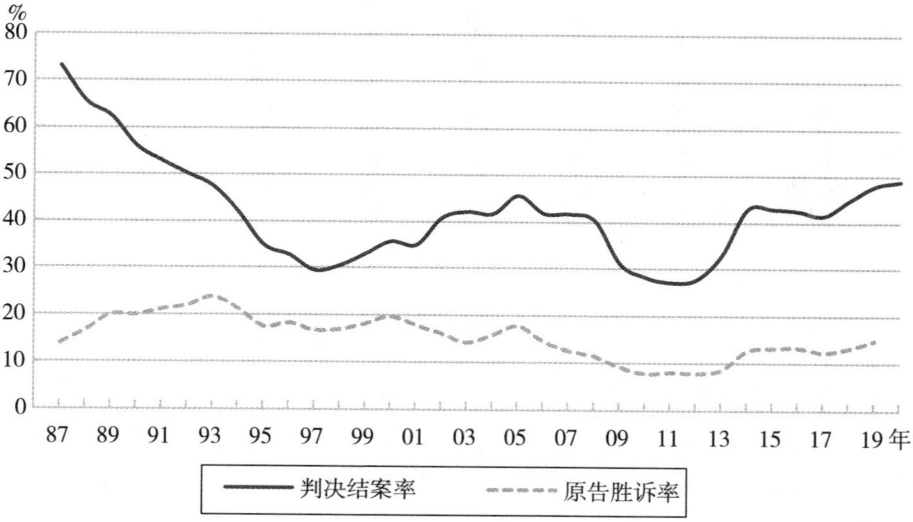

图9　一审案件的判决结案率和原告胜诉率

（五）行政案件处理的时间和成本

一个纠纷从发生到最终解决需要多长的时间，花多大的成本？这是一个很多人想知道，却又很难确知的法律之谜。

2014年修改后的《行政诉讼法》延长了原告的起诉期限和法院的审结期限。通常情况下，原告应当在知道或者应当知道自己权益被侵犯时6个月内提起诉讼。原告提起诉讼后，法院立案审查通常为7天，一审结案时间为6个月，上诉期15天，上诉案件卷宗移送时间不等，二审结案时间为3个月。走完一审到二审，通常需要一年左右；如果需要公告送达、专家鉴定、请示答复等情况，所需时间不得不延长。

法院审理案件的实际时长，可以从裁判文书中得出。我统计了《行政诉讼法》实施后4年内（2015年5月至2018年4月）立案，并且能够提取到相关数据的一审行政裁判文书21万份。绝大部分案件能够在6个月（按183天计）的审限内结案，有11.6%的案件需要更长时间，3.9%的案件超过一年。总体上，裁定结案用时更短，平均105天，中位数77天；判决结案平均用时136天，中位数112天。立案后的第二、三个月，裁定数和判决数分别达到一个高峰，以后逐月减少；但在审限的最后一个月，判决数和裁定数陡然增高。这显然是法官"赶工期"的结果（见图10）。

---

〔45〕《司法保护数据分析报告》，载北京商报网2018年8月21日，http://www.bbtnews.com.cn/2018/0821/260690.shtml。

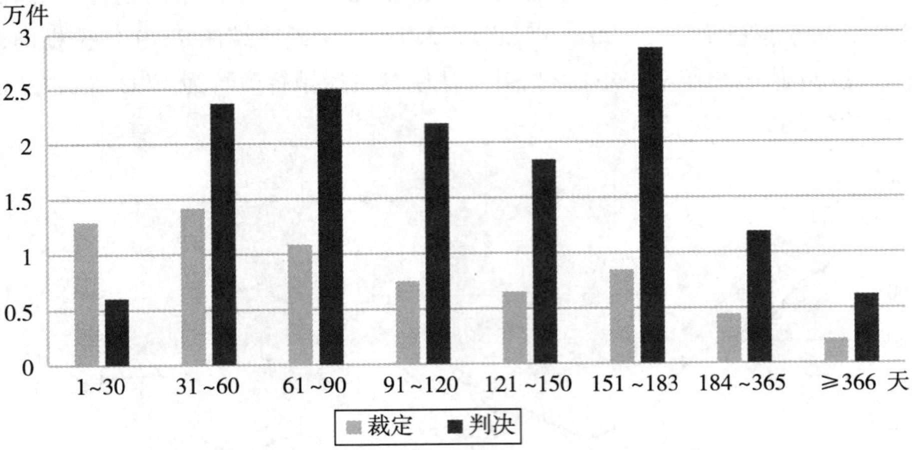

图 10　一审行政诉讼案件的审理时长

在实践中,法院系统通过简易程序、在线审理等方式,努力加快行政诉讼进程。浙江法院在试行行政诉讼简易程序时,曾经创下审结 554 件(占已结一审行政案件总量的 16%)平均用时 29.3 天的纪录。[46] 但受多方面因素掣肘,适用简易程序的案件相当有限。由于各种因素,包括人为的拖延、程序的缺陷,一些案件来回折腾,遥遥无期。一个极端的事例是于栖楚诉贵阳市住房和城乡建设局强制拆迁案。2012 年 7 月,最高法院再审判决确认被告强制拆迁行为违法。这个判决宣示了行政法的重要规则,因此上了《最高人民法院公报》,还作为最高法院办理的重大案件被媒体介绍。读者可能没有注意的是,原告在取得这份胜诉判决之前,打了 16 年官司;在此之后,又花了 7 年时间,才拿到他应得的赔偿。[47]

诉讼程序的启动权在原告,原告在按下启动键之前需要谨慎。诉讼的战车一旦启动,最后能否解决、要花多长时间、多大成本却很难预料。一个最好的制度也只能在总体上减少诉讼中的不确定性,减少诉讼的成本。

第二节　监督行政的功能

行政诉讼不仅解决行政纠纷,也有监督行政的作用。从 1989 年《行政诉讼法》制定至今,"监督行政机关依法行使行政职权"始终是该法的立法宗旨之一。在整个监督行政的体系中,行政诉讼的作用相对微弱,但不可或缺。

---

〔46〕 余建华、孟焕良:《从 100 天到 29.3 天的蜕变——浙江积极推行行政诉讼简易审》,载《人民法院报》2014 年 4 月 29 日,第 4 版。当时浙江高院规定,适用简易程序案件应当在立案后 45 天内审结。

〔47〕 最高人民法院行政判决书,(2012)行提字第 17 号;贵阳市中级人民法院执行裁定书,(2019)黔 01 执 1392 号。另见《最高人民法院公报》2013 年第 10 期;林子杉、王俏:《65 年,那些被记住的案件》,载《人民法院报》2014 年 11 月 24 日,第 8 版。

在一些著作(包括本书的一些叙述)中,行政监督与行政救济往往被相提并论,甚至合而为一。其实,两者的侧重点完全不同:行政监督重在纠正行政违法,督促行政机关依法行政;行政救济重在解决公民诉请,弥补当事人所受的损害。在具体操作中,行政监督与行政救济多数时候是一致的,但两者也可能不是一回事。例如,调解往往标志着行政纠纷成功解决,但不意味着调解的内容必定合法;判决确认行政行为违法是对行政机关的斥责,但原告可能没有获得任何补救。因此,讨论行政诉讼的纠纷解决功能之外,有必要单独讨论它的监督行政功能。

一　监督行政的多种机制

在法院以外,中国监督行政的机制主要是人大监督、上级政府的监督以及审计机关、监察机关的监督。各种监督机制具有不同的社会功能和法律效果。

(一) 人大监督

人大监督是人民主权原则的体现,是中国政治体制的重要部分。[48] 中国实行人民代表大会制度,各级人民代表大会是人民行使国家权力的机关,国家行政机关、审判机关、检察机关、监察机关都由人民代表大会产生,对它负责,受它监督。2006年发布的《各级人民代表大会常务委员会监督法》专门规定了地方人大的监督方式:(1)听取和审议人民政府、人民法院和人民检察院的专项工作报告;(2)审查和批准决算,听取和审议国民经济和社会发展计划、预算的执行情况报告,听取和审议审计工作报告;(3)法律法规实施情况的检查;(4)规范性文件的备案审查;(5)询问和质询;(6)特定问题调查;(7)撤职案的审议和决定。

为了落实这些监督职能,各级人大采取了一些措施。例如,全国人大常委会法制工作委员会设立了法规备案审查室,并制定了《法规、司法解释备案审查工作办法》。最近几年,法工委的备案审查工作日趋活跃,成为中国法治建设和法学研究一个令人瞩目的增长点。[49] 此外,全国人大常委会的执法检查,发展为法律评估和法律改革、监督和促进依法行政的一个重要机制。[50] 地方人大在行政官员的任免、财政资金的使用、特定社会问题的解决等问题上,偶尔也有一些令人赞赏的举动。一些地方还在实践中创造出"两评"制度,即对政府部门的工作评议及对政府部门领导的述职评议。[51]

---

〔48〕 对中国人大制度的介绍,参见蔡定剑:《中国人民代表大会制度》(第4版),法律出版社2003年版;陈斯喜:《人民代表大会制度概论》,中国民主法制出版社2008年版;何俊志:《从苏维埃到人民代表大会制——中国共产党关于现代代议制的构想与实践》,复旦大学出版社2011年版。

〔49〕 全国人大常委会法制工作委员会法规备案审查室:《规范性文件备案审查理论与实务》,中国民主法制出版社2020年版;郑磊:《备案审查工作报告研究》,中国民主法制出版社2021年版。

〔50〕 林彦:《全国人大常委会执法检查权:制度生成与功能演进》,上海三联书店2021年版。

〔51〕 更多的讨论,参见林伯海:《人民代表大会监督制度的分析与构建》,中国社会科学出版社2004年版;冯健鹏:《地方人大监督权的行使》,中国民主法制出版社2016年版。

尽管如此,人大监督有它法律上的限度。第一,程序上的限制,即人民代表大会(及其常委会)是一个合议制机构,任何实质性的决定都应当由全体代表(委员)组成的会议按照议事程序集体决定。这一点决定了人大不可能对行政机关的通常行为展开监督。第二,实体上的限制,即人大监督应当尊重国家机构之间的职能分工,不能代行其他机关的职权。各级人民代表大会只行使宪法和法律赋予它的职权,而不直接行使行政权、审判权和检察权。地方人大可以撤销本级人民政府不适当的决定和命令,但通常不撤销或者变更一个人民政府工作部门的决定;地方人大可以罢免人民政府的组成人员,但不能对一个普通公务员给予行政处分。

即使在法律规定的范围内,人大的监督功能也没有得到充分发挥,一些监督手段没有很好被使用。例如,特定问题调查委员会这一手段,各级人大常委会极少使用,而县级以上人民代表大会至今从未使用过这一手段,以致相关规定沦为"睡美人条款"。又如,规范性文件备案审查中,"经审查研究认为规范性文件存在问题的,大部分地方采取与制定机关沟通协商的方式,督促制定机关自行修改或者废止,并要求其反馈处理结果"。[52] 总体而言,人大监督的现状与人民代表大会政体存在落差,未来发展的空间仍然很大。

(二)行政层级监督

上级政府对下级政府的监督,是单一制国家中上级政府的天然权力。层级监督包括"条条"监督和"块块"监督,前者又包括上级政府对下级政府的监督和上级政府部门对下级政府部门的监督。行政复议制度主要着眼于解决纠纷,但也有行政层级监督的意味,可视为行政层级监督的一个特殊类型。

《宪法》规定,国务院有权改变或者撤销各部、各委员会发布的不适当的命令、指示和规章,改变或者撤销地方各级国家行政机关的不适当的决定和命令(第89条);县级以上的地方各级人民政府领导所属各工作部门和下级人民政府的工作,有权改变或者撤销所属各工作部门和下级人民政府的不适当的决定(第108条)。《地方各级人民代表大会和地方各级人民政府组织法》第66条规定,县级以上地方各级人民政府的"各工作部门受人民政府统一领导,并且依照法律或者行政法规的规定受上级人民政府主管部门的业务指导或者领导"。[53]

在实践中,层级监督的主要方式包括执法情况统计、规范性文件备案审查、行政执法资格审查、执法检查、受理行政复议和信访等。近年来,中央政府大力推行"行政执法责任制"和"领导干部问责制"。"行政执法责任制"要求,在梳理执法依据、

---

[52] 《关于地方人大开展备案审查工作有关情况的报告》,载中国人大网2010年6月4日,http://www.npc.gov.cn/npc/xinwen/2010-06/04/content_1576247.htm。

[53] 最初的《地方各级人民代表大会和地方各级人民政府组织法》(1979年)第40条规定,县级以上地方各级人民政府的"各工作部门受人民政府统一领导,并且受上级人民政府主管部门的领导或者业务指导"。1995年修正时,加上"依照法律或者行政法规的规定"。

分解执法职权、确定执法责任的基础上,建立评议考核机制,落实行政执法责任。[54]“领导干部问责制”规定,党政领导干部因决策严重失误、工作失职、管理监督不力、滥用职权等原因造成重大损失或者恶劣影响的,责令公开道歉、停职检查、引咎辞职、责令辞职,或者予以免职。[55] 对于特大安全事故存有失职、渎职情形或者负有领导责任的,国务院还专门规定了行政责任追究办法。[56]

在系统总结政府监督检查实践的基础上,国务院于2020年制定了《政府督查工作条例》。依据该条例,县级以上人民政府在法定职权范围内,根据工作需要组织开展监督检查。督查内容包括:党中央、国务院重大决策部署、地方政府重要工作部署的落实情况,法定职责履行情况,以及行政效能。督查方式灵活多样,既有明查也可暗访,既可实地检查、听取汇报、调阅材料、约谈人员,也可以通过座谈听证、媒体报道、网络信息等渠道收集材料。政府督查工作结束后,应当作出督查结论。督查结论可以要求整改,建议改变或者撤销不适当的规范性文件等。在公安、土地管理等领域,我国还建立了专门的督察制度。[57]

总体而言,层级监督具有监督范围广泛、程序主动、手段多样的特点。但不同监督方式的具体范围、方式和程序还有待法律进一步明确,与行政复议等相关制度的衔接也需要理顺。

(三) 审计监督

审计监督是一种专门的行政监督。它的基本依据是1982年《宪法》第91条第1款的规定:“国务院设立审计机关,对国务院各部门和地方各级政府的财政收支,对国家的财政金融机构和企业事业组织的财务收支,进行审计监督。”目前审计监督工作的主要依据是1995年的《审计法》,该法于2006年作了修改。

依据2006年修正的《审计法》,审计监督的对象是国务院各部门和地方各级人民政府及其各部门的财政收支,国有的金融机构和企业事业组织的财务收支,以及其他依照本法规定应当接受审计的财政、财务收支;审计内容是前述财政财务收支的真实、合法和效益(第2条)。审计机关依照法定程序进行审计后,提出审计报告;对违反国家规定的财政、财务收支行为,可以在职权范围内依法作出处理、处罚的审计决定,或者向有关主管机关提出处理、处罚的意见(第41条)。

在实践中,自1983年审计署成立,审计工作长期不为人所熟知。直到2004年之后,在李金华担任审计长期间,审计力度明显提高,不但审计报告内容被公开披露,而且报告直指中央政府部门,被媒体称为“审计风暴”。例如,根据2006年的审

---

〔54〕《国务院办公厅关于推行行政执法责任制的若干意见》,国办发〔2005〕37号。

〔55〕 中共中央办公厅、国务院办公厅《关于实行党政领导干部问责的暂行规定》,中办发〔2009〕25号。

〔56〕《国务院关于特大安全事故行政责任追究的规定》(2001年)。

〔57〕《公安机关督察条例》,1997年制定、2011年修订;《国务院办公厅关于建立国家土地督察制度有关问题的通知》,国办发〔2006〕50号。

计结果,北京铁路局动用铁路资金1.6亿元建设别墅式酒店,文化部违规收费过亿元,卫生部闲置财政专项款6.1亿元……[58] 2009年的审计结果披露,有62个县级国税局为完成税收任务,违规向169户企业提前征税或多征税款23.4亿元。[59]

尽管如此,许多人相信审计所查出和披露的情况只是现实冰山之一角。而审计署派出机构低价拿地建豪华别墅、[60]地方审计局局长"公款按摩"[61]之类的事件,也从侧面反映了公共财政资金使用所存在问题的普遍性和审计监督面对公款消费积习的无力。当披露的问题触目惊心而相关官员鲜有被追究时,人们质疑"审计风暴为什么换不来问责风暴"。[62] 对此,审计长李金华就曾告诫,审计不是万能的,它只是预防和惩治腐败的手段之一,不能简单地把经济责任审计等同于惩治腐败。[63]

(四)国家监察

由专门机构对公职人员进行监察,在中国有久远的传统。自20世纪80年代,中国形成了国家检察机关、行政监察机关和党的纪律检查机关分工协作的监察体制。其中检察机关负责侦查国家工作人员贪污贿赂、失职渎职等职务犯罪案件,行政监察机关负责查处行政机关和行政机关工作人员违反政纪的行为,党的纪律检查机关负责查处各级党组织和中共党员违反党纪的行为。2018年机构改革,整合行政监察职责和检察机关查处、预防职务犯罪等职责,组建国家、省、市、县监察委员会。监察委员会由人民代表大会产生并对其负责、受其监督,地方各级监察委员会同时对上一级监察委员会负责并受其监督。监察委员会同党的纪律检查机关合署办公,实现"对所有行使公权力的公职人员监察全覆盖"。[64] 同年3月,全国人大修改宪法、制定《监察法》,确立了新的国家监察体制。

依据《监察法》,监察机关行使监督、调查职权,有权依法向有关单位和个人了解情况,收集、调取证据。对可能发生职务违法的监察对象,可以进行谈话,要求说明情况或者就涉嫌违法行为作出陈述;对涉嫌贪污贿赂、失职渎职等职务犯罪的被调查人,监察机关可以进行讯问,要求其如实供述涉嫌犯罪的情况;被调查人涉嫌严重职务违法

---

[58] 国家审计署《42个部门单位2005年度预算执行审计结果公告》(2006年第5号),2006年9月11日。

[59] 国家审计署《16省区市国税部门税收征管情况审计调查结果》(2009年第9号),2009年7月17日。

[60] 《审计署驻长沙办事处低价拿地 建百余套豪华别墅》,载人民网2008年9月19日,http://house.people.com.cn/GB/98374/101031/8075898.html;《刘家义披露"审计署长沙办建豪华别墅事件"调查结果》,载新华网,http://news.xinhuanet.com/politics/2008-10/07/content_10161247.htm。

[61] 《审计署关于浙江东阳市审计局局长违纪事件的通报》,载新华网,http://www.gov.cn/gzdt/2009-02/19/content_1235846.htm;陈东升、王春芳:《公款按摩局长职务被免之后》,载法制网,http://www.legaldaily.com.cn/bm/2009-03/12/content_1052544.htm。

[62] 谭翊飞、张一龙:《审计风暴为什么换不来问责风暴》,载《南方周末》2010年7月28日。依据审计工作报告的数据,2006年至2010年,因审计报告披露的问题而受到党纪、政纪处分的共有671人,而被依法逮捕、起诉或判刑的共有319人。但审计部门建议处分官员的信息从未公开披露过。

[63] 张晓松:《李金华:不能把经济责任审计等同于惩治腐败》,载新华网,http://news.xinhuanet.com/politics/2005-09/15/content_3492373.htm。

[64] 中共中央《深化党和国家机构改革方案》,载《人民日报》2018年3月22日。

或者职务犯罪，监察机关在必要情形下，可以将嫌疑人和其他涉案人员留置在特定场所。此外，监察机关还有权依法查询、冻结涉案单位和个人财产，搜查相关人员的身体、物品、住处；涉嫌重大职务犯罪，经过批准，可以采取技术调查措施。《监察法》还规定，监察机关依照前述规定收集的证据材料，在刑事诉讼中可以作为证据使用；但以非法方法收集的证据应当依法予以排除，不得作为案件处置的依据。

从过去经验来看，监察机关与纪委结合，具有令人生畏的权力、雷厉风行的做法和其他监督手段不可比拟的效果。自 2012 年 12 月中共中央政治局审议通过关于改进工作作风、密切联系群众的八项规定，5 年来，全国共查处违反中央八项规定精神问题 19 余万起，给予党纪政纪处分 14 余万人（平均每天 70 余人）。〔65〕但行政监察也有不足。规则有时不够明晰，救济手段不足，运行过程和处理结果透明度较低。监察机关的着力点在廉政监察，效能监察、执法监察多流于形式。除了执行和配合中央的专项治理或特别规范的事项外，监察机关对执行法律、政策、政令的情况很少进行监督检查，对不执行法律、政策、政令的更少查处。如果有一天哪位官员因为拒绝信息公开或者妨害行政诉讼受到监察机关的处分，一定是个新闻。

综上所述，中国对行政活动的监督机制多样，但除了司法监督，还不存在一个由当事人发动、严格遵循公正公开程序、强调以事实和法律为准绳、独立于行政系统的监督机制。在这样的意义上，司法监督具有不可替代的作用。

二　司法监督的作用机理

尽管《行政诉讼法》明确写入"监督行政机关依法行使职权"，但行政诉讼是否具有以及在多大程度上具有监督行政的功能，仍有不同看法。直到近年还有人认为，法院是审判机关不是监督机关，不应当具有监督行政的职能。〔66〕下面着重阐述法院的监督职能体现在哪些地方，以及法院的监督职能与其解决纠纷的职能有何区别。

（一）行政诉讼监督行政的功能

行政诉讼监督行政的功能，首先体现在对被诉行政行为的合法性审查，并作出相应的判决。行政行为违法的，予以撤销或者确认违法；行政机关不履行法定职责的，令其作出；违法行政行为给人造成损失的，责令赔偿。对于行政机关来说，这是一种个案的监督。自行政诉讼制度建立以来，法院在几十万起案件中通过判决实现了监督。通过个案裁判，行政诉讼为行政活动树立起法律的界碑，对行政决定产生

---

〔65〕《五年来全国查处违反中央八项规定精神问题汇总》，载中纪委监察委网，http://www.ccdi.gov.cn/special/bxgdbbwzn/sjfx_bxgdwzn/201711/t20171129_112724.html。"八项规定"本来是中共中央政治局对其成员的自律，但地方纷纷参照其"精神"执行。在查处的 19 余万起违反中央八项规定精神问题中，公款国内旅游 7574 起，违规配备使用公务用车 35,597 起，违规发放津补贴或福利 26,741 起，违规收送礼品礼金 21,313 起，大办婚丧喜庆 19,469 起。

〔66〕邢丙银：《全国人大常委会委员：赋予法院监督行政机关的任务，需再推敲》，载澎湃新闻 2017 年 9 月 1 日，https://www.thepaper.cn/newsDetail_forward_1781760。

了潜在的约束。由于行政诉讼制度的存在，行政机关（包括行政复议）在作决定的时候，往往有“螳螂捕蝉、黄雀在后”的压力。行政机关意识到，行政行为作出后，自己有被起诉、所作行为有被否定的可能。这有助于行政机关增加一分审慎、减少一分恣意。同时，行政机关在作出决定的时候，可能会注意到相关的司法裁判，尤其是法院判决本行政机关败诉的先例。这对于行政机关改进工作方式起到一些作用。

行政诉讼过程中，法院可能向有关机关发出司法建议。司法建议在《行政诉讼法》中有所规定，在实践中似乎也获得越来越多的重视。综合法律规定和实践做法，司法建议的监督性质主要体现在下面几个方面：第一，行政机关及其工作人员妨害法院依法审理，或者拒不履行生效裁判文书的；〔67〕第二，行政机关及其工作人员在行政过程中存在违法、失职，损害国家、社会和他人利益，需要追究责任的；〔68〕第三，对于行政管理活动中存在的普遍性问题，向有关部门提出建议，为改进工作提供参考。〔69〕上述第一、二种情形明显具有监督行政的作用，第三种情况也有一定的监督作用。接受司法建议的机关应当根据有关规定进行处理，并将处理情况告知法院。

行政诉讼的过程和结果也为公众监督行政权力提供了一个机会。法院的裁判文书应当按规定在中国裁判文书网上公布，在法律数据库里也能够查到。截至2019年底，各级法院公布的行政裁判文书达200多万份。〔70〕这些裁判文书多数包含被诉行政机关名称、被诉行政行为内容、原告对行政行为的指责和法院对其合法性的认定，为公众提供了窥视行政权力运作的窗口。近几年来，最高法院和一些地方法院陆续公布行政诉讼典型案例或者发布行政审判白皮书，也起到延伸的监督效果。〔71〕白皮书往往概述行政案件的一般情况，分析行政机关败诉的原因。这有助于行政机关树立依法行政观念，改进行政执法，也不动声色地提醒行政机关：“法官在你肩上”。

行政系统对行政诉讼的重视，也提升了行政诉讼的监督功能。在实践中，一些地方推行行政机关负责人出庭应诉制度，《行政诉讼法》也作了相应规定。国务院进一步提出，“对涉及重大公共利益、社会高度关注或者可能引发群体性事件等案件以

---

〔67〕《行政诉讼法》第66条第2款规定，被告经传票传唤无正当理由拒不到庭，或者未经法庭许可中途退庭的，法院可以向监察机关或者被告的上一级行政机关提出司法建议，对其主要负责人或者直接责任人员予以处分。第96条第4项规定，行政机关拒绝履行判决、裁定、调解书的，法院可以向该行政机关的上一级行政机关或者监察机关提出司法建议；接受司法建议的机关，根据有关规定进行处理，并将处理情况告知法院。

〔68〕《行政诉讼法》第66条第1款规定，法院在审理行政案件中，认为行政机关的主管人员、直接责任人员违法违纪的，应当将有关材料移送监察机关、该行政机关或者其上一级行政机关；认为有犯罪行为的，应当将有关材料移送公安、检察机关。

〔69〕《行政诉讼法》第64条规定，法院在审理行政案件中，经审查认为行政行为据以作出的规范性文件不合法的，不作为认定行政行为合法的依据，并向制定机关提出处理建议。

〔70〕关于裁判文书公开的一般情况，参见杨金晶、覃慧、何海波：《裁判文书上网公开的中国实践——进展、问题与完善》，载《中国法律评论》2019年第6期。

〔71〕2015年，最高法院报告指出，各级法院5年来共发布行政审判白皮书4138份。周强：《最高人民法院关于行政审判工作情况的报告》，第十二届全国人民代表大会常务委员会第十七次会议，2015年11月2日。

及人民法院书面建议行政机关负责人出庭的案件,被诉行政机关负责人应当出庭”。[72] 这有助于增强行政机关对诉讼过程和裁判结果的重视,有助于行政机关负责人了解行政决定过程中存在的问题,一定程度上加强了行政诉讼的监督功能。[73] 此外,一些地方政府把行政诉讼案件的数量和裁判结果纳入行政机关绩效考核范围,作为评判行政机关依法行政状况的一个指标。虽然这一指标不尽科学,实践中也有副作用,但它在一定程度上加强了行政机关依法应诉和依法行政的意识。

有学者曾以一个交警执法案例来讨论行政诉讼对街头官僚执法的监督作用。原告因驾驶电动车驶入机动车道,被交警拦下并处以20元罚款。原告认为自己违法行为轻微,并未影响道路正常通行,不应予以处罚。原告起诉后,交警大队负责应诉的工作人员三次与其接触:开始态度强硬,认为原告“无理取闹”;继之表示愿意退还罚款,但处罚决定无法撤销;最后表示可以撤销处罚、退还罚款。在被告履行承诺后,原告最终撤诉。除了原告的懂法和坚持,行政机关绩效考核看来是影响该案行政机关行为的一个关键因素。[74]

(二)监督行政与解决纠纷的区别

行政诉讼监督行政的功能与解决纠纷的功能在很大程度上是相同的,但也有明显区别。一些著作借鉴国外理论,把这种区别称为“客观诉讼”与“主观诉讼”的区别。[75] 这两者的区别主要体现在以下几个方面:

一是某些制度主要是为监督行政而设置的,对解决纠纷没有实质性的帮助。这主要体现在《行政诉讼法》第74条所规定的“确认违法”判决。[76] 例如,“行政行为程序轻微违法,但对原告权利不产生实际影响的”,法院判决确认违法,于行政机关是一个“记过处分”,于解决纠纷则没有明显益处。“被告改变原违法行政行为,原告仍要求确认原行政行为违法的”,法院判决确认违法,也是同样道理。这些规定具有鲜明的中国特色。

二是某些制度有解决纠纷的功效,但仍以监督行政为主旨。《行政诉讼法》所确立的“合法性审查”原则,即法院的任务是审查被诉行政行为的合法性,就是一

[72] 《国务院办公厅关于加强和改进行政应诉工作的意见》,国办发〔2016〕54号。

[73] 卢超:《行政诉讼行政首长出庭应诉制度:司法政治学的视角》,载《北方法学》2015年第4期。

[74] 潘新美、何彬:《行政诉讼对街头官僚执法的监督功能:基于交警执法的个案研究》,载《中国行政管理》2017年第9期。

[75] 梁凤云:《行政诉讼法修改的若干理论前提(从客观诉讼和主观诉讼的角度)》,载《法律适用》2006年第5期;薛刚凌、杨欣:《论我国行政诉讼构造:“主观诉讼”抑或“客观诉讼”?》,载《行政法学研究》2013年第4期。

[76] 《行政诉讼法》第74条规定:“行政行为有下列情形之一的,人民法院判决确认违法,但不撤销行政行为:(一)行政行为依法应当撤销,但撤销会给国家利益、社会公共利益造成重大损害的;(二)行政行为程序轻微违法,但对原告权利不产生实际影响的。行政行为有下列情形之一,不需要撤销或者判决履行的,人民法院判决确认违法:(一)行政行为违法,但不具有可撤销内容的;(二)被告改变原违法行政行为,原告仍要求确认原行政行为违法的;(三)被告不履行或者拖延履行法定职责,判决履行没有意义的。”

个集中体现。在大部分案件中,法院要解决行政纠纷,就要回答被诉行政行为的合法性。这是它们相关的地方。但行政诉讼实行"全面审查"、不以原告和上诉人提出的问题为限,体现了较强的监督色彩。另外,依合法性审查原则,法院在审查中可能涉及被告行政行为的合法性,但并不一定回答原告行为的合法性;法院可能确认行政行为违法,但有时不说行政行为应当如何作出;如果原告没有提出请求,法院也不会判决行政机关赔偿。这些制度设计可能导致行政纠纷没能彻底解决。

三是某些制度以解决纠纷为主旨,监督行政的功能因此受到较大限制。例如,行政诉讼的提起原则上以原告与被诉行政行为有利害关系为限,并有起诉期限的要求;在法院作出裁判前,原告可以撤回起诉,上诉人可以撤回上诉,双方当事人可以调解;法院对行政规范性文件只能进行附带审查,不能判决撤销或者确认其违法。原告在诉讼过程中死亡,没有近亲属继续诉讼,诉讼就告终止,哪怕法官确信被诉行政行为构成违法。

上述区分只是大概而言的。每一个制度因其具体内容和实施状况不同,可能呈现不同面貌。例如,行政机关负责人出庭、法院发出司法建议等制度总体上兼具监督和救济双重功能,究竟侧重何者取决于具体实施的场合和方式。又如,原告的撤诉和当事人的调解如果加上行政行为合法性的要求和法院审查的义务,监督行政的色彩就明显加强。但如果法院对原告的撤诉申请一律准许,甚至自己动员原告撤诉,监督的效果就大打折扣。对行政诉讼功能的评价不但要看法律怎么说,还要看实际怎么做。

三 司法监督行政的限度

与纠纷解决功能一样,行政诉讼监督行政的功能也面临着法律和事实上的限制。归根结底,行政诉讼只是促进良好治理这一系统工程的一部分,不能指望它独力负担起促进良好行政的重任。

(一) 不告不理

行政诉讼的一个基本原则是"不告不理"。如果依法不能提起诉讼、没有人提起诉讼或者原告撤回诉讼,法院的监督也就无从谈起。

法律对可诉行政行为类型的限制,给法院监督行政划定了范围。例如,存在公款消费问题,但财政资金的使用问题不属于法院主管范围。如果公民要求法院去纠正行政机关违规购买轿车,法院不会受理。[77] 规范性文件不能起诉的规定,也给一些违法行政设置了免受司法监督的保护区。一些城市简单粗暴地禁止电动自行车

---

〔77〕 蒋石林诉湖南省常宁县财政局案,参见洪克非、徐亮:《一名普通纳税人的公益诉讼》,载《中国青年报》2006年4月5日;陈晶晶:《纳税人诉讼离我们还有多远》,载《法制日报》2006年5月10日。

上路,损害了众多市民的利益。[78] 但他们只能等到行政机关对他驾驶电动自行车上路的行为作出处罚后,针对该处罚行为提起诉讼。他们对禁止电动自行车上路规定的不满,很难通过行政诉讼获得解决。

法律对起诉资格的设定,即起诉人与被诉行政行为必须有利害关系,也阻隔了法院对行政的监督。中国法律还不承认没有法律上利害关系、纯粹以维护合法秩序为目标的公益诉讼。有一些违法行政行为并不直接损害公民权利(甚至当事人就是违法行政的受益人),根本不可能被提起诉讼。例如,江西一些驾校与公安交警勾结,大规模售卖驾照。那些没有经过培训和考试的"马路杀手"接连酿成重大交通事故。直到江西省公安厅展开大规模的抓捕行动,江西驾校售卖驾照的黑幕才渐渐浮出水面。[79] 在此过程中,法院很难发现也无法纠正公安交警部门售卖驾照的行为。

即使法律规定可以起诉,但如果没有人来起诉,法院的监督也就无从谈起。一些税务部门为完成税收任务,违规向企业提前征税或多征税款,但当事人为了维持与税务部门的关系,宁可忍受也不愿起诉。政府价格管理部门的药品定价没有明确、合理标准,定价结果毫无公平可言,医药企业也是敢怒不敢言,不愿去挑战现行的药品定价制度。[80]

即使原告提起了诉讼,如果原告在诉讼过程中又撤回起诉,法院的监督往往也就不了了之。在实践中,行政机关可能通过各种手段促使原告撤诉,从而规避法院的监督。在于善涛诉哈尔滨市机动车检测部门环城公路收费案中,哈尔滨市政府为了偿还银行贷款,规定全市机动车每年缴纳二环路使用费,其中私家车交 1100 元,在车检时收取。这一做法明显违反了国务院办公厅文件"严禁将车辆通行费平摊到所有车辆并强制收取"的规定。2002 年,哈尔滨市太平区法官于善涛向法院提起行政诉讼,要求停止收取二环路使用费。正当人们期待官司最后结果的时候,于善涛却从法院撤回了起诉。哈尔滨市二环路"买路钱"照收如旧,直到 12 年后才由省政府发文停止收取。[81]

---

〔78〕 2006 年 11 月 14 日,广州市公安局通过新闻发布会方式发布了《关于对电动自行车和其他安装有动力装置的非机动车不予登记、不准上道路行驶的通告》,宣布从次日起,广州市正式全面禁止电动自行车上牌、上路行驶。《道路交通安全法》第 58 条规定,残疾人机动轮椅车、电动自行车在非机动车道内行驶时,最高时速不得超过 15 公里。

〔79〕 陈征北、杨兆元:《上万温州司机江西买驾照 莽撞上路屡成马路杀手》,载中国新闻网,http://www.chinanews.com.cn/auto/2010/11-01/2626638.shtml;方海、朱永红、殷诚聪:《驾照乱象迷人眼》,载《浙江日报》2010 年 11 月 11 日。

〔80〕 陈楫宝:《贝氏状告国家计委败诉:药品定价机制"中外有别"?》,载《21 世纪经济报道》2003 年 1 月 14 日;《发改委药价新政倾向外企,国内仿制药敢怒不敢言》,载《中国经营报》2004 年 4 月 24 日。

〔81〕 张凯华:《哈尔滨二环路收费,糊涂的"买路钱"》,载央视国际 2004 年 3 月 28 日。转引自华商论坛,http://bbs.hsw.cn/simple/?t2506562.html;《哈尔滨:上不上"二环"一样要交"买路钱"》,载央视新闻频道 2010 年 11 月 23 日,http://news.cntv.cn/program/C20692/20101123/107142.shtml;《哈尔滨市"二环路费"停收 争议中持续 14 年》,载中国广播网,http://china.cnr.cn/xwwgf/201404/t20140411_515277976.shtml。

（二）就案论案

现代行政是一个复杂的系统。无论是治理交通拥堵、保护生态环境，还是振兴产业、促进就业，都涉及方方面面的行政管理。被提交到法院的行政争议，只是这个系统工程具体实施中的一个环节，是行政管理丛林中的一棵树。法院的审查是“就案论案”的：它可以裁判某棵树木是否种在正确的位置，却不能解决森林的养护。例如，法院可以裁判被告行政机关的行为是否超越职权，却说不上相关的行使职权适宜由哪个机关行使；法院可以裁判，公安交通主管部门对当事人违反道路交通标志的处罚是否合法，却说不上道路交通标志应当如何设置、道路交通管理应当如何改进；法院可以裁判，某个高校拒绝给申请人颁发学位是否合法，却说不上学位制度应当如何改革。总而言之，法院无力告诉当事人和社会，什么是更好的行政，以及如何给予系统性的改进。

在某些情况下，人们也许可以把司法过程当成一个公共论坛，去探讨行政活动应当遵循的规则，去鞭策行政机关遵章守法、改进执法。但法律的实施和执法的改进牵涉方方面面，不仅取决于行政机关的主观意愿，取决于人员、经费等条件，也取决于行政机关所赖以活动的体制。在当下，上级行政机关、纪检监察部门甚至新闻媒体可以成为行政监督的有效方式，政党组织、立法机关、高层行政往往是探讨行政改革的更好论坛。

（三）合法不合理

即使是面对一个具体行政行为时（多半情况下还是行政机关已经实施的行为），法院所能做的只是裁判其合法性。通常情况下，法院无法告诉人们什么是更合理的行为。对于行政机关的不作为，法院只有在有限的情况下要求其作为，却无法让消极怠工的行政机关积极向前，主动实施。即使法院站在实质法治的立场上，对行政行为作出比法律条文字面规定更深入的审查，行政行为往往仍然有相当的裁量空间。法院可以排除某些选项，但在行政裁量范围内不会也不宜给出答案。“合法不合理”的现象，在行政诉讼中是无法完全避免的。

薛宏诉北京市公安局公安交通管理局丰台交通支队方庄大队行政处罚案只是生活中一个平常的事件，它暴露了行政诉讼监督功能的局限。原告薛宏因违反规定在路口停放机动车，被“贴条”告知违法，后被处以200元罚款。薛宏提出，北京机动车车位太少，停车困难。他停车的路段没有“禁止停车标志牌”和“禁停标志线”，机动车道、非机动车道、人行便道之间也无隔离设施。他停车前已尽到了注意义务，因此不存在违章停车的问题。薛宏还抱怨说，交通协管员贴的告知单上，只有被告方庄交通大队的名称印章，连办公地址和电话都没有，他费了周折才找到被告的所在地。法院判决指出，车位太少的意见应该得到交通管理部门的重视和进一步解决，但该事实不应成为违法停放车辆的理由。《道路交通安全法实施条例》第63条第2

项规定，交叉路口、铁路道口、急弯路、宽度不足 4 米的窄路、桥梁、陡坡、隧道以及距离上述地点 50 米以内的路段不得停车，当事人自应遵守。至于原告抱怨告知不详的问题，大概法官觉得与被诉行政行为的合法性完全无关，判决书中并未回应。[82]

（四）对事不对人

司法审查重在解决纠纷，而不是监督官员。它是对行政行为的合法性作出裁判，而不是对行政官员作出评价。法院既不能去处分一个行政官员，也不会去表彰一个行政官员。

司法审查不重监督有它的道理。首先，现代行政组织是个复杂的结构，法院很难知道一个违法的行政决定实际是由谁作出，究竟应当由谁对此负责。其次，行政决定的作出有复杂的考虑因素：有的时候是上级的要求，有的时候是官员的失误，有的时候是故意的滥用。就像在刑事审判中，法院为了解决定罪量刑的问题，需要查明被告人的犯罪故意，甚至动机；但对于引发被告人犯罪的社会原因、被告人实施犯罪前后的心路历程，法院既没有兴趣也没有义务去探究。

《行政诉讼法》第 66 条第 1 款规定："人民法院在审理行政案件中，认为行政机关的主管人员、直接责任人员违法违纪的，应当将有关材料移送监察机关、该行政机关或者其上一级行政机关；认为有犯罪行为的，应当将有关材料移送公安、检察机关。"但实际上，法院能够管好自己的门前事就已经不易，移送就无从谈起了。这再次说明，行政诉讼的监督功能是附带的，不能要求法院去做不适合它做的事情。

第三节　发展法律的功能

在现代国家，立法机关制定的法律构成其法律体系的骨架，行政法规和规章则填充了法律体系的具体内容，而法院似乎只是"适用法律"。然而，这种对法律的形式主义理解遮蔽了法律运作的真实图景。法律不是立法、行政两个部门创制的静止条文，而是一个由多方参与、动态发展的规范体系。通过原告起诉、法院裁判、专家评论、公众关注，以及最高司法机关和行政、立法部门的回应，行政诉讼制度促进了法律的发展。

行政诉讼制度发展法律的功能既未得到立法明确规定，也未获得学界广泛关注，但它是一个事实。与判例法国家中的法院不同，中国的法院以一种独特的方式发展着法律。一些学者曾经分析过行政诉讼制度发展法律的功能，并对这种功能寄予了期望。[83]

---

〔82〕 北京市第二中级人民法院行政判决书，(2014)二中行终字第 355 号。

〔83〕 何海波：《通过判决发展法律——评田永案件中行政法原则的运用》，载罗豪才主编：《行政法论丛》第 3 卷，法律出版社 2000 年版；余凌云：《法院如何发展行政法？》，载《中国社会科学》2008 年第 1 期。

一　行政诉讼发展法律的方式

行政诉讼是一个多方参与的活动,行政诉讼对法律的发展体现为多种形式。讨论行政诉讼对法律的发展,需要考察多个法律行动者的互动。

(一)法律发展的表现形式

1989年《行政诉讼法》在颁行25年后,才有了第一次修改。但在此期间,中国的行政诉讼制度已经实现了很大的发展。除了《行政复议法》等少量法律的个别条款涉及行政诉讼,行政诉讼制度的发展集中体现在最高法院的一系列司法解释,特别是最高法院1991年和2000年发布的两个系统性的司法解释。[84] 这些司法解释,无论是澄清法条疑义还是填补法条漏洞,几乎都来自对审判经验的总结或者对个案问题的回应。

在正式的司法解释以外,最高法院行政审判庭和地方法院(特别是各高级法院)还制定了数量不菲的司法文件,对相关问题作了规定。这类司法文件包含了大量创新性的规定,并具有相当的实效。它们还可能被正式立法和司法解释所采纳,从而获得更高层级的肯定和更广范围的应用。

除了上述法律文件,大量的司法裁判更是法律发展的重要源泉。中国不是一个判例法国家,司法判决对以后的案件没有普遍约束力,哪怕是《最高人民法院公报》上登载的案例也是如此。因此,无法指望一两个判决就可以确立规则,实现法律的发展。尽管如此,司法判决可能提出新的问题、宣示新的规则,并产生个案之外的“涟漪效应”。在此意义上,个案判决构成法律发展的重要环节,值得我们关注。

在一些情况下,法律的发展主要不是由个案判决来完成,而是办案法院提出请示或者司法建议,由权威机关直接对法律问题作出答复。例如,法院不适用地方性法规的问题,主要是由全国人大法工委、最高法院等部门的答复来确认的。但在此过程中,行政诉讼个案仍然起到了重要的推动作用。

(二)行政诉讼推动法律发展的一般模式

行政诉讼推动法律发展,表现为澄清法律条文、塑造法律原则、推动立法完善。行政诉讼受案范围的扩大、正当程序原则的适用以及多个行政管理领域具体制度的改进,为我们提供了可以观察的事例。

在行政诉讼受案范围上,法院通过大量的实践不断突破原有的理解。以“学生告学校”为例:开始是各地零星出现几个案件,随着田永诉北京科技大学案获得《最高人民法院公报》的确认,以及随后的刘燕文诉北京大学案被媒体密集报道,这类诉

[84] 关于2000年司法解释的讨论,参见江必新:《司法解释对行政法学理论的发展》,载《中国法学》2001年第4期;甘文:《行政诉讼司法解释之评论——理由、观点与问题》,中国法制出版社2000年版。

讼获得广泛的知晓和认同,各地法院的大门纷纷打开。在短短几年时间里,法院受理了几十上百个起诉学校的行政案件。学界热烈回应了这一现象,为法院的做法提供理论上的支持。在积累司法经验的基础上,最高法院通过司法解释重新阐述有关受案范围的规定,从而大大扩充了行政诉讼的受案范围。[85]

正当程序原则的发展,得益于学术界的长期鼓吹和《行政处罚法》的颁行,并体现在田永案件、刘燕文案件、张成银案件等一系列案件中。虽然它至今还没有获得立法的全面肯定,但已经显示出勃勃生机。如果没有这些案例,正当程序原则至今仍然是书本上的说教、外国法的故事;有了这些案例,正当程序开始成为法律普遍要求的一部分,律师在法庭上主张正当程序不再是"胡说八道",法官援引正当程序也不再是"恣意造法"。不仅如此,更多的立法和司法解释接受了正当程序原则。教育部2005年颁布的《普通高等学校学生管理规定》要求"贯彻正当程序的原则",并规定了学校的告知、送达等程序义务。[86] 最高法院的一个司法解释要求,房屋征收补偿决定"严重违反法定程序或者正当程序"的,法院应当裁定不准予执行。[87]

在一些行政管理领域中,行政诉讼个案也为制度的改进提供了契机。**张先著诉芜湖市人事局公务员招录案**引发了公众对"乙肝歧视"的强烈关注。该案判决不久,2004年8月修订的《传染病防治法》增加规定:"任何单位和个人不得歧视传染病病人、病原携带者和疑似传染病病人。"人事部、卫生部2005年1月发布的《公务员录用体检通用标准(试行)》规定,"乙肝病原携带者,经检查排除肝炎的"应属合格。[88] 在**南京知识律师事务所诉国家工商总局商标局不予受理案**中,北京市第一中级法院判决认为,被告以律师事务所不是《商标法实施条例》规定的"商标代理组织"为由拒绝受理原告作为代理人提交的商标注册申请,缺乏法律依据,该通知予以撤销。该案判决标志着律师从事商标代理的权利在司法上得到认可和保护,并最终冲垮了工商行政管理部门长期对律师从事商标代理的限制。[89]

总结这些事例,行政诉讼推动法律发展往往包含个别创新、传播评论和效仿确认三个基本环节。首先是创新的举动,即法院通过个别的判决文书或者司法文件,

---

〔85〕 何海波:《行政诉讼受案范围:一页司法权的实践史(1990—2000)》,载《北大法律评论》第4卷第2辑,法律出版社2002年版。

〔86〕 何海波:《司法判决中的正当程序原则》,载《法学研究》2009年第1期。

〔87〕 《最高人民法院关于办理申请人民法院强制执行国有土地上房屋征收补偿决定案件若干问题的规定》,法释〔2012〕4号,第6条。

〔88〕 杜文娟:《传染病防治法:张先著为1.2亿人维权》,载《人民日报》2005年4月13日;孙文鹰:《张先著案终结"乙肝歧视"》,载《人民法院报》2006年11月3日。人力资源社会保障部、卫生部2010年修订《公务员录用体检通用标准(试行)》(人社部发〔2010〕19号)删除了上述文字,只保留"各种急慢性肝炎,不合格"的标准。

〔89〕 李新生:《律师从事商标代理不再受限》,载北京法院网2004年7月28日,http://bjgy.chinacourt.org/public/detail.php? id=11937。2009年11月11日,国家工商行政管理总局公布并于即日起施行的《商标代理管理办法》第4条仍然要求:"申请设立商标代理组织的,申请人向所在地县级以上工商行政管理部门申请登记,领取《企业法人营业执照》或者《营业执照》。"但该局2010年7月12日重新公布的《商标代理管理办法》增加规定:"律师事务所从事商标代理的,不适用前款规定。"

宣示一些创新的规则或者提出一些新潮的措施。这些规则或者措施，多半是为了解决眼前问题而提出的对策，极少是为了贯彻一种抽象的理念。这些措施往往是粗陋的，没有得到周详的表述，甚至行动者缺乏清晰的意图。但这些做法往往事先得到内部的首肯和相关方面的支持。其次是传播和评论。一个创新的判决或者新潮的措施必须通过媒体报道获得传播。传播方式包括新闻媒体的报道，法院系统内部的交流，以及学术刊物的讨论。传播过程伴随评论，评论结果决定进一步传播的范围。最后是效仿和确认。一个新潮的举措需要获得同行的效仿和上级的确认，才能成为范例。这种效应并不限于上级法院对下级法院，而是向四面八方扩散的，有时候一家基层法院的判决都可能产生全国性的影响。一个案件波及其他案件，众多零星案件的影响不断累积，逐渐突破原有理解、改变现成做法，并重新塑造整个法律共同体对法律的理解。

二　行政诉讼发展法律的内容

行政诉讼对法律的发展，主要体现在法院在行政诉讼中所适用的程序法律和实体法律上。〔90〕但行政诉讼制度对法律发展的贡献，并不限于此，它还影响行政机关的运作。

翻开行政诉讼法的教材，几乎每一个程序性问题都有司法创造的影子。其荦荦大端，体现在最高法院的一系列司法解释中。(1)法院的受案范围。从1989年《行政诉讼法》第11条的列举规定到2000年《若干解释》的概括规定，是一个公认的巨大变革。(2)诉讼时效。行政机关作出行政行为后，没有告知当事人该行政行为的内容或者没有告知当事人申请救济的渠道和期限，原告的起诉时限得到一再延长。(3)诉讼管辖。通过最高法院的司法解释，管辖法院级别得到提升，异地管辖开始常态化。(4)附带民事诉讼。经当事人申请，与行政裁决相关的民事纠纷，可以在行政诉讼中得以一并审理。(5)判决方式。法院在实践中创造出了驳回原告诉讼请求、确认被诉行政行为违法或者无效等裁判方式。(6)申请强制执行。负有义务的一方当事人拒绝履行生效司法文书，行政机关没有申请强制执行的，对方当事人可以申请强制执行。

如果说行政诉讼有关程序性问题规定的影响主要限于诉讼参加人，那么，法院对行政诉讼实体问题的发展影响更加深远。这些问题集中体现在行政行为合法性审查根据的运用上，许多问题迄今还没有明确的司法解释。(1)职权法定原则。《行政诉讼法》规定“超越职权”的行政行为构成违法，法院较早确认了上位法优先适用和法律保留原则。(2)比例原则的引入。1989年《行政诉讼法》只规定“滥用职权”和“显失公正”的处理办法，法院在实践中尝试引入比例原则这一更加严格的尺

〔90〕对其中重大问题的梳理，参见江必新：《司法解释对行政法学理论的发展》，载《中国法学》2001年第4期；余凌云：《法院如何发展行政法?》，载《中国社会科学》2008年第1期。

度。(3)正当程序原则的强化。在法律、法规、规章对行政行为应当适用的程序没有明确规定的时候,法院开始适用正当程序原则来审查。其内容从告知行政执法人员的身份、案件事实和证据、当事人权利,到听取当事人申辩和说明理由。(4)证据合法性和时效性的要求。法院在实践中形成了非法证据的排除规则,以及对诉讼当事人获取和提交证据的时限要求。(5)作出行政作为的期限。即使法律、法规、规章没有规定行政机关作出行政行为的期限,通过最高法院对起诉时机的规定,间接地确定了行政行为的一般期限。

与具体规则的填漏补缺相比,行政诉讼对法律发展的更大贡献可能在于树立法律的权威性、强调依法行政的重要性。难得有一个常规运作的制度,让各方对法律文本如此条分缕析、字字计较,让人感受到法律平静的威严。由于行政诉讼制度的存在,政府部门在决策时可能会考虑:"这事在法院那里是否通得过?"至少在一些情况下,政府法制人员可以直接对领导说"不行",并告诉领导怎样才行。在此意义上,行政诉讼的进步就是法治的进步,行政诉讼的败坏就是法治的败坏。

三 行政诉讼发展法律的限度

通过诉讼发展法律已经是一个不可否认的事实。我们既要肯定它的正当性,也要看到它的局限性。

(一)行政诉讼发展法律的正当性

首先,法院发展法律是弥补法律漏洞的需要。法条有尽,事情无穷。无论立法者多么高明,也不可能事先预见今后所有的问题;无论立法授权再授权,无论法条再多再细,由制定法条文织造的法律规范体系都不免千疮百孔。由立法者事后通过补充立法去弥补漏洞或者通过修改法律去衡平个案中的不公,对个案的处理来说实在过于迟钝,无法满足正义的要求。法律织物的褶皱只能靠执法者通过法律解释去熨平。执法者"适用法律"而制定法条文不明确、有漏洞或者拘泥制定法字面含义将导致不能容忍的明显不公时,往往需要根据法律原则、公共政策、社会习惯、学说理论,衡量各种法律价值后作出处理。

其次,法院发展法律是法治对话的需要。立法机关宣示法律,但不能垄断法律的生产。行政部门长期而广泛地制定规则,这一点早已获得各方承认。法院,不过是以自己的方式参与法律的发展。虽然中国法院的判决不具有先例的约束力,但它通过个案判决澄清法律规则、提出法律问题、引发法律讨论。立法、行政与司法部门共同构成了法律对话的动态过程。这不光是中国法治建设初级阶段的现实需要,也是一个健全的法治秩序所永远必要的。

(二)行政诉讼发展法律的局限性

法院对法律的发展,尤其是通过个案判决对法律的推动,其作用是相当有限的。

这种局限不但来自法院在政治体制中的实际地位,也来自司法在整个宪法框架中的预定角色。首先,是法院民主合法性的不足。在当代民主国家,立法机关系选举产生,长于汇通民意,具有民主合法性,而法院则相对缺乏。其次,是法院专业合法性的不足。面对现代行政的复杂问题,法院往往不具备解决问题所需的专业知识,不能及时为这些问题确定一套适宜的规则。因此,法院往往严守法律的界碑,尽量不越界干预。最后,是司法判决发展法律这一形式的合法性欠缺。司法判决回应个案中的法律适用,宣示规则不够简明。全国法院数以千计,法官数以万计,司法判决不易保持一致。由少量高层级机关通过立法去制定规则,反而更加简明和一致。

鉴于司法过程所受的上述限制,法院应当自觉节制其发展法律的冲动。首先,中国法院的裁判不能抵触立法机关制定的法律。例如,法院可以通过解释行政行为的含义,扩大行政诉讼的受案范围,但法院不可能无视《行政诉讼法》关于受案范围的禁止性规定。最高法院可以通过司法解释把异地管辖常态化,但不可能完全取消基层法院的管辖权。

其次,即使不抵触立法,在重大问题上,法院无力单方面推动重大的制度改革。有些事,立法机关可以做,行政机关可以做,但法院不能做,也做不了。如颇受媒体关注的**张天珠等诉教育部高考录取分数线案**,青岛考生张天珠等不满高考招生政策,于2001年向最高法院提起诉讼。原告认为,教育部当年下发的全国普通高校招生计划按地域范围限定招生人数,导致不同地区之间录取分数线差异巨大;原告的分数在北京可能上重点大学,在青岛只能读高职或者电大。教育部的行为侵犯了原告的平等受教育权,应当撤销。毫不奇怪,法院没有受理原告的起诉。〔91〕 在**程海户口迁移案**中,工作在北京但户口在合肥的程海向两地公安机关申请,要求将户口从合肥迁入北京。居住地北京市公安局昌平分局拒绝其迁入,户口所在地的合肥市公安局庐阳分局也拒绝其迁出。2007年,程海以迁徙自由为名,先后将两地公安机关告上法院。其诉讼请求相继被驳回。〔92〕 类似地,在**杨支柱诉北京市海淀区人口和计划生育委员会征收社会抚养费案**中,中国青年政治学院教师杨支柱试图在法庭上挑战现行的计划生育政策和社会抚养费征收制度,法院判决对他的这一主张没有作出任何回应。〔93〕 诸如此类案件涉及的教育、户籍、计划生育的变革,虽然已经提上议事日程或者走到十字路口,但显然不适合由法院来决定和宣布。法院鉴于自己民主合法性和专业合法性的不足,不得不把重大的制度改革留给立法和行政机关。

---

〔91〕 关于该案件的报道,参见胡印斌:《状告教育部侵犯平等受教育权　青岛考生进京递诉状》,载《河北日报》2001年8月23日。对于现行高考录取制度的批评,可参见杨曾宪:《统一高考　不统一的录取线公平吗》,载《中国青年报》2001年8月1日;刘健:《怎样看待倾斜的高考分数线》,载《中国青年报》2001年8月2日;新浪网"录取分数线"相关专题,载 http://edu.sina.com.cn/focus/lqfsx.html。

〔92〕 王健:《户口迁移第一案》,载《法律与生活》2007年第16期。

〔93〕 北京市海淀区人民法院行政判决书,(2011)海行初字第13号;北京市第一中级人民法院行政判决书,(2011)一中行终字1782号。关于该事件的报道,见苏岭、丁婷婷、林春挺:《大学教授超生记》,载《南方周末》2010年4月15日。

总而言之,行政诉讼在法治国家建设中的作用不可或缺、不可忽视,但也不可夸大。我们完全可以期待,今后中国的行政诉讼将发挥更大作用。然而从根本上讲,行政诉讼制度的功能受法律框架和社会条件的限制,必定是有限的。认识它的意义也认识它的局限,才是完全的认识;知道它的缺点依然爱它,是真爱。

第三章　行政诉讼的法律适用

行政诉讼的过程,很大程度上就是法律适用的过程。法院通过找寻和解释法律条文及其他根据,确定应当适用的法律规范,然后结合案件事实,得出裁判结果。从法院对案件的受理,到行政行为合法性的审查,再到实体问题的判决和程序事项的处理,无不涉及法律解释和适用。

本章讨论行政诉讼法律适用的一般问题。首先,介绍法律解释的根据,亦即通常所称的法律渊源。在中国这样的成文法国家里,法律、法规、规章等制定法构成主要的法律渊源,法律原则和先例作为补充的法律渊源也日益获得重视。其次,讨论制定法适用中的特殊问题。实践中,制定法条文的含义和适用范围常常引发争议,需要法院作出解释;法规、规章和规范性文件的合法性可能受到质疑,需要法院决定是否适用。最后,阐述对行政裁量的司法审查。对于制定法没有明确规定、行政机关自由裁量的行为,法院不能完全放任不管,但又要避免不恰当的干预。如何保持恰当的立场,是司法的永久难题。

第一节　行政法的渊源

按通常理解,行政法的渊源可以分为成文渊源和不成文渊源。两者的具体形式和范围取决于对法律渊源概念的理解。在本书中,行政法的成文渊源(以下简称成文法源)指由特定国家机关制定、具有规范内容和普遍效力的法律文件,如法律、法规、司法解释。行政法的不成文渊源(以下简称不成文法源)是个相对开放的概念,它可能包括法律原则、先例(立法例、行政惯例和司法先例)、法律学说、公共道德、行政政策和比较法。其中的行政法一般原则,在中国法学理论中已经获得比较广泛的认可,在司法实践中也得到零星运用;司法判例对同类案件的指导作用,也获得越来越多的重视。

下面主要阐述成文法源的几种类型,以及不成文法源中的法律原则和先例。

一　行政法的成文渊源

没有权威文献规定我国成文法源的种类。《立法法》调整的范围限于法律和法律解释、行政法规、地方性法规、自治条例、单行条例及规章。最高法院关于裁判文书如何援引规范性法律文件的司法解释还提到“其他规范性文件”。[1] 本书采取宽泛的理解,将成文法源视为特定国家机关制定、具有规范内容和普遍效力的各种法律文件。主要种类包括:宪法,法律,行政法规,地方性法规,自治条例、单行条例、特区法规等特别法规,规章,国际条约,司法解释,以及其他规范性文件。

与不成文法源比较,成文法源往往更具明确性和权威性,通常也是法律适用时最优先考虑的渊源。但各种成文法源之间,具体的情形很不相同。下面分别予以讨论。

(一) 宪法

传统上,中国法院不援引宪法判案,合宪性审查更是无从谈起。[2] 在法律界“宪法司法化”的呼吁下,最高法院曾在齐玉苓案件的批复中提到“依据宪法规定(所享有的受教育的基本权利)”。[3] 此举被理解为最高法院援引宪法的尝试,一度激发了学界对宪法适用的讨论。然而,没过几年,上述司法解释被悄然废止,[4]法院在裁判文书中援引宪法更成禁忌。尽管如此,司法实践仍有援引宪法作为说理根据的零星案例。[5]

在讨论宪法的司法适用时,也许需要澄清:问题不在于谁援引了宪法,而在于援引宪法去做什么。法院援引宪法直接作为定罪依据,会使刑法丧失可预测性,有悖罪刑法定原则,当然不能允许。法院援引宪法宣布最高立法机关的法律无效,也不符合我国人民代表大会制这一根本政治制度。在其他情况下,则应当允许法院援引宪法来论证其观点,包括审查法规、规章和其他规范性文件的合宪性。

现行《宪法》授权全国人大常委会解释宪法,授权全国人大及其常委会监督宪法的实施。这一规定明确了全国人大及其常委会有权解释宪法,而一旦其作出解释,该解释具有最高效力。但上述规定并不意味着,全国人大及其常委会是宪法解释的唯一机关,其他机关都无权解释。宪法的生命在于实施,只有在不断的解释和适用中才能展现它茁壮的力量。

---

〔1〕《最高人民法院关于裁判文书引用法律、法规等规范性法律文件的规定》,法释〔2009〕14 号。

〔2〕《最高人民法院关于人民法院制作法律文书如何引用法律规范性文件的批复》(已废止),法[研]复〔1986〕31 号。该批复没有规定引用宪法,这一点通常被理解为不宜引用。

〔3〕《最高人民法院关于以侵犯姓名权的手段侵犯宪法保护的公民受教育的基本权利是否应承担民事责任的批复》(已废止),法释〔2001〕25 号。该批复称,“根据本案事实,陈晓琪等以侵犯姓名权的手段,侵犯了齐玉苓依据宪法规定所享有的受教育的基本权利,并造成了具体的损害后果,应承担相应的民事责任”。

〔4〕《最高人民法院关于废止 2007 年底以前发布的有关司法解释(第七批)的决定》,法释〔2008〕15 号。该决定称,法释〔2001〕25 号“已停止适用”。

〔5〕参见邢斌文:《法院如何援用宪法——以齐案批复废止后的司法实践为中心》,载《中国法律评论》2015 年第 1 期; 冯健鹏:《我国司法判决中的宪法援引及其功能——基于已公开判决文书的实证研究》,载《法学研究》2017 年第 3 期。

(二)法律、法规和规章

从行政执法和行政审判的角度来说,法律、法规、规章是最主要的法律渊源。

1.法律

"法律"一词有多种含义。作为行政法渊源的法律,是指我国最高立法机关按照立法程序制定的规范性文件。依据现行《宪法》和《立法法》,法律应当由全国人大或其常委会审议后表决通过,并以国家主席令公布。法律的名称,通常叫"中华人民共和国×××法",也有的叫"条例""决定""办法"等。全国人大常委会早期无权制定法律但被授权制定法令,法令通常以"条例"命名,如1957年的《治安管理处罚条例》和1980年的《学位条例》(均已废止)。全国人大常委会的法律解释在某些方面与法律有别,但在效力上等同,不妨看作法律的一种形式。

法律是效力仅次于宪法的规范,也是行政法最主要的渊源。依照《立法法》(2015年修正)的规定,某些事项只能通过法律来规定,如对公民政治权利的剥夺,限制人身自由的强制措施和处罚,对非国有财产的征收征用,财政、税收、海关、金融、外贸等基本制度。上述事项尚未制定法律的,全国人大及其常委会可以授权国务院对其中的部分事项先制定行政法规,但是有关犯罪和刑罚、对公民政治权利的剥夺、限制人身自由的强制措施和处罚、司法制度等事项除外。

依照宪法规定,全国人民代表大会制定和修改刑事、民事、国家机构的和其他的基本法律。在行政法领域,全国人大制定的法律主要有1989年的《行政诉讼法》和1996年的《行政处罚法》。除应当由全国人大制定的法律以外,全国人大常委会有权制定法律;全国人大常委会还有权在不抵触全国人大法律的基本原则的前提下,对其进行部分补充和修改。[6] 在实践中,绝大多数法律是由全国人大常委会制定或者是经过其修改的。由于中国法院不具有对法律的审查权,全国人大制定的法律与全国人大常委会制定的法律在实效上没有差异。

2.行政法规

行政法规是国务院遵循立法程序制定的规范性法律文件,其中绝大多数是行政管理规范,也有少量属于调整民事关系的规范。

依据《宪法》,国务院有权制定行政法规。制定行政法规的事项包括国务院为履行《宪法》第89条规定的行政管理职权而创制法律规范,以及为执行法律的规定而制定实施细则。国务院制定行政法规的权力受法律保留和法律优先原则的限制。但是,应当通过法律规定的事项,国务院根据全国人大及其常委会的授权,可以先制定行政法规。在改革开放过程中,国务院根据全国人大常委会《关于授权国务院改革工商税制发布有关税收条例草案试行的决定》(1984年起施行,2009年失效)和全

---

〔6〕 相关讨论,参见林彦:《再论全国人大常委会的基本法律修改权》,载《法学家》2011年第1期;易有禄:《全国人大常委会基本法律修改权行使的实证分析》,载《清华法学》2014年第5期。

国人大《关于授予国务院在经济体制改革和对外开放方面可以制定暂行的规定或者条例的决定》(1985年),制定了一系列的暂行规定或者暂行条例。

行政法规的制定程序和具体形式,是在实践中逐步明确起来的。2000年的《立法法》对行政法规的制定程序作了规定。在此前后,国务院制定了《行政法规制定程序暂行条例》(1987年发布,2002年废止)、《行政法规制定程序条例》(2001年发布,2017年修订),改进了行政法规的制定程序和发布方式[7]。依据现行规定,制定行政法规应当经过立项、起草、审查,由国务院常务会议审议或者由国务院审批,并由总理签署国务院令公布。行政法规的名称一般称"条例",也可以称"规定""办法"等。这使它明显有别于以"国发""国办发"形式下发给省级政府和国务院部门的规范性文件。

除了国务院以前述方式制定并公布的行政法规,在2000年7月《立法法》施行以前,按照当时的行政法规制定程序,经国务院批准、由国务院部门公布的规范性文件,也视为行政法规;但在《立法法》施行以后,经国务院批准、由国务院部门公布的规范性文件,不再属于行政法规。[8] 据此,1999年经国务院批准、中国证监会以证监发〔1999〕48号发布的《中国证券监督管理委员会股票发行审核委员会条例》,被视为行政法规;而2003年中国证监会制定、国务院国函〔2003〕119号批准的《中国证券监督管理委员会股票发行审核委员会暂行办法》,则属于规章。

3. 地方性法规

长期以来,有权制定地方性法规的权力机关比较有限,一是省、自治区、直辖市的人大及其常委会,二是较大的市的人大及其常委会。其中,"较大的市"包括省、自治区人民政府所在地的市,经济特区所在的市和经国务院批准的较大的市。[9] 2015年《立法法》修改后,地方性法规的制定权逐步扩大到所有设区的市和自治州,但调整事项原则上限于城乡建设与管理、环境保护、历史文化保护等方面。设区的市的地方性法规须报省、自治区的人大常委会批准后施行。

依据《立法法》的规定,地方性法规可以就下列事项作出规定:(1)为执行法律、行政法规的规定,需要根据本行政区域的实际情况作具体规定的事项;(2)属于地方性事务需要制定地方性法规的事项。除《立法法》第8条规定的法律保留事项外,国家尚未制定法律或者行政法规的,上述地方可以根据具体情况和实际需要,先制定地方性法规。在国家制定的法律或者行政法规生效后,地方性法规同法律或者行政法规相抵触的规定无效,制定机关应当及时予以修改或者废止。截至2019年9月,

---

〔7〕 1988年5月31日,《国务院办公厅关于改进行政法规发布工作的通知》(国办发〔1988〕25号)声明,今后行政法规改用"发布令"的方式发布;经国务院总理签署公开发布的行政法规,由新华社发稿,《国务院公报》《人民日报》应当全文刊载,国务院不另行文,国务院各部门、地方各级人民政府及其所属机构都应遵照执行。

〔8〕 《最高人民法院关于审理行政案件适用法律规范问题的座谈会纪要》,法〔2004〕96号。

〔9〕 国务院先后批准的"较大的市"共19个:唐山、大同、包头、大连、鞍山、抚顺、吉林、齐齐哈尔、青岛、无锡、淮南、洛阳、宁波、淄博、邯郸、本溪、苏州、徐州、重庆,其中的重庆后来升格为直辖市。

我国现行有效的地方性法规总数达到12,000余件。[10]

4. 规章

规章包括国务院部门制定的规章和地方政府制定的规章。"规章"一词是通行的立法用语,但有时为了强调它是行政机关所制定,有别于企事业单位、社会团体的规章制度,特称"行政规章"。依据《规章制定程序条例》的规定,规章的名称一般为"规定""办法",不称"条例"。制定规章须经立项、起草、审查,制定机关负责人会议决定,并由机关首长签署命令予以公布。有权制定规章的机关没有遵循前述程序制定的规范性文件,不属于规章。例如,国土资源部等部门制定的《土地储备管理办法》,是以国土资发〔2007〕277号文件的形式下发,只能算规章以外的其他规范性文件。

有权制定规章的国务院部门包括:国务院各部、委员会、中国人民银行、审计署等国务院组成部门,以及具有行政管理职能的国务院直属机构。涉及两个以上国务院部门职权范围的事项,也可能由国务院有关部门联合制定规章。有权制定规章的地方政府包括省、自治区、直辖市政府和"较大的市"的政府。2015年《立法法》修改以后,规章制定权同样下放到设区的市和自治州的政府。

部门规章和地方政府规章的立法权限不尽相同。对于部门规章,《立法法》规定,部门规章规定的事项应当属于执行法律或者国务院的行政法规、决定、命令的事项。没有法律或者国务院的行政法规、决定、命令的依据,部门规章不得设定减损公民、法人和其他组织权利或者增加其义务的规范,不得增加本部门的权力或者减少本部门的法定职责。依照《行政许可法》,在尚未制定法律、行政法规的情况下,国务院部门规章不得设定行政许可。对于地方政府规章,《立法法》规定,特定层级的地方政府为执行法律、法规的规定,或者就属于本行政区域的具体行政管理事项,可以制定规章。《行政许可法》规定,在尚未制定法律、法规的情况下,省级政府规章可以设定临时性的行政许可。

(三)其他特别法规和规定

在上述法律渊源之外,还有一些适用于特别地区、特别对象或者特别时期的法规、规章和措施。主要是:适用于民族自治地方的自治条例和单行条例,适用于经济特区的法规和规章,适用于武装力量内部的军事法规和规章,适用于戒严地区和时期的特别管理措施和办法,以及突发事件的应急处置措施。

1. 自治条例和单行条例

依据《宪法》和《立法法》的规定,民族自治地方的人民代表大会有权依照当地民族的政治、经济和文化的特点,制定自治条例和单行条例。自治条例和单行条例

---

〔10〕陈菲:《全国人大拟考虑修法赋予地方更大立法空间》,载新华网,http://www.xinhuanet.com/politics/2019-09/09/c_1124978895.htm。

可以依照当地民族的特点，对法律和行政法规的规定作出变通规定，但不得违背法律或者行政法规的基本原则，不得对《宪法》和《民族区域自治法》的规定以及其他有关法律、行政法规专门就民族自治地方所作的规定作出变通规定。自治区的自治条例和单行条例，报全国人大常委会批准后生效；自治州、自治县的自治条例和单行条例，报省级人大常委会批准后生效。

2. 经济特区的法规和规章

全国人大常委会于1992、1994和1996年先后授权深圳、厦门、汕头和珠海四市的人大及其常委会"根据具体情况和实际需要，遵循宪法的规定以及法律和行政法规的基本原则"，制定法规，在各自的经济特区实施；授权该市人民政府制定规章，在各自的经济特区组织实施。

3. 戒严措施和应急处置措施

根据《宪法》和《戒严法》的规定，在发生严重危及国家的统一、安全或者社会公共安全的动乱、暴乱或者严重骚乱，不采取非常措施不足以维护社会秩序、保护人民的生命和财产安全的紧急状态时，国家可以决定实行戒严。在戒严期间和戒严地区内，国家可以依照《戒严法》的规定，对宪法、法律规定的公民权利和自由的行使作出限制。类似地，《突发事件应对法》也规定，突发事件发生后，履行统一领导职责或者组织处置突发事件的人民政府有权采取"应急处置措施"。依照上述法律采取的特别管理措施和应急处置措施，构成特定时期和特定地区的特殊法律渊源。《治安管理处罚法》第50条规定，拒不执行人民政府在紧急状态情况下依法发布的决定、命令的，处警告、罚款直至拘留的处罚。

（四）国际条约

国际条约，有时称"条约"，是指两个或者多个国家或者其他国际法主体按照国际法所缔结的确定相互间权利义务关系的书面协议。条约的名称有条约、公约、规约、宪章、协定、议定书、换文等，有的还使用共同宣言、联合声明、谅解备忘录一类的形式。在中文中，有时条约、协定并称，但两者的区别并不清晰。[11]

中华人民共和国成立后，中国签署和加入了一系列的友好合作条约、领土和划界条约、司法协助和引渡条约、贸易投资协定以及国际人权公约，仅全国人大常委会决定批准的就达400余项。[12] 人大批准之外的，难以精确统计。仅2018年，中国对外缔结的国家间、政府间和政府部门间的双边条约至少280多项，参加多边条约2

---

〔11〕 例如，依据我国《宪法》，全国人大常委会决定批准"条约和重要协定"。此处的"条约"应是狭义的，而"协定"则是广义的。

〔12〕 相关汇编，可参见全国人大外事委员会法案室编：《全国人大常委会决定批准或加入的条约和重要协定概览》，中国民主法制出版社2010年版。

项。[13] 国际条约已经成为中国法律体系越来越重要的部分。

中国宪法未就国际条约的法律地位作出明确规定。依据《缔结条约程序法》第7条,"条约和重要协定",其中包括与中国法律有不同规定的条约和协定,应当经全国人大常委会批准。但国际条约是直接适用还是间接适用,与国内法不一致时是否优先适用,迄今尚无定论。

在相当一段时间里,我国法律和实践倾向于认为,中国缔结或参加的国际条约可以并应当在涉外关系中直接、优先适用。[14] 《民法通则》《邮政法》《渔业法》《税收征收管理法》等多部法律规定,中华人民共和国缔结或者参加的国际条约同该法有不同规定的,适用国际条约的规定,但中华人民共和国声明保留的条款除外;1982年至今的《民事诉讼法》和1989年《行政诉讼法》也有同样规定。司法审判通常也持这一立场。在克里斯蒂昂迪奥尔香料公司诉国家工商总局商标评审委员会案中,最高法院认为,原告完成了《商标国际注册马德里协定》及其议定书规定的申请商标的国际注册程序,无须在指定国家再次提出注册申请。在申请商标国际注册信息欠缺我国《商标法实施条例》规定的部分形式要件的情况下,商标行政机关应当秉承积极履行国际公约义务的精神,给予申请人合理的补正机会。[15] 在美利坚合众国泛美卫星国际系统责任有限公司诉北京市国家税务局对外分局第二税务所代扣代缴预提所得税决定案中,法院注意到,《外商投资企业和外国企业所得税法》及其实施细则与中美两国政府《关于对所得避免双重征税和防止偷漏税的协定》所规定的特许权使用费范围不同。法院优先适用税收协定,并判决认为被告对泛美卫星公司收取的款项征收预提所得税符合税收协定。[16]

然而,在中国加入WTO后,最高法院一个关于国际贸易行政案件法律适用的司法解释,没有明确规定国际条约应当优先适用,只规定国际条约可以作为解释国内法的基准。[17] 2014年《行政诉讼法》修改时,原有立法关于国际条约在涉外行政诉讼中优先适用的规定也被删掉了。在此前后,2010年《涉外民事关系法律适用法》、2017年《民法总则》以及《民法典》也没有对国际条约的适用作出规定。这些动向暗

---

〔13〕《2018年中国对外缔结条约概况》,载外交部网站2019年4月29日,https://www.fmprc.gov.cn/web/ziliao_674904/tytj_674911/tyfg_674913/t1659362.shtml。

〔14〕李浩培:《条约法概论》,法律出版社1987年版,第384页;江国青:《国际法与国际条约的几个问题》(全国人大常委会法制讲座),载中国人大网2000年4月29日,http://www.npc.gov.cn/npc/c541/200004/df5c33ac36384944b3c851e6efd2b0fc.shtml;赵建文:《国际条约在中国法律体系中的地位》,载《法学研究》2010年第6期。

〔15〕最高人民法院指导案例114号,2019年12月24日发布。

〔16〕北京市第一中级人民法院行政判决书,(2001)一中行初字第168号;北京市高级人民法院行政判决书,(2002)高行终字第24号。

〔17〕《最高人民法院关于审理国际贸易行政案件若干问题的规定》,法释〔2002〕27号。第9条规定:"人民法院审理国际贸易行政案件所适用的法律、行政法规的具体条文存在两种以上的合理解释,其中有一种解释与中华人民共和国缔结或者参加的国际条约的有关规定相一致的,应当选择与国际条约的有关规定相一致的解释,但中华人民共和国声明保留的条款除外。"

示,国际条约直接、优先适用的原则可能面临调整。

在中国的立法中,国际条约的适用一般是作为涉外法律问题加以规定的。国际条约对纯粹国内事项的效力,还需要更多研究。从原理上讲,条约既经缔结、参加并生效,缔约国就应当信守,有关国家机关也有义务遵循。鉴于适用情形的复杂性,可以考虑作如下安排:国际条约在国内法上可以直接适用,作为解释法律条文的基准;条约与法规、规章不一致的,优先于法规、规章适用。

(五)司法解释

司法解释是有权机关所作法律解释的一种。在我国,"法律解释"有时特指特定国家机关以法律解释名义、针对特定法律文本制定的、具有释疑或者补充性质的规范性法律文件。这种意义上的法律解释在学理上称"抽象解释",以区别于执法机关在个案中对法律的理解与适用。在现行的法律解释体制下,立法机关、行政机关、司法机关和检察机关都有抽象解释的权力。[18] 但实际上,立法机关很少针对行政管理问题进行"立法解释",而行政机关的解释权在很大程度上为行政法规和规章的制定权所吸收(偶然也用于解答下级请示的法律问题);相较之下,最高法院的"司法解释"成为数量最大、运用最多的法律解释。

为了规范司法解释的制定,最高法院先后于 1997 年、2007 年发布了两个规定。[19] 按照规定,司法解释应当经最高法院审判委员会讨论通过,以最高人民法院公告形式发布。司法解释的名称原来并不固定,发布司法解释的文件字号也五花八门;1997 年后固定为"解释""规定""批复"三种,2007 年后增加"决定"(用于修改或者废止司法解释),文件都用"法释"字号。最高法院的司法解释具有法律效力,是法院裁判的依据。此外,最高法院各庭室和地方法院也发布一些具有业务指导性质的规范性文件。这些规范性文件不属于司法解释,没有法律约束力,但有实际指导效果。

在行政诉讼领域,也有大量司法解释对法律实施中的问题作了规定。最高法院先后于 1991 年、2000 年、2015 年、2018 年发布过比较全面的司法解释;[20] 其中 2018 年 2 月发布的《最高人民法院关于适用〈中华人民共和国行政诉讼法〉的解释》长达

---

〔18〕《全国人民代表大会常务委员会关于加强法律解释工作的决议》,1981 年 6 月 10 日第五届全国人大常委会第十九次会议通过。关于我国法律解释体制的讨论,参见张志铭:《关于中国法律解释体制的思考》,载《中国社会科学》1997 年第 2 期。

〔19〕《最高人民法院关于司法解释工作的若干规定》,法发〔1997〕15 号;《最高人民法院关于司法解释工作的规定》,法发〔2007〕12 号。

〔20〕分别为:《最高人民法院关于贯彻执行〈中华人民共和国行政诉讼法〉若干问题的意见(试行)》,法行发〔1991〕19 号,在有的著作中简称《贯彻意见》或者依其条文数量称"115 条";《最高人民法院关于执行〈中华人民共和国行政诉讼法〉若干问题的解释》,法释〔2000〕8 号,以下简称《若干解释》或者"98 条";《最高人民法院关于适用〈中华人民共和国行政诉讼法〉若干问题的解释》,法释〔2015〕9 号,以下简称《适用解释》或者"27 条";《最高人民法院关于适用〈中华人民共和国行政诉讼法〉的解释》,法释〔2018〕1 号,以下简称《行诉法解释》或者"163 条"。在一些场合,也用各自的制定年份称呼这四个解释。

163 条,是目前最主要的司法解释。针对行政诉讼证据、撤诉、管辖、再审立案等诉讼程序问题,以及行政许可、房屋登记、信息公开、农村土地、工伤保险、商标确权、行政协议等特定领域的司法审查,最高法院制定了多个专门规定。就行政审判中遇到的一些具体问题,最高法院还作了批复或者答复。这些解释和答复大大充实了行政诉讼的法律规范。[21]

从长远的角度看,最高法院应当主要通过个案判决确立和宣示规则,而不是通过大量制定法律解释文件,来指导地方法院的司法活动。但由于司法机关通过判例创制和统一法律的功能发挥不足,在相当长的时间内,司法解释将继续起到补充立法的作用。

(六)其他规范性文件

"其他规范性文件"是指除了前述法律、法规、规章、司法解释以外,各级党政机关制定的规范性法律文件。依照我国宪法和地方组织法的规定,权力机关和行政机关在法规、规章之外,还可以制定和发布决定、命令、指示。其中行政机关制定的其他规范性文件,学理上有时用"抽象行政行为"来概括,以对应于针对特定人作出的具体行政行为;也有一些学者用"行政规定"来指称,以对应于行政法规、规章和具体的行政决定。

按照党政机关公文处理的程式,其他规范性文件由文件头、文件号、标题、主送机关、正文、发文机关署名、成文日期等组成。文件头由发文机关名称加"文件"组成,如"国务院办公厅文件";另起一行标明发文字号,如"国办发〔2004〕24 号";文件标题由发文机关、事由和文种组成,文种多用"通知""通告""意见"等。[22] 其他规范性文件因文件头习惯上套红印刷,俗称"红头文件"。

当今中国在很大程度上仍是"规范性文件治国"。规范性文件不但种类庞杂,而且数量浩瀚,如汪洋大海;相比之下,法律、法规、规章等正式立法只是大海中散落的小岛。大量法律规定是通过规范性文件来实施,许多重要措施也是在规范性文件中设定的。有相当一部分规范性文件超越制定机关的权限,抵触法律、法规的规定,内容明显不当;个别文件甚至被人斥为"奇葩"。法治国家并不一概排除规范性文件,但必须控制规范性文件的制定、限制规范性文件的效力。法治原则要求,任何涉及公民权益的规定都必须源于正当的程序,并以适当方式公开;没有法律、法规依据,

---

〔21〕 相关司法解释和法律答复的汇编,可参见最高人民法院行政审判庭编著:《最高人民法院行政诉讼法司法解释理解与适用》,人民法院出版社 2018 年版。对司法解释的更多阐释,参见梁凤云:《最高人民法院行政诉讼批复答复释解与应用》,中国法制出版社 2011 年版; 蔡小雪、梁凤云、段小京编著:《现行有效行政诉讼司法解释解读应用》,人民法院出版社 2014 年版。

〔22〕 对于党政公文的一般要求,可参见《国务院办公厅关于发布国家行政机关公文处理暂行办法的通知》,1981 年 2 月 27 日;《国家行政机关公文处理办法》,国务院办公厅 1987 年 2 月 18 日发布,1993 年修正;《国家行政机关公文处理办法》(已失效),国发〔2000〕23 号;《党政机关公文处理工作条例》,中办发〔2012〕14 号。

其他规范性文件不得作出减损公民合法权益或者增加其义务的规定。国务院多份文件对行政规范性文件的制定程序和监督管理提出了明确的要求。〔23〕

在行政诉讼中,其他规范性文件可以作为法院评价被诉行政行为合法性的参考。但法院在援用其他规范性文件之前,要对其合法性进行审查。经审查认为其他规范性文件不合法的,不得作为认定行政行为合法的依据,并应当向制定机关提出处理建议;〔24〕经审查认为合法有效的,才可以在裁判文书中引用〔25〕。

二　行政法的一般原则

古今中外的法律生活中,都有一些格言警句。例如,"冤有头、债有主""凡事有度,过犹不及";又如,"任何人都不能做自己案件的法官""任何人不得从自己错误行为中获利"。这些格言警句不是针对特定事项所作的具体规定,而只是关于行为处事方式的训诫。它们体现了普遍、恒久的价值,在特定社会具有高度共识,因而构成了这个社会中人们的行为准则。我们把这类行为准则称为"法律原则"。

中国的多数立法会在总则部分写上几条原则性规定,这构成了中国法律原则的主要来源和法律原则确立的基本模式。但法律原则也可能没有制定法上的依据,只存在于著述、判决和社会公众的意识之中。例如,英国的自然正义原则,就是在普通法漫长历史中,经过无数判例和学说的申述,成为法律共同体的牢固信念;它与制定法基本没有关系。〔26〕当一条法律规训经法学界阐发,获得官方机构的广泛认可,进而成为法律共同体的共同信念,这时,它就获得了法律原则的地位,在法律论证过程中具有说服力乃至实际上的约束力。来自域外的正当程序原则在中国司法实践中生根长叶,就是一个例子。〔27〕

在过去三十年间,中国学者对行政法的一般原则做了大量研究,总结了数十条原则。〔28〕由于观察视角和话语体系的不同,学者所总结的法律原则之间难免有交叉分歧。例如,一些学者认为比例原则应当考量行政目的本身的正当性,〔29〕但别的学者可能把行政机关和行政人员的诚心善意单独列为一项原则。〔30〕本书综合法学

〔23〕《国务院关于加强市县政府依法行政的决定》,国发〔2008〕17号,"四、建立健全规范性文件监督管理制度";《国务院关于加强法治政府建设的意见》(已失效),国发〔2010〕33号,"三、加强和改进制度建设";《国务院办公厅关于加强行政规范性文件制定和监督管理工作的通知》,国办发〔2018〕37号。

〔24〕《行政诉讼法》,第64条。

〔25〕2000年《若干解释》,第62条第2款;2018年《行诉法解释》,第100条第2款。

〔26〕关于自然正义原则的演进,参见何海波:《英国行政法上的听证》,载《中国法学》2006年第4期。

〔27〕参见何海波:《司法判决中的正当程序原则》,载《法学研究》2009年第1期。

〔28〕综合的讨论,可参见城仲模主编:《行政法之一般法律原则》(一、二),台北,三民书局1994年版、1997年版;应松年主编:《当代中国行政法》(第1卷),人民出版社2018年版,第3章"行政法基本原则";周佑勇:《行政法基本原则研究》(第2版),法律出版社2019年版,第4章"行政法基本原则的展开";胡建淼主编:《法律原则研究》,中国社会科学出版社2021年版,第2编"公法原则"。

〔29〕刘权:《目的正当性与比例原则的重构》,载《中国法学》2014年第4期。

〔30〕闫尔宝:《行政法诚实信用原则研究》,人民出版社2008年版。

界的阐述和行政诉讼的实践,阐述几个主要的行政法原则。它们是:比例原则,平等原则,信赖保护原则,正当程序原则,行政应急原则。

(一)比例原则

比例原则,又称适度原则或者均衡原则,是从行政机关所欲达成的目的与所采取手段的相称性来考量的。它要求行政机关行使裁量权力时,所采取的手段必须有助于行政目的实现,并且所付出的成本和所造成的损害应当与行政目的相适应;在多种方式都能实现行政目的时,应选择对行政相对人损害最小的方式。[31] 在此基础上,可以引入"成本—效益"分析或者"错罚相当"原则,来进一步考量手段的适当性。

比例原则契合许多国家的法律观念,但作为一个法律概念,比例原则打上了鲜明的德国烙印。它最初是德国公法中的一个原则,后来为欧陆、日本、我国台湾地区等地纷纷继受。素以程序正义为重的英国,在欧盟法院和欧洲人权法院的影响下,也开始接受实体审查强度更高的比例原则。[32] 中国行政法学很早强调,行政行为不仅受制定法约束,还应遵循合理性原则。当比例原则引入后,学术界迅速接受了这把刻度更为精细的尺子,来衡量行政行为的合理性或者说适当性。[33]

中国一些立法也采纳了比例原则的精神。《行政处罚法》规定,设定和实施行政处罚必须"与违法行为的事实、性质、情节以及社会危害程度相当"。《行政强制法》规定:"行政强制的设定和实施,应当适当。采用非强制手段可以达到行政管理目的的,不得设定和实施行政强制。"2014 年修改后的《行政诉讼法》规定,行政行为"明显不当"的,应当撤销。这为比例原则在司法判决中的运用提供了一个便当的接口。但需注意的是,"明显不当"中有"明显"两个字,抛弃了"明显"两个字的比例原则就不是中国的法律。[34]

在多个案件中,中国法院明确引入了比例原则。**黑龙江汇丰实业发展有限公司诉哈尔滨市规划局行政处罚案**是其中的一个里程碑。最高法院的判决认为,规划局对违法建筑所作的处罚决定应针对该建筑影响城市规划的程度采取相应的改正措

---

〔31〕 我国台湾地区"行政程序法"为比例原则提供了一个"立法例"。其第 7 条规定:"行政行为,应依下列原则为之:采取之方法应有助于目的之达成。有多种同样能达成目的之方法时,应选择对人民权益损害最少者。采取之方法所造成之损害不得与欲达成目的之利益显失均衡。"

〔32〕 涉及人权领域的一个重要案件,见 A(FC) and others (FC) *v.* Secretary of State for the Home Department [2004] UKHL 56。对这个过程的介绍,参见何海波:《司法审查的合法性基础——英国话题》,中国政法大学出版社 2007 年版,第 85 ~ 90 页。

〔33〕 黄学贤:《行政法中的比例原则研究》,载《法律科学》2001 年第 1 期; 余凌云:《论行政法上的比例原则》,载《法学家》2002 年第 2 期; 蒋红珍:《论比例原则——政府规制工具选择的司法评价》,法律出版社 2010 年版。

〔34〕 何海波:《论行政行为"明显不当"》,载《法学研究》2016 年第 3 期。

施,以达到行政执法目的和目标为限,尽可能使相对人的权益遭受最小的损失。[35]在郭建军诉浙江省诸暨市国土资源局行政处罚案中,法院甚至把比例原则适用到法条字面规定的羁束行政行为中。《土地管理法》第77条规定,农村村民未经批准非法占用土地建住宅的,应"责令退还非法占用的土地,限期拆除在非法占用的土地上新建的房屋"。该法未规定其他处理方式。绍兴市中级法院二审判决明确提出,行政裁量"应当符合比例原则"。本案原告在原宅基地上拆除老房重建住宅,未多占土地,未改变土地用途,从被告提供的证据来看也未违反城市规划和所在村区规划。原告建房虽未经审批,但其违法行为相对轻微。据此,被告拆除房屋的处罚决定应予撤销。[36]

(二) 平等原则

平等原则是通过比照同样处境的相对人,考察行政行为的合理性。虽然它在不同国家和不同时代有不同的主题、呈现不同的面孔,但平等的要义始终如一:同类情况同样处理,没有正当理由不得区别对待。

当今时代,平等已经被普遍确立为文明社会的基本价值之一,各国宪法、各种宣言不断地重申这一理念。我国《宪法》第33条规定,"中华人民共和国公民在法律面前一律平等"。多部法律也规定了平等原则。例如,《教育法》第9条规定:"公民不分民族、种族、性别、职业、财产状况、宗教信仰等,依法享有平等的受教育机会。"《行政许可法》第5条规定:"符合法定条件、标准的,申请人有依法取得行政许可的平等权利,行政机关不得歧视任何人。"在保障民营企业健康发展的背景下,最高法院还曾发布"依法平等保护"非公有制经济的意见。[37]

在过去几年,中国发生了多起涉及公共事务中平等原则的诉讼,如蒋韬诉中国人民银行成都分行"身高歧视案"[38]、张天珠等诉教育部高考录取分数线案[39]、张先著诉芜湖市人事局"乙肝歧视案"[40]。尽管法院没有受理这些案件,或者仅仅以技术性的理由作出判决,但它激起了人们对大学招生、公务员招录中平等问题的广

---

[35] 最高人民法院行政判决书,(1999)行终字第20号,法公布(2000)第5号。相关评论参见湛中乐:《行政法上的比例原则及其司法运用——汇丰实业发展有限公司诉哈尔滨市规划局案的法律分析》,载《行政法学研究》2003年第1期。

[36] 浙江省绍兴市中级人民法院行政判决书,(2008)绍中行终字第37号。法院判决还指出,原告重建的房屋与其他房屋已连为一体,不利拆除。

[37] 《最高人民法院关于依法平等保护非公有制经济促进非公有制经济健康发展的意见》,法发〔2014〕27号。

[38] 成都市武侯区人民法院行政裁定书,(2002)武侯行初字第3号;武法、张晓东:《身高限制就业　武侯法院开审宪法平等权案》,载《法制日报》2002年5月6日。在诉讼中,被告改正原先规定,原告坚持诉讼,被法院驳回。

[39] 胡印斌:《状告教育部侵犯平等受教育权　青岛考生进京递诉状》,载《河北日报》2001年8月23日。

[40] 芜湖市新芜区人民法院行政判决书,(2003)新行初字第11号。关于该案件的报道,参见《"乙肝歧视案第一案"一审宣判　芜湖市人事局败诉》,载《人民日报》2004年4月5日;成功:《反乙肝歧视路漫漫》,载《南方周末》2005年10月27日。

泛关注。在一些涉及“选择性执法”的案件中,当事人也以平等原则为根据,质疑行政处理的合法性。〔41〕

(三)信赖保护原则

信赖保护原则,通常指当事人基于对公权力行为的信任而作出一定的行为,这种行为所产生的正当利益应当予以保护。信赖保护原则肇始于德国,并为日本和我国台湾地区所继受。它与英国法上的合法预期原则(legitimate expectation)、美国行政法上的禁止反言原则(estoppel)有相合之处。〔42〕 在效果上,信赖保护原则可能给予形式上违法的行政行为以法律上的有效性。这种效果对形式合法性是一种损害,它的适用应当受到限制。法院需要权衡不同利益后才决定对当事人是否予以保护,以及给予什么方式的保护。

当事人对公权力的信赖应当有生活经验上的合理根据。它可能是基于行政机关的规定、允诺或者默许,甚至是行政机关一贯的做法。在**梁樑等诉青岛市崂山区综合行政执法局案**中,崂山区政府为迎接即将到来的“啤酒节”,动员企业未批先建啤酒文化体验馆,只要求“尽快向规划部门办理临建手续”,遇规划调整、城市建设需要时自行拆除。被告后以当事人未取得建设工程规划许可证为由,责令限期改正(自行拆除)。山东高院再审判决认为,这一做法有违信赖保护原则。〔43〕 在**江阴澄星国际贸易有限公司诉张家港海关案**中,被告认为原告将其出口磷酸所用的包装容器(塑料桶)与磷酸一起申报出口,不符合出口商品归类指导意见,妨害了出口退税管理,构成违法。原告提出,在过去两年里,该公司以同样方式向张家港、上海等海关申报出口 1106 票,几个海关查验 30 多次,都允许通关。这些事实说明海关认可其产品归类方法。现在被告改变归类方法,并启动处罚,违反信赖保护原则。〔44〕 学理上认为,下列情形不适用信赖保护原则:(1)行政行为因相对人采用欺诈、胁迫、贿买或者其他不正当手段作出;(2)行政行为明显违法或者明显错误,相对人应当知道其违法或者错误;(3)行政机关预先保留变更的权力或者事先警示可能的变化。

综合不同国家的经验,保护信赖利益的方式有三种:一是程序保护,即对于信赖

---

〔41〕 章剑生:《“选择性执法”与平等原则的可适用性》,载《苏州大学学报(法学版)》2014 年第 4 期。

〔42〕 对英美法上合法预期原则和禁止反言原则的介绍,参见[美]伯纳德·施瓦茨:《行政法》,徐炳译,群众出版社 1986 年版,第 122~129 页; 余凌云:《论行政法上合法预期之保护》,载《中国社会科学》2003 年第 4 期; [英]福赛斯:《正当期待的起源与保护》,李洪雷译,载姜明安主编:《行政法论丛》第 11 卷,法律出版社 2008 年版。

〔43〕 山东省高级人民法院行政判决书,(2020)鲁行再 50 号。

〔44〕 江苏省高级人民法院行政判决书,(2014)苏行终字第 71 号。江苏高院二审判决认为,海关现场监管有局限性,进出口货物被放行并不代表其进出口行为完全符合海关监管要求。据此,原告有关信赖保护的主张,未予采纳。在该案中,法院本来也许可以甄别不同情形,予以不同处理:如果海关要求原告今后纠正归类方法,不违反信赖保护原则,应予支持; 如果海关以原告过去错误归类为由予以处罚,则违反信赖保护原则,不应支持。

利益受到损害的人，行政机关在作出决定前要听取其意见。这是英国法上采取的主要方式。二是存续保护，即无论现存法律状态是否合法，都维持行政行为，或者恢复行政行为的法律后果。三是财产保护，即衡量公共利益后，撤销、废止或者改变原来的行政行为，同时给当事人适当的经济补偿。后两种在大陆法上更常用。

中国学者在讨论时，常常糅合几种不同的传统，并逐渐形成自己的理解。[45]《行政许可法》第 8 条关于变更或者撤回行政许可的限制，被认为是信赖保护原则的一个立法例。该条规定："公民、法人或者其他组织依法取得的行政许可受法律保护，行政机关不得擅自改变已经生效的行政许可。行政许可所依据的法律、法规、规章修改或者废止，或者准予行政许可所依据的客观情况发生重大变化的，为了公共利益的需要，行政机关可以依法变更或者撤回已经生效的行政许可。由此给公民、法人或者其他组织造成财产损失的，行政机关应当依法给予补偿。"

（四）正当程序原则

正当程序原则是英美法上古老而常青的原则。在英国普通法中，公共机构在行使权力时，如下两条被认为是自然正义（natural justice）的要求：第一，任何人不能当自己案件的法官；第二，在作出对人不利的决定前，应当听取他的意见。行政行为说明理由作为普遍原则也在形成，有人主张把它奉为自然正义的第三条要求。[46] 美国继承了英国自然正义原则，把正当程序（due process）要求写进宪法，赋予其至高无上的地位。经过法院一次又一次创造性地运用，正当程序原则的内容获得不断充实和发展。自然正义和正当程序原则成为英美法院对公共机构的行为进行司法审查的有力武器。

正当程序原则表达了这样一个朴素的信念：行政机关实施行政行为，应当遵循合理的程序。一般理解，合理的程序包括：与案件有利害关系的行政人员应当回避；事先告知当事人相关情况，向当事人公开相关材料；作出对当事人不利的决定前，应当听取申辩；作出对当事人不利的决定时，应当说明理由，等等。

中国法律史上没有正当程序的传统。在戏文中，包公可以审侄儿的案件、父亲可以昭雪窦娥的冤案。在极端年代，对人的处分决定可以不同本人见面，情急之下甚至可以"格杀勿问"。但随着时代的进步，程序法制得到重视，程序保障得到加强。在行政法领域，1989 年《行政诉讼法》把"违反法定程序"列为违法情形，1996 年《行政处罚法》规定了比较完备的程序制度。有关依法行政、依法治国的一系列文件也

---

〔45〕 相关讨论参见张兴祥：《行政法合法预期保护原则研究》，北京大学出版社 2006 年版；王贵松：《行政信赖保护论》，山东人民出版社 2007 年版；余凌云：《行政法上合法预期之保护》，清华大学出版社 2012 年版。

〔46〕 王名扬：《英国行政法》，中国政法大学出版社 1987 年版，第 10 章第 2 节"自然公正原则"；［英］威廉·韦德、克里斯托弗·福赛：《行政法》（第 10 版），骆梅英等译，中国人民大学出版社 2018 年版，第 14 章"公平听证的权利"。

强调“程序正当”。

在行政诉讼实践中，法院大量适用“法定程序”判案，法律共同体不断加强正当程序的信念。在田永诉北京科技大学、刘燕文诉北京大学、张成银诉徐州市人民政府等多个案件中，法院认为，虽然没有任何制定法的要求，行政机关没有事先告知当事人、没有听取当事人申辩或者没有将处理结果送达当事人，是不合法的。〔47〕 这些判决标志着超越制定法规定的正当程序原则已经在中国的司法实践中晨光初现。〔48〕 在此后的案件中，法院继续扩展正当程序原则的适用范围，不断强化它的要求。〔49〕 关于这个主题的更多讨论，可以参见本书第 8 章“行政程序”。

（五）行政应急原则

行政应急原则，有的称为“行政应变性原则”，最早出现在龚祥瑞教授主编的著作中，〔50〕后为罗豪才教授主编的多本行政法教材所采用，〔51〕遂成学界通用概念。在某些特殊紧急情况下，出于维护公共利益或者公民利益的迫切需要，行政机关可以采取没有法律依据甚至与法律条文字面含义相抵触的措施，而这些措施的合法性应当予以追认。

我国一系列的法律，从 1989 年《传染病防治法》、1993 年《国家安全法》、1995 年《人民警察法》和《食品卫生法》（已废止）、1996 年《戒严法》、1997 年《防洪法》《防震减灾法》到 2007 年《突发事件应对法》，分别赋予特定机关和人员在紧急情况下的非常权力，各级行政机关也制定了应急预案。随着这些法律的颁布实施，在绝大多数可预见的紧急状态下，行政机关采取非常措施已经有法可依。尽管如此，法律规定之外的特殊紧急情况仍不能完全避免，应急原则仍有必要保留。2003 年“非典”和 2020 年“新冠”两次来势汹汹的疫情，为应急原则的适用提供了范例。2008 年低温雨雪冰冻灾害事件中，也遇到一些法律没有明文规定的情况。对此，最高法院以座谈会纪要的形式提出，审理相关行政案件应当“遵从应急规则，维

---

〔47〕 田永诉北京科技大学案，载《最高人民法院公报》1999 年第 4 期；刘燕文诉北京大学案一审判决，北京市海淀区人民法院行政判决书，（1999）海行初字第 103、104 号；张成银诉徐州市人民政府房屋登记行政复议决定案，载《最高人民法院公报》2005 年第 3 期。

〔48〕 何海波：《司法判决中的正当程序原则》，载《法学研究》2009 年第 1 期；周佑勇：《司法判决对正当程序原则的发展》，载《中国法学》2019 年第 3 期。

〔49〕 章剑生：《对违反法定程序的司法审查——以最高人民法院公布的典型案例（1985－2008）为例》，载《法学研究》2009 年第 2 期；孟凡壮：《论正当程序原则在行政审判中的适用——基于 75 份运用正当程序原则的行政诉讼判决书的分析》，载《行政法学研究》2014 年第 4 期；章剑生：《再论对违反法定程序的司法审查：基于最高人民法院公布的判例（2009－2018）》，载《中外法学》2019 年第 3 期；唐文：《正当程序原则在中国：行政诉讼中原则裁判理论与实践》，法律出版社 2019 年版。

〔50〕 龚祥瑞、陈国尧：《行政应变性原则》，载《法学杂志》1987 年第 6 期；龚祥瑞主编：《行政法与行政诉讼法》，法律出版社 1989 年版，第 33～38 页。

〔51〕 罗豪才主编：《行政法学》，中国政法大学出版社 1989 年版，第 41 页；罗豪才主编：《行政法学》，北京大学出版社 1996 年版，第 34～35 页。

护权力运行”。[52]

现有文献讨论的应急原则主要适用于战争、动乱、瘟疫、自然灾害等紧急状态，其目的是维护公共利益。多数文献可能忽略了日常行政管理遇到的一些非常事态，其中特定个人的利益需要特别保护。例如，县政府规定迎宾大道不许三轮“板的”通行，一个临产的孕妇乘“板的”赶往医院生产途中，在离医院还有5分钟路的十字街口上，值勤交警可以要求他们绕行吗？[53]考场规则规定进考场必须同时携带准考证和身份证，一个忘带身份证的考生请求先参加考试并保证她的家属在考试结束前把身份证送到，监考人员是否应当（而不是“可以”）允许？[54]在这类情况下，应急原则与其说是赋予行政机关变通的权力，不如说是变通的义务。它最终的追求，都是实质意义上的合法。

正如一些学者所注意到的，倡导行政应急原则有被滥用的危险，尤其容易成为行政专横的堂皇借口。应急原则作为对背离制定法行为的宽容，必须慎重使用。只有在极端紧急情况下，而且衡量公共利益和私人利益后显然必要的，才能适用。而且，无论在何种紧急状态下，行政机关都应当尊重人格尊严、遵循比例原则等法治的基本要求，不能滥用行政权力。

三　立法、行政和司法先例

援引先例作为根据是法律论证的常见现象。先例能够成为法律论证的根据，是出于法治的一个内在要求：“同类情况应当同样处理”。只有坚持同类情况同样处理，才能保证行政执法的一贯性和可预测性，保障当事人获得公平对待。当然，由于行政执法情况复杂，严格遵守先例不切实际，具体情况具体分析仍是必要的。

根据先例的不同来源，可以分为立法先例、行政先例、司法先例和民间习惯。这些都是行政执法和司法裁判应当考虑的因素。根据先例的确定程度，又可以分为个例、惯例和习惯。个例多次重复，屡试不爽，就成了惯例；积年累月，行之久远，化于内心，就成习惯。从个例、惯例到习惯，它们作为法律论证根据的分量依次加强。

下面阐述行政法上的几种主要先例，即立法先例、行政惯例和有关行政的司法先例。民间习惯也是行政机关应当考虑的因素，由于学理讨论较多，此处不赘述。

---

〔52〕《最高人民法院关于审理与低温雨雪冰冻灾害有关的行政案件若干问题座谈会纪要》，法〔2008〕139号。纪要进一步提出，既要坚持合法性审查原则，依法对行政机关突发事件应对活动进行司法监督，又要充分考虑灾害期间行政权力的特殊运行原则，切实维护行政机关在控制、减轻和消除灾害后果方面所采取的各种必要的应对活动。

〔53〕李长城等：《阻止分娩孕妇通行是秉公执法吗？》，载《北京青年报》2000年9月5日。

〔54〕一个真实的案例，见段晓宁：《考研未带身份证　36岁女子两次跪求进考场》，载《华商报》2011年1月16日；丁秀玲、梁爱平、焦卫平：《考研女跪求进场遭拒引议　人情法理交锋显盲点》，载中青在线，http://edu.cyol.com/content/2011-01/25/content_4121140.htm。

（一）立法例

制定法有它的适用范围，超过适用范围就没有约束力。但是这不等于说，一旦超过适用范围，制定法对于法律论证就没有任何意义。由于制定法条款蕴含法律的精神，预示法律的趋势，它往往具有“溢出”效应，能够帮助论证适用范围之外的法律问题。原理上，一个法律体系内部不同领域的事项，如果属于相同性质，就应适用相同规则。在《行政处罚法》颁行后，该法设定的行政处罚程序往往也被用来要求行政处分等领域的行为。类似地，《行政许可法》的规定对于那些不属于行政许可性质的登记、审批，也有一定的启示。

在中国的司法实践中，引用其他领域的类似法律进行论证并非没有。在厦门博坦仓储有限公司诉厦门海关行政处罚案中，原、被告双方对《海关法行政处罚实施细则》第6条所规定的“没收违法所得”的计算方式发生分歧。由于没有可以直接适用的规定，原告提供了最高法院关于非法出版物的违法所得计算方式和国家工商总局关于投机倒把违法所得计算方式的两份文件作为参照。原告据此主张，经营成本应当从违法所得中扣除。〔55〕 在杨庆峰诉无锡市劳动和社会保障局工伤认定案中，无锡市中级法院援引民事法律规范来论证工伤认定申请时效的起算时间。法院指出，《民法通则》规定诉讼时效期间从知道或者应当知道权利被侵害时起计算。最高法院关于人身损害赔偿的司法解释明确：“伤害当时未曾发现，后经检查确诊并能证明是由侵害引起的，从伤势确诊之日起算。”法院认为，劳动保障部门在依据《工伤保险条例》确定工伤认定申请时效的起算时间时，应当参照上述民事诉讼时效起算时间的规定，以工伤事故伤害结果实际发生的时间为标准。〔56〕

其他地方制定的法规、规章和规范性文件虽然不能适用于本地的案件，但在本地法律规定不清楚的情况下，可以作为解释本地应当适用法律规范的一个参考。在肖鹏诉广州市交通委员会小客车指标案中，原告小客车被盗、未能找回，被告以广州市机动车总量控制为由，拒绝原告重新配置指标的申请。广州市铁路运输中级法院认为相关措施违反比例原则，对被盗车辆车主构成不当限制。为加强这个观点，判决书指出，同样实施车辆总量控制的北京、天津均允许在已注册登记的车辆被盗抢后无法找回的情况下，车主可直接取得指标。〔57〕

事后颁布的法律虽然不能溯及既往，但在一些情况下，也可以作为解释法律精神的一个参考。在李建华诉南京市玄武区民政局婚姻登记案中，原告李建华与第三

---

〔55〕《最高人民法院公报》2006年第6期。原告提供的两份文件中，《最高人民法院关于审理非法出版物刑事案件具体应用法律若干问题的解释》第17条规定，该解释所称违法所得数额是指“获利数额”；《国家工商行政管理局关于投机倒把违法违章案件非法所得计算方法问题的通知》第1条规定，应当以销售价和进货价（成本价）的差额作为非法所得。福建省高级法院以“上述两个文件均与认定走私案件的违法所得无关”为由，拒绝接受原告的主张，略显武断。

〔56〕《最高人民法院公报》2008年第1期。

〔57〕广州铁路运输中级法院行政判决书，（2017）粤71行终2203号。

人周珊申请结婚登记,虽然周珊所在单位出具的婚姻状况证明有涂改痕迹,被告仍为两人颁发了结婚证。事后,原告以周珊篡改婚姻状况证明、骗取婚姻登记为由,请求撤销婚姻登记。南京市玄武区法院认为,当事人的结婚登记符合《婚姻法》规定的实质要件,被告审查工作有疏漏但不构成行政违法。法院注意到,在案件审理期间,国务院发布了新的《婚姻登记条例》,婚姻状况证明不再作为结婚登记申请的材料。可见,不因婚姻状况证明有瑕疵而撤销当事人的结婚登记,符合法治发展的方向。据此,对原告要求撤销婚姻登记的请求,法院不予支持。[58]

(二) 行政先例

由于行政事务的复杂性,个别的行政先例通常没有多大的说服力,更不能作为以后处理的依据。但是,先例对今后行为有一定的指引作用,也能够帮助他人预测未来,从而产生合理的期待。尤其是当行政先例已经形成惯例,行政机关没有理由的区别对待可能违反平等原则,甚至沦为专横恣意。在此意义上,行政惯例可以作为一种补充性的法源。[59]

在法治国家里,行政机关都比较重视遵循先例。在美国,许多行政机关发布它所作的几乎所有裁决的原文。行政机关不能违背当事人的信赖,随意改变长期沿用的做法;行政机关改变长期沿用的做法,一般应当事先制定规章。[60] 在加强政府信息公开的背景下,我国行政机关越来越多地公布它所作的行政处理决定。其中,中国证监会自 2001 年开始,在互联网上完整地公布它所作的所有行政处罚决定书。这些文书的公开,引起了社会对行政执法的关注,推动了学界对行政先例的研究,有助于行政执法和行政审判参考行政先例。

在实践中,当事人根据行政先例和惯例进行争辩并不罕见。在**张利民诉启东市城乡建设委员会等行政处理决定案**中,张利民申请建房,镇政府发放的建房许可载明建筑物“柱高 6.2m”。在张利民施工过程中,因其邻居投诉,被告认定张利民房屋超高,责令部分拆除。被告没有否定建房许可,而是认为,建房许可中的“柱高”系从外墙墙基上表面量至柱顶的高度。张利民则认为,按当地习惯理解,“柱高”是从室内地面量起。他提供了当地土管局一位工作人员和中国建筑标准设计研究所的证词,以及当地居民建房许可与实际高度的资料,证明“柱高”都是从室内地面起。如果张利民所主张的“柱高”算法确系长期稳定的惯例,被告的解释无疑面临合法性的质疑。[61]

---

〔58〕 南京市玄武区人民法院行政判决书,(2003)玄行初字第 29 号;南京市中级人民法院行政判决书,(2003)宁行终字第 158 号。

〔59〕 章剑生:《论“行政惯例”在现代行政法法源中的地位》,载《政治与法律》2010 年第 6 期。

〔60〕 关于行政先例在美国行政法中的地位,可参见前引王名扬:《美国行政法》,中国法制出版社 1995 年版,第 526 ~ 527 页。

〔61〕 此例系从一个案件改编。对该案的详细讨论,参见何海波:《具体行政行为的解释》,载《行政法学研究》2007 年第 4 期。

中国法院也开始关注行政先例和惯例的运用。广州德发房产建设有限公司诉广州市地方税务局第一稽查局案涉及税务局与税务局内设稽查局之间的职权划分。最高法院再审认为,在有关部门对两者职权范围作出明确前,各地税务机关在执法实践中形成的符合税务执法规律的惯例,法院应当予以尊重。[62] 在实践中,有的法院还接受当事人提交的行政机关对同类事项的处理情况,作为判断行政处罚是否显失公正的参考。在王忠生等诉云南省安宁市烟草专卖局行政处罚案中,四原告为证明处罚显失公正,提交了被告此前对九名案外人的处罚决定书。昆明市中级法院二审判决认为,被告在作出处罚决定时,应当考虑以前和近期对同种情况违法行为给予处罚的程度,做到同责同罚。本案情况与九名案外人无证运输卷烟行为相同,处罚幅度却相差较大,有悖处罚公正原则。[63]

(三)司法判例

在中国,司法判决中的先例得到越来越多的重视。一些学者主张把先例作为一种"非正式法源"。[64] 实务部门开始注重司法个案的指导作用,最高法院也在探索"建立和完善案例指导制度"。[65]

2010 年 11 月,最高法院发布了《关于案例指导工作的规定》(法发〔2010〕51 号)。依据该规定,对全国法院审判、执行工作的指导性案例由最高法院确定并统一发布。各级法院已经发生法律效力的裁判,经最高法院案例指导工作办公室遴选和审查,报请院长或者主管副院长提交最高法院审判委员会讨论决定。最高法院审判委员会讨论决定的指导性案例,统一在《最高人民法院公报》、最高法院网站、《人民法院报》上以公告的形式发布。最高法院发布的指导性案例,各级法院审理案件时应当参照。截至 2021 年底,最高法院先后发布 31 批总共 179 个案例,其中行政案例 29 个。前述举措标志着司法判决的先例作用在中国得到了有限的承认,在当下具有积极意义。但是,现有的案例遴选机制决定了指导性案例的数量相当有限,对实践的指导作用也比较有限。

从"同类案件同样对待"的理念出发,所有判例都应允许在法律论证中作为论据使用。最高法院发布的指导性案例自然更权威,但除此之外的其他案例并不等于零。尤其是,《最高人民法院公报》刊登的案例和最高法院公开发布的典型案例在某

〔62〕 最高人民法院行政判决书,(2015)行提字第 13 号。该案被作为"最高人民法院行政审判十大典型案例"公布,公布时强调"不违反法律原则和精神的行政惯例应当予以尊重"。见最高人民法院网站 2017 年 6 月 13 日,http://www.court.gov.cn/zixun-xiangqing-47862.html。

〔63〕 昆明市中级人民法院行政判决书,(2001)昆行终字第 36 号。

〔64〕 朱新力:《论行政法的不成文法源》,载《行政法学研究》2002 年第 1 期; 章剑生:《作为行政法上非正式法源的"典型案件"》,载《浙江大学学报(人文社会科学版)》2007 年第 3 期; 王天华:《案例指导制度的行政法意义》,载《清华法学》2016 年第 4 期。

〔65〕《人民法院第二个五年改革纲要(2004-2008)》,法发〔2005〕18 号,第 13 条。相关讨论参见蒋惠岭:《建立案例指导制度的几个具体问题》,载《法律适用》2004 年第 5 期; 刘树德:《最高人民法院司法规则的供给模式——兼论案例指导制度的完善》,载《清华法学》2015 年第 4 期。

种程度上代表最高法院的意见,对实践有较强的指导作用;《人民法院案例选》《中国审判案例要览》《行政执法与行政审判》等最高法院下属机构选编的案例,业经专业人员筛核,也广受重视。实践中,一些基层法院的案例都可能引发关注,被人仿效。

当案例来源变得开放,案例的使用就不能没有权重。本书在写作时按照下述原则处理,法院在裁判时也许可以参考。首先是问题的典型性。争议问题新颖、与当下讨论密切相关、所涉问题构成裁判核心的案例,是好的案例。其次是裁判的权威性。审理法院层级较高,法院作出生效裁判,裁判说理周详严密的,优先使用。最后是案例的影响力。各级法院编选、发布的案例,被媒体广泛报道的案例,得到学界关注研讨的案例,更加值得重视。归根结底,案例作为一种有说服力的法律论据,给了司法人员根据情况选择的自由,也给了他们辨别斟酌的责任。

第二节　制定法的适用

制定法的适用是司法实践的一个日常问题,也是一个复杂的问题。2004 年,最高法院曾以《关于审理行政案件适用法律规范问题的座谈会纪要》(法〔2004〕96 号)的形式,对行政审判实践作了初步的总结。下面将根据法学理论和该座谈会纪要,结合司法案例,阐述制定法的规范效力、解释方法和选择适用这三个最常见的问题。

一　制定法的规范效力

制定法的规范效力,有时间效力,也有对人对事效力。时间效力又涉及生效时间和失效时间。

(一) 制定法的生效条件

制定法自其公布并施行之日起自动实施,不取决于当事人是否知道该法公布与实施的事实,也不取决于有关该法实施细则是否制定。

"不知道法律不是抗辩理由。"这一格言对于行政机关和公民都是适用的,对行政机关尤其应当严格适用。[66] 如果允许当事人以"不知道法律"为由进行抗辩,那么,法律必将名存实亡。在苏德贤诉辽宁省辽阳县环境保护局行政处罚案中,原告提出,被告在作出行政处罚决定前没有告知其有要求举行听证的权利,也没有听取其陈述和申辩,违反了《行政处罚法》的规定。被告辩称,"我局在向法院申请强制执行时,法院没有这方面的材料,政府也是在 1999 年 4 月才编印有关的法律讲座材料,此前我们并不知有这一程序"。辽阳市中级法院终审判决认为,被告作出行政处

〔66〕 为了充分保护公民的权利,法律可能要求行政机关告知当事人相关的权利;行政机关未尽告知义务的,构成程序瑕疵,并可以成为公民的抗辩理由。

罚前没有举行听证,构成程序违法。[67]

在中国的立法制度下,制定法常常是原则的、笼统的,需要实施细则乃至细则的细则来明确。实践中,制定法生效时,实施细则多数尚未制定,这可能会给行政执法带来一些难题。但是,行政机关应当根据法律规定和具体情况裁量处理,尚未制定实施细则不能作为行政机关推诿、拒绝实施法律的理由。在乔占祥诉铁道部票价上浮案中,北京市高级法院二审判决认为,虽然《价格法》规定,关系群众切身利益的政府定价"应当建立听证会制度",但是,由于铁道部制定《关于2001年春运期间部分旅客列车票价上浮的通知》时,国家尚未建立规范的价格听证制度,"要求铁道部申请价格听证缺乏具体的法规和规章依据"。因此,乔占祥主张铁道部的通知程序违法理由不足。[68] 尽管法院受理该案显示了巨大勇气,但终审判决把实施细则的制定作为《价格法》的生效条件,不能令人信服。

(二)制定法的生效时间

制定法自身都有生效时间的规定。涉及新旧法律适用时,通常认为的原则是"实体从旧、程序从新"。最高法院的座谈会纪要进一步提出,行政相对人的行为发生在新法施行以前,具体行政行为作出在新法施行以后,法院审查具体行政行为的合法性时,实体问题适用旧法规定,程序问题适用新法规定。但下列情形除外:(1)法律、法规、规章另有规定的;(2)适用新法对保护相对人的合法权益更有利的;(3)按照具体行政行为的性质应当适用新法的实体规定的。[69]

在审判实践中,制定法的生效时间往往涉及不同主体先后实施的几个行为,情形相当复杂。例如,行政处罚涉及公民的违法行为和行政机关的处罚行为,行政许可涉及当事人的申请行为和行政机关的许可行为,行政赔偿涉及行政机关的违法行为和赔偿决定行为。不仅如此,当事人的行为往往有连续或者继续的状态,行政机关的行为有立案(受理)、调查、决定和执行,行政行为被撤销后还可能有重新作出的行为。制定法的生效时间适用于具体哪个行为,需要甄别处理,座谈会纪要的规定仍失于笼统。

下面根据行政行为的性质,并结合相关法律的规定,分别探讨。

1. 行政处罚和行政强制

自从1979年《刑法》规定"从旧兼从轻"原则,[70] 该原则在法律适用上已经获得

---

[67] 辽阳市中级人民法院行政判决书,(2003)辽阳行终字第56号。

[68] 北京市高级人民法院行政判决书,(2001)高行终字第39号。

[69] 《最高人民法院关于审理行政案件适用法律规范问题的座谈会纪要》,法[2004]96号。

[70] 1979年《刑法》第9条规定:"本法自一九八〇年一月一日起生效。中华人民共和国成立以后本法施行以前的行为,如果当时的法律、法令、政策不认为是犯罪的,适用当时的法律、法令、政策。如果当时的法律、法令、政策认为是犯罪的,依照本法总则第四章第八节的规定应当追诉的,按照当时的法律、法令、政策追究刑事责任。但是,如果本法不认为是犯罪或者处刑较轻的,适用本法。"1997年《刑法》第12条作了类似的规定,并且明确:"本法施行以前,依照当时的法律已经作出的生效判决,继续有效。"

广泛认可。行政处罚作为一种制裁措施，在法律的时间效力上与刑罚应当是一致的。行政机关实施的强制行为，在原理上也是相通的。

实践中的一个问题是，违法行为有连续或者继续状态，并跨越法律生效时点的，如何适用？在**上海爱建广告公司诉上海市长宁区工商局行政处罚案**中，被告认为，原告发布的橱窗广告中，中华人民共和国版图缺少台湾和海南，违反了《广告法》。该广告虽系《广告法》1995 年 2 月 1 日施行前设计制作，但在《广告法》施行后仍继续发布，应属违法。法院维持了对原告的行政处罚。[71] 在**上海丰祥贸易有限公司诉上海市盐务管理局行政强制措施案**中，被告认定丰祥公司违反上海市盐业管理规定，从外省市调运工业盐至本市，遂予以扣押。丰祥公司诉称，该公司于 2001 年 5 月 11 日从山东调运工业盐，5 月 16 日抵沪；《上海市盐业管理若干规定》于 2001 年 3 月 26 日发布，5 月 15 日施行。被告以尚未生效的规定为依据进行扣押，是违法的。上海市静安区法院一审判决认为：丰祥公司调运工业盐是一种持续行为，应以货物运至本市才算完成。由于该行为完成时《上海市盐业管理若干规定》已经施行，被告适用该规定并无不当。[72]

2. 行政许可

无论是《行政许可法》还是有关行政许可的部门法律，几乎都没有规定行政许可法律的时间效力。最高法院的一个司法解释涉及这个问题。依据该解释，法院审理行政许可案件，应当以申请人提出行政许可申请后实施的新的法律规范为依据；行政机关在旧的法律规范实施期间，无正当理由拖延审查行政许可申请至新的法律规范实施，适用新的法律规范不利于申请人的，以旧的法律规范为依据。[73] 在**陈培生诉长春市规划局行政许可案**中，第三人新星宇公司于 2013 年 5 月 29 日递交建设工程规划许可申请，被告于同年 7 月 18 日为其颁发许可。在此期间，《长春市生活居住建筑日照管理暂行办法》于 6 月 1 日起施行，新规定提高了日照间距要求。二审判决认为，第三人申请前已经对该项目进行了公示，申请时楼盘设计符合法律规定，被告为其颁发许可并无不当。吉林省高级法院再审认为，本案不存在“无正当理由拖延审查”的情况，应当适用新的规定；二审判决适用法律错误，应予纠正。[74]

3. 政府信息公开

《政府信息公开条例》第 38 条规定：“本条例自 2008 年 5 月 1 日起施行。”在条例实施初期，一些行政机关以“法不溯及以往”为由，主张在条例施行以前制作或者

---

〔71〕 最高人民法院中国应用法学研究所编：《人民法院案例选 1992 – 1999 年合订本·行政卷》案例 78。

〔72〕 《最高人民法院公报》2003 年第 1 期。二审法院认为，盐务局只负责食盐专营工作，无权对工业盐的经营、运输进行查处，遂撤销了盐务局的扣押决定。

〔73〕 《最高人民法院关于审理行政许可案件若干问题的规定》，法释〔2009〕20 号，第 9 条。

〔74〕 吉林省长春市中级人民法院行政判决书，（2016）吉 01 行终 74 号；吉林省高级人民法院行政裁定书，（2017）吉行申 370 号。再审裁定同时认为，被告的规划许可以《长春市生活居住建筑日照管理暂行办法》为依据，适用法律正确。

获取的政府信息,不属于条例规定的公开范围。[75] 如果照此说法,应当公开的政府信息将被拦腰截断,条例的价值大打折扣。所幸这种观点没有被广泛接受。在**钱群伟诉浙江省慈溪市掌起镇人民政府案**中,法院就否定了这种说法。法院认为,原告申请公开政府信息时,该条例早已实施,被告应当依据条例的相关规定作出答复。[76] 这一判决符合政府信息公开的立法精神,被最高法院作为政府信息公开典型案例公布。[77]

4. 工伤认定

《工伤保险条例》第64条规定:"本条例自2004年1月1日起施行。本条例施行前已受到事故伤害或者患职业病的职工尚未完成工伤认定的,按照本条例的规定执行。"与诸多法律、法规相比,该条对生效时间的规定算是相当具体的。但何为"尚未完成工伤认定",仍然留下解释的空间。最高法院行政庭在一个答复中认为,企业职工因工伤害发生在1996年《企业职工工伤保险试行办法》施行之前,当时有关单位已按照有关政策作出处理的,不属于《工伤保险条例》第64条规定的"尚未完成工伤认定的情形"。[78]

由于工伤认定涉及两方当事人的利益冲突,"适用新法对保护行政相对人的合法权益更为有利的应当适用新法"的原则,在此不能简单地适用。**铃王(无锡)电器有限公司诉无锡市劳动局工伤认定案**涉及行政行为被撤销重作情况下的法律适用。在该案中,第三人郭维军2000年在厂区跌倒致伤,被告两次认定其不属于工伤,但均因事实不清、证据不足等被法院撤销。第三次启动工伤认定程序时,《工伤保险条例》已经施行。被告依据该条例规定的举证责任规则,认定郭维军属于工伤。原告认为,郭维军受伤发生在《工伤保险条例》施行前,本次工伤认定只是前两次认定程序的延续,该条例不能对本案适用。无锡市南长区法院一审判决认为,郭维军受伤后虽经两次工伤认定,但至《工伤保险条例》施行之日没有取得发生法律效力的工伤认定,因此工伤认定尚未完成,重新启动的工伤认定应当适用《工伤保险条例》。[79] 法院的观点明显偏向于职工,可能体现了《工伤保险条例》的立法精神,但稍微有损法律的确定性,不足以作为法律适用的一般原则。

5. 行政诉讼

《行政诉讼法》自1990年10月1日起施行。对于该法施行前行政机关所作行

---

〔75〕 黄由俭等诉湖南省汝城县政府申请公开调查报告案,赵文明:《政府信息公开条例第一案:退休职工告政府信息不公开》,载《法制日报》2008年5月6日;赵文明:《湖南汝城县"政府信息不公开第一案"引热议》,载《法制日报》2008年5月8日。

〔76〕 浙江省慈溪市人民法院行政判决书,(2013)甬慈行初字第25号。一审判决后,当事人未上诉。

〔77〕 参见《全国法院政府信息公开十大案例》,载《人民法院报》2014年9月13日。

〔78〕 《最高人民法院行政审判庭关于〈工伤保险条例〉第六十四条理解和适用问题请示的答复》,〔2009〕行他字第5号。

〔79〕 《最高人民法院公报》2007年第1期。二审法院维持一审判决。

为能否依据该法受理的问题，答案是“不行”。[80] 当然，如果当事人的行为发生在新法规实施之前，行政机关的处理决定在新法规实施之后，旧法规未规定当事人可以向法院起诉而新法规规定可以起诉的，法院应予受理。[81]

2014 年《行政诉讼法》修改，自 2015 年 5 月 1 日起施行。最高法院的司法解释对新旧法的衔接作了规定：(1) 2015 年 5 月 1 日前起诉期限尚未届满的，适用修改后的《行政诉讼法》关于起诉期限的规定。(2) 2015 年 5 月 1 日前尚未审结案件的审理期限，适用修改前的《行政诉讼法》关于审理期限的规定；依照修改前的《行政诉讼法》已经完成的程序事项，仍然有效。(3) 对 2015 年 5 月 1 日前发生法律效力的判决、裁定或者行政赔偿调解书不服申请再审，或者人民法院依照审判监督程序再审的，程序性规定适用修改后的《行政诉讼法》的规定。[82]

2014 年修改的《行政诉讼法》包含一些实体性条款，这些实体性条款原则上不具有溯及力。依据最高法院的司法解释，新法所增加的确认行政行为无效的诉讼，只适用于 2015 年 5 月 1 日后作出的行政行为；针对此前作出的行政行为提起确认无效诉讼的，法院不予立案。[83] 新法所增加的行政协议条款，也只适用于 2015 年 5 月 1 日后订立的行政协议；之前订立的行政协议发生纠纷的，适用当时的法律、行政法规和司法解释。[84]

6. 国家赔偿

1994 年《国家赔偿法》第 35 条规定，该法自 1995 年 1 月 1 日起施行。最高法院司法解释明确肯定，“《国家赔偿法》不溯及既往”。[85] 2010 年《国家赔偿法》修正，自 2010 年 12 月 1 日起施行。最高法院对于该法修正内容的时间效力仍然采取不溯及既往的原则，但在具体规则上有很大限制。首先，国家侵权行为发生在修正内容施行以前、持续至施行以后的，适用修正后的《国家赔偿法》。其次，国家侵权行为发生在修正内容施行以前，但之前已经受理赔偿请求却尚未作出生效赔偿决定的，或者赔偿请求人在修正内容施行以后提出赔偿请求的，也适用修正后的《国家赔偿

---

[80] 《最高人民法院关于〈行政诉讼法〉施行前法律未规定由法院受理的案件应如何处理的批复》，〔1992〕民他字第 10 号。依据该批复，行政机关的行政侵权行为发生在《行政诉讼法》施行之前，当时的法律没有规定法院受理此类案件，法院不能受理，受害人只能向有关行政机关申请解决。

[81] 《最高人民法院关于新法规定当事人可以起诉而旧法规没有规定可以起诉而当事人起诉的，人民法院可否受理的函》，法行函〔1989〕11 号。该函内容已被《行政诉讼法》代替。

[82] 2015 年《适用解释》，第 26 条。更多阐释，参见赵大光、李广宇、耿宝建：《行政诉讼法新旧法衔接的几个具体问题》，载《人民法院报》2015 年 5 月 13 日。

[83] 2018 年《行诉法解释》，第 162 条。

[84] 《最高人民法院关于审理行政协议案件若干问题的规定》，法释〔2019〕17 号，第 28 条。

[85] 《最高人民法院关于〈中华人民共和国国家赔偿法〉溯及力和人民法院赔偿委员会受案范围问题的批复》，法复〔1995〕1 号。国家机关及其工作人员行使职权时侵犯公民、法人和其他组织合法权益的行为，发生在该法施行以前的，依照以前的有关规定处理。发生在该法施行以后并经依法确认的，适用《国家赔偿法》予以赔偿。发生在该法施行以前，但持续至施行以后，并经依法确认的，属于 1995 年 1 月 1 日以后应予赔偿的部分，适用《国家赔偿法》予以赔偿；属于施行以前应予赔偿的部分，适用当时的规定予以赔偿；当时没有规定的，参照《国家赔偿法》的规定予以赔偿。

法》。当然,法院审查处理当事人对修正内容施行以前生效的赔偿决定提出的申诉,或者重新审查处理此前生效的赔偿决定,仍适用修正前的《国家赔偿法》。[86]

(三)制定法的失效

一些情况下,制定法经过修正或者清理后,明示失效。全国人大常委会[87]和国务院[88]先后进行过几次大规模的法律、法规清理工作。国务院办公厅于2010年发文要求各地方、各部门对规章进行集中清理工作的同时,一并开展规范性文件的清理工作。清理后,要向社会公布继续有效、废止和失效的规范性文件目录;未列入继续有效的文件目录的规范性文件,不得作为行政管理的依据。[89] 尽管如此,制定法在什么情况下失效,并不是一个简单的问题,实践中有许多问题值得探讨。

南阳广农农药厂诉南阳市知识产权局责令赔偿案提出了法律废止后,行政机关依据前法行使的职权何时停止的问题。在该案中,第三人南阳卧龙农药厂指控原告南阳广农农药厂侵犯其发明专利。被告河南省南阳市知识产权局于2001年6月受理该案,2002年作出责令原告停止侵权、赔偿第三人经济损失等处理决定。而依据2001年7月1日起施行的新《专利法》,专利管理机关不再行使责令赔偿的处理方式。在诉讼中,被告坚持认为,专利侵权行为发生在《专利法》修改前,被告受理专利侵权纠纷也是在《专利法》修改前,理应适用修改前的《专利法》;因此,专利管理机关有权作出赔偿处理决定。郑州市中级法院判决认为,被告责令赔偿的处理决定属于超越职权,应予撤销。[90]

厦门博坦仓储有限公司诉厦门海关行政处罚案提出了法律废止后,依据前法制定的实施细则是否一并废止的问题。被告于2004年10月27日,依据《海关法行政处罚实施细则》(经国务院批准、海关总署发布)对原告作出行政处罚。原告诉称,被告所依据的《海关法行政处罚实施细则》是为实施1987年的《海关法》而制定的,而1987年的《海关法》早在2000年已被修改,相应的实施细则不应再适用。被告辩称,本案处理时,《海关法行政处罚实施细则》尚未废止,应予适用(新的《海关行政处罚实施条例》虽已颁布,但要到3天后的2004年11月1日起施行)。厦门市中级法院一审判决认为,法律修改后,根据修改前法律制定的行政法规并不自然失效;只

---

[86] 《最高人民法院关于适用〈中华人民共和国国家赔偿法〉若干问题的解释(一)》,法释〔2011〕4号。

[87] 《全国人民代表大会常务委员会关于批准法制工作委员会关于对1978年底以前颁布的法律进行清理情况和意见报告的决定》,1987年11月24日;《全国人民代表大会常务委员会关于废止部分法律的决定》,2009年6月27日。

[88] 《国务院办公厅转发经济法规研究中心〈关于对国务院系统过去颁发的法规规章进行清理的建议〉的通知》,国办发〔1983〕83号;《国务院办公厅关于开展现行行政法规清理工作的通知》,国办发〔2000〕5号;《国务院办公厅关于开展行政法规规章清理工作的通知》,国办发〔2007〕12号。

[89] 《国务院办公厅关于做好规章清理工作有关问题的通知》,国办发〔2010〕28号。

[90] 李建伟:《行政执法屡战屡败屡败屡战》,载《中国知识产权报》2006年1月11日;李建伟:《这起专利行政诉讼案为何"屡战屡败"》,载国家知识产权局网站2006年1月13日,http://www.sipo.gov.cn/dfzz/henan/xxdt/hybd/200709/t20070926_206379.htm。

要没有被明令废止,并且与修改后的法律不相抵触,就可以继续适用。[91]

殷某诉上海市劳动教养委员会案涉及法律废止后,其他法律准用该法的条款是否同时废止的问题。在该案中,被告以原告多次嫖娼为由,依据全国人大常委会1991年《关于严禁卖淫嫖娼的决定》第4条等规定,于2009年决定对原告处劳动教养1年。《关于严禁卖淫嫖娼的决定》第4条规定:"卖淫、嫖娼的,依照《治安管理处罚条例》第30条的规定处罚……"《治安管理处罚条例》第30条则规定,对卖淫、嫖娼者处拘留、罚款、警告、责令具结悔过,或者"依照规定实行劳动教养"。然而,2006年起施行的《治安管理处罚法》对卖淫、嫖娼只规定拘留和罚款,不再规定劳动教养。争议的问题是,《治安管理处罚条例》被《治安管理处罚法》明文废止后,《关于严禁卖淫嫖娼的决定》第4条准用《治安管理处罚条例》的内容是否仍然有效?赣州市中级法院二审判决认为,在《治安管理处罚法》施行后,按照"后法优于前法"的原则,《关于严禁卖淫嫖娼的决定》第4条有关内容不再适用。被告对原告所作的劳动教养决定适用法律错误,应当予以撤销。[92]

法律文件没有被明令废止的,它是否失效的问题更形复杂。极端的情况下,甚至出现"革委会文件管市场经济"的尴尬局面。2000年3月,辽宁省东港市有关部门依据辽宁省革命委员会1978年4月发布的《辽宁省酒类专卖管理暂行办法》,对销售外埠啤酒的个体户给予罚款等处罚。该文件规定,各单位生产的酒类专卖品统一由当地糖业烟酒公司等指定的经销单位统一收购;经销单位按专卖管理部门指定的批发单位进货,不得自行采购;经销酒类产品必须经专卖管理部门批准,发给专卖许可证。被处罚人提起诉讼,地方法院也将这个文件作为支持酒类专卖管理部门处罚的依据。[93] 事实上,《国务院关于加强酒类专卖管理工作的通知》(1963年)等文件于1986年被废止后,1998年《国内贸易部关于加强检查、切实搞好酒类流通管理工作的紧急通知》还重申,"继续做好酒类专卖管理工作"。该紧急通知直到2004年才被明令废止。[94] 而在一些法律数据库中,1978年《国务院批转商业部、国家计委、财政部关于加强酒类专卖管理工作的报告的通知》至今仍标为"现行有效"。

---

〔91〕《最高人民法院公报》2006年第6期。福建省高级法院进一步指出,《海关法行政处罚实施细则》的规定与修改后的《海关法》不冲突(后者规定的处罚措施更严厉),可以对本案适用。

〔92〕江西省赣州市中级人民法院行政判决书,(2010)赣中行终字第1号。在本案中,虽然没有见到权威机关针对该问题的明确意见,但无论从《治安管理处罚法》立法过程中所表达的意图,还是公安部对该法的理解来看,对卖淫嫖娼行为(引诱、容留、介绍他人卖淫的除外)不适用劳动教养是明确的。参见周坤仁:《全国人大法律委员会关于〈中华人民共和国治安管理处罚法(草案)〉修改情况的汇报》,2005年6月26日在第十届全国人民代表大会常务委员会第十六次会议上;公安部《公安机关执行〈中华人民共和国治安管理处罚法〉有关问题的解释》,公通字〔2006〕12号,第7条。

〔93〕查庆九:《法规清理不容忽视》,载《法制日报》2001年5月14日。

〔94〕《商务部关于废止第一批规章和规范性文件的决定》,商务部令〔2004〕第4号,第61项。另外,商务部2005年《酒类流通管理办法》(2016年废止)第4条规定:"酒类流通实行经营者备案登记制度和溯源制度。"

（四）制定法的适用范围

制定法有它的适用对象。一个有效的规范并不意味着它能够适用于任何案件。能够在特定案件中作为法律依据适用的，必须属于该法调整的地域、人群和事项范围。习惯上，制定法的调整范围规定在它的总则中，多数时候处在第 2 条的位置；必要时，还可以借助立法目的或者结合上下文来判断。

对于超出适用范围的事项，制定法不产生效力。在张萍诉南京市劳动和社会保障局工伤认定案中，原告下班后骑自行车穿越铁路道口时，被火车轧断双腿。原告依据《工伤保险条例》第 14 条第 6 项关于职工“在上下班途中，受到机动车事故伤害”的规定，请求认定为工伤。被告认为，依据《道路交通安全法》第 119 条关于“道路”和“机动车”的定义，火车不属于机动车。因此，原告被火车轧伤致残不属于《工伤保险条例》所指的“机动车事故伤害”。法院判决认为，《道路交通安全法》第 119 条对“机动车”概念作限缩性界定，是出于其特定的立法目的和调整范围。而《工伤保险条例》的立法目的在于“保障因工作遭受事故伤害或者患职业病的职工获得医疗救治和经济补偿”等，所调整的工伤保险事宜与《道路交通安全法》对“机动车”的界定无关。因此，《工伤保险条例》所规定的“机动车”应当作通常意义上的理解，包括火车等轨道交通工具。被告机械引用《道路交通安全法》中“机动车”的概念，属适用法律错误。[95]

二 制定法的解释方法

法律解释，特别是对制定法的解释，是法律实践的一门必备学问，也是法学研究的一个重要主题。有关法律解释的文献难以尽数，有关法律解释的方法难以尽言。[96] 这里只简单介绍法条文意解释、立法意图解释、社会效果考量等几种常用的解释方法。

（一）法条文意解释

法条文意解释是最基本、最常用的法律解释方法。它通过对法律条文的字词、文句和体系的解读，揭示制定法条文的字面含义，论证其中包含的法律规范。最高法院的座谈会纪要总结了文意解释的一般路径：“人民法院对于所适用的法律规范，一般按照其通常语义进行解释；有专业上的特殊涵义的，该涵义优先；语义不清楚或

---

〔95〕 南京市白下区人民法院行政判决书，（2006）白行初字第 15 号；南京市中级人民法院行政判决书，（2007）宁行终字第 121 号。《工伤保险条例》2010 年修改时，相关款项修改为：“在上下班途中，受到非本人主要责任的交通事故或者城市轨道交通、客运轮渡、火车事故伤害的”。

〔96〕 试举几本不同学科背景的著作，张志铭：《法律解释学》，中国人民大学出版社 2015 年版；梁慧星：《民法解释学》（第 4 版），法律出版社 2015 年版；张明楷：《罪刑法定与刑法解释》，北京大学出版社 2009 年版；董皞：《司法解释论》（修订版），中国政法大学出版社 2007 年版。

者有歧义的,可以根据上下文和立法宗旨、目的和原则等确定其涵义。"[97]

字词是法律条文的基本单元,也是文意解释的基本入口。《工伤保险条例》第17条第2款规定:"工伤职工或者其直系亲属、工会组织在**事故伤害**发生之日或者被诊断、鉴定为职业病之日起1年内,可以直接向用人单位所在地统筹地区劳动保障行政部门提出工伤认定申请。"在**杨庆峰诉无锡市劳动和社会保障局工伤认定案**中,争议焦点是,工伤事故发生时伤害后果尚未发生、伤害后果发生后经医生诊断证明确系工伤事故导致的,应当如何确定工伤认定申请时效的起算时间。无锡市中级法院二审判决认为,从字面含义上看,《工伤保险条例》相关条款中的"事故"是对于"伤害"的修饰和限制,强调的是基于工伤事故而发生的"伤害"。据此理解,"事故伤害发生之日"就是指伤害结果发生之日,而不是事故发生之日。[98]

对句法乃至标点的分析,也是文意解释的一种。**夏小松诉浙江省富阳县公安局行政处罚案**是全国首例行政抗诉案件,涉及《治安管理处罚条例》一个条文的解释。1990年8月,富阳县红光、强烈两村在修复被山洪冲毁的堤岸时,为抢夺一块石头发生争执。红光村村委会主任夏小松通过村有线广播喊话,要求在村人员都到现场去,"这口气一定要出!"随后,两村村民发生斗殴。富阳县公安局根据《治安管理处罚条例》第19条第5项的规定,对夏小松治安拘留12天。该项原文是:"有下列扰乱公共秩序行为之一,尚不够刑事处罚的,处15日以下拘留、200元以下罚款或者警告:……(五)造谣惑众,煽动闹事的……"杭州市中级法院二审判决认为,按照法条平义解释,该项应当理解为用造谣惑众的方法煽动闹事,即"一种行为"。夏小松意气用事,但没有编造谣言煽动群众闹事,因而判决撤销被告的处罚决定。二审判决后,公安部给浙江省公安厅的批复认为,该项规定的"造谣惑众,煽动闹事"是两种独立的扰乱公共秩序行为。随即,浙江省检察院提出抗诉,浙江省高级法院再审改判维持被告的处罚决定。[99] 从法条文字和标点来看,公安部的解释比较牵强,很难令人信服。事实上,全国人大常委会后来把该项修改为:"捏造或者歪曲事实、故意散布谣言或者以其他方法煽动扰乱社会秩序的"。[100] 这一修正案似乎印证了杭州市中级法院对原文的理解。

法律文本自身所表明的立法意图,也可以帮助理解具体条文的含义。在**孙立兴诉天津新技术产业园区劳动局工伤认定案**中,天津市高级法院二审判决提出,劳动和社会保障机关在适用《工伤保险条例》时,应当根据立法目的去理解其中的具体规定。法院援引了《工伤保险条例》第1条"保障因工作遭受事故伤害或者患职业病的职工获得医疗救治和经济补偿,促进工伤预防和职业康复,分散用人单位的工伤

---

[97] 《最高人民法院关于审理行政案件适用法律规范问题的座谈会纪要》,法〔2004〕96号。

[98] 《最高人民法院公报》2008年第1期。

[99] 尹昌平:《全国首例行政抗诉案件所涉及的法律问题——兼述人民法院审理行政案件的法律依据》,载《法学》1992年第7期。

[100] 《全国人大常委会关于修改〈中华人民共和国治安管理处罚条例〉的决定》,1994年5月12日。

风险”的规定。进而,法院认为被告以孙立兴因精力不集中摔伤为由,主张孙立兴不属“因工作原因”致伤,不符合《工伤保险条例》保障职工合法权益的立法目的。[101]

(二)立法意图解释

立法意图解释,即根据相关的立法背景材料说明立法者立法时的原初考虑和意图。可资使用的立法背景材料主要有两方面:一是法律起草和审议中形成的材料,二是先前立法的相关条款。此外,法律制定前后社会各方面的意见,参与立法人员撰写的文章、书籍,也是法律解释中值得注意的资料。在制定法条文的字面含义不清楚时,它们也许能够提供有用的信息。

在我国,法律起草和审议中形成的材料包括:起草机关关于法律草案的说明,全国人大法工委关于审议意见的汇报,全国人大宪法和法律委员会关于审议结果的报告,以及全国人大代表、常委会委员及有关专门委员会委员在审议过程中发表的意见。法律草案的说明、审议意见的汇报和审议结果的报告,内容比较权威,而且现在基本上公开可查。例如,1996 年《行政处罚法》第 42 条关于听证范围的规定——“责令停产停业、吊销许可证和执照、较大数额罚款等行政处罚决定”,是否包括没收较大数额财产、责令拆除违法建设的行政处罚,全国人大法律委员会关于《行政处罚法(草案)》的审议报告就提供了很好的说明。[102] 立法中的各种意见由于缺乏完整记录和归档,外人很难得知,发挥作用的机会比较有限。但我们仍然能够从法律实践中找到若干事例。早在 1990 年,全国人大法工委答复地方人大关于“在制定实施统计法的地方性法规中能否规定罚款”等问题的请示时,就曾经援引立法资料作为法律解答依据。[103]

许多立法经历了变动,或者由较低位阶的立法升级而来,或是从同一位阶的立法修改而来。在这种情况下,先前立法的相关条款可以在解释现行立法时作为参考。例如,国务院 2003 年的《工伤保险条例》第 15 条规定:“职工有下列情形之一的,视同工伤:……(二)在抢险救灾等维护国家利益、公共利益活动中受到伤害

---

〔101〕《最高人民法院公报》2006 年第 5 期。

〔102〕报告提到,原草案规定对行政机关作出的“责令停产停业、吊销营业执照、较大数额罚款”三种行政处罚,当事人可以要求举行听证。有些代表提出,这项制度仅适用于这三种行政处罚,范围较窄,建议扩大允许听证的范围,更充分地保证当事人权益。因此,建议将这一规定修改为:“行政机关作出责令停产停业、吊销许可证和执照、较大数额罚款等行政处罚决定之前,应当告知当事人有要求举行听证的权利……”薛驹:《全国人大法律委员会关于〈中华人民共和国行政处罚法(草案)〉审议结果的报告》,1996 年 3 月 16 日。

〔103〕《全国人大常委会法制工作委员会关于如何理解和执行法律若干问题的解答(三)》。内称,关于对违反《统计法》的行为是否给予罚款处罚的问题,全国人大法律委员会在审议《统计法(草案)》时作了专门研究。全国人大法律委员会 1983 年关于《统计法(草案)》的审查报告中提出:“草案原第 29 条规定,对虚报、瞒报统计资料的,伪造、篡改统计资料的,拒报或屡次迟报统计资料的,可以由国家统计机构处以罚款。考虑到统计工作属于行政工作,工作上有问题,对领导人员和直接责任人员可以给予行政处分,情节严重构成犯罪的,可以依法追究刑事责任,不好采用罚款的办法。因此,删去了有关罚款的规定。”据此,如果地方性法规规定罚款,与《统计法》的立法意图是不一致的。

的；”当事人为阻止犯罪而被害的，是否可以适用上述条款？查《工伤保险条例》的前身，劳动部1996年《企业职工工伤保险试行办法》第8条有这样的规定：“职工由于下列情形之一负伤、致残、死亡的，应当认定为工伤：……（六）从事抢险、救灾、救人等维护国家、社会和公众利益的活动的；”比较前后两部立法，《工伤保险条例》的意图是：为阻止犯罪而被害本身不是工伤，只是按工伤处理（工伤保险承担了部分行政褒奖和社会救助职能）；具体适用时，范围宜适当从严掌握。这虽不能保证得出唯一正确的结论，却指明了一个大致的方向。

（三）社会效果考量

在一些情况下，解释者可以把自己假设为立法者，通过衡量各种法律价值、比较不同方案的社会效果，寻求科学合理的规范。用这种方法所得的法律规范，往往比生搬硬套具体法律条文更接近立法者的原意，也更接近公平正义的宗旨。

在廖宗荣诉重庆市公安局交通管理局第二支队行政处罚案中，一个争议焦点是：依照《道路交通安全法》给予200元罚款，能否由一名交警按照简易程序作出？在这个问题上，《道路交通安全法》与《行政处罚法》的规定不尽一致。《道路交通安全法》第107条规定：“对道路交通违法行为人予以警告、200元以下的罚款，交通警察可以当场作出行政处罚决定，并出具行政处罚决定书。”而当时的《行政处罚法》规定，当场对公民作出的罚款只能在50元以下，且行政机关调查、检查时执法人员不得少于2人。重庆市渝中区法院认为，道路交通安全管理具有其特殊性。道路上的交通违法行为如果不及时纠正，就会埋下安全隐患，甚至引发交通安全事故。为了保障道路交通有序、安全、畅通，道路交通安全管理应当简化办事手续，提高执法效率。因此，交通警察一人执法并当场作出200元的罚款处罚，是合法的。[104]

中国财政经济出版社诉北京市工商局海淀分局行政处罚案则提供了一个值得商榷的案例。2008年8月7日，在北京奥运会开幕前夕，原告在其网站主页上打出“奥运加油、中国加油”的字样。虽然出版社于8月19日接到通知后当即将上述8字从网站撤下，被告仍以其擅自使用奥运标志、违反《奥林匹克标志保护条例》为由，处罚款1万元。《奥林匹克标志保护条例》规定，“奥林匹克运动会及其简称等专有名称”属于奥林匹克标志（第2条）；未经奥林匹克标志权利人许可，任何人不得为商业目的（含潜在商业目的）使用奥林匹克标志（第4条）；违反该规定，没有违法所得的，工商行政管理部门可以处5万元以下的罚款（第10条）。从法条字面上看，出版社的行为似乎违反了条例的规定。但是，出版社的行为既不侵犯奥林匹克标志权利人的合法权益，更不损害奥林匹克运动的尊严。工商局的处罚决定把举国欢庆的

---

〔104〕《最高人民法院公报》2007年第1期。法院还注意到，公安部《道路交通安全违法行为处理程序规定》（2004年）第8条规定：“公安机关交通管理部门按照简易程序作出处罚决定的，可以由一名交通警察实施。”但法院没有把它作为依据。

奥运变成了避之不及的忌讳,并不符合法律的精神。我们很难相信,立法机关会接受那样的解释。[105]

(四) 各种解释方法的综合运用

在实践中,多种解释方法常常是综合运用的。下面举一个例子。1996 年《行政处罚法》第 42 条规定:"行政机关作出责令停产停业、吊销许可证或者执照、较大数额罚款等行政处罚决定之前,应当告知当事人有要求举行听证的权利;当事人要求听证的,行政机关应当组织听证。"实践中,当事人对于行政机关没收较大数额财产的行政处罚是否有权要求听证,出现了争议。争议的焦点是听证的范围是否限于该法列举的 3 种情形。对此,可以从不同角度来论证:

首先,从法律用语来看。尽管在日常语言中,"等"既可以用来表示业已穷尽的列举,也可以表示未穷尽的概括,但在立法语言中,前一种情形即使不是没有也是极其罕见的。法官们总结,"法律规范在列举其适用的典型事项后,又以'等'、'其他'等词语进行表述的,属于不完全列举的例示性规定"。[106] 把没收较大数额财产视为听证范围,不违反法律用语的平常含义。

其次,从立法意图来看。全国人大法律委员会向全国人大所做的关于《行政处罚法(草案)》的报告中提到:有些代表提出,草案规定的听证制度仅适用于"责令停产停业、吊销营业执照、较大数额罚款"三种行政处罚,范围较窄,建议扩大允许听证的范围,更充分地保护当事人权益。因此,建议将这一规定修改为:"行政机关作出责令停产停业、吊销许可证或者执照、较大数额罚款等行政处罚决定之前,应当……"[107] 虽然该报告没有明确提到没收较大数额财产,但听证范围不限于列举的三种情形,这一立法精神是非常明确的。

再次,从法律精神来说,行政机关作出对人不利的重大决定前给当事人听证的机会,是正当程序原则的要求。没收较大数额财产与较大数额罚款性质上都是对财产的剥夺,而且同样可能对当事人造成重大损害。难以想象,罚款 1000 元应当听证,而没收 10,000 元不用听证。

又次,最高法院行政庭针对该问题答复称:"行政机关作出没收较大数额财产的行政处罚决定前,未告知当事人有权要求举行听证或者未按规定举行听证的,应当根据《行政处罚法》的有关规定,确认该行政处罚决定违反法定程序。"[108] 虽然最高

---

[105] 王秋实:《网站打出"奥运加油"被罚 1 万出版社告处罚不当》,载《京华时报》2008 年 12 月 1 日。该案在北京市第一中级法院二审过程中,以原告撤诉告终;工商局承诺原处罚决定不再执行,诉讼费由工商局负担。

[106] 《最高人民法院关于审理行政案件适用法律规范问题的座谈会纪要》,法〔2004〕96 号。

[107] 薛驹:《全国人大法律委员会关于〈中华人民共和国行政处罚法(草案)〉和〈中华人民共和国刑事诉讼法修正案(草案)〉审议结果的报告》,1996 年 3 月 16 日。

[108] 《最高人民法院关于没收财产是否应进行听证及没收经营药品行为等有关法律问题的答复》,〔2004〕行他字第 1 号。

法院行政庭的答复不是正式的司法解释,不具有法律约束力,但代表了最高法院的态度。

最后也最权威的,是最高法院发布的指导性案例。在2012年发布的**黄泽富等诉成都市金堂工商局行政处罚案**(指导案例第6号)中,最高法院确认:行政机关作出没收较大数额涉案财产的行政处罚决定时,未告知当事人有要求举行听证的权利或者未依法举行听证的,法院应当依法认定该行政处罚违反法定程序。由于最高法院发布的指导性案例各级法院审判时均应参照,此举足以终结相关争论。

综上,我们可以确信无疑地认为,行政处罚听证的范围不限于当时《行政处罚法》明文列举的三种情形。即使没有最高法院行政庭的答复和最高法院的指导性案例,根据前面三种解释方法,也足以得出相同结论。

三　法院对制定法的选择适用

由于"法出多门",相互之间可能发生冲突,如何维护法律规范之间的和谐成了一个重要问题。

综合《立法法》和相关法律的规定,解决法律冲突的方法主要有三项:首先是确定各种法律形式的效力等级,禁止以下犯上。这个等级序列完全对应于规范制定机关在国家权力结构中的等级序列,大体上为"宪法 > 法律 > 行政法规 > 地方性法规"。不属于上下级之间的法律冲突,则由一个专门机关裁决。[109] 其次,厘定各个规范制定机关的立法权限,禁止越权立法。《立法法》第8条要求几类事项只能由法律规定,多部法律还对行政法规、地方性法规和规章之间的立法权进行了划分。最后,《立法法》还针对不同层级规范设计了监督机制,原则上"一级管一级"。不同层级规范的监督机关、监督方式和监督标准,如表1所示:

表1　中国的法律监督体制

监督对象(法律形式)	监督机关	监督方式	监督标准
全国人大的法律	(无)		
全国人大常委会的法律	全国人大	改变或撤销	不适当
行政法规	全国人大常委会	撤销	抵触宪法和法律
国务院部门规章	国务院	改变或撤销	不适当
省级人大的地方性法规	全国人大常委会	撤销	抵触宪法、法律和行政法规

[109] 具体地说,法律的效力高于行政法规、地方性法规、规章;行政法规的效力高于地方性法规、规章;地方性法规的效力高于本级和下级地方政府规章;省、自治区的人民政府制定的规章的效力高于本行政区域内的较大的市的人民政府制定的规章;部门规章之间、部门规章与地方政府规章之间具有同等效力,在各自的权限范围内施行。

续表

监督对象(法律形式)	监督机关	监督方式	监督标准
省级人大常委会的地方性法规	全国人大常委会	撤销	抵触宪法、法律和行政法规
	同级人大	改变或撤销	不适当
省级政府的行政规章	国务院	改变或撤销	不适当
	同级人大常委会	撤销	不适当
地级市人大制定的地方性法规	全国人大常委会	撤销	抵触宪法、法律和行政法规
	省级人大常委会	(批准)	
地级市人大常委会的地方性法规	全国人大常委会	撤销	抵触宪法、法律和行政法规
	省级人大常委会	(批准)	
	同级人大	改变或撤销	不适当
地级市政府的行政规章	国务院	改变或撤销	不适当
	省级政府	改变或撤销	
	同级人大常委会	撤销	

根据前述安排,我国建立了法规、规章、其他规范性文件备案审查制度。近几年来,全国人大常委会、国务院有关机构开始积极推动相关工作。[110] 然而,在没有两造对抗的情况下,如何发现法规、规章和其他规范性文件中的问题,发现后又如何行使监督权,还都是问题。我们可以期待备案审查制度今后发挥更大作用,但不能指望单靠备案审查制度解决所有的法律监督问题。[111] 肩负审判职能的法院经常面对法律规范冲突,应当可以在其中发挥独特的作用。

迄今为止,中国法院审查法规、规章合法性的权力还不完全明确。《立法法》规定了有权改变或者撤销法规、规章的机关,没有提及法院。法院无权改变或者撤销法规、规章,但理论上,法院应当有权审查,并不予适用违法的法规、规章。只是,法院是否主动审查、在哪些情形下不予适用、应否说明理由,从未明确。最高法院要求,法院制作裁判文书确需引用的规范性法律文件之间存在冲突,根据《立法法》等有关法律规定无法选择适用的,应当依法提请有决定权的机关作出裁决,“不得自行在裁判文书中认定相关规范性法律文件的效力”。[112]

法律规则的模糊导致了司法实践的些微困惑。在审判实践中,法院对法规、规

〔110〕 刘镇(时任全国人大常委会副秘书长):《全国人大常委会的监督工作》,载中国人大网,http://www.npc.gov.cn/zgrdw/npc/xinwen/2003－08/05/content_318396.htm; 杨书军:《规范性文件备案审查制度的起源与发展》,载《法学杂志》2012 年第 10 期; 梁鹰(全国人大法工委法规备案审查室主任):《全国人大常委会 2018 年备案审查工作报告述评》,载《中国法律评论》2019 年第 1 期。

〔111〕 陈道英:《全国人大常委会法规备案审查制度研究》,载《政治与法律》2012 年第 7 期; 蒋清华:《支持型监督:中国人大监督的特色及调适——以全国人大常委会备案审查为例》,载《中国法律评论》2019 年第 4 期。

〔112〕 《最高人民法院关于裁判文书引用法律、法规等规范性法律文件的规定》,法释〔2009〕14 号,第 7 条。

章和其他规范性文件并非只能一味遵从,而有一定选择适用的空间。[113] 只不过,在缺少法律明确授权的情况下,法官对一些敏感的规范性文件可能策略性地规避,既不适用也不提及。[114]

下面分别讨论法院对行政法规、地方性法规、规章的选择适用问题。对其他规范性文件的选择适用,由于《行政诉讼法》规定了附带审查,将作为一个特别问题放在第十二章中讨论。

(一) 对行政法规的选择适用

依据《行政诉讼法》的规定,行政法规是法院审理行政案件的"依据"。法院不适用行政法规,虽然在理论上完全可以讨论,但在实践中几乎从未出现。对许多法官来说,拒绝适用行政法规还是不可想象的事情。一个例子是,国务院1982年制定的《城市流浪乞讨人员收容遣送办法》,在没有法律依据的情况下规定了强制性的收容遣送制度。在2000年《立法法》生效后,更是直接抵触该法第8条有关限制人身自由的强制措施由法律保留的规定。但直到2003年"孙志刚事件"发生后,在公众的强烈声讨下,该法规才由国务院自行废止。在此期间,全国每年被收容遣送者数以百万计,偶尔也有起诉到法院的,但法院从未质疑过该法规。另一个例子是,1991年制定、2001年修订的《城市房屋拆迁管理条例》没有区分公共利益与商业利益、没有设置征收程序,而允许建设单位向政府申请拆迁许可、获批后实施拆迁、发生纠纷由政府裁决。该条例被指违反《宪法》(2004年修正)和《物权法》的征收条款,但施行无碍,直到2011年被国务院颁布的新法规取代。

尽管听起来有些不可思议,法院不予适用行政法规还是出现了个别先例。在上海东兆化工有限公司诉上海市工商局静安分局行政处罚案中,东兆公司在从事危险化学品经营的过程中存在违法行为,但没有违法所得,国务院《危险化学品安全管理条例》与《安全生产法》针对此种情形规定的罚款幅度不相一致。依据国务院《危险化学品安全管理条例》的规定,最高罚款金额为50万元;而稍后通过的《安全生产法》规定,最高罚款金额为10万元。本案原告被罚款40万元。上海市第二中级法院认为,被告在作出处罚时,应适用高位阶的法律规范。[115] 在苏州爱利电器有限公司诉苏州市工商局沧浪分局行政处罚案中,法院遇到了1987年《投机倒把行政处罚暂行条例》一个条款的适用问题。这部制定于计划经济年代的行政法规对投机倒把情形的列举,包含一个兜底条款"其他扰乱社会主义经济秩序的投机倒把行为",同

---

[113] 陈有西:《论行政诉讼中的法律规范冲突及其冲突规范》,载《行政法学研究》1994年第4期;董皞:《论行政审判对行政规范的审查与适用》,载《中国法学》2000年第5期;甘文:《对抽象行政行为的司法审查》,载《人民司法》2002年第4期;孔祥俊:《论法官在法律规范冲突中的选择适用权》,载《法律适用》2004年第4期。

[114] 彭亚楠:《"自行判决"、"谨慎表述"——对某中级法院法官处理法规冲突案件的实证调查》,载《法学》2007年第3期。

[115] 上海市第二中级人民法院行政判决书,(2004)沪二中行终字第169号。

时规定该项“由省级以上工商行政管理机关根据国家法规和政策认定”。在给江苏高院的答复中，最高法院行政庭指出，该项规定不符合《立法法》和《行政处罚法》的相关规定。[116]

（二）对地方性法规的选择适用

依据《行政诉讼法》的规定，地方性法规以及民族自治地方的自治条例和单行条例，也是法院审理行政案件的“依据”。但该法没有规定，地方性法规与法律不一致的，法院如何适用。

地方性法规与法律不一致的问题，早在《行政诉讼法》施行前就遇到了。辽宁省高级法院就辽宁省人大常委会制定的《辽宁省实施〈中华人民共和国土地管理法〉暂行办法》第26、28条的效力，分别请示辽宁省人大常委会和最高法院。辽宁省人大常委会在给辽宁省高级法院的答复中，声明《暂行办法》符合《土地管理法》的规定精神，并特别强调了地方性法规对于法院行政审判的拘束力。[117] 最高法院则认为，“人民法院在审理行政案件的过程中，如果发现地方性法规与国家最高权力机关制定的法律相抵触，应当执行国家最高权力机关制定的法律”。全国人大常委会法制工作委员会答复，同意最高法院的意见。[118] 上述答复意见为法院不经全国人大常委会，而直接认定地方性法规违反法律开创了先例。但是，这一答复意见不能被认为授权法院（特别是地方法院）自行认定地方性法规与法律相抵触，并决定不予适用该地方性法规。[119] 此后，最高法院多次就不予适用地方性法规的问题，作出内容相似的答复。[120]

在一些案件中，法院可能未经全国人大法工委和最高法院答复，直接认定地方性法规抵触法律、行政法规并不予适用。在**福建省水电勘测设计研究院诉福建省地矿厅行政处罚案**中，福建省地方性法规《福州市地下热水（温泉）管理办法》与国务院行政法规《矿产资源法实施细则》关于地下热水的法律属性和管理部门的规定不

---

[116] 参见梁凤云：《最高人民法院行政诉讼批复答复释解与应用·法律适用卷》，中国法制出版社2011年版，第139～148页。

[117] 辽宁省人大常委会《关于对执行我省实施土地管理法暂行办法有关问题的答复》，辽人发〔1989〕11号，1989年6月23日。

[118] 《全国人大常委会法制工作委员会关于地方性法规与国家法律相抵触应如何执行的答复》，1989年11月17日，见《全国人大常委会法制工作委员会关于如何理解和执行法律若干问题的解答（一）》。

[119] 在当时，人大法工委答复意见本身的效力也比较模糊。直到2000年《立法法》，才在第55条规定：“全国人民代表大会常务委员会工作机构可以对有关具体问题的法律询问进行研究予以答复，并报常务委员会备案。”

[120] 《最高人民法院关于人民法院审理行政案件对地方性法规的规定与法律和行政法规不一致的应当执行法律和行政法规的规定的复函》，法函〔1993〕16号，1993年3月11日发布，2017年废止；《最高人民法院关于对人民法院审理产品质量监督行政案件如何适用法律问题的批复》，〔1999〕行他字第15号，2001年2月18日发布；《最高人民法院对人民法院在审理盐业行政案件中如何适用国务院〈食盐专营办法〉第二十五条规定与〈河南省盐业管理条例〉第三十条第一款规定问题的答复》，法行〔2000〕36号，2003年4月29日发布。

一致。福州市中级法院判决认为,根据国务院《矿产资源法实施细则》,本案涉及的地下热水平均温度为72℃,属于地热矿产资源,不是地下水。《福州市地下热水(温泉)管理办法》没有根据国家标准把温泉区分为地热和地下水,由此确定的行政主管部门与法律、行政法规的规定不符,不应予以适用。[121]

尽管有以上案例,法院直接决定不予适用地方性法规仍面临着巨大的障碍和风险。甘肃省酒泉地区中级法院拒绝适用地方性法规所遭受的后果,就是一个例子。1999年,酒泉中院在一个行政处罚案件的判决书中称,甘肃省的地方性法规违背法律,“不能作为实施处罚的依据”,结果引起了一场轩然大波。省人大专门召开主任会议听取了案件情况,认定这是一起审判机关“严重违法事件”,指斥法院超越审判权限,侵犯了宪法和地方组织法赋予地方人大及常委会的立法权。甘肃省高级法院于是提起再审,撤销了酒泉中院的行政判决。再审判决承认,酒泉中院“直接对地方性法规的效力加以评判是错误的”。法院挑战地方性法规的行动遭到挫败。[122] 几年后,同样的故事在河南的“李慧娟事件”中重演。[123]

类似的冲突引起了法院的严重忧虑和学界的强烈反响。2004年,最高法院以座谈会纪要的形式提出指导性意见:“调整同一对象的两个或者两个以上的法律规范因规定不同的法律后果而产生冲突的,一般情况下应当按照《立法法》规定的上位法优于下位法、后法优于前法以及特别法优于一般法等法律适用规则,判断和选择所应适用的法律规范。冲突规范所涉及的事项比较重大、有关机关对是否存在冲突有不同意见、应当优先适用的法律规范的合法有效性尚有疑问或者按照法律适用规则不能确定如何适用时,依据《立法法》规定的程序逐级送请有权机关裁决。”[124] 这一指示给予地方法院一定的灵活处理余地,但没有明确法院不予适用地方性法规的权力,也没有完全消除法官头上的风险。2014年《行政诉讼法》修改时,这个问题仍然没有进展。

(三)对规章的选择适用

《行政诉讼法》规定,法院审理行政案件“参照”规章。依据王汉斌在全国人大

---

[121] 《最高人民法院公报》1998年第1期。

[122] 甘肃省高级人民法院行政判决书,(1999)甘行监字第29号。相关报道,见李希琼、王宏:《甘肃:法院废了人大法规?》,载《中国经济时报》2000年9月5日;王宏:《法院岂可非议人大法规——甘肃高院撤销酒泉中院一起错误判决》,载《北京青年报》2000年10月27日。相关评论,参见姜明安:《司法权威不立,法治焉存》,载《法制日报》2000年11月5日。

[123] 河南省洛阳市中级法院的一份判决书中认为,河南省地方性法规的一个条文与全国人大常委会制定的《种子法》有冲突,“自然无效”。此事引起河南省人大的愤怒,主审法官李慧娟一度被停止了职务。案情参见洛阳市中级人民法院民事判决书,(2003)洛民初字第26号;田毅、王颖:《一个法官的命运与“法条抵触之辩”》,载《21世纪经济报道》2003年11月17日;郭国松:《法官判地方性法规无效:违法还是护法》,载《南方周末》2003年11月20日;谢远东:《是越权还是护法:种子官司的意外绽放》,载《法制日报》2003年11月26日;韩俊杰:《河南李慧娟事件再起波澜》,载《中国青年报》2004年2月6日。

[124] 《最高人民法院关于审理行政案件适用法律规范问题的座谈会纪要》,法〔2004〕96号。

所作的《关于〈中华人民共和国行政诉讼法(草案)〉的说明》,"对符合法律、行政法规规定的规章,法院要参照审理,对不符合或不完全符合法律、行政法规原则精神的规章,法院可以有灵活处理的余地"。这段话说明《行政诉讼法》授予法院一定的不适用规章的权力,但法院究竟在什么情况下不应适用,并不明确。

《立法法》(2015年修正)第96条规定了规章应当予以改变或者撤销的情形:(1)超越权限的;(2)下位法违反上位法规定的;(3)规章之间对同一事项的规定不一致,经裁决应当改变或者撤销一方的规定的;(4)规章的规定被认为不适当,应当予以改变或者撤销的;(5)违背法定程序的。法院可以参照该条规定的情形,不予适用规章。在实践中,法院不会因为规章违反宪法而不适用规章,因为法院不援引和解释宪法;法院通常也不会因为规章的内容不适当而不适用规章,因为规章内容的优劣得失涉及政策判断,超出法院的审查能力。规章违背立法程序的情形也相当罕见。法院不予适用规章,主要是因为规章超越立法权限,违反上位法的规定,以及规章之间或者部门规章与地方性法规之间对同一事项的规定不一致。下面分别讨论。

1. 规章超越立法权限

规章超越立法权限的,既包括规章违反《立法法》第8条的法律保留原则,规定了应当由法律规定的事项,也包括规章制定机关超越其事务管辖的范围,规定了应当由其他行政机关规定的事项。例如,2007年国土资源部、财政部、中国人民银行联合发布《土地储备管理办法》(已废止)规定,市、县人民政府国土资源管理部门为实现调控土地市场、促进土地资源合理利用目标,可以依法取得土地,进行前期开发、储存以备供应土地。虽然该办法关于土地储备范围的规定做了小心的修饰,但仍被指为违法。因为,依照《立法法》的规定,对非国有财产的征收只能由法律规定(第8条第6项);即使有实际需要,也只能由全国人大及其常委会授权国务院以行政法规规定(第9条),规章无权染指。[125] 又如,依照《行政处罚法》的规定,规章只能设定警告、通报批评或者一定数量罚款的行政处罚[126]。超出前述种类或者限额设定处罚,即是越权。

2. 规章违反上位法规定

规章违反上位法规定的,《行政诉讼法》实施不久就有一些案例。在**任建国诉山西省吕梁行政公署劳动教养管理委员会案**中,吕梁地区两级法院认为,有关法律、行政法规对劳动教养的适用对象已有明确规定,《山西省人民政府关于保护企业厂长、

[125] 何忠洲、魏娟:《律师炮轰土地储备制度违宪》,载《南方周末》2010年5月5日。

[126] 国务院在《关于贯彻实施〈中华人民共和国行政处罚法〉的通知》(国发〔1996〕13号)中规定:"国务院各部门制定的规章对非经营活动中的违法行为设定罚款不得超过1000元;对经营活动中的违法行为,有违法所得的,设定罚款不得超过违法所得的3倍,但是最高不得超过30000元,没有违法所得的,设定罚款不得超过10000元;超过上述限额的,应当报国务院批准。"规章可以设定"通报批评"这一处罚种类,是2021年《行政处罚法》修改时增加的。

经理依法执行职务的规定》扩大了劳动教养的适用范围，相关条款不予适用。[127] 最高法院在一个批复中指出，辽宁省政府发布的《关于加强公路养路费征收稽查工作的通告》规定，对拖缴、逃缴公路规费的单位和个人"可以采取扣留驾驶证、行车证、车辆等强制措施"，其中扣留车辆的措施超出了国务院《公路管理条例》规定的范围，法院不应适用。[128]

在南京知识律师事务所诉国家工商总局商标局商标代理资格案中，法院审查了部门规章的合法性。原告知识律师事务所受人委托，向被告提交了商标注册申请。2003 年 7 月被告通知，由于原告不是法定的"商标代理组织"，故对其提交的申请不予受理。北京市第一中级法院认为，根据《律师法》的规定，律师可以接受非诉讼法律事务当事人委托，提供法律服务。同时，国务院已取消了依据《商标代理管理办法》而设立的"商标代理组织审批"和"商标代理人资格核准"这两个行政审批项目，相关规定也未禁止律师从事该项业务或者对提供商标代理服务的主体作特别要求。据此，被告拒绝受理原告作为代理人提交的商标注册申请缺乏法律依据，该不予受理通知予以撤销。[129]

此后，《行政处罚法》《行政许可法》进一步确定了相关原则。《行政处罚法》(2021 年修订)第 13、14 条分别规定，国务院部门规章和地方政府规章可以在上位法规定的给予行政处罚的行为、种类和幅度的范围内作出具体规定。《行政许可法》第 16 条规定，规章可以在上位法设定的行政许可事项范围内，对实施该行政许可作出具体规定，但不得增设行政许可，也不得增设违反上位法的其他条件。该法第 15 条还规定，地方政府规章设定的行政许可，不得限制其他地区的个人或者企业到本地区从事生产经营和提供服务，不得限制其他地区的商品进入本地区市场。

3. 规章与其他法律文件不一致

规章与其他法律文件不一致，主要是不同行政机关的规章之间发生冲突或者部门规章与地方性法规发生冲突。这几者之间没有效力高下之分，发生冲突并不等于规章违法。只是为了保证法律的良善、统一，必须选择其一适用。

对于规章之间的冲突，包括部门规章之间、部门规章与地方政府规章之间对同一事项的规定不一致的，1989 年《行政诉讼法》规定由最高法院送请国务院作出解释或者裁决。实践中，规章之间的冲突不在个别，如果都要送请国务院解释或者裁

---

〔127〕《最高人民法院公报》1993 年第 3 期。该规定系 1988 年 9 月 25 日山西省人民政府令第 1 号发布。在《立法法》对限制人身自由的强制措施和行政处罚规定法律保留后，诸如此类的规定宜于归入超越职权的范畴。

〔128〕《最高人民法院关于人民法院审理行政案件对缺乏法律和法规依据的规章的规定应如何参照问题的答复》(已废止)，法行复字〔1993〕第 5 号。

〔129〕郭京霞：《首例涉及国家部委的行政许可案宣判　律师有权从事商标代理服务》，载《人民法院报》2004 年 7 月 22 日。虽然法院判决时《行政许可法》已经实施，但商标局作出不予受理通知时该法尚未颁布，因此该案判决未适用《行政许可法》。

决，行政审判将旷费时日，甚至遥遥无期。为此，2014 年《行政诉讼法》修改时，删除了该规定。这意味着规章之间发生冲突时，法院有权直接选择适用；不能确定如何适用的，才中止行政案件的审理，逐级上报、送请裁决。最高法院一份座谈会纪要提出，部门规章与地方政府规章之间对相同事项的规定不一致的，主要看法律明确授权的有无和调整事项的性质。法律、行政法规明确授权特定机关制定实施细则的，获得明确授权而制定的规则应当优先适用。没有明确授权的，则看调整事项的性质：属于中央宏观调控的事项、需要全国统一规则的市场活动以及对外贸易、外商投资等事项的，部门规章应当优先适用；属于地方行政区域内具体行政管理事项的，地方政府规章应当优先适用。〔130〕

部门规章与地方性法规规定不一致的，应当如何处理，《行政诉讼法》没有规定。《立法法》则规定，此类冲突由国务院处理：国务院认为应当适用地方性法规的，适用地方性法规；国务院认为应当适用部门规章的，提请全国人大常委会裁决。在现实中，部门规章与地方性法规不一致的情况相当常见。出现这种情况，是否一律送请国务院决定乃至全国人大常委会裁决？法院的意见是否定的。在一个道路运输市场管理案件中，《江苏省道路运输市场管理条例》设定的罚款幅度最高是 2 万元，而当时交通部《道路运输行政处罚规定》设定的罚款幅度最高只有 1 万元。江苏省高级法院在请示中提出，地方条例不涉及中央统一管理的事项，而且符合江苏省的实际需要，因此，法院应当首先考虑适用。最高法院的答复基本认同了上述观点，即在国家制定道路运输市场管理的法律或者行政法规之前，法院“可以优先选择适用本省根据本地具体情况和实际需要制定的有关道路运输市场管理的地方性法规”。〔131〕

综上所述，中国法院对法规、规章虽然没有正式审查的权力，但有选择适用的余地。对于抵触上位法、相互不一致以及内容明显过时的规定，法院并非只能盲目服从，而是可以通过稳妥的方式排除适用。

第三节　行政裁量的司法审查

法院能否以及应当如何审查行政裁量行为，是行政法学理上一个被热烈探讨的问题，也是各国司法审查共同面对的难题。在中国，这个问题曾因《行政诉讼法》《行政复议法》的规定产生了一些观念上的困扰。现在学界已经达成共识：法院对行政裁量具有某种方式和程度的审查权力，但是，法院对行政裁量的审查又必须保持

---

〔130〕《最高人民法院关于审理行政案件适用法律规范问题的座谈会纪要》，法〔2004〕96 号。

〔131〕《江苏省高级人民法院关于部门规章与地方性法规规定的处罚幅度不一致，如何适用法律的请示报告》，〔2003〕苏行他字第 2 号；《最高人民法院关于道路运输市场管理的地方性法规与部门规章规定不一致的法律适用问题的答复》(2013 年废止)，〔2003〕行他字第 4 号。

必要的节制。法治的精妙在于恰当地把握这两者的平衡。

一　行政裁量与合法性审查

法院能否审理行政裁量行为，这个问题不但涉及对行政裁量概念的认识，也涉及对司法审查功能的认识。在中国语境下，这个问题在很大程度上取决于对《行政诉讼法》关于合法性审查原则的理解。

由于受不同法律传统的影响，行政裁量的含义在中国比较混乱。[132] 总体来说，大陆法系上倾向于狭隘地理解“裁量”的含义，事实问题、程序问题乃至不确定法律概念的解释问题都不包括在裁量概念之中；而英美法系上倾向于宽泛地理解“裁量”的含义，任何具体情境中的选择自由都可能被认为是裁量。为了整体性地讨论司法审查的强度，我们在此不妨采取宽泛的理解。在此意义上，行政裁量出现的场合将是多方面的，包括行政机关的法律解释、事实认定、行为程序和处理结果。法律赋予行政机关裁量权力，可能是因为立法机关在立法时没有把握，故意把问题留给行政机关，由其根据具体情形斟酌决定，也可能是因为立法机关无法预见未来而不经意地留下的。不管有意无意，凡是有选择自由的地方就有行政裁量。

行政裁量作为立法留给行政的一种选择自由，不是绝对的。在法治国家中，没有一种权力可以被恣意地行使。司法审查逐渐进入了行政裁量领域，诚实信用、理性适度、平等无欺、正当程序等原则成为法律对行政的一般要求。正因如此，“行政自由裁量”这个曾经广泛使用的概念遭到一些学者抛弃，代之以较为中性的“行政裁量”。法治并不排斥行政裁量，但反对不受限制的裁量。

在中国行政法中，行政裁量问题是与行政行为的合理性问题联系在一起的。法院能否审查行政裁量，或者说法院能否审查行政行为的合理性，不是一个简单的问题。麻烦很大程度上来自行政法学教科书与《行政诉讼法》关于合法性和合理性这对概念的龃龉。一方面，行政法学教科书通常把合法性和合理性相提并论，共同作为行政法的基本原则。另一方面，《行政诉讼法》规定法院只对行政行为“是否合法”进行审查，《国家赔偿法》则规定只有行政行为“违法”才予赔偿。正当学者对合法、违法的概念争论不休的时候，《行政复议法》的规定似乎增添了麻烦：它在“违法”的概念之外又加上了“不当”一项。[133] 最高法院的一些司法解释在不经意间也踏入了这个陷阱。例如，有解释称，被诉具体行政行为“合法但存在合理性问题的”，

---

〔132〕 对相关概念的讨论，参见杨伟东：《行政裁量问题探讨》，载罗豪才主编：《行政法论丛》第3卷，法律出版社2000年版；余凌云：《对行政自由裁量概念的再思考》，载《法制与社会发展》2002年第4期；王贵松：《行政裁量的内在构造》，载《法学家》2009年第2期；王天华：《作为教义学概念的行政裁量——兼论行政裁量论的范式》，载《政治与法律》2011年第10期。

〔133〕 1999年的《行政复议法》第1条声明，制定该法的目的是防止和纠正“违法的或者不当的”具体行政行为云云；第3条规定，行政复议机构负责审查申请行政复议的具体行政行为“是否合法与适当”。类似措辞早在《行政复议法》的蓝本、1990年《行政复议条例》中就已出现，在2023年《行政复议法》修订后仍然沿用（“违法或者不当”“合法性、适当性”“内容不适当”）。

法院应当判决驳回原告的诉讼请求。[134]

对于《行政诉讼法》中的合法性审查标准，一些学者则认为，中国行政诉讼法采用“合法性审查为原则，合理性审查为例外”，即原则上法院只应审查行政行为的合法性而不应审查其合理性，但在滥用职权、显失公正等例外情形下，也可以对合理性进行审查。[135] 另有学者断言，中国法院对行政行为的审查只限于合法性审查，但是，合法性审查原则包含对严重不合理的审查，也就是说不合理达到一定程度亦可构成违法。[136] 同样的分歧出现在对《国家赔偿法》违法归责原则的理解上。在上述观点中，“合法性 + 合理性”或者“违法 + 明显不当”的说法，与行政法学理论把合法性与合理性并举的观点是一脉相承的。它们对合法的概念采取了一种形式合法的观点，即只要符合法律、法规、规章的规定就算合法。而“合法性审查包含合理性审查”的观点，则对合法的概念采取了一种实质合法的观点，即除了符合法律、法规、规章的规定，还要符合行政法的一般原则和其他渊源所表达的法律准则。[137]

值得注意的是，无论是持前述哪一种观点的学者，在实践立场上是非常接近的。几乎没有学者认为，行政机关只要在裁量权限范围内行事，法院就不能干预；也很少有学者认为，行政机关只要不违反法律、法规的字面规定，就无须承担赔偿责任。[138] 即使是讨论合理性原则的学者，也把它看成行政法治原则的一部分：“合理性原则实际上是合法（性）原则的引申，是合法性原则在自由裁量问题上的进一步要求”；“违反一般法律原则也属对合法性原则的破坏，因而其行为也可能被宣布为完全无效或部分无效”。[139] 在司法实践中，中国法院也从未完全放弃对行政裁量的审查。

前述学说与法条之间方枘圆凿的尴尬，让我们窥见了行政法学理论上的严重混乱，也多多少少影响了法院对合理性问题的审查，容易让人产生法院只能审查行政行为合法性、不能审查合理性的印象。但只要正本清源，就会发现行政裁量不是行政机关自由驰骋的天空，不是司法审查不能涉足的禁区。2014 年《行政诉讼法》修改时，增加了行政行为“明显不当”这一审查标准，同时继续维持法院对行政行为

---

[134] 2000 年《若干解释》，第 56 条第 2 项。

[135] 应松年主编：《行政诉讼法学》，中国政法大学出版社 1999 年修订版，第 59 ~ 62 页。

[136] 崔卓兰：《论显失公正行政处罚的不合法》，载《法学研究》1990 年第 6 期；姜明安：《行政诉讼法学》，北京大学出版社 1993 年版，第 70 ~ 72 页；胡建淼：《行政法学》，法律出版社 1999 年版，第 77 页。

[137] 对相关问题的进一步讨论，参见何海波：《实质法治：寻求行政判决的合法性》（第 2 版），法律出版社 2020 年版，第 3 章“实质法治下的法与合法性”。

[138] 只有个别学者坚持认为，违法仅指违反法律、法规而不包括滥用自由裁量权。参见肖峋：《试论人民法院审查具体行政行为合法性的原则》，载《中国法学》1989 年第 4 期（“《行政诉讼法》基本上排除了对行政自由裁量范围内不妥当行为的干预，行政处罚显失公正例外”）；肖峋：《中华人民共和国国家赔偿法的理论与实用指南》，中国民主法制出版社 1994 年版，第 90 ~ 106 页（“国家赔偿中的违法仅指违反法律、法规，不包括裁量不当”）。这一观点显然已经被法学理论和司法实践否定。

[139] 罗豪才主编：《行政法学》，中国政法大学出版社 1989 年版，第 2 章“行政法的基本原则”，特别是第 55 ~ 57 页。关于合理性原则的讨论，另参见龚祥瑞：《行政合理性原则》，载《法学杂志》1987 年第 2 期；胡建淼：《行政法学》（高等学校法学教材）（第 2 版），法律出版社 2003 年版，第 2 章“行政法基本原则”；叶必丰：《行政法与行政诉讼法》，高等教育出版社 2007 年版，第 3 章“行政法的基本原则”。

"是否合法"进行审查这一表述。这一方面说明，立法者鼓励法院对行政裁量的合理性进行适度的审查；另一方面也说明，立法者在合法性审查的概念上坚守了实质合法的观点，即明显不当也是违法。

二　法院审查行政裁量的尺度

法院可以审查行政裁量，并不必然意味着法院可以任意干预行政裁量。问题是，法院在什么情形下可以干预行政裁量？又需要在多大程度上尊重行政机关的判断？在行政法学理论中，上述问题分别在"行政裁量的法律控制"、[140]"裁量基准"、[141]"司法裁量的限度"、[142]"司法审查强度"[143]等标题下有过不少讨论。这些研究或多或少地触及了一个观点，即司法机关对行政裁量应当给予必要的尊让（deference）[144]。

从行政行为司法审查的角度来说，行政机关对行政裁量问题的判断是"一次判断"，而司法机关则是"二次判断"。在实际操作中，法院不可能给予行政机关的裁量百分之百的尊重，否则就没有必要建立司法审查了；但法院也不可能时时处处以自己的观点代替行政机关的判断，否则就没有必要设立行政机关了。

法院对行政裁量给予适度的尊让，不但是行政和司法两个系统职能分工的需要，也是司法审查获取合法性的策略。现代行政涉及大量技术性和政策性的问题，需要借助行政机关的知识、技能和经验来解决。例如，涉及博士学位论文的评审，法官的知识基本上不足以回答它是否达到博士学位论文的水准；面对会计规则的丛林，法院也很难判断一家上市公司财务资料所反映的利润是否客观真实；山林土地所有权纠纷往往纠结着复杂的历史和现实问题，法院也很难根据既定的规则作出判决。在这些情况下，法院对行政裁量给予适度的尊让，也是司法权力必要的限度。司法权力过分的高蹈张扬不但于事无补，反而可能危及其自身的合法性。

法院对行政裁量的尊让不存在一条确定不移的界限，很大程度上取决于具体的情境。下面分别从法律解释、事实认定、行为程序和处理结果四个方面，来讨论法院对行政裁量的审查强度。所举的例子都代表了法院对行政裁量的深度干预。它们

---

[140] 例如，余凌云：《行政自由裁量论》，中国人民公安大学出版社2005年版；周佑勇：《行政裁量治理研究：一种功能主义的立场》，法律出版社2008年版。

[141] 朱芒：《日本〈行政程序法〉中的裁量基准制度——作为程序正当性保障装置的内在构成》，载《华东政法学院学报》2006年第1期；王天华：《裁量标准基本理论问题刍议》，载《浙江学刊》2006年第6期。

[142] 沈岿：《试论行政诉讼中的司法自由裁量权》，载罗豪才主编：《行政法论丛》第1卷，法律出版社1998年版。

[143] 杨伟东：《行政行为司法审查强度研究——行政审判权纵向范围分析》，中国人民大学出版社2003年版；俞祺：《行政规则的司法审查强度——基于法律效力的区分》，法律出版社2018年版。

[144] "尊让"一词出自古汉语。例如，"夫人必知礼，然后恭敬，恭敬然后尊让，尊让然后少长贵贱不相逾越（《管子·五辅》）"；"尊让絜敬也者，君子之所以相接也（《礼记·乡饮酒义》）"；"恭俭尊让者，礼之为也（《淮南子·泰族训》）"。中国学者讨论相关问题时多用"尊重"。后者尽管通俗，并有约定俗成之势，但侧重尊敬重视的心态，而没有强调克制谦让的效果。相比之下，"尊让"更能体现法院与行政机关之间的权力关系，也更能与英文deference对应。本书将根据具体语境，交替使用这两个词。

未必不适当,但足以引发人们对司法审查的质疑。

(一)对行政机关法律解释的尊让

如果法律问题只有一个正确答案,那么法院作为法律的最终解释者,在任何情况下都可以以自己对法律的理解去纠正行政机关的理解。在这样的情况下,司法对行政就没有尊让可言。但现实中,法律解释往往是"公说公有理、婆说婆有理"。法院的解释相对行政机关而言是优越的,却不能保证是正确的。为此,法院对行政机关的解释给予适度的尊让,就很有必要。美国联邦最高法院所确立的谢弗朗原则(Chevron doctrine),就表达了这样一种精神。该原则要求,如果制定法的含义不清楚,而行政机关对它的解释是合理的,那么,法院就应当遵循行政机关的解释。[145]

中国法院的法律解释受到较多体制的限制,不能完全自主。在实践中,法院对国务院部委的解释权也表现出很大的尊重。与之同时,法院在法律解释方面的自信在不断增长。在孙立兴诉天津新技术产业园区劳动局工伤认定案中,天津市高级法院二审判决断言:"行政机关对法律的理解违背立法本意,人民法院在审理相关行政诉讼案件中,应当依法作出正确的解释,这也是对行政机关行使职权的监督。原审第三人中力公司关于'在法律无明确规定的情况下,对于法律的理解适用应当尊重作为行政机关的上诉人的理解和认定'的意见,没有法律依据,故不予采纳。"[146]在这里,法院坚信法律问题只有唯一正确的解释,而自己的解释是正确的。

法院增强法律解释的权威和自信,是个好事。但法院如果没有对行政机关的必要尊让,完全无视行政机关的解释,也可能引发人们对其所作解释的质疑。在甘露诉暨南大学开除学籍案中,该校研究生甘露拿一篇从互联网上抄袭来的论文作为课程考试论文,被任课老师发现并要求其重写,而甘露再次提交的论文仍是全文抄袭他人已发表论文。依据教育部2005年《普通高等学校学生管理规定》第54条,学生有下列情形之一的,学校可以给予开除学籍处分,其中第4项是,"由他人代替考试、替他人参加考试、组织作弊、使用通讯设备作弊及其他作弊行为严重的";第5项是,"剽窃、抄袭他人研究成果,情节严重的"。暨南大学根据其中的第5项规定,给予甘露开除学籍处分。最高法院的再审判决却认为,甘露的行为属于考试作弊而不是抄袭,该案应当适用第4项而不能适用第5项。据此,被告开除决定适用法律错误,应

[145] Chevron U. S. A. , Inc. *v.* Natural Resources Defense Council, Inc. , 467 U. S. 837(1984). 中文介绍参见高秦伟:《政策形成与司法审查——美国谢弗林案之启示》,载《浙江学刊》2006年第6期;李洪雷:《规制国家中对行政解释的司法审查——以谢弗林判例为中心的考察》,载《规制研究》第1辑,格致出版社、上海人民出版社2008年版。

[146] 《最高人民法院公报》2006年第5期。

予撤销。[147] 再审判决没有考虑高校对相关条文的通常理解和做法,以自己认为正确的理解代替高校的理解;再审判决也不考虑甘露的"作弊行为"是否情节严重、是否应予开除,就以被告适用法律错误为由,确认违法。再审判决的这一说法没能让人信服它的正确,只能让人觉得它自以为是。

(二) 对行政机关事实认定的尊让

从行政诉讼制度建立至今,对行政机关所认定事实的审查,一直是法院最重要的审查依据。根据对《人民法院案例选》的统计,在法院撤销行政行为的判决中,有一半援用了"主要证据不足"这一理由,其中在五分之一强的撤销判决中法院以此作为唯一理由。[148] 在强调"以事实为根据"的观念和追寻"客观事实"的目标下,法院对行政机关所认定事实的审查,几乎没有限制和节制。在当前行政执法状况下,法院认真对待事实问题往往有助于维系司法公正。但法院完全以自己判断替代行政程序,也可能让自己陷入事实认定的泥淖,产生新的合法性问题。

贵州省桐梓县农资公司诉桐梓县技术监督局行政处罚案是最高检察院提起的首例行政抗诉案件。官司从基层法院打到最高法院,事实问题仍然纠缠不解,而最高法院也乐于对事实问题再次作出认定,而不是着眼于创设事实认定的规则。[149] 在海南凯立中部开发公司诉中国证监会股票发行资格案中,法院试图创设事实认定的规则,却引来一片争议。北京市高级法院二审判决认为,证监会对于凯立公司财务资料所反映的利润是否客观真实有疑问的,应当委托有关主管部门或者专业机构进行审查确认。被告在未经专业部门审查确认的情况下作出决定,认定事实证据不充分。[150] 该案所涉及的法院对行政机关事实认定的审查方法和限度引起了学者的争论。赞成者认为,面对会计规则的丛林,证监会应当尊重会计主管部门的"最终话语权"和会计机构对专业事务的处理,自由裁量权不应被绝对化。[151] 而反对者批评,会计资料真实性的认定是证监会的自由裁量范围,司法机关应当给予适当的尊重;法官就证券发行审核这样的问题提出一个具有制度意义的要求,仅仅是"无知者

---

[147] 最高人民法院行政判决书,(2011)行提字第12号;《最高人民法院公报》2012年第7期。判决书认为,第5项所称的"剽窃、抄袭他人研究成果",系指高等学校学生在毕业论文、学位论文或者公开发表的学术文章、著作,以及所承担科研课题的研究成果中,存在剽窃、抄袭他人研究成果的情形。

[148] 何海波:《行政行为的合法要件——兼议行政行为司法审查根据的重构》,载《中国法学》2009年第4期。

[149] 《最高人民法院公报》1995年第4期("以上说明,再审判决确认农资公司经销的180吨复混肥为劣质产品的证据是充分的")。

[150] 北京市高级人民法院行政判决书,(2001)高行终字第7号。关于该案的一个详细报道,参见李巧宁、张继伟:《凯立真相》,载《财经》2001年9月刊。

[151] 刘燕:《走下"自由裁量权"的神坛:重新解读凯立案及"自由裁量权"之争》,载《中外法学》2002年第5期。

的勇气”。[152] 这一争论也提醒我们，案件事实的认定不仅仅是一个追寻事实的过程，它背后还有司法与行政两个部门的权力分配问题。

《行政诉讼法》对于事实审查的规定，存在明显裂缝：一方面，它要求行政行为“证据确凿”，法院才予以维持；另一方面，它规定行政行为“主要证据不足”，法院才予以撤销。这一裂缝暗示了法院对待行政机关事实认定的矛盾心态。在理论界，多位行政法学者在区分事实问题和法律问题的基础上，主张法院在事实问题的判断上应当采取“弱式审查”，对于行政机关的事实认定给予一定的尊重。[153] 但也有学者认为，中国目前并不具备英美国家区别法律问题与事实问题、降低对事实问题审查标准的条件。[154] 朱新力教授分析了事实问题所包含的多样形态，认为对事实问题的审查实质上是个（合法性基础上的）合理性问题，法院切忌以自己认为正确的结论代替行政机关的结论。[155] 一些学者进而提出，针对案件具体情况，法院应当分别确立规则审查、合理审查和严格审查标准。[156]

（三）对行政机关程序裁量的尊让

《行政诉讼法》规定，“违反法定程序”的行政行为应当撤销。学界一度认为，违反法定程序就是违反法律、法规、规章明文规定的程序；法律、法规、规章没有明文规定的，就属于行政机关的自由裁量范围，不属于违反法定程序。近二十年来，随着正当程序理念的兴起，越来越多的学者主张，在法律、法规没有明确规定的情况下，法院可以运用正当程序原则进行审查。[157] 这种主张在司法实践中也得到一定程度的接受。接下来的问题是，行政行为在什么情况下构成违反正当程序，法院可以予以撤销？

在刘燕文诉北京大学学位评定委员会案中，正当程序问题引起了公开和激烈的争辩。北京市海淀区法院一审判决认为，“本案被告校学位委员会在作出不批准授予刘燕文博士学位前，未听取刘燕文的申辩意见；在作出决定之后，也未将决定向刘燕文实际送达，影响了刘燕文向有关部门提出申诉或提起诉讼权利的行使，该决定

---

〔152〕 冰之（彭冰）：《重新审视海南凯立状告中国证监会》，载《法制日报》2001年7月25日。另见湛中乐、李凤英：《证券监管与司法审查——海南凯立公司诉中国证监会案的法律分析》，载《中国法学》2002年第5期。

〔153〕 周永坤：《对行政行为司法审查的范围：事实问题——一个比较的研究》，载《法律科学》1996年第5期；于绍元、傅国云、陈根芳：《行政诉讼中的事实审与法律审》，载《现代法学》1999年第5期；徐继敏：《我国行政诉讼全面审查制度再思考——法院对行政机关认定事实的态度分析》，载《现代法学》2004年第6期；刘东亮：《行政诉讼中的法律问题和事实问题》，载《浙江学刊》2006年第2期。

〔154〕 杨伟东：《法院对行政机关事实认定审查的比较分析》，载《法学研究》1999年第6期。

〔155〕 朱新力：《论行政诉讼中的事实问题及其审查》，载《中国法学》1999年第4期。

〔156〕 周少华、高鸿：《试论行政诉讼对事实审查的标准》，载《法商研究》2001年第5期。

〔157〕 甘文：《WTO与司法审查的标准》，载《法学研究》2001年第4期；章剑生：《论行政程序正当性的宪法规范基础——以规范实证分析为视角》，载《法学论坛》2005年第4期；杨小君：《行政诉讼问题研究与制度改革》，中国人民公安大学出版社2007年版，第449页以下。

应予撤销”。[158] 对此，支持者欢呼正当程序原则进入学位评定程序，该判决是一个“里程碑式的胜利”。反对者则认为，海淀法院的判决在没有法律、法规和规章明文规定的情况下，将虚拟的法定程序义务强加于被告，对被告不公平；通过司法审判来确立新的法律原则，缺乏“本土资源”的支撑，在中国还为时尚早；海淀法院的贸然突破将把法院置于风口浪尖，可能会适得其反。[159] 争论双方也许很难说谁对谁错，但争论本身提醒人们，学界在行政程序问题上还有巨大分歧，也告诫法官应当节制手中的审查权力。

（四）对行政机关裁量处理的尊让

法院对行政机关处理结果上的裁量可以进行多深的审查、应当给予多大的尊重，这是一个世界性的课题。欧陆法院流行的比例原则、英国法院一度采取的不合理性原则（unreasonableness）[160]，都可以看作对这个问题的回应。最初，中国《行政诉讼法》在行政裁量问题上只给了法院有限的审查权，即只有行政行为滥用职权才可以撤销、只有行政处罚显失公正才可以变更。有法院据此声称：“司法对自由裁量行政行为的合法性审查只有一个标准，即自由裁量权是否被滥用并达到令正常人无法容忍的程度。”[161]

随着中国法院引入比例原则或者类似原则，对裁量审查的尺度也在收紧。在黑龙江汇丰实业发展有限公司诉哈尔滨市规划局行政处罚案中，最高法院的判决运用比例原则，并据此减少了对违章建筑的拆除面积。法院声称：“按国务院批准的《哈尔滨市总体规划》中关于中央大街规划的原则规定和中央大街建筑风貌的实际情况，本案可以是否遮挡（中央大街保护建筑）新华书店顶部为影响中央大街景观的参照标准……而上诉人所作的处罚决定中，拆除的面积明显大于遮挡的面积，不必要地增加了被上诉人的损失，给被上诉人造成了过度的不利影响。”[162] 与当时《行政诉讼法》所规定的“显失公正”标准相比，该判决所使用的“最小侵害”原则更加明确，似乎也更加严格。但它也可能带来一些问题。例如，判决书确立了“影响中央大街景观”这一参照标准，但究竟违章建筑遮挡新华书店多少才算“影响中央大街景观”？判决书细细地规定第7、8、9层各自应当拆除的面积，这里边又包含多少微妙的平衡？当我们欢呼比例原则的引入时，也要意识到，比例原则的各个要素不可避免地包含法官的主观判断，潜藏着质疑和争论。

---

〔158〕 北京市海淀区人民法院行政判决书，（1999）海行初字第103号。

〔159〕 何海波：《司法判决中的正当程序原则》，载《法学研究》2009年第1期。

〔160〕 Associated Provincial Picture Houses Ltd. *v.* Wednesbury Corporation [1948] 1 KB 223. 中文介绍，参见何海波：《实质法治：寻求行政判决的合法性》，法律出版社2009年版，第7章第1节“来自温斯伯里原则的告诫”。

〔161〕 陆煜章诉上海市工商局企业名称驳回通知案，上海市第一中级人民法院行政判决书，（2003）沪一中行终字第194号。

〔162〕 最高人民法院行政判决书，（1999）行终字第20号，法公布（2000）第5号。

继前述“滥用职权”“显失公正”之后，2014年《行政诉讼法》修改时增加了“明显不当”这一审查标准。这给了法官审查行政裁量行为的新武器。然而，行政裁量也意味着司法的裁量，后者同样包含主观性和不确定性，并威胁着司法判决的合法性。所以，法官在获得裁量审查权力的同时，也负担着裁量审查的风险。如果超出武器的射程，径直以个人判断代替行政判断，就会把司法判决的合法性推下悬崖。

法律适用是棘丛、是泥沼、是悬崖，它的无限风光也正在于此。对合法性的追寻，是法律适用者的使命。

第二编　行政诉讼的受理条件

本编导论

法院受理诉讼有条件。不是任何人随便逮个事就可以要求法院裁判,法院也不是什么事想管就可以管、想不管就可以不管的。是否符合受理条件,是行政诉讼过程需要首先考虑的问题。不符合受理条件,诉讼无从谈起或者劳而无功。刑事、民事诉讼也有受理条件,但行政诉讼的受理条件问题无疑更加突出。在实践中,除了相当数量的起诉法院不予受理,每年还有10%左右(最近几年更是接近三成)已经受理的行政案件被法院驳回起诉。因此,行政诉讼的受理条件问题有必要专门阐述。

(一) 受理条件的性质

受理条件仅仅决定一个案件能否进入法院门槛,而不决定一个案件的最终输赢。法院受理原告的起诉,并不意味着原告有理、被告违法。法院不予受理或者驳回起诉也不意味着法院认可被告的行为,它仅仅说明法院对被诉行政行为的合法性没有评价。

公民与行政机关的纠纷能够上法院解决,是法治国家的普遍原则。但必须考虑到,诉讼是有成本的,法院解决纠纷的能力也是有限的。尤其是对行政机关来说,当公民提起诉讼并获得法院受理,它被迫卷入一场并不情愿的诉讼,行政行为的实施也因之受到影响。对法院来说,很多事情可能超出它的能力范围。无限制的诉讼不仅损害社会公共利益,也无助于保护公民权利。为此,各国法律对于行政诉讼的受理条件都有一些要求。

受理条件的设定涉及个人权利的保护和公共秩序的维护,涉及司法权与行政权的关系。受理条件包含多方面的问题,其中主要是这几个方面:什么事可以上法院起诉?谁有资格起诉?应当在什么时间内起诉?起诉前是否应当先请行政机关复议?应当告谁?由谁来审?这些问题,法学上通常表述为受案范围、原告资格、起诉期限、复议前置、被告适格、法院管辖。除此之外,还有一些禁止性的条件,如不得重复起诉、不得滥用诉权等。

(二) 行政诉讼受理条件的依据

行政诉讼的受理条件应由法律来规定。目前,中国行政诉讼的受理条件主要规定在《行政诉讼法》中,其他法律也可能对特定事项作出规定。最高法院的司法解释是行政诉讼法的渊源之一,它的规定也是法院决定是否受理的依据。另据《行政诉讼法》,行政法规和地方性法规规定法院可以受理的事项,法院也可以受理;行政法规和地方性法规规定了复议前置的,当事人应当先申请行政复议,对复议决定不服的才可以提起诉讼。

法规和规章不能在《行政诉讼法》规定之外,排除或者限制公民提起行政诉讼的权利。规章以下的规范性文件,更不能排除或者限制公民提起行政诉讼。实践中,一些地方政府用“土政策”排除或者限制公民提起行政诉讼,这样的规定在法律上是无效的。即使出现紧急状态或者突发事件,公民提起诉讼的权利仍受法律保障,行政机关的应急措施不能增设起诉条件、限制起诉权利。[1]

社团章程无权排除或者限制公民提起诉讼的权利,也无权排除法院的管辖。**长春亚泰足球俱乐部诉中国足球协会处罚案**提出了有关行政诉讼受理条件的多方面问题,其中一个问题就与此有关。被告中国足协强调,各俱乐部及协会其他成员处理与足球运动有关的争议应当遵守足协章程,而国际足联章程和中国足协章程都排除相关争议的司法管辖。原告则认为,司法的统一和尊严是国家主权的象征,足协章程不能凌驾于法律之上、超越于法律之外,中国足协应当接受中国法院管辖。[2] 在讨论中,欧洲法院关于**博斯曼转会案**的裁决[3],作为参照案例被人多次提及。

---

〔1〕《戒严法》和《突发事件应对法》都没有限制起诉条件,相反,后者特别规定了诉权保障。《突发事件应对法》第 13 条规定:“因采取突发事件应对措施,诉讼、行政复议、仲裁活动不能正常进行的,适用有关时效中止和程序中止的规定,但法律另有规定的除外。”

〔2〕1995 年《体育法》第 33 条规定:“在竞技体育活动中发生纠纷,由体育仲裁机构负责调解、仲裁。体育仲裁机构的设立和仲裁范围由国务院另行规定。”本案纠纷发生当时,体育仲裁机构尚未设立,其仲裁范围更不明确。“在竞技体育活动中发生纠纷”是否包括体育管理的纠纷,也有争议。对该案的评论,参见《案例分析 长春亚泰俱乐部诉中国足协行政处罚不当》,载韩勇编:《体育与法律——体育纠纷案例评析》,人民体育出版社 2006 年版。

〔3〕比利时足球乙组联赛列日队的队员博斯曼(Jean-Marc Bosman),于 1990 年合同到期时,试图转会到法国的敦刻尔克队。由于敦刻尔克队拿不出列日队所要求的转会费,列日队不放他走。他提起诉讼。欧洲法院 1995 年裁决:欧盟的所有球员在合约期满之后,可在欧盟成员国内自由转会。Union Royale Belge des Sociétés de Football Association ASBL & others *v.* Jean-Marc Bosman, Case C-415/93, ECR I-4921.

行政诉讼的受理条件属强行性规范，既不能由当事人协商确定，也不能由当事人协商排除。实践中，一些行政机关通过协商或者诱逼，让当事人作出“息诉罢访”的承诺，或者与当事人签订“息诉罢访”协议。这样的承诺或协议如果是在当事人自愿的情况下作出或达成，应当受到尊重，法院判决一般不因当事人起诉而给当事人更多价码。但是，这样的承诺或协议原则上不应减损当事人的诉权，限制当事人起诉；除非当事人违背诚信、不断纠缠，构成滥用诉权。[4] 在**韩甲文诉黑龙江省肇源县人民政府行政协议案**中，最高法院明确指出，行政机关与上访人签订的息诉罢访协议，属于可诉的行政协议。[5] 在**张有为诉天津市人民政府房屋拆迁行政复议案**中，最高法院则认为，当事人在安置补偿协议中承诺不再上访、诉讼，而在安置补偿协议已经实际履行、相关权益得到保障后，又一再违反自己承诺，长期多次申请行政复议和提起行政诉讼，属于权利滥用，对其起诉不予支持。[6]

（三）不符合受理条件的后果

对于不符合受理条件的起诉，法院通常的做法是不予受理；已经受理的，驳回起诉。即使法院已经开庭审理，对实体问题作了审查，也驳回起诉；甚至法院已经作了判决，到二审和再审，仍然可以驳回起诉。

但是，上述说法应当做一些补充：

一是原告起诉是否符合受理条件在立案时可能不易判断，而需经过审理后才可能辨明。所以，法院在立案阶段只应拒绝那些一望而知、毋庸置疑地不符合受理条件的案件，而不应把门槛抬得太高，致使当事人告状无门、申辩无路。相反，对于显然不符合受理条件并带有滋扰性的起诉，法院可以直接告知不予立案并退回诉状（但须记录在册）。[7]

二是对于可补正的错误，应当允许补正。原告起诉时，如果法院发现起诉状所列的被告不适格，应当告知原告变更被告，而不能径直以不符合起诉条件为由予以驳回。[8] 如果受诉法院发现该案不属于其管辖范围，应当移送有管辖权的法院审

---

〔4〕 蒋成旭：《行政诉权处分的司法审查——以行政审判中的息诉承诺为例》，载《法学家》2019年第5期。

〔5〕 最高人民法院行政裁定书，（2016）最高法行申45号。裁定书同时认为，当事人的起诉超过法定起诉期限，一、二审法院驳回起诉并无不当。

〔6〕 最高人民法院行政裁定书，（2016）最高法行申2385号。裁定书提到，当事人在安置补偿协议中承诺不再上访、诉讼，意味着放弃诉权。这一说法似可斟酌。放弃诉权的承诺并不一定产生放弃诉权的效果。

〔7〕 参见陈则东诉浙江省人民政府不履行复议职责案，最高人民法院行政裁定书，（2018）最高法行申6453号。

〔8〕 2000年《若干解释》第23条规定：“原告所起诉的被告不适格，人民法院应当告知原告变更被告；原告不同意变更的，裁定驳回起诉。”《最高人民法院关于依法保护行政诉讼当事人诉权的意见》（法发〔2009〕54号）要求，由于起诉人法律知识不足导致错列被告的，“应当给予必要的指导和释明，不得未经指导和释明即以起诉不符合条件为由予以驳回”。依照《行诉法解释》第69条的规定，法院已经立案的，只有“错列被告且拒绝变更的”，才裁定驳回起诉。

理，也不是驳回起诉。[9] 在一个专门涉及县级以上地方政府作被告案件的司法解释中，最高法院要求，法院发现被诉行为不是县级以上地方政府作出的，应当予以指导和释明，告知其向有管辖权的法院起诉；经释明仍不变更的，可以裁定不予立案，也可以将案件移送有管辖权的法院。[10]

三是对于非绝对的起诉条件，法院可以衡量不同法益后通融处理。当事人有管辖异议的，相关法律和司法解释均要求，应当在答辩期限内以书面方式提出。[11] 当事人在第一审程序中未按照法律规定的期限和形式提出管辖异议，在第二审程序中提出的，法院将不予审查。[12] 今后可以进一步规定：如果受诉法院对案件没有管辖权，但被告在答辩时没有提出异议，并且案件已经进入实体审理的，法院可以继续审理并作出裁判。对于原告起诉超过诉讼时效而被告在答辩时没有提出异议的，目前法律没有明确，今后似乎也可以参照上述规定。

（四）法律的规定和本书的编排

《行政诉讼法》第 49 条规定了提起诉讼应当符合的条件：(1) 与行政行为有利害关系的公民、法人或者其他组织及承受其权利的人作为原告；(2) 有明确的被告；(3) 有具体的诉讼请求和事实根据；(4) 属于法院受案范围和受诉法院管辖。遗憾的是，该条规定并不全面，没有包含诉讼时效、复议前置等多个条件；它的表述也不够准确，容易让人误解。例如，行政诉讼不仅要"有明确的被告"，也要求适格的被告，告错了人也是不行的。

2014 年《行政诉讼法》修改时，有人建议把各种受理条件放在一起加以规定，以便于当事人认知和操作。[13] 但这样一来势必对章节体系做很大调整，立法机关没有接受。尽管如此，把受理条件单独成编，内容力求周全，在学理上更加可取。

本编将从以下几个方面来阐述行政诉讼的受理条件：(1) 被诉行为在法律上的可诉性，或者说法院的受案范围；(2) 各方主体在诉讼上的适格性，包括原告资格、被告适格和受诉法院的管辖权；(3) 其他条件，包括诉讼时效、复议前置、不得重复起诉、不得滥用诉权等。在实践中，原告起诉还应提交起诉状、身份证明、案件证据等。这些程序性问题将在第五编中阐述，本编着重讨论受理条件实体问题的界定。

---

〔9〕《行政诉讼法》第 22 条规定："人民法院发现受理的案件不属于本院管辖的，应当移送有管辖权的人民法院……"

〔10〕《最高人民法院关于正确确定县级以上地方人民政府行政诉讼被告资格若干问题的规定》，法释〔2021〕5 号，第 7 条。

〔11〕1991 年《民事诉讼法》第 38 条（2021 年修正后调整为第 130 条第 1 款）规定："人民法院受理案件后，当事人对管辖权有异议的，应当在提交答辩状期间提出。"2000 年《若干解释》第 10 条规定："当事人提出管辖异议，应当在接到人民法院应诉通知之日起 10 日内以书面形式提出。"2018 年《行诉法解释》第 10 条第 1 款规定："人民法院受理案件后，被告提出管辖异议的，应当在收到起诉状副本之日起十五日内提出。"

〔12〕2018 年《行诉法解释》，第 11 条第 2 项。

〔13〕何海波等：《理想的行政诉讼法——〈中华人民共和国行政诉讼法〉学者建议稿》，载《行政法学研究》2014 年第 2 期。

第四章　受案范围

行政诉讼受案范围，即法院可以将哪些纠纷作为行政案件受理和审判，是行政诉讼的一个基本问题。由于行政纠纷几乎都是因行政行为而起，对行政纠纷也可以从行政行为的性质入手进行界定。《行政诉讼法》对可诉的行政行为专门作了规定。本章将首先阐述法律规定和司法实践的一般情况，然后从三个方面探讨行政诉讼受案范围的具体边界：行使行政职能的行为，行政行为的类型，行政行为的形态。

第一节　受案范围概述

一　行政诉讼受案范围的性质

行政行为是多种多样的，公民、法人或者其他组织与行政机关之间的行政纠纷也是多种多样的。并非行政机关的所有行为都可以被提起诉讼，也并非只有行政组织意义上的行政机关的行为才可以被提起诉讼。行政诉讼受案范围的问题由此变得复杂。

受案范围涉及公民受司法保护的范围，也涉及司法权与行政权的关系。作为法治原则，所有行政权力都必须受到制约，所有权利被侵害时都应当能得到救济。《宪法》第 41 条规定公民“对于任何国家机关和国家工作人员的违法失职行为，有向有关国家机关提出申诉、控告或者检举的权利”，就体现了这一精神，而行政诉讼正是落实这一精神的具体制度。从这一点出发，行政诉讼受案范围放得宽些，让行政纠纷尽可能通过法院获得解决，符合法治国家原则，也符合人权保障的需要。但实际上，并不是所有案件都适合由法院来审查和决定。有些领域需要政治决断；有些领域需要高度保密；有些领域技术性很强，非专业人员不能胜任；有些情况非常紧急，需要便宜行事、灵活处理，法院的干预可能妨碍行政管理。尤其是考虑中国目前的实际情况，司法机关解决纠纷的权威和能力有限，受案范围还不能设得太宽。根据国家和时代的具体情况，在两者之间寻求恰当的界限，是行政诉讼立法和司法所面临的一项任务。

行政诉讼受案范围的划定，需要与行政裁决、复议、仲裁等替代性的纠纷解决方式协调。例如，在村民自治、高校管理等领域，在行政诉讼之门小心翼翼地打开前，相关纠纷往往是通过行政机关调处，或者要求由行政机关首先处理，对行政处理不服的才可以起诉。又如，对于出入境管理等领域的某些行为，法律规定行政复议决定为终局决定，切断了行政诉讼的渠道。再如，当事人约定纠纷由仲裁解决的，就不能再行起诉。但依据《仲裁法》，仲裁只适用于平等主体的公民、法人和其他组织之间发生的合同纠纷和其他财产权益纠纷。修改后的《行政诉讼法》为行政协议纠纷提供了解决渠道，所以，2015 年 5 月 1 日以后订立的行政协议（包括特许经营协议）原则上不能再约定仲裁解决。[1]

在某些情况下，法院内部审判庭之间的业务分工也会影响行政诉讼的受案范围。例如，公民不服选举委员会对选民资格的申诉所作的处理决定，可以向法院提起诉讼。由于历史的原因，这类诉讼被当作民事诉讼的特别程序，由《民事诉讼法》调整。[2] 又如，对于行政机关裁决民事纠纷的行为不服的应当走民事诉讼还是走行政诉讼，长期存在争议。最高法院的态度几经摇摆，最后确定应以行政机关为被告、以行政裁决为对象提起行政诉讼。[3] 再如，公有公共设施设置或者管理不善致人损害的，应当通过民事诉讼、按照民事侵权来赔偿，还是通过行政诉讼、按照行政侵权来赔偿，长期存有争议。土地使用权出让协议按民事合同还是按行政协议处理，至今没有定论。诸如此类问题的制度安排，首先需要考虑纠纷该如何公正、有效解决，但也要考虑法律体系的内在和谐，力求民、行诉讼有个界限清晰、逻辑一致的划分。

二　行政诉讼受案范围的发展

中国当代行政诉讼受案范围的发展，可以以 1990 年《行政诉讼法》施行和 2015 年《行政诉讼法》修正案施行为界碑，分成三个阶段。

（一）20 世纪 80 年代的行政诉讼受案范围

《行政诉讼法》施行前，公民只能依据特定法律、法规的规定，向法院提起诉讼。事实上，在《行政诉讼法》实施之前已有 140 多部法律、行政法规允许对具体行政行为提起诉讼。可诉行政行为最集中的，首推行政处罚。几乎所有上述法律、行政法规的规定都有行政处罚，而大部分法律、行政法规规定的可诉行为只限于行政处罚。其次是行政裁决。当时，《森林法》（1984 年）、《草原法》（1985 年）、《土地管理法》（1986 年）、《水法》（1988 年）等法律相继设立了权属纠纷的行政裁决制度，并允许

---

〔1〕《最高人民法院关于审理行政协议案件若干问题的规定》，法释〔2019〕17 号，第 26 条规定："行政协议约定仲裁条款的，人民法院应当确认该条款无效，但法律、行政法规或者我国缔结、参加的国际条约另有规定的除外。"

〔2〕1982 年的《民事诉讼法（试行）》第 131 条规定："公民不服选举委员会对于选民名单的申诉所作的决定，向选区所在地的基层人民法院起诉。"此后的《民事诉讼法》沿袭了该规定（名称改为"选民资格案件"）。

〔3〕1991 年《贯彻意见》（已废止），第 7 条；《最高人民法院关于不服政府或房地产行政主管部门对争执房屋的确权行为提起诉讼人民法院应作何种案件受理问题的函》，法函〔1993〕33 号；《最高人民法院关于受理房屋拆迁、补偿、安置等案件问题的批复》（已废止），法复〔1996〕12 号；2000 年《若干解释》（已废止），第 61 条。经当事人申请，法院在行政诉讼过程中可以一并审理和裁判相关民事争议。

当事人对裁决结果提起诉讼。最后是行政收费、缴税、摊派等经济管理领域。

《行政诉讼法》施行之前的1989年,全国法院受理一审行政案件9934件。当事人提起诉讼的,以公安和土地管理两个领域最多,行政处罚和行政裁决两种类型占据绝对多数。

(二) 1989年《行政诉讼法》的规定

与之前的法律、法规相比,1989年的《行政诉讼法》大大扩充了法院的受案范围。该法用专门一章,详细规定了应当受理和不能受理的案件类型。第11条第1款具体列举了几类常见的案件类型,然后用了一个兜底条款,概括规定具体行政行为"侵犯其他人身权、财产权的"也可以起诉;第2款补充规定,凡是其他法律、法规规定可以起诉的,法院也予以受理。得益于这一规定,行政诉讼受案范围几乎遍及所有的行政管理部门。但是,国家行为、行政规范性文件和行政机关的内部管理行为,被明确排除在受案范围之外。1990年10月《行政诉讼法》全面实施后,1991年全国法院受理一审行政案件25,667件,约为1990年的2倍。

自《行政诉讼法》颁行后,行政诉讼受案范围在实践中呈现不断扩张的态势。[4]一些《行政诉讼法》制定时没有想到、以前也不被视为具体行政行为的案件,零星地进入了法院的受案范围。例如,行政机关对举报人的举报未及时调查处理的,被认为是"拒绝履行保护人身权、财产权的法定职责"而遭起诉。学校开除学生学籍或者不予颁发学业证书、行政机关不予招录公务员等行为,也被作为行政行为进入诉讼。这些都是法院面对原告的权利保护诉求,根据个案情况作出的处理。零星出现的案件不断突破人们对受案范围认识的樊篱,事实上扩张了行政诉讼的受案范围。

受案范围的扩张集中体现在最高法院2000年3月发布的《关于执行〈中华人民共和国行政诉讼法〉若干问题的解释》。按照该解释,除了几种明文列举的不能起诉的情形,凡是"具有国家行政职权的机关和组织及其工作人员的行政行为",都属于行政诉讼的受案范围。这一解释对受案范围采取了概括的规定,即以受理为原则、不受理为例外;相应地,《行政诉讼法》第11条列举的情形只起到举例的作用。该解释破除了人们对《行政诉讼法》条文的狭隘理解,确认了受案范围不断扩张的现实。时任最高法院副院长的罗豪才教授称,它"更加符合立法精神和原则,更加符合行政审判实践的需要,也更加符合行政诉讼制度的发展方向"[5]。

(三) 2014年《行政诉讼法》的修改

尽管有司法解释和审判实践的推动,在1989年《行政诉讼法》的框架下,中国法院能够受理的行政案件仍然有限。首先,《行政诉讼法》明确规定不能受理的四类情

〔4〕 何海波:《行政诉讼受案范围:一页司法权的实践史(1990－2000)》,载《北大法律评论》第4卷第2辑,法律出版社2002年版。

〔5〕 甘文:《行政诉讼法司法解释之评论——理由、观点与问题》,中国法制出版社2000年版,罗豪才序。

形,即国家行为、抽象行为、内部行为、法定终局行为,仍然是不可逾越的障碍。其次,行政行为侵犯“人身权、财产权”的措辞,也给新类型权利寻求司法保护设置了障碍。最后,社会组织行使公共职能的行为能否进入诉讼也不明确。除此之外,一些地方法院在实践中随意限缩受案范围,完全无视当事人的诉权。由于司法独立性和权威性不足,法律依据的欠缺更使法院“立案难”的问题雪上加霜。

2014 年《行政诉讼法》修改时,对上述问题作了部分回应:首先,增加列举了可以起诉的情形,行政机关不履行行政协议的行为也被纳入受案范围。其次,概括规定行政行为侵犯“其他人身权、财产权等合法权益的”,都可以起诉。据此,公民的劳动权、受教育权、政府信息获得权等社会权利,部分政治权利,甚至环境权等一些新型权利,也可以通过诉讼得到保护。最后,法律、法规、规章授权的社会组织管理公共事务的行为,也明确纳入受案范围。高等学校、社会团体行使法定的公共事务管理职能时,其行为的可诉性应当不再有疑问。

2014 年《行政诉讼法》对原法规定的不可受理事项没有任何减少或者限缩,抽象行为和内部行为仍然不可起诉。所有纠纷都可以上法院解决的原则,并没有被确立;以受理为常态、以不受理为例外的主张,也没有被贯彻。尽管如此,今后行政诉讼仍然有可能在实践中获得发展。具体情况在很大程度上取决于当事人的积极诉求,社会各界的关注和支持,以及法官的立场、勇气和技巧。

三　立法模式与理论框架

从各国经验来看,确定行政诉讼受案范围的依据有制定法和判例法两种。在实行判例法的国家,法院主要通过判例确定和调整行政诉讼的受案范围,学界的讨论自然侧重于梳理和归纳法院的判例。在制定法国家,对受案范围的规定有列举式和概括式两种模式。采列举式的,学界讨论多侧重于具体条款;采概括式的,学界讨论则侧重于学理。

中国《行政诉讼法》对受案范围的规定大体上是列举式的。该法第 12 条和第 13 条分别列举了应当受理和不能受理的案件类型,其中第 12 条详细列举了可以受理的案件类型。对可以受理案件的列举有两个不同角度:一是从行政行为的类型入手,规定对行政处罚、行政许可、行政强制、行政确权、征收征用以及行政协议行为不服的,可以起诉;二是从公民合法权益入手,规定公民、法人或者其他组织的经营自主权、公平竞争权、社会福利权、危难救助权等受到侵犯的,可以起诉。对于列举之外可以受理的情形,《行政诉讼法》则用“认为行政机关侵犯人身权、财产权等合法权益”这一条款予以概括,再以其他法律、法规关于起诉权利的特别规定作为补充。

《行政诉讼法》把可以受理的几类主要案件列举出来,有助于消除人们理解上的分歧,也有助于减少法院受理案件的压力。在当前的法制状况下,这种立法技术有实际意义。但在理论上,这种立法技术带来的是法条的混杂和逻辑的混乱。概括式规定的方式使可以受理事项的列举在逻辑上可有可无;法律法规授权组织的存在、不能受理的条款以及其他法律法规的特别规定,又使可以受理的情形变得纷繁复杂。最高法院有关行政诉讼受案范围的司法解释、答复意见也有待整理,以成体系。

本书不打算对《行政诉讼法》及相关司法解释做逐条逐项的阐释,而尝试采用一个新的、更加融贯的叙述框架。具体地说,将从四个方面来讨论行政诉讼受案范围的问题:一是行政行为的界限,即哪些组织所作的什么性质的行为算行政行为,受行政诉讼的监督？二是行政行为的类型,即在行政行为中,有哪些种类可以被起诉？三是行政行为的形态(这是本书创造的一个概念范畴),即行政行为处于什么状态时才可以被起诉？四是行政行为所涉的"合法权益"(这是一个独立于原告资格的问题范畴),即公民、法人或者其他组织哪些权益受到行政行为侵犯,可以通过诉讼获得保护？在四个问题之下,再分而述之。

第二节　行政行为的界限

"行政行为"是中国行政法上的一个基本概念,也是《行政诉讼法》用于界定受案范围的核心概念。与许多常用的法律概念一样,行政行为的含义并不完全确定,而是随着司法实践的需要不断延展。[6] 最初,《行政诉讼法》使用的是"具体行政行为",大约等同于立法草案中的"行政处理决定"或者大陆法系上的"行政处分"。按照法律规定,一个行为只有被认定为"具体行政行为",才可能进入行政诉讼受案范围。为了满足行政诉讼解决纠纷的现实需要,在司法实践中出现了扩大"具体行政行为"外延的倾向:行政处理决定之外的事实行为、双方行为乃至行政机关的不作为,只要不属于抽象行政行为,都被纳入"具体行政行为"。2014 年《行政诉讼法》修改时删去"具体"二字,一律统称"行政行为",只不过是肯定和延续了这个趋势。目前,中国法律中的行政行为,早已超越了大陆法系上"行政处分"概念的外延,而接近(但不等于)一般人所理解的"行政活动"。大体来说,公共机构行使行政职能所作的具有权利义务内容的行为,都可以称为"行政行为"。

用行政行为来界定行政诉讼受案范围,首先必须解决哪些行为属于行政行为,然后才可以讨论哪些行政行为是可诉的。在行政、民事、刑事三大诉讼分立的制度框架下,行政诉讼的外延很大程度上取决于行政行为与民事行为、刑事追诉行为的区分。由于行政机关以外的组织也行使行政职能,而行政机关也从事行政管理之外

---

[6] 参见王珉灿主编:《行政法概要》,法律出版社 1983 年版,第 97 页; 应松年主编:《行政行为法》,中国法制出版社 1993 年版,第 1 ~ 7 页; 方世荣:《论具体行政行为》,武汉大学出版社 1996 年版,尤其是第 1 章"具体行政行为的定义、本质特征及构成问题"; 罗豪才主编:《行政法学》,中国政法大学出版社 1999 年修订版,第 116 ~ 126 页; 叶必丰:《行政行为的分类:概念重构抑或正本清源》,载《政法论坛》2005 年第 5 期; 江必新、李春燕:《统一行政行为概念的必要性及其路径选择》,载《法律适用》2006 年第 1 期; 宋功德:《聚焦行政处理——行政法上"熟悉的陌生人"》,北京大学出版社 2007 年版,第 15 ~ 21 页; 叶必丰:《行政行为原理》,商务印书馆 2014 年版,"前言"第 4 页。对于这种发展的反对意见,参见李哲范:《统一行政行为概念的路径选择——以境外行政诉讼立法技术为借鉴》,载《当代法学》2012 年第 4 期。

的活动,包括一些私人也能够从事的行为,两者需要甄别处理。

一个案件究竟应当作为行政案件还是民事案件,不仅决定了它由法院的哪个审判庭审理,也影响着诉讼程序、审查标准和救济方式。首先,民事诉讼和行政诉讼在起诉期限、管辖、证明责任乃至诉讼收费标准问题上存有不同。其次,在审查标准上,民事行为谈不上正当程序,谈不上超越职权,基本上也不谈比例原则。最后,在救济方式上,民事诉讼中撤销判决的适用情形有限,没有责令重作,民事赔偿与行政赔偿的规则也不相同。这些区别源于法律规则和理论体系的差异,但从根本上讲,它源于公共行为与私人行为性质的不同。界定行政诉讼与民事诉讼的范围,有助于合理塑造公共领域和私人领域的不同规则。

行政行为与其他行为的区分,主要涉及以下几个方面的问题:一是党政体系下行政机关与其他机关(党组织、人大、法院、检察院、监察委、军事机关)的区别;二是行政机关实施的不同性质的行为,如行政机关对国有资产的经营管理行为、公安机关的刑事侦查行为以及公务员的个人行为;三是行政机关以外组织行使行政职权的行为,如社会团体、事业单位、公共企业的行为;四是社会组织的自治管理行为,如行业协会、村民委员会对其成员的管理行为。对这些问题的回答决定了行政行为的概念范围,也决定了行政诉讼的受案范围。

一　行政机关及其工作人员的行为

《行政诉讼法》第2条第1款规定:"公民、法人或者其他组织认为行政机关和行政机关工作人员的行政行为侵犯其合法权益,有权依照本法向人民法院提起诉讼。"除了法律另有规定的情形(后面讨论),该法的适用范围也即法院受案的最大范围,就是"行政机关和行政机关工作人员的行政行为"。这一小节将着重从主体上界定行政行为。为此,必须把行政机关及行政机关工作人员放在中国的党政体系中去理解,重点厘清共产党组织、其他国家机关的行为与行政行为的关系。

(一)党组织行为的性质

中国共产党的领导是当代中国一个基本的宪法原则,也是一个基本的政治现实。党的具体领导方式在过去几十年中经历了巨大变革,目前仍在调整之中。从实践来看,党组织除了在路线、方针和重大决策上的政治领导,在一些领域还直接行使国家权力、参与国家管理。一些法律、法规也明确规定了党对具体事务的直接领导。[7] 2018年机构改革进一步对党政分工作了重大调整,以贯彻党的全面领导。例如,原国家新闻出版广电总局的新闻出版管理职责和电影管理职责划入中共中央

〔7〕 例如,《高等教育法》第39条规定:"国家举办的高等学校实行中国共产党高等学校基层委员会领导下的校长负责制。"《公务员法》第4条规定,公务员制度"坚持党管干部原则"。《重大行政决策程序暂行条例》第31条规定:"重大行政决策出台前应当按照规定向同级党委请示报告。"

宣传部,后者对外加挂国家新闻出版署(国家版权局)和国家电影局的牌子;国家互联网信息办公室与中央网络安全和信息化委员会办公室实行“一个机构、两块牌子”,列入中共中央直属机构序列。[8]

迄今为止,党组织从事国家管理的行为是否属于法院的审查范围,法律没有明确规定。按照通常的理解和过去的实践,答案是否定的。**陈嘉能诉中共四川省委组织部案**提供了一个例子。原告陈嘉能于1980年被法院再审宣告无罪后,中共四川省委组织部发函为其重新安置工作。四川石油管理局根据该函意见,将陈嘉能的户口和粮食关系下放到陈嘉能原先劳动改造的地方四川省华蓥市。十几年后,陈嘉能得知省委组织部函件的全文后,起诉到法院要求撤销。最高法院的裁定书认为:“中共四川省委组织部不是一级行政机关,也不是由法律、法规授权行使行政职能的组织,其不具有行政诉讼的被告主体资格。”因此,陈嘉能的起诉不属于行政诉讼受案范围。[9] 在**郭小兵诉江苏省人民政府案**中,最高法院裁定认为,党组织制作的党务信息以及党组织制发的党政联合文件一般不适用《政府信息公开条例》的规定。[10] 在《行政诉讼法》规定行政规范性文件附带审查制度后,法院对于行政行为所依据的党政联合文件内容的合法性,基本上不予审查。

新一轮党政机构改革给行政法和行政诉讼提出了更加急迫的问题:党政合署合并机构依据法律、法规行使职权的行为是否属于行政诉讼的受案范围?这个问题目前还没有明确答案。从依法治国的原理上讲,“有权必有责、用权受监督”,行使权力而不承担责任是有违这一要求的。但党组织行使职权的情形比较复杂,宜于区分情况处理。个人认为,党组织依据法律、法规授权从事行政管理时,应当视为《行政诉讼法》所规定的“法律、法规、规章授权的组织”;党组织依据法律、法规授权行使行政职权、履行行政职责的行为属于行政行为,适用行政诉讼受案范围的相关规定。具体问题有待在今后实践中予以明确。

(二)其他国家机关的行为

在中国的人民代表大会制度下,行政机关是与军事、监察、司法、检察等国家机关并列的机构,它们都对人大负责、受人大监督。目前,行政诉讼原则上只解决行政机关行使职权引起的纠纷,而不是所有公法上的纠纷。行政机关以外的国家机关行使职权,不属于行政诉讼的受案范围。在**张广武诉中国人民解放军总政治部和海军政治部案**中,北京高院指出,被告属军事机关,张广武请求准许其退出现役并返还培

---

[8] 《中共中央印发〈深化党和国家机构改革方案〉》,载新华网,http://www.xinhuanet.com/2018-03/21/c_1122570517.htm;《国务院关于机构设置的通知》,国发〔2018〕6号。

[9] 最高人民法院行政裁定书,(1997)行终字第12号。

[10] 最高人民法院行政裁定书,(2018)最高法行申798号。原告在该案中是以省政府为对象,申请公开省委、省政府办公厅联合制定、以党委文号下发的文件。依据法院的裁定,原告如果以省委为对象去申请或者以省委为被告去起诉,也是不会被受理的。

训费,不属于法院主管范围。[11] 在陈兆星诉江苏省高级人民法院赔偿委员会案中,江苏高院指出,法院是司法机关,不是行政机关;陈兆星以该院赔偿委员会为被告提起行政诉讼,属于错列被告。[12]

军队内部试行的军事行政诉讼,是行政机关以外的国家机关不被诉讼的一个例外。按照中央军委批准的试点方案,自 2017 年起,在试点基层法院管辖范围内,军人或军队单位认为军级以下军事机关及其工作人员的军事行政行为侵犯其合法权益的,可以依法提起诉讼;当事人不服一审裁判的,可以向上级军事法院提出上诉。[13] 这项改革不仅有助于完善军事司法体制、落实依法治军,也丰富和拓展了行政诉讼制度。随着法制不断进步,今后其他国家机关行使职权的行为被纳入诉讼,也不是不可想象的。

(三) 公务员的个人行为与公务行为

公务员具有双重身份,一是国家工作人员的身份,二是普通公民的身份。作为国家工作人员,公务员行使行政职权、管理行政事务,是行政行为的具体实施者。公务员行使行政职权、管理行政事务所实施的行为,视为该公务员所属行政机关的行为,其法律后果由行政机关承受。[14] 在公务行为之外,公务员还实施大量的个人行为。这些行为不属于行使行政职权,也不代表行政机关的意志,其法律后果由公务员个人承担。

在实践中,公务员的两种身份可能发生混淆,需要辨析。一般来说,认定公务行为通常要根据行为的主体、时间、场所、方式、名义、动机、职权依据、事务性质等因素综合确定,最重要的是把握职权和事务这两个特征。[15] 一个行为是否认定为公务行为,不仅会影响纠纷解决的途径,还会影响法律责任的承担主体、方式和范围。本着监督行政权力、保护公民权利的精神,在司法审查性质允许的范围内,宜对“公务行为”的含义作比较宽泛的理解。一般认为,公务员个人实施的行为,只要具有行政职权和行政事务的外貌,即一个通情达理的在场人认为它是行使行政职权、管理行政事务的性质,均可认为是公务行为。

实践中争议较多的是警察的行为。警察职能比较特殊,执法行为往往有强制性,在特定情况下还可以使用武器、警械。而且,依据《人民警察法》第 19 条的规定,“人民警察在非工作时间,遇有其职责范围内的紧急情况,应当履行职责”。这些都

---

〔11〕 北京市高级人民法院行政裁定书,(1996)高行审初字第 7 号。

〔12〕 江苏省高级人民法院行政裁定书,(2016)苏行初 2 号。

〔13〕 《军事行政诉讼试点启动》,载《解放军报》2017 年 7 月 3 日,第 1 版。

〔14〕 《行政诉讼法》使用“行政机关及其工作人员的行政行为”的提法,不够严谨。两者指的其实都是行政机关的行政行为。

〔15〕 朱新力:《行政公务行为认定标准研究》,载《行政法学研究》1994 年第 4 期; 方世荣:《论国家公务员职务行为与个人行为界限的几个问题》,载《法商研究》1995 年第 4 期; 张越:《公务行为的法律界定》,载《行政法学研究》1996 年第 1 期; 傅国云:《论公务行为与个人行为的分界》,载《行政法学研究》1996 年第 2 期; 胡宝岭:《论职务行为的界定标准》,载《行政法学研究》2005 年第 3 期; 姚锐敏:《论公务员的职务行为与个人行为的本质区别》,载《广东行政学院学报》2005 年第 6 期。

增加了警察行为性质的复杂性。下面以两个事例予以说明。

一个事例是,分管路面巡逻的交警林某在家吃饭时接到熟人廖某的电话,说有个外地人的车一个月前撞了他的亲戚,肇事车辆此刻正停在该市某个地方,请交警立刻赶过去把那辆车扣住,“去晚了恐怕又要离去”。林某于是身着便装,赶到现场。在出示交警证件并简单察看、问询后,林某当即开具扣车凭证,把车交由廖某开走,并通知车主两天内到交警队接受询问。在这起事例中,林某在下班时间,受私人请托,一个人身着便装,去处理他个人分工范围之外的事情,似乎是一个私人的行为。但是,他是交通警察,并且在扣车过程中表明了这一身份;处理交通事故是公安交通机关的职权,开具扣车凭证并把车开走、吩咐车主到交警队接受询问等行为也属于交通事故处理的事项范围。至于他是否超越行政机关内部的分工范围,是否系熟人请托而来,是车主无法辨认的。不管林某的行为是否有瑕疵,在车主以及其他人眼里,有一点是确定的:一个交警在处理交通事故。凭这一点,就可以认定林某的行为属于交警部门的行政行为。

我们不妨对比一下另一事例:林某正在公安局值班,接到朋友廖某的电话,说有人正与廖某发生争执、眼看就要打架,请林某快去相助。林某未经请示领导,便身着警服立即赶去。林某先是劝架,对方不听,遂与对方发生互殴,致对方轻伤。此事虽发生在上班期间,且林某身穿警服,但林某并不是以警察的身份行事,而且对方也明白这一点,故林某的行为不属于公务行为。

法律、法规授权组织的工作人员和受行政机关委托行使职权的组织、人员,也可能产生同样问题,对公务员的讨论也适用于他们。

(四)行政机关之间的纠纷

行政机关之间的纠纷可以分为三种情形:一是行政机关之间的财产争议,二是行政机关之间的管辖争议,三是行政机关之间因管理行为而发生的争议。

1. 行政机关之间的财产争议

行政机关的财产都属于国家财产,行政机关之间因行政命令而调整、划拨,机构撤并、分合引起的房地产纠纷,不属于法院主管范围。在黑龙江省监狱管理局等诉哈尔滨市公安局确认产权、损害赔偿案中,最高法院维持了驳回起诉的裁定,告知当事人向哈尔滨市政府有关部门申请解决。[16]

2. 行政机关之间的管辖争议

行政机关之间争夺权限、推诿职责是常见现象。在一些国家,行政机关之间的权限纠纷也可以诉诸法院,由法院裁决。例如,日本行政诉讼法上就有一种诉讼类型,叫“机关诉讼”。[17] 在中国的政治体制下,行政机关之间的权限纠纷是靠行政机

〔16〕 最高人民法院民事裁定书,(1999)民终字第56号。

〔17〕 [日]盐野宏:《行政法》,杨建顺译,法律出版社1999年版,第436~438页。

关之间的协调、上级行政机关的裁决来解决的。[18] 法律没有授权法院受理这类案件，法院也很难承担起这种裁判职能。但法院在审理行政案件的过程中，可能涉及行政机关之间的权限之争。法院在裁判行政行为合法性的同时，也间接地对被诉行政机关有无管辖权作出认定。

从现有的司法判决来看，法院考虑的仅仅是被诉行政机关行使管辖权有无法律依据。通常，法院不会把与被诉行政机关争议管辖的行政机关列为第三人，法院也不会考虑多头管辖是否必要，更不会考虑由哪一个行政机关管辖更加适当。例如，虽然远洋运输公司的船员持有当时交通部颁发的海员健康证，但既然当时的《国境卫生检疫法实施细则》规定“入境、出境交通工具上的食品、饮用水从业人员应当持有卫生检疫机关签发的健康证书”，卫生检疫机构就有权要求船员办理健康证书。[19] 在地质矿产主管部门和城市建设主管部门都认为自己对城市地下热水有管辖权的情况下，由于前者所依据的法律文件位阶更高，它所作的处罚决定就属有法律依据。[20] 这一点显示了法院在处理行政机关权限分配上的局限。

在吉德仁等诉盐城市人民政府行政决定案中，法院不得不面对建设和交通两大行政主管部门的权限之争，勉为其难地周旋于两个部门之间。江苏高院终审判决认为：

> 我国现行的交通管理体制存在的双重管理、两元结构的现象是历史形成的，即建设行政主管部门管理城市公共交通，而交通行政主管部门管理道路运输。目前仍然存在部门之间、城乡之间分割客运市场的问题，此种管理体制虽不符合“统一、精简、效能”的原则，但在未经有权机关统一之前，应当予以认可，建设和交通行政主管部门均应依法履行职责。……城市公共汽车驶离《城市道路管理条例》中所确定的由城建部门修建、养护的城市道路，在交通部门修建、养护的道路上营运的，也应当接受交通部门依据《公路法》及相关道路运输规章所实施的管理，根据规定办理相应的手续。[21]

3. 行政机关之间因管理行为而发生的争议

行政机关之间纠纷的另一种情形是，具有管理和被管理关系的两个行政机关因管理行为而发生争议。具体又可以分为三种情况：一是上级行政机关对下级行政机关的管理和监督；二是专门监督机关——在中国主要是行政监察机关和审计机关——对另一个行政机关作出的处理决定；三是行政机关行使通常的行政职权，而对另一个行政机关作出的行政行为。对于第一种情况，中国法律从来都未考虑允许

---

〔18〕《地方各级人民政府机构设置和编制管理条例》第 10 条第 2 款规定：“行政机构之间对职责划分有异议的，应当主动协商解决。协商一致的，报本级人民政府机构编制管理机关备案；协商不一致的，应当提请本级人民政府机构编制管理机关提出协调意见，由机构编制管理机关报本级人民政府决定。”

〔19〕上海远洋运输公司诉宁波卫生检疫所行政处罚案，载《最高人民法院公报》1992 年第 3 期。

〔20〕福建省水电勘测设计研究院诉福建省地矿厅行政处罚案，载《最高人民法院公报》1998 年第 1 期。

〔21〕《最高人民法院公报》2003 年第 4 期。

行政诉讼。下面主要讨论第二、三种情况。

对于第二种情况，实践中曾有行政机关起诉到法院。例如，在《行政诉讼法》实施不久，就有甘肃省某市人防办因监察局通报批评其违反财政法规而提起诉讼。[22] 但后来的立法对于行政机关能否起诉行政监察和审计决定，采取了断然否定的态度。1997 年制定的《行政监察法》规定了对监察决定不服的复审、复核程序（第 39 条），同时规定，"上一级监察机关的复核决定和国务院监察机关的复查决定或者复审决定为最终决定"（第 41 条）。2006 年修正的《审计法》对审计决定的可诉性作了区别对待，而行政机关对审计决定的诉讼亦被明确排除。[23] 当然，如果监察、审计机关超越法律授权，对监察、审计对象以外的人作出具有约束力的行为，显然不属于内部行政关系，当事人可以提起行政诉讼。[24]

就第三种情况而言，被管理的行政机关在此特定情形下处于行政相对人的地位，视同"公民、法人或者其他组织"。因此，被管理的行政机关提起行政诉讼理论上不存在障碍。在实践中，一些法院受理了这类诉讼。在**河北省平山县劳动就业管理局诉平山县地方税务局行政处罚案**中，原告劳动就业管理局（原平山县劳动服务公司）是承担部分行政职能的就业管理机构，被告认为其收取劳务管理费、劳务服务费、临时工培训费和劳务市场收入却没有依法纳税，依照《税收征收管理法》给予罚款。法院受理了该案，并撤销了被告的处罚决定。[25] 在**焦作市道路运输管理局诉焦作市国土资源局行政处罚案**中，原告焦作市道路运输管理局将市政府批准划拨的办公用地转让给一家公司做商业开发，被告依据《土地管理法》等对其处以没收违法所得和罚款的处罚。法院受理了原告的起诉，并作出判决。[26] 在**广东省开平市园林局诉开平市劳动和社会保障局案**中，被告依据《工伤保险条例》对园林局与其职工的工伤认定争议作出裁定，园林局提起诉讼。一审法院受理并判决维持被告的裁定。[27]

二　行政机关行为的不同性质

一个机关往往具有多重职能，依据不同职能所实施行为的性质各不相同；一个

---

〔22〕 姜明安主编：《行政诉讼案例评析》，中国民主法制出版社 1993 年版，案例 2。该文没有说明法院是否受理。

〔23〕 该法第 48 条规定："被审计单位对审计机关作出的有关财务收支的审计决定不服的，可以依法申请行政复议或者提起行政诉讼。被审计单位对审计机关作出的有关财政收支的审计决定不服的，可以提请审计机关的本级人民政府裁决，本级人民政府的裁决为最终决定。"

〔24〕 例如，中国科学院西北高原生物研究所诉青海省海东地区监察局行政强制措施案，青海省海东地区中级人民法院行政判决书，（1993）行终字第 2 号；安康市文武建筑工程公司诉陕西省平利县审计局案，陕西省高级人民法院行政判决书，（2000）陕行终字第 34 号。

〔25〕 《最高人民法院公报》1997 年第 2 期。

〔26〕 河南省焦作市中级人民法院行政判决书，（2010）焦行终字第 15 号。

〔27〕 谭月韶：《一切由法律来裁定》，载《江门日报》2004 年 8 月 20 日；谭月韶：《园林局告劳动局一审败诉原告不服表示上诉》，载《江门日报》2004 年 9 月 10 日。

人具有多重身份，不同身份行为的法律后果也不相同。在受案范围的问题上，不同性质行为的混合带来了区分的难题。实践中，难题主要是行政机关的行政管理行为与国有资产经营管理行为的区分，公安机关的治安管理职能与刑事侦查职能的区分，公务员公务行为与个人行为的区分，以及行政机关的协助执行行为的性质。

（一）国有资产的经营管理行为

行政机关除了从事公共管理和服务，还管理着庞大的国有资产，大量从事市场交易活动。从广义上来看，这类行为也属于行政活动的一部分。在一些国家，它们被称为“国库行政”，以区别于维持社会秩序的“警察行政”。[28] 但这类行为引起的纠纷是否纳入行政诉讼，在不同国家甚至同一个国家的不同时代都有显著的差异和变化。[29] 当前中国实践中遇到的问题，主要是如何界定企业国有资产经营管理行为、国有自然资源使用权出让行为和政府采购行为的法律属性。

1. 国有资产经营管理行为

在中国，当行政诉讼制度建立之时，国有企业正在转换经营机制，实行以“自主经营、自负盈亏”为导向的改革。由于这样的背景，国有企业的市场行为从来就没有进入行政诉讼的受案范围，今后也不会。公共设施的管理和公共服务的提供是一个特殊情况，后面将会论及。至于企业国有资产管理机构的行为，性质比较复杂，这里着重讨论。

实践中，企业国有资产管理机构的行为主要涉及两个问题：一是国有企业的分立、合并、企业法定代表人的任命和撤换等；二是企业国有资产产权界定。这两个问题在经济改革中都经历了一些演变。

就第一个问题来说，在国有企业改革过程中，1988 年《全民所有制工业企业法》和 1992 年《全民所有制工业企业转换经营机制条例》赋予国有企业一定的经营自主权。行政机关强行作出的全民所有制工业企业分立的决定，被认为是对企业经营自主权的侵犯，最高法院的司法解释一度允许当事人提起行政诉讼。[30] 最高法院在另一个司法解释中肯定，当事人不服政府调整、划转企业国有资产的决定，可以向法院提起行政诉讼。[31] 随着“政企分开”的贯彻和《企业国有资产法》的颁行，各级政府的社会公共管理职能与国有资产出资人职能彻底分开。企业国有资产管理部门

---

〔28〕 葛云松：《法人与行政主体理论的再探讨——以公法人概念为重点》，载《中国法学》2007 年第 3 期；张青波：《行政主体从事私法活动的公法界限——以德国法为参照》，载《环球法律评论》2014 年第 3 期。

〔29〕 在法国，以 1873 年布朗哥案件（Blanco case）为肇始，国有企业的行为一度被纳入行政诉讼范围。在英国，国有企业的行为同样曾经被纳入司法审查的范围。更多讨论，参见［新西兰］迈克尔·塔格特编：《行政法的范围》，金自宁译，中国人民大学出版社 2006 年版。

〔30〕《最高人民法院关于当事人对行政机关作出的全民所有制工业企业分立的决定不服提起诉讼人民法院应当作为何种行政案件受理的复函》，法函〔1994〕34 号。

〔31〕《最高人民法院关于因政府调整划转企业国有资产引起的纠纷是否受理问题的批复》（已废止），法复〔1996〕4 号。该批复同时规定，因这类行为引起的纠纷，国有企业作为当事人向法院提起民事诉讼的，法院不予受理。

履行出资人职责的行为，今后不会再纳入行政诉讼。

第二个问题，即国有资产的产权界定，也与国有资产管理体制息息相关。1988年，设立了国家国有资产管理局，作为国务院直属机构，归财政部管理，其职责包括国有资产产权界定工作。在实践中，国有资产产权界定不但涉及国有单位之间的权属纠纷，也涉及国有单位与其他所有制单位、个人之间的权属纠纷。对于后一类产权纠纷做出的界定和处理，复议机关作为行政复议案件受理，法院通常也作为行政诉讼案件受理。在赵立新诉宁夏回族自治区国有资产管理局行政批复案中，最高法院认定，根据《国有资产产权界定和产权纠纷处理暂行规定》，宁夏国资局有权对相关企业资产归属进行界定；当事人对国资局的界定不服的，可以提起行政诉讼。[32]但随着政府作为管理者的角色和作为所有者的角色彻底分离，国有资产监督管理机构不再行使产权界定职权。在哈尔滨市丰田纯牌零件特约经销中心诉国务院国有资产监督管理委员会案中，北京高院终审判决认为，在相关企业登记为不同所有制联营的情况下，国资委以复函形式确认争议企业属于国有资产，系超越法定权限，该复函的相关内容应予撤销。[33] 法院否定了国有资产监督管理机构的行政管理职权，但没有否定该机构所作的产权界定属于行政诉讼受案范围。其背后的逻辑是，国有资产监督管理机构越权所作的产权界定具有“权力的外观”和事实上的约束力。

2. 国有土地等自然资源的使用许可

依据现行宪法规定，矿藏、水流和城市土地属于国家所有，相当部分森林、山岭、草原、荒地、滩涂等自然资源以及一部分农村土地也属于国家所有。国家所有也即全民所有，其所有权由国务院和地方政府依照法律授权行使。依照《土地管理法》《矿产资源法》《水法》等法律的规定，国家可以将国有土地的使用权、矿产资源的勘探开采权和水资源的开发利用权等，出让、许可给有关公民、法人和其他组织。其中，国有土地使用权的出让是社会最为关切的问题。

依据《城镇国有土地使用权出让和转让暂行条例》和《城市房地产管理法》的规定，土地使用权出让可以采取拍卖、招标或者双方协议的方式。这体现了平等、自愿、有偿的原则。但同时，土地使用牵涉公共利益，受行政法的管制。例如，开发、利用、经营土地应当符合出让合同和城乡规划的要求；未按要求开发、利用土地的，土地管理部门可以给予罚款直至无偿收回土地使用权。

在实践中，行政机关无偿收回土地使用权、注销已颁发的土地使用权证书，被认为是行使行政管理职权的行为，当事人向法院提起诉讼的，法院作为行政案件受理没有疑议。[34] 但在土地使用权出让合同订立、履行过程中，纠纷的情形比较复杂。

---

〔32〕 最高人民法院行政判决书，(1999)行终字第15号，法公布(2000)第36号。

〔33〕 北京市高级人民法院行政判决书，(2009)高行终字第495号。

〔34〕 烟台长城科工贸(集团)公司诉烟台市国土资源局土地行政处罚决定案，最高人民法院行政判决书，(2001)行终字第10号，法公布(2002)第79号；武汉兴松房地产开发有限公司诉武汉市国土资源局案，最高人民法院行政判决书，(2002)行终字第7号，法公布(2003)第47号。

例如,政府没有按规定招标、拍卖,侵犯其他人的公平竞买权;政府随意废标、撤拍、撤牌,不按规定签订合同;合同签订后不按规定提供土地,或将土地许为他用。当事人对行政机关的这些行为不服而提起诉讼,应当走民事诉讼还是行政诉讼,理论争议很大,实践中也相当混乱。

最高法院的司法解释在这个问题上常常互相冲突。例如,最高法院有关民事案件案由的规定,把"土地使用权出让合同纠纷"(后改为"建设用地使用权出让合同纠纷")作为民事案件的案由。[35] 最高法院行政庭的一个答复则认为,土地管理部门出让国有土地使用权之前的拍卖行为以及与之相关的拍卖公告等行为属于行政行为,当事人不服提起行政诉讼的,法院应当依法受理;[36] 另一个答复认为,土地行政主管部门通过拍卖出让国有建设用地使用权,与竞得人签署成交确认书的行为,也属于具体行政行为。[37] 更多的时候,立法和司法解释对这个问题采取了回避态度。[38] 2014 年《行政诉讼法》修改后规定,行政协议履行过程中的争议属于行政诉讼受案范围,但没有明确土地使用权出让协议是否属于行政协议。

从各地法院的判决中,我们可以看到两种截然相反的态度。例如,山西高院的一份判决认为,"国有土地使用权出让和受让方之间,是平等的民事主体,应当本着公平、等价有偿的原则相处"。[39] 上海高院的一个判决也认为,"上海房地局代表国家以合同形式将讼争国有土地使用权出让给虹城公司,双方因土地使用权出让合同权利义务履行而发生的纠纷,属于平等主体间的民事纠纷,上海房地局要求以行政合同定性,不予支持"。[40] 但是,在**广州汇俊房地产发展有限公司诉广州市国土资源和房屋管理局案**中,原告要求被告履行合同约定的扣减土地出让金义务,广东高院终审判决认为:国有土地出让方为特定主体(土地管理部门),享有对受让方进行监督检查甚至收回土地使用权的行政权力。因此,签订国有土地使用权出让合同是一种行政行为,该案争议属于行政诉讼受案范围。[41] 在**烟台长城科工贸(集团)公**

---

[35] 《民事案件案由规定(试行)》(已废止),法发〔2000〕26 号,第 5 种(土地使用权出让合同纠纷);《民事案件案由规定》(已废止),法发〔2008〕11 号,第 55 种(建设用地使用权出让合同纠纷);《民事案件案由规定》,法〔2011〕41 号修正,第 77－1 种(建设用地使用权出让合同纠纷)。

[36] 《最高人民法院关于土地管理部门出让国有土地使用权之前的拍卖行为以及与之相关的拍卖公告等行为性质的答复》,〔2009〕行他字第 55 号。

[37] 《最高人民法院行政审判庭关于拍卖出让国有建设用地使用权的土地行政主管部门与竞得人签署成交确认书行为的性质问题请示的答复》,〔2010〕行他字第 191 号。

[38] 《最高人民法院关于审理涉及国有土地使用权合同纠纷案件适用法律问题的解释》,法释〔2005〕5 号,法释〔2020〕17 号修正。该解释声称是根据《民法通则》《合同法》《土地管理法》《城市房地产管理法》等法律规定制定,并对"土地使用权出让合同纠纷"作了一些专门规定,但它既没有肯定也没有否定土地使用权出让合同是行政合同。

[39] 山西泰丰大酒店有限公司诉大同市土地管理局土地使用权出让案,载《最高人民法院公报》2000 年第 4 期。

[40] 上海虹城房地产有限公司诉上海市房屋土地资源管理局土地使用权出让合同案,最高人民法院民事判决书,(2002)民一终字第 15 号,法公布(2002)第 59 号。

[41] 广东省高级人民法院行政判决书,(2004)粤高法行终字第 98 号。

司等诉烟台市国土资源局案中，原告提出被告未按土地使用权出让合同及时“五通一平”并交付出让土地，要求被告承担因其违约给原告造成的一切损失。山东高院一审判决认为，该诉讼请求不属于行政诉讼的范畴，原告可另行起诉。但最高法院判决认为，“土地管理部门与土地使用者签订土地使用权出让合同的行为，属于土地管理的一种方式，应当由行政诉讼法予以调整”。〔42〕

3. 政府采购行为

政府采购合同引起的纠纷是否应当纳入行政诉讼，学理上也一直存有争议。《政府采购法》第43条明确规定：“政府采购合同适用合同法。采购人和供应商之间的权利和义务，应当按照平等、自愿的原则以合同方式约定。”在实践中，法院多数是按照民事诉讼来处理的，基本上不接受行政诉讼。〔43〕

但是，政府采购毕竟是使用公共资金，负有公共目的，有别于一般私人的行为。特别是，政府采购合同的缔结和履行，包括所采货物、采购方式和过程，受到《政府采购法》的诸多限制。首先，在采购货物的选择上，《政府采购法》规定了多个公共政策的限制，“政府采购应当有助于实现国家的经济和社会发展政策目标，包括保护环境，扶持不发达地区和少数民族地区，促进中小企业发展等”（第9条）；原则上，政府采购应当采购本国货物、工程和服务（第10条）。其次，在采购过程中，应当遵循公开透明、公平竞争、公正和诚实信用的原则（第3条）。具体地说，政府采购信息除了涉及商业秘密以外，应当在政府采购监督管理部门指定的媒体上及时向社会公开发布（第11条）；在供应商的选择上，公开招标应作为政府采购的主要采购方式（第26条）；采购人员及相关人员与供应商有利害关系的，必须回避（第12条）。这些限制大大超出了民事合同的意思自治和缔约自由原则，适用《合同法》的规定难免牵强。

立法机关也认识到，政府采购合同一般应作为民事合同，但不完全等同于一般的民事合同。〔44〕然而，出于对意思自治、等价有偿等民法原则的偏爱，立法者还是偏向于民事合同。在目前法律框架下，一个可能的解决方案是对政府采购合同的履

---

〔42〕最高人民法院行政判决书，（2001）行终字第10号，法公布（2002）第79号。法院判决认为，被上诉人（一审原告）提出被告违反合同约定、请求承担赔偿责任缺乏事实依据，不予支持。

〔43〕道斯环保科技（香港）有限公司诉深圳市南山区人民政府和财政局案是作为行政诉讼受理的一个少有案例。道斯公司就南山区垃圾焚烧发电厂工程和服务项目进行磋商，并签订了《合作建设、经营南山区垃圾焚烧发电厂意向书》。然而，南山区政府又直接向深圳市能源集团总公司采购，并签订了《南山垃圾发电厂建设经营协议》。道斯公司遂提起行政诉讼，状告深圳南山区人民政府和财政局，请求法院宣布被告采购行为无效，责令被告重新进行公开招投标。深圳中院受理该案并作出判决。但广东省高院二审认为原告作为香港公司，未能提供证据证明其已取得政府采购的供应商资格，因而未能证明其与南山区垃圾焚烧发电厂工程和服务项目的采购行为有法律上的利害关系，对其起诉应予驳回。王跃春、孔献之：《深圳市开庭审理中国政府采购第一案》，载中新网，http://www.chinanews.com/2001－01－12/26/66127.html。

〔44〕姚振炎（时任全国人大财政经济委员会副主任委员）：《关于〈中华人民共和国政府采购法（草案）〉的说明》，2001年10月22日在第九届全国人民代表大会常务委员会第二十四次会议上。

行和订立做一个区分：在政府采购合同履行过程中发生的纠纷，继续走民事诉讼；在政府采购合同缔结过程中发生的纠纷，则走行政诉讼。当然，供应商或者采购代理机构由于在政府采购活动中有违法行为，根据《政府采购法》被处以罚款、在规定年限内禁止参加政府采购活动或者取消其代理业务资格等行政处罚，可以提起行政诉讼无疑。

（二）公安机关行为的不同性质

中国的公安机关属于行政机关，但比较特别。除了户籍、交通、治安等范围广泛的行政管理权，公安机关还依据《刑事诉讼法》的规定行使犯罪侦查权。公安机关在治安管理中可以采取传唤、留置盘问、扣押等行政强制措施，实施拘留等行政处罚，在刑事侦查中可以采取拘传、拘留、监视居住、查封、扣押等刑事强制措施，并对拘留、逮捕的犯罪嫌疑人实施羁押。这两类行为性质不同，救济途径也不同，但容易混淆。

1. 公安机关的刑事侦查行为

依据现行体制，公安、检察、法院三机关办理刑事案件时，“分工负责、互相配合、互相制约”。公安机关的刑事侦查行为主要由检察机关进行监督，当事人不能对它提起行政诉讼。检察机关对公安机关提请逮捕和移送起诉进行审查，发现公安机关在侦查过程中有违法行为通知其纠正；法院只能通过审判检察机关起诉过来的案件，确定被告人是否构成犯罪以及应当承担的责任，而不能事先介入刑事侦查行为。对于这种体制，有人戏称“公安做菜、检察端菜、法院吃菜”。

在20世纪90年代，各地时常发生公安机关违反法律规定和公安部禁令〔45〕，利用职权插手经济纠纷，以刑事侦查为幌子限制人身自由、扣押企业财产的现象。《行政诉讼法》实施后，窘迫无助的受害人或其亲属向具有行政审判权的法院求助。一些法院依照行政诉讼程序对此类行为给予了审查，并得到最高法院认可。在张晓华诉浙江省磐安县公安局限制人身自由、扣押财产案中，东阳市张晓华开办的企业与磐安一企业有货款纠纷，磐安县公安局受本地企业之托，派员到张晓华住处，以派出所调查暂住人口为名将张骗出家门，强行将其拉上警车，押送到磐安县某派出所。当晚，公安人员向张出示拘传证，又拿出事先写好的欠条，令其签字。之后，磐安县公安局派员到东阳县强行拉走张晓华厂里的货物，然后以取保候审为名释放了张晓

〔45〕《公安部关于公安机关不得非法越权干预经济纠纷案件处理的通知》，〔89〕公治字30号（“必须划清经济犯罪和经济纠纷的界限，严格依法办事”“严禁非法干预经济纠纷问题的处理”“禁止用非法手段提成牟利”）；《公安部关于严禁公安机关插手经济纠纷违法抓人的通知》，公通字〔1992〕50号（“严禁滥用收容审查手段”“严禁超越管辖区，避开外地公安机关自行抓捕案犯”）；《公安部关于严禁越权干预经济纠纷的通知》，公通字〔1995〕13号（对“严重违法违纪”者，要坚决处理，直至撤销职务；情节特别严重的，要追究刑事责任）。此后，《公安机关办理经济犯罪案件的若干规定》（公通字〔2005〕101号）对相关问题作了比较全面的规定；该规定又被《最高人民检察院、公安部关于公安机关办理经济犯罪案件的若干规定》（公通字〔2017〕25号）代替。

华。事后,张晓华对磐安县公安局提起行政诉讼。被告辩称,自己的行为系刑事侦查行为,不属于行政诉讼受案范围。被告还向法院提交了磐安县企业的报案材料、刑事案件受理登记表、拘传通知书、提请批准书和检察院的批准逮捕决定书,作为证据。但金华市两级法院审理后认为,被告的行为属于借刑事侦查之名越权干预经济纠纷,是可诉的具体行政行为。[46] 不久,在**黄梅县振华建材物资总公司诉黄石市公安局扣押财产案**中,最高法院的终审判决重申了上述立场。[47]

自2000年以后,最高法院的司法解释均规定,"公安、国家安全等机关依照刑事诉讼法的明确授权实施的行为",不属于行政诉讼受案范围。[48] 在**卢志和诉湖南省娄底市公安局娄星分局案**中,卢志和不服被告关于其妻子死因的鉴定意见,起诉要求撤销《尸体检验意见书》并重新鉴定。最高法院认为,公安机关接到报案后,按照刑事侦查程序进行现场勘验、检查,并作出尸检意见,属于依照《刑事诉讼法》实施的刑事侦查行为,不属于行政诉讼的受案范围。[49] 据此,法院介入公安机关刑事侦查过程、监督刑事侦查中的违法行为,似乎被证明"此路不通"。

尽管如此,何为"刑事诉讼法的明确授权",仍然存在解释空间。有一种观点认为:凡是越出《刑事诉讼法》规定的公安机关的管辖范围和适用条件使用强制措施,都属于行政行为,当事人可以对之提起诉讼。事实上,2000年《若干解释》颁布后,法院还是有受理类似案件的例子。在**戴文锋诉长沙市公安局冻结账户案**中,湖南高院一审判决认为,被告长沙市公安局在没有任何证据证实当事人有犯罪事实的情况下冻结其银行账户,不是刑事侦查行为,而是滥用职权行为。最高法院二审判决认为,长沙市公安局不能证明其冻结措施是依照《刑事诉讼法》明确授权实施的行为,主张该措施是刑事侦查行为的理由不能成立,一审法院受理该案并确认冻结措施违法并无不当。[50]

2. 公安看守所的管理行为

在现行体制下,被刑事拘留和逮捕的犯罪嫌疑人由公安机关管辖的看守所集中羁押。看守所属于公安机关刑事侦查权力的延伸,但有一定独立性。[51] 目前,看守所工作的主要法律依据是《刑事诉讼法》及1990年的《看守所条例》。

依据《国家赔偿法》,看守所及其工作人员在行使职权时侵犯公民人身权、财产权的,适用刑事赔偿的程序。

实践中,与看守所有关的纠纷有一部分是因为公安机关限制律师会见在押犯罪

---

〔46〕《最高人民法院公报》1994年第4期。

〔47〕《最高人民法院公报》1996年第1期。

〔48〕2000年《若干解释》,第1条第2款第2项;2018年《行诉法解释》,第1条第2款第1项。

〔49〕最高人民法院行政裁定书,(2019)最高法行申9499号。

〔50〕最高人民法院行政判决书,(2000)行终字第9号。最高法院同时认为,一审法院认定被告"滥用职权"不当。

〔51〕顾永忠:《论看守所职能的重新定位——以新〈刑事诉讼法〉相关规定为分析背景》,载《当代法学》2013年第4期。

嫌疑人而引起的。对于这类诉讼，各地法院的反应截然不同。在多数情况下，法院不是拒绝受理就是驳回起诉。[52] 但在个别案件中，法院受理了律师的起诉。在**廖建华诉娄底市公安局不允许律师会见犯罪嫌疑人案**中，廖建华受托担任犯罪嫌疑人宁某的辩护人后，曾两次会见宁某，当他再次要求会见时，看守所以“律师会见犯罪嫌疑人必须经办案机关批准”为由，予以拒绝。1999 年 5 月，娄底中院一审判决确认被告不许可会见的具体行政行为违法，并由被告赔偿原告车旅费和误工损失。该判决得到湖南高院终审判决的支持。[53] 在**曲龙江、刘士贤诉哈尔滨市公安局香坊分局案**中，原告（两位律师）来到香坊分局看守所要求会见犯罪嫌疑人许某，看守所以“会见犯罪嫌疑人必须经办案机关批准”为由，拒绝了他们的请求。两位律师为办理会见手续奔波一个多月，却没有结果。2000 年 9 月，原告向法院提起行政诉讼，要求确认公安分局不准会见犯罪嫌疑人的行政行为违法。在全国人大《刑事诉讼法》执法检查组的关注下，哈尔滨中院于 2001 年 11 月作出二审判决，确认香坊公安分局的具体行政行为违法。[54] 在**湖南宏法律师事务所诉桂阳县公安局案**中，法院认为，律师的会见权虽然源于《刑事诉讼法》，但是否许可律师会见在押犯罪嫌疑人是公安机关针对犯罪嫌疑人以外的人（律师）实施的行政管理行为，而不是针对犯罪嫌疑人的刑事强制措施。因此，对该行为不服提起诉讼，应属行政诉讼的受案范围。[55] 2012 年《刑事诉讼法》修改强化了律师会见犯罪嫌疑人和被告人的权利，但没有规定检察监督以外的救济渠道。到目前为止，这个问题还没有形成确定规则。

3. 公安机关使用警械和武器

公安机关使用警械和武器是否属于刑事侦查，也可能发生争议。依照《人民警察法》第 10、11 条和《人民警察使用警械和武器条例》的规定，公安机关使用警械和武器并不必然发生在刑事侦查过程。[56] 在**李彩莲、姜伟诉兰州市公安局违法使用武器及行政赔偿案**中，姜云春（系李彩莲之夫、姜伟之父）前往张凤林家中索要欠款。张凤林之妻以外出筹款为名向“110”报警，并称姜云春身上有爆炸物。兰州市公安局接警后赶往现场。姜云春拿到还款 1 万元并写了收条后，走出张凤林家，被兰州

---

[52] 例如，原告周泽受托为涉嫌组织、领导、参加黑社会性质组织罪的任某辩护，因为会见“必须经过（辽宁省公安厅）专案组的批准”，在近一年的时间内（甚至在案件移送检察院审查起诉后），周泽多次要求，都无法会见当事人。他对辽宁省公安厅提起的诉讼，被沈阳市两级法院以“不属于行政诉讼的受案范围”为由，裁定不予受理。李丽：《一律师为会见权打官司》，载《中国青年报》2007 年 4 月 3 日；《一律师为会见权状告公安厅被驳回》，载《中国青年报》2007 年 5 月 31 日。

[53] 湖南省高级人民法院行政判决书，（1999）湘行终字第 30 号；廖建华：《法律的胜利——公安机关侵犯律师会见权所引发的诉讼及思考》，中华全国律师协会刑事业务委员会 1999 年会议论文。

[54] 亓树新：《会见当事人须经办案机关批准？哈尔滨两律师起诉公安局胜诉》，载《中国青年报》2002 年 1 月 11 日。

[55] 湖南省桂阳县人民法院行政判决书，（2004）桂行初字第 1 号。

[56] 《人民警察法》第 10 条规定：“遇有拒捕、暴乱、越狱、抢夺枪支或者其他暴力行为的紧急情况，公安机关的人民警察依照国家有关规定可以使用武器。”第 11 条规定：“为制止严重违法犯罪活动的需要，公安机关的人民警察依照国家有关规定可以使用警械。”

市公安局开枪击毙。事后查明，姜云春未携带爆炸物，随身携带的仅有一个水枕头。讨论中，有一种意见认为，兰州市公安局击毙姜云春的行为不是《刑事诉讼法》明确授权的行为，而是公安机关为维护社会治安、处置突发事件而采取的行政职权行为。但最高法院行政庭的电话答复没有接受这种意见，相反，认为该案不属于行政诉讼受案范围。[57]

综上所述，公安机关刑事侦查职权的具体范围有讨论的余地，但“依法行使的刑事侦查行为不可诉”仍然是确定的规则。当然，不管如何，对于《刑法》规定的“收容教养”，即因不满16周岁不予刑事处罚而在必要的时候由政府收容教养的，不属于《刑事诉讼法》授权的刑事侦查行为，可以提起行政诉讼。[58] 公安机关依照《人民警察法》第9条的规定，对有违法犯罪嫌疑的人员当场盘问、检查，以及将其带至公安机关留置盘问，应当认为是一种行政强制措施，可以提起行政诉讼。[59] 至于有公安机关在法律规定之外，将公民送往所谓的“法制教育学校”接受强制教育，显然与刑事侦查无关，当事人更是可以提起行政诉讼。

（三）职权管理行为与协助司法行为

刑事诉讼法和民事诉讼法都规定，包括行政机关在内的其他组织和个人有协助司法的义务。1991年《民事诉讼法》第230条（现为第258条）规定：“在执行中，需要办理有关财产权证照转移手续的，人民法院可以向有关单位发出协助执行通知书，有关单位必须办理。”最高法院、国土资源部、建设部还曾就国土资源房地产管理部门协助执行问题联合发布了通知。[60]

最高法院司法解释进一步明确，行政机关根据法院的协助执行通知书实施的行为，是行政机关必须履行的法定协助义务，不属于行政诉讼的受案范围。[61] 在**海南承海实业投资有限公司诉海口市人民政府土地登记案**中，最高法院认为，被告根据海事法院的执行裁定书和协助执行通知书的要求，将涉案土地登记到第三人名下，该登记行为不属于行政诉讼受案范围。原告主张据以执行的调解书错误，应通过相应的救济途径解决。[62] 当然，行政机关的协助执行行为不是一概免除责任。如果行政机关在实施协助执行通知书时扩大了范围或违法采取措施造成他人损害，当事

---

〔57〕《最高人民法院行政审判庭关于李彩莲、姜伟诉兰州市公安局违法使用武器及行政赔偿一案请示的电话答复》，法〔2005〕行他字第3号。

〔58〕《最高人民法院关于“少年收容教养”是否属于行政诉讼受案范围的答复》，〔1998〕行他字第3号。另见李健等诉福建省监狱管理局收容教养行政强制措施案，福建高院（1998）闽行终字第1-3号。

〔59〕《最高人民法院行政审判庭关于对当事人不服公安机关采取的留置措施提起的诉讼法院能否作为行政案件受理的答复》，〔1997〕法行他字第21号。

〔60〕《最高人民法院、国土资源部、建设部关于依法规范人民法院执行和国土资源房地产管理部门协助执行若干问题的通知》，法发〔2004〕5号。

〔61〕《最高人民法院关于行政机关根据法院的协助执行通知书实施的行政行为是否属于人民法院行政诉讼受案范围的批复》（已废止），法释〔2004〕6号；《行诉法解释》，第1条第2款第7项。

〔62〕最高人民法院行政裁定书，（2017）最高法行申6623号。

人提起行政诉讼的,法院应当受理。[63] 在王秀娥诉淄博市国土资源局临淄分局案中,山东高院认为,一、二审法院对被告是否扩大协助执行范围没有审查,即以本案不属于受案范围为由驳回王秀娥的起诉,显属不当,应予纠正。[64]

上述解释没有否定行政机关的协助执行行为属于行政行为,规定这类行为不予受理似乎主要是出于政策考虑。行政机关协助执行了法院裁判却又要被诉,势必挫伤其协助执行的意愿;允许这种诉讼,对原告而言于事无补,对法院来说徒添尴尬。但是,如果行政机关应当依法独立行使职权、斟酌情况作出处理,那么,即使是根据法院或者检察院"通知"作出行为,也应当独立承担责任。在宋德基诉湛江市赤坎区国家税务局追缴税款案中,广东高院坚持认为,税收征收应当由税务机关根据税收法律法规独立进行;即使是根据检察院的通知而为,也不能改变其行政行为的性质,不能否定该征收决定属于行政诉讼受案范围。最高法院同意了该意见。[65] 此外,行政机关根据法院准予执行裁定而实施的强制执行,不属于这里所说的协助执行行为,另外讨论。

三　社会组织行使行政职权

行政行为通常被理解为行政机关行使行政职权的行为。然而,在现实中,许多行政机关以外的组织行使着法律赋予的行政职权。1982 年的《食品卫生法(试行)》授权卫生行政部门所属的卫生防疫站行使食品卫生检查和处罚的权力,并允许当事人对其处罚决定提起诉讼。[66] 受这类案例的启发,1989 年《行政诉讼法》在"诉讼参与人"章中写入了一句(但也只有这一句)"由法律、法规授权的组织所作的具体行政行为,该组织是被告"。随着学生告学校、社团成员告社团多次出现,这个问题更加突出。2014 年《行政诉讼法》修改后,相关条款被提到总则位置,文字改为:"前款所称行政行为,包括法律、法规、规章授权的组织作出的行政行为。"与原有规定相比较,授权依据从法律、法规扩大到规章。

《行政诉讼法》的规定明确了法律授权组织的权力来源,但没有明确所授权力的性质。从原理上讲,这里的法律授权组织应当是法律、法规、规章授予行使行政职权

---

〔63〕《最高人民法院关于行政机关根据法院的协助执行通知书实施的行政行为是否属于人民法院行政诉讼受案范围的批复》(已废止),法释〔2004〕6 号;《行诉法解释》,第 1 条第 2 款第 7 项。

〔64〕山东省高级人民法院行政裁定书,(2017)鲁行再 5 号。

〔65〕《最高人民法院对广东省高级人民法院〈关于宋德基诉湛江市赤坎区国家税务局追缴税款行政纠纷最高人民检察院抗诉再审一案有关问题的请示〉的答复》,〔2001〕行他字第 17 号;《广东省高级人民法院关于宋德基诉湛江市赤坎区国家税务局追缴税款行政纠纷最高人民检察院抗诉再审一案有关问题的请示报告》,〔2000〕粤高法行监字第 10 号。

〔66〕《食品卫生法(试行)》第 31 条第 1 款规定:"卫生行政部门所属县以上卫生防疫站或者食品卫生监督检验所为食品卫生监督机构,负责管辖范围内的食品卫生监督工作。"第 38 条规定:"当事人对食品卫生监督机构给予的行政处罚不服的,在接到处罚通知之日起十五天内,可以向人民法院起诉。但是,对食品控制的决定应当立即执行。对罚款的决定不履行又逾期不起诉的,由食品卫生监督机构申请人民法院依照中华人民共和国民事诉讼法(试行)规定的程序强制执行。"1995 年的《食品卫生法》(已失效)取消了相关授权。

的组织。在一些情况下，所授权力是否属于行政职权不够明确，由此产生了争议。例如，医疗保健机构依据《母婴保健法》规定出具出生医学证明（俗称“出生证”），对其性质就有不同理解。[67] 轮船船长、飞机机长行使《海商法》《民用航空法》赋予的权力属于什么性质，也是一个疑问。

行政机关以外经法律、法规、规章授予行使行政职权的组织，迄今还没有一个妥帖、通用的名称。在一些场合人们称其为“法律授权组织”，比较简洁，只是含义不够明确。有学者借鉴域外理论，称其为“公法人”或者“公务法人”，[68] 但其含义与中国现实差异较大；也有学者借鉴其他学科用语，称其为“准政府组织”，[69] 比较形象，但仍难周全。本书暂用“社会组织”这一称呼对应于行政机关，以力求包容。

在中国，国家机关以外的社会组织形态多样，有政党、社团、事业单位和企业。这些社会组织依其与行政机关的亲缘关系，构成一个由近及远的谱系。其中，最靠近行政机关的是晚近出现的几个监管机构，包括证监会、银保监会。这些机构的职能和手段与行政机关无异，只是由于特殊的原因被列为“事业单位”，他们行使职权的行为属于行政行为不存在疑义。处在这个谱系最远端的是私人组织。这些私人组织也对外来人员从事一些管理活动，如学校限制外来人员和车辆进入校园、超市服务员对顾客搜身检查、物业对擅入小区人员处以罚款。虽然这些活动受到越来越多的法律限制，但仍然属于私法行为，相关争议也应循民事诉讼途径解决。[70]

下面将以几类常见社会组织为例，讨论他们行为的法律性质。其中包括公立学校、公共企事业单位、公证机构。我们可能没法给“行政职权”下一个简单的定义，希望下面的讨论有助于澄清这个概念的含义。

（一）公立学校

公立学校在中国属于事业单位的一种。这里把它单列，是因为它在行政诉讼的发展历程中具有特殊意义。

---

〔67〕《母婴保健法》第23条规定：“医疗保健机构和从事家庭接生的人员按照国务院卫生行政部门的规定，出具统一制发的新生儿出生医学证明”。相关案例，参见钟宝成诉复旦大学附属妇产科医院案，上海市高级人民法院行政裁定书，(2018)沪行申274号（出具出生医学证明并非行使行政管理职权的行为）；李超诉淄博市临淄区妇幼保健院案，山东省淄博市临淄区人民法院行政判决书，(2016)鲁0305行初52号（出具出生医学证明属于行使行政管理职权的行为）。相关讨论参见张磊：《出具出生医学证明时，非婚生子女的父亲认定问题》，载微信公众号“鲁法行谈”2018年3月3日，http://mp.weixin.qq.com/s/tEQSuE6CIximv7DTv5U4xg；陈佳莹：《假结婚，出生证上被当爹；想撤销，可行政诉讼吗?》，载微信公众号“庭前独角兽”2018年2月1日，https://mp.weixin.qq.com/s/996BMnsg9SyzLztJmFsqaw。

〔68〕马怀德：《公务法人问题研究》，载《中国法学》2000年第4期；葛云松：《法人与行政主体理论的再探讨——以公法人概念为重点》，载《中国法学》2007年第3期；李昕：《论公法人制度建构的意义和治理功能》，载《甘肃行政学院学报》2009年第4期。

〔69〕沈岿编：《谁还在行使权力？准政府组织个案研究》，清华大学出版社2003年版，编者代序。

〔70〕倪培璐、王颖诉中国国际贸易中心侵害名誉权案，载《最高人民法院公报》1993年第1期（超市服务员对顾客进行搜身检查）；何海波诉北京万春园别墅有限公司罚款案，北京市海淀区人民法院民事判决书，(1997)海民初字第173号（公司保安对擅自进入小区者处以10元“罚款”）。

根据《教育法》《义务教育法》《高等教育法》和教育部门的规定，公立学校享有一定的办学自主权，拥有招收学生、管理学籍、颁发证书、纪律处分等权力。虽然针对公立学校的行政诉讼以前也曾零星出现，但田永诉北京科技大学拒绝颁发毕业证书、学位证书案无疑是一个里程碑。该案判决被《最高人民法院公报》刊登，开启了学生诉学校案件的大门。《最高人民法院公报》在刊登该案时，特别论证了高等学校等法律授予行政管理职权的组织与被管理者之间发生的争议不属于民事争议，而属于行政争议。[71] 几年后，最高法院把该案作为指导性案例发布，并再次阐明："高等学校与受教育者之间属于教育行政管理关系，受教育者对高等学校涉及受教育者基本权利的管理行为不服的，有权提起行政诉讼。"[72]

公立学校的哪些行为适用行政诉讼，目前还没有权威的司法解释。从学理阐述和司法实践来看，下面几类行为需要遵循行政法的规定和行政法上的原则，在发生纠纷时适用行政诉讼处理。一是学生招录。实践中涉及从义务教育阶段的小学、初中的入学，到竞争性的大学和研究生的招生。[73] 二是学籍管理和纪律处分。目前高校学生管理的主要依据是教育部的规章《普通高等学校学生管理规定》(2017 年修订)。学校对学生的学籍管理和纪律处分，被认为是行使行政权力的行为，针对其中的退学处理和开除处分发生了多起行政诉讼。[74] 三是授予学业证书和学位证书。依据《教育法》《高等教育法》和《学位条例》，经批准设立或者认可的学校及其他教育机构按照国家规定颁发学业证书和学位证书。校方拒绝颁发学业证书、扣留学业证书或者撤销学业证书，当事人都可以提起诉讼。[75] 四是其他管理行为，包括学业成绩和品行上的评价，发放奖学金、助学金、贷学金等。这些行为涉及公立学校的公共职能和学生的合法权益，法院有时也予以受理，但具体的边界仍有待探讨。

上面讨论的是公立学校(尤其是公立高等学校)与学生之间纠纷的解决方式。从法律规定的精神来看，国家认可的私立学校在行使法律规定的学业证书、学位证书授予中的争议，也适用行政诉讼。由于私立学校的办学自主权得到越来越多的承

---

〔71〕 田永诉北京科技大学拒绝颁发毕业证、学位证案，载《最高人民法院公报》1999 年第 4 期。"我国目前情况下，某些事业单位、社会团体，虽然不具有行政机关的资格，但是法律赋予它行使一定的行政管理职权。这些单位、团体与管理相对人之间不存在平等的民事关系，而是特殊的行政管理关系。"

〔72〕 田永诉北京科技大学拒绝颁发毕业证、学位证案，最高人民法院指导案例 38 号，法〔2014〕337 号发布。

〔73〕 林群英诉厦门大学拒绝录取案，厦门市中级人民法院行政判决书，(2006)厦行终字第 29 号；郑金雄、扬邑新：《不满电脑派位到离家较远初中就读　厦门一小学毕业生诉称市教育局违法》，载《人民法院报》2007 年 8 月 3 日；杭燚诉南京理工大学取消研究生入学资格案，参见公丕祥主编：《典型裁判案例 2》，法律出版社 2011 年版。

〔74〕 高全(化名)诉中国矿业大学开除学籍案，参见龚思红：《学生不服高校开除学籍属于行政诉讼受理范围》，载中国法院网，http://www.chinacourt.org/html/article/200711/09/273978.shtml；甘露诉暨南大学开除学籍案，载《最高人民法院公报》2012 年第 7 期。

〔75〕 田永诉北京科技大学拒绝颁发毕业证、学位证案，载《最高人民法院公报》1999 年第 4 期，最高人民法院指导案例 38 号；杨宝玺诉天津服装技校案，载《最高人民法院公报》2005 年第 7 期(被告没有把毕业证书直接颁发给本人)；于艳茹诉北京大学案，北京市第一中级人民法院行政判决书，(2017)京 01 行终 277 号(撤销博士学位)。

认,国家行政的色彩逐渐淡化,今后有可能作为后面所讨论的社会自治组织来看待。

(二) 公共企事业单位

公共企事业单位是社会服务的提供者,往往还行使一定的公共管理职能。它们在服务和管理过程中负有合理使用、普遍服务、公平对待、信息公开等义务,与私人组织(包括上市公司)相比具有明显差异。这些企事业单位在行使公共职能时,与相对人发生的争议,有的也可能适用行政诉讼解决。只是,到目前为止,它的边界还相当不确定。

在传统的人事管理体制下,中国的企业事业单位保管着干部、职工的人事档案。这些人事档案作为对一个人学习、工作等情况的历史记录,在确定工龄、评定职称、计算养老保险等方面,起着重要的凭据作用。按照《档案法》的要求,任何单位都应当依法保护档案,维护档案的真实、完整与安全,不得涂改、损毁、丢失。实践中,有人事档案被原单位丢失,当事人起诉要求补办并赔偿经济损失。最高法院的意见是,保存档案的企事业单位违反关于妥善保存档案的法律规定,丢失他人档案的,应当承担相应的民事责任;档案关系人起诉请求补办档案、赔偿损失的,应当作为民事案件受理。〔76〕 个人以为,人事档案具有较强的行政管理性质,这类争议作为行政案件受理更符合其性质。

在体制转轨的过程中,铁路、邮电、供电、烟草、食盐等特殊行业一度实行"政企合一"的管理方式。有的企业经法律、法规授权,行使着一定的行政管理权。例如,1990 年的《铁路法》第 3 条第 2 款规定:"国家铁路运输企业行使法律、行政法规授予的行政管理职能。"这些企业实施行政管理职权的行为,属于行政诉讼的受案范围。在**溆浦县中医院诉溆浦县邮电局拒不开通"120"急救电话案**中,被告辩称,邮电局是公用企业,不具备行政诉讼的被告资格。怀化中院终审判决认为,电信企业开通"120"急救电话的事项具有行政管理职权的属性,其不履行法定义务的行为应当纳入行政诉讼的受案范围。〔77〕

晚近兴起的信息公开也对公共企事业单位提出了新的要求。2007 年《政府信息公开条例》规定,教育、医疗、供水、供电、供气、供热、环保、公交等与人民群众利益密切相关的公共企事业单位在提供社会公共服务过程中制作、获取的信息,参照该条例的规定予以公开。实践中,有法院受理了电信用户要求电信公司公开计费标准的诉讼。〔78〕 但随着《政府信息公开条例》的修改,这个门被关上了。公共企事业单位的信息公开,原则上不再接受行政复议和行政诉讼的监督。〔79〕

---

〔76〕 《最高人民法院关于人事档案被原单位丢失后当事人起诉原用人单位补办人事档案并赔偿经济损失是否受理的复函》,〔2004〕民立他字第 47 号,2006 年 6 月 13 日。

〔77〕 《最高人民法院公报》2000 年第 1 期。

〔78〕 韩景玮、高鸿鹏:《一电信用户讨要信息公开知情权》,载《大河报》2012 年 8 月 20 日。

〔79〕 《政府信息公开条例》(2019 年修正),第 55 条; 国务院办公厅《公共企事业单位信息公开规定制定办法》,国办发〔2020〕50 号,第 8 条。

公共设施因设置和管理不善致害的赔偿责任,不属于行政赔偿范围,这一点一直比较明确。《国家赔偿法》的起草者把它排除在国家赔偿范围之外[80],相关的赔偿问题适用《民法通则》(现为《民法典》)的规定。在江宁县东山镇副业公司诉南京机场高速公路管理处损害赔偿案中,法院认为,高速公路管理处收取车辆通行费属于经营性收费而不是行政事业性收费,它与交费人之间形成的是民事关系而不是行政管理关系。原告以高速公路管理处没有尽到公路养护、巡查和清障义务给其造成损失为由,要求赔偿损失,属于民事纠纷。[81]

(三) 公证机构

公证是公证机关根据当事人的申请,依照法定程序,证明法律行为、法律事实和法律文书的真实性、合法性的活动。中国多部法律规定,经公证的法律行为、法律事实和法律文书,应当作为认定事实的根据,除非有相反证据足以推翻该项公证。在遗嘱继承、抵押登记、收养等广泛领域,公证起到巨大作用。但是,公证行为可能侵害第三人的利益,引发争议。对于第三人能否向法院提起诉讼,要求撤销公证,实践中出现过争议。

依照国务院1982年《公证暂行条例》的规定,公证处是国家公证机关,公证是代表国家作出的证明行为。据此,公证行为在性质上属于行政行为。但后来,在国家权力社会化的趋势下,公证机关经过改革,转为非政府的社会中介组织。2005年《公证法》第6条规定,公证机构是“依法独立行使公证职能、承担民事责任的证明机构”。依此,公证行为不再视为行政行为。该法第40条明确规定,“当事人、公证事项的利害关系人对公证书的内容有争议的,可以就该争议向人民法院提起民事诉讼”,法院不作为行政案件受理。

可见,公证行为尽管具有法律的明确授权,也带有行政管理的色彩,但在法律上既不属于行政管理,也不是受行政机关委托而进行。对这些行为的异议,由于法律规定了特别的途径,不再适用行政诉讼。

四　自治团体的自治行为

到目前为止,针对社会组织提起的行政诉讼都是以“法律、法规、规章授权的组织”为依据,也只能以此规定为依据。但是,有越来越多的案例启示我们,“法律、法规、规章授权的组织”所作行为可能存在性质上的不同。这条道路开辟的可能是一

---

〔80〕“在起草过程中,有三个问题经过研究,拟不纳入国家赔偿的范围:……3. 关于邮电、医院等国有企业、事业单位,桥梁、道路等国有公共设施,因设置、管理欠缺发生的赔偿问题,不属违法行使职权的问题,不纳入国家赔偿的范围。受害人可以依照民法通则等有关规定,向负责管理的企业、事业单位请求赔偿。”胡康生:《关于〈中华人民共和国国家赔偿法(草案)〉的说明》,1993年10月22日在第八届全国人民代表大会常务委员会第四次会议上。

〔81〕《最高人民法院公报》2000年第1期。

片公法诉讼的新大陆。

在处理“学生诉学校”案件中，法院就认识到，高等学校对学生的管理与一般的行政管理具有不同性质。[82] 高等学校被法律赋予了“办学自主权”，其管理行为只要不违反法律的强行规定就应予以承认，而不需要法律的授权。这种差别在一些行业协会中更加明显。虽然《体育法》有“全国单项体育竞赛由该项运动的全国性协会负责管理”的规定，这一规定是否意味着授予各体育协会行政管理权仍是可以讨论的。有学者以大学自主权为例，质疑社团的管理权是否必须来源于法律的规定，甚至进一步提出它们在性质上不是传统意义上的国家行政，而只是国家承认的“社团自治”。[83]

国家机关以外的组织行使公共职能，是一个世界性的现象。仅以英国为例：英国法院在一个判决中认为，公司接管与合并机构（Panel on Takeovers and Mergers）虽然没有得到法律授权，但依据章程行使公共权力，它所作的决定应当受到司法审查。[84] 即使是一些传统上的私法领域，法院也要求其遵循自然正义原则，并接受司法审查。例如，教会、工会、商会、大学和俱乐部在开除它的成员前，通常应当听取当事人的申辩。因为这些机构在某个重要领域形成实际上的垄断，他们的章程或者契约隐含了公正对待其成员的要求。[85] 遵循英国司法审查的传统，法院对这些组织实体问题上的要求是非常宽松的。

中国行政法的发展路径与西方国家有很大差异，但在这个问题上似乎殊途同归。西方国家的行政法是在“大社会、小政府”的传统下，随着政府规制的增多而逐渐发展起来；即使在今天，这些国家仍然保留了较大的社会自治空间。中国现代意义的行政法，是在公私领域没有明确界分、官府权力没有明确限制的传统上重新建构的法律秩序；社会自治只是“全能国家”退缩后留出的区域，空间相对有限。但自治空间内具有公权性质的行为，同样要求遵循公法的原则，相关争议适宜通过公法诉讼来解决。这里讨论的公法诉讼，其实是一种介于民事诉讼和行政诉讼之间的诉讼。因为其适用的程序和实体规则更接近行政诉讼，所以，适宜按照行政诉讼来处理。

在2014年《行政诉讼法》修改过程中，有学者主张把社会组织的自治管理行为作为一种诉讼类型单独写入。[86] 立法机关注意到了这种观点，但由于这一想法尚

---

[82] 何小强诉华中科技大学拒绝授予学位案，最高人民法院指导案例39号，2014年12月25日发布。

[83] 金自宁：《大学自主权：国家行政还是社团自治》，载《清华法学》2007年第2期。

[84] R. *v.* Panel on Takeovers and Mergers, *ex parte* Datafin plc [1987] QB 815.

[85] 何海波：《英国行政法上的听证》，载《中国法学》2006年第4期。

[86] 何海波等：《理想的行政诉讼法——〈中华人民共和国行政诉讼法〉学者建议稿》，载《行政法学研究》2014年第2期（第5条“社会组织的自治管理行为”，及起草说明“社会行政参照《行政诉讼法》”）。其中，学者建议稿第5条：“下列具有公共行政职能的社会组织与其成员在自治管理中发生的权益争议，适用本法的相关规定：(1)依法成立的社会团体；(2)村民委员会、居民委员会等基层群众性自治组织；(3)住宅小区的业主大会和业主委员会。人民法院审理社会组织的上述案件，依据法律，并参照该社会组织的章程。”

不够成熟,没有采纳。据此,以"法律、法规、规章授权的组织"为依据来受理和审查社会组织的自治行为,仍然是实定法上的不二法门。但这不排斥我们在学理上进行探讨,也不排斥法院对这类行为与行使法律授予行政职权的行为作出必要甄别。

下面以社会团体、村(居)民委员会和证券交易所对其成员的管理为例,分别予以说明。

(一) 社会团体对其成员的管理

社会团体是由社会成员自愿联合成立,按照其章程开展活动的非政府、非营利的社会组织。社会团体行为的性质比较复杂:它一方面接受政府的管理,是行政法上的相对人,并根据法律授权从事行政管理,另一方面也根据章程规定行使对其成员的管理和服务职能。社会团体行使法律、法规授予的行政管理职能的行为属于行政行为,可以进入行政诉讼,没有疑义。例如,残疾人联合会依据地方性法规的授权发放残疾人证,作为残疾人享受国家或者地方对残疾人的各种福利待遇的凭证,就是一个例子。〔87〕 但是,社会团体对其成员的管理和服务行为在行政法上的属性,目前还没有清晰、一致的观点。

在各类社会团体中,行业协会的性质尤其引人关注。中国的行业协会既包括同行企业、俱乐部组成的团体,如中国足球协会、中国室内装饰协会,也包括主要由同行人员组成的团体,如律师协会、会计师协会。这些行业协会往往行使市场准入、标准制定和惩戒会员的权力。这些权力有的来自其团体成员订立的章程,有些还来自法律的确认或者授权。其中有些行业协会具有事实上甚至法律上的垄断地位,对其成员影响巨大。他们行使权力的行为也不再完全出于团体成员的合意,团体成员也无法直接控制团体的行为,无法掌握自己在团体中的命运。在此情况下,行业协会行为的公权力色彩更加浓厚。〔88〕

发生于2001年的**长春亚泰足球俱乐部诉中国足球协会处罚案**,提出了体育行业协会对其成员所作处罚的性质问题。在该案中,中国足协纪律委员会对长春亚泰等5家俱乐部足球队分别作出取消本年度晋级资格、取消部分球员一定年限的注册资格和转会资格、部分主教练停赛一年等处罚。亚泰足球俱乐部及其教练员、球员以中国足协为被告提起行政诉讼,请求撤销处罚决定并赔偿损失。原告认为,根据《体育法》第31条"全国单项体育竞赛由该项运动的全国性协会负责管理"的规定,中国足协属于法律、法规授权的组织,其行为应当属于行政诉讼受案范围。北京第二中院认为该案不符合《行政诉讼法》规定的受理条件,裁定不予受理。对该裁定的

---

〔87〕《北京市高级人民法院关于行政审判适用法律问题的解答(二)》,京高法发〔2007〕113号。

〔88〕 对行业组织与社会成员间关系的讨论,可参见黎军:《行业组织的行政法问题研究》,北京大学出版社2002年版,第4章"行业组织与社会成员间关系的研究"。

上诉,最后不了了之。[89]

这类纠纷如果发生在2014年《行政诉讼法》施行后的今天,法院很有可能予以受理。如果受理,不排除把它作为"法律、法规、规章授权的组织"之外的组织,从法理上加以探讨。

(二)村(居)民委员会

村(居)民委员会是由村(居)民按照身份组合、强制成立的特殊的社团组织,其设立、产生、职能和议事程序有《宪法》和《村民委员会组织法》、《城市居民委员会组织法》为依据。村民委员会作为基层群众性自治组织,办理本村的公共事务和公益事业,依法管理本村村民集体所有的土地和其他财产。此外,它还协助乡镇政府开展工作,承担一些行政管理职能。[90] 城市居民委员会的设立、产生、职能和议事程序也有《城市居民委员会组织法》的依据,其性质与村民委员会相似。[91]

村(居)民委员会行使行政管理职能而发生争议的,应当按照法律授权或者行政委托处理,这一点问题不大。村(居)民委员会对其成员"自我管理、自我教育、自我服务"的行为如何定性,现在还不明朗。实践中发生的纠纷,目前主要是涉及村民身份确认、集体资金分配、集体土地使用等行为。对这类案件,早期有法院认为,村委会是群众性自治组织,不是行政诉讼的适格被告。[92] 后来零星出现一些诉讼,有的法院将其作为行政案件受理。在**李玉兰诉北京市朝阳区豆各庄乡黄厂村村民委员会案**中,法院认为,村民委员会审核原告提出的宅基地使用申请,属于行政诉讼受案范围。[93] 该案涉及的宅基地审核,既是村民建房行政审批的一个环节[94],又是村民集体土地的一种分配方式。在**李某某诉山东省广饶县广饶街道十九村村民委员会案**中,法院确认,村民委员会对本村集体收益进行管理和分配的行为,属于行政诉讼

---

[89] 在诉讼过程中,中国足协认为长春亚泰足球俱乐部做了"内部整顿",决定减轻对长春亚泰及相关人员的处罚。对该案的评论,参见戚建刚:《长春亚泰足球俱乐部诉中国足协案再评析——以公共职能为视角》,载《行政法学研究》2004年第3期。

[90] 何海波:《通过村民自治的国家治理》,载沈岿编:《谁还在行使权力?准政府组织个案研究》,清华大学出版社2003年版。

[91] 例如,《城市居民委员会组织法》第3条规定,居民委员会的任务包括"协助人民政府或者它的派出机关做好与居民利益有关的公共卫生、计划生育、优抚救济、青少年教育等项工作"。《城市居民最低生活保障条例》第4条规定,"居民委员会根据管理审批机关的委托,可以承担城市居民最低生活保障的日常管理、服务工作"。

[92] 胡水、赵文明:《首例村委会作为行政被告案"流产"》,载《法制日报》2003年6月15日。村民们事后以所在的区、乡政府为被告,再次提起行政诉讼。李菁莹:《全国首例村民状告村委会案终于开庭》,载《中国青年报》2004年1月19日。

[93] 北京市第二中级人民法院行政判决书,(2011)二中行终字第59号。

[94] 国土资源部《关于加强农村宅基地管理的意见》(国土资发〔2004〕234号,已失效)提出,"农村村民建住宅需要使用宅基地的,应向本集体经济组织提出申请,并在本集体经济组织或村民小组张榜公布";公布期满无异议的,报经乡(镇)审核后,报县(市)审批。

受案范围。[95] 该案还被最高法院作为未成年人审判工作典型案例发布。今后,如果村民委员会选举争议纳入行政诉讼,村民自治领域的行政诉讼将会更加丰富。

(三) 证券交易所

中国大陆的证券交易所目前有上海证券交易所、深圳证券交易所以及新近成立的北京证券交易所。前两者按照国际通行的会员制方式组成,属于非营利性的事业单位。其业务范围包括组织并管理上市证券、提供证券集中交易的场所、办理上市证券的清算与交割、提供上市证券市场信息等。证券交易所不但提供服务,还行使一定的监管职能。其监管职能来自《公司法》《证券法》《证券投资基金法》《证券交易所管理办法》等法律、法规、规章以及国务院证券监督管理机构的授权,也可能来自证券交易所章程、业务规则、业务合同的规定。

对于证券交易所行为的可诉性,最高法院有司法解释作了专门规定。依该解释,证券交易所在履行监管职能过程中,对证券发行人及其相关人员、证券交易所会员及其相关人员、证券上市和交易活动作出处理决定,当事人可以依法提起行政诉讼。[96] 在郑宇诉上海证券交易所信息公开案中,最高法院重申了上述立场,认为该案属于行政诉讼受案范围。但同时认为,原告申请公开的券商申报买入相关股票的顺序和数量的信息,并非证券交易所在履行监管职责过程中制作或者获取的信息,不属于《政府信息公开条例》所定义的政府信息。因此,被告不予提供相关信息、法院驳回原告诉讼请求并无不当。[97] 如果证券交易所不仅仅被看作履行法律授权监管职责的机构,而是依据章程、业务规则、业务合同行使管理职能的机构,那么,法院应该审查的内容可能更加广泛。

第三节 行政行为的类型

行政行为种类繁多,但显然,不是所有的行政行为都可以被起诉。在《行政诉讼法》列举可诉行为的同时,第 13 条规定了 4 种排除诉讼的情形。它们分别是:(1)国防、外交等国家行为;(2)行政法规、规章或者行政机关制定、发布的具有普遍约束力的决定、命令;(3)行政机关对行政机关工作人员的奖惩、任免等决定;(4)法律规定由行政机关最终裁决的行政行为。此外,最高法院司法解释根据行政诉讼法的精神,对一些具体情形是否属于行政诉讼受案范围作了明确。2018 年《行诉法解释》

---

〔95〕 东营市中级人民法院行政判决书,(2011)东少行终字第 5 号。判决书认为,村民委员会办理本村公共事务也属于依据法律授权履行行政职责的行为。

〔96〕《最高人民法院关于对与证券交易所监管职能相关的诉讼案件管辖与受理问题的规定》,法释〔2005〕1 号,法释〔2020〕20 号修正。

〔97〕 最高人民法院行政裁定书,(2016)最高法行申 1468 号。

列举了 10 种不属于受案范围的情形,[98] 其中就有多种情形与行政行为的类型相关。

鉴于具体情形过于繁复,任何列举都不完美。本书将从学理上把行政行为的类型分为行政法律行为与事实行为、具体行为与抽象行为、外部行为与内部行为、单方行为与双方行为等,对相关情形做归并处理。需要说明的是,司法解释提到的公安机关的刑事侦查行为不属于行政行为,该问题已在前节讨论;行政机关的过程性行为、重复处理行为、执行行为属于行政行为的形态,放在后节讨论。行政行为涉及的权利义务或者说"合法权益"的具体类型,将在本章第五节中专门讨论,这里着重讨论可诉行政行为的类型。

一　行政法律行为

《行政诉讼法》的主要目的是解决行政争议,保护公民权利。如果一个行为在法律上没有约束力,对当事人的权利义务也不产生实际影响,就谈不上通过诉讼予以保护了。依据 2018 年《行诉法解释》第 1 条第 2 款第 10 项,"对公民、法人或者其他组织权利义务不产生实际影响的行为",不属于行政诉讼受案范围。反过来说,凡是对公民、法人或者其他组织权利义务产生实际影响的行政行为,除非法律明确排除,均属于可诉的行政行为。

一个行为是否产生"实际影响",是受案范围的分界线;对于这些行为如何归纳,则是法学理论的"黑森林"。在这个问题上产生了无数的概念,却没有形成通说。[99] 本书中,把所有影响当事人权利义务关系、产生法律效果的行为都称为"行政法律行为"。与行政国家的发展相适应,行政法律行为的观念经历了一个扩展的过程。最初,行政法律行为主要是指行政机关意图设定当事人权利义务关系所作的行政处理,如行政许可、行政处罚。接着,行政机关对法律事实的证明、鉴定、备案等间接产生法律效果的行为,也被视为法律行为或者"准行政行为"。后来,行政指导、调解、训诫等柔性行为,在一些场合下也承认其法律效果。最后,一个通常所理解的行政事实行为(如驾驶、殴打、拆除)也可以产生法律后果,需要纳入行政诉讼受案范围。可见,行政法律行为并无各国相同、固定不变的含义:一个事实上的行为被法律赋予效果,即成为行政法律行为。

---

〔98〕 2018 年《行诉法解释》第 1 条第 2 款:"下列行为不属于人民法院行政诉讼的受案范围:(一) 公安、国家安全等机关依照刑事诉讼法的明确授权实施的行为;(二) 调解行为以及法律规定的仲裁行为;(三) 行政指导行为;(四) 驳回当事人对行政行为提起申诉的重复处理行为;(五) 行政机关作出的不产生外部法律效力的行为;(六) 行政机关为作出行政行为而实施的准备、论证、研究、层报、咨询等过程性行为;(七)行政机关根据人民法院的生效裁判、协助执行通知书作出的执行行为,但行政机关扩大执行范围或者采取违法方式实施的除外;(八)上级行政机关基于内部层级监督关系对下级行政机关作出的听取报告、执法检查、督促履责等行为;(九)行政机关针对信访事项作出的登记、受理、交办、转送、复查、复核意见等行为;(十)对公民、法人或者其他组织权利义务不产生实际影响的行为。"

〔99〕 余军:《行政法律行为理论的梳理与界别——从"法效意思"到"客观意思"》,载《求索》2004 年第 9 期。

判断一个行为是否属于行政法律行为,重要的是它的法律效果,而非实施依据。曾有法院声称,被诉行政行为系“依据政策实施”,法院无法审查,因此不属于行政诉讼的受案范围。这一观点得到了最高法院的纠正。在**四川省旺苍县万胜煤业公司诉旺苍县政府关闭矿井案**中,两审法院认为,被告所作的关闭矿井决定涉及省委、省政府关于推进煤矿企业兼并重组的产业调整政策,属“政策性关闭”,据此驳回起诉。最高法院再审认为,行政机关所作的关闭决定系对矿井永久性停产,对当事人的权利义务产生重大影响,属于可诉的行政行为。遂撤销原审裁定,指令一审法院继续审理。[100]

下面将以几种比较常见、又容易产生争议的行为为例,依次讨论行政处理、准行政处理、柔性行政行为和所谓的行政事实行为。总体而言,判断一个行政行为的性质,不能只看其实施者使用的名称,还要看其具体的内容。通常情况下,一些行为不构成有法律约束力的行为,不属于行政诉讼受案范围;但在特定情境下,它们也可能产生法律约束力,因而可以提起诉讼。至于以调解、指导、备案为名行强制之实,损害公民、法人或者其他组织合法权益的,法院更应“刺破其面纱”,依法予以受理。

(一)行政处理

行政处理,是指行政机关应当事人申请或者依据职权主动作出的设定公民、法人或者其他组织权利义务的行为。应当事人申请的,如行政许可和登记;依据职权主动作出的,如行政处罚和行政强制措施。

在语源上,行政处理可谓行政行为概念的最初含义。在日本行政法学和民国法学文献中,行政处理称作“行政处分”。在当代中国法律语境中,由于行政处分通常用于表达对公职人员的纪律处分,只好回避这个用语,于是叫“行政处理”。在20世纪80年代行政立法研究组起草的《行政诉讼法(试拟稿)》中,“行政处理决定”就被作为受案范围的核心概念使用。由于担心这个词被误用,此后的草案才改为更有概括力的“具体行政行为”。[101]

尽管行政诉讼案件类型越来越多,直到今天,行政处理仍然是行政诉讼受案范围的核心部分。《行政诉讼法》列举的可诉行为绝大多数是行政处理,法院受理的行政案件绝大多数针对行政处理,学者讨论“行政行为原理”时实际指向的也主要是行政处理。

区分一个行为是否属于行政处理、是否构成法律行为,不能只看名称,而要看其所涉事项和实际影响。以行政机关所作答复为例。如果一个行为在行政机关的职责范围,行政机关的答复构成对当事人权利义务的处理,该答复即属于对权利义务产生实际影响的行为。在**朱美欢诉广州市花都区人民政府信息公开案**中,被告答复

---

〔100〕 最高人民法院行政裁定书,(2019)最高法行再108号。

〔101〕 何海波编:《行政法治奠基时:1989年〈行政诉讼法〉史料荟萃》,法律出版社2019年版,第3、10、22页。

称,原告申请的政府信息已经移交花都区国家档案馆,告知原告到档案馆查阅。最高法院认为,被告的答复属于对政府信息公开申请的实体处理,对申请人的权利义务当然产生实际影响,属于可诉的行政行为。〔102〕 在罗镕荣诉江西省吉安市物价局投诉举报处理案中,最高法院认为,原告因自身利益举报吉安市电信公司收取卡费行为违法,被告应当进行调查处理并告知结果。但被告的答复仅告知电信收费标准,未按法律规定对举报进行处理。该答复不属于"对公民、法人或者其他组织权利义务不产生实际影响的行为",具有可诉性。〔103〕

但是,如果一个行为本来不属于行政机关的职责范围或者行政机关的职责不属于可诉行为的范围,行政机关的答复没有减损当事人的权益的,该行为不属于行政诉讼受案范围。这里举两个例子。

一是信访处理事项。信访本来属于"法外救济",其范围极其宽泛。原则上,公民对任何事项(包括法院裁判)都可以通过书信、电话、走访等形式,向有关机关反映情况,提出建议、意见或者投诉。由于历史原因,有些法律纠纷不能通过法律途径解决,而只能通过信访解决。对于信访工作机构依据《信访条例》处理信访事项的行为或者不履行《信访条例》规定职责的行为,最高法院行政庭在一个复函中明确表示不予受理。〔104〕 2018 年《行诉法解释》第 1 条第 2 款第 9 项也规定,行政机关针对信访事项作出的登记、受理、交办、转送、复查、复核意见等行为,不属于行政诉讼受案范围。在张菊珍诉湖南省华容县人民政府案中,最高法院认为,张菊珍请求华容县政府履行落实城镇私房遗留问题政策的职责,属于信访事项,被告的答复不属于行政诉讼的受案范围。〔105〕 这一规定和做法符合信访制度的功能定位,也符合纠纷解决的现实情况。否则,如果对信访处理事项可以提起诉讼,对诉讼结果不服又可以信访,那纠纷就永无了断了。

二是不属于自身职责范围事项的答复。这里举一个例子。在孙云芝诉公安部案中,孙云芝因不服北京市公安局东城分局王府井大街派出所的行为,向北京市公安局申请行政复议,后者告知应当向北京市东城区人民政府或者北京市公安局东城分局申请行政复议。孙云芝不服该告知书,再向公安部申请行政复议。公安部作出行政复议告知书,告知北京市公安局的告知符合法律规定。最高法院认为,被告所作行政复议告知书是对孙云芝行政复议申请的程序性指引,并不直接设定申请人的权利义务,因此不属于行政诉讼的受案范围。〔106〕 这一裁判符合行政复议和上级监督的制度定位。按照"一级复议"的原则,对复议机关所作的复议决定不服的,当事

〔102〕 最高人民法院行政裁定书,(2019)最高法行申 5320 号。依据《档案法》的规定,国家档案馆保管的档案有封存期(一般为 30 年);在档案封存期内,一般不向社会开放。这使到档案馆查阅相当困难。

〔103〕 最高人民法院指导案例第 77 号,2016 年 12 月 28 日发布。

〔104〕 《最高人民法院关于不服信访工作机构依据〈信访条例〉处理信访事项的行为提起行政诉讼人民法院是否受理的复函》,〔2005〕行立他字第 4 号。

〔105〕 最高人民法院行政裁定书,(2019)最高法行申 9347 号。

〔106〕 最高人民法院行政裁定书,(2019)最高法行申 5795 号

人无权向上级行政机关申请再复议,上级行政机关也没有义务受理再复议申请。上级行政机关对再复议申请的答复,不属于行政诉讼受案范围。否则,只要上级行政机关一作答复就可能被诉,纠纷也会没完没了。

(二) 准行政处理

这里说的“准行政处理”,是行政机关通过证明、鉴定、备案等方式,确认特定的法律事实。它们没有直接设定当事人的权利义务,但其行为可以被用于设定新的法律关系,从而间接影响当事人的权利义务。

1. 行政证明

行政机关的证明行为,指行政机关以介绍信、证明信等方式,就其掌握的特定事实向第三人予以确认和说明。有个别法规、规章规定了行政机关的证明。例如,依据国务院发布的《实验动物管理条例》,为补充种源或开发新品种而捕捉的野生动物,必须取得动物检疫部门出具的证明。

最高法院认为,教育行政主管部门出具介绍信的行为对行政相对人的权利义务产生实际影响的,属于可诉的具体行政行为。[107] 有些行政机关在没有明确法律依据的情况下出具证明,如果对当事人的权利义务产生了实际影响,法院也可能受理。在**蔡留恩诉郑州市森林公安分局荥阳派出所行政证明案**中,在原告与第三人的民事侵权诉讼过程中,被告应第三人要求出具了一份书面证明。内称,原告曾向该所民警承认,自己拔掉了第三人所种的14棵桐树。原告认为派出所的证明与事实不符,侵犯其合法权益。法院受理了他的起诉,并判决撤销被告出具的证明。[108] 在**王莹诉徐州市泉山区人口和计划生育局案**中,原告王莹报考徐州市铜山县人民检察院,由于徐州市泉山区人口和计划生育局向有关部门出具了王莹违反计划生育政策、先育后婚的证明,有关部门决定不予录用。徐州市泉山区法院一审判决认为,被告出具《婚育证明》的行为证据确凿,适用法律、法规正确,遂驳回原告关于确认该《婚育证明》行为违法的诉讼请求。尽管如此,法院承认行政机关证明行为的可诉性。[109]

2. 行政鉴定

行政机关的鉴定行为,指行政机关利用其专业知识、设备和技能,对特定事实问题进行鉴别和判断。目前实践中比较急切的是道路交通事故责任认定、火灾事故责任认定、生产事故责任认定和医疗事故鉴定。这几种行为的共同特点是由特定组织对事故责任作出认定,认定结果可能成为对事故当事人进行民事追偿、行政处罚和刑事追诉的依据,但其本身并不直接创设权利义务。对于这类鉴定行为的可诉性,

---

〔107〕《最高人民法院关于教育行政主管部门出具介绍信的行为是否属于可诉具体行政行为请示的答复》,〔2003〕行他字第17号。

〔108〕河南省荥阳市人民法院行政判决书,(2005)荥行初字第9号。

〔109〕徐州市泉山区人民法院:《我院公开宣判王莹先育后婚诉泉山计生局案》,载徐州市泉山区人民法院网2010年2月22日,http://qsqfy.chinacourt.org/public/detail.php? id=645。

理论上一直存有争议，实践中的做法也不尽一致。

道路交通事故责任认定的依据，很长时间内主要是国务院1991年的《道路交通事故处理办法》；2004年《道路交通安全法》颁布后，其为《道路交通安全法实施条例》所取代。在实践中，有法院受理了对道路交通事故责任认定的起诉，但总的来说，法院倾向于不受理这类诉讼。[110] 最高法院、公安部1992年的一个通知要求法院在相关诉讼中对道路交通事故责任认定进行审查，但排除单纯就道路交通事故责任认定提起行政诉讼。[111] 《道路交通安全法》于2004年施行后，全国人大法工委的一个答复也持同样的立场：道路交通事故责任认定作为处理交通事故案件的证据使用，不属于具体行政行为，不能单纯对它提起行政诉讼。[112]

火灾事故责任认定是公安消防管理部门根据《消防法》依职权作出的行为，具体的程序依据是公安部的《火灾事故调查规定》。虽然法院偶有受理，但公安部门认为火灾事故责任认定"本身并不确定当事人的权利义务，不是一种独立的具体行政行为"，因此不属于行政诉讼的受案范围。[113] 2008年《消防法》修订时，似乎采纳了公安部门的意见。该法第51条明确规定，公安机关消防机构根据火灾现场勘验、调查情况和有关的检验、鉴定意见，及时制作火灾事故认定书，"作为处理火灾事故的证据"。

生产安全事故报告是安全生产监督管理部门和负有安全生产监督管理职责的有关部门依据《安全生产法》《生产安全事故报告和调查处理条例》等法律、行政法规所作的调查和报告。生产经营单位发生生产安全事故，经调查确定为责任事故的，应当追究事故单位以及对安全生产事项负有审批监督职责的行政部门的责任。在**胡敬伟诉黑龙江省齐齐哈尔市安全生产监督管理局案**中，最高法院认为，被诉的事故责任调查报告未对当事人的权利义务产生实质性影响，具体追究责任人责任、行政处罚、民事赔偿等还需要具体部门作出处理，故该起诉不属于行政诉讼受案范围。[114]

医疗事故鉴定一度是由卫生行政部门设置的医疗事故技术鉴定委员会负责。

---

[110] 法院受理的案例，参见李治芳诉福建省龙岩市公安局交通警察支队案，载《最高人民法院公报》2001年第5期；罗伦富诉四川省泸州市公安局交通警察支队三大队案，载《最高人民法院公报》2002年第5期。另一个多次反复的案例，参见雷丰超：《行政确认行为应纳入行政诉讼范围——对岳阳市107国道管理处诉岳阳县公安局案的法律分析》，载《行政法学研究》2004年第2期。

[111] 《最高人民法院、公安部关于处理道路交通事故案件有关问题的通知》（1992年）第4条："当事人仅就公安机关作出的道路交通事故责任认定和伤残评定不服，向人民法院提起行政诉讼或民事诉讼的，人民法院不予受理。当事人对作出的行政处罚不服提起行政诉讼或就损害赔偿问题提起民事诉讼的，以及人民法院审理交通肇事刑事案件时，人民法院经审查认为公安机关所作出的责任认定、伤残评定确属不妥，则不予采信，以人民法院审理认定的案件事实作为定案的依据。"

[112] 全国人大法工委《关于交通事故责任认定行为是否属于具体行政行为，可否纳入行政诉讼受案范围的意见》，法工办复字〔2005〕1号。

[113] 公安部《关于对火灾事故责任认定不服是否属行政诉讼受案范围问题的批复》（已废止），公复字〔2000〕3号。

[114] 最高人民法院行政裁定书，（2018）最高法行申999号。

当事人对鉴定结论有异议向法院起诉的，法院的态度也是不予受理。[115] 2002年《医疗事故处理条例》把医疗事故鉴定改由负责医疗事故技术鉴定工作的医学会组织。[116] 由于医学会系学术团体，不是行政机关，对该机构组织鉴定的结论不服的，自然更是不能提起行政诉讼。

综上所述，行政机关的鉴定行为不属于行政诉讼受案范围，在中国法律中已经确立。但是，现有规定也受到一些非议。就目前情况而言，一起交通事故、火灾事故、生产事故或者医疗事故一经作出责任认定，当事人很难收集证据来推翻认定结论，法院在民事诉讼中实际上也很少予以审查。尽管在法律上这些鉴定行为既不直接创设权利义务，也不是不可更改，但事实上它们对当事人起着决定性的影响。一些学者为此主张，应当允许当事人通过行政诉讼寻求救济。不管如何，这个问题暴露了当前司法的一个缺陷：由于技术上的原因，法院可能无力对责任认定进行审查，更由于司法审查可能带来的风险，法院不愿卷入复杂的争议中去，宁愿鉴定结论说什么是什么。假如有一天法院能够在民事、刑事诉讼和针对行政处罚提起的行政诉讼中真正负起审查的职责，通过行政诉讼直接寻求救济就不像现在这么急迫了。

3. 行政备案

备案指向主管机关报告事由、登记备查。通常情况下，备案行为不产生直接的法律效果，因而也不属于行政诉讼的受案范围。例如，在**杨锋全诉自然资源部案**中，最高法院认为，自然资源部对四川省人民政府所作征地批复的备案行为不影响征地批复的生效及实施，属于对公民、法人或者其他组织权利义务不产生实际影响的行为。故一审、二审法院以被诉备案行为不属于行政诉讼的受案范围为由，裁定驳回杨锋全的起诉和上诉并无不当。[117]

但在实践中，备案行为被广泛应用于行政管理，有的成为变相的许可。一个典型的例子是建设工程竣工验收的备案制度。早期，《城市规划条例》等相关法规只要求，建设项目竣工验收后，将竣工资料“报送”城市规划主管部门，作为城市规划档案保存。随着房地产市场的发展，2000年国务院《建设工程质量管理条例》等法规、规章建立起行政审批式的备案制度。但随着行政审批制度改革的推进，这项制度很快被废除。2002年国务院明确取消《城市房地产开发经营管理条例》设定的“房屋竣工验收行政审批”，次年决定将“房屋建筑工程和市政基础设施工程竣工验收核准”

---

[115] 《最高人民法院关于对医疗事故争议案件人民法院应否受理的复函》(1989年，已废止)提出，“医疗事故技术鉴定委员会所作的医疗事故鉴定结论，系卫生行政部门认定和处理医疗事故的依据。病员及其亲属如果对医疗事故鉴定结论有异议，可以向上一级医疗事故技术鉴定委员会申请重新鉴定，如因对鉴定结论有异议向人民法院起诉的，人民法院不予受理。如果当事人对卫生行政机关做出的医疗事故处理决定不服依法向人民法院提起行政诉讼的，人民法院应当受理。”

[116] 《医疗事故处理条例》第20条规定：“卫生行政部门接到医疗机构关于重大医疗过失行为的报告或者医疗事故争议当事人要求处理医疗事故争议的申请后，对需要进行医疗事故技术鉴定的，应当交由负责医疗事故技术鉴定工作的医学会组织鉴定；医患双方协商解决医疗事故争议，需要进行医疗事故技术鉴定的，由双方当事人共同委托负责医疗事故技术鉴定工作的医学会组织鉴定。”

[117] 最高人民法院行政裁定书，(2019)最高法行申10813号。

由行政审批项目改为“告知性备案”。尽管如此，一些地方行政机关坚持对申请备案的材料进行实质审查，并把备案作为其他行政行为的前置程序。在此背景下，各地法院受理了多起针对建设工程竣工验收备案的行政诉讼。

（三）行政指导、调解、训诫等柔性行为

与许多人的印象相反，行政机关并不总是板着脸下达命令。在很多场合，行政机关仅仅提供建议、规劝、训诫，通过相对人的自觉遵从来实现行政目的。下面分别讨论行政指导、调解、训诫三种行为。

1. 行政指导

行政指导是行政机关为达成一定行政目的，向相对人提供信息、宣讲政策、提出建议或者劝告，以期相对人自觉接受和自愿遵照。行政指导是不具有强制性的，当事人对行政指导是否接受和遵照，完全取决于其自愿。所以，对行政指导行为不能提起行政诉讼。例如，某市政府下发一个指导性文件，大意是，目前国内彩电市场已经饱和，而 DVD 市场看好，所以，彩电厂家应该转产 DVD。有两个厂家听信政府意见，放弃原有彩电市场转产 DVD。结果，DVD 销路并不好，这两个厂家损失惨重。由于市政府的行政指导不具有强制性，这两个厂家不能对其提起诉讼。

实践中，有些行政机关打着“行政指导”的幌子，强制公民、法人或者其他组织从事或者不从事一定行为，限制或者剥夺相对人的权利。对这种行为，公民、法人或者其他组织可以依照行政诉讼法的规定起诉。在**点头隆胜石材厂诉福建省福鼎市人民政府“扶优扶强”措施案**中，福鼎市政府办公室下发了《关于 2001 年玄武岩石板材加工企业扶优扶强的意见》，确定扶持具有一定生产规模的 31 家石板材加工企业，并要求当地玄武岩开采企业、本案第三人福建玄武石材有限公司保证为这些企业提供一定立方的玄武岩荒料。在诉讼中，被告福鼎市政府辩称，该文件只是对第三人玄武石材有限公司所作的行政指导，不具有强制性，也没有给原告设定权利义务，因此不是可诉的行政行为。福鼎市法院判决认为，该文件虽未给原告点头隆胜石材厂确定权利义务，但通过干预第三人玄武石材有限公司的销售，直接影响点头隆胜石材厂的经营权利，因此属于行政诉讼的受案范围。[118]

此外，某些法律特别规定行政指导行为应当遵循的规定，违反这些规定将产生法律责任。例如，2012 年修正的《农业技术推广法》第 36 条规定：“违反本法规定，向农业劳动者、农业生产经营组织推广未经试验证明具有先进性、适用性或者安全性的农业技术，造成损失的，应当承担赔偿责任。”这一条所说的向农业劳动者“推广”农业技术，就是行政指导性质的活动，并不包括强迫应用农业技术。[119]

---

〔118〕《最高人民法院公报》2001 年第 6 期。

〔119〕对于强迫应用，该法第 37 条另有规定：“违反本法规定，强迫农业劳动者、农业生产经营组织应用农业技术，造成损失的，依法承担赔偿责任。”

2. 行政调解

调解,是指当事人的亲朋近邻、民间组织、政府机关等第三方居中调和、化解纠纷的行为。中国法律鼓励调解,广泛建立了人民调解委员会等调解组织,也支持行政机关主持民事纠纷的调解。在劳动争议、知识产权侵权、医疗事故赔偿、交通事故损害赔偿、环境污染损害赔偿等众多领域,当事人都可以向主管行政机关申请调解。多部法律对行政调解作了专门规定。例如,《治安管理处罚法》第 9 条规定,对于因民间纠纷引起的打架斗殴或者损毁他人财物等违反治安管理行为,情节较轻的,公安机关可以调解处理;经公安机关调解,当事人达成协议的,不予处罚。

调解行为建立在当事人自愿的基础上。它不是纠纷解决的法定途径,当事人可以不申请调解或者不接受调解。调解意见不具有强制效力,当事人可以不接受调解人提出的调解意见,不签订调解协议。调解协议一般不具有强制执行力。一方当事人不履行调解协议,对方当事人只能提起民事诉讼或者依法申请仲裁,要求对方当事人履行。[120] 因此,调解行为(包括行政调解)不是行使国家权力所实施的具有约束力的行为,不属于行政诉讼受案范围。

如果行政机关在调解过程中,就当事人之间的民事权益争议单方面作出处理决定,是否可以提起行政诉讼?国务院 1989 年的《人民调解委员会组织条例》第 9 条第 2 款规定,经过人民调解委员会调解,"当事人未达成协议或者达成协议后又反悔的,任何一方可以请求基层人民政府处理"。对此,国务院主管部门的意见是,基层政府对当事人之间的民事权益争议作出处理决定,当事人不服的,可在法定期限内就原纠纷向法院提起民事诉讼;当事人提起诉讼的,该处理决定不发生效力。[121] 该意见大大限制了基层政府处理决定的实际效力,同时也否定了对基层政府处理决定提起行政诉讼的可能。

3. 行政训诫

中国有多部法律、行政法规规定了训诫措施。依据这些规定,训诫多由法院行使。法院对违反法庭规则的人,可以予以训诫;对于犯罪情节轻微不需要判处刑罚的,可以在免予刑事处罚的同时予以训诫。但也有法律、行政法规规定行政机关可以实施训诫。例如,2005 年《信访条例》第 47 条规定,违反信访秩序,经劝阻、批评和教育无效的,由公安机关予以警告、训诫或者制止。

行政机关实施的训诫行为法律性质和法律后果有待讨论。实践中,针对行政训

---

〔120〕 有关人民调解协议的效力,参见《最高人民法院关于审理涉及人民调解协议的民事案件的若干规定》(法释〔2002〕29 号,已废止),2007 年《劳动争议调解仲裁法》,2010 年《人民调解法》,以及《最高人民法院关于人民调解协议司法确认程序的若干规定》(法释〔2011〕5 号)。其中《人民调解法》规定,经人民调解委员会调解达成的调解协议具有法律约束力,当事人应当按照约定履行(第 31 条);当事人之间就调解协议的履行或者调解协议的内容发生争议的,一方当事人可以向法院提起诉讼(第 32 条);双方当事人认为有必要的,可以共同向法院申请确认调解协议的效力(第 33 条)。

〔121〕 《司法部关于适用〈人民调解委员会组织条例〉第九条第二款有关问题的通知》,司法通字〔1991〕194 号。司法部 2002 年的《人民调解工作若干规定》对基层政府处理决定的效力没有规定。

诫提起的诉讼，法院基本上不予受理。在俞建莉诉北京市东城区人民政府案中，最高法院裁定认为，公安机关所作《训诫书》的内容仅为告知当事人相关法律规定等事项，并未对其权利义务产生实际影响，故不属于行政诉讼受案范围。[122] 但也有人提出，训诫书不仅仅是告知当事人相关法律规定，而是确认当事人的行为违反法律规定。训诫行为对当事人的社会评价和自我认知都有很大的影响，还往往被作为其他处分的依据。据此，行政训诫属于可诉的行政法律行为。[123] 这一看法似乎获得了法律界的广泛认同。今后训诫行为是否可诉以及什么情况下可诉，取决于法律规定和法律实践的发展。

（四）行政事实行为

行政事实行为作为行政法律行为的对立面，常常被认为是不可诉的。但在学术著作和裁判文书中，该词使用较为混乱，始终没有精确统一的定义。[124] 抛开关于具体情形的争论，我们不妨认为，行政事实行为是事实上存在、没有被法律调整的行为。据此，一些传统上所说的事实行为，可以放在法律行为的框架下理解。例如，在《行政强制法》颁行、行政强制执行得到法律调整后，就不能简单地说强制执行行为是行政事实行为；只有行政机关依据行政决定或者执行裁定所采取的物理性质的执行措施，才是行政事实行为。此外，行政行为作出过程中的一些程序性、阶段性行为，不属于行政行为的类型，可以放在“行政行为形态”下讨论。

行政事实行为是内容上不确定当事人权利义务，而非后果上不影响当事人权利义务。[125] 行政事实行为不可诉的观念既没有实定法的依据，也不符合行政诉讼权利保护的宗旨。事实上，许多公认的行政事实行为处在法院的受案范围之内。例如，对于行政机关非法强制拆除、行政人员非法殴打，受害人可以提起行政诉讼，要求确认其行为违法并予以赔偿。

在征地拆迁等领域，曾有人针对行政机关事实上的征收行为提起诉讼，但没有得到法院的支持。原告起诉称，被告瓯海区人民政府在没有征收决定的情况下，对原告等人的房屋实施了一系列征收拆迁行为，包括与人协商征收补偿事宜、对未登记面积直接作认定补偿、在建筑上张贴条幅、涂刷“拆”字，请求法院责令行政机关停止实施违法行为。一审法院认为，原告的诉讼请求其实是《行政诉讼法》第 56 条所

---

[122] 最高人民法院行政裁定书，(2016)最高法行申 1434 号。

[123] 王学辉：《公安机关对李文亮的“训诫”行为的行政法分析》，载微信公众号“公法之声”2020 年 2 月 8 日，https://mp.weixin.qq.com/s/J_jAib3WXorD1o2J31RBVg；老蔡（蔡小雪）：《公安机关对李文亮作出训诫书的性质及处理》，载微信公众号“行政法”2020 年 3 月 5 日，http://m.ceiceicei.com/cei/99962/1621311.html。

[124] 有些学者反对使用，也有学者试图厘清。参见方世荣：《论具体行政行为》，武汉大学出版社 1996 年版，第 143～146 页；王锡锌、邓淑珠：《行政事实行为再认识》，载《行政法学研究》2001 年第 3 期；王锴：《论行政事实行为的界定》，载《法学家》2018 年第 4 期。

[125] 王锴：《论行政事实行为的界定》，载《法学家》2018 年第 4 期。

规定的在诉讼期间要求停止执行的行为,因此不属于行政诉讼的受案范围。[126] 该裁定对被告行为和原告请求的性质,似乎存有误解。

二 具体行政行为

在学理上,"具体行政行为"是与"抽象行政行为"相对而言的,大体上指行政机关针对具体事项作出的行为。1989年《行政诉讼法》通篇把行政诉讼受案范围明确限制在"具体行政行为"的范围内。[127] 2014年《行政诉讼法》修改时去掉了其中的"具体"两字,表述上都用"行政行为"。但是,关于行政行为不可诉的规定没有任何修改。该法第13条继续规定,法院不受理对"行政法规、规章和行政机关制定、发布的具有普遍约束力的决定、命令"提起的诉讼。可见,抽象行政行为不能被起诉,仍然是中国法律对行政诉讼受案范围的一个重要限制。

(一) 围绕抽象行政行为应否受理的争论

抽象行政行为是否应当纳入受案范围,一直是有争议的。在《行政诉讼法》制定时,排除对抽象行政行为提起行政诉讼,主要是考虑到:第一,行政诉讼建立之初,法院缺乏审查抽象行政行为的权威和经验。第二,中国宪法和有关法律已经在行政诉讼制度之外建立了对抽象行政行为的监督机制。公民、法人或者其他组织如果认为有关的法规、规章和其他规范性文件违法或者不适当,可以向法定监督机关提出意见和建议、请求撤销或者改变,不必通过行政诉讼途径解决。

随着行政诉讼实践的发展,上述规定的弊端越来越明显。首先,前述的监督机制并没有如当初想象的那样充分发挥监督作用,而是基本"失灵"。现实中违法、不当的抽象行政行为不在个别,通过上述渠道予以撤销或者改变的却很罕见。由于现有监督体制缺乏对抗程序,也很难冀望它充分发挥作用。其次,公民、法人或者其他组织不能对规范性文件提起诉讼,将使社会秩序处于一种不稳定的状态。面对合法性可疑的规范性文件,公民往往面临尴尬境地:要么被迫遵从,并忍受它带来的不利后果;要么冒着风险抗拒,等遭到惩处后才去起诉。这两者都可能增加成本,贻误商机。最后,不能对规范性文件提起诉讼也增加了行政监督和权利救济的成本。由于规范性文件不能通过个案裁判宣告其违法并予以废止,违法的规范性文件完全可能继续"作恶",产生新的违法具体行政行为。虽然理论上众多受害人可以各自起诉、各自获得救济,但实际上,受害人在衡量诉讼成本与收益之后往往忍气吞声而不起诉。即使有部分受害人提起诉讼,各个案件的参与者不得不重复诉辩、重复审查,浪

---

[126] 温州市瓯海鹿达包装机械厂等诉温州市瓯海区人民政府案,浙江省永嘉县人民法院行政裁定书,(2019)浙0324行初5号。

[127] 因此之故,当时学界使用的"具体行政行为"往往超出"具体—抽象"的维度,而把它当成划定受案范围的总概念,法律行为与事实行为、内部行为与外部行为、单方行为与双方行为的区分都可能置于这个标题之下讨论。此处讨论的具体行政行为,则限于它跟抽象行政行为的区别。

费社会资源。所以,从加强监督、充分保护当事人权利出发,把抽象行政行为纳入行政诉讼受案范围是有益的。

虽然越来越多的人主张把抽象行政行为纳入行政诉讼的受案范围,但在2014年《行政诉讼法》修改时,这个主张并没有被采纳。立法者当时着力于解决行政诉讼"立案难、审理难、执行难",而不是在现有的受案范围之外增加法院的任务。对规范性文件的审查往往涉及重大政策问题,而在现行的政治体制下,重大政策问题的决定权显然不在法院手里。在此情况下,一味扩大法院的受案范围,反而可能给审判工作带来难以承受的压力。因此,这一次修法没有把抽象行政行为纳入行政诉讼的受案范围。这意味着,公民、法人或者其他组织不能直接针对抽象行政行为提起诉讼,要求法院判决撤销或者确认其违法、无效。

作为替代措施,《行政诉讼法》规定了对规范性文件的附带审查。也就是说,公民、法人或者其他组织认为行政行为所依据的规章以下的规范性文件不合法,在对行政行为提起诉讼时,可以一并请求对规范性文件进行审查;法院经审查认为该规范性文件不合法的,不把它作为认定行政行为合法的依据,同时向制定机关提出处理建议。据此,法院对抽象行政行为实际上仍有间接审查和灵活处理的余地。对这个问题的详细讨论,可参见本书第3章。

(二)具体行政行为与抽象行政行为的区分

在现行法律下,具体行政行为和抽象行政行为的界限取决于如何解释"具有普遍约束力的决定、命令"。学术界有很多讨论,最高法院先后作过三次司法解释,试图界定具体行政行为和抽象行政行为。

对于具体行政行为的含义,学术界总的意见是把具体行政行为分解为"特定的人"和"特定的事"两个要素。但对"特定的人"和"特定的事"仍有不同理解。"特定的人",是指"有名有姓"的个人、组织,还是一定范围一定领域可数的个人、组织?"特定的事",是指相应行为只能一次适用、不能多次适用,还是指已发生的、过去的事件?此外,"特定的人"与"特定的事"是两个并列的要件,必须同时具备,还是两者必然联系,取其一即可?

为了消除理解上的分歧,《行政诉讼法》实施初期发布的《贯彻意见》第1条把"具体行政行为"定义为:国家行政机关"针对特定的公民、法人或者其他组织,就特定的具体事项,作出的有关该公民、法人或者其他组织权利义务的单方行为"。按照这个解释,具体行政行为是行政机关针对特定人和特定事作出的行为。

在2000年的《若干解释》中,最高法院没有从正面定义"具体行政行为",而是从反面界定了抽象行政行为的范围。依据该解释第3条,《行政诉讼法》第12条规定的具有普遍约束力的决定、命令,是指"行政机关针对不特定对象发布的能反复适用的行政规范性文件"。按照这个解释,具体行政行为是行政机关针对特定人或特定事作出的行为。从效果上来看,这个解释明显扩大了具体行政行为的范围。行政机关针对不特定对象发布的一次性行为,以及行政机关针对特定对象发布的能反复适用的规范性文件,也属于行政诉讼的受案范围。

最高法院2018年的司法解释基本沿袭了上述规定。[128]

让我们看看几个具体的事例。(1)某乡政府下发一个文件,称为了解决乡政府工作人员的饮水问题,决定在乡政府驻地建一个自来水厂,要求全乡居民每人交纳10元钱。(2)某县政府发文,对各个单位的用水根据用水量等级征收不同的费用,其中规定日用水3000吨以上的单位为最高的一级,征收最高的费用;而实际上,当时该县日用水3000吨以上的只有一家。(3)某公安交通部门决定,每天7:00～20:00,某条街道禁止机动车通行,以致某个居住在该街道的居民在该段时间无法驾驶机动车出入。依照前一个司法解释,上述3个事例都属于抽象行政行为,不属于法院的受案范围。而依照后一个司法解释,事例1显然不属于抽象行政行为,可以被起诉;事例2尚有争议;事例3则仍属于抽象行政行为,不能起诉。

在李强等3人诉武汉市人民政府案中,原告主张,《武汉市人民政府关于进一步规范巡游出租汽车经营行为的通知》是为了一次性解决武汉市出租汽车行业的历史遗留问题而作的决定,针对的行政相对人能够确定,应当属于行政诉讼的受案范围。但法院没有接受这种说法。[129]

(三)有关具体行政行为的具体实践

在实践中,一些法院受理的案件拓展了人们对"具体行政行为"概念的理解,但也有一些做法限缩了通常的理解。实践的复杂程度远远超出任何定义所能解决的范围。具体行政行为概念本身是不同情形的综合,"具体"始终有一个程度的问题。为便于理解,我们从行政行为所包含的对象(人)和内容(事)两个要素,把各种行为排成一个阵列,逐一讨论。从人的维度来看,行政行为可能涉及单个人、多个人以及不特定的多数人;从内容维度来看,行政行为可以分为一次性适用和反复适用。见表2。

表2 具体行政行为与抽象行政行为的区分

维度	一次适用	持续、反复适用
单个人	罚款、单次入境签证	市场禁入、定价、驾驶许可、多次入境签证
多个人	成片土地的征收决定及补偿方案	控制性详细规划的修改
不特定人	放假安排、临时交通管制	交通信号设置、车票定价、城乡规划

1.针对单个人的行为

行政机关针对特定人所作的行政行为有一次适用和多次适用之分。行政机关

---

[128] 该解释第2条第2款规定,"具有普遍约束力的决定、命令"是指行政机关针对不特定对象发布的能反复适用的规范性文件。

[129] 最高人民法院行政裁定书,(2019)最高法行申3655号。

针对单个人所作的一次性适用的决定，例如罚款，是最典型的具体行政行为。行政机关针对单个人持续适用或者反复适用的行为，例如颁发驾照、市场禁入、服务定价，属于具体行政行为也没有争议。

2. 针对多个人的行为

行政机关针对多个人作出的一次性适用的决定（如连片土地的征收决定），属于具体行政行为基本没有争议；针对多个人作出的可以持续适用或者反复适用的行为（如局部地区的规划方案），性质尚有疑问。在**点头隆胜石材厂诉福建省福鼎市人民政府“扶优扶强”措施案**中，福鼎市人民政府办公室下发《关于2001年玄武岩石板材加工企业扶优扶强的意见》，确定当年在全市920余家石材加工企业中，扶持具有一定生产规模的31家企业。法院受理了对该文件的起诉，还判决确认其违法。法院的判决显示，该文件属于可诉的具体行政行为。[130] 在该案中，受行政行为影响的公民、法人或者其他组织数量较多，但还是特定和有数的。

实践中一个棘手的问题是农村集体土地和城市国有土地上房屋的征收决定以及征收补偿标准的可诉性。这类行为涉及的当事人往往人数众多，但人头确定。依照现行的司法解释，除了“针对不特定对象发布的能反复适用的规范性文件”都可以受理，这些行为应当属于法院的受案范围。但现实的情况是，一些法院予以受理，一些法院拒绝受理。法院拒绝受理看来是出于实际的考虑，而不是基于明确的法律依据。

3. 针对不特定人的行为

行政机关针对不特定人所作的一次性适用的行为（如某年国庆节放假调休安排、某个时点和路段的临时交通管制），或者可以持续反复适用的行为（如交通信号灯的设立），是否属于具体行政行为比较模糊。在**徐小平等诉南通市通州区交通运输局案**中，南通中院认为，交通信号灯的设立在特定的时间和空间内对道路通行者的通行行为产生法律效果，影响道路通行者的权利义务，符合可诉行政行为的特征。法院受理此类案件符合行政诉讼制度设计的初衷，也有利于促使行政机关严格遵守法律规定和技术规范。[131]

行政规划、计划、预案的属性，在中国还有争议。通说认为，行政规划、计划、预案的制定和修改不属于具体行政行为，因而不能对它们提起诉讼。最高法院在一个案件中认为，规划的编制、审批和修改属于针对不特定对象作出的面向未来的一般性调整，具有抽象行政行为的特征，不能直接对其提起诉讼。[132] 甚至，行政机关批复同意对一个自然村的村庄规划进行调整，法院仍然认为它不属于行政诉讼受案范围。[133] 但也有学者主张，行政规划的制定和变更（特别是控制性详细规划的变更），

---

〔130〕《最高人民法院公报》2001年第6期。

〔131〕南通市中级人民法院行政裁定书，(2020)苏06行终139号。

〔132〕广德县骨外科医院诉安徽省人民政府案，最高人民法院行政裁定书，(2017)最高法行申1313号。

〔133〕蒋金良等诉浙江省东阳市人民政府案，最高人民法院行政裁定书，(2018)最高法行申4425号。

直接影响了公民、法人和其他组织的权利义务，应当允许利害关系人寻求司法救济。[134] 从一些国家的做法来看，对行政规划也不是一概不予受理。当然，即使行政规划、计划、预案在行政行为性质上可诉，诉讼的提起仍然受行政行为成熟性、原告资格等条件的限制。至于行政规划的实施行为，如给第三人颁发规划建设许可，第三人提起诉讼是没有疑问的。

另一个让人印象深刻的案件是乔占祥诉铁道部票价上浮案。该案起因于2000年12月铁道部作出的《关于2001年春运期间部分旅客列车票价上浮的通知》。该通知决定，2001年春运期间部分列车的票价上浮20%～30%。虽然北京高院最终判决驳回了乔占祥的诉讼请求，但肯定铁道部的通知"是铁路行政主管部门对铁路旅客票价实行政府指导价所作的具体行政行为"。因此，原告起诉符合《行政诉讼法》规定的受案范围。[135] 铁道部通知涉及人员范围广大而且不特定，法院受理该案超出了许多人对具体行政行为的理解。该案说明，一个概念的弹性可能有多大。

三　外部行政行为

现代国家的行政系统庞大而复杂，由众多的机关单位和工作人员组成。行政系统在管理社会事务的同时，也需要管理这些单位和人员。行政行为因此有内、外之分：对外管理社会事务的行为称为"外部行政行为"，对内管理这些单位和人员事务的行为称为"内部行政行为"。内部行政行为中，最为突出的是对众多公务员的任免、奖惩等管理行为。[136]

依据《行政诉讼法》第13条的规定，"行政机关对行政机关工作人员的奖惩、任免等决定"，不属于法院的受案范围。除了奖惩、任免以外，行政机关的内部管理行为还包括对工作人员的培训、考核、休假、出国、职级晋升、职务调动，乃至安排办公条件、规定办事程序等日常事务的管理。行政机关工作人员对涉及本人的人事处理不服的，只能在行政系统内寻求救济。[137]

《行政诉讼法》规定理论上的根据是内部行政行为与外部行政行为的区分。但

---

〔134〕 苏苗罕：《行政计划诉讼问题研究》，载《行政法学研究》2004年第3期；涂云新、秦前红：《城乡规划中的规划变更与权利救济通道——以控制性详细规划为重点的考察》，载《行政法学研究》2014年第2期。

〔135〕 北京市高级人民法院行政判决书，(2001)高行终字第39号。

〔136〕 在有的著作中，行政机关为实施行政行为而在行政系统内所作的动议、研究、咨询、请示等，也被称为"内部行政行为"。在行政诉讼的意义上，这些只是行政行为的内部程序，不构成行政行为的类型。所以，不在这一节讨论。相关讨论可参见本章第四节"行政行为的形态"，以及第八章第四节"内部行政程序"。

〔137〕 《公务员法》(2018年修订)第95条规定，公务员对处分、辞退或者取消录用、降职、定期考核定为不称职、免职、申请辞职或者提前退休未予批准、不按规定确定或者扣减工资、福利、保险待遇等涉及本人的人事处理不服的，可以按照规定向同级公务员主管部门或者作出该人事处理的机关的上一级机关提出申诉；对省级以下机关作出的申诉处理决定不服的，可以向作出处理决定的上一级机关提出再申诉。

何为外部、何为内部，并不是一个能够截然区分的问题。在很大程度上，它的界限取决于社会的变迁以及人们对它认识的改变。

（一）公务员管理的世界潮流

法院不受理行政机关对其成员的管理行为，曾经是许多国家的普遍做法。在德国、日本、中国台湾地区等大陆法系国家和地区中一度流行的特别权力关系理论认为，政府对公务员——以及监狱对犯人、学校对学生——的管理属于特别权力关系，其行为不适用行政法的一般原则和规则，也不受法院的审查和干预。在英国，公务员被视为国王的仆人，国王及其大臣对公务员的管理被认为是国王特权（royal prerogative）的一部分，长期以来法院也不能审查。

进入20世纪下半期，这些限制法院受理的理论相继瓦解，行政机关对公务员的管理不再是司法不涉的领地。有德国学者把特别权力关系分为"基础关系"和"经营关系"，认为公务员任命、免职、退休等涉及基本身份的发生、变更和消灭，对相对人利益影响较大的，属于基础关系，应当适用法律保留原则，并给予司法救济。[138] 英国法院在一个里程碑式的判决中认为，即使是行使国王特权的行为，法院原则上也可以审查。在该案中，政府以"国家安全"为由，禁止政府通信总部的员工加入工会，法院受理了对该禁令的审查申请。[139] 在后来的案件中，法院认为，政府解雇文官也应当接受司法审查，对被解雇文官的不公正的赔偿应当撤销。目前，对公务员管理行为可以提起诉讼已是法治国家的普遍做法。

中国《行政诉讼法》制定的时候，学界对国外的制度和理论了解有限，谈不上受特别权力关系理论的影响，对国王特权理论更是完全陌生。但是，在此问题上中外法律原理相通，趋势相同，外国经验因此可资借鉴。

（二）中国法律规定的理由

中国法律排除行政机关工作人员对奖惩、任免等决定的起诉，立法部门解释说，其目的是"保障行政机关有效地行使行政职权"。[140] 具体的理由可能有：第一，行政机关内部管理具有特殊性，争议不适于法院处理。行政机关内部管理建立在命令关系上，强调配合和服从。内部争议由行政系统自行解决，可以保障行政机关首长的权威，保障行政机关及其首长对工作人员的监督，保障行政任务高效完成。第二，行

---

〔138〕 陈敏：《行政法总论》，神州图书出版有限公司2004年版，第219～237页（第7章第3节"所谓之特别权力关系—特别法律关系"）；［德］哈特穆特·毛雷尔：《行政法学总论》，高家伟译，法律出版社2000年版，第168～172页。

〔139〕 Council of Civil Service Unions *v.* Minister for the Civil Service［1985］AC 374. 当时的终审法院上议院司法委员会认为，法院能否审查一个行为不取决于权力的来源，而是取决于权力的性质。同时，它也承认，那些缔结条约、授予勋爵等国家行为，仍然不适合由法院审查。

〔140〕 王汉斌：《关于〈中华人民共和国行政诉讼法（草案）〉的说明》，第七届全国人大第二次会议，1989年3月28日。

政系统内部设有申诉机制。按照规定,人事管理机关、监察机关和上级行政机关分别受理和处理对人事处理决定、行政处分决定不服的申诉。

中国在行政诉讼立法时,认为行政机关工作人员有关奖惩、任免等决定的争议不应当通过法院并适用法律来解决,这是可以理解的。但是,公务员系统也需要健全的内部管理制度和完善的法律救济渠道,对公务员应当从严管理却不能让人告状无门。特别是拒绝录用、辞退、开除公务员等行为,关系该公民的基本身份,牵涉该公民的重大利益,应当允许当事人在穷尽行政救济途径后提起行政诉讼。以"内部行政行为"为挡箭牌,把所有的公务员管理行为排除在行政诉讼受案范围之外,有违依法治国的理念,也不符合各国行政法的发展趋势。

就目前来看,内、外部行政行为的区分还没有被放弃的迹象,把公务员管理行为纳入行政诉讼受案范围仍然存在巨大障碍。近几年各地陆续出现因不服公务员招录行为提起的诉讼,绝大多数被法院拒绝。在**杨世建诉人事部拒绝公务员录用考试报名案**中,北京高院终审裁定认为,"国家公务员的招录考试报名条件的设置属于公务员的内部管理事项,人事部因上诉人超龄而拒绝受理其报名申请属于公务员任用的招录考试环节,不属于法院行政诉讼的受案范围"。〔141〕 对于行政机关对公务员的开除处分,最高法院也坚持内、外部行政行为的区分,认为它不属于行政诉讼的受案范围;即使开除处分被上级监察机关撤销,当事人也不能通过行政赔偿诉讼要求赔偿。〔142〕 除此之外,行政机关对本单位人员的人事档案管理行为,通常也被认为是行政机关内部管理行为,不能提起行政诉讼。〔143〕

(三)公务员管理行为的具体边界

在上述法律规定的框架下,内、外行政行为的界限在学理讨论和司法实践中得到澄清。从总体上看,可诉行政行为的边界有被拓宽的趋势,但也有一些原先可能受理的行为(如行政监察决定和审计处理)被立法关上大门。

首先,排除受理条款的适用领域被严格解释。在公民依附于单位、单位依附于政府的单位体制下,内部行政行为一度被理解为"单位内部"的管理行为。但随着改革进展,法律关系重新调整,越来越多的单位成员获得了独立地位,单位成员与单位的纠纷被置于法律的框架下解决。法院确认学校对学生的管理并不属于原先普遍认知的内部行政行为之列,学生起诉公立高等学校的案件得以进入法院。与之类似,教育行政主管部门与教师的关系,也被排除出内部行政行为。在一个针对四川高院的答复中,最高法院行政庭认为,人事局对中学教师所作的开除公职的行政处

〔141〕 北京市高级人民法院行政裁定书,(2006)高行终字第131号。

〔142〕《最高人民法院对孙德金诉海南省监察厅行政赔偿一案应否驳回上诉的请示的答复》,行他〔2000〕3号。

〔143〕 王先才诉天门市教育局人事档案管理纠纷案,湖北省汉江中级人民法院行政裁定书,(2010)汉行立终字第1号。

分,不属于《行政诉讼法》排除的范围,法院应当作为行政案件受理。[144] 宽泛地说,除了经批准参照《公务员法》进行管理的事业单位,行政机关下属事业单位的工作人员都不再视为行政机关工作人员,行政机关对其管理行为不再视为内部行政行为。[145] 至于村委会、居委会等基层自治组织,与行政机关也不再是内部管理关系。行政机关以"岗位调整"为名撤换居委会主任职务的行为,自然不属于《行政诉讼法》规定不予受案的范围。[146]

其次,排除受理条款中"行政机关工作人员"的身份也被严格解释。报名参加公务员招聘招录的人员还没有进入公务员队伍,不认为是行政机关工作人员。行政机关在公务员招录招聘过程中取消报名、拒绝录用等,不属于行政机关对其工作人员的管理行为,不受该排除条款的限制。在轰动全国的**张先著诉芜湖市人事局"乙肝歧视"案**中,安徽省芜湖市两级法院认定,芜湖市人事局在公务员招录中,以张先著体检不合格为由取消其进入考核程序资格的行政行为,"主要证据不足",构成违法。[147] 此后,各地法院受理了多个此类案件。

最后,排除受理条款中"奖惩、任免等决定"的性质也被严格解释。并非行政机关对其工作人员的所有处理决定都属于内部行政行为,都不可诉。行政机关工作人员具有双重身份,一是国家公务员,二是一般公民。如果行政机关对其工作人员的处理决定在性质上属于管理外部社会事务的行为,如同管理一般公民,那么,该工作人员可以依法对该行政机关提起诉讼。例如,一名警察因为违反治安管理法律,其所在的公安机关对其作出撤职、开除等处分,在目前规定下是不可诉的;但如果依据《治安管理处罚法》对其作出罚款、拘留等行政处罚,受处罚的警察就可以提起诉讼。[148]

四 单方行为与行政协议

根据行政机关与相对人在行政过程中的不同地位,行政行为可以分为依行政职

---

〔144〕《最高人民法院行政审判庭关于开除公职是否属于受案范围请示的答复》,〔1997〕行他字第28号。

〔145〕杨树森诉北京市丰台区教育委员会安置工作决定案,载北京市高级人民法院编:《北京法院名案判解》,法律出版社2001年版,第289页以下;李丹青诉浙江省教育厅要求查处学术不端行为案,浙江省高级人民法院行政裁定书,(2016)浙行终1241号;陈平春诉陕西省石泉县卫生和计划生育局开除公职决定案,西安铁路运输中级法院行政裁定书,(2017)陕71行终597号。

〔146〕龙滨诉广州市番禺区人民政府洛浦街道办事处案,广州铁路运输中级法院行政裁定书,(2017)粤71行终599号。法院撤销一审裁定,指令一审法院予以立案。

〔147〕芜湖市新芜区人民法院行政判决书,(2003)新行初字11号。相关报道参见曾鹏宇:《安徽受理全国首例"乙肝歧视"引发行政诉讼案》,载《北京青年报》2003年11月14日;洪锋:《中国乙肝歧视第一案续:法院驳回芜湖人事局上诉》,载《江淮晨报》2004年5月31日。

〔148〕一个反面的例子是韩振玺诉辽宁省普兰店市公安局案。普兰店市公安局民警韩振玺因与他人纠纷,被其所在的公安机关处以15天拘留,韩振玺不服,到处申诉,该公安机关以其患有精神病为由,将其强制送往当地安康医院进行"监护治疗"。韩振玺向法院起诉。法院称公安机关的行为属于"内部行政行为",故不予受理。参见辽宁省普兰店市人民法院行政判决书,(2000)普行初字第9号。这里,法院适用法律明显错误。

权主动作出、依相对人申请作出和依双方合意成立。前两者最终是由行政机关按照法律规定的权限和条件单方面作出决定,一般经送达即生效,学理上称为“单方行政行为”。依合意成立的为双方行政行为,即行政协议,也有的称“行政契约”“行政合同”“政府合同”。[149]

我国法院一度认为,可诉的行政行为是行政机关行使职权所作的单方行为,行政协议不在行政诉讼的受案范围之内。[150] 这个理解遭到行政法学者的普遍反对,也逐渐为司法实践所抛弃。2014年《行政诉讼法》修改时,明确规定“行政机关不依法履行、未按照约定履行或者违法变更、解除政府特许经营协议、土地房屋征收补偿协议等协议的”,当事人可以提起诉讼。最高法院又发布了相应的司法解释。[151] 但是,对于行政协议的性质和类型,各方还有不同看法,有待在实践中予以明确。

综合行政法学界的观点,中国行政协议大致包括如下三类:一是地方政府以及政府部门之间签订的行政协议;二是行政机关与相对人订立的代替行政处理而设立、变更或者消灭行政法权利义务的协议;三是国家作为公共财产所有者与他人订立的协议。下面分述之。

(一)政府间协议

政府间协议在中国已经有一些事例。国务院制定的《行政区域边界争议处理条例》规定,对行政区域边界有争议的,可以由争议双方人民政府通过协商,以边界协议的办法解决。《水法》也规定,对于地区之间因兴建水工程以及水量分配等问题发生的水事纠纷,双方可以协商处理。实践中,还有不少以政府协议形式缔结的区际合作。例如,杭州市政府通过与海宁市政府的协议,以每亩6万元的价格取得海宁市3000亩土地的使用权。双方还对这块土地上的税收和土地收益、建设规划、治安管理、计划生育等行政事务的权限和职责作了约定。[152] 这类协议得到了学界越来越多的关注和讨论。[153] 但是,由于中国的行政诉讼法只调整官民之间的行政争议,政府间协议订立和履行中的争议还不能进入行政诉讼。

(二)作为替代行政处理手段的协议

这类协议具有纯粹行政协议的性质,也是德国《联邦行政程序法》所定义的行政协议。在德国《联邦行政程序法》中,只要法律没有相反规定,行政机关就可以通过

---

〔149〕 参见应松年主编:《行政行为法》,人民出版社1993年版,第17章“行政契约”;应松年主编:《行政法学新论》,方正出版社1998年版,第14章“行政合同”;余凌云:《行政契约论》(第2版),中国人民大学出版社2006年版。

〔150〕 1991年《贯彻意见》,第1条。

〔151〕 《最高人民法院关于审理行政协议案件若干问题的规定》,法释〔2019〕17号。

〔152〕 蒋萍:《杭州向海宁借地》,载《文汇报》2003年1月26日。

〔153〕 参见何渊:《区域性行政协议研究》,法律出版社2009年版;叶必丰等:《行政协议:区域政府间合作机制研究》,法律出版社2010年版。

行政协议(又称公法契约)设立、变更或者撤销公法上的法律关系。尤其是,行政机关在裁量范围内,可以与行政相对人签订行政协议来代替行政处理,以求通过相互让步消除存在的不确定性。[154]

这种协议在中国也已出现,并得到越来越多立法的肯定。在涉及节能减排、公路运输、社会保险等行政管理领域,多部法律、行政法规明确肯定了行政机关与公民、法人或者其他组织之间的协议。例如,《社会保险法》第 31 条第 1 款规定:"社会保险经办机构根据管理服务的需要,可以与医疗机构、药品经营单位签订服务协议,规范医疗服务行为。"《公路安全保护条例》第 37 条第 1 款规定:"公路管理机构审批超限运输申请,应当根据实际情况勘测通行路线,需要采取加固、改造措施的,可以与申请人签订有关协议,制定相应的加固、改造方案。"在不违背法律规定和法律原则的前提下,应当允许行政机关以协议的形式设立、变更或者终止行政法律关系。

这些行政管理中的协议涉及行政管理职能的行使,具有较高的公共利益属性,合同自愿原则在协议订立和履行过程中均受到一定限制。在 2014 年《行政诉讼法》修改之前,由于没有明确法律依据,在实践中法院多适用民事诉讼来解决。[155] 鉴于这类协议的审理主要适用行政法规则,在新的《行政诉讼法》施行后,应当通过行政诉讼解决。

(三)国家作为公共财产所有者和管理者所订立的合同

在中国改革开放过程中,出现了一些公共财产管理性质的合同,如粮食定购合同、全民所有制工业企业承包合同和租赁经营合同、国有土地使用权出让合同、政府采购合同等。在当时的法律体系和法学理论中,这些合同被置于民事法律的范畴之内。这一做法维护了当事人地位平等、自愿、公平、等价有偿、诚实信用等民法原则,对中国向市场经济转轨具有重要意义。但是,上述合同以国家行政机关为一方当事人,与行政任务的实现有不同程度的联系,具有明显的公益性,法律、法规、规章对合同订立程序和内容也设置了比普通合同更多的强行性规范。因此,行政法学界普遍要求把它作为行政合同区别处理,法院在一些案件中也把它作为行政合同(行政协议)来审理,或者把行政机关签订、履行、变更行政协议的行为当作具体行政行为来审理。[156]

2014 年《行政诉讼法》关于受案范围的规定部分回应了上述主张。该法第 12

---

[154] 德国《联邦行政程序法》第 54 条:"公法范畴的法律关系可以通过合同设立、变更或撤销,但以法规无相反规定者为限。行政机关尤其可以与拟作出行政行为的相对人,以签订公法合同代替行政行为的作出。"应松年主编:《外国行政程序法汇编》,中国法制出版社 1999 年版,第 185 页。

[155] 张新宇、张珊诉河北省曲阳县人民政府招商引资协议纠纷案,参见许海涛、梁文君:《九万美元"引资奖金"该不该兑现? 县政府赖账惹官司》,载《中国青年报》2001 年 7 月 11 日; 鲁瑞庚诉辽宁省东港市公安局悬赏广告案,载《最高人民法院公报》2003 年第 1 期。

[156] 一个较早的例子,见浙江省天台县明岩寺诉天台县街头镇人民政府案,天台县人民法院行政判决书,(2000)天行初字第 147 号。原告起诉要求撤销被告与第三人订立的"明岩景区承包开发协议书"。被告提出与第三人签订该协议是民事行为,不是行政行为,但法院不予认可。

条第 1 款第 11 项列举了政府特许经营协议和土地房屋征收补偿协议，后面再加个“等”字。按照最高法院的司法解释，“行政机关为了实现行政管理或者公共服务目标，与公民、法人或者其他组织协商订立的具有行政法上权利义务内容的协议”，都属于《行政诉讼法》规定的行政协议。[157] 司法解释明确了矿业权等国有自然资源使用权出让协议，政府投资的保障性住房的租赁、买卖等协议，以及符合前述定义的政府与社会资本合作协议（PPP 协议）为行政协议。[158] 由于对一些问题还有分歧，司法解释没有明确土地使用权出让合同、政府采购合同等是否属于行政协议，而把这些问题继续留给实践探索。

值得注意的是，一些地方政府规章把涉及国有资源和公共资金使用的合同，明确列为“行政合同”或者作为“政府合同”予以管理。2008 年《湖南省行政程序规定》第 93 条规定，政府特许经营，国有土地使用权出让，国有资产承包经营、出售或者出租，政府采购，政策信贷，行政机关委托的科研、咨询等事项，都适用该规章关于行政合同的规定。2012 年的《广州市政府合同管理规定》则把涉及国有资产、国有自然资源、城市公用事业经营管理的事项，都称为“政府合同”，予以统一规范。这两部规章，都有不少效仿者。

在《行政诉讼法》修改前后，各地法院审理了多个行政合同案件，这些案例可供今后的司法实践参考。在烟台长城科工贸（集团）公司等诉烟台市国土资源局行政处罚案中，最高法院判决认为，“土地管理部门与土地使用者签订土地使用权出让合同的行为，属于土地管理的一种方式，应当由行政诉讼法予以调整”。[159] 与之类似，在张保刚诉石家庄市人民政府、平山县渔政站案中，最高法院认为，被告平山县渔政站作为负责国有水库渔政管理工作的行政机构将水库水面承包，是实施行政管理的一种方式。该站以通知形式终止水库开发投资意向书，是基于行政职权作出的行政行为而非民事行为。[160] 新《行政诉讼法》实施后，最高法院发布过一个指导案例即江西省萍乡市亚鹏房地产公司诉萍乡市国土局不履行行政协议案。法院在该案中也认为，市国土局代表国家与亚鹏公司签订的国有土地使用权出让合同属于行政合同。[161]

上述行政和司法实践为法院今后受理此类案件提供了支持，但有关行政协议概念和类型的争论不会因此终结。实践中，有不少土地使用权出让合同纠纷是作为民事案件审理的，这种做法在学术界也有不少支持者。[162] 行政法学界要想赢得这场

---

〔157〕《最高人民法院关于审理行政协议案件若干问题的规定》，法释〔2019〕17 号，第 1 条。

〔158〕同上书，第 2 条。

〔159〕最高人民法院行政判决书，（2001）行终字第 10 号，法公布（2002）第 79 号。但法院认为，被上诉人（一审原告）提出被告违反合同约定、请求承担赔偿责任缺乏事实依据，不予支持。

〔160〕最高人民法院行政裁定书，（2007）行监字第 70－1 号。更多讨论，参见蔡小雪：《行政机关依职权改变行政合同的行为具有可诉性》，载《人民司法》2013 年第 4 期。

〔161〕最高人民法院指导案例第 76 号，2016 年 12 月 28 日发布。

〔162〕崔建远：《行政合同族的边界及其确定根据》，载《环球法律评论》2017 年第 4 期。此处“行政合同族”系指“行政合同一族”，笔者原先理解有误，向崔老师和读者致歉。——笔者注

争论，需要证明：把这些具有行政性质的合同纳入行政诉讼受案范围，不但在理论上是融贯的，符合公法与私法区分的一般理论，而且在实践中是有益的，能够促进法院公正、及时、完全地解决相关争议，更好地保护公民、法人的合法权益。

五　国家行为和行政终局行为

出于一定的政策考虑，法律可能允许行政行为在一定情形下免受司法审查。之所以允许行政决定免受司法审查，主要是考虑到行政管理的复杂性：有些行为具有高度政治性，适合通过政治方式解决；有些行政行为具有高度技术性，需要非常专门的知识、经验和技能，法院难以判断其是非优劣；有些行政行为在平常可受司法审查，但在一定时期、一定条件下有特殊紧急性，不宜由法院审查。为此，有必要灵活处理个人利益与国家利益、局部调整司法权与行政权的关系，排除对这些行为的诉讼。

应当强调的是，诉权是公民的一项基本权利，把法律纠纷提请法院裁判是法治大厦的一块基石。允许公民提起诉讼，仅仅是开启一扇法律救济之门；对于当事人来说，这扇门可能就是最后的甚至唯一的希望。而禁止公民向法院起诉，往往意味着为行政机关滥用权力提供了“保护伞”。事实上，对于行政机关明显和严重的违法行为，法官不需要专业技术和行政经验，也能够判别。即使案件涉及技术性、政策性问题，只要法院恰当界定自己的角色，不把手伸太长、干预太深，不会妨碍行政秩序。所以，任何对诉权的限制都应当非常审慎，限制诉权的规定更不能太多。

目前，中国法律明确排除诉讼的有《行政诉讼法》规定的国家行为和其他法律规定的行政终局行为。

（一）国家行为

国家行为尚无确定含义，一般指特定机关根据国家主权实施的统治行为。各国法律都排除对国家行为提起诉讼，但具体理解上宽窄有异。排除对国家行为提起诉讼，其理由在于：第一，国家行为具有高度政治性，适宜通过政治途径解决而不适宜通过司法途径解决；第二，国家行为往往具有高度保密性和时效性，允许对国家行为提起诉讼可能妨碍该行为的实施；第三，国家行为具有全局性，即使部分公民的利益因之受到损害，也要让步于国家的整体利益。

在中国，国家行为是指全国人大及其常委会、国务院、中央军事委员会、国防部、外交部等根据宪法和法律的授权，以国家名义实施的国防、外交行为，以及决定戒严、进入紧急状态、全国总动员等行为。国防行为主要指宣战、发布动员令、戒严令、宣布战争状态、调动军队、设立军事禁区等。外交行为主要指对外国国家和政府的承认、与外国建交和断交、同外国缔结条约等。依照现行宪法和法律的规定，有一部分国家行为由行政机关实施。例如，决定省、自治区、直辖市部分地区戒严或者进入紧急状态由国务院决定，国际条约也可能由国务院或其委派的代表来签署。

应当注意的是,并非行政机关在国防、外交相关领域实施的所有行为都属于国家行为。例如,征集兵役、发放护照就显然不是国家行为,当事人对之不服,可以提起行政诉讼。在游淑平诉福建省龙岩市人民政府征兵办公室行政处罚案中,被告以原告弄虚作假、逃避服兵役为由,对其作出罚款、不准参加升学考试、不予招工招干、不发营业执照的处罚。法院受理了原告的起诉。[163]

引渡行为是不是国家行为,目前尚有不同看法。在一些国家,政府所作的引渡决定也属于司法审查的范围。但根据《引渡法》,国务院作出是否引渡的决定前,已经由法院审查并裁定引渡请求是否符合引渡条件,所以,不存在对引渡决定提起行政诉讼的可能。

(二)法律规定的行政终局行为

在国家行为之外,《行政诉讼法》还明确,其他法律也可以规定某些行为由行政机关作最终裁决。这里的"法律"应作狭义解释,即全国人大及其常委会按照立法程序制定的法律规范性文件。国务院和地方权力机关不能用行政法规、地方性法规的形式排除对某类行政行为提起诉讼。至于其他行政机关,更不能以任何形式排除公民的诉讼权利。

中国目前授予行政机关对行政案件终局裁决的法律有以下几部:

1.《出境入境管理法》(2012 年)规定了几种针对外国人的行政决定为最终决定,其中包括:公安机关出入境管理机构作出的不予办理普通签证延期、换发、补发,不予办理外国人停留居留证件、不予延长居留期限的决定(第 36 条);县级以上地方人民政府公安机关或者出入境边防检查机关实施继续盘问、拘留审查、限制活动范围或者遣送出境措施,经当事人申请所作的行政复议决定(第 64 条);公安部作出的驱逐出境的处罚决定(第 81 条)。其他境外人员对遣送出境措施不服,申请行政复议的,复议决定亦为最终决定。

2.《行政复议法》(1999 年)曾经规定两种由行政机关最终裁决的行为。一是第 14 条(2023 年修订后为第 26 条)规定的,对国务院部门或者省级政府的行政行为不服,向作出该行政行为的机关申请行政复议后,对复议决定仍不服的,可以向法院提起行政诉讼,也可以向国务院申请裁决;如果选择向国务院申请裁决,国务院所作的裁决为最终裁决,当事人不能再向法院起诉。二是第 30 条规定的:"根据国务院或者省、自治区、直辖市人民政府对行政区划的勘定、调整或者征用土地的决定,省、自治区、直辖市人民政府确认土地、矿藏、水流、森林、山岭、草原、荒地、滩涂、海域等自然资源的所有权或者使用权的行政复议决定为最终裁决。"这一条含义不甚清楚,在

---

[163] 最高人民法院中国应用法学研究所编:《人民法院案例选(1992－1999 年合订本)·行政卷》,中国法制出版社 2000 年版,案例 141。本案宣判之前,有关机关撤销对原告的处罚决定,原告撤回起诉。

实践中有时被错误理解为土地征收决定为终局决定、不可起诉。[164] 2023 年《行政复议法》修改后，该条被删除。

3.《集会游行示威法》第 13 条规定，集会、游行、示威的负责人对主管机关不许可的决定不服的，可以向同级人民政府申请复议，人民政府应当自接到申请复议书之日起 3 日内作出决定。该法没有提及行政诉讼，通常认为它默示复议终局。《集会游行示威法实施条例》第 14 条也规定："……人民政府作出的复议决定，主管公安机关和集会、游行、示威的负责人必须执行。"

此外，《专利法》《商标法》曾经规定，专利复审委员会、商标评审委员会对某些行政争议所作的裁决为终局裁决，当事人不能提起行政诉讼。但这些规定因为不符合 WTO 规则的要求，已分别于 2000 年、2001 年被全国人大常委会通过立法作了修正。随着中国民主和法治的推进，预计前述行政终局裁决的规定将会被进一步限缩，乃至取消。

第四节　行政行为的形态

我们所说的行政行为不是一个单纯的物理动作，而是从法律关系的角度对一系列人类活动所作的抽象。以行政机关意志的形成、表达和实施为主线，一个行政行为包含多个阶段，并展示出复杂的形态。大体说来，行政决定作出前，可能经过立案、调查、告知、请示等环节；行政决定作出后，可能有告示、解释、补正和变更；当事人申请复议的，复议机关还可能作出复议决定；有些行政决定需要强制执行；在一些情况下，行政机关根本没有作出任何行政决定。

行政行为的形态是法学上一个新的概念。引入行政行为形态这个范畴，可以避免把一个行政行为的中间行为与该行政行为混同，或者把中间行为与其他行政行为类型并列。从诉讼的角度来说，一个行政行为只能被起诉一次。准确地识别行政行为的个数，可以贯彻"一事不再理"原则，避免诉讼资源的浪费，也贯彻诉权保护原则，避免该立的案件不立。例如，交警勘验现场、询问当事人后，认为相关车辆系交通肇事车辆，于是给当事人开具扣留凭证后，把扣留的车辆开走。这些行为在法律上可以归结为一个行政行为——扣留。原则上，当事人只能针对扣留行为提起诉讼，而不是起诉开具扣留凭证的行为后，又起诉把扣留的车辆开走的行为。[165] 又

---

〔164〕 熊樟林：《土地征收决定不是终裁行为——以行政复议法第 30 条第 2 款为中心》，载《法学研究》2017 年第 3 期。

〔165〕 在一个关于类似问题的答复中，最高法院行政庭认为，不应将开具暂扣凭证和将车辆及行驶证暂扣的行为看成性质不同的两种行为，开具暂扣凭证和将车辆及行驶证暂扣的行为是一种强制措施行为。见《最高人民法院行政审判庭关于对广西壮族自治区高级人民法院〈关于审理广东省雷州市外经公司凯华食品厂、刘秋海和冯昌炳不服广西北海市银海区公安交通警察大队暂扣汽车及其行驶证一案有关问题的请示〉答复意见》，〔1999〕行他字第 2 号。

如,交警在扣留车辆以后,以当事人违反道路交通安全法规为由,作出暂扣驾驶证的决定。在这里,扣留车辆和暂扣驾驶证属于两个行政行为,性质上分别属于行政强制措施和行政处罚。[166]

行政行为形态的复杂性在于,同一行为在不同阶段、不同情境下可能会呈现不同的意义;在决定是否适合起诉时,可能出现“吸收”和“外化”。让我们设想这样一个场景:市政府决定解决历史遗留的棚户区违法搭建问题,形成了一个会议纪要,确定了具体实施步骤和部门分工;接着,向社会发布了一个通告,要求违法搭建者在规定时限内自行拆除;时限届满后,有关部门向违法搭建者分别下达处罚决定书,责令予以拆除;之后,行政机关又组织人员,对违法搭建的房屋实施强制拆除。正常情况下,对会议纪要和通告是不能提起诉讼的,当事人只能起诉行政处罚决定,会议纪要和通告作为行政处罚决定程序被吸收了。但是,如果行政机关没有制作和送达行政处罚决定书,直接根据通告实施强制拆除,法院通常也允许当事人对通告提起诉讼。在房屋被强拆后,当事人提起诉讼,一般只需起诉行政处罚决定,而不是同时起诉处罚决定和强制拆除行为;但如果当事人针对行政处罚决定的诉讼终结后,房屋被强拆,当事人认为强制拆除行为本身违法,可以另行提起诉讼。

本节就讨论这些处在不同阶段、不同形态的行为是否可以提起诉讼。

一　行政行为的成立

行政行为的实施是一个包含诸多物理性动作和社会性活动的过程。从原理上讲,行政机关就涉及公民、法人或者其他组织权利义务的事项,向当事人作出内容确定的意思表示,行政行为才告成立。就像水果只有成熟了才可以采摘,行政行为只有成立了才可以付诸审查。行政机关尚未确定的事项,原则上公民、法人或者其他组织不能预先通过诉讼争辩其中的法律问题,或者发动“预防性诉讼”以阻止行政机关作出相应决定。法院是法律救济机关,不是法律咨询机关,也不是行政指导机关。法院过早地干预行政决定过程,会干扰行政机关的正常运转。

实践的复杂性在于,一个过程中的程序行为可能产生实际的影响,一个内部运作的行为可能产生外部的效果。所以,能否起诉不能仅看其名称和形式,而应当根据其内容和效果判断。即使是通常情况下用于行政机关内部的文书,如果具有特定的权利义务内容,并且直接付诸实施,对外产生实际的影响,就应被视为成立了外部行政行为,可以进入行政诉讼的受案范围。

(一)行政决定作出前的过程性行为

行政决定作出前,行政机关可能有立案、调查、听证等一系列行为。这些行为构

---

〔166〕依据《道路交通安全法》第 72 条,交通警察因收集证据的需要,可以扣留事故车辆,以备核查。又依该法第 87、88 条,公安交管部门及其交通警察对道路交通安全违法行为予以处罚,处罚种类包括暂扣或者吊销机动车驾驶证。

成了行政行为作出前的过程性行为。对过程性行为原则上不能提起诉讼。2018 年《行诉法解释》第 1 条第 2 款第 6 项规定,"行政机关为作出行政行为而实施的准备、论证、研究、层报、咨询等过程性行为",不属于行政诉讼受案范围。一般来说,当事人只能等到行政决定作出后,对行政决定提起诉讼。法院在审查行政行为合法性时,应当审查这些阶段性行为。阶段性行为违法,可能构成违反法定程序,也可能造成行政行为主要证据不足。在对行政行为进行合法性审查时,阶段性行为被吸收到行政行为中。

1. 立案调查决定

重大行政过程的启动,尤其是侵益性行政过程的启动,往往需要立案登记。例如,依据《治安管理处罚法》的规定,公安机关对报案、控告、举报应当及时受理和登记,并立即进行调查。又如,依据 2004 年修订的《反倾销条例》规定,商务部收到国内产业或者代表国内产业的个人或者组织提交的反倾销调查申请及有关证据后,经审查认为符合条件,并经通知有关出口国(地区)政府,才能决定立案调查。立案调查决定对当事人具有潜在的影响,有的甚至会给当事人的生产生活造成即刻的重大影响。但是,为了不干扰行政调查的进行,立案调查决定本身一般不可诉。当事人在调查过程中有配合的义务,对立案调查决定带来的不利影响有容忍的义务。如果行政机关根据调查结果作出对当事人不利的处理,当事人可以再行起诉。

2. 中间事实认定

行政调查过程中对某个事实的认定,对行政行为的作出可能会带来决定性的影响。一般情况下,中间环节的事实认定不可诉。在**张艳君等诉北京市东城区人民政府房屋征收补偿案**中,原告认为,东城区政府在确定房屋征收补偿过程中,利用职权干预房地产价值评估,导致评估机构选择方式违法。法院认为,对房地产价值的评估是国有土地上房屋征收的一个环节,对评估行为的审查属于房屋征收决定合法性审查的内容之一,评估行为本身并不属于行政诉讼的受案范围。[167]

过程性行为不能审查的原则不是绝对的。行政机关在行政调查过程中采取的行政强制措施,因为直接影响当事人的人身、财产权利,而且往往情况急迫,法律允许当事人提起诉讼。

3. 有关程序事项的告知、通知

一个行政决定的作出往往包含告知、通知等程序事项。这些程序事项构成一个行政行为的准备过程,当事人一般不能单独对其提起诉讼。

依据《行政处罚法》的规定,行政机关在作出行政处罚决定之前,应当告知当事人作出行政处罚决定的事实、理由及依据,并告知当事人依法享有的权利。行政机关据此给当事人的《行政处罚告知书》,只表明行政机关准备对当事人作出行政处罚的初步意向,而不表示对当事人作出行政处罚的确定意思。当事人只有在

---

〔167〕 最高人民法院行政裁定书,(2019)最高法行申 13094 号。

行政程序终结后,对代表行政机关确定意思表示的行政处罚决定提起诉讼。在**雷锐诉上海市公安局交通警察总队机动支队案**中,原告收到被告粘贴在他车辆上的违法停车告知单后,认为执法有失公允,起诉要求撤销该告知单。法院裁定驳回起诉。[168]

依据最高法院的司法解释:"公民、法人或者其他组织仅就行政许可过程中的告知补正申请材料、听证等通知行为提起行政诉讼的,人民法院不予受理,但导致许可程序对上述主体事实上终止的除外。"[169] 在政府信息公开申请中,因申请内容不明确,行政机关要求申请人作出更改、补充且对申请人权利义务不产生实际影响的告知行为,法院也不予受理。[170] 在**余祝年诉江苏省南通市人民政府行政复议案**中,法院认为,南通市政府所作的《补正行政复议申请通知书》系对余祝年如何参与行政复议进行的指导、释明,对余祝年的权利义务并不产生实际影响,故不属行政诉讼的受案范围。[171] 当然,如果有证据证明行政机关利用这些告知、通知行为推诿、拒绝,构成不履行法定职责的,则另当别论。

4. 行政机关表示的初步意见

一般来说,只有行政机关的意志形成并显露给当事人,当事人才可以提出争议,法院才可以审查。行政机关尚未作出任何意思表示的,对当事人的权益不构成实质性的影响,当事人不能提起诉讼。譬如,某公司向主管部门申请在河流上建设水电站,当地居民听到后强烈反对。他们向法院提起行政诉讼,以阻止行政机关作出许可。诸如此类的预防性诉讼,在中国目前还没有受理的可能。[172]

如果行政机关仅仅表示一个初步的处理意见,正式的处理决定还有待形成和送达,法院可能认为诉讼的时机尚不成熟,不受理当事人的起诉。在**上海英特华尔有限公司诉浦东新区综合规划土地局规划许可审查意见案**中,第三人震旦国际大楼(上海)有限公司向主管机关申请,修改其位于陆家嘴金融贸易区、准备建设的震旦国际大楼有关规划设计参数,以增加建筑面积和楼房高度。被告浦东新区综合规划土地局作出《关于"震旦国际大楼"设计方案的审查意见》,同意修改相关参数。原告认为,被告的审查意见改变了该地块原规划,直接影响了紧邻该地块的原告大楼的商业价值。故向浦东新区法院起诉,要求撤销该具体行政行为。法院认为,审查

---

〔168〕 上海市徐汇区人民法院行政裁定书,(2010)徐行初字第88号。相关讨论,参见叶晓晨:《违法停车告知单和违法信息记录的定性》,载《人民司法》2011年第20期。原告在诉讼中还提出,被告在上海交通安全信息网上发布了原告车辆的"违法记录信息",内含违法行为的时间、地点及处罚依据和处罚内容,要求删除。这其实是另外一个行政行为。法院注意到,网上公布的违法记录信息已经超出违法停车告知单的内容,并不妥当,却以被告已经删除为由,一笔带过。

〔169〕 《最高人民法院关于审理行政许可案件若干问题的规定》,法释〔2009〕20号,第3条。

〔170〕 《最高人民法院关于审理政府信息公开行政案件若干问题的规定》,法释〔2011〕17号,第2条。

〔171〕 最高人民法院行政裁定书,(2019)最高法行申5085号。

〔172〕 一个较近的例子是陈吉云诉南通市国土资源局要求不得发放许可证案,江苏省南通市港闸区人民法院行政裁定书,(2015)港行初字第244号。一审法院以"我国现行行政诉讼法中并没有预防性行政诉讼的规定"为由,裁定驳回原告的起诉。

意见是第三人向规划部门申领建设工程规划许可证过程中所作的行为。被告此时尚未最终决定是否向第三人颁发建设工程规划许可证,第三人的建设工程是否得到许可、原告的相邻权利是否受到影响,都处于不确定状态。原告认为自己利益受到侵犯,缺少事实依据。因此,法院不予受理。[173]

(二)行政机关的阶段性行为

一个行政行为的作出往往牵涉多个行政机关,需要其他行政机关的同意或者批准。如果其他行政机关依法以其自己名义直接对外作出行为,那么,不同行政机关各自负责,所作的行为都可以被起诉。但如果其他行政机关只是表示意见,行政行为仍由一个行政机关对外作出,那么,其他行政机关的意见只是行政行为实施过程中的一个阶段性行为。对阶段性行为,原则上不能提起诉讼。

重大行政决策的作出,往往有一系列的前置手续。例如,《甘肃省政府投资项目管理办法》第7条规定:"审批部门根据相关部门已批准的规划选址、用地预审、环境影响评价、节能审查、社会稳定风险评估等前置手续,审批项目可行性研究报告。项目单位依据可行性研究报告批复文件,办理规划许可、正式用地手续。"在**王蕊霞诉甘肃省康乐县人民政府案**中,法院认为,临夏州发改委应康乐县发改局申请而作出的棚户区改造项目A区可行性研究报告的批复,是行政机关内部运作的内部行为,是行政机关在作出行政决定前的一个预备性行为,并未直接设定原告对涉案房屋及土地享有的权利,未对王蕊霞的合法权益产生实际影响。据此,原告起诉应予驳回。[174]

如果依照法律规定或者行政机关明示,行政决定需要报经上级机关批准或者请示上级机关同意而尚未获得批准、同意,行政机关的意见还不是最后意见,法院也可能不予受理。在**赖恒安诉重庆市人民政府不予复议案**中,原告赖恒安因工资和职称问题与渝州大学产生纠纷,多次上访。1996年10月,重庆市教育委员会给国家教育委员会、四川省教育委员会呈报了《关于赖恒安同志反映的问题及处理情况》的报告,表示"原则上同意该校对赖恒安同志反映问题的处理意见,现特将此材料报请你委阅示"。报告抄送了赖恒安。赖恒安就该报告向重庆市人民政府申请复议。后者以该事项属于教育行政机关对教职工的内部管理行为为由,裁定不予受理。最高法院终审判决认为重庆市政府不受理赖恒安复议申请的结论正确,但理由不是基于内部管理行为,而是行政成熟性原则。最高法院认为,该报告具有行政行为的性质,但"由于该报告需待上级主管部门审批,其内容尚未最终确定,对赖恒安的权利义务并

〔173〕《上海市高级人民法院关于涉及行政管理相对人的原告资格问题的报告》,沪高法行〔1996〕3号。1996年7月5日,最高法院电话答复,该案不予受理。

〔174〕最高人民法院行政裁定书,(2017)最高法行申2083号。

未产生实际影响,故该行为属不成熟的行政行为,不具有可诉性”。[175]

2018 年《行诉法解释》第 1 条第 2 款第 8 项规定,“上级行政机关基于内部层级监督关系对下级行政机关作出的听取报告、执法检查、督促履责等行为”,不能被起诉。

(三) 内部行为的外部化

依照党政机关公文处理的一般规则,“通知”“函”“批复”“纪要”用于行政系统内部文书往来,而不是面向公民、法人或者其他组织作出的直接影响其权益的行为。[176] 行政机关对外作出有法律效力的决定,通常要有特定的形式要求,其中最典型的是行政处罚、行政许可和行政登记。但实践中,经常出现行政机关以内部公文的形式,作出影响公民、法人或者其他组织权益的决定,并付诸实施。一旦利害关系人提起诉讼,行政机关就辩称它属于“内部文件”“内部行为”,不涉及当事人权利义务。针对上述情况,中国法院逐渐发展出“内部行为外部化”的理论。即使行政机关的行为在形式上处于内部过程,只要行政机关已经形成确定的意思并付诸实施,对当事人的权益产生了实际影响,那么,法院也应予以受理。[177]

当然,如果行政机关以内部公文为依据,另外作出一个行政决定,并送达给当事人,通常以行政机关另外作出并送达的行政决定为对象提起诉讼,上述公文可能被作为审查被诉行政决定合法性时的证据。在实践中,往往是行政机关以“批复”“纪要”等形式作出影响他人利益的决定,却没有送达和告知,当事人从另外途径(包括其他诉讼、复议、政府信息公开申请)获知。这种情况下,行政机关没有及时告知不是当事人起诉的障碍,而在接下来的行政行为合法性审查中,没有告知这一事实可能构成行政行为程序违法(详见本书第八章)。

内部行为外部化主要有下面三种情形:

1. 虽未送达,但实际付诸执行的。在**广州市海龙王投资发展有限公司诉广州市对外经济贸易委员会行政处理决定案**中,虽然被告的决定是以内部文件的形式作出,没有送达给原告,但广东高院判决认为,该通知涉及有关相对人对珠江侨都项目的经营权,具有行政法上的权利义务内容,并且发给有关单位,产生了新的行政法律关系。对于有关相对人来说,该通知属于可诉的行政行为。[178] 在**吉德仁等诉盐城市人民政府行政决定案**中,法院也确认了特定情形下会议纪要的可诉性。在该案

---

[175] 最高人民法院行政判决书,(1998)行终字第 10 号, 法公布(2000)第 8 号。对该案的评析,参见康凯:《对甲诉某市政府不予复议案的分析》,载罗豪才主编:《行政法论丛》第 4 卷,法律出版社 2001 年版。

[176] 《党政机关公文处理工作条例》,中办发〔2012〕14 号,第 8 条。早先关于行政公文的规定,可参见《国务院办公厅关于发布国家行政机关公文处理暂行办法的通知》(1981 年,已失效)、《国家行政机关公文处理办法》(国务院办公厅 1987 年发布,1993 年修正)和《国家行政机关公文处理办法》(国发〔2000〕23 号,已失效)。

[177] 李永超:《揭穿内部行政行为之面纱——基于司法实践中“外化”之表达的一种解释框架》,载《行政法学研究》2012 年第 4 期; 刘飞、谭达宗:《内部行为的外部化及其判断标准》,载《行政法学研究》2017 年第 2 期。

[178] 《最高人民法院公报》2002 年第 6 期。

中，被告盐城市政府为解决农村公交延伸入城与城市公交发生的矛盾，召集交通、建设等相关部门负责人协调后，制作了《专题会议纪要》。法院认为，该纪要虽然形式上只是一份会议材料，但有具体的执行内容，实际上中止了城区交通局对公交总公司的管理行为，因此是可诉的行政行为。[179] 此后，最高法院再次明确，行政机关的内部会议纪要原则上不可诉；"但其直接对公民、法人或者其他组织的权利义务产生实际影响，且通过送达等途径外化的，属于可诉的具体行政行为"。[180]

2. 上级行政机关对下级行政机关的批复、答复、指示，通常不认为是可诉的行政行为；但如果这些意见对当事人的权益产生实际影响，法院也可能予以受理。在**魏永高、陈守志诉安徽省来安县人民政府收回土地使用权批复案**中，法院确定，地方政府对其所属行政管理部门的请示作出的批复，一般属于内部行政行为，不可对此提起诉讼。但行政管理部门直接将该批复付诸实施并对行政相对人的权利义务产生了实际影响，行政相对人对该批复不服提起诉讼的，法院应当依法受理。[181] 在**李沛光诉东莞市城建规划局行政确认案**中，被告应下属的东城区规划管理所咨询，认为李沛光凭逾期失效的建筑工程许可证实施建设，其房屋属违法建筑。广东高院二审判决认为，该答复意见对李沛光所建房屋的合法性进行了确认，而且在房屋拆迁补偿中被案外人作为认定房屋系违章建筑的依据，对李沛光的财产权产生了实际影响，故该意见属于行政诉讼的受案范围。[182] 在**江苏省泗洪县建明食品有限公司诉泗洪县人民政府检疫行政命令案**中，法院甚至把可诉行为扩大到被告分管副县长给负责生猪检疫的县兽检所的电话指示。[183]

3. 应当经过上级机关决定或者批准的行政行为，未经上级机关决定、批准，本来应当不生效力；但如果下级机关实际上已经付诸实施，对当事人权益产生了实际影响，法院可以受理。在**郑州市大成法律事务所诉郑州市中原区司法局注销决定案**中，被告以原告不具备设立条件、违法收取费用、没有年检为由，决定予以注销。郑州市中原区法院认为，依照司法部《基层法律服务所管理办法》的规定，基层法律服务所的注销应由地级司法行政机关核准。被告的决定尚未报经核准，本属行政机关内部运作过程。但由于被告称其已经送达（原告对此予以否认），且第三人在民事诉讼中将该决定作为证据向法院提供，该决定对原告的权利义务产生了实际影响，故原告有权提起行政诉讼。[184] 在这些案件中，行政行为未经批准、没有送达，反而构

---

〔179〕《最高人民法院公报》2003年第4期。

〔180〕最高人民法院《行政审判办案指南（一）》，法办〔2014〕17号，第1条。

〔181〕最高人民法院指导案例22号，2013年11月8日发布。

〔182〕广东省高级人民法院行政判决书，（2004）粤高法行终字第106号。

〔183〕《最高人民法院公报》2006年第1期。原告建明食品公司报请县兽检所对其生猪进行检疫时，该所即以分管副县长有指示为由拒绝。建明食品公司没有对县兽检所的不作为提起诉讼，却以分管副县长的电话指示侵犯其合法权益为由，对县政府提起诉讼。江苏高院二审判决认为，电话指示已经对建明食品公司的合法权益产生实际影响，对内、对外均发生了效力，因此属于可诉的行政行为。

〔184〕郑州市中原区人民法院行政判决书，（2005）中行初字第21号。

成其重大的违法事由。

(四) 预防性诉讼与成熟性原则的例外

法律对行政行为成熟性设置要求,是为了给行政机关充分的考虑机会,而不是剥夺当事人的限制救济的机会。依法行政原则更不允许行政机关利用法律文件的形式来逃避审查。随着对公民诉权保护程度的提高,对成熟性原则的掌握也可能发生变化。一些情况下,当事人权益虽未受到实际影响,但有受到重大、不可弥补损害的现实可能,法院受理预防性的诉讼,应当是符合行政诉讼制度的宗旨的。

在政府信息公开等特定领域,相关规定已经为未来的预防性诉讼埋下了伏笔。依据 2019 年《政府信息公开条例》第 32 条的规定,依申请公开的政府信息公开会损害第三方合法权益的,行政机关应当书面征求第三方的意见;第三方不同意公开,但行政机关认为不公开可能对公共利益造成重大影响的,可以决定予以公开,并将决定公开的政府信息内容和理由书面告知第三方。通常,行政机关征求第三方意见时,并未显露它的意志,当事人尚不能提起诉讼。但如果行政机关确有公开应申请信息的可能,而且公开该信息将给第三方造成不可弥补的损害,就不排除第三方先发制人,作为原告提起诉讼。当然,如果行政机关通知第三方它决定公开相关信息,第三方可以提起诉讼,而不必等到行政机关实际上公开。[185]

二　行政行为的续作

一个行政处理决定成立以后,该行政行为的形态并没有终结。除了下文讨论的复议和执行,作出该决定的行政机关可能还有一些后续行为。例如,在特定场合,行政机关可能会进行提示或者告示;行政处理决定含义不清楚的,需要解释;内容有瑕疵的,需要补正。行政行为作出后,可能因为情况变化,需要变更或者废止;原行政行为被认为违法的,行政机关也可能自行撤销。这些后续的行为,本书称为"行政行为的续作"。续作行为如果没有产生新的权利义务关系,不构成一个新的行政行为,当事人不能对它提起诉讼;如果产生新的权利义务关系,则构成一个独立的行政行为,当事人可以对它们提起诉讼。

(一) 行政行为的告示

行政行为有一定的内容和形式。例如,不动产登记是一个行政行为,登记事项

---

〔185〕 最高法院的司法解释规定,公民、法人或者其他组织"认为行政机关主动公开或者依他人申请公开政府信息侵犯其商业秘密、个人隐私的",当事人可以提起诉讼。这一表述容易给人行政机关实际公开政府信息后当事人才可以起诉的错误印象。《最高人民法院关于审理政府信息公开行政案件若干问题的规定》,法释〔2011〕17 号,第 1 条。

记载于不动产登记簿即完成登记，登记机构向申请人核发不动产权属证书只是形式；行政处罚是一个行政行为，行政处罚决定书只是形式。行政行为与它的形式应当区别开来。行政行为作出后，如果只涉及形式的变更，不涉及行政行为内容的改变，不成立新的行政行为。当事人不能仅仅对行政行为形式的变更提起诉讼。在仇绍进等诉广东省信宜市人民政府土地登记案中，法院认为，该案只涉及换发证行为，所登记的内容并未发生变化，对当事人的权利义务不产生实际影响，因此不属于行政诉讼的受案范围。[186] 在陈松贵诉广东省珠海市金湾区人民政府案中，法院认为，被告《补偿款领取及限期清场通知》只是通知和催促当事人领取补偿款及限期清理地上附着物，未对原告的权利义务造成实际影响，因此不可诉。[187]

行政机关作出行政处理决定后，有时会向社会发出通告或者公告。一般情况下，通告或者公告只是告示行政决定存在的事实，重述行政决定的内容，并提醒有关当事人遵守。在这种情况下，通告或者公告没有创设新的权利义务，不属于可诉的行政行为；当事人对行政行为不服的，仍应以据以作出通告的行政决定为对象提起诉讼。但实践中，行政机关作出行政决定后，可能没有直接送达给当事人，而是以通告或者公告的形式对外发布。从原理上讲，这种情况下，当事人仍应以行政决定为对象提起诉讼，公告可以作为行政决定存在的证据。

依据《土地管理法》的规定，地方政府征收土地申请获得批准后，由县级以上地方人民政府予以公告并组织实施。对于诸如此类的公告是否可诉，法院的裁判观点不一。有一种观点认为，征地公告仅是将批准征地机关，批准文号，征收土地用途、范围、面积，征地补偿标准，被征地农民安置途径所依据的文件及办理征地补偿登记的期限等事项进行公示、告知，属征收行政行为的程序性告知行为，对原告的权利义务并未产生实际影响；真正产生影响的是案涉土地的征收批准决定及后续征收补偿安置决定等。据此，征地公告不可诉。[188] 有的时候，法院认为，行政决定及其公告都属于行政行为，暗示两者都可以被诉。[189] 但事实上，行政机关批准征地的决定当事人往往难以及时获知，对批准征地决定无法及时提起诉讼。在实践中，不少法院受理当事人对征地公告提起的诉讼。在学理上，对征地公告提起的诉讼可以视为对征地公告所示的征地决定的诉讼。在太原市新东武术馆诉太原市人民政府案中，最高法院裁定认为，如果行政机关没有作出拍卖决定，直接作出拍卖公告的，该拍卖公告行为应当属于行政复议的受案范围。[190]

---

〔186〕 最高人民法院行政裁定书，(2019)最高法行申8858号。

〔187〕 最高人民法院行政裁定书，(2019)最高法行申5275号。

〔188〕 张宜诉温州市人民政府土地征收案，最高人民法院行政裁定书，(2019)最高法行申8671号。

〔189〕 《最高人民法院关于土地管理部门出让国有土地使用权之前的拍卖行为以及与之相关的拍卖公告等行为性质的答复》，〔2009〕行他字第55号。答复认为："土地管理部门出让国有土地使用权之前的拍卖行为以及与之相关的拍卖公告等行为属于行政行为，当事人不服提起行政诉讼的，人民法院应当依法受理。"

〔190〕 最高人民法院行政裁定书，(2019)最高法行申9526号。

(二) 行政行为的重复处理

这里的"重复处理",是指行政机关"驳回当事人对行政行为提起申诉的重复处理行为"。[191] 行政行为作出后,当事人在法定期间没有依法申请复议或者提起诉讼,或者经过复议、诉讼该行政行为产生终局效力后,当事人仍然对该行政行为不服的,可以向有关部门申诉。行政机关对已经超过起诉期限的行政行为,原则上有权再次处理。当事人对行政机关再次处理的行为是否可诉,则应当视其处理的内容而定。如果行政机关撤销或者变更原来的行政行为,则意味着成立了一个新的行政行为;对于新的行政行为,当事人可以依法提起行政诉讼。如果行政机关仅仅驳回当事人的申诉,则意味着对原行政行为的重复肯定,原有的法律关系没有因此变更或消灭;对驳回申诉的决定,当事人不能提起行政诉讼。

禁止对重复处理行为提起诉讼,有利于维护行政行为的确定力,防止行政争议无休无止。在行政诉讼实践中,有的相对人没有积极行使诉权,超过起诉期限后却到处申诉,再对信访部门驳回申诉的决定提起行政诉讼。如果这种情况也允许诉讼,那么,任何超过诉讼时效的当事人都可以通过一纸最简单的申诉发动诉讼程序,法律规定的救济期限也就失去了意义。还有一些纠纷因为历史原因长期未能解决,当事人不断信访,有关机关也予答复。对这些复议、诉讼等正式制度之外的纠纷处理,宜于留在正式制度外解决,以保持正式制度的稳定性;否则,一有信访,就得重翻陈年老账,也是没完没了。

*杨一民诉成都市人民政府案*就是这方面的一个典型案例,尽管该案直接针对的是行政复议的受理问题。原告杨一民系原成都市第五中学职工。1992 年,经原成都市第五中学报告,原成都市教育委员会批复同意将原告作除名处理。2005 年,杨一民因上述纠纷向成都市教育局申诉。成都市教育局两次给杨一民信访答复,肯定原成都市教育委员会 1992 年作出的批复符合法律规定。杨一民就成都市教育局的信访答复向成都市政府申请行政复议,后者决定不予受理。杨一民就成都市政府的不予受理决定向法院提起诉讼,法院支持了被告的行为。四川高院的终审判决指出,"成都市教育局针对上诉人杨一民的申诉作出的信访答复,属于行政机关对当事人不服行政行为提出的申诉的重复处理行为,不属于行政复议的受理范围"。[192]

(三) 行政行为的解释和补正

行政行为的解释,是指行政决定作出后,由于概念模糊、用语不当、前后矛盾、内容欠缺,导致含义不明,行政机关对该决定的内容进行解释,以澄清其含义的行为。它可能发生在行政复议、行政诉讼阶段,可能是在民事诉讼或者刑事诉讼过程中涉

---

〔191〕 2000 年《若干解释》,第 1 条第 2 款第 5 项;2018 年《行诉法解释》,第 1 条第 2 款第 4 项。

〔192〕 《最高人民法院公报》2007 年第 10 期。

及，也可能是在原本行政行为没有受到起诉的情况下作出。行政机关既可以主动进行解释，也可以应申请作出解释。[193]

行政行为的补正，是指行政决定作出后，由于内容缺漏或者表述错误，行政机关对该决定进行补充和更正，以完整、准确地表示其意思的行为。行政机关既可以主动进行补正，也可以应申请作出补正。行政机关发现行政行为重大内容缺漏或者明显表述错误的，通常应主动补正。

相对于原本的行政行为，解释和补正是一种从行政行为，具有附属和补充的性质。但是，解释和补正也可能是一种独立的行政行为形态。当事人可能对原本行政行为不持异议，而仅仅对解释、补正行为有异议。如果当事人对原本的行政行为和解释、补正行为都有异议，可以对两者一并提起诉讼；如果当事人只对解释、补正行为有异议，可以只对解释、补正行为提起诉讼。

在吉林省柳河县五道沟镇三道沟村村民委员会诉柳河县人民政府土地行政确认案中，柳河县政府分别向三道沟村和龙山村就两村相邻土地发放了《集体土地所有权证》，后两村因土地边界问题发生纠纷，柳河县政府作出《关于五道沟镇三道沟村与龙山村土地所有权界线的说明》。吉林高院二审裁定认为，该说明是对土地登记簿中已有土地登记内容的释明，其效力从属于土地登记簿，“不是一个独立的对外直接发生法律效力的具体行政行为”，其本身不具有可诉性。遂裁定撤销一审判决，驳回起诉。[194] 该裁定是值得商榷的。

（四）行政行为的变更、废止和撤销

行政行为的变更，是指行政决定做出后，行政机关对其实质性内容作出局部更改的行为。行政行为的废止，是行政决定作出后，由于情况变化，终止其往后效力的行为。行政行为的撤销，是行政决定由于所依据的事实不清、内容违反法律或者程序违法，而由行政机关撤销该行为。与废止不同，行政行为被撤销的，其效力可追溯到该行为作出时。但在法律条文和学理阐述中，废止和撤销两个概念没有得到清晰的区分，常常混淆。

行政行为的变更、废止和撤销，既可能是由原行政机关作出，也可能是由其上级行政机关行使行政监督权作出。例如，《城乡规划法》第 57 条规定，城乡规划主管部门违反该法规定作出行政许可的，上级政府城乡规划主管部门有权责令其撤销或者直接撤销该行政许可。另据《行政复议法》的规定，复议机关在审查行政行为后，也可能作出撤销或者变更行政行为的决定。

变更、废止或者撤销行政行为，本身构成一个独立的行政行为。当事人对变更、废止或者撤销的决定不服的，可以提起诉讼。被变更、废止或者撤销后，原行政行为

[193] 何海波：《具体行政行为的解释》，载《行政法学研究》2007 年第 4 期。

[194] 吉林省高级人民法院行政裁定书，(2008) 吉行终字第 41 号。

已经不再发生法律效力,原则上不能对之提起诉讼。但是,行政行为在变更、废止或者撤销之前曾经发生过效力,并对当事人权益产生一定影响。为了保护相关当事人的权益,法律有时允许当事人对原行政行为提起诉讼。例如,某公民的房屋被拆迁后,其房产证被注销,在拆迁补偿款分配过程中,第三人对该公民的房屋所有权提出异议,向法院提起行政诉讼,请求确认行政机关颁发该房产证的行为违法。依据最高法院的司法解释,即使在房屋灭失、房屋登记行为已被登记机关改变、同一房屋多次转移登记等情况下,当事人对原登记行为不服的,仍然可以提起行政诉讼。[195]

在诉讼期间,行政机关变更、废止和撤销被诉行政行为,要受一定的限制。被告在一审期间改变被诉行政行为,原告或者第三人对改变后的行政行为不服提起诉讼的,法院自然应就改变后的行政行为进行审理。但如果原告坚持诉讼,要求确认原行政行为违法的,法院应当依法作出确认判决;原告起诉被告不作为,在诉讼中被告作出行政行为,原告坚持诉讼的,法院应当就不作为依法作出确认判决。[196]

三 行政行为的复议

行政机关的复议决定以及不受理复议申请的决定是否可诉,取决于人们对行政复议性质的理解。如果行政复议是行政过程之外的行政纠纷解决方式,或者说是一种"准司法救济",那么,复议决定自然不应当成为被诉的对象。但如果行政复议是行政系统内部的自我监督,行政复议决定也是一种行政决定,那么,复议决定可诉似乎是顺理成章的。

在中国的行政诉讼制度中,"以何为对象"提起诉讼又与"以谁为被告"这个问题联系在一起。1989年《行政诉讼法》对上述问题分情况处理:(1)如果复议决定维持原行政行为,则以原行政行为为对象提起诉讼,被告也是作出原行政行为的行政机关;(2)如果复议决定改变原行政行为,则以改变后的行为为对象提起诉讼,被告为复议机关;(3)如果复议机关不受理复议决定,当事人可以起诉原行政行为,也可以起诉复议机关的不作为。

前述第(1)点,即复议机关维持原行政行为不作被告、以原决定机关为被告的规定,迎合了复议机关不想当被告的想法。在当时,这也有分散行政诉讼管辖的考虑。法院担心,如果都以复议机关为被告,诉讼案件将大量集中在人民政府所在地法院。后来的实践证明,这种做法有明显弊端,主要是复议机关态度消极、对行政行为能够维持的尽量维持,以致复议机关被斥为"维持会"。有学者提出"行政一体"理论,认为原行政行为和复议决定都是行政系统表达的意志,两者构成一个整体,应当由复

---

〔195〕《最高人民法院关于审理房屋登记案件若干问题的规定》,法释〔2010〕15号,第3、5条。第5条第2款规定:"原房屋权利人、原利害关系人对首次转移登记行为及后续转移登记行为一并提起行政诉讼的,人民法院应当依法受理;人民法院判决驳回原告就在先转移登记行为提出的诉讼请求,或者因保护善意第三人确认在先房屋登记行为违法的,应当裁定驳回原告对后续转移登记行为的起诉。"

〔196〕2000年《若干解释》,第50条;2018年《行诉法解释》,第81条。

议机关统一接受司法审查。[197]

2014 年《行政诉讼法》修改时,前述第(1)点做了调整,即复议决定维持原行政行为的,当事人可以复议机关和作出原行政行为的机关为共同被告、以原行政行为为对象提起诉讼。复议决定不是原告起诉的对象,但法院应当对复议决定的合法性进行一并审查并作出裁判。[198] 上述规定不是基于一种成熟的理论,而是回应实际需求的结果。它所带来的影响有待细致的观察,它的未来也有待探讨。

四 行政行为的执行

在理论上,一个完整的行政过程可以区分为基础决定和执行行为。前者设定当事人的权利义务,主要是行政处理;后者则是用强制手段实现其设定的权利义务,为行政执行。行政执行依其时机不同,可以分为行政强制措施和行政强制执行。能否起诉,也宜分别讨论。

(一) 行政强制措施

在某些紧急情况或者需要保密、保全的情况下,法律允许行政处理决定一经作出或者送达即可强制实施,如强制带离现场、查封扣押财产。这种情形在有的国家称"即时强制",在中国称"行政强制措施"。[199]

对于行政强制措施,当事人在其实施前没有机会起诉,在其实施后可以起诉。1989 年《行政诉讼法》就规定,"对限制人身自由或者对财产的查封、扣押、冻结等行政强制措施"提起诉讼的,法院应予受理。实践中比较有争议的是行政调查过程中采取的一些手段,如行政机关的登记保存和公安机关的盘查、检查、传唤。

2021 年《行政处罚法》第 56 条规定,行政机关"在证据可能灭失或者以后难以取得的情况下,经行政机关负责人批准,可以先行登记保存,并应当在七日内及时作出处理决定"。这一条类似于诉讼法上的"证据保全",本是调查中的临时性措施,能否起诉尚有争议。[200] 登记保存不同于行政机关制作现场笔录等取证方式,可能直接侵犯公民权利。如果当事人认为不必要、不适当的登记保存行为侵犯其合法权益,应当允许其起诉。

依据《人民警察法》第 9 条的规定,公安机关的人民警察对有违法犯罪嫌疑的人

---

[197] 耿宝建、殷勤:《〈行政复议法〉修改如何体现"行政一体原则"?》,载《河南财经政法大学学报》2020 年第 6 期。

[198] 《行政诉讼法》第 79 条规定:"复议机关与作出原行政行为的行政机关为共同被告的案件,人民法院应当对复议决定和原行政行为一并作出裁判。"

[199] 《行政强制法》把行政强制措施定义为:"行政机关在行政管理过程中,为制止违法行为、防止证据损毁、避免危害发生、控制危险扩大等情形,依法对公民的人身自由实施暂时性限制,或者对公民、法人或者其他组织的财物实施暂时性控制的行为。"

[200] 魏磊:《先行登记保存之不可诉性》,载《法学杂志》2006 年第 4 期; 李先龙、李先赋:《先行登记保存行政可诉性及其立法完善——与魏磊先生、张弘副教授商榷》,载《法学杂志》2007 年第 4 期。

员,经出示相应证件,可以当场盘问、检查;符合法定情形的,可以将其带至公安机关留置盘问。另据《治安管理处罚法》第82条的规定,公安机关可以传唤违反治安管理行为人,令其接受调查;对无正当理由不接受传唤或者逃避传唤的人,可以强制传唤。留置盘问的可诉性比较明确,[201]但对于当场盘问检查和传唤的可诉性,仍有不同意见。从充分保护公民诉权、监督公安机关依法行政的目的出发,应当允许起诉。在实践中,这类诉讼估计只是极个别的,不会妨碍公安执法。

(二)行政强制执行

与行政强制措施即时执行不同,在多数情况下,行政机关作出处理决定,给当事人一个履行的期限,当事人逾期不履行的,才强制执行。在一些情况下,行政行为的效力经过复议或者诉讼被最终确定后,当事人仍不执行的,才予以强制执行。这两种情形,称为"行政强制执行"。

对于行政强制执行,当事人在其实施前就可以对其基础决定提起诉讼,在其实施后是否还可以对执行行为提起诉讼?这个问题原先并不明确。有个别法律规定,对行政机关的强制执行行为可以提起诉讼;[202]但依据当时《城市房屋拆迁管理条例》作出的强制拆迁决定是否可诉,曾有争议。[203] 这个问题在之后的立法中得到明确。2011年的《行政强制法》第8条规定,公民、法人或者其他组织对行政机关实施行政强制,有权依法申请行政复议或者提起行政诉讼。2014年修正的《行政诉讼法》也把行政强制执行纳入法院的受案范围。

允许对行政执行行为起诉,并不意味着可以对执行过程中的每一个行为提起诉讼。依据《行政强制法》第54条,行政机关申请法院强制执行前,应当催告当事人履行义务;催告书送达10日后当事人仍未履行义务的,才可以向法院申请强制执行。执行前催告的目的在于督促当事人自觉履行义务,并使其知悉不履行义务的后果。催告通知不是行政机关申请法院执行的对象,也不是法院实际执行的依据,不对当事人的权利义务产生实际影响。因此,行政机关的执行催告不具有可诉性。[204]

当事人对基础决定提起诉讼,该决定被法院判决维持后,行政机关对其实施强制执行,当事人认为行政机关在强制执行时扩大了范围或者违法采取措施造成其损

---

[201] 《最高人民法院行政审判庭关于对当事人不服公安机关采取的留置措施提起的诉讼法院能否作为行政案件受理的答复》,[1997]法行字第21号。另见胡杰:《出门未带身份证被拘11小时 上海一博士状告警署》,载《新京报》2003年11月22日。

[202] 例如,2001年修订的《税收征收管理法》第88条规定,当事人对税务机关从其存款中扣缴税款、以拍卖或者变卖所得抵缴税款的强制执行措施不服的,可以依法申请行政复议,也可以向法院起诉。

[203] 杨杏芝:《析行政强制执行的可诉性》,载《法学评论》1994年第3期(对行政强制执行可提起行政诉讼);龙非:《城市房屋强制拆迁通知(决定)的可诉性分析:基于对建设部"建住房〔2003〕252号"〈通知〉的研究》,载《法律适用》2006年第2期("252号通知"颁行之后可诉);李蕊:《行政强制拆迁决定可诉性问题探析》,载《法律适用》2009年第2期(依据《城市房屋拆迁管理条例》作出的强制拆迁决定不可诉)。

[204] 张士河、陈洁:《行政机关自行或者申请强制执行前的催告不可诉》,载中国法院网2014年8月27日,http://www.chinacourt.org/article/detail/2014/08/id/1368640.shtml? &from=androidqq。

害，提起诉讼的，法院应当受理。[205] 当事人未对基础决定提起诉讼，行政机关实施了强制执行，当事人既可以对基础决定提起诉讼，也可以对强制执行行为提起诉讼。通常情况下，当事人对行政执行行为不服，只需就基础决定提起诉讼；基础决定被撤销，执行行为自然失去根据。实践中，对执行行为的起诉多数是要求确认执行行为违法并予以赔偿。

五 行政不作为

在行政法理论上，行政行为包括行政作为，也包括行政不作为，即行政机关不履行法定职责、应当作出行为却消极无为。行政不作为也是行政行为的一种形态。在中国近年的行政诉讼实践中，行政不作为案件约占一成，成为继行政处罚、行政裁决之后的一大诉讼类型。行政不作为大量进入诉讼，显示了行政法对促进良好行政的关注，也显示了行政诉讼更多监督行政机关的“怠政”“懒政”。

《行政诉讼法》第 12 条列举了多项行政不作为，包括：申请行政许可，行政机关拒绝或者在法定期限内不予答复的；申请行政机关履行保护人身权、财产权等合法权益的法定职责，行政机关拒绝履行或者不予答复的；行政机关没有依法支付抚恤金、最低生活保障待遇或者社会保险待遇的；行政机关不依法履行或者未按照约定履行协议的。在实践中，行政机关不发计划生育技术服务证、不给办理户口登记、没有及时清理污染物、没有按规定给举报人奖励、不对违法者予以处罚等，都曾被告上法院。随着不作为案件类型的增多，任何简单的列举都不能穷尽事项。下面对行政不作为案件的构成要件和基本类型作一个分析。

一般来说，针对行政机关不履行法定职责提起诉讼应当具备以下四个要件：第一，行政机关具有相应职责；第二，当事人有权请求行政机关履行职责；第三，当事人向行政机关提出了请求；第四，行政机关拒绝履行或者不予答复。上述要件是否符合，是法院立案时需要考虑的。但有些情况比较复杂，需要审理后才能断定，法院在立案环节不必过于严苛；至于行政机关拒绝履行是否构成违法，属于案件实体问题，更不是立案时应当考虑的。

（一）行政机关具有法定职责

行政职责与行政职权是一枚硬币上的两面：行政职权的概念强调行政机关有权力做某事，行政职责的概念则侧重于行政机关有义务做某事。行政机关的职责非常多样，如给予登记或者许可，提供福利、救助和奖励，裁决民事纠纷，进行监督检查，调查和处罚违法行为等。

一般来说，在审查起诉阶段，对于被诉行政机关是否具有相应职责不必作过于

---

〔205〕《最高人民法院关于行政机关根据法院的协助执行通知书实施的行政行为是否属于人民法院行政诉讼受案范围的批复》（已废止），法释〔2004〕6 号。

深入的审查,以防不适当地限制原告的诉权。但是,如果被请求的行政机关显然不具有相应的职责,当事人起诉要求行政机关履行的,法院也可拒绝。在张宗信诉国家信访局不履行法定职责案中,张宗信多次进京,向国家信访局(及其前身中办国办信访局)控告其所在村庄的党支部书记在1976年“报复杀人”和其后的“经济犯罪”。虽然国家信访局曾联合公安部进行过调查,但一直未作处理,要么告知其找公安部,要么转地方处理。最高法院二审裁定认为,《行政诉讼法》所规定的申请行政机关履行保护人身权、财产权的法定职责,指的是行政法上的职责。张宗信控告的问题属于刑事问题,“明显不属于国家信访局在行政法上的职责”,其诉讼不属于法律规定的受案范围。遂驳回上诉,维持一审法院不予受理的裁定。[206]

在政府信息公开中,行政机关一般没有义务提供政府公报、报刊、书籍等公开出版物,也没有义务为特定当事人制作、收集政府信息,或者对现有政府信息进行加工、分析。如果当事人要求行政机关提供政府公报等公开出版物,或者要求行政机关为其制作、收集、加工、分析政府信息,行政机关予以拒绝,当事人起诉到法院的,法院也可以不予立案。[207]

(二)当事人具有请求权

中国政府被法律赋予宏观调控、经济促进、市场监管、社会服务、政务公开的广泛职责。但行政机关的职责并不一定对应于当事人的请求权。

这方面的一个例子是政府信息主动公开的职责。《政府信息公开条例》规定,对涉及公众利益调整、需要公众广泛知晓或者需要公众参与决策的政府信息,行政机关应当主动公开。条例还详细列举了各级政府及其部门应当主动公开的事项。但是,如果行政机关没有及时主动地公开上述信息,公民不能直接对之提起诉讼。[208]可见,公民起诉权的基础是其申请获取政府信息的权利,而不是行政机关主动公开的职责。另一个例子是行政机关对公民举报他人违法行为的处理。中国多部法律规定,对于公民举报他人违法行为,行政机关应当予以答复和处理。但对于行政机关不予处理的行为,举报人的起诉权利并没有得到肯定。目前,只有“为维护自身合法权益向行政机关投诉,具有处理投诉职责的行政机关作出或者未作出处理的”,才被认为“与行政行为有利害关系”,才可以提起诉讼。[209]

政府有行政立法和制定规范性文件的权力和职责,但对于“立法不作为”,公民是否能够通过诉讼的方式要求政府履行职责,目前还没有得到确定的答案。全国首

---

〔206〕 最高人民法院行政裁定书,(2004)行终字第5号。

〔207〕 《最高人民法院关于审理政府信息公开行政案件若干问题的规定》,法释〔2011〕17号,第2条。

〔208〕 同上,第3条。公民、法人或者其他组织认为行政机关不依法履行主动公开政府信息义务,直接向法院提起诉讼的,应当告知其先向行政机关申请获取相关政府信息;对行政机关的答复或者逾期不予答复不服的,才可以向法院提起诉讼。

〔209〕 2018年《行诉法解释》,第12条第5项。

例“行政立法不作为”诉讼杨春庭诉南京市江宁区人民政府案，以法院裁定驳回起诉告终。江宁区法院认为，拆迁补偿标准的“立、改、废”属于抽象行政行为，依法不能对其提起诉讼。[210] 此后，针对国家民航总局没有依法制定航空运输承运人赔偿责任限额的起诉，也被北京高院裁定驳回。[211]

（三）当事人提出请求

在多数情况下，行政不作为诉讼还需要当事人事先向行政机关提出请求。例如，当事人向行政机关申领许可证、救济金，或者面临危难时向公安机关请求解救或者保护。除非法律有特定要求，请求可以是口头的，也可以是书面的；可以由本人提出，也可以委托他人提出。个别司法解释从字面上看不包含这一要求，如公民、法人或者其他组织认为行政机关未公开行政许可决定或者未提供行政许可监督检查记录侵犯其合法权益，提起行政诉讼的，法院应当依法受理。[212] 但从原理上讲，公民的起诉仍应基于其提出申请的事实。

在特定情况下，不需要当事人的请求，行政机关也应当主动履行职责。《人民警察法》第 21 条中规定，“人民警察遇到公民人身、财产安全受到侵犯或者处于其他危难情形，应当立即救助”。据此，公安机关知悉当事人的人身权、财产权正在遭受或者即将遭受侵害，就应当主动救助。在尹琛琰诉河南省卢氏县公安局行政赔偿案中，原告尹琛琰位于县城东门外的门市部被人盗窃，作案人的撬门声惊动了街道对面住宿的两个旅客，后者拨打“110”向当地警方报案。前后两次打通，但卢氏县公安局始终没有派人出警。法院受理了尹琛琰的起诉，并判决认为，被告不履行应该履行的职责构成违法。[213]

（四）行政机关不履行

行政机关不履行法定职责的情形，既可能是行政机关明确拒绝履行，也可能是拖延履行，还可能是根本就没有给予任何答复。

1. 拒绝履行。在彭学纯诉上海市工商局不履行法定职责案中，原告彭学纯认为

---

〔210〕 郁进东：《全国首例诉行政立法不作为案一审被驳回》，载《中国青年报》2003 年 6 月 13 日。2002 年 5 月，杨春庭的化工厂面临拆迁，双方在拆迁补偿金额上分歧很大。杨春庭认为，拆迁方所依据的原江宁县政府 6 年前制定的补偿标准，早已不适应撤县建区后江宁土地价格的巨大变化，而当初制定该文件的依据《南京市房屋拆迁管理办法》业已废止；江宁区政府未及时制定新的补偿标准，导致他的补偿价款大大低于市场价格。江宁区法院同时发出司法建议书，要求江宁区政府有关部门尽快制定新的拆迁办法。

〔211〕 王亦君：《状告民航总局立法不作为　包头空难罹难者家属上诉被驳回》，载《中国青年报》2005 年 11 月 26 日。1996 年施行的《民用航空法》第 128 条规定：“国内航空运输承运人的赔偿责任限额由国务院民用航空主管部门制定，报国务院批准后公布执行。”但是自 1996 年至 2005 年已近 10 年，民航总局仍然没有制定相应的赔偿标准。而依照 1993 年修订的《国内航空运输旅客身体损害赔偿暂行规定》，“承运人对每名旅客的最高赔偿金额为人民币 7 万元”。

〔212〕 《最高人民法院关于审理行政许可案件若干问题的规定》，法释〔2009〕20 号，第 2 条。

〔213〕 《最高人民法院公报》2003 年第 2 期。

上海有线电视台的一个专题节目系违法医疗广告,要求工商局查处。工商局口头答复该节目不属于广告,不予立案查处。彭学纯起诉要求工商局履行法定职责,上海第一中院受理了该案。[214]

2. 拖延履行。在**中海雅园物业管理委员会诉北京市海淀区房管局不履行法定职责案**中,原告中海雅园管委会向被告海淀区房管局请求为新成立的管委会备案。由于部分业主反对,海淀区房管局一直未予备案,但也未明示不予备案。海淀区法院受理了对该不履行职责行为的起诉,并确认其违法。[215]

3. 没有答复。在**楼永清诉浙江省人民政府不履行行政复议职责案**中,原告以挂号信方式向浙江省人民政府申请行政复议,信封上的收件人写"浙江省人民政府吕祖善收"(吕祖善系浙江省省长)。该信件被省政府办公厅收发室当成私人信件送省长秘书,随后又被当作信访件转至信访局处理。在此过程中,被告未就其复议申请向原告作出回复。杭州中院受理了原告的诉讼,并判决责令被告浙江省政府在60日内履行行政复议职责。[216]

第五节 行政行为所涉的"合法权益"

不是所有的利益都可以通过诉讼获得保护。例如,你找不到工作,你向法院起诉,要求行政机关给你安排一份工作,这是不行的,因为你没有要求行政机关给你安排工作的权利。你认为你生活的大气环境因为长期的行政管理不当而受到破坏,向法院起诉要求赔偿,这也是不行的,因为你没有就普遍性损害要求政府赔偿的权利。你想出国旅行,申请签证却被对方拒绝,你也没法向法院起诉,因为你没有要求进入其他国家的当然权利。什么样的利益能够通过诉讼获得保护,构成了行政诉讼受案范围一个值得研究的问题。需要注意的是,这个问题与后面讨论的"原告资格"并不相同:这里说的是某个行为能否被诉,原告资格说的是某个人能否起诉。一个不能被起诉的行为,谁都不能起诉;只有可诉的行为,才可讨论谁可以起诉。

什么样的利益可以通过诉讼获得保护,法律有过不同规定。1989年《行政诉讼法》保护的范围基本限于人身权和财产权。2014年《行政诉讼法》修改时,扩大为"人身权、财产权等合法权益"(第12条第1款第12项)。这里所说的"合法权益",既包括现行立法所规定的各种权利,也包括立法没有规定但法律予以保护的利益,其范围比较宽泛。

要列举一份所有合法权益的清单是不可能的。这一方面是因为,权益从根本上

---

[214] 上海市第一中级人民法院判决书,(2003)沪一中行终字第359号。

[215] 《最高人民法院公报》2004年第5期。依据当时规定,居住小区物业管理委员会的成立及换届选举,均须报当地区县国土房管机关登记备案。

[216] 杭州市中级人民法院行政判决书,(2008)杭行初字第20号。

源于不断变迁的经济社会结构，许多权益尚在发展过程中，还有很大的不确定性和可争议性。另一方面，我们对权益的概括交错着不同的视角，我们使用的几乎每一个概念都有延展性和模糊性。例如，在计划经济时代城镇居民享受国家的粮油补助，既有财产性质，也有身份色彩；〔217〕行政机关批准建设公墓的行为侵犯了公墓周围居民什么样的权利，在现有的法律概念中似乎难以归类。〔218〕

尽管如此，我们还是可以对公民、法人或者其他组织的合法权益做一个大体的分类。参考有关法律规定和学理概括，本书把相关的权益分为五类，即人身权、财产权、政治权利、社会权利和救济权利。一些新型的权利，如平等权、环境权等，可能横跨上述几种权利。

一 人身权

人身权是与人的身体和身份密切相关，但不具有直接财产内容的权利。它是人存在和发展的基本条件。人身权的内容，除了民法上经常涉及的生命、健康，姓名、肖像，名誉、荣誉、隐私、婚姻自主、家庭监护等，还有人身自由、人格尊严、精神安宁、保证个人信息完整等。

公民的人身权利在民法中多有规定，〔219〕以致一些人把这些权利等同于“民事权利”。实际上，在行政管理过程也常常涉及公民的人身权利。以姓名权为例，行政登记、许可、处罚、强制等行政管理行为都可能侵犯公民姓名权。在**张世雄诉宁波市江北区公安局变更子女姓名案**中，原告夫妻离婚后儿子归母亲抚养，区公安局根据儿子母亲的申请，将其儿子改随母姓。最高法院行政庭认为，公民认为公安机关变更姓名的行为侵犯其合法权益，向法院起诉的，应予受理。〔220〕在**赵C诉江西省鹰潭市公安局月湖分局要求变更姓名案**中，赵C在申请换发身份证时，被告以其名字不规范、无法录入公安部户籍系统为由，要求其变更已经使用了23年的名字。法院受理他的诉讼并作出了裁判。〔221〕

（一）人身自由权

人身自由权，是指人的身体在物理空间上不受限制，以及人对自己身体的支配不受限制。身体自主权包括性自主权，也部分地涉及婚姻和生育的自主权。中国公民的生育受计划生育法律的限制，但公民的生育自主仍然不能完全否认。

〔217〕 岳志强等：《具体行政行为释论及其合法性审查100例》，法律出版社1992年版，第30～31页。

〔218〕 王颖：《一公墓审批行政案件原告资格析——行政诉讼原告资格标准的客观性解析》，载《行政法学研究》2003年第2期。

〔219〕 参见《民法通则》（已废止）关于“人身权”的规定，《侵权责任法》（已废止）第2条对“民事权益”的列举，以及《民法典》的相关规定。

〔220〕 《最高人民法院行政审判庭关于抚养人申请变更子女姓名问题的答复》，法行〔1995〕11号。

〔221〕 江西省鹰潭市月湖区人民法院行政判决书，（2008）月行初字第1号。该案在二审过程中达成和解：赵C用规范汉字更改名字，鹰潭市月湖区公安分局免费为赵C办理更名手续。

人身自由在民事活动中被侵犯的比较少见,它的威胁主要来自公权力的侵害。在行政法上,对违法犯罪嫌疑者的拦截检查和留置盘问,对乞讨卖艺者、非法集会者强制带离现场,对治安违法者的行政拘留,对精神病人、吸毒者、传染病患者的强制治疗或者隔离,禁止入境与驱逐出境,以及对特定对象一度实行的收容审查、收容遣送、收容教育和劳动教养,都构成对人身自由的限制。

(二) 人格尊严和生活安宁权

人格尊严权,强调人有权选择自己的生活方式、实现自我的价值,并获得社会的承认和尊重。公民的人身安全不受威胁,平静生活不被打扰,住宅安全、通信秘密和个人隐私应受保护。这些是人作为"人"所应享有的最起码社会地位。《宪法》第38条规定,"公民的人格尊严不受侵犯"。《民法典》规定,自然人的人身自由、人格尊严受法律保护(第109条);除了法律列举的人格权,自然人享有基于人身自由、人格尊严产生的其他人格权益(第990条)。在行政管理中,用任何方法对公民进行侮辱、诽谤或者不适当地暴露隐私,都是对他人人格尊严的损害。

(三) 保证个人信息完整权

行政机关在管理和服务过程中掌握了公民、法人和其他组织大量的信息,这些信息可能在其他事项中被用作依据、产生影响。保证行政机关信息记录的准确和完整,是公民、法人和其他组织的权利。《政府信息公开条例》规定,公民、法人或者其他组织有证据证明行政机关提供的与其自身相关的政府信息记录不准确的,可以要求行政机关更正。

二 财产权

财产权,民法上主要是物权(包括所有权、用益物权、担保物权),债权,知识产权(包括著作权、专利权、商标权、发现权等),股权,继承权等。其中,农村土地经营权和国有土地使用权是改革开放过程中逐渐获得承认的两种物权。行政法上,财产权还涉及企业经营自主权、公平竞争权等。对公民、法人和其他组织财产权的限制和侵犯可能来自各种行政行为,如收取税费,许可、登记,罚没、关停等行政处罚,查封、扣押、冻结等强制措施,以及征收、征用。理论上,财产权益不论金额大小。实践中,因不满"1元奖励""5元处罚"而提起的诉讼,法院也曾予以受理。[222]

(一) 农村土地经营权和国有土地使用权

农村土地承包经营是当代中国改革的产物。在农村土地集体所有制的基础上,土

---

〔222〕 韩俊杰、刘盾:《举报逃税获奖1元 市民起诉国税局》,载《中国青年报》2011年9月29日,第7版。

地承包人对其依法承包的土地所享有的占有、使用、收益和一定的处分权利，即农村土地承包经营权。在实践中，农村土地承包经营权逐渐物权化，并在2002年《农村土地承包法》、2007年《物权法》和2020年《民法典》中相继得到确认。随着农村土地承包经营权流转改革，在农村土地承包经营制度的基础上又产生新的土地经营权。土地承包经营权人乃至租赁经营者的诉权，得到了司法解释和司法裁判的肯定。[223]

国有土地使用权是指经划拨、出让、出租等方式取得国有土地的人依法利用土地并取得收益的权利，包括转让、出租、入股、抵押和继承。自《宪法》1988年修正案和《土地管理法》允许国有土地使用权依法转让，国有土地使用权获得了法律的保障。《民法典》再次确认了国有建设用地的使用权。

（二）企业经营自主权

中国从计划经济向市场经济体制转轨的过程中，出现了国有企业、集体企业、私营企业、外资企业、合资企业和各种个体工商户、承包经营户在内的企业和其他经济组织。为保护这些经济组织自主经营的权利，法律规定了企业经营自主权，其中包括企业和经济组织对自身机构、人员、财产、原材料供应、生产、销售等各方面事务的自主权。[224] 但由于产权不清晰，一些行政机关任意干预企业（特别是名为公有、实为私人的"红帽子"企业）的经营管理。在**刘本元诉四川省蒲江县乡镇企业管理局侵犯财产权、经营自主权处理决定案**中，被告蒲江县乡镇企业管理局免去刘本元厂长职务，任命了新厂长，并查封了厂里的库存物品。四川高院终审判决认为，被告的行为致使刘本元失去对其财产的实际控制，无法组织企业的生产经营，侵犯了刘本元的财产所有权和私营企业经营自主权。[225]

（三）公平竞争权

公平竞争权随着市场经济的发展而逐步获得确认，公平竞争权的内容也在实践

---

〔223〕《最高人民法院关于审理涉及农村集体土地行政案件若干问题的规定》（法释〔2011〕20号）第4条规定，土地使用权人或者实际使用人对行政机关作出的涉及其使用或实际使用的集体土地的行政行为不服的，可以以自己的名义提起诉讼。相关案例，参见谢中敏、谢朝平等10人诉四川省阆中市人民政府征地公告案，最高人民法院行政裁定书，（2018）最高法行申4370号（土地承包经营权人具有行政诉讼原告资格）；许江涛诉襄阳市襄城区人民政府房屋强制拆迁案，最高人民法院行政裁定书，（2018）最高法行再150号（集体土地及地上房屋的承租经营人对强制拆除行为具有原告资格）。

〔224〕例如，1988年《全民所有制工业企业法》和1992年《全民所有制工业企业转换经营机制条例》所规定的国有企业的经营自主权，包括如下内容：生产经营决策权，产品、劳务定价权，产品销售权，物资采购权，进出口权，投资决策权，留用资金支配权，资产处置权，联营、兼并权，劳动用工权，内部人事管理权，工资、奖金分配权，内部机构设置权，拒绝摊派权，等等。此外，1979年《中外合资经营企业法》、1986年《外资企业法》、1988年《中外合作经营企业法》、1987年《城乡个体工商户管理暂行条例》、1988年《私营企业暂行条例》、1990年《乡村集体所有制企业条例》、1991年《城镇集体所有制企业条例》、1996年《乡镇企业法》等法律、行政法规也分别规定了企业的经营自主权。20世纪90年代中期以后，按照企业所有制性质分别立法的模式被按照企业出资方式立法取代，政府与企业的关系也不再是企业法立法的重要主题。

〔225〕《最高人民法院公报》1994年第2期。

中逐步发展。从1990年开始,国务院相继颁布文件,要求打破地区封锁和行业垄断。[226] 多部法律也针对不公平竞争行为作出禁止性规定。1993年的《反不正当竞争法》曾经规定,政府及其所属部门不得滥用行政权力,限定他人购买其指定的经营者的商品,限制其他经营者正当的经营活动,或者限制外地商品进入本地市场或者本地商品流向外地市场。2002年《政府采购法》和2003年《行政许可法》也有类似规定。2007年的《反垄断法》更是用一章的篇幅,禁止行政机关滥用行政权力,排除、限制竞争。

《行政诉讼法》规定,公民、法人或者其他组织认为行政机关滥用行政权力排除或者限制竞争的,可以提起诉讼。在**点头隆胜石材厂诉福建省福鼎市人民政府"扶优扶强"措施案**中,福鼎市政府办公室以文件形式要求当地玄武岩开采企业(本案第三人)提留规定数额的玄武岩荒料,以扶持31家具有一定生产规模的石材加工企业。原告认为,这种做法破坏了公平竞争的经济秩序,导致它逐年减产,是违法行政。福鼎市法院受理了该案,并判决确认该文件违法。[227] 在司法实践中,侵犯公平竞争权还包括行政行为违反公平竞争精神、损害当事人实际竞争地位的情形。在**吉德仁等诉盐城市人民政府行政决定案**中,江苏高院二审判决认为,由于原告与公交公司的客运线路重叠,客观上存在竞争,公交公司微利或者亏损营运的事实也不能否定双方的竞争关系。吉德仁等人认为免除公交总公司交通规费导致不平等竞争,当事人有权提起诉讼。[228] 在**深圳市斯维尔科技股份有限公司诉广东省教育厅侵犯公平竞争权案**中,被告在其主办的职业院校技能大赛工程造价技能项目竞赛中,指定原告竞争对手广联达公司的软件作为唯一的竞赛软件。原告以被告排除和限制竞争、侵犯公平竞争权为由提起诉讼,法院受理了该案并作出判决。[229]

在政府特许经营、国有资源出让、政府采购等活动中,行政机关依法应当招标拍卖而没有招标拍卖,为招标拍卖设定不合理条件,或者违反招标拍卖的规则,也构成滥用权力排除或者限制竞争,侵犯市场主体的公平竞争权。最高法院的司法解释对此作了部分肯定:"参与招标、拍卖、挂牌等竞争性活动,认为行政机关应当依法与其订立行政协议但行政机关拒绝订立,或者认为行政机关与他人订立行政协议损害其合法权益的公民、法人或者其他组织",可以提起行政诉讼。[230]

---

[226] 《国务院关于打破地区间市场封锁进一步搞活商品流通的通知》(已失效),国发〔1990〕61号;《国务院关于禁止在市场经济活动中实行地区封锁的规定》,2001年4月21日发布,2011年1月8日修订;《国务院关于促进市场公平竞争维护市场正常秩序的若干意见》,国发〔2014〕20号。

[227] 《最高人民法院公报》2001年第6期。法院判决认为,该文件"侵犯法律规定的经营自主权"。但由于本案原告是石板材加工企业,而不是提供玄武岩荒料的石材加工企业,侵犯经营自主权的说法对原告来说似乎并不恰当。

[228] 《最高人民法院公报》2003年第4期。

[229] 广东省高级人民法院行政判决书,(2015)粤高法行终字第228号。

[230] 《最高人民法院关于审理行政协议案件若干问题的规定》,法释〔2019〕17号,第5条第1项。

三 政治权利

政治权利可以看作政治社会中的公民在保持自主、相互联结的基础上，组成政府并通过政府治理社会的各种权利。依照中国宪法和法律的规定，公民的政治权利主要有选举和被选举的权利，言论、出版、结社、集会、游行、示威等政治表达权利，批评、建议、检举、申诉、控告等监督权。涉及政治权利的行政行为能否起诉，取决于法律的具体规定。

（一）选举权

按照现行的选举制度，县、乡两级人民代表大会的代表由选民直接选举。公民对于公布的选民名单有不同意见的，可以向选举委员会申诉。不服选举委员会对申诉所作的处理决定，可以依照《民事诉讼法》的规定，向法院提起诉讼。

（二）农村村民和小区居民的自治权

依据《村民委员会组织法》的规定，农村村民通过村民大会、村民委员会等组织形式实行自治。在实践中，一些乡镇政府任意干预村民自治，撤换、停职、诫勉选举产生的村干部（特别是村委会主任）。[231] 被撤职的村干部向法院起诉的，有些法院也予以受理，并判决支持原告。在**蒋石林诉湖南省常宁市荫田镇人民政府案**中，荫田镇政府在全镇党员冬训大会上宣布免除蒋石林的村委会主任职务，尔后指定另一村民主持村委会工作。常宁市法院受理了该案，并判决撤销荫田镇政府免除蒋石林职务的决定。[232] 在**张宗仰诉山西省临猗县角杯乡人民政府案**中，乡党委、政府联合发文，通知当选村委会主任“停职检查、以观后效”。一、二审法院起初不予受理。经过山西高院再审，裁定将此案发回临猗县法院审理。[233]

类似地，根据《物业管理条例》规定，城市居住小区的业主通过业主大会和业主委员会，行使自治权力。行政机关违反法律规定侵犯小区业主的自治权利，当事人也可以获得司法救济。早在《物业管理条例》颁行前发生的**中海雅园管委会诉北京市海淀区房管局不履行法定职责案**中，北京市海淀区法院就判决确认，区房管局没有依照建设部和北京市有关部门的规定，对中海雅园管委会提出的换届选举登记备案申请给予任何书面答复，亦未依照规定尽其指导、监督的职责，构成

---

[231] 黄广明、何红卫：《三年撤了 187 名民选村官》，载《南方周末》2002 年 9 月 12 日；赵蕾、邓江波：《村官被撤能否诉讼》，载《南方周末》2007 年 9 月 5 日。对于村民自治与地方政府关系的讨论，参见何海波：《通过村民自治的国家治理》，载沈岿编：《谁还在行使权力？准政府组织的个案研究》，清华大学出版社 2003 年版。

[232] 吴湘韩：《湖南一民选村官告倒镇政府》，载《中国青年报》2001 年 11 月 16 日。

[233] 武建中、陈刚：《民选村主任遭非法“罢免” 临猗一“村官”告赢乡政府》，载《法制日报》2002 年 5 月 13 日。

违法。[234]

（三）集会游行示威和结社的权利

行政机关不许可集会游行示威、不批准筹备社会团体的，《集会游行示威法》《社会团体登记管理条例》等法律、法规没有规定可以提起诉讼，一般认为不可诉。[235] 但是，社团登记管理机关对社会团体所作的行政处罚、公安机关对非法集会者的强制措施，依照《行政诉讼法》的规定，属于可诉范围。在**中国国际经济法学会诉民政部行政处罚案**中，因中国国际经济法学会未按《社会团体登记管理条例》相关规定参加年检，民政部对其作出警告的行政处罚。法院受理了原告的起诉。[236]

（四）公民对政府开支的监督权

依照《预算法》第 91 条，公民对预算违法行为，可以依法向有关国家机关检举、控告。公民对于政府开支能否通过诉讼方式行使监督权？目前的答案是不可以。在**蒋石林诉湖南省常宁县财政局案**中，原告以纳税人名义提起诉讼，请求认定县财政局超预算购买两台小轿车行为违法，并将违法购置的轿车收归国库。法院以不属于受案范围为由，裁定不予受理。[237]

四　社会权利

从维持社会秩序转向提供公共服务，是当代行政的普遍趋势。法律规定的社会福利不再被认为是政府施与的恩惠，而是公民享有的权利。联合国《世界人权宣言》和《经济、社会、文化权利国际公约》代表了国际社会的广泛共识。[238] 中国的宪法和法律也规定了范围广泛的社会权利。综合起来，公民的社会权利主要包括困难群体获得基本生活保障的权利，在危难情况下获得国家救助的权利，公民的受教育权利和劳动权利，以及公民获得政府信息的权利。

---

[234] 《最高人民法院公报》2004 年第 5 期。

[235] 《集会游行示威法》第 13 条规定，集会、游行、示威的负责人对主管机关不许可的决定不服的，可以向同级人民政府申请复议，人民政府应当自接到申请复议书之日起 3 日内作出决定。该法没有规定行政诉讼，通常认为是默示的复议终局。

[236] 北京市高级人民法院行政判决书，(2014)高行终字第 3180 号。相关报道参见蓝方：《法学社团不服处罚起诉民政部》，载财新网，http://china.caixin.com/2014－05－01/100672483.html。

[237] 洪克非、徐亮：《一名普通纳税人的公益诉讼》，载《中国青年报》2006 年 4 月 5 日；赵文明：《常宁一村主任状告市财政局预算外购轿车》，载《法制日报》2006 年 4 月 6 日；陈晶晶：《纳税人诉讼离我们还有多远》，载《法制日报》2006 年 5 月 10 日。

[238] 公约规定的权利构成公民重要的请求权基础，但公民能否根据这些权利提起诉讼还取决于各国法律的具体规定。对相关问题的讨论，参见黄金荣：《司法保障人权的限度——经济和社会权利可诉性问题研究》，社会科学文献出版社 2009 年版。

（一）生活保障权

公民获得基本生活保障的权利，在《宪法》第 45 条就有规定。[239] 为了落实宪法规定，国家先后制定了军人抚恤优待、残疾人教育和工作、农村五保供养、城市居民最低生活保障等行政法规，还制定了《社会保险法》。[240] 行政机关在履行职责过程中侵犯公民、法人或者其他组织合法权益的，当事人有权依法申请行政复议或者提起行政诉讼。

（二）危难救助权

公民在危难情况下获得国家救助的权利，也得到多部立法和实践的确认。《防震减灾法》《防洪法》《消防法》《气象灾害防御条例》等一系列法律、法规，规定了政府在发生台风、洪水、地震以及火灾、矿难、重大交通事故时的危难救助义务。《人民警察法》第 21 条更是规定，人民警察遇到公民人身、财产安全受到侵犯或者处于其他危难情形，应当立即救助。2001 年，最高法院在一个批复中要求："由于公安机关不履行法定行政职责，致使公民、法人和其他组织的合法权益遭受损害的，应当承担行政赔偿责任。"[241] 实践中有公安机关因为接到盗窃行为正在发生的报案后，未及时出警，而被法院判决赔偿失主损失的。[242]

（三）受教育权

公民的受教育权也是《宪法》明文规定的权利。按照《教育法》《义务教育法》《高等教育法》《职业教育法》的规定，适龄儿童、少年有接受义务教育的权利，公民有依法接受高等教育、职业教育的权利；受教育者有权参加教育教学计划安排的各种活动，使用教育教学设施、设备、图书资料，按照国家有关规定获得奖学金、贷学金、助学金，在学业成绩和品行上获得公正评价，完成规定的学业后获得相应的学业证书、学位证书。

中国实行九年义务教育制度。保障适龄儿童、少年接受义务教育不但是家长的义务，也是各级政府和相关学校的义务。如果政府没有履行相应的义务，侵害公民

---

[239] 《宪法》第 45 条规定："中华人民共和国公民在年老、疾病或者丧失劳动能力的情况下，有从国家和社会获得物质帮助的权利。国家发展为公民享受这些权利所需要的社会保险、社会救济和医疗卫生事业。国家和社会保障残废军人的生活，抚恤烈士家属，优待军人家属。国家和社会帮助安排盲、聋、哑和其他有残疾的公民的劳动、生活和教育。"

[240] 2004 年国务院、中央军事委员会制定的《军人抚恤优待条例》，国务院 1994 年制定的《残疾人教育条例》和 2007 年制定的《残疾人就业条例》，国务院 2006 年制定的《农村五保供养工作条例》，1999 年制定的《城市居民最低生活保障条例》。

[241] 《最高人民法院关于公安机关不履行法定行政职责是否承担行政赔偿责任问题的批复》（已废止），法释〔2001〕23 号。

[242] 尹琛琰诉河南省卢氏县公安局行政赔偿案，载《最高人民法院公报》2003 年第 2 期。

的受教育权,公民可以提起诉讼。在实践中,有学生因户籍不在该学区而被拒绝入学,[243]有学生因教育部门电脑派位而不得不舍近就远读书,[244]有学生因教育局确定外国语学校男女生招生名额比例而失去在该校上学机会,[245]还有学生因为学校拒绝办理义务教育证书,[246]都曾提起诉讼。

在义务教育以外的教育(包括学前教育、高等教育和职业教育),政府和学校虽然没有普遍的义务保证每个公民接受教育,但也应当保障公民平等的受教育机会。在学生招录、学籍管理和纪律处分中,侵害考生或者学生的受教育权,可能被提起诉讼。在**王伟诉平顶山市财贸学校不予录取案**中,平顶山市财贸学校因王伟曾患小儿麻痹症下肢残疾,不予录取。王伟向平顶山市湛河区法院提起诉讼,要求被告将其录取,法院受理了该案。[247] 在**高全(化名)诉中国矿业大学开除学籍案**中,法院认为,学校对学生的开除学籍处分剥夺了学生的受教育权,属行政诉讼受案范围。[248]当学生完成相应的教育,学校拒绝授予毕业证书和学位证书,通常也被认为是对受教育权的侵犯。

(四)劳动权

公民的劳动权不但规定在《宪法》中,也得到《劳动法》《劳动合同法》《就业促进法》等法律、法规的肯定。相应地,政府被赋予提高劳动者技能、创造就业机会、加强劳动保护、改善劳动条件的职责。一般来说,公民不能泛泛地以政府未充分履行相应职责为由提起诉讼。但行政机关在面对公民保护劳动权利的具体请求或者其他特定情形时,不履行法定职责的,公民有权起诉。在**汤晋诉安徽省当涂县劳动局不履行法定职责案**中,原告汤晋向当涂县劳动局反映其所在单位当涂县建材公司停发工资、乱扣收入,要求被告调查处理。被告将此信转交物资局处理,自己未做调查。

---

[243] 赵正辉、张啸明:《突击迁户口入校遭拒　六龄童状告北塘区教育局未获支持》,载《人民法院报》2005年11月30日。

[244] 郑金雄、扬邑新:《不满电脑派位到离家较远初中就读　厦门一小学毕业生诉称市教育局违法》,载《人民法院报》2007年8月3日;郑金雄、陈雅君、戴建平:《"就近入学"不等于"最近入学"　厦门双胞胎状告教育局终审败诉》,载《人民法院报》2008年1月4日。

[245] 卢古质:《厦门中院开审12岁男生状告思明区教育局案》,载《东南早报》2004年12月9日。郭宏鹏、王雄:《12岁男生状告教育局"性别歧视"案终审败诉》,载法制网,http://www.legaldaily.com.cn/dfjzz/content/2008-07/25/content_909878.htm。

[246] 在裘天阳诉浙江省天台县山河中学要求颁发义务教育证书案中,原告裘天阳小学毕业时,因未填写《义务教育登记卡》,被户籍所在学区山河中学拒绝入读,后裘天阳借读另一中学,至初中毕业。按规定应由山河中学颁发义务教育证书,但山河中学以其没有《义务教育登记卡》为由拒绝颁发。浙江省天台县法院于1996年受理此案,并判决责令被告在接到补填的《义务教育登记卡》后,颁发义务教育证书。参见浙江省天台县人民法院行政判决书,(1996)天行初字第136号。

[247] 参见最高人民法院中国应用法学研究所编:《人民法院案例选(1992-1999年合订本)·行政卷》,中国法制出版社2000年版,案例133。在诉讼过程中,因被告满足了王伟的要求,王伟遂撤回起诉。该案的"评析"指出,"本案是一起审判实践中较为罕见的侵犯受教育权案"。

[248] 龚思红:《学生不服高校开除学籍属于行政诉讼受理范围》,载《人民法院报》2007年11月9日。

原告对此不服,提起诉讼。当涂县法院受理了此案。[249]

行政机关和其他公共机构在招录过程中直接侵犯公民劳动就业权利的,公民也有权提起诉讼。在潘胜燕诉浙江省温岭市人事劳动社会保障局不予录用案中,原告潘胜燕报考温岭市农村能源办公室(事业单位)工作人员,其笔试成绩为该单位参考人员中第一名。被告以原告在大学读书期间曾因考试作弊、受过留校察看处分为由,口头通知原告不予录用。审理该案的玉环县法院认为,原告为实现自己的就业权利向法院起诉,符合《行政诉讼法》的规定。[250]

(五)获得政府信息权

获取政府信息权,是公民知情权的重要内容。在现代国家,政府在履行职责过程中制作和保存了数量巨大、形式多样的信息。保障公民依法获取政府信息,不但是公民、法人和其他组织生产、生活、科研的重要依靠,也是了解政府运作、监督政府权力的重要保障。在中国,随着 2007 年《政府信息公开条例》的颁行,公民获取政府信息的权利得到法律的确认。最高法院的司法解释进一步明确,公民、法人或者其他组织向行政机关申请获取政府信息,行政机关拒绝提供、逾期不予答复或者提供的政府信息不符合其在申请中要求的内容和形式的,都可以提起诉讼。[251]

由于获得政府信息权已被确认为一项权利,行政机关拒绝提供、逾期不予答复或者提供的政府信息不符合其在申请中要求的内容和形式的,本身就可以作为起诉的依据,而不问行政机关的上述行为是否侵害公民的人身权、财产权。[252] 实践中,有法院以行政机关拒绝提供政府信息的行为“不损害公民合法权益”为由,不予受理,这是错误的。

五 救济权利

除了前面所述的人身权利、财产权利、政治权利和社会权利,公民、法人和其他组织在行政法上还有获得相应救济的权利。宽泛地说,公民可以利用的救济渠道包括向法院、人大和党组织请求救济,但限于行政诉讼受案范围这一主题,本节只讨论向行政机关请求的救济,即行政救济。行政救济渠道名目繁多,用语混杂,但大体说来,包括以下几个方面:(1)就民事争议申请行政机关裁决;(2)就民事侵权请求行政机关保护;(3)就他人违法行为要求行政机关查处;(4)对行政行为不服请求复议、复核。这些权利是前述人身权利、财产权利、政治权利和社会权利的延伸,是为了保障前述权利而创设的权利。它们以前述权利为基础,但又有一定独立性。对公

---

[249] 《最高人民法院公报》1996 年第 4 期。

[250] 浙江省玉环县人民法院行政判决书,(2007)玉行初字第 20 号;陈园:《劳动就业权利应当属于法院行政案件受案范围》,载《人民法院报》2009 年 3 月 16 日。在实体问题上,法院判决驳回原告的诉讼请求。

[251] 《最高人民法院关于审理政府信息公开行政案件若干问题的规定》,法释〔2011〕17 号,第 1 条。

[252] 李广宇:《政府信息公开诉讼:理念、方法与案例》,法律出版社 2009 年版,第 32~33 页。

民基于法定行政救济权利提出的申请,行政机关没有予以处理,或者当事人对处理结果不服的,可以提起诉讼。

(一) 申请行政裁决权

行政裁决是诉讼、仲裁、调解之外解决民事纠纷的一种渠道。行政裁决依法设立,原先较多,后来有所减少。目前,根据《土地管理法》《矿产资源法》《水法》《森林法》《草原法》《渔业法》《海域使用管理法》等法律的规定,县级以上人民政府对土地、矿藏、水流、森林、山岭、草原、荒地、滩涂、海域等自然资源的所有权或者使用权予以确认并核发相应证书;在发生自然资源权属争议时,公民、法人或者其他组织可以申请人民政府或者有关主管部门裁决。行政机关拒绝受理、不予答复、拖延处理裁决申请或者裁决不公,都属于不履行或者不适当履行职责,构成对公民权利的侵害。

(二) 异议、申诉、投诉权

一些法律规定,公民、法人和其他组织在自己权益受到侵害时,有权向行政机关提出异议、申诉或者投诉。例如,依据《商标法》的规定,对初步审定公告的商标,在先权利人、利害关系人认为违反该法相关规定,损害其权益的,可以向商标局提出异议;已经注册的商标有前述情形的,也可以请求宣告该注册商标无效。[253] 又如,依据 2000 年修正的《产品质量法》第 22 条,消费者有权就产品质量问题,向市场监督管理部门及有关部门申诉,接受申诉的部门应当负责处理。再如,依据《招标投标法》第 65 条,“投标人和其他利害关系人认为招标投标活动不符合本法有关规定的,有权向招标人提出异议或者依法向有关行政监督部门投诉”。

上述法律把公民的异议、申诉、投诉作为解决纠纷的法定渠道,要求行政机关依法处理,以保障公民权利,维护法律秩序。在厦门融健贸易有限公司诉厦门市思明区人民政府招投标纠纷案中,福建高院判决认为,《招标投标法》和《福建省招标投标条例》规定的对招标投标活动的投诉属法定的救济途径,有关部门对当事人的投诉应依法进行处理。对投诉所作出的处理或者不予处理,对当事人的实体权利义务产生实质影响,当事人有权提起复议或诉讼。被告把当事人的申请当成信访对待,是对法律的错误适用。[254]

(三) 控告、检举、举报权

控告、检举、举报是有中国特色的行政救济渠道。公民对他人侵害其合法权益的违法行为,可以控告,要求行政机关调查处理侵害人的行为。他人的违法行为没有直接侵害其合法权益,但侵害公共利益的,可以检举或者举报,有关机关也应当依

---

〔253〕 对于违反法律禁止使用和注册商标的情形,《商标法》允许任何人就初审公告的商标提出异议,或者就已注册商标请求宣告其无效。

〔254〕 福建省高级人民法院行政判决书,(2011)闽行终字第 70 号。

法进行调查、处理和答复。《治安管理处罚法》明确规定了行政机关对控告、举报的处理义务和处理程序。[255]《税收征收管理法》规定,任何单位和个人都有权检举违反税收法律、行政法规的行为。《食品安全法》也规定,任何组织或者个人有权举报食品安全违法行为。

在一些国家,行政机关(包括隶属于行政部门的检察官)对公民的控告、检举是否调查及如何处理,属于行政机关的自由裁量范围,不受司法审查。但在中国,向国家机关控告、检举他人的违法行为并要求调查处理,体现了一种根深蒂固的正义观念,并成为绵延至今的法律秩序的一部分。20 世纪 90 年代初期的电影《秋菊打官司》,讲的就是要求公安机关追究加害人(村长)的责任,而秋菊的要求最终得到了法律的支持。在一些情况下,控告、检举、举报还被用作争取自己利益的手段。治安案件的受害人要求查处加害人,有时可以作为调解、谈判的筹码。对税收违法的检举,往往伴随行政奖励的请求。对食品安全违法的举报更是与民事索赔联系在一起,由此还出现了一个"职业举报人"群体。

因此,虽然控告人、检举人直接的要求是对他人的违法行为作出处理,法律也赋予他们一定的诉权。在当代行政诉讼制度建立之初,这一点就得到广泛承认。后来的司法解释把它限定为"要求行政机关依法追究加害人法律责任",[256]或者是"为维护自身合法权益"而投诉举报。[257]

(四)申请复核、复议和申诉权

除了对私人主体的侵害行为可以依法向行政机关请求处理,公民对行政机关或者其他公共机构的行为不服的,也可以通过法定渠道寻求救济。在行政复议这一常见方式之外,法律、法规、规章还设立了申请复核、申诉等救济渠道。[258] 例如,依据公安部 2008 年的《道路交通事故处理程序规定》,当事人对道路交通事故认定有异议的,可以在规定期限内书面提出复核申请;上一级公安机关交通管理部门应当予以审查,并作出复核结论。《教师法》第 39 条规定,教师对学校或者其他教育机构侵犯其合法权益的,或者对学校或者其他教育机构作出的处理不服的,可以向教育行政部门提出申诉。

依法申请复议、复核或者提出申诉,属于公民的法定请求权。行政机关对当事

---

[255] 《治安管理处罚法》第 77、78 条规定:"公安机关对报案、控告、举报或者违反治安管理行为人主动投案,以及其他行政主管部门、司法机关移送的违反治安管理案件,应当及时受理,并进行登记";"公安机关受理报案、控告、举报、投案后,认为属于违反治安管理行为的,应当立即进行调查;认为不属于违反治安管理行为的,应当告知报案人、控告人、举报人、投案人,并说明理由"。

[256] 2000 年《若干解释》,第 13 条第 3 项;2018 年《行诉法解释》,第 12 条第 3 项。

[257] 《最高人民法院关于举报人对行政机关就举报事项作出的处理或者不作为行为不服是否具有行政复议申请人资格问题的答复》,〔2013〕行他字第 14 号;2018 年《行诉法解释》,第 12 条第 5 项。

[258] 章志远、顾勤芳:《中国法律文本中的"申诉"研究》,载《法治研究》2011 年第 8 期;孔繁华:《作为特殊行政救济的行政复核》,载《北方法学》2021 年第 1 期。

人的申请拒绝受理、不予答复、拖延处理等,都属于不履行或者不适当履行职责,构成对公民权利的侵害。在符合其他条件的情况下,当事人可以向法院起诉。在**杨茂诉成都市教育局申诉处理决定案**中,成都大学职工杨茂被校方"除名",杨茂向成都市教育局提出申诉。成都市两级法院认为,根据《教师法》第 39 条的规定,教师对学校作出的处理不服向教育行政部门申诉,教育行政部门应当作出处理。当事人对处理决定不服的,依法可以提起行政诉讼。[259] 在**梁宝富诉安庆市公安局行政处罚复议决定案**中,安庆中院终审判决认为,安庆市公安局在复议决定中,只答复了第三人汪春生要求撤销处罚裁决的请求,而对要求撤销处理决定的请求未置可否。"这种无视公民申诉权的行为,不符合法律的规定。"[260]

当然,对于公民重复申诉和信访,当事人的起诉权利应受限制。这个问题本章前面部分已有讨论,此处不赘。

---

[259] 成都市中级人民法院行政判决书,(2005)成行终字第 70 号。《教师法》第 39 条第 1 款规定:"教师对学校或者其他教育机构侵犯其合法权益的,或者对学校或者其他教育机构作出的处理不服的,可以向教育行政部门提出申诉,教育行政部门应当在接到申诉的三十日内,作出处理。"判决书还认定,成都大学由成都市人民政府主办,成都市教育局作为成都市人民政府主管教育的职能部门,对杨茂的申诉具有作出处理的行政职权。

[260] 《最高人民法院公报》1991 年第 3 期。

第五章　原告、被告和法院

一个行政诉讼除了要有争议的事项，还需要原告、被告和法院三方参与，缺少任何一方都无法构成诉讼。本章将从受理条件的角度，依次讨论构成诉讼的这三方主体。第三人及其他诉讼参与人不是构成诉讼的必要条件，放在第五编行政诉讼程序部分讨论。

第一节　适格的原告

《行政诉讼法》第 25 条第 1 款规定："行政行为的相对人以及其他与行政行为有利害关系的公民、法人或者其他组织，有权提起诉讼。"这一款规定了原告的基本类型，即公民、法人或者其他组织，也规定了取得原告资格的基本条件，即与行政行为有利害关系。与原告没有法律上利害关系的公益诉讼，目前只有检察机关可以提起；但实践中涌现了不少无关切身利害却事关公共利益的诉讼，也在这里一并探讨。

下面分别讨论行政诉讼原告类别、取得原告资格所需的利害关系，以及行政公益诉讼的问题。

一　原告类别

"公民、法人或者其他组织"是《行政诉讼法》称呼原告的主要用语。外国人和中国港澳台地区的居民和组织，依法可以成为行政诉讼的原告。在特定情况下，行政机关也可能成为行政诉讼的原告。

行政诉讼原告不仅有"谁可以告"的问题，也有"谁在告"的问题。从实际情况来看，在所有各类诉讼中，公民作为原告的案件占据绝对多数。有学者对 2009 ~ 2010 年部分案件进行调查，结果表明，一审行政案件中，公民作为原告的占 80%，法人作为原告的占 16%，其他组织作为原告的占 4%。[1] 随着经济发展，市场主体组织化程度不断提高，公民作为行政诉讼原告的比例在逐渐下降。[2] 今天，法庭上的原告既有如电影《秋菊打官司》中出身山沟僻壤、对法律一头雾水的"秋菊"，也有一些大型企业乃至跨国公司的身影。唐纳·川普（Donald Trump）在当选美国总统前后，曾为

---

〔1〕 黄启辉：《行政诉讼一审审判状况研究——基于对 40 家法院 2767 份裁判文书的统计分析》，载《清华法学》2013 年第 4 期。

〔2〕 行政复议的情况也可供参考：公民作为行政复议申请人的比例，1999 年为 85%，2006 年为 75%。

"TRUMP"商标的注册问题诉诸中国法院。[3]

(一)中国公民

凡是具有中华人民共和国国籍的人,都是中国公民。中国《国籍法》不承认中国公民具有双重国籍,但只要没有脱离中国国籍,法律上仍然视为中国公民。

公民的诉讼权利能力不因年龄和精神状况而有区别,婴儿和精神病人作为原告也是可能的。有权提起诉讼的公民因为未达法定年龄或者由于精神健康问题而没有诉讼行为能力的,由其法定代理人代为诉讼。有权提起诉讼的公民死亡,其近亲属可以作为原告提起诉讼。近亲属的范围,依据行政诉讼法司法解释的规定,包括配偶、父母、子女、兄弟姐妹、祖父母、外祖父母、孙子女、外孙子女和其他具有扶养、赡养关系的亲属。[4]

(二)法人

依照《民法通则》(已废止)和《民法典》的规定,法人是具有民事权利能力和民事行为能力,依法独立享有民事权利和承担民事义务的组织。法人应当依法成立,有自己的名称、组织机构、住所、财产或者经费。可以作为行政诉讼原告的法人,包括企业法人、事业单位、社会团体、基金会、民办非企业单位法人、宗教活动场所法人,以及法律规定的特别法人。

1. 企业法人

企业法人又称"营利法人",是行政管理最主要的相对人之一。企业法人登记,长期适用《企业法人登记管理条例》和《公司登记管理条例》;2022 年 3 月起,与其他市场主体登记共同适用《市场主体登记管理条例》。获准登记的企业法人,取得《企业法人营业执照》。在中国依法登记成立的中外合资经营企业、中外合作经营企业和外资企业,取得企业法人资格的,也属中国法人。

2. 事业单位

事业单位是指国家为了社会公益目的,由国家机关举办或者其他组织利用国有资产举办的,从事教育、科技、文化、卫生等活动的社会服务组织。事业单位的登记适用《事业单位登记管理暂行条例》。获准登记的,取得《事业单位法人证书》。

3. 社会团体

社会团体是指中国公民自愿组成,为实现会员共同意愿,按照其章程开展活动的非营利性社会组织。成立社会团体,应当经其业务主管单位审查同意,并依照规定进行登记(参加中国人民政治协商会议的人民团体以及经国务院批准免于登记的团体除外)。社会团体的登记适用《社会团体登记管理条例》。经依法登记的社会

---

〔3〕 唐纳·川普诉中华人民共和国国家工商总局商标评审委员会案,北京市高级人民法院行政判决书,(2015)高行(知)终字第 345 号。

〔4〕 《若干解释》,第 11 条第 1 款;2018 年《行诉法解释》,第 14 条第 1 款。

团体，取得《社会团体法人登记证书》。

4. 基金会

基金会是指利用自然人、法人或者其他组织捐赠的财产，以从事公益事业为目的，依法成立的非营利性法人。基金会的设立适用《基金会管理条例》。经依法登记的基金会，取得《基金会法人登记证书》。

5. 民办非企业单位

民办非企业单位，又称“社会服务机构”，是指企业事业单位、社会团体和其他社会力量以及公民个人利用非国有资产举办的，从事非营利性社会服务活动的社会组织。成立民办非企业单位，应当经其业务主管单位审查同意，并依照规定登记。民办非企业单位的登记，适用《民办非企业单位登记管理暂行条例》。其中具备法人资格的，经登记取得《民办非企业单位(法人)登记证书》。

6. 特别法人

农村集体经济组织、城镇农村的合作经济组织、基层群众性自治组织曾经被作为非法人组织对待。2017 年的《民法总则》和随后的《民法典》赋予它们特别法人资格。机关法人也属于特别法人，它在行政诉讼中地位比较特殊，后面另述。

(三) 非法人组织

《行政诉讼法》所说的“其他组织”，又称“非法人组织”，是指依法设立、不具有法人资格但能够以自己名义从事民事活动的组织。其他组织的具体类型，法律没有专门规定。根据既往实践，它包括：(1)领取营业执照(而非“企业法人营业执照”)的个人独资企业、合伙企业、中外合作经营企业、外资企业；(2)领取营业执照的法人的分支机构，依法成立的社会团体的分支机构、代表机构；(3)领取合伙、个体性质登记证书的民办非企业单位；(4)业主委员会；(5)其他。[5]

其他组织的类型难以完全列举。随着社会发展变化，新的组织类型层出不穷，其法律地位也因时调整。一些新的社会组织因得到法律承认而成为非法人组织，一些非法人组织因法律规定而成为法人组织。所以，需要根据相应组织所代表的利益和承担责任的能力，并结合法律规定来认定。

非法人组织是介于自然人和法人之间的一种社会组织形态，与自然人的界限并不明晰和固定。例如，司法解释规定，合伙企业向法院提起诉讼的，应当以核准登记的字号为原告；未依法登记领取营业执照的个人合伙，由全体合伙人为共同原告，可以推选代表人。个体工商户提起诉讼的，以营业执照上登记的经营者为原告；有字

---

〔5〕《最高人民法院关于适用〈中华人民共和国民事诉讼法〉若干问题的意见》(法发〔1992〕22 号)第 40 条曾经对《民事诉讼法》所提到的“其他组织”作过列举；《最高人民法院关于适用〈中华人民共和国民事诉讼法〉的解释》(法释〔2015〕5 号)第 52 条作了重新表述。但前述列举尚未充分反映行政诉讼的情况。例如，业主委员会等组织不在司法解释明确列举的范围。

号的,以营业执照上登记的字号为原告,并应当注明该字号经营者的基本信息。[6] 农村承包经营户在涉及承包经营有关事务时,也可以以“户”为单位提起诉讼,推举一名户主为诉讼代表人。

村民小组是村民自治的一种组织形式,负责经营、管理属于村民小组的集体土地和其他财产。依据《村民委员会组织法》等法律的规定,村民委员会可以根据村民居住状况、集体土地所有权关系等分设若干村民小组,村民小组可以代表集体行使土地、森林、山岭、草原、荒地、滩涂等自然资源的所有权。由于村民小组作为民事主体的地位得到法律承认,村民小组作为“其他组织”提起诉讼没有障碍。[7] 此后,村民小组作为农村集体经济组织依法取得法人资格,为特别法人。[8]

城市居住小区的物业管理委员会是一类新出现的组织。在21世纪之初发生的**中海雅园物业管理委员会诉北京市海淀区房管局案**中,被告曾主张原告不适格。对此,北京市海淀区法院认为,根据本案发生时实施的建设部《城市新建住宅小区管理办法》、北京市人民政府《北京市居住小区物业管理办法》以及原北京市政府有关部门的规定,居住小区物业管理委员会是由居住小区内全体业主通过业主大会选举产生,代表本物业区域内全体业主的合法权益,负责对区域内物业实施管理的组织。物业管理委员会的产生与改选均须经行政主管机关登记,有自己的章程和机构,有独立使用的办公场所,办公经费亦有相应保障,因而,它虽然不具备法人资格但有一定的民事行为能力。据此,物业管理委员会有权作为原告提起诉讼。[9] 此后,最高法院司法解释规定:“业主委员会对于行政机关作出的涉及业主共有利益的行政行为,可以自己的名义提起诉讼。”[10]

(四)外国人及中国港澳台居民和组织

《宪法》第32条第1款规定:“中华人民共和国保护在中国境内的外国人的合法权利和利益,在中国境内的外国人必须遵守中华人民共和国的法律。”《行政诉讼法》第9章专门规定了“涉外行政诉讼”。依照该规定,外国人、无国籍人、外国组织在中华人民共和国进行行政诉讼,同中华人民共和国公民、组织有同等的诉讼权利和义务。外国法院对中华人民共和国公民、组织的行政诉讼权利加以限制的,中国法院对该国公民、组织的行政诉讼权利,实行对等原则。迄今为止,中国法院受理了数以万计的涉外行政诉讼,却未见法院援引“对等原则”拒绝受理。[11] 可以认为,中

[6] 2018年《行诉法解释》,第15条。

[7] 在重庆市丰都县高家镇罗边槽村一社诉重庆市人民政府复议决定案中,法院就受理了原告村民小组提起的诉讼。最高人民法院行政判决书,(1999)行终字第21号;载《最高人民法院公报》2000年第6期。

[8] 《民法总则》(已失效),第99条;《民法典》,第99条。

[9] 《最高人民法院公报》2004年第5期。

[10] 2018年《行诉法解释》,第18条第1款。

[11] 杨金晶:《涉外行政诉讼中被忽视的对等原则——兼论我国行政诉讼法对等原则条款被虚置问题的解决》,载《政治与法律》2019年第4期。

国法院基本上不主动审查外国法院是否对中国公民的行政诉讼权利加以限制，更不会仅仅因为起诉人是外国人而不予受理。

对外国人诉讼行为的限制，《行政诉讼法》明确规定的只有一条，即第100条：“外国人、无国籍人、外国组织在中华人民共和国进行行政诉讼，委托律师代理诉讼的，应当委托中华人民共和国律师机构的律师。”在司法实践中，涉外案件通常作为“本辖区内重大、复杂的案件”，由中级法院作为一审法院。〔12〕 为了适应中国加入WTO的形势、保障外国人的合法权益，最高法院相继制定了《关于审理国际贸易行政案件若干问题的规定》，以及有关反倾销、反补贴的司法解释，对相关问题的司法审查作了规范。

中国台湾地区和香港、澳门两个特别行政区的居民和组织，在法律上并不属于外国人（其中具有外国国籍的除外）。但由于这些地区特殊的政治情况和法律体系，中国大陆法院在某些问题上给予他们不同于一般中国公民和组织的特殊安排。在实践中，法院受理的涉及港澳台居民和组织的行政案件集中在商标、专利、海关、投资等领域。

（五）行政机关的原告资格问题

行政机关如果处于行政管理相对人的地位，具有与一般公民、法人和其他组织相同的权利，对其他行政机关所作行政行为不服的，可以作为原告提起诉讼。在行政法理论上，这一点是获得普遍认可的。在20世纪90年代，一些行政机关“下海”从事经营活动或者其他经济活动，行政机关作为行政相对人的情况比较常见，因不服行政处理提起诉讼的也偶尔有之。在河北省平山县劳动就业管理局诉平山县地方税务局税务行政处理决定案中，原告系承担部分行政职能的劳动就业管理机构，因收取劳务管理费、劳务服务费、临时工培训费和劳务市场收入，与被告发生纳税争议。原告起诉到法院，得到法院支持。〔13〕 随着行政体制改革的进展，这类情况越来越少见了。而在土地管理、城市规划、工伤认定等领域，行政机关作原告的案件似乎有增无减。

二　原告资格

行政行为影响公民、法人或者其他组织的权利义务，但不一定影响特定公民、法人或者其他组织的权利义务。即使一个行政行为属于行政诉讼受案范围，也不见得任何公民、法人或者其他组织都可以起诉。如果不想诉讼泛滥，以致任何人都可以对任何行政行为提起诉讼，那么，必须对公民、法人或者其他组织的起诉资格有所限

---

〔12〕 2000年《若干解释》，第8条第3项（重大涉外案件）；2018年《行诉法解释》，第5条第2项（涉外案件）。

〔13〕 《最高人民法院公报》1997年第2期。

制。几经演变，中国法律最终确定，以原告与被诉行政行为“有利害关系”作为起诉资格的标准。

由于原告资格的界定是一个理论性和实践性都非常强的题目，尽管行政诉讼法学者在这个问题上花费了不少笔墨，最高法院多个司法解释和判例也试图予以澄清，但模糊情形还是不少。本书将以法律文本的表述方式为框架，结合行政诉讼实践，阐述原告起诉资格的规则。

（一）从“合法权益”到“利害关系”

在讨论原告资格时，读者常常为用语所困惑：人们有时说“权利”，有时说“合法权益”，有时则说“利害关系”。“权利/义务”多为法理学所用，立法文本使用最频繁的是“合法权益”；最高法院司法解释一度用“法律上利害关系”，而修改后的《行政诉讼法》在原告资格条款中则用“利害关系”。其实，这几个概念所指没有实质差别，语词变迁的背后是立法者与流俗的博弈。[14]

在这一组语词中，“权利”本是最简洁明了而且约定俗成的概念。权利表示一个人在社会关系中的应得份额，自然为法律所承认和保护。大量立法使用“权利”，如民事权利、获取环境信息的权利；单是《行政诉讼法》就多处提到“权利”，如诉讼权利、起诉权利、上诉权利、权利义务关系明确、对原告权利不产生实际影响、承受其权利的法人或者其他组织。然而，在一种形式主义的法律（权利）观影响下，权利退化为法律（在中国主要是制定法）所确认和保护的利益，其范围就局限了。在这种背景下，“合法权益”起而代之。

“合法权益”既包括制定法所确认和保护的“权利”，也包括制定法尚未确认但法律上值得保护的“利益”。例如，在过去很长一段时间（有的甚至直到今天），隐私权、公平竞争权、知情权、环境权在制定法上没有规定，一些人不视其为“权利”，但认可它是“合法权益”。在这种特定的理解之下，用“合法权益”代替“权利”，法律保护的范围扩大了。然而，“合法权益”也没有完全避免退缩的命运。一些人把“合法权益”仅仅理解为制定法所规定的利益，或者是合法行为所产生的利益。依这种理解，制定法没有规定就不算“合法权益”，一个违法建筑的所有人对其建筑也不存在合法权益。在此情况下，“法律上的利害关系”应运而生。

最高法院2000年《若干解释》第12条规定：“与具体行政行为有法律上利害关系的公民、法人或者其他组织对该行为不服的，可以依法提起行政诉讼。”从实践效果来看，从“合法权益”到“有法律上利害关系”，原告的起诉资格被放宽了，对权益“合法性”的疑惑也消除了。时任最高法院行政庭庭长的江必新阐释说，新的司法解释“取消了对原告资格的不当限制”：“只要个人或者组织受到行政行为的实际的不利影响”，只要这种影响通过民事诉讼得不到救济，就应该考虑通过行

〔14〕　何海波：《实质法治：寻求行政判决的合法性》（第2版），法律出版社2020年版，第164～176页。

政诉讼来解决。[15] 最高法院行政庭编的另一本释义认为，“法律上利害关系”意指被诉行为对自然人和组织的权利义务“已经或将会产生实际影响”。[16]

然而，“法律上利害关系”的用语仍然可能造成误解，让一些人以为必须有制定法依据才行。为了避免它被不恰当地限缩，2014 年《行政诉讼法》修改时，去掉了“法律上”三字，别出心裁地表述为：“行政行为的相对人以及其他与行政行为有利害关系的公民、法人或者其他组织，有权提起诉讼。”立法者试图表明，“有利害关系的公民、法人或者其他组织”包括但不限于行政行为的相对人。立法者也认识到，去掉“法律上”三字可以避免“法律上利害关系”可能带来的误解，从而限制公民的起诉权利。[17]

无论是“权利”“合法权益”还是“利害关系”，都有相当大的解释空间，它们也只有在具体情境中才能得到精确界定。对立法史的梳理表明，立法者不愿看到对原告资格作过分的限制。他们精心选择的措辞表明，作为起诉条件的“利害关系”不限于法律、法规规定的利益，也不限于在法律、法规条文中能够牵强附会地找到依据的利益。

（二）认为合法权益受到侵犯

《行政诉讼法》在叙述该法适用范围、法院受案范围、原告起诉资格时，使用了“认为（行政行为侵犯其合法权益）”“（对行政行为）不服”等主观性很强的语词。这意味着，作为起诉条件之一，合法权益是否受到侵犯原则上由当事人自己来判断。

即使一个行政行为初看不损害公民、法人或者其他组织的权益，但当事人不服，提起诉讼的，一般应当予以受理。法院不应在起诉条件上设置过高的门槛，更不能简单地代替当事人作判断，以防当事人告状无门。在**江阴澄星国际贸易有限公司诉张家港海关不予处罚案**中，张家港海关认为原告澄星公司将其出口磷酸所用的包装容器（塑料桶）与磷酸一起申报出口，不符合出口商品归类指导意见，影响国家出口退税管理。但鉴于澄星公司违法情节轻微、积极配合调查并缴纳担保金，遂决定对其不予处罚。澄星公司对不予处罚决定不服，向法院提起行政诉讼。法院受理了该案并作了判决，而被告似乎也没有对法院受理该案提出任何异议。[18]

但是，为了避免不必要的诉讼，法院对合法权益是否受到侵害、这种侵害是否需要通过诉讼给予保护，仍然可能有一定的裁量。公民、法人或者其他组织对一个于他明显有益无害的行政行为提起诉讼，法院也可能不会受理。在**杨国伟诉上海市劳**

---

〔15〕 江必新：《中国行政诉讼制度之发展：行政诉讼司法解释解读》，金城出版社 2001 年版，第 33 页。最高法院 2000 年《若干解释》第 1 条关于“对公民、法人或者其他组织权利义务不产生实际影响的行为”不属于行政诉讼受案范围的规定，似乎也从反面印证了论者的观点。

〔16〕 最高人民法院行政审判庭编：《〈关于执行中华人民共和国行政诉讼法若干问题的解释〉释义》，中国城市出版社 2000 年版，第 26～27 页。

〔17〕 信春鹰主编：《中华人民共和国行政诉讼法释义》，法律出版社 2014 年版，第 69～70 页。

〔18〕 江苏省高级人民法院行政判决书，（2014）苏行终字第 71 号。

动教养管理委员会撤销劳动教养决定案中,原告于1989年因“流氓斗殴”被上海市劳动教养管理委员会处劳动教养两年,后因检举立功被免于劳动教养;但检察机关认为杨国伟系斗殴行为的主犯,需要对其追究刑事责任。根据检察建议,劳动教养管理委员会决定撤销对杨国伟的劳动教养决定和免于劳动教养的决定。杨国伟对劳动教养管理委员会的决定不服,向法院提起诉讼。法院认为,被处罚人不能对撤销处罚的决定提起诉讼,裁定不予受理。[19] 在冯兆明诉南京市房产局案中,原告认为其居住的高层住宅楼梯和走道的宽度都不符合国家标准,向消防部门投诉无果,遂起诉南京市房产局,请求法院认定房产局发给自己的房产证无效。其理由是,该高层住宅未经消防验收即交付使用,房产局颁发房产证违法。南京市两级法院以消防验收不是房屋权属登记的条件为由,驳回其诉讼请求。[20] 在这两个案件中,法院完全可以援引《行政诉讼法》的规定,以被诉行政行为不损害原告合法权益为由,直接驳回起诉。

综上,要成为行政诉讼的原告,应满足两方面条件。从主观上讲,必须是公民、法人或者其他组织认为其合法权益受到行政行为侵犯;如果他不是这么认为,就不会发生行政纠纷。从客观上讲,公民、法人或者其他组织必须与该行政行为有利害关系,而不是凭空认为自己的合法权益受到侵犯。换言之,特定公民、法人或者其他组织之所以有权起诉,是因为他与行政行为有利害关系,而不仅是他认为有利害关系。

(三)基于合法权益的诉权

本书在“受案范围”一章中曾经讨论行政行为所涉的各种合法权益。一般来说,原告只要证明自己具有某种合法权益,就可以主张其具有起诉资格。这里需要说明的是,不同性质的权益与特定行政行为的远近关系是不同的,哪怕都有制定法依据,法律保护的方式和程度也是不同的。不是所有被贴上“合法权益”标签的,都可以作为提起诉讼的依据。这一点体现在几组特别的权利上。

1. 债权、物权与股权

债权人以行政机关对债务人所作的行政行为损害债权实现为由提起行政诉讼的,法院对合法权益的理解往往采取严苛的立场。在广州海龙王投资发展有限公司诉广州市对外经济贸易委员会案中,被告广州市外经委批复同意成立中外合作企业侨都公司,开发珠江侨都房地产项目。之后,海龙王公司与侨都公司的合作方之一三联公司约定,参与珠江侨都项目投资。海龙王公司实际支付6000万元,作为获取整个珠江侨都项目50%投资开发权益的预付款。之后,广州市外经委撤销了原来同意成立中外合作企业的批复;但不久,又发函撤销了前面的撤销决定。海龙王公司

---

[19] 姜明安主编:《行政诉讼案例评析》,中国民主法制出版社1993年版,案例11。原告的起诉还针对劳动教养管理委员会撤销免于劳动教养的决定。法院对此没有认定,是个缺陷。

[20] 言科、张波、张大卫:《退休工程师三年十次诉讼“民告官”艰辛历程》,载《现代快报》2003年12月24日。

认为,被告的行为导致其投资权益受损,遂向法院提起诉讼。广东高院一审认为:"海龙王公司没有与珠江侨都项目的各合作方签订合作合同和章程,更没有按照法定程序加入珠江侨都公司,所以,对珠江侨都工程项目并不享有投资开发权。广州市外经委对珠江侨都项目的合作开发事宜所作出的审批行为,与海龙王公司未形成行政法律关系。原告海龙王公司与该具体行政行为不存在法律上的利害关系,不具备诉讼主体资格。"最高法院认可上述观点。[21]

2018 年《行诉法解释》第 13 条明确规定:"债权人以行政机关对债务人所作的行政行为损害债权实现为由提起行政诉讼的,人民法院应当告知其就民事争议提起民事诉讼,但行政机关作出行政行为时依法应予保护或者应予考虑的除外。""行政机关作出行政行为时依法应予保护或者应予考虑的",目前主要是最高法院关于房屋登记案件司法解释所列的几种。[22] 在最高检察院提出抗诉的**十堰市中达建筑安装工程有限公司诉十堰市自然资源和规划局案**中,被告的前身十堰市房管局给案外人十堰特铁厂办理房屋所有权初始登记后,房屋产权几经转手;原告中达公司以被告违法登记、侵犯其对十堰特铁厂享有的建设工程价款优先受偿权为由提起诉讼,请求撤销该登记。最高法院重申,"由债权的相对性所决定,在一般情况下,债权人不具有基于其债权针对行政机关对债务人所作的行政行为提起诉讼的原告资格。"本案不属于应当例外的情况。据此,原告与登记行为没有法律上的利害关系,原审法院驳回起诉正确。[23] 相反,在**北京国联裕丰投资管理有限公司等诉武汉市住房保障和房屋管理局登记案**中,法院确认了原告的起诉资格。在该案中,第三人同昌公司以其在建房屋作抵押向银行借款,合同双方在房管局办理了抵押登记。由于同昌公司未能按期还款,被法院判决责令偿还。在案件执行过程中,裕丰公司受让该笔债权。但是,抵押的房屋已经被同昌公司销售给他人,并且在房管局办理了过户手续。裕丰公司对房管局提起诉讼。法院认为,裕丰公司因受让取得案涉债权及抵押权,与被诉行政行为具有法律上的利害关系。[24] 该案的关键在于裕丰公司享有抵押权这一担保物权,主要是以抵押权人的身份提起诉讼。

涉及当事人股权问题时,法院也可能倾向于宽泛地理解法律上的利害关系。在**烟台长城科工贸(集团)公司诉烟台市国土资源局行政处罚案**中,长城公司经投标取得土地开发资格后,成立烟台龙睛建设开发公司,主要从事大厦的建设、开发和销售

---

〔21〕《最高人民法院公报》2002 年第 6 期。

〔22〕《最高人民法院关于审理房屋登记案件若干问题的规定》(法释〔2010〕15 号)第 4 条规定:"房屋登记机构为债务人办理房屋转移登记,债权人不服提起诉讼,符合下列情形之一的,人民法院应当依法受理:(一)以房屋为标的物的债权已办理预告登记的;(二)债权人为抵押权人且房屋转让未经其同意的;(三)人民法院依债权人申请对房屋采取强制执行措施并已通知房屋登记机构的;(四)房屋登记机构工作人员与债务人恶意串通的。"

〔23〕最高人民法院行政裁定书,(2019)最高法行再 24 号。

〔24〕湖北省高级人民法院行政裁定书,(2017)鄂行申 233 号。一、二审法院也都肯定了裕丰公司的原告资格。

工作。此后,被告认定长城公司未按出让合同约定的期限开发利用土地,决定无偿收回出让土地。龙睛公司与长城公司作为共同原告,提起诉讼。针对有关龙睛公司起诉资格的质疑,最高法院判决认为,龙睛公司系专门从事大厦建设的项目公司,取得主管机关核发的《工程建设规划许可证》和《工程建设开工许可证》,被告的处罚决定对龙睛公司权益有实际影响。被告称龙睛公司不是行政处罚相对人、非适格原告,其理由不能成立。[25] **在大连日隆工贸实业发展公司诉辽宁省锦州市工商行政管理局案**中,法院似乎走得更远。在该案中,被告以锦州广厦百货大楼国大珠宝行(以下简称广厦珠宝行)从事传销为由,通知其停止营业并封存资产。大连日隆工贸实业发展公司(以下简称日隆公司)不服,提起诉讼;为广厦珠宝行提供场地的锦州广厦百货大楼作为第三人参加诉讼。经查,广厦珠宝行由日隆公司国大百货精品珠宝行(以下简称国大精品行)出资设立和管理,领取有营业执照;国大精品行系日隆公司的分支机构,也领取有营业执照。被告在诉讼中提出,原告日隆公司不符合起诉条件。辽宁高院一审判决认为,虽然被告通知明确指向的是广厦珠宝行,但责令封存的资产系日隆公司经营管理的财产,故日隆公司具备原告资格。最高法院认可该理由。[26]

2. 投诉、举报、控告、检举

中国法律规定公民有投诉、举报、控告、检举等权利,有的还规定了有关行政机关应当予以答复,或者查清以后予以答复。例如,依据《治安管理处罚法》第77、78条,公安机关对报案、控告、举报应当及时受理,并进行登记和调查;即使认为不属于违反治安管理行为的,也应当告知报案人、控告人、举报人,并说明理由。与之类似,公民在税收征收、产品质量、劳动保护、生态环境等方面,也享有广泛的投诉、举报、检举的权利。

行政机关对投诉、举报、控告、检举未予答复,或者公民对答复不满意的,是否都可以提起诉讼?对此,最高法院认可在两种情况下,当事人可以提起诉讼:一是要求主管行政机关"依法追究加害人法律责任的"[27];二是"为维护自身合法权益"而举报的。[28] 2018年《行诉法解释》第12条第5项延续了该精神,规定:"为维护自身合法权益向行政机关投诉,具有处理投诉职责的行政机关作出或者未作出处理的",属于"与行政行为有利害关系",可以提起诉讼。也就是说,公民、法人或者其他组织因受他人侵害,与对方存在实际纠纷的情形下,才可以作为控告人或者投诉人起诉。纯粹为了公共利益或者个人怨愤而举报、检举他人违法行为,要求查处的,不具有起诉资格。

---

〔25〕 最高人民法院行政判决书,(2001)行终字第10号,法公布(2002)第79号。

〔26〕 最高人民法院行政判决书,(1998)行终字第6号。

〔27〕 2000年《若干解释》,第13条第3项;2018年《行诉法解释》,第12条第3项。

〔28〕 《最高人民法院关于举报人对行政机关就举报事项作出的处理或者不作为行为不服是否具有行政复议申请人资格问题的答复》,〔2013〕行他字第14号。

由于“投诉”“举报”“控告”“检举”等概念没有严格界定，在立法和生活中经常混用，在法律分析时不能光看用词，而应当看实际法律关系。在指导案例**罗镕荣诉江西省吉安市物价局举报答复案**中，最高法院沿袭《价格违法行为举报规定》的说法使用了“举报人”的用语，并承认举报人就其自身合法权益受侵害举报的，与举报处理行为具有法律上的利害关系。〔29〕相应用语在2018年《行诉法解释》中改为“投诉”。在**宋伟诉河南省巩义市市场监督管理局不履行法定职责案**中，法院进一步区分了“投诉”和“举报”两个用语。原告宋伟在中国移动巩义分公司办理98元“冰激凌套餐”，但实际每月被收费110元。宋伟报案，被告不予立案。在诉讼中，被告辩称，宋伟是依据《价格违法行为举报处理规定》举报第三人价格违法，其身份是举报人，不是投诉人。一、二审法院以宋伟系举报人、不具有利害关系为由，驳回起诉。河南高院再审指出，当事人认为第三人的违法行为侵犯自身合法权益，请求行政机关依法查处的，属于司法解释规定的“投诉”，投诉人与被诉行为具有利害关系；认为第三人的违法行为侵犯他人合法权益或者国家利益、社会公共利益，请求行政机关依法查处的，属于举报，举报人与被诉行为无法律上的利害关系。〔30〕

司法解释划出了一条大概的界线，但具体尺度仍取决于法院拿捏。在**彭学纯诉上海市工商行政管理局不履行法定职责案**中，原告彭学纯认为上海有线电视台的一个“专题节目”以介绍某医院事迹为名、行违法医疗广告之实，误导其妻子前去治疗却被“治死”，要求工商局对电视台予以查处。工商局口头答复该节目不属于广告，不予立案查处。彭学纯起诉要求工商局履行法定职责。上海第一中院终审判决认为，彭学纯的起诉符合《行政诉讼法》的规定。〔31〕还有法院受理了公民因第三人在他祖坟前占用耕地建寿坟，起诉国土局不予查处的案件。〔32〕投诉人、控告人、举报人、检举人的诉权，乃至这些概念本身，都有待进一步厘清。

3. 相邻权、环境权、生态权

不动产的相邻权利很早就得到了法律的承认。在城市规划领域，大量的案件是以相邻权人的身份提起诉讼并得到法院的认可。但是，相邻权的概念诞生于农业社会，相邻权概念覆盖的物理距离和包含的权利内容有限，有关相邻权的规定不足以充分保护空间密度、周围景观、附属设施等更广泛的空间利益。相比之下，“环境权”的概念更有延展性，有可能在今后构成一个重要的起诉依据。〔33〕甚至，涉及更加广泛的“生态权”概念也被人提出，但能否作为起诉依据，还

---

〔29〕最高人民法院指导案例第77号，2016年12月28日发布。

〔30〕河南省高级人民法院行政裁定书，(2019)豫行申1612号。

〔31〕《最高人民法院公报》2003年第5期。

〔32〕周迎飚、王小丽：《农民买地建寿坟　国土局接报不查败诉》，载中国法院网2005年11月1日，http://www.chinacourt.org/public/detail.php? id=183513。

〔33〕胡静：《环境权的规范效力：可诉性和具体化》，载《中国法学》2017年第5期。

有待观察和论证。[34]

（四）值得诉讼保护的利益

在现实生活中，一个行政行为可能会产生一连串纷乱复杂的影响，犹如无限伸展的多米诺骨牌。如果不想把起诉资格限定于制定法明确规定的利益范围，也不准备让所有受到行政行为影响的公民都提起诉讼，那么，必须在某个地方截断它。到底什么样的影响才构成法律上的“利害关系”，值得诉讼保护？这个问题也许没有一个完全确定的答案。归根结底，它包含着对所涉利害的权衡：一方面，应当考虑通过诉讼保护当事人权利的需要；另一方面，也要考虑行政秩序的安定性、连续性不被过分地打扰。随着社会发展、观念变化和司法机关对自身职能的认识，它的范围在总体上不断扩充。下面将从几个主要方面入手，讨论可以通过诉讼保护的利益范围。

一般来说，法律上的利害关系是对特定人产生的、有别于他人的利害关系。例如，一个参与行政过程的当事人，通常被认为与行政处理结果有利害关系，一般具有起诉资格；在行政复议等行政程序中被追加为第三人的，也被认为与行政行为有利害关系。又如，规划局违法批准工程建设，对于通风、采光、日照、景观、交通受到影响的周边居民，就产生特别的利害关系（其利害程度也随着物理距离递减）；对于一个热心环保事业、在审批过程中竭力反对该工程的社会团体，也存在一定利害关系；对于生活在另一城市、偶然到此一游的观光者，就不存在法律上的利害关系。

这方面有两个案例可供对比。在**任诚宇、李东照诉深圳市公安局龙岗分局“地域歧视”案**中，龙岗公安分局龙新派出所在其辖区的大街上悬挂了“坚决打击河南籍敲诈勒索团伙”字样的横幅。此事经媒体报道后，河南市民任诚宇、李东照认为龙新派出所的举动损害了所有河南籍公民的声誉，伤害了自己对家乡的荣誉感，遂向郑州市高新区法院提起诉讼，要求被告公开赔礼道歉。[35] 该案的起诉和受理可能超出了多数人认同的利害关系范围，把值得诉讼保护的利益推到了法律的边缘。**朱广义等4人诉郑州市人民政府道路更名案**更能代表法院的立场。2015年5月，郑州市政府发布通告，将位于郑东新区的“祭（zhài）城路”更名为“平安大道”。原告诉称，祭城作为地名已有3500多年历史，被告更名影响历史文化传承，也影响其户籍信息和精神权益。该案经三级法院审理，结果都是驳回起诉。法院认为，更改路名行为对原告的影响相对轻微；与祭城路周边居民相比，原告也不能合理说明自己具有特

---

[34] 一个美国的尝试，参见 Juliana *v.* United States, 217 F. Supp. 3d 1224, 1261 (Ore. 2016)。在该案中，21名不同背景的少年儿童提起诉讼，要求特朗普政府采取行动，保护人类可持续生活的大气环境。联邦地区法院受理了该案。

[35] 李朝红：《派出所悬挂打击河南籍犯罪团伙横幅惹争议》，载《南方都市报》2005年3月30日；韩俊杰、郭文政、刘学：《歧视河南横幅惹怒河南人　河南两公民怒告深圳警方》，载《中国青年报》2005年4月16日。该案在郑州市高新区法院以民事诉讼立案，并以调解方式结案：被告向任诚宇、李东照赔礼道歉，原告自愿放弃其他诉讼请求。严格来讲，该案应当作为行政案件起诉。

殊利益。尽管法官满怀同情,在现有法律下还是爱莫能助。[36]

法律上的利害关系还要求相关利益是现实的或者伸手可得的,而不纯粹是一种期待的、虚无缥缈的利益。在田家乐诉北京市朝阳区民政局要求撤销其父婚姻登记案中,原告父亲再婚,朝阳区民政局为他办理了结婚登记。原告认为,其父亲患有禁止结婚的疾病,不符合法定结婚条件,而民政局违法为其父亲办理结婚登记手续,给他造成严重经济损失。法院认为,原告与其父亲的结婚登记行为没有法律上的利害关系,不具有起诉资格。[37] 相反,在温州富商胡加招遗产继承纠纷案中,死者胡加招的母亲认为胡加招生前与第三人的再婚登记违法,对登记行为提起行政诉讼。法院受理了原告的起诉。[38] 最高法院就该案有关问题的答复暗示,原则上只有婚姻关系当事人有资格对结婚登记行为提起诉讼;在婚姻关系当事人死亡的情况下,其近亲属才可以提起行政诉讼。[39] 这是因为,婚姻关系当事人死亡后,继承权成为一种现实的权利,当事人近亲属的利害关系才变得真切,需要通过诉讼来保护。

当事人与一个行政行为是否具有利害关系,法院有时会根据整个行政管理过程,结合具体法律、法规的规定来判断。在多阶段的行政管理中,如果当事人嗣后还有寻求法律救济的机会,法院可能会拒绝当事人就最初行政行为提起诉讼。在刘广明诉张家港市人民政府不予受理行政复议案中,向第三人金沙洲旅游投资发展有限公司筹划生态农业旅游观光项目,项目用地包括原告承包经营的土地。张家港市发改委依据《江苏省企业投资项目备案暂行办法》的规定,对该项目予以备案。原告认为备案行为存在重大违法,向被告张家港市政府申请行政复议,要求撤销备案。张家港市政府认为原告与备案行为不存在利害关系,驳回其复议申请。原告起诉被告的复议决定,法院驳回了原告的诉讼请求。一审法院认为,项目申报单位办理项目备案后,还要依法办理土地、环保、规划等方面的手续,方可开工建设。因此,项目建设涉及的土地使用权人或房屋所有权人与项目备案行为不具有利害关系。[40]

(五) 利害关系的证明

行政决定直接指向的公民、法人或者其他组织,与行政行为的利害关系比较清楚,凭着一纸决定就可以起诉。但如果行政机关没有作出或者送达书面的行政决

---

〔36〕 最高人民法院行政裁定书,(2018)最高法行申1127号。

〔37〕 程琥:《从儿子申请撤销父亲结婚登记行政诉讼案析行政诉讼原告资格制度的发展》,载最高人民法院行政审判庭编:《行政执法与行政审判》2003年第1辑,法律出版社2003年版。

〔38〕 陈东升、詹小红:《亿元遗产纠纷案二审开庭　南北法学大腕“斗法”》,载《法制日报》2003年8月4日。

〔39〕 《最高人民法院行政审判庭关于婚姻登记行政案件原告资格及判决方式有关问题的答复》,法〔2005〕行他字第13号。

〔40〕 最高人民法院行政裁定书,(2017)最高法行申169号。最高法院再审裁定的理由略有不同。它认为,现有法律、法规要求向发改委备案,并非着眼于项目用地范围内的土地使用权人权益保障问题。即使法律、法规规定了行政机关的职责义务,如果该规定并非旨在保护相对人的权益,该规定不能作为相对人提起诉讼的依据。相关评论,参见赵宏:《原告资格从“不利影响”到“主观公权利”的转向与影响——刘广明诉张家港市人民政府行政复议案评析》,载《交大法学》2019年第2期。

定，或者原告不是行政决定直接指向的公民、法人或者其他组织，原告与被诉行政行为的利害关系需要以一定的证据来证明。在起诉时，原告至少应当予以合理说明。

香港昆利发展有限公司、晶泽有限公司诉湛江海关行政处罚案就涉及原告利害关系的事实认定问题。在该案中，被告湛江海关认定第三人所运输的货物无合法证明，已构成走私，决定予以没收。原告昆利公司和晶泽公司提起诉讼。被告提出，原告既不是行政处罚所指向的当事人，在货物被查扣当时向海关呈验的商业单据、文件材料也不能证明他们是该批货物的货主。据此，原告与被诉具体行政行为没有法律上的利害关系，不具有起诉的资格。湛江中院一审判决认为，原告持有该批货物的提单，提单是货物所有权的有效凭证，因此原告有权提起诉讼。[41]

三　原告承当

诉讼的实施主体，也就是谁来告、谁应诉，是诉讼法的一个基本问题。[42] 在特定情况下，由于当事人本人或其法定代表人不愿、无法或者不便实施诉讼，而需由他人实施。由此，出现了"诉权与实体权利主体相分离"的现象。[43] 在行政诉讼原告资格已经具备的情况下，谁将实际承当原告、实施诉讼行为，是一个有待讨论的问题。

下面讨论几种具体情况，包括：原告为个人或者组织的，谁来代表他/它起诉？有资格起诉的个人和组织不去起诉，别人能否代替他/它起诉？有资格起诉的公民死亡或者组织终止，谁可以接替他/它起诉？这几种情况，分别称为代表诉讼、代位诉讼和原告资格的继承。

（一）代表诉讼

代表诉讼解决的是谁来代表原告实施诉讼。具体又有多种形式：

1. 诉讼代理人制度

原告为自然人的，诉讼由本人进行；本人没有诉讼行为能力的，由法定代理人代为进行。这种情况，法律上属于"诉讼代理"。

2. 法定代表人替代制度

一个组织通常由法定代表人对外代表，并以该组织印章作为凭证；但当法定代表人不起诉，为保护组织的利益，法律允许组织内部其他机构或者组织成员以该组织名义起诉。例如，公司的股东会、董事会作为公司的决策机关，认为行政行为侵犯

---

〔41〕《最高人民法院公报》1994 年第 1 期。

〔42〕相关讨论，参见肖建华：《民事诉讼当事人研究》，中国政法大学出版社 2002 年版；肖建国、黄忠顺：《诉讼实施权理论的基础性构建》，载《比较法研究》2011 年第 2 期。

〔43〕江伟、王强义：《论民事诉讼当事人与民事主体的分离》，载《法律学习与研究》1988 年第 2 期；肖建华：《诉权与实体权利主体相分离的类型化分析》，载《法学评论》2002 年第 1 期。

企业经营自主权,有权决定并以企业名义提起诉讼。[44] 村民委员会或者村民小组组长有权作为集体经济组织的代表提起诉讼,但集体经济组织代表对涉及农村集体土地的行政行为不起诉的,过半数的村民可以以集体经济组织名义提起诉讼。[45] 与之类似,城市居住小区的业主委员会对于行政机关作出的涉及业主共有利益的行政行为,可以自己的名义提起诉讼;业主委员会不起诉的,专有部分占建筑物总面积过半数或者占总户数过半数的业主可以提起诉讼。[46] 上述情况都属于法定代表人的替代制度,解决的是一个组织内部由谁对外表达意志的问题。在法律上,原告仍然是组织,而不是该组织内部的机构或者成员。

3. 诉讼代表人制度

一方当事人为多人的,谁来代表当事人实施诉讼?它主要包括几种情形:(1)家庭成员的代表。涉及家庭成员共同利益的,原则上应当由家庭成员作为共同原告。但这给原告的认定、代理、追加带来了一系列手续,还可能因为遗漏原告而导致诉讼程序的反复。为此,实践中允许由一名家庭成员作为诉讼代表人提起诉讼。在涉及农村承包经营户的诉讼中,这种做法已经相当普遍。[47] (2)当事人人数众多时的代表。在当事人一方人数众多的情况下,法律往往允许甚至要求当事人推选代表人进行诉讼。《行政诉讼法》第28条规定了代表人诉讼。代表人的诉讼行为对其所代表的当事人发生效力,但放弃诉讼请求等特定事项必须经被代表的当事人同意。诉讼代表人制度是共同诉讼和诉讼代理的结合,诉讼代表人既是共同原告也是其他原告的代理人。

(二)代位诉讼

一个行政行为可能对众多人产生直接或者间接的影响,但不是所有利害关系人都可以提起诉讼。“远不间亲”是法律的一般原则,直接利害关系人的存在阻断了其他利害关系人的起诉资格。但是,在直接利害关系人不起诉的情况下,为保护其他利害关系人的合法权益,法律有时允许它代替直接利害关系人提起诉讼。这种情况称“代位诉讼”。[48]

代位诉讼的后果一般归属于被代位人,法院判决对代位诉讼人具有既判力;为实质性解决纠纷,法院也可以判决被告向代位诉讼人直接给付相应的金额。代位诉讼的具体适用范围无法完全列举。下面讨论实践中出现的几种主要情况:一是使用

---

〔44〕 2018年《行诉法解释》,第16条第1款。

〔45〕《最高人民法院关于审理涉及农村集体土地行政案件若干问题的规定》,法释〔2011〕20号,第3条第1款。

〔46〕 2018年《行诉法解释》,第18条。

〔47〕 例如,谭继铭承包经营户诉石柱土家族自治县人民政府承包经营权登记案,重庆市高级人民法院行政判决书,(2013)渝高法行终字第5号;田玉平承包经营户诉建始县人民政府行政征收案,湖北省高级人民法院行政判决书,(2017)鄂行终184号。

〔48〕 何海波:《论行政诉讼中的代位诉讼》,载《苏州大学学报(哲学社会科学版)》2021年第4期。

权人代位诉讼,二是股东代位诉讼,三是债权人代位诉讼,四是生产商、经销商的代位诉讼,五是被限制人身自由人近亲属的代位诉讼。

1. 使用权人代位诉讼

在所有权的基础上,物权派生出多种用益物权和担保物权。依据《民法典》的规定,派生的用益物权有农村集体土地承包经营权、国有建设用地使用权、宅基地使用权、居住权等。在这些派生权利的基础上,又可能派生出的新的权利。例如,在农地“三权分置”模式下,土地承包经营权人把自己承包经营的土地转包给他人,从而形成转承包人的经营权。[49] 在知识产权领域,也存在经专利权人、著作权人许可使用的权利。

使用权人的诉权得到了司法解释的肯定。[50] 只是,目前的法律和司法解释没有涉及各种派生权利的顺位。从原理来讲,相对于所有权,这些派生权利属于第二乃至第三顺位的权利。在物的所有权受到侵害的情况下,似乎一般应由所有权人提起诉讼,主张权利。但是,如果所有权人不起诉的,为了充分保护使用权人的利益,应当允许使用权人提起诉讼。

2. 股东代位诉讼

股东代位诉讼是代位诉讼中的典型情况,也有学者借鉴外国公司法称“股东派生诉讼”(shareholders derivative suit)。[51] 一个针对企业法人作出的行政行为,对企业法人的股东也会产生影响。由于企业法人与其股东在法律人格上相互独立,企业法人有权起诉并不等于其股东有权起诉,法人人格反而阻隔了股东的诉权。如果行政行为以企业法人为对象作出,有关各方不服的,通常应当由该企业法人提起诉讼,其股东无权起诉。实践中,由于股东之间利益不一致,遇到企业实际控制人不愿起诉的,如果再坚持上述规则,部分股东的权益不能得到有效维护。为此,法律有条件地允许企业股东等相关人代替企业法人提起诉讼。

股东代位诉讼较早出现在联营企业、中外合资、合作企业中,也发生在产权模糊的企业转制过程中。最高法院司法解释规定,联营企业、中外合资、合作企业的联营、合资、合作各方或者非国有企业的法定代表人,在企业的合法权益受行政行为侵害时,可以提起诉讼。[52] 现有司法解释没有清晰区分本人诉讼和代位诉讼,这一点

---

〔49〕 孙宪忠:《推进农地三权分置经营模式的立法研究》,载《中国社会科学》2016 年第 7 期(需要创新设置物权性质的土地经营权);蔡立东、姜楠:《农地三权分置的法实现》,载《中国社会科学》2017 年第 5 期(次级用益物权)。

〔50〕《最高人民法院关于审理涉及农村集体土地行政案件若干问题的规定》(法释〔2011〕20 号)第 4 条规定,土地使用权人或者实际使用人对行政机关作出的涉及其使用或实际使用的集体土地的行政行为不服的,可以以自己的名义提起诉讼。

〔51〕 几篇较早的文章,参见杨辉:《关于设立我国股东代位诉讼制度若干问题的思考》,载《法商研究》1999 年第 5 期;张民安:《派生诉讼研究》,载《法制与社会发展》1998 年第 6 期;罗培新:《股东派生诉讼若干问题探讨》,载《学术交流》1999 年第 3 期;甘培忠:《论股东派生诉讼在中国的有效适用》,载《北京大学学报(哲学社会科学版)》2002 年第 5 期。

〔52〕 2000 年《若干解释》,第 15、17 条;2018 年《行诉法解释》,第 16 条第 2、3 款。

在理论上需要澄清。如果行政机关强行注销企业,直接侵害企业股东的权益,股东以自己名义提起诉讼,仍然属于本人诉讼;如果行政机关收回企业法人的土地使用权,企业怠于履行诉权,而股东提起诉讼,才是代位诉讼。

司法解释没有明确企业股东在什么情况下可以提起代位诉讼。这个问题在2013年修改的《公司法》中得到了明确回应。该法第151条第3款规定:他人侵犯公司合法权益,给公司造成损失的,有限责任公司的股东、股份有限公司连续180日以上单独或者合计持有公司1%以上股份的股东,可以书面请求公司董事会(执行董事)或者监事会(不设监事会的为监事)向法院提起诉讼;董事会或者监事会拒绝提起诉讼,或者自收到请求之日起30日内未提起诉讼,或者情况紧急、不立即提起诉讼将会使公司利益受到难以弥补的损害的,前述股东有权为了公司的利益以自己的名义直接向法院提起诉讼。该条所说的"他人侵犯公司合法权益",包括行政机关所作行政行为侵犯公司合法权益。[53] 实践中,一些公司股东(母公司)在得到公司(子公司)同意的情况下,代替公司(子公司)提起诉讼,也得法院的允许。[54]

与前述股东代位诉讼类似的是非营利法人的出资人、设立人的代位诉讼。2018年《行诉法解释》第17条规定:"事业单位、社会团体、基金会、社会服务机构等非营利法人的出资人、设立人认为行政行为损害法人合法权益的,可以自己的名义提起诉讼。"从原理上讲,非营利法人的出资人、设立人也只有在行政行为损害法人权益而法人怠于履行诉权的情况下,才可以以自己名义提起诉讼。

3. 债权人的代位诉讼

债权人的代位权在合同法中就有规定。《民法典》第535条第1款规定:"因债务人怠于行使其债权或者与该债权有关的从权利,影响债权人的到期债权实现的,债权人可以向人民法院请求以自己的名义代位行使债务人对相对人的权利,但是该权利专属于债务人自身的除外。"在民事赔偿中,被侵权人死亡的,除了其近亲属有权请求赔偿,支付被侵权人医疗费、丧葬费等合理费用的人也有权请求侵权人赔偿费用(侵权人已经支付该费用的除外)。[55]

与民事代位诉讼相比,债权人的行政代位诉讼似乎应当受到更多限制。一般来说,代位权人的债权与被诉行政行为存在一定关联。在谢小蕙诉江苏省如皋市住房和城乡建设局案中,原告谢小蕙挂靠其他公司承揽案外人多瑞尔公司的厂房建设。按当时规定,多瑞尔公司应向被告所属单位预缴墙体材料节能费(以下简称墙体费)15万余元。谢小蕙与多瑞尔公司约定,该款项由谢小蕙垫付,日后返还时归谢小蕙。后来,谢小蕙起诉如皋市住房和城乡建设局,要求被告向其返还该墙体费。[56] 如果

〔53〕 张佰强、施新国诉浙江省慈溪市人民政府、慈溪市掌起镇人民政府案,最高人民法院行政裁定书,(2016)最高法行再91号。

〔54〕 同上。

〔55〕 《民法典》,第1181条。

〔56〕 南通市经济技术开发区人民法院行政裁定书,(2021)苏0691行初8号。

法院最终受理该案，一个关键的事实就是原告与该笔债权存在实质上的关联。

4. 生产商、经销商的代位诉讼

一个企业生产、经销的产品可能遍布各地，市场管理机关对不合格产品的认定和处理可能只针对末端的销售企业，但影响生产企业和经销企业的声誉和其他利益。如果被处罚的末端企业对处罚决定提起诉讼，生产、经销企业似乎可以作为第三人参与诉讼；如果被处罚的末端企业不愿提起诉讼，生产、经销企业可以提起诉讼。

在实践中，已经出现多个生产商、经销商代位诉讼的案例。在山东壮壮嘉吉肥业有限公司诉新泰市工商行政管理局案中，第三人安英华被人投诉，其销售的"壮壮"牌复混肥存在质量问题。被告认定该复混肥系原告壮壮公司生产，属于不合格产品，遂对安英华作出责令停止销售、罚款2万元的处罚。壮壮公司提起诉讼，并得到法院支持。[57] 在深圳市米唐贸易有限公司诉重庆市食品药品监督管理局九龙坡区分局行政处罚案中，法院将原告资格给予了进口产品的代理商。[58]

5. 被限制人身自由人家属的代位诉讼

实践中可能出现这样的情况：公民的人身自由被非法限制，无法请求行政机关保护，也无法亲自起诉，甚至无法向外界作出起诉的意思表示。对此，司法解释规定，公民因被限制人身自由而不能提起诉讼的，其近亲属可以依其口头或者书面委托以该公民的名义提起诉讼。近亲属起诉时无法与被限制人身自由的公民取得联系，近亲属可以先行起诉，并在诉讼中补充提交委托证明。[59] 这种情况似乎是比照民法关于限制行为能力人的规定，视被限制人身自由的人为限制行为能力人，由其近亲属以代理人的身份代为提起诉讼。但这种做法在理论上比较勉强，在实践中也有不足。假如近亲属连人都见不到，就无法办理和提交委托手续。允许近亲属行使代位权，直接提起诉讼，也许是一个更好的解决方案。与之类似，在公民被绑架、拐卖的情况下，其近亲属有权请求公安机关解救；公安机关拒绝解救的，不妨允许其近亲属作为原告提起代位诉讼。

（三）原告资格的继承

原告是公民的，其原告资格的继承适用诉讼法和继承法的规定，此处不赘。原告是法人或者其他组织的，其继承问题在实践中可能复杂一些。

法人的民事权利能力和民事行为能力从法人成立时产生，到法人终止时消灭。依理，法人的诉讼权利能力也终止于法人终止。但何时算法人终止？特别是在企业

---

〔57〕 泰安市中级人民法院行政判决书，(2015)泰行终字第12号。更多讨论参见刘万金：《利害关系人对处罚决定享有撤销请求权》，载《人民司法·案例》2015年第16期。

〔58〕 重庆市第五中级人民法院行政裁定书，(2018)渝05行终253号。更多讨论参见刘静、乐巍、徐良：《食品进口商对行政处罚决定享有起诉权》，载《人民司法·案例》2019年第11期。

〔59〕 2018年《行诉法解释》，第14条第2款。

法人营业执照被吊销或者法人登记被注销的情况下，能否继续以法人的名义提起诉讼？在**烟台长城科工贸(集团)公司诉烟台市国土资源局行政处罚案**中，原告长城公司在起诉前即被工商机关吊销营业执照。针对长城公司是否具有原告资格的疑问，最高法院依据《公司登记管理条例》的有关规定认为，吊销营业执照后公司丧失从事经营活动的行为能力，但并不意味着该公司的终止；在被依法注销之前，该公司有权以自己的名义提起诉讼。[60] 不仅如此，在企业被行政机关注销的情况下，最高法院的司法解释在一定范围内仍然认可其起诉资格。[61]

企业被依法注销后，行政行为仍然错误地针对该企业作出，这种情况不妨碍企业股东继承和行使诉讼权利。在**丁海峰诉北京市税务稽查局行政处罚案**中，被告以十三维顾问咨询有限公司违规开具发票、逃缴所得税为由，对其处以罚款。原告丁海峰签收文书并缴纳罚款后，诉至法院。一审和二审法院认为，丁海峰并非行政处罚的相对人，不是适格原告。再审认定，十三维公司早在处罚决定作出3年前即已注销，丁海峰作为公司唯一股东，是行政处罚的利害关系人，有权提起诉讼，故指令一审法院审理此案。[62]

《行政诉讼法》第25条第3款规定："有权提起诉讼的法人或者其他组织终止，承受其权利的法人或者其他组织可以提起诉讼。"承受权利的法人或者其他组织提起诉讼的，应当提交相应证明。在**开封市隆发房地产有限公司诉开封市人民政府撤销国有土地使用证案**中，豫东公司因未参加年检被工商机关吊销了《企业法人营业执照》，此后开封市政府以"重复发证"为由撤销其《国有土地使用权证》。隆发公司称其已"兼并"豫东公司，以豫东公司权利承受人的身份提起诉讼，并向法院提交了其与豫东公司签订的《兼并协议书》。最高法院认为，根据《公司法》的规定，公司之间的兼并应由公司的股东会作出决议，编制资产负债表及财产清单，通知债权人并在报纸上公告。隆发公司提交的证据不足以证明它已完成对豫东公司的兼并，承受了豫东公司的权利。而且，豫东公司并未解散，也未办理注销登记，该企业并未终止。综上，隆发公司主张其具有原告主体资格的证据不足，法院不予支持。[63]

四　行政公益诉讼

原则上，中国法律不允许与个人利益完全无关、纯粹为了公共利益而提起的行

---

〔60〕 最高人民法院行政判决书，(2001)行终字第10号，法公布(2002)第79号。

〔61〕 2000年《若干解释》第17条规定："非国有企业被行政机关注销、撤销、合并、强令兼并、出售、分立或者改变企业隶属关系的，该企业或者其法定代表人可以提起诉讼。"该条为2018年《行诉法解释》第16条第3款所承袭。前述规定没有区分各种具体情形，值得斟酌；赋予被注销的企业或者其法定代表人起诉资格，却没有规定被注销企业股东的起诉资格，值得商榷。

〔62〕 北京市第二中级人民法院行政裁定书，(2018)京02行再3号。

〔63〕 最高人民法院行政裁定书，(1999)行终字第5号。

政诉讼,即所谓的“客观诉讼”[64]或者“公民诉讼”[65]。要想提起诉讼,必须证明自己与被诉行政行为存在法律上的利害关系。但是,在司法实践中确实有一部分诉讼,起诉者的动机不在于维护本人的利益,而在于维护和促进公共利益。例如,公民为索要地铁发票而提起的诉讼,环保团体对于破坏生态环境的工程规划许可提起的诉讼。这一类诉讼被称为“公益诉讼”,其中与行政管理有关的即“行政公益诉讼”。

在民事领域,早在2012年《民事诉讼法》修改时,公益诉讼就得到立法的肯定,检察机关和符合条件的公益组织可以提起民事公益诉讼。[66] 行政公益诉讼起步略晚。在为期两年的试点后,2017年《行政诉讼法》修改,检察机关提起行政公益诉讼写入法律;而社会组织和个人提起行政公益诉讼的设想,始终没有得到立法采纳。尽管如此,社会组织和个人提起实质上的行政公益诉讼,仍然存在空间。

下面分别讨论法定的行政公益诉讼(检察公益诉讼)和实质上的行政公益诉讼(民间公益诉讼)。

(一) 检察公益诉讼

学界对检察公益诉讼早有讨论,检察机关也力主开展公益诉讼。但在2014年《行政诉讼法》修改时,因为各方还有不同认识,没有规定检察公益诉讼。2015年,全国人大常委会授权最高检察院在生态环境和资源保护、国有资产保护、国有土地使用权出让、食品药品安全等领域开展为期两年的公益诉讼试点。[67] 试点结束后,《行政诉讼法》修改,确立了检察行政公益诉讼。

依据2017年《行政诉讼法》第25条第4款的规定,检察行政公益诉讼的范围限于生态环境和资源保护、食品药品安全、国有财产保护、国有土地使用权出让等领域。检察院在履行职责中发现上述领域行政机关违法行使职权或者不作为,致使国家利益或者社会公共利益受到侵害的,可以启动监督和诉讼程序。列举的四个领域之外,如果符合公益诉讼的性质,也就是行政违法侵害公共利益又没有直接受害人的,检察机关应当也可以启动公益诉讼。此外,特别法也可能授权检察机关提起公

[64] 于安:《行政诉讼的公益诉讼和客观诉讼问题》,载《法学》2001年第5期。对“客观诉讼”概念的重新理解,参见马立群:《论客观诉讼与我国行政审判权的界限》,载《甘肃社会科学》2011年第1期;薛刚凌、杨欣:《论我国行政诉讼构造:“主观诉讼”抑或“客观诉讼”?》,载《行政法学研究》2013年第4期;成协中:《论我国行政诉讼的客观诉讼定位》,载《当代法学》2020年第2期。

[65] 陶红英:《美国环境法中的公民诉讼制度》,载《法学评论》1990年第6期;巫玉芳:《美国联邦环境法的公民诉讼制度》,载《现代法学》2001年第6期;于方:《美国环境法制中的公民诉讼研究》,载罗豪才主编:《行政法论丛》第6卷,法律出版社2003年版。

[66] 2012年修正的《民事诉讼法》第55条规定:“对污染环境、侵害众多消费者合法权益等损害社会公共利益的行为,法律规定的机关和有关组织可以向人民法院提起诉讼。”又据2014年修正的《环境保护法》第58条,依法在设区的市级以上民政部门登记、专门从事环境保护公益活动连续5年以上且无违法记录的社会组织,对污染环境、破坏生态,损害社会公共利益的行为,可以向法院提起诉讼。

[67] 《全国人民代表大会常务委员会关于授权最高人民检察院在部分地区开展公益诉讼试点工作的决定》,2015年7月1日第十二届全国人大常委会第十五次会议通过。

益诉讼。例如，2018 年的《英雄烈士保护法》授权检察机关在英雄烈士没有近亲属或者近亲属不提起诉讼的情况下，依法对侵害英雄烈士的姓名、肖像、名誉、荣誉，损害社会公共利益的行为提起诉讼。

检察机关提起行政公益诉讼之前，应当向负有监督管理职责的行政机关提出检察建议，督促其依法履行职责。行政机关应当在收到检察建议书之日起两个月内依法履行职责，并书面回复；出现国家利益或者社会公共利益损害继续扩大等紧急情形的，应当在 15 日内书面回复。[68] 行政机关不依法履行职责的，检察机关才可向法院提起诉讼。法律设定检察行政公益诉讼的前置程序，主要是为了促使行政机关依法履行职责，而且检察机关本来就有监督的权责。从实际情况来看，检察机关启动的监督程序绝大部分终止于这个阶段，真正提起诉讼的只是零头。

2016 年的贵州锦屏县检察院诉县环保局可能是第一个公益行政诉讼。[69] 从 2017 年 7 月到 2019 年 10 月底，全国检察机关提起行政公益诉讼 986 件，约占同期检察公益诉讼总数的 15%。[70] 其中的典型案例有：林业主管部门未对无证砍伐林木的违法行为作出处理，致使森林资源被破坏后没有得到恢复；渔民长时间、大面积使用小网目尺寸的渔网非法捕捞，渔业执法部门未采取有效措施予以遏制；乡镇政府未采取有效措施保护传统村落，村民翻修旧房、新建住房处于无序状态，村落的整体风貌遭严重破坏，等等。[71]

检察公益诉讼在传统的行政监督机制之外开辟了新的渠道，并在国家监察职能重组后，成为“新时代检察工作创新发展的重要方面”。[72] 开展试点以来，检察公益诉讼涌现出许多典型案例，并在局部领域取得了可喜的成效。[73] 但总体上讲，检察机关很难突破现有地方权力结构的制约，开展公益诉讼动辄得咎，“轻也不是、重也不是”。实践中，检察公益诉讼主要由基层检察院针对基层行政机关提起，案件选择上也有“趋易避难”的倾向。[74] 这使检察公益诉讼难以充分发挥维护公共利益、促

[68] 《最高人民法院、最高人民检察院关于检察公益诉讼案件适用法律若干问题的解释》，法释〔2018〕6 号，法释〔2020〕20 号修正，第 21 条第 2 款。

[69] 王治国：《贵州锦屏县检察院诉县环保局行政公益诉讼案一审胜诉》，载正义网，http://news.jcrb.com/jxsw/201601/t20160113_1582701.html。

[70] 刘艺：《我国检察公益诉讼制度的新发展与新挑战——基于 2017～2019 年数据的理论反思》，载中国政法大学法治政府研究院主编：《中国法治政府发展报告（2019）》，社会科学文献出版社 2020 年版，第 281～284 页。

[71] 《检察公益诉讼全面实施两周年典型案例》，载最高人民检察院网站 2019 年 10 月 10 日，https://www.spp.gov.cn/spp/xwfbh/wsfbh/201910/t20191010_434047.shtml。

[72] 张军：《最高人民检察院关于开展公益诉讼检察工作情况的报告》，第十三届全国人大常委会第十四次会议，2019 年 10 月 23 日。

[73] 胡卫列、田凯：《检察机关提起行政公益诉讼试点情况研究》，载《行政法学研究》2017 年第 2 期；最高人民检察院第八检察厅编：《行政公益诉讼典型案例实务指引》，中国检察出版社 2019 年版；陈天昊、邵建树、王雪纯：《检察行政公益诉讼制度的效果检验与完善路径——基于双重差分法的实证分析》，载《中外法学》2020 年第 5 期。

[74] 覃慧：《检察机关提起行政公益诉讼的实证考察》，载《行政法学研究》2019 年第 3 期。

进法治秩序的预期功能。检察公益诉讼大有可期,但如何突破这一“瓶颈”仍是巨大挑战。

(二) 实质上的行政公益诉讼

尽管缺乏法律的明确支持,过去二十余年中,各地涌现了不少民间人士发起的公益诉讼,甚至出现了丘建东、李刚、郝劲松以及中华环保联合会等热心公益诉讼的公民和团体。[75] 例如,在陈法庆诉浙江省人民政府和省环保局环境整治案中,余杭农民陈法庆向有关部门反映,浙江东苕溪是杭州市区和余杭区主要的生活水源地,但因船舶运输过量已造成严重污染,请求整治。反映无果,陈法庆于 2003 年 12 月对浙江省政府和省环保局提起诉讼。[76] 民间行政公益诉讼涉及城乡规划、环境污染、价格决策、财政开支、机构设置、公务员招录、社会风化、信息公开等多个领域。这些诉讼,多数被法院拒之门外,极少进入实体审理,而原告最后胜诉的凤毛麟角。

尽管民间公益诉讼屡战屡败,但公益诉讼从提起、受理、庭审到判决时常成为媒体关注的对象,从而促使行政机关做出相应行动。在一些时候,它的影响还波及类似领域。例如,施建辉、顾大松诉南京市规划局批准建设紫金山“观景台”案虽被法院驳回起诉,却增加了舆论的关注。面对各方反对意见,南京市最终决定拆除“观景台”,由中山陵园管理局恢复原处山体植被。[77] 李刚诉卫生部等牙防组认证案推动了“全国牙防组”这个来历可疑、长期从事非法认证的机构的撤销。[78] 乔占祥诉铁道部列车票价上浮案推动了价格决策听证制度的建立。[79] 刘家辉律师发动的要求撤销保监会《关于机动车交通事故责任强制保险行政许可听证申请的复函》的诉讼,虽然没有被法院受理,却助推了公众对机动车交通事故责任强制保险费率和赔付的

[75] 郑良:《“中国公益诉讼第一人”丘建东十年维权路》,载《经济参考报》2007 年 4 月 2 日; 张帆:《公民李刚:公益诉讼的“垦荒者”》,载《中国经济时报》2006 年 5 月 10 日; 蒯乐昊:《郝劲松,不服从的公民》,载《南方人物周刊》2009 年 11 月 9 日。

[76] 张向芳、张辉煌:《农民陈法庆:比堂吉诃德幸运的环保卫士》,载《青年时报》2005 年 5 月 27 日; 阿清:《陈法庆:一位努力“修复”环保意识的农民》,载《中国工商报》2005 年 5 月 31 日。法院裁定,由于东苕溪污染和原告没有直接利害关系,陈法庆不具备原告资格,不予受理。

[77] 蒋德:《紫金山要建观景台 两大学教师向法院提起行政诉讼》,载《法制日报》2001 年 10 月 23 日; 郑晋鸣:《拔掉“南京人绿肺上的尖刀”:南京市决定拆除紫金山观景台前前后后》,载《光明日报》2002 年 1 月 24 日。

[78] 何晔:《全国牙防组:只有两个人两张办公桌》,载《现代快报》2005 年 4 月 10 日; 李婧:《违法认证误导消费者? 法学博士状告全国牙防组》,载《北京晨报》2005 年 11 月 24 日; 郭晓宇:《全国牙防组走向末路的警示》,载《法制日报》2007 年 5 月 18 日。

[79] 北京市高级人民法院行政判决书,(2001)高行终字第 39 号。就在乔占祥诉铁道部铁路客运票价上浮一案审理过程中,国家发展计划委员会制定了《政府价格决策听证暂行办法》,并公布了价格听证目录,规定居民用电、铁路和民航客票、电信 4 大类商品和服务在制定和调整价格时将由国家计委主持价格听证。

关注。[80] 在此意义上，公益诉讼不但是解决纠纷的场所，也可能成为公共事务的论坛和行政改革的推动者。

民间公益诉讼面临的困难首先是法律对原告资格的限制。公民、法人或其他组织与被诉行为有利害关系，是现行法律下提起诉讼的必备条件。目前法院所能做的是，通过解释"利害关系"的含义，适当放宽原告的起诉资格。今后，则可以通过立法放开符合条件的社会组织在城市规划、环境污染、公共财政等特定领域的诉权，允许社会组织扮演"私人检察官"的角色。当然，公益诉讼不能依靠几个热心公民单打独斗，而需要一些社会条件的支撑，其中包括成熟多样的社团组织、独立权威的司法机构和自由理性的大众传媒。

第二节　适格的被告

《行政诉讼法》第 49 条要求，提起诉讼应当"有明确的被告"。被告不明确，冤无头、债无主的，诉讼当然无从提起；但光是明确还不行，还要正确，即找对人。实践中，就有原告苦于"找不到被告"，几次起诉不是被驳回就是无奈撤诉的。[81] 所以，被告适格也是行政诉讼的起诉条件之一。

在中国的行政诉讼中，被告适格的条件归纳起来有三条：第一，被告应当是机构，而非个人或国家；第二，被告应当是依法成立、具有行政主体资格的机构；第三，原则上，对外作出行政行为的机构是被告。

一　以机构为被告

在有些国家，法律允许以行政官员个人为被告提起诉讼，或者以国家为被告提起诉讼。例如，美国 1976 年修改的《联邦行政程序法》规定，在没有其他特别规定的情况下，当事人申请司法审查，可以以美利坚合众国、行政机关或者一个适当的官员为被告。[82] 日本在 2004 年《行政事件诉讼法》修改后，对行政处分或者行政裁决提起撤销之诉的，也规定以作出处分或者裁决的行政机关所属的国家或者公共团体为被告。[83] 在中国，行政诉讼只能以特定机构为被告提起，不能告国家，也不能告个人。

中国的法学理论认为，国家设立机构（在行政系统，主要机构通常称"行政机关"），各司其职。行政机关代表国家实施法律，但以自己名义行使职权，并自行承担

---

〔80〕 陈鑫欣：《交强险　再掀波澜》，载《广州日报》2007 年 7 月 16 日；陈晶晶、张希睿：《保监会：将适时上调机动车交强险责任险限额》，载法制网，http://www.legaldaily.com.cn/fycj/content/2007－07/25/content_667464.htm。

〔81〕 参见李润文：《一民告官案三年找不到被告》，载《中国青年报》2009 年 11 月 16 日。

〔82〕 5 U.S. Code § 703. 另参见王名扬：《美国行政法》，北京大学出版社 2016 年版，第 477～478 页。

〔83〕 王天华：《行政诉讼的构造：日本行政诉讼法研究》，法律出版社 2010 年版，第 63～71 页。

责任。即使其违法行为招致“国家赔偿”，仍以行政机关为赔偿义务人，受理赔偿事项。以“中华人民共和国”为被告提起诉讼，既没有法律规定的依据，也没有法学理论的支持。

中国法律授予行政权都是授给某个机关，而不是授给个人（包括机关首长）。[84]通常情况下，行政机关作出行政决定有书面文书，文书署有行政机关名称并加盖行政机关印章。即使没有行政机关署名的文书，公务员以行政机关的名义行使职权、履行职责，其后果也归属该行政机关。公务员违法行使职权，需要撤销或者确认违法的，撤销或者确认违法的是行政机关的行为；公务员违法行使职权给公民造成损害，应当由其所属的行政机关承担赔偿责任。例如，在**江苏省泗洪县建明食品有限公司诉泗洪县人民政府检疫行政命令案**中，县政府分管工作的副县长电话指示县兽检所，停止对县肉联厂以外的单位进行生猪检疫。建明食品公司认为分管副县长的电话指示侵犯其合法权益，提起行政诉讼，就以县政府而不是以该副县长为被告。[85]

行政诉讼应当以谁为被告，不仅是名义指称问题，也是权责分配问题。以行政机关为被告，多数时候主体比较明确，容易确定被告。行政机关名称往往包含案件信息，各方根据被告身份，也容易识别案件类型。以机关为被告，意味着以机关为单位对外负责，便于行政系统内部管理，落实行政考评和责任制。这套权责分配方式大体符合中国现阶段的国家治理方式，不会轻易改变。

二　具有行政主体资格的机构

不是所有机构都可成为行政诉讼的被告，必须是依法成立、具有行政主体资格的机构才能成为被告。一个依照行政组织法设立的行政机关（如县级政府的职能部门），具有行政主体资格，自然可以成为行政诉讼的被告。行政机关的某些内设机构，经法律、法规授权，也可以成为行政诉讼的被告。在某些情况下，行使公共职能的事业单位、社团组织，也可能成为行政诉讼的被告。可见，中国行政诉讼的被告有多种类型，尽管《行政诉讼法》多数时候只用“行政机关”来表述。

从行政诉讼实践来看，承当被告最多的行政机关是县级政府的部门（约占一半）和市级政府的部门，其次为乡镇政府和县级政府。从历年情况看，乡镇政府承当被告的比例在不断下降，2002 年尚有 6.4%，到 2014 年只有 1.7%；省级政府和国务院

---

〔84〕 例外的情况是，《海商法》第 35、36 条关于船长为保障在船人员和船舶的安全而采取管制措施，第 37 条关于制作船上出生、死亡证明的规定，以及《民用航空法》第 46 条关于机长为保证飞行安全而“有权采取必要的适当措施”的规定。船长、机长采取上述行为引起的民事争议，通常由他们所在的船运公司、航空公司负责，但这些行为在行政法上的性质仍有待明确。

〔85〕 《最高人民法院公报》2010 年第 10 期。

部门承当被告的比例很小，但有上升趋势。[86] 省级政府被诉的行为主要是对自然资源所有权争议的行政裁决和涉及外商投资企业或台港澳侨投资企业批准证书的行为；在《行政诉讼法》修改、要求复议机关当被告后，省级政府涉及复议的案件大量增加。[87] 国务院部门承当被告的案件集中在专利、商标等知识产权领域，也有少量其他案件。2014 年，北京市法院审结以国务院部门为被告的行政案件首次超过一万件，其中九成以上为知识产权案件，其他案件 478 件。[88] 迄今为止，国务院还没有当过被告。虽然国务院当被告在法律上是可能的，而且也有人起诉过，但法院没有受理。

（一）行政机关

行政机关包括从乡镇政府到国务院的各级人民政府，以及县级以上人民政府具有独立行政管理职能的机构。

在中央政府层面，依照《国务院行政机构设置和编制管理条例》第 6 条规定，国务院行政机构根据职能分为国务院办公厅、国务院组成部门、国务院直属机构、国务院办事机构、国务院组成部门管理的国家行政机构和国务院议事协调机构。此外，依据《突发事件应对法》和《突发公共卫生事件应急条例》等法律、法规，突发事件发生后，国务院根据实际需要，可以设立国家突发事件应急指挥机构，负责突发事件应对工作。

在国务院的机构中，对外行使职权的主要有国务院组成部门、国务院直属机构以及国务院组成部门管理的国家行政机构。（1）国务院组成部门，包括各部、各委员会、中国人民银行和审计署，分别履行国务院基本的行政管理职能。（2）国务院直属机构主管国务院的某项专门业务，具有独立的行政管理职能。以 2018 年机构设置为例，国务院直属机构有海关总署、国家税务总局、国家市场监督管理总局、国家体育总局、国家统计局等，以及"直属特设机构"国务院国有资产监督管理委员会。（3）国务院组成部门管理的国家行政机构，在国务院组成部门的管理下行使行政管理职能，主管特定业务。以 2018 年机构设置为例，其中有公安部管理的国家移民管理局、国家卫生健康委员会管理的国家中医药管理局、交通运输部管理的国家民用航空局等。这一次机构改革中，还出现了国务院直属机构管理的国家局，如国家市

---

[86] 除了对乡镇政府，法院对各类机关承当被告的比例没有专门的统计，但行政复议的情况可供参考。以 2008 年为例，各类行政机关承当行政复议被申请人的比例依次为：县级政府部门 44.9%，市级政府部门 27.3%，县级政府 11.5%，乡镇政府 5.6%，省级政府部门 3.5%，市级政府 2.0%，省级政府 1.6%，其他 3.5%。而在 1999 年，乡镇政府承当被申请人的比例为 10%，县级政府为 6%，市级政府部门为 17%。数据来源于《中国法律年鉴》。

[87] 《江苏省高级人民法院关于以省人民政府为被告的行政诉讼若干问题的讨论纪要》，江苏省高级人民法院审判委员会 2005 年 11 月 17 日讨论通过。

[88] 熊琳：《北京高院：2014 年以国家部委为被告的一审案件过万件》，载新华网，http://news.xinhuanet.com/legal/2015-05/12/c_1115260419.htm。

场监督管理总局管理下的国家药品监督管理局,以及中共中央机关直接管理的行政机构,如中共中央宣传部对外加挂国家新闻出版署、国家电影局牌子。

依据《国务院行政机构设置和编制管理条例》,国务院办公厅协助国务院领导处理国务院日常工作,一般不对外行使职权。国务院办事机构,如原国务院法制办公室、国务院港澳事务办公室,协助国务院总理办理专门事项,不具有独立的行政管理职能。国务院议事协调机构,如全国爱国卫生运动委员会、国家防汛抗旱总指挥部、国务院扶贫开发领导小组,承担跨国务院行政机构的重要业务工作的组织协调任务。议事协调机构议定的事项,经国务院同意,由有关的行政机构按照各自的职责负责办理。在特殊或者紧急的情况下,经国务院同意,议事协调机构可以规定临时性的行政管理措施。

在地方政府层面,机构设置大体相同,但远非一律。依照《地方各级人民政府机构设置和编制管理条例》第 9 条规定:"地方各级人民政府行政机构的设立、撤销、合并或者变更规格、名称,由本级人民政府提出方案,经上一级人民政府机构编制管理机关审核后,报上一级人民政府批准;其中,县级以上地方各级人民政府行政机构的设立、撤销或者合并,还应当依法报本级人民代表大会常务委员会备案。"

在实践中,地方政府的机构设置主要包括政府各工作部门和议事协调机构。《地方各级人民代表大会和地方各级人民政府组织法》第 64 条第 1 款规定:"地方各级人民政府根据工作需要和精干的原则,设立必要的工作部门。"地方政府的工作部门,在省、自治区一般称"厅",直辖市和市、县通常称"局",乡镇一级通常称为"办公室"(不对外行使职权);比较综合性的,有时称"委员会"。地方政府的议事协调机构通常是为办理一定时期内某项特定工作而设立,其名称有"委员会""领导小组""指挥部"等。议事协调机构不单独设立办事机构,一般不对外行使职权,具体工作由有关的行政机构承担。

直辖市和较大市各区政府的工作部门,有的称"分局"。分局受上一级政府相应工作部门的领导,但仍然具有独立的行政职权。1994 年以后,全国大中城市的区工商行政管理局一律改为市工商行政管理局的分局,作为市局的派出机构,由市局统一领导、统一管理。虽然如此,这只是"工商行政管理机关内部管理关系的调整"。原区(县)工商行政管理局改为市工商行政管理局的分局后,不改变其依据有关法律、法规享有的行政管理职权,可以分局名义实施行政行为。[89]

(二)行政机关的内设机构和派出机构

县级以上人民政府的工作部门往往又有内设机构,其名称在中央部委多为"司(局)",省厅为"处",县局为"科"。通常情况下,这些内设机构没有独立人格,不能对外行使职权。但是,在法律、法规有特别授权的情况下,这些机构也可能独立行使

---

〔89〕《国务院办公厅关于大中城市工商行政管理分局执法权限问题的复函》,国办函〔1995〕59 号。

行政职权。例如,《商标法》规定,国务院工商行政管理部门设立商标评审委员会,负责处理商标争议事宜。《道路交通安全法》授权县级以上地方政府公安机关交通管理部门负责本行政区域内的道路交通安全管理工作。《税收征收管理法》第14条规定,该法所称税务机关除了各级税务局、税务分局和税务所,还包括"按照国务院规定设立的并向社会公告的税务机构";后者指省以下税务局内设的专司偷税、逃税、骗税、抗税案件查处的稽查局。这些内设机构行使行政职权时可以作为行政主体,在行政诉讼中可以作为被告。所以,实践中出现了"北京市公安局公安交通管理局海淀交通支队黄庄队""国家税务总局重庆市税务局第七稽查局"这样的行政执法主体。

行政机关的派出机构包括地方政府的派出机关和政府部门的派出机构。地方政府设立的派出机关,如省、自治区政府设立的地区行署,市辖区政府和县、市(县级市)政府设立的街道办事处。政府工作部门设立的派出机构,在中央层面和地方层面都有。在中央层面的,如环境保护部派驻各大区的环境保护督查中心,中国证监会在部分省、市设立的派出机构,审计署驻国务院部门的派出机构。在县一级,主要有公安、税务、工商等机关在乡镇的派出机构。这些派出机构,经法律、法规授权行使一定的行政管理职能。1954年的《城市街道办事处组织条例》和《公安派出所组织条例》(均已废止),就对两者作了专门规定。另据《税收征收管理法》第14条规定,该法所称税务机关包括税务所。

行政机关的内设机构和派出机构能否成为行政诉讼的被告,应当视该机构设立和行使职权的依据而定。

行政机关组建并赋予行政管理职能的内设机构和派出机构,原则上不具有独立承担法律责任能力。这类机构以自己的名义作出行政行为,当事人不服提起诉讼的,应当以组建该机构的行政机关为被告。[90] 在早年的案例中,公路主管部门依据《公路管理条例实施细则》设置并授权的公路管理机构(公路养护管理总段或分段),被认为不具备行政主体资格。[91] 工商行政管理局下设的工商行政管理检查所,也被认为不具有行政主体资格,不能以自己名义作出行政处罚。[92] 类似地,在法律作出明确规定前,地方税务局稽查分局也不能以自己名义对外作出行政处理决定。[93]

---

〔90〕 2000年《若干解释》,第20条第1款;2018年《行诉法解释》,第20条第1款。

〔91〕 《最高人民法院关于公路路政管理机构行政主体资格及有关法律适用问题的答复》(已废止),〔1994〕行复字第4号。交通部《公路管理条例实施细则》(已废止)第9条规定:"各级公路主管部门可根据实际情况设置公路管理机构。公路管理机构依据公路主管部门的授权,负责公路管理工作。"

〔92〕 《最高人民法院关于工商行政管理检查所是否具有行政主体资格问题的答复》(已废止),法函〔1995〕174号。

〔93〕 《最高人民法院对福建省高级人民法院〈关于福建省地方税务局稽查分局是否具有行政主体资格的请示报告〉的答复意见》(已废止),行他〔1999〕25号。2001年修订的《税收征收管理法》第14条规定,除了各级税务局和税务分局,"按照国务院规定设立的并向社会公告的税务机构"也属于税务机关。该条为承认稽查分局的行政主体地位提供了依据。

对于法律、法规、规章授予行政职权的行政机关内设机构或者派出机构，司法解释承认其行政主体地位和行政诉讼被告资格。例如，《治安管理处罚法》第 91 条规定，公安派出所对于违反治安管理的行为，可以决定警告或者 500 元以下的罚款。据此，当事人对治安派出所在权限内作出的行政处罚不服的，应当以该派出所为被告提起诉讼。最高法院的司法解释把这类组织的行政主体地位和行政诉讼被告资格甚至扩大到了它们的越权行为。只要是法律、法规或者规章授权行使行政职权的，行政机关内设机构、派出机构或者其他组织超出法定授权范围实施行政行为的，也应当以实施该行为的机构或者组织为被告。[94]

相反，行政机关在没有法律、法规、规章规定的情况下，授权其内设机构、派出机构或者其他组织行使行政职权的，应当视为委托。行政机关的内设机构或者派出机构在没有法律、法规、规章授权的情况下，以自己的名义作出行政行为，当事人不服提起诉讼的，应当以该行政机关为被告。在**陈莉诉徐州市泉山区城市管理局行政强制措施案**中，泉山区城市管理局执法人员以陈莉擅自占用道路经营冷饮、影响市容为由，以“城市环境综合整治指挥部”的名义，扣押了陈莉经营用的冰柜等物品。陈莉不服，以泉山区城市管理局和泉山区人民政府为被告，提起行政诉讼。徐州中院审理后认为，综合整治指挥部是城市管理局的内设协调机构，不具有行政诉讼的被告资格；城市管理局是依法成立、具有行政主体资格的行政组织，暂扣行为的法律后果应由其承担；泉山区政府与本案被诉行政行为无直接法律关系，不应承担法律责任。[95]

实践中比较常见的是各地政府设立的经济开发区。2018 年《行诉法解释》第 21 条规定，当事人对由国务院、省级人民政府批准设立的开发区管理机构作出的行政行为不服提起诉讼的，以该开发区管理机构为被告；对由国务院、省级人民政府批准设立的开发区管理机构所属职能部门作出的行政行为不服提起诉讼的，以其职能部门为被告；对其他开发区管理机构所属职能部门作出的行政行为不服提起诉讼的，以开发区管理机构为被告；开发区管理机构没有行政主体资格的，以设立该机构的地方人民政府为被告。

实践中比较困惑的是法律授权行使部分职能的内设机构的主体资格，如学位评定委员会、股票发行审核委员会。《学位条例》规定，学位由国务院授权的高等学校或者科学研究机构授予；学位授予单位在学位评定委员会作出授予学位的决议后，发给学位获得者相应的学位证书。在实践中，有的学位证书同时署有学位授予单位和学位评定委员会的名称。但综观该条例，学位评定委员会是学位授予单位的内设机构，不对外独立行使学位授予职权；学位评定委员会的审查是学位授予程序的一部分，而不是学位授予行为本身。因此，对学位评定行为不服的，仍应以学位授予单

---

〔94〕 2000 年《若干解释》，第 20 条第 2 款；2018 年《行诉法解释》，第 20 条第 2 款。

〔95〕《最高人民法院公报》2003 年第 1 期。

位为被告。有的法院以学位评定委员会为被告,[96]似乎不符合该条例的精神。类似地,《证券法》曾经规定国务院证券监督管理机构设发行审核委员会,依法审核股票发行申请,但股票发行申请仍由国务院证券监督管理机构依照法定条件负责核准。因此,对股票发行申请的受理、审核、核准等行为不服的,即使在当时也应以国务院证券监督管理机构为被告。

(三) 法律、法规、规章授权的其他组织

除了行政机构,事业单位、公共企业、社会团体、村(居)民委员会等其他组织,也可能基于法律、法规、规章的授权行使行政职权,或者基于组织章程的规定从事自治管理。这些组织实施的行为具有较强的公共职能,由此引发的争议可能被纳入行政诉讼,这些组织因此成为行政诉讼的被告。相关问题在前一章行政诉讼受案范围中已有讨论,此处不赘。

通常情况下,法律、法规授权行政机关以外的组织行使职权采取直接授权,即法律、法规直接指定一类组织行使某方面职权。但在特定领域,也有法律采取了间接授权,即法律法规作一般规定、地方政府作具体确定。例如,《社会团体登记管理条例》第6条和《民办非企业单位登记管理暂行条例》第5条规定,“县级以上地方各级人民政府授权的组织”可以分别作为社会团体和民办非企业单位的业务主管单位。《基金会管理条例》第7条则规定,“省、自治区、直辖市人民政府授权的组织”可以作为省、自治区、直辖市人民政府民政部门登记的基金会的业务主管单位。在实践中,总工会、团委、妇联、文联、作协、科协、社科联等组织被确定为社会团体、民办非企业单位和基金会的业务主管单位。[97] 上述组织根据行政法规的规定以及人民政府的授权,行使社会组织业务主管单位的职能,应当视为“法律、法规授权的组织”,而不是行政机关委托的组织。

三 作出行政行为的行政机关

《行政诉讼法》第26条第1款规定:“公民、法人或者其他组织直接向人民法院提起诉讼的,作出行政行为的行政机关是被告。”这规定了确立被告的一般原则。

由于行政文书的落款按要求署行政机关名称,多数情况下,作出决定的行政机关是谁从行政文书上就能看出,不难辨认。但也有一些情况比较复杂,具体规则也有变化,需要更多讨论。例如,土地所有(使用)权证以前是由县政府颁发,对其不服

---

〔96〕 刘燕文诉北京大学学位评定委员会案,北京市海淀区人民法院行政判决书,(1999)海行初字第103号;北京市第一中级人民法院行政裁定书,(2000)一中行终字第43号。

〔97〕 例如,民政部《关于重新确认社会团体业务主管单位的通知》,民发〔2000〕41号;《甘肃省人民政府关于授权省社科联承担全省性社会科学类社会团体业务主管单位职责的批复》,甘政函〔2004〕32号。

只能起诉县政府而不能起诉县土地管理局，哪怕土地管理局是实际的操作者。〔98〕但2015年《不动产登记暂行条例》实施后，不动产登记工作由县级以上地方政府指定的部门负责。而依据最高法院2021年的司法解释，对《不动产登记暂行条例》实施之前县级以上地方政府的不动产登记提起诉讼的，也以履行相应职责的部门为被告，不再以地方政府为被告。〔99〕

下面讨论几种特殊情况下谁当被告的问题。主要是：行政机关委托实施的、几个行政机关共同作出的、经上级机关指示或者批准的、经过复议的行政行为，作出决定的行政机关被撤销的，以及行政机关否认实施行政行为的。

（一）委托实施行政行为

在实践中，行政机关可能将自己管辖事务的全部或者部分委托其他行政机关、社会组织或者个人实施，后者以委托机关的名义行使职权，其行为后果由委托机关承担法律责任。

行政委托在中国法律中大量存在，其类型大体可以分为几种：(1)上级行政机关将其职权委托给下级行政机关。例如，《社会抚养费征收管理办法》(已失效)第4条规定，社会抚养费的征收决定可以由县级政府计划生育部门委托乡(镇)政府或者街道办事处作出。(2)行政机关委托专业机构从事特定事项的检测、检验、规划编制等技术性作业。《食品安全法》第87条规定，县级以上人民政府食品安全监督管理部门应当对食品进行定期或者不定期的抽样检测，委托符合本法规定的食品检验机构进行检验，并支付相关费用。(3)行政机关委托社会团体、事业单位从事特定的资格认定、评定等活动。《教师法》第13条规定，普通高等学校的教师资格由国务院或者省级政府教育行政部门或者由其委托的学校认定。(4)行政机关委托企业、基层组织承担税费收取、公积金缴存、福利发放等具体、分散但巨量的工作。《税收征收管理法实施细则》第44条规定，“税务机关根据有利于税收控管和方便纳税的原则”，可以按照国家有关规定委托有关单位和人员代征零星分散和异地缴纳的税收。(5)行政机关委托特定机构从事安全管理、房屋征收、拍卖等不适宜由行政机关直接从事的工作。《国有土地上房屋征收与补偿条例》第5条规定，房屋征收部门可以委托房屋征收实施单位承担房屋征收与补偿的具体工作。

《行政诉讼法》第26条第5款规定：“行政机关委托的组织所作的行政行为，委托的行政机关是被告。”根据2003年《中国人民银行法》第13条和中国人民银行1997年《支付结算办法》第239条的规定，“对单位和个人承担行政责任的处罚，由

---

〔98〕 眉山气雾剂厂诉眉山市人民政府、眉山市国土资源局土地行政登记案，载《最高人民法院公报》2005年第2期。眉山中院将不具有颁发土地所有(使用)权证法定职责的眉山市国土局也列为本案被告，“属错列当事人”。

〔99〕《最高人民法院关于正确确定县级以上地方人民政府行政诉讼被告资格若干问题的规定》，法释〔2021〕5号，第5条。

中国人民银行委托商业银行执行”。商业银行受中国人民银行的委托行使行政处罚权,当事人不服商业银行所作的处罚决定提起行政诉讼的,应当以委托行使行政处罚权的中国人民银行分支机构为被告。[100] **在张先著诉芜湖市人事局公务员招录决定案中**,芜湖市新芜区法院一审判决认为,被告芜湖市人事局根据《安徽省国家公务员录用体检实施细则(试行)》的规定,委托解放军第八六医院对考生进行体检,属于行政委托关系,被委托人所实施的行为后果应由委托人承担。[101]

受委托行使职权的行政机关,没有告知当事人行政委托的事实而以自己名义行使职权,当事人可以以受委托机关为被告提起诉讼。**在谭国明诉宜昌市国土资源局公告注销采矿许可证案中**,被告以自己名义在《宜昌日报》上刊登了《关于注销秭归县杨林桥镇余家河二煤矿等27家矿山企业〈采矿许可证〉的公告》。在诉讼过程中,被告辩称,注销《采矿许可证》是省国土资源厅作出的决定,它刊登公告只是受委托行使的告知行为。宜昌中院二审判决认为,虽然被告在诉讼中举证证明了行政委托的事实,但被告以自己名义公告注销《采矿许可证》,应视为实施被诉行为的行政主体,原告可以对其提起诉讼。[102]

(二)共同作出行政行为

《行政诉讼法》第26条第4款规定:“两个以上行政机关作出同一行政行为的,共同作出行政行为的行政机关是共同被告。”在实践中,如果存在共同被告而原告只起诉其中一个机关的,法院可以建议其增加被告。应当追加被告而原告不同意追加的,法院将通知其以第三人的身份参加诉讼。

上述规定只适用于几个行政主体的共同行为,不适用于行政机关与非行政机关的组织共同作出的行政行为。[103] 但在实践中,非行政机关仍然可能作为第三人参加诉讼。**在河南恒星纸业有限公司诉中国人民银行焦作市中心支行行政侵权案中**,中国人民银行焦作市中心支行(以下简称人行焦作支行)与中国农业银行焦作市分行等6家商业银行以及焦作市农村金融体制改革办公室共同下发了《关于对逃废债企业进行联合制裁的通知》,对恒星纸业等五家逃废债企业实行停止授信、停止办理对外支付、控制提款等“联合制裁”。河南高院二审判决认为,人行焦作支行等8家

---

[100] 《最高人民法院关于诉商业银行行政处罚案件的适格被告问题的答复》,〔2003〕行他字第11号。

[101] 芜湖市新芜区人民法院行政判决书,(2003)新行初字11号。判决书进而认为,因解放军第八六医院的体检不合格结论违反《安徽省国家公务员录用体检实施细则(试行)》规定,芜湖市人事局作为招录国家公务员的主管行政机关,仅依据解放军第八六医院的体检结论,认定原告张先著体格检查不合格,作出不准予原告张先著进入考核程序的具体行政行为缺乏事实依据。

[102] 闵珍斌、李玮:《谭国明不服宜昌市国土资源局注销〈采矿许可证〉决定案》,载宜昌法院网2005年3月29日,http://ycfy.chinacourt.org/public/detail.php?id=493。

[103] 最高法院1991年《贯彻意见》第19条曾规定:“公民、法人或者其他组织对行政机关与非行政机关共同署名作出的处理决定不服,向人民法院提起行政诉讼的,应以作出决定的行政机关为被告,非行政机关不能当被告。但侵犯公民、法人或者其他组织合法权益,需要进行赔偿的,人民法院可以通知非行政机关作为第三人参加诉讼。”后来的《若干解释》删除了上述规定。

单位的通知联合实施对逃废债企业的认定和制裁，共同行使了国务院规定的金融行政管理职权。人行焦作支行作为本案被告的主体适格，在通知上盖章的其他 7 家单位依法应当成为本案一审的第三人。[104]

实践中，有的地方党委与政府共同署名，作出影响他人利益的行为。由于对党组织的行政诉讼尚属禁区，法院通常只受理以行政机关为被告的诉讼。在**张宗仰诉山西省临猗县角杯乡人民政府案**中，乡党委、政府联合发出"角党发(2001)4 号通知"，要求担任村委会主任的原告"停职检查、以观后效"。法院受理的行政案件，只列乡政府为被告。[105] 在**王莹诉徐州市泉山区计划生育局案**中，原告报考徐州市铜山县检察院，铜山县委组织部书面通知王莹，因其违反计划生育政策先育后婚，政审不合格，不能录用。王莹以计划生育局出具其违反计划生育政策的证明为由，对计划生育局提起诉讼。法院受理此案后，王莹申请追加中共徐州市委组织部、铜山县委组织部等为第三人，但徐州市泉山区法院没有批准。[106]

《行政诉讼法》关于共同被告的规定，不适用于行政审批过程中下级机关初步审查或者多个行政机关联合办理的情况。依照最高法院的司法解释，行政许可依法须经下级行政机关或者管理公共事务的组织初步审查并上报，当事人对不予初步审查或者不予上报不服提起诉讼的，以下级行政机关或者管理公共事务的组织为被告。[107] 行政机关依据《行政许可法》第 26 条第 2 款规定统一办理行政许可的，当事人对行政许可行为不服提起诉讼，以对当事人作出具有实质影响的不利行为的机关为被告。[108]

（三）经指示或者批准的行政行为

在行政实践中，不少行政机关所作的决定事先请示过上级行政机关，并得到上级行政机关批准。有的请示和批准是法律明确要求的，属于法定程序的一部分[109]；

---

[104] 河南省高级人民法院行政判决书，(2002)豫法行终字第 74 号。

[105] 武建中、陈刚：《民选村主任遭非法"罢免"　临猗一"村官"告赢乡政府》，载《法制日报》2002 年 5 月 13 日。

[106] 王亦君、欧阳骆沙：《市民先育后婚被拒录公务员　诉计生局违法出证明》，载《中国青年报》2010 年 2 月 5 日。王莹先是起诉徐州市人事局，但法院认为对王莹政审后不予录用并非徐州市人事局作出的决定，裁定不予受理。

[107] 《最高人民法院关于审理行政许可案件若干问题的规定》，法释〔2009〕20 号，第 4 条。

[108] 同上，第 5 条。《行政许可法》第 26 条第 2 款规定："行政许可依法由地方人民政府两个以上部门分别实施的，本级人民政府可以确定一个部门受理行政许可申请并转告有关部门分别提出意见后统一办理，或者组织有关部门联合办理、集中办理。"

[109] 有多部法律、法规明确规定，某些行政行为必须事先经过上级行政机关批准。例如，《环境保护法》(2014 年修订)第 60 条规定，企事业单位超过污染物排放标准排放污染物，情节严重的，县级以上环保部门报经有批准权的人民政府批准，责令停业、关闭。《大气污染防治法》第 99、101、102 条和《水污染防治法》第 83、85、91、92、94 条，也有类似的规定。《生产安全事故报告和调查处理条例》第 32 条规定，有关机关应当按照人民政府关于事故调查报告的批复，依照法律、行政法规规定的权限和程序，对事故发生单位和有关人员进行行政处罚。

有的法律没有规定，只是根据上下级行政机关领导或者指导关系进行的。对这类行为提起诉讼应当以谁为被告，是一个颇有争议的问题，相关规则也不尽一致。

最高法院司法解释的基本立场是文书具名原则，即经上级行政机关批准的行政行为，当事人提起诉讼的，“以在对外发生法律效力的文书上署名的机关为被告”。[110] 文书具名原则的好处是便于识别，不必为寻找和确定实际决定者而费心；弊处是实际决定者与责任承担者分离，实际决定者脱离了司法监督。由于实际决定机关层级较高，对法院来说，采取文书具名原则有时可以避免“小马拉大车”，从而出现“审不了”的尴尬。

在政府信息公开答复诉讼中，最高法院坚持文书具名原则。司法解释要求，在下列情形下，都应当以在对外发生法律效力的文书上署名的机关为被告：(1)政府信息公开与否的答复依法报经有权机关批准的；(2)政府信息是否可以公开系由国家保密行政管理部门或者省级保密行政管理部门确定的；(3)行政机关在公开政府信息前与有关行政机关进行沟通、确认的。[111]

在一些特定领域的行政诉讼以及行政复议制度中，规则有所不同。在涉及行政许可的诉讼中，最高法院对文书具名原则作了变通。司法解释规定，“行政许可依法须经上级行政机关批准，当事人对批准或者不批准行为不服一并提起诉讼的，以上级行政机关为共同被告”。[112] 这一规定遵循文书具名原则，但容许同时挑战上级行政机关的批准行为。依照《行政复议法实施条例》的规定，对于经批准的行政行为提起行政复议，应以批准机关为被申请人。[113] 这一规定有助于避免批准机关作复议机关，符合程序公正的原则，也适合以层级监督为特征的行政复议制度。

针对县级以上地方政府被诉案件过多、法院管辖级别人为抬高的情况，最高法院于 2021 年出台司法解释，明确以下几种情形下县级以上地方政府不当被告：(1)依法属于政府职能部门的行政职权，地方政府通过听取报告、召开会议、组织研究、下发文件等方式进行指导的，以具体实施行政行为的职能部门为被告；(2)地方政府根据《城乡规划法》的规定，责成有关职能部门对违法建筑实施强制拆除，以作出强制拆除决定或者具体实施强制拆除行为的职能部门为被告；(3)集体土地征收和国有土地上房屋征收中强制拆除房屋等行为，原则上以作出强制拆除决定或者具体实施强制拆除等行为的行政机关为被告；(4)依法属于下级政府或者相应职能部门的职责义务，当事人向地方政府申请履行，后者收到申请后已经转送下级政府或者相应职能部门处理并告知申请人的，以下级政府或者相应职能部门为被告。[114]

---

[110] 2000 年《若干解释》，第 19 条；2018 年《行诉法解释》，第 19 条。

[111] 《最高人民法院关于审理政府信息公开行政案件若干问题的规定》，法释〔2011〕17 号，第 4 条。

[112] 《最高人民法院关于审理行政许可案件若干问题的规定》，法释〔2009〕20 号，第 4 条。

[113] 《行政复议法实施条例》第 13 条规定：“下级行政机关依照法律、法规、规章规定，经上级行政机关批准作出具体行政行为的，批准机关为被申请人。”

[114] 《最高人民法院关于正确确定县级以上地方人民政府行政诉讼被告资格若干问题的规定》，法释〔2021〕5 号，第 1、2、3、4 条。

这些规定将使更多案件下沉到基层法院，有助于缓解中高级法院案件负担过大的压力，但也可能加剧基层法院"审理难"的困境。

（四）经过复议的行政行为

行政行为经过复议的，谁作被告是一个复杂的问题，相关规则经历了重大调整。1989年《行政诉讼法》曾规定："经复议的案件，复议机关决定维持原具体行政行为的，作出原具体行政行为的行政机关是被告；复议机关改变原具体行政行为的，复议机关是被告。"这一条诱导了复议机关消极怠惰、当"维持会"的倾向，被认为是行政复议成效低下的重要原因。2014年《行政诉讼法》修改时，前述条款被改为："经复议的案件，复议机关决定维持原行政行为的，作出原行政行为的行政机关和复议机关是共同被告；复议机关改变原行政行为的，复议机关是被告。"也就是说，无论复议机关是维持还是改变原行政行为，都逃脱不了责任。

何为"改变原行政行为"？早期，为了促使复议机关更多承担责任，最高法院对"改变原具体行政行为"作宽泛的解释：不单复议机关改变原具体行政行为处理结果，复议机关改变事实认定和法律依据也被认为是改变原具体行政行为。[115]由于《行政诉讼法》修改后，复议机关一律承当被告，复议机关"改变原行政行为"回归字面含义，仅指复议机关改变原行政行为的处理结果。具体地说，包括：（1）复议机关撤销、部分撤销或者变更原行政行为的处理结果；（2）确认原行政行为无效；（3）确认原行政行为违法，但复议机关以违反法定程序为由确认原行政行为违法的除外。至于"复议机关决定维持原行政行为的"，应指复议机关决定维持原行政行为的效力。复议机关改变原行政行为所认定的主要事实和证据、改变原行政行为所适用的规范依据，但未改变原行政行为处理结果的，视为复议机关维持原行政行为。[116]

实践中，有些复议机关无视当事人的权利、懈怠职责，在法定期间内不作复议决定。在这种情况下，当事人提起诉讼，应当针对哪一个行为、以谁为被告？学理上认为，复议机关未作复议决定，原行政行为的效力没有任何改变；要否定原行政行为的效力，当事人只能对原行政行为提起诉讼。同时，复议机关的不作为本身是一个违法的行政行为，也可以对之提起诉讼。《行政诉讼法》第26条第3款规定："复议机关在法定期限内未作出复议决定，公民、法人或者其他组织起诉原行政行为的，作出原行政行为的行政机关是被告；起诉复议机关不作为的，复议机关是被告。"

---

〔115〕 1991年《贯彻意见》第10条规定，有下列三种情形之一的即属于《行政诉讼法》第17条所规定的"复议机关改变原具体行政行为"：（1）复议机关改变原具体行政行为所认定的事实的；（2）复议机关改变原具体行政行为所适用的法律、法规或者规章的；（3）复议机关改变原具体行政行为的处理结果，即撤销、部分撤销或者变更原具体行政行为的。2000年《若干解释》第7条对前两种情形稍微作了一下限定：（1）改变原具体行政行为所认定的主要事实和证据的；（2）改变原具体行政行为所适用的规范依据且对定性产生影响的；（3）撤销、部分撤销或者变更原具体行政行为处理结果的。

〔116〕 2015年《适用解释》，第6条第2款；2018年《行诉法解释》，第22条。

实践中,还有的复议机关在法定期间内未作复议决定,在当事人对原行政行为提起诉讼后才作出复议决定。对此,曾有一种意见认为,这种情况下复议决定应视为无效行为,法院不必理会。[117] 但出于尊重复议机关的首先处理,避免司法裁判与复议决定的冲突,有必要正视复议决定的存在。具体应对方法似应根据复议决定的内容,由原告选择。如果复议决定维持原行政行为,原告可以坚持诉讼。如果复议决定改变原行政行为,原告满意的,可以撤诉;原告不满意的,理论上可以坚持原来的诉讼,也可以针对复议决定另行提起诉讼。有一种意见认为,如果当事人对复议决定仍然不满意的,法院应当变更被告,即在原来的诉讼中直接将被告变更为复议机关。[118] 这种方案便利原告诉讼,也有利于实质性解决纠纷。但在诉讼过程中变更被告和诉由不符合诉的同一性原理。特别是在原告的起诉状送达被告后,再变更被告的做法未必可取。

前面讨论的主要是复议机关对行政处理的处理,复议机关对行政赔偿请求的处理与之不同。依据《国家赔偿法》,赔偿义务机关在规定期限内未作出是否赔偿的决定、决定不予赔偿或者当事人对赔偿的方式、项目、数额有异议的,都可以向法院提起诉讼。据此,当事人在行政复议中提出赔偿请求被拒绝的,宜于直接起诉赔偿义务机关要求赔偿,而不是起诉复议机关要求其责令赔偿义务机关予以赔偿。后者救济之途迂回曲折,消耗更多社会资源,却不能直接解决赔偿问题,甚至容易形成循环诉讼。[119]

(五)行政机关被撤销的

行政机关及其职能的变动与行政区划调整、行政机构改革相伴随,是经常现象。《行政诉讼法》第 26 条第 6 款规定:"行政机关被撤销或者职权变更的,继续行使其职权的行政机关是被告。"这里的撤销,也包括行政机关合并、分立。

国有资产管理机构的撤销是行政机关变动的一个例子。2003 年国务院机构改革时,撤销了作为国务院直属机构的国家国有资产管理局,同时设立国有资产监督管理委员会,作为国务院"特设事业单位"。[120] 地方国有资产管理机构的地位和职能也做了相应调整。依照最高法院的意见,地方国有资产管理局被撤销,其确认企业资产性质的职能为地方国有资产监督管理委员会所承受。当事人对原地方国有资产管理局作出的确认企业资产性质的行为提起行政诉讼的,应当以地方国有资产监督管理委员会为被告。[121]

---

〔117〕 参见席小俐:《诉讼期间复议机关作出的复议决定应视为无效行为》,载《法律适用》1993 年第 9 期。

〔118〕 参见江必新、梁凤云:《行政诉讼法理论与实务》(第 3 版),法律出版社 2016 年版,第 614 ~ 615 页。

〔119〕 相关意见,参见夏秀英诉威海市人民政府行政复议案,最高人民法院行政裁定书,(2018)最高法行再 128 号。

〔120〕 《国务院关于机构设置的通知》,国发〔2003〕8 号;《国务院办公厅关于印发国务院国有资产监督管理委员会主要职责内设机构和人员编制规定的通知》,国办发〔2003〕28 号。

〔121〕 《最高人民法院行政审判庭关于地方国有资产监督管理委员会是否可以作为行政诉讼被告问题的答复》,〔2009〕行他字第 14 号。

实践中,有的行政机关被撤销后,相关职权完全取消,没有继续行使其职权的行政机关。依据司法解释,这种情况下应以原行政机关所属的人民政府为被告;实行垂直领导的,以垂直领导的上一级行政机关为被告。[122] 《国家赔偿法》第7条第5款有类似规定:“赔偿义务机关被撤销的,继续行使其职权的行政机关为赔偿义务机关;没有继续行使其职权的行政机关的,撤销该赔偿义务机关的行政机关为赔偿义务机关。”

实践中,还可能出现作出决定的行政机关没有被撤销,但其职能划归其他行政机关行使;或者行政机关被撤销后,承受其主要职能的机关不行使与被诉行政行为相关的职能。对于这种情况,法律没有规定,实践中的做法也不尽一致。例如,在眉山气雾剂厂诉眉山市人民政府、眉山市国土资源局土地行政登记案中,四川高院二审认为,被诉行政登记行为是1996年原眉山县政府作出的,原眉山县政府在2000年已更名为眉山市东坡区政府,原眉山县政府作出行政行为的法律后果应当由眉山市东坡区政府承担。因此,本案的适格被告应为眉山市东坡区政府。眉山中院以《眉山市土地管理事权划分实施方案》已将城市规划区的土地上收直管为由,将眉山市政府列为本案被告,属错列当事人,依法应予纠正。[123] 依据该判决的精神,似乎仍是由作出决定的行政机关(在本案中则是其职能的主要承受者)作为被告。而在张成银诉徐州市人民政府房屋登记行政复议案中,江苏高院认为,虽然该案涉及的房产证是徐州市政府颁发的,但依据此后相关法律和规章的规定,徐州市颁发房产证的职权已由徐州市房产管理局行使,徐州市政府不再具有颁发房产证的职权。故徐州市政府以前颁发房产证行为的法律后果,应由现在的颁证机关徐州市房产管理局承担。[124] 该案虽然针对的是行政复议,但同样涉及行政机关职能的调整。依据该判决的精神,似乎不是由作出决定的行政机关,而是由承受该职能的行政机关作为被告。两个判决的理由说明都没有谈及行政职权上收或者下移对被告确定的影响。

(六)行政机关否认实施被诉行为的

绝大多数情况下,行政行为的实施主体是明了的,但在个别领域,偶尔也有难以识别的时候。一些行政机关被诉后,否认自己实施了被诉行为。在原告力所能及提供证据仍然无法证明的情况下,法院有必要根据行政机关职能分工和举证责任规则,确定相应的应诉机关。不能行政机关故意违法,却让当事人告状无门,这是必须严守的法治底线。

最高法院在李波、张平诉山东省惠民县人民政府行政强制案中的立场,鲜明地体现了上述精神。在该案中,惠民县政府组织实施旧城改造,原告房屋坐落在拆迁范围,但因补偿标准问题未能达成协议。2015年8月,在没有法定拆迁文书、也没有事先告知的情况下,原告的12间房屋被人利用大型挖掘机强行拆除。原告对惠民县政府提

---

[122] 2018年《行诉法解释》,第23条。

[123] 《最高人民法院公报》2005年第2期。

[124] 《最高人民法院公报》2005年第3期。

起诉讼,请求确认拆除行为违法并赔偿损失。一、二审法院以原告提供的证据不能证明惠民县政府工作人员组织或参与强制拆除为由,驳回起诉。最高法院再审认为,原告起诉时向一审法院提交的证据,可以初步证明惠民县政府负有涉案房屋所在区域征收与补偿的法定职责。在双方未达成补偿安置协议且涉案房屋已被强制拆除的情况下,除非有相反证据证明涉案房屋系因其他原因灭失,举证责任应由惠民县政府承担。在惠民县政府无法证明非其所为的情况下,可以推定其实施或委托实施了强拆行为,并应承担相应责任。据此,撤销原审裁定,指令一审法院继续审理。[125]

第三节　有管辖权的法院

行政诉讼的管辖,通常指的是一审案件的管辖。至于二审,除了司法改革中出现的个别试点领域,都是由一审案件的上一级法院进行。所以,确定了一审管辖就确定了二审管辖。

《行政诉讼法》第 49 条规定,原告应当向有管辖权的法院起诉。确定"有管辖权的法院"主要是三个问题,即什么性质的法院、哪一级法院、什么地方的法院。前一个问题源于中国法院体系的复杂性,后两者在学理上分别称为级别管辖和地域管辖。实践中,还有移转管辖和指定管辖的问题,在司法改革中还出现交叉管辖、提级管辖、集中管辖等多种变数。下面分别讨论。

一　由普通法院管辖

中国的法院体系由普通法院和专门法院组成。普通法院是指按行政区划层层设立、管辖案件类型全面的法院,包括最高人民法院、高级人民法院、中级人民法院、基层人民法院。专门法院是在最高法院或者高级法院之下设立、负责审判特定领域案件的法院,包括军事法院、海事法院、铁路运输法院、知识产权法院等。在司法改革过程中,又出现了最高法院巡回法庭和跨行政区划法院。行政案件的管辖问题变得相当复杂。

(一) 普通法院行政庭体制

《行政诉讼法》第 4 条第 2 款规定:"人民法院设行政审判庭,审理行政案件。"这一条确立了普通法院行政庭的体制,即行政案件由普通法院管辖、行政庭负责审理。新疆生产建设兵团法院作为一种特殊的地方法院,也可以审理行政案件。[126]

---

[125] 最高人民法院行政裁定书,(2018)最高法行再 113 号。对一个类似案件的评析,参见沈岿:《行政行为实施主体不明情形下的行政诉讼适格被告——评"程宝田诉历城区人民政府行政强制案再审裁定"》,载《交大法学》2019 年第 3 期。

[126] 《最高人民法院关于新疆生产建设兵团人民法院案件管辖权问题的若干规定》,法释〔2005〕4 号。该规定第 4 条:"以兵团的行政机关作为被告的行政案件由该行政机关所在地的兵团人民法院管辖,其管辖权限依照行政诉讼法的规定办理。"

普通法院行政庭体制排除了专门法院对行政案件的管辖权。早在《行政诉讼法》制定前,最高法院就曾规定铁路运输法院不受理治安行政案件。[127] 1991 年最高法院《若干解释》规定,专门法院不审理行政诉讼案件,也不审查和执行行政机关申请执行其具体行政行为的案件。此后,针对海事法院的管辖权,最高法院的司法解释重申:当事人不服海关行政处罚决定提起诉讼的,由有管辖权的地方法院审理,海事法院不予受理。[128] 这一立场在**高某诉邳州市地方海事处、京杭运河江苏省邳州航道管理站不履行打捞沉船法定职责案**中再次得到检验。由于该案涉及上述司法解释与另一司法解释《最高人民法院关于海事法院受理案件范围的若干规定》的冲突,邳州法院经逐级报送,向最高法院请示。最高法院办公厅在通知中明确答复:行政案件、行政赔偿案件和审查行政机关申请执行其具体行政行为的案件仍由各级法院行政庭审理;海事法院等专门法院不审理、审查和执行此类案件。[129]

上述立场在 2014 年《行政诉讼法》修改时得到坚持。而最高法院 2018 年的司法解释基本沿袭了上述规定。[130]

(二) 普通法院行政庭体制的例外

由普通法院行政庭审理行政案件,是行政诉讼制度创建时的一种理念。这种理念契合了当时的情况。当时行政案件少,如果管辖法院再分散,有的法院可能几年都没有一个案件,不利于行政审判的专业化。当时一些专门法院(特别是铁路运输法院)隶属于铁道部(铁路总公司),可以说是“企业办法院”,其审判的公正性也无法保障。

随着行政诉讼实践的推进,情况慢慢发生了变化。首先是行政案件数量大幅度增长,法院“无米下锅”的情况基本不存在了。其次,知识产权等领域案件数量较多,需要提升专业化程度,推行民事、行政、刑事案件“三审合一”。最后,自 2010 年后,全国铁路运输法院与铁路运输企业分离,实行属地管理。[131] 转隶后的铁路运输法院(包括基层铁路法院和铁路中级法院)归各省、自治区、直辖市党委和高级法院管理,而不直接对县、市负责,这使它们获得了更多的独立性。这些法院被顺势改造成

---

〔127〕《最高人民法院关于铁路运输法院是否受理治安行政案件的批复》(已废止),法(研)复〔1987〕34 号。

〔128〕《最高人民法院关于海关行政处罚案件诉讼管辖问题的解释》,法释〔2002〕4 号。

〔129〕《最高人民法院办公厅关于海事行政案件管辖问题的通知》,法办〔2003〕253 号。该通知同时指出,“本通知下发之前,海事法院已经受理的海事行政案件、行政赔偿案件,继续由海事法院审理;海事法院已作出的生效行政判决或者行政裁定的法律效力不受影响”。相关案情见朱大海、冯遵亚:《由一起沉船案谈海事行政案件的管辖》,载中国法律资源网 2006 年 9 月 27 日,http://www.lawbase.com.cn/lawcase/lawbase_@1780.htm。

〔130〕《行诉法解释》第 3 条:“各级人民法院行政审判庭审理行政案件和审查行政机关申请执行其行政行为的案件。专门人民法院、人民法庭不审理行政案件,也不审查和执行行政机关申请执行其行政行为的案件。铁路运输法院等专门人民法院审理行政案件,应当执行行政诉讼法第十八条第二款的规定。”

〔131〕中央编办、最高人民法院、铁道部等《关于铁路法院检察院管理体制改革若干问题的意见》,铁政法〔2010〕238 号;《全国铁路法院全部改制移交地方》,载最高人民法院网站 2012 年 7 月 31 日,http://www.court.gov.cn/zixun-xiangqing-4349.html。

为跨行政区划法院，受理行政诉讼和其他案件。

由于上述情况，普通法院行政庭体制面临调整，普通法院行政庭审理行政案件的规则出现了越来越多的例外。这里叙述几个主要的变化。

1. 专门法院和专业法庭

依据全国人大常委会 2014 年的决定，在北京、上海、广州设立知识产权法院。知识产权法院管辖有关专利、植物新品种、集成电路布图设计、技术秘密等专业技术性较强的第一审知识产权民事和行政案件。其中，不服国务院行政部门裁定或者决定而提起的第一审知识产权授权确权行政案件，由北京知识产权法院管辖。知识产权法院所在市的基层法院第一审著作权、商标等知识产权民事和行政判决、裁定的上诉案件，由知识产权法院审理；知识产权法院第一审判决、裁定的上诉案件，由知识产权法院所在地的高级法院审理。此后，最高法院通过司法解释对知识产权法院的管辖范围作了进一步规定。〔132〕

与之类似，原先不允许受理行政案件的海事法院，在 2016 年取得了第一审海事行政案件的管辖权。〔133〕 在杭州、广州、北京依托铁路运输法院设立的互联网法院，也受理与网络信息服务和管理等有关的行政案件。〔134〕 上海金融法院和北京金融法院相继设立后，之前由该市中级法院管辖的涉金融行政案件转由金融法院管辖。〔135〕

在专门法院之外，一些专业法庭也分担了行政案件的审判任务。例如，最高法院和一些地方法院实行由知识产权审判庭统一审理各类知识产权案件，最高法院环境资源审判庭统一受理各类环境资源案件。

2. 跨行政区划法院

为了排除地方干预，一些地方在按行政区划层层设立的法院之外，探索设立跨行政区划法院，办理跨地区行政案件。2014 年底以来，上海、北京相继设立上海市第三中级人民法院和北京市第四中级人民法院，作为跨行政区划法院。跨行政区划法院探索审理重大的行政诉讼案件、商事案件、环境资源保护案件、食品药品安全案件以及其他案件。其中，以北京市的区、县政府为被告的行政案件，均由北京第四中院管辖。〔136〕《行政诉讼法》第 18 条第 2 款也肯定了这种模式："经最高人民法院批准，高级人民法院可以根据审判工作的实际情况，确定若干人民法院跨行政区域管辖行政案件。"

---

〔132〕《最高人民法院关于北京、上海、广州知识产权法院案件管辖的规定》，法释〔2014〕12 号，法释〔2020〕19 号修正；《最高人民法院关于知识产权法院案件管辖等有关问题的通知》，法〔2014〕338 号。

〔133〕《最高人民法院关于海事诉讼管辖问题的规定》，法释〔2016〕2 号。

〔134〕《最高人民法院关于互联网法院审理案件若干问题的规定》，法释〔2018〕16 号。

〔135〕《全国人民代表大会常务委员会关于设立上海金融法院的决定》，2018 年 4 月 27 日第十三届全国人民代表大会常务委员会第二次会议通过；《最高人民法院关于上海金融法院案件管辖的规定》，法释〔2018〕14 号，法释〔2021〕9 号修正；《全国人民代表大会常务委员会关于设立北京金融法院的决定》，2021 年 1 月 22 日第十三届全国人民代表大会常务委员会第二十五次会议通过。

〔136〕《北京市高级人民法院关于北京市第四中级人民法院案件管辖的规定》，京高发〔2014〕507 号，2014 年 12 月 29 日。该规定在 2018 年作了修改，前述内容未变。上述规定同时说明，目前各区（县）法院受理的以区（县）政府名义办理不动产物权登记的案件，仍由各区（县）法院办理。

3. 最高法院巡回法庭

最高法院设立巡回法庭，作为最高法院派出的常设审判机构，审理或者办理巡回区内应当由最高法院受理的案件。自 2015 年起，最高法院先后在深圳、沈阳、南京、郑州、重庆、西安设立了六个巡回法庭，分派法官驻庭审理。巡回法庭作出的判决、裁定和决定，是最高法院的判决、裁定和决定。[137] 据此，巡回法庭分担了大部分原属最高法院行政审判庭的审判业务，最高法院本部直接受理的行政案件反而成为少数。

（三）法院体制的未来

上述改革举措的实际成效有待观察。但有一点已经比较明显，改革举措带来了法院体制的复杂化。

首先是法院类型的多样化。以北京市为例，除了三级普通法院，在中级法院层面有集中管辖法院（第四中级法院）、知识产权法院和金融法院，在基层法院有铁路法院和互联网法院（见图 11）。再加上知识产权案件的“飞跃上诉”，案件管辖纵横交错，不复整齐统一。类似地，法院内部专业法庭的设立也变得多样化。设立各种专门法院和专业法庭的标准是什么，需要再次思考。有人问，是不是每一种类型的诉讼都要设一个法院（法庭）？

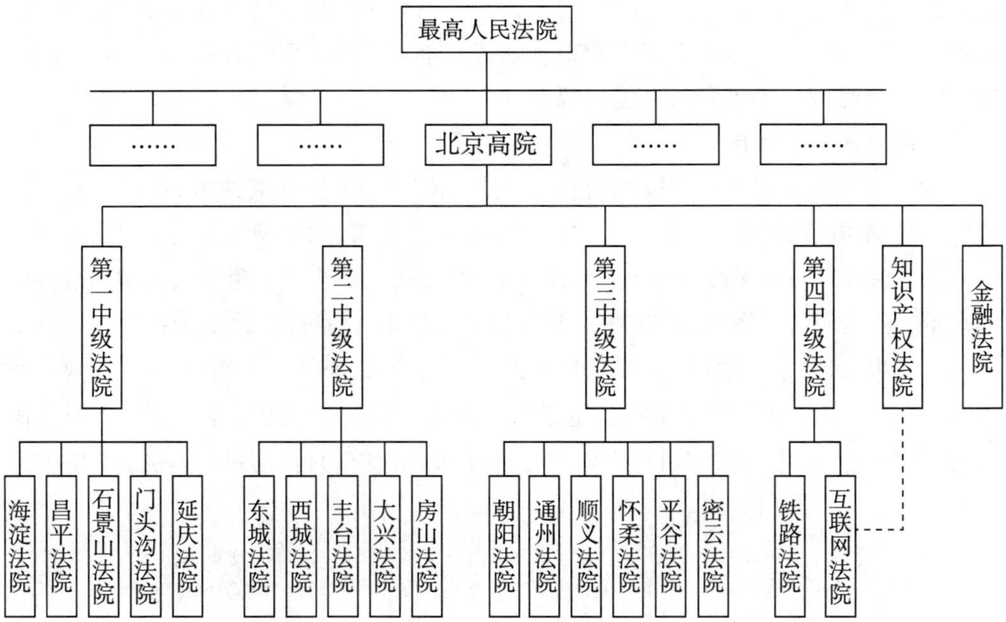

图 11　行政案件管辖法院的体系（以北京为例）

另一个比较大的因素是最高法院巡回法庭。巡回法庭的设立大大增强了最高法院审理案件的数量，强化了最高法院的监督力度。但巡回法庭的设立也使一个最

[137] 《最高人民法院关于巡回法庭审理案件若干问题的规定》，法释〔2015〕3 号，法释〔2016〕30 号修正。

高法院变成了“七个最高法院”,提高了最高法院内部的管理成本和协调成本,增大了最高法院裁判之间相互冲突的可能性。一个可能的出路是:把最高法院巡回法庭改造成高级法院和最高法院之间的一级法院,由其承担大部分再审案件,而最高法院择案而审,只管少量案件。只有这样,最高法院才能做到它所审理的每一个案件都是指导案例。

司法改革还在进行,新的体制尚未定型。目前的法院体制与十年前有明显的不同,也许十年后还会有一些不同。

二 级别管辖

级别管辖解决的是,在目前四级法院体系中,由哪一级法院来管辖一审案件。依据《行政诉讼法》的规定,行政案件原则上由基层法院管辖,中级法院和高级法院分别管辖“本辖区内重大、复杂的第一审行政案件”,最高法院则管辖“全国范围内重大、复杂的第一审行政案件”。实践中,绝大部分一审行政案件是在基层法院审理的。在规范层面,厘清中、高级法院的管辖范围是确定级别管辖的重点。

(一)确定级别管辖的原则

确定级别管辖需要考虑多方面的因素,其中包括不同层级法院的功能区分与案件负担、便利诉讼、确保审判公正、行政审判的专业性等。

第一,法院功能区分与案件负担均衡。越是高层级法院,其功能越侧重于制定政策、统一规则、监督审判,不宜过多地从事案件审理。中级以上法院管辖区域较广,口子一开,案件就有可能大量涌入。考虑到中高级法院还有二审和再审任务,一审案件也不宜过多。

第二,便利当事人诉讼和法院审判。一般来说,法院层级越高,离当事人越远,原告起诉、被告应诉、法院送达、裁判执行都不太便利。即使在交通、通信相当发达的今天,这个基本模式没有改变。由基层法院作为行政案件的一审法院,也便利当事人诉讼和法院审判。

第三,确保审判公正和司法公信。行政机关(尤其是地方政府)可能会利用职权干预审判,法院也可能因为“胳膊拧不过大腿”而无法公正审判,这是许多人担忧的。于是,被告的性质(是否为一级人民政府)和被告的级别(是否为省部级)成为设定级别管辖的重要考虑。1989 年《行政诉讼法》只规定对国务院部门和省级政府提起的诉讼由中级法院管辖。为了防止基层法院“审不动”告区县政府的案件,最高法院 2000 年的司法解释规定,被告为县级以上政府的案件(除了以县级政府名义办理不动产物权登记的)都归中级法院管辖。[138] 修改后的《行政诉讼法》把告县级以上地

---

[138] 《最高人民法院关于行政案件管辖若干问题的规定》(已废止),法释[2008]1 号,第 1 条。依据 2014 年的《不动产登记暂行条例》,不动产登记由不动产所在地的县级政府不动产登记机构办理,不再以县级政府名义办理。“以县级政府名义办理不动产物权登记的”由基层法院管辖,作为例外加以特别规定从此不再必要。

方政府的行政案件,全部提升到中级法院管辖。

第四,行政审判的专业性。涉及专利商标、金融监管等专门领域的案件,对专业性要求较高。由知识产权法院、金融法院等专门法院集中管辖,有利于法官积累经验,也有利于统一规则。

第五,案件的社会影响。例如,原告人数众多、原告为外国人或者港澳台居民、涉案金额巨大,也是确定级别管辖的考虑因素。

级别管辖的具体确定,往往是综合考虑上述因素的结果。例如,依据修改后的《行政诉讼法》,复议决定维持原行政行为的,作出原行政行为的行政机关和复议机关共同承当被告。在此情况下,应按照哪个被告来确定级别管辖呢?如果按照复议机关来确定级别管辖的话,只要当事人向县、市政府申请复议,并对复议结果不服的,就可以向中级法院提起诉讼。这种方案有利于保护原告诉权,但它也可能导致中级法院案件负担较大,一些基层法院无案可审。[139] 出于这样的担心,最高法院没有采纳前述方案。相反,司法解释规定,作出原行政行为的行政机关和复议机关为共同被告的,"以作出原行政行为的行政机关确定案件的级别管辖"。[140] 又如,有的地方一度规定,以省政府为被告的行政诉讼案件均由高级法院管辖,或者案件金额达到多少亿元以上的由高级法院管辖。[141] 但随着高级法院管辖的这类案件增多,管辖权就下放了。在北京市范围,一度规定争议金额在1亿元以上的民事案件由高级法院管辖;[142] 但对行政诉讼则无明确规定,实践中极少因为行政案件标的金额巨大而由北京高院作为一审法院。

(二)中级法院管辖的案件

依据《行政诉讼法》第15条的规定,中级法院管辖的一审案件有4类:(1)对国务院部门或者县级以上地方政府提起诉讼的案件;(2)海关处理的案件;(3)本辖区内重大、复杂的案件;(4)其他法律规定由中级法院管辖的案件。结合最高法院司法解释和一些地方的做法,应由中级法院管辖的"本辖区内重大、复杂的案件"指下列情形:

1. 社会影响重大的共同诉讼案件。有的地方以原告10人以上作为具体标准,但有的法院除了人数重大,还考虑其他因素。

2. 涉外案件,以及涉港、澳、台地区的案件。最高法院2000年的司法解释曾用

---

〔139〕 个人认为,基层法院行政案件出现萎缩也不一定是坏事。一方面,基层法院可以通过广开大门、公正审理来扩大案源;另一方面,一些基层法院也可以不审理案件,当地的案件可以通过集中管辖、提级管辖等办法来解决。从根本上讲,行政诉讼不是为了法院而存在,法院却是为了公正、及时解决行政纠纷而存在。

〔140〕 2015年《适用解释》,第8条;2018年《行诉法解释》,第134条第3款。

〔141〕《江苏省高级人民法院关于以省人民政府为被告的行政诉讼若干问题的讨论纪要》,江苏省高级人民法院审判委员会2005年11月17日讨论通过,第2条。

〔142〕 北京市高级人民法院《关于北京市各级人民法院受理第一审民事、经济纠纷案件级别管辖的规定》,京高法发〔2000〕202号。

“重大涉外案件”;新的解释去掉了“重大”二字,边界清晰,便于操作。

3. 证券监管等专业性较强的案件。以上海证交所和深圳证交所为被告或第三人的与证券交易所监管职能相关的第一审行政案件,由其所在地的中级法院分别管辖。[143] 发明专利等知识产权案件属于同样情况,法律直接规定由中级法院管辖。[144]

4. 其他重大、复杂案件。这可以从案件社会影响等方面考虑,例如诉讼标的所涉金额巨大、涉及有重大影响的规范性文件的附带审查的。

(三)“本辖区内重大、复杂案件”的判断权限

“本辖区内重大、复杂案件”的判断标准常常是微妙的,判断权限掌握在法院手中。《行诉法解释》第6条,当事人以案件重大复杂为由,认为基层法院不宜行使管辖权而向中级法院起诉的,中级法院根据不同情况,可以决定自行审理,也可以指定本辖区其他基层法院管辖或者书面告知当事人向有管辖权的基层法院起诉。

在实践中,对于当事人以案件重大复杂为由要求上级法院审理的,上级法院掌握的标准往往比较严格。在**施建辉、顾大松诉南京市规划局批准建设紫金山“观景台”案**中,东南大学教师施建辉、顾大松就南京市规划局许可中山陵园管理局在紫金山最高峰头陀岭建设“观景台”一事,向南京中院提起行政诉讼,要求市规划局撤销对“观景台”的规划许可。南京中院以该案在本辖区内未造成重大影响、不属于中级法院受理范围为由,裁定驳回原告起诉。[145] 法院在该案中没有依法转送而径直驳回起诉,并不妥当,但它在级别管辖上“就低不就高”的态度似乎具有代表性。

在上下级法院之间就管辖问题发生疑义,原则上由受诉的上级法院判断。在**内蒙古伊泰集团有限公司诉鄂尔多斯市政府注销土地使用证案**中,原告认为本案争议标的物7126亩林地价值巨大,案情复杂,而且本公司及利害关系人蒙西公司均为自治区重点企业,故向内蒙古高院提起诉讼。后者认为该案属于本辖区内重大、复杂的行政案件,倾向于由其受理,但仍请示最高法院。最高法院行政庭答复,“是否由你院作为第一审行政案件管辖问题,请你院根据行政诉讼法的有关规定自行决定”。[146] 在**刘树忠等81人诉吉林省长春市人民政府、长春市国土资源局案行政征收和补偿案**中,原告认为该案属于本辖区内重大、复杂案件,起诉到中级法院,后者认为不构成重大、复杂案件,驳回起诉。最高法院认为,何为“重大、复杂案件”应由中级法院根据案件性质、疑难程度、规则价值、社会影响等因素考量认定。中级法院

---

[143] 《最高人民法院关于对与证券交易所监管职能相关的诉讼案件管辖与受理问题的规定》,法释〔2005〕1号,法释〔2020〕20号修正,第1条。

[144] 按照原来的《行政诉讼法》和司法解释,这些案件由中级法院管辖;全国人大常委会《关于在北京、上海、广州设立知识产权法院的决定》对此作了明确。

[145] 蒋德:《紫金山要建观景台　两大学教师向法院提起行政诉讼》,载《法制日报》2001年10月23日。

[146] 《最高人民法院行政审判庭关于对内蒙古自治区高级人民法院内高法〔2003〕28号请示的答复》,〔2003〕行立他字第3号。

有一定程度的司法裁量权，上级法院一般应当尊重下级法院的判断。[147]

尽管如此，在上下级法院之间因管辖问题出现疑义时，上级法院的确定权也不是绝对的。法院应当考虑公正审判的要求，而不能把应当由自己管辖的案件推给下级法院。在安徽省界首市制药厂诉界首市人民政府企业合并决定案中，原告向安徽高院提起诉讼，被告提出异议，认为本案不属于省内重大、复杂案件，不应由高级法院审理。安徽高院认为，根据本案的诉讼标的额，该院依法享有一审管辖权；但为了便于诉讼和审理，同意被告的要求，将本案移送其下级法院阜阳中院审理。原告提起上诉，最高法院撤销了该裁定，指令安徽高院继续审理。[148]

（四）管辖权在上下级法院之间的移转

《行政诉讼法》第24条规定，上级法院有权审理下级法院管辖的第一审行政案件。1989年《行政诉讼法》曾经规定，上级法院“也可以把自己管辖的第一审行政案件移交下级人民法院审判”。在《行政诉讼法》修改时，这一句被删除了。也就是说，今后行政案件的管辖权可以上提，却不能把本该上级法院管辖的案件下放。

《行政诉讼法》第24条还规定，下级法院对其管辖的第一审行政案件，可以报请上级法院审理或者由上级法院指定管辖。这一条款主要是为了解决基层法院受到干扰、无法公正审理的问题，[149]但也可以用于一些重大、新型、复杂案件的解决。[150]依据司法解释，基层法院对其管辖的第一审行政案件，认为需要由中级法院审理或者指定管辖的，可以报请中级法院决定。后者可以决定自行审理或者指定本辖区其他基层法院审理；根据情况，也可以仍由报请的基层法院审理。[151] 因为案件重大、新型、复杂等原因，报送上级法院审理的，上级法院应当及时决定是否由自己审理，并下达同意移送决定书或者不同意移送决定书。

另据《行政诉讼法》第52条规定，法院既不立案又不作出不予立案裁定的，当事人可以向上一级法院起诉。上一级法院认为符合起诉条件的，应当立案、审理，也可以指定本辖区内其他下级法院立案、审理。

（五）级别管辖的实施情况

由于新《行政诉讼法》规定，以县级政府为被告的案件由中级法院管辖，新法实

[147] 最高人民法院行政裁定书，(2016)最高法行申283号。

[148] 安徽省高级人民法院行政裁定书，(1997)皖行初字第1号；最高人民法院行政裁定书，(1997)行终字第16号。

[149] 信春鹰主编：《中华人民共和国行政诉讼法释义》，法律出版社2014年版，第67～68页。

[150] 《最高人民法院关于规范上下级人民法院审判业务关系的若干意见》，法发〔2010〕61号，第3条。基层法院和中级法院对于已经受理的下列第一审案件，必要时可以书面报请上一级法院审理：(1)重大、疑难、复杂案件；(2)新类型案件；(3)具有普遍法律适用意义的案件；(4)有管辖权的人民法院不宜行使审判权的案件。

[151] 2018年《行诉法解释》，第7条。

施后,中级法院管辖的行政案件数量大幅上升。自 2015 年到 2019 年,中级法院受理一审行政案件 361,121 件,占全部一审行政案件的 30%。上升的幅度从中国裁判文书网公布的文书比例也能看出。2015 年 5 月新法施行后,中级法院制作的一审行政裁判文书约占全部一审行政裁判文书的 28%;而在此之前,中级法院制作的一审行政裁判文书约占全部一审行政裁判文书的 12%。

随着县级以上地方政府频频被诉,中级法院受理案件大幅上升,高级法院和最高法院的二审、再审案件也迅猛增加。针对这种情况,最高法院于 2021 年通过司法解释,限缩了县级以上地方政府当被告的范围。[152] 新规定实施后,案件管辖下沉,中高级法院的压力可望缓解,但基层法院能否有效承接,还有待观察。

总体来说,各地高院受理一审案件相当有限,近几年更是急剧减少。2014 年尚有 44 件,2015 年以后只有个位数了,个别年份全国没有一起高院受理的一审案件。至于最高法院,目前还没有受理过一起一审行政案件。从最高法院的性质来看,它一般也不适合受理一审行政案件。最高法院的主要功能是掌握司法动态、制定司法政策,并监督地方法院的审判,而不是埋头审理案件。而且,一旦最高法院受理第一审案件,将意味着案件一审终审,当事人无从上诉,司法过程也丧失了慎思明辨的机会。

三 地域管辖

地域管辖解决的是同一层级、不同法院之间的管辖权划分。行政诉讼地域管辖的原则是“原告就被告”;涉及公民人身自由和不动产的诉讼,适用特殊规则。

(一)地域管辖的一般规则

《行政诉讼法》第 18 条第 1 款规定:“行政案件由最初作出行政行为的行政机关所在地人民法院管辖。经复议的案件,也可以由复议机关所在地人民法院管辖。”

这一条确立了“原告就被告”的原则。这样规定主要是考虑到,在多数情况下,原告就居住在被告行政机关的辖区。由被告所在地法院管辖,便利当事人双方起诉和应诉,也便利法院审判和执行。在实践中,这一规定也带来一些消极后果,主要是法院的受理和判决更容易受行政机关影响。

由于国务院部门都在北京,对国务院部门提起的诉讼因此集中在北京法院,具体由北京市三个中级法院按被告所属区县分片管辖。其中,第一中级法院的管辖范围包括海淀、石景山、昌平、门头沟、延庆五区县;第二中级法院的管辖范围包括东城、西城、丰台、房山、大兴五区;第三中级法院的管辖范围包括朝阳、通州、顺义、怀

---

〔152〕《最高人民法院关于正确确定县级以上地方人民政府行政诉讼被告资格若干问题的规定》,法释〔2021〕5 号。

柔、平谷、密云六区县。[153] 对国务院部门提起的知识产权诉讼,在北京知识产权法院成立后,则由北京第一中院转给北京知识产权法院管辖。

经复议的案件,原告有选择管辖的机会。如果复议机关和原行政机关不在一个辖区,原告可以向原行政机关所在地法院起诉,也可以向复议机关所在地法院起诉。由于这一规定,对省、自治区政府提起的诉讼,可能由省会城市之外的法院受理;对国务院部门提起的诉讼,可能由北京之外的法院受理。国务院部门去外地法院应诉,已是平常现象。

(二)限制人身自由的行政强制措施案件的管辖

《行政诉讼法》第 19 条规定:"对限制人身自由的行政强制措施不服提起的诉讼,由被告所在地或者原告所在地人民法院管辖。"

限制人身自由的强制措施,以前曾有收容审查、收容遣送、收容教育等,目前主要是强制扣留、强制戒毒、强制治疗、强制隔离等。依照行政强制措施的一般定义,它不包括行政拘留等行政处罚行为。关于劳动教养的性质一直有争议,但争议随着劳动教养制度的废止而终结。

依照最高法院的司法解释,该条所说的"原告所在地",包括原告的户籍所在地、经常居住地和被限制人身自由地。[154] 户籍所在地,即户口簿上登记的住所地,一般以身份证上的住址为凭;经常居住地,指公民离开住所地、连续居住满一年的地方;被限制人身自由地,指公民被依法采取强制措施或者非法实施扣留、关押的场所。原告可以在三者之中选择其一起诉。这样规定不但便利原告诉讼,也减少法院可能受到的干扰。实践中,不少在外地被限制人身自由的人,在家属代理下,选择到自己家乡法院起诉。

限制人身自由的行政强制措施案件的管辖,还有一种延伸效力。早在《行政诉讼法》实施初期,最高法院就曾在一个答复中肯定,行政机关基于同一事实、对同一当事人作出限制人身自由和扣押财产两种行政行为,而当事人对两种行政行为均不服,向原告所在地法院提起诉讼,后者可以将当事人的两个诉讼请求合并审理。[155] 后来的司法解释沿袭了该答复的精神,允许法院受理限制人身自由的强制措施案件时,一并管辖行政机关基于同一事实作出的其他行政强制措施或者行政处罚行为。[156] 这样规定便利了原告起诉和法院审理,也可以防止不同法院裁判的冲突。

---

[153] 《北京市高级人民法院关于我市中级人民法院管辖调整有关问题的规定(暂行)》,京高法发〔2013〕268号。

[154] 1991 年《贯彻意见》,第 11 条;2000 年《若干解释》,第 9 条第 1 款;2018 年《行诉法解释》,第 8 条第 1 款。

[155] 《最高人民法院关于在同一事实中对同一当事人,行政机关同时作出限制人身自由和扣押财产两种具体行政行为,当事人依法向其住所地法院起诉,受诉法院是否可以合并审理问题的答复》(已失效),〔93〕行他 16 号。

[156] 2000 年《若干解释》,第 9 条第 2 款;2018 年《行诉法解释》,第 8 条第 2 款。

（三）不动产案件的管辖

因不动产提起的行政诉讼，《行政诉讼法》第 20 条规定，由不动产所在地法院管辖。这与民事诉讼的做法一致。但行政机关大量的管理活动，如权属登记、产权界定、行政处罚，都直接或者间接涉及不动产；如果过分宽泛地解释这一条款，可能颠覆地域管辖的一般规则。为此，有必要根据具体情况作一些限定。司法解释规定，这里的“因不动产提起的行政诉讼”是指因行政行为导致不动产物权变动而提起的诉讼。不动产已登记的，以不动产登记簿记载的所在地为不动产所在地；不动产未登记的，以不动产实际所在地为不动产所在地。

对房屋登记行为提起的行政诉讼，原则上由房屋所在地法院管辖。但依据最高法院的司法解释，有下列情形之一的，也可由被告所在地法院管辖：(1) 请求房屋登记机构履行房屋转移登记、查询、复制登记资料等职责的；(2) 对房屋登记机构收缴房产证行为提起行政诉讼的；(3) 对行政复议改变房屋登记行为提起行政诉讼的。[157]

因国有资产产权界定行为引发的诉讼，管辖也比较复杂。最高法院曾经专门发布司法解释，要求根据不同情况确定管辖法院：“产权界定行为直接针对不动产作出的”，由不动产所在地人民法院管辖；“产权界定行为针对包含不动产在内的整体产权作出的”，则适用地域管辖的一般规则。[158]

（四）共同管辖、移送管辖和指定管辖

在行政行为经过复议、原告被限制人身自由等情况下，会出现几个法院“共同管辖”的情况。对此，原告可以选择管辖。《行政诉讼法》第 21 条规定：“两个以上人民法院都有管辖权的案件，原告可以选择其中一个人民法院提起诉讼。原告向两个以上有管辖权的人民法院提起诉讼的，由最先立案的人民法院管辖。”

针对行政案件出现错误管辖的情况，《行政诉讼法》规定了案件移送制度。第 22 条规定：“人民法院发现受理的案件不属于本院管辖的，应当移送有管辖权的人民法院，受移送的人民法院应当受理。受移送的人民法院认为受移送的案件按照规定不属于本院管辖的，应当报请上级人民法院指定管辖，不得再自行移送。”

在发生管辖障碍或者管辖争议的情况时，《行政诉讼法》第 23 条规定了指定管辖的制度。有管辖权的法院由于特殊原因不能行使管辖权的，由上级法院指定管辖。法院对管辖权发生争议，由争议双方协商解决；协商不成的，报它们的共同上级法院指定管辖。**朱新一、朱新明诉江苏省启东市公安局追截车辆行为案**中提供了一个指定管辖的例子。2000 年 9 月，原告认为启东市公安局警员违法追截车辆、导致

---

〔157〕《最高人民法院关于审理房屋登记案件若干问题的规定》，法释〔2010〕15 号，第 7 条。
〔158〕《最高人民法院关于国有资产产权管理行政案件管辖问题的解释》，法释〔2001〕6 号。

其母死亡，向启东市法院提起诉讼，要求赔偿。启东市法院在 7 日内未立案，也未作出不予受理裁定。两原告向南通中院提起诉讼，后者指定南通市港闸区法院审理。港闸区法院判决确认被告追截车辆行为违法，并责令其赔偿 52, 320 元。[159] 如果该案由被告所在地的启东市法院审理，作出这样的判决估计是很难的。指定管辖的规定同样适用于中级法院和高级法院作为一审法院的情形。

一些地方根据《行政诉讼法》的规定，把指定管辖加以常态化和固定化。在朱广义等 4 人诉郑州市人民政府道路更名案中，原告不服郑州市政府更改地名决定，向法院提起诉讼。根据河南省高院《关于行政案件异地管辖补充规定》，郑州市政府作为被告的一审行政案件由新乡中院管辖。该案的二审和再审，依次由河南高院和最高法院管辖。[160]

四　行政审判体制的改革

《行政诉讼法》规定了多种管辖移转制度：如果案件由另一家法院审理更适宜，法院可以通过案件移送、指定或者提审，把案件移转给另一家法院审理。这些措施本来是为了解决一些特殊问题而设，不是管辖制度的常态。但实践中，在管辖移转的基础上，出现了常态化的交叉管辖、集中管辖和提级管辖。这些做法都得到《行政诉讼法》的容许，但各种做法仍处于探索、竞争之中，行政审判体制的前景仍未明朗。[161]

（一）交叉管辖

行政诉讼交叉管辖是浙江台州等地的法院为避免地方政府干扰所创造的经验，后来被推广。其做法是，对于以县政府为被告的案件、原告人数众多的群体性案件或者其他重大、复杂案件，当事人可以直接向中级法院起诉；中级法院受理后，再指定被告所在地以外的一家基层法院审理。以此类推，形成“异地交叉审判”。[162]

在吸取浙江法院成功经验的基础上，最高法院于 2008 年发布《最高人民法院关于行政案件管辖若干问题的规定》，推行交叉管辖的做法。[163] 依照该解释，当事人以案件重大复杂为由或者认为有管辖权的基层法院不宜行使管辖权，直接向中级法院起诉的，中级法院应当指定本辖区其他基层法院审理，也可以决定自己审理，或者

[159] 最高人民法院中国应用法学研究所编：《人民法院案例选》第 39 辑，人民法院出版社 2002 年版，第 427 页。

[160] 最高人民法院行政裁定书，(2018)最高法行申 1127 号。

[161] 何海波：《行政审判体制改革刍议》，载《中国法律评论》创刊号，法律出版社 2014 年版。

[162] 孙文鹰、黄献安：《行政案件异地审判，陈崇冠们先行一步》，载《人民法院报》2004 年 2 月 5 日；浙江省高级人民法院行政审判庭：《行政案件管辖问题的调研报告——以浙江省行政案件异地管辖为典型展开》，载《行政执法与行政审判》2006 年第 4 辑，法律出版社 2007 年版；何才林：《夹缝中的变革——以行政审判管辖权为视角的叙事》，载《北大法律评论》第 10 卷第 2 辑，北京大学出版社 2009 年版。

[163] 《最高人民法院关于行政案件管辖若干问题的规定》(已废止)，法释〔2008〕1 号。

书面告知当事人向有管辖权的基层法院起诉。当事人向有管辖权的基层法院起诉，受诉法院在时限内未立案也未作出裁定，当事人向中级法院起诉的，或者基层法院对其管辖的第一审行政案件认为需要由中级法院审理或者指定管辖的，中级法院也可以采取类似做法。中级法院对基层法院管辖的第一审行政案件，根据案件情况，也可以依职权决定自己审理，或者指定本辖区其他基层法院管辖。中级法院和高级法院管辖的第一审行政案件需要由上一级法院审理或者指定管辖的，参照该规定。

实践证明，上述做法有一定效果。它在现有体制内显著地减少了行政干预，保障行政审判的独立性和公正性。而相对于"提级管辖"，它避免了基层法院无案可办、中高级法院压力过大的问题。但是，交叉管辖没有从根本上解决法院独立审判的问题，实施一段时间后，它的实际效果下降。河南高院在全省实行异地交叉管辖，一度成效显著但未能持续，几年后宣布不再实行。[164]

（二）集中管辖

行政案件相对集中管辖，就是将部分基层法院管辖的一审行政案件，通过上级法院统一指定的方式，交由其他基层法院集中管辖的制度。

2013 年，最高法院下发通知，推行行政诉讼相对集中管辖。[165] 通知要求，各高级法院应当结合本地实际，确定 1～2 个中级法院进行试点。试点中级法院要根据本辖区具体情况，确定 2～3 个基层法院为集中管辖法院，集中管辖辖区内其他基层法院管辖的行政诉讼案件。集中管辖法院不宜审理的以本地行政机关为被告的案件，可以交由其他集中管辖法院审理。非集中管辖法院的行政审判庭仍予保留，主要负责非诉行政执行案件等有关工作，同时协助、配合集中管辖法院做好本地区行政案件的协调、处理工作。集中管辖法院的选择，应当考虑司法环境较好、行政案件数量较多、行政审判力量较强、经济社会发展水平较高等因素。

相对集中管辖也得到修改后的《行政诉讼法》的认可。该法第 18 条规定，高级法院经最高法院批准，可以"确定若干人民法院跨行政区域管辖行政案件"。

相对集中管辖不改变四级法院行政庭的体制，引起的震动较小。在行政案件数量总体较小的情况下，它有助于审判资源的合理分布和审判人员的专业化。相对集中管辖法院如果继续发展，今后有可能演化为专门的行政法院。但就目前而言，相对集中管辖造成基层法院案件多寡不均，有的法院案多人少，有的法院有人无案。一些地方政府抱怨用自己的人、财、物为他人"作嫁衣"，积极性不高。这些问题还需要通过司法体制改革予以解决。

---

〔164〕《河南省高级人民法院关于行政案件异地管辖问题的规定（试行）》，豫高法〔2014〕197 号；《河南省高级人民法院关于调整行政诉讼案件管辖若干问题的意见》，2019 年 8 月 13 日。

〔165〕《最高人民法院关于开展行政案件相对集中管辖试点工作的通知》，法〔2013〕3 号。

（三）提级管辖

提级管辖是把本来属于下级法院管辖的案件，提交给上级法院审理。《行政诉讼法》和最高法院司法解释都有规定，实践中也有一些地方对特定类型的行政案件实行提级管辖。

在《行政诉讼法》修改前后，也有一些专家学者主张全面提高行政案件管辖法院的级别，基层法院不再审理行政诉讼案件，原则上由中级法院审理一审行政案件，少数案件由高级法院一审。[166] 提级管辖有利于审判资源的合理分配，也有利于行政案件得到公正、及时的审理。在中国行政复议和行政诉讼两套制度并存的背景下，行政复议被赋予解决行政纠纷"主渠道"的作用，行政诉讼提级管辖也符合纠纷解决机制的整体布局。

比起交叉管辖、集中管辖，提级管辖带来的震动要大一点。对于双方当事人来说，意味着要到中级法院所在地去打官司，诉讼成本会增高。对于基层法院来说，失去了与地方政府交涉的一个重要筹码；对于中、高级法院来说，如果没有落实配套措施，案多人少的矛盾将更突出。这些问题的解决更需要顶层设计上的决断。

---

[166] 姜明安：《行政诉讼法修改中的六大难题》，载《法制日报》2011年11月30日，第7版；何海波等：《理想的行政诉讼法——〈中华人民共和国行政诉讼法〉学者建议稿》，载《行政法学研究》2014年第2期；肖峋：《立法往事——我在法工委那些年》，法律出版社2020年版，第51～52页。

第六章　受理诉讼的其他条件

除了前面两章所讲的受理条件，即被诉行政行为的性质与原告、被告和法院的适格，法院受理行政诉讼还有一些其他条件。其他条件包括：行政复议前置的要求，起诉期限的限制，重复起诉的排除，以及其他基于公共政策的限制。

第一节　复 议 前 置

公民、法人或者其他组织与行政机关发生纠纷，不一定都直奔法院。一些法律规定，在特定情况下行政纠纷应当首先在行政系统内部解决；行政机关在法定期限内不予处理，或者当事人对行政机关的处理不服的，才可以向法院提起诉讼。例如，依据《政府采购法》的规定，供应商对政府采购活动事项有疑问或者质疑，应先向采购人提出；采购人未及时答复或者答复不能令其满意的，再向政府采购监督管理部门投诉；政府采购监督管理部门对投诉逾期未作处理或者处理决定不能令其满意的，才可以依法申请行政复议或者提起行政诉讼。又如，当事人单独就损害赔偿、补偿提出请求的，一般应当先由行政机关解决。[1]

论及行政系统首先解决，最重要的莫过于复议前置。

一　救济选择与复议前置

虽然法院往往更受人们信赖，但不是所有纠纷都只能上法院解决。诉讼以外的替代性纠纷解决机制（ADR）是一个世界性的现象。在中国行政法上，行政诉讼之外还有行政复议这一法定的纠纷解决机制。做好行政复议和行政诉讼的分工、衔接，有助于构建一个合理、有效的行政纠纷解决体系。

秉持“法院是解决法律纠纷的最后场所”这一信念，当事人对行政复议决定不服，原则上可以再向法院起诉；对法院判决不服，则不能再提起行政复议。问题主要是，由当事人自己选择先行复议或者直接起诉，还是把申请复议作为提起诉讼的必经程序？要求当事人先申请行政复议，好处是可以充分利用行政机关的专业知识和

---

〔1〕《国家赔偿法》第9条第2款规定：“赔偿请求人要求赔偿，应当先向赔偿义务机关提出，也可以在申请行政复议和提起行政诉讼时一并提出。”《最高人民法院关于审理行政许可案件若干问题的规定》（法释〔2009〕20号）第14条要求，行政机关变更或者撤回已经生效的行政许可，公民、法人或者其他组织仅主张行政补偿的，也应当先向行政机关提出申请。

行政经验解决技术性、政策性问题，充分发挥上级行政机关对下级行政机关的监督作用。在一些领域，行政纠纷数量巨大，更有必要通过简便快捷的复议渠道消化部分行政纠纷，从而减轻法院负担，让法院集中精力解决争议巨大的案件。但复议前置也是一把双刃剑。如果行政复议制度不能有效解决纠纷，先行复议只不过是增加手续、拖延时日，强制要求复议先行只会加大纠纷解决的成本。

当事人提起行政诉讼是否必须先行复议，在 1989 年《行政诉讼法》立法过程中有过激烈争议。最后颁布的法律采取了一个折衷意见：公民、法人或者其他组织原则上可以自己决定先行复议还是直接起诉，法律、法规规定应当先行复议的从其规定。2014 年《行政诉讼法》修改时，延续了这一条款。[2] 2023 年《行政复议法》修订时，取消了地方性法规创设复议前置的立法权，把它限于法律、行政法规。

在依法可以选择救济方式的情况下，当事人是先行复议还是直接起诉，很大程度上取决于他对行政复议结果的预期。从《行政复议法》实施后的情况来看，行政复议的成效显然不够理想。一方面，行政复议案件的数量低于行政诉讼案件的数量；另一方面，行政复议决定支持申请人的比例也不如行政诉讼。2014 年《行政诉讼法》修改时规定，复议机关无论是维持还是改变原行政行为，都要当被告；复议机关不受理复议申请或者在法定期限内未作出复议决定的，也可以被起诉。复议机关一律当被告的规定，有可能促使复议机关认真履行复议职责，从而提升复议决定支持申请人的比例。行政复议成功率的提高，将会进一步鼓励当事人利用复议制度，选择先行复议而不是直奔法院。[3]

二　规定复议前置的法律

《行政诉讼法》没有具体规定哪些事项应当复议前置，而是把这个权力留给具体的法律、法规。2023 年修订的《行政复议法》列举了若干复议前置的情形，其余的仍然留给其他法律和行政法规。

(一) 规定复议前置的法律、行政法规

从立法实践来看，规定复议前置的法律是少数。有些原来规定复议前置，后来取消了。例如，2005 年《治安管理处罚法》取消了《治安管理处罚条例》关于不服治安管理处罚应当先行复议的要求；2010 年修订《工伤保险条例》时，取消了对工伤认定结论不服或者对工伤保险待遇有异议应当先行复议的要求。

---

〔2〕《行政诉讼法》第 44 条规定：“对属于人民法院受案范围的行政案件，公民、法人或者其他组织可以先向行政机关申请复议，对复议决定不服的，再向人民法院提起诉讼；也可以直接向人民法院提起诉讼。法律、法规规定应当先向行政机关申请复议，对复议决定不服再向人民法院提起诉讼的，依照法律、法规的规定。”

〔3〕相关讨论，参见杨伟东：《复议前置抑或自由选择——我国行政复议与行政诉讼关系的处理》，载《行政法学研究》2012 年第 2 期；周玉超：《行政复议前置范围再讨论》，载《华东政法大学学报》2023 年第 4 期。

2023年《行政复议法》修订时，增加了几种复议前置的情形：(1)对当场作出的行政处罚决定不服；(2)对行政机关作出的侵犯其已经依法取得的自然资源的所有权或者使用权的决定不服；(3)申请行政许可、社会保障待遇或者申请行政机关履行保护人身权利、财产权利、受教育权利等合法权益的法定职责，行政机关未予履行；(4)申请政府信息公开，行政机关不予公开；(5)法律、行政法规规定应当先申请行政复议的其他情形。前述4项属于行政执法中比较常见的纠纷，适合或者需要由复议程序先行解决。这4项涉及案件数量比较多，把它们纳入复议前置的范围也有助于分流行政诉讼案件。

在《行政复议法》列举之外，目前保留复议前置的法律、行政法规主要有：(1)某些涉及国家安全和社会稳定的案件。依据《集会游行示威法》第31条和《反间谍法》第35条的规定，公安机关对违法举行集会、游行、示威的负责人和直接责任人员给予拘留处罚，国家安全机关所作的行政处罚、行政强制措施，当事人不服的，都应当先向上一级主管部门申请复议。(2)某些海关、税收案件。依据2000年修正的《海关法》第64条和2001年修订的《税收征收管理法》第88条的规定，当事人同海关或者税务机关发生纳税争议(不包括处罚决定、强制执行措施或者税收保全措施)时，应当缴纳税款或者提供相应担保，方可申请行政复议，对复议决定仍不服的才可以向法院提起诉讼。(3)某些专利、商标案件。例如，依据《专利法》规定，专利申请人对国务院专利行政部门驳回申请的决定不服，应当先向专利复审委员会请求复审。《商标法》亦有类似规定。(4)某些社会保障案件。《城市居民最低生活保障条例》第15条规定，城市居民对县级政府民政部门作出的不批准享受城市居民最低生活保障待遇或者减发、停发城市居民最低生活保障款物的决定或者给予的行政处罚不服的，应当先申请行政复议。(5)某些市场监管领域的案件。1999年的《价格违法行为行政处罚规定》规定，经营者对政府价格主管部门作出的处罚决定不服的，应当先申请行政复议。[4] 2007年的《反垄断法》第53条规定，当事人对反垄断执法机构禁止经营者集中或者附加限制性条件的决定不服的，应当先申请行政复议；对其他决定，则可以直接起诉。

立法规定复议前置，未必有系统规划，更多是一事一议；在具体的立法过程中，国务院部门的意见是个重要因素。尽管如此，我们仍然可以看出一些立法的思路。首先，在广大的法律、法规中，规定复议前置的是少数。在此意义上，中国的模式可以称为"以当事人选择为主、以复议前置为辅"。其次，规定复议前置的集中在政治性、政策性和技术性较强的领域。例如，对于政治敏感性较高、政策性或技术性较强的事项，往往采取复议前置；对于纠纷频发、案件数量较大的领域，也可能采取复议前置。随着行政复议制度的实效性增强，复议前置的领域今后可能还会增加。

---

〔4〕 该规定于1999年经国务院批准并由国家发展计划委员会发布。国务院于2006年、2008年和2010年对之作了三次修改，所述条款继续保留。

（二）地方性法规、规章规定复议前置的效力

在法律、行政法规之外，地方性法规曾经也可以规定复议前置。从实践来看，地方性法规创设复议前置的并不常见，但仍有若干。[5] 自《行政复议法》修订后，地方性法规无权创设复议前置的规定。原有的规定在法律上继续有效，但宜于逐步清理。

在实践中，有些规章也规定了复议前置。这样的规定如果没有上位法依据，就抵触《行政诉讼法》，对法院和当事人不具有约束力。例如，公安部1991年的《交通管理处罚程序补充规定》规定，当事人对于公安交通管理机关暂扣证件、车辆的措施不服的，可在15日内向主管公安机关或者上一级公安交通管理机关申请复议；对复议决定不服的，可再向法院提起诉讼。对此，法院的态度是：《交通管理处罚程序补充规定》作为行政规章，无权规定复议前置；当事人对公安交通管理机关的暂扣措施不服，可以直接向法院提起行政诉讼。[6]

（三）法院对复议前置规定的解释

从司法实践来看，法院对复议前置的规定往往采取严格解释，尽量缩小复议前置的范围。

1999年《行政复议法》第30条第1款规定，公民、法人或者其他组织认为行政机关的具体行政行为侵犯其已经依法取得的土地、矿藏、水流等自然资源的所有权或者使用权的，应当先申请行政复议；对行政复议决定不服的，可以依法向人民法院提起行政诉讼。这一规定承袭了《土地管理法》《矿产资源法》等一系列法律的规定，但该条的用语相当笼统、宽泛，容易给人以所有涉及自然资源所有权或者使用权的行政行为都要复议前置的印象，在司法实践中引起很大困惑。后来，最高法院的司法解释将其限定在行政机关确认土地、矿藏、水流等自然资源的所有权或者使用权的具体行政行为；涉及自然资源所有权或者使用权的行政处罚、行政强制措施等其它具体行政行为，不适用该款规定。[7] 此后，最高法院行政庭进一步明确，前述司法解释所称的“确认”是指当事人对自然资源的权属发生争议后，行政机关对争议的自然资源的所有权或者使用权所作的确权决定；行政机关颁发自然资源所有权或

---

〔5〕 例如，《贵州省技术市场管理条例》（1994年制定、2004年修正）、《云南省保安服务管理条例》（1995年制定、2014年修正）、《黑龙江省审计条例》（1999年制定、2002年修正）规定，当事人对行政处罚或者审计决定不服的应当先行复议。

〔6〕 《最高人民法院行政审判庭关于对云南省高级人民法院适用公安部〈交通管理处罚程序补充规定〉法律效力的请示的答复》，〔1997〕法行字第7号。另，该补充规定已被公安部《交通违章处理程序规定》（1999年）取代，新的规定取消了复议前置的要求。

〔7〕 《最高人民法院关于适用〈行政复议法〉第三十条第一款有关问题的批复》，法释〔2003〕5号。

者使用权证书的行为,不属于复议前置的情形。[8] **在新乡农机产品经销中心清算组诉新乡县人民政府土地行政决定案**中,新乡农机产品经销中心依法取得了争议土地的使用权后,被告新乡县政府收回其国有土地使用证,并将该宗土地出让给了第三人新基公司。河南高院再审判决认为,被诉行为不涉及确权行为,本案争议不适用复议前置要求。新乡中院的再审裁定以原告未经复议为由驳回起诉,是错误的。[9]

国务院1982年的《劳动教养试行办法》第12条第2款规定,被决定劳动教养的人对主要事实不服的,"由审批机关组织复查";经复查事实确凿,本人还不服的,应当实行劳动教养。对此,最高法院的意见是,法律、法规未规定当事人对劳动教养决定不服应当先向行政机关申请复议,该款规定的"复查"不应视为劳动教养委员会的复议程序。[10] **在白光华诉天津市劳动教养管理委员会案**中,天津高院二审判决认为,《劳动教养试行办法》的上述规定是指作出劳动教养决定的机关自行复查,该款规定不能理解为复议前置。据此,撤销一审法院驳回起诉的裁定,指令其继续审理。[11]

2003年的《工伤保险条例》第53条规定,当事人对于工伤认定、单位缴费费率决定、工伤保险待遇决定等4种行为不服的,可以依法申请行政复议,对复议决定不服的可以依法提起行政诉讼。最高法院一方面肯定该条规定的复议前置;另一方面认为,当事人对工伤认定不予受理决定等其它有关具体行政行为不服直接提起诉讼的,法院应当依法受理。[12]

三　行政复议与行政诉讼的衔接

行政复议和行政诉讼两套制度并存,带来了一个如何衔接的问题。具体不外乎两种情况:当事人可以选择救济渠道和法律、法规规定复议前置。前者的主要问题是如何避免复议和诉讼的竞合,后者的主要问题是如何防止当事人的诉讼渠道被阻断。下面分别讨论。

(一)当事人可以选择救济渠道的

在法律、法规规定当事人可以选择救济方式的情况下,当事人可能又申请复议又提起诉讼。为避免复议和诉讼并行造成的矛盾,最高法院司法解释规定,当事人

---

〔8〕《最高人民法院行政审判庭关于行政机关颁发自然资源所有权或者使用权证的行为是否属于确认行政行为问题的答复》,〔2005〕行他字第4号。

〔9〕河南省高级人民法院行政裁定书,(2008)豫法行再字第12号。

〔10〕《最高人民法院行政审判庭关于人民法院受理劳动教养行政案件是否需要复议前置问题的答复》(已废止),〔1997〕法行字第27号。

〔11〕《最高人民法院公报》2007年第3期。

〔12〕《最高人民法院行政审判庭关于如何适用〈工伤保险条例〉第五十三条有关问题的答复》(已废止),〔2005〕行他字第19号。《工伤保险条例》2010年修订后,复议前置的要求已被取消。

同时申请复议并提起诉讼的,由先立案的机关管辖;同一天立案的,则由公民、法人或者其他组织选择。公民、法人或者其他组织已经申请行政复议,在法定复议期间内又向法院提起诉讼的,法院不予立案。[13]

公民、法人或者其他组织向复议机关申请行政复议后,还可能撤回复议申请。对此,司法解释规定,在法律、法规规定当事人可以选择救济方式的情况下,当事人经复议机关同意撤回复议申请,在法定起诉期限内对原行政行为提起诉讼的,法院应当依法立案。[14]

在复议机关不予受理复议申请的情况下,当事人可以直接起诉原行政行为,也可以起诉复议机关不作为。但该两种救济手段不能同时进行,否则有违一事不再理原则。在**王永保诉山东省临沂市人民政府、山东省莒南县人民政府案**中,最高法院裁定认为,当事人同时起诉不予受理复议决定和原行政行为的,受诉法院应当引导当事人起诉原行政行为。这有利于从根本上解决行政争议。[15]

(二)法律、法规规定复议前置的

复议前置是给行政系统一个自我纠正的机会,而不是阻断公民提起诉讼的通路。所以,复议前置不是绝对的,不能成为对当事人诉权的剥夺。一般来说,法律、法规规定应当先申请复议,公民、法人或者其他组织未申请复议直接提起诉讼的,法院不予受理。但是,如果复议机关不受理复议申请,或者受理后在法定期限内不作出复议决定,公民、法人或者其他组织可以向法院起诉;符合其他起诉条件的,法院应当立案。[16]

复议前置的难题出现在税收征收管理中。1992 年《税收征收管理法》第 56 条第 1 款曾规定,当事人同税务机关在纳税上发生争议时,必须先缴纳或者解缴税款及滞纳金,方可申请行政复议,对复议决定仍不服的才可以向法院提起诉讼。在实践中,有的当事人因为无力缴纳而无法申请行政复议。这时,他是否可以直接向法院提起诉讼呢?在**江西柏林实业有限公司诉上饶地区国家税务局税务稽查处理决定案**中,被告认为原告偷税,应缴纳税款和滞纳金 179 万余元。柏林公司直接向法院提起诉讼。江西高院认为,《税收征收管理法》的规定是对当事人诉权的变相剥夺,违背《行政诉讼法》的立法宗旨和现代法治国家的要求。在向最高法院的请示中,该院提出,当有证据证明税务机关认定的纳税主体错误,当事人的合法权益受到明白无误的侵害时,可以不受复议前置的限制,直接向法院起诉。但是,最高法院行

---

〔13〕 2000 年《若干解释》,第 34 条;2018 年《行诉法解释》,第 57 条。
〔14〕 2000 年《若干解释》,第 35 条;2018 年《行诉法解释》,第 58 条。
〔15〕 最高人民法院行政裁定书,(2019)最高法行申 13691 号。
〔16〕 2000 年《若干解释》,第 33 条;2018 年《行诉法解释》,第 56 条第 2 款。

政庭坚持认为,当事人未经行政复议直接提起诉讼的,法院不应受理。[17] 虽然 2001 年修订的《税收征收管理法》允许当事人在“提供相应的担保”后申请行政复议,从而缓和了对当事人诉权的限制,但它仍然构成对诉权的重大限制。

实践中,有的当事人因不知道复议前置的规定而耽误复议申请期限,进而影响后续诉讼。对此,2023 年修订的《行政复议法》第 23 条第 2 款规定,法律、行政法规规定复议前置的,“行政机关在作出行政行为时应当告知公民、法人或者其他组织先向行政复议机关申请行政复议”。如果行政机关没有告知,当事人直接向法院起诉,待法院告知应当先行复议,当事人再去申请复议时,有的已经超过复议期限。对此,国务院法制办曾有一个意见:这种情况可以视为《行政复议法》第 9 条第 2 款规定的“因其他正当理由耽误法定申请期限”,从当事人提起行政诉讼到法院生效裁判送达的时间不计入法定申请期限。[18] 但如果当事人提起诉讼时就已经超过了复议申请期限,怎么办？按照新法的精神,只要当事人在合理期限内申请行政复议,复议机关仍应受理;如果复议机关拒不受理,当事人在法定起诉期限内提起诉讼的,法院可以不经复议直接受理。无论如何,复议前置的规定不能成为善意当事人寻求司法救济的障碍。

在极端情况下,如果行政行为让人无从判断其性质和法律依据,则法院不受有关复议前置规定的拘束。在**上海金港经贸总公司诉新疆维吾尔自治区工商行政管理局行政处罚案**中,乌鲁木齐中院一审认为,被告对金港公司违法经营棉花进行处罚,依据的是《投机倒把行政处罚暂行条例》。而根据该《条例》第 11 条规定,当事人不服行政处罚应当先申请复议,对复议决定不服的才可以在法定期限内向法院起诉;原告的起诉因此不符合起诉条件。最高法院撤销原审法院的裁定,指令乌鲁木齐中院对该案进行审理。最高法院的再审裁定指出,被告仅仅向当事人出具一纸罚款证明,既没有制作行政处罚决定书,也没有告知当事人违法事实和处罚依据,致使当事人无从判断其行为性质及相应的法律规范。在此情况下,当事人未经复议直接向法院起诉,法院应当受理。[19]

第二节　起诉期限

起诉期限,有的称“诉讼时效”[20],是法院受理行政诉讼的条件之一。法律规定

---

〔17〕《最高人民法院行政审判庭对江西省高级人民法院〈关于人民法院能否直接受理因纳税主体资格引起的税务行政案件的请示〉的答复》,法行〔2000〕31 号。

〔18〕《国务院法制办公室对湖北省人民政府法制办公室〈关于人民法院裁决应当“复议前置”当事人申请行政复议时已超过期限的复议申请是否受理的请示〉的复函》,国法函〔2003〕253 号。

〔19〕《最高人民法院公报》2006 年第 4 期。

〔20〕有的著作刻意区分“起诉期限”和“诉讼时效”,认为前者是程序问题,后者是实体问题。在我看来,这不过是由于立法技术原因,一个规定在诉讼法中,一个规定在实体法中,两者并无本质区别。

起诉期限的目的,是督促当事人及时提起诉讼,尽早解决行政纠纷,尽快稳定社会关系。法院在立案审查时,发现原告的起诉明显超过起诉期限的,应当裁定不予受理;法院在立案以后发现原告的起诉超过起诉期限,裁定驳回起诉。

一　起诉期限的一般规定

《行政诉讼法》对起诉期限的一般规定,区分两种情况,即经过复议案件的起诉期限和未经复议直接起诉的期限。根据诉讼类型,后者又分为对行政处理决定的起诉期限、对行政不作为的起诉期限、有关行政协议的起诉期限和要求行政赔偿的起诉期限(见表3)。对于无效行政行为的起诉期限,《行政诉讼法》没有规定,理论上认为不受一般起诉期限的限制。

表3　行政案件的起诉期限

<table>
<tr><th colspan="2">案件类型</th><th>起算日期</th><th>正常期限</th><th>较长期限</th><th>最长期限</th><th>期限扣除或延长</th></tr>
<tr><td colspan="2">经过复议</td><td>收到复议决定书或者复议期满之日</td><td>15 日</td><td>+1 年</td><td>不适用</td><td rowspan="4">适用</td></tr>
<tr><td rowspan="5">未经复议</td><td>行政处理决定</td><td>知道或者应当知道作出行政行为之日</td><td>6 个月</td><td>+1 年</td><td>5 年/20 年</td></tr>
<tr><td>行政不作为</td><td>行政机关接到申请之日起 2 个月(有例外)</td><td>6 个月</td><td>时效中断(?)</td><td>5 年/20 年</td></tr>
<tr><td>行政赔偿</td><td>赔偿义务机关作出赔偿决定之日,或者接到赔偿请求之日起 2 个月</td><td>3 个月</td><td>2 年 +</td><td>不适用</td></tr>
<tr><td rowspan="2">行政协议</td><td colspan="5">行政机关不履行协议的,参照民法</td></tr>
<tr><td colspan="5">行政机关单方变更、解除协议的,适用行政诉讼法</td></tr>
</table>

(一) 经过复议案件的起诉期限

《行政诉讼法》第45条规定:"公民、法人或者其他组织不服复议决定的,可以在收到复议决定书之日起十五日内向人民法院提起诉讼。复议机关逾期不作决定的,申请人可以在复议期满之日起十五日内向人民法院提起诉讼。法律另有规定的除外。"《行政复议法》作了相同的规定。[21]

相对来说,经过复议的案件,法律规定的起诉期限较短。这是由于当事人在复议程序中对相关的事实和法律问题已经有所准备。对于行政复议参加人,经过复议

[21] 该法第19条(2023年修订后为第34条)规定:"法律、法规规定应当先向行政复议机关申请行政复议、对行政复议决定不服再向人民法院提起行政诉讼的,行政复议机关决定不予受理或者受理后超过行政复议期限不作答复的,公民、法人或者其他组织可以自收到不予受理决定书之日起或者行政复议期满之日起15日内,依法向人民法院提起行政诉讼。"

的案件不适用法律规定的5年或者20年的最长起诉期限。这是因为当事人参与行政复议，不可能不知道行政复议的进程；即使复议机关逾期不作决定，当事人也可以通过起诉得到补救。尽管如此，15日的时间对一些当事人来说可能过于局促；相对于未经复议案件的6个月时间，也是不成比例的。这个问题有待今后立法考虑。

现实中比较大的问题是，复议机关逾期不作决定，申请人"可以"在复议期满之日起15日内起诉的规定。这一规定往往被人理解为"应当"在复议期满之日起15日内起诉。这可能让一些不了解规则、坐等复议决定的当事人丧失起诉时机。在**韩振京诉河南省偃师市人民政府行政复议案**中，韩振京委托代理人于2016年3月17日向偃师市人民政府法制办递交了行政复议申请，但偃师市人民政府未作复议，也未作不予受理决定。河南高院认为，依据《行政复议法》相关规定，3月17日应视为受理行政复议申请的日期，韩振京至迟应于5月30日向法院提起诉讼。韩振京于11月9日提起诉讼，已经超过法定起诉期限，遂裁定驳回起诉。最高法院亦认可该裁定。[22] 为此，复议机关逾期不作复议决定，申请人可以在复议期满之日起15日内起诉，最好理解为复议期满之日起15日后当事人可以起诉。当事人起诉的期限，宜于按照行政不作为的起诉期限，另行作出明确规定。

起诉期限实行法定主义，复议机关错误受理复议申请并作出复议决定，不改变法定起诉期限。如果当事人的起诉明显超过了申请复议期限和起诉期限，即使复议机关受理复议申请并作出复议决定，原告在15日内提起诉讼，法院也可能不予受理。在**俞国华诉莆田市荔城区建设局不予办理企业资质年检案**中，俞国华承包经营的建筑公司于1995年申请办理企业资质年检，被告前身莆田县建设局收到材料后，以建筑公司未交足管理费为由，不向上级主管部门报送。2004年，俞国华向莆田市荔城区政府申请行政复议，请求确认建设局不予办理企业资质年检行为违法并承担赔偿责任。荔城区政府驳回俞国华的复议请求，俞国华在接到复议决定之日起15日内提起行政诉讼。福建高院再审认为，俞国华的起诉明显超过当时法律和司法解释规定的起诉期限，应当予以驳回。[23]

（二）行政处理决定的起诉期限

《行政诉讼法》第46条第1款规定："公民、法人或者其他组织直接向人民法院提起诉讼的，应当自知道或者应当知道作出行政行为之日起六个月内提出。法律另有规定的除外。"

与1989年《行政诉讼法》相比，现行规定的期限从3个月放宽到6个月；起算日期则从"知道"作出具体行政行为之日，改为"知道或者应当知道"作出行政行

---

〔22〕 河南省高级人民法院行政裁定书，(2017)豫行终2109号；最高人民法院行政裁定书，(2019)最高法行申1579号。

〔23〕 福建省高级人民法院行政裁定书，(2008)闽行再终字第2号。

为之日。[24] 何为"知道或者应当知道"？行政机关送达行政处理决定的，当事人自然知道。行政机关作出影响公民、法人或者其他组织合法权益的行为却未送达给一方当事人，则从该当事人实际获知该行政行为之日起计算。有些当事人事隔多时才获知行政行为，起诉期限从当事人实际知道或者应当知道之日起算比从行政行为作出之日起算显然更加合理。但当事人的起诉也不能遥遥无期地延长，以致过分影响社会关系的稳定。为此，《行政诉讼法》第 46 条第 2 款规定了一个最长起诉期限："因不动产提起诉讼的案件自行政行为作出之日起超过二十年，其他案件自行政行为作出之日起超过五年提起诉讼的，人民法院不予受理。"

修改后的规定显然更有利于保护相对人诉权，而且有一定的溯及效力。《适用解释》第 26 条第 1 款规定："2015 年 5 月 1 日前起诉期限尚未届满的，适用修改后的行政诉讼法关于起诉期限的规定。"例如，行政机关在 2015 年 2 月 2 日作出的行政行为，起诉期限本来到 2015 年 5 月 2 日就届满了；而按照修改后的《行政诉讼法》的规定，当事人在 2015 年 8 月 2 日前提起诉讼都可以。

在一些情况下，法律规定的最长起诉期限仍然不足以保护当事人的合法权益。在汪林儿诉甘肃省天水市秦州区人民政府案中，被告于 1990 年 6 月向第三人颁发了集体土地使用证，原告认为涉案宅基地应属自己，于 2015 年提起诉讼，请求撤销该证。虽然原告声称自己不久前才获知第三人取得集体土地使用证的事实，甘肃高院仍以原告起诉超过 20 年的最长起诉期限为由，维持驳回原告起诉的裁定。[25] 在尚俊俊诉江苏省如东县民政局"被结婚"案中，原告尚俊俊于 2019 年申请婚姻登记时获知，她被人冒用姓名和身份证号码，与她从不认识的人、在她从未去过的地方办理了多次结婚登记，其中包括如东县民政局 2005 年办理的一起结婚登记。尚俊俊起诉，要求撤销使用其身份办理的结婚登记。尽管这起案件早已超过了法律字面含义所定的起诉期限，法院仍然受理了她的起诉。[26] 该案的受理符合《行政诉讼法》保护公民权利、解决行政纠纷的立法精神，不违反设立起诉期限制度的初衷。

（三）行政机关不履行法定职责的起诉期限

行政机关不履行法定职责的起诉期限，主要问题是起算日期。《行政诉讼法》第 47 条规定："公民、法人或者其他组织申请行政机关履行保护其人身权、财产权等合法权益的法定职责，行政机关在接到申请之日起两个月内不履行的，公民、法人或者其他组织可以向人民法院提起诉讼。法律、法规对行政机关履行职责的期限另有规

---

〔24〕 1989 年《行政诉讼法》第 39 条规定："公民、法人或者其他组织直接向人民法院提起诉讼的，应当在知道作出具体行政行为之日起三个月内提出。法律另有规定的除外。"

〔25〕 甘肃省高级人民法院行政裁定书，(2015)甘行终字第 138 号。一审裁定的理由是，颁证行为发生在《行政诉讼法》实施之前，因此不属行政诉讼受案范围。

〔26〕 江苏省南通经济技术开发区人民法院行政判决书，(2020)苏 0691 行初 325 号。

定的，从其规定。公民、法人或者其他组织在紧急情况下请求行政机关履行保护其人身权、财产权等合法权益的法定职责，行政机关不履行的，提起诉讼不受前款规定期限的限制。”这一条沿袭了《若干解释》的规定，为行政机关设定了一个通常情况下的履行期限；同时规定，法律、法规可作另外规定，紧急情况不受限制。

《行政诉讼法》规定了对行政不作为提起诉讼的开始时间，没有规定终结时间。从原理上，终结时间可以适用前述《行政诉讼法》的规定。有一种观点认为，由于行政不作为处于持续状态，而且，行政机关往往也不会告知当事人起诉的权利和期限，起诉期限通常可以适用较长期限；一般情况下，较长期限可以考虑为 2 年。但最高法院的司法解释没有采纳这种观点，而是规定“对行政机关不履行法定职责提起诉讼的，应当在行政机关履行法定职责期限届满之日起六个月内提出”。[27]

尽管如此，司法解释并没有完全限制当事人的起诉权利。

首先，行政机关不履行法定职责，相对人可以随时向行政机关再次提出申请，重新启动行政程序；如行政机关不履行的，相对人仍可依法提起诉讼。[28] 所以，当事人应当在 6 个月内起诉的规定，实际意义不大。在陈小英户诉酉阳土家族苗族自治县人民政府履行法定职责案中，陈小英户于 2019 年 6 月向酉阳县政府提出申请，请求确认涉案承包地(田)由陈小英户承包经营。因酉阳县政府收到申请后未作处理，陈小英户于 2019 年 11 月 18 日提起诉讼，请求判决酉阳县政府履行法定职责。因酉阳县政府允诺在两个月内作出处理，陈小英户撤回起诉。但酉阳县政府在此期间仍未作出处理，陈小英于 2020 年 5 月 4 日再次起诉。法院受理了陈小英的起诉，并责令被告在两个月内对原告陈小英户的申请作出处理。[29]

其次，参照诉讼时效中断的理论，公民、法人或者其他组织在行政机关应当履行法定职责的期限内，向行政机关的问询、对行政机关的催促、与行政机关的商讨，以及行政机关的允诺，都可以导致起诉期限重新计算。诉讼时效中断理论在行政诉讼中尚未得到普遍接受，但在行政不作为领域似乎可以引入。在实践中，原告超过 6 个月的期限才起诉行政机关不作为的，法院本着实质性解决纠纷的理念，往往也采取灵活务实的处理方式。在张炽脉、裘爱玲诉绍兴市人民政府招商引资奖励案中，被告辩称，原告于 2004 年申请项目引荐奖励一直未获批准，直到 2009 年才提起行政诉讼，早已过了 2 年的起诉期限。浙江高院认为，被告并未提供充分证据证实相关部门已明确告知其不同意申请。根据当时的司法解释，原告并未超过起诉期限。[30]

---

〔27〕 2015 年《适用解释》，第 4 条；2018 年《行诉法解释》，第 66 条。

〔28〕 赵大光、李广宇、耿宝建：《行政诉讼法新旧法衔接的几个具体问题》，载《人民法院报》2015 年 5 月 13 日。

〔29〕 重庆市第四中级人民法院行政判决书，(2020)渝 04 行初 45 号。

〔30〕 浙江省高级人民法院行政判决书，(2009)浙行终字第 65 号。

（四）行政协议的起诉期限

依据最高法院的司法解释，有关行政协议的起诉期限分情况处理。[31]

首先，公民、法人或者其他组织对行政机关不依法履行、未按照约定履行行政协议提起诉讼的，诉讼时效参照民事法律规范确定。依据《民法典》的规定，诉讼时效期间通常为3年，自权利人知道或者应当知道权利受到损害之日起计算；当事人约定同一债务分期履行的，诉讼时效期间自最后一期履行期限届满之日起计算。诉讼时效因权利人向义务人提出履行请求、义务人同意履行义务、权利人提起诉讼或者申请仲裁等原因中断，从中断、有关程序终结时起诉讼时效期间重新计算。

其次，对行政机关变更、解除行政协议等行为提起诉讼的，起诉期限依照行政诉讼法及其司法解释确定。行政机关变更、解除行政协议的行为视为行政处理行为，适用行政处理决定的一般期限。

（五）国家赔偿诉讼的期限

依据2010年修正的《国家赔偿法》第39条的规定，赔偿请求人请求国家赔偿的时效为2年，自其知道或者应当知道国家机关及其工作人员行使职权时的行为侵犯其人身权、财产权之日起计算，但被限制人身自由期间不计算在内。赔偿请求人在赔偿请求时效的最后6个月内，因不可抗力或者其他障碍不能行使请求权的，时效中止。从中止时效的原因消除之日起，赔偿请求时效期间继续计算。

在行政赔偿案件中，受害人既可以在提起行政诉讼的同时一并提起赔偿请求，也可以单独向赔偿义务机关提出赔偿请求。受害人选择在申请行政复议或者提起行政诉讼时一并提出赔偿请求的，适用行政复议法、行政诉讼法有关时效的规定。如果选择单独提起赔偿请求的，赔偿义务机关应当自收到申请之日起2个月内，作出是否赔偿的决定。依据2010年《国家赔偿法》第14条，对赔偿义务机关提起诉讼的期限是3个月。该条规定："赔偿义务机关在规定期限内未作出是否赔偿的决定，赔偿请求人可以自期限届满之日起三个月内，向人民法院提起诉讼。赔偿请求人对赔偿的方式、项目、数额有异议的，或者赔偿义务机关作出不予赔偿决定的，赔偿请求人可以自赔偿义务机关作出赔偿或者不予赔偿决定之日起三个月内，向人民法院提起诉讼。"

（六）无效行政行为的起诉期限

行政法理论一般认为，重大且明显违法的行政行为属于无效行政行为，无效行

---

〔31〕 2015年《适用解释》，第12条；《最高人民法院关于审理行政协议案件若干问题的规定》，法释〔2019〕17号，第25条。

政行为自始无效、绝对无效。对于无效行政行为,当事人可以直接抵制,拒绝履行其设定的义务;可以间接挑战,在其他案件中否认相关行政行为的效力;还可以消极抗争,待行政机关申请法院强制执行时,要求法院不予执行。尽管如此,在很多情况下,一个行政行为是否无效还需要通过当事人起诉,由法院判决确认。学理上普遍认为,请求确认行政行为无效没有起诉期限的限制,当事人在任何时候都可以请求法院确认其无效。[32]

在逻辑上,行政行为无效理论与起诉期限制度没有必然联系。一方面,行政行为无效,不一定意味着起诉期限不受任何限制。实践中,就有法院裁判否定确认行政行为无效的起诉期限没有限制的说法。另一方面,延长当事人的起诉期限,也不一定需要行政行为无效理论的支持。《民法典》第 188 条规定,诉讼时效期间最长为 20 年,"有特殊情况的,人民法院可以根据权利人的申请决定延长"。可见,起诉期限延长的理据是可以再讨论的。但鉴于无效行政行为理论已经成为学界的通行观点和坚执信仰,下面还是循着现有思路做些论述。

行政行为无效理论中的无效,有其特定含义。目前,有多部立法提到某些情形下行政行为"无效"。例如,行政机关颁发的证书、授予的专利权、给予的税收减免、对公务员的任命因为违背事实或者违反法律而无效。但这与前述"重大且明显违法"意义上的行政行为无效不完全是一回事。真正引入行政行为无效制度的,还是 2014 年修正的《行政诉讼法》。依据该法第 75 条,行政行为有重大且明显违法情形,原告申请确认行政行为无效的,法院判决确认无效。

《行政诉讼法》规定了确认无效的判决方式,却未规定原告的起诉期限。立法不作明确规定,主要是考虑确认无效判决还是一项新制度,需要司法实践积累经验。[33] 出于对无效行政行为条款的担忧,最高法院司法解释规定,上述条款不适用于 2015 年 5 月 1 日新法实施之前作出的行政行为。[34] 在实践中,法院对于《行政诉讼法》无效条款的适用,也表现得相当谨慎。有裁定认为,行政诉讼法及相关司法解释并无针对无效行政行为起诉期限的特殊规定,当事人起诉要求确认行政行为无效的,"仍适用行政诉讼法及相关司法解释关于起诉期限的一般规定"。[35]

在实践中,行政行为无效条款主要是当事人超过法定起诉期限的特殊情况下的补救措施。对于法定期限内的起诉,援引行政行为无效条款意义不大;当事人超过

---

〔32〕 参见姜明安:《行政法与行政诉讼》,中国卓越出版公司 1990 年版,第 253 ~ 254 页; 罗豪才主编:《行政法学》(高等教育法学教材),北京大学出版社 1996 年版,第 132 ~ 134 页; 章志远:《行政行为无效问题研究》,载《法学》2001 年第 7 期; 金伟峰:《我国无效行政行为制度的现状、问题与建构》,载《中国法学》2005 年第 1 期; 信春鹰主编:《中华人民共和国行政诉讼法释义》,法律出版社 2014 年版,第 200 页。

〔33〕 信春鹰主编:《中华人民共和国行政诉讼法释义》,法律出版社 2014 年版,第 200 页; 童卫东:《进步与妥协:〈行政诉讼法〉修改回顾》,载《行政法学研究》2015 年第 4 期。

〔34〕 2018 年《行诉法解释》第 162 条规定:"公民、法人或者其他组织对 2015 年 5 月 1 日之前作出的行政行为提起诉讼,请求确认行政行为无效的,人民法院不予立案。"

〔35〕 陈鸿祥诉福建省莆田市城厢区人民政府强制拆除案,最高人民法院行政裁定书,(2017) 最高法行申 4580 号。

法定期限,但仍需法院受理的,无效理论才利害攸关。在前述的尚俊俊诉江苏省如东县民政局“被结婚”案中,原告尚俊俊14年前被人冒用姓名和身份证号码,办理结婚登记,等她自己去办理结婚登记时才发现,却早已过了法定最长起诉期限。不但如此,被诉的结婚登记行为发生在2005年,按照最高法院的前述司法解释,不适用2014年《行政诉讼法》的行政行为无效条款。这一案例说明,现有的行政行为无效条款仍有局限;它也预示,更为完善的行政行为无效理论可以成为一条绝处逢生的小路。[36]

把行政行为无效理论引入行政诉讼中,会遇到双重难题。一是,如果当事人任何时候都可以以行政行为无效为由提起诉讼,那么行政诉讼法有关起诉期限的规定将受到巨大冲击。二是,如果不给无效行政行为的起诉期限作特殊规定,那请求确认无效与请求撤销行政行为没有实质区别,无效行政行为存有的意义将大打折扣。[37] 所以,过分宽泛地理解行政行为无效的范围,毫无顾忌地突破起诉期限的一般规定,将造成法律适用的混乱,带来滥诉的后果;一概否定无效行政行为在起诉期限上的特殊性,也不符合立法原意,并可能有失公正。在郭家新等99人诉淄博市博山区人民政府解除聘用合同案中,最高法院裁定认为,请求确认行政行为无效可以不受一般起诉期限的限制,但“仍须于适当期间内提起”;否则,时过境迁又重提旧事,“难以维持法律秩序的安定,并不无滥用诉权之嫌疑”。[38] 这一意见较好地平衡了法律的价值,但具体规则仍有待探索。

以行政行为无效为由突破法定起诉期限,在操作上还带来新的问题。一些在通常情况下在案件实体审理阶段审查的问题,在行政行为无效诉讼中却成了决定案件能否受理的先决条件。为此,原告在起诉时应当明确主张行政行为无效,并提供初步证据,说明该行为存在“重大且明显违法”的情形。原告作了说明的,法院应当对该说明是否成立进行审查,然后作出相应的决定或者裁定。在王淑荣诉长春市绿园区人民政府确认征补协议无效案中,王淑荣提出,绿园区政府无法提供合法有效的征地审批文件,所签订的征迁补偿协议无效。一、二审法院以王淑荣的起诉超过起诉期限为由,不予立案。最高法院再审认为,法院应当对原告提出的主张进行审查,被诉行为属于无效情形的,原告起诉不受起诉期限的限制。据此,撤销一、二审裁定,指令长春市中级法院立案受理。[39] 在徐发琼诉贵州省紫云苗族布依族自治县人民政府征收案中,最高法院认为,构成无效行政行为的违法情形必须达到重大且

---

〔36〕 江苏省南通经济技术开发区人民法院行政判决书,(2020)苏0691行初325号。相关报道,参见吴彩丽、古林:《“未婚女五次被结婚案”尘埃落定　江苏南通法院确认虚假婚姻登记无效》,载《人民法院报》2020年12月14日,第3版。

〔37〕 余凌云:《行政行为无效与可撤销二元结构质疑》,载《法治论丛》2005年第4期。

〔38〕 最高人民法院行政裁定书,(2016)最高法行申2233号。

〔39〕 最高人民法院行政裁定书,(2020)最高法行再341号。

明显的程度,本案不属于上述情况,故原审裁定驳回起诉并无不当。[40]

由于无效行政行为的范围并不确定,当事人和法院较难判断,所以,指望无效行政行为条款有一定风险。如果当事人自己认为行政行为无效,过了法定起诉期限再去起诉,法院却不认可,那么,当事人将不得不吞食错失时机的苦果。德国学者毛雷尔告诫:“公民在法定期限内要求撤销行政行为,才是明智之举。”[41]

二 起诉期限的扣除和延长

与民事诉讼相比,行政诉讼的起诉期限要短得多。而且,与民事诉讼不同,《行政诉讼法》没有规定时效中断。通常认为,行政诉讼不存在时效中断。当事人不能仅仅因为曾经提起诉讼或者通过其他方式提出争议,而让诉讼时效重新起算。行政诉讼事关公共秩序,更强调效率。但正因如此,当事人更容易耽误法定的起诉期限。如果采取“一刀切”,对当事人明显不公平。

为此,《行政诉讼法》第48条规定了特别的补救措施:“公民、法人或者其他组织因不可抗力或者其他不属于其自身的原因耽误起诉期限的,被耽误的时间不计算在起诉期限内。公民、法人或者其他组织因前款规定以外的其他特殊情况耽误起诉期限的,在障碍消除后十日内,可以申请延长期限,是否准许由人民法院决定。”因不属于当事人自身原因耽误的,被耽误的期限从起诉期限中自动扣除;因其他原因耽误起诉期限的,由法院裁量决定是否延长。

在实践中,当事人耽误起诉期限的,有多种多样的原因。除了一些当事人无法控制的客观原因,当事人对法律的无知或者误解也可能造成其耽误起诉期限。当事人对法律的无知或者误解,不能完全归咎于当事人本人,法律也需要考虑特殊处理。

(一)由于当事人不能克服的原因而耽误起诉期限

因不属于其自身的原因耽误的,被耽误的期限从起诉期限中自动扣除。《若干解释》第43条就曾提到,“因人身自由受到限制而不能提起诉讼的,被限制人身自由的时间不计算在起诉期间内。”2008年春,我国南方地区遭受历史罕见的低温雨雪冰冻灾害,一些当事人因此耽误了法定的起诉期限。最高法院认为,这种低温雨雪冰冻灾害属于不可抗力,可以适用延长起诉期限的相关规定。[42]

---

〔40〕 最高人民法院行政裁定书,(2016)最高法行申2362号。被告于1993年批复同意征收原告使用的集体旱地,给第三人胡德忠作建房宅基地。徐发琼于2015年提起诉讼,请求撤销该批复。徐发琼在诉讼中指称,至今未收到征地通知,征地决定无效。安顺市中级法院一审裁定认为,行政行为无效也不能突破法定起诉期限,这一点被贵州高院和最高法院否定。贵州高院二审裁定认为,行政行为无效的情形限于《行政诉讼法》明确列举的两种,这一点有待商榷。最高法院裁定如果能够对徐发琼提出的事实和理由进行审查并作出具体说明,能够更加令人信服。

〔41〕 [德]哈特穆特·毛雷尔:《行政法学总论》,高家伟译,法律出版社2000年版,第254页。

〔42〕 《最高人民法院关于审理与低温雨雪冰冻灾害有关的行政案件若干问题座谈会纪要》,法〔2008〕139号。由于当时法律没有规定自动扣除,当事人只能申请延长起诉期限。

在实践中多次出现的情况是:原告向法院提起诉讼却没有被受理,经过申诉上访后再次起诉,但已经耽误了期限。下面是不同法院不同的态度。

在刘燕文诉北京大学学位评定委员会案中,北京市海淀区法院一审判决刘燕文胜诉。对于诉讼时效问题,海淀法院的意见是:“被告作出不批准决定后,刘燕文曾向其反映不同意见,被告提出让刘燕文等候答复,但直到刘燕文向本院起诉时止,被告一直未向刘燕文作出明确的答复,故原告刘燕文的起诉未超出法定的诉讼时效。”到了二审,北京第一中院以“诉讼时效问题原审法院未能查清”为由发回重审。刘燕文争辩,他于1997年初从同学口中得知北京大学不授予其学历、学位证书后,当年即向海淀法院提起诉讼,但法院没有受理;直到他从报纸上看到田永诉北京科技大学案件的报道后,再次来到海淀法院,他的起诉才被受理。但是,由于海淀法院没有刘燕文曾经起诉的任何记录,法院没有采纳他的陈述。在重审时,法院以刘燕文的起诉超过诉讼时效为由驳回起诉。[43]

在张旺诉东南大学行政赔偿案中,原告张旺1994年11月接到取消学籍的决定后,即于1995年2月向江苏省教育委员会申诉,后者未作答复。1996年5月,张旺以江苏省教育委员会为被告,向法院提起行政诉讼。法院以取消学籍不属于行政行为、相关争议不属《行政诉讼法》调整范畴为由,裁定驳回张旺的起诉。1999年8月,张旺以东南大学为被告,再次提起诉讼。法院受理了张旺的起诉,并作出裁判。法官认为,当初裁定驳回起诉,是由于法院当时对行政诉讼的认识比较局限。虽然原告起诉距被告作出取消学籍决定已近5年,距被告不发毕业证的不作为行为已有3年,但是,超过时效的过错不在原告。[44]

在眉山气雾剂厂诉眉山市人民政府、眉山市国土资源局土地行政登记案中,诉讼时效再次成为争议的焦点。1996年4月,眉山市国土局以眉山县政府的名义向第三人永升公司颁发了争议土地的《国有土地使用证》。原告于1998年9月获知后,向眉山县国土局提出异议,但交涉无果。1999年11月,原告向眉山县法院提起诉讼,但法院既未立案,也未向当事人出具不予立案的裁定。原告不断申诉和上访。2004年3月,原告再次向眉山中院提起诉讼。四川高院依职权调查并确认原告曾经起诉的事实后,认为原告耽误起诉期限非因自身原因造成,原告向有关部门上访、申诉的时间不应当计算在起诉期间内。因此,原告的起诉没有超过起诉期限,法院应当受理。[45]

实践中还有一种情况:原告在法定期限内提起诉讼,但由于错误选择诉讼类型、

---

〔43〕 相关裁判文书,分别见北京市海淀区人民法院行政判决书,(1999)海行初字第103号;北京市第一中级人民法院行政裁定书,(2000)一中行终字第43号;北京市海淀区人民法院行政裁定书,(2000)海行初字第157号;北京市第一中级人民法院行政裁定书,(2001)一中行终字第50号。

〔44〕 南京市中级人民法院行政判决书,(1999)宁行终字第89号。相关评析,参见李明:《张旺诉东南大学不依法履行法定职责请求行政赔偿案评析》,载《行政与法制》2000年第5期。

〔45〕 《最高人民法院公报》2005年第2期。

管辖法院等，被法院裁定不予受理或者驳回起诉；待原告重新起诉时，超过了法定的起诉期限。对此，法院通常本着保护诉权的原则，受理原告重新提起的诉讼。在赵瑞萍等诉福州市仓山区人民政府等行政强制案中，赵瑞萍因赵氏宗祠被强制拆除，于2006年提起民事诉讼。该讼历经十年，法院裁判“确认强拆违法”不属于民事诉讼审理范围。赵瑞萍遂于2017年8月提起行政诉讼。福州高院认为，赵瑞萍当初寻求司法救济并未超过起诉期限，提起本案行政诉讼存在扣除期限的合理事由，其起诉因此未超期限。[46]

（二）当事人不知道诉权情况下的起诉期限

实践中，许多公民不知道起诉期限的法律规定，甚至对起诉期限完全没有意识。有的当事人不清楚超过起诉期限的法律后果，在反复交涉、到处申诉中耽误了起诉期限。为此，一些法律明确要求行政机关在作出处理决定的时候，告知当事人诉权。《行政处罚法》就规定，行政处罚决定书应当载明，当事人申请行政复议或者提起行政诉讼的途径和期限。

尽管如此，仍有一些行政机关在作出决定时，没有告知当事人诉权，以致当事人贻误了法定的起诉期限。最高法院的司法解释有意识地弥补这个缺陷。1991年的《贯彻意见》第35条规定，行政机关作出具体行政行为时未告知当事人的诉权或者起诉期限，当事人的起诉期限从其实际知道时计算，但最长不得超过1年。2000年的《若干解释》又把这种情况下可以延长的起诉期限，从1年放宽到2年；复议决定未告知诉权或者法定起诉期限的，适用同样规定。2018年《行诉法解释》承袭了上述规定；所不同的是，把延长的期限从2年又改为1年。“行政机关作出行政行为时，未告知公民、法人或者其他组织起诉期限的，起诉期限从公民、法人或者其他组织知道或者应当知道起诉期限之日起计算，但从知道或者应当知道行政行为内容之日起最长不得超过一年。复议决定未告知公民、法人或者其他组织起诉期限的，适用前款规定。”[47]

最高法院的司法解释暗含着行政机关的一个具有普遍性的程序义务，即行政行为作出后应当及时送达给当事人（包括其他利害关系人），并告知其申请行政复议或者提起行政诉讼的渠道和期限。如果行政机关没有送达并告知，不仅会带来行政行为本身的合法性问题，在诉讼时效上也会遭受不利的后果。不但如此，行政机关的送达和告知原则上还应当以书面方式进行，以便日后举证。一旦当事人提起诉讼，行政机关主张原告超过起诉期限的，可以提供相应证据。[48] 在郝义明诉山西省屯留县（区）人民政府案中，最高法院指出，被告未能举证证明已向原告送达相关文件，

---

〔46〕 福建省高级人民法院行政裁定书，（2020）闽行再7号。

〔47〕 《行诉法解释》，第64条。

〔48〕 《最高人民法院关于行政诉讼证据若干问题的规定》第4条第3款规定：“被告认为原告起诉超过法定期限的，由被告承担举证责任。”

虽然该文件已在行政机关网站公布，但不能因此推断原告知悉该文件内容。[49]

（三）当事人因行政机关错误规定、错误告知而误解起诉期限的

当事人对起诉期限的误解，既可能源于互相抵触的规定，也可能源于行政机关错误的告知。

《行政诉讼法》对起诉期限的规定，两处提及“法律另有规定的除外”。这里所说的“法律”，应当是全国人大或者其常委会制定的法律，不包括法规和规章。也就是说，法律可以规定较短的起诉期限，但法规和规章不能缩减《行政诉讼法》赋予当事人的起诉期限。例如，1998 年修订的《土地管理法》第 83 条规定，建设单位或者个人对责令限期拆除的行政处罚决定不服的，可以在接到责令限期拆除决定之日起 15 日内向法院起诉。据此，当事人起诉的期限只有 15 日。[50] 制定于 1986 年《内河交通安全管理条例》同样规定，当事人对行政处罚不服的，应当在接到行政处罚通知之日起 15 日内向法院起诉。该条与《行政诉讼法》的规定不一致，在《行政诉讼法》施行后就失去效力。[51] 如果法规、规章规定的起诉期限长于《行政诉讼法》规定的期限，原则上不予适用。但是，当事人由于对法规、规章规定的信赖而耽误了《行政诉讼法》规定的起诉期限，那么，出于充分保护当事人诉权的考虑，在法规、规章规定的起诉期限内法院仍应受理。[52]

与之类似，行政机关错误告知当事人起诉期限，原则上是无效的。但如果行政机关告知的起诉期限长于法定起诉期限，当事人对行政机关告知行为的信赖应当予以保护。当事人超过法定期限提起诉讼，但未超过行政机关告知的期限的，法院仍应受理。

三 起诉期限的计算

相关的问题主要有三个：起诉日期的计算方法，行政行为的送达方式和原告提交诉状的方式。

（一）起诉日期的计算方法

《行政诉讼法》对于起诉期限的计算方法没有具体规定。但依据《行政诉讼法》第 101 条的规定，关于期间、送达等问题，该法没有规定的适用《民事诉讼法》的相关

---

〔49〕 最高人民法院行政裁定书，（2018）最高法行申 9014 号。

〔50〕 依据《土地管理法》，当事人对人民政府有关土地所有权或者使用权争议的处理决定不服的，则适用 30 日起诉期限。此外，法律规定的较短起诉期限还有：《森林法》规定的 30 日起诉期限，《专利法》规定的 3 个月起诉期限等。

〔51〕 该条例已于 2002 年废止，新的《内河交通安全管理条例》取消了前述规定。

〔52〕《最高人民法院行政审判庭关于税务行政案件起诉期限问题的电话答复》（已废止），1990 年 12 月 27 日。

规定。

按照《民事诉讼法》的规定，期间开始之日不计算在期间内，而应从次日起算；期间届满的最后一日是节假日的，以节假日后的第一日为期限届满的日期。[53] 在北京创基物业管理有限公司诉北京市海淀区人民防空办公室行政处罚案中，被告海淀区人防办于2003年8月8日向原告创基物业公司送达行政处罚决定，同年11月10日原告提起诉讼。被告辩称，原告起诉已经超过3个月的法定期限。海淀区法院认为，原告创基物业公司于2003年8月8日收到行政处罚决定，起诉期限起算时间应为2003年8月9日，届满之日应为2003年11月8日。由于2003年11月8日、9日为双休日，应当以双休日后的第一日即11月10日为期间届满的日期。故原告于2003年11月10日提起诉讼，没有超过法定期限。被告海淀区人防办的异议理由不能成立。[54]

被告作出行政行为后，又予补正的，如果补正内容影响对行政行为的认知的，起诉期限从补正之日起计算；如果补正内容不影响对行政行为认知的，起诉期限仍从行政行为作出之日起计算。我们不妨设想一个具体情形：朱××于2018年6月2日收到被告的行复（2018）160号《行政复议决定书》，决定书同时告知其起诉的权利和期限，但朱××直到7月6日才向法院提起行政诉讼。其间，被告曾于6月29日邮寄送达《补正告知书》，告知朱××《行政复议决定书》案号有误，应为"行复（2018）161号"。在此情况下，《行政复议决定书》的笔误不影响其内容的完整性，也不会导致当事人对复议事项产生误解，故原告的起诉期限仍应从收到《行政复议决定书》之日起计算。[55]

（二）被告的送达方式与起诉期限

法律规定的起诉期限，往往自公民、法人或者其他组织"收到行政决定书之日""知道或者应当知道作出行政行为之日"起算。公民、法人或者其他组织是否"收到"或者"知道"，与行政行为的送达方式密切相关。在诉讼过程中，被告认为原告的起诉超过起诉期限的，被告应当对原告收到或者知道行政行为的日期予以证明。行政决定作出后，被告没有送达或者错误送达不能证明原告收到或者知道行政行为。

在海南凯鹏房地产开发有限公司诉海口市人民政府等收回土地使用权案中，海口市国土局以原告取得该土地使用权后长期闲置为由，决定无偿收回涉讼土地的使用权。2005年6月17日，国土局在《海南日报》上公告《收回国有土地使用权决定书》，并注销了原告持有的土地权属证明。原告称其于2007年8月方知被告作出的

---

〔53〕《民事诉讼法》（1991年），第75条。2021年修正时调整为第85条，内容未变。

〔54〕北京市海淀区人民法院行政判决书，（2003）海行初字第267号。

〔55〕真实的案例与之有所不同。在该案中，《补正告知书》称原先的《行政复议受理通知书》案号有误。见朱有琼诉广州市白云区人民政府案，最高人民法院行政裁定书，（2019）最高法行申12371号。

决定书内容。海口中院认为,国土局作出的决定书是一个行政处罚。依照《行政处罚法》规定,行政处罚决定应当在宣告后当场交付当事人;当事人不在场的,行政机关应当在7日内依照民事诉讼法的有关规定送达当事人。而依照1991年《民事诉讼法》第84条规定:"受送达人下落不明,或者用本节规定的其他方式无法送达的,公告送达。"国土局在没有尝试直接送达、邮寄送达等方式的情况下即采取公告送达,其送达方式无效。在国土局没有证据证明原告于2007年8月之前知悉决定书内容的情况下,原告的起诉期限应从2007年8月开始起算。据此,原告的起诉没有超过法定的起诉期限。[56]

(三)原告递交起诉状

《行政诉讼法》没有规定起诉状的递交方式。一般认为,法律允许原告采取邮寄的方式递交起诉状。另据《民事诉讼法》的规定,期间不包括在途时间,诉讼文书在期满前交邮的不算过期。如果原告采取邮寄的方式递交起诉状,并且能够证明在起诉期限届满前交邮的,法院应当受理。

近年来,一些法院开始实行"网上立案"。法院允许网上起诉的,以网络电子系统确认收到起诉材料之时作为递交时间。

第三节 重复起诉的排除

"一事不再理"是行政诉讼的一条原则。同一争议事项正处在诉讼之中,或者已经生效的判决、裁定作了处理,当事人不能重复起诉。当事人重复起诉的,法院将不予受理;已经受理的,驳回起诉。禁止重复起诉,是为了防止当事人纠缠不休,纠纷反复不断,白白消耗司法资源和诉讼成本。它也有助于避免司法裁判互相冲突,损害司法裁判的权威性和法律关系的稳定性。

一 排除重复起诉的既有程序

重复起诉的具体含义,学界有不同理解。[57] 为表述方便,这里把同一当事人就相同事项在已经终结的程序之外再次提起的讼争,都看成重复起诉。当然,禁止重复起诉只是禁止当事人对同一事项另行提起诉讼,并不禁止当事人对判决、裁定依法提出上诉和申诉。生效判决、裁定确有错误的,当事人可以申请再审,这不属于重复起诉。案外人就同一行政行为提起的诉讼,涉及"诉讼标的为生效裁判的效力所

[56] 海南省高级人民法院行政判决书,(2008)琼行终字第3号。

[57] 最高法院司法解释规定的"重复起诉",不包括原告已撤回起诉、无正当理由"重新起诉"的情形,也不包括"诉讼标的为生效裁判的效力所羁束"的情形。参见2000年《若干解释》,第44条第1款第8、9、10项;2018年《行诉法解释》,第69条第6、7、9项。

羁束”的问题，放在下一节中讨论。

（一）同一事项正处于诉讼过程

当事人对同一事项已经提起诉讼，并正处在诉讼过程中，不能再次提起诉讼。当事人就同一事项，向其他有管辖权的法院再次提起诉讼，也不允许。依据《行政诉讼法》第 21 条，“原告向两个以上有管辖权的人民法院提起诉讼的，由最先立案的人民法院管辖”。一个法院立案后，原告坚持在其他法院起诉的，构成重复起诉，不予准许。

（二）法院已经裁定不予受理或者驳回起诉

法院不予受理或者驳回起诉的裁定具有既决效力，当事人也不能再次起诉。在乔风礼诉安阳市人事局、安阳市机构编制委员会办公室行政裁决案中，安阳中院二审裁定指出，乔风礼曾以同样的事由向法院起诉安阳市人事局、安阳市劳动和社会保障局，一审裁定驳回乔风礼的起诉，二审裁定维持原审裁定。故乔风礼再次起诉安阳市人事局，属重复起诉。[58] 当事人如果认为不予受理或者驳回起诉裁定有误，应当通过审判监督程序予以纠正，而不是再次提起诉讼。

但是，当事人因向无管辖权的法院提起诉讼被裁定驳回起诉后，依法向有管辖权法院起诉的，不属于“重复起诉”。在刘树忠等 81 人诉吉林省长春市人民政府、长春市国土资源局行政征收案中，原告认为案情重大、复杂，向中级法院起诉，中级法院认为尚不构成“重大、复杂”，驳回起诉。原告担心失去诉讼机会而向最高法院申请再审。最高法院驳回了原告的再审申请，但明确原告可以向有管辖权的法院起诉。[59]

（三）原告撤回起诉

在民事诉讼中，原告撤回起诉后重新起诉是允许的，但行政诉讼法对原告撤诉后重新起诉作了限制。依据司法解释，法院裁定准许原告撤诉后，原告以同一事实和理由重新起诉的，法院将不予受理。[60] 这一规定要求原告恪守诚信诉讼原则，慎重行使撤诉权利，以尽快稳定行政秩序。但它对公民诉权确实构成了重大限制，并有可能给原告带来严重后果。为此，法院在作出准予撤诉的裁定前，应当向原告释明撤诉的后果。对于原告撤诉后重新起诉的，也应当适度宽容对待。

需要强调的是，禁止重新起诉只限于“原告以同一事实和理由重新起诉”。如果原告基于新的事实和理由重新起诉的，法院应当受理。例如，原告起诉请求被告履行法定职责，因被告答应履行原告撤诉，但被告在允诺的期限内没有履行，原告可以

---

〔58〕 河南省安阳市中级人民法院行政裁定书，(2009)安立行终字第 4 号。

〔59〕 最高人民法院行政裁定书，(2016)最高法行申 283 号。

〔60〕 2000 年《若干解释》，第 36 条第 1 款；2018 年《行诉法解释》，第 60 条第 1 款。

再次起诉。[61] 基于充分保护原告诉权的立场，法院在一些情况下会走得更远。在**扬州水立方旅游开发有限公司诉扬州市自然资源和规划局案**中，原告水立方公司曾向江都区法院提起过诉讼，请求撤销行政处罚。在该案审理过程中，水立方公司以双方正在案外调解为由申请撤诉，江都区法院裁定准许。后水立方公司再次起诉，请求确认行政处罚违法。法院认为，虽然水立方公司两次诉讼的事实和理由相同，但情况不同：水立方公司当时申请撤诉是因为双方在作调解，现在起诉是因为调解无果。况且，江都区法院并未对被诉行政行为的合法性进行实体审理。所以，水立方公司再次提起诉讼并不违反“一事不再理”原则，法院应当查明事实后予以受理。[62]

在一些情况下，原告的撤诉侵害公共利益或者违反自愿原则，撤诉后出现告状无门的问题。例如，行政机关在诉讼中承诺撤销被诉行政行为，引诱原告撤诉，但在原告撤诉后又不兑现承诺。为此，司法解释规定：“准予撤诉的裁定确有错误，原告申请再审的，人民法院应当通过审判监督程序撤销原准予撤诉的裁定，重新对案件进行审理。”[63]

原告或者上诉人未在规定的期限内预交案件受理费，又不提出缓交、减交、免交申请或者提出申请未获批准的，按自动撤诉处理。原告未交案件受理费的情况比较复杂。为保护原告诉权，这种情况下原告再次起诉的，应当宽容。在按撤诉处理后，原告在法定期限内再次起诉，并依法解决诉讼费预交问题的，法院应当予以受理。[64]

（四）生效裁判已经对相关争议作出处理

一般认为，生效裁判的既判力范围限于案件当事人，内容限于裁判主文。当事人对生效裁判主文处理过的事项，再次提起诉讼的，法院不应受理。在**福建省明溪县夏阳乡紫云村民委员会诉明溪县人民政府林木林地权属处理决定案**中，福建高院二审裁定指出，紫云村委会不服明溪县政府2008年作出的《关于不予受理紫云村提出布垅山场山林权属争议处理申请的决定》，就明溪县政府明政林证字（2006）第3672号林权证所涉及的林木林地权属争议曾向法院提起过诉讼，法院已作出终审判决。现原告以同样理由和依据再次提起诉讼，属重复起诉，法院不予受理。[65]

法院制作并生效的调解书，具有与判决书相同的效力。行政诉讼的标的为调解

〔61〕 陈小英户诉酉阳土家族苗族自治县人民政府履行法定职责案，重庆市第四中级人民法院行政判决书，（2020）渝04行初45号。

〔62〕 江苏省高级人民法院行政裁定书，（2020）苏行再1号。

〔63〕 2000年《若干解释》第36条第1款；2018年《行诉法解释》，第60条第2款。相关评论，见甘文：《行政诉讼法司法解释之评论——理由、观点与问题》，中国法制出版社2000年版，第107～110页。

〔64〕 2000年《若干解释》，第37条；2018年《行诉法解释》，第61条

〔65〕 福建省高级人民法院行政裁定书，（2010）闽行终字第64号。

书所羁束的，法院也不应当受理。[66] 在柏新建诉河南省正阳县工商行政管理局行政赔偿案中，原告曾与正阳县工商局达成调解协议，由正阳县工商局一次性赔偿17,000元，原告与正阳县工商局互不追究。驻马店中级法院(2002)驻行终字第41号行政判决对该调解协议予以确认，相应款项并已支付。河南高院认为，原告基于同一事实，又对正阳县工商局提起行政赔偿诉讼，属重复起诉。[67]

(五) 生效行政复议决定已经对相关事项作过处理

一般来说，当事人向有关行政机关提出申请或者申诉，但没有向法院起诉的，不构成"重复起诉"。在陈亦勋、郑大梅诉福建省寿宁县卫生局拒绝重新组织医疗鉴定案中，两原告之子郑华在学校接受卫生院预防接种后死亡。被告组织寿宁县预防接种异常反应诊断小组作出鉴定，结论为郑华死亡与预防接种无直接关系。原告申请重新鉴定。原宁德地区预防接种异常反应诊断小组作出鉴定意见，结论为预防接种偶合脑干肿瘤。原告对鉴定结论仍然不服。福建省卫生厅复函，结论为郑华的死亡系脑干胶质瘤并梗阻性脑积水所致，与预防接种无关。原告仍然不能接受，要求寿宁县卫生局对郑华的死因再次鉴定，被告未作答复。在诉讼中，被告寿宁县卫生局辩称，原告起诉属于重复起诉。宁德中院认为，原告起诉属"重复起诉"的意见没有根据，不予支持。[68]

实践中，行政复议决定对相关事项已经作过处理，双方当事人在法定期限内没有提起诉讼，复议决定已经生效。之后，当事人就原行政行为又提起诉讼。这一起诉虽然不属于"重复起诉"，但由于相关事项受该复议决定的拘束，当事人再向法院提起诉讼构成重复争议，有违"一事不再理"原则。在周才仕诉广西宾阳县露圩镇人民政府扣押财物案中，周才仕就宾阳县露圩镇政府扣押、变卖其木材的行为向宾阳县政府申请行政复议，宾阳县政府撤销了露圩镇政府的行政行为，并对周才仕的损失作出了赔偿决定。周才仕没有对宾阳县政府的复议决定表示不服并提起诉讼。但由于该复议决定没有得到执行，周才仕向法院起诉，要求露圩镇政府给予赔偿。南宁地区中级法院认为，行政复议机关撤销原具体行政行为的复议决定生效后，相对人就原具体行政行为再向法院起诉，法院不应受理。原审法院对周才仕的起诉予以受理并作出实体判决，没有法律依据。[69]

在复议机关不予受理复议申请的情况下，当事人有两种法律救济手段可以选择，一是直接起诉原行政行为，二是起诉复议机关不作为。但该两种救济手段不能同时进行，而应选择其一。否则，就会违反"一事不再理"原则，以及司法最终原则。

---

〔66〕《最高人民法院对如何理解〈最高人民法院关于执行《中华人民共和国行政诉讼法》若干问题的解释〉第四十四条第一款第(十)项规定的请示的答复》，法行〔2000〕13号。

〔67〕河南省高级人民法院驳回申诉通知书，(2008)豫法行申字第8号。

〔68〕福建省宁德市中级人民法院行政判决书，(2003)宁行终字第107号。

〔69〕广西壮族自治区南宁地区中级人民法院行政判决书，(2001)南地行终字第20号。

该原则决定了行政复议和行政诉讼应当是一种先后关系,而不能针对同一个争议同时进行这两种法律程序。在王永保诉山东省临沂市人民政府、山东省莒南县人民政府案中,最高法院阐明了这一道理。[70]

二 排除重复起诉的既决事项

什么样的事项构成既决事项,排除重复起诉?简单的回答就是:同一当事人就同一行政行为提出性质上相同的诉讼请求,即构成重复起诉。在行政诉讼中,被诉行政行为和诉讼请求合称"诉因"。前面这句话可以表述为:同一当事人就同一诉因再次起诉,即构成重复起诉。当事人提起诉讼的事实理由和法律根据不构成诉因,当事人不能仅仅变换起诉理由而再次起诉。

(一)同一当事人

司法裁判的既决效力及于案件当事人,同一原告不得针对同一被告、就同一诉因再次提起诉讼。如果原告或者被告一方不同的,则不构成重复起诉。在张树胜诉江津市国土资源和房屋管理局行政强制案中,原告张树胜曾对强制拆迁行为提起过诉讼,由于错列被告,被法院驳回起诉。现原告对适格被告再次提起诉讼,重庆市江津市法院认为,这不属于重复起诉。[71]

企业仅仅变更名称、法定代表人,有限公司变更股东,在法律上仍属同一企业,受禁止重复起诉原则的限制。但在企业登记制度不规范的情况下,企业法定代表人的变更有时意味着完全不同的利益倾向。在此特殊情况下,有的法院也可能受理同一企业的再次起诉。在成都市新鸿刀具厂诉成都市商务局等行政批准案中,被告提出,原告成都市新鸿刀具厂系成都市新鸿机械刀具厂变更而来,2006 年曾以"成都市新鸿机械刀具厂"的名义对 54 号批复提起过诉讼,现以"成都市新鸿刀具厂"的名义再次提起诉讼,属于重复起诉。成都中院二审判决认为,成都市新鸿刀具厂作为中外合资企业烟机配件公司的中方投资者,具有提起本案诉讼的原告主体资格;该厂法定代表人已经更换,不属于重复起诉。[72]

行政机关的同一具体行政行为涉及两个以上利害关系人,其中一部分利害关系人对行政行为不服提起诉讼,没有提起诉讼的利害关系人能否再次起诉?依据最高法院司法解释,行政机关的同一具体行政行为涉及两个以上利害关系人,其中一部分利害关系人对行政行为不服提起诉讼,法院应当通知没有起诉的其他利害关系人作为第三人参加诉讼。[73] 经法院通知参加诉讼的第三人,也受生效裁判的拘束,不

---

[70] 最高人民法院行政裁定书,(2019)最高法行申 13691 号。裁定书同时提出,当事人同时起诉不予受理复议决定和原行政行为的,受诉法院应当引导当事人起诉原行政行为,以便从根本上解决行政争议。

[71] 重庆市江津市人民法院行政判决书,(2004)津行初字第 91 号。

[72] 成都市中级人民法院行政判决书,(2008)成行终字第 192 号。

[73] 2000 年《若干解释》,第 24 条;2018 年《行诉法解释》,第 30 条第 1 款。

得重复起诉。如果法院没有通知，在先诉讼的裁判已经发生法律效力，其他利害关系人能否再次起诉，这个问题比较棘手。一些法院认为，这种情况下适用“诉讼标的为生效裁判的效力所羁束”的规定，法院应当驳回起诉。

（二）同一被诉行为

行政诉讼的标的主要是行政行为的合法性，是否构成重复起诉的一个重要标准是被诉行政行为是否为同一行政行为。

同一行政机关对相关事项作出的内容不同的行为，如果构成相互独立的行政行为，当事人对不同行为的起诉不属于重复起诉。在**成都二姐大酒店诉成都市武侯区建筑工程质量监督站等建设质量监督行为案**中，成都中院二审判决认为，二姐大酒店曾提起诉讼，要求确认通知单 2 合法和谈话笔录中的部分内容违法，而后撤诉。而本案二姐大酒店起诉的是确认通知单 1 无效。虽然几起诉讼均是被告对二姐大酒店工程质量评定引发的，但二姐大酒店的诉讼请求及事实和理由均不相同。因此，二姐大酒店的起诉不属于以同一事实和理由重复起诉。[74] 在**王明棋诉云南省呈贡县人民政府土地行政登记案**中，王明棋与第三人黄土坡居委会为土地使用权长期争执。呈贡县政府注销了原告持有的〔1998〕195 号《国有土地使用证》，原告提起诉讼后，法院终审判决（〔2003〕云高行终字第 22 号）撤销了该注销行为。判决生效后数年，被告一直拒绝给原告颁发土地证。王明棋向法院提起第二个诉讼，法院判决（〔2009〕昆行初字第 6 号及〔2010〕云高行终字第 92 号）认定该地块的原始使用权人是黄土坡居委会，并驳回了原告的诉讼请求。2010 年 3 月，被告向黄土坡居委会颁发了〔2010〕33 号《国有土地使用证》。王明棋向法院提起第三个诉讼，请求：（1）撤销呈贡县政府向第三人颁发的〔2010〕33 号《国有土地使用证》；（2）判令呈贡县政府将其注销的〔1998〕195 号《国有土地使用证》恢复颁发给原告。一审法院认为，王明棋讼争土地系同一块地，两个诉讼都要求颁发土地使用证，王明棋的起诉属重复起诉，不予受理。云南高院二审裁定认为，对于王明棋的第二项诉讼请求，该院生效判决已作处理，王明棋的请求属于重复起诉，依法不予受理。但王明棋的第一项诉讼请求，由于呈贡县政府颁发的〔2010〕33 号《国有土地使用证》是对原〔1998〕195 号《国有土地使用证》的更正登记，属于新的行政行为，法院应予受理。[75]

在起诉行政机关不作为的案件中，如果当事人根据新的理由再次要求行政机关履行法定职责，行政机关不履行法定职责的，当事人可以再次提起诉讼，不受禁止重复起诉原则的限制。在**黄渊虎诉武汉大学履行法定职责案**中，原告于 1995 年报考武汉大学博士生，但因为几年前曾受勒令退学处分而未被录取（其户口材料一直留在武汉大学）。原告曾向法院起诉，要求学校予以录取并落实户口和粮油关系，后撤

---

〔74〕　成都市中级人民法院行政判决书，（2006）成行终字第 191 号。

〔75〕　云南省高级人民法院行政裁定书，（2010）云高行终字第 121 号。

回起诉。在此期间,原告经武汉大学同意,与98级博士研究生一道“跟读”。临近修完课程时,原告再次向武汉大学提出解决其博士研究生学籍,并落实户口和粮油关系,未果。于是再次向法院起诉。被告辩称,原告要求落实户口和粮油关系的诉讼请求构成重复起诉。武汉市武昌区法院认为,原告前一次起诉要求落实户口和粮油关系是基于其硕士学位资格,而这一次起诉是基于博士研究生的学籍问题,不属于对同一具体行政行为的起诉。[76]

行政机关不履行法院生效判决的,当事人应当按照执行程序寻求救济,而不应对行政机关不履行判决的行为另行提起诉讼。在海南省乐东黎族自治县利国镇利国一经济合作社等诉乐东黎族自治县人民政府不履行法定职责案中,原告提起诉讼,请求确认县政府在法院判决生效后,不作出土地确权处理决定的行为违法。海南高院二审判决认为,行政机关不履行法院生效判决属于行政诉讼执行中的问题,不属于行政诉讼受案范围。一审法院把行政机关不履行生效判决视为不履行法定职责予以受理并作出确认违法判决,是错误的,应予撤销。[77]

行政行为被依法撤销后,行政机关重新作出的行为构成一个新的行为,当事人不服的可以提起诉讼。[78] 在刘正祥诉泰州市人民政府行政复议决定案中,江苏高院二审判决认为,行政复议机关在复议决定被法院判决撤销后,重新作出复议决定,相对人对新的复议决定仍然不服、向法院提起行政诉讼的,不属于重复起诉,法院受理不违反“一事不再理”的诉讼原则。[79]

两个以上行政机关依据不同的法律、法规对同一事实作出内容相同的行政行为,属于一个行政行为;分别作出内容不同的行政行为,属于不同的行政行为。行政机关就同一事实对若干公民、法人或者其他组织分别作出行政行为,属于不同的行政行为,当事人可以分别起诉;向同一法院起诉的,法院可以合并审理。

(三)同一类诉讼请求

行政诉讼的诉讼请求多种多样,大体可以分为如下三类:一是请求撤销、变更行政行为,或者确认行政行为违法、无效,二是请求行政机关履行法定职责,三是要求行政赔偿。当事人基于同一类诉讼请求,对同一事项再次提出的诉讼属于重复起诉。当事人对同一事项再次起诉,如果所提诉讼请求属于不同类型的,不构成重复起诉。在海口南国置业有限公司诉海口市人民政府请求确认违法并要求行政赔偿案中,海南高院二审判决认为,原告南国公司在(2004)海中法行初字第50号案中的诉讼请求是要求海口市政府履行法定职责。本案的诉讼请求是确认海口市政府未交付土地的行为违法,要求退还征地款并给予行政赔偿。要求履行法定职责和确认

---

〔76〕 武汉市武昌区人民法院行政判决书,(2001)武区行初字第11号。

〔77〕 海南省高级人民法院行政裁定书,(2006)琼行终字第183号。

〔78〕 2018年《行诉法解释》,第62条。

〔79〕 江苏省高级人民法院行政裁定书,(2005)苏行诉终字第10号。

行政行为违法是两种不同的诉讼请求。原审认定第二次诉讼属重复起诉,是混淆了两个不同的法律概念。[80]

法院在生效判决中要求行政机关履行法定职责而行政机关未履行的,原则上应当通过执行程序解决,不应另行起诉。但如果出现行政机关履行不能,当事人起诉要求行政机关赔偿的,属于不同类型的诉讼请求,法院在一些情况下也予以受理。在无锡市第六建筑工程公司海南分公司诉海口市人民政府等行政不作为及行政赔偿案中,工程发包方与原告无锡六建海南分公司签订协议,用部分房产抵偿其所欠原告的工程款,该处置方案得到海口市政府相关部门批复同意。被告海口市政府、海口市房产管理局明知上述情况,却分别给第三人森能房地产公司颁发《国有土地使用证》和房屋预售许可证,导致用于抵偿工程款的房产被转移,所欠工程款无法得到清偿。2005 年,海口中院和海南高院判决确认,两被告给第三人颁发《国有土地使用证》和房屋预售许可证的行政行为违法,责令两被告负责组织相关部门协调解决工程款的清偿问题。之后,虽然两被告多次组织协调,但未能落实清偿。原告再次提起诉讼,要求确认两被告不履行生效判决的不作为违法,并赔偿 355 万元。海南高院二审判决认为,原告因两被告的不作为导致工程款无法得到清偿,要求两被告赔偿工程款的诉讼请求不受前述生效判决的羁束,理应得到支持。[81]

当事人在前一诉讼中的请求未得到法院判决的相应处理,原则上应当通过上诉或者申诉途径要求法院作出补充判决。但在实践中,有的当事人对遗漏处理问题另行提起诉讼,法院也予以受理。在四川省眉山县东坡食品厂诉眉山市东坡区计划经济贸易局行政赔偿案中,东坡食品厂于 1999 年起诉眉山县乡镇企业局,请求撤销该局作出的批复并要求行政赔偿。四川高院(2001)川行终字第 19 号行政判决将该赔偿请求认定为东坡食品厂与东坡公司之间的民事纠纷,而未在判决中对行政赔偿部分作出处理。此后,东坡食品厂在向眉山县乡镇企业局提出国家赔偿申请未果后,单独提起行政赔偿诉讼,要求乡镇企业局赔偿因其违法行为给该厂造成的财产损失。成都市两级法院认为,本案不属重复起诉。[82]

(四) 事实和理由

虽然最高法院的司法解释以“同一事实和理由”作为认定重复起诉的要件,但这一说法是值得商榷的。一般来说,“事实和理由”不是一个诉讼的构成要件。当事人以不同的事实根据和法律理由再次提起诉讼,不足以作为法院受理的根据。

在祁勋立诉成都市公安局交通管理局第一分局不履行法定职责案中,原告祁勋立不服被告的交通事故责任认定,曾以事实不清、程序违法、适用法律错误为由提起诉讼,要求撤销该责任认定。原审法院以该案不属于行政审判权限范围为由,裁定

[80] 海南省高级人民法院行政裁定书,(2006)琼行终字第 166 号。

[81] 海南省高级人民法院行政赔偿判决书,(2008)琼行终字第 75 号。

[82] 四川省高级人民法院行政判决书,(2004)川行终字第 48 号。

驳回起诉。后原告再次提起诉讼,以被告延迟履行调查职责、程序违法、事实不清、适用法律法规错误为由,要求撤销该责任认定,并给予行政赔偿。成都中院二审判决认为,该诉讼与此前的诉讼所针对的是同一具体行政行为,属于重复起诉,其行政赔偿的请求亦不符合起诉条件。据此,维持一审法院驳回起诉的裁定。[83] 假如法院受理了原告的第一个诉讼并判决驳回原告的诉讼请求,原告以不同的理由再次提起诉讼,也是不允许的。

实践中,有的法院因为当事人没有证据证明其利害关系而驳回起诉,后来因当事人提供了新的事实和理由,受理了当事人的再次起诉。例如,在**陈建忠诉江苏省睢宁县人民政府土地行政登记案**中,原告陈建忠以睢宁县政府为第三人古邳电影管理站颁发国有土地使用权证、侵害其合法权益为由,于2005年提起行政诉讼。睢宁县法院以陈建忠与被诉行政行为不具备行政法律上利害关系为由,裁定驳回起诉;徐州中院以陈建忠未提供有效证据证明其使用土地经过合法登记、不能确定其合法使用范围为由,维持一审裁定。后陈建忠找到了其持有的宅基地使用证,再次提起诉讼。徐州中院认为,陈建忠再次起诉时提供的宅基地使用证能够证实其使用土地的范围等状况,陈建忠的起诉不属于重复起诉,法院予以受理并进入实体审查并无不当。[84] 在该案中,一、二审法院原先驳回陈建忠的起诉是错误的(其理由也都是站不住脚的),后来予以受理是正确的。但在法律上,更周全的做法是撤销原先驳回起诉的裁定,恢复案件审理。

第四节 基于公共政策的限制

《宪法》第51条规定:“中华人民共和国公民在行使自由和权利的时候,不得损害国家的、社会的、集体的利益和其他公民的合法的自由和权利。”诉讼权利的行使也可能与“国家的、社会的、集体的利益和其他公民的合法的自由和权利”发生程度不同的冲突。为了防止起诉行为损害公共秩序或者浪费公共资源,在前面述及的受案范围、原告资格、起诉期限等限制之外,法院还可能对原告的诉权作出限制。这些限制不一定是诉讼制度的内在要求,可能只是在特定时期采取的一项司法政策。

一 公共秩序保留

诉讼是一种理性、平和的纠纷解决方式,并因此成为法治的象征。但在特定的历史背景和社会情境下,诉讼行为也可能妨害公共秩序,甚至冲击统治秩序。为此,法院在受理案件时,往往还要对立案可能带来的社会影响进行评估;对于法院无力解决,甚至可能妨害公共秩序的起诉,不予受理。

---

〔83〕 成都市中级人民法院行政裁定书,(2007)成行终字第206号。

〔84〕 徐州市中级人民法院行政判决书,(2010)徐行终字第24号。

在行政诉讼实践中,法院发现,有些行政管理事项虽然在理论上符合行政诉讼受案范围,但可能过于复杂,不适合由司法机关依据法律处理。对此类纠纷,法院可能不予受理,而建议当事人通过信访等途径解决。例如,在《行政诉讼法》实施初期,最高法院通知,"凡不符合民事诉讼法、行政诉讼法有关起诉条件的属于历史遗留的落实政策性质的房地产纠纷",不属于人民法院主管工作的范围,当事人应找有关部门申请解决。[85] 实践中,法院对落实私房政策有关的纠纷基本上不予受理,甚至连查询"经租房"权属登记信息的纠纷也不受理。[86] 对于发生在世纪之交的企业改制、党政机构改革、民办教师安排中遗留的问题,法院在受理上也是非常谨慎。[87]

最高法院在推行立案登记制的同时,也允许法院不受理某些情形的案件。按司法解释的规定,法院对于下列起诉不予登记立案:(1)危害国家主权和领土完整的;(2)危害国家安全的;(3)破坏国家统一和民族团结的;(4)破坏国家宗教政策的。[88] 该司法解释把公共秩序保留限于四种明确列举的情形,而没有把"影响社会稳定"等笼统说法作为禁止起诉的事项。最高法院还要求全面清理和废止不符合法律规定的限制立案的"土政策"。与之前的做法相比,这是个进步。尽管如此,司法解释所列的几项公共秩序保留条款的具体内涵,还有待进一步澄清。如果对这几项条款作过于宽泛的解释,不仅可能违法限制当事人的诉权,也将严重损害行政诉讼制度的价值。

随着法治国家建设的推进,特别是人们对待诉讼态度的转变,以公共秩序保留为由限制诉权的做法,相信将会消失。

二 生效裁判的羁束

同一案件的当事人重复起诉,法院不予受理;但有时案件当事人以外的人提起的诉讼,相关问题已经有法院生效裁判作出认定。在后一种情况中,法院的裁判受先前生效裁判的拘束,原则上不能作出与先前裁判相反的裁判。在中国的司法实践中,上述规则被延伸适用到了行政诉讼的立案上。依据最高法院的司法解释,如果诉讼标的为生效裁判所羁束,法院将不予受理,已经受理的驳回起诉。[89]

---

〔85〕《最高人民法院关于房地产案件受理问题的通知》,法发〔1992〕38 号,第 3 条。

〔86〕参见《最高人民法院关于征用土地、落实私房政策等具体行政行为相互矛盾而引起的房屋纠纷不应由人民法院处理的复函》,1994 年 9 月 30 日;《北京市高级人民法院关于房地产案件受理问题的意见(试行)》(1994 年 4 月 18 日),第 2 条("落实私房政策后的遗留问题,当事人诉请法院处理的,原则上不予受理,应告知其向落实政策主管部门申请解决。个别问题确须法院立案处理的,可逐案具体研究");任瑞诉北京市规划和国土资源管理委员会案,最高人民法院行政裁定书,(2019)最高法行申 3081 号。

〔87〕例如,李晓平、李晓莉诉长春市人民政府等安置补偿案,最高人民法院行政裁定书,(2017)最高法行申 1248 号;张光诉伊通县政府辞退民办教师行为案,最高人民法院行政裁定书,(2017)最高法行申 2245 号。

〔88〕《最高人民法院关于人民法院登记立案若干问题的规定》,法释〔2015〕8 号,第 10 条。

〔89〕2000 年《若干解释》第 44 条第 10 项,"诉讼标的为生效判决的效力所羁束的";2015 年《适用解释》第 3 条第 1 款第 9 项,"诉讼标的已为生效裁判所羁束的";2018 年《行诉法解释》第 69 条第 1 款第 9 项,"诉讼标的已为生效裁判或者调解书所羁束的"。三个解释的措辞略有差异,但其精神相同。

上述条款目前比较多适用于土地征收领域。在实践中，土地往往是成片征收，涉及当事人众多，各人对征收决定态度不一，起诉时间有早有晚。尤其在行政复议和行政诉讼并行、起诉期限延长的背景下，经过复议后再去诉讼，完全可能出现法院在别的案件中已经对被诉征收决定的合法性作出生效裁判。在**李育明等诉浙江省温州市人民政府案**中，温州中院认为，该院此前在叶绍丰诉温州市人民政府的案件中，已经对温州市政府批复的合法性作出认定，并驳回了该案原告的诉讼请求。该判决已经生效。鉴于本案与该案被诉行政行为相同，本案的诉讼标的已为生效判决所羁束。因此，原告李育明的起诉应予驳回。这一立场得到了最高法院的认可。[90]

上述判例显示，对于一个行政行为，法院原则上只进行一次合法性审查。这样做有它的道理。中国行政诉讼实行全面审查原则，也就是说，法院在诉讼中，有义务对行政行为的合法性进行全面审查，不限于原告所质疑的问题；二审法院同样有义务对一审裁判和被诉行政行为进行全面审查，不限于上诉人所提出的问题。在此情况下，法院在其他案件中再对同一行政行为的合法性进行审查，在审查内容上是完全重复的，审查结果几乎是注定的，只是徒然耗费法院和双方当事人的时间和其他资源。实行"一次审查"，有利于维持司法裁判的一致性，也符合诉讼经济原则。

把既判力的适用对象扩展到案件当事人以外的人，也带来新的问题。后起诉案件的当事人没有机会对被诉行政行为的合法性发表意见，其诉讼权利没有得到充分保障。这一规则很难说满足正当程序原则的要求，甚至可能被人利用、以虚假诉讼排除他人起诉。[91] 一个理想的做法是：遵循《行政诉讼法》的规定，几个公民、法人或者其他组织就同一征收决定提起诉讼的，法院予以合并审理；当事人人数众多的共同诉讼，可以由当事人推选代表人进行诉讼；同被诉行政行为有利害关系但没有提起诉讼的，可以作为第三人申请参加诉讼。[92] 法院不知道征收决定涉及的具体当事人的，可以参照《民事诉讼法》的规定发出公告，说明案件情况和诉讼请求，通知利害关系人在一定期间内向法院登记。[93]

无论如何，"诉讼标的为生效裁判所羁束"这一条款不能滥用。一是在多个公民、法人或者其他组织对同一行政行为分别提起诉讼、起诉时间大致相同的情况下，法院不应选择其一判决，而驳回其他人的起诉。这种"刻意构建'诉讼标的已为生效裁判所羁束的'情形"，是不允许的。[94] 二是行政诉讼类型具有多样性，即使涉及的行政行为相同，也可能因原告的起诉根据和诉讼请求不同而构成不同的诉讼。例如，征收决定和征收补偿决定就是两个不同的行为，征收补偿和因违法强拆的赔偿

[90] 最高人民法院行政裁定书，(2016)最高法行申2656号。

[91] 参见郝成：《"安排干部诉政府"：北京大兴疑现10余起"架空"行政诉讼案》，载《中国经营报》2021年2月26日。

[92] 《行政诉讼法》(2014年修正)，第27、28、29条。

[93] 《民事诉讼法》(1991年)，第55条。2021年修正后，调整为第57条。

[94] 张刚诉武汉市武昌区人民政府案，最高人民法院行政裁定书，(2017)最高法行申411号；郭静诉郑州市管城回族区人民政府案，最高人民法院行政裁定书，(2018)最高法行申2950号。

也可能构成不同诉讼。在起诉时虽然已有涉及相同行政行为的生效裁判，但如果前后两个案件在事实上或法律上存在重要区别，法院也应甄别处理。[95]

三　滥用诉权的禁止

诉讼不一定能解决纠纷，但一定会消耗社会资源。原告可以凭着一纸起诉状和50元的诉讼费提起诉讼，被告行政机关必须郑重应诉，在有的案件中还要到外地应诉；哪怕是最简单的案子，法院的审判从立案、开庭、裁判到归档一样都不能少，其中包括制作、送达和上传文书、收取和退回诉讼费用等琐细却必需的环节。为了防止公共资源无谓的消耗，法院对原告的起诉也可能需要进行一点限制。

长期以来，行政诉讼的突出问题是"立案难"，原告滥用诉权的问题并不突出。但随着立案登记制的推行，立案门槛降低，各种稀奇古怪的诉讼都可能出现。例如，有人起诉演员"在电视中瞪他"，要求赔偿精神损失；[96] 有人起诉，要求行政机关对他十年前的违法行为进行查处。[97] 在行政诉讼中，比较棘手的是同一当事人的频繁诉讼。有人四处提起没有实质意义的政府信息公开申请，然后一个接一个地起诉；有人凭着一个投诉，要求行政机关处理并答复，然后对之提起诉讼。中国司法大数据研究院的统计显示，在两年半左右的时间内，起诉总量前1000名公民总计提起53,478次一审行政诉讼；最多的一名提起了399次，其中绝大多数与"打假"有关。[98] 少数当事人过于轻率乃至完全恣意地提起大量诉讼，有的甚至成为"行政诉讼专业户"，公共资源被严重挤占。如何平衡诉讼权利的保护和有限司法资源的分配，是新时期的一个微妙课题。

在这方面，江苏省南通市港闸区法院做了一个大胆的探索。法院认定原告陆红霞、陆富国（系陆红霞父亲）滥用政府信息公开权利和诉讼权利，驳回两人多个起诉。[99] 在这些案件中，两原告曾分别向南通市公安局、国土局、发改委等部门申请公开建设项目的征地批文、"110"的接出警记录、拘留所伙食费标准等政府信息。被申请机关对陆红霞、陆富国的申请均作出答复，有的还提供了政府信息。陆红霞、陆富国对行政机关的答复不服，分别向港闸法院提起8个诉讼。

案件审理过程中，港闸区法院就原告陆红霞、陆富国等人的相关情况，向南通市政府法制办、南通中院、如东县法院做了调查。调查发现，原告陆红霞及其父亲陆富

---

〔95〕 张刚诉武汉市武昌区人民政府案，最高人民法院行政裁定书，(2017)最高法行申411号；郭静诉郑州市管城回族区人民政府案，最高人民法院行政裁定书，(2018)最高法行申2950号。

〔96〕《最高法：滥用诉权将依法严惩》，载《京华时报》2015年6月10日。

〔97〕 钟德树诉重庆市永川区国土资源和房屋管理局案，重庆市高级人民法院行政裁定书，(2020)渝行申495号。

〔98〕 最高法院(2019)最高法行申9729号裁定书记载，当事人"在不同的经营场所购买同一类型的产品，并以所购买的产品存在问题而进行举报，进而申请大量的行政复议及提起大量的行政诉讼案件。"

〔99〕 陆红霞诉南通市发展和改革委员会政府信息公开答复案，载《最高人民法院公报》2015年第11期。相关报道，参见《南通港闸法院率先规制政府信息公开滥诉行为》，载新华网江苏频道，http://www.js.xinhuanet.com/2015-02/28/c_1114472215.htm。

国、伯母张兰三人因对拆迁补偿安置不满，于2013年至2015年1月，分别提起至少94次政府信息公开申请、39次行政复议、36次行政诉讼。要求公开的政府信息的内容，从建设工程的立项批文、征地批文、施工许可、审计报告，南通市港闸区城市建设开发总公司是否由港闸区政府出资成立，南通市政府公车的数量和牌照号码，到南通市拘留所被拘留人员伙食费标准等。原告提起诉讼的理由，包括被告答复"没有发文机关标志、标题不完整、发文字号形式错误""未注明救济途径"等。

港闸区法院审理后认为，原告的行为构成了对诉权的滥用。陆红霞、陆富国不间断地向政府及其相关部门申请获取所谓政府信息，其真实目的并非为获取、了解所申请的信息，而是借此表达不满情绪，并向政府及相关部门施加压力，以实现拆迁补偿安置利益的最大化。因此，原告并不存在司法救济的客观需要，也不具有此类诉讼所值得保护的合法的、现实的利益。原告将诉讼作为向政府及其相关部门施加压力、谋求私利的手段，已背离对受侵害的合法权益进行救济的诉讼本旨。原告所提起的数十起诉讼要么起诉理由高度雷同，要么在已经获取、知悉所申请政府信息的情形下仍坚持提起诉讼，有违诚实信用原则。为此，法院裁定驳回原告分别针对不同部门提起的8次起诉。

为兼顾公共资源的有效利用和原告权利的保护，港闸区法院在裁定书中还明确：对于陆红霞、陆富国今后再次向行政机关申请类似的政府信息公开、向人民法院提起类似的行政诉讼，均应依据《政府信息公开条例》的规定进行严格审查。原告须举证说明其申请和诉讼是为了满足自身生产、生活、科研等特殊需要，否则将承担不利后果。

港闸区法院对**陆红霞、陆富国滥用诉权案**的处理，得到了最高法院的肯定，但也留下了许多可以讨论的地方。例如，法院在什么情况下可以依职权调查原告在类似案件中的行为？法院如何甄别原告提起诉讼的"真实目的"和"客观需要"？法院在什么情况下可以把当事人列入"黑名单"？上了"黑名单"的公民今后提起诉讼，法院又将如何审查？这些问题有待于理论和实践的进一步探讨。

最高法院2017年的一份文件在强调保护诉权的同时，提出"要依法制止滥用诉权、恶意诉讼等行为"。该文件称，对于极个别当事人不以保护合法权益为目的，长期、反复提起大量诉讼，滋扰行政机关，扰乱诉讼秩序的，法院依法不予立案。[100] 宁波市鄞州区法院向三名被认定为滥用诉权的当事人出具不予受理通知书，对他们近期提起的一系列行政案件均不予登记立案。理由是：这三名当事人在四年时间里，合计向浙江省三级法院提起179次政府信息公开诉讼，而且申请内容存在重复、所申请的信息已经知晓或者与自身权益无关。[101]

---

〔100〕 最高人民法院《关于进一步保护和规范当事人依法行使行政诉权的若干意见》，法发〔2017〕25号，第15点。

〔101〕 《3人4年179次"告政府"公检法司联合倡议：拒绝滥用行政诉权！》，载澎湃新闻2020年8月26日，https://www.thepaper.cn/newsDetail_forward_8893447。

对滥用诉权的规制正在逐步建立。在此需要强调的是,诉权是公民的基本权利,对诉权的限制应当极其慎重。对于许多公民来说,向法院提起诉讼可能是他解决问题的最后希望;对于社会来说,法院受理和处理那些看似琐碎无聊的纠纷,可能正是维护公民对于现行秩序的尊重、维护社会稳定的机会。限制诉讼主要应当根据受案范围、原告资格、“一事不再理”等法定标准,而不是对原告起诉的“真实目的”“客观需要”所作的主观判断。减少诉讼,应当主要依靠改进行政执法、畅通复议渠道、调整诉讼收费、实质解决纠纷,而不是依靠强行的限制。所以,不要轻言原告起诉“浪费司法资源”,更不能动辄举起限制“滥用诉权”的法槌。

第三编　司法审查的标准

本编导论

行政案件迈过立案的门槛后，就进入合法性审查的环节。对被诉行政行为的合法性进行审查，不仅是行政诉讼的一个核心原则，也是司法实践的一个重大课题。本编将用全书1/4的篇幅来讨论：法院应当从哪些方面、根据什么标准，来判断一个行政行为是否合法？

（一）现行的司法审查根据

在各国法律中，司法审查根据有的由法院判例确立，有的由立法规定，还有的主要是学理上的总结。中国法院司法审查的根据主要是由立法规定的，并由案例和学说予以补充和阐发。可能是由于审查标准很难用言辞精确表达，这个领域的法律条文和司法解释并不多；与受理条件和诉讼程序相比，这一点尤其明显。

1989年《行政诉讼法》第54条对合法性审查标准作了系统规定；2014年修正后，位置调整为第70条，内容增加了"明显不当"。依据修改后的规定，行政行为有下列情形之一的，应当判决撤销或者部分撤销：(1)主要证据不足；(2)适用法律、法规错误；(3)违反法定程序；(4)超越职权；(5)滥用职权；(6)明显不当。该条主要针对的是行政机关所作出的行政处理决定，而司法审查主要针对的也是行政处理决定。[1] 在

〔1〕 其他类型的行政行为与之略有差异，如行政不作为不存在程序违法的问题、规范性文件不存在事实认定的问题，但其原理仍然可以参照。

审判实践中,无论具体法律如何规定、实际推理多么复杂,要求法院撤销行政行为的理由,最后都必须归结到上面6个根据之下。在此,这一条确立了界定行政行为合法性的基本准绳,也是审判实践的最终根据。

《行政诉讼法》所设定的审查标准远非完美。首先,它与行政行为合法性的一般理论阐述相脱节,明显"两张皮"。[2] 与一般的行政法理论相比,它没有提到行政主体资格的问题。一个不合格的行政机构以自己名义行使职权,在上述体系中左右不是。行政决定没有说明所依据的法律或者援引具体条文的,在行政法理论上通常视为行政决定理由说明的瑕疵,属于程序问题;[3]但在实务中,任何错误援引或者未加援引,法院都可能认为"适用法律、法规错误"。[4] 其次,几个审查标准之间的关系在逻辑上不够清晰。《行政诉讼法》草案最初只列"主要证据不足""违反法定程序""适用法律、法规错误"三项审查标准,"超越职权""滥用职权"是后加的,"明显不当"更是新加的。立法过程中增加审查标准,重在解决审判实践需要,而非追求逻辑周延、体系融洽。但这可能带来"适用法律、法规错误"与"超越职权"的交叉重叠,"滥用职权"与"明显不当"的混淆纠缠。最后,审查标准的文字表述也需要推敲。"主要证据不足",似乎不如"事实不清、证据不足";"适用法律、法规错误",恰当的表述应当是"适用法律错误"。

迄今为止,没有任何权威机构对《行政诉讼法》规定的审查标准作过解释。这给了学理讨论和司法实践巨大的解释空间,其代价则是法律适用中缺乏统一。2014年《行政诉讼法》修改、增加"明显不当"标准以后,这个问题变得更加突出。

---

[2] 对行政行为合法要件的讨论,参见罗豪才主编:《行政法学》(修订版),中国政法大学出版社1999年版,第129~130页(主体、职权、内容和程序);叶必丰:《行政法学》(修订版),武汉大学出版社2003年版,第184~186页(主体、权限、内容、程序和形式);姜明安主编:《行政法与行政诉讼法》(第2版),北京大学出版社、高等教育出版社2005年版,第229~230页(主体、权限、内容、程序和形式);朱新力:《司法审查的基准:探索行政诉讼的裁判技术》,法律出版社2005年版,第250~255页(主体及职权、事实根据和法律根据、内容和程序)。对该条的诠释,可参见罗豪才主编:《中国司法审查制度》,北京大学出版社1993年版,第15~20章;蔡小雪:《行政审判中的合法性审查》,人民法院出版社1999年版,第2~7章;朱新力:《司法审查的基准:探索行政诉讼的裁判技术》,法律出版社2005年版,第9~17章;姜明安:《行政诉讼法》(第2版),法律出版社2007年版,第285~306页;杨小君:《行政诉讼问题研究与制度改革》,中国人民公安大学出版社2007年版,第7章"司法审查根据"。

[3] 章剑生:《行政程序法基本理论》,法律出版社2003年版,第199~207页;姜明安主编:《行政法与行政诉讼法》(第2版),北京大学出版社、高等教育出版社2005年版,第17章"行政程序",特别是第391~396页;应松年主编:《当代中国行政法》(第6卷),人民出版社2018年版,第34章"行政程序法基本原则与基本制度",特别是第2433~2434页。

[4] 例如,宿海燕诉海口市劳动教养委员会案,《最高人民法院公报》2000年第3期(劳动教养决定只提到适用国务院《关于劳动教养问题的决定》及其《补充规定》,没有指出适用的具体条款,是适用法律不当);路世伟诉靖远县政府行政决定案,《最高人民法院公报》2002年第3期(县政府收回土地使用权的文件没有说明作出该行政行为的法律依据,属适用法律不当);罗伦富诉泸州市公安局交通警察支队三大队交通事故责任认定案,《最高人民法院公报》2002年第5期(交警队作出此次道路交通事故责任认定,只笼统适用《道路交通事故处理办法》第19条而没有指出具体适用哪一款,属适用法律错误);宣懿成等诉衢州市国土资源局收回土地使用权案,《最高人民法院公报》2004年第4期(被告国土局的书面通知没有说明决定收回各原告住宅国有土地使用权的具体法律依据,属于适用法律错误)。

（二）司法审查根据的理论重构

面对法律规定的缺陷，法官所能够做也应当做的，是“熨平法律织物的褶皱”，而不是把它拆了重织。但在理论上，我们不妨对司法审查的根据加以重新阐述，以求一个更加融贯的规范体系。今后修改法律时，也不妨考虑对审查根据重新表述。

下面将首先区分司法审查根据所包含的审查要素和审查标准。在此基础上，厘清司法审查的各个要素，然后讨论各个要素的审查标准。〔5〕

在逻辑上，司法审查的每一个根据都包含两个层面的含义：一是它涉及哪方面的问题，二是在这方面的要求是什么。例如，当我们讲比例原则，它涉及的是行政处理决定的实体合理性问题，而对该问题的要求则是行政决定的目的和手段应当相称。当我们讲“违反法定程序”，我们可能争论到底以制定法所要求的行政程序为标准还是考虑正当程序原则的要求，但争论的都是行政行为的程序这一要素。一个行政行为所涉及的职权、事实、程序等方面的问题，我们称为“审查要素”；而判断该方面是否合法的依据和尺度，称为“审查标准”。“审查要素”和“审查标准”是从法院的角度来说的；从行政行为合法要件的角度来说，也可以分别称为“合法要素”和“合法标准”。

一条行政法律规范包含哪些要素呢？最简单的回答是：什么情况，谁来处理，如何处理。“什么情况”又包括法定条件和个案事实；“谁来处理”，即行政主体资格及其管辖权限；“如何处理”又包括依照什么程序、给予什么结果的处理。总而言之，一条完整的法律规范应当是：如果有**证据**证明某**适用条件**成立，那么，**特定行政机关**应当根据一定**程序**作出相应**处理**。具体地说，它包括如下要素：（1）行政主体，包括行政主体的资格及其管辖权限；（2）适用条件，即行政机关对某个特定事项作出处理的前提条件；（3）事实根据，即表明该适用条件成立的事实以及支持该事实认定的证据；（4）行政程序，包括行政机关行使管辖权力、作出具体决定的方式、步骤和期限；（5）处理结果，即行政处理决定所确定的权利、义务。

上述5个要素在逻辑上是并列的，但在合法性审查的实际过程中，有经验上的先后顺序。其中，行政主体要素需要首先考虑。如果不具有行政主体资格或者超越管辖权限，法院通常不必继续审查其他要素，直接撤销行政行为，而且行政机关不得重新作出。适用条件也是判断行政行为是否合法的一个优先考虑的要素。如果违背法定的适用条件，行政决定也应当撤销，行政机关不得重新作出内容相同的处理。至于行政程序、事实根据和处理结果这3个要素，可能存在因

---

〔5〕 详见何海波：《行政行为的合法要件——兼议司法审查根据的重构》，载《中国法学》2009年第5期。

果关系，也可能相互独立。例如，行政决定作出前没有听取当事人申辩（程序违法）可能导致事实认定错误，从而导致处理决定内容违法；但也可能，行政机关没有听取申辩，但事实认定没有错误，处理决定内容没有违法。依据全面审查的原则，一个行政行为可能同时违反两个或者多个要件，法院应当逐一审查。在实际操作中，有些法院为了图省事或者求稳妥，只从有明显问题的要素入手，一撤了事、不问其余。

在分析审查要素后，下面进一步讨论各个要素的审查标准。审查标准涉及行政行为审查要素的内容评价，涉及不同国家机关之间的权力分配，在很大程度上是一个价值判断的问题，有时并不容易确定。中国法院在审查标准的具体适用上，目前还在探索之中。

各个要素的具体审查标准留待后面三章讨论，这里只简略地阐述它们的基本内容和相互关系。从实质合法的观点而言，对行政行为合法性的判断只有"合法"与"不合法"之分。就像"0"和"1"是计算机语言的基本符码，"合法"和"不合法"构成法律世界的基本符码。《行政诉讼法》第6条所规定的合法性审查原则，就是在这样的意义上使用的。〔6〕 但根据各国的实践和学界通常的认知，审查标准可以分为合法、合理、合宪。这一区分是以制定法的适用为标准的。大体来说，符合制定法明文规定的属于合法（形式合法），在制定法字面含义之内的裁量属于合理性范围，在制定法明文规定之外还有合宪性的问题。下面按照这一认知框架，把行政行为各个审查要素和审查标准的关系，略述于表4。

表4　司法审查的要素与标准的关系

要素	合法	合理	合宪
行政主体	依据机构法定和职权法定原则，主体资格和管辖权限主要由制定法规定	在特殊紧急情况下的行政应急权力	符合宪法关于国家机构组织的规定
适用条件	适用条件主要采用法定主义	对不确定概念的解释应当遵循合理准则	符合宪法要求
事实根据	证据的获取和使用不得违反法律规定	事实认定应当清楚、有足够根据	—
行政程序	行政行为符合法定的程序要求	同时符合正当程序原则	符合宪法要求（中国宪法尚无具体规定）
处理方式	处理决定内容符合法律规定	同时符合一般法律原则	符合宪法要求

归纳起来，对行政行为的审查根据包含如下5个方面：(1) 主体合格；(2) 条件符合；(3) 事实清楚；(4) 程序正当；(5) 结果得当。行政行为由合格的行政机关在法

〔6〕 何海波：《实质法治：寻求行政判决的合法性》（第2版），法律出版社2020年版，第3章第2节"统一的合法性概念"。

定权限范围内,遵循正当的程序,根据相应的处理条件和事实根据作出,处理结果得当的,应当予以维持。行政行为有下列情形之一的,应当撤销:(1)行政主体不合格或者超越管辖范围的;(2)违背法定处理条件的;(3)行政行为缺乏事实根据的;(4)行政过程违反正当程序的;(5)行政决定内容抵触法律或者明显不当的。其中,行政行为有前述第(3)、(4)、(5)项情形的,在判决撤销的同时可以责令行政机关重新作出相应行为。行政机关应当履行而没有履行法定职责的,责令其在一定期限内作出相应的行为。

(三) 本编的结构与两个体系的差异

本书关于审查根据的讨论,在章节安排上稍微有别于前述的五分法。行政机关的主体资格问题,与受理条件中的被告资格基本相同,不予赘述。行政机关的管辖权限、行政行为的适用条件和处理方式,都涉及行政机关的职责权能,放在"行政职权"一章中阐述。行政程序和行政证据问题,包含相当复杂、细密的规则,分别以专章加以阐述。

不难看出,本书对行政诉讼审查根据的阐述,与《行政诉讼法》的规定有些差异。差异主要是,把"适用法律、法规错误""超越职权""滥用职权""明显不当"4 项,从行政主体、适用条件和处理结果三个方面拆分重组。对两个体系的简略说明,见表 5。

表 5 司法审查根据两个不同体系的对照

现有体系	本书体系	本书位置
超越职权	管辖权限	第七章第二节
适用法律、法规错误	适用条件	第七章第三节
适用法律、法规错误, 超越职权,滥用职权	处理方式(包括越权处理、 明显不当、滥用职权和不作为)	第七章第四节
违反法定程序	行政程序	第八章
主要证据不足	事实认定	第九章

由于本书只涉及审查要素的重新阐述,而不是对审查标准的新要求,所以,体系的调整不涉及行政执法和行政审判的实质问题,不会对行政执法和司法审判带来冲击。我只希望,这种独特的叙述结构能够提供一个更加简单明了、符合逻辑的体系,帮助读者更好地理解和掌握司法审查的根据。在司法实践中,仍须以《行政诉讼法》的规定为依据,把各项情形分别置于法定的审查根据之下。

第七章　行 政 职 权

行政职权是行政法的核心概念之一，也是司法审查的核心要素之一。行政职权包含适用条件、管辖权和处理权三个方面的问题，即符合什么情况、由哪个机关、作出什么处理。《行政诉讼法》所规定的“适用法律、法规错误”“超越职权”“滥用职权”“明显不当”，都是关于行政职权的问题。

第一节　行政职权概述

职权法定是现代行政法的基本原则，也是对政府权力的基本限制。该原则要求，行政机关的管辖范围、适用条件和处理方式都应当由立法规定。立法授权受法律保留和法律优先两个原则的限制，并应当遵循直接授权和明确授权的要求。立法赋予行政机关裁量权力的，行政机关应当按照合理的准则行使权力。法律赋予行政职权，同时意味着行政机关负有相应的职责，行政机关不得推诿和懈怠。职权法定原则意味着政府权力是有限的，行政干预应当是节制的。贯彻职权法定原则，有助于维护市民社会的自治和市场经济的秩序。

一　行政职权的性质

在行政行为合法性审查的语境下，行政职权指的是特定行政机关在其管辖的事务范围内，针对相应情况作出处理的职责和权力。下面分别讨论行政职权行使的主体、包含的内容和权责的性质。

（一）行政职权的行使主体

如果把“行政机关”看成包括各级政府及其部门在内的一个整体，它所拥有的行政职权既广且杂，权力清单足以汇编成书。但就单个行政机关来说，它所拥有的行政职权就有限得多。行政诉讼总是以特定行政机关的行为为对象。法院审查的不是作为整体的行政机关有没有职权，而是作出行政行为的行政机关有没有职权。

一个不是依法成立、不具有独立人格的组织，不是对外行使行政职权的合格主体。有的行政机关工作人员、内设机构或者临时协调机构在没有法律授权的情况下，以自己名义对外作出行政行为。这显然是不合法的，但问题是：它违的是哪一条法？实践中，法院多用“超越职权”作为撤销判决的根据。例如，在成都华盟物业管理有限公司诉成都高新技术产业开发区经贸发展局行政处罚案中,法院判决认为,成都高新区安全生产委员会办公室只是被告高新区经贸发展局下属的一个职能部门,不具有独立的机关法人资格。该委员会办公室以自己名义对原告作出行政处罚,属超越职权。[1] 初看起来没错,因为该委员会办公室超越了它作为行政机关内设机构的权限。但仔细斟酌,这一理由是有问题的。行政行为被起诉到法院后,被告不是该内设机构,而是其所属的行政机关。行政诉讼审的是被告行为的合法性。既然作为被告的行政机关未超越职权,怎么又判被告"超越职权"了呢?

今后法律修改时,不妨把不具有行政主体资格作为一个独立的审查根据。《行政诉讼法》规定的行政行为无效,有一种情形就是"实施主体不具有行政主体资格"。在现行的审查根据体系下,可以把它视为"违反行政程序"的一种情形。行政机关工作人员、内设机构或者临时协调机构以自己名义作出行政行为,往往未经行政机关负责人批准,没有加盖行政机关印章。这在内外两方面都是违反行政程序的。

(二)管辖权、处理权与适用条件

行政机关应当在其管辖范围内,按照法定条件,做出适当处理。这是法治国家对行政职权的基本要求。据此,行政职权的内容可以分解为行政机关的管辖权、处理权和适用条件三个要素。

区分行政机关的管辖权和处理权,在理论上和实践中都是有益的。《行政诉讼法》同时使用"超越职权"和"滥用职权"的用语,但内中两个"职权"的含义并不一致,只有区分管辖权和处理权才能予以清晰说明。行政机关"超越职权",可能超越管辖权,也可能超越处理权;行政机关"滥用职权",则只能是滥用处理权。行政管辖权原则上采取法定主义,以制定法的规定为限;行政处理权的行使除了遵循制定法的规定,还应当遵循合理原则。一个行政行为因超越管辖权被撤销的,行政机关不存在重作的问题;行政机关超越处理权而使行政行为被撤销的,则可以重新作出行政行为。

适用条件也应与管辖权和处理权相区别,单独作为司法审查的一个要素。行政机关对某类事务有管辖权,并不意味着它可以任意处理;只有特定个案符合法律规定的适用条件时,它才能作出相应的处理。譬如,有人说,"有权作出行政行为的行政机关,也有权撤销该行政行为"。在管辖权的意义上,这一论断是正确的,即有权作出行政行为的行政机关,就有撤销该行政行为的管辖权。但在适用条件上,不能不有所限制。不是有权作出行政行为的行政机关在任何情况下都可以撤销该行政行为。

(三)行政职权与行政职责

从词义上看,行政职权的概念强调行政机关有权力做某事,而行政职责的概念

---

[1] 成都市高新技术产业开发区人民法院行政判决书,(2005)高新行初字第13号。

侧重行政机关有义务做某事。从来源上看，除了制定法的规定，行政职责也可能源于行政机关与当事人的协议、单方的承诺、形成的惯例以及其他先行行为。行政职权与行政职责是“一枚硬币的两面”：行政机关享有行政职权，同时负有相应的行政职责。权利不可滥用，权力更不可任性。行政职权应被合理行使，行政机关拒绝行使或者不恰当行使，都是对其职责的背离。尽管行政职权往往包含广泛的裁量，法院对行政裁量也应给予一定的尊让，但这不改变行政职权负担义务的性质。

二 行政职权的来源

职权法定的观念已经在中国初步确立。学术界长期呼吁，行政权力应当来自法律，无法律即无行政。[2] 执政党也宣布：“行政机关不得法外设定权力，没有法律法规依据不得作出减损公民、法人和其他组织合法权益或者增加其义务的决定。”[3] 然而，职权法定原则包含复杂甚至吊诡的内涵，还需要深入探究。

（一）授予行政职权的法律文件

原则上，行政职权应当源于正式立法，即特定机关依循特定程序制定、具有特定形式和规范内容的法律文件。相对而言，正式立法具有更强的民主合法性，也更容易被人识别和遵循。如果各级领导的讲话批示、各种“红头文件”都能赋予行政机关职权的话，那么，行政职权就没边没沿、没有限制了。主席语录被奉为“最高指示”、《人民日报》发个社论就全国照办、会议纪要或者文件草案就当法律的时代，已经过去了。

法律、法规、规章是《立法法》所承认和规范的正式立法，也是目前行政职权的主要来源。除此之外，实践中还有大量其他的规范性文件，涉及行政机关的职权。《立法法》并没有一概禁止其他规范性文件创设行政职权。但是，没有法律、法规依据，其他规范性文件不得创设损害公民权利或者增加公民义务的规定，应当被确立为一项原则，今后也应当成为一项制度。凡是损害公民权利或者增加公民义务的规定，都应当由享有正式立法权的机关通过正式立法作出。目前，尚有大量的规范性文件在没有正式立法依据的情况下规定了损害公民权益的措施。这有违职权法定原则，必须改正。

宪法、国际条约（协定）和“三定方案”具有特殊的地位，需要辨析。《宪法》作为一切国家机关都应当遵守的根本法律，是行政机关职权的最根本依据，但一般不能作为行政机关干涉私人活动的直接依据。国际条约（协定）可能规定了中国政府需

---

〔2〕 罗豪才主编：《行政法学》，中国政法大学出版社1989年版，第39页；应松年：《依法行政论纲》，载《中国法学》1997年第1期。

〔3〕《中共中央关于全面推进依法治国若干重大问题的决定》，2014年10月23日中国共产党第十八届中央委员会第四次全体会议通过。一个更早的类似表述，参见国务院《全面推进依法行政实施纲要》，国发〔2004〕10号。

要履行的义务，但也不能作为行政机关干涉私人活动的直接依据。“三定方案”，即关于中央和地方政府机构设置、职能和编制的规定，是确定行政机关管辖权划分的重要依据，但也不能作为行政机关干涉私人活动的直接依据。

政策与法律的关系也是一个长期纠结的话题。执政党和国家机关的政策，通常以文件、报告、讲话等形式，规定在一定时期或者一段时间内的奋斗目标、行动原则、具体任务、实现方式等内容。前述政策对行政执法和行政审判有重要指导作用，但一般不能作为行政职权的来源，更不能作为侵犯公民权益行政行为的依据。在实践中，一些行政机关在没有法律、法规依据的情况下，根据所谓的“政策”实施侵害公民权益的行动，这是明显违背职权法定原则的。

（二）法律优先与法律保留

中国的法律形式种类多样、层次繁复，统合各种形式的法律渊源、维护法制统一向来是巨大的难题。面对这一现实，中国的职权法定原则是以法律保留和法律优先两大原则为补充的。

在中国语境下，法律保留是指有些事项只能由全国人大及其常委会以法律来规定，其他机关、其他形式的立法文件无权创设。[4] 宪法多次提到“依照法律规定”，就体现了法律保留的精神。《立法法》第 8 条列举了 11 类法律保留的事项，其中包括犯罪与刑罚、对公民政治权利的剥夺、限制人身自由的强制措施和处罚、税种税率等税收基本制度、对非国有财产的征收征用。[5] 《行政处罚法》《行政强制法》也作了类似规定，其中包括冻结存款、汇款的行政强制措施只能由法律规定。法律保留是对全国人大及其常委会在立法工作中的主导地位的肯定，也意味着对国务院、地方人大和地方政府立法权的限制。顺着同样的思路，以《行政处罚法》《行政许可法》《行政强制法》为代表，一些法律对行政法规、地方性法规、部门规章和地方政府规章的立法权限也作了规定。由此，形成了一个高低错落的立法权分配体制。

法律优先，也称法律优先适用原则。这一原则要求：在法律已经对某个事项作出规定时，法规、规章不能与之相抵触；法律和法规、规章对同一事项都有规定的，优先适用法律；法规、规章抵触法律的，执法机关应当适用法律，而不能适用法规、规章。从法律优先原则推而广之，不同层级的法律规范之间发生冲突时，层级高的法

---

〔4〕 应松年主编：《行政法学新论》，中国方正出版社 1998 年版，第 47～48 页； 应松年：《〈立法法〉关于法律保留原则的规定》，载《行政法学研究》2000 年第 3 期； 黄学贤：《行政法中的法律保留原则研究》，载《中国法学》2004 年第 5 期； 叶海波、秦前红：《法律保留功能的时代变迁——兼论中国法律保留制度的功能》，载《法学评论》2008 年第 4 期。

〔5〕 《立法法》（2015 年修正）第 9 条规定，前述专属立法事项尚未制定法律的，全国人大及其常委会可以授权国务院根据实际需要，对其中的部分事项先制定行政法规。但无论如何，有关犯罪和刑罚、对公民政治权利的剥夺和限制人身自由的强制措施和处罚、司法制度等事项的立法权不能转授。在理论上，这几项称为“法律绝对保留”，其余称为“法律相对保留”。《立法法》第 10～12 条规定，授权决定应当明确授权的目的、事项、范围、期限以及被授权机关实施授权决定应当遵循的原则等，被授权机关不得将该项权力转授给其他机关，以及授权事项在时机成熟时应当收回。

律规范优先适用,层级低的法律规范服从层级高的法律规范,也称“下位法服从上位法”。在《立法法》之外,《行政处罚法》《行政许可法》《行政强制法》也对法律优先作了具体规定。法律优先原则的确立,维护了法律规范体系的统一。

(三) 制定法之外的职权来源

除了法律、法规、规章,行政机关的职权还可能来自行政传统、行政协议或者某些特殊紧急事态的要求。

是否承认传统行政权力,目前尚无定论。中国行政法脱胎于国家权力无边无际的传统体制,行政法的发展过程很大程度上就是规范既有权力的过程。正因如此,行政机关在制定法规定之外实际上仍然行使一些权力。这些既有权力的残余并没有随着《宪法》《立法法》的颁行和“依法治国”“依法行政”口号的提出而立即消亡。它们往往被看作中国法治进程中的阶段性现象,以“特别权力关系”为理论依据得以继续存在;有的被看作行政机关的固有特权,以“行政优益权”的名义被承认和接受。“特别权力关系”理论来自域外,认为在公务员管理、学生管理等领域,管理者与被管理者构成特别的法律关系,不需要法律授权即可行使管理权力。〔6〕这一理论已被扬弃,但未消亡。“行政优益权”是本土概念,通常指国家为保障行政机关有效行使职权、履行职责,赋予其职务上的优先权和物质上的受益权。〔7〕例如,在行政协议履行过程中,行政机关为防止“国家利益、社会公共利益”遭受严重损害,可以变更、解除协议。〔8〕司法解释的这一规定,根据的就是行政优益权。

在某些情况下,行政机关也可能通过与公民、法人或者其他组织订立协议,取得对特定事项的管辖权和处理权。例如,行政机关为了落实保护知识产权的目标,与商家订立协议,行政机关给其命名为“示范店”,后者承诺不销售盗版商品,违者接受经济处罚。园林绿化主管部门与有关单位签订协议,后者认建认养园林绿地并对社会开放,前者给予资助。在一定程度上,行政协议在法律、法规、规章之外增加或者扩大了行政机关的职权。但这种方式取得的权力,仍受一般法律原则的限制。〔9〕

在特殊紧急情况下,行政机关有时采取超越制定法的非常规措施。对此,一些学者用“行政应急原则”为它的合法性作了论证(详见本书第三章“行政法的一般原则”)。需要再次强调的是,只有在迫在眉睫的紧急情况下,行政机关在合理限度内

---

〔6〕 参见杨临宏:《特别权力关系理论研究》,载《法学论坛》2001年第4期;胡建淼:《“特别权力关系”理论与中国的行政立法:以〈行政诉讼法〉、〈国家公务员法〉为例》,载《中国法学》2005年第5期;杨解君:《特别法律关系论——特别权力关系论的扬弃》,载《南京社会科学》2006年第7期;黄学贤:《特别权力关系理论研究与实践发展——兼谈特别权力关系理论在我国的未来方位》,载《苏州大学学报(哲学社会科学版)》2019年第5期。

〔7〕 张焕光、胡建淼:《行政法学原理》,劳动人事出版社1989年版,第125~126页。

〔8〕《最高人民法院关于审理行政协议案件若干问题的规定》,法释〔2019〕17号,第16条。相关讨论参见黄永维、梁凤云、杨科雄:《〈关于审理行政协议案件若干问题的规定〉的理解与适用》,载《人民司法》2020年第4期。

〔9〕 杨小君:《契约对行政职权法定原则的影响及其正当规则》,载《中国法学》2007年第5期。

采取的非常规措施,才能根据行政应急原则给予认可。

三 立法授权的方式

法律授予行政职权,应当通过什么样的语言来表达?这是一个立法技术的问题,也是法律解释可能面临的问题。中国学者很少关注,教科书几乎没有涉及。下面通过阐述直接授权与转接授权、明示授权与默示授权这两组概念,对行政职权的授予方式做一个探讨。

(一)直接授权与转接授权

多数时候,法律直接授予行政机关相应职权。但某些情况下,法律会要求行政机关根据其他法律的规定采取行动,这种情形即属于转接授权。直接授权条款可以作为实施行政行为的直接依据,转接授权不能作为直接依据。

是否属于直接授权,应当根据法条用语和立法精神解释。例如,2021 年修订的《行政处罚法》第 56 条规定,在证据可能灭失或者以后难以取得的情况下,经行政机关负责人批准,可以先行登记保存,并应当在 7 日内及时作出处理决定;在此期间,当事人或者有关人员不得销毁或者转移证据。这里的"登记保存",就是立法在规范行政处罚程序的同时,为了弥补行政管理手段的不足,而给行政机关增设的一种行政强制措施。行政机关可以直接依据该条规定,实施登记保存。

实践中容易引起分歧的,是行政机关"依法""依照规定"可以如何之类的规定。一般来说,"依法""依照规定"是依照其他法律规定的适用条件,该法属于转接授权;也有时候,"依法""依照规定"只是依照其他法律规定的程序,该法属于直接授权。下面提供两个例子予以说明。

《行政处罚法》第 27 条规定,"违法行为涉嫌犯罪的,行政机关应当及时将案件移送司法机关,依法追究刑事责任"。这里所说的"依法"是一个指引性条款,应当是依照刑法规定的犯罪构成、罪名和刑罚以及刑事诉讼法规定的追诉程序。《行政处罚法》自身并没有创设任何犯罪和刑罚。

一个相反的例子是 1986 年《治安管理处罚条例》(已废止)。该条例第 30、32 条规定,对卖淫嫖娼、赌博、制作传播淫秽物品的,可以"依照规定实行劳动教养"。公安部批复认为,条例作为全国人大常委会通过的法律,是现行有效的审批劳动教养的法律依据之一。对于上述行为,除了其中应予治安处罚者外,情节严重又不够刑事处罚的,可以实行劳动教养;"依照规定",是指依照有关劳动教养的程序性规定。[10] 公

---

[10] 《公安部关于如何理解〈治安管理处罚条例〉第三十二条中"依照规定实行劳动教养"的批复》,公复字〔1992〕3 号;《公安部关于〈治安管理处罚条例〉能否作为劳动教养审批依据问题的批复》,公复字〔2002〕5 号。《治安处罚管理条例》已被 2005 年的《治安管理处罚法》代替,后者取消了有关"依照规定实行劳动教养"的规定。相应地,公安部的两个批复已于 2006 年宣布废止。

安部把该条款解释为直接授权,应当是符合立法原意的。

有时候,一个条文同时包含直接授权和转接授权。《人民警察法》第 8 条规定:“公安机关的人民警察对严重危害社会治安秩序或者威胁公共安全的人员,可以强行带离现场、依法予以拘留或者采取法律规定的其他措施。”该条规定的“强行带离现场”,属于直接授权。“依法予以拘留”,应当属于转接授权,即应当依据其他法律规定的条件和程序予以拘留。“采取法律规定的其他措施”,显然属于转接授权。与之类似,《信访条例》第 47 条规定:“违反本条例第十八条、第二十条规定的,有关国家机关工作人员应当对信访人进行劝阻、批评或者教育。经劝阻、批评和教育无效的,由公安机关予以警告、训诫或者制止;违反集会游行示威的法律、行政法规,或者构成违反治安管理行为的,由公安机关依法采取必要的现场处置措施、给予治安管理处罚;构成犯罪的,依法追究刑事责任。”该条也同时包含直接授权和转接授权,需要甄别。

(二) 明示授权与默示授权

制定法对行政机关的授权多为明示,这是法律可预测性的要求。但是,在某些情况下,即使制定法没有明确规定,如果某种权力是行政机关履行其法定职责所必需的,也可以视为法律授予行政机关相应的权力。这种默示的授权可能是出于避免法律条文过于啰唆的考虑,也可能是立法时的疏漏。

《道路交通安全法》第 33 条第 1 款中规定:“投入使用的停车场不得擅自停止使用或者改作他用。”该条款暗示,在一定条件下,投入使用的停车场可以停止使用或者改作他用。落实该条款,必须明确审批机关、审批条件和审批程序。某市政府规章规定,“确有特殊原因需要停止使用的,应当经所在地公安机关交通管理部门同意,并在停止使用 30 日前向社会公告”。该规定符合《道路交通安全法》的精神,可以理解为该法默示的授权。

依照《工伤保险条例》第 3 章关于“工伤认定”的规定,劳动保障行政部门有权根据工伤认定申请作出工伤认定的决定。针对劳动行政部门在工伤认定程序中是否具有劳动关系确认权的请示,最高法院明确答复,劳动保障部门在工伤认定程序中,有权认定受到伤害的职工与企业之间是否存在劳动关系。[11] 最高法院答复的主要依据是《劳动法》和《工伤保险条例》的相关规定,但这些条文都比较笼统含混。[12] 更有力的理由还在于:劳动保障部门对劳动关系的确定权是劳动保障部门对工伤认定申请作出公正认定所必需的,因此属于《工伤保险条例》默示的授权。

---

〔11〕《最高人民法院行政审判庭关于劳动行政部门在工伤认定程序中是否具有劳动关系确认权请示的答复》,〔2009〕行他字第 12 号。

〔12〕《劳动法》第 9 条和《工伤保险条例》第 5 条规定,劳动(社会保险)行政部门主管(负责)本行政区域内的劳动工作和工伤保险工作;《工伤保险条例》第 18 条也只提到,提出工伤认定申请应当提交的材料包括与用人单位存在劳动关系(包括事实劳动关系)的证明材料。

张道春诉湖北省当阳市规划局案可以作为默示授权的另一个案例。规划局工作人员在夜晚巡查时,认为张道春还在继续违法施工,遂进入住宅检查,结果引发争执。依据《城市规划法》及相关规定,规划主管部门有权对建设工程是否合法进行检查。双方争议的是,规划局工作人员是否有权进入张道春的住宅。宜昌市中级法院二审判决认为,因原告施工现场在屋顶,要到达现场检查必须通过其住宅。因此,规划局工作人员进入其住宅有执法依据。[13] 该判决实际上认为,在本案情况下进入当事人的住宅是实施法定检查的附带权力。至于规划局进入住宅是否需要法定手续,则是另外一个问题了。

默示授权应当以合法和必要为限,不能随意扩大。对默示授权的解释,不能违反法律保留和法律优先原则,不能超越立法的宗旨和意图。例如,《人口与计划生育法》第39条规定:"严禁利用超声技术和其他技术手段进行非医学需要的胎儿性别鉴定;严禁非医学需要的选择性别的人工终止妊娠。"该法同时对利用技术手段为他人进行非医学需要的胎儿性别鉴定或者选择性别的人工终止妊娠行为设定了事后的行政处罚,但没有规定胎儿性别鉴定和人工终止妊娠应当获得事先的行政许可。依照《行政许可法》的精神,在此情况下行政机关不得设定和采取行政许可。[14] 因此,该条规定不得被视为对相关行政许可的默示授权。一些地方政府规章规定胎儿性别鉴定和人工终止妊娠应当获得事先许可,是超越法定权限的。

四　职权法定原则

职权法定原则要求行政机关的所有权力,包括什么情况、怎么处理、谁来处理,都来自法律的规定。非经法律授权,任何行政机关不能采取干预公民自由的措施,不能作出损害他人利益的行为。本章后面三节将对相关内容进行详细阐述,这里先提示一个大概。

(一)管辖权力法定

行政机关作出一个干涉公民权益的行为,应当获得法律授权。没有法律授权,任何行政机关不得施加行政处罚,给予行政许可,或者作出其他对当事人不利的行为。

在计划经济时代乃至此后相当长一段时间,企业产权模糊不清,政府职权宽泛无边。《企业破产法(试行)》(已失效)和《民事诉讼法》相继把破产案件的处理交给法院,行政机关不再对破产企业的财产进行直接处理。**路世伟诉靖远县人民政府**

---

〔13〕 宜昌市中级人民法院行政赔偿判决书,(2007)宜中行终字第26号。

〔14〕 《行政许可法》第15条第1款规定,本法第12条所列事项,"尚未制定法律、行政法规的",地方性法规可以设定行政许可;"尚未制定法律、行政法规和地方性法规的",因行政管理的需要,确需立即实施行政许可的,省、自治区、直辖市人民政府规章可以设定临时性的行政许可。

行政决定案就发生在这一背景下。靖远县服装刺绣厂（集体企业）由于无力偿还到期债务，被靖远县法院裁定宣告破产，并组成清算组进行清算。通过县深化企业改革领导小组协调，清算组将其中西街厂区出售给路世伟的靖远县新潮服装行，所得资金用于支付破产费用和职工安置。该方案得到经靖远县法院裁定认可和县政府批复同意。路世伟支付全部价款后，申领了国有土地使用证。然而，县政府又作出《关于撤销对县服装刺绣厂破产后西街厂区财产处理批复的决定》，内容为收回西街厂区的国有土地使用权，将其公开拍卖。甘肃高院二审判决认为，清算组是负责集体企业破产财产清理、分配的法定组织。破产财产处理方案经靖远县法院裁定认可，清算组与路世伟的交易即合法有效，再向县政府请示纯属多余。县政府本不负责破产财产的处理，接到清算组请示后批复同意，属于超越职权；县政府撤销该批复，直接处理已属他人的财产，更是超越职权。据此，撤销县政府作出的撤销批复的决定。[15]

没有管辖权，就没有处理权。以行政许可为例，如果没有法定职权，行政机关无论作出准予许可还是不予许可决定，都是违法的。在王有余诉上海市社会文化管理处不许可小型卫星天线入境案中，原告王有余携在日本购买的小型卫星天线及信号处理器回国，在上海浦江海关入境时受阻。王有余被告知该器材须经有关部门许可方能入境，遂向上海市影视音像管理处（后与上海市社会文化管理处合并）提出入境许可申请。上海市影视音像管理处以法律禁止个人携带卫星地面接收设施入境为由，不予许可原告的申请。王有余提起行政诉讼。上海市静安区法院认为，国家广播电影电视局按照国务院《卫星电视广播地面接收设施管理规定》授权制定的《卫星电视广播地面接收设施管理规定实施细则》规定，个人携带卫星地面接收设施入境的，由海关依法处理。因此，被告并不具有对原告申请作出处理的职权。被告所作不予准许的决定超越职权，应予撤销。[16]

（二）适用条件法定

法律授予行政机关权力，行政机关只能根据法定的条件行使。法定条件包括适用对象、事项、时限等因素。下面以行政监察和审计为例，讨论其中的适用对象问题。

发生在20世纪90年代的中国科学院西北高原生物研究所诉青海省海东地区监察局行政强制措施案，涉及早前监察部门采取强制措施的适用条件。案外人海东地区饲料公司根据科研协议，付给原告科研经费1万余元。被告在查处海东地区饲料公司原副经理挪用专项资金的违纪问题中，将原告从海东地区饲料公司取得的收入强行扣划追回。海东地区中级法院二审判决认为，原告系中国科学院驻青海的一

---

〔15〕《最高人民法院公报》2002年第3期。

〔16〕上海市静安区人民法院行政判决书，(2004)静行初字第14号。一审判决后，原、被告均未上诉。

个事业单位,住所地在西宁市,不属被告的监察对象。被告对监察对象以外、非其管辖的单位采取强制措施,超越职权。[17]

安康市文武建筑工程公司诉陕西省平利县审计局案涉及审计机关的管辖范围。在该案中,原告承建的平利县农技中心综合楼竣工,项目单位平利县农业局请求被告进行审计。被告出具的审计意见书确认原告高估冒算、虚报冒领工程款,决定予以收缴并处罚款。同时,被告还以原告拒绝提供会计资料接受审计为由,对其处以罚款。原告诉称,该公司是私营企业,不是审计局的审计对象;工程预决算的审查、核定应由建设行政主管部门及其授权的工程造价管理机构办理。被告辩称,依据《审计法实施条例》和国家审计署《审计机关对国家建设项目竣工决算审计实施办法》的规定,与国家建设项目直接有关的单位的财务收支应当接受审计监督。陕西高院二审判决认为,审计局应审的是农业局的决算,而不是建筑公司的"决算"。审计局直接对建筑公司的决算进行审计,其所做的审计意见书和审计决定应予撤销。[18]

(三)处理方式法定

一个具有管辖权的行政机关,应当在法定的方式、种类和幅度内,根据具体情况作出相应处理。超越法定的方式、种类和幅度,即构成超越职权;即使在法定的方式、种类和幅度内,也应当遵循合理的准则,否则可能构成滥用职权或者明显不当。下面是两个超越法定处理方式的案例。

在深圳亿亨投资有限公司诉郑州市人民政府行政决定案中,全民所有制企业郑州市粮油食品总厂申请破产。郑州市企业破产工作领导小组办公室批复,"同意郑州市粮油食品总厂依法破产,由河南海洋礼品有限公司出资收购"。最高法院判决认为,全民所有制企业的上级主管部门对破产申请的批准内容只限于是否准许企业破产,不应当包括企业破产后财产的收购问题。郑州市破产办批复中关于粮油总厂由海洋公司收购的内容,属超越职权的行为,应予撤销。[19]

---

〔17〕 青海省海东地区中级人民法院行政判决书,(1993)行终字第2号。1997年制定的《行政监察法》,同样没有授权监察机关对案外人采取行政强制措施。该法第21条规定:"监察机关在调查贪污、贿赂、挪用公款等违反行政纪律的行为时,经县级以上监察机关领导人员批准,可以查询案件涉嫌单位和涉嫌人员在银行或者其他金融机构的存款;必要时,可以提请人民法院采取保全措施,依法冻结涉嫌人员在银行或者其他金融机构的存款。"2018年的《监察法》对查询、冻结的范围有所扩大。该法第23条第1款规定:"监察机关调查涉嫌贪污贿赂、失职渎职等严重职务违法或者职务犯罪,根据工作需要,可以依照规定查询、冻结涉案单位和个人的存款、汇款、债券、股票、基金份额等财产。有关单位和个人应当配合。"

〔18〕 陕西省高级人民法院行政判决书,(2000)陕行终字第34号。从《审计法》《审计法实施条例》第21条到国家审计署《审计机关对国家建设项目竣工决算审计实施办法》第4条,审计机关的审计监督范围有逐渐扩大的趋势。但审计法的立法宗旨是审国有机构的财政收支、财务收支,不是替国家审与国家机构有经济往来的对方。法官在案外评析中认为,"这是一起较典型的行政权力不当干预市场经济运行的案件"。

〔19〕 最高人民法院行政判决书,(2001)行终字第12号;法公布(2003)第8号。

在河南恒星纸业有限公司诉中国人民银行焦作市中心支行行政侵权案中,中国人民银行焦作支行与中国农业银行焦作分行等6家商业银行等共同下发了《关于对逃废债企业进行联合制裁的通知》。通知决定对恒星纸业等5家企业实行停止授信、不开新户、停止办理对外支付、控制提款等联合制裁。河南高院二审判决认为,根据国务院文件的规定,被告人民银行焦作支行有认定逃废债企业的职权;在其认定逃废债企业以后,各金融企业可对业已认定的逃废债企业进行联合制裁。本案中,"停止授信、不开新户、停止贷款卡的使用"的制裁措施符合国务院的规定,但中国人民银行焦作支行参与制裁没有法律、法规依据,构成违法。"控制提现、停止办理对外支付"的制裁措施,是对原告在各金融企业的存款变相实施冻结,侵犯了原告的财产权,应予撤销。[20]

第二节 行政机关的管辖权

行政机关的管辖权,是指特定行政机关对特定领域行政事务的主管权力。一个行政机关必须对某类事务有主管权力,才能作出相应处理。行政机关的管辖权是其处理权的前提,有权管辖并不等于其决定合法,无权管辖则决定合法无从谈起。其情形类似法院的管辖权和裁判权。

现代国家行政事务庞杂,政府部门林立,层层叠叠。不同机关之间的管辖权,可以分从部门管辖、级别管辖、地域管辖三个方面予以讨论。部门管辖指人民政府及不同政府部门之间对行政事务的管辖分工。级别管辖涉及同一部门、不同级别的行政机关之间对行政事务的管辖分工。地域管辖涉及同一部门、不同地域的行政机关之间对行政事务的管辖分工。

在单一制政体下,行政机关的职权划分遵循"中央统一领导、地方分级管理"的原则。地方政府的机构设置,除了法律、法规另有规定外,原则上由地方政府决定。《地方各级人民政府机构设置和编制管理条例》第9条规定:"地方各级人民政府行政机构的设立、撤销、合并或者变更规格、名称,由本级人民政府提出方案,经上一级人民政府机构编制管理机关审核后,报上一级人民政府批准;其中,县级以上地方各级人民政府行政机构的设立、撤销或者合并,还应当依法报本级人民代表大会常务委员会备案。"政府部门之间的职权争议,不能协商一致的,由机构编制管理机关报本级人民政府决定。国务院行政机构不得干预地方各级人民政府的行政机构设置和编制管理工作,不得要求地方各级人民政府设立与其业务对口的行政机构。[21]

---

〔20〕 河南省高级人民法院行政判决书,(2002)豫法行终字第74号。

〔21〕《国务院行政机构设置和编制管理条例》(1997年),第24条第2款。

一　行政部门管辖

政府部门管辖权的划分是通过多种形式确立的。首先,法律、法规在赋予政府相应职权的同时,通常会明确指定特定部门行使管辖权力。其典型的句式是"××部门负责××工作""县级以上人民政府××主管部门××"。其次,依据《宪法》第89条第3项的规定,国务院有权"规定各部和各委员会的任务和职责"。在实践中,国务院的"三定方案"成为确定各部门管辖分工的重要依据。再次,地方政府在一定范围内也可以确定部门管辖的分工。这不但源于地方政府领导所属各工作部门的固有职权,也可能来自法律的直接规定。例如,依据《城市房地产管理法》第62条规定,房地产抵押登记部门由县级以上地方人民政府规定。最后,政府部门之间在法律规定范围内有关管辖分工的协商意见,也可以成为确定管辖分工的根据。

在实践中,行政部门之间管辖权的争夺、推诿、重合,屡见不鲜。通过"综合执法"实行部门管辖权的局部移转,有助于减少这类问题的发生并降低解决的成本。强化部门管辖权冲突的协调机制,也是解决问题的一个必经之途。

(一) 部门管辖权的冲突

法律、法规授予特定政府部门的职权,其他部门原则上不能行使,否则即是超越职权。在"中央统一领导、地方分级管理"的体制下,地方政府在机构设置上有一定自主权,但其所设机构的职权分工仍应遵循法律、法规的具体规定。除了在"综合执法"等有限情形中部门管辖权可以按照规定移转,法律、行政法规对部门主管权力的划分通常不容许地方自行改变。全国人大法工委在一个答复中认为,《烟草专卖法》在"法律责任"一章中规定了烟草专卖管理部门、工商管理部门对烟草生产和市场管理的分工,明确了工商管理部门对市场上违法行为的行政处罚权。因此,地方性法规不应规定工商管理部门将这部分法定职责委托烟草专卖管理部门行使。[22]

在实践中,由于各部门理解不一致或者地方立法与中央立法不一致,行政部门之间的管辖争议经常发生,法院在行政审判中也不得不经常面对此类争议。例如,对于质量监督部门和工商管理部门在查处假冒伪劣产品的权属问题上长期存在的分歧,国务院确定按照生产环节和流通环节划分两个部门的执法权限,即国家质量监督检验检疫总局负责生产领域的产品质量监督管理,国家工商行政管理总局负责流通领域的产品质量监督管理。对于地方质监部门和工商部门的管辖权限,法院也是依据这一规定来审理。[23] 关于农用运输车的管理职权,公安部门和农业部门有

---

〔22〕《全国人民代表大会常务委员会法制工作委员会关于地方性法规对法律规定的执法主体可否作出调整问题的答复》,1996年9月20日。

〔23〕《最高人民法院关于如何认定质量监督检验检疫部门在产品流通领域中行政管理职权问题的答复》,〔2003〕行他字第15号。2018年机构改革后,整合国家工商总局、国家质检总局等机关职责,组建国家市场监督管理总局,这个问题已不再存在。

不同意见。在国务院办公厅协调之后，最高法院的批复认为，依据《道路交通管理条例》和《国务院关于改革道路交通管理体制的通知》的有关规定，机动车道路交通应当由公安机关实行统一管理；农用运输车作为机动车的一种，其道路交通管理包括检验、发牌和驾驶员考核、发证等，也应当由公安机关统一负责。[24]

行政部门之间的管辖冲突多半源于行政机关争夺管辖范围。在上海丰祥贸易有限公司诉上海市盐务局行政强制措施案中，被告认定丰祥公司违反《上海市盐业管理若干规定》，在不具有工业盐经营资格的情况下从外省市调入工业盐至本市，决定予以扣押。上海市第二中级法院认为，根据国务院《盐业管理条例》（已失效）、轻工业部《盐业行政执法办法》和《上海市盐业管理若干规定》，盐务局只能负责管理食盐专营工作，并无对工业盐的经营、运输进行查处的职权。据此，判决撤销盐务局的扣押决定。[25] 在福建省水利水电勘测设计研究院诉福建省地矿厅行政处罚案中，原告勘测设计研究院拥有福州市中心地区地热井两口，用于开采地下热水。地矿厅以原告无采矿许可证开采地热为由，对其处以罚款。福州市中级法院认为，本案涉及的地下热水平均温度为72℃，属于地热矿产资源，依据《矿产资源法实施细则》被告有管辖权。原告关于开发、利用地下水资源应当由第三人福州市城市建设委员会负责的主张，不予支持。[26]

政府部门之间对管辖权也可能互相推诿，从而形成管辖权的消极争议。在汤晋诉安徽省当涂县劳动局不履行法定职责案中，原告向当涂县劳动局反映其工作单位当涂县建材公司违反《劳动法》，停发、乱扣其经济收入，要求调查处理。劳动局将此信交物资局处理，一转了事。当涂县法院认为，虽然物资局是建材公司的业务主管部门，但无权对后者违反劳动法的情况进行处理。被告劳动局是行政区域内劳动工作的主管部门，有责任也有权力对用人单位遵守劳动法的情况进行监督、检查和处理。被告没有履行其法定职责，构成违法。[27] 在周如倩诉上海市人力资源和社会保障局政府信息公开案中，原告申请公开2008年度上海市卫生系列高级专业技术职务评审委员会（高评委）专家名单等“评审经过和评审结果”的信息，被告答复该信息的公开不属于其职权范围，建议原告向高评委办公室咨询。上海市黄浦区法院查明，虽然上海市卫生系列的高评委隶属于上海市卫生局，但根据上海市有关规定，当年度的评审专家名单应报被告备案，并且被告负有监督检查高级专业技术职务评审程序、公示评审结果的职责。法院认为，被告应当保存有该年度高级专业技术职务评审经过和评审结果的信息。依据《政府信息公开条例》第17条的规定，被告负

---

〔24〕《国务院办公厅关于农用运输车和拖拉机道路交通管理工作的协调意见》，1998年7月20日；《最高人民法院关于对审理农用运输车行政管理纠纷案件应当如何适用法律问题的答复》，法行〔1999〕第14号，2000年2月29日。

〔25〕《最高人民法院公报》2003年第1期。

〔26〕《最高人民法院公报》1998年第1期。

〔27〕《最高人民法院公报》1996年第4期。

有公开上述信息的职责。[28]

（二）部门管辖权的重合

不同政府部门之间除了管辖权的冲突，有时还会出现管辖权的重合，即不同政府部门依据法律、法规对实质上相同或者关联的事务各自行使管辖权。“五龙治水”的说法，就是对这种局面的一个生动概括。管辖权的重合往往是立法欠缺统筹和协调造成的，所造成的重复执法或者推诿扯皮的弊端比较明显。但就具体的政府部门来说，其职权都有法律、法规依据，不能说是违法的。法院在行政审判中，一般只看被告的行为是否有法律授权，很难去审查法律、法规授权是否合理。

在上海远洋运输公司诉宁波卫生检疫所行政处罚案中，被告对原告所属“抚顺城”轮船实施入境检疫时，发现该船3名从业人员未持有应由卫生检疫机关签发的健康证书，要求船方办理换证签发手续。船长以从业人员已经获得交通部颁发的海员健康证书为由，拒绝办理换证签发手续。被告根据《国境卫生检疫法实施细则》的规定，决定对原告罚款人民币4900元。法院认为，《国境卫生检疫法实施细则》规定“入境、出境交通工具上的食品、饮用水从业人员应当持有卫生检疫机关签发的健康证书”，原告上述人员只持交通部颁发的海员健康证书，不符合规定。被告所作的处罚决定于法有据。[29]

吴红梅诉江苏省东台市卫生局行政处罚案涉及卫生部门与计生部门的职权重合。在该案中，被告认定原告为他人进行胎儿性别鉴定和非医学需要的选择性别的人工终止妊娠手术，对其作出没收违法所得、罚款3万元、吊销助理医师执业证书的行政处罚。依据2015年《人口与计划生育法》第36条规定，在本案情况下可以“由计划生育行政部门或者卫生行政部门依据职权”责令改正，并给予警告、没收违法所得、罚款等处罚；“情节严重的，由原发证机关吊销执业证书”。东台市法院认为，被告作为卫生行政部门，对于发生在其所属医院或者其他医疗机构内的选择性别的人工终止妊娠的行为，具有实施行政处罚的职权。原告主张卫生部门只能对情节严重的行为作出吊销执业证书的处罚、其他处罚应由计划生育部门实施的观点，不予支持。[30] 与前案容许“双重许可”不同的是，对同一违法行为不应重复处罚，两个机关都有处罚权的，只能由一个实施处罚。

---

〔28〕 上海市黄浦区人民法院行政判决书，(2010)黄行初字第31号。2007年《政府信息公开条例》第17条规定：“行政机关制作的政府信息，由制作该政府信息的行政机关负责公开；行政机关从公民、法人或者其他组织获取的政府信息，由保存该政府信息的行政机关负责公开。法律、法规对政府信息公开的权限另有规定的，从其规定。”

〔29〕 《最高人民法院公报》1992年第3期。

〔30〕 江苏省东台市人民法院行政判决书，(2007)东行初字第34号。法官评说认为，从现行体制看，非医学需要的胎儿性别鉴定或者选择性别的人工终止妊娠的行为既可能发生在卫生行政部门所属的医院或者其他医疗机构内，也可能发生在计划生育行政部门所属的计划生育服务指导站（医院、所）。规定两个部门都能行使行政处罚权，便于它们对发生在各自管辖范围内的违法行为进行调查取证。因此，本案被告卫生行政部门对于发生在卫生系统内的选择性别的人工终止妊娠的行为有权实施行政处罚。

（三）部门管辖权的移转

为了解决职权冲突、重合所造成的多头执法、重复执法等问题，避免“九顶大盖帽管一顶破草帽”的困扰，在特定情况下，法律规定由一个机构行使通常情况下由其他部门行使的职权。

这方面最重要的规定是1996年的《行政处罚法》第16条规定：“国务院或者经国务院授权的省、自治区、直辖市人民政府可以决定一个行政机关行使有关行政机关的行政处罚权，但限制人身自由的行政处罚权只能由公安机关行使。”此后，国务院在试点的基础上，颁布了《国务院关于进一步推进相对集中行政处罚权工作的决定》（国发〔2002〕17号），普遍授权省级政府在城市管理等领域，可以决定由一个机构行使市容环境卫生、城市规划、城市绿化、市政、环境保护、工商行政、公安交通等多方面的行政处罚权。据此，各地纷纷设立了城市管理综合执法局之类的机构，统一行使前述全部或者部分职能。《行政强制法》第17条第2款进而规定：“依据《中华人民共和国行政处罚法》的规定行使相对集中行政处罚权的行政机关，可以实施法律、法规规定的与行政处罚权有关的行政强制措施。”

《行政许可法》第25条也作了类似规定：“经国务院批准，省、自治区、直辖市人民政府根据精简、统一、效能的原则，可以决定一个行政机关行使有关行政机关的行政许可权。”该法第26条第2款还规定了联合执法：“行政许可依法由地方人民政府两个以上部门分别实施的，本级人民政府可以确定一个部门受理行政许可申请并转告有关部门分别提出意见后统一办理，或者组织有关部门联合办理、集中办理。”

《城市房地产管理法》规定土地使用权和房屋所有权登记发证实行“房地分离”，即分别由土地主管部门和房屋主管部门审核。但该法第63条规定，“经省、自治区、直辖市人民政府确定，县级以上地方人民政府由一个部门统一负责房产管理和土地管理工作的，可以制作、颁发统一的房地产权证书”。国务院2014年制定的《不动产登记暂行条例》第6条进一步规定，“县级以上地方人民政府应当确定一个部门为本行政区域的不动产登记机构，负责不动产登记工作”。

“综合执法”和“联合执法”在一定程度上缓解了部门管辖权的冲突和重合的问题。但综合执法机构的设立，又带来了该机构与行使原有行政职权的其他行政机关之间管辖范围划分的新问题。实行“大部制”，把那些性质相近的事务集中于一个部门，有助于减少职能交叉、多头管理。但是，要彻底解决这个问题，还需要立法上尽量清晰地确定职权归属，建立有效的管辖争议解决机制，以及从源头上消除公共利益部门化的倾向，抑制行政部门扩权卸责的冲动。

二 行政级别管辖

上下级行政机关之间职权的划分，从大的方面来说，是中央、省（自治区、直辖市）、市（地区）、县（区、市）、乡（镇）等不同层级政府之间的权限划分。而在一级政府中,又存在人民政府与其工作部门的职权划分。所以,行政级别管辖表现为三种具体情况:上下级政府之间的职权划分,本级政府与其工作部门之间的职权划分,上级政府工作部门与下级政府之间的职权划分。

(一)行政级别管辖的一般规定

《宪法》第3条第4款规定:"中央和地方的国家机构职权的划分,遵循在中央的统一领导下,充分发挥地方的主动性、积极性的原则。"在单一制的国家结构下,地方政府不存在固有的、不可侵夺的职权。中央可以根据具体情况,对中央和地方国家行政机关的职权进行划分;相应地,上级政府可以在法律规定的范围内,对其辖区内上下级行政机关的职权作进一步的划分。这种划分构成下级行政机关管辖权的来源,也意味着其管辖权的边界。

中央和地方行政管理事务的划分通常由法律规定,也可能由国务院通过行政法规、决定等形式予以规定。《宪法》第89条第4项规定,国务院"统一领导全国地方各级国家行政机关的工作,规定中央和省、自治区、直辖市的国家行政机关的职权的具体划分"。例如,根据1998年建设部的"三定方案",城市出租车管理职能与住宅建成后住户室内装饰的指导职能,下放给地方政府,建设部与其他中央机关均不再承担此项管理职能。[31] 2008年住房和城乡建设部的"三定方案"进一步规定,将城市管理的具体职责交给城市人民政府,并由城市人民政府确定市政公用事业、绿化、供水、节水、排水、污水处理、城市客运、市政设施、园林、市容、环卫和建设档案等方面的管理体制。[32]

在实践中,根据行政事务的性质和行政管理的便利,有的事务由中央与地方分管,有的则仅由中央行政机关管理或者仅由地方行政机关管理。例如,1998年修订的《土地管理法》收紧了征地审批权,凡征用基本农田、基本农田以外的耕地超过35公顷的或者其他土地超过70公顷的,由国务院批准;征用其他土地的,由省级政府批准,并报国务院备案。《城乡规划法》则把城乡规划实施中违法建设的处罚,授予地方政府或其主管部门。[33]

(二)下级机关行使上级机关的职权

下级行政机关行使上级行政机关的职权,即以"下"越"上",是典型的超越职

---

〔31〕《国务院办公厅关于印发建设部职能配置、内设机构和人员编制规定的通知》,国办发〔1998〕86号。

〔32〕《国务院办公厅关于印发住房和城乡建设部主要职责内设机构和人员编制规定的通知》,国办发〔2008〕74号。

〔33〕例如,对于未取得建设工程规划许可证进行建设的,规定由"县级以上地方人民政府城乡规划主管部门"依法处理(第64条);在乡、村庄规划区内未依法取得乡村建设规划许可证进行建设的,由乡、镇人民政府依法处理(第65条);建设单位或者个人未经批准进行临时建设的,由"所在地城市、县人民政府城乡规划主管部门"依法处理(第66条);城乡规划主管部门作出责令停止建设或者限期拆除的决定后,当事人不停止建设或者逾期不拆除的,"建设工程所在地县级以上地方人民政府"可以责成有关部门采取查封施工现场、强制拆除等措施(第68条)。

权。具体情形则有多种：

一是下级人民政府行使了上级人民政府的职权，或者下级政府部门行使了上级政府部门的职权。在张少纪诉南阳市水利局行政处罚案中，原告取得南阳市宛城区水利局河道管理站颁发的采砂许可证，从事采砂。被告南阳市水利局认定原告所持许可证无效，没收原告非法所得并处罚款。南阳市中级法院认为，根据《河南省河道采砂管理规定》第 3 条的规定，河道采砂许可证由省、市（地）河道主管机关或由其授权的单位负责发放；宛城区水利局未经授权颁发采砂许可证，超越职权，应予撤销。《水法》第 9 条关于"县级以上水利行政主管部门是本辖区的河道主管机关，有权对辖区内的河道采砂实施管理"的规定，不能作为宛城区水利局颁发采砂许可证的依据；河道管理的具体权限，应当服从河南省水利厅对水利行政主管部门上下级之间的职能分工和责任划分。[34]

二是政府部门行使了人民政府的职权。在林伟诉福建省莆田市秀屿区教育局开除处分案中，仙游县法院判决认为，国家教委《教育行政处罚暂行实施办法》（1998 年）规定的教育行政处罚的种类只有撤销教师资格，而没有开除。按照福建省人民政府、福建省教育委员会等的规定，开除处分应报行署、市人民政府批准执行。被告所作的开除处分未按上述规定报批，显然超越职权。[35]

三是下级人民政府行使了上级政府部门的职权。在高素华诉蚌埠市淮上区曹老集镇人民政府行政许可案中，镇政府给第三人颁发了村镇建设工程规划许可证。蚌埠市淮上区法院认为，被告所在的曹老集镇属建制镇，应适用建设部《建制镇规划建设管理办法》。依据该办法，在建制镇规划区内从事工程建设的规划许可申请，由建制镇建设行政主管部门审查工程项目施工图后提出是否许可的意见，"报县级人民政府建设行政主管部门审批"。被告的颁证行为超越职权，应予撤销。[36]

（三）上级机关行使下级机关的职权

行政机关以"上"代"下"是否构成超越职权，是一个有争议的问题。在单一制下，上级对下级负有领导（指导）和监督的职能，有权撤销或者改变下级行政机关不适当的决定。但上级行政机关代替下级行政机关行使职权，可能破坏政府层级之间的正常分工，有损行政的连续性和可预期性，甚至让人怀疑其真实性或公正性。[37] 况且，一些法律还规定，特定行政行为应当由具有相应职权的行政机关实施。[38] 问题是，上级行政机关能否依据其领导（指导）和监督职能，直接行使下级行政机关的

---

〔34〕 河南省南阳市中级人民法院行政判决书，（1998）南行终字第 29 号。

〔35〕 福建省仙游县人民法院行政判决书，（2002）秀行初字第 2 号。

〔36〕 安徽省蚌埠市淮上区人民法院行政判决书，（2005）淮行初字第 1 号。

〔37〕 试想，如果有人拿出盖着国务院印章的结婚证，你一定怀疑这是假的。

〔38〕 例如，2009 年《行政处罚法》第 15 条规定："行政处罚由具有行政处罚权的行政机关在法定职权范围内实施。"2003 年《行政许可法》第 22 条规定："行政许可由具有行政许可权的行政机关在其法定职权范围内实施。"

职权？对此，有学者提出，可以区分上下级政府部门之间的领导关系和指导关系，做不同处理；或者当下级行政机关不行使职权而影响公务的实施时，允许上级直接行使下级的职权。[39] 下面分情况讨论几个实践中的问题。

一是本级人民政府行使法律规定由政府部门行使的职权。中国有的法律将行政职权授予特定层级的人民政府，有的则授予政府部门。原则上，人民政府不能代行法律规定由其部门行使的职权。在陈城诉沈阳市沈北区人民政府限期拆除案中，辽宁高院二审判决认为，根据《辽宁省实施〈城市规划法〉办法》的规定，认定违法建设、设定拆除期限是城市规划主管部门的职权；当事人无正当理由拒绝拆除的，县级以上人民政府才可以责令限期拆除。被告沈北新区政府直接认定违法建设并责令限期拆除属于越权行为。[40] 但这个原则也有例外。《城市房地产管理法》在设定土地使用权和房屋所有权登记发证制度时，采取了房地分离的做法：土地使用权证书经县级以上土地管理部门核实，由同级政府颁发；房屋所有权证书则由县级以上房产管理部门核实并颁发。实践中，有些地方实行“房地合一”，房屋所有权证书由房产管理部门核实后，与土地使用权证书一起，以人民政府名义颁发。这种做法不损害行政的统一性、连续性和专业性，应当予以允许。

二是上级政府部门行使下级政府职权。这种做法原则上不允许，但也有例外。在郑小榕诉三明市梅列区计划生育局拒绝办理独生子女证案中，法院从当地行政管理的现状出发，认可了区政府部门代行乡镇政府的个别职能。该案被告辩称，根据《福建省计划生育条例》规定，办理独生子女证的法定机关是乡(镇)人民政府、街道办事处，该局不具有办理独生子女证的法定职责。但法院注意到，在该区范围内，颁发独生子女证的工作事实上一直由被告梅列区计划生育局办理；即使在《福建省计划生育条例》颁布后，也未移交给街道办事处。因此，“被告梅列区计划生育局实际上担负着在辖区内颁发独生子女证的行政职责”。法院判决被告在规定期限内为原告办理。[41]

三是上级政府部门行使下级政府部门的职权。法律、法规把行政职权授予特定层级的地方政府部门，上级政府部门能否根据其“领导”或者“指导”职责，代行这一职权？目前有个别法律明确规定，上级政府部门在一定情况下可以直接行使下级政府部门的职权；[42] 多数法律对此并不明确。江西萍乡矿务局六六一厂诉云南省禄

---

〔39〕 杨临宏：《行政越权论》，载《思想战线》2002 年第 1 期(区分“领导”与“指导”)；林腾鹞：《行政法总论》，台北，三民书局 1999 年版，第 151～152、190～191 页(下级不行使职权而影响公益公务时，上级直接行使原属下级的职权，即“干预关系”)。

〔40〕 辽宁省高级人民法院行政判决书，(2007)辽行终字第 48 号。转引自《辽宁省高级人民法院案例指导》第 1 辑，人民法院出版社 2009 年版，第 288 页以下。《辽宁省实施〈城市规划法〉办法》2004 年修正后，应为第 32 条，判决书援引有误。

〔41〕 福建省三明市中级人民法院行政判决书，(1998)三行终字第 5 号。

〔42〕 例如，《环境保护法》第 67 条第 2 款规定：“依法应当给予行政处罚，而有关环境保护主管部门不给予行政处罚的，上级人民政府环境保护主管部门可以直接作出行政处罚的决定。”

丰县公安局行政处罚案就涉及这样一个棘手的问题。在该案中,第三人云南省煤炭供销总公司向云南省公安厅申请,并获得了后者出具的《爆炸剧毒物品准购证明》和《爆炸剧毒物品准运证》后,向原告购买雷管50万发。依照1984年《民用爆炸物品管理条例》,购买民用爆炸物品的主管机关是"所在地县、市公安局",省公安厅不在规定之列。县公安局没收雷管的处罚是否合法,部分取决于省公安厅的许可是否越权。最高法院行政庭的答复没有正面回应这个问题,但认为公安厅的许可没有被认定错误和撤销之前,县公安局不能作出与之相冲突的行政行为。[43] 法院事实上承认了上级机关的"越权"许可。该案发生在《行政许可法》施行之前;《行政许可法》施行后,法院有可能做不同处理。

(四) 级别管辖的移转和委托

一些法规、规章规定了行政级别管辖的移转。《公司登记管理条例》第6~8条对国家工商总局、省级工商局以及地、市、县、市辖区工商局(分局)各自的登记范围作了规定;国家工商总局和省级工商局在一定范围内可以规定下级工商行政机关的登记范围,也可以把属于自己管辖的事务授权给下级工商行政机关。国家市场监督管理总局的《市场监督管理行政处罚程序规定》在规定各级市场监督机关管辖分工的同时,也规定了案件在上下级之间的移转。[44]

还有一些法律、法规规定,上级行政机关可以把其管辖的事务"委托"给下级行政机关。例如,《福建省行政执法程序规定》(已失效)第8条第2款规定:"上级行政执法机关可以办理下级行政执法机关管辖的行政执法事项,也可以把自己管辖的行政执法事项委托下级行政执法机关办理。"这里所说的"委托",如果下级行政机关可以直接根据自己名义作出行政行为,也应当视为级别管辖的转移。在由利等诉淄博市工商局高新区分局工商登记案中,原告由利、李洁向被告淄博市工商局高新区分局提交了公司设立登记申请,并取得被告颁发、盖有淄博市工商局印章的《企业法人营业执照》。一段时间后,两原告要求撤销该营业执照,理由之一是原告申请注册的公司住所地不在被告辖区,被告无权颁发营业执照(离奇的诉讼!)。淄博市中级法院认为,根据中共淄博市委、市政府《关于对淄博高新技术产业开发区实行全方位授权管理的实施意见》,被告作为淄博市工商局的派出机构,受市工商局委托从事

---

〔43〕《最高人民法院行政审判庭关于对六六一厂不服禄丰县公安局没收雷管行政处罚一案适用法律问题请示的电话答复》,〔2000〕行他字第4号,及云南高院的请示报告,〔2000〕云高行请字第1号。新的《民用爆炸物品安全管理条例》(2006年)基本沿袭了级别管辖的规定。该条例第21条规定,民用爆炸物品使用单位申请购买民用爆炸物品的,应当向"所在地县级人民政府公安机关"提出购买申请。

〔44〕《市场监督管理行政处罚程序规定》第15条规定:"上级市场监督管理部门认为必要时,可以将本部门管辖的案件交由下级市场监督管理部门管辖。法律、法规、规章明确规定案件应当由上级市场监督管理部门管辖的,上级市场监督管理部门不得将案件交由下级市场监督管理部门管辖。上级市场监督管理部门认为必要时,可以直接查处下级市场监督管理部门管辖的案件,也可以将下级市场监督管理部门管辖的案件指定其他下级市场监督管理部门管辖。下级市场监督管理部门认为依法由其管辖的案件存在特殊原因,难以办理的,可以报请上一级市场监督管理部门管辖或者指定管辖。"

工商登记业务，并未超越职权。[45]

三　行政地域管辖

同一部门但不同地域的行政机关之间，也有管辖范围的划分。这是中国行政区域划分的必然结果，也是国家有效治理的需要。但由于具体规定不明晰或者各地做法不一致、不衔接，“块块分割”也可能造成管辖冲突和重合，给当事人带来不少麻烦和困扰。[46] 随着行政管理的改进，许多问题已被解决或者正在解决，但法律上的难题还是经常出现。

（一）行政地域管辖的一般规定

对于行政地域管辖，有的法律称“属地管理”或“属人管理”。[47] 这种说法并不完全确切。综合现有法律，有的按行为发生地确定，有的按标的物所在地确定，有的按行为人所在地确定，也有的采取不同方式的结合。

1. 行为发生地主义。2021 年修订的《行政处罚法》第 22 条规定：“行政处罚由违法行为发生地的行政机关管辖。法律、行政法规、部门规章另有规定的，从其规定。”《公安机关办理行政案件程序规定》对管辖作了明确：一般原则是，行政案件由违法行为发生地的公安机关管辖；由违法行为人居住地公安机关管辖更为适宜的，可以由违法行为人居住地公安机关管辖，但是涉及卖淫、嫖娼、赌博、毒品的案件除外（第 10 条）。国家市场监督管理总局的《市场监督管理行政处罚程序规定》第 11 条规定，对利用广播、电影、电视、报纸、期刊、互联网等大众传播媒介发布违法广告的行为实施行政处罚，原则上由广告发布者所在地市场监督管理部门管辖。[48]

2. 标的物所在地主义。《民法典》第 210 条规定：“不动产登记，由不动产所在地的登记机构办理。”有限责任公司和股份有限公司的设立登记，股东可以选择公司登记机关申请登记。但依照《公司登记管理条例》第 12 条的规定，公司的住所应当在其公司登记机关辖区内。也就是说，当事人应当到其选定的公司住所地的登记机关去登记。

---

〔45〕 淄博市中级人民法院行政判决书，（2004）淄行终字第 15 号。

〔46〕 具体的案例参见徐建国等：《两地奔波办证盖章　准生证“难产”急煞准妈妈》，载《钱江晚报》2009 年 11 月 28 日；《农民工养老卡在各地块块分割》，载中央电视台 2009 年 11 月 4 日，http://news.cctv.com/china/20091114/101691.shtml。

〔47〕 例如，《信访条例》（2005 年）第 21 条第 1 款第 3 项规定，信访事项涉及下级行政机关或者其工作人员的，县级以上人民政府信访工作机构按照“属地管理、分级负责，谁主管，谁负责”的原则，直接转送有权处理的行政机关，并抄送下一级人民政府信访工作机构。

〔48〕 该条同时规定：（1）广告发布者所在地市场监督管理部门管辖异地广告主、广告经营者有困难的，可以将广告主、广告经营者的违法情况移送广告主、广告经营者所在地市场监督管理部门处理；（2）对于互联网广告违法行为，广告主所在地、广告经营者所在地市场监督管理部门先行发现违法线索或者收到投诉、举报的，也可以进行管辖；（3）对广告主自行发布违法互联网广告的行为实施行政处罚，由广告主所在地市场监督管理部门管辖。

3. 行为人所在地主义，即通常所说的“属人管理”。行为人所在地一般指行为人户籍所在地，但也可能是行为人经常居住地或者执业机构所在地。《城市居民最低生活保障条例》第 7 条规定，申请享受城市居民最低生活保障待遇应向户籍所在地的地方政府提出，并由当地政府审批和发放。《婚姻登记条例》第 4 条和第 10 条分别规定，内地居民结婚或者自愿离婚的，男女双方应当共同到一方当事人常住户口所在地的婚姻登记机关办理登记。根据司法部《律师和律师事务所违法行为处罚办法》第 31 条，司法行政机关对律师的违法行为给予警告、罚款、没收违法所得、停止执业处罚的，由律师执业机构所在地设区的市级或者直辖市区（县）司法行政机关实施；给予吊销执业证书处罚的，由许可该律师执业的省级司法行政机关实施。

4. 属地管辖和属人管辖结合。《流动人口计划生育工作条例》（已失效）第 4 条规定：“流动人口计划生育工作由流动人口户籍所在地和现居住地的人民政府共同负责，以现居住地人民政府为主，户籍所在地人民政府予以配合。”其中，育龄夫妻生育第一个子女的，可以在现居住地的乡（镇）人民政府或者街道办事处办理生育服务登记（第 16 条）；办理生育服务登记所需的婚育证明，则由户籍所在地的乡（镇）人民政府或者街道办事处办理（第 7 条、第 16 条）。《行政许可法》第 64 条规定：“被许可人在作出行政许可决定的行政机关管辖区域外违法从事行政许可事项活动的，违法行为发生地的行政机关应当依法将被许可人的违法事实、处理结果抄告作出行政许可决定的行政机关。”

（二）消除管辖争议的途径

不同区域行政机关之间发生管辖争议，一般由双方协商解决；协商不成的，报请共同上级行政机关指定管辖。2021 年修订的《行政处罚法》第 25 条规定，两个以上行政机关都有管辖权的，由最先立案的行政机关管辖；对管辖发生争议，协商不成的，报请共同的上一级行政机关指定管辖，也可以直接由共同的上一级行政机关指定管辖。《不动产登记暂行条例》规定，跨县级行政区域的不动产登记，不能由所跨区域的不动产登记机构分别办理的，由相关不动产登记机构协商办理；协商不成的，由共同的上一级人民政府不动产登记主管部门指定办理。

在一些情况下，法律、行政法规通过集中管辖，消除多个行政机关之间可能的管辖冲突。依据《不动产登记暂行条例》第 7 条的规定，不动产登记由不动产所在地的县级人民政府不动产登记机构办理；直辖市、设区的市人民政府可以确定本级不动产登记机构“统一办理所属各区的不动产登记”。统一办理不但提高效率，也减少了潜在的管辖冲突。

随着行政审批改革的推进，一些地方允许当事人在一定范围内选择办理点。例如，自 2007 年起，北京市公安局所辖的 8 个公安分局都可以受理市民出入境证件的办理工作，北京市民可以就近选择任何一个分局的出入境接待大厅申请护照和港澳通行证。[49] 这一规定便利了市民。

（三）违反地域管辖的后果

原则上,行政机关的职权止于其管辖的地域范围,超越地域即是超越职权。

在**广州市国宏物业发展有限公司诉广州市公安局越秀区分局刻章许可案**中,原告住所地为广州市人民北路,案件争议发生时属广州市公安局越秀区分局管辖范围。当时的法定代表人安宏生指派他人向广州市公安局东山区分局申请刻制"广州市国宏物业发展有限公司"印章三枚。东山区分局经审核发出《刻章许可证》。公司法定代表人变更后,原告起诉要求撤销东山区分局的《刻章许可证》(在诉讼期间,因行政区域调整并入越秀区分局,被告相应变更)。广州市中级法院二审判决认为,《广东省印章刻制管理规定》《公安部关于加强刻字业治安管理打击伪造印章犯罪活动的通告》都规定,凡需刻制印章的单位须向所在地县、市(区)以上县公安机关申领《刻章许可证》,凭《刻章许可证》到印章刻制店刻制。本案原告并不属于原广州市公安局东山区分局管辖,后者颁发《刻章许可证》违反了有关刻章许可的地域管辖规定,属于超越法定职权。[50] 在**肖生诉沈阳市城市管理行政执法局铁西分局强制拆除案**中,原告在其承包土地上自建房屋,被告认定其系违章建筑,予以强制拆除。沈阳市中级法院二审判决认为,原告房屋坐落在沈阳经济技术开发区,虽然开发区与铁西区已合署办公,但行政执法局开发区分局仍然存在,在开发区范围内的执法活动应以开发区分局的名义进行,故被告实施的强制拆除行为"超越了地域管辖权"。[51]

第三节　行政行为的适用条件

一个行政机关对某类事务具有管辖权,并不等于启动处理程序;只有在法定情形出现的情况下,它才能启动处理程序并作出相应处理。符合法定条件的特定情形的出现,就是一个行政行为的适用条件。

行政机关错误地理解和适用法律,考虑不相关的因素(如增加行政许可的要件),或者未考虑相关因素(如减少行政处罚的要件),都可能构成违法。例如,在**杨智全等诉北京市海淀区国家税务局行政奖励案**中,原告杨智全举报案外人京农公司违反税收法规,然后要求被告给予举报奖励。被告辩称,杨智全曾担任京农公司财务主管,还曾兼任主管会计,对该公司隐瞒收入少纳税款问题负有直接责任,因此不

---

〔49〕《北京8个公安分局将受理市民出入境证件办理工作》,载中国政府网,http://www.gov.cn/gzdt/2007-06/26/content_662260.htm。

〔50〕广州市中级人民法院行政判决书,(2006)穗中法行终字第415号。

〔51〕沈阳市中级人民法院行政判决书,(2005)沈行终字第481号。

能给予奖励。北京市第一中级法院二审判决认为,三原告提供的材料帮助被告查实了京农公司违反税收法规的行为并追缴了部分税款,为国家挽回了税收损失。杨智全虽然曾经短期担任过京农公司财务会计负责人,但这种情形不在《税收征收管理法实施细则》所规定的不予奖励之列。因此,被告的主张不能成立。[52]

行政行为的适用条件取决于法律的具体规定,情形非常复杂。从学理上总结出行政行为适用条件的一般原理很有意义,但目前尚有困难。下面选取行政处罚、行政许可、行政裁决、政府信息公开和行政协议这几类比较常见并有代表性的行政行为,分别进行讨论。

一 行政处罚的适用条件

对于行政处罚的适用条件,实务部门有不少经验,理论上也有不少讨论。下面着重讨论行政处罚的概念和应受处罚的情形,包括违法主体、违法行为、主观过错、处罚时效、禁止重复处罚等要件。

(一)行政处罚的概念

《行政处罚法》列举了警告、通报批评、罚款、没收、吊销许可、责令停业、限制从业、拘留等若干处罚种类,同时规定法律、行政法规可以设定“其他行政处罚”。由于1996年《行政处罚法》对行政处罚的概念没有界定,一个行为是否属于行政处罚从而必须适用《行政处罚法》的相关规定,常常引起争议。[53] 2021年修订时,增加了定义:“行政处罚是指行政机关依法对违反行政管理秩序的公民、法人或者其他组织,以减损权益或者增加义务的方式予以惩戒的行为。”尽管如此,关于行政处罚概念的争议可能并不会因此消失。

实践中引发较多争议的是《土地管理法》和《城乡规划法》所规定的责令限期拆除违法建筑。前者把它定义为行政处罚,后者却未明确。[54]《行政处罚法》列举的

---

〔52〕北京市第一中级人民法院行政判决书,(2000)一中行终字第34号。《税收征收管理法实施细则》(1993年)第81条第2款规定,“前款的奖励规定不适用于税务人员及财政、审计、检察等国家机关的工作人员”。

〔53〕相关讨论,参见胡建淼:《“其他行政处罚”若干问题研究》,载《法学研究》2005年第1期;陈鹏:《界定行政处罚行为的功能性考量路径》,载《法学研究》2015年第2期;熊樟林:《行政处罚的种类多元化及其防控——兼论我国〈行政处罚法〉第8条的修改方案》,载《政治与法律》2020年第3期;黄海华:《行政处罚的重新定义与分类配置》,载《华东政法大学学报》2020年第4期。

〔54〕《土地管理法》(1998年修订)第83条规定:“依照本法规定,责令限期拆除在非法占用的土地上新建的建筑物和其他设施的,建设单位或者个人……继续施工的,作出处罚决定的机关有权制止。建设单位或者个人对责令限期拆除的行政处罚决定不服的,可以在接到责令限期拆除决定之日起十五日内,向人民法院起诉……”《城乡规划法》(2005年)第64条则规定:“未取得建设工程规划许可证或者未按照建设工程规划许可证的规定进行建设的,由县级以上地方人民政府城乡规划主管部门责令停止建设;尚可采取改正措施消除对规划实施的影响的,限期改正,处建设工程造价百分之五以上百分之十以下的罚款;无法采取改正措施消除影响的,限期拆除,不能拆除的,没收实物或者违法收入,可以并处建设工程造价百分之十以下的罚款。”

处罚种类没有责令拆除违法建筑，具体条款却有这样的规定："行政机关实施行政处罚时，应当责令当事人改正或者限期改正违法行为。"有人据此认为，责令拆除违法建筑只是责令当事人改正违法行为、消除违法后果，不应当理解为行政处罚行为。[55] 但是，责令拆除违法建筑同时也是对当事人违法建筑所有权和其他利益的剥夺，对违反土地管理或者城乡规划法律行为的惩戒。把它纳入行政处罚范畴，符合人们对行政处罚概念的一般理解，也符合《行政处罚法》关于行政处罚的定义。在黑龙江汇丰实业发展有限公司诉哈尔滨市规划局案中，最高法院也把规划局所作的限期拆除违法建筑作为行政处罚来审理和判决。[56] 另一个让人困惑的例子是撤销行政许可的法律性质。全国人大法工委在一个答复中认为，被许可人以欺骗、贿赂等不正当手段取得行政许可，行政机关依照《行政许可法》的规定予以撤销的，是对违法行为的纠正，不属于行政处罚。[57] 该答复是针对"撤销公司登记"作出的，是否适用于所有行政许可的撤销，仍不明确。

在《行政处罚法》修改过程中，曾有一种主张，凡是带有惩戒性质的措施都不妨认定为行政处罚。但这一观点没有被完全接受。在历史上，一些限制人身自由的强制措施似乎构成例外。对于劳动教养是否属于行政处罚，学界曾有争议；[58] 对卖淫嫖娼人员的收容教育也具有很强的惩罚性质，但由于特殊的历史渊源，被作为一种"行政强制教育措施"。[59] 所幸这两者现已废除，问题不再。但新问题层出不穷。行政机关的训诫、记入诚信档案、公布违法事实等，也带有惩戒乃至"二次惩戒"的性质。[60] 这些措施可能符合行政处罚的实质标准，却不在《行政处罚法》明文列举的处罚种类之内。如果这些措施有法律、行政法规为依据，不妨视为行政处罚，并适用《行政处罚法》有关的实体和程序规定。如果这些措施没有法律、行政法规为依据，则违反法律保留原则，系越权制定，本身是不合法的。

在是否属于行政处罚不明的情况下，行政机关可以对其所作行为的性质作出解释；但其解释应受诚实信用原则的限制，并且不能违反一般人在特定语境下对该词的理解。在大同市北方矿业有限公司诉山西省经济贸易委员会吊销许可证案中，被

---

〔55〕《国务院法制办公室对四川省人民政府法制办公室〈关于"责令限期拆除"是否是行政处罚行为的请示〉的答复》，国法秘函〔2000〕134 号。

〔56〕最高人民法院行政判决书，(1999)行终字第 20 号。

〔57〕《全国人民代表大会常务委员会法制工作委员会关于公司法第一百九十八条"撤销公司登记"法律性质问题的答复意见》，法工委复〔2017〕2 号。

〔58〕崔巍、高鸿：《对一起劳动教养行政案件的剖析》，载《人民司法》1996 年第 8 期；刘仁文：《劳动教养制度及其改革》，载《行政法学研究》2001 年第 4 期。

〔59〕《全国人民代表大会常务委员会关于严禁卖淫嫖娼的决定》(1991 年，部分失效)第 4 条第 2 款规定："对卖淫、嫖娼的，可以由公安机关会同有关部门强制集中进行法律、道德教育和生产劳动，使之改掉恶习。期限为六个月至二年。具体办法由国务院规定。"对其性质的讨论，参见何海波：《论收容教育》，载《中外法学》2015 年第 2 期。

〔60〕章志远、鲍燕娇：《公布违法事实的法律属性分析》，载《山东警察学院学报》2011 年第 6 期；张晓莹：《行政处罚视域下的失信惩戒规制》，载《行政法学研究》2019 年第 5 期。

告为解决原告北方公司与第三人大同市新荣区人民政府的矿业权益冲突，决定吊销北方公司的《煤炭发运许可证》和《煤炭经营许可证》。在诉讼中，被告辩称，吊销北方公司的许可证是自行纠正不当发证的行为，不属行政处罚；"吊销"一说系用词不当。法院判决认为，"吊销许可证"是《行政处罚法》明确规定的一种行政处罚，被告辩称"吊销"系误用却不予纠正，其辩解不能成立。[61]

（二）违法主体要件

公民必须为自己的违法行为承担责任，并且只对自己的违法行为承担责任。这是现代法治的一条基本原则，可以称为"责任自负"原则。在行政处罚领域，该原则意味着每个人只能因为自己的违法行为受处罚，不会因为他人的违法行为受处罚。实践中，多次出现有悖上述原则的做法。北京市政府1990年的《北京市交通安全责任制暂行规定》曾规定：凡在本市行政区域内的机关、企业、事业单位等组织，均须建立交通安全责任制；本单位交通违章行为超过控制指标或者司机有特定的严重违章行为的，可以对该单位处以罚款。这样的规定具有"连坐"性质，并且与道路交通行政处罚的规定不符，现已废止。[62] 公安部门在推动醉酒驾车纳入《刑法》的同时，曾经考虑增加"与醉驾司机同乘一车的乘客也应进行处罚"。这条意见引起很大争议，主要也是因为它有"连坐"之嫌。[63] 一段时间内，一些地方在计划生育、征地拆迁等领域，采取一人违法、"株连"亲朋的措施。这种做法于法无据，而且显然违背"责任自负"原则。

在操作层面，"责任自负"原则意味着行政处罚对象应当是具有法律责任能力的个人或者组织。不具有责任能力的个人实施违法行为，不予行政处罚；不具有责任能力的组织实施违法行为，应当由其所在的具有责任能力的组织承担责任。在四川省雅安市卫生防疫站诉雅安市药品监督管理局行政处罚案中，被告认定雅安市卫生防疫站所属的防疫站门诊部和性病门诊部没有从法定渠道进药，违反药品流通管理规定，对这两处门诊部作出行政处罚。雅安市中级法院二审判决认为，虽然这两处门诊部取得了医疗机构执业许可证并对外营业，但其对外没有公章（只能以防疫站名义开展活动），对内没有独立经济核算，不能独立承担法律责任。因此，两门诊部只是防疫站的内设机构，其法律责任应由防疫站承担。被告的处罚对象错误，处罚决定予以撤销，并责令重新作出。[64]

---

〔61〕 最高人民法院行政判决书，(1999)行终字第11号；法公布(2000)第28号。

〔62〕 相关案例，参见《醉司机原是律师　受罚连带律师行》，载《北京日报》2001年1月21日。该规章已被：《北京市道路交通安全防范责任制管理办法》(2005年)取代。该办法第13条将原来的处罚规定修改为："市公安机关交通管理部门对单位实行道路交通安全信息记录制度。对单位车辆、人员的道路交通安全违法行为超过控制指标、发生负同等以上责任的致人死亡交通事故、交通事故超过控制指标等信息，市公安机关交通管理部门予以记录，并可以在媒体上公布。"

〔63〕 李东阳、衡媛：《醉驾纳入刑法　乘客也要"连坐"?》，载《华西都市报》2009年10月10日。

〔64〕 四川省雅安市中级人民法院行政判决书，(2002)雅行终字第4号。

“责任自负”原则还要求,行政机关必须找到真正的违法者。行政机关对违法行为人的认定张冠李戴,就会导致处罚对象错误。在毕胜军诉浙江省兰溪市建设局行政处罚案中,兰溪市法院一审判决认为,根据被告提供的国有土地使用权证和兰溪市工程建设项目报建申请表,违法建筑物的所有者是原告女儿、第三人毕丹妮。被告光凭推测,在没有证据认定原告毕胜军是违法建设主体的情况下,就对毕胜军进行处罚,显然不当。〔65〕在昆明威恒利商贸有限公司诉昆明市规划局行政处罚案中,被告以第三人盘龙区政府东华街道办事处未经许可、违法建设综合楼为由,对其作出限期拆除的决定。原告提出,综合楼是自己投资建设的。两审法院均指出,现有证据不足以证明综合楼系东华街道办事处所建,被告认定处罚对象的主要证据不足。〔66〕

在可能存在多个违法主体的情况下,每一当事人对自己所从事的违法行为负责。只要有足够证据证明特定当事人有违法行为,他就应承担责任;其他人的违法行为不属于其责任范围,也不是其免责的理由。在赵玲诉重庆市烟草专卖局行政处罚案中,被告在赵玲的缝纫店内查获了多箱从外地邮寄过来、无合法证明的卷烟,予以强制收购并处以罚款。赵玲指认货主是案外人白某,自己只是替人代收,但没有确凿证据。重庆市第一中级法院判决认为,赵玲系非法邮寄卷烟的指定收件人,而且凭自己的身份证签收了该批卷烟。无论赵玲是否是该批货物的所有人,均不影响其违法邮寄卷烟行为的成立。〔67〕在汪耀元、汪琤琤诉中国证监会行政处罚案中,被告认定汪耀元、汪琤琤父女从事内幕交易,对二人处以没收违法所得9亿余元、罚款27亿余元的行政处罚。〔68〕在被告认定两个当事人共同生活、共同违法的前提下,对违法行为人能否一并处罚、连带责任,在该案中存有争议。从责任自负的原则出发,没收违法所得可以一并作出,但罚款仍以区分为宜。

(三) 违法行为要件

《行政处罚法》规定了行政处罚的法定原则。处罚法定原则的一个基本要求是,给予行政处罚的违法行为应当由法律、法规、规章事先规定,行政处罚的实施不得超越法律、法规、规章的规定。不仅如此,处罚法定原则还要求:第一,对应当给予处罚行为的规定应当是公开和明确的;第二,对该规定的解释不得任意扩大。

《行政处罚法》特别规定:“对违法行为给予行政处罚的规定必须公布;未经公布的,不得作为行政处罚的依据。”〔69〕实践中,法律、法规、规章有时对应予处罚行为的规定不够明确,给行政执法留下很大的不确定性。朱涛元诉北京首都机场海关扣押、没收禁书案就反映了这样一个困境。在该案中,首都机场海关认为原告携带入

---

〔65〕浙江省兰溪市人民法院行政判决书,(2003)兰行初字第7号。

〔66〕最高人民法院行政判决书,(2008)行终字第1号;《最高人民法院公报》2009年第10期。

〔67〕重庆市第一中级人民法院行政判决书,(2006)渝一中行终字第57号。

〔68〕北京市第一中级人民法院行政判决书,(2020)京01行初590号。

〔69〕《行政处罚法》(1996年),第4条第3款。2021年修订后,位置调整为第5条第3款。

境的《红太阳是怎样升起的》一书属于"国家禁止进出境物品"，对该书予以扣押，后决定没收。原告认为，该书是一本严肃的学术著作，书中所有资料均源于国内公开出版物，不属于"国家禁止进出境物品"。然而，确定该书是否属于国家禁止入境的书籍并不是一个简单的问题。当时施行的《海关法行政处罚实施细则》只有"运输、携带、邮寄国家禁止进出境的物品"的笼统表述。海关总署《禁止进出境物品表》列明的禁止进境物品，包括"对中国政治、经济、文化、道德有害"的印刷品及其他物品。制定于1991年的《中华人民共和国海关对个人携带和邮寄印刷品及音像制品进出境管理规定》由于包含类似的笼统款项，同样提供不了明确的信息。〔70〕而禁止进出境书籍的详细名单，海关总署从未公布，公众无法知晓；而且这份名单也不完整，因为海关可以根据事后审读来判断某书是否应当禁止进出境。在此情况下，当事人既无法准确地判断该书是否为国家禁止入境的印刷品，也不确定该书是否应当申报入关。〔71〕这种不明确性是对处罚法定原则的威胁。

《行政处罚法》还要求，上位法对应当处罚的违法行为已经作出规定的，下位法只能对其规定的行为作出具体规定。下位法在上位法规定的给予行政处罚的行为之外规定新的行为，可能导致适用条件的错误。例如，《治安管理处罚法》第68条规定，"制作、运输、复制、出售、出租淫秽的书刊、图片、影片、音像制品等淫秽物品或者利用计算机信息网络、电话以及其他通讯工具传播淫秽信息的"，可以分别情况给予拘留、罚款的处罚。此前经国务院批准、公安部发布的《计算机信息网络国际联网安全保护管理办法》则规定，"利用国际联网制作、复制、查阅和传播"淫秽信息的，由公安机关给予警告、没收违法所得、罚款等处罚。两相比较，该办法规定的应受处罚情形多了"查阅"淫秽信息。实践中，就有公安机关因为市民复制、下载淫秽视频给予处罚，引起社会非议。〔72〕

比起增加应予处罚的情形，执法机关对法律、法规、规章规定的应予处罚的行为作扩大解释，实践中更为常见，也更有争议。例如，《生产安全事故报告和调查处理条例》第37条规定，"事故发生单位对事故发生负有责任的"，分别情况处以罚款。实践中，有安监部门认定运输企业对员工教育培训不够，导致客车事故，对运输企业

---

〔70〕《中华人民共和国海关对个人携带和邮寄印刷品及音像制品进出境管理规定》（已失效）第4条规定，有下列内容之一的印刷品或音像制品，禁止进境："……4.其它对中华人民共和国政治、经济、文化、道德有害的。"2007年的《中华人民共和国海关进出境印刷品及音像制品监管办法》第4条取消了上述笼统规定，列举禁止进境的印刷品及音像制品的情形，但同样包含一些模糊的条款，如"（九）侮辱或者诽谤他人，侵害他人合法权益的；（十）危害社会公德或者民族优秀文化传统的；（十一）国家主管部门认定禁止进境的；（十二）法律、行政法规和国家规定禁止的其他内容。"该监管办法依据《海关行政处罚实施条例》，对禁止进境的印刷品及音像制品增设了"收缴"等处理方法。

〔71〕北京市高级人民法院行政判决书，（2003）高行终字第113号。关于该案的报道，参见李宗陶：《"禁书"过关诉讼始末》，载《新民周刊》2003年9月22日；杨整：《海关扣"禁书"，依据在哪里》，载《南方周末》2009年10月22日。

〔72〕韩俊杰、郭启朝：《下载黄片遭罚款　专家叫板公安部规章》，载《中国青年报》2008年10月8日；张东锋：《一男下载7G淫秽视频　在家看黄图被抓引网友热议》，载《南方都市报》2010年3月23日。

处以 20 万元的罚款。最高法院批复认为,企业未履行安全生产教育和培训义务,违反《安全生产法》的规定,应当处以相应处罚;但未履行安全生产教育和培训义务不是发生交通事故直接原因的,安监部门适用《生产安全事故报告和调查处理条例》第 37 条对运输企业实施行政处罚不妥。[73] 而在**上海拍卖行有限公司诉上海市工商行政管理局虹口分局行政处罚案**中,法院支持了行政机关的扩大解释。在该案中,原告代理拍卖"上海新新商厦"过程中,原告拍卖行的副总经理法某接受一家竞买人的委托,坐在拍卖委托席上代其举牌应拍,并以起拍价拍得该商厦。被告认为,上海拍卖行在自己组织的拍卖活动中接受竞买人委托直接参加竞买的行为,违反了《拍卖法》规定,给予其警告处罚。而 1996 年《拍卖法》只规定,"拍卖人及其工作人员不得以竞买人的身份参与自己组织的拍卖活动,并不得委托他人代为竞买",而没有规定不得接受他人委托代为竞买。在审理期间,国家工商总局、全国人大法工委和最高法院行政庭先后答复,《拍卖法》的规定包含后一种尚无明文的情况。据此,法院判决维持处罚决定。[74] 又如,治安管理中的"卖淫嫖娼",传统上是指不特定的男女之间以金钱、财物为媒介发生不正当性关系的行为,但实践中似乎有扩大的趋势。[75]

(四)主观过错

"无过错、不处罚"是现代法治的原则。英国 1999 年《移民与避难法》规定,无论是否故意,对他人偷渡英国负有责任的人都予以惩罚。法院认为,这一规定违反文明国家公认的原则,抵触《欧洲人权公约》。随后,议会通过修法解决了这个问题。[76] 在我国台湾地区,"大法官会议解释"确立了这一原则,随后的"行政罚法"明确规定:"违反行政法上义务之行为非出于故意或过失者,不予处罚。"[77]

中国大陆的学者对于行政处罚的主观要件今天仍有不同看法。[78] 多数学者认

---

[73] 《最高人民法院关于安监部门是否有权适用〈安全生产法〉及〈生产安全事故报告和调查处理条例〉对道路交通安全问题予以行政处罚及适用法律问题的答复》,〔2010〕行他字第 12 号。之后的案例,可参见济南旅顺旅游汽车有限公司诉济南市安全生产监督管理局行政处罚案,济南市中级人民法院行政判决书,(2013)济行终字第 210 号。

[74] 梁凤云:《最高人民法院行政诉讼批复答复解释与应用》,中国法制出版社 2011 年版,第 26 页。

[75] 《最高人民法院关于如何适用〈治安管理处罚条例〉第三十条规定的答复》,〔1999〕行他字第 27 号。公安部门的相关规定,参见《公安部关于对以营利为目的的手淫、口淫等行为定性处理问题的批复》(已失效),公复字〔1995〕6 号;《公安部关于对同性之间以钱财为媒介的性行为定性处理问题的批复》,公复字〔2001〕4 号。

[76] International Transport Roth Gmbh *v.* Secretary of State for the Home Department [2002] 3 WLR 344.

[77] "'司法院'大法官会议"释字第 275 号,1991 年 3 月 8 日; 2005 年"行政罚法"第 7 条第 1 项。

[78] 晚近的讨论,可参见杨利敏:《论我国行政处罚中的责任原则——兼论应受行政处罚的过失违法行为》,载《华东政法大学学报》2020 年第 2 期(无故意和过失的行为不予处罚); 马怀德:《〈行政处罚法〉修改中的几个争议问题》,载《华东政法大学学报》2020 年第 4 期(行政处罚的构成要件不应强调主观要件); 方军:《论构成应受行政处罚行为的主观要件》,载《中国法律评论》2020 年第 5 期(行为人已尽必要注意义务的不予处罚,单行法另有规定的除外); 李洪雷:《论我国行政处罚制度的完善——兼评〈中华人民共和国行政处罚法(修订草案)〉》,载《法商研究》2020 年第 6 期(当事人没有过错的,减轻、从轻或者不予处罚)。

同或者基本认同“无过错、不处罚”的原则。但几乎所有人都赞同，过错责任是以过错推定为补充的。行政执法追求效率，不能一律要求行政机关举证证明当事人存在过错才能实施处罚。多数情况下，只要认定当事人有违反行政法规范的行为，行政机关即可实施处罚；只有在法律、法规、规章规定当事人有故意或者过失才予处罚的情况下，行政机关才对当事人的主观过错负有举证责任。

现有立法总体上体现了“无过错、不处罚”的原则。例如，《食品安全法》第136条规定，食品经营者履行了本法规定的进货查验等义务，有充分证据证明其不知道所采购的食品不符合食品安全标准，并能如实说明其进货来源的，可以免予处罚。但是，也有个别立法没有严格遵循这一原则。[79] 鉴于这种状况，《行政处罚法》第33条第2款作了一个折中规定：“当事人有证据足以证明没有主观过错的，不予行政处罚。法律、行政法规另有规定的，从其规定。”

需要说明的是，所谓“过错”，是指当事人对其所实施的违法行为及其影响的认知和控制，而不是对其行为法律评价的认知。“不知法律不免责。”当事人没有认识到其所实施的行为是违法，不是免除处罚的理由。在**韩美畴诉海南省文昌市国土资源局行政处罚案**中，原告非法占用基本农田建养猪场，被处罚。原告辩解该涉案土地系转包而来，不知道是基本农田，不具有违法的故意。法院没有采纳她的意见。[80] 鉴于保护耕地是基本国策，禁止占用基本农田修建建筑物是法律的强制性规定，原告对法律的错误认知不足以改变其行为的违法性质，不能作为免除处罚的理由。

（五）对行政处罚的其他限制

除了前面所述的行政处罚适用条件，法律还可能从反面规定适用行政处罚的限制。其中典型的是轻微违法不予处罚、逾期发现不予处罚、已经处罚不予重复处罚以及不得任意加重处罚。

1. 轻微违法不予处罚

“细过不罚”是任何良好法律的准则。早在1215年，英格兰《大宪章》就有规定：“不得因为轻微过错，对自由人滥施处罚。”[81] 同样的精神在1996年的《行政处罚法》中也得到申述，该法于2021年修订时又增加了对“初次违法”处罚的限制。现

---

〔79〕《产品质量法》要求销售者建立并执行进货检查验收制度，验明产品合格证明和其他标识。该法第55条规定，销售者销售该法规定禁止销售的产品，有充分证据证明其不知道该产品为禁止销售的产品并如实说明其进货来源的，可以从轻或者减轻处罚。

〔80〕海南省第一中级人民法院行政判决书，(2018)琼96行终30号。

〔81〕《大宪章》原文为拉丁文：Liber homo non amercietur pro parvo delicto nisi secundum modum ipsius delicti, et pro magno delicto, secundum magnitudinem delicti, salvo contenemento suo. 在英文中，有的译为：A free man shall not be amerced for a trivial offence; For a grave offence, he shall be fined in accordance with the seriousness of the offence. 全句的意思是：“不得因为轻微过错，对自由人滥施处罚；对有严重过错的，处罚也应当与其过错程度相适应。”

行《行政处罚法》第33条第1款规定："违法行为轻微并及时改正，没有造成危害后果的，不予行政处罚。初次违法且危害后果轻微并及时改正的，可以不予行政处罚。"同时，对当事人的违法行为依法不予处罚的，行政机关应当对当事人进行教育。鉴于人人都会犯过，这样的法律闪耀着人性的光辉。

快乐三六五商店诉北京市延庆区食品药品监管局案就是一个值得讨论的例子。该店因出售超过保质期的商品，被人投诉。投诉人冯某称，2017年6月12日在该店购买了一袋"徽记蜜汁山核桃味瓜子"，售价12.8元，食品包装上标明的生产日期为2016年9月18日，保质期8个月，销售时已超期24天。被告接到投诉次日，对涉案商店进行检查，未发现其他超过保质期的瓜子。遂依据《食品安全法》规定的销售过期食品最低处罚限额，对原告罚款5万元。一审法院驳回原告的诉讼请求，二审法院认为处罚幅度明显不当，将罚款金额减为1万元。[82] 鉴于原告销售过期食品只此一袋，瓜子保质期较长而所售瓜子过期不算太长，食品外包装上标有保质期，顾客能够自行识别，以及投诉人购买后没有食用等事实，原告的违法行为实属轻微。对原告的违法行为不予处罚，更能彰显执法的温情。

2.逾期发现不予处罚

《行政处罚法》规定了追责时效制度。该法第36条第1款规定："违法行为在二年内未被发现的，不再给予行政处罚；涉及公民生命健康安全、金融安全且有危害后果的，上述期限延长至五年。法律另有规定的除外。"**贺宁诉四川省富顺县民政局撤销婚姻登记、罚款案**提供了一个较早时期的例子。1990年，年仅18岁的贺宁通过虚报年龄，从乡政府领取了结婚证。1999年，被告以其欺骗婚姻登记机关为由，撤销结婚登记，并对其处以200元罚款。自贡市中级法院二审判决撤销了该罚款决定。法院认识到，贺宁领取结婚证已逾8年之久，且其丈夫已经死亡，再给予处罚并不合适。[83]

逾期发现不予处罚的期限，一般是从违法行为发生之日起计算。但有一个限制："违法行为有连续或者继续状态的，从行为终了之日起计算。"实践中比较棘手的是，违法行为的后果持续的，算不算"违法行为有连续或者继续状态"？在**郭建军诉浙江省诸暨市国土资源局行政处罚案**中，原告自2001年3月起未经批准擅自建房，被告于2007年11月作出拆除违法建设的处罚决定。绍兴市中级法院二审判决认为，对非法占用土地的违法行为，在未恢复原状之前，应视为具有继续状态，因此被告的处罚未超过行政处罚追诉时效。[84]

---

〔82〕 北京市第一中级人民法院行政判决书，(2018)京01行终763号。

〔83〕 四川省自贡市中级人民法院行政判决书，(1999)自行终字第20号。法院的主要理由是，相对人死亡的不应再给予处罚，而不是当时《行政处罚法》第29条有关处罚时效的规定。法官对这两个问题的理解都值得商榷。

〔84〕 浙江省绍兴市中级人民法院行政判决书，(2008)绍中行终字第37号。二审法院以违反比例原则为由，撤销了该处罚决定。

3. 已经处罚不予处罚

“一事不再罚”是现代法律中一个被经常谈及的原则。《行政处罚法》第29条规定:“对当事人的同一个违法行为,不得给予两次以上罚款的行政处罚。同一个违法行为违反多个法律规范应当给予罚款处罚的,按照罚款数额高的规定处罚。”该条是对“一事不再罚”原则的部分承认。[85]

从保护公民权利的角度来看,该条规定仍有一些不足。通常认为,该条只禁止重复的罚款处罚,没有排除对同一个违法行为先后给予不同种类的处罚。在这一点上,无论与《行政处罚法》立法时的最初构想相比,还是与一些法律、法规相比,都显得保守得多。[86] 从实际操作角度来看,该条也有需要澄清的地方。该条似乎没有禁止行政机关撤销前一个罚款决定后,基于新的证据,作出一个更重的罚款处罚。对于连续或者持续的违法行为如何处罚,该条也缺乏明确指示。北京市公安交通管理部门对于违反“尾号限行”规定的车辆改变“一日不二罚”的惯例,超过3小时的间隔期即进行连续处罚,就引起了法律上的讨论。[87]

4. 不得任意加重处罚

《行政处罚法》第45条不但规定当事人有权进行陈述和申辩,还特别规定,“行政机关不得因当事人陈述、申辩而给予更重的处罚”。行政机关没有新的事实并说明正当理由,作出比原先告知的处罚内容更重处罚的,是对当事人陈述申辩权利的侵害,构成违法。基于同样道理,行政复议机关可以变更处罚决定,但不能给予更重的处罚,除非被害人同为行政复议申请人。行政处罚决定经行政复议或者行政诉讼被撤销,行政机关重新作出行政处罚决定的,原则上也不能给予更重的处罚。

二　行政许可的适用条件

依照《行政许可法》第2条的规定,行政许可是指行政机关根据公民、法人或者其他组织的申请,经依法审查,准予其从事特定活动的行为。一般认为,行政机关对婚姻登记、产权登记等确认民事权利、民事关系的行为不属于行政许可,不适用《行

---

〔85〕 相关的讨论,参见金伟峰:《一事不再罚原则新探:兼谈行政处罚法有关规定的适用》,载《行政法学研究》1997年第4期; 朱新力:《论一事不再罚原则》,载《法学》2001年第11期; 陈无风:《穿行于一罚和多罚之间——论“一事不再罚”原则之内涵》,载《行政法学研究》2006年第2期。

〔86〕《行政处罚法》起草过程中,曾拟:“对当事人的同一个违法行为,不得根据同一事实和同一理由给予两次以上行政处罚。”《福建省行政执法程序规定》(已失效)第33条规定:“相对人一个行为同时违反两个或者两个以上不同种类法律、法规、规章的,有管辖权的行政执法机关依据有关法律、法规、规章分别进行处罚或者共同处罚,但不得就相对人的一个违法行为,依据同一或者同种类的法律、法规、规章进行重复处罚。”

〔87〕 卢国强、李舒:《北京对违反尾号限行规定车辆实施连续处罚》,载新华网,http://www.bj.xinhuanet.com/bjfs/2011-01/07/content_21813230.htm。

政许可法》的相关规定。[88] 在一段时间内,国务院办公厅曾经以“非行政许可审批事项”的名义,保留了一部分许可事项。[89] 但由于这两类行为与行政许可在性质上相当接近,所以放在一起讨论。

行政许可在处理结果上裁量余地较小,通常仅为给予或者不给予许可,大量的争议发生在行政许可的适用条件上,即符合哪些情形的应当给予许可。行政许可的适用条件取决于立法的规定。除了遵守立法权限,行政许可的设定还应当遵循必要性原则。也就是说,设定行政许可应当是国家安全、公共安全、经济宏观调控、生态环境保护、人身财产安全等行政目标所需要的,同时又是公民自主、市场调节、行业自律、事后监督等其他方式所不能解决的。[90] 在司法实践中,行政许可案件主要是审查许可行为是否符合立法规定的许可条件。

(一) 对行政许可条件的违背

行政机关没有遵照法律、法规、规章规定的条件作出行政许可(登记),是行政许可(登记)行为的一个常见错误。在**安徽省淮南市洞山农信社诉淮南市房地产管理局颁发房屋所有权证案**中,最高法院判决认为,根据建设部《城镇房屋所有权登记暂行办法》等相关规定,房管局应对申请登记的房屋产权是否清楚、房屋建设是否合法进行审查;产权不清或者房屋建设违法的,不得登记发证。市房管局为第三人颁发房屋所有权证时,该房屋所有权纠纷尚在民事诉讼过程中。而且,综合楼实际建设层数和建筑面积与建设工程规划许可证确定的内容不相符,该综合楼属违法建设且未经主管部门处理。被告市房管局迳行为第三人颁发房屋所有权证,构成违法。[91]

行政机关在法定条件之外增设行政许可条件,也是常见的违法情形。《行政许可法》第16条规定,法规、规章可以在上位法设定的行政许可事项范围内,对实施该

---

〔88〕 依照国务院法制办的意见,行政许可是行政机关对经济和社会事务的管理行为,不包括对民事权利、民事关系的确认。据此,植物新品种权的授予,组织机构代码、商品条码的注册,产权登记,机动车登记,婚姻登记,户籍登记,抵押登记等,不是行政许可;而城市规划管理中选址意见书的批准,土地管理中对国有土地使用权出让的批准,是行政许可。国务院法制办公室:《全国贯彻实施行政许可工作简报》第1期“行政许可法有关问题解答”,2004年1月2日;《国务院法制办公室对〈关于清理行政许可收费若干问题的函〉的复函》,国法函〔2004〕253号。

〔89〕 《国务院办公厅关于保留部分非行政许可审批项目的通知》(已失效),国办发〔2004〕62号;《国务院关于清理国务院部门非行政许可审批事项的通知》,国发〔2014〕16号。此外,还保留了100项涉密的行政审批项目。参见《国务院办公厅关于保留部分涉密的行政审批项目的通知》,国办发〔2004〕63号。

〔90〕 《行政许可法》第12条规定了可以设定行政许可的事项。同时在第13条中规定,前条所列事项通过下列方式能够予以规范的,可以不设行政许可:(1)公民、法人或者其他组织能够自主决定的;(2)市场竞争机制能够有效调节的;(3)行业组织或者中介机构能够自律管理的;(4)行政机关采用事后监督等其他行政管理方式能够解决的。这是一个很好的理念。但由于法院对行政立法的审查权能有限,该条规定在实践中的作用似乎不容乐观。

〔91〕 最高人民法院行政判决书,(1999)行终字第19号;法公布(2001)第10号。法院判决的理由为颁证行为主要证据不足、违反法定程序,这一点似可商榷。案中涉及的《城镇房屋所有权登记暂行办法》(1987年)后来被《城市房屋权属登记管理办法》(1997年制定,2001年修正)和《房屋登记办法》(2008年)相继取代。

行政许可作出具体规定。但是,“法规、规章对实施上位法设定的行政许可作出的具体规定,不得增设行政许可;对行政许可条件作出的具体规定,不得增设违反上位法的其他条件”。实践中,一个长久的争议是,公安交警部门能否以交通违章行为未处理为由,不予核发机动车检验合格标志。公安部门从行政管理的便利出发,在法律规定的机动车行驶证和交强险之外,要求当事人事先接受交通违章处理,才予检验。最高法院对此不予支持:“法律的规定是清楚的,应当依照法律的规定执行。”[92]

上述规定的精神也适用于行政确认和登记行为。在**郑小榕诉三明市梅列区计划生育局拒绝办理独生子女证案**中,三明市中级法院认为,原告郑小榕符合申领独生子女证的法定条件,计划生育局以原告不办理子女养老保险为由拒绝为其办理独生子女证,缺乏法律依据。[93] 在**陈爱华诉南京市江宁区住房和城乡建设局不履行法定职责案**中,法院认为,司法部、建设部1991年《关于房产登记管理中加强公证的联合通知》要求遗嘱受益人须持公证文书方可办理房产转移登记的规定,与法律法规相抵触。被告依据联合通知的规定拒绝办理房屋产权转移登记,构成违法。[94]

行政许可法定原则也意味着,行政机关只要依照法定条件颁发行政许可(登记),其合法性就应当予以认可。**林秀菊诉福建省福安市工商局颁发营业执照案**涉及颁发营业执照的前置条件。原告认为,第三人无照经营“农家人饭庄”,排放污染物质,严重损害了原告和周边群众的生活质量和身体健康。虽然原告多次投诉,被告仍根据第三人的申请向其颁发了个体工商户营业执照。宁德市中级法院二审判决认为,公民个人租赁住宅楼开办个体餐馆,不属于《环境影响评价法》关于建设项目的环境影响评价分类名录规定中的建设项目。本案第三人在申办个体工商户登记时无须提交环境影响报告表或填报环境影响登记表,工商管理部门颁发个体工商户餐饮业营业执照也不应把它作为前置条件。本案被告审查第三人提供的申请材料后,依法颁发个体工商户营业执照,应予支持。[95]

(二)行政许可的基础行为

法院在审查一个行政许可决定的合法性时,可能涉及该行政许可赖以作出的其他行政行为的合法性。前一行为构成了后一行为的适用条件和基础事实。法院在针对后一行为的诉讼中能否对前一行为进行审查,前一行为有瑕疵时后一行为是否

---

〔92〕《最高人民法院关于公安交警部门能否以交通违章行为未处理为由不予核发机动车检验合格标志问题的答复》,〔2007〕行他字第20号。《道路交通安全法》第13条规定:“……对提供机动车行驶证和机动车第三者责任强制保险单的,机动车安全技术检验机构应当予以检验,任何单位不得附加其他条件。对符合机动车国家安全技术标准的,公安机关交通管理部门应当发给检验合格标志。”

〔93〕福建省三明市中级人民法院行政判决书,(1998)三行终字第5号。

〔94〕《最高人民法院公报》2014年第8期。

〔95〕福建省福安市人民法院行政判决书,(2005)安行初字第2号;福建省宁德市中级人民法院行政判决书,(2005)宁行终字第66号。法院还指出,公民之间因个体餐馆排放的噪声空气污染产生争议的,可以依照《环境噪声污染防治法》和《大气污染防治法》的有关规定处理。

合法,是个棘手的问题。一些著作把这个问题归纳为"行政行为违法性的继承"。[96]

沈希贤等182人诉北京市规划委员会颁发建设工程规划许可证案提供了一个典型案例。依照当时的法律和做法,环保部门批准建设单位的环境影响报告书后,计划部门方可批准建设项目设计任务书,城市规划部门再凭建设项目设计任务书颁发建设工程规划许可证。本案中,第三人申请在朝阳区潘家园南里建设一个动物实验室,计划部门北京市城乡建设委员会于2001年11月下达了建设项目设计任务书,被告北京市规划委员会于同年12月向第三人颁发了《建设工程规划许可证》;而环保部门直到次年2月才对建设项目的环境影响报告书予以批准。被告在诉讼中提出,环境影响报告书是否获批应由计划部门审查,它只审查建设单位是否取得计划部门的批准文件;计划部门下发建设项目设计任务书,它就应视为环境影响报告书等前提问题均已解决。北京市西城区法院判决认为,规划委员会在作出规划许可前,应当审查第三人的环境影响报告书是否已经得到批准。被告未经审查即予许可,其规划许可决定缺乏事实根据。[97]

在夏善荣诉徐州市建设局行政证明纠纷案中,江苏高院的再审判决明确了《住宅竣工验收合格证书》的颁发条件。该案涉及的世纪花园小区住宅楼,是第三人恒信房产公司开发,用于安置旧城改造中的村民。住宅楼建成后,徐州市建设局组织竣工验收后,为第三人颁发了验收合格证。原告夏善荣对房屋质量极其不满,对第三人提起民事诉讼;其间,又以住宅楼不具备竣工条件为由,对徐州市建设局提起诉讼,要求撤销其颁发的验收合格证。在诉讼过程中发现,第三人承建世纪花园从未办理建设工程规划许可证,竣工验收时提供的许可证复印件实系伪造。江苏高院再审判决认为,《住宅竣工验收合格证书》是以政府机关的公信力,担保建筑质量达到了可以交付使用的水平。被告作为竣工验收工作的组织者,对验收小组提交的竣工验收报告及其所附的验收资料负有审查职责。在第三人只提交《建设工程规划许可证》复印件的情况下,被告更应谨慎审查。被告验收合格的结论建立在虚假证据的基础上,验收合格证应当予以撤销。[98]

在前述两个例子中,法院对先行行为都作了审查,但实践中也不乏相反的事例,真理可能就在两个极端之间。最高法院司法解释作了一个折中规定,支持法院对行政许可的基础行为作有限的审查。依据该解释,作为被诉行政许可行为基础的其他行政决定或者文书存在以下情形之一的,法院不予认可:(1)明显缺乏事实根据;(2)明显缺乏法律依据;(3)超越职权;(4)其他重大明显违法情形。[99] 这里所列的

---

〔96〕 相关讨论,参见朱芒:《"行政行为违法性继承"的表现及其范围》,载《中国法学》2010年第3期;肖泽晟:《多阶段行政许可中的违法性继承》,载《国家行政学院学报》2010年第3期;郑春燕:《论城乡规划的司法审查路径》,载《中外法学》2013年第4期。

〔97〕 《最高人民法院公报》2004年第3期。

〔98〕 江苏省高级人民法院行政判决书,(2006)苏行再终字第1号;《最高人民法院公报》2006年第10期。

〔99〕 《最高人民法院关于审理行政许可案件若干问题的规定》,法释〔2009〕20号,第7条。

几种情形，在学理上都可以归为行政行为无效。也就是说，基础行政行为因重大明显违法而无效的，后续行政行为的合法性不予认可。

（三）行政许可的撤销、变更

有权作出许可的行政机关，原则上有权改变其所作的许可。但是，行政机关改变其所作行政许可，应当受信赖保护原则的限制。《行政许可法》对行政许可的变更、撤回、撤销作了一般性的规定，一些部门法律也有具体规定。

《行政许可法》第 8 条规定了行政许可的变更和撤回："公民、法人或者其他组织依法取得的行政许可受法律保护，行政机关不得擅自改变已经生效的行政许可。行政许可所依据的法律、法规、规章修改或者废止，或者准予行政许可所依据的客观情况发生重大变化的，为了公共利益的需要，行政机关可以依法变更或者撤回已经生效的行政许可。由此给公民、法人或者其他组织造成财产损失的，行政机关应当依法给予补偿。"

《行政许可法》第 69 条还规定了行政机关可以撤销行政许可的情形：(1)行政机关工作人员滥用职权、玩忽职守作出准予行政许可决定的；(2)超越法定职权作出准予行政许可决定的；(3)违反法定程序作出准予行政许可决定的；(4)对不具备申请资格或者不符合法定条件的申请人准予行政许可的；(5)依法可以撤销行政许可的其他情形。撤销决定可以由作出许可决定的行政机关作出，也可以由其上级机关作出；可以根据利害关系人的请求作出，也可以由行政机关依职权作出。依照前述规定撤销行政许可，被许可人的合法权益受到损害的，行政机关应当依法给予赔偿。但是，被许可人以欺骗、贿赂等不正当手段取得行政许可的，应当予以撤销，被许可人基于行政许可取得的利益不受保护。无论何种情况，撤销行政许可可能对公共利益造成重大损害的，不予撤销。

一些部门法律笼统地规定行政许可的撤销。《城乡规划法》第 57 条规定："城乡规划主管部门违反本法规定作出行政许可的，上级人民政府城乡规划主管部门有权责令其撤销或者直接撤销该行政许可。因撤销行政许可给当事人合法权益造成损失的，应当依法给予赔偿。"行政机关的登记行为，因为涉及公示公信的效力，撤销尤其需要谨慎。依照 2001 年修正的《婚姻法》(已失效)和 2003 年《婚姻登记条例》的规定，除法院宣告婚姻无效以外，婚姻登记机关只有在受胁迫结婚的当事人向婚姻登记机关请求撤销其婚姻，并且不涉及子女抚养、财产及债务问题的，才可以撤销该登记。实践中，对婚姻登记机关违法撤销婚姻登记行为，法院进行了干预。[100]《房屋登记办法》(2008 年颁布，已失效)曾规定："司法机关、行政机关、仲裁委员会发生法律效力的文件证明当事人以隐瞒真实情况、提交虚假材料等非法手段获取房屋登

〔100〕 例如，贺宁诉四川省富顺县民政局撤销婚姻登记、罚款案，四川省自贡市中级人民法院行政判决书，(1999)自行终字第 20 号；陈小青诉福建省连城县隔川乡人民政府撤销离婚证案，福建省龙岩市中级人民法院行政判决书，(2003)岩行终字第 33 号。

记的，房屋登记机构可以撤销原房屋登记，收回房屋权属证书、登记证明或者公告作废，但房屋权利为他人善意取得的除外。”2014 年的《不动产登记暂行条例》没有规定登记机关撤销登记，但允许更正。

在**易志明等诉溆浦县人民政府案**中，最高法院原则上认可行政机关具有自我纠错的权力和职责，但强调行政机关应当采取足够审慎的态度，只有在该行政行为的瑕疵足以影响实质处理结果时才能撤销。[101] 在**郴州饭垄堆矿业有限公司诉国土资源部案**中，最高法院对撤销瑕疵行政许可的条件作了仔细分析和深入审查。原告持有的饭垄堆矿采矿许可证与第三人中信兴光公司持有的红旗岭矿采矿许可证，在矿区垂直投影上部分重叠，由此形成“一山两矿”。被告复议后，根据“一个矿山原则上只能审批一个采矿主体”的意见，以及第三人取得采矿权在先的事实，撤销湖南省国土厅颁发给原告的采矿许可证。最高法院再审指出，即使按被告答辩，饭垄堆公司采矿许可证仍有 43% 的面积不构成重叠；对因历史原因部分重叠的采矿权，应综合衡量矿产资源形成状态、地质条件以及各个矿业权人的开采意向、开采能力、开采工艺等因素，区别情况处理。被告简单地以构成重叠为由作出撤销决定，未能全面考量事实，也没有具体说明理由，不符合法律。遂判决撤销被告的撤销决定，并责令其重新作出。[102]

三　行政裁决的适用条件

行政裁决是行政机关依照法律授权，居中裁断公民、法人和其他组织之间民事权益争议的行为。依据法律、行政法规的规定，行政裁决曾被广泛使用于一些民事侵权纠纷，土地、矿产等权属争议，以及土地征用、房屋拆迁的补偿争议。但随着一系列法律的修改，行政机关对民事侵权纠纷的行政裁决职能几乎全部取消，[103] 城市房屋拆迁补偿也因改走征收程序而不适用裁决。[104] 目前，行政裁决主要存在于土地、矿产等权属争议，土地征用的补偿争议，以及有行政裁定之实而无行政裁定之名的工伤认定。本节主要以工伤认定为例，来讨论行政裁决的适用条件。

为配合《劳动法》的贯彻实施，1996 年劳动部制定了《企业职工工伤保险试行办法》。2003 年，国务院制定《工伤保险条例》，规定了工伤保险费的征缴、工伤认定办法和工伤保险待遇。该条例在 2010 年经过多处修改。依据《企业职工工伤保险试

---

〔101〕 最高人民法院行政判决书，(2018)最高法行再 65 号。

〔102〕 最高人民法院行政判决书，(2018)最高法行再 6 号。

〔103〕 取消行政裁决的法律包括：《食品卫生法》(1995 年)、《大气污染防治法》(2000 年修正)、《专利法》(2000 年修正)、《商标法》(2001 年修正)、《药品管理法》(2001 年修正)、《医疗事故处理条例》(2002 年)、《道路交通安全法》(2003 年)、《治安管理处罚法》(2005 年)。

〔104〕《国有土地上房屋征收与补偿条例》(2011 年)第 26 条规定，房屋征收部门与被征收人在征收补偿方案确定的签约期限内达不成补偿协议，或者被征收房屋所有权人不明确的，由房屋征收部门报请作出房屋征收决定的市、县政府按照征收补偿方案作出补偿决定；被征收人对补偿决定不服的，可以依法申请行政复议或者提起行政诉讼。

行办法》和《工伤保险条例》，有关单位和个人对劳动行政部门作出的工伤认定或者对经办机构核定的工伤保险待遇等不服的，适用行政复议和行政诉讼程序。工伤认定案件的数量在2003年以后显著增长，成为行政诉讼的一个重要类型。最高法院在总结实践经验的基础上，专门就工伤保险行政案件发布了司法解释。[105]

在实践中，用人单位和职工的工伤认定纠纷，相当一部分是因为用人单位没有参加工伤保险引起的。依据《工伤保险条例》（2003年，下同）第60条规定，用人单位依照本条例规定应当参加工伤保险而未参加，期间职工发生工伤的，“由该用人单位按照本条例规定的工伤保险待遇项目和标准支付费用”。这意味着，一旦认定为工伤，用人单位可能需要支付数目不小的费用。在此意义上，劳动部门的工伤认定构成对用人单位与其职工纠纷的行政裁决。

（一）劳动关系的成立与工伤认定

用人单位与工伤者劳动关系的成立，是工伤认定的前提。《工伤保险条例》第18条要求，提出工伤认定申请应当提交职工与用人单位存在劳动关系的证明材料。劳动关系的成立与否，不受双方是否签订劳动合同、职工是否达到退休年龄、被告是否为职工缴纳工伤保险等因素的影响。

即使没有签订劳动合同，只要存在事实上的劳动关系，也可以认定为用人单位的职工。《工伤保险条例》第61条第1款把该条例所称的“职工”定义为“与用人单位存在劳动关系（包括事实劳动关系）的各种用工形式、各种用工期限的劳动者”。在泸州帝王银樽酒业有限公司诉泸州市劳动和社会保障局工伤认定案中，为原告公司“跑业务”的牟勇在出差途中被害。原告称，牟勇不是其聘用的业务员，只是介绍他人与原告签销售合同，并按做成的业务提取中介费。劳动局根据牟勇的工作牌、名片、原告的员工通讯录，以及原告工作人员接受调查时所作的证言，认为牟勇与原告建立了事实上的劳动关系。法院认可了劳动局的主张。[106]

在建筑施工、矿山开采过程中，因为涉及层层转包，劳动关系的认定比较复杂。在吕国良诉浙江省诸暨市人民政府工伤确认行政复议案中，第三人浙江枫叶建设有限公司承包一建设工程后，该公司工程项目部以书面协议形式将道路、污水、雨水管道工程转包给案外人楼国良施工，楼国良又以口头协议形式将部分路基路面工程交由原告吕国良施工，吕国良施工工程的质量受该公司工程项目部监督。浙江高院二审判决认为，第三人枫叶建设有限公司将涉案工程通过层层转包交给不具有相应资质的吕国良施工，违反《建筑法》关于建设工程转包的规定，但不能据此确认第三人与吕国良之间存在《劳动法》所调整的劳动关系。[107] 而在江苏南通六建建设集团有限公司诉上海市松江区人力资源和社会保障局工伤认定案中，上海市第一中级法院

---

[105] 《最高人民法院关于审理工伤保险行政案件若干问题的规定》，法释〔2014〕9号。

[106] 泸州市中级人民法院行政判决书，(2006)泸行终字第9号。

[107] 浙江省高级人民法院行政判决书，(2006)浙行终字第7号。

根据劳动与社会保障部的解释，认为建筑施工单位将其工程发包给无用工主体资格的自然人，并约定其所雇用的人员应服从建筑施工单位管理，则该自然人雇用的人员与建筑施工单位之间存在劳动关系；该员工在工作时间和工作场所内，因工作原因受到事故伤害的，应当认定为工伤。[108] 此后，最高法院的司法解释采取了后一立场："用工单位违反法律、法规规定将承包业务转包给不具备用工主体资格的组织或者自然人，该组织或者自然人聘用的职工从事承包业务时因工伤亡的，用工单位为承担工伤保险责任的单位。"[109] 司法解释加重了用工单位的责任，更有利于保护职工权益。

已经到达离退休年龄或者已经离退休又受聘于单位，不妨碍与用人单位成立劳动关系。依照最高法院行政庭的解释，离退休人员受聘于现工作单位，现工作单位已经为其缴纳了工伤保险费，其在受聘期间因工作受到事故伤害的，应当适用《工伤保险条例》的有关规定处理。[110] 在刘世英诉宜宾市劳动和社会保障局不予受理工伤认定案中，被告根据四川省劳动和社会保障厅文件辩称，第三人超过法定退休年龄，不具有"法律上的劳动行为能力"，因而劳动关系不成立。宜宾市两级法院驳斥了这种说法。[111]

（二）工作时间、工作场所和工作原因

《工伤保险条例》第 14 条规定了"应当认定为工伤"的几种情形。[112] 这几种情形基本围绕"工作时间""工作场所"和"工作原因"展开。其中，工作原因是认定工伤的核心要件和充分条件，工作场所和工作时间则起到补强和证明作用。职工在工作时间和工作场所内受到伤害，用人单位或者社会保险行政部门没有证据证明是非工作原因导致的，即应认定为工伤。但即使不在工作时间、工作场所，只要是工作原因造成的，同样应当认定为工伤。[113] 实践中，多数纠纷是因为职工在工作时间、工

---

〔108〕 上海市第一中级人民法院行政判决书，(2009)沪一中行终字第 301 号。

〔109〕 《最高人民法院关于审理工伤保险行政案件若干问题的规定》，法释〔2014〕9 号，第 3 条第 1 款第 4 项。承担工伤保险责任的单位承担赔偿责任或者社会保险经办机构从工伤保险基金支付工伤保险待遇后，有权向相关组织、单位和个人追偿。

〔110〕 《最高人民法院行政审判庭关于离退休人员与现工作单位之间是否构成劳动关系以及工作时间内受伤是否适用〈工伤保险条例〉问题的答复》，〔2007〕行他字第 6 号。

〔111〕 四川省宜宾市翠屏区人民法院行政判决书，(2006)翠屏行初字第 8 号；四川省宜宾市中级人民法院行政判决书，(2006)宜行终字第 19 号。

〔112〕 《工伤保险条例》(2010 年修订)第 14 条规定："职工有下列情形之一的，应当认定为工伤：(一)在工作时间和工作场所内，因工作原因受到事故伤害的；(二)工作时间前后在工作场所内，从事与工作有关的预备性或者收尾性工作受到事故伤害的；(三)在工作时间和工作场所内，因履行工作职责受到暴力等意外伤害的；(四)患职业病的；(五)因工外出期间，由于工作原因受到伤害或者发生事故下落不明的；(六)在上下班途中，受到非本人主要责任的交通事故或者城市轨道交通、客运轮渡、火车事故伤害的；(七)法律、行政法规规定应当认定为工伤的其他情形。"

〔113〕 马永欣、李涛、杨科雄：《〈最高人民法院关于审理工伤保险行政案件若干问题的规定〉的理解与适用》，载《人民法院报》2014 年 8 月 21 日。

作场所之外的场合受到伤害。最高法院司法解释和一些法院判决本着“保障因工作遭受事故伤害或者患职业病的职工获得医疗救治和经济补偿”的立法精神，对工伤认定范围作了扩大解释。下面举几个例子。

1. 职工因工来往于多个工作场所时受到伤害的。在孙立兴诉天津园区劳动局工伤认定案中，原告孙立兴受所在公司负责人指派，准备驾驶汽车去机场接人，行至一楼门口时摔倒，造成四肢不能活动。被告以孙立兴的摔伤事故不属《工伤保险条例》所述的“工作场所”“因工作原因”造成为由，不认定其为工伤事故。天津高院二审判决认为，从公司办公室到停车处是孙立兴来往于两个工作场所之间的必经区域，也应认定为孙立兴的“工作场所”。孙立兴在下楼过程中摔伤，系为完成工作任务所致，属于“因工作原因”摔伤。[114]

2. 工作时间前后，在工作场所内从事与工作有关的预备性或者收尾性工作受到伤害的。在何文良诉成都市武侯区劳动局工伤认定案中，原告何文良之子何龙章在第三人工厂上班期间，到该厂厂区内的厕所小便时意外摔倒，以致死亡。被告武侯区劳动局认为，上厕所是与工作无直接关系的私事，何龙章不属于工伤。成都市武侯区法院一审判决认为，上厕所是人的正常生理需要，与劳动者的工作密不可分。被告的认定有悖于《劳动法》保护劳动者合法权益的基本原则，也有悖于社会常理。据此，武侯区法院判决撤销被告的工伤认定，责令其重新认定。成都市中级法院二审维持原判。[115]

3. 职工参加用人单位组织的业余活动受到伤害的。在林国雄诉深圳市劳动和社会保障局工伤认定案中，原告林国雄在参加本公司与客户公司于星期日举行的足球友谊比赛过程中，与对方球员相撞，导致右小腿骨折受伤。被告认定，原告受伤不是在工作时间、工作场所因工作原因导致，不属于工伤。深圳市中级法院二审判决认为，原告为所在公司的利益，参加由其组织的活动中受伤，被告认定原告非因工受伤不妥。遂撤销该认定，责令其重作。[116]

4. 因工外出期间，由于工作原因受到伤害或者发生事故下落不明的。最高法院的司法解释认为，职工受用人单位指派或者因工作需要在工作场所以外从事与工作职责有关的活动，受用人单位指派外出学习或者开会，都属于“因工外出”。[117] 在泸州帝王银樽酒业有限公司诉泸州市劳动和社会保障局工伤认定案中，泸州市中级法

〔114〕《最高人民法院公报》2006 年第 5 期。

〔115〕《最高人民法院公报》2004 年第 9 期。判决书还指出，《企业职工工伤保险试行办法》第 9 条列举的不应认定为工伤的情形，均是职工因自己的过错致伤、致残、死亡的；本案中，没有证据证明何龙章受伤是因自己的过错所致，因而不属于不应认定为工伤的情形。依照《企业职工工伤保险试行办法》和四川省劳动厅的有关规定，即使是在上下班时间、在上下班必经路线途中，发生属于非本人主要责任的交通事故或其他无法抗拒的意外事故致伤致死的，都应当确定为工伤；何龙章则是在上班时间在工作区域内发生的非本人过错的伤亡，不认定为工伤与上述法规、规定的本意不符。

〔116〕深圳市中级人民法院行政判决书，(2005)深中法行终字第 299 号。

〔117〕《最高人民法院关于审理工伤保险行政案件若干问题的规定》，法释〔2014〕9 号，第 5 条。

院二审判决认为,因工外出期间的工作不能简单地理解为正在做具体的工作,还应包括往返出差目的地、在出差目的地工作和住宿等。因此,职工在出差途中被抢劫杀害,属于因工作原因受到伤害,应认定为工伤。[118] 类似地,司机因公外出造成交通事故,未构成交通肇事罪也不属于自杀、酗酒、蓄意制造交通事故的,也应认定为工伤。[119]

5. 在上下班途中,因为非本人主要责任的交通事故受到伤害的。在北京国玉大酒店有限公司诉北京市朝阳区劳动和社会保障局工伤认定案中,北京市第二中级法院二审判决认为,“上下班途中”应当理解为:职工在合理时间内,为上下班而往返于住处和工作单位之间的合理路径之中。该路径可能有多种选择,不是唯一的、固定的,不能机械地理解为从工作单位到职工住处的最近路径或者职工平常使用的路径,更不能以用人单位提供的路径作为职工上下班的唯一路径。[120] 此后,最高法院司法解释规定,职工在合理时间内往返于工作地与其住所地、经常居住地、单位宿舍以及配偶、父母、子女居住地,以及在合理时间和合理路线的上下班途中从事属于日常工作生活所需要的活动,都属于“上下班途中”。[121]

(三) 排除认定为工伤的情形

与扩大工伤认定范围的精神相一致,法律对排除认定为工伤的情形采取严格的立场。《工伤保险条例》曾经规定,因违反治安管理伤亡的,不得认定为工伤或者视同工伤。这一规定在2010年《工伤保险条例》修改时被取消了。此外,职工在工作中一般的过失,也不属于排除认定工伤的范围。在孙立兴诉天津园区劳动局工伤认定案中,天津高院二审判决认为,除了《工伤保险条例》第16条规定的三种情形,职工工作中的过失不属于不认定工伤的法定情形。工伤事故中,受伤职工多数有疏忽大意、精力不集中等过失。如果将职工主观上的过失作为工伤认定的排除条件,有悖于日常生活经验,不符合《工伤保险条例》保障劳动者合法权益的本意。[122]

《工伤保险条例》明确规定“不得认定为工伤或者视同工伤”的,只有以下三种情形:第一,故意犯罪的;第二,醉酒或者吸毒的;第三,自残或者自杀的。最高法院司法解释要求,前述“故意犯罪”的认定,应当以刑事侦查机关、检察机关和审判机关的生效法律文书或者结论性意见为依据。前述“醉酒或者吸毒”“自残或者自杀”等情形,也应当以有权机构出具的结论性意见、法院生效裁判等法律文书为依据,但有相反证据足以推翻事故责任认定书和结论性意见的除外。[123]

---

〔118〕 泸州市中级人民法院行政判决书,(2006)泸行终字第9号。
〔119〕 《最高人民法院关于工伤认定法律适用的请示的答复》,法行〔2000〕26号。
〔120〕 《最高人民法院公报》2008年第9期。
〔121〕 《最高人民法院关于审理工伤保险行政案件若干问题的规定》,法释〔2014〕9号,第6条。
〔122〕 《最高人民法院公报》2006年第5期。
〔123〕 《最高人民法院关于审理工伤保险行政案件若干问题的规定》,法释〔2014〕9号,第1条。

（四）行政裁决的重启

中国法律对行政机关撤销自己所作的行为，并无太多限制。例如，房地产管理机关可以撤销错误的注销抵押登记行为；[124]行政复议机关认为自己作出的已经发生法律效力的复议决定有错误，也有权自行改变。[125]行政机关对双方当事人的民事权益争议作出裁决后，是否可以重新裁定，则是一个两难问题。一方面，行政裁决应当追求公正，有错就改；另一方面，行政裁决应当有确定力，当事人对行政裁决的信赖利益应当得到保护，不能随意推翻重来。通常情况下，当事人对行政裁决不服，可以通过复议或者诉讼寻求救济；复议决定或者法院判决撤销行政裁决的，行政裁决机关在一定情况下可以重新裁决。但当事人没有或者依法不能提起复议和诉讼的，裁决机关是否可以重启裁决程序？

在佛山市圣芳（联合）有限公司诉国家工商总局商标评审委员会撤销商标案中，最高法院的再审判决对此做了深入讨论。在该案中，第三人强生公司核准注册手写繁体"采樂"文字商标后，原告圣芳公司核准注册了"采乐 CAILE"商标，使用于不同种类的商品。1998 年和 2000 年，强生公司曾两次向国家工商总局商标评审委员会提出撤销争议商标的申请，后者两次裁定维持商标注册（依据当时法律，商评委的裁定为终局裁定）。2001 年《商标法》修改，增加了禁止使用复制、摹仿或翻译他人的驰名商标的条款。2002 年，强生公司第三次向商评委提出撤销争议商标的申请；后者于 2005 年裁定，强生公司的"采樂"商标为驰名商标，争议商标（采乐 CAILE）构成在非类似商品上复制摹仿他人驰名商标、误导公众的情形，因此撤销争议商标的注册。

最高法院再审判决认为，强生公司在前两次评审申请中，已经援引了修改前的《商标法》及其实施细则有关公众熟知的商标或驰名商标等规定，穷尽了当时可以主张的法律事由和法律依据；商评委在前两次评审中已经就强生公司提出的全部事实和理由进行了实质审理，并裁定维持争议商标注册。对于已决的商标争议案件，商评委受理新的评审申请应该有新的事实或理由。2001 年修改后的《商标法》不能溯及该法修改前已受终局裁定拘束的商标争议，不能作为对已决事项重新启动程序的依据。况且，在两次终局裁定之后，争议商标已经长期、大规模地宣传使用，应当受到法律保护。因此，强生公司以修改后的《商标法》为依据、以商标驰名为主要理由申请撤销争议商标，商评委再行受理并作出撤销争议商标注册的裁定，违反了一事不再理原则。[126]

---

[124] 《最高人民法院关于房地产管理机关能否撤销错误的注销抵押登记行为问题的批复》，法释〔2003〕17号。

[125] 《最高人民法院关于复议机关是否有权改变复议决定请示的答复》，〔2004〕行他字第 5 号。答复意见同时指出，因行政机关改变或者撤销其原行政行为给当事人造成损害的，行政机关应该承担相应的责任。

[126] 最高人民法院行政判决书，（2008）行提字第 2 号。

傅国芳诉重庆市沙坪坝区劳动和社会保障局工伤认定案提出了一个新的问题，即行政裁决经复议维持后，原行政机关能否自行撤销并重新调查和决定？在该案中，被告认定傅国芳摔伤不属于因工负伤，重庆市人力资源和社会保障局经复议维持该认定。傅国芳提起行政诉讼。诉讼中，被告以证据不充分、需重新调查为由，自行撤销了原工伤认定决定。傅国芳撤诉。之后，被告再次派员调查核实后，再次认定傅国芳不属于因工负伤。傅国芳再次提起行政诉讼。重庆市第一中级人民法院二审判决认为，被告的工伤认定经复议机关维持后，被告不可自行撤销。被告不顾行政复议决定书仍然有效的事实，擅自撤销原工伤认定并作出一个新的工伤认定，属于滥用职权。〔127〕

四 政府信息公开的条件

中国政府信息公开的主要依据是国务院2007年制定的《政府信息公开条例》。该条例自2008年5月1日起施行；2019年作了修订，自当年5月15日起施行。早在条例公布之前，广州(2002年)、上海(2004年)等地颁布了政府信息公开的规章，并出现了一些政府信息公开诉讼。此外，个别法律也规定了政府信息公开的要求。最典型的是2003年的《行政许可法》第40条："行政机关作出的准予行政许可决定，应当予以公开，公众有权查阅。"最高法院于2011年制定了相关司法解释。

中国政府信息公开制度的一块重要内容是行政机关主动公开，但行政诉讼涉及的主要是行政机关依申请公开工作中的争议。依申请公开的法律适用，主要涉及政府信息的定义、申请人资格、免除公开的情形。

(一) 政府信息公开的适用范围

2007年发布的《政府信息公开条例》第2条规定："本条例所称政府信息，是指行政机关在履行职责过程中制作或者获取的，以一定形式记录、保存的信息。"这一条划定了政府信息公开的适用范围。2019年修订时，将"履行职责"改为"履行行政管理职能"，表述更为精准，实质内容未变。

依据该定义，该条例所适用的政府信息是行政机关已经制作或者获取、内容已经生成并有固定载体的信息。政府信息公开不完全等同于"政务公开"。按照政务公开的精神，重大情况应让人民知道，重大问题应经人民讨论，政府有责任对人们关切的事件作出解释、评论，对人民关心的事项提出打算、预案。但如果这些问题还未生成相关信息，公民就不能依据该条例要求行政机关作出解释或者提出方案。公民也无权依据该条例要求行政机关为其加工、分析现有政府信息，或者向其他行政机

---

〔127〕 重庆市第一中级人民法院行政判决书，(2010)渝一中法行终字第2号。在本案中，行政机关重新作出的工伤认定与第一次认定结果相同。二审法院撤销行政机关重新作出的工伤认定，似乎于理不通。

关、公民、组织搜集信息。[128] 原告所申请的内容不属于政府信息的,法院应当判决驳回原告的诉讼请求。

行政机关针对原告咨询所作的答复意见,一般也不属于政府信息。在**孙军诉交通运输部案**中,孙军提出的政府信息公开申请的第4项内容为:公开交通运输部《转发国务院法制办关于明确对未取得出租车客运经营许可擅自从事经营活动实施行政处罚法律依据的复函的通知》(交公路发〔2005〕468号)第3条第5项的法律依据。最高法院认为,该项内容实质上是孙军向交通运输部提出法律咨询,不属于《政府信息公开条例》的调整范围。交通运输部在被诉《申请公开政府信息告知书》中一并解答也无不妥。但该答复内容的合法性不属于该案审查范围,原审判决驳回孙军的诉讼请求并无不当。[129]

《政府信息公开条例》所定义的"政府信息"不要求特定的名称或者载体。**吴启群等诉杭州市人民政府公开会议纪要案**涉及政府会议纪要的性质。杭州长运公司800多名退养人员就干部职工持股问题持续上访,市政府曾经组织相关部门协调解决。2008年7月,吴启群等要求公开杭府(2006)97号关于长运公司退养职工信访的会议纪要。被告称,该纪要属政府内部公文,不属于信息公开范围。杭州市中级法院认为,该文件是市政府在履行职责过程中以会议纪要形式记录的会议情况和议定事项,属于政府信息。被告未依照条例规定履行法定职责构成违法,责令被告向吴启群等公开相关的会议纪要。[130]

政府信息公开的适用范围与《档案法》所调整的档案管理存在交叉。最高法院的司法解释规定,政府信息由被告的档案机构或者档案工作人员保管的,适用《政府信息公开条例》的规定;政府信息已经移交各级国家档案馆的,依照有关档案管理的法律、行政法规和国家有关规定执行。[131] 在**彭志林诉湖南省长沙县国土资源局案**中,长沙县法院认为,原告申请的政府信息(本组村民建房用地审批信息)保存在被告的档案室,并未移交给专门的档案馆,被告依法应适用《政府信息公开条例》的规定对原告进行答复。被告依据《档案法实施办法》的规定拒绝公开,属于适用法律、法规错误,依法应予撤销。[132]

申请公开的信息不属于《政府信息公开条例》所调整的"政府信息"的,当事人不能依据该条例获得相关信息,但仍然可以依据其他法律获取相关信息。目前主要

---

〔128〕《国务院办公厅关于做好政府信息依申请公开工作的意见》,国办发〔2010〕5号,第2点"准确把握政府信息的适用范畴";《政府信息公开条例》(2019年修订),第38条。

〔129〕最高人民法院行政裁定书,(2017)最高法行申2868号。

〔130〕章慧芬:《这个会议纪要为何不能公开:杭州长运公司4位退休职工将杭州市政府告上法庭》,载《浙江工人日报》2008年11月24日;章慧芬:《法院昨判市政府10天内公开信访纪要》,载《浙江工人日报》2008年12月24日。

〔131〕《最高人民法院关于审理政府信息公开行政案件若干问题的规定》,法释〔2011〕17号,第7条。

〔132〕《全国法院政府信息公开十大案例》,载《人民法院报》2014年9月13日。法院同时认为,原告申请公开的信息是否应当提供,尚需被告调查和裁量,故原告关于责令被告公开的诉讼请求不予支持。

的依据是,当事人在行政程序中的知情权、律师在办案中的文件阅览权。**袁裕来诉安徽省人民政府公开请示信息案**涉及当事人在行政程序中的知情权。安徽省政府在办理一起行政复议案件的过程中,以案件有关的法律政策问题需要“向有关机关请示”为由,决定中止复议。十个月后,代理该复议案件的袁裕来律师以其个人名义向安徽省政府申请公开请示内容和进展情况。安徽省政府拒绝了袁裕来所提的政府信息公开申请,但告知袁裕来作为行政复议案件的代理人可以查阅复议案件的相关材料、了解复议案件办理情况。法院对这一点予以确认。[133] 此外,法律也赋予律师、记者等特殊职业人员一些特别的调查权。《律师法》第 35 条规定,律师凭律师执业证书和律师事务所证明,可以向有关单位调查与承办法律事务有关的情况。

(二) 政府信息公开申请人的资格

从国外政府信息公开的实践来看,能够公开的政府信息可以对任何人公开,法律对申请人的资格和用途并无特殊要求。但是,2007 年的《政府信息公开条例》第 13 条规定,公民、法人或者其他组织可以“根据自身生产、生活、科研等特殊需要”,申请获取相关政府信息。“生产、生活、科研等特殊需要”是否构成对申请人资格的限制,一度成为司法实践中的大问题。

国务院办公厅作为全国政府信息公开工作的主管部门,曾经表示“行政机关对申请人申请公开与本人生产、生活、科研等特殊需要无关的政府信息,可以不予提供”。[134] 如果遵循这一意见,什么情况构成“特殊需要”,行政机关是否可以对申请人的用途进行实质性审查,就成了关键问题。最高法院的司法解释则规定,被告以政府信息与申请人自身生产、生活、科研等特殊需要无关为由不予提供的,法院可以要求原告对特殊需要事由作出说明;原告“不能合理说明”申请获取政府信息系根据自身生产、生活、科研等特殊需要的,法院判决驳回原告的诉讼请求。[135]

在行政实践中,一些行政机关要求当事人说明乃至证明其申请是出于“特殊需要”,也有一些行政机关根本不问申请人用途。从司法实践来看,当时法院对“特殊需要”的理解也宽窄不一。例如,同样是要求公开工商行政处罚决定,不同法院就有不同判法。[136] 法律实践的发展使有关“特殊需要”的要求在一些情况下变得不再必要,甚至显得可笑。例如,国务院 2014 年的一份文件要求,市场监管部门应当主动、及时公开执法

---

〔133〕 安徽省高级人民法院行政判决书,(2008)皖行终字第 136 号。

〔134〕 《国务院办公厅关于施行〈中华人民共和国政府信息公开条例〉若干问题的意见》,国办发〔2008〕36 号,第 14 条。

〔135〕 《最高人民法院关于审理政府信息公开行政案件若干问题的规定》,法释〔2011〕17 号,第 5 条第 6 款、第 12 条第 6 项。

〔136〕 参见曲昌荣:《从 0 到 60%:公民赵正军的“公开”维权路》,载人民网 2009 年 5 月 5 日,http://politics.people.com.cn/GB/1026/9238544.html(公开有关的违法案件处罚决定书就是特殊需要);刘冠南:《职业“打假人”状告工商局二审败诉》,载《南方日报》2009 年 12 月 10 日(原告没有合理说明其申请出于特殊需要)。

案件,以提高执法透明度和公信力。[137] 2014 年的《企业信息公示暂行条例》更是规定,工商行政管理部门及其他政府部门应当公示其在履行职责过程中产生的一些企业信息,其中包括企业注册登记、行政许可、行政处罚等。

2019 年修订的《政府信息公开条例》取消了申请人"特殊需要"的条款,从而消解了前述争议。但为了防止申请人滥用申请权,该条例第 35 条规定:"申请人申请公开政府信息的数量、频次明显超过合理范围,行政机关可以要求申请人说明理由。行政机关认为申请理由不合理的,告知申请人不予处理;行政机关认为申请理由合理,但是无法在本条例第三十三条规定的期限内答复申请人的,可以确定延迟答复的合理期限并告知申请人。"

(三) 不予公开的政府信息

公开是个好事,但毫无保留地公开却会坏事。国家秘密、商业秘密、个人隐私不予公开是各国通例,关键问题在于如何界定。《政府信息公开条例》将不予公开的范围重新归纳为三个方面,下面分别阐述。

1. 国家秘密等涉及总体国家安全事项

《政府信息公开条例》第 14 条规定:"依法确定为国家秘密的政府信息,法律、行政法规禁止公开的政府信息,以及公开后可能危及国家安全、公共安全、经济安全、社会稳定的政府信息,不予公开。"在"总体国家安全观"指引下,条例在这方面规定的免除公开范围比较宽泛。在政府信息公开的起步阶段,这是可以理解的;但如果过于宽泛地解释,该条足以摧毁整个政府信息公开制度的立法目的。行政机关和法院的实践令人关注。

刘中锋诉河南省招生办公室公开高考试卷信息案涉及本人高考答卷的公开。原告刘中锋参加河南省 2008 年高校招生全国统一考试,得知本人成绩后,通过学校提出查分纠错申请。省招生办认为要求公开试卷信息没有事实和法律依据,予以拒绝。在诉讼过程中,被告辩称,考生的答卷(答题卡)根据教育部规定按国家秘密级材料管理,因此不能公开。郑州市中级法院二审判决认为,被告提供的教育部和河南省教育厅文件不足以支持其不公开高考试卷的主张,原告要求公开高考试卷的请求成立。遂责令被告在判决生效 10 日内对原告公开其试卷。[138]

王国强诉青岛市崂山区统计局案涉及统计数据的公开。案外人青岛顶益食品有限公司在一起劳动合同诉讼中,提交了该公司职工月平均工资数据作为证据;原告为反驳该证据,向统计局申请公开该公司相同内容的政府信息。被告根据《统计法》关于"统计调查中获得的能够识别或者推断单个统计调查对象身份的资料,任何

---

〔137〕《国务院关于促进市场公平竞争维护市场正常秩序的若干意见》,国发〔2014〕20 号,第 19 点"公开市场监管执法信息"。意见要求,除法律法规另有规定外,市场监管部门适用一般程序作出行政处罚决定之日起 20 个工作日内,公开执法案件主体信息、案由、处罚依据及处罚结果。

〔138〕郑州市中级人民法院行政判决书,(2009)郑行终字第 1 号。

单位和个人不得对外提供、泄露”的规定，拒绝提供。法院支持了被告的立场。[139]

周如倩诉上海市人力资源和社会保障局政府信息公开案涉及所谓的“社会稳定”。在该案中，原告申请上海市2008年度卫生系列高级职称，但没有成功。事后，原告要求被告公开对其职称申请进行评审的委员名单。被告拒绝，理由是公开高评委名单可能危及社会稳定。其中包括：可能引发不正之风，影响评审工作的公平、公正；还可能引发打击报复，影响评审人员的生活和工作。法院否定了该观点，并责令被告重作。上海市第二中级法院二审判决指出，高评委成员对于投票情况、评审意见按规定不得向任何人泄露，参评人员知晓高评委名单并不等于知晓评委的投票情况和评审意见，故公开评审名单可能引发打击报复的理由不能成立。高评委成员有几十名，每年更换，参评人员靠逐个打招呼通过评审的可能性不大，故公开评审名单可能影响后两期评审工作的理由依据不足。况且，即使发生参评人员通过不正当手段达到其目的的情况，也不足以提升到影响“社会稳定”的层面。[140]

2. 涉及商业秘密和个人隐私

《政府信息公开条例》第15条规定：“涉及商业秘密、个人隐私等公开会对第三方合法权益造成损害的政府信息，行政机关不得公开。但是，第三方同意公开或者行政机关认为不公开会对公共利益造成重大影响的，予以公开。”在程序上，条例还要求，依申请公开的政府信息公开会损害第三方合法权益的，行政机关应当事先书面征求第三方的意见。

在杨政权诉山东省肥城市房产管理局案中，法院较好地平衡了公众知情权与公民隐私权的冲突。杨政权向肥城市房管局申请廉租住房，未获批准，后申请公开其他享受保障性住房人员的户籍、家庭人均收入、家庭人均居住面积等信息。泰安市中级法院认为，保障性住房涉及公共资源的分配；当知情权与一定范围内的个人隐私相冲突时，应首先考虑保障性住房的公共属性。《廉租住房保障办法》等文件确立了保障性住房分配的公示制度，申请人申请保障性住房，应视为已经同意公开其前述个人信息。获得保障性住房的公民让渡部分个人信息，符合比例原则，有利于社会的监督和住房保障制度的良性发展。[141]

3. 行政机关内部事务信息和过程性信息

《政府信息公开条例》第16条规定了两种“可以不予公开”的情况。一是行政机关的内部事务信息，包括人事管理、后勤管理、内部工作流程等方面的信息；二是行政机关在履行行政管理职能过程中形成的讨论记录、过程稿、磋商信函、请示报告等过程性信息，以及行政执法案卷信息，但法律、法规、规章规定上述信息应当公开

---

〔139〕 青岛市中级人民法院行政判决书，(2016)鲁02行终790号。

〔140〕 上海市黄浦区人民法院行政判决书，(2010)黄行初字第31号；上海市第二中级人民法院行政判决书，(2010)沪二中行终字第189号。

〔141〕 泰安市中级人民法院行政判决书，(2013)泰行终字第42号；《全国法院政府信息公开十大案例》，载《人民法院报》2014年9月13日。

的除外。条例的措辞与前述“不予公开”“不得公开”明显有别。它暗示,如果行政机关认为需要公开的,随时可以公开;确有必要的,法院也可以根据原告诉请要求其公开。毕竟,“提高政府工作的透明度”是条例的立法宗旨,“以公开为常态、不公开为例外”是条例确定的原则。

五 行政协议的适用条件

行政协议,又称行政合同、行政契约,指行政机关为了实现行政管理或者公共服务目标,与公民、法人或者其他组织协商订立的具有行政法上权利义务内容的协议。行政协议是合同的一种,适用合同法的一般原理和规则;又因为它事关公共利益和行政职能,在协议的订立、履行、变更、解除上受到较多的限制,存在一些特殊规则。最高法院于 2019 年专门制定了有关行政协议案件的司法解释。[142] 按照该解释,“人民法院审理行政协议案件,可以参照适用民事法律规范关于民事合同的相关规定。”这里说的民事法律规范,主要是《合同法》(现为《民法典》合同编)以及相关的司法解释。由于行政协议制度跨越民、行两界,立法时往往两边都欠缺专门考虑,呈现在我们面前的法律文本皱皱巴巴,含混难辨。在梳理现有文本、总结实践经验的基础上,把相关文本抚平理顺,是个不小的难题。

(一)行政协议相对人的选择方式

民事合同遵循合同自由原则,当事人依法享有自愿订立合同的权利。行政合同涉及公共利益和公平竞争,行政机关不得随意选择合同相对方。行政合同订立过程中发生的纠纷,主要不是发生在合同当事人之间,而是第三人认为行政机关违法与他人签订合同,侵犯其公平竞争权的。上述情形多发生在政府采购、国有土地使用权出让等国有资产管理领域。按照《政府采购法》的规定,政府采购货物或者服务原则上应当采用公开招标方式;采购人不得化整为零或者以其他任何方式规避公开招标采购。《招标拍卖挂牌出让国有建设用地使用权规定》第 4 条规定:“工业、商业、旅游、娱乐和商品住宅等经营性用地以及同一宗地有两个以上意向用地者的,应当以招标、拍卖或者挂牌方式出让。”

行政机关应当采用招标、拍卖等方式选择合同相对方而没有采用,侵犯第三人合法权益的,行政协议的第三人在穷尽法定异议程序后,可以向法院起诉。在现有法律下,原告的起诉多针对行政机关的招标、拍卖行为或者投诉处理决定;也有一些案件,争议涉及行政协议的效力。在清远盛兴投资有限公司诉广东省清远市清城区人民政府案中,最高法院再审认为,双方当事人签订的“项目投资协议”有关国有土地使用权出让的内容应属无效。除了清城区政府及街道办事处不具备签约主体资格,判决还指出,未经竞争性程序出让商住用地亦明显违反法律规定,损害公平竞争

---

[142] 《最高人民法院关于审理行政协议案件若干问题的规定》,法释〔2019〕17 号。

权和社会公共利益。[143]

(二)行政协议的主体与内容

行政协议的主体和内容如何影响行政协议的效力,现有规定还远远谈不上清晰。最高法院关于行政协议的司法解释规定,行政协议存在重大且明显违法情形的,行政协议无效。[144] 依据《行政诉讼法》第75条,"重大且明显违法"包括行政协议的订立没有依据,或者代表行政机关一方的订立主体不具有行政主体资格等情形。这一规定系套用行政行为无效理论,用于行政协议既不周全,也不十分妥帖。

行政协议无效情形的缺漏之处,准用民事法律规范关于合同无效的规定。依据《民法典》总则编的规定,下列民事法律行为无效:(1)行为人无民事行为能力的;(2)行为人与相对人以虚假的意思表示实施的;(3)行为人与相对人恶意串通,损害他人合法权益的;(4)违背公序良俗的;(5)违反法律、行政法规的强制性规定的,但该强制性规定从性质上不影响民事法律行为效力的除外。与此前《合同法》相比,《民法典》对合同无效情形的规定更有节制,也更科学。特别是,《民法典》删去了"损害社会公共利益"这一过于宽泛的情形。在一个旧村改造案件中,当地政府规定2间以下的宅基地房屋安置一套100平方米的楼房,而有关部门与当事人签订的《产权调换补偿协议书》约定,为其2间房屋安置两套共200平方米的楼房。法院判决认为,如果履行上述协议,"势必增加政府在旧村改造项目中的公共支出,侵犯整个旧村改造的房屋补偿安置秩序,损害社会公共利益"。为此,该约定无效,原告的诉讼请求予以驳回。[145] 如果该案发生在《民法典》施行后,应当会有不同结果。

法律和司法解释关于行政协议无效情形的列举,还需要作一些辨析。

1. 行政协议的订立依据

行政协议的订立是否遵循法律保留原则,目前还不明确。采用行政协议的方式实施行政管理,是否必须以法律、法规、规章为依据,在理论和实践中都有争议;规章能否作为依据,认识也不一致。鉴于行政行为的实际功用,似乎应当更多鼓励而不是抑制。"一刀切"地规定没有依据的行政协议无效,不符合现代行政的趋势和协商行政的精神,也难以满足行政管理实践的需要。为此,对于双方协商一致签订的行政协议,不应当以缺乏法律依据为由否定其效力。

在一些情况下,行政协议的订立须以法定条件的成立为依据,而法定条件不具备的,行政协议的订立也被视为没有法律依据。在**吉林郭尔罗斯农商银行诉宁夏回族自治区吴忠市利通区金银滩镇人民政府等行政协议案**中,最高法院再审认为,依

---

〔143〕 最高人民法院行政裁定书,(2020)最高法行申3832号。

〔144〕《最高人民法院关于审理行政协议案件若干问题的规定》(法释〔2019〕17号)第12条规定:"行政协议存在行政诉讼法第七十五条规定的重大且明显违法情形的,人民法院应当确认行政协议无效。"

〔145〕 徐建勋诉山东省安丘市人民政府行政协议案,潍坊市中级人民法院行政判决书,(2018)鲁07行初92号。

据《国有土地上房屋征收与补偿条例》,房屋征收部门与被征收人可以签订补偿协议,前提是市、县政府已经作出房屋征收决定。本案中,市、县政府未对相关房屋作出征收决定,金银滩镇政府与九州大地公司签订的《征地拆迁补偿合同》明显缺乏法律依据,应属无效。[146]

2. 订立主体的资格

代表行政机关一方的订立主体"不具有行政主体资格"不等于"不具有相应的行政职权"。不具有行政主体资格而签订行政协议,是个严重瑕疵,一般无法补救。签订主体不具有相应的行政职权也属无效,但可以补救。不具有相应职权的行政机关经委托,可以与他人签订行政协议。[147] 行政协议无效的原因在一审法庭辩论终结前消除的,也可以确认行政协议有效。此前也有规定,开发区管理委员会作为出让方与受让方订立的土地使用权出让合同,应当认定无效;但经有权机关追认,可以有条件地承认其效力。[148]

3. 违反法律、行政法规的强制性规定

行政协议效力问题上,最难处理的可能是"违反法律、行政法规的强制性规定"条款。这个条款可以追溯到 1999 年的《合同法》乃至 1993 年修正的《经济合同法》。[149] 立法者无法穷尽合同无效的情形,把问题留给法律和行政法规去规定,是可以理解的。但它带来了两个问题:一是,违反法律和行政法规强制性规定的是否一律无效?二是,违反地方性法规和规章是否完全不影响合同的效力?

对于第一个问题,民法学者很早就发现,不能这么绝对。于是,发明出了"效力性强制性规定"和"非效力性强制性规定"的区分。[150] 因为这种说法令人困惑,《民法典》用了"该强制性规定不导致该民事法律行为无效的除外"(该表述同样别扭)。问题不在于表述的方法,而在于实质的界限。在确定强制性规定的效力时,有必要考虑行政管制的需要和强制规定的目的。具体操作中,这方面有待更多探索。

对于第二个问题,同样难以给出一个斩钉截铁的回答。把界定合同效力的权力限于法律和行政法规,有助于维护合同自由原则,防止地方团体和行政权力过分侵

---

〔146〕 最高人民法院行政裁定书,(2020)最高法行申 8309 号。

〔147〕 范凯诉太和县城关镇人民政府、太和县人民政府行政协议案,最高人民法院行政裁定书,(2017)最高法行申 2289 号。

〔148〕 《最高人民法院关于审理涉及国有土地使用权合同纠纷案件适用法律问题的解释》,法释〔2005〕5 号,法释〔2020〕17 号修正,第 2 条。

〔149〕 《经济合同法》(1993 年修正)第 7 条第 1 款第 1 项规定,"违反法律和行政法规的合同"无效;《合同法》(1999 年)第 52 条第 5 项规定,"违反法律、行政法规的强制性规定"的,合同无效。

〔150〕 《最高人民法院关于适用〈中华人民共和国合同法〉若干问题的解释(二)》(法释〔2009〕5 号,已失效)第 14 条:"合同法第五十二条第(五)项规定的'强制性规定',是指效力性强制性规定。"更多讨论,参见耿林:《强制规范与合同效力——以合同法第 52 条第 5 项为中心》,中国民主法制出版社 2009 年版;王利明:《论无效合同的判断标准》,载《法律适用》2012 年第 7 期;朱庆育:《〈合同法〉第 52 条第 5 项评注》,载《法学家》2016 年第 3 期。

扰市场交易。司法解释一度强调该规定的精神,[151]但在行政管理的现实面前,这一防线多处崩溃。行政协议的公共利益性质,更使它不能不考虑法规、规章对行政机关一方的约束。

在理论上重新归纳行政协议效力的边界,不是一件容易的事情。司法实践中的个案探索体现了法官灵活务实的立场。**潍坊讯驰置业发展有限公司诉安丘市人民政府案**就涉及原、被告在房地产开发合同中约定多项税费减免的合法性。其中一些条款似乎违反《税收征收管理法》关于任何机关、单位和个人不得违反法律、行政法规的规定,擅自作出税收减免退补的决定。但山东高院依据《国务院关于税收等优惠政策相关事项的通知》(国发〔2015〕25 号),认可了土地契税、土地增值税、土地使用税等地方税种的免缴;又依山东省政府《关于明确所得税收入分享比例的通知》(鲁政发〔2013〕112 号),认可了企业所得税地方留成部分的返还。最高法院亦无异议。[152]

行政协议除了合法有效和无效,还有其他的效力状态。依最高法院关于行政协议的前述司法解释,法律、行政法规规定应当经过其他机关批准等程序后生效的行政协议,在一审法庭辩论终结前未获得批准的,法院应当确认该协议未生效;行政协议约定被告负有履行批准程序等义务而被告未履行,原告可以要求赔偿(第 13 条)。行政协议存在胁迫、欺诈、重大误解、显失公平等情形的,原告可以请求撤销(第 14 条)。在**王某某诉江苏省仪征枣林湾旅游度假区管理办公室房屋搬迁协议案**中,原告声称搬迁协议系胁迫所为,请求撤销。法院考虑王某某已近 70 岁、时值盛夏、双方从早晨一直"协商"到次日一点半、王某某凌晨受伤入院等因素,认为难以肯定王某某签订协议系其真实意思表示,遂接受了原告的请求。[153]

(三) 行政协议的变更和解除

行政协议的变更和解除,原则上适用民事合同的相关规范;特殊之处,在于行政优益权的行使。"行政优益权"不是一个立法概念,而是中国学者根据相关规定和法律实践所提炼的一个理论。在最初的阐述中,它被认为是国家为保障行政目标的实现,赋予行政机关职务上的优先权和物质上的受益权。[154] 在有关行政协议的文献中,这个概念被广泛接受和使用。依据司法解释,在行政协议履行过程中,行政机关为防止"国家利益、社会公共利益"遭受严重损害,可以变更、解除协议;而相对方要

---

〔151〕《最高人民法院关于适用〈中华人民共和国合同法〉若干问题的解释(一)》(法释〔1999〕19 号,已失效)第 4 条规定:"……确认合同无效,应当以全国人大及其常委会制定的法律和国务院制定的行政法规为依据,不得以地方性法规、行政规章为依据。"

〔152〕山东省高级人民法院行政判决书,(2017)鲁行终 495 号;最高人民法院行政裁定书,(2017)最高法行申 7679 号。

〔153〕《行政协议案件典型案例》,载最高人民法院网 2019 年 12 月 12 日,http://www.court.gov.cn/zixun-xiangqing-208691.html。

〔154〕张焕光、胡建淼:《行政法学原理》,劳动人事出版社 1989 年版,第 125~126 页。

解除行政协议，即使符合约定或者法定解除情形，行政机关可以以“损害国家利益、社会公共利益和他人合法权益”为由予以阻止。[155]

实践中，行政协议解除纠纷多是因为行政机关解除协议引发的。在寿光中石油昆仑燃气有限公司诉寿光市人民政府解除特许经营协议案中，则呈现另一种情形。2011 年，被告授权城建局与昆仑燃气公司签订《天然气综合利用项目合作协议》，约定由后者在寿光市从事天然气特许经营，为期 30 年。协议签订后，昆仑燃气公司开工建设，但一直未能完工。2016 年，被告决定解除特许经营协议，收回特许经营权。昆仑燃气公司提起诉讼，请求撤销该决定。山东高院二审认为，特许经营协议在履行过程中出现了损害社会公共利益的情形，行政机关可以单方解除特许经营协议并收回特许经营权。被告在此过程中没有履行告知、听证义务，违反法定程序；但撤销该决定会影响城市发展需要和居民供气需求，故判决确认违法而不予撤销。[156]

在一些情况下，行政协议相对方也可能要求解除协议。在山东唐码齐鲁国际传媒有限公司诉济南市城市管理局城管行政合同案中，原、被告于 2006 年签订《济南市户外广告设施阵地使用权出让合同》，约定原告取得济南绕城高速东线 8 处广告阵地 8 年的使用权，同时约定被告应按规划对该路段广告位进行严格控制。2012 年，原告起诉称，相关路段广告位未按约定严格控制，导致媒体市场无序竞争、价格严重下跌，要求解除合同。济南市市中区法院参照《合同法》有关规定认为，行政合同双方当事人的目的无法实现时，可以解除合同。就本案而言，行政机关的目的是规范城市户外广告设置管理，相对方的目的是合法参与市场经营。由于涉案路段户外广告位严重超出规划数量，相对方的经营权益已无法得到合同保障，行政机关管理目的也无法实现，该合同予以解除。[157] 该案没有提及行政优益权。显然，法院对此也不会认可。

行政优益权的存在有一定合理性，但过分宽泛地使用行政优益权将违背契约精神，甚至破坏平等、自愿、公平、诚信等合同法的基本原则。对今天中国的行政机关来说，尤其需要学会利用合同办事，而不是滥用行政优益权。

第四节　行政机关的处理方式

根据职权法定原则，行政机关对于特定情形，应当按照法定方式作出处理；法律

---

〔155〕《最高人民法院关于审理行政协议案件若干问题的规定》，法释〔2019〕17 号，第 16、17 条。相关讨论，参见黄永维、梁凤云、杨科雄：《〈关于审理行政协议案件若干问题的规定〉的理解与适用》，载《人民司法》2020 年第 4 期。

〔156〕《最高人民法院公报》2018 年第 9 期。判决书同时要求被告采取相应的补救措施，对昆仑燃气公司的合理投入予以弥补。

〔157〕济南市市中区人民法院行政判决书，(2012)市行初字第 36 号。宣判后，双方当事人均未上诉。

规定的处理方式存在选择空间的，行政机关应当作出适当的处理。从司法实践来看，行政机关在处理方式上的违法表现为三种情形：超越法定的处理方式（越权处理），在制定法规定的裁量范围内作出不当处理（包括明显不当和滥用职权），以及行政机关未履行法定职责作出处理（行政不作为）。

一　越权处理

行政行为超越职权包括行政机关超越法定的管辖权力和超越法定的处理方式。行政管辖权的问题前面已经讨论，这里说的是超越法定的处理方式。行政行为的处理结果超越法定种类或者幅度，即为越权处理；越权处理也属超越职权。

谢培新诉四川省乐至县永和乡人民政府违法要求履行义务案涉及20世纪90年代常见的“农民负担”问题。国务院《农民承担费用和劳务管理条例》（1991年）第6条规定，农民直接向集体经济组织缴纳的村提留和乡统筹费，不得超过上一年度该乡农民人均纯收入的5%。乐至县法院认为，被告向原告谢培新提取的款项超过其全家应负担费用的1倍。其中有的项目，如敬老院筹资、广播网建设和安装费用等，属于公益金和统筹费的重复提取；生产性和公益性服务费用的收取以及林场债务的分摊，违反自愿、互利、谁受益谁承担的原则，属于强行摊派。据此，判决撤销被告通知中的超额部分，撤销服务收费中的不合法部分。[158] 这里的超额征收、强行摊派，即属于超越法定处理方式。

在行政处罚中，行政机关超越法律规定的处罚种类和幅度给予处罚，是比较常见的。发生于《行政诉讼法》施行前的宁德市大众影院诉宁德地区工商局行政处罚案就是一例。原告通过橱窗海报宣传电影《寡妇村》系“我国首部性电影”等。被告认为其内容恣意夸张，欺骗消费者，依据《广告管理条例施行细则》作出罚款，同时责成影院“写出深刻的书面检查”，通报有关单位。宁德地区中级法院一审判决认可了罚款处罚（后被二审法院撤销），但认为被告责成影院“写出深刻的书面检查”于法无据，判决撤销。[159] 与之类似，《人民警察法》及其他相关法律没有授予公安机关查封倒卖火车票经营场所的职权，铁路公安部门作出查封倒卖火车票经营场所的行政行为缺乏法律依据，超越职权。[160]

诸如前述完全没有法律依据的处罚方式，现在已经很少见了。目前实践中比较多的是下位法超越上位法的规定，设定新的处罚种类。例如，1986年《渔业法》第30条规定：“未按本法规定取得捕捞许可证擅自进行捕捞的，没收渔获物和违法所得，可以并处罚款；情节严重的，并可以没收渔具。”该条未规定可以没收渔船。《福建省

---

〔158〕《最高人民法院公报》1993年第1期。原告和被告均未上诉。

〔159〕最高人民法院中国应用法学研究所编：《人民法院案例选（1992—1999年合订本）·行政卷》，中国法制出版社2000年版，案例51。

〔160〕《最高人民法院行政审判庭关于铁路公安部门是否有权查封倒卖火车票经营场所的电话答复》，〔1997〕行他字第1号。

实施〈中华人民共和国渔业法〉办法》(1989年)却规定,未取得捕捞许可证擅自进行捕捞或者伪造捕捞许可证进行捕捞,情节严重的,可以没收渔船。在**陈乃信等诉福建省霞浦县渔政管理站行政处罚案**中,被告以原告未办捕捞许可证违法捕捞为由,根据《福建省实施〈中华人民共和国渔业法〉办法》的规定,对原告处以没收渔船和罚款的处罚。霞浦县法院依据最高法院就该案有关法律适用问题所作的司法解释,认为被告所作没收渔船的处罚与《渔业法》不符,属适用法律错误,遂撤销被告没收渔船的处罚。〔161〕该案固然涉及法律适用问题,但由于被告所作没收渔船的处罚超出《渔业法》规定的处罚种类,也可以归为"超越职权"。

二　明显不当

法律规定的处理方式往往有多种,有的处理方式还包含一个幅度。执法机关可以斟酌案件情况,在法定的处理方式和幅度之内裁量处理。一般来说,法院对于行政裁量应当给予足够的尊重,尤其应当避免以自己对什么是最好选择的判断代替行政机关的判断。但是,如果行政机关的裁量明显越出合理界限,构成实质上的违法,法院就应当进行干预。

1989年《行政诉讼法》没有规定"明显不当"的行政行为应当撤销,只规定了行政行为"滥用职权"和行政处罚"显失公正"的处理方式。实践中,法院在这两个标准下,对行政行为的合理性进行一定的审查。但是,由于法律欠缺明确规定,法院普遍存在"不敢审""不愿审"的情况。行政裁量是司法审查的重要方面,合理性审查的欠缺妨碍了行政争议公正、有效的解决。为此,2014年《行政诉讼法》修改时,在法院可以判决撤销的情形中增加了"明显不当"一项;在法院可以判决变更的情形中,"显失公正"的措辞也统一为"明显不当"。

"明显不当"审查标准的增加,给了法院审查行政行为合法性的新武器。如何掌握"明显不当"标准的适用范围、考虑因素和判断标准,将成为司法审查的重要课题。虽然我们永远也不可能找到一条清楚坚硬的界线,但法院也不能仅说一声"我们认为明显不当",就直接下判。只有把判决建立在相对客观、可以检验的准绳上,司法审查才有正当性可言。

(一)明显不当标准的适用范围

在法律文书中,"明显不当"一词可能被用于广泛的场合,包括事实认定明显不当、法律适用明显不当、行政程序明显不当……这些说法本身都没有问题,但作为法

〔161〕最高人民法院中国应用法学研究所编:《人民法院案例选(1992—1996年合订本)·行政卷》,人民法院出版社1997年版,案例133。相关司法解释,参见《最高人民法院关于人民法院审理行政案件对地方性法规的规定与法律和行政法规不一致的应当执行法律和行政法规的规定的复函》,法函〔1993〕16号。该案在二审中以原告撤诉终结。福建省人大常委会于1993年修改该实施办法,取消没收渔船的规定。

律术语,"明显不当"应当有它的特定含义。在多个司法审查标准并存的情况下,对任何一个审查标准的解释都需要照顾体系的和谐,确保不同审查标准既有区分又能衔接。鉴于事实认定、法律适用、行政程序、管辖权限都有各自的审查标准,无须使用"明显不当";越权处理的,亦有"超越职权"一说。在此情况下,"明显不当"最好被理解为一个针对行政行为实体裁量问题的审查标准。也就是说,法律规定有多种处理方式,行政机关据此享有裁量处理的空间,而在这个裁量空间内处理结果明显不当,才是《行政诉讼法》所说的"明显不当"。

根据上述理解,"明显不当"问题的产生与法律对行政处理方式的规定有关。如果法律规定的处理方式不包含裁量空间,就谈不上明显不当。行政许可、登记的方式完全法定,确定了适用条件后处理方式几乎没有选择,所以,基本不存在当与不当的问题。实践中,涉及"明显不当"问题的主要行为类型是行政处罚、行政给付、行政裁决等行政行为,处理方式包含多个种类和一定幅度,就有一个合理与否的问题。例如,公民举报食品安全违法并要求奖励,但主管部门仅给他一封表扬信。由于相关法规、规章均未规定举报奖励的具体标准,仅给表扬信是否适当就成了一个问题。[162]

(二)是否适当的考虑因素

评价行政行为当与不当是个复杂的课题,复杂就复杂在需要考虑的因素是开放和多样的。学术界在这方面做了很多努力,但仍然没有、看来也不可能达成完全一致的共识。总结实践情况,行政行为明显不当主要有这样几种情形:(1)没有考虑依法应当考虑的因素;(2)处理方式违反比例原则;(3)没有正当理由的区别对待;(4)违背业已形成的裁量基准;(5)不考虑具体情况的"一刀切"处理。下面分述之。

1. 没有考虑依法应当考虑的因素

公心诚意、合理考虑,是依法行政的要务。行政机关没有考虑应当考虑的因素,或者相反,考虑了不应当考虑的因素,都可能导致行政处理结果明显不当。实践的复杂在于,立法对行政机关的处理方式,有的规定了具体的办法,有的只有笼统的指示,有的完全没有意见。为此,对行政判断过程的审查不但要看法条的规定,还应当结合立法的精神。

法律已经规定了行政处理应当考虑的因素,行政机关却未加考虑,导致行政决定有失公正的,属于不正当行使权力。例如,《物业管理条例》规定,"物业管理区域的划分应当考虑物业的共用设施设备、建筑物规模、社区建设等因素"。在**黄金成等25人诉成都市武侯区房管局划分物业管理区域案**中,被告武侯区房管局考虑到中央花园清水河片区的建筑规模较大、分属两个社区等实际情况,对该片区物业管理区

---

〔162〕 孙阳兵诉深圳市市场监督管理局龙岗分局行政奖励案,深圳市中级人民法院行政判决书,(2014)深中法行终字第425号。

域进行划分。但被告对物业管理区域的划分,没有考虑物业管理用房以外的其他共用设施设备的权属、使用与维护等因素。成都市中级法院二审判决认为,被告对物业管理区域的划分不符合《物业管理条例》的上述规定。[163] 又如,2002 年国务院《社会抚养费征收管理办法》(已失效)规定,社会抚养费的征收应当"结合当事人的实际收入水平和不符合法律、法规规定生育子女的情节",确定征收数额。在杨支柱、陈虹诉北京市海淀区人口和计划生育委员会征收社会抚养费案中,被告因原告夫妇违反规定生育二胎,依据《北京市社会抚养费征收管理办法》关于按照"城镇居民年人均可支配收入的 3 至 10 倍征收"的规定,按 9 倍的标准向其征收社会抚养费 240, 642 元。原告提出,早在征收决定作出前数月,杨支柱因生育二胎被单位解聘,单位只发给 600 多元工资,扣除有关规定项目后可支配收入仅为 81 元;陈虹在家全职带孩子,无收入。被告的征收决定没有考虑"当事人的实际收入水平",是不合理的。[164] 该案被告没有证明在决定过程中考虑了"当事人的实际收入水平"这一法定因素,法院对其也未作审查,该判决值得商榷。

法律没有明确规定考量因素的,法院可以通过解释法律条文来探寻立法者的意图。在一些情况下,通过类比相似法条,举重明轻、举轻明重,也能够帮助理解立法意图。在姜福英诉辽宁省庄河市公安局行政处罚案中,被告认定原告未取得机动车驾驶证驾驶摩托车,依据《道路交通安全法》第 99 条第 1 款第 1 项、第 2 款的规定,对原告处以 500 元罚款并处 15 日拘留。大连市中级法院二审判决认为,原告无证驾驶行为发生在从自家一处大棚至另一处大棚之间的乡间道路,其社会危害性与《道路交通安全法》第 99 条所列的其他几种可以拘留的行为相比显著轻微。被告对原告处 15 日拘留,与被告认定的原告违法事实及本案的情节、社会危害程度不相称。该处罚决定明显不当,显失公平。[165]

法律条文完全没有规定处理意见,也不等于行政机关可以任意处理。在刘翠英诉北京市房山区人民政府没收物移交案中,北京市国土资源局房山分局因房山区市政市容管理委员会违法占地建设,没收其在非法占用土地上新建的建筑物及其他设施。但后来,根据房山区政府的批示,没收的建筑物及其他设施移交给被处罚人房山区市政市容委处置。北京市第四中级法院认为,这种对罚没物品的处置方式没有真正实现对处罚决定的履行,与《行政处罚法》的立法精神和目的完全相悖,属于明

[163] 《最高人民法院公报》2005 年第 3 期。

[164] 北京市海淀区人民法院行政判决书,(2011)海行初字第 13 号;北京市第一中级人民法院行政判决书,(2011)一中行终字 1782 号。对于原告的意见,法院判决没有正面回应,仅声称"征收额度并无不当"。

[165] 大连市中级人民法院行政判决书,(2014)大行终字第 202 号。《道路交通安全法》第 99 条规定可以并处拘留的情形包括:(一)未取得机动车驾驶证、机动车驾驶证被吊销或者机动车驾驶证被暂扣期间驾驶机动车的……(三)造成交通事故后逃逸,尚不构成犯罪的……(五)强迫机动车驾驶人违反道路交通安全法律、法规和机动车安全驾驶要求驾驶机动车,造成交通事故,尚不构成犯罪的;(六)违反交通管制的规定强行通行,不听劝阻的;(七)故意损毁、移动、涂改交通设施,造成危害后果,尚不构成犯罪的;(八)非法拦截、扣留机动车辆,不听劝阻,造成交通严重阻塞或者较大财产损失的。

显不当。据此，判决撤销被告房山区政府作出的上述批示。[166] 在社会强烈关注的唐慧诉永州市劳动教养管理委员会行政赔偿案中，唐慧对于周军辉等人强迫自己未成年女儿卖淫一案的刑事判决不服，持续上访、闹访，其间占据永州中院刑庭庭长的办公室吃住18天。被告以“扰乱社会秩序”为由，对唐慧处以劳动教养18个月（该决定8天后被湖南省劳教委撤销）。湖南高院二审判决认为，唐慧多次缠访、闹访，严重扰乱国家机关和社会正常秩序，其行为具有违法性，应当承担相应的法律责任。但永州市劳教委没有综合考虑唐慧及其家人的特殊情况，对唐慧实施了劳动教养，“处理方式明显不当”。唐慧要求赔礼道歉并支付精神损害抚慰金的诉讼请求，酌情可予支持。[167]

2. 处理方式违反比例原则

在法律条文沉默的地方，法律原则将开口说话。在判断行政裁量的合法性方面，比例原则是一个重要的指导原则。中国法院在实践中逐渐引入比例原则，其适用范围和具体标准仍在发展之中。

黑龙江汇丰实业发展有限公司诉哈尔滨市规划局行政处罚案是法院适用比例原则的一个标志性案例。在该案中，汇丰公司未经批准，将位于哈尔滨市中央大街院内的两层楼房翻建成两栋9层联体楼房。被告对其处以罚款，并责令拆除临街部分5～9层、院内部分8～9层。最高法院判决认为，规划局的拆除决定既要保证行政管理目标的实现又要兼顾相对人的权益，在能够达到行政执法目的和目标的前提下，应尽可能使相对人的权益遭受最小的损失。按国务院批准的《哈尔滨市总体规划》的原则规定和中央大街建筑风貌的实际情况，本案可以是否遮挡中央大街保护建筑新华书店（原外文书店）顶部，作为是否影响中央大街景观的参照标准。被告责令拆除的面积明显大于遮挡的面积，不必要地增加了原告的损失。该处罚决定显失公正，据此判决减少拆除面积、增加罚款数额。[168]

在苏州鼎盛食品公司诉苏州市工商局行政处罚案中，法院不但要求行政处罚遵循过罚相当原则，还指出了行政机关行使裁量权力时应当考虑的具体因素。在该案中，原告鼎盛公司使用了与第三人东华公司的注册商标近似的商标，构成商标侵权。被告责令鼎盛公司停止侵权行为，并处50万元罚款。江苏高院二审判决认为，被告的处罚未考虑以下事实：第一，在第三人注册商标核准之前，原告就进行了相应的包装设计并委托生产；第二，第三人商标核准注册才两个月，尚未投入市场，原告就被查处；第三，原告并未对使用该标识的月饼进行广泛宣传。鉴于原告侵权性质显著

---

[166] 北京市第四中级人民法院行政判决书，（2016）京04行初2760号。相关讨论，参见程琥：《对罚没物品处置行为明显不当的应予撤销——刘某诉北京市房山区人民政府没收物移交批准案》，载《法律适用》2018年第22期。

[167] 湖南省高级人民法院行政赔偿判决书，（2013）湘高法行终字第26号。相关报道，参见柴会群、邵克：《“永州幼女被迫卖淫案”再调查》《什么造就了唐慧》，载《南方周末》2013年8月1日。

[168] 最高人民法院行政判决书，（1999）行终字第20号。

轻微,尚未造成实际危害后果,责令其停止侵权就足以达到保护注册商标专用权、保障消费者权益的执法目的。被告要求并处50万元罚款实无必要,明显不当。[169]

3. 没有正当理由的区别对待

平等原则在司法中的适用,似乎还没有引起足够重视。同类情况同样对待是法治的一个基本要求,也是衡量是否公平公正的基本方法。没有正当理由的区别对待,构成明显不当。

在实践中,平等原则的问题最多出现在各方当事人具有竞争关系的场合。在**广州贝氏药业有限公司诉国家发展计划委员会药品定价案**中,被告根据《国家计委关于单独定价药品价格制定有关问题的通知》,对原告生产的氧氟沙星等30种抗感染类药品予以单独定价。该文件将贝氏药业生产的氧氟沙星作为"仿制药",最高零售价定为8元/10片、100mg/片(它此前的销售价格为23元/10片);而竞争对手日本第一制药和上海信谊药厂生产的氧氟沙星被作为"原研药",最高零售价分别定为41元/20片、100mg/片和21.5元/6片、200mg/片。贝氏药业认为,日本第一制药的氧氟沙星在中国没有获得专利,"仿制药"与"原研药"的区分没有根据。被告对质量、疗效、安全性、治疗周期相同的同类药品,定价相差如此之大,明显有悖公正原则,属于滥用职权。北京高院二审判决承认,"国家计委在确定同类药品差价时考虑的一些因素缺乏根据",但贝氏药业要求比照其他企业的药品定价为其重新定价,不予支持。[170] 该案判决遭到很多批评。[171] 由于司法审查依据的欠缺,法院在重大、复杂的政策性问题上,对于明显有违公平的行政行为无法进行实质性的干预。在《行政诉讼法》修改、增加"明显不当"的审查标准以后,情况理应有所不同。

行政机关在以往同类案件中的处理方式,也可以作为衡量行政行为是否合理的因素。依据《烟草专卖法实施条例》的规定,无准运证运输烟草专卖品的,处以烟草价值20% ~50%的罚款。在**王忠生等诉云南省安宁市烟草专卖局行政处罚案**中,四原告无证运输5个品牌的卷烟70件,被告按卷烟总价值45%的比例,对其处以60,592.5元的罚款。在诉讼过程中,原告提交的证据显示,被告此前对9名案外人无证运输75件卷烟的行为仅处罚款15,200元。昆明市中级法院二审判决认为,被告在作出处罚决定时,应当考虑对同种情况违法行为给予处罚的程度,做到同责同罚。本案情况与9名案外人无证运输卷烟行为相同,处罚幅度却相差较大,显失公

---

〔169〕《最高人民法院公报》2013年第10期。

〔170〕北京市高级人民法院行政判决书,(2002)高行终字第66号。在案外的说明中,法官指出本案涉及较复杂的社会背景和重大政策因素,特别是原研药与仿制药这一特定历史阶段的遗留问题,因此需要从大局出发予以考虑,注意判决的法律效果和社会效果的统一。参见最高人民法院中国应用法学研究所编:《人民法院案例选》2005年第3辑(总第53辑),人民法院出版社2006年版,案例59。

〔171〕陈楫宝:《贝氏状告国家计委败诉:药品定价机制"中外有别"?》,载《21世纪经济报道》2003年1月14日;刘福兴:《发改委药价新政倾向外企,国内仿制药敢怒不敢言》,载《中国经营报》2004年4月24日。关于该案的更多报道,参见郭亦乐:《广州贝氏药业状告计委再燃药价论争》,载《南方日报》2002年3月4日;《贝氏官司与药价的政府控制》,载《三联生活周刊》2002年10月10日。

正。遂变更为按卷烟总价值的30%处以罚款。[172] 在本案中,法院据以比照的只是以往的个别案例。如果行政机关在执法中已经形成稳定的惯例,那么,这些事实在评价行政行为合理性时会更有力量。

在存在利益冲突或者相应"对家"的场合,行政机关的选择性执法也容易引发人们对执法公平的质疑。只是,这类案件处理起来比较复杂。在王钦民诉新疆维吾尔自治区精河县公安局行政处罚案中,原告王钦民与第三人王钦防互殴,各致对方轻微伤。被告对第三人罚款100元,对原告拘留15日。博尔塔拉蒙古自治州中级法院认为,原告与第三人的违法性质和严重程度相同,被告对两者的处罚却轻重悬殊,该处罚决定显失公正。[173] 实践中也可能出现,公安机关仅对一方予以处罚,而对另一方未予处罚。有法院对此认为,后一事实与本案无关,不能作为认定处罚决定违法的理由。[174] 如果违法的"对家"之间不存在利益冲突,处罚的可比性更是值得探讨。在彭××诉厦门市公安局湖里分局收容教育案中,被告认定原告嫖宿李××,对其处15日行政拘留,后又决定收容教育2年。原告提出,被告对李××仅处15日拘留和罚款,对他又是拘留又是收容教育,明显不当,要求撤销收容教育。湖里区法院一审判决认为,原告所受收容教育与李××所受行政处罚之间不存在可比性。被告的收容教育决定虽有合理性问题,但仍在裁量范围内,所以原告的主张不予接受。[175]

4. 违背业已形成的裁量基准

在法律没有明确规定的情况下,行政机关也可能通过制定裁量基准、形成行政惯例、宣布处理政策,形成一套比较稳定的处理模式。这有助于减少行政过程中的考量因素,降低与当事人讨价还价的成本,抵御各种人为干扰。在通常情况下,它使行政过程更加简单、更有效率、更可预期,也更显公平。而处理模式一旦形成,就会给人一种期待,相信并要求行政机关遵循这种模式行事。在此情况下,现有的处理模式就构成行政裁量的基准。行政机关没有正当理由,违背裁量基准即构成违法。

但如果确有正当理由的,行政机关可以在执法过程中逸脱上级行政机关以规范性文件形式设定的裁量基准、宣示的政策意见,或者偏离行政机关在以往案件中形成的惯例、先例。在周文明诉云南省文山县交警大队行政处罚案中,周文明因超速驾驶被处以罚款200元、记3分的处罚。依据《道路交通安全法》规定,超速未达50%的,处20~200元罚款。而根据云南省公安厅下发的《云南省道路交通安全违法行为处罚标准暂行规定》,这种情况的罚款上限为100元。一审法院认为交警处

---

〔172〕 昆明市中级人民法院行政判决书,(2001)昆行终字第36号。

〔173〕 最高人民法院中国应用法学研究所编:《人民法院案例选(1992—1999年合订本)·行政卷》,中国法制出版社2000年版,案例34。

〔174〕 陈淑琴等诉福建省莆田县人民政府行政复议决定案,福建省高级人民法院行政判决书,(2003)闽行再终字第1号。

〔175〕 厦门市湖里区人民法院行政判决书,(2007)湖行初字第6号。二审维持原判。

罚显失公正,变更罚款为80元,取消扣分。被告上诉称,文山县交通事故的主要原因就是超速驾驶,执法中一直对超速驾驶予以重罚。二审法院认可该理由,判决维持交警原处罚。[176] 二审判决的精神得到多位行政法学者的认同。[177]

5. 不考虑具体情况的"一刀切"处理

裁量不仅是权力,也是义务。法律赋予行政机关裁量权力,也要求行政机关根据具体情形斟酌处理,以求公正。在某些特殊情况下,偏离裁量基准不仅是允许的,还是应当的。如果行政机关不考虑任何具体情形,作"一刀切"的规定,这样的规定多半是不完美、不合适的;如果执法机关不考虑任何具体情形,"一风吹"地执行,这样的做法僵硬刻板、有失公正,也是对其裁量义务的怠惰。

教育部规章《普通高等学校学生管理规定》规定,"考试作弊的,应予以纪律处分"。在田永诉北京科技大学案中,被告下发的《关于严格考试纪律的紧急通知》,规定考试作弊的"一律按退学处理"。虽然被告加强考试管理的目的完全正当,作退学处理(勒令退学)也在规章允许的范围之内,但是,该规定没有区别作弊的不同情节,有失公允,也没有给学生悔改机会,失之过严。[178] 在杜宝良诉北京市公安局公安交通管理局西城交通支队西单队"105张罚单"案中,杜宝良长期驾驶轻型货车在京贩卖蔬菜。2005年5月,杜宝良偶然得知,其因违反自己每天经过的一个路口的禁行标志,在过去1年多时间内被"电子眼"记录了105次违章。被告依照每次违反禁行标志罚款100元的标准,对其处以10,500元的罚款。[179] 依据2004年5月1日起施行的《道路交通安全法》,机动车驾驶人违反交通标志的处警告或者20~200元罚款,本案不是没有裁量余地。但被告未考虑本案具体情形,依据相关规定简单地累计处罚,以致结果有失公正。

方兴未艾的"电子执法"在提高执法效率和整体公平的同时,也带来了个别公正的问题。一些电子执法系统事先设定裁量标准,执法机关只需机械适用该标准作决定,有时连一线执法人员也无权变更。在有的情况下,这可能产生明显不当的结果。在何友庆诉珠海市公安局交通警察支队香洲大队案中,被告认定何友庆在发生交通事故后未撤离现场,妨碍交通,遂依据当地法规,处以500元的顶格罚款。珠海市中

---

[176] 云南省文山壮族苗族自治州中级人民法院行政判决书,(2008)文行终字第3号。相关报道,参见陈娟:《云南省公安厅红头文件引争议》,载《人民日报》2008年4月2日。

[177] 王天华:《裁量基准与个别情况考虑义务——周文明诉文山交警不按"红头文件"处罚案评析》,载《交大法学》2011年第1期。更多讨论,参见周佑勇:《裁量基准的正当性问题研究》,载《中国法学》2007年第6期;余凌云:《游走在规范与僵化之间——对金华行政裁量基准实践的思考》,载《清华法学》2008年第3期;王锡锌:《自由裁量权基准:技术的创新还是误用》,载《法学研究》2008年第5期。

[178] 《最高人民法院公报》1999年第4期。北京市海淀区法院一审判决认为,校规"对考试作弊的处理方法明显重于《普通高等学校学生管理规定》第12条的规定",因此不予适用。这一理解不能成立。相关讨论,参见何海波:《通过判决发展法律:评田永案件中行政法原则的运用》,载罗豪才主编:《行政法论丛》第3卷,法律出版社2000年版。

[179] 王乃彬:《"同一地点违章百余次被罚万元"事件引发争议》,载《法制日报》2005年6月6日;张旭:《北京"万元罚单"当事人杜宝良撤诉》,载《法制日报》2005年7月29日。

级法院二审判决认为,何友庆妨碍交通程度较轻,对其实施顶格罚款明显不当。被告关于罚款额度系电脑平台统一设定、无法调整的主张,有违过罚相当原则。[180] 该案提示,即使在电子执法中,行政人员仍负有裁量义务。归根结底,应当由人而不是机器来作最终决定,更不能让"机器管死大活人"。

(三)"明显不当"的判断标准

一个行政裁量行为不适当到什么程度,才算"明显不当"?前面所讲的几种考量因素的引入,为法院审查行政裁量行为提供了一个相对客观的标准,但它本身仍然包含着法院的主观判断。以比例原则为例,行政机关什么样的考虑是正当的?什么情况算是能够实现行政目的?手段和目的又怎样才是相称的?这些都离不开法官的考量。

立法使用"明显不当"的表述,一方面给了法院审查行政裁量合理性的权力,另一方面要求法院节制审查权力,避免过度地干预行政机关的管理行为。英国法院长期奉行的温斯伯里不合理性原则、美国法院采取的谢弗朗原则,都值得中国同行参考。虽然它们的适用范围和尺度与中国法上的"明显不当"不尽相同,但都要求法院尊重行政机关的裁量,不要以自己的判断代替行政机关的判断。面对一个"公说公有理、婆说婆有理"的事情,法院可以把问题留给行政机关,而不是非得断个是非。

在许强诉济南市交通警察支队市中区大队行政处罚案中,一、二审法院对于处罚是否显失公正就有不同的认识。许强在济南市经五路快餐店吃早餐时,将机动车停放在快餐店门前的人行通道上,被罚款 100 元。济南市市中区法院一审判决驳回原告诉讼请求,济南市中级法院则变更罚款为警告。二审判决认为,"许强停车目的是不影响车辆和人员的通行,主观上并没有违反交通管理的故意,客观上也符合人们的通常认知,违法行为情节显著轻微,给予警告足以达到有序管理和制止违法的目的"。[181] 二审法院关于原告没有违法故意的说法不能成立,该违法行为"情节显著轻微"的说法也可以商榷。二审判决没有充分考虑交通管理的复杂性,似乎也没有正确评估"人们的通常认知",过分地干预了行政管理。但该案判决确实反映出如何认定公正合理的难题。[182]

在陆煜章诉上海市工商行政管理局企业名称驳回通知案中,法院提供了一个可供参考的判断标准。原告于 2003 年向被告提出企业名称预登记申请,要求将"上海资本家竞争力顾问有限公司"作为开办公司的名称。被告认为,将"资本家"一词用

〔180〕 珠海市中级人民法院行政判决书,(2015)珠中法城(行政)终字第 34 号。二审判决将罚款数额变更为 200 元。相关讨论,参见唐文:《电脑应用平台顶格设定罚款金额且不能调整的司法应对》,载《人民司法(案例)》2016 年第 29 期。

〔181〕 济南市中级人民法院行政判决书,(2010)济行终字第 271 号。

〔182〕 一个可资对比的案例,参见马某跃诉济南市交通警察支队某某大队行政处罚案,济南市市中区人民法院行政判决书,(2010)市行初字第 109 号。

于企业字号违反《企业名称登记管理规定》,有损社会公共利益并且可能使公众形成误解,因此不予核准。法院认为,由于“资本家”一词具有特定政治含义,不为社会主流所接受;如果核准其使用,必将引起众多人的反对或反感。被告出于社会公众接受程度的考虑作出上述决定,不构成滥用自由裁量权。[183]

在涉及伦理问题上,应当考虑的因素可能变得微妙,行政机关和法院都可能面临艰难的选择。在**福建省德化县盖德建筑工程公司诉德化县公安局交通警察大队道路交通事故责任认定案**中,第三人陈智强与陈仁国盗窃两轮摩托车后,在驾驶途中冲入道路坑槽内,造成一死一伤。被告勘查现场后认定,陈智强无证驾车、速度过快是事故的主要原因;原告在道路施工过程中没有设置明显标志和安全设施,是次要原因;陈仁国不负事故责任。原告认为,事故是由于第三人陈智强做贼心虚,不注意对路面情况的判断等原因造成的,应由其承担全部责任。法院认为,第三人盗窃摩托车的违法行为与本案事故的发生没有法律上的因果关系,要求其承担事故全责缺乏依据。故判决维持被告的交通事故责任认定。[184] 在这类案件中,“法律上的因果关系”难免离不开主观的价值判断。而衡量主观价值判断最好也是最后的标准,恐怕还在于当下的公道人心。

在一些专业技术领域,判断行政行为是否“明显不当”,就不能以一般人的眼光来衡量,而应委托给该行业的专家进行。《专利法》第 33 条规定:“申请人可以对其专利申请文件进行修改,但是,对发明和实用新型专利申请文件的修改不得超出原说明书和权利要求书记载的范围,对外观设计专利申请文件的修改不得超出原图片或者照片表示的范围。”最高法院在**精工爱普生株式会社诉国家知识产权局专利复审委员会案**中认为,该条所称的“原说明书和权利要求书记载的范围”应该包括原说明书及其附图和权利要求书以文字或者图形等明确表达的内容,以及所属领域普通技术人员通过综合原说明书及其附图和权利要求书可以直接、明确推导出的内容。只要所推导出的内容对于所属领域普通技术人员是显而易见的,就可认定该内容属于原说明书和权利要求书记载的范围。[185] 而在**李维贤诉国家知识产权局专利复审委员会案**中,原告向国家知识产权局申请“金线鱼繁殖方法”的发明专利,被驳回。李维贤称,原始申请文件的权利要求“1”和说明书中关于每 500 克饲料中添加的促性腺发育激素的剂量“100 万国际单位”,系“100 国际单位”之误;仅因为一两个错字即不予授权,不合情理。北京市第一中级法院认为,“100 国际单位”与“100 万国际单位”差距甚大,前者在原说明书和权利要求书中均没有记载,也无法从原说明书和权利要求书直接地、毫无疑义地确定。因此,上述修改超出了原说明书和权利要

---

〔183〕 上海市第一中级人民法院行政判决书,(2003)沪一中行终字第 194 号。相关讨论,参见叶必丰:《严重不合理的正常人判断——“陆煜章案”判解》,载《行政法学研究》2012 年第 1 期。

〔184〕 福建省德化县人民法院行政判决书,(2004)德行初字第 3 号;福建省泉州市中级人民法院行政判决书,(2004)泉行终字第 111 号。

〔185〕 《最高人民法院公报》2014 年第 7 期。

求书记载的范围,不符合《专利法》的规定。[186]

三　滥用职权

滥用职权的审查标准从 1989 年《行政诉讼法》制定起就确立了,对其含义却有很大分歧。下面简单梳理学理上的理解和实践中的倾向,并在新《行政诉讼法》的审查标准体系下重新界定滥用职权的基本含义。之后,讨论行政行为滥用职权的主要情形,以及滥用职权的法律后果。

(一) 滥用职权的基本含义

在适用范围上,多数学者倾向于滥用职权是针对行政实体问题的裁量而言。但也有学者认为,滥用职权适用于任何方面的行政裁量(包括程序裁量);[187] 有一些裁判文书甚至把所有不当行使职权的行为(包括缺乏事实依据和法律依据),都叫"滥用职权"。[188] 考虑到程序问题、事实问题和法律适用问题另有审查标准(实务中滥用程序裁量多归为"违反法定程序"),把滥用职权限于滥用实体裁量,更能照顾审查标准体系的和谐。

在适用标准上,多数学者倾向于从主、客观两个方面来考察,认为在裁量权限范围内恣意行使权力造成显失公正的,才构成滥用职权;[189] 另一些学者则认为无须强调主观恶意,行政机关及其工作人员在裁量权限范围内违反行政合理性原则的,都属滥用职权。[190] 前者符合"滥用职权"一词的平常含义,也比较符合立法之初的想法;后者在当时情况下,有利于克服法院对行政行为合理性问题审查依据不足的问题,符合司法审查的实际需要。从司法审查实践来看,法院对滥用职权根据的使用相当谨慎,也相当有限,基本上是与行政人员的恶意联系在一起。[191]

---

[186] 北京市高级人民法院行政判决书,(2010)高行终字第 1013 号。

[187] 朱新力:《行政滥用职权新定义》,载《法学研究》1994 年第 3 期。关于滥用程序裁量权,另见马原主编:《行政诉讼知识文库》,北京师范学院出版社 1990 年版,第 190 页;罗豪才主编:《中国司法审查制度》,北京大学出版社 1993 年版,第 383 页;江必新:《行政程序正当性的司法审查》,载《中国社会科学》2012 年第 7 期。

[188] 对相关实践的观察,参见施立栋:《被滥用的"滥用职权"——行政判决中滥用职权审查标准的语义扩张及其成因》,载《政治与法律》2015 年第 1 期。

[189] 胡建淼:《有关行政滥用职权的内涵及其表现的学理探讨》,载《法学研究》1992 年第 3 期;罗豪才主编:《中国司法审查制度》,北京大学出版社 1993 年版,第 414 ~ 415 页;关保英:《论行政滥用职权》,载《中国法学》2005 年第 2 期;姜明安主编:《行政法与行政诉讼法》(第 5 版),北京大学出版社、高等教育出版社 2011 年版,第 525 页。

[190] 朱新力:《行政滥用职权新定义》,载《法学研究》1994 年第 3 期。

[191] 沈岿:《行政诉讼确立"裁量明显不当"标准之议》,载《法商研究》2004 年第 4 期;余凌云:《对行政机关滥用职权的司法审查——从若干判案看法院审理的偏好与问题》,载《中国法学》2008 年第 1 期;何海波:《行政行为的合法要件——兼议行政行为司法审查根据的重构》,载《中国法学》2009 年第 4 期;郑春燕:《"隐匿"司法审查下的行政裁量观及其修正——以〈最高人民法院公报〉中的相关案例为样本的分析》,载《法商研究》2013 年第 1 期。

在《行政诉讼法》修改、增加“明显不当”的审查根据后，出现了“滥用职权”与“明显不当”并列的局面。在此情况下，对行政裁量合理性的审查，一般可以放在“明显不当”的根据下进行；“滥用职权”则回归原位，限于行政机关违背法律目的、恣意行使权力、性质恶劣的情形。

（二）滥用职权的主要情形

在新的审查根据体系下，滥用职权应当包含主观恶意。但“恶意”不应当被过于狭隘地理解：行政机关出于不正当动机行使职权，是恶意；极端轻率任性、不负责任的行为，也属于恶意。据此理解，滥用职权的情形主要有徇私枉法、打击报复、反复无常、恣意任性等。

1. 徇私枉法

行政乃天下之公器，不允许以权谋私，或者偏袒一方。不幸的是，偏私袒护很难避免。在 1990 年的马文虎诉某区房管局案中，马文虎所住的公房列入拆迁范围，按规定由房管局负责安置。地方性法规《上海市拆迁房屋管理办法》（1987 年修正）规定，拆迁市区及郊县城镇居民住房时，由拆迁单位新建或者调拨适当的房屋，“妥善安置”被拆迁户。马文虎提出，他们夫妇年近七十、身体多病，希望与女儿安置在一起，并且楼层低些、离医院近些。被告初步同意，最后分给他们的却是相距遥远、交通不便的两套房子，而且是没有电梯的 5、6 层楼。原来答应分给马文虎的两套房子，则分给了房管局的两名工作人员。法院认为，区房管局从本单位职工利益出发分配住房，属于滥用职权。[192] 虽然相关法律对房屋拆迁安置只有非常笼统的要求，但被告的做法动机不良，结果有悖情理。

2. 打击报复

行政权力应当为公共目的而使用，不能单纯为了维护行政机关的“面子”、威信而使用，更不能用于泄愤报复、压制权利。在焦志刚诉天津市公安局和平分局行政处罚案中，原告因虚假举报执勤交警酒后执法，被告和平区公安分局给予罚款 200 元的处罚。行政处罚决定生效后，被告又重新裁决，给予原告拘留 10 日的处罚。原告申请复议，天津市公安局以事实不清为由撤销该处罚决定，要求被告重作。然而，被告在相同的事实基础上，对原告改处治安拘留 15 日。法院判决撤销了被告的处罚决定。天津市第一中级法院二审判决认为，虽然《行政复议法》没有规定行政处罚被撤销后重新作出的裁决不得加重处罚，但《行政处罚法》规定，“行政机关不得因当事人申辩而加重处罚”。被告在没有任何新证据的情况下加重对焦志刚的处罚，明显违反《行政处罚法》的上述规定，也背离了《行政复议法》的立法本意。[193]

---

〔192〕 岳志强等：《具体行政行为释论及其合法性审查 100 例》，法律出版社 1992 年版，第 193～195 页。被告在诉讼期间纠正其决定，马文虎撤诉。

〔193〕 《最高人民法院公报》2006 年第 10 期。2007 年的《行政复议法实施条例》第 51 条规定：“行政复议机关在申请人的行政复议请求范围内，不得作出对申请人更为不利的行政复议决定。”

3. 反复无常

行政执法应当诚信守诺。行政执法违背诚信原则,构成违法;如果出尔反尔,欺瞒诈取,就构成滥用职权。在张振隆诉徐州市教育局注销办学许可证案中,张振隆曾经因为徐州市教育局注销其办学许可证而提起诉讼。在诉讼中,徐州市教育局收回通知,张振隆撤回起诉。不料,徐州市教育局次日又重新作出注销办学许可证的通知。张振隆再次起诉。江苏高院二审判决认为,被告的注销行为不但认定事实有误、法律依据缺乏、程序违法,而且反复无常,属"滥用行政管理职权"。该注销通知依法应予撤销。[194]

在章丘锦屏机动车检测有限公司诉章丘市环境保护局行政答复案中,原告于2009年2月申请机动车尾气检测项目审批,被告答复称济南市正在立法,暂缓审批此类项目。9、10月,原告再次提出相同申请。12月,被告答复称,章丘市只能建设一家机动车尾气检测项目,该局已于当年10月批准了一家,因此对原告申请不再审批。而被告批准的机动车尾气检测中心,正好是被告下属单位投资建设的项目,虽然申请在后却批准在先。济南市中级法院以"程序违法""显属不妥"为由,撤销被告的行政答复。[195] 如果综观全案,被告反复无常,毫无诚信,已经构成了滥用职权。

4. 恣意任性

行政权力应当审慎地行使,关注案件事实,照顾执法后果。即使依照法律规定,行政机关在通常情况下可以作出一定行为,但在特殊情况下,如果实施该行为将导致严重后果,行政机关就应当三思而行。完全不考虑具体情况和实际后果,甚至不顾及当事人死活而一意孤行,是谓恣意任性,也构成滥用职权。

行政机关在毫无证据的情况下,任意采取行政强制措施或者行政处罚,可能构成滥用职权。在刘冰诉江苏省沛县公安局行政赔偿案中,1995年7月25日沛县公安局王店派出所以刘冰"卖淫"为由,对其强制传唤关押26小时。刘冰通过医院检查,证明自己"处女膜未婚式",是清白的。8月9日,沛县公安局又以"流氓"为由,对刘冰实施收容审查;一个月后解除收容审查,改为取保候审。由于刘冰上访申诉,沛县公安局确认对其收容审查违法。徐州市中级法院二审判决认为,沛县公安局在没有证据的情况下,指控刘冰"卖淫""流氓",先是传唤关押、后又收容审查,违法限制人身自由42天,显属滥用职权违法。[196] 在一些案件中,公安机关利用刑事侦查手段违法插手经济纠纷,也被法院宣布为"滥用职权"。[197]

---

[194] 江苏省高级人民法院行政判决书,(2003)苏行终字第47号。相关评论,参见耿宝建、朱嵘:《张振隆不服徐州市教育局注销社会办学许可证案》,载最高人民法院中国应用法学研究所编:《人民法院案例选》总第50辑(2004年行政、国家赔偿专辑),人民法院出版社2005年版。

[195] 济南市中级人民法院行政判决书,(2011)济行终字第162号。

[196] 最高人民法院中国应用法学研究所编:《人民法院案例选》第33辑,人民法院出版社2001年版,第437页。

[197] 黄梅县振华建材物资总公司诉黄石市公安局扣押财产及侵犯企业财产权案,载《最高人民法院公报》1996年第1期。

行政机关的执法方式简单粗暴,完全不考虑后果,给人造成不必要的损害的,也属滥用职权。王丽萍诉河南省中牟县交通局行政赔偿案涉及特定情况下的强制执行。该案发生在2001年9月,王丽萍借用其他村民的小四轮拖拉机3台,装载31头生猪,准备到开封的收猪点销售。路上,被告工作人员以拖拉机没有交纳养路费为由,准备暂扣。王丽萍请求将生猪运抵目的地后再扣车,工作人员置之不理,将装载生猪的两轮拖斗拆下,驾驶3台小四轮主车离去。卸下的两轮拖斗失去车头支撑后,成45度角倾斜,多头生猪因挤压受热死亡。当时法律对公路管理人员的强制执行没有规范。中牟县法院判决认为,小四轮拖拉机正处在运送生猪途中,被告工作人员应当妥善处置生猪后再行扣车。然而,工作人员不考虑生猪安全,直接采取强制执行,不符合合理、适当行政的要求,是滥用职权。[198]

行政机关消极怠惰,给人造成不必要的损害,也可能构成滥用职权。刘云务诉太原市公安局交通警察支队晋源一大队扣留车辆案,在这方面迈出了重要一步。2006年,刘云务的东风牌运输车在行驶途中,被执勤民警以该车未经年审为由扣留。两天后,刘云务携带该车行驶证去接受处理。因为该车曾经更换发动机缸体但未打刻发动机号码,车架号码被钢板铆钉遮盖而无法目视确认,执勤民警遂对该车继续扣留。刘云务多次托人交涉,并提供购车手续、修车证明等材料,但被告以其不能提供车辆合法来历证明为由,一直扣留。刘云务于2010年提起诉讼,请求法院撤销扣留行为并返还该车。该案历经四级法院审理。2016年,最高法院再审认为,被告既不返还机动车,又不积极调查核实车辆相关来历证明,反复要求刘云务提供客观上已无法提供的其他合法来历证明,长期扣留涉案车辆不予处理,构成滥用职权。[199]

(三)滥用职权的特别后果

《行政诉讼法》将滥用职权作为行政行为违法的情形之一,规定行政行为应予撤销或者部分撤销;除此之外,针对滥用职权再无特别规定。这部分是因为滥用职权的含义不够明确和统一,立法很难作进一步的类型化处理。如果在本书的意义上理解滥用职权,即行政机关违背法律目的、恣意行使权力、性质恶劣的,那么,滥用职权的行政行为还可能引发一系列的后果。这里提几个假设性的意见,具体有待实践检验:

首先,滥用职权的行为多数属于"重大且明显违法情形",原告可以申请确认行政行为无效。

其次,对滥用职权作出的行政行为,法院在判决撤销或者确认无效后,一般不再判决行政机关重新作出行政行为。

最后,对于滥用职权作出的行政行为,不仅应当撤销或者确认无效,还应当追究

---

[198] 《最高人民法院公报》2003年第3期。
[199] 《最高人民法院公报》2017年第2期。

行政机关的主管人员、直接责任人员的法律责任。法院应当将有关材料移送监察机关、该行政机关或者其上一级行政机关;认为有犯罪行为的,应当将有关材料移送公安、检察机关。因为行政机关工作人员滥用职权给公民、法人或者其他组织造成损害的,行政机关在承担国家赔偿责任后,可以向其追偿全部或者部分赔偿费用。

四　行政不作为

行政不作为,通常理解为行政机关不履行法定职责(或者给付义务),应当作出行为却消极无为。行政机关对当事人申请作出否定的意思表示,如不予颁发行政许可、不予提供政府信息,是行政机关履行职责的一种结果,形式上属于行政作为。但由于行政机关没有作出当事人所期望的行为,其实际效果与不作为类似,故放在一起讨论。实践中,行政机关对当事人的请求不予答复,其不履行法定职责的违法性比较明显,争议不大;引发争议的,多是行政机关明确拒绝当事人申请的行为。

(一) 行政机关的职责来源

行政机关对相应事项具有职责,是行政不作为违法构成的必要条件。

法律、法规、规章的规定是行政职责的主要来源,也是判断行政机关职责的主要依据。在汤晋诉当涂县劳动局不履行法定职责案中,原告要求县劳动局对其所在单位当涂县建材公司停发、乱扣其经济收入进行调查处理,依据的是《劳动法》第 85 条"县级以上各级人民政府劳动行政部门依法对用人单位遵守劳动法律、法规的情况进行监督检查,对违反劳动法律、法规的行为有权制止,并责令改正"等规定。[200] 在彭学纯诉上海市工商局不履行法定职责案中,原告彭学纯认为,上海有线电视台介绍上海 411 医院院长章某等人事迹的专题节目实系违法医疗广告,要求工商局进行查处。工商局口头答复该节目不属于广告,不予立案查处。上海市第一中级法院终审判决认为,根据《广告法》,广告的管理和监督,包括认定有关节目是否广告、是否构成违法广告、如何进行处罚,属于工商管理部门的职责范围。[201]

行政职责也可能来自政府以规范性文件形式发布的政策。在溆浦县中医院诉溆浦县邮电局拒不开通"120"急救电话案中,原告要求邮电局为其开通"120"急救电话,是基于湖南省卫生厅、省邮电局 1997 年联合下发的《关于规范全省"120"医疗急救专用电话管理的通知》。该文件规定了开通"120"急救电话的医院条件、审批程序和收费方式,并规定在一个行政区域只允许一家医疗机构开办"120"急救中心、开通"120"急救电话。[202] 在中国光大银行诉武汉市人民政府不履行法定职责案中,原告要求武汉市政府对世界银行转贷款重新确定债务人和担保人,依据的是《国务

---

[200] 《最高人民法院公报》1996 年第 4 期。

[201] 《最高人民法院公报》2003 年第 5 期。

[202] 《最高人民法院公报》2000 年第 1 期。

院批转财政部、国家计委关于进一步加强外国政府贷款管理若干意见的通知》(国发〔2000〕15号)和财政部的相关文件。其中国发〔2000〕15号要求,"各地人民政府和中央各有关部门负责清理本地区、本部门利用外国政府贷款项目拖欠债务工作……对已实行重组、改组或破产的项目,必须重新确定债务人和担保人"。最高法院判决也确认,武汉市政府对已实行重组、改组的转贷款项目,负有确定债务人和担保人的法定职责。〔203〕

除了法律、法规、规章的明确规定,行政职责也可能来源于其笼统的、默示的规定。例如,在曾昭玉诉教育部不履行法定职责案件中,原告报考中国社会科学院马列所硕士研究生,初试成绩过线但未被录取,该所却录取了一名成绩低于录取分数线的同专业考生。原告向教育部申请行政复议,要求保护其受教育的权利。教育部答复,招生录取系高校自主权,教育部只是宏观管理,申请事项不在教育部职责范围,故不受理其复议申请。曾昭玉向法院起诉,要求教育部受理其复议申请,对招生问题进行调查处理。北京高院终审判决认为,"教育部作为全国研究生录考的主管机关,不仅有权制定相关的具体规定,而且具有宏观指导、监督及查处违法、违规的职责";教育行政部门对高等学校招生过程中的违法行为仍然有义务进行监督。〔204〕

需要注意的是,这里讨论的法定职责不仅涉及该行政机关或者行政机关工作人员管辖的事务范围,对行政机关工作人员个人而言,还涉及其工作的时间范围。例如,工商管理人员下班后,在市场购物时碰到有人向其投诉坑蒙顾客的情形,该工商管理人员以已经下班为由拒绝处理。这不属于拒绝履行职责。当然,对于某些具有应对紧急情况职责的行政机关以及因职业特点随时待命上岗的工作人员,如治安民警,不在此列。

(二) 行政机关履行职责的条件

行政机关拒绝当事人请求,不一定违法;只有拒绝决定违反行政职责,才构成违法。

认定行政职责的主要依据是法律规定的适用条件。下面用两个治安管理的例子加以比较。1986年的《治安管理处罚条例》规定:"对于因民间纠纷引起的打架斗

---

〔203〕 最高人民法院行政判决书,(2004)行终字第4号;《最高人民法院公报》2004年第10期。最高法院驳回了原告的诉讼请求。理由是:本案债务人原武汉塑料十三厂虽经多次重组、改组,但债务人和担保人的身份和责任是明确的,且已为生效民事判决所确认,故不需要政府重新确定债务人和担保人;本案原告的债权之所以不能实现,是因为其主张债权已超过诉讼时效。

〔204〕 张和平:《为何不让我复试》,载《法制日报》2000年6月29日;张利利:《维权的路怎样畅通》,载《法制日报》2002年1月21日。《高等教育法》第14条规定:"国务院教育行政部门主管全国高等教育工作,管理由国务院确定的主要为全国培养人才的高等学校。国务院其他有关部门在国务院规定的职责范围内,负责有关的高等教育工作。"虽然该法第32条规定,"高等学校根据社会需求、办学条件和国家核定的办学规模,制定招生方案,自主调节系科招生比例",但并没有否定教育行政部门对高等学校招生的管理权。判决书同时认为,教育部对曾昭玉反映的情况进行调查了解,并对其作了答复,已经履行了相应的职责。故驳回曾昭玉的诉讼请求。

殴或者损毁他人财物等违反治安管理行为，情节轻微的，公安机关可以调解处理。”在黄坤诉北京市公安局海淀分局中关村派出所不予裁决案中，原告黄坤与邻居张某的孩子玩耍时发生争吵，被张某抽打几个耳光，致轻微伤。海淀区法院认为，被告在处理过程中，以“黄坤不接受调处方案”为由放弃裁决，构成拒绝履行法定职责。[205]王超诉北京市公安局朝阳分局小关派出所不予处罚决定案涉及行政争议和民事争议交织情况下公安机关的治安管理职权。原告通过买卖方式取得朝阳区小关北里一处房屋的产权，在发现房屋被张××侵占后报警称“张××非法侵入他人住宅”。小关派出所调查后发现，张××与争议房屋的原主人有债务纠纷，围绕该房屋正在进行诉讼，遂决定对张××不予处罚。北京市第二中级法院判决认为，公安机关只能对证据确凿充分的违反治安管理行为予以行政处罚；在涉案房屋存在法律纠纷、派出所无法对相关纠纷作出明确判断的情况下，不能仅凭王超持有房屋权属证书就简单认定张××构成非法侵入他人住宅。因此，派出所作出不予处罚决定是正确的。[206]

在法律规定了行政职责的情况下，行政机关的习惯做法或者现实困难不能成为免除职责的理由。在廖某诉江西省万安县国土资源局不予查处案中，第三人郭某购买了一块旱地建寿坟，原告要求被告予以查处。被告答复，第三人未经批准占用旱地建寿坟虽属违法行为，但考虑到在该县殡葬改革之前，按惯例建寿坟不经土管部门批准，并且所建寿坟周围多是坟墓，故对第三人不予查处。万安县法院认为，第三人郭某占用耕地建寿坟违反《土地管理法》的禁止性规定，前述惯例与法律相抵触。被告所述理由不能成立。[207]

（三）行政机关履行职责的方式

行政机关履行职责的方式应当符合法律规定的条件；法律没有明确规定的，应当以适当的方式履行。不是所有的答复、行动都属于对行政职责的履行。

负有职责的行政机关没有自行调查处理，而转交给其他行政机关了事，是不适当地履行职责。在前述汤晋诉当涂县劳动局不履行法定职责案中，原告汤晋向劳动

---

〔205〕 北京市海淀区人民法院行政判决书，(1993)海行初字第3号。2005年的《治安管理处罚法》第9条修改为：“对于因民间纠纷引起的打架斗殴或者损毁他人财物等违反治安管理行为，情节较轻的，公安机关可以调解处理。经公安机关调解，当事人达成协议的，不予处罚。经调解未达成协议或者达成协议后不履行的，公安机关应当依照本法的规定对违反治安管理行为人给予处罚，并告知当事人可以就民事争议依法向人民法院提起民事诉讼。”

〔206〕 北京市朝阳区人民法院行政判决书，(2007)朝行初字第168号；北京市第二中级人民法院行政判决书，(2007)二中行终字第706号。法院也指出，该判决不意味着张××在明知房屋权属已办理转移登记的事实后，以继续占据房屋的方式来解决纠纷是合法的。原告可以通过其他途径解决纠纷，保护自己的权益。

〔207〕 周迎飚、王小丽：《农民买地建寿坟　国土局接报不查败诉》，载中国法院网2005年11月1日，http://www.chinacourt.org/public/detail.php?id=183513。2004年《土地管理法》第36条第2款规定，“禁止占用耕地建窑、建坟或者擅自在耕地上建房、挖砂、采石、采矿、取土等”。

局写信控诉其所在的工作单位当涂县建材公司违反劳动法，停发、乱扣其经济收入，要求劳动局调查处理。劳动局局长在信上批示："将此文转交物资局处理。"两个多月过去，劳动局仍未给汤晋本人作出答复。在诉讼中，被告辩称，已将原告的申请作为人民来信转交物资局处理，已经履行了法定职责。当涂县法院认为，劳动局自己不履行监督检查的职责，也不向物资局了解处理结果，不给来信人答复，不能认为已履行了法定职责。据此，判决责成被告依法对当涂县建材公司遵守劳动法律、法规的情况进行监督检查，并在两个月内对汤晋本人作出书面答复。[208]

负有职责的行政机关没有调查处理，其他行政机关的处理也不能代替其履行职责。在前述廖某诉万安县国土资源局不予查处案中，第三人郭某购买了150平方米旱地建寿坟，原告阻拦未果，遂要求被告予以拆除。被告书面答复原告，芙蓉镇社会治安综合治理委员会对第三人的土地违法行为已作处理，故对原告要求予以信访结案。万安县法院认为，依照《土地管理法》的规定，对于占用耕地建坟的处理属于县级以上政府土地主管部门的职责。法律没有赋予社会治安综合治理机构对土地违法行为以管理权，被告称芙蓉镇社会治安综合治理委员会对第三人的土地违法行为已作处理的理由不能成立。[209]

行政机关已经依照法律履行职责，当事人要求行政机关重复履行职责的，行政机关可以拒绝。在陈亦勋、郑大梅诉福建省寿宁县卫生局拒绝重新组织医疗鉴定案中，两原告之子郑华在学校接受卫生院预防接种，两周后死亡。应原告要求，被告组织寿宁县预防接种异常反应诊断小组对郑华的死因作出鉴定，结论为该病与预防接种无直接关系。原告申请重新鉴定。原宁德地区预防接种异常反应诊断小组作出鉴定意见，结论为预防接种偶合脑干肿瘤。原告对鉴定结论仍然不服，向寿宁县政法委反映，要求对郑华死因重新鉴定。寿宁县政法委将两原告的申请批转给被告寿宁县卫生局，被告未作答复。宁德市中级法院二审判决认为，被告寿宁县卫生局对郑华死因已经作出鉴定结论，原宁德地区卫生局应原告申请也已作出重新鉴定结论。被告并不具有对郑华死因进行重新鉴定的法定职责，因此不存在不履行法定职责的情形。[210]

实践中，一些公民向行政机关举报、投诉他人的违法行为，要求行政机关调查处理并予以答复。难题是，行政机关调查到什么程度、如何处理才算充分履行了法定职责？对此，法院可能考虑行政机关履行职责的现实可能和实际程度，来判断行政机关是否充分履行了职责。在周红英诉南通市房产管理局拆迁行政监督案中，周红英向被告南通市房管局举报称，她所有的房屋在未签订拆迁安置协议的情况下被违法拆除，要求查处。被告调查后答复，由于双方就周红英之子是否签订过房屋置换协议、是否具有拆迁补偿洽谈资格的问题各执一词，该机关的调查力量不足以确认

---

〔208〕《最高人民法院公报》1996年第4期。

〔209〕周迎飚、王小丽：《农民买地建寿坟　国土局接报不查败诉》，载中国法院网2005年11月1日，http://www.chinacourt.org/public/detail.php?id=183513。

〔210〕福建省宁德市中级人民法院行政判决书，(2003)宁行终字第107号。

真假,建议周红英通过司法途径处理。周红英不服,提起诉讼。南通市港闸区法院一审判决认为,根据《国有土地上房屋征收与补偿条例》,被告对于违反该条例的举报"应当及时核实、处理"。行政机关是否依法履行法定职责,既不能简单地以行政机关是否作出答复来判断,也不能以答复内容是否满足举报人的主张来判断,而应当审查行政机关有无"实质履行"法律、法规所规定的行政职责。就本案而言,由于缺乏法律、法规的明确授权,被告南通市房管局对周红英举报的违法行为无权作出具体的查处决定,要求被告进一步作出查处决定难以支持。据此,驳回原告的诉讼请求。[211]

行政不作为常常与"懒政""惰政"联系在一起。彻底治愈懒惰行政需要一个良好的激励机制。法院所能做、也应当做的,是划出法律的边界线,以便各方共同遵守。

---

〔211〕 江苏省南通市港闸区人民法院行政判决书,(2014)港行初字第130号。在二审过程中,周红英以双方已经和解为由,撤回上诉。

第八章　行 政 程 序

从最终的意义上，行政机关只有作出影响当事人权利义务的决定，行政机关与公民的法律关系才得以确定。但行政机关作出决定不是一个印章敲下去那么简单，而是有一个过程。整个过程可能包括立案受理、调查核实、听取意见、咨询论证、审查批准等环节。它们不仅是行政机关意志形成和表达的过程，也是行政决定理性化和正当化的机制。在行政行为的司法审查中，行政程序无疑是一个重要方面。

第一节　行政程序概述

在过去的40年中，行政程序的理念得到广泛接受，行政程序的规则日益完善，但行政程序概念的误用和混用也相当明显。下面先谈行政程序的概念，再谈行政程序的发展。

一　行政程序的概念、价值和类型

（一）行政程序的概念

与"程序"的概念一样，行政程序的含义必须放在具体语境中理解。如果宽泛地理解，所有的行为都是法律过程的一部分。在英美法系国家，"正当的法律程序"和"正当程序"有时就是被这样理解，从而衍生出所谓的"实体性正当程序"（substantive due process）。[1] 在中国，也有学者在法治秩序建构的宏大视野下谈论法律程序；依此，整个行政诉讼制度都不过是一个程序。[2] 曾有学者主张"法即程序"，虽然区别实体与程序，但也是在相当宽泛的含义上指称行政程序。[3]

就行政行为合法性审查的语境来说，行政程序是与行政决定内容及其法律依据和事实根据相对的一个要素。通常认为，它包括作出行政行为的方式、步骤、期限；

---

〔1〕［美］伯纳德·施瓦茨：《美国法律史》（中译第3版），王军等译，法律出版社2018年版，第146～153页。丹宁法官的《法律的正当程序》（李克强等译，法律出版社2015年版）的书名，也显示了对正当程序的宽泛理解。

〔2〕例如，季卫东：《法律程序的意义——对中国法制建设的另一种思考》，载《中国社会科学》1993年第1期；高鸿钧：《现代西方法治的冲突与整合》，载《清华法治论衡》第1辑，清华大学出版社2000年版。

〔3〕肖凤城：《论"法即程序"——兼论行政程序法的重要性》，载《行政法学研究》1997年第1期（程序法比实体法更能反映法的本质）；肖凤城：《再论"法即程序"》，载《行政法学研究》2001年第3期（程序是指关于利益相关者之间行为关系的规则）。

行政人员的执法资格、回避等问题，与行政过程有关，也可以作为行政程序理解。辨析行政程序的概念，不但要知道它“指什么”“是什么”，也要知道它“不是什么”。

首先，这里讨论的程序是针对一个特定的行政行为而言的。据此，行政程序是以一个行政决定的作出为归结，指其中间所经历的过程。所以，工商机关对个体工商户没有按规定逐月征收管理费而是全年一次性征收，就属于征收决定的内容问题，而不是程序问题。

其次，行政程序是针对行政机关的行为而言，而不是针对当事人的行为而言。发放建设工程规划许可证欠缺环境影响报告书、办理婚姻登记只有一方当事人到场，从当事人角度来说，也许可以说是程序不到位；但从行政行为的角度来说，这些都构成行政许可（登记）要件的欠缺，而不是行政许可（登记）程序的瑕疵。

再次，它是相对于行政行为的其他合法要素，特别是就行政行为的适用条件和处理结果而言。行政机关错误适用法律是一个实体性的问题，而没有说明或者错误说明其所适用的法律则是一个程序问题（行政行为理由说明）。行政机关没有给当事人申辩机会是一个程序问题，因当事人申辩而加重处罚则是一个实体问题。行政机关超越期限作出行政行为是一个程序问题，而行政机关超越行政违法的追诉期限给予行政处罚，则是行政机关行使权力的要件问题。

最后，行政行为的每一个具体步骤都包含程序问题，但作为司法审查的根据，“违反法定程序”通常指影响行政行为合法性的程序问题。行政决定书中的权利告示，只影响当事人提起行政复议和行政诉讼的权利，一般不会直接影响行政决定本身的合法性。所以把它作为一个受理条件的问题，在起诉期限中讨论。行政调查过程中的程序问题，如鉴定人应回避而未回避、询问笔录没有被询问人的签名，可能影响调查所得证据的可采性或证明力；对最终的行政决定来说，鉴定结论和询问笔录则构成事实和证据层面的问题。法律的逻辑是：由于该证据的取得违反法定程序，不予采纳；由于该证据不被采纳，行政行为主要证据不足，应予撤销。就司法判决来说，适用“主要证据不足”这一审查根据即可。关于取证过程中的程序问题，将在下一章“事实认定”中讨论。

（二）正当程序原则及其价值

中国的行政机关掌握着广泛而巨大的权力，由它“切蛋糕”，由它“定生死”。对公正的追求，很大程度上落在行政机关行使权力的程序上。人们希望，在行政过程中，行政行为应当由中立无偏的行政机关及其工作人员作出。人们希望，行政机关作出行政行为应当遵循适当的方式、步骤和期限。人们希望，行政机关作出行政决定前让当事人知晓自己的处境，并能够对问题发表意见。人们也希望，行政机关作出对自己不利的决定，能够说明理由。诸如此类的要求构成了行政程序的一般原则，并进而成为现代行政法的一个重要基石。这些原则有一个概括的名称，叫“正当程序原则”。

正当程序原则的一些内容曾被视为天经地义，注重程序的普通法系一度把它奉为"自然正义"的要求。[4] 但从根本上讲，正当程序原则的正当性来自它在实现良法善治中的价值。[5]

正当程序原则的一个重要功能是保障行政行为结果的公正。实践证明，行政机关在事实认定和法律适用上的错误，很多是因为没有遵循必要的程序。如果行政机关严格遵循回避、调查取证、听取意见、集体讨论等程序要求，做到中立、兼听、集思，就可以减少这些错误。在涉及高度政策性和技术性的决定中，实体对错与否往往很难判断，行政行为是否公正更是取决于其程序是否公正。

正当程序原则的另一个重要功能是保障人们对行政机关的信任。公正不单是事实上的对错问题，也是情感上的认同问题。行政机关认真负责、中立无偏、公开透明，能够给当事人可信任的感觉；行政机关事先告知、事中听证、事后说明，能够给当事人被尊重的感觉。行政机关遵循这些程序，可以减少当事人对结果的质疑，从而减少行政纠纷的发生。即使当事人对结果仍然不服，正当的程序也有助于维持行政机关的公信力和整个制度的合法性。

不仅如此，在一定情况下，正当程序原则也有助于实现行政效率。行政过程遵守法定期限，就是行政效率的一个直接要求。在其他多数时候，奉行正当程序可能延长行政过程并增加行政成本，但如果考虑到行政决定本身的公正性以及减少争议、撤销重作的可能，遵循正当程序原则反而会提升行政过程的整体效率。

（三）内部程序与外部程序

根据不同的标准，可以对行政程序做不同的类型划分。这里着重讨论内部行政程序与外部行政程序的区分，它们是根据当事人在行政过程中的角色来区分的。

现代行政是一个以行政机关为主导、以行政机关和相对人关系为主轴的复杂过程。它包含两个互相联系但可以区别的子系统。一方面，行政机关与相对人具有互动关系，双方在此过程中进行必要的、甚至反复的交涉。例如，接受申请、预先告知、听取意见、说明理由、送达文书等。另一方面，行政组织自身是一个复杂系统，其内部机构和人员之间有一个权责分配的问题。例如，一件事由哪个机构、哪些人员负责处理，谁来决定启动，谁来调查事实，谁参与讨论，谁拟写决定，谁最后拍板。由此，行政系统内部产生了决定立案、指派人员、审查审核、请示汇报、讨论决定等一系列程序运作。在此视角下，我们把包含相对人参与的程序称为"外部行政程序"，把

---

〔4〕 何海波：《英国行政法上的听证》，载《中国法学》2006 年第 4 期。

〔5〕 章剑生：《行政程序法基本理论》，法律出版社 2003 年版，第 1 章"行政程序序说"；王锡锌：《行政程序法理念与制度研究》，中国民主法制出版社 2007 年版，第 2 章"法治系统中的法律程序及其意义"；朱芒：《行政程序中正当化装置的基本构成——关于日本行政程序法中意见陈述程序的考察》，载《比较法研究》2007 年第 1 期；何海波：《正当程序原则的正当性——一场模拟法庭辩论》，载《政法论坛》2009 年第 5 期。

没有相对人参与的程序称为“内部行政程序”。

上述区分是相对的、粗略的,需要进一步界定。

首先,内、外部程序的区分是对应本章讨论的主题即行政行为程序而言的。内部行政程序不能等同于内部行政行为。行政机关奖惩、任免工作人员等内部行政行为,从原理上讲也包含内部程序和外部程序。行政复议机关在复议时需要审查被申请行政行为的内部程序,而复议程序本身又包含着大量的内部程序运作。

其次,内部程序和外部程序可能存在交织和转化。例如,行政执法人员执法资格的取得是个内部程序,向当事人出示证件、表明身份则是一个外部程序。又如,回避程序,相对人申请行政人员回避是一个外部程序问题,行政人员自行提出回避以及行政机关负责人决定是否回避就属于内部程序的问题。再如,有些法律规定行政人员对场所、物品、人身进行检查(调查)应当出具检查(调查)通知书,在它背后则有一个谁来签发的内部程序问题。这类交织和转化不妨碍内、外行政程序的基本区分,也不妨碍我们把内部行政程序作为一个独立问题加以讨论。

(四)法定程序与正当程序

“法定程序”与“正当程序”的关系常常让人困惑。困惑的原因在于,随着法律实践的发展,“法定程序”“正当程序”两个概念自身发生了适应性变化,而不同的人又在不同含义上使用这两组语词。

总体来说,人们对这两个概念的关系有三种不同理解。一是把“正当程序”理解为有关行政程序的所有正当要求的总称,“法定程序”则是制定法所规定的程序。在此意义上,正当程序是法定程序的上位概念,法定程序只是正当程序原则的成文化和具体化。二是把制定法所规定的程序称为“法定程序”,制定法没有规定但行政机关应当遵循的程序要求称为“正当程序”。在此意义上,两个概念是并列的,行政机关不但要遵守法定程序,还要遵守正当程序。三是把“法定程序”作为所有行政程序的总概念,所有违反正当程序原则的行为也都违反法定程序。

上述三种用法无所谓对错,但需要根据语境辨析。大致来说,第一种用法更符合正当程序原则的原初含义,也更适合学理讨论;第二种用法对“法”的理解比较狭隘,实践中也不多见;第三种用法则更符合中国法律发展的独特逻辑和司法审查的现实需要。中国行政诉讼法的发展,是先有“违反法定程序”的条文,之后才有“正当程序”的一般原则。在司法实践中,正当程序原则是依附于“违反法定程序”这一条文成长起来的。由于《行政诉讼法》至今只规定“法定程序”而无“正当程序”,扩展“法定程序”的内涵,使其包含正当程序原则的全部要求,是比较稳妥的实践策略。

二　行政程序制度的立法发展

在中国传统体制下,机关内部的职责分工、文牍往来有一套相当成熟的制度;但现代意义上的行政程序制度,长期流于简陋。在传统戏文中,包公可以审理侄子的案件,窦娥的冤案可以由他父亲申雪,人们并不觉得有什么不对。在一段时期内,公安机关单凭几个公安干警的意见和一个盖有劳动教养管理委员会印章的决定,就可以把人送去进行长达3年的劳动教养。直到今天,一些行政机关还可能不经事先告知并听取当事人的意见,就作出对人不利的处理决定,不说明任何理由,甚至不通知本人。幸运的是,随着行政程序制度的完善,这一切正在逐渐改变。

中国40年来的立法展示了行政程序制度发展的一个明显态势。全国人大常委会1986年的《治安管理处罚条例》第34条规定,治安行政处罚必须经过传唤、讯问、取证、裁决四道程序。这在当时已经是一个重大突破了。到了2005年的《治安管理处罚法》,治安行政处罚程序被细化为整整一章、35个条文。教育部2005年的《普通高等学校学生管理规定》规定,学校对学生的处分应当听取学生或者其代理人的陈述和申辩,要出具处分决定书并送交本人。在此之前,处分程序多半是学生的检讨书加上学校的一纸公告。

1996年的《行政处罚法》是行政程序法定化的一个里程碑。该法对行政处罚的决定程序和执行程序作了比较详细的规定,其中听证程序的设置在中国法律中尚属首次。该法规定,行政机关在作出行政处罚决定之前,应当告知当事人作出行政处罚决定的事实、理由及依据,并告知当事人依法享有的权利,当事人有权进行陈述和申辩;违反上述规定的,“行政处罚决定不能成立”。该法于2021年作了修订完善。此外,2003年的《行政许可法》、2011年的《行政强制法》和2019年的《重大行政决策程序暂行条例》对相应类型行政行为的实施程序作了统一规定。以湖南省政府2008年颁布的《湖南省行政程序规定》为代表,一些地方朝着行政程序法定化、体系化方向做了探索。

一系列的中央文件对行政程序要求作了强调。2004年国务院颁布的《全面推进依法行政实施纲要》(国发〔2004〕10号)把“程序正当”列为依法行政的基本要求之一,并提出了一些具体的要求。〔6〕该实施纲要的内容具有重要的宣示意义,法院偶尔也以它作为判决依据。〔7〕几年后,《国务院关于加强市县政府依法行政的决

---

〔6〕《全面推进依法行政实施纲要》,第5条第3项。实施纲要还提出了具体要求:“行政机关实施行政管理,除涉及国家秘密和依法受到保护的商业秘密、个人隐私的外,应当公开,注意听取公民、法人和其他组织的意见;要严格遵循法定程序,依法保障行政管理相对人、利害关系人的知情权、参与权和救济权。行政机关工作人员履行职责,与行政管理相对人存在利害关系时,应当回避。”此外,该实施纲要第20条要求行政机关“严格按照法定程序行使权力、履行职责”:行政机关作出对行政管理相对人、利害关系人不利的行政决定之前,应当告知行政管理相对人、利害关系人,并给予其陈述和申辩的机会;作出行政决定后,应当告知行政管理相对人依法享有申请行政复议或者提起行政诉讼的权利。对重大事项,行政管理相对人、利害关系人依法要求听证的,行政机关应当组织听证。行政机关行使自由裁量权的,应当在行政决定中说明理由。

〔7〕在衡阳市渔溪房地产综合开发建设有限公司清算小组诉衡阳市人民政府案中,法院认为,“被告作出撤销(国有土地使用权证的)决定未依照《全面推进依法行政实施纲要》履行告知义务,属于程序违法”。判决书还认为,该撤销决定证据不足、适用法律不当。湖南省衡阳市中级人民法院行政判决书,(2010)衡中法行初字第7号。

定》(国发〔2008〕17 号)对市县政府行政决策、行政规定和行政执法的程序提出了更加具体、严格的要求。正当程序理念逐渐成为一个普遍原则。

迄今为止,中国还没有宪法上的正当程序条款,也没有统一的行政程序立法。行政程序规则散见于部门法粗细不一的条款之中,而现有的行政程序条款留有许多重大的缺漏。例如,在 2021 年修订之前,《行政处罚法》规定了听证程序,开始却没有规定行政处罚程序必须根据听证记录作出;较大数额罚款要求听证,对限制人身自由的行政处罚至今都没有要求听证。在 2023 年修订之前,《行政复议法》规定行政复议以书面审理为原则,甚至没有要求复议机关通知有利害关系的第三人。城市房屋拆迁和农村土地征收决定及其引起的补偿纠纷,决定程序还是相当简陋。一部全面规范行政程序的立法,仍是学界需要继续为之努力的理想。

三　正当程序原则的司法适用

在行政程序立法不断完善的同时,法院对行政程序的审查也日益加强。尤其令人鼓舞的是,从《行政诉讼法》"违反法定程序"的条款中,生长出了正当程序原则的一般要求。

1989 年《行政诉讼法》第 54 条第 2 项第 3 目"破天荒"地规定,具体行政行为"违反法定程序的",法院可以判决撤销。随着法律、法规、规章对行政程序的规定愈益细密,特别是受 1996 年《行政处罚法》的激励,法院援引该条款撤销行政行为的情形明显增多。根据对《人民法院案例选》行政案例的统计,截至 2005 年,在判决撤销的案件中,法院援引"违反法定程序"作为判决依据的占撤销判决总数的 33%,其中以"违反法定程序"为唯一判决依据的占撤销判决总数的 12%。〔8〕在**河北省平山县劳动就业管理局诉平山县地方税务局案**中,法院撤销了被告的处罚决定,并宣称:"程序上违法便可撤销,无须继续对实体性争议进行审理"。〔9〕程序理由在撤销判决中广泛运用,说明"违反法定程序"已经成为法院审查行政行为合法性的重要根据。

依照传统的观点,行政行为的合法性是由具体的法律、法规、规章来界定的;与之相对应,违反法定程序就是违反法律、法规、规章明文规定的程序。〔10〕在实践中,大量的争议是围绕《行政处罚法》《行政许可法》的适用进行的。例如,"责令限期改

---

〔8〕何海波:《司法判决中的正当程序原则》,载《法学研究》2009 年第 1 期。

〔9〕《最高人民法院公报》1997 年第 2 期。平山县法院的动机似乎是避免卷入两个政府部门之间重大、实体问题的争议。虽然法院"无须继续对实体性争议进行审理"的观点值得商榷,但是,判决书言辞对行政处罚法定程序的重视,也体现了法院关于行政程序合法性审查的自信。

〔10〕参见罗豪才、应松年主编:《行政诉讼法学》,中国政法大学出版社 1990 年版,第 247～248 页;罗豪才主编:《行政审判问题研究》,北京大学出版社 1990 年版,第 318～332 页;罗豪才主编:《中国司法审查制度》,北京大学出版社 1993 年版,第 373～385 页;应松年主编:《行政诉讼法学》,中国政法大学出版社 1994 年版,第 257 页;姜明安:《行政诉讼法学》,北京大学出版社 1998 年版,第 202～203 页;章剑生:《论行政程序违法及其司法审查》,载《行政法学研究》1996 年第 1 期。但也有一部分学者认为,违反法律、法规没有明文规定的程序准则虽不构成"违反法定程序",但严重不合理的程序可套用"滥用职权"。

正”、“责令停止侵权”、交通违章扣分是否属于行政处罚，进而是否应当遵循《行政处罚法》所规定的程序要求。受传统观点束缚，法院对于不违反制定法明文规定的程序瑕疵，多半看作行政机关自由裁量范围的事，听之任之。

在广东省药材公司诉财政部国有资产行政管理案中，财政部根据广东省政府法制局的书面反映和国务院原法制局的要求，用一纸文件撤销了国家国有资产管理局作出的行政复议决定。财政部事先既没有向国资局调查取证，也没有给原告提供陈述意见的机会，文件中也没有说明事实根据和法律依据。尽管如此，广东高院二审判决认为：

> 上级主管机关撤销下级部门作出的复议决定应遵循的程序，目前法律、法规没有明确规定；其（财政部）按照上级对下级的监督工作原则和通常做法进行，不违反行政程序。……原审判决认定财政部作出的撤销决定程序违法不妥，依法应予纠正。〔11〕

广东高院的观点反映了当时多数法院对待正当程序的一般态度。但大约与之同时，中国行政程序制度的发展开始催生出“正当程序原则”的总体概念。不但学术界引入正当程序原则呼声四起，司法实践中也出现了不少运用正当程序原则判决的个案。下面提到的田永案件、刘燕文案件、张成银案件和宁波亿泰公司案件，时间上前后相继、态度上步步明朗，就是这种趋势的代表。

在田永诉北京科技大学案中，北京市海淀区法院在没有法律、法规、规章规定的情况下，对被告的退学处理决定提出了程序上的要求。这段文字经过修改，以更加鲜明、斩钉截铁的语气出现在《最高人民法院公报》上（该案后来还成了指导案例）：

> 按退学处理，涉及到被处理者的受教育权利，从充分保障当事人权益的原则出发，作出处理决定的单位应当将该处理决定直接向被处理者本人宣布、送达，允许被处理者本人提出申辩意见。北京科技大学没有照此原则办理，忽视当事人的申辩权利，这样的行政管理行为不具有合法性。〔12〕

在紧接田永案件之后发生的刘燕文诉北京大学学位评定委员会案中，正当程序原则的适用成了一个激烈争辩的问题。鉴于博士学位评审的高度专业性，法院无力也不宜评判博士学位论文的水平，评审程序成了该案的焦点。在一片争议声中，北京市海淀区法院判决认为：

> 校学位委员会作出不予授予学位的决定，涉及到学位申请者能否获得相应学位证书的权利，校学位委员会在作出否定决议前应当告知学位申请者，听取学位申请者的申辩意见；在作出不批准授予博士学位的决定后，从充分保障学位申请者的合法权益原则出发，校学位委员会应将此决定向本人

---

〔11〕 广东省高级人民法院行政判决书，(1999)粤高法行终字第22号。

〔12〕 《最高人民法院公报》1999年第4期；最高人民法院指导案例38号，2014年12月25日发布。原文见北京市海淀区人民法院行政判决书，(1998)海行初字第142号。

送达或宣布。本案被告……该决定应予撤销。[13]

在数年后的张成银诉徐州市人民政府房屋登记行政复议决定案中,江苏高院的二审判决不但正面回应了法律条文欠缺的问题,还公然把正当程序原则写入判决书中:

> 《行政复议法》虽然没有明确规定行政复议机关必须通知第三人参加复议,但根据正当程序的要求,行政机关在可能作出对他人不利的行政决定时,应当专门听取利害关系人的意见……徐州市人民政府未听取利害关系人的意见即作出于其不利的行政复议决定,构成严重违反法定程序。[14]

十余年后,在宁波亿泰控股集团股份有限公司诉国家税务总局宁波市税务局第三稽查局中,法院对当事人申辩权利的保障提出了更高要求。一审法院认为,涉及当事人重大利益的行政决定作出前,行政机关应当提供正式听证的机会。这一立场得到浙江高院再审判决的支持:

> 正当程序原则是行政法的基本原则,也是行政机关实施行政行为的基本要求。……被告在作出该处理决定前,未因影响重大利益举行听证,未充分保障原告亿泰公司陈述、申辩的权利,违背了正当程序原则,程序违法,应予撤销。[15]

诚然,上述案例不能代表中国行政审判实践的普遍状况,就此断言正当程序原则已经确立还为时过早。但是,上述案例展示了司法审判的动向,并预示着法律发展的方向。它们显示了中国法院维护正义、发展法律的积极姿态和能动立场,也展示了一种超越制定法的正当程序原则已经在中国司法实践中晨光初现。[16]

第二节　行政程序的基本要求

现代行政要求行政机关和行政人员做到公正无偏、公开明白、理性审慎、富有效率。为此,法律设定了行政执法的资格条件、回避等要求,规定了行政行为的步骤、形式和期限。

一　行政执法资格

行政程序作为行政行为合法的要素之一,是区别于行政主体资格、管辖权限、适用条件和处理方式而言的,后面几个要素不属于行政程序的范畴。[17] 一个不是依

---

〔13〕 北京市海淀区人民法院行政判决书,(1999)海行初字第103号。虽然由于情势逆转,刘燕文案件的一审判决后来被推翻,但上级法院并没有否定该原则的运用。

〔14〕 《最高人民法院公报》2005年第3期。判决书原文经过少量文字修改。原文见江苏省高级人民法院行政判决书,(2004)苏行终字第110号。

〔15〕 浙江省高级人民法院行政判决书,(2020)浙行再6号。

〔16〕 详细的讨论,参见何海波:《司法判决中的正当程序原则》,载《法学研究》2009年第1期。

〔17〕 何海波:《行政行为的合法要件:兼议行政行为司法审查根据的重构》,载《中国法学》2009年第4期。

法成立的机构完全不具有行政主体资格，当然不能以自己名义执法；一个依法成立的行政主体，由于执法人员不够资格、不够人数或者不符合委托条件，也可能产生执法资格的问题。前者理论上是行政主体的问题，学界多有讨论；后者是行政程序的问题，较少被人关注。本节着重讨论几个与行政执法资格有关的程序问题。

（一）行政人员的执法资格

一个机关被法律授予行政职权，并不意味着该机关的所有公务员都可以直接从事相关的行政执法。从 20 世纪 90 年代初开始，许多地方和部门制定了行政执法资格制度，启用行政执法资格证件。综合起来，主要是：第一，申领行政执法证件的人员应当在行政执法岗位工作；第二，执法证件由国务院部门或者省、市人民政府统一制作，申领者经过培训、考核（或者考试），由省、市行政执法主管部门审批和发放；第三，无行政执法资格的人员不得从事行政执法。在中央层面，国务院也逐步加强了对行政执法资格的要求。〔18〕《行政强制法》第 17 条第 3 款规定："行政强制措施应当由行政机关具备资格的行政执法人员实施，其他人员不得实施。"

在行政执法过程中，执法人员的执法资格往往通过出示执法证件这一外部程序来显示。在行政诉讼过程中，行政机关有义务提供证据证明执法人员具有执法资格。没有执法资格的人员从事行政执法，属于行政行为重大瑕疵，可以成为法院撤销行政行为或者确认行政行为违法的理由。在**福建省元和贸易有限公司诉宁德市劳动和社会保障局工伤认定案**中，宁德市蕉城区法院一审判决认为，被告提供的证据材料不能体现具体的办案人员，不能体现是否有两名执法人员在调查、收集证据，也不能体现从事行政执法活动的人员是否具有执法资格。因此，被告所作的工伤认定应视为行政程序违法，该工伤认定予以撤销。〔19〕在**西峡龙成特种材料有限公司诉榆林市知识产权局案**中，最高法院的再审判决指出了两个问题：一是苟××系宝鸡市知识产权局副局长，没有调配参与案件处理的正式公文，却作为榆林局合议组的成员参与对涉案专利侵权纠纷的处理，超越执法地域范围。二是在第二次口头审理时，合议组成员中的艾×变更为冯××，但行政决定书上仍署艾×名字，属于"审理者未裁决、裁决者未审理"。据此，被诉行政行为违反法定程序，予以撤销。〔20〕

在实践中，行政执法证的颁发和换发有个时间问题。对于没有及时申领和换领

---

〔18〕 国务院《全面推进依法行政实施纲要》（国发〔2004〕10 号）提出，"实行行政执法人员资格制度，没有取得执法资格的不得从事行政执法工作"。《国务院关于加强市县政府依法行政的决定》（国发〔2008〕17 号）进一步要求，"对拟上岗行政执法的人员要进行相关法律知识考试，经考试合格的才能授予其行政执法资格、上岗行政执法……严格禁止无行政执法资格的人员履行行政执法职责"。

〔19〕 福建省宁德市蕉城区人民法院行政判决书，(2010) 蕉行初字第 27 号。判决书援引了《福建省行政执法资格认证与执法证件管理办法》第 5 条的规定："行政执法机关从事行政执法活动的工作人员，必须通过行政执法资格考试取得行政执法资格，并申领和使用福建省行政执法和执法标志（以下统称行政执法证件）或者法律、行政法规规定的其他行政执法证件。"判决书还指出，被告所提供的证据无法印证第三人是原告的职工，工伤认定事实不清、证据不足。

〔20〕 最高人民法院行政判决书，(2017) 最高法行再 84 号。

执法证的，法院也可能根据实际情况灵活处理，不作严格要求。在**泉州兴发贸易有限公司诉泉州市药品监督管理局行政处罚案**中，三位经办人中两位没有取得行政执法资格就参与案件查处，其中林××在事后才取得执法资格，而黄××则一直没有取得执法资格。但鉴于被告是2001年10月新成立的机构，办理执法资格证件需要一个过程，泉州市中级法院认为，前述二人参与案件调查虽有问题，但只是程序瑕疵，对处罚结果并无实际影响。故判决维持被诉行政行为。[21] 在**崔秀喜诉河南省临颍县工商局行政扣押案**中，原告称被告负责该行动的执法人员邢××的执法证已经过期，执法程序因此不合法。法院认为，邢××持有国家工商总局2002年颁发的执法证（经2003年年审）；而执法证的有效期，当时并没有严格限制。自2008年12月起施行的《工商行政管理执法证管理办法》虽然规定工商管理执法证有效期5年、期满应当重新申请，但没有明确以往所发证件什么时间换发和停止使用。因此，不能认定邢××所持执法证为无效证件、邢××不具有执法资格。[22]

在道路交通、城市管理等领域，行政机关大量聘用辅助人员处理一些行政事务或者参与一部分行政执法过程。这些行政辅助人员的工作内容和性质，引起了一些争议。[23] 在**郑颖诉济南市公安局交通警察支队市中区大队行政处罚案**中，原告在接到“交通协管员道路停车记录告知单”后，到被告处接受处理。被告依据交通协管员拍摄的照片认定原告违法停车，决定罚款100元。原告在诉讼中提出，被告把本属行政机关的职权违法让渡给一般公民，严重违反了法律的规定。济南市中级法院二审判决认为，交通协管员拍摄违法停车的照片并提供给交警大队，属于向交通管理部门报告交通情况；交警大队对协管员提供的照片进行审核并作出处罚，没有让渡行政职权。[24] 在**薛宏诉北京市公安局公安交通管理局丰台交通支队方庄大队行政处罚案**中，北京市法院认为，依据《北京市实施〈道路交通安全法〉办法》，市、区县政府可以组建道路交通安全协管员，协助交通警察维护道路交通秩序，劝阻、告知道路交通安全违法行为。交通安全协管员在原告车辆上粘贴告知单，并将违法行为拍照后向交管部门报告，不属于涉及公民基本权利的具有强制性的执法行为，并无不当。[25]

---

〔21〕 福建省泉州市中级人民法院行政判决书，(2005)泉行终字第78号；国家法官学院、中国人民大学法学院编：《中国审判案例要览·2006年行政审判要览》，中国人民大学出版社、人民法院出版社2007年版，第374页。

〔22〕 河南省临颍县人民法院行政判决书，(2009)临行初字第17号；漯河市中级人民法院行政判决书，(2010)漯行终字第26号。一审判决还提到，邢××还持有河南省政府颁发的行政执法证（但邢××在执法时没有出示）。

〔23〕 金诚：《试论我国辅警制度改革》，载《公安研究》2003年第4期；廖建春：《协警执法问题研究》，载《广西政法管理干部学院学报》2010年第2期；魏娜、韩芳：《公共部门编外行政辅助人员管理：问题、思路与对策——以X市为例》，载《国家行政学院学报》2015年第2期。

〔24〕 济南市中级人民法院行政判决书，(2013)济行终字第234号。公安部《交通警察道路执勤执法工作规范》(2008年)第5条规定，交通协管员可以在交通民警指导下承担“维护道路交通秩序，劝阻违法行为”“及时报告道路上的交通、治安情况和其他重要情况”等工作。

〔25〕 北京市第二中级人民法院行政判决书，(2014)二中行终字第355号。

(二)两名以上执法人员

中国很多法律、法规、规章规定,行政执法过程中执法人员不得少于两人。作为行政处罚的一般程序,2021 年修订的《行政处罚法》第 42 条要求,除非法律另有规定,行政机关实施行政处罚,执法人员不得少于两人。《治安管理处罚法》第 87 条规定,公安机关检查与违反治安管理行为有关的场所、物品、人身时,“人民警察不得少于二人”。《行政许可法》也规定,行政机关需要对申请材料的实质内容进行核实的,行政机关应当指派两名以上工作人员进行(第 34 条);需要检验、检测、检疫的,也应当指派两名以上工作人员按照技术标准、技术规范进行(第55 条)。《行政强制法》第 18 条规定,行政机关实施行政强制措施应当“由两名以上行政执法人员实施”。一些地方性法规、规章也作了类似规定。一些法律还针对违反“两名以上执法人员”规则的,明确规定了当事人的拒绝权。可以认为,由两人以上共同执法是行政过程中的常态,也是行政执法的一般原则。

由两名以上执法人员参与行政执法,能够互相照应、互相证明、互相监督。它有助于保持行政过程的客观公正,防止执法人员偏私、恣意。但这一规则也有执法成本的问题。因此,立法时需要考虑行政执法的目的和手段,平衡行政效率和公民权利。《行政处罚法》对于适用简易程序作出的行政处罚,没有两人以上的要求。

行政机关违反两人以上执法的法定要求,是一个严重的程序瑕疵,其所实施的行为有可能被撤销或者确认违法。在实践中,涉及这一规则的案件比较复杂。总体来说,法院对两人以上执法的解释尚持宽松态度。

在什么情况下,应当由两人以上执法?在陈国华诉珠海市公安局拱北口岸分局行政处罚案中,珠海市香洲区法院认为,虽然公安部《公安机关办理刑事案件程序规定》要求鉴定结论由两名以上具有鉴定资格的鉴定人签名或者盖章,但对于治安行政案件中人身损害的医学鉴定,没有相应的要求。被告作出治安行政处罚行为,可以不适用公安部的前述规定。因此,本案被告就原告的损伤由一名法医鉴定并签名,并不违法。[26] 在廖宗荣诉重庆市公安局交通管理局第二支队行政处罚案中,法院遇到一个法律适用的难题。依照当时的《行政处罚法》,对公民超过 50 元的罚款不适用简易程序,应当由不少于两名执法人员调查处理。但是,重庆市渝中区法院优先适用《道路交通安全法》的精神,并参照公安部的《道路交通安全违法行为处理程序规定》,认可了交通警察当场给予 200 元的罚款由一人执法。[27]

在当事人提出异议的情况下,如何认定有两人以上执法?法院多数是以行政机

---

〔26〕 广东省珠海市香洲区人民法院行政判决书,(2003)香行初字第 28 号。

〔27〕 《最高人民法院公报》2007 年第 1 期。《道路交通安全法》第 107 条规定,200 元以下罚款可以由交通警察当场作出行政处罚。《道路交通安全违法行为处理程序规定》(2004 年)第 8 条第 2 款规定:“公安机关交通管理部门按照简易程序作出处罚决定的,可以由一名交通警察实施。”

关相关笔录为根据进行审查;除非笔录本身有重大瑕疵或者当事人有相反证据予以证明,法院倾向于采信笔录的说法。在**管之菲诉上海市公安局普陀分局真如派出所行政处罚案**中,原告提出,询问时仅有一名民警在场,被告提供的询问笔录和行政处罚告知笔录上的民警签名是伪造的。上海市第二中级法院认为,询问笔录和行政处罚告知笔录上均有两名办案民警签名确认,原告认为签名系伪造却未提供相应证据证实,因此对原告的主张不予采信。[28] 在**东营区盛鑫劳保有限公司诉东营市质量技术监督局行政处罚案**中,被告提供的两份同一时间对两个地点现场检查的笔录上,有同一执法人员的签名。法院认为,被告关于该名执法人员参加了两处检查的解释能够成立,而且在其离开后,两处各有两名执法人员进行检查。因此,检查符合法律规定,两份检查笔录为有效证据。[29]

两名执法人员在行政执法过程中应当扮演什么角色?在**福州康佳乐公司诉福建省农业厅行政处罚案**中,法院认为,被告的一名执法人员在拟写行政处罚决定书时,另一名执法人员还未阅览原告提出的陈述申辩材料,虽然其行为违反了《行政处罚法》关于当事人陈述和申辩权利的规定,行政执法程序存在瑕疵,"但不影响被告整个行政执法行为的合法性"。[30] 在**李文正诉上海市公安局普陀分局长寿路派出所等行政处罚案**中,原告提出多份笔录"记录人"一栏内记载了两个民警的姓名,但是笔录中只有一人的笔迹,民警的签名存在后补的可能性。一审法院认为,在有两名办案民警时,通常情况下一人询问、一人记录,但两人同时参与询问和记录也是可能的。即使确实只有一名民警参与记录,在"记录人"一栏内签了两人姓名,也只属于笔录制作上的瑕疵。因此,派出所提供的询问笔录不违反《行政处罚法》关于调查人员不得少于两人的规定。[31]

(三)行政机关的委托

行政委托是行政机关将自己管辖事务的一部分委托其他行政机关、社会组织或者个人实施,后者以委托机关的名义进行活动,并由委托机关对其行为的后果承担法律责任。行政委托应当受到实体和程序上的限制。

现行法律对行政委托有一些实体上的规定。首先,行政委托必须有法律、法规、规章的依据。没有法律、法规、规章依据的,行政机关不能自行委托。[32] 《行政强制

---

〔28〕 上海市第二中级人民法院行政判决书,(2009)沪二中行终字第138号。

〔29〕 山东省东营市中级人民法院行政判决书,(2002)东中行终字第28号。

〔30〕 福建省福州市中级人民法院行政判决书,(2005)榕行终字第187号。

〔31〕 上海市第二中级人民法院行政判决书,(2005)沪二中行终字第354号。二审判决没有否认上述观点,但认为作为主要事实证据的询问笔录"存在着虚假情形,使本院对派出所调查取证的合法性与真实性产生怀疑"。派出所提供的证据无法形成一个有效的证据链,属认定事实不清,主要证据不足,行政处罚应予以撤销。

〔32〕 《全国人民代表大会常务委员会法制工作委员会关于行政机关是否可以自行决定委托问题的答复》,1996年11月5日。

法》第 17 条更是规定,行政强制措施由法律、法规规定的行政机关在法定职权范围内实施,不得委托。其次,受委托组织应当具有相应的资质和条件。2021 年修订的《行政处罚法》第 20、21 条规定,行政机关依照法律、法规、规章的规定委托实施行政处罚,只能委托依法成立、具有管理公共事务职能并有相应人员和技术条件的组织,不得委托其他组织或者个人。最后,受委托组织的行为应受拘束。《国有土地上房屋征收与补偿条例》第 5 条规定,受委托实施房屋征收的单位,不得以营利为目的。《行政处罚法》和《行政许可法》都规定,受委托组织不得再委托任何组织或者个人实施行政处罚、行政许可。

行政委托还应遵守程序上的规定。《税收征收管理法实施细则》第 44 条规定,税务机关按照国家有关规定委托有关单位和人员代征零星分散和异地缴纳的税收,发给委托代征证书。《行政许可法》第 24 条规定,委托机关应当将受委托行政机关和受委托实施行政许可的内容予以公告。原理上,受委托组织在实施行政行为时,应当说明和出示其受委托实施行政行为的事实和依据。在**谭国明诉宜昌市国土资源局公告注销采矿许可证案**中,秭归县政府因生产安全问题决定关闭包括原告开采的煤矿在内的多家煤矿,湖北省国土资源厅亦批复同意注销原告的采矿许可证,并委托被告在当地报纸上进行公告。被告遂以自己名义在《宜昌日报》上刊登了注销公告。宜昌市中级法院二审判决认为:被告受湖北省国土资源厅的委托公告注销采矿许可证时,未载明委托的行政机关,而是以自己的名义作出具体行政行为,其行为违反行政委托的相关法律规定。[33]

受委托组织"以委托机关的名义行使职权",应当理解为受委托组织在行政执法文书中告知当事人行政委托的事实、依据和委托机关的名称,而不是在行政执法文书中加盖委托机关的印章。要求在行政决定书上盖委托机关的印章,实践中不便操作,有违行政委托减少手续、提高效率的初衷,也有违委托行为的一般理论。[34] 实践中,有的委托机关将其所委托业务的专用章交由受委托组织保管使用。这也是一个办法。

二 回避和不当接触

为了确保行政过程的公正无偏,法律设置了相应的程序要求。具体包括:行政机关的回避、行政人员的回避,以及禁止行政人员与相关人员的私下接触。

(一) 行政机关的回避

法律一般会规定某项事务由某个行政机关负责处理。这类规定属于行政职权

〔33〕 闵珍斌、李玮:《谭国明不服宜昌市国土资源局注销〈采矿许可证〉决定案》,载宜昌法院网 2005 年 3 月 29 日,http://ycfy.chinacourt.org/public/detail.php? id=493。

〔34〕 杨生、孙秀君:《行政执法行为》,中国法制出版社 2003 年版,第 2 章"行政委托行为",特别是第 132~137 页。

问题,不是程序问题。但是,当一个通常情况下具有管辖权的行政机关由于特定情况而需要把案件移转其他行政机关处理的,就构成一个程序问题。

有管辖权的行政机关不适合处理具体案件,主要有两种情况:一是由于案情重大、复杂,该机关无力处理,而需要由其他行政机关处理;二是行政机关与相关案件有利害关系或者其他关系,为确保行政中立而回避对相关事务的处理。在普通法中,有利害关系的机构应当回避被认为是自然正义的一部分,在400年前的**博纳姆医生案件**就曾得到申述。[35] 中国目前还有一些法律允许行政机关又做当事人又做法官,其公正性难免欠缺。[36] 在司法实践中,主要问题是一个有管辖权的行政机关存在某种特殊的利害关系,是否需要回避相关案件的处理。

在**连云港市德和电子系统工程有限公司诉连云港市质量技术监督局行政处罚案**中,原、被告签订《安装工程施工合同》,约定由原告为被告安装局域网,包工包料。在合同实施过程中,被告以原告所购材料系假冒伪劣产品,依据《产品质量法》的规定,没收假冒产品和违法所得,并处罚款。在诉讼过程中,原告提出被告既是合同当事人又做行政执法主体,难以做到公平公正,在行政处罚程序中应当回避。被告辩称,《行政处罚法》规定的回避仅针对执法人员而言,被告作为法律授权的行政执法机关不存在回避的问题。连云港市新浦区法院以行政处罚决定缺少事实根据、适用法律不当为由,撤销了行政处罚决定。尽管如此,判决书回避了行政执法机关的回避问题。[37] 从行政中立的原则出发,被告如果认为原告违反《产品质量法》的规定,应予行政处罚的,似应由其上级行政机关或者其指定的其他机关调查处理。被告身兼合同当事人和行政执法机关,自行作出行政处罚,显然违背了正当程序原则。如果判决书能够阐明这一原则,将更令人信服。

在**徐金娇诉丽水市建设局房屋拆迁补偿安置行政裁决案**中,原告提出,被告丽水市建设局(行政裁决机关)的法定代表人与第三人(拆迁申请人)丽水市城市建设发展有限公司的法定代表人为同一人,行政裁决程序违法。丽水市中级法院判决认为,程序公正原则的确需要贯彻回避制度,但回避的事由应由法律明确规定。现行

---

〔35〕 Bonham's Case [1610] 8 Co. Rep. 107a, 113b, at 118a; 77 ER 638, 646, at 652. 在该案中,剑桥大学毕业的医学博士博纳姆因为"无照行医"先后被皇家医学会处以罚款和监禁。根据议会法律,皇家医学会对在伦敦无照行医的人有权处以罚款或者监禁,罚款收入的一半归该医学会所有(另一半归国王)。柯克法官认为,罚款收入的一半归皇家医学会,导致这个机构又做法官又做当事人,违背了"任何人不能做自己案件法官"的原则。据此,该法是无效的。用今天的眼光来看,该案涉及"合宪性审查"。关于该案的详细讨论,参见 Theodore F. T. Plucknett, *Bonham's Case and Judicial Review*, 40 Harvard Law Review 30 (1926)。

〔36〕 例如,《行政复议法》第14条(2023年修订后为第24、25条)规定,对国务院部门或者省级政府的具体行政行为不服的,由作出该具体行政行为的国务院部门或者省级政府进行复议。又如,《烟草专卖法》第30～34条规定,对于违反规定擅自收购烟叶,生产、批发烟草制品或者运输、进出口烟草专卖品的,烟草专卖行政主管部门可以分别情况给予处罚。在实践中,烟草专卖行政主管部门与烟草公司政企不分,实行"一套班子、两块牌子"。《食盐专营办法》(1996年)也授权盐业主管机构行使类似权力。

〔37〕 连云港市新浦区人民法院行政判决书,(2002)新行初字第23号。

的《城市房屋拆迁管理条例》仅规定“房屋拆迁管理部门是被拆迁人的，由同级人民政府裁决”，未规定其他应当回避的事由。在统一的《行政程序法》尚未制定，回避制度仍不完善的情况下，原告提出拆迁裁决程序违法的理由并不充分。[38] 该判决具有形式合法的外表，却漠视了程序公正的内在要求。

张成银诉徐州市人民政府房屋登记行政复议决定案的情况要复杂一些。张成银持有徐州市政府1988年颁发的房屋所有权证，第三人于2003年对之提起行政复议，徐州市政府作为复议机关受理该案并撤销了该房屋所有权证。法院没有质疑徐州市政府行使复议管辖权的合法性。法院认为，第三人申请行政复议时，徐州市颁发房屋权证的职权依据相关法律和规章已经转由徐州市房管局行使，徐州市政府以前颁发房屋权证行为的法律后果应由徐州市房管局承担。第三人以徐州市房管局为被申请人提出行政复议，徐州市政府具有管辖权。[39] 即使法院关于职权转移的观点在一般情况下能够成立，本案行政复议机关的中立性问题仍然值得讨论。如果说徐州市政府受理该案不违反行政中立原则，那可能是因为，徐州市政府仅是名义上的颁证机关，不会因为自己曾经颁发过房屋权证而形成难以克服的成见。

（二）行政人员的回避

应当回避的人员不参与案件的办理，包括“不得参加有关调查、讨论、审核、决定等，也不得以任何方式施加影响”。[40] 行政人员的回避，目前主要依据是中共中央组织部和人力资源与社会保障部2011年印发、中共中央组织部2020年修订的《公务员回避规定》。除此之外，有相当多法律、法规、规章涉及回避问题。下面根据现有的规定，归纳回避制度的适用范围、具体情形、实施程序以及没有依法回避的后果。

回避制度适用的事务范围很广。有的事务存在几方当事人而且相互之间有利益冲突，如竞争性许可、招标采购、考试录用、行政裁决等，自然适用回避；一些不存在明显利益冲突当事人的行政事务，也适用回避。后者既包括行政处罚、不予许可等对当事人不利的处理，也包括股票发行审核、项目资金审批等对申请人有利的处理。行政回避适用于一般执法人员，也适用于行政机关负责人。行政机关以外的人从事或者参与行政活动、行使公共权力的，也适用回避要求。

回避制度的适用情形，多数法律用“执法人员与当事人有利害关系”或者“与本案有利害关系”来表述，有的用“直接利害关系”来表述。按照2020年修订的《公务员回避规定》第14条的规定，有关公务涉及本人或者本人近亲属的利害关系，或者

---

〔38〕 浙江省丽水市中级人民法院行政判决书，(2002)丽中行终字第19号。

〔39〕 《最高人民法院公报》2005年第3期。

〔40〕 《公务员回避规定》(2020年修订)，第14条。

存在其他可能影响公正执行公务的情形，都应当回避。[41]“其他可能影响公正执行公务”的情形，包括一些特殊的亲朋故旧关系，也包括一些容易产生偏见的特殊经历。在赵恩风诉济南市公安局历城区分局行政处罚案中，被告下属港沟派出所接到赵恩风夫妇阻挠施工的报案，经询问后，田××、胡××等民警到赵恩风家对其进行强制传唤。赵恩风拒不配合，蹬踹民警，大喊大叫。当日，被告以阻碍依法执行职务为由，对赵恩风处以行政拘留10日并立即执行。济南市中级法院二审判决认为，民警田××、胡××是赵恩风“阻碍执行职务”的当事人，在行政处罚程序中应当自行回避。两位民警又作为行政处罚的经办人，可能影响案件公正处理，行政处罚违反法定程序，应予撤销。[42]

一些法律规定了因为工作原因的回避。依据2021年修订的《行政处罚法》第64条第4项规定，行政听证不应由本案调查人员主持。《行政许可法》第48条第3项规定，审查该行政许可申请的工作人员不能担任听证主持人。2007年国家工商总局《工商行政管理机关行政处罚程序规定》（已失效）第83条规定，“作出行政处理决定的工商行政管理机关重新审查行政处理决定的，原办理此案的办案人员应当回避”。[43]

回避的申请，通常应由执法人员自己提出，因为执法人员自己更了解情况；行政机关负责人知道执法人员有应当回避情形的，可以直接决定其回避。除此之外，当事人也可以申请执法人员回避。当事人提出回避申请的，行政机关应当依法审查，并由行政机关负责人及时决定；回避决定，通常自行政机关负责人决定时生效。依据《行政处罚法》第43条第3款的规定，当事人申请执法人员回避的，在行政机关负责人决定其回避前，不停止对案件的调查。2012年修订的《公安机关办理行政案件程序规定》第21条也规定：“在公安机关作出回避决定前，办案人民警察不得停止对行政案件的调查。”不停止调查，主要是因为行政调查有较强的现场性和时效性，有些情况下无法替换调查人员。听证主持人、法制审核人员和决定人员的回避，不适用不停止的规定。[44]

行政人员应当回避而没有回避，构成行政行为违法的重要理由，将导致行政行为被撤销。即使当事人没有提出回避申请，执法人员应当回避却没有回避的，行政行为也属违法。在实践中，哪些情况下应当回避，比较容易产生争议。尤其是涉及

---

〔41〕 按照《公务员回避规定》第5条的规定，应当回避的近亲属关系包括：（一）夫妻关系；（二）直系血亲关系，包括祖父母、外祖父母、父母、子女、孙子女、外孙子女；（三）三代以内旁系血亲关系，包括伯叔姑舅姨、兄弟姐妹、堂兄弟姐妹、表兄弟姐妹、侄子女、甥子女；（四）近姻亲关系，包括配偶的父母、配偶的兄弟姐妹及其配偶、子女的配偶及子女配偶的父母、三代以内旁系血亲的配偶。亲属关系，包括法律规定的拟制血亲关系。

〔42〕 济南市中级人民法院行政判决书，（2014）济行终字第27号。

〔43〕 代替前述规定的《市场监督管理行政处罚程序规定》（2021年）第4条规定：“参与案件办理的有关人员与案件有直接利害关系或者有其他关系可能影响公正执法的，应当回避。”

〔44〕 《行政处罚法》修订草案一次审议稿曾写，当事人提出回避申请的，行政机关应当依法审查，“但不停止调查或者实施行政处罚”。后来，改为“决定作出之前，不停止调查”。

同学、同事、同行关系的,其范围更难划定。在法律没有明确规定的时候,法院目前往往采取放松态度。

在徐惠琴诉福建省卫生厅行政处理决定案中,原告徐惠琴的儿子在协和医院做心脏手术时腹腔大量出血,经治疗无效死亡。福建省医疗事故技术鉴定委员会的鉴定结论为:本病例不属于医疗事故。福建省卫生厅根据该鉴定结论,认为无须按医疗事故处理。福州市鼓楼区法院一审判决认为,鉴定委员会所作的鉴定记录未载明鉴定时间、地点、主持人、记录人、表决情况、鉴定结论,也没有鉴定委员签名;而且,参加鉴定会的两位委员(其中一人为主任委员)分别就职于协和医院肝胆外科和泌尿外科,且属本起医疗事件的直接责任者、副院长廖××分管,应当回避却没有回避。该鉴定报告形式要件不符,鉴定程序违法,鉴定结论缺乏事实依据。被告依据该鉴定结论所作的行政行为应予撤销。福州市中级法院维持了一审判决,但认为原审法院认定其中两位鉴定委员属于回避对象依据不足。[45] 无论依据当时法律还是参考以后的规定来看,二审判决的这一观点都难以令人信服。[46]

在徐平诉重庆市公安局高新技术产业开发区分局行政拘留案中,原告徐平在车库取车时与第三人杨智发生口角,进而两人发生抓扯。高新区公安分局歇台子派出所民警接到杨智报警后,进行调查处理。随后,被告高新区公安分局决定对徐平处以行政拘留3日。在诉讼中,原告提出杨智系高新区公安分局治安支队的支队长,承办民警与其是同事关系,无法保证案件公正处理;高新区公安分局民警在该案中应当主动回避。被告辩称,本案承办单位是高新区公安分局歇台子派出所,与第三人杨智所在单位高新区公安分局治安支队并非上下级关系。杨智作为分局支队长,并没有分管全分局治安案件的职权。办案民警不属于《治安管理处罚法》规定的回避情形,无须回避。重庆市第五中级法院二审判决以缺乏事实依据、适用法律错误、程序违法的理由确认被诉行政行为违法,但没有接受原告的回避主张。[47] 在本案情况下,要求整个公安分局全部回避并不现实,但如果公安分局能够采取其他程序保障,如公开听证、负责人集体讨论决定,无疑更有公信力。

(三)禁止不正当接触

禁止不正当接触的原则,目前还没有普遍确立,但有若干法律作了规定。2005年修订的《证券法》第23条规定,国务院证券监督管理机构参与审核和核准

〔45〕 福州市鼓楼区人民法院行政判决书,(1996)鼓法行初字第22号;福州市中级人民法院行政判决书,(1996)榕行终字第90号。

〔46〕 当时生效的国务院《医疗事故处理办法》(1987年)第15条规定:"鉴定委员会成员中,是医疗事故或事件人的当事人或者与医疗事故或事件有利害关系的,应当回避。"此后的《医疗事故处理条例》(2002年)第26条规定,专家鉴定组成员有下列情形之一的,应当回避:(1)是医疗事故争议当事人或者当事人的近亲属的;(2)与医疗事故争议有利害关系的;(3)与医疗事故争议当事人有其他关系,可能影响公正鉴定的。

〔47〕 重庆市第五中级人民法院行政判决书,(2007)渝五中行终字第47号。

股票发行申请的人员，不得接受发行申请人的馈赠，并“不得私下与发行申请人进行接触”。2006 年的《中国证券监督管理委员会发行审核委员会办法》第 13 条第 5 项进一步规定，发审委委员“不得直接或间接接受发行申请人及相关单位或个人提供的资金、物品等馈赠和其他利益……不得私下与发行申请人及其他相关单位或个人进行接触”。《招标投标法》第 44 条规定：“评标委员会成员不得私下接触投标人，不得收受投标人的财物或者其他好处。”《职业病防治法》第 54 条也规定，“职业病诊断鉴定委员会组成人员不得私下接触当事人，不得收受当事人的财物或者其他好处”。

禁止不正当接触原则，适用于存在明显利益冲突的几方当事人的情况（招标投标、行政裁决等），也适用于涉及重大公共利益的行政许可过程（股票发行审核）。在这些领域，行政人员与当事人（或者一方当事人）私下接触，即使不是宴请、没有收受财物，也很难让人相信其公正性。

在实践中，由于一方当事人与行政人员的不正当接触几乎都是私下进行，不易被发现。即使对方当事人提出这类指控，其事实很难得到认定，其指控也常得不到认真对待。在李尚达诉厦门市公安局同安分局行政处罚案中，被告认定原告李尚达因之前建房纠纷殴打第三人何远梅，对李尚达处以行政拘留 5 日。在诉讼过程中，原告提出，被告办案过程中，经办民警李洋等三人在 2009 年 8 月 13 日 19 时许到明溪村村部旁饭店接受何远梅的宴请，原告等众村民看到后曾向区纪检部门举报。一审判决维持被告的处罚决定，判决书却没有对原告的指控作出任何回应。[48] 随着今后对公正无偏要求的提高，执法人员的不正当接触只要产生妨害公正的合理嫌疑，都可能被认定为程序违法。

三 行政行为的步骤

行政行为的性质不同，行政过程的步骤也不尽相同。一个典型的行政行为包含立案（受理）、调查（听证、咨询、评选）、决定、送达、执行等几个步骤。也就是说，行政强制执行应当以行政决定的作出和送达为前提，行政决定的作出应当经过调查（听证、咨询、评选）等步骤，而调查的启动可能需要经过立案（受理）。对于行政机关应当遵循的步骤，后面两节将分内、外部程序作详细阐述，这里先简要叙述几个基本步骤以及相关的违法情形。

（一）受理或者立案

行政程序的受理或者立案，通常是行政机关接收相关材料、登记案件信息，表明行政机关启动行政程序、着手处理相关事务。

行政程序的启动可能是行政机关依申请为之，也可以是依职权主动为之。行政

〔48〕 厦门市同安区人民法院行政判决书，(2010)同行初字第 1 号。

许可都是依申请为之。《行政许可法》第 2 条对行政许可的定义就是,“行政机关根据公民、法人或者其他组织的申请,经依法审查,准予其从事特定活动的行为”。行政处罚多是依职权主动实施。《海关行政处罚实施条例》第 33 条则规定:“海关发现公民、法人或者其他组织有依法应当由海关给予行政处罚的行为的,应当立案调查。”也有立法同时规定了依申请和依职权开始。《劳动保障监察条例》第 14 条规定了多种启动方式:“劳动保障监察以日常巡视检查、审查用人单位按照要求报送的书面材料以及接受举报投诉等形式进行”,“劳动保障行政部门认为用人单位有违反劳动保障法律、法规或者规章的行为,需要进行调查处理的,应当及时立案”。

立案程序视行政事务的性质而不同。一般来说,行政机关工作人员接受当事人的申请、投诉、举报材料并予以登记,即为立案。《行政许可法》第 32 条规定,行政机关对申请人提出的行政许可申请进行初步审查,认为申请事项属于本行政机关职权范围,申请材料齐全、符合法定形式,或者申请人按照本行政机关的要求提交全部补正申请材料的,应当受理行政许可申请;行政机关受理或者不予受理行政许可申请,应当出具加盖本行政机关专用印章和注明日期的书面凭证。《治安管理处罚法》第 77 条规定,“公安机关对报案、控告、举报或者违反治安管理行为人主动投案,以及其他行政主管部门、司法机关移送的违反治安管理案件,应当及时受理,并进行登记”。登记通常使用统一的登记簿,由办案人员书写或者录入。

特别情况下,行政机关在立案之前应当经过初步调查或者审批。特别是,当行政调查的启动涉及当事人重大利益或者公共利益,行政机关在立案调查前还需要初步调查和审批。依据《监察法》的规定,监察机关认为有必要的,对监察对象的问题线索成立核查组,进行初步核实;初步核实后,认为监察对象涉嫌职务违法犯罪,需要追究法律责任的,按照规定的权限和程序办理立案手续。《反倾销条例》第 16 条规定,商务部应当自收到申请人提交的反倾销调查的申请书及有关证据之日起 60 天内,对申请是否由国内产业或者代表国内产业提出、申请书内容及所附具的证据等进行审查,符合条件的,才能决定立案调查;在决定立案调查前,应当通知有关出口国(地区)政府。

在“街头执法”中,行政人员有时无须专门的立案登记。根据现有法律,下列情况无须立案登记:(1)适用简易程序作出的行政处罚。依照《道路交通安全法》第 107 条规定,对道路交通违法行为人予以警告、200 元以下罚款,交通警察可以当场作出行政处罚决定。(2)现场发生的事件,需要及时处理的。《治安管理处罚法》第 82 条规定,“对现场发现的违反治安管理行为人,人民警察经出示工作证件,可以口头传唤,但应当在询问笔录中注明”。(3)涉及公共安全或者人身、财产安全的紧急情况。例如,在急性传染病防治中,对病人、疑似病人依法采取隔离措施,法律允许便宜行事。

(二)调查、咨询、评选

行政机关立案后、行政决定作出前,往往需要经过调查;在作出对当事人不利的决定前，应当听取其意见。在特别情况下，法律也可能规定考试评选、咨询论证、公示公告等程序，以补充或者代替调查和听取意见。听取意见的问题在下一节单独讨论，这里简单阐述其他几个程序。

1. 调查

行政调查手段取决于法律的规定。笼统而言，包括询问当事人和证人，查阅、复制书面材料，检查有关场所、物品、人身，对现场进行勘验，对专门性问题进行鉴定等。2021 年修订的《行政处罚法》第 56 条还规定了抽样取证，以及先行登记保存可能灭失或者以后难以取得的证据。《治安管理处罚法》规定公安机关在办理治安案件中，可以传唤违反治安管理的行为人，扣押与案件有关的需要作为证据的物品。《税收征收管理法》第 54 条及其实施细则规定，税务机关在进行税务检查时，可以将纳税人、扣缴义务人以前会计年度的账簿、记账凭证、报表和其他有关资料调回税务机关检查，可以查询从事生产、经营的纳税人、扣缴义务人在银行或者其他金融机构的存款账户和案件涉嫌人员的储蓄存款。

在司法实践中，行政机关应当调查而未经调查即作出行政行为，往往与事实不清、主要证据不足联系在一起。但没有调查就作决定，或者先决定后调查，本身就是重大的程序违法，可以构成撤销该行政行为的理由。在**上海百信药品招标代理有限公司安徽分公司诉安徽省食品药品监督管理局案**中，被告根据国务院纠风办致国家药监局函，认定上海百信公司与药品生产企业存在经济利益关系，撤销其药品招标代理机构的资格。国务院纠风办函称，经查，安徽百信属于上海百信的子公司，而上海百信与多家药品生产企业同属一家公司，不应作为药品招标代理机构；“建议你们会同有关部门按规定程序尽快核销上海百信及所属子公司，并将处理结果报我办”。在诉讼中，被告辩称，该撤销决定是以上级部门下发的文件为依据作出的。原告认为，被告仅根据上面要求查处的意见，没有认真调查核实，也没有给当事人陈述、申辩的机会，就草率地作出了撤销原告药品招标代理资格的决定；该决定无事实根据和法律依据，应予撤销。[49]

在特定情况下，行政机关可以不进行专门调查。一种是如后面提到的，用考试、评选、咨询、论证等方式代替调查。另一种是行政行为由于违反法定程序或者适用法律错误等原因被撤销后，行政机关根据先前调查中已经掌握的事实重新作出行政行为。在**铃王(无锡)电器有限公司诉无锡市劳动局工伤认定案**中，无锡市南长区法院一审判决认为，《工伤认定办法》规定，工伤认定程序中的调查核实可以由劳动保障部门根据需要进行。在已经终结的工伤认定程序中，劳动保障部门如果已经掌握了有关职工受事故伤害的证据，在重新启动的工伤认定程序中可以不再进行

---

〔49〕《上海百信安徽分公司状告药监局》，载《中华工商时报》2006 年 10 月 11 日；程惠建：《代理资格被突然撤销 上海百信斗法安徽药监局》，载《国际金融报》2006 年 10 月 12 日。在审理过程中，被告同意恢复原告的药品招标代理资格，原告撤诉。合肥市包河区人民法院行政裁定书，(2006)包行初字第 18 号。

调查核实。[50]

2. 考试、评选

行政机关在作出决定前,也可能采取考试或者评选来代替对事实问题的调查。特别是一些技术性、经验性较强的问题,有别于纯粹的事实问题,考试、评选往往是更好的办法。例如,《公务员法》第 23 条规定,录用担任主任科员以下及其他相当职务层次的非领导职务公务员,采取公开考试、严格考察、平等竞争、择优录取的办法。而"三好学生"的评选,通常采取学生投票的方式。

不按规定考试或者评选可能导致结果完全无效。但在实践中,法院对于一般的程序瑕疵可能持宽容态度。在谢雯诉北京市崇文区教委申诉处理案中,北京市教委的文件规定,市级"三好学生"的评选要经过提名候选人、学生投票表决、校务会讨论三个阶段。前门小学对"区三好"和"市三好"的评选合并进行,学生没有单独对"市三好"进行表决,"市三好"的最终产生由校行政会议讨论决定。原告认为,该程序违反了公开、透明的原则。北京市第二中级法院认为,前门小学的评选程序虽与教委文件规定的程序不尽相同,但不违反该文件的精神,不影响评选结果的公正性。崇文区教委对原告申诉的处理并无不当。[51]

3. 咨询、论证

对于一些技术性、政策性较强的问题,法律往往明确要求行政机关组织专家论证,或者咨询相关组织的意见。《公共文化体育设施条例》第 27 条规定,因城乡建设确需拆除公共文化体育设施或者改变其用途的,有关地方政府在作出决定前,应当组织专家论证,并征得上一级政府文化、体育行政主管部门同意,报上一级政府批准。《历史文化名城名镇名村保护条例》第 9 条规定,申报历史文化名城和名镇、名村,分别由省级政府和县级政府提出申请,经国务院或者省级保护主管部门会同同级文物主管部门"组织有关部门、专家进行论证,提出审查意见",报国务院和省级政府批准公布。对于行政过程中专家参与的程序,后面将专门讨论。

4. 公示、公告

行政决定涉及广泛的公众利益或者涉及第三人利益,为了维护行政行为的公信力,法律可能要求行政机关事先予以公示,或者事后予以公告。

法律规定的事先公示,往往构成行政行为生效的一个程序要件。例如,《国有土地上房屋征收与补偿条例》第 10 条规定,市、县政府应当组织有关部门对征收补偿方案进行论证并予以公布,征求公众意见。2008 年建设部的《房屋登记办法》(已失效)第 84 条规定,办理村民住房所有权初始登记,房屋登记机构受理登记申请后,应当将申请登记事项在房屋所在地农村集体经济组织内进行公告;经公告无异议或者异议不成立的,方可予以登记。

---

〔50〕《最高人民法院公报》2007 年第 1 期。

〔51〕北京市第二中级人民法院行政判决书,(2004)二中行终字第 246 号。

法律规定的事后公告,主要起到增加公信的作用,似乎不是行政行为生效的要件;但行政机关违反事后公告要求的,也可能承担不利后果。例如,《民办非企业单位登记管理暂行条例》规定,民办非企业单位变更法定代表人或者负责人,由登记管理机关予以公告。民政部的《民办非企业单位登记暂行办法》进一步规定,登记管理机关发布的公告须刊登在公开发行的、发行范围覆盖同级政府所辖行政区域的报刊上。在李广军诉河南省辉县市民政局变更登记案中,原告李广军与第三人万云等人在钟山书院经营过程中产生矛盾,有关人员召开会议,作出变更钟山书院法定代表人等决议。随后,辉县市民政局根据万云的申请和辉县市文化局的批复,将钟山书院的法定代表人变更为万云,却没有将变更登记在报刊上公告。新乡市中级法院再审判决认为,辉县市民政局不能证实其进行了公告,其变更行为违反法定程序,应予撤销。[52]

(三)行政行为的作出

在实践中,如果行政机关尚未作出决定,一般情况下不会形成争议(除了拖延履行职责);作出影响当事人利益的决定应当采用却没有采用书面方式,属于行政行为形式上的瑕疵,后面再予讨论。这里关注的情形是行政机关省略行政决定这一必经步骤,直接采取强制措施或者强制执行。

行政机关作出行政行为,通常应当形成书面决定,以确定当事人的权利义务。众多立法要求,行政机关应当"作出"决定。《行政许可法》规定,行政机关对申请人的申请应当作出准予许可或者不予许可的决定。《行政处罚法》规定,行政机关作出行政处罚,应当填写或者制作行政处罚决定书。《行政强制法》规定,行政机关决定实施查封、扣押的强制措施,应当制作并当场交付查封、扣押决定书和清单;行政机关实施强制执行,更是必须以相关行政决定为基础。

实践中,一些行政机关把通知书、告知书等中间过程的文书错误地等同于行政决定书。结果,行政机关只作了事先告示或者事后通知,没有制作行政决定书,就直接采取强制措施或者实施强制执行。没有行政决定就直接采取强制,是严重的程序违法。在吉林省辽源市通讯器材厂诉辽源市规划管理处拆除施工建筑案中,辽源市中级法院判决认为,被告发现原告修建违法建筑物后,为防止原告继续施工造成更大经济损失,先后三次向原告发出停止违法建筑的通知,是正确的。但在处罚决定尚未作出并发生法律效力前,自行采取强制措施拆除违法建筑物,违反了法定程序,应当承担相应的法律责任。[53] 在肖铁锋诉湖南省攸县公安局收容教育决定案中,被告以肖铁锋嫖娼为由,将其押至拘留所实施收容教育。在此期间,被告向肖铁锋

---

〔52〕 河南省新乡市中级人民法院行政判决书,(2010)新中行再字第5号。该案的症结似乎在于第三人申请变更登记的要件有瑕疵(目前法律对此缺乏明确规定),而不是登记机关的事后公告程序。法院判决撤销登记行为的理由似乎还可以商榷。

〔53〕 吉林省辽源市中级人民法院行政判决书,(1993)辽行终字第4号。

出示了《收容教育通知书》,让肖铁锋签字,但没有制作《收容教育决定书》。法院判决认为,被告决定对肖铁锋收容教育6个月却不制作决定书,“显属程序违法”。对该通知书予以撤销。[54]

作为强制执行依据的行政行为,还必须是具体确定了当事人义务的行政决定。行政机关不能单凭笼统告示或者内部批示,就直接实施强制执行。在谭永光、谭真明诉三亚市人民政府、三亚市规划局强制拆除房屋案中,原告谭永光、谭真明未经许可兴建楼房,三亚市规划局给两原告下发通知书,要求停止施工、听候处理。嗣后,市规划局发布公告,要求该区域内居民自行拆除未经批准的违章建筑。同年,市政府、市规划局组织人员将两原告的三层楼房拆除。海南高院判决认为,规划局的公告不能代替处罚决定。两被告在市规划局未依法对违建行为作出行政处罚的情形下实施强制拆除,严重违反法定程序。[55] 类似地,在于栖楚诉贵阳市住房和城乡建设局强制拆迁案中,最高法院也认为,根据《城市房屋拆迁管理条例》的规定,强制拆迁前县级以上政府应当先行作出责令限期拆迁的决定;被拆迁人逾期仍不拆迁的,方可责成有关部门强制拆迁。责令限期拆迁和责成有关部门强制拆迁的决定,应当以书面形式作出,并送达被拆迁人。县级政府负责人在相关申请报告上签署的同意强制拆迁的意见,不能代替责令限期拆迁决定。[56]

(四)行政行为的送达

行政决定作出后,应当及时送达有关当事人。当事人的范围,不但包括行政许可的申请人、行政处罚的被处罚人、行政裁决的当事人、行政复议的申请人等直接相对人,还包括已知的其他与行政行为有利害关系的人。2012年修订的《公安机关办理行政案件程序规定》第147条(现为第172条)规定,治安案件有被侵害人的,公安机关应当在作出处罚决定之日起2日内,将决定书复印件送达被侵害人。

以书面形式作出的行政决定,能够当场交付的通常当场交付;不能当场交付的,优先采取直接送达;不能或者不便直接送达的,可以采取邮寄送达、公告送达等送达方式。一些情况下,法律要求当场交付或者直接送达。例如,《行政处罚法》第52条规定,执法人员当场作出行政处罚决定的,行政处罚决定书应当当场交付当事人。《行政强制法》第24条规定,行政机关决定实施查封、扣押的,应当制作并当场交付查封、扣押决定书和清单。《行政强制法》第38条规定,催告书、行政强制执行决定书应当直接送达当事人;当事人拒绝接收或者无法直接送达当事人的,应当依照《民

---

[54] 湖南省衡东县人民法院行政判决书,(1998)东行初字第29号。法院还认为,被告仅根据他人辨认就认定原告嫖娼,主要证据不足。

[55] 海南省高级人民法院行政判决书,(2004)琼行终字第119号。

[56] 最高人民法院行政判决书,(2012)行提字第17号;《最高人民法院公报》2013年第10期。《城市房屋拆迁管理条例》(已失效)第17条规定:“被拆迁人或者房屋承租人在裁决规定的搬迁期限内未搬迁的,由房屋所在地的市、县人民政府责成有关部门强制拆迁,或者由房屋拆迁管理部门依法申请人民法院强制拆迁。”

事诉讼法》的有关规定送达。还有一些法律、法规、规章，如国家市场监督管理总局的《市场监督管理行政处罚程序规定》，对送达方式作了细致规定。此外，诉讼中的送达制度也可以参考。

实践中，由于当事人下落不明、关门歇业、拒绝签收等原因，行政机关经常面临"送达难"的问题。在此情况下，行政机关具体送达方式可以灵活，但仍然有义务按照法定方式送达。在**临清市鲁信面粉有限公司诉山东省人民政府行政复议案**中，被告称，曾用特快专递给原告邮寄《第三人参加行政复议通知书》，因"单位已破产"被退回；被告工作人员后到原告公司直接送达，被看门人拒收；行政复议决定作出后，又通过特快专递向原告邮寄，因"单位已撤销"被退回。济南市中级法院一审判决认为，被告在无法邮寄送达和直接送达的情况下，并未按照民事诉讼法的规定进行留置送达或公告送达，应认定未依法送达，构成违反法定程序。〔57〕

随着电子政务的出现，行政机关在一些特定领域是否可以采用网络公告的方式送达？**北京希优照明设备有限公司诉上海市商务委员会招标决定案**对此作了肯定的回答。在该案中，原告不服评标委员会对其所作的"技术废标"决定，向被告市商委提出书面质疑，要求重新评标。招标机构根据被告要求组织了新的评标委员会进行重新评标，结论仍为技术废标。被告收到招标机构提交的重新评标报告后，决定维持原评标结果，并在网上公告该结果。在诉讼过程中，原告认为被告应直接向其送达书面处理决定。法院认为，根据商务部规章和招标文件，机电产品国际招标采用电子政务，相关程序均在招标网上完成。原告参与本案投标，就表明其接受无纸化、网络化的处理方式。原告通过查看招标网上公布的内容，也已知道被告重新评标后作出的决定。原告的质疑不予采纳。〔58〕

行政决定实际影响当事人权益却没有送达当事人，是一个重大瑕疵。在**兰州市常德物资开发部诉兰州市人民政府收回土地使用权案**中，原告常德物资开发部得到被告兰州市政府同意出让的国有土地使用权后，与第三人华欧公司合作开发房地产。合作过程中，兰州市政府有关部门与华欧公司就同一地块签订了土地使用权出让合同。此后，市政府批复同意收回出让给常德开发部的国有土地使用权，重新出让给华欧公司。但兰州市政府没有将批复送达常德开发部，直到一个月后，开发部在法院开庭时才得知此事。甘肃高院认为，被告批复的内容涉及第三人和常德开发部双方利益，市政府至今未给常德开发部送达该批复，违反法定程序。〔59〕 在**王周耀诉陕西省武功县公安局行政处罚案**中，武功县公安局于 1995 年 7 月认定原告嫖宿，对其开具罚单；同年 11 月作出治安管理处罚裁决书，决定给予 1000 元罚款。但直到 1998 年 12 月，被告才将该处罚裁决书送达原告。陕西高院二审判决认为，被告

---

〔57〕 济南市中级人民法院行政判决书，(2010)济行初字第 85 号。一审判决撤销行政复议决定，并责令被告重作。二审期间，双方当事人达成和解，分别撤回上诉和起诉。

〔58〕《最高人民法院公报》2011 年第 7 期。

〔59〕《最高人民法院公报》2000 年第 4 期。

的行为明显违反《治安管理处罚条例》关于"裁决应当填写裁决书,并应立即向本人宣布"的规定以及先裁决、后执行的要求,遂撤销了该行政处罚。[60]

行政机关不但应当送达行政决定,在当事人有异议的情况下,还有义务证明行政决定已经送达。在**湖南省祁阳县食品总公司诉祁阳县畜牧水产局行政处罚案**中,被告发现原告调进的冻猪无产品检验证和运输车辆消毒证,决定没收该批食品并处罚款。原告以处罚事实不清、未收到处罚决定书等理由,提起行政诉讼。被告畜牧水产局辩称,行政处罚决定书已送达原告,但原告拒收。永州市中级法院认为,行政处罚决定书的送达回证上无原告方人员签收,也无第三者在场证实送达情况,被告不能证实处罚决定书已经送达。该处罚决定应予撤销。[61]

行政机关应当把行政决定送达恰当的人,错误的送达不产生送达的效力。在**托乎提·阿不力孜诉乌鲁木齐市新市区城市管理执法局拆除违法建筑物案**中,原告阿不力孜未经批准擅自翻建房屋,新市区执法局对违章建筑予以强制拆除。但是,执法局在执法过程中将本属原告个人的房屋错误地认定为原告经营的西星公司的房屋,从而将被拆除人错误地确定为西星公司,相关的法律文书也送达西星公司。房屋所有人即原告阿不力孜却未被告知处罚事实、理由及其享有的权利,甚至没有送达限期拆除违法建筑决定书。法院认为,被告程序违法,其处罚决定予以撤销。[62]

(五)错误的步骤

行政执法实践中,步骤方面可能出现的问题有省略步骤、增加步骤、颠倒步骤。是否认定行政行为违法,需要根据法律的具体规定,衡量相应程序对于保障行政公正的价值,斟酌具体情况决定。

行政机关省略规定的步骤,通常会损害当事人的权利,从而导致行政行为被撤销。前面所举的例子多是针对这种情况。但是,如果所省略的步骤不会影响结果的公正性,法院也可能持宽容的态度。在紧急情况和简易程序中,法律也可能规定省略通常的步骤,但省略后的程序仍应满足正当程序的基本要求。

行政机关增加步骤(如婚姻登记要求提供单位证明、申请律师执照先向县局提出),如果不是滥用职权、故意刁难,通常是允许的。在**庄燕生诉北京市公安局公安交通管理局海淀交通支队黄庄队行政处罚案**中,原告因驾驶机动车在路口骑线行驶、变换车道,被处罚款30元。原告提出,执勤民警当场对其拦截后,没有按简易程序给予当场处罚,而是通知其到被告处接受处理,违反法定程序。北京市海淀区法院一审判决认为,《行政处罚法》关于50元以下罚款适用简易程序的条款不是强制

---

〔60〕 陕西省高级人民法院行政判决书,(2003)陕行终字第39号。

〔61〕 湖南省永州市中级人民法院行政判决书,(1997)永中行终字第45号。

〔62〕 乌鲁木齐市新市区人民法院行政判决书,(2005)新行初字第59号;乌鲁木齐市中级人民法院行政判决书,(2006)乌中行终字第2号。

性的,被告适用一般程序实施处罚并无不当。[63]

行政机关颠倒步骤,如先裁决后取证、先执行后决定,往往构成程序违法。在**博罗县石坝镇乌坭湖村民委员会诉博罗县人民政府征地补偿案**中,广东高院判决认为,被告在尚未获准征用土地的情况下即实施征地补偿安置方案,违反法定程序。被告辩称该项目是省委省政府作为政治任务限时完成的交通设施重点工程,征地工作均是先启动后审批的,没有法律依据,不予支持。[64]

四 行政行为的形式

行政行为有书面形式、口头形式和其他形式。原则上,行政行为应当采取书面形式;法律没有规定,而行政行为的性质允许的,可以采取口头形式或者其他形式。法律对行政文书的类型、格式有特殊要求的,应当采取特定的类型和格式。

(一) 书面形式和口头形式的选择

行政行为的书面形式,通常应当载明当事人身份、行政行为性质、权利义务内容、作出决定的行政机关和日期,并盖行政机关的印章。采取书面形式能够明确和固定行政行为的内容,有利于当事人和其他人辨认该行为的性质、了解行政行为的内容。一些程序性问题,法律也要求使用书面形式。例如,《行政许可法》第 32 条第 2 款规定,"行政机关受理或者不予受理行政许可申请,应当出具加盖本行政机关专用印章和注明日期的书面凭证"。目前,书面形式多为打印;需要手写的,应当使用钢笔、签字笔等墨迹不易涂改并能够长期保存的工具,不能使用圆珠笔或者铅笔书写。

除了书面形式,行政行为还可能采取口头形式和其他形式。口头形式,如口头传唤。依照《治安管理处罚法》第 82 条的规定,对现场发现的违反治安管理行为人,人民警察可以口头传唤(而无须使用传唤证传唤);口头传唤的,人民警察应出示工作证件,告知被传唤人传唤的原因和依据,并在随后的询问笔录中注明。其他形式,如交通警察指挥交通的手势。《行政许可法》第 44 条提到,行政机关作出准予许可的决定,除了行政许可证件,还有加贴标签、加盖检验、检测、检疫印章。

行政行为应当采取书面形式而没有采用书面形式,是行政程序上的重大瑕疵。这种形式上的瑕疵不妨碍当事人行使诉权。只要能够证明行政机关作出了涉及当事人权利义务、有实际拘束力的意思表示,当事人仍然可以提起诉讼。而一旦当事人起诉,这种重大瑕疵通常会导致行政行为被撤销或者确认为违法、无效。

---

〔63〕 北京市海淀区人民法院行政判决书,(2003)海行初字第 50 号;北京市第一中级人民法院行政判决书,(2003)一中行终字第 309 号。二审判决指出,原告庄燕生当时有异议,故被告适用行政处罚一般程序不违法。

〔64〕 广东省高级人民法院行政判决书,(2005)粤高法行终字第 57 号。

在司法实践中，争议往往在于：某个行政行为是否可以采取口头形式？从实践情况来看，法院尊重行政机关的裁量，对书面形式的要求基本上限于法律、法规、规章的规定。在王海诉北京市工商局不履行答复职责案中，北京市海淀区法院一审判决认为，现行法律、法规并未明确规定工商机关对于举报事项应以何种方式告知举报人调查处理情况。因此，市工商局以口头或是书面方式告知属其自由裁量范畴，均无不当。王海要求对举报事项给予书面答复的主张，不予支持。[65]

公安机关对于报案、举报、控告，认为不属于公安机关职责范围的，是否应当将不予处理决定以书面方式告知，经历了多次变化。早期的实践没有要求书面形式。有法院以此为据，认为公安机关口头告知当事人去法院解决并无不当。[66] 公安部2003年制定的《公安机关办理行政案件程序规定》规定，对受害人报案而公安机关认为不需要追究行政责任的，应当制作不予处理决定书。2006年修订时，取消了制作书面文书的要求，只规定"告知当事人向其他有关主管机关报案或者投案"。2012年修订时，恢复了"书面告知"的要求。有公安机关没有采取书面方式告知，法院据此确认程序违法。[67] 2018年修正时，采取了一个更加务实的折中方案。其中第61条第1款第3项规定：对不属于公安机关职责范围的事项，在接报案时能够当场判断的，应当立即"口头告知"当事人向其他主管机关报案或者投案；当事人对口头告知内容有异议或者不能当场判断的，应当书面告知，但因没有联系方式、身份不明等客观原因无法书面告知的除外。

面对纷繁的行政事务，要求行政行为一律采用书面形式并不现实；但不加限制地使用口头方式，则有违依法行政的精神。在今后立法中也许可以考虑规定：法律、法规、规章或者行政机关的规范性文件规定采用书面方式的，行政机关应当采用书面方式。没有规定的，行政机关可以根据行政行为的性质采取口头方式或者其他方式；但是，如果当事人要求行政机关采取书面方式的，行政机关应当采取书面方式。

（二）特定类型的文书

有一些法律要求行政行为采取特定类型的书面文书。例如，《行政处罚法》规定，行政机关给予行政处罚应当制作行政处罚决定书，载明相应的内容。又如，土地权属争议的处理应当采取决定书（裁决书）的形式作出。行政机关没有使用特定类型的文书，也可能构成违法。熟悉党政机关公文类型却不注意法律文书类型的官员，尤其容易在这一点上"翻车"。

---

〔65〕 北京市海淀区人民法院行政判决书，(2007)海行初字第329号；北京市第一中级人民法院行政判决书，(2008)一中民终字第91号。

〔66〕 金鳞乙诉深圳市公安局南华派出所不作为案，深圳市中级人民法院行政判决书，(2001)深中法行终字第117号。

〔67〕 洪华明诉福建省南安市公安局仑苍派出所案，泉州市中级人民法院行政判决书，(2019)闽05行终183号。

在海口市新华区城西乡坡巷村村民委员会诉海南省人民政府土地确权案中，坡巷村与第三人文庄经济社因土地权属长期争议。海南省政府办公厅根据琼山市政府和海口市政府的请求，组织调查后下发了《关于海口市坡巷村与琼山市文庄经济社纠纷土地的权属确认问题的复函》，确认该争议土地属国有土地，并对争议土地的使用作了划分。该复函下发至琼山、海口两市政府，但没有发给双方当事人，以致原告3年后才看到该函。海南高院二审判决认为，对土地权属的处理决定不适用《国家行政机关公文处理办法》有关公务文书文体的规定，而应当按照《土地管理法》和国家土地管理局《土地权属争议处理暂行办法》等规定。处理决定应当以省政府名义作出，将争议双方列为当事人，并送达当事人。被告海南省政府以其办公厅的名义、使用行政机关内部复函的形式，对争议土地进行确权，违反法定程序。该确权行为应予撤销。[68]

在海南凯立中部开发公司诉中国证券监督委员会退回上市申报材料案中，海南凯立公司向中国证监会上报了A股发行申请材料，中国证监会以办公厅的名义向海南省政府办公厅作出《关于退回海南凯立中部开发建设股份有限公司A股发行预选材料的函》，并抄送凯立公司。该函认定凯立公司发行预选材料中前三年财务会计资料不实，不符合上市规定，故"退回其A股发行预选申报材料"。北京市第一中级法院判决认为，依照《证券法》规定，证监会受理股票发行申请文件后，应当在规定期限内作出核准或者不予核准的决定。被告所作的退回原告申报材料的行为没有法律依据，违反法定程序。[69]

（三）固定格式的文书

有些行政行为不但要求采用特定的书面形式，还要求统一、固定的格式。特别是那些反复实施、批量实施的行政许可、行政登记，多使用格式文书，如居民身份证、结婚证、房屋所有权证、工商营业执照。2021年修订的《行政处罚法》第52条规定，根据简易程序作出的行政处罚决定，执法人员应当当场填写"预定格式、编有号码"的行政处罚决定书。《税收征收管理法实施细则》规定，完税证、缴款书、印花税票、扣（收）税凭证等各种完税凭证的式样，由国家税务总局制定（第45条）；税务机关查询存款账户，应当凭全国统一格式的检查存款账户许可证明进行（第87条）。

格式文书不但有助于简化行政工作，也有助于当事人和其他人识别行政决定的真伪。一些法律还规定了没有使用格式文书的法律后果。《行政处罚法》（2021年修订）第70条规定，行政机关及其执法人员当场收缴罚款的，必须向当事人出具国

---

〔68〕 海南省高级人民法院行政判决书，(2000)琼行终字第4号。有关该案的后续情况，参见马耀青：《土地权属争议　复议终局裁决》，载中国政府法制信息网，http://www.chinalaw.gov.cn/article/dfxx/dffzxx/sd/xzfyal/200309/20030900043767.shtml。

〔69〕 北京市第一中级人民法院行政判决书，(2000)一中行初字第118号；北京市高级人民法院行政判决书，(2001)高行终字第7号。

务院财政部门或者省级政府财政部门统一制发的专用票据；不出具财政部门统一制发的专用票据的，当事人有权拒绝缴纳罚款。格式文书禁止涂改。根据情况，涂改过的格式文书完全无效或者涂改部分无效。民政部的《婚姻登记工作规范》要求，婚姻登记员在完成结婚证、离婚证填写后，应当进行认真核对、检查；有打印或者书写错误的，应当将证件报废处理，重新填写。

五　行政行为的时限

时限是保证行政效率的重要制度。中国有大量的法律、法规、规章为行政过程设定了时限。行政机关违反法定时限，主要有两个方面：一是超越法律为行政机关设定的时限，其中包括依申请行政行为和依职权行政行为的时限；二是克减法律给予当事人的时限。行政机关违反时限的法律后果，包括行政机关的赔偿责任，放在下一编讨论；这里主要讨论跟时限有关的行政行为合法性。

（一）依申请行为的时限

在行政给付、许可、裁决、复议等依申请的行政行为中，行政机关难以在常规期限内完成行政过程是经常面临的问题。行政机关不能在常规期限内作出行政行为的，可以在法律允许的范围内延长。延长时限一般应当经过行政机关负责人的批准，并且应当把延长的期日和原因及时告知当事人。依法批准并告知延长的，不算超越时限。此外，一些法律还规定了期限的扣除。例如，依照《行政许可法》，听证、招标拍卖、检验检测检疫鉴定和专家评审所需的时间不计算在该法规定的期限内。但是，函件邮递的时间应当计算在行政许可的时限内。[70]

行政机关超过时限未作出相应行为，构成不作为违法，当事人可以申请行政复议或者提起行政诉讼。行政机关超越时限作出行政行为的，仍然构成程序违法。行政行为程序轻微违法，对原告权利不产生实际影响的，依据《行政诉讼法》第 74 条第 1 款第 2 项，法院只确认违法但不撤销行政行为。

行政机关虽然不违反法定时限，但没有遵守其允诺的期限，也可以被认为违反时限的要求。在翁某诉某市公安局案中，回国定居的华侨翁某去当地公安局申领居民身份证。公安局办证大厅墙上贴的《承诺书》声明，办理居民身份证的期限为 7 个工作日。翁某还特意向办证民警口头说明，他要注册公司，希望尽快办证。民警答复，7 日内一定办妥。翁某 7 日内前去询问 3 次，都尚未办妥；直到一个月后，公安机关仍未办妥。翁某以公安机关违反法定程序为由提起诉讼，要求赔偿超过 7 日期限给他造成的损失。公安机关答辩说，法律规定是 3 个月，7 天是我们自己要求的；违反法定程序是违反法律规定的程序，而不是我们承诺的程序，因此只要不超过 3 个

---

〔70〕《全国人民代表大会常务委员会法制工作委员会关于如何适用固体废物跨省转移行政许可办理时限的答复》，法工委发〔2007〕25 号。

月都不违法。[71] 一般情况下,行政机关超过其承诺的更短时限,不应简单地认定为违法,更不宜要求其赔偿。但该案公安机关的拖延不仅有违高效便民和诚信原则,也损害了当事人的正当期待,应属违法。

在一些紧急情况下,行政机关拖延履行职责,即使没有超过法定时限,也可能被认为违法。在特殊情况下,行政机关有必要紧急响应、"特事特办",法律规定的时限也相应缩短。《行政诉讼法》第 47 条第 2 款规定,在紧急情况下请求行政机关履行保护人身权、财产权等合法权益的法定职责,行政机关不履行的,提起诉讼的期限不受一般规定的限制。这一条就包含了同样精神。在前述情况下,只要行政机关有能力履行,就不能以未超过法定时限为由,免除因拖延履行而产生的法律责任。

在实践中,行政机关超越时限可能是由于各种原因。行政机关因其惯常的工作方式或者现有的工作条件原因超越期限的,一般不足以作为免除责任的正当理由。在李健雄诉广东省交通运输厅政府信息公开案中,原告于 2011 年 6 月 1 日通过广东省政府公众网络系统向被告递交了政府信息公开申请,但被告迟至 8 月 4 日才向原告作出答复。在诉讼中,被告辩称:原告申请所用的是省政府政务外网,而非被告办公所用的内部局域网。由于两个网络系统实行物理隔离,需要通过网闸以数据摆渡方式接入内网办理,因此被告工作人员未能立即发现并及时受理该申请。从被告实际收到申请之日起计算,被告答复并未超出 15 个工作日的法定期限。广州市越秀区法院认为,广东省政府"政府信息网上依申请公开系统"是政府信息申请的公开平台;如未作例外说明,从该平台上成功递交即应视为相关行政机关已收到申请。外网与内网、上级机关与下级机关之间的流转,属于行政机关内部管理事务,不能成为行政机关延期处理的理由。被告逾期答复,应当确认违法。[72]

(二) 依职权行为的时限

行政机关依职权行为的时限,最典型的是行政处罚时限。这里说的行政处罚时限不同于法律对违法行为人的追责时效,而是处罚机关从立案到作出处罚决定的期限。

早期法律对行政处罚时限往往没有规定,已有的规定也只被看作指导工作的意见。在此理解下,法院对"超期办案"予以宽容。在郝劲松诉北京市公安局海淀分局万寿寺派出所案中,原告郝劲松在饭店用餐时与服务员发生争执,遭到饭店老板孙某殴打。原告当即报警,但时隔 7 个月后,派出所才对孙某作出罚款 500 元的决定。法院确认派出所办案超期,但认为它对原告的权利义务并未产生影响,属于具体行政行为的瑕疵。原告据此要求撤销行政处罚的主张,不予支持。[73] 在个别情况下,

---

〔71〕 胡建淼:《行政法学》(第 2 版),法律出版社 2003 年版,第 427 页。

〔72〕 最高人民法院指导案例 26 号,2014 年 1 月 26 日发布。

〔73〕 王殿学:《诉派出所办案超期　郝劲松被驳》,载《新京报》2010 年 2 月 24 日。《治安管理处罚法》第 99 条规定:"公安机关办理治安案件的期限,自受理之日起不得超过三十日,案情重大、复杂的,经上一级公安机关批准,可以延长三十日。"

行政机关的处罚决定过程可能长达数年。由于当时法律、法规、规章没有规定处罚时限,法院判决默认行政处罚没有时限要求。在郭海诉中国证监会行政处罚案中,被告认定郭海于2014年实施内幕交易,但直到2019年才对其作出处罚。法院判决认为,被告于郭海内幕交易当年即发现相关违法线索并启动调查,因此不违反《行政处罚法》关于处罚时效的规定。但由此引起的处罚决定时限的问题,判决书没有作出评判。[74]

上述情况随着法律的完善而有改变。一是2014年《行政诉讼法》修改后,对违反法定程序的审查力度趋紧。"行政行为程序轻微违法,但对原告权利不产生实际影响的",法院也将判决确认违法。二是2021年《行政处罚法》修订后,增加了处罚时限的规定。自立案之日起,原则上要求在90日内办结,法律、法规、规章另有规定的除外。这一条款提高了人们对处罚时限的重视。

(三)克减当事人的时限

行政行为要求在规定的期限内完成,多数情况下越快越好。行政机关在行政审批过程中缩短审批时限、加快审批进程,尤其深受欢迎和鼓励。但行政机关不能以效率为由,克减当事人依法享有的程序权利。

当事人与时限有关的程序权利,一是当事人提出申请或者要求的期间。《行政处罚法》第42条规定,当事人要求听证的,应当在行政机关告知后3日内提出。行政机关告知当事人后,当事人没有明确放弃听证的,行政机关在此期间就不能作出对其不利的决定。行政机关未及当事人表明态度,在告知当事人听证权利的当天就作出对其不利的决定,显然是违法的。[75]

当事人与时限有关的程序权利,二是当事人自动履行行政义务的期间。2017年《行政强制法》第44条规定:"对违法的建筑物、构筑物、设施等需要强制拆除的,应当由行政机关予以公告,限期当事人自行拆除。当事人在法定期限内不申请行政复议或者提起行政诉讼,又不拆除的,行政机关可以依法强制拆除。"行政机关为当事人设置完全不合理、以致无法履行的期限,或者在该期限未满的时候就实施强制执行,均构成违法。在南宁市润森木业有限公司诉南宁高新技术产业开发区管理委员会房屋拆迁案中,被告认为原告违法建设房屋,于2014年7月24日作出《行政处罚决定书》,责令原告在收到决定书之日起1日内自行拆除。25日,被告又作出《限期履行催告书》,责令原告在收到催告书之日起1日内自行拆除。26日,被告作出《行政强制执行决定书》,决定实施强制拆除;同日发出《限期拆除违法建(构)筑物公告》,要求原告自公告之日起1日内自行拆除,否则将依法强制拆除。30日,被告对原告的违法建筑实施了强制拆除。虽然被告的每一步骤都在法律字面规定之内,但

〔74〕 北京市高级人民法院行政判决书,(2020)京行终1402号。

〔75〕 北京创基物业管理有限公司诉北京市海淀区人民防空办公室行政处罚案,北京市海淀区人民法院行政判决书,(2003)海行初字第267号。

三级法院均认为,被告的行政处罚决定、强制执行决定和催告履行通知为原告设定的自行拆除时间严重不合理,行政行为明显不当。而且,实施强制拆除尚在当事人申请行政复议和提起行政诉讼的期限内,强制拆除行为违法。[76]

第三节　外部行政程序

行政行为不但要在行政主体中立无偏的情况下按照法定的形式和时限作出,在作出过程中,还要保障当事人的知情和参与权利。通常来说,这包含下面几个环节的要求:(1)行政机关作出对当事人不利的决定前,应当向其告知行政人员的身份、行政决定所依据的事实和理由,以及当事人所享有的程序权利;(2)行政机关应当给当事人陈述和申辩的机会,在必要的时候举行听证,充分听取当事人的意见;(3)行政决定应当以恰当的方式送达当事人;(4)行政机关作出对当事人不利的决定,应当说明理由。

现有法律为保障当事人的知情和参与权利作了许多规定。以《行政强制法》为例:行政机关实施行政强制措施,行政人员应当出示执法身份证件,通知当事人到场,当场告知当事人采取行政强制措施的理由、依据以及当事人依法享有的权利、救济途径,听取当事人的陈述和申辩,制作现场笔录(第 18 条);实施限制人身自由的行政强制措施,还应当当场告知或者立即通知当事人家属实施强制措施的行政机关、地点和期限(第 20 条)。这些也是现代行政下文明执法所要求的。

行政机关违反前述法定程序,在当事人完全不知情的情况下作出损害其权利的决定,那是不可接受、不可补救的违法。即使在量大额小的交通管理领域,以前的常规做法也被改正了。宋德新诉郑州市城市管理行政执法局行政处罚案涉及对机动车违章停放的处罚程序。宋德新驾车去行政机关办事,将车停放在该机关门前,5 分钟后出来,发现车上被贴了纸条《机动车违章停放行政处罚决定书》。内称:根据《郑州市城市管理相对集中行政处罚权规定》第 55 条,决定对"豫 A×××××号驾驶员"处以 50 元罚款。《处罚决定书》还载明了缴纳罚款的方式、逾期不交的后果以及不服处罚的救济方式。郑州市中原区法院认为,该处罚决定没有明确处罚对象和相应的违法事实,执法人员没有出示执法证件并告知当事人相应事实、理由和权利,没有给当事人陈述和申辩权利,也没有当场交付处罚决定书,所作处罚决定程序违法,遂判决撤销。[77] 判决后,郑州市城市管理行政执法局改正了对违章停车直接"贴罚单"的做法。公安部 2008 年修订的《道路交通安全违法行为处理程序规定》规定,交通警察对机动车驾驶人不在现场的违法停放机动车行为,应当在机动车合适位置上粘贴"违法停车告知单",并采取拍照或者录像方式固定证据。

---

〔76〕 最高人民法院行政裁定书,(2018)最高法行申 4658 号。

〔77〕 韩俊杰等:《法院:违章停车罚款单不直接交给司机属违法》,载《中国青年报》2003 年 5 月 14 日。

一　预先告知

行政机关作出对当事人不利的决定前,没有告知当事人行政机关和行政人员的身份、拟作行政决定的内容、所依据的事实和理由以及当事人所享有的程序权利,属于违反法定程序。即使是适用简易程序当场作出的行政处罚决定,也是如此。甚至对于责令限期改正,行政机关亦应履行正当程序义务,事先告知。[78] 在多个案件中,法院以行政机关没有履行告知义务,撤销了行政行为。

下面按照应当告知的内容,分别阐述。

(一)告知执法机关和执法人员的身份

行政活动的一个基本要求是告知执法机关和执法人员的身份,让当事人明白他在跟谁打交道。具体的告知方式根据行政执法的场景确定,“坐堂办事”与“街头执法”就不相同。

在“坐堂办事”中,行政机关和行政人员的身份比较明确,但当事人与行政机关办案人员可能形成信息阻隔。为了让行政过程更加透明,行政机关往往在办公现场展示行政人员的姓名、职务、照片等身份信息。在一些重大行政决定过程中,法律还要求行政机关主动告知当事人办案人员的姓名。在**集宁市天马酒业有限公司诉国家工商总局商标评审委员会案**中,商评委应第三人申请,撤销了天马公司持有的商标。北京高院指出,《商标评审规则》第32条规定,商标评审人员确定后,商评委应当及时以书面形式告知有关当事人。在本案中,商评委未将《商标评审案件审理人员告知书》送达天马公司,导致当事人无法行使《商标法实施条例》规定的申请回避的权利,显系违反法定程序,该决定应予撤销。[79] 而在**万毅诉国家知识产权局专利复审委员会专利无效案**中,由于复审委合议组成员发生变动,造成实际口头审理的合议组成员与口头审理通知书上注明的合议组成员不完全一致。对此,北京高院认为,在无效宣告请求审查程序中变更合议组成员的,相关的法律、法规和《专利审查指南》均未规定通知当事人的期限和方式。而且,合议组在口头审理时告知双方当事人合议组成员的变更,原告万毅未提回避请求。因此,该合议组成员的变更应当允许。[80]

在“街头执法”中,执法人员及其隶属的行政机关往往不易确认。为此,执法人员应当出示相应的执法证件或者检查凭证,表明自己身份。例如,《劳动法》第86条规定,劳动行政部门监督检查人员执行公务,“必须出示证件”。《行政强制法》第18

---

〔78〕 立达(中国)纺织仪器有限公司上海分公司诉上海市地方税务局长宁区分局第十三税务所案,上海市第一中级人民法院行政判决书,(2014)沪一中行终字第435号。

〔79〕 北京市高级人民法院行政判决书,(2006)高行终字第186号。2005年国家工商行政管理总局修订《商标评审规则》,取消了商标评审案件审理人员的事前告知程序。

〔80〕 北京市高级人民法院行政判决书,(2004)高行终字第110号。

条规定,行政机关实施行政强制措施应当由两名以上行政执法人员实施,并“出示执法身份证件”。公安部《公安机关人民警察证使用管理规定》第4条规定:“公安机关人民警察在依法执行职务时,除法律、法规另有规定外,应当随身携带人民警察证,主动出示并表明人民警察身份。”2021年修订的《行政处罚法》第55条更进一步,不仅要求执法人员在调查或者进行检查时主动向当事人或者有关人员出示证件,还规定“执法人员不出示执法证件的,当事人或者有关人员有权拒绝接受调查或者检查”。

行政人员执行公务时未出示证件,构成行政程序瑕疵。尤其是行政人员实施调查和强制时未表明身份,导致当事人不确定其身份的,行政行为应当撤销,或者确认违法。从过去实践来看,这一点似乎没有得到认真对待。原告提出被告执法人员在执法过程中未出示证件的主张,要么没有得到法院正面回应,要么因未提供相应的证据予以证明而得不到法院支持。法院也可能认为,行政人员的装束、设备已经清楚显示其身份,没有出示证件只是轻微瑕疵,不构成撤销的理由。在陶滋昌诉上海市公安局闵行分局继续盘问行为案中,原告陶滋昌与市容监察队工作人员发生争执,被告下属派出所接到报警后赶赴现场,将陶滋昌带到派出所继续盘问。原告在诉讼过程中提出,被告执法人员到达现场后未向其出示证件,程序违法。法院认为,执法人员驾驶警车、身着警服到达现场,警服上亦有表明其身份的编号,足以识别和确认执勤警察的身份,可以认为已经向原告表明了身份。在此情况下,执法人员未出示证件并不影响继续盘问的合法性。[81] 在张道春诉湖北省当阳市规划局行政赔偿案中,规划局工作人员因张道春屋顶建设一事,一天之中第三次来到张道春家中,遭到张道春拒绝而发生冲突。法院认为,在当天前两次检查过程中,张道春对规划局工作人员的身份和目的已经清楚。张道春称当晚因不清楚对方身份和目的而拒绝其进入住宅,不予采信。[82] 在李海军诉浙江省台州市公安局路桥分局行政处罚案中,原告李海军在被传唤和讯问时均未质疑办案人员的身份,而在诉讼时称其未出示证件,主张被告调查程序违法。法院对该主张不予采纳。[83] 对于诸如此类的案件,《行政诉讼法》修改后,法院的态度是否发生变化,有待观察。

(二)告知拟作出的处理决定

在行政处罚决定中,行政机关是否必须告知准备作出的具体处罚内容,曾经是有争议的。2021年修订的《行政处罚法》第44条增加规定,行政机关在作出行政处罚决定之前,“应当告知当事人拟作出的行政处罚内容”,从而终结了争议。

但在法律修改之前,就有多个案例要求行政机关告知拟作出的处罚内容。在刘庆、吕维峰诉四川省古蔺县公安局行政处罚案中,两原告因与第三人争执、殴斗,被

---

〔81〕 上海市第一中级人民法院行政判决书,(2002)沪一中行终字第244号。

〔82〕 宜昌市中级人民法院行政判决书,(2007)宜中行终字第26号。

〔83〕 浙江省台州市路桥区人民法院行政判决书,(2005)路行初字第17号。

分别处以 10 日和 5 日拘留处罚。被告事先只告知原告要给予治安行政处罚,未告知要给予何种处罚,告知笔录中"拟作出的行政处罚"栏为空白。泸州市中级法院判决认为,被告在告知原告要进行行政处罚时尚未形成初步处罚决定,因此没有告知具体的处罚结果,影响当事人陈述和申辩权利的行使,不符合法定程序。据此撤销了该处罚决定。[84] 在法官看来,这不仅符合《行政处罚法》的立法精神,也符合行政机关立案、调查取证、形成初步处理意见、告知、复核、作出处罚决定的办案程序。[85] 在吴木枝诉福建省龙岩市公安局新罗分局行政处罚案中,被告告知原告拟给予治安拘留 15 日、罚款 3000 元以及没收赌资的处罚,最后对原告的处罚决定增加了没收非法所得 31,000 元。法院认为,被告对原告是否有非法所得和赌资数额,尚未查清就进入告知程序;被告在告知后重新调查,却没有重新告知拟没收非法所得,严重剥夺了原告的陈述、申辩权。[86]

在其他带有惩戒性质的处理中,法院也可能要求告知拟作处理决定的内容。在于艳茹诉北京大学撤销博士学位案中,北京市第一中院认为,北京大学在作出撤销决定前,仅由调查小组约谈过一次于艳茹,约谈内容仅涉及于艳茹发表的论文是否涉嫌抄袭的问题。至于该问题是否足以导致于艳茹的学位被撤销,北京大学并没有进行相应的提示。"于艳茹在未意识到其学位可能因此被撤销这一风险的情形下,也难以进行充分的陈述与申辩。因此,北京大学的约谈不足以认定已履行正当程序。"[87]

(三) 告知相关事实和理由

除了告知拟作决定的内容,行政机关作出一个对他人不利的决定前,还应当告知当事人拟作决定所依据的事实和理由。有些法律明确规定了行政机关的告知义务。2021 年修订的《行政处罚法》第 44 条规定,"行政机关在作出行政处罚决定之前,应当告知当事人拟作出的行政处罚内容及事实、理由、依据"。《行政许可法》第 36 条规定,"行政机关对行政许可申请进行审查时,发现行政许可事项直接关系他人重大利益的,应当告知该利害关系人"。《行政强制法》第 18 条规定,行政机关实施行政强制措施应当"当场告知当事人采取行政强制措施的理由、依据"。

行政机关采用什么方式告知,应当根据具体情形决定。一般来说,行政机关应当采取书面方式,并送达当事人本人。在简易程序中,行政人员可以口头告知;在无法直接送达和邮寄送达的情况下,也可以采取公告方式告知。例如,依照公安部《道路交通安全违法行为处理程序规定》,采取扣留车辆、车辆驾驶证等强制措施或者对交通违章适用简易程序处罚的,应当"口头告知"当事人违法行为的基本事实、拟采

---

〔84〕 四川省泸州市中级人民法院行政判决书,(2005)泸行终字第 362 号。

〔85〕 最高人民法院中国应用法学研究所编:《人民法院案例选》2006 年第 3 辑(总第 57 辑),人民法院出版社 2007 年版,案例 54。

〔86〕 福建省龙岩市新罗区人民法院行政判决书,(2003)龙新行初字第 29 号。

〔87〕 北京市第一中级人民法院行政判决书,(2017)京 01 行终 277 号。

取的强制措施或者行政处罚、相关依据以及当事人依法享有的权利。

实践中,告知方式还有电话告知、张贴告示和网上告知。在**张成银诉徐州市人民政府房屋登记行政复议决定案**中,第三人针对张成银持有的房屋所有权证向被告申请行政复议。在诉讼过程中,被告声称曾经电话通知张成银参加行政复议,但无法予以证明。法院认为,当事人持有异议而被告不能证明的,应当认定被告没有采取适当方式予以通知。[88] 可见,法院并不一概反对电话告知的方式,但要求行政机关对告知的事实承担举证责任。在另一个案件中,某市工商局于 2001 年 4 月在该局办证大厅发布公告,责令原告 × × 缫丝厂等 268 家企业限期办理年检。两个月后,由于一些企业仍未申报年检,被告决定立案查处,并在该局办证大厅公告栏内张贴“听证告知公告”。同年 12 月,被告作出吊销原告营业执照的行政处罚,并再次以公告方式送达。法院判决撤销被告的行政处罚,并责令对原告未年检的违法行为重新作出处罚。[89] 即使不论本案可否采用公告方式送达,被告在自己办公场所张贴告示,也不能说是适当的公告方式。而在**白理成诉西安市公安局交通管理支队高速公路大队行政处罚案**中,法院认可了公安交通管理“网上告知”的合法性。该案原告所驾车辆超速行驶,被交管部门设置的监控系统拍摄,并被处以罚款 100 元、扣 3 分。原告认为,被告没有主动告知原告违法事实,违反法定程序。西安市雁塔区法院认为,交管部门将监控系统记录的交通违法行为在互联网上公布,属于告知当事人的一种方式;当事人查询得知并到交管部门接受处理,应当认为交管部门履行了告知义务。[90] 在现实中,“网上告知”可能导致一些当事人因没有主动查询而长期没有意识到自己违法。一个极端的案例是,外地进京卖菜的杜宝良在长达一年多的时间内,因在同一条街连续 105 次违反禁行规定,而遭受 10, 500 元的处罚。[91] 对于诸如此类的技术鸿沟,法律需要更多关照。

行政机关通常只需简单地告知当事人行政行为所涉及的问题、所依据的主要事实和理由以及行政决定的意向。但是,从保障当事人权利的角度出发,行政机关告知当事人的内容应当是准备作出行政决定时实际考虑的主要因素。如果行政机关考虑了重大因素却没有告知当事人,则构成对当事人陈述、申辩权利的侵害。不仅如此,行政机关告知当事人的事实和理由还应当是具体的事实和理由,以便当事人有针对性地进行陈述和申辩。行政机关不能只笼统地告诉当事人事实和理由,而让当事人无从解释和申述。此外,行政机关在告知当事人以后,又发现了新的重要事实,还应当将新增内容重新告知当事人。

---

〔88〕《最高人民法院公报》2005 年第 3 期。法院据此认为,被告未听取利害关系人的意见即作出对其不利的复议决定,违反法定程序。

〔89〕吕澄湄:《具备直接送达条件　采用公告送达违法》,载中国法院网,http://www.chinacourt.org/html/article/200306/05/60955.shtml。

〔90〕西安市雁塔区人民法院行政判决书,(2006)雁行初字第 13 号。

〔91〕高杉、李天际、侯毅君:《杜宝良现象三问电子警察》,载《北京青年报》2005 年 6 月 4 日;王乃彬:《“同一地点违章百余次被罚万元”事件引发争议》,载《法制日报》2005 年 6 月 6 日。

最高法院在许文庆诉国家知识产权局专利复审委员会案中对此做了一个详尽的阐述。该案第三人向复审委提出宣告涉案专利权无效的请求,主要理由是涉案专利权利要求在说明书中没有描述,不符合《专利法》第 26 条第 4 款关于"权利要求书应当以说明书为依据"的规定。原告许文庆的答辩也是针对上述无效宣告理由进行的。在口头审理后,第三人向复审委提交的代理词提出新的理由,即权利要求关于管内外壁的处理方法与说明书不符合。复审委未将该代理词转送给许文庆,却根据该代理词提出的新的理由作出宣告涉案专利权无效的决定。最高法院的再审判决认为,复审委违背了《专利审查指南》所规定的听证原则,即"给予程序中的当事人进行解释和申述理由的适当机会",构成违反法定程序。判决书指出:

> 所谓给予当事人在行政程序中进行解释和申述理由的适当机会,就是在行政程序中要给当事人就具体的事实、理由和证据进行解释和申述理由的适当机会,特别是作为作出不利于一方当事人的决定所依据的事实、理由和证据,必须充分听取当事人陈述和申辩。……(专利复审委员会)仅仅以请求人笼统地提出了涉案专利不符合《专利法》第 26 条第 4 款规定的无效宣告理由,专利复审委员会在口头审理通知中告知当事人口头审理的范围包含有涉案专利不符合《专利法》第 26 条第 4 款规定的内容,就认为给予了当事人进行解释和申述理由的适当机会,难以令人信服。[92]

(四)告知当事人享有的权利

行政机关在作出一个对当事人不利的决定前,应当告知当事人依法享有的程序权利。这是中国法律一项较新的原则,目前主要适用于行政处罚和行政强制行为。《行政处罚法》第 44 条规定,行政机关在作出处罚决定之前,除了应当告知当事人拟作出的行政处罚内容及事实、理由、依据,还应当"告知当事人依法享有的陈述、申辩、要求听证等权利"。这一规定适用于所有的行政处罚决定,包括运用简易程序作出的行政处罚决定。《行政强制法》规定,行政机关实施行政强制措施应当"当场告知当事人"其依法享有的权利和救济途径(第 18 条);行政机关作出强制执行决定前,催告当事人履行义务的文书应当载明当事人依法享有的陈述权和申辩权(第 35 条)。

行政机关没有告知当事人相关的程序权利,致使当事人未能行使其陈述、申辩权利的,行政行为应当撤销。在许国有诉上海市徐汇区徐家汇街道监察队强制拆除违法建筑案中,被告徐家汇街道监察队称其口头告知许国有享有陈述、申辩权,但许国有否认,被告也未能提供相应证据证实。上海市第一中级法院判决认为,被告未能依照《行政处罚法》规定的"必经法定程序"作出强制拆除决定,致使许国有无法

[92] 最高人民法院行政判决书,(2005)民三提字第 2 号;《最高人民法院公报》2006 年第 2 期。这是自《专利法》实施以来最高人民法院第一个提审改判的专利无效行政案件。引文略有改动。

行使陈述和申辩权利。因此,被告作出强制拆除决定的程序不合法。[93] 在卢学伟诉福建省永定县人民政府撤销国有土地使用证案中,被告于1991年向原告颁发国有土地使用证,因第三人异议、上访,时隔7年后,被告撤销该土地使用证。永定县法院判决认为,被告作出撤销原告的土地使用证之前未告知原告有申辩权、质证权和要求公开听证权,违反法定程序。该行政行为予以撤销。[94]

行政程序中的告知是为了保障当事人知情和参与。如果当事人事实上已经知悉或者行使了应当告知的权利,行政机关告知程序的瑕疵不影响其行政行为的合法性。在吴志定诉江苏省海安县劳动和社会保障局工伤认定案中,第三人李小稳向被告申请工伤认定,被告通知申请人的用工单位五环热水器厂参与工伤认定并告知其限期举证。法院认为,鉴于五环热水器厂在工伤认定时已经注销,被告在行政程序中应通知其出资人吴志定参加。被告未直接通知吴志定,其行政行为存在瑕疵。但事实上,吴志定自始至终参与了工伤认定过程,包括向被告提出第三人不应认定为工伤的书面说明、接受被告调查,并由其申请了行政复议,吴志定的权利已经得到了充分的行使。[95] 在邱华诉宜昌市工商局行政处罚案中,被告宜昌市工商局在作出决定前,以其下属工商分局的名义进行了询问和调查取证,并书面告知陈述申辩和听证的权利。法院认为,其做法不当,但并未影响原告陈述申辩权和听证权的行使。[96]

二　听取意见

行政机关在作出一个对他人不利的决定前,应当听取当事人意见,这是现代行政法的一条普遍原则。行政机关听取当事人的意见,在不同的立法中表述不尽一致,目前多数立法用"听取陈述和申辩"。中国法上的"听证"本质上属于听取意见的一种方式,但相对正式和严格,后面另行讨论。这里先讲听取意见的一般要求。

(一) 应当听取意见的情形

众多法律明确规定了行政机关听取意见的要求。《行政处罚法》第6条(2021年修订后调整为第7条)把公民、法人或者其他组织享有陈述权、申辩权作为该法的一条基本原则。《行政许可法》第36条要求,行政机关不但应当听取申请人的意见,而且在对行政许可申请进行审查时,发现行政许可事项直接关系他人重大利益的,还应当告知该利害关系人,并听取利害关系人的意见。《行政强制法》规定,行政机关实施行政强制措施应当"听取当事人的陈述和申辩"(第18条);行政机关作出强

---

〔93〕 上海市第一中级人民法院行政判决书,(1999)沪一中行终字第117号。

〔94〕 福建省永定县人民法院行政判决书,(1998)永行初字第3号。法院注意到,原告与第三人的权属争议已经法院终审判决,确认权属归原告。

〔95〕 江苏省南通市中级人民法院行政判决书,(2004)通行终审第142号。

〔96〕 宜昌市中级人民法院行政判决书,(1999)宜中行终字第22号。

制执行决定前,当事人收到催告书后有权进行陈述和申辩,“行政机关应当充分听取当事人的意见,对当事人提出的事实、理由和证据,应当进行记录、复核”(第36条)。在行政系统的内部监察和学校对学生的纪律处分中,也有相应的规定。[97]

但目前仍有很多领域,法律没有明文规定当事人陈述和申辩的权利。例如,在学位论文评审中,学位评定委员会可以在没有当事人陈述和申辩的情况下,推翻答辩委员会所作的授予学位的决议。[98] 已经授予的学位,学位授予单位认为有舞弊作伪等情况予以撤销,也没有明确必须听取当事人意见。[99] 从立法角度来说,这是有欠缺的;但从司法角度来说,即使法律没有明确规定,也应当给予正当程序的保障。行政机关作出对人不利的决定前应当给他提供陈述和申辩的机会,这是原则;除了在事理上无须听取申辩的,行政机关都应贯彻这一要求。

总结实践经验,在下列情况下,行政机关无须在行政决定作出前听取当事人的申辩:(1)采取查封、扣押、冻结等行政强制措施,行政机关来不及事先通知当事人,或者通知当事人有害行政执法的;(2)行政机关直接根据计算、检测、考试、评选等方式作出行政决定的;(3)行政机关可以在事后纠正,并且不会给当事人造成重大损失的,如不予提供相关的政府信息;(4)行政机关履行协助执行义务,依据法院生效裁判和协助执行通知实施的。

潘裕民诉南京市房产管理局注销房屋所有权证案,可能是这方面一个有争议的案件。第三人薛国斌在与他人发生民事诉讼、房屋被法院查封的情况下,将争议房屋卖给其岳父潘裕民。房管局由于工作上的疏忽,给潘裕民办理了房屋所有权证。发现错误后,房管局注销了该房屋所有权证,并将房产过户给另一起民事诉讼的当事人。一审认为,被告自行纠错、作出注销该房屋所有权证的决定,并无不当。南京市中级法院二审认为,被告注销潘裕民持有的房屋所有权证未遵照法定程序,剥夺了相对人的陈述与申辩权利,构成程序违法,应予纠正。遂撤销原审判决,发回重审。[100]

(二)听取意见的方式

《行政处罚法》第32条(2021年修订后调整为第45条)规定,行政机关必须充分听取当事人的意见,对当事人提出的事实、理由和证据,应当进行复核;当事人提

---

〔97〕《行政监察法》(1997年,已失效)第33条规定:“监察机关在检查、调查中应当听取被监察的部门和人员的陈述和申辩。”教育部《普通高等学校学生管理规定》(2005年)第56条规定:“学校在对学生作出处分决定之前,应当听取学生或者其代理人的陈述和申辩。”

〔98〕《学位条例》第10条第2款规定:“学位评定委员会负责审查通过学士学位获得者的名单;负责对学位论文答辩委员会报请授予硕士学位或博士学位的决议,作出是否批准的决定。决定以不记名投票方式,经全体成员过半数通过。决定授予硕士学位或博士学位的名单,报国务院学位委员会备案。”

〔99〕《学位条例》第17条规定:“学位授予单位对于已经授予的学位,如发现有舞弊作伪等严重违反本条例规定的情况,经学位评定委员会复议,可以撤销。”

〔100〕南京市鼓楼区人民法院行政判决书,(2000)鼓行初字第27号;南京市中级人民法院行政判决书,(2000)宁行终字第39号。

出的事实、理由或者证据成立的，行政机关应当采纳。并且，行政机关不得因当事人申辩而加重处罚。

如果法律对听取意见的方式没有特别规定，行政机关可以选择书面方式或者口头方式听取意见。书面方式比较正式，理论上可以更加充分、更有条理地表达和阅读，也可以留存备查，但回应性较差。口头方式包括行政人员与当事人当面交流，也包括电话、视频方式的交流。口头方式简便随意，多数不作记录、不能留存，但当事人的意见通常可以得到即时回应。

在存在几方当事人的情况下，行政机关采取口头方式听取意见的，一般不要求几方当事人同时在场，更不要求相互质证和辩论。这是一般的听取意见程序与正式听证的一个区别。在张耀森诉上海市卫生局医疗事故鉴定案中，患者一方在鉴定会陈述完毕后被告知先回家，没有能够与医院一方同时退场。原告提出，被告没有让双方同时在场违背公开、公正原则。上海市第二中级法院判决认为，《医疗事故处理条例》和《医疗事故技术鉴定暂行办法》均未明确规定医患双方必须同时在场、同时退场。在鉴定过程中，医患双方分别陈述和接受询问，双方当事人已经获得平等对待，不违背程序公正的要求。[101]

听取意见是法律赋予当事人的权利，可以放弃。当事人在得到适当告知的情况下，自己放弃陈述和申辩的机会，不影响行政行为的效力。在范永德诉福建省上杭县药品监督管理局行政处罚案中，被告撤销了原先对原告罚款 500 元的决定，重新作出罚款 1 万元的决定。原告在诉讼中提出，药监局未听取原告的陈述申辩，违反《行政处罚法》的规定。法院认为，被告送达了行政处罚事先告知书及听证告知书，在此后 10 多天时间里，原告未提供书面的听证申请；被告工作人员通知原告到稽查股办公室做笔录，原告却离开了。法院认为，原告在行政程序中已经放弃了听证和申辩的权利。[102]

三　行政听证

中国一些法律对行政听证程序作了特别的规定，其中最有代表性的是《行政处罚法》和《行政许可法》。有别于普通法上宽泛使用的“听证”（hearing）[103]，中国立法上的“听证”有专门含义。它不同于一般的听取意见，而是一个升级版的、要求更加严格的听取意见。下面讨论听证程序的特别要求。

（一）应当举行听证的行政行为

中国还没有关于行政听证的一般法律规定，是否应当听证主要取决于法律的具

〔101〕　上海市第二中级人民法院行政判决书，(2005)沪二中行终字第 103 号。

〔102〕　福建省龙岩市中级人民法院行政判决书，(2003)岩行终字第 56 号。

〔103〕　关于普通法上的行政听证，参见何海波：《英国行政法上的听证》，载《中国法学》2006 年第 4 期；王名扬：《美国行政法》，北京大学出版社 2016 年版，第 9 章“正当的法律程序和行政听证的权力”。

体规定。1996年《行政处罚法》对于应当听证的事项的列举，限于“责令停产停业、吊销许可证或者执照、较大数额罚款等行政处罚决定”。2021年《行政处罚法》修订时，大大放宽了听证事项的范围，凡是“较重的行政处罚”都应当听证；法律、法规、规章规定应当听证的，也应当听证。[104]《行政许可法》第47条则规定，“行政许可直接涉及申请人与他人之间重大利益关系的”，行政机关在作出行政许可决定前，也应当给予申请人、利害关系人听证的机会。在上述情况下，对于行政处罚、行政许可概念的界定，“等”“较重（处罚）”“重大利益”的解释，乃至个体户是否属于公民等问题，都影响是否需要听证。

一些法规、规章和规范性文件，如《商标评审规则》《专利审查指南》，也规定了听证的要求。这些规定是法院确定当事人有无听证权利的重要参考。在**河南省柘城县豫丰种业有限公司诉国家工商总局商标评审委员会案**中，原告提出，被告未进行公开评审违反了法定程序。北京市第一中级法院认为，根据国家工商总局《商标评审规则》的规定，商评委根据当事人的请求或者实际需要，可以决定公开评审。原告没有向被告提出公开评审的请求；原告在行政程序中仅对第三人部分证据的证明内容或其合法性有异议，而这些异议不需要双方当事人当面质证、辩论，也不需要对证人进行询问。故被告未进行公开评审并无不妥。[105]

在法律规定之外是否给予听证，通常由行政机关自行决定，法院一般不予干预。但正当程序原则要求，行政行为涉及当事人重大利益，或者涉及重大法律适用或者事实认定问题，行政机关应当适用更加审慎的程序，以充分保障当事人的申辩权利，增强行政行为的公信力。在**宁波亿泰控股集团股份有限公司诉国家税务总局宁波市税务局第三稽查局**中，被告认定亿泰公司在外贸出口中违规操作，决定追缴亿泰公司已获得的出口退税2561余万元。浙江高院再审判决认为，该决定涉及亿泰公司重大利益，按照正当程序原则，被告在作出处理决定前应当举行听证，以充分保障亿泰公司陈述、申辩的权利。被告的决定未经听证，构成程序违法，应予撤销。[106]

行政机关告知或者允诺当事人给予听证的，无论法律有没有要求，行政机关都应当给予听证。这是诚信原则的要求。在**北京创基物业管理有限公司诉北京市海淀区人民防空办公室行政处罚案**中，被告以物业公司违反《北京市人民防空条例》为由，向其送达了行政处罚听证告知书，告知可以在3日内提出听证申请。然而，被告当日就向物业公司送达了罚款2万元的处罚决定。海淀区法院判决认为，根据《北

[104] 《行政处罚法》（2021年修订）第63条第1款规定：“行政机关拟作出下列行政处罚决定，应当告知当事人有要求听证的权利，当事人要求听证的，行政机关应当组织听证：（一）较大数额罚款；（二）没收较大数额违法所得、没收较大价值非法财物；（三）降低资质等级、吊销许可证件；（四）责令停产停业、责令关闭、限制从业；（五）其他较重的行政处罚；（六）法律、法规、规章规定的其他情形。”

[105] 北京市第一中级人民法院行政判决书，（2005）一中行初字第675号。国家工商行政管理总局商标评审委员会的决定维持了豫丰公司“子弹头 ZiDanTou 及图”商标注册，但认为“子弹头”作为辣椒品种的通用名称，不能阻止他人正常使用。

[106] 浙江省高级人民法院行政判决书，（2020）浙行再6号。

京市行政处罚听证程序实施办法》,2 万元罚款不属于数额较大的罚款,是否听证可以由行政机关裁量。但行政机关对其选择适用的处罚程序,负有严格履行的义务。被告在当事人没有表示放弃听证权利的情况下,在告知听证权利的当日即向其送达处罚决定,违反《行政处罚法》规定的公正原则。[107]

行政机关依法应当举行听证而没有听证,构成违反法定程序。当事人曾经向有关部门反映、行政机关曾经组织调解、复议机关事后听证等事实,都不能代替法定的听证程序。在苏德贤诉辽宁省辽阳县环境保护局行政处罚案中,被告以原告经营的砖厂超标排放烟尘,致使他人种植的薏米减产为由,决定罚款 1 万元,责令赔偿第三人经济损失 16,302 元。原告认为,被告作出处罚决定前没有给予听证,程序违法。被告答辩称,原告给第三人的薏米田造成污染,有辽阳县农业技术推广中心鉴定为证,不容更改。在处理此案过程中,该局曾两次组织双方当事人进行调解,原告已经在调解过程中行使了陈述和申辩的权利。辽阳市中级法院重审判决认为,鉴定结论和调解不是免除听证的理由,被告没有举行听证构成程序违法。[108] 在前述宁波亿泰公司诉税务稽查局案中,二审法院认为,稽查局事先给原告看了处理决定的工作底稿,原告多次通过宁波市商委、开发区管委会等与被告沟通协调,宁波市国税局又在行政复议时举行了听证,所以,亿泰公司的陈述申辩权利实际上已经得到保障,被告未组织正式听证不违法。浙江高院再审判决否定了这种看法。[109]

从原理上,行政许可(包括登记)直接涉及申请人与他人之间重大利益关系的,应当听证。但是,一些许可、登记事项从其性质来看,与其他公民、法人不存在法律上的利害关系,行政机关依例行事无须听证。在林秀菊诉福建省福安市工商局颁发营业执照案中,原告认为,第三人经营的“农家人饭庄”排放污染物质,严重损害了原告以及周边群众的生活质量和身体健康。在原告多次投诉的情况下,被告没有给原告听证的机会,就给第三人颁发个体工商户营业执照,违反《行政许可法》的规定。福安市法院一审判决认为,被告没有听证不违反法律。[110] 该案问题的实质是,营业执照只涉及营业资格的问题,被告给第三人颁发营业执照的行为与原告并无法律上的利害关系。原告与第三人有关噪声污染的纠纷应循其他途径解决,而不应纠缠于营业执照。

(二)听证的组织

《行政许可法》第 47 条、《行政处罚法》第 64 条对听证的组织作了规定。一些规章,如国家市场监督管理总局的《市场监督管理行政处罚听证办法》,对此作了细

---

[107] 北京市海淀区人民法院行政判决书,(2003)海行初字第 267 号。

[108] 辽宁省辽阳市中级人民法院行政判决书,(2003)辽阳行终字第 56 号。

[109] 浙江省高级人民法院行政判决书,(2020)浙行再 6 号。

[110] 福建省福安市人民法院行政判决书,(2005)安行初字第 2 号。一审法院认为,行政机关对何为“重大利益”的认定有自由裁量权,故被告的行为不违反《行政许可法》。这一观点失于简单。

化。下面结合法律规定和行政实践,对听证的组织做一些阐述。

1. 听证的时间。当事人要求听证的,应当在行政机关告知后 5 日内提出。行政机关应当在举行听证的 5 日前,通知当事人及有关人员听证的时间、地点。在前述北京创基物业管理有限公司诉北京市海淀区人民防空办公室行政处罚案中,被告人防办公室在告知听证权利的当日即送达了行政处罚决定,没有给当事人准备听证的合理时间,也直接违反了听证时间的要求,该处罚决定因此被撤销。[111]

2. 听证的地点。听证地点一般在行政机关的会议室举行;根据需要,也可以在其他合适的场所举行。

3. 听证主持人。听证由行政机关指定的非本案调查人员主持。实践中,一般由行政机关法制部门或者法制监督部门的负责人主持;必要时,也可以由行政机关负责人主持。当事人认为主持人与本案有直接利害关系的,有权申请回避;回避决定应当由行政机关主要负责人作出。

4. 听证代理人。当事人可以亲自参加听证,也可以委托 1 ~ 2 人代理。代理人可以为律师或者其他法律工作者,也可以是一般公民。

5. 听证的公开。除涉及国家秘密、商业秘密或者个人隐私依法予以保密外,听证公开举行。公开举行的听证,允许旁听;由于场地所限,行政机关可以限制旁听人数,但应当给当事人一方保留相应的席位。

上述规定远未完善。实践中出现的形形色色的问题,还需要法官根据程序公正的基本原则并衡量案件具体情况作出决定。

(三) 听证的实施

行政听证不需要像法庭审判一般正式,行政机关(主要是听证主持人)在很大程度上可以主导程序的进行。但听证作为行政机关听取意见的一种严格形式,应当保障当事人申辩和质证的权利。例如,《行政许可法》第 48 条第 1 款第 4 项规定,"举行听证时,审查该行政许可申请的工作人员应当提供审查意见的证据、理由,申请人、利害关系人可以提出证据,并进行申辩和质证"。在行政处罚听证中,调查人员还应提出行政处罚的具体建议。

一般情况下,行政机关在作出行政决定前仅告知当事人相关事实和法律的要点,并不主动提供全部案件材料。为了保障当事人申辩和质证的权利,行政机关可以在听证举行前给当事人阅览卷宗的机会;最低限度,行政机关也应当在听证过程中出示所有的材料。当事人对听证过程中的材料,除了涉及国家秘密、商业秘密、个人隐私的以外,可以复印、复制或者摘抄。在汤庚昌中医伤骨科诊所诉仪征市卫生局行政处罚案中,原告称被告在听证过程中拒绝提供所有的原始证据,法院对此没

---

[111] 北京市海淀区人民法院行政判决书,(2003)海行初字第 267 号。

有回应。[112] 这不能认为是充分尊重了当事人的听证权利。在江苏中建工程设计研究院有限公司诉住房和城乡建设部案中,中建公司参与设计的化工厂发生爆炸事故,被告对其作出化工工程专业甲级资质降为乙级的行政处罚。北京市两级法院则认为,被告在听证程序中未向中建公司出示拟作处罚所依据的全部证据(特别是事故调查组的调查报告和省政府的批复),并接受质证,影响了中建公司陈述和申辩权利的行使,构成违反法定程序。[113]

听证过程中,有时涉及传唤和询问证人。从充分保障当事人权利的目标出发,涉及案件关键事实的关键证人,行政机关应当给予当事人传唤和询问证人的权利。但在实践中,这一点的实行还面临诸多困难。在法院诉讼过程中传唤证人尚且没有完全做到,何况是在行政过程中?

听证应当制作笔录。笔录应当交当事人或者其代理人核对无误后签字或者盖章。当事人或者其代理人拒绝签字或者盖章的,由听证主持人在笔录中注明。

当事人和旁听人员应当遵守听证秩序。当事人及其代理人无正当理由拒不出席听证或者未经许可中途退出听证的,视为放弃听证权利,行政机关终止听证。

(四)听证笔录的效力

《行政处罚法》原先没有规定听证笔录的效力,是个疏漏。该法修订时,修订草案一度规定,听证结束后,行政机关应当“结合听证笔录”作出决定。最后通过的修订案改为,行政机关应当“根据听证笔录”作出决定。《行政许可法》制定时,从一开始就吸取了当初《行政处罚法》的教训。该法第48条第2款规定,“行政机关应当根据听证笔录,作出行政许可决定”。

上述条款首先意味着,行政机关应当根据听证情况作出决定。在大连市金州区兴亮修船厂诉大连金普新区农业农村局行政处罚案中,被告在告知原告听证权利、按要求举行听证之前,即已对案件进行讨论(会审)并作了签批。辽宁高院判决认为,被告在听证前即已经确定了处罚结果,该处罚决定并未考虑听证意见,违反了先听证、后处罚的要求,实际上剥夺了当事人享有的听证权利,属于严重违反法定程序。[114]

上述条款还意味着听证笔录具有排他性,即行政机关不能根据听证过程中没有涉及的事实和理由作出决定。在行政诉讼中,行政机关也不能提出行政听证过程没有涉及的事实和理由,来为行政行为的合法性辩护。听证笔录的排他性还意味着,如果行政机关在听证结束后又发现新的重要事实、提出新的重要理由,应当给予当事人再次听证的机会。

---

[112] 江苏省扬州市中级人民法院行政判决书,(2006)扬行终字第62号。
[113] 北京市高级人民法院行政判决书,(2021)京行终1904号。
[114] 辽宁省高级人民法院行政判决书,(2019)辽行终1320号。

四　说明理由

行政行为说明理由是现代行政法的一条重要原则。行政机关在作出对当事人不利的决定时说明理由,有助于促使行政机关作决定前慎思明辨、保持理性,有助于当事人了解是非曲直、避免误解,也有助于法院在行政诉讼中明确争议问题,从而更有针对性地展开审查。[115]

(一)说明理由的义务

中国多部法律、法规规定了行政机关说明理由的义务。《行政处罚法》第39条(2021年修订后调整为第59条)规定,行政处罚决定书应当载明被处罚人违反法律、法规或者规章的事实和证据,以及行政处罚的依据。《行政许可法》第38条规定,行政机关依法作出不予行政许可的书面决定的,应当说明理由。《治安管理处罚法》第78条规定,公安机关受理报案、控告、举报、投案后,认为不属于违反治安管理行为的,应当告知报案人、控告人、举报人、投案人,并说明理由。《政府信息公开条例》规定,对申请公开的政府信息,行政机关决定不予公开的,告知申请人不予公开并说明理由(第36条第3项);申请公开的信息中含有不应当公开或者不属于政府信息的内容,但是能够作区分处理的,行政机关应当向申请人提供可以公开的政府信息内容,并对不予公开的内容说明理由(第37条)。《行政强制法》规定,行政机关实施行政强制措施应当当场告知当事人采取行政强制措施的理由和依据(第18条),对于延长查封、扣押、冻结的决定还应当及时书面告知当事人,并说明理由(第25、32条)。

但迄今为止,仍然有一些重大的行政领域,法律没有要求说明理由。例如,无论是《行政复议法》还是它的实施条例,迟迟没有明确规定行政复议决定说明理由的义务。从法律的发展来看,行政机关在作出对当事人不利的决定时说明理由,应当成为一条普遍的原则。只有在例外的情形下,行政机关才可以免除这项义务。例外情形包括:(1)行政决定涉及国家秘密的,行政机关无须说明作出该行为的具体理由,但应当说明该案涉及国家秘密的基本事实;(2)紧急情况下,行政机关来不及说明理由的;(3)行政机关作出的行政许可、补助等授益行政行为,但第三人有相反的重大利益除外;(4)行政机关借助自动设备作出的行政行为;(5)行政机关直接根据计算、检测、考试、无记名投票等方式作出的行政决定。

行政机关以投票方式作出行政决定是否应当说明理由,是一个颇费斟酌的问题。在刘燕文诉北京大学学位评定委员会案中,原告提出,学位评定委员会不批准

---

[115] 更多讨论,参见章剑生:《论行政行为说明理由》,载《法学研究》1998年第3期;郑春燕:《论行政行为补充说明理由》,载《行政法学研究》2004年第2期;宋华琳:《英国行政决定说明理由研究》,载《行政法学研究》2010年第2期。

答辩委员会授予刘燕文博士学位的决议应当说明理由。但现行的学位评定委员会决定程序采用无记名投票的方式，说明理由存在程序上的困难。北京市海淀区法院的一审判决没有接受原告的主张。[116] 而在证券发行审核中，《中国证券监督管理委员会发行审核委员会办法》第 20 条规定，发审委会议表决采取记名投票方式，“发审委委员在投票时应当在表决票上说明理由”。这种情况下，发审委的审核意见说明理由是可行的。至于国务院证券监督管理机构核准股票发行申请的决定，《证券法》第 120 条明确规定，“不予核准的，应当说明理由”。

行政机关作出行政行为的理由，通常应当在行政决定书中予以说明，以便当事人在获知行政决定内容的同时知悉其理由。行政决定书中没有说明理由或者没有充分说明理由，行政机关可以应当事人的要求补充说明理由；行政决定书说明理由有错误的，行政机关可以更正。在诉讼过程中，行政机关可以对其所作行政决定的理由进行解释、补充和更正，但原则上限于行政机关在作出行政决定时已经考虑的理由。行政机关在诉讼程序中提出其在行政决定过程中完全不曾考虑的重大理由，不能弥合行政行为合法性的创伤。行政机关在行政程序中完全不说明理由，以致当事人无从知道其所作行政行为的事实和法律根据，是一个严重的程序瑕疵，也很难在诉讼过程中治愈。虽然法院不能不考虑行政效率的需要，但也要坚守行政程序的底线。法院的任务不是以正确的理由说明代替错误的理由说明，或者以自己的发现填补行政机关未曾意识的理由，以此来维持行政行为的合法性。

行政机关说明理由可能非常简单，但至少应当让人明白其要点。在**黄立善诉南宁市交警支队五大队行政强制措施和处罚决定案**中，被告以原告驾驶的电动自行车无牌无证为由，暂扣了电动自行车并处罚款 5 元。执勤民警当场开具了暂扣凭证和处罚决定书。但行政处罚决定书的“违法事实”一栏没有载明当事人的违法事实，仅用代码“282100”表示，“法律依据”一栏空白，而且处罚决定书未署执勤民警的名字也未盖单位公章。南宁市江南区法院判决认为，被告的处罚决定明显违反《行政处罚法》关于“行政处罚决定书应当载明当事人的违法行为、行政处罚依据、罚款数额、时间、地点以及行政机关名称，并由执法人员签名或者盖章”的规定，构成违反法定程序。被告所作的行政行为应予撤销。[117]

（二）事实根据的说明

行政行为的事实根据，应当建立在证据的基础上。在此意义上，事实根据的说明与下一章的主题“事实认定”密切相关。但在这里，我们讨论的不是行政决定是否得到相关证据的支持，而是行政机关是否应向当事人说明其所根据的事实以及相关

---

〔116〕 北京市海淀区人民法院行政判决书，(1999)海行初字第 103 号。

〔117〕 黄星航、费文彬：《广西“电单车案”交警输了》，载《人民法院报》2004 年 3 月 18 日。违法行为代码“282100”指《道路交通管理条例》第 82 条规定的情形：“非机动车驾驶人、行人、乘车人违反本条例规定的，处 5 元以下罚款或者警告。”

的证据。行政决定是否有事实根据与行政机关是否说明其事实根据,是两个相互联系但不尽相同的问题。行政机关有事实根据但未说明,是说明理由的问题;行政机关陈述某一事实却没有足够证据,是事实认定的问题。

采取书面方式作出的行政行为,行政机关应当在行政文书中陈述行政决定所根据的事实,并提供相关主要证据。对当事人不利的重大行政决定,应当详细说明事实根据和各种证据,不能仅以一句"相关事实有证据在卷证明"草草打发。正义,要让人从行政文书中就能看出。在一些行政机关的执法实践中,对事实的陈述和对证据的说明可能多达数页。

行政机关除了陈述其决定所依据的主要证据,必要时,还应当对其不采纳相关证据的理由作出说明,对其所采纳证据的证明力进行分析,排除各种合理怀疑。采用推定、测算方式来认定案件主要事实的,应当具体分析推定、测算的过程。在天鹅湖歌舞厅诉河南省内乡县文化局管理费征收案中,被告在征收管理费时估算原告日收入200元、年收入72,000元,在此基础上根据规定按年收入的2%计征。法院认为:"被告对营业性歌舞厅的营业总收入的核算办法,不能提供足够的法律和事实依据,而(仅仅)是估算,属主要证据不足。"[118]

(三)法律依据的说明

法律依据的说明,应当援引行政决定所依据的法律条文。行政机关完全没有援引法律条文,以致当事人不知道行政机关决定的法律依据,显然不行。行政机关仅笼统地援引法律名称,而没有指明具体的法律条文,通常也不能满足说明理由的要求。

需要注意的是,在司法实践中,法院往往把这些情形归为"适用法律、法规错误"。但与前述事实根据的说明一样,行政机关没有法律依据或者错误地适用法律,与没有说明法律依据是两回事:前者是法律适用的问题,往往与行政职权联系在一起;后者是理由说明的问题,属于行政程序范畴。

下面具体地讨论法律依据说明中的几种问题。

1.完全没有援引法律。在路世伟诉甘肃省靖远县人民政府收回土地使用权案中,甘肃高院二审判决认为,行政机关的任何具体行政行为,必须以明确的法律规定为依据。被告所作的撤销《国有土地使用权出让合同》、收回国有土地使用权的文件,没有说明该具体行政行为的法律依据,构成违法。[119]

2.笼统地援引法律。在兰州常德物资开发部诉兰州市人民政府收回土地使用权案中,甘肃高院认为,兰州市政府收回常德开发部土地使用权的批复,"只笼统提到'根据《土地管理法》和《甘肃省实施土地管理法办法》的有关规定',未引出适用

[118] 最高人民法院中国应用法学研究所编:《人民法院案例选(1992—1999年合订本)·行政卷》,案例135。

[119] 甘肃省高级人民法院行政判决书,(2000)甘行终字第11号;《最高人民法院公报》2002年第3期。判决书把这种情形归为"适用法律不当"。

的具体条文，违反了法定程序”。[120] 在宿海燕诉海口市劳动教养委员会案中，海口市新华区法院认为，被告的劳动教养决定中只提到依据国务院《关于劳动教养问题的决定》及其补充规定，没有指出适用的具体条款，是违法的。[121] 在有的案件中，法院甚至要求行政机关必须援引具体的款项。[122] 但是，如果根据行政机关所援引的法律条文，能够确定无疑地推断行政决定的依据，似乎就不必苛责行政机关没有进一步援引具体款项。在赵立新诉宁夏回族自治区国有资产管理局行政批复案中，最高法院认为，被告依据《国有资产产权界定和产权纠纷处理暂行规定》对争议企业的国有资产进行界定，未引用具体的条款，“不影响其行为的合法性”。[123]

3. 遗漏了相关法条。实践中常见的情况是，行政机关在面临法律冲突时对选择适用没有说明；只引上位法而不引下位法，或者只引下位法而不引上位法；只援引指引性法律，而没有援引它所指向的具体法律。在朱涛元诉北京首都机场海关没收禁书案中，首都机场海关以原告携带入境的《红太阳是怎样升起的》一书属于“国家禁止进出境物品”，决定对该书予以没收。北京高院二审判决认为，被告所作的《行政处罚决定书》认定原告携带的书籍属于《海关法行政处罚实施细则》第 3 条第 2 项所规定的禁止进境物品，但没有具体引证该书属于《中华人民共和国海关对个人携带和邮寄印刷品及音像制品进出境管理规定》的哪种情形。因此，被告的处罚决定缺乏事实认定的依据，违背了行政执法“行为有据”的基本原则。遂撤销被告所作的行政处罚。[124] 在上海爱建广告公司诉上海市长宁区工商局行政处罚案中，原告在商厦橱窗内发布的广告中，中华人民共和国版图缺少台湾和海南。工商局认为，该广告存在严重政治错误，其行为违反《广告法》第 7 条第 2 款第 9 项（“法律、行政法规规定禁止的其他情形”）的规定，遂依据《广告法》第 39 条的规定，对广告公司处以没收设计费、罚款的处罚，并责令拆除。但处罚决定似乎没有进一步说明其他法律、行政法规的禁止性规定，法院对此也没有追究。[125] 这一点很难令人信服。

---

〔120〕《最高人民法院公报》2000 年第 4 期。2004 年《土地管理法》第 58 条规定，有下列情况之一的，可以收回国有土地使用权：“（一）为公共利益需要使用土地的；（二）为实施城市规划进行旧城区改建，需要调整使用土地的；（三）土地出让等有偿使用合同约定的使用期限届满，土地使用者未申请续期或者申请续期未获批准的；（四）……”类似的案例，参见宣懿成等诉衢州市国土资源局收回土地使用权案，载《最高人民法院公报》2004 年第 4 期。

〔121〕《最高人民法院公报》2000 年第 3 期。判决书把这种情形归为“适用法律不当”。

〔122〕在罗伦富诉泸州市公安局交通警察支队三大队交通事故责任认定案中，交警队根据《道路交通事故处理办法》第 19 条，认定康忠华负此次事故全部责任、李贵华不负事故责任。泸州市中级法院认为，交警队的道路交通事故责任认定只笼统适用《道路交通事故处理办法》第 19 条，而该条有三款，分别规定了在有一方、两方、三方或多方当事人的情况下责任如何认定；“交警队没有指出具体适用哪一款，属适用法律错误”。《最高人民法院公报》2002 年第 5 期。

〔123〕最高人民法院行政判决书，（1999）行终字第 15 号；法公布〔2000〕第 36 号。

〔124〕北京市高级人民法院行政判决书，（2003）高行终字第 113 号。该案判决不久，北京高院以非常含糊的理由，再审撤销自己的上述判决。北京市高级人民法院行政判决书，（2003）高行再终字第 194 号。

〔125〕最高人民法院中国应用法学研究所编：《人民法院案例选（1992—1999 年合订本）·行政卷》，中国法制出版社 2000 年版，案例 78。《广告法》第 39 条规定：“发布广告违反本法第七条第二款规定的，由广告监督管理机关责令负有责任的广告主、广告经营者、广告发布者停止发布、公开更正，没收广告费用，并处广告费用一倍以上五倍以下的罚款；情节严重的，依法停止其广告业务。构成犯罪的，依法追究刑事责任。”

(四)裁量决定的理由说明

现代行政法给予行政机关广泛的裁量权力,也相应地提出了说明理由的义务。为了应对行政过程中无限复杂的情况,法律不能把行政机关束缚得太死;但为了保护公民权利、维持人民对行政的信任,法律也不能容许行政机关恣意行事。在此情况下,裁量决定的理由说明是保持行政活动灵活性和防止行政专横的一个平衡器。国务院《全面推进依法行政实施纲要》(国发〔2004〕10 号)要求,“行政机关行使自由裁量权的,应当在行政决定中说明理由”。

对裁量决定的理由说明,首先是对具有实质差别的不同选择的理由说明。行政行为理论上存在无限多选择,不能要求行政机关一一说明其选择的理由。例如,公安机关为什么决定拘留 10 天,而不是 9 天或者 11 天。但是,如果行政行为存在两种以上具有实质差别的选择,行政机关就有义务说明理由。在郴州饭垄堆矿业有限公司诉国土资源部行政复议案中,原告与第三人的矿区在垂直投影上部分重叠,被告以第三人取得采矿权在先为由,撤销了原告的《采矿许可证》。最高法院再审认为,撤销采矿许可涉及当事人重大信赖利益,对案涉采矿权重叠问题有多种处理方式,被告没有全面考量并充分说明理由就撤销许可,不符合法律精神。[126]

如果行政机关所做的裁量决定超出常规,令人困惑,也必须说明理由。超出常规,主要有:(1)行政机关对不同情形做“一刀切”的处理;(2)行政决定逸脱裁量基准;(3)行政机关改变长期以来的惯例或者之前的重要先例;(4)以通常观念衡量,明显偏轻偏重。在江苏省如皋下原医院诉如皋市市场监管局行政处罚案中,被告认定原告在西药房药柜内摆放已经失效的 8 袋一次性使用胃管和 1 袋一次性使用输氧面罩,构成使用过期、失效的医疗器械,决定予以并处罚款。南通市两级法院认为,被告把“违法贮存”扩大解释为“违法使用”,超出文义解释的通常含义。为此,行政机关负有更强的说明理由义务,必须证明贮存和使用之间有着紧密联系,足以排除合理怀疑。处罚决定没有说明,其解释不能令人信服。[127]

行政机关说明其裁量决定的理由不必长篇大论,但应当简要地提示裁量决定的主要因素,让当事人明白其考虑的要点。在宋兰娣诉上海市公共客运管理处行政处罚案中,出租车个体户宋兰娣在计价器上安装了马达,使计价器金额可以被任意改动。被告根据《上海市出租汽车管理条例》的规定,认为其行为“情节严重”,吊销其准营证。原告认为,她安装后尚未使用即被抓获,不应认为“情节严重”。被告指出,原告安装马达主观恶意明显,而且隐蔽性强,如无内情举报很难发现和查获,因此可

---

〔126〕 最高人民法院行政判决书,(2018)最高法行再 6 号。

〔127〕 江苏省南通市中级人民法院行政判决书,(2016)苏 06 行终 701 号。

以认定为“情节严重”。[128] 这一理由应当是能够令人接受的。如果被告是在行政决定中作出这样的说明,将是一个不错的事例。

在林群英诉厦门大学拒绝录取案中,被告的理由说明过于简略,受到了质疑。林群英报考厦门大学国际经济法方向博士生,综合成绩在他报考的导师名下排名第三。厦门大学法学院向考生发放的《指导教师及专业方向调剂办法》规定:“本年度国际法学专业将分指导教授招收博士生,由各指导教师从报考自己的考生中按总成绩(初试和复试成绩的综合)从高到低录取。”然而,在法学院最终公布的录取名单中没有林群英的名字。林群英看到,自己报考的教授名下录取的3名博士生中,除了考试成绩前两名的考生外,还有一名报考其他导师的考生丁某(在该导师名下成绩排名第五)。林群英分别向厦门大学法学院和招生办公室提出异议。厦门大学研究生院作出书面答复,称“因名额所限”无法录取,希望其理解。虽然厦门大学在诉讼中作了进一步的解释,但此前的答复实在笼统和敷衍,很难让人理解和接受;尤其是考虑到录取结果与法学院公布的《指导教师及专业方向调剂办法》有明显出入,而且林群英提出了异议,厦门大学研究生院的答复不能认为尽到了说明理由的义务。[129]

第四节　内部行政程序

内部行政程序的问题并非中国独有。可以说,行政系统内部的职权分工和工作流程与行政官僚制天然相伴。然而,在中国的行政体制和行政文化下,内部行政程序具有特殊的意义。首先,与一些国家不同,中国法律几乎总是把行政权力授予行政机关,而不是行政首长或者公务员。行政行为以行政机关名义作出,通常以行政机关印章为凭证。行政机关的内部程序运作,包括决定由谁作出、如何作出,外人往往无从得知。其次,在单一制的国家结构下,上级政府领导下级政府,人民政府领导其工作部门,上级政府部门领导或者指导下级政府的相应部门,整个行政系统形成了一个巨大的内部运作空间。上下级行政机关之间的审查建议、请示批准和事后备案,成为行政过程中的常态。最后,在中国的法律传统和现实中,对行政行为的监控机制向来非常重视内部监控。

---

〔128〕 李昌道主编:《'98上海法院案例精选》,上海人民出版社1999年版,第457页以下。《上海市出租汽车管理条例》(1995年)第44条第3款规定:“经营者违反本条例情节严重的,由市出租汽车管理处责令其部分或者全部车辆暂停营业15天以下,或者由市公用局取消其出租汽车的经营资格。”

〔129〕 厦门市中级人民法院行政判决书,(2006)厦行终字第29号。在诉讼中,厦门大学解释,由于学校最终确定给该专业博士点的招生指标只有18名,而林群英的初试和复试总成绩排名本专业第19名,经复试领导小组、考核小组和报考导师研究决定不予录取,录取时严格按照成绩由高到低录取了前18名。厦门大学还认为,“《调剂办法》所述的‘由各指导教师从报考自己的考生中按总成绩从高到低录取’一语,不能像林群英所理解的那样只限指原先报考时填报了某个导师的考生,还应该包括在征求考生调剂意愿时可能在调剂申请表中填报了该导师的其他考生”。法院判决驳回林群英的诉讼请求。

内部程序虽然不像外部程序直接涉及当事人的程序权利，但它深刻影响乃至直接决定当事人的权益。很多时候，一项事务的处理结果不取决于法律如何规定，而取决于谁来参与决定。即使是法治国家普遍珍视、奉为行政程序核心要素的外部程序，也需要通过内部程序的纽带才能运转。告知、听证、说明等外部程序能否有效实施，在很大程度上取决于内部程序的建构和完善。所以，“内部”程序不应是程序的黑箱，更不是拒绝司法审查的盾牌。

下面将梳理中国的立法和司法，总结内部行政程序的主要制度。具体分三个部分：行政机关内部的承办、审核、决定程序，上下级行政机关之间的审查、批准、备案程序，外部专家的评议、评审、评定程序。

一　行政机关内部的决定程序

中国行政机关的组织原则是民主集中制。一方面，实行首长负责制，即行政机关的首长对该机关管辖的事务享有最终决定权；另一方面，行政首长不可能事必躬亲，很多决定实际上由他的下属作出。这在西方国家也是常见的。[130] 由此产生的问题是：行政首长在多大程度上可以把权力下放给副职领导、下属部门，乃至一般执法人员？具体地说，哪些事情可以由现场执法人员直接决定？哪些事情应当由下属各部门的领导或者其他部门审核？哪些事情又必须由行政首长亲自决定，甚至集体讨论决定？这些问题也涉及行政机关的外部程序，下面主要从内部程序的视角讨论其权限划分。

（一）现场执法人员直接决定

现场执法人员可以分为行政机关“坐堂办事”的人员和“街头执法”的人员。现场执法人员的决定权，也因之不同。

行政机关“坐堂办事”的，多涉及行政登记、行政许可、行政裁决等事项。下述事项中，可以由现场执法人员直接决定：（1）实行准则主义的行政登记和某些行政许可，如婚姻登记，通常由现场执法人员直接决定。（2）对于行政申请或者投诉不能当场作出处理决定的，现场执法人员应当当场受理。《行政许可法》第32条规定，行政机关对申请人提出的行政许可申请进行初步审查，认为申请事项属于本机关职权范围，申请材料齐全、符合法定形式，或者申请人按照本机关要求补正申请材料的，应

---

〔130〕在美国，法律通常把权力授予特定职位的人；在正式程序裁决中，法律上负有决定义务的人应当实际上作决定。实际操作中，法院一般不审查行政机关首长作决定的过程，不过问决定是否系行政首长亲自作出。这主要是出于尊重行政过程的完整性，避免具体行政事务占用首长过多时间。但在少数案件中，法院以行政首长没有亲自作决定为由撤销了案件。尤其是，行政机关有不诚实的表现或者滥用职权的嫌疑，法院可以审查其意图；如果行政案卷不完备，无法根据案卷确定行政行为的合法性，法院可以要求行政机关说明作出决定的过程。参见王名扬：《美国行政法》，北京大学出版社2016年版，第375～380页（第12章第1节“摩根案件的判决”）。

当受理行政许可申请。

行政机关"街头执法"一般应当事先经过行政机关领导指示或者批准。在特别情况下,行政执法人员无须批准或者立案登记,可以直接决定:(1)适用简易程序作出的行政处罚。(2)现场发生的事件,需要及时处理的。《治安管理处罚法》第82条规定,"对现场发现的违反治安管理行为人,人民警察经出示工作证件,可以口头传唤,但应当在询问笔录中注明"。(3)涉及公共安全或者人身、财产安全的紧急情况。2012年修订的《公安机关办理行政案件程序规定》第68条规定,有证据表明或者有群众报警公民住所内正在发生危害公共安全或者公民人身安全的案(事)件,或者违法存放危险物质,人民警察经出示工作证件,可以对公民住宅进行当场检查,而不需要县级以上公安机关开具的检查证。行政执法人员在街头执法中当场作出的决定,应当及时向行政机关备案。

应当经过批准而未经批准的,执法人员直接采取行动将构成违法。在薛道华、白大兰诉四川省泸县公安局治安检查案中,泸县法院认为,被告作为治安行政管理机关,有权对违反治安管理秩序的嫌疑场所实施检查。但依照《公安机关办理行政案件程序规定》规定,检查应当"经县级以上公安机关负责人批准",并须持有检查手续。被告民警于晚上对两原告经营和居住的"梦兰美发室"实施检查时,仅亮明了执法身份而未出示检查证,不符合《公安机关办理行政案件程序规定》的上述规定,故被告实施的检查行为不具有合法性。〔131〕

(二)行政机关内部机构的审查

一个行政行为往往先由行政机关内部的业务机构审查,提出初步意见或者作出初步决定。多数情况下,业务机构的审查是整个行政过程的重心。业务机构除了书面审查之外,还可能组织现场核查,听取当事人意见,征求其他业务机构或者其他行政机关的意见。在业务机构审查后,其他机构还可能进行合法性审查、成本效益分析和风险评估。这里讨论的主要是行政机关内部法制机构进行的合法性审查。

行政机关作出重大决策或者制定规范性文件,法制机构的合法性审查已经成为一个必经环节。未经合法性审查或者经审查不合法的,不得作出决策和发布施行,甚至不得提交决策机关讨论。〔132〕 而在一般的行政执法中,法制机构的审查原先主要是行政惯例,法律较少明文规定。《行政处罚法》的修改强化了这一要求。

2017年《行政处罚法》修改时增加了一款,要求在行政机关负责人作出决定之

---

〔131〕 四川省泸县人民法院行政判决书,(2005)泸行初字第181号。当时的《公安机关办理行政案件程序规定》(2003年)第67条第1款规定:"为了收集违法行为证据、查获违法嫌疑人,经县级以上公安机关负责人批准,可以对可能隐藏违法嫌疑人或者证据的场所进行检查。检查时,须持有检查手续,并表明执法身份。"一审宣判后,双方当事人均未上诉。

〔132〕 《国务院关于加强市县政府依法行政的决定》,国发〔2008〕17号;《国务院关于加强法治政府建设的意见》,国发〔2010〕33号;《重大行政决策程序暂行条例》(2019年),第25条。

前由专门人员进行审核。2021年《行政处罚法》修订，进一步明确了应当进行法制审核的事项。分别为：(1)涉及重大公共利益的；(2)直接关系当事人或者第三人重大权益，经过听证程序的；(3)案件情况疑难复杂、涉及多个法律关系的；(4)法律、法规规定应当进行法制审核的其他情形。该条同时规定，未经法制审核或者审核未通过的，不得作出处罚决定。

依据2017年修改的《行政处罚法》，行政机关中初次从事行政处罚决定审核的人员，应当通过国家统一法律职业资格考试取得法律职业资格。该修正案对行政机关的人员配置提出了很高的要求(也给法科学生提供了很多机会)。但考虑到法不溯及既往的原则和行政系统短时间新招合格人员的难度，实践中还是采取"老人老办法"。也就是说，在2018年1月1日《行政处罚法》修正案施行之前，已经在行政机关相应岗位从事法制审核的人员可以继续从事法制审核工作。[133]

法制审核作为行政调查与最终决定之间的一个环节，强化了行政机关内部的权限分离和程序约束。内部机构的审查意见不是行政机关的最终决定，当事人不能对内部机构的意见提起行政复议或者诉讼。但是，内部审查意见对于行政机关的最终决定起到制约作用，行政机关及其负责人必须认真对待审查意见。行政机关在答辩时，应当把法制审核意见作为证明行政程序合法性的证据提交。法院在审查过程中如果发现有未经法制审核或者审核未通过作出处罚决定的，应当撤销或者确认行政行为违法。

(三) 行政机关负责人的批准

行政事务由行政机关负责人知悉和决定，是行政首长负责制的体现之一。在中国的行政体制中，行政机关负责人通常指该行政机关的首长，以及分管相应工作的副职领导人。有些情况下，法律也可能规定由行政机关内部机构的负责人批准。[134]法律规定由行政机关内部机构负责人批准的，在原理上与行政机关负责人批准相同。

综合现有法律、法规、规章的规定，应当由行政机关负责人批准的，主要有下列情形：(1)某些重大案件的启动。一般来说，行政机关工作人员接受当事人的申请或者投诉，行政程序即启动。在特别情况下，尤其是行政调查的启动涉及当事人重大利益或者公共利益，需要经过行政机关负责人审批才予立案。有的地方要求，行政

---

[133] 参见刘秀东诉山东省平阴县市场监督管理局行政处罚案，济南市中级人民法院行政判决书，(2020)鲁01行终277号。在该案中，根据(平)食药监2017第61号任免通知，石红薇于2017年6月2日被任命为政策法规科科长，负责法制审核工作。因此，她不属于"初次从事行政处罚决定审核的人员"，在2019年从事行政处罚法制审核合法有效。

[134] 例如，《治安管理处罚法》第82条规定，需要传唤违反治安管理行为人接受调查的，一般应当"经公安机关办案部门负责人批准"，使用传唤证传唤。依据《公安机关办理行政案件程序规定》(2012年修订)第53条补充规定为，"公安派出所、县级以上公安机关办案部门或者出入境边防检查机关负责人批准"，可以使用传唤证传唤。

执法部门接到举报需要实施行政检查的，应当经本部门负责人或者本部门负责人授权的有关负责人批准。[135]（2）查询银行账户以及查封、扣押、冻结等行政强制措施。《税收征收管理法》及其实施条例、《审计法》、《无照经营查处取缔办法》（已废止）等多部法律、法规作了规定。《行政强制法》第18、19条统一规定，行政机关实施行政强制措施前，须向行政机关负责人报告并经批准；情况紧急，需要当场实施行政强制措施的，行政执法人员应当在24小时内向行政机关负责人报告，并补办批准手续。（3）行政人员的回避、期限的延长、听证主持人的确定等程序性问题。（4）重大行政决定的作出。《行政复议法》规定，行政复议决定的作出，应当由行政复议机关负责法制工作的机构审查后提出意见，"经行政复议机关的负责人同意或者集体讨论通过"。依据2012年修订的《公安机关办理行政案件程序规定》第129条，依照法律举行听证的，行政处理决定由公安机关负责人根据听证情况作出。

行政机关负责人批准制度的实施，还涉及几个问题。第一，法律规定由行政机关负责人批准，行政机关负责人能否转授权力？由于行政机关负责人包括行政机关首长以及履行职责的副职，分管相应事务的副职通常也可以给予同意或者批准。除此之外，行政机关负责人不应转授权力。第二，法律规定由行政机关负责人同意或者批准，行政机关负责人能否预先批准或者事后追认？法律规定行政机关负责人同意或者批准，行政机关负责人应当根据具体情况作出决定；行政机关负责人无论具体案情而事先做"一揽子"的授权，等于放弃职责，是不符合立法精神的。但是，未经行政机关负责人同意或者批准的行为，经行政机关负责人事后追认，一般可以视为合法。因为行政机关负责人的批准主要在于贯彻行政首长负责制，事后追认也是一种负责形式。第三，法律对行政机关负责人的同意或者批准的形式多数没有规定。实践中，行政机关负责人的同意或者批准多为书面形式，特别是行政过程中的内部审批表。为了保障行政效率，在某些情况下，行政机关负责人也可以采取口头方式予以批准，但法律、法规、规章另有规定的除外。

行政机关负责人审批的要求，给了法院一个审查行政决定内部程序的通道。虽然法院在实践中还很少把它作为一个独立的、唯一的理由，但行政决定应当经过行政机关负责人批准而没有经过其批准，有可能构成法院撤销行政行为的理由之一。在**福建省官头海运总公司诉福建省莆田县国家税务局行政强制措施案**中，莆田市中级法院认为，被告下属的稽查分局扣押原告轮船及所载货物的决定缺乏事实根据和法律依据。判决书同时指出，扣押行为未经县级以上税务局局长批准，违反了《税收征收管理法》第26条关于税收保全措施应当经县级以上税务局（分局）局长批准的规定，所作出的具体行政行为应予撤销。[136] 在**朱某诉安徽省潜山县公路运输管理所扣押农用车案**中，被告下属交管站的工作人员拦截原告行驶中的农用运输机，以

[135] 《南昌市行政检查办法》（2011年），第11条。

[136] 福建省莆田市中级人民法院行政判决书，（1996）莆市法行初字第4号。

其未缴税费为由,开具证据保存清单后将农用运输机存放于交管站。潜山县法院认为,原告朱某的情况不符合法律规定的先行登记保存的条件,而且登记保存行为事前没按规定经县交通部门的领导批准,其程序亦属违法。因此,判决确认该证据登记保存行为违法,并赔偿原告直接经济损失。[137]

(四)行政机关负责人集体讨论

行政机关负责人集体讨论决定是民主集中制的体现。它一方面是为了集思广益、郑重审慎,另一方面也有助于防止暗箱操作、恣意武断。但一般来说,决定的作出通常不是根据与会人员表决,而是由行政首长拍板。行政首长在听取讨论意见后,可以根据自己的判断作出决定。这是他的职责,也是他的权力。

中国多部法律文件对行政机关负责人集体讨论作了明确要求。[138] 其中,2019年的《重大行政决策程序暂行条例》不仅把集体讨论规定为重大行政决策的必经程序,还明确了集体讨论的具体规则。[139] 就行政诉讼来说,最经常被引用的是《行政处罚法》第57条第2款(原第38条第2款)的规定:“对情节复杂或者重大违法行为给予行政处罚,行政机关负责人应当集体讨论决定。”有少数规章对何谓“复杂”“重大”作了具体界定。例如,《市场监督管理行政处罚程序规定》规定,对于依照法律、法规应当进行法制审核的情形,拟给予行政处罚的,应当由市场监督管理部门负责人集体讨论。

行政机关负责人集体讨论应当指行政机关负责人共同讨论,一般是以政府常务会议、局长办公会议等形式。仅个别行政机关负责人参与的讨论,不属于行政机关负责人集体讨论。在**大连市金州区兴亮修船厂诉大连金普新区农业农村局行政处罚案**中,根据被告提供的案件讨论(会审)笔录,参加案件讨论(会审)的人员中属于机关负责人的仅有一名副局长。法院认为,这不属于行政机关负责人集体讨论。[140] 按规定应当集体讨论的,行政机关负责人一般应当开会讨论,讨论决定的过程应当

---

[137] 成卢:《证据登记保存行为违法　行政机关败诉作出赔偿》,载中国法院网2003年7月18日,http://www.chinacourt.org/public/detail.php?id=69241。

[138] 《地方各级人民代表大会和地方各级人民政府组织法》第60、63条分别规定,制定规章或者政府工作中的重大问题,须经政府常务会议或者全体会议讨论决定。《国务院关于加强市县政府依法行政的决定》(国发〔2008〕17号)第10条要求,“坚持重大行政决策集体决定制度”:市县政府及其部门重大行政决策应当在深入调查研究、广泛听取意见和充分论证的基础上,经政府及其部门负责人集体讨论决定,杜绝擅权专断、滥用权力。《国务院关于加强法治政府建设的意见》(国发〔2010〕33号)进一步规定:制定对公民、法人或者其他组织的权利义务产生直接影响的规范性文件,要经政府常务会议或者部门领导班子会议集体讨论决定,未经集体讨论的不得发布施行;重大决策要经政府常务会议或者部门领导班子会议集体讨论决定。

[139] 《重大行政决策程序暂行条例》第30条规定:“决策草案应当经决策机关常务会议或者全体会议讨论。决策机关行政首长在集体讨论的基础上作出决定。讨论决策草案,会议组成人员应当充分发表意见,行政首长最后发表意见。行政首长拟作出的决定与会议组成人员多数人的意见不一致的,应当在会上说明理由。集体讨论决定情况应当如实记录,不同意见应当如实载明。”

[140] 辽宁省高级人民法院行政判决书,(2019)辽行终1320号。

有书面记录。实践中,有的行政决定采取行政机关负责人“会签”的方式作出。是否允许,目前还有不同意见。[141]

哪些情形应当由行政机关负责人集体讨论,目前法律规定比较笼统,基本上由行政机关自由裁量。但法院也不是完全放任不管。在**胡裕松等诉海口市人民政府行政处罚案**中,原告胡裕松等人依法受让海口市国际科技园一片4595平方米的工业用地,却建了12层住宅楼,预售给125户购房者。海口市国土局经听证后作出行政处罚,决定收回土地使用权。最高法院认为,为更好地保障行政处罚相对人的合法权益,规范行政机关的执法行为,收回国有土地使用权这类较重行政处罚的作出,应当经处罚机关负责人集体讨论通过。据此,撤销了处罚决定并责令被告重作。[142]在**邵宏升诉厦门市公安局集美分局行政处罚案**中,被告因原告投诉执勤交警酒后执勤、构成“捏造事实诽谤他人”,对原告作出15日行政拘留的处罚。厦门市集美区法院撤销了该处罚。法院指出,被告的处罚决定适用了拘留这一严厉的处罚种类并取15日上限,依照《行政处罚法》的规定,该案应当经过公安机关负责人集体讨论。但被告未能提供相应证据证明,在作出处罚决定前曾经集体讨论,因此处罚决定违反法定程序。[143] 判决书没有明言的是,该案涉及对公安人员的投诉,行政机关适用谨慎的程序有助于维持行政决定的公信力。

在确定行政机关负责人集体讨论决定的事项范围时,既要考虑相应事项对当事人权益的影响大小,也要考虑它对行政机关常规工作的影响。集体讨论是好事,但要求机关负责人集体讨论的事项不能太多、太频,以致过分占用行政机关负责人的时间。在具体标准上,不同职能、不同层级的行政机关可以不同。例如,对中国证监会来说,100万元罚款是个小数,而对一个县的市监局来说可能就是一个大数。总体来说,下面几种情形应当由机关负责人集体讨论决定:(1)在本机关所处理的事务中,拟作出的行为对当事人权益影响特别巨大的;(2)案件涉及事实认定或者法律适用的疑难问题,并具有重大社会影响的;(3)案件涉及本机关或者本机关工作人员,对行政执法的公信力产生重大影响的。具体有待法律、法规、规章予以明确。

法律对哪些情形应当由行政机关负责人集体讨论规定模糊,给行政机关的应诉工作带来了挑战。在多个案件中,由于对行政机关负责人是否必须集体讨论问题认识不清,被告没有及时提供相关证据。按规定,事后举证法院不予采纳。结果,行政机关负责人集体讨论的事实没能得到法院认可,导致行政决定被撤销或者确认违法。保险起见,凡是行政机关负责人做了集体讨论的案件,被告在答辩时尽可能一并提交相关材料。

---

[141] 厦门市鑫海源工贸有限公司诉厦门市自然资源和规划局案,福建省高级人民法院行政判决书,(2020)闽行终273号。

[142] 最高人民法院行政判决书,(2019)最高法行再22号。

[143] 厦门市集美区人民法院行政判决书,(2003)集行初字第2号。判决书同时指出,行政处罚决定主要证据不足,而且执勤交警本人没有提出处罚申请。

二 其他行政机关的协同程序

行政决定的作出,除了行政机关内部的承办、审核和决定程序,可能还涉及其他行政机关的协同程序。例如,在行政决定作出前,有的先由下级行政机关审核、拟议;决定公布前,有的要经过上级行政机关批准或者其他行政机关同意;决定作出后,有的还要到相关部门备案。下面依次讨论上下左右机关的审查、批准、同意和备案程序。

(一)下级行政机关的审核

一些法律把作出行政决定的权力授予某个行政机关,但要求其下级行政机关事先审查,提出意见。具体有两种情况:一是下级人民政府(或者主管部门)审查,上级人民政府(或者相应的主管部门)作出决定。例如,依据《律师法》第6条,申请律师执业,应当向地级市(区)司法行政部门提出申请,后者审查后报送省级司法行政部门审核、决定。1998年修订的《土地管理法》曾经规定,不涉及农用地的农村村民住宅用地,经乡镇人民政府审核,由县级人民政府批准(2019年修正后,无须县级政府批准)。二是本级人民政府的部门审查,人民政府决定。例如,依据《国有土地上房屋征收与补偿条例》第10、11条,房屋征收部门拟定征收补偿方案,报市、县级人民政府;后者根据公众意见修改,并及时公布。

下级机关初步审查、上级机关最后决定,这一程序设置的目的在于:既要充分利用下级行政机关所掌握的专业知识、执法经验和案件具体情况,又要避免下级行政机关观点的偏狭或者利益的勾连,确保行政决定所考虑问题的全局性或者中立性。但是,下级行政机关的参与也可能会拖延行政过程,模糊行政责任。实践中,下级行政机关的审查机制产生了一系列的法律问题:谁有权设置前置审查程序?下级机关的审查意见对上级机关有没有约束力?最后决定机关能否越过下级机关,径直作出决定?当事人不同意下级机关的审查意见,能否提起诉讼?

现有法律没有明确哪一层级的法律可以设置下级行政机关的前置审查程序。从实践来看,除了法律、法规,有的规章也规定了这类前置程序。下级行政机关的审查不是一个独立的行政程序,而只是行政决定程序的一部分。因此,它不属于《行政许可法》禁止地方性法规和地方规章设立的"前置性行政许可"[144]。

对于下级机关审查的法律后果,最高法院司法解释规定,行政许可依法须经下级行政机关或者管理公共事务的组织初步审查并上报,当事人对不予初步审查或者不予上报不服提起诉讼的,以下级行政机关或者管理公共事务的组织为被告。[145]

---

〔144〕《行政许可法》第15条第2款规定,地方性法规和地方政府规章"不得设定企业或者其他组织的设立登记及其前置性行政许可"。

〔145〕《最高人民法院关于审理行政许可案件若干问题的规定》,法释〔2009〕20号,第4条。

该司法解释暗示,只有下级行政机关不予审查或者不予上报,以致阻断了行政程序的进行,下级行政机关才承担独立的责任。如果下级机关作了审查并上报,其法律后果就由作决定的上级机关承担。由此推论,司法解释假定,在法律规定的情况下,下级机关的审查是必经的程序,但其审查意见对上级机关没有约束力。

(二)上级行政机关的批准

行政机关在作出重大决定前,往往会请示、征询上级机关,取得后者的同意或者支持。通常情况下,这属于纯粹的内部程序,法律不作规定,法院也不予审查。但是,一些法律、法规规定,行政机关作出行政行为前应当经过上级行政机关批准。例如,《水污染防治法》第 83 条和《大气污染防治法》第 99 条规定,违法排放水污染物或者大气污染物,情节严重的,由县级以上环保主管部门“报经有批准权的人民政府批准”,责令停业、关闭。一些规章也有类似的规定。例如,2006 年修订的《公安机关办理行政案件程序规定》曾经规定:“对外国人的拘留审查、监视居住或者遣送出境由县级以上公安机关决定。但县级公安机关在作出决定前,应当报上一级公安机关批准。”[146]

行政机关对外作出行政决定需要上级机关批准,其原因在于:行政行为本来属于某个地方政府或其部门的管辖范围,但由于该行为社会影响重大(如关闭企业)或者可能造成严重后果(如对外国人的处置),需要慎重对待、周全考虑。当然,从保障行政机关职能分工的观点而言,强制性地规定上级批准程序应当是一种例外,不应泛化。

对于经上级机关批准作出的行政行为的法律后果,法律缺乏明确规定,实践中的做法互相冲突。有的认为,上级行政机关的批准行为是行政行为成立的要件,下级行政机关的活动只是行政行为的一个中间环节。因此,依法经上级行政机关批准的行政行为应当由上级行政机关承担责任。《行政复议法实施条例》第 13 条规定:“下级行政机关依照法律、法规、规章规定,经上级行政机关批准作出具体行政行为的,批准机关为被申请人。”也有的认为,上级机关的批准行为只是一个“内部程序”。因此,即使是依法经上级行政机关批准的行政行为,也应当由对外作出行政行为的行政机关承担责任。2000 年《若干解释》和 2018 年《行诉法解释》都规定,当事人不服经上级行政机关批准的行政行为,向法院提起诉讼的,以在对外发生法律效力的文书上署名的机关为被告。还有的认为,行政行为实际上是由两级行政机关共同作出,因此应当由两者共同承担责任。最高法院有关行政许可案件的司法解释规定,“行政许可依法须经上级行政机关批准,当事人对批准或者不批准行为不服一并

---

[146] 2012 年修订的《公安机关办理行政案件程序规定》把决定权赋予县级以上公安机关,但要求决定机关对外国人作出行政拘留、拘留审查或者其他限制人身自由以及限制活动范围的决定后,应当在 48 小时内将相关情况“报告省级公安机关”。

提起诉讼的,以上级行政机关为共同被告”。[147] 一个问题三种答案,今后到底采用哪一种,有待法律的统一规定。

无论依照哪种理解,依法应当经过上级机关批准而未经批准作出的行政行为,都是违法的。在车凤英诉徐州市郊区规划管理处颁发建设工程规划许可证案中,被告徐州市郊区规划处批准第三人建房,原告认为影响其通风采光,提起诉讼。依据《江苏省实施〈城市规划法〉办法》规定,居民私人住房建设工程规划许可证由所属市县政府城市规划部门核发,也可以由其委托的区或镇人民政府核发。徐州市规划局根据上述精神对郊区居民私房建设管理作了授权,同时规定云龙山保护区范围内改建和翻建居民私有住房建设工程规划许可证,“必须报徐州市规划局审定同意后核发”。徐州市中级法院二审判决认为,这符合城市规划统一管理的原则。本案第三人所建房屋坐落在云龙山保护区范围内,被告核发许可证未经市规划局审定同意,显然是越权行政。[148]

(三)其他行政部门的同意

在特定情况下,行政决定的作出需要其他行政部门的同意。这有助于不同部门之间协同行动,也可以减少或者简化行政审批手续。《公路法》第 44 条规定,建设工程需要占用、挖掘公路或是公路改线的,建设单位应当事先征得有关交通主管部门的同意;影响交通安全的,还须征得有关公安机关的同意。《城市道路管理条例》第 28 条规定,特种车辆需要在城市道路上行驶的,事先须征得市政工程行政主管部门同意,并按照公安交通管理部门指定的时间、路线行驶。《固体废物污染环境防治法》第 55 条规定,发放关闭、闲置、拆除城市环卫设施许可的,许可机关还应当商当地生态环境主管机关同意后核准。

(四)向其他国家机关的备案

备案不但可以用作行政机关对社会实施监管的一种手段,也可以用作其他国家机关对行政行为实施监督的一种手段。行政行为作出后向其他国家机关备案,有助于其他国家机关掌握情况、了解动态、协调行政或者检查监督。相对于上级机关的批准和其他部门的同意,事后备案的要求是一种更加和缓的监督手段,在很多情况下可以替代事先批准和同意。

事实上,在具体操作中,备案和审批往往是区分事项、并联使用的。例如,依据《广西壮族自治区实施〈中华人民共和国公路法〉办法》第 19 条,在公路增设或改造平面交叉道口的,公路管理机构按照下列权限审批:(1)涉及国道、省道的,由设区的市公路管理机构审批,报自治区公路管理机构备案;(2)涉及县道、乡道的,由县级公路管理机构审批,报设区的市公路管理机构备案;(3)涉及高速公路的,由自治区高

---

[147] 《最高人民法院关于审理行政许可案件若干问题的规定》,法释〔2009〕20 号,第 4 条。

[148] 徐州市中级人民法院行政判决书,(1993)行终字第 33 号。

速公路管理机构审批。

行政机关应当备案的事项，可以分为三大类：一是行政机构的设置、职责划分、人事管理等行政组织行为，二是对社会公众具有普遍影响或者对行政执法具有长远影响的行政行为，三是重大的具体行政行为。具有普遍、长远影响的行政行为，包括具有普遍约束力的规范性文件，临时性的行政措施，行政规划、计划、预案，技术性和政策性标准，以及为实施法律而划定的区域、确定的名单等。对于这些行为的备案，法律基本上已经形成普遍要求。对于重大的具体行政行为的备案，法律很少统一规定，中央层面的立法尤其罕见。总结地方性的法规、规章和规范性文件，要求备案的行政行为主要是重大的行政处罚和行政许可决定，也包括行政强制、行政裁决、行政赔偿以及涉及国有资产管理的行为。

通常情况下，行政行为作出后向有关国家机关备案不是该行政行为生效的要件，有关机关接受备案也不意味着对该行为合法性的确认。因为这个原因，司法实践中很少涉及备案行为。但是，也有个别法律、法规把备案作为实施的要件。例如，《农村五保供养工作条例》第 10 条规定，“农村五保”供养标准可以由设区的市级或者县级人民政府制定，“报所在的省、自治区、直辖市人民政府备案后公布执行”。与之类似，农村最低生活保障标准也要求先备案后执行。[149] 这种情况下，行政规定未经备案即付诸实施，可能引发合法性争议。

三　专家评议、评审和评定

虽然行政行为名义上由行政机关作出，但行政决定的作出不只是行政机关工作人员意志的产物。除了前面所讲的当事人，外部人员也可能作为相对中立的第三方参与行政过程，其中最典型的莫过于专家参与。实践中，专家广泛参与行政过程，或者提供咨询意见或者从事评审评定。这也是晚近各国行政程序发展的一个共同趋势。

中国目前没有针对专家参与的专门立法，相关规定散见于法律条款中。实践中的多个案件，如刘燕文诉北京大学学位评定委员会案、西北政法大学博士学位授权立项建设行政复议案，[150] 对专家参与程序提出了严肃的诘问。下面根据现有规定，特别是全国人大常委会 1980 年的《学位条例》、国务院 2019 年的《重大行政决策程序暂行条例》、中国证监会的《中国证券监督管理委员会发行审核委员会办法》（以下简称《发审委办法》）[151] 以及北京市行政复议委员会案件审理规则等规定，结合司

〔149〕《国务院关于在全国建立农村最低生活保障制度的通知》（国发〔2007〕19 号）规定，农村最低生活保障标准由县级以上地方人民政府按照能够维持当地农村居民全年基本生活所必需的吃饭、穿衣、用水、用电等费用确定，并报上一级地方人民政府备案后公布执行。

〔150〕杨彦：《申报博士点失利　西北政法大学提出行政复议申请》，载《人民日报》2009 年 4 月 27 日。

〔151〕更早的规定，可参见 1999 年经国务院批准、中国证监会发布的《中国证券监督管理委员会股票发行审核委员会条例》，以及 2003 年中国证监会制定、经国务院批准的《中国证券监督管理委员会股票发行审核委员会暂行办法》。中国证监会的《中国证券监督管理委员会发行审核委员会办法》制定于 2006 年，在 2009 年、2017 年作了两次修正。

法案例,总结专家参与的程序。

(一) 专家参与的意义

行政规则制定和重大决策中的专家参与得到了越来越多的肯定和重视。具体行政决定中的专家参与,多取决于法律的规定。有的法律规定专家参与是必经程序。例如,《证券法》规定:"国务院证券监督管理机构设发行审核委员会,依法审核股票发行申请。"当太平洋证券在灰幕之下绕过所有法定程序,凭证监会办公厅的一纸批复"直接上市"时,引起了社会的质疑。〔152〕也有一些法律笼统地要求行政机关组织专家论证,或者规定了特定的咨询机构。在法律没有明确要求的情况下,行政机关也可以组织专家论证和审议。例如,北京市人民政府建立了行政复议委员会,并规定对于事实认定存在较大争议、法律适用存在重大分歧、案件涉及公共利益或者社会影响较大等重大疑难复议案件,由复议委员会案审会审议。〔153〕

专家参与有助于促进行政决定的科学化、理性化。而相对于行政机关自己"养专家"来说,请外部专家参与更节省行政成本,也更能促进行政决定的中立性。但是,专家参与行政不是天然正当的,更不是必然有效的。就专家本身来说,专家视角可能偏狭,专家意见可能谬误,甚至专家立场可能被"俘获"。对某些行政机关来说,专家参与只是一道增添麻烦的程序,或者是一个粉饰决策的道具。〔154〕克服专家参与中的问题,需要完善的法律规定。

(二) 专家参与的类型

专家参与的方式各不相同,名称更是五花八门,包括专家咨询、论证、审议、评议、评定、鉴定等。根据专家意见在行政过程中的地位,特别是专家意见对行政决定的拘束程度,可以把专家参与大体上分成三类:评议、评审和评定。

1. 专家评议

这里所说的评议,包括通常所说的咨询、论证。实践中,是否使用专家评议主要由行政机关根据情况裁量决定;只有法律、法规有特别规定时,专家评议才是必经程序。例如,2003 年的《中外合作办学条例》第 19 条和 2004 年的《民办教育促进法实施条例》第 13 条分别规定,申请设立实施学历教育的中外合作办学机构或者民办学校的,"审批机关受理申请后,应当组织专家委员会评议,由专家委员会提出咨询意见"。《重大行政决策程序暂行条例》第 19 条要求,对专业性、技术性较强的决策事

---

〔152〕李德林:《太平洋证券上市路径》,载《证券市场周刊》2008 年 3 月 1 日;张有义:《太平洋证券如何离奇上市》,载《法制日报》2008 年 7 月 6 日。

〔153〕《北京市人民政府行政复议委员会行政复议案件审理会议议事规则》,京政复议委〔2007〕3 号,第 3 条。

〔154〕对专家参与的意义和问题的讨论,参见王锡锌:《公共决策中的大众、专家与政府:以中国价格决策听证制度为个案的研究视角》,载《中外法学》2006 年第 4 期;王锡锌:《我国公共决策专家咨询制度的悖论及其克服:以美国〈联邦咨询委员会法〉为借鉴》,载《法商研究》2007 年第 2 期;宋华琳:《政府决策不能迷信"专家"咨询》,载《小康》2006 年第 10 期。

项,决策承办单位应当组织专家、专业机构论证其必要性、可行性、科学性等,并提供必要保障。当然,即使法律没有规定,行政机关仍然可以咨询有关专家,或者邀请专家评议。多数情况下,专家评议可以由行政机关临时邀请若干相关专家进行。专家评议无须统一意见。评议意见仅供行政机关参考,对行政机关没有约束力。

2. 专家评审

采用专家评审程序的,原则上应当由行政机关聘任的专家或者行政机关抽取、选取的专家组成专家委员会进行评审。除非另有规定,专家委员会应当以会议方式进行评审。《文物保护工程审批管理暂行规定》(已失效)第 9 条规定,审核方案应通过现场论证会、专家函审等方式进行。专家评审意见根据专家表决或者议决结果,以专家委员会或者论证会的名义作出。

专家评审意见可以作为行政决定的重要依据。前述《文物保护工程审批管理暂行规定》第 9 条规定,专家论证会或函审意见提交省级文物行政部门,作为对方案批复的依据。行政机关对专家评审意见应当给予高度尊重,没有正当理由不能拒绝采纳专家的意见。行政机关不采纳专家评审意见的,应当说明理由,并知会专家和有关当事人。但是,行政机关仍然有义务根据法律规定作出独立判断,而不完全受专家评审意见的拘束。例如,2000 年的《医疗器械监督管理条例》第 7 条第 3 款规定,医疗器械新产品完成临床试用后,国务院药品监督管理部门批准前,应当"组织专家评审"。在 2019 年《证券法》修改、股票发行采取注册制以前,国务院证券监督管理机构设立的发行审核委员会对股票发行申请提出审核意见,国务院证券监督管理机构依照法定条件负责核准。

3. 专家评定

这里说的专家评定,也包括依法进行的鉴定。《学位条例》第 10 条规定,学位评定委员会"负责对学位论文答辩委员会报请授予硕士学位或博士学位的决议,作出是否批准的决定"。《计划生育技术服务管理条例》第 12 条规定,因生育病残儿要求再生育的,经县级计生部门初审同意后、由地级计生部门组织医学专家进行医学鉴定;当事人对医学鉴定有异议的,可以向省级计生部门申请再鉴定,后者组织的医学鉴定为终局鉴定。专家依照程序作出的评定、鉴定对行政机关具有约束力。行政机关只能根据专家评定、鉴定的结论作出行政决定。行政机关认为专家评定、鉴定程序违法或者存在显著的事实错误,影响评定、鉴定的公正性,可以重新组织专家评定、鉴定。行政机关除了组织专家评定,也监督专家评定。

(三)专家参与的一般程序

专家参与的具体程序,也是专家参与有效性和正当性的重要保障。

1. 专家会议。专家参与由行政机关组织或者负责召集。除非另有规定书面咨询或者通信评审,参与决定的专家一般以会议方式发表意见。《重大行政决策程序暂行条例》规定,决策承办单位组织专家论证可以采取论证会、书面咨询、委托咨询论证等方式。《发审委办法》则规定,发审委通过召开发审委会议进行审核工作。据此,通信评审或者电话征求意见显然不被允许。除非是非正式的咨询,专家一般不能委托他人参加会议。这是因为,专家被邀请或者任命参与评审、评定是基于对他学术能力和品格的信赖,人格上不可替代;而专家做判断,除了阅读材料,可能需要听取汇报、参与讨论,这也需要本人临场。

2. 意见发表。除非另有说明,参与咨询的专家不管其职务,均以个人身份发表意见,并对自己的意见负责。在专家评议程序中,一般无须形成多数意见;在评审、评定程序中,必须形成多数意见。咨询评议时,多数意见可以议决,但评审、评定则必须表决。2019 年修改前的《证券法》曾经规定,国务院证券监督管理机构股票发行审核委员会以投票方式对股票发行申请进行表决,提出审核意见。

3. 表决的时机和次数。《发审委办法》规定,发审委会议对发行人的股票发行申请只进行一次审核。发审委审核发行人公开发行股票申请和可转换公司债券等中国证监会认可的其他公开发行证券申请,发审委委员发现存在尚待调查核实并影响明确判断的重大问题,应当在发审委会议前以书面方式提议暂缓表决。发审委会议首先对该股票发行申请是否需要暂缓表决进行投票。发审委会议对发行人的股票发行申请只能暂缓表决一次。暂缓表决的发行申请再次提交发审委会议审核时,原则上仍由原发审委委员审核。但是,发审委委员在审核上市公司非公开发行股票申请和中国证监会规定的其他非公开发行证券申请时,不得提议暂缓表决。

4. 表决是否记名。《学位条例》第 10 条规定,学位论文答辩委员会就是否授予硕士学位或博士学位的决议,以不记名投票方式作出;学位评定委员会对学位论文答辩委员会报请授予硕士学位或博士学位的决议,也以不记名投票方式作出是否批准的决定。《发审委办法》规定,发审委会议在充分讨论的基础上,形成对股票发行申请的审核意见,并对股票发行申请是否符合相关条件进行表决。发审委会议表决采取记名投票方式。表决票设同意票和反对票,发审委委员在投票时还应当在表决票上说明理由。

5. 能否弃权。《发审委办法》明确规定,发审委委员不得弃权。《学位条例》没有明确规定,由此引发了争议。在刘燕文诉北京大学学位评定委员会案中,北京大学学位评定委员会出席会议的委员中,有 3 位委员在表决中投了弃权票。原告方提出,虽然没有相关的条文规定委员可以或者不可以投弃权票,但校学位评定委员会的委员是被专门遴选出来解决学位评定问题的,有权力也有职责根据自己的判断表示赞成或者反对,但不应弃权;否则,就是懈怠职责。[155]

6. 通过决议的有效票数。《学位条例》第 10 条规定,学位论文答辩委员会授予硕士学位或博士学位的决议,应当经全体成员 2/3 以上通过;学位评定委员会对学

---

[155] 北京市海淀区人民法院行政判决书,(1999)海行初字第 103 号。海淀区法院没有明确认定委员不能投弃权票,但似乎认同这一说法。

位论文答辩委员会报请授予硕士学位或博士学位的决议作出是否批准的决定，经全体成员过半数通过。刘燕文诉北京大学学位评定委员会案提出了表决有效票数的问题。该案学位评定委员会共有委员 21 人，实际到会 16 人，对是否批准授予刘燕文博士学位的表决结果是：7 票反对，6 票赞成，3 票弃权。北京市海淀区法院一审判决认为，被告所作的不批准授予刘燕文博士学位的决定，未经学位委员会全体成员过半数通过，不符合《学位条例》的规定。[156] 相比之下，《发审委办法》较好地解决了这个问题。该办法明确规定，发审委会议审核发行人公开发行股票和其他公开发行证券的申请，参加发审委会议的 7 名发审委委员表决投票时，同意票数达到 5 票为通过，同意票数未达到 5 票为未通过。

（四）专家参与的公开性

专家意见因为其专业性，优劣得失很难评判。一般来说，对专家参与的最好监督是向社会公开其意见，但有时保密似乎也是必要的。所以，公开的内容和时机仍需要视具体情况而定。

1. 专家名单的公开。《重大行政决策程序暂行条例》规定，选择专家（含专业机构）参与论证，应当坚持专业性、代表性和中立性，注重选择持不同意见的专家，不得选择与决策事项有直接利害关系的专家；但没有规定是否公开专家名单。多数情况下，行政机关乐意公开专家名单，尤其是供临时选取或者抽取的“大名单”。但也有一些行政机关对专家名单严加保密，当事人不但事先无法知道哪些专家参与其事，甚至事后都无从知道。在周如倩诉上海市人力资源和社会保障局政府信息公开案中，原告申请公开 2008 年度上海市卫生系列高级专业技术职务评审委员会（高评委）专家名单，被告拒绝。拒绝的理由是，公开高评委名单可能引发不正之风，影响评审工作的公平、公正；还可能引发打击报复，影响评审人员的生活和工作。上海市两级法院否定了该观点，并责令被告重作。[157] 原则上，专家名单事后应当让人知晓，这是公开的底线。

2. 会议召开的公开。专家会议是否公开举行也因事而异。《发审委办法》就规定了两种处理方式：发审委会议审核发行人公开发行股票和其他公开发行证券的申请，中国证监会有关职能部门应当在发审委会议召开 5 日前，将会议通知、股票发行申请文件及职能部门的初审报告送达参会发审委委员，并将发审委会议审核的发行人名单、会议时间、发行人承诺函和参会发审委委员名单在中国证监会网站上公布；而发审委审核上市公司非公开发行股票和其他非公开发行证券的申请的，不公布发审委会议审核的发行人名单、会议时间、发行人承诺函、参会发审委委员名单和表决结果。北京市行政复议委员会审议案件，一般不公开举行；但是，经提前报请复议委

---

[156] 北京市海淀区人民法院行政判决书，(1999)海行初字第 103 号。

[157] 上海市第二中级人民法院行政判决书，(2010)沪二中行终字第 189 号；上海市黄浦区人民法院行政判决书，(2010)黄行初字第 31 号。

员会案审会主持人批准，可以允许有关人员列席复议委员会案审会。[158]

3. 审议、表决情况的公开。国务院《学位条例暂行实施办法》规定，论文答辩委员会就是否授予硕士、博士学位作出的决议，经论文答辩委员会主席签字后，报送学位评定委员会；会议应当有记录。在实行无记名投票的情况下，各位专家的意见无从公开。在记名投票的情况下，各位专家的意见是否公开，取决于对利弊的衡量。《发审委办法》规定，发审委会议结束后，参会发审委委员应当在会议记录、审核意见、表决结果等会议资料上签名确认，同时提交工作底稿。《北京市人民政府行政复议委员会委员守则》（京政复议委〔2007〕4 号）第 8 条要求严格遵守保密制度，不得泄露案件审议、表决的情况。在实践中，行政复议委员会每次参与案审会，都要签署保密声明。从落实专家责任的观点出发，在任何情况下专家参与应当有记录，专家投票的结果应当公开。

专家参与行政的实践还在探索之中，有关专家参与的规则也在发展之中。像很多其他领域一样，明文的法律规定总是有限的，而对正义的追寻却是永恒的。

〔158〕《北京市人民政府行政复议委员会行政复议案件审理会议议事规则》，京政复议委〔2007〕3 号，第 12 条。

第九章　事实认定

“以事实为根据”是《行政诉讼法》规定的一项原则。事实，特别是争议事实，需要证据来证明。《行政诉讼法》第5章对证据问题作了专门规定，在审查标准中又规定，行政行为“主要证据不足的”可以判决撤销。在司法审查实践中，法院对行政行为所根据的事实问题非常重视，事实问题是法院撤销行政行为最为倚重的理由。根据对《人民法院案例选》的统计，在法院撤销行政行为的判决中，有一半援用了“主要证据不足”这一理由，其中在超过1/5的撤销判决中法院以此作为唯一理由。〔1〕这种情况恐怕是任何一个西方国家所难以想象的。

法律实施过程中的事实认定相当复杂，由此发展出一个叫“证据法”的分支学科。〔2〕相关学术讨论比较热烈，但概念多而混杂、说法相互矛盾，有时也让人迷茫。最高法院于2002年制定了行政诉讼证据规则的司法解释，对相关问题有比较系统的规定。〔3〕截至本书完稿时，新的证据规则还在制定过程中（本书讨论的证据原理和原则，应当不会有很大变化）。

本章将在总结现有规范和司法案例的基础上，分别讨论四个关键问题：哪些事实需要用证据来证明？用来证明事实的证据应当符合什么要求？谁有义务对争议事实提供证据？对案件事实证明到什么程度才是足够？这四个问题，可以概括为待证事实、证据品质、举证责任和证明标准。关于证据提交、质辩、审核等程序性问题，将在第五编“行政诉讼程序”中介绍。

第一节　待证事实

哪些事实问题需要用证据来证明，是解决事实争议的首要任务。有些问题只需当事人说明，或者根据经验判断，而无须证明。有些问题只在特定情况下需要证明。证据是否合法、关联、真实，以及举证责任和证明标准的设定，都可能随着证明对象的变化而变化。例如，刑讯逼供取得的证据不能作为判断被告人是否犯罪的根据，却可以作为追究刑讯逼供人员责任的根据。中间的变化，就是因为待证事实不同。

〔1〕何海波：《行政行为的合法要件——兼议行政行为司法审查根据的重构》，载《中国法学》2009年第4期。

〔2〕张建伟：《证据法要义》（第2版），北京大学出版社2014年版；易延友：《证据法学：原则、规则、案例》，法律出版社2017年版；张卫平：《民事证据法》，法律出版社2017年版；陈瑞华：《刑事证据法》（第3版），北京大学出版社2018年版。

〔3〕《最高人民法院关于行政诉讼证据若干问题的规定》，法释〔2002〕21号。

所以，离开待证事实去谈证据的合法性、关联性和真实性，难免文不对题。

待证事实问题又包含多个具体问题：什么是事实问题？事实问题如何确定？哪些需要证明？

一　事实问题的性质

事实问题的性质取决于它出现的场合。下面讨论事实问题出现的三个场合：一是“规范—事实”二元区分的场合，二是司法审查根据体系中“主要证据不足”的适用，三是从行政执法到行政诉讼不同阶段的事实问题。

（一）规范与事实的区分和联系

行政诉讼事实问题是与法律问题相对而言的。事实问题与法律问题的区分，需要放在法律论证的结构中去理解。法律论证的结构，用一个最简单的公式来表述，就是从法律规范（大前提）和案件事实（小前提）推导出结论的过程。其中，法律规范需要根据制定法等法律渊源去证成，案件事实则需要理由证据去证明。规范证成与事实证明是法律论证的两个基本操作，也是理解事实认定的基本框架。

法律规范可以是人为设定的，而事实问题从原理上是客观存在的。但法律对事实问题的规范，包括证据的接纳、举证责任的分配和证明标准的设定，足以影响对事实的认定。为此，一些学者用“客观事实”与“法律事实（程序事实）”来标示这种区分。[4] 法律程序所建构的只是“法律事实”，它努力接近客观事实，但可能有异于客观事实。

就特定案件而言，有意义的事实问题的提出往往取决于规范的设定。申请行政许可需要什么材料，取决于法律对行政许可要件的规定。当事人的主观过错是否需要讨论，取决于法律对行政处罚要件的规定。处罚决定曾经行政机关负责人集体讨论，这样的材料要不要提交给法院，取决于法律是否规定它是必经程序。在这些情况下，法律规范并没有改变事实本身，甚至没有改变人们对事实的认知，它改变的只是特定事实的意义。

在“规范—事实”的框架下，法律规范论证被作为一个独立于事实认定的问题，但在特定情况下，规范论证中也会出现事实问题。例如，对于某个法律规范性文件是否存在产生疑问，需要查明。实践中，有规范性文件因为年头久远查不到原件，或者各方提供的规范性文件内容有异，甚至所谓的“规范性文件”其实子虚乌有（网上流传的“期刊出版质量管理规定”就是一例）。又如，一个规范性文件是否经过部长令发布（这决定它是否属于规章），是否经过修改，是否已经被废止。在此情况下，规范性文件本身的存在及其内容、效力，构成了一个事实问题。

---

〔4〕 高树德：《客观事实与程序事实的价值冲突》，载《法商研究》1999 年第 5 期。对该问题的一个反思性讨论，参见孔祥俊：《论法律事实与客观事实》，载《政法论坛》2002 年第 5 期。

有一些法律要件本身是法律与事实的结合。例如,违法行为"情节严重",违法所得"数额巨大",违法后果"损害公共利益"。当主管机关作出如此认定的时候,不仅在陈述一个事实,实际上也包含对隐含规范的认知。在昆明威恒利商贸有限责任公司诉昆明市规划局行政处罚案中,法院认为,被告提供的证据"不足以证明"违法建设已经严重影响城市规划的事实,被诉处罚决定主要证据不足。[5] 事实上,"严重影响城市规划"不仅是一个事实问题,还是一个综合判断。必须结合城市规划的基本目标和具体要求,以及违法建设的外观、高度、体量、坐落位置、周边环境等因素,才能作出这个判断。

(二) 审查根据体系中的事实问题

事实问题出现的场合是弥散的,理论上所有的法律争议点都包含事实问题。但作为司法审查根据的事实根据,即"证据确凿""主要证据不足",其范围是特定的,针对的是行政行为所认定的事实。行政职权、行政程序也会涉及事实问题,如果发生争议而没有证据证明,则分别认定"超越职权"或者"违反法定程序",而不是统统放在"主要证据不足"项下。无论事实根据多么重要,它只是与其他审查根据并列的一种审查根据。由于这个问题没有很好界定,在司法实践中存在两种混淆的倾向。

一种倾向是,把所有问题都说成事实问题。在宣懿成等诉衢州市国土资源局收回土地使用权案中,被告决定收回一处中学教工住宅楼的土地使用权,用于扩建商业银行的营业用房。法院认为,被告提供的《关于同意扩建营业用房项目建设计划的批复》等证据,难以说明该决定是由于"公共利益需要使用土地"或"实施城市规划进行旧城区改造需要调整使用土地"。遂以被诉行政行为"主要证据不足"为由,予以撤销。[6] 也许,更好的理解是:如果被告不能证明收回土地使用权是出于"公共利益需要",收回土地使用权的适用要件不具备。在此情况下,被告依据相关法律决定收回土地使用权,应当属于法律适用错误。

另一种倾向是,把事实问题说成程序问题或者其他问题。在苏嘉鸿诉中国证监会案中,被告认定苏嘉鸿从事内幕交易,内幕信息知情人殷卫国为苏嘉鸿的信息来源,但因为没有找到殷卫国,故未对其展开调查。北京高院认为,被告没有穷尽调查手段、全面收集证据,因而认定殷卫国为内幕信息知情人证据不足;这一疏漏还违反行政处罚程序有关全面、客观、公正调查的要求,构成违反法定程序。[7] 判决书的前一个观点完全符合逻辑,后一个观点似乎混淆了审查根据的体系,令人费解。

---

〔5〕 最高人民法院行政判决书,(2008)行终字第1号。

〔6〕 《最高人民法院公报》2004年第4期;指导案例41号,2014年12月25日发布。判决书同时认为,被告的书面通知没有说明决定收回各原告住宅国有土地使用权的具体法律依据,属于适用法律错误。

〔7〕 北京市高级人民法院行政判决书,(2018)京行终445号。

（三）不同法律过程中的事实问题

事实问题遍布整个行政执法和行政诉讼过程。讨论事实问题，需要注意它发生的场合。不同场合下，事实问题的范围和性质是不同的。我们不妨以一个案例来说明。交通警察在执勤时，看到当事人在立有禁止左转弯标志的路口左转弯，遂拦停其驾驶的机动车，并当场开具处罚决定书。原告申辩自己未左转弯，拒绝在处罚决定书上签字，并提起诉讼。该案关键的事实问题是，原告是否违规左转弯。在行政程序中，交警处罚的唯一根据是他亲眼所见的事实，他对此充满确信。在行政诉讼中，交警当场开具的处罚决定书、原告的陈述和交警的证言都可以作为根据，法官却可能思量再三。这就是同一事实问题在不同场合出现所具有的不同意义。

行政诉讼是一个以行政行为合法性审查为中心的事实建构过程，它涉及的事实问题包括以下场合：

第一，行政程序所面对的事实。行政程序所面对的事实问题，主要是站在行政机关的立场上，看当事人提交的材料或者行政调查所得的事实。例如，当事人是否提交了符合要求的申请材料，是否在规定时间内提出申请，行政文书是否已经送达。

第二，行政诉讼所审查的事实。行政诉讼所审查的事实，主要是站在一审法院的立场上，看原告和被告争议的问题及提交的证据。行政行为合法性审查所涉及的证据问题，主要是行政机关在行政过程中对证据的获取、接纳和认定，但也可能涉及当事人在诉讼过程中举证、质证等问题。行政机关是否履行了行政程序义务、执法人员是否有主观恶意，这些在行政程序中可能不是问题，但在诉讼程序中却完全可以成为问题。

第三，二审和再审所涉及的事实。二审和再审所涉及的事实主要是站在二审法院（以及再审法院）的立场上，看相关的事实问题。一审法院是否正确认定事实，以及一审程序是否合法，都可能成为争议事实。

从行政程序、一审程序到二审程序和再审程序，视点不断后移，视线不断扩大，所包含的事实问题不断增多，性质也愈加复杂。

二 确定事实的方法

事实问题多种多样，确定事实的方法也有多样。通过提供证据证明事实，是确定事实的主要方法，也是法律争议的重点。但不是所有的事实都适宜当事人举证证明。实践中，一些事实情况是通过说明来解决，一些事实问题是通过评选、评定等方式来解决，法律规范一般是通过论证来解决，一些超越个案的普遍性事实则通过各种文献予以阐明。下面主要阐述这几种情况。

（一）通过说明的事实

需要证明的事实，首先是法律上有意义、在现实中有疑问的事实。在行政过程或者诉讼过程中,有许多情况只需要当事人作出说明,而不一定举证证明。跟人际交往一样,法律过程在许多时候建立在信任的基础上,信则可、不信拉倒。

需要予以说明的,有以下情况:

一是理由的说明。这主要适用于行政许可和给付。依据《政府信息公开条例》第35条的规定,“申请人申请公开政府信息的数量、频次明显超过合理范围,行政机关可以要求申请人说明理由”;行政机关认为申请理由不合理的,告知申请人不予处理。又据2018年《行诉法解释》第129条的规定,被诉行政机关负责人应当出庭但有正当理由不能出庭应诉的,应当向法院提交情况说明,并加盖行政机关印章或者由该机关主要负责人签字认可。当事人的说明多多少少涉及某种事实情况,但一般不要求对该事实情况提供证据,而是由行政机关或者法院根据经验作出是否可信的判断。在一些情况下,当事人为加强其说明的可信度,会附上相关证据,但不是法律的强制要求。

二是对事实情况的说明。这主要适用于行政调查过程。《土地管理法》第68条第2项规定,县级以上人民政府自然资源主管部门履行监督检查职责时,有权要求被检查的单位或者个人就有关土地权利的问题作出说明。依据《证券法》第170条第1款第3项,国务院证券监督管理机构有权询问当事人和与被调查事件有关的单位和个人,要求其对与被调查事件有关的事项作出说明,或者要求其按照指定的方式报送与被调查事件有关的文件和资料。这里的说明首先是陈述事实,解释疑问。执法机关在当事人说明后,认为还有必要的,可以进一步要求提供证据。

三是法律依据的说明。这主要适用于行政决定的解释。依据《行政许可法》第30条,行政机关应当将法律、法规、规章规定的有关行政许可的事项、依据、条件、数量、程序、期限以及需要提交的全部材料的目录和申请书示范文本等在办公场所公示;申请人要求行政机关对公示内容予以说明、解释的,行政机关应当说明、解释,提供准确、可靠的信息。又据该法第55条第3款,行政机关根据检验、检测、检疫结果,作出不予行政许可决定的,应当书面说明不予行政许可所依据的技术标准、技术规范。

四是事实过程的说明。这主要适用于对行政执法过程的澄清和解释。依据《行诉法解释》第4条,原告或者第三人对现场笔录、扣押财产的品种或者数量、行政执法人员身份的合法性等问题有异议,可以要求相关行政执法人员出庭说明。

(二)通过选举、评定等方式确认

有些法律判断尽管包含事实判断,但因其过于主观或者过于技术,法律规定通过选举、评定等方式来解决。在这种情况下,只需要证明相关决定是由合格的人员依照合法的程序作出即可,而不应要求当事人对相关的判断提供证据予以证明。**刘燕文诉北京大学学位评定委员会案**就涉及学位论文评审这一高度专业的问题。刘燕文的博士论文《超短脉冲激光驱动的大电流密度的光电阴极研究》完全超出了法官的认知范围，光看这题目就让一般人不知所云。在法庭上争论这篇论文是否达到博士学位论文水平没有意义，要求举证证明它有多大的学术创新和实用价值、数据如何得出、论证是否可靠等，也是没有意义的。

（三）法律依据的证明

行政行为必须有法律规范为依据。在中国这样的制定法国家，法律、法规、规章等各种规范性文件是法律规范的主要渊源。对法律规范的解释论证离不开相应的规范性文件。《行政诉讼法》要求被告提供"作出该行政行为的证据和所依据的规范性文件"。提供这些规范性文件有利于法院查明行政行为的合法性，但这些规范性文件不同于证明案件事实的证据，不适用一般的证据规则。所以，被告不提供或者无正当理由逾期提供证据，视为没有相应证据；但被告没有提供被诉行政行为所依据的规范性文件，不能简单地视为行政行为没有法律依据。

从理论上讲，只要所依据的规范性文件是对外公开发布的，法院负有查明公开法规范的能力和义务。即便没有被提交至法院，法院还是可以将其作为认定依据。在任伟诉安徽省萧县公安局行政处罚案中，被告因任伟殴打他人，依据《治安管理处罚法》第43条第2款第1项以及第19条第1项的规定，对任伟处以拘留7日并罚款200元的行政处罚。一审法院认为，"萧县公安局在本案举证期限内未提供作出行政处罚的法律依据，今后应加以改正"。但其拟进行处罚及作出处罚决定时均明确告知原告处罚所依据的法律规定，因此，原告关于处罚决定无法律依据的说法不能成立。[8] 在高云洪诉云南省南华县卫生局行政处罚案中，原告为他人打针输液后，该人死亡，被告以非法行医为由对原告处以罚款并责令改正。原告在上诉中提出，被告没有向法庭提供处罚程序方面的法律依据，应当认定被告作出行政处罚的程序无相应证据证实，处罚程序因此违法。楚雄州中级法院在二审判决中指出，被告在一审庭审中对行政处罚程序作了说明，行政处罚所依据的规章《卫生行政处罚程序》已经向社会公布。因此，上诉人的主张不能成立。[9]

尽管如此，如果对特定法律依据是否存在、是否准确、是否有效发生争议，仍然需要通过举证来解决。例如，一部法律经过多次修改，对应当适用的版本内容有争议的，负有举证责任的一方应当提供官方公报等权威依据来证明。对方当事人对规范性文件是否存在提出确有根据的怀疑，如提供了相同文号、不同内容的规范性文件，负有举证责任的当事人应当提供规范性文件的原件或者其他可靠方式予以证明。

---

〔8〕 安徽省宿州市中级人民法院行政判决书，(2016)皖13行终126号。

〔9〕 云南省楚雄彝族自治州中级人民法院行政判决书，(2016)云23行终26号。判决书认为，《行政诉讼法》规定被告不提供或者无正当理由逾期提供证据，视为没有相应的证据；但该条并未规定，行政机关不提供作出行政行为依据(的程序规定，也)视为没有相应的证据或者依据。判决书疑有漏字，括号内补正。

（四）普遍性事实的阐明

对法律规范的解释论证以及对规范性文件的审查，常常涉及普遍性的事实。例如，被收容的卖淫嫖娼人员是什么样的人？不同类型的机动车对大气污染的实际影响有多大？取消强制婚检是否会导致新生儿缺陷率升高？这些问题都不是关于特定人的特定事实，而是关于自然和社会的一般事实。对这些问题的回答可以通过科学研究或者社会调查来实现，其中社会调查数据在立法中开始发挥重要作用。但由于社会科学研究的复杂性，这些数据的来源不见得完全可靠，对数据的解读也夹杂着主观偏好。在实践中，对普遍性事实的判断常常需要借助常识理性进行审查，不宜简单采信；当事人提供的有关普遍性事实的数据可以作为参考，但很难成为决定性的理由。所以，普遍性事实并不严格要求通过举证来证明，更多的是借助生活经验来判断。[10]

个案裁判主要解决特定案件事实，但往往也涉及一些普遍性事实，如某个行为是否有违社会公德、是否损害公共利益。有时候，作为法律规范构成要件的事实本身夹杂着价值判断，如一个行为是否属于情节严重、是否有正当理由。这些问题主要由法官根据生活经验作出判断，而不宜要求当事人通过举证来解决。一些当事人或者行政机关要求对方就这些事实举证，并不合理；而以对方未完成举证为由要求确认其违法或者令其承担其他不利后果，更不妥当。

在陆煜章诉上海市工商行政管理局企业名称驳回通知案中，原告向被告提出企业名称预登记申请，要求将"上海资本家竞争力顾问有限公司"作为开办公司的名称。被告经审查于当日驳回原告的申请。原告在上诉中提出，原审认定"资本家"一词具有政治含义及有损国家和公共利益缺乏依据，违反了"先取证、后裁决"的基本要求。[11] 法院判决未对这一主张作出回应，是个缺点。但以"资本家"这个意识形态色彩浓厚的语词作为字号，是否有损国家和公共利益，确实不是一个单纯证明的问题，而是一个综合判断的问题。

上海朵云轩与北京朵云轩拍卖有限公司企业名称争议案提供了另一个值得讨论的案例。上海朵云轩 1982 年经工商行政机关登记成立，是"中华老字号"上海朵云轩书画社的继承人和上海市驰名商标"朵云轩"的持有人，也是上海朵云轩拍卖有限公司（1997 年成立）的股东。北京朵云轩拍卖有限公司（以下简称北京朵云轩）成立于 2006 年 5 月，与上述企业没有关联。2006 年 7 月，上海朵云轩向北京市工商局某分局提出企业名称争议，请求纠正北京朵云轩的名称。其依据是国家工商总局《企业名称登记管理实施办法》（2004 年修正）第 41 条，"已经登记注册的企业名称，在使用中对公众造成欺骗或者误解的，或者损害他人合法权益的，应当认定不适宜

---

〔10〕 相关讨论，参见于立深：《行政立法性事实研究》，载《法商研究》2008 年第 6 期。

〔11〕 上海市第一中级人民法院行政判决书，(2003)沪一中行终字第 194 号。

的企业名称予以纠正”。上海朵云轩提交了17份证据材料,包括其工商注册和商标注册材料以及证明上海朵云轩社会声誉的材料。工商分局认为,北京朵云轩名称不违法,驳回企业名称争议请求。申请人向北京市工商局提出复议。市工商局认为,依据《企业名称登记管理实施办法》,申请人应当就北京朵云轩在使用名称中对公众造成欺骗或者误解的事实进行举证。申请人的举证材料仅能证明企业自身情况,而不能证明北京朵云轩构成对已登记注册企业名称的不当使用。因此,驳回申请并无不当。[12] 在这个案例中,北京朵云轩的名称是否“对公众造成欺骗或者误解”,该问题需要由申请人举证证明还是由登记机关依据生活经验判断,都是可以商榷的。

三 无须证明的事实

不是所有的事实都需要当事人举证证明。依据最高法院的司法解释和法律实践的情况,公知、周知的事实,当事人自认的事实,执法人员在特定情形下耳闻目睹的事实,已经证明的事实,以及可以通过推定来确认的事实,无须当事人举证证明。当然,这里所列的无须证明的事实都是有条件的。

(一) 公知、周知知识

如果在法庭上还要证明“$3\times7=21$”,诉讼是没法进行的。《证据规则》第68条规定,自然规律及定理无须当事人举证证明;众所周知的事实,法庭可以直接认定,除非当事人有相反证据足以推翻。例如,2008年1月中旬到2月上旬,中国南方地区遭受历史罕见的低温雨雪冰冻灾害,各级政府及其相关部门实施了大量应急措施,由此引发了一些纠纷。最高法院认为,由于低温雨雪冰冻灾害属于众所周知的事实,原则上无须诉讼当事人举证证明。[13]

公知、周知知识需要公知、周知到什么程度,才可以免除当事人的证明责任?由于裁判人员的专业背景和社会阅历各不相同,事前对特定案件的了解也可能多寡不一,对相关事实拥有的个人知识难免不同。但通常来讲,裁判人员具有法律专业知识(如果陪审员参与,连法律专业知识也不具备),但在其他领域只有一般的知识和经验。而且,司法裁判要获得法界同行乃至社会公众的认同,必须让一般人能够理解,而不能变成一个专业技术的论坛。所以,对于公知、周知知识的判断,不能以一个细分领域专家的标准来衡量,当然也不能以一个不谙世事的孩童为标准来衡量,而应当以一个受过普通教育、明晓事理的人为标准来衡量。

(二) 当事人自认的事实

在法律中,当事人自认的事实一般可以直接认定。这是为了减省举证、质证和

〔12〕 李朔:《上海朵云轩不服某工商分局名称争议处理决定行政复议案》,载《法制建设》2008年第6期。

〔13〕《最高人民法院关于审理与低温雨雪冰冻灾害有关的行政案件若干问题座谈会纪要》,法〔2008〕139号。

调查取证工作，提高行政执法和行政诉讼的效率。而且，采纳当事人自认的事实，不违反公正的一般理念。《证据规则》第 65 条规定，在庭审中一方当事人或者其代理人在代理权限范围内对另一方当事人陈述的案件事实明确表示认可的，法院可以对该事实予以认定；但有相反证据足以推翻的除外。〔14〕

对当事人自认事实的认定也有限制：

一是自认应当在同一法律程序内，由当事人或者具有权限的代理人在执法人员或者裁判人员面前作出，或者在起诉状、答辩状、代理词等法律文书中作出。当事人在行政程序中的自认，在行政诉讼中应当经过质证；当事人在其他程序中的自认，应当受到更严格的审查。当事人在调解过程中对案件事实的认可，不得在其后的诉讼中作为对其不利的证据。

二是自认应当是在不受任何压迫的环境下，以明确肯定的方式作出。有一种观点认为，一方当事人对于另一方当事人主张的于己不利的事实既不承认也不否认，经审判人员说明后果并询问后，仍然不明确表示的，视为对该事实的承认。这一观点与通常理解相左，有待进一步讨论。在刑事诉讼中，只有被告人供述、没有其他证据的，不能认定被告人有罪，就是为了确保事实无误。《商标评审规则》一度规定，“对一方当事人陈述的事实，另一方当事人既未表示承认也未否认的，视为对该项事实的承认”，后来被删除了。〔15〕

三是如果执法人员或者裁判人员发现当事人的自认可能构成恶意串通的，或者存在其他疑点的，不能直接采用。在存在多个不同利益当事人的情况下，一方当事人的自认应当经过其他当事人的认可。

在济宁无压锅炉厂诉国家知识产权局专利复审委员会案中，法院辨析了自认的效力。原告在再审中提出，本案一审判决认定两个专利是同样的发明创造，再审申请人（一审第三人）舒学章并未上诉，在二审庭审中还明确表示“我认为实际上是同一专利”，其陈述构成自认。最高法院再审判决认为，当事人对判决未提出上诉，不表明其对该判决所认定事实和判决理由全部认可。专利权保护范围的确定应当以专利文件为依据，而不能仅以专利权人事后的个别言辞为依据。前引舒学章的表述与其主张明显矛盾，不能构成有效自认，也不能改变专利权保护范围。〔16〕

（三）已经证明的事实

《证据规则》第 68 条规定，已经依法证明的事实，法庭也可以直接认定，除非当事人有相反证据足以推翻。另有司法解释规定，在工伤认定案件中涉及交通事故责

---

〔14〕 相关讨论，参见蔡小雪：《行政诉讼自认规则的理论与适用》，载《法律适用》2002 年第 12 期；胡煜：《我国行政诉讼自认之反思与完善》，载《重庆社会科学》2017 年第 6 期。

〔15〕 分别参见《商标评审规则》（2005 年修订），第 40 条第 3 款（承认默示自认）；《商标评审规则》（2014 年修订），第 38 条（废除默示自认）。

〔16〕 最高人民法院行政判决书，（2007）行提字第 4 号。

任认定、“醉酒或者吸毒”、“自残或者自杀”、“故意犯罪”等要件的认定时,如果当事人提供了主管机关依照法定权限和程序作出的结论性意见,则应当以该结论性意见为依据,但有相反证据足以推翻该结论性意见的除外。[17] 这不仅可以避免重复取证和举证,节省成本,也有助于减少官方认定的冲突。当然,在前述情况下,当事人仍应提供原先证明事实的文书,而且应当经过质证,在先的证明在后一程序中可以反驳。

生效的法院裁判文书或者仲裁机构裁决文书确认的事实,《证据规则》第 70 条规定,可以作为定案依据。但是,如果发现裁判文书、裁决文书认定的事实有重大问题的,应当中止诉讼,通过法定程序予以纠正后恢复诉讼。这一条肯定了司法机关和仲裁机构生效文书的既决效力。但有关裁判文书及其“确认的事实”表述过于宽泛,而且规定的处理方式缺乏弹性,容易在实践中引发问题。广州市千金一有限公司诉江苏省南通市工商局行政处罚案涉及的是生效裁判所根据的案件事实。最高法院判决认为,原告千金一公司销售给第三人贸源公司的进口螺纹钢未经海关监管,被告有权查处。但是,千金一公司与贸源公司、贸源公司与案外人甬发公司之间因购销该批钢材产生的纠纷,南通市中级法院和江苏高院已分别作出民事判决和民事调解。南通中院在判决前,曾就该批钢材的性质征求南通市工商局意见,后者具函认为不属于走私物品;而在民事裁判发生法律效力后,又认定其属于倒卖走私钢材的违法行为。被告所作的处罚决定“与人民法院生效法律文书明显抵触”,属于超越职权的行为。[18]

其他行政机关在行政执法过程中认定的事实,行政机关也可以考虑。但总体来说,对于被诉行政行为以外的行政过程所认定的事实,法院的尊重程度要低一些。在赵明生、杨伦书诉重庆市巴县双新乡人民政府行政处罚案中,原告赵明生户口簿和居民身份证上的出生年月与过去户口簿和入团志愿书上所记载的不一致。被告根据后者认定原告未达到结婚的法定年龄,属于“非婚生育”,依照《四川省计划生育条例》的规定作出处罚。巴县法院认为,赵明生户口簿和居民身份证上的出生年月未经户籍管理部门更正,仍合法有效。遂以适用法律法规错误为由,撤销上述处罚决定。[19] 在长沙市岳麓区三湘文化传播中心诉衡东县新闻出版局行政处罚案中,被告提供了县工商局以“盗版印刷”为由对教育局和三湘文化中心的行政处罚决定,作为证据。法院认为,由于工商局的抽样取证是在被告立案之前进行的,抽样取证记录所列当事人只有教育局而无原告,而且工商局已自行撤销了行政处罚,因此,

---

〔17〕《最高人民法院关于审理工伤保险行政案件若干问题的规定》,法释〔2014〕9 号,第 1 条。

〔18〕最高人民法院行政判决书,(1998)行终字第 5 号。该案的关键似乎在于南通市工商局在“走私”定性上出尔反尔,而不宜笼统地认为,生效民事裁判文书所认定的事实对于行政行为具有既决效力。

〔19〕最高人民法院中国应用法学研究所编:《人民法院案例选(1992 - 1999 年合订本)· 行政卷》,中国法制出版社 2000 年版,案例 120。相关评论,参见叶必丰:《行政行为的效力研究》,中国人民大学出版社 2002 年版,第 91 页。作者指出了户口簿和身份证登记的公定力。

对工商局的行政处罚决定不予采信。[20]

已为有效公证文书所证明的事实，在民事诉讼中可以作为免除当事人举证的事实。[21] 在行政诉讼中，它的证明力优于其他书证、视听资料和证人证言，但不能直接作为认定事实的根据。

（四）执法人员耳闻目睹的事实

行政执法的一般要求是，执法人员应当把据以作出的事实加以固定和保存，以备审查。当事人违法并予以处罚的，应当把调查所得的当事人违法的证据保存下来。但在特定场合下，法律允许执法人员对于现场发生的情况直接作出处理。例如，公安机关的人民警察对有违法犯罪嫌疑的人员，经出示相应证件，可以当场盘问、检查；执勤交警对于发生在眼皮底下的交通违法行为，可以通过简易程序当场作出处罚决定。在廖宗荣诉重庆市公安局交通管理局第二支队行政处罚案中，被告执勤交警陶祖坤以原告违规左转弯为由，拦停原告驾驶的机动车，并当场开具处罚决定书。原告申辩自己未左转弯，拒绝签字。[22] 在行政诉讼过程中，被告的处罚决定书和执勤交警的书面陈述都可以作为行政处罚事实认定的证据。但就行政执法来说，执勤交警作出行政处罚所依据的仅是自己耳闻目睹的事实。

执法人员无须证明直接决定的情形，应当以法律规定为限。如果法律、法规、规章有相反规定，应当适用相反规定。例如，依据《公安机关办理行政案件程序规定》的规定，涉及卖淫、嫖娼、赌博、毒品的案件不适用当场处罚。在此情况下，就不能仅根据执法人员"亲眼所见"直接作出处罚。又如，有的法规、规章要求执法人员使用执法记录仪，采取现场摄录取证。在前述要求下，执法人员不能仅凭自己耳闻目睹就作出行政处理。即使法律允许执法人员根据耳闻目睹直接处理，到诉讼阶段，行政机关仍然应当提供相应证据。

（五）可以推定的事实

《证据规则》第68条规定，对于按照法律规定推定的事实或者根据日常生活经验法则推定的事实，法庭可以直接认定，除非当事人有相反证据足以推翻。这里所说的法律规定，也包括司法解释的规定。

使用推定的事项，应当有法律规定或者经验法则的支持；如果没有法律依据和日常生活经验的充分依据，不应使用推定。公安机关在查处赌博案件过程中，遇有个人投注的财物数额无法确定时，往往按照参赌财物的价值总额除以参赌人数的平均值计算。[23] 在施素兵诉南通市公安局开发区分局案中，施素兵等14人在小区住

---

〔20〕 湖南省衡阳市中级人民法院行政判决书，(2005)衡中法行初字第1号。

〔21〕《最高人民法院关于民事诉讼证据的若干规定》，法释〔2019〕19号，第10条。

〔22〕《最高人民法院公报》2007年第1期。

〔23〕《公安部关于办理赌博违法案件适用法律若干问题的通知》，公通字〔2005〕30号，第6条。

宅内以“牛牛”(扑克牌比大小)的方式、“每局50元起押、500元封顶”的大小赌博,被民警查处。民警在施素兵身上查获赌资50元,另在房间各处查获东塞西藏、无人认领的现金43,150元。被告收缴施素兵赌资50元,并给予行政拘留10日、罚款3000元的处罚。[24] 在该案中,从赌局大小和赌资总额可以部分说明施素兵参与赌博的情节,但如果推定施素兵“个人投注的赌资”在3000元以上,则比较勉强,背离日常生活经验。

法律规定推定,本是为了统一、简化规则,因此,按照法律规定所推定的事实一般不可反驳。例如,《专利法实施细则》第4条规定,“国务院专利行政部门邮寄的各种文件,自文件发出之日起满15日,推定为当事人收到文件之日”。又如,司法解释规定,原告或者第三人确有证据证明被告持有对其有利的证据,行政机关无正当理由拒不提交的,可以推定原告或者第三人基于该证据主张的事实成立。[25]

根据日常生活经验的推定,是特定情况下基于盖然性的一种推定。因此,当事人对推定的事实可以举出相反证据予以反驳。在涉及内幕交易、市场操纵等证券执法领域,由于关键事实都在幕后发生,证券监管机构很难取得直接证据,实践中允许采取推定的办法,但以当事人说明和反驳作为补充。最高法院一个座谈会纪要称,考虑到部分类型的证券违法行为的特殊性,由监管机构承担主要违法事实的证明责任,通过推定的方式适当向原告、第三人转移部分特定事实的证明责任。监管机构提供的证据能够证明下列情况之一的,可以初步推定当事人从事内幕交易:(1)证券交易内幕信息知情人从事与该内幕信息有关的证券交易活动;(2)内幕信息知情人的配偶、父母、子女以及其他有密切关系的人,其证券交易活动与该内幕信息基本吻合;(3)内幕信息公开前与内幕信息知情人或知晓该内幕信息的人联络、接触,其证券交易活动与内幕信息高度吻合。在上述情况下,当事人不能作出合理说明或者提供证据排除其存在利用内幕信息从事相关证券交易活动的,可以确认内幕交易行为成立。[26]

第二节 证据效力

证据的效力在于证明事实的能力。不同证据的证明力不仅有有无之别,还有大小之分。效力太差的,不具有证明力,法院从一开始就不予接纳,或者完全不予考虑。达到基本的效力要求,法院予以接纳和考虑的,也不一定都真实可靠。由于单个证据往往无法证明争议事实,法院需要根据当事人应当承担的举证责任和证明标

---

〔24〕 南通市中级人民法院行政判决书,(2016)苏06行终55号。相关讨论,参见殷勤:《施素兵与南通市公安局开发区分局等行政处罚纠纷上诉案——对赌资较大、情节严重行政裁量基准之司法审查》,载《人民司法·案例》2017年第2期。

〔25〕《证据规则》,第69条;2018年《行诉法解释》,第46条。

〔26〕《最高人民法院关于审理证券行政处罚案件证据若干问题的座谈会纪要》,法〔2011〕225号。

准,综合考虑被接纳的证据,决定是否采信有关事实。这是证明的基本过程。[27]

对证据效力的要求归纳起来,就是证据的合法性、关联性和真实性。证据的合法性包括证据形式、证据来源和证据使用的合法性。证据合法性是可采性的基础,不具有合法性的证据完全不可接纳。在合法性的基础上,根据证据的关联性和真实性强弱判断其证明力,排除明显不具有关联性和真实性的证据。

一 证据的合法性

行政证据的形式、来源和使用都应当符合法律,此为证据的合法性。不具有合法性的证据不能采纳,其证明力为零。《行政诉讼法》以及最高法院关于行政诉讼的《证据规则》对证据的形式、来源和使用作了一些要求。这些要求在法律上只适用于行政诉讼,但其效果延伸到行政过程。由于行政行为可能会面对行政诉讼,而一旦被诉,行政过程中证据的形式、来源和使用都必须接受行政诉讼证据规则的检验,所以,最高法院确立的证据规则也是行政机关在实施行政行为过程中应当自觉遵循的规则。

(一) 证据形式的合法性

《行政诉讼法》第 33 条规定了行政诉讼证据的法定种类,即书证、物证、视听资料、电子数据、证人证言、当事人陈述、鉴定意见、勘验笔录和现场笔录。最高法院的《证据规则》对各种证据形式规定了具体的要求。证据不符合形式要求并影响该证据证明力的,如鉴定结论没有签名、域外证据未办理法定证明手续,不能采用。当然,也不能以证据形式上的瑕疵而否定证据的效力。例如,仅因为当事人提交的证人证言未附上证人的身份证复印件,就对该证言不予采用,就偏离法律的宗旨了。

1. 书证

书证,是指用文字、符号或图画所表达的思想内容来证明案件事实的证据。《证据规则》第 10 条规定,当事人向法院提供书证的,应当符合下列要求:(1)提供书证的原件(原本、正本和副本均属于书证的原件),提供原件确有困难的,可以提供与原件核对无误的复印件、照片、节录本;(2)提供由有关部门保管的书证原件的复制件、影印件或者抄录件的,应当注明出处,经该部门核对无异后加盖其印章;(3)提供报表、图纸、会计账册、专业技术资料、科技文献等书证的,应当附有说明材料;(4)被告提供的被诉行政行为所依据的询问、陈述、谈话类笔录,应当有行政执法人员、被询问人、陈述人、谈话人签名或者盖章。法律、法规、规章和司法解释对书证的制作形式另有规定的,从其规定。

---

〔27〕 有些文献在表述时,没有区分可接纳的证据和可采信的证据。例如,2018 年《行诉法解释》第 42 条规定:“能够反映案件真实情况、与待证事实相关联、来源和形式符合法律规定的证据,应当作为认定案件事实的根据。”

2. 物证

物证,是指以外部特征、存在形式或物质属性证明案件真实情况的物品和痕迹。《证据规则》第 11 条规定,当事人向法院提供物证的,应当提供原物。提供原物确有困难的,可以提供与原物核对无误的复制件或者证明该物证的照片、录像等其他证据。原物为数量较多的种类物的,提供其中的一部分。

3. 电子数据和视听资料

电子数据,是指通过电子邮件、电子数据交换、网上聊天记录、博客、微博、手机短信、电子签名等形成或者存储在电子介质中的信息。电子数据作为一个证据类型,是在 2014 年《行政诉讼法》修改时加入的;但在此前的诉讼实践中,它就已经被承认了(有的叫"计算机数据")。视听资料包括录音资料和影像资料。

《行政处罚法》第 41 条第 2 款规定:"电子技术监控设备记录违法事实应当真实、清晰、完整、准确。行政机关应当审核记录内容是否符合要求;未经审核或者经审核不符合要求的,不得作为行政处罚的证据。"最高法院在一个座谈会纪要中肯定了电子数据证据在证券行政案件中的使用,同时提出,由于电子数据证据具有载体多样,复制简单、容易被删改和伪造等特点,对电子数据证据的证据形式要求和审核认定应较其他证据方法更为严格。[28]

《证据规则》第 12 条规定,当事人向法院提供计算机数据或者录音、录像等视听资料的,应当提供有关资料的原始载体,并注明制作方法、制作时间、制作人和证明对象等信息。无法提供电子数据原始载体的,可以提供电子数据复制件,但应当说明无法提供的原因、复制过程以及原始载体存放地点或者电子数据网络地址。收集电子数据应当依法制作笔录,或者将收集电子数据的过程拍照或录像。收集的电子数据应当使用光盘或者其他数字存储介质备份。提供电子证据或者声音资料的,还应当附有相关内容的打印材料或者文字记录。实践中,有的只提供相关部分的文字记录,同时注明该段文字在资料中出现的位置或者时间。

4. 当事人陈述和证人证言

在行政过程中,当事人陈述和证人作证可以采取口头方式,但行政机关应当制作笔录。在诉讼过程中,证人应当尽量出庭作证;有特殊情况不能出庭作证的,经法院准许,当事人可以提交书面证言。《证据规则》第 13 条规定,当事人向法院提供证人证言的,应当写明证人的姓名、年龄、性别、职业、住址等基本情况,有证人的签名(不能签名的以盖章等方式证明),并注明出具日期。此外,还应当附有居民身份证复印件等证明证人身份的文件。

在存在多个证人的情况下,为避免相互影响,证人出具证词或者询问证人应当个别进行。在贾春旺等诉河南省范县民政局案中,法院认为,原告委托代理人(一名法律服务工作者)对 3 位证人以座谈形式取得的谈话笔录,违背了证据的合法性原

---

〔28〕《最高人民法院关于审理证券行政处罚案件证据若干问题的座谈会纪要》,法〔2011〕225 号,第 2 点。

则，不予采信。[29]

法律规定的证人应当是个人。以单位名义出具的对特定事实的证明，即“单位证言”，其性质和效力应当根据具体情况分析。在实践中，如果待证事实适合由单位证明，并且有该单位负责人、制作证明材料人员的签名和单位盖章，也可以接受。法院就单位出具的证明材料，可以向该单位及制作证明材料的人员进行调查核实；必要时，可以要求制作证明材料的人员出庭作证。单位及制作证明材料的人员拒绝法院调查核实，或者制作证明材料的人员无正当理由拒绝出庭作证的，该证明材料不得作为认定案件事实的根据。[30]

参与行政执法过程的执法人员，在诉讼过程关于案件事实所作的陈述，也可作为证人证言。在黄某诉北京市海淀区交警队案中，执勤交警认定黄某驾驶机动车辆“闯红灯”，对她当场罚款 5 元。原告黄某坚持自己没有闯红灯。在诉讼中，被告提交了唯一在场的执勤交警的书面陈述，称交警执行公务时看到原告违反交通规则的事实。法院采纳了被告的证据，并判决维持处罚决定。[31] 原告或者第三人对行政执法现场的有关事实有异议或者对行政执法人员身份的合法性有异议的，可以要求相关执法人员出庭说明；法院认为有必要的，也可以直接要求执法人员到庭，就案件有关事实接受询问。[32]

5. 鉴定意见

鉴定意见，是指相关领域的专家受人委托或者指派，对行政执法和诉讼涉及的专门性的事实问题进行鉴别判断并出具的意见。不属于专门性的事实问题（如通过经验法则可以推定的事实），或者现有的鉴定技术和方法很不可靠（如测谎），不应实施鉴定。[33]

鉴定意见过去多称“鉴定结论”，法院在实践中也常常直接把它们作为定案证据使用。随着法院审判方式的改进和司法鉴定体制的改革，鉴定结论的可采性受到更多质疑和审查。“鉴定结论”的称谓给了人们一锤定音、不可动摇的暗示，有违其证据属性，不加甄别地使用也有损司法公正。为此，三大诉讼法相继把“鉴定结论”改成“鉴定意见”。

《证据规则》第 14 条规定，被告向法院提供的在行政程序中采用的鉴定结论，应当载明委托人和委托鉴定的事项、向鉴定部门提交的相关材料、鉴定的依据和使用的科学技术手段、鉴定部门和鉴定人鉴定资格的说明，并应有鉴定人的签名和鉴定部门的盖章。通过分析获得的鉴定结论，应当说明分析过程。《证据规则》第 62 条

---

〔29〕 河南省范县人民法院行政判决书，(2002)范法行初字第 3 号。二审判决不得而知。

〔30〕 《最高人民法院关于适用〈中华人民共和国民事诉讼法〉的解释》，法释〔2015〕5 号，第 115 条。

〔31〕 北京市海淀区人民法院行政判决书，(1999)海行初字第 70 号。

〔32〕 2018 年《行诉法解释》，第 41、44 条。

〔33〕 《最高人民法院关于人民法院民事诉讼中委托鉴定审查工作若干问题的规定》，法释〔2014〕9 号，法〔2020〕202 号修正，第 1 条。

还规定,对于被告在行政程序中采纳的鉴定结论,原告或者第三人提出证据证明有下列情形之一的,法院不予采纳:(1)鉴定人不具备鉴定资格;(2)鉴定程序严重违法;(3)鉴定结论错误、不明确或者内容不完整。

6. 现场笔录

现场笔录是《行政诉讼法》规定的一种独有的证据。它是指行政人员在行政执法过程中当场制作的有关案件事实或者执法情况的记录。例如,交通警察依照简易程序当场作出的行政处罚决定上所做的记录,市场监督机关对出售腐烂变质食品现场制作的笔录。与其他证据相比,现场笔录具有两个明显的特征:一是制作现场笔录的主体仅限于行政执法人员;二是现场笔录所记录的内容是正在发生或者刚刚发生的现场情况。在很多情况下,如果不及时制作现场笔录,事后取证将很困难。《行政强制法》第 18 条规定,行政机关实施行政强制措施应当制作现场笔录。

《证据规则》第 15 条规定,被告向法院提供的现场笔录,应当载明时间、地点、事件等内容,并由执法人员和当事人签名。当事人拒绝签名或者不能签名的,应当注明原因;有其他人在现场的,可由其他人签名。法律、法规、规章对现场笔录的制作形式另有规定的,从其规定。例如,依据《行政强制法》第 18 条规定,行政机关实施行政强制措施时制作的现场笔录,由当事人和行政执法人员签名或者盖章,当事人拒绝的,在笔录中予以注明;当事人不到场的,邀请见证人到场,由见证人和行政执法人员在现场笔录上签名或者盖章。

现场笔录的要义在于现场制作,这是事后证明不可替代的。在**陆廷佐诉上海市闸北区房屋土地管理局行政裁决案**中,争议之一是被告是否已经给原告送达待拆迁房屋的评估报告。在被告提供的、由陆廷佐之子陆达签收的送达回证上,"房屋评估报告"一项已经从送达材料目录中划掉,该送达回证也没有另外注明房屋评估报告的送达情况。虽然有两名当地居委会工作人员出具证明,称其当时陪同送达了房屋评估报告,但送达回证上并无居委会工作人员陪同送达的记载,"见证人"一栏为空白。上海市第二中级法院二审判决认为,居委会工作人员出具的证词与送达回证的记载不一致,不足以认定她们在场见证送达。因此,根据现有证据,不能认定涉案房屋的评估报告已经送达。[34]

7. 勘验笔录

勘验笔录,是指行政人员对有关物体或者场所进行查验,并用文字记载或者拍照、绘图等方式所作的记录。在行政诉讼过程中,法院也可以依当事人申请或者依职权勘验现场,并制作勘验笔录。例如,对山林土地的界至、交通事故现场等的勘验。勘验笔录应当记载勘验的时间、地点、勘验人、在场人、勘验的经过和结果,由勘验人、当事人、在场人签名。勘验现场时绘制的现场图,应当注明绘制的时间、方位、绘制人姓名和身份等内容。

---

〔34〕《最高人民法院公报》2007 年第 8 期。

8. 域外证据和外文证据的特别规定

《证据规则》第 16 条规定，当事人向法院提供的在中华人民共和国领域外形成的证据，应当说明来源，经所在国公证机关证明，并经中国驻该国使领馆认证，或者履行中国与证据所在国订立的有关条约中规定的证明手续。中国与一些国家缔结的司法协助条约中，对协议所涉及的文书有免除认证的规定的，适用该规定。在中华人民共和国领域外形成的知识产权书证，在中国行政机关、图书馆等公共机构或者该国官方网站上可以查阅、核实的，可以不要求当事人提供有关公证、认证材料。这有助于提高行政效率，减轻当事人负担。

当事人提供的在中华人民共和国香港特别行政区、澳门特别行政区和台湾地区形成的证据，应当具有按照规定办理的证明手续。最高法院、司法部、民政部等部门先后发布过多个涉港、澳、台证据的证明手续要求。〔35〕

《证据规则》第 17 条规定："当事人向人民法院提供外文书证或者外国语视听资料的，应当附有由有翻译资质的机构翻译的或者其他翻译准确的中文译本，由翻译机构盖章或者翻译人员签名。"在行政过程中，当事人由于语言不同，需要行政机关提供翻译的，行政机关应当为其提供，但是为此支出的费用，一般应当由提出要求的当事人承担。〔36〕

（二）取证方式的合法性

证据除了符合形式要求，还要以合法的方式取得。以违法方式获取的证据，即使也能够说明一些事实，但侵犯了当事人的合法权益，损害更加广泛的法律秩序，因此不应予以采纳。在行政诉讼实践中，这一点越来越得到强化。不仅前后几个司法解释对此作了规定，修改后的《行政诉讼法》第 43 条第 3 款也明确规定："以非法手段取得的证据，不得作为认定案件事实的根据。"

何谓"以非法手段取得的证据"，司法解释的规定前后并不完全一致。综合几个司法解释的规定，"以非法手段取得的证据"主要是指下列几种情形：

1. 严重违反法定程序收集的证据材料

"严重违反法定程序收集的证据材料"不得作为认定案件事实的根据，是一个既定的规则。〔37〕 综合现有实践，它主要指以下几种情形收集的证据：(1) 调查取证人员与本案件有利害关系或者其他影响公正处理的情况，应当回避而没有回避的；

---

〔35〕 例如，司法部 1993 年发布的《两岸公证书使用查证协议实施办法》，国务院港澳事务办公室、司法部、民政部 1994 年联合作出的《关于内地与澳门相互承认民事登记证明文件及公证文书事的复函》，最高人民法院、司法部 1996 年联合发布的《关于涉港公证文书效力问题的通知》，民政部 1999 年发布的《华侨以及居住在香港、澳门、台湾地区的中国公民办理收养登记的管辖以及所需要出具的证件和证明材料的规定》，2003 年发布的《婚姻登记工作暂行规范》。

〔36〕 1991 年《民事诉讼法》第 240 条规定："人民法院审理涉外民事案件，应当使用中华人民共和国通用的语言、文字。当事人要求提供翻译的，可以提供，费用由当事人承担。"2021 年修正后，调整为第 269 条。

〔37〕 2002 年《证据规则》，第 57 条第 1 项；2018 年《行诉法解释》，第 43 条第 1 项。

(2)依法应当有两名以上工作人员调查取证,只有一名工作人员的;(3)收集证据的时候,应当表明身份、说明来意、交待权利和注意事项,而没有表明身份、说明来意、交代有关权利和注意事项的;(4)被告在行政程序中非法剥夺公民、法人或者其他组织依法享有的陈述、申辩或者听证权利所采用的证据。[38]

一些法律对取证方式和时限作了特别规定。例如,《人民警察法》第 9 条第 2 款规定:“对被盘问人的留置时间自带至公安机关之时起不超过 24 小时,在特殊情况下,经县级以上公安机关批准,可以延长至 48 小时,并应当留有盘问记录。对于批准继续盘问的,应当立即通知其家属或者其所在单位。对于不批准继续盘问的,应当立即释放被盘问人。”在**王某诉某县公安局留置盘问案**中,县公安局 1997 年 5 月 8 日将王某留置,其向法院提供的询问笔录分别是 5 月 8 日和 9 日制作的。县公安局未提供对王某留置盘问和延长留置继续盘问的审批手续。据此,这两次询问笔录属于非法取得的证据,不应作为定案的依据。[39]

2. 以偷拍、偷录、窃听等手段获取侵害他人合法权益的证据材料

以偷拍、偷录、窃听等手段获取证据,往往侵犯当事人的隐私权、住宅和营业场所的安全以及公民的人身自主性,不能采纳。但是,并非所有当事人不知情的拍摄和录音都不能采纳。是否侵害他人合法权益,应当结合执法目的和摄录场所加以确定。在公共场所,公民的隐私权受到较大限制。所以,道路交通安全管理部门通过在道路上方安装的录像监控设备,获取机动车交通违法证据,得到广泛应用和普遍认可。[40] 相反,行政人员半夜潜入当事人营业场所获取的证据,不应作为处罚依据。相比于之前规定的未经对方当事人同意私自录制的一概不予采纳[41],新的规定更好地平衡了不同目标。2002 年《证据规则》第 57 条第 2 项规定,以偷拍、偷录、窃听等手段获取侵害他人合法权益的证据材料,不能作为定案依据。2018 年《行诉法解释》第 43 条第 2 项又作了重新表述,即以违反法律强制性规定的手段获取且侵害他人合法权益的证据材料,不得作为认定案件事实的根据。

除了行政机关,当事人或者与案件无关的公民采取偷拍、偷录等手段取得的视听资料,在不违法的情况下,也可以作为行政执法行为活动的证据。2003 年 7 月,广州市公安局公布了《关于奖励市民拍摄交通违章的通告》,对交通违章行为“悬赏取证”。这一做法引发了很多争议。在**赖某诉广州市公安局交通警察支队机动大队行**

---

〔38〕 2002 年《证据规则》第 60 条规定:“下列证据不能作为认定被诉具体行政行为合法的依据:……(二)被告在行政程序中非法剥夺公民、法人或者其他组织依法享有的陈述、申辩或者听证权利所采用的证据……”

〔39〕 蔡小雪:《行政诉讼证据规则及运用》,人民法院出版社 2006 年版,第 223 页。

〔40〕 《行政处罚法》(2021 年修订)第 41 条第 1 款作了较为严格的规定:“行政机关依照法律、行政法规规定利用电子技术监控设备收集、固定违法事实的,应当经过法制和技术审核,确保电子技术监控设备符合标准、设置合理、标志明显,设置地点应当向社会公布。”

〔41〕 《最高人民法院关于未经对方当事人同意私自录音取得的资料能否作为证据使用问题的批复》,法复〔1995〕2 号。该批复规定:“未经对方当事人同意私自录制其谈话,系不合法行为,以这种手段取得的录音资料,不能作为证据使用。”

政处罚案中，广州市中级法院二审判决认为，市民拍摄到的交通违章照片只能作为当事人涉嫌违法的线索，不能直接作为公安机关交通管理部门行政处罚的根据。尽管如此，法院没有从证据来源角度否定市民拍摄取证的合法性。[42] 但是，由于“悬赏取证”带来了大规模的拍违章、求奖赏，引起广大市民的不安和不满，广州市公安局的通告不久被停止执行。[43]

3. 以利诱、欺诈、胁迫、暴力等不正当手段获取的证据材料

在行政执法过程中，赤裸裸的刑讯逼供或者欺诈取证应属少见，其违法性也容易认定。实践中比较突出的是所谓的“诱惑取证”，即行政人员在隐瞒其真实意图的情况下，诱使当事人实施一定行为，并以此作为处罚根据。诱惑取证的具体方式有多种。例如，在不告知当事人其真实身份的情况下，秘密录制与当事人的谈话；或者以普通顾客的身份与当事人进行非法交易，然后予以处罚。目前，论者多把诱惑取证分为“犯意诱惑型”和“机会提供型”两种，认为前者应当绝对禁止，后者可以有条件地允许。但是，为了保证行政执法的诚信、保持行政机关的形象，行政机关实施诱惑取证应当受严格限制，特别要防止其蜕化变质成谋取不正当利益的工具。[44]

“诱惑取证”的极端形态是“钓鱼执法”，“钓鱼执法”显然违法。张晖诉上海市闵行区城市交通执法大队行政处罚案就是“钓鱼执法”的一个典型。在该案中，张晖驾驶私家车途中搭载了一名自称胃痛、要去医院的“路人”，被交通执法大队认定为“非法营运”并罚款1万元。据张晖称，他停车后，这名“路人”掏出20元钱给他作“路费”，强行拔掉他的车钥匙；随即，几个身着制服的人将他拖出车外，搜去他的驾驶证和行驶证等。在张晖提起诉讼后，上海市闵行区政府宣布该案取证方式不正当，导致认定事实不清，区交通执法大队遵照指令撤销其所作的行政处罚。闵行区法院一审判决确认，没有证据证明原告张晖存在非法运营的事实，被告的行政处罚违法。[45]

---

〔42〕《公安局：奖励拍摄违章 法院：不能作为处罚依据》，载《北京青年报》2004年12月4日；焦迎九等：《市民拍摄违章照片不能直接作为处罚依据》，载《大河报》2004年12月26日。法院以赖某在复议期间接受警方询问时，承认自己确有违章驾车的事实为由，驳回了原告的诉讼请求。

〔43〕参见台建林：《西安“全民追击交通违法”能追多远》，载《法制日报》2011年3月26日；李寰：《拍客月入八九千 与电子眼抢地盘》，载《华西都市报》2011年4月6日；张玮、孙颖：《随手拍违章引争议 深圳交警称操作上没有瑕疵》，载《南方日报》2011年4月14日。

〔44〕吴丹红、孙孝福：《论诱惑侦查》，载《法商研究》2001年第4期；陈文飞：《行政执法中“诱惑调查”是否合法?》，载《政治与法律》2001年第4期；甘文：《行政诉讼证据司法解释之评论——理由、观点与问题》，中国法制出版社2003年版，第124～125页；桑本谦：《“钓鱼执法”与“后钓鱼时代”的执法困境》，载《中外法学》2011年第1期。

〔45〕上海市闵行区人民法院行政判决书，(2009)闵行初字第76号。关于该案的报道，参见陈虹伟、肖莎：《钓鱼式执法的“罗生门”》，载《法治周末》2009年9月24日；杨金志：《张晖诉闵行区交通执法大队案一审胜诉》，载新华网，http://www.sh.xinhuanet.com/2009-11/20/content_18282773.htm。更多背景，参见周凯莉：《“钓鱼案”背后的食物链》，载《中国青年报》2009年10月16日；刘建、汪晓晔：《沪律师不愿代理“钓鱼”执法案背后：法院和运管部门有默契》，载《法制日报》2009年10月19日。在初期媒体报道中，张晖多化名张军。

(三)证据使用的合法性

行政证据不仅要求以合法的手段取得,还要求在规定的时限内获取和提交,并不得用于法律禁止的事项。否则,同样会产生不可采纳的后果。

1. 证据取得的时间

行政行为应当建立在充分的证据基础之上。行政行为所依赖的证据应当在作出行政行为之前取得,事后证据不能用来弥补行政行为的缺陷。

《行政诉讼法》第35条规定:“在诉讼过程中,被告及其诉讼代理人不得自行向原告、第三人和证人收集证据。”被告及其诉讼代理人在行政行为作出后自行收集的证据,不能作为认定被诉行政行为合法的根据。《证据规则》第60条重申了这一要求。该条第3项还规定“原告或者第三人在诉讼程序中提供的、被告在行政程序中未作为具体行政行为依据的证据”,也不能作为认定被诉行政行为合法的依据。在大同市北方矿业有限公司诉山西省经济贸易委员会吊销许可证案中,被告以“鉴于堡子湾发煤站建站发煤的历史原因”为由,决定吊销北方公司的《煤炭发运许可证》和《煤炭经营许可证》。在诉讼中,被告提出北方公司在办理“两证”时有欺骗行为,并且注册资金不到位、私刻公章。最高法院判决认为,被告所述事实并非其在处罚决定中认定的事实,相关证据是处罚决定作出后调取的,故不能作为本案的定案根据。[46]

2000年《若干解释》第31条第2款规定,复议机关在复议过程中收集和补充的证据,不能作为法院维持原具体行政行为的根据。《证据规则》第61条规定,“复议机关在复议程序中收集和补充的证据,或者作出原具体行政行为的行政机关在复议程序中未向复议机关提交的证据,不能作为人民法院认定原具体行政行为合法的依据。”

《若干解释》第31条第3款规定,被告在二审过程中向法庭提交在一审过程中没有提交的证据,不能作为二审法院撤销或者变更一审裁判的根据。

2. 当事人提交证据的时间

在行政过程中,为了避免不适当的拖延和反复,当事人应当在合理的时间内提交证据。当事人没有在合理的时间内提交证据,可能会产生对其不利的后果。

这方面规定得最明确的是专利复审和反倾销调查。《专利法实施细则》第67条规定:“在专利复审委员会受理无效宣告请求后,请求人可以在提出无效宣告请求之日起1个月内增加理由或者补充证据。逾期增加理由或者补充证据的,专利复审委员会可以不予考虑。”《反倾销条例》第21条规定:“商务部进行调查时,利害关系方应当如实反映情况,提供有关资料。利害关系方不如实反映情况、提供有关资料的,或者没有在合理时间内提供必要信息的,或者以其他方式严重妨碍调查的,商务部

---

〔46〕 最高人民法院行政判决书,(1999)行终字第11号;法公布(2000)第28号。

可以根据已经获得的事实和可获得的最佳信息作出裁定。”[47] 也有一些法律没有明确规定，但暗示了当事人及时提供证据的义务。例如，《产品质量法》第 55 条规定：“销售者销售本法第 49 条至第 53 条规定禁止销售的产品，有充分证据证明其不知道该产品为禁止销售的产品并如实说明其进货来源的，可以从轻或者减轻处罚。”据此，当事人在行政程序中没有按规定提交相关证据的，在诉讼中不能作为主张从轻或者减轻处罚的理由。

最高法院的司法解释对当事人提交证据的时间作了一个比较有弹性的原则规定。《证据规则》第 59 条规定：“被告在行政程序中依照法定程序要求原告提供证据，原告依法应当提供而拒不提供，在诉讼程序中提供的证据，人民法院一般不予采纳。”最高法院关于审理证券行政案件座谈会纪要提出，监管机构在听证程序中以书面方式明确告知当事人享有提供排除其涉嫌违法行为证据的权利，当事人能够提供但无正当理由拒不提供，后又在诉讼中提供的，法院一般不予采纳。[48]

何谓“应当提供而拒不提供”？在诉讼当事人对于原告在行政过程中是否提交了证据有争议的情况下，如何认定？在**江苏南通六建建设集团有限公司诉上海市松江区人力资源和社会保障局工伤认定案**中，上海市第一中级法院判决认为，依据《工伤保险条例》，职工认为是工伤，用人单位不认为是工伤的，由用人单位承担举证责任。原告（用人单位）在第三人提出工伤认定申请且收到劳动行政部门《举证通知》后，未提出异议，也未提交相关证据材料且无正当理由。原告在工伤认定行政程序未积极履行举证义务，应当承担对其不利的法律后果。[49] 而在**许祖杨诉莆田市建设局拆迁许可案**中，原审判决认为，被告受理第三人的拆迁申请后，通知原告面谈并提供相关证据，但原告逾期未提供。故原告在诉讼期间向法院提供的申请房屋所有权登记等相关证据材料，不予采纳。福建高院再审判决指出，据许祖杨的陈述，他于 2004 年 11 月 30 日把产权证据亲自送到建设局，拆迁办公室主任苏益民把证据复印后收存并把原件交还给他；同年 12 月 4 日，他又把补充的证据送交拆迁办主任苏益民收执。再审判决认为，许祖杨的陈述有时间、地点和收执人的姓名，符合逻辑和情理，而且与被告《准予拆迁决定书》中“该房屋系 1990 年由许祖杨申请翻建”的事实认定相互印证，足以证实许祖杨已经在建设局通知的期限内提交了被拆迁房屋的产权证据。[50]

何谓“可以不予考虑”“一般不予采纳”？两个案件提供了注释。在**贺荣友诉国家知识产权局专利复审委员会案**中，专利复审委员会认为，贺荣友提交的 3 个附件

---

〔47〕《最高人民法院关于审理反倾销行政案件应用法律若干问题的规定》（法释〔2002〕35 号）第 8 条规定：“被告在反倾销行政调查程序中依照法定程序要求原告提供证据，原告无正当理由拒不提供、不如实提供或者以其他方式严重妨碍调查，而在诉讼程序中提供的证据，人民法院不予采纳。”该解释没有提及“没有在合理时间内提供必要信息的”。

〔48〕《最高人民法院关于审理证券行政处罚案件证据若干问题的座谈会纪要》，法〔2011〕225 号。

〔49〕上海市第一中级人民法院行政判决书，（2009）沪一中行终字第 301 号。

〔50〕福建省高级人民法院行政判决书，（2010）闽行再终字第 2 号。

已经超过《专利法实施细则》第 66 条规定的“提出无效宣告请求之日起 1 个月”的补充证据期限，因此不予考虑。法院判决认可了该意见。[51] **在河南省荥阳市崔庙镇王泉村松业石料厂诉荥阳市劳保局工伤认定案**中，对于原告松业石料厂未在行政程序中提交而在诉讼程序中提交的 4 个证据，被告和第三人在一审质证时均持异议。郑州市中级法院认为，“在决定取舍这样的证据时，司法解释既然规定‘一般不予采纳’而不是‘一律不予采纳’，就不能只从形式上看该证据是何时提交的，还应当从内容上看采纳该证据是否有利于人民法院查明案情”。具体到本案，在《工伤认定协助调查通知书》指定的期间内，这 4 个证据完全能够形成，原告也完全有条件向行政机关提供，却未提供。在这些证据受到对方当事人质疑的情况下，一审判决不予采纳符合《证据规则》的规定。[52]

3. 证据的告知、质证和保存

在行政诉讼中，所有证据必须经过出示和质证，未经法庭质证的证据不能作为法院裁判的根据。在行政程序中，目前还不存在统一的规定，更不要求一律当面对质。但是，一些法律对证据的使用作了一般性的规定，行政机关必须遵守该规定。例如，依据《行政处罚法》，行政机关作出行政处罚决定之前，应当告知当事人作出行政处罚决定的事实、理由及依据；当事人有权进行陈述和申辩。举行听证时，调查人员提出当事人违法的事实、证据和行政处罚建议；当事人进行申辩和质证。随着行政程序制度的完善，对当事人不利的证据事先让他知道，将成为一项普遍的规则。

证据除了需要告知和质证，行政机关考虑过的证据应当附卷，事后供人检验。否则，行政机关在诉讼过程中很难声称他已经考虑过某某证据。《行政许可法》和《行政处罚法》均规定，行政机关应当根据听证笔录，作出行政决定。据此，听证笔录应当在诉讼中作为证据提交法院。

4. 违反法定用途的证据

有些法律规定了特定事实和信息的特定用途，以减少当事人顾虑，保障事实和信息的准确可靠。对于这些事实和信息的使用，不能违反法定的用途。

目前这方面最明确的是统计机构的统计信息。《统计法》第 25 条规定：“统计调查中获得的能够识别或者推断单个统计调查对象身份的资料，任何单位和个人不得对外提供、泄露，不得用于统计以外的目的。”在此前后，多个行政法规作了更加具体的规定。例如，《全国经济普查条例》第 33 条规定，经济普查取得的单位和个人资料，严格限定用于经济普查的目的，不作为任何单位对经济普查对象实施处罚的依据。《全国污染源普查条例》第 35 条规定，污染源普查取得的单个普查对象的资料严格限定用于污染源普查目的，不得作为考核普查对象是否完成污染物总量削减计划的依据，不得作为依照其他法律、行政法规对普查对象实施行政处罚和征收排污

---

〔51〕 北京市高级人民法院行政判决书，(2003)高行终字第 20 号。

〔52〕 《最高人民法院公报》2005 年第 8 期。

费的依据。《全国人口普查条例》第 33 条规定,人口普查中获得的能够识别或者推断单个普查对象身份的资料,不得作为对人口普查对象作出具体行政行为的依据。

另一个限制用途的证据是当事人在调解过程中的自认。《证据规则》第 66 条规定:"在行政赔偿诉讼中,人民法院主持调解时当事人为达成调解协议而对案件事实的认可,不得在其后的诉讼中作为对其不利的证据。"当事人在调解中对民事权益的处分,也不能作为审查被诉行政行为合法性的根据。[53]

二 证据的关联性

行政机关的决定必须建立在有证明价值的证据上,证据的关联性是影响证明价值的因素之一。如果当事人提交的证据与案件明显无关,行政机关可以拒绝接纳。否则,一个案件的证据材料可能过于庞杂,给相关人员了解案情和处理案件带来不必要的障碍,影响办案效率。

证据的关联性取决于待证事实,而待证事实的确定又取决于法律规范的要件。所以,证据关联性的有无、强弱,随着所涉法律规范的调整而调整,随着案件争议点的转移而转移。以某医院诉某市药品监督管理局行政处罚案为例予以说明。市药品监督管理局认定,医院给病人服用的一种抗癌药未经批准,属于假药,依据《药品管理法》对其作了行政处罚。在诉讼中,医院向法院提交了该药具有一定疗效的证明材料。依据《药品管理法》第 31、48 条的规定,除了没有实施批准文号管理的中药材和中药饮片外,生产新药须经国务院药品监督管理部门批准;应当经过批准而未经批准生产、进口的药品,为假药。因此,医院提交的证明该药具有一定疗效的证明材料与被告对其销售假药的认定没有关联性。又据《药品管理法》第 74 条的规定,销售假药的,没收违法销售的药品和违法所得,并处违法销售药品货值金额 2 ~5 倍的罚款;情节严重的,吊销药品经营许可证。没收违法销售的药品和违法所得属于羁束性质的处罚,与医院提交的证明材料也没有关联。但是,给予几倍罚款和是否吊销药品经营许可证,取决于违法情节和危害后果的轻重。因此,证明该药具有一定疗效的证明材料与之具有关联性。[54]

实践中引发争议较多的,是间接证据的关联性。其中品格证据和过去相似行为证据,是两种比较特殊的间接证据。

(一) 间接证据的关联性

间接证据,是指不能单独确定案件事实,而必须与其他证据联系起来才能确定案件事实的证据。间接证据的关联性需要放在案件具体情境中考虑。只要该证据对于案件事实的查清有价值,就应当予以考虑。实践中,要注意防止不适当地排除

---

〔53〕 2015 年《适用解释》,第 19 条;2018 年《行诉法解释》,第 141 条第 2 款。

〔54〕 蔡小雪:《行政诉讼证据规则及运用》,人民法院出版社 2006 年版,第 212 ~213 页。

间接证据。

在南通超康食品有限公司诉如皋市工商局行政处罚案中,原告试图用其他案例来说明本案商标不构成近似商标,得到法院认可。在该案中,被告认为原告使用"飞虎队"及相关图形作为干脆面包装袋上的商品名称及装潢使用,与第三人天津顶益公司的注册商标"小虎队"构成近似商标,侵犯了第三人的注册商标专用权。原告在诉讼中提出,案外人山东奔康方便面厂申请注册的"飞虎队"及图形商标已获注册,而该商标与本公司的"飞虎队"商标相似。被告则认为,山东奔康方便面厂申请注册的"飞虎队"商标与本案无关。南通市中级法院二审判决认为,案外人"飞虎队"商标获准注册的事实与本案存在关联性。山东奔康方便面厂申请注册的"飞虎队"商标与原告使用的"飞虎队"商标字体外观完全一致,该商标继"小虎队"商标后获国家商标局核准注册,这足以说明"飞虎队"商标与"小虎队"注册商标尚不构成近似。法院判决撤销被告所作的行政处罚决定。[55]

在葛永金诉浙江省天台县劳动局工伤认定案中,法院粗暴地排除了第三人提供的证据。原告葛永金是第三人天华仪表有限公司的职工。一天晚上,原告在公司厂房为案外人葛天文修理硫化机过程中发生事故,导致伤残。事后,葛永金与葛天文在中间人调解下达成赔偿协议,葛天文赔偿葛永金 4.8 万元(已履行)。之后,葛永金以其为葛天文修理硫化机系天华公司法定代表人"指派"为由,向劳动局提出工伤认定申请。天华公司辩称,该公司既不使用硫化机,也没有指派过葛永金;葛永金受葛天文(两人系同村兼同学)委托,利用休息时间为其修理硫化机,他的修理行为和意外受伤与公司无关。为证明其主张,天华公司提交了葛天文出具的书面证言(内中承认是他委托葛永金修理),以及葛永金与葛天文的赔偿协议。然而,台州市中级法院二审判决以本案争论的是葛永金所受事故伤害是否因工作原因造成,葛永金与案外人的调解协议"不涉及上述问题"为由,对该证据不予采纳。[56] 该判决对证据相关性的认定是武断的。虽然调解协议不能直接证明天华公司没有指派的事实,但是,它具有间接的证明效力。如果确如葛永金所称,他是受了公司的指派,那么,事故发生以后,按照常情,他会找公司要求赔偿,而不会与案外人葛天文达成这份赔偿协议。在没有任何单个证据能够确凿地证明任何一方的主张时,必须综合各种证据进行分析,而不能简单地排除相关的证据。

(二)品格证据的关联性

用一方当事人的品格证明他在特定场合下行为的证据,一般应被排除。一是因为这种证据在通常情况下分量过于微小;二是可能导致当事人编造证据,把诉讼转

---

[55] 公丕祥主编:《典型裁判案例 2》,法律出版社 2011 年版。

[56] 台州市中级人民法院行政判决书,(2005)台行终字第 89 号。对葛天文亲笔书写并签字的证人证言,法院因其在证词上未写住址和身份证号码,"不符合证人证言的形式要件",不予采信。

变为比较双方当事人道德水平的争执。[57] 但并不是说，所有的品格证据都不相关，应当排除。国外证据法中，对品格证据的限制规定也都有例外。

在行政诉讼中，以下四种情况应当不受排除品格证据原则的限制：(1)由原告提供的，关于其本人或者其工作人员品格的某一项相关特征的证据，或者由被告或者第三人提供的、用于原告或者原告工作人员品格的某一项相关特征进行反证的证据。(2)由于一方当事人提供的、关于违法行为的被害人品格的某项相关特征的证据，或者由一方当事人提供的、用于对对方当事人及其工作人员的品格进行反驳的证据。(3)任何一方当事人，包括传唤证人的当事人，都可以攻击证人的可靠性。对证人的可靠性可以通过意见证据或者名声证据的形式予以攻击或者支持，但该意见证据或者名声证据只能针对证人可信或者不可信的品行，并且该证据所针对的品行必须与被诉行政行为合法性有关。(4)为了证明一方当事人的动机、意图、知识、身份等，如果一方当事人提出申请，此类证据可以认定具有关联性。在上述四种情况下，可以认为品格证据具有关联性。当然，这些证据仅加强或削弱当事人陈述、证人证言等言词证据的证明力，不能直接作为认定案件事实的定案根据。[58]

(三) 相似行为证据的关联性

所谓"相似行为证据"，是指将一个人若干相似行为作为证明眼下案件事实的证据。

相似行为证据只是证明一个人实施过某一个或者多个行为，与案件的事实之间通常不具有关联性，因此一般应当予以排除。例如，在某市自来水公司诉某市工商局行政处罚案中，被告认定自来水公司强制甲单位购买某品牌水表，违反《反不正当竞争法》的规定。原告向法庭提供证明材料，证明以前乙、丙等5家单位安装水表时，原告没有任何强迫，完全尊重他们的选择。原告提供的这些证明材料不能用来认定原告未强制甲单位购买某品牌的水表，因此与本案争议没有任何关联性。[59]

但是，在严格限定的条件下，相似证据也可以在事实认定过程中予以接受和考虑。特别是，当具有某种显著特征的行为多次发生，而且前后行为惊人相似，行政机关就不能不加以考虑了。相似证据的证明力，取决于前后行为的相似程度和相似行为重复发生的概率。在刑事司法实践中，法院也可能采纳相似证据来定罪量刑。[60]

三　证据的真实性

证据的真实性，有的称"证据的客观性"，指其所说明的事实情况的可靠性。证

---

〔57〕 沈达明编著：《英美证据法》，中信出版社1996年版，第219页。

〔58〕 蔡小雪：《行政诉讼证据规则及运用》，人民法院出版社2006年版，第217～218页。

〔59〕 蔡小雪：《行政诉讼证据规则及运用》，人民法院出版社2006年版，第218页。

〔60〕《相似行为证据及普遍联系原则的运用(胡义家等盗窃案)》，载朝阳法院网2014年5月8日，http://cyqfy.chinacourt.org/public/detail.php?id=2471。

据的真实性千差万别，只能根据具体情形讨论。

（一）证据真实性的一般原理

有些证据在形式上是可以采纳的，其取得方式也不违法，但它相当可疑，其真实性约等于零，因此不应采信。依照《证据规则》第57条的规定，下列证据由于不具备真实性，不能作为定案依据：（1）当事人无正当理由拒不提供原件、原物，又无其他证据印证，且对方当事人不予认可的证据的复制件或者复制品；（2）被当事人或者他人进行技术处理而无法辨明真伪的证据材料；（3）不能正确表达意志的证人提供的证言。与一方当事人有利害关系的证人证言，并不是一概排除，而应当考虑证人获知事实的情境、与当事人关系等因素，判断其证明效力。

湖北省利川市东城街道办事处某中心卫生室诉某某案涉及复印件的证明力。在该案中，中心卫生室称，其为兴建办公楼，于1992年10月19日与当地村组签订了征地协议，并于10月25日向土地管理所缴纳了征地费18,375元。利川市政府于1994年批准征收本案涉及的集体土地，利川市土地管理局、建设委员会随后分别颁发了建设用地许可证和建设工程规划许可证。相关批文有证据证实，各方没有异议；而对于征地协议和征地费收据，卫生室只能提供复印件，对方当事人有异议。最高法院再审认为，考虑到年代久远，当事人未能提供证据原件可以理解，提供复印件应当允许。该复印件的形式、内容完整，能够相互印证，且未发现涂改、遮挡等足以引起合理怀疑的情况。据此，可以认定卫生室已经按约支付了征地补偿费。〔61〕

有些证据的证明效力获得了高度认可，在特定的相关问题上几乎可以"一证定事实"。《证据规则》第64条规定，以有形载体固定或者显示的电子数据交换、电子邮件以及其他数据资料，其制作情况和真实性经对方当事人确认，或者以公证等其他有效方式予以证明的，与原件具有同等的证明效力。《工伤保险条例》第19条规定，在工伤认定过程中，"对依法取得职业病诊断证明书或者职业病诊断鉴定书的，社会保险行政部门不再进行调查核实"。

有些证据的真实性存在疑问，只能与其他相关证据结合起来才能认定事实，而不能单独作为定案依据。这些证据学理上称为"补强证据"。《证据规则》第71条规定，下列证据不能单独作为定案依据：（1）未成年人所作的与其年龄和智力状况不相适应的证言；（2）与一方当事人有亲属关系或者其他密切关系的证人所作的对该当事人有利的证言，或者与一方当事人有不利关系的证人所作的对该当事人不利的证言；（3）应当出庭作证而无正当理由不出庭作证的证人证言；（4）难以识别是否经过修改的视听资料；（5）无法与原件、原物核对的复制件或者复制品；（6）经一方当事人或者他人改动，对方当事人不予认可的证据材料；等等。

在陈淑琴等诉福建省莆田县人民政府行政复议决定案中，陈淑琴与郑妹英两家

〔61〕 最高人民法院行政裁定书，（2015）行监字1443号。至于村民是否领取征地补偿款，属于另一待证事实。

共十余人发生互殴。莆田县公安局以陈淑琴殴打郑妹英致其轻微伤,对陈淑琴予以拘留处罚。公安机关调查时,当事人陈述和证人证言在具体内容上有些出入,但在陈淑琴参与殴打郑妹英这一点上基本一致。在一审期间,陈淑琴委托的律师向法院提交了对 5 位证人的询问笔录,意在说明陈淑琴没有殴打郑妹英。福建高院再审判决认为,该询问笔录属事发一年后由陈淑琴的诉讼代理人调查取得,证明效力较低。该笔录内容与公安机关当时获取的证人证言相矛盾,对方当事人提出异议,又无法合理排除其异议,因此不予采纳。[62]

（二）当事人对自认、自述的"翻供"

《证据规则》第 65 条规定,在庭审中一方当事人或者其代理人在代理权限范围内对另一方当事人陈述的案件事实明确表示认可的,法院可以对该事实予以认定;但有相反证据足以推翻的除外。根据诉讼诚信原则,当事人在不受外力影响的情况下对不利于自己事实的陈述,也可以采信。

实践中比较复杂的是,当事人曾经在行政程序(尤其是行政处罚程序)中对相关事实予以认可,之后又将其推翻的。这种情况需要综合其他事实予以评析,特别是要考虑当事人承认和否认的环境。叶学福诉温州市公安局行政处罚案发生在《行政诉讼法》施行前后。原告叶学福为公务员,来温州开会期间被治安联防队员"抓获",指控其与暗娼章某商讨嫖宿。在派出所讯问时,叶承认自己有嫖娼意图,但谎称自己叫"陈长波",是个体户。结果,被处 10 日行政拘留。在身份暴露后,叶学福推翻了原先的交代,称自己只是出于好奇而与章某搭讪。一、二审法院采信了他的事后陈述。浙江高院再审判决认为,叶学福在派出所的交代与暗娼章某的交代基本一致,结合三名联防队员的证词和叶学福隐瞒身份、自愿接受处罚的情节,可以认定叶学福原先的交代符合事实。[63] 在何希光诉汕尾市工商局行政处罚案中,被告依据何希光随身携带 38,736 美元、15,800 港元的事实和原告在收容审查期间的供述,认定何希光倒卖外币。何希光声称,被收容审查期间,被告对他多次提讯,前面他都未承认其携带的美金和港币是用于倒卖的,只有最后一次承认用于倒卖。提讯登记表显示,何希光先后被提讯 21 次;但被告只提供最后一次提讯笔录,拒绝提供前 20 次提讯笔录,且未说明任何理由。广东高院二审判决以此推定原告在前 20 次提讯中均未承认倒卖,并由此认定处罚决定主要证据不足,遂予以撤销。[64]

当事人在不同场合对同一事实有不同说法的,法院需要遵循法律规定和生活情理作出判断。在徐文伯诉淮安市劳动与社会保障局确认出生时间案中,被告为徐文

---

〔62〕 福建省高级人民法院行政判决书,(2003)闽行再终字第 1 号。

〔63〕 最高人民法院中国应用法学研究所编:《人民法院案例选(1992—1999 年合订本)·行政卷》,中国法制出版社 2000 年版,案例 1。

〔64〕 最高人民法院中国应用法学研究所编:《人民法院案例选(1992—1999 年合订本)·行政卷》,中国法制出版社 2000 年版,案例 49。

伯核发的退休证明上载明徐文伯出生年月为1941年10月，徐文伯要求将其更正为1940年8月23日。经查，徐文伯的职工档案有学生档案两份，分别是履历表和自传：前者填表日期为1961年1月30日，所填年龄为18；后者填表日期为1961年7月23日，所填出生时间为1940年8月23日。参加工作后的档案记载出生时间分别为1941年和1941年10月。劳动和社会保障部《关于制止和纠正违反国家规定办理企业职工提前退休有关问题的通知》（劳社部发〔1999〕8号）规定："对职工出生时间的认定，实行居民身份证与职工档案相结合的办法。当本人身份证与档案记载的出生时间不一致时，以本人档案最先记载的出生时间为准。"淮安市清河区法院援引该规定认为，原告的学生档案是在招用、调配工作时形成的，是职工档案的组成部分，也是考察该职工的依据。从被告提供的证据看，认定原告的出生时间为1941年10月依据不充分。据此，撤销被告对原告出生时间的认定，责令其重新作出认定。〔65〕

（三）传来证据

传来证据指的是在原始证据的基础上，经过复制、复印、传转、转述等方式生成的证据。它包括传闻证据，但不限于传闻证据。通常认为，传闻证据必须是言词证据，即转述他人在行政调查或者司法审判以外场合所作的陈述。一个足迹的模型和一个文件的复本不是传闻证据，但属于传来证据。〔66〕

《证据规则》允许接受传来证据，但在证明效力上，"原始证据优于传来证据"。在王家福诉三亚市人民政府颁发土地房屋权证案中，被告于2005年向第三人三亚地税局颁发了争议地块的土地房屋权证。原告王家福诉称，争议土地系原告宅基地。1972年，当时在崖县红沙财税所工作的他将该地借给财税所建办公室和职工宿舍。三亚地税局隐瞒事实，市政府错误颁证。原告提供了原红沙财税所写下的借据，借据上有红沙财税所的公章及时任所长王家文的签名；在诉讼过程中，王家文出庭作证，证实借据为其所写。被告则提供了三亚市河东区管委会在其颁证过程中出具的证明，内称红沙镇政府于1978年将争议地块划给三亚地税局。三亚市中级法院判决认为，原告王家福提供的借据属于原始证据，而且有王家文证言印证；河东区管委会出具的证明只是转述红沙镇的划地情况，属传来证据。原告提供的借据证明效力优于被告提供的证明效力。因此认定，本案争议地应属于原告王家福。〔67〕

原则上，行政机关认定的事实应当基于该机关在行政过程中调查所得的证据。但在一些情况下，行政机关也可能采用该机关以外的组织对案件相关事实所作的认定。具体包括几种情况：一是案件变更管辖或者改变性质后，先前处理机关所取得

〔65〕 最高人民法院中国应用法学研究所编：《人民法院案例选》第46辑，人民法院出版社2005年版，第413页。

〔66〕 何家弘：《论证据的基本范畴》，载《法学杂志》2007年第1期；廖明：《揭开"传闻"的面纱——关于"传闻证据"概念和范围的思考》，载《当代法学》2007年第5期。

〔67〕 海南省三亚市中级人民法院行政判决书，(2008)三亚行初字第9号。

的证据。依据《刑事诉讼法》第177条,检察院决定不起诉,但需要给予行政处罚的,检察院应当提出检察意见,移送有关主管机关处理。这类情况更像是中国特有。二是其他行政机关在其他案件中所形成的事实认定。例如,劳动行政部门在工伤认定过程中,涉及卫生机构关于医疗事故责任的认定或者公安机关关于道路交通事故责任的认定。由于这类证据不是行政执法机关亲自调查所得,一些国家对其有严格限制,只有在例外情况下才给予许可。[68] 中国法律对这类证据的使用没有严格限制。一般来说,行政主管机关在接到检察机关或者其他行政机关移送的材料后,可以接纳这些证据。但行政机关使用这些证据,同样必须遵循证据使用的一般规则。特别是行政机关在作出处理决定前,必须告知当事人其所依据的事实和证据,并听取当事人的意见。同时,行政主管机关必须对自己所使用证据的合法性、关联性和真实性负责。没有告知当事人并经过当事人质证的证据,或者不具有合法性、关联性和真实性的证据,都不得作为行政处理的根据。

在国家机关以外,其他公民、法人和组织在行政过程以外对案件事实的说法、报道,只要能够证明案件事实,也可以接受和考虑。但总体上讲,传闻证据的可靠性较低,必须对它的真实性予以严格审查。只有确认真实的,行政机关才能把它作为行政行为的根据,法院才能作为认定行政行为合法性的根据。在**贾春旺等诉河南省范县民政局案**中,范县法院一审判决认为,《河南法制报》关于该事件的报道《大活人上了民政局的火化名单》,内容均系本案原告或者被告工作人员所述,而且被告持有异议,不予采信。[69]

第三节　举证责任

在案件事实需要证明的情况下,应当由谁负责提供证据予以证明,这就是举证责任所要解决的问题。负有举证义务的一方不能提供证据、令人信服地说明案件事实的,应当承担事实认定上的不利后果。合理分配举证义务,有利于法律程序有序、高效地进行。在争议事实难以认定的情况下,举证责任将成为解决事实问题的最后手段。

关于举证责任的概念,有几个问题需要澄清:一是谁有义务举证的问题取决于讨论的场合。实践中,举证责任的问题主要发生在行政诉讼过程中,其中包括原告起诉时的举证责任、行政行为合法性判断中的举证责任、行政赔偿和行政协议案件

---

〔68〕 R. *v.* Deputy Industrial Injuries Commissioner, *ex parte* Moore [1965] 1 QB 456(在一个起重机操作员的工伤案件中,裁判所为判断当事人椎间盘突出是否由于工作原因造成,考虑了先前案件中的有关医学观点,得到法院的认可); Kavanagh *v.* Chief Constable of Devon and Cornwall [1974] QB 624(警方在决定是否颁发枪支许可证时,可以考虑包括未经证实的传闻在内的各种因素,而不必受诉讼证据规则的限制)。

〔69〕 河南省范县人民法院行政判决书,(2002)范法行初字第3号。二审判决不得而知。

中的举证责任。在诉讼之外,行政过程中也有举证责任的问题。这个问题因为涉及行政诉讼的事实认定,所以在这里一并讨论。二是举证责任是相对于特定的证明对象来说的。一个案件有多个待证事实,举证责任的设置可能各不相同。例如,行政诉讼原则上由被告对所作行政行为负举证责任,但如果原告主张被告有滥用职权的故意,一般由原告对此承担举证责任。三是举证责任是对于案件当事人而言的。在两造对抗的诉讼中,法官原则上不负责调查案件事实,举证责任主要是在案件当事人之间分配的。通常认为,法官不承担举证责任。四是举证责任并非从一而终,而可能来回转移。负有举证责任的一方提供的证据达到相应证明标准后,即完成初始的举证责任;对方反驳的,应当对据以反驳的事实承担举证责任。这一点很像打乒乓球,一方发球过网后,就由对方接球,依次反复。

举证责任的分配是法学理论和司法实践中一个长期纠缠而又不易解开的难题。“谁主张,谁举证”是一般原则,在行政诉讼语境下有其特殊的表达。对公平和效率的追求,是举证责任分配时的重要考量。在特定情形下,举证责任还将倒置。在法律对举证责任分配有明确规定的情况下,应当遵循法律规定;在法律没有明确规定的情况下,有必要借助价值衡量的方法,寻找答案。[70] 本节主要以现有法律和司法解释为依据,讨论举证责任在不同场合下的分配。

一　行政行为合法性的举证责任

行政诉讼的核心问题是行政行为的合法性问题。行政诉讼举证责任的一般规定也是围绕行政行为合法性的举证责任来规定。在此问题上,自 1989 年《行政诉讼法》开始就有明确的规定。2014 年修正的《行政诉讼法》第 34 条第 1 款对此表述为:“被告对作出的行政行为负有举证责任,应当提供作出该行政行为的证据和所依据的规范性文件。”第 2 款进一步明确:“被告不提供或者无正当理由逾期提供证据,视为没有相应证据”,除非案件第三人提供了相应证据。这一条确立了中国行政诉讼制度的一个重要原则。

(一)由被告负举证责任的意义

依据上述规定,当被告行政机关不能证明行政行为所依据的事实时,就由被告承担败诉的后果。原告也有权举证,但一般不会因为举不出证据反驳行政机关认定的事实而败诉。例如,食品卫生监督机关认定某企业销售变质食品并对其作出处罚,原、被告在诉讼过程中对所售食品是否变质有争议,但双方都举不出确凿证据证明自己主张,这时就应当认定被告所作的行政处罚“主要证据不足”,判决被告败诉。

《行政诉讼法》规定行政机关对其所作行政行为负举证责任,充分体现了行政诉讼法的立法目的。行政机关作出行政行为应当建立在充分可靠的证据基础上,没有

〔70〕 何海波:《举证责任分配:一个价值衡量的方法》,载《中外法学》2003 年第 2 期。

充分可靠的证据即实施行政行为，本身就是违法。由行政机关承担举证责任可以引导行政机关严格遵守“先取证、后决定”的规则，防止其恣意妄为、凭空裁决。它有利于促进行政机关依法行政，保护公民、法人或者其他组织的合法权益。

被告对所作行政行为负举证责任不但公平，总体上也更有效率。行政机关掌握国家权力，可以依职权进行调查、检查和各种处理，在行政过程中居于主动和优势地位，相对人则比较被动。在一些情况下，查明事实需要一定的专业知识、专门技术和设备，需要高昂的经济支出。行政机关通常具备这些资源，而相对人往往很难甚至无法自己收集证据，即使收集到也可能难以保全。例如，是否对环境造成污染、污染有多严重，某项技术是否为专利，销售的药品是否属于劣药，这些要求原告举证可能是超出其能力的。要求在职权和资源上占优势的一方举证，有助于实现双方当事人实际地位的平等，往往也更有效率。

被告对所作行政行为负举证责任是“谁主张，谁举证”原则在行政诉讼中的特殊体现。“谁主张，谁举证”是一般原则，行政诉讼的举证责任规则表面上看与之不同，实质上恰恰异曲同工。因为，行政诉讼主要审查的是行政行为的合法性，而不是公民、法人或者其他组织行为的合法性。无论是行政机关给予原告行政处罚、拒绝向原告颁发许可证，还是对原告采取强制措施等，都是被告认为原告的行为违法、不具备法定条件抑或其他，总之，这都是被告的主张。被告必须在法庭上为自己的主张辩护，向法庭表明其主张是有事实根据的。它不能证明，其主张就不能成立。

（二）被告承担举证责任的内容

被告的举证责任涵盖行政行为合法性的所有要件，既包括行政行为的事实根据，也包括行政主体和行政程序的合法性。

1. 行政行为主体及其权限的合法性

一个依法成立的行政机关正常行使职权，一般不会引发对其主体和权限的异议。但政府组成部门以外的行政组织和法律授权组织，往往需要证明自己的行政主体地位。行政机关相对集中管辖、权限下放、委托行政，则需要证明自己的行政职权来源。

2. 行政行为适用条件和处理方式的合法性

行政行为适用条件和处理方式不但需要法律依据，也需要事实根据，被告对两者都应当予以举证。以政府信息公开诉讼为例，被告拒绝向原告提供政府信息的，应当对拒绝决定的根据以及履行法定告知和说明理由义务的情况举证；因公共利益决定公开涉及商业秘密或者个人隐私的政府信息的，被告应当对公共利益的认定以及不公开可能对公共利益造成重大影响的理由进行举证和说明；被告拒绝更正与原告相关的政府信息记录的，应当对拒绝的理由进行举证和说明。[71]

---

〔71〕《最高人民法院关于审理政府信息公开行政案件若干问题的规定》，法释〔2011〕17 号，第 5 条第 1～3 款。

3. 行政行为程序的合法性

行政行为过程中,涉及对当事人的告知、送达,行政机关内部的讨论和审批,延期处理的批准等一系列的程序问题。凡是跟合法性审查有关的,行政机关都应当向法庭提供。

(三) 被告承担举证责任的例外

原告对于行政行为的合法性,原则上无须承担举证责任。但在一些情况下,原告也被要求证明一定事实;如果无法证明,则不能胜诉甚至不能引发诉讼。可见,“被告对作出的行政行为负有举证责任”只是一个简单的说法。它不应理解为被告对行政行为合法性有关的一切事实负举证责任,更不能理解为被告对行政诉讼中的一切事实负举证责任。如果不把“举证责任”这一概念作过于狭隘的理解,原告的这种证明义务也是一种举证责任。

在行政行为合法性审查过程中,原告承担举证责任的情形主要有:(1)行政机关依法使用推理,并且达到了相应的证明标准,原告提出反驳的;(2)在税收征收、行政处罚等案件中,原告主张自己具有减免、优遇的法定情节的;(3)被告及其工作人员可能影响公平处理、因而需要回避的身份关系,或者具有假公济私、打击报复等主观恶意的;(4)原告声称,他在行政程序中所作的对自己不利的陈述,是受行政机关工作人员恫吓和欺骗造成的;(5)起诉被告不作为的案件,进入实体审查的,原告应当证明曾经向行政机关提出申请。

在特殊类型的诉讼中,原告和其他当事人也承担一定的举证责任。例如,在行政协议案件中,原告主张撤销、解除行政协议或者行政协议无效的,对撤销、解除、无效的事由承担举证责任。在行政赔偿、补偿诉讼中,原告应当对行政行为造成的损害提供证据。在检察公益诉讼中,检察机关应当对损害公益行政行为是否存在、公益受损的事实、因果关系承担举证责任。

上述例外规定,同样应当符合“谁主张,谁举证”的一般原理,符合效率和公平基本追求。例如,在行政处罚案件中,原则上应当由行政机关向法庭证明原告违法的事实,而不是由原告来证明自己没有违法。但如果原告主张有从轻、减轻或者免除处罚的特定情节,由原告举证。这是因为原告更清楚自己的状况,由原告提出主张并举证更有效率。又如,原告指控行政机关工作人员的行为是出于假公济私、打击报复的动机,因而构成滥用职权。这些情形是否属实,被告及其工作人员往往是清楚的。但趋利避害是人的天性,法律不能要求当事人就不利于自己的事实举证。

对于原告前述指控或主张的事实,原告有义务提供证据;如果举不出证据,其主张的事实就不能得到认定。但这一点不影响法院对其他问题的审查和认定。即使原告的上述主张不能成立,被告仍应独立地证明其实施的行政行为所依据的事实。《行政诉讼法》第37条规定:“原告可以提供证明行政行为违法的证据。原告提供的证据不成立的,不免除被告的举证责任。”

二　有关诉讼程序问题的举证责任

在行政行为合法性判断之外，许多场合也会出现举证责任分配的问题。下面着重讨论原告在起诉时的举证责任、行政赔偿案件中的举证责任以及其他应当由原告举证的事项。

（一）原告在起诉时，证明起诉符合法定条件

原告要想提起诉讼，首先，必须证明一个行政行为（包括不作为）的存在。如果没有行政行为，那么，原告的起诉就是无的放矢，法院不会受理；即使受理，在诉讼过程中也可能被驳回起诉。在实践中，行政机关通常会作出一个书面的处理决定，原告在起诉时附上这个书面决定就行。有时行政机关没有作出书面的处理决定或者原告没有收到书面的处理决定，原告可以用其他证据证明该行政处理决定存在。例如，某行政机关工作人员收取了原告的罚款1000元，只给原告一个“白条”，原告持此“白条”也足以证明；如果连“白条”也没有，原告如果能够提供证人证明被告工作人员收取了原告罚款这一事实也行。

在起诉被告不作为的案件中，原告有时还应当证明曾向行政机关提出申请。《行政诉讼法》第38条第1款规定，在起诉被告不履行法定职责的案件中，原告应当提供其向被告提出申请的证据。但有下列情形之一的除外：（1）被告应当依职权主动履行法定职责的；（2）原告因正当理由不能提供证据的。例如，在政府信息诉讼中，原告起诉被告拒绝更正政府信息记录的，应当提供其向被告提出过更正申请以及政府信息与其自身相关且记录不准确的证据。

在诉讼过程中，有一类行政行为必须先由原告申请才能启动，如颁发各种许可证照、发放最低生活保障金。如果原告从未正式申请，而仅是跟相熟的工商所所长口头打过招呼，就不能以工商局未颁发营业执照为由起诉。但有下列情形的除外：一是被告应当依职权主动履行法定职责的。例如，原告在大街上被人持刀追砍，巡警视而不见，导致原告身受重伤，被告逃之夭夭。这时，原告申请就不是法定要件。二是原告因被告受理申请的登记制度不完备等正当事由不能提供相关证据材料，并能够作出合理说明的。

其次，原告还应当证明，原告与被诉行政行为（包括不作为）有利害关系。通常情况下，这一点是不言自明的。例如，原告被处罚了，原告的申请被拒绝了。但有些情况可能复杂一些。例如，中外合资企业的合资各方认为行政行为侵害合资企业利益，以自己的名义提起诉讼。这种情况下，原告就应当提交合资企业章程或者其他材料证明自己的股东身份。又如，东南大学两名教师曾就南京市规划局同意中山陵园管理局在紫金山最高峰建“观景台”，向法院提起行政诉讼，要求撤销该建设许可。在这种情况下，原告证明该建设许可与自己存在利害关系，就成了一个焦点问题。在该案中，原告试图通过自己持有该公园的长期门票，该建筑影响观瞻，损害自己的

审美利益，来证明利害关系的存在。[72]

最后，在一些情况下，原告还应说明其起诉没有超过诉讼时效。按照最高法院的司法解释，法院在审查起诉时，对于诉讼时效问题一般不作实质审查；被告认为原告起诉超过法定期限的，由被告承担举证责任。[73] 但法院不是完全不予审查。对于那些明显超过诉讼时效的案件，法院可以拒绝受理；否则，会把一些"陈芝麻烂谷子"也收进来。对于那些看上去超过法定起诉期限的案件，原告应当说明合理的理由，如由于不可抗力或者其他特殊情况耽误法定期限。只要原告作出合理解释，法院就应当受理。在以后的诉讼过程中，如果被告认为原告起诉超过法定期限的，应由被告承担举证责任。例如，原告对一个行政决定不服提起诉讼，按行政决定书上记载的日期，原告已经超过诉讼时效，但原告解释说，他是刚收到这份决定书，因而没有超过诉讼时效。如果被告有异议，则必须拿出送达回执等有原告签收日期的证据，证明从原告实际收到决定书的日期算起，他已经超过诉讼时效。

要求原告起诉时承担一定的举证责任，是限制不必要诉讼的手段之一。但是，通向法院的门槛不能设置得太高，对原告起诉时的举证责任不能要求太严，否则，会给原告带来很多麻烦，甚至把一些案件不适当地拒在法院大门之外，实际上剥夺了原告的诉权。通常，原告的举证达到"稀明"的标准就足够了，即原告提供的证据只要表面上成立、"大概如此"就可以，法院不需要也不应当作实质性的审查。例如，原告提供了行政决定书，法院不必审查其是否伪造；原告提供了证人证言，法院不必审查其是否可靠。是否确有行政决定等事实，待被告答辩以及开庭时再辩驳、质问和审查。在某些情况下，原告（或者其代理人）在起诉时要证明被告行政行为的存在非常困难，这时可以采取更宽松的标准处理。例如，被告对原告实施了非法拘禁，没有向原告亲属送达任何处理决定，甚至不让原告亲属会见，原告亲属向法院起诉，法院可以指定法官会见原告，确认原告被拘禁的事实以及起诉的意愿。

（二）在诉讼过程中，其他应当由原告举证的程序事项

在诉讼过程中，原告提出一些程序问题的主张，也可能对所涉及的事实承担举证责任。例如，原告提出审判人员与行政机关或第三人有利害关系，要求其回避；原告申请法院依职权调取某个保存在行政机关的证据；原告在诉讼中提供其在行政程序中本应提供而没有提供的证据，原告称其有某个正当理由。

原告申请临时性救济的，也应当承担相应举证责任。例如，原告认为行政行为的执行将给他造成难以弥补的损失，申请法院暂停行政行为的执行。原告应当说明，必要时还应提供相应证据。在深圳耀华创建房地产发展有限公司诉深圳市福田

---

〔72〕 蒋德：《紫金山要建观景台　两大学教师向法院提起行政诉讼》，载《法制日报》2001 年 10 月 23 日。南京中院以该案在本辖区内未造成重大影响、不属于中级法院受理范围为由，裁定驳回原告起诉。

〔73〕 最高人民法院《关于人民法院推行立案登记制改革的意见》，法发〔2015〕6 号，第 2 点"登记立案范围"；2002 年《证据规则》，第 4 条第 3 款。

区城市综合管理行政执法局案中,被告认定原告在大厦31层楼顶加建3层钢结构建筑物,责令其20日内自行拆除。在诉讼过程中,原告申请停止执行《行政处罚决定书》。理由是,如果执行该行政处罚决定,将对大厦外立面的安全性造成破坏,影响整个大厦的安全性。法院认为,原告并未举证证明该申请事由,因此驳回其停止执行的申请。[74]

三 行政过程中的举证责任

学界对行政过程中的举证责任很少讨论,对这个命题本身都可能有争议。从原则上讲,行政机关负有调查取证的职责,并对行政行为所根据的事实负责。当事人对行政机关的调查应当予以配合,并对自己的主张提供相应证据。在一些情况下,法律规定当事人有义务及时提供相关材料;当事人没有及时提供证据的,将承担不利的后果。2018年《行诉法解释》第45条规定:“被告有证据证明其在行政程序中依照法定程序要求原告或者第三人提供证据,原告或者第三人依法应当提供而没有提供,在诉讼程序中提供的证据,人民法院一般不予采纳。”在此意义上,当事人在行政过程中也可能负有一定的举证责任。而在行政诉讼中,当事人对相关事实提供证据受到证据提交时间的限制。

当事人在行政过程中的举证责任,具体取决于行政行为的性质。下面分别以行政处罚、行政许可和行政裁决为例,加以讨论。

(一)当事人在行政处罚中的举证责任

在行政处罚实施过程中,当事人有义务配合调查,同时也有权利申辩、质证、反驳。但是,查明公民、法人或者其他组织的违法事实是行政机关的义务。《行政处罚法》规定,行政机关发现公民、法人或者其他组织有依法应当给予行政处罚的行为的,必须全面、客观、公正地调查,收集有关证据;“违法事实不清、证据不足的,不得给予行政处罚。”据此,当事人一般情况下不负有举证责任。

尽管如此,在特定情况下,当事人仍然负有一定的举证责任。

一是依照法律可以推定当事人实施违法行为的,当事人为说明自己没有实施违法行为,应当提供相应证据。例如,在内幕交易行政处罚中,监管机构根据当事人与内幕信息知情人的关系和接触情况,结合当事人在内幕信息敏感期内股票交易的异常情况,足以推定当事人利用内幕信息从事相关证券交易活动。在此情况下,当事人要洗清自己,必须作出合理说明,并提供相关证据。[75]

需要强调的是,上述情况只限于法律允许推定,并且行政机关依据现有证据能

---

〔74〕 深圳市盐田区人民法院行政裁定书,(2017)粤0308行初138号。一审法院后来判决驳回原告诉讼请求。

〔75〕《最高人民法院关于审理证券行政处罚案件证据若干问题的座谈会纪要》,法〔2011〕225号。

够相当令人信服地推定当事人实施了违法行为。除此之外,不能随意把举证责任转移给当事人。在北京中油国门油料销售有限公司诉北京市顺义区国家税务局案中,被告认定原告虚开增值税专用发票,没收违法所得并处罚款。北京高院再审认为:当事人的主观故意系认定偷税行为的构成要件,被告没有就原告少缴税款的主观故意进行调查和认定,在诉讼过程中也没有提交相应证据;一审判决认为原告提交的证据"不能证明其不明知三方没有真实货物交易",在举证责任分配上存在错误。遂指令原审法院再审。[76]

二是依照法律实行过错推定的行政处罚,当事人主张自己没有故意或者过失的,应当提供证据予以证明。例如,《食品安全法》第136条规定,食品经营者履行了本法规定的进货查验等义务,有充分证据证明其不知道所采购的食品不符合食品安全标准,并能如实说明其进货来源的,可以免予处罚。《行政处罚法》第33条第2款也规定:"当事人有证据足以证明没有主观过错的,不予行政处罚。法律、行政法规另有规定的,从其规定。"

三是当事人在行政处罚过程中主张自己具有从轻、减轻处罚的情节的,在一定情况下有义务举证证明。例如,当事人声称自己是受他人胁迫或者诱骗实施违法行为的,应当提供初步的证据。行政机关对当事人的主张和初步证据,应当进行调查核实。当事人没有提供证据的,该主张通常不能成立。

(二)当事人在行政许可申请中的举证责任

在行政许可申请中,原则上由申请人对其符合行政许可条件承担举证责任。根据《行政许可法》的规定,行政机关应当对申请人提交的申请材料进行"审查";需要对申请材料的实质内容进行核实的,行政机关应当指派两名以上工作人员进行"核查"(第34条)。申请人的申请符合法定条件、标准的,行政机关应当依法作出准予行政许可的书面决定(第38条)。除了行政许可,其他依法需要由当事人申请才能实施的行政行为中,一般也由当事人举证。

(三)当事人在行政裁决中的举证责任

在涉及两方当事人的行政裁决过程中,原则上"谁主张,谁举证"。行政机关根据当事人提供的证据,依法裁决。国土资源部《土地权属争议调查处理办法》第19条规定:"土地权属争议双方当事人对各自提出的事实和理由负有举证责任,应当及时向负责调查处理的国土资源行政主管部门提供有关证据材料。"《商标评审规则》第38条规定,"当事人对自己提出的评审请求所依据的事实或者反驳对方评审请求所依据的事实有责任提供证据加以证明";"没有证据或者证据不足以证明当事人的事实主张的,由负有举证责任的当事人承担不利后果"。2010年修订的《专利审查

---

〔76〕 北京市高级人民法院行政裁定书,(2017)京行申1402号。

指南》第 4 部分第 8 章第 2.1 节规定，专利复审委员会可以根据公平原则和诚实信用原则，综合当事人的举证能力以及待证事实发生的盖然性等因素确定举证责任的承担。

有些法律对行政决定过程当事人的举证责任作了特别规定。例如，《工伤保险条例》第 19 条第 2 款规定："职工或者其直系亲属认为是工伤，用人单位不认为是工伤的，由用人单位承担举证责任。"一些法律规定了行政机关依职权调查的义务。因此，当事人的举证责任不免除行政机关的调查义务。这一点与法院在诉讼中的地位有所不同。

第四节　证明标准

证明标准是当事人为完成其举证责任，提供证据说明待证事实所应达到的可信程度。当现有证据综合起来的证明力达到相应标准，待证事实的真实性就被认为得到了证明，负有举证责任的当事人完成了任务；除非有相反证据足以推翻这一认定，法官就应当以该事实作为裁判根据。证明标准在性质上是法定的，尽管立法很少明确规定。在实际执法和司法过程中，现有证据可以超过法律所要求的证明标准，但执法机关和法院不能任意提高或者降低证明标准。

证明标准的确定需要精细拿捏，难以简单划线。《行政诉讼法》第 69 条规定，法院驳回原告诉讼请求的，行政行为应当"证据确凿"；而依据第 70 条的规定，行政行为"主要证据不足的"，则判决撤销。"证据确凿"与"主要证据不足"这两个概念的内涵并不清晰，将其适用于不同类型的行政行为也难说妥帖。由于具体情形异常繁复、千变万化，要找到一个放之四海而皆准的证明标准，实际上是不可能的。为此，有必要探索适合不同情形的多样化的证明标准。

法律学者对证明标准有很多讨论，所阐述的证明标准也不尽一致。[77] 例如，有的把"高度盖然性"标准作为一个独立的标准，有的把它理解为优势证据标准的一个加强标准。但基本精神是，证明标准的确定需要考虑所涉行政行为的类型、对当事人权益影响大小、特定领域行政机关所能用的调查方法和取证能力等多个因素。平衡行政执法成本和公民权益保护是行政法的永恒主题，在这里照样是适用的。

下面将在行政诉讼的场景中，总结法律规定和司法实践，将证明标准分为三个：合理根据标准、优势证据标准和确凿无疑标准。这三个标准呈阶梯式排列，大致覆盖各种行政行为。当然，这种区分是相对的，不同标准的差异并不如"刀切斧砍"般

〔77〕 参见[美]迈克尔·贝勒斯：《法律的原则：一个规范的分析》，张文显等译，中国大百科全书出版社 1996 年版，第 67 页；高家伟：《行政诉讼证据的理论与实践》，工商出版社 1998 年版；毕玉谦：《民事证据法判例实务研究》，法律出版社 1999 年版，第 17 章"论民事案件证明标准之确立"；李浩：《证明标准新探》，载《中国法学》2002 年第 4 期；阎巍：《行政诉讼证据规则：原理与规范》，法律出版社 2019 年版，第 2 章。

的清晰,各个标准的适用范围可能会有争议,甚至分三个还是四个标准也是可以讨论的。所以,这些标准的区分主要在于认知的意义,在具体操作中仍需具体分析。

一　合理根据标准

合理根据标准是一个比较低的证明标准,但其还是要求行政行为有一定事实根据,而不是全凭想象或者完全恣意。合理根据标准在证据法文献中较少讨论,主要是因为在民、刑判决中较少遇到;行政诉讼涉及行政检查和各种强制措施,有更多适用场合。

(一) 适用合理根据标准的情形

合理根据标准主要适用于下列情形:

1. 公安、海关等部门的拦截检查

例如,《人民警察法》第 9 条规定,为维护社会治安秩序,公安机关的人民警察对"有违法犯罪嫌疑"的人员,经出示相应证件,可以当场盘问、检查。《道路交通安全法实施条例》第 105 条规定,"机动车驾驶人有饮酒、醉酒、服用国家管制的精神药品或者麻醉药品嫌疑的,应当接受测试、检验"。一般来说,行政机关进行行政检查需要有当事人违法的嫌疑,这种嫌疑应当建立在一定证据基础上。法律规定的例行检查或者抽查可以不需要任何证据,不受此限制。

有的法律同时规定了对违法嫌疑的检查和例行检查两种情形,需要甄别。例如,《居民身份证法》第 15 条规定,人民警察依法执行职务,遇有下列情形之一的,经出示执法证件,可以查验居民身份证:(1)对有违法犯罪嫌疑的人员,需要查明身份的;(2)依法实施现场管制时,需要查明有关人员身份的;(3)发生严重危害社会治安突发事件时,需要查明现场有关人员身份的;(4)法律规定需要查明身份的其他情形。除了第一种情形,后面所列的几种就不需要被检查人有违法犯罪的嫌疑。

2. 行政调查的启动

《反洗钱法》第 4 章"反洗钱调查"规定,反洗钱行政主管部门对"可疑交易活动"进行调查(第 23 ~ 25 条);经调查仍不能排除洗钱嫌疑的,应当立即向有管辖权的侦查机关报案。《反垄断法》第 38 条规定,反垄断执法机构依法对"涉嫌垄断行为"进行调查;有单位和个人向反垄断执法机构书面举报并提供相关事实和证据的,反垄断执法机构应当进行必要的调查。

3. 采取查封、扣押、冻结等临时性强制措施或者担保措施

《行政处罚法》第 56 条规定,"在证据可能灭失或者以后难以取得的情况下",经行政机关负责人批准,可以先行登记保存。《税收征收管理法》第 38 条规定,税务机关"有根据认为"从事生产、经营的纳税人有逃避纳税义务行为的,可以在规定的纳税期之前,责令限期缴纳应纳税款;在限期内发现纳税人"有明显的转移、隐匿其应纳税的商品、货物以及其他财产或者应纳税的收入的迹象的",税务机关可以责成纳税人提供纳税担保。《海关担保条例》也规定，有违法嫌疑的货物、物品、运输工具应当或者已经被海关依法扣留、封存的，当事人可以向海关提供担保，申请免予或者解除扣留、封存；无法或者不便扣留的，当事人或者运输工具负责人应当向海关提供等值的担保。

（二）适用合理根据标准的案例

刘秋海等诉广西北海市银海区交警大队暂扣车辆案是扑朔迷离而又一波三折的“刘秋海事件”的一部分。据刘秋海的说法，1995 年某天晚上 8 点多钟，他和司机开车经过北海市郊区时，发现一名受伤倒地的女青年，出于好心，将她抬上汽车送往医院抢救。没想到那位女青年陈小俐恩将仇报，诬陷他交通肇事后逃跑，还找来交警林国兴，扣押了他的汽车。刘秋海提起行政诉讼，要求撤销该扣车决定，并赔偿损失。当时施行的《道路交通事故处理办法》规定，“公安机关根据检验或者鉴定的需要，可以暂时扣留交通事故车辆或者嫌疑车辆”。广西高院终审判决认为，交警大队根据交通事故受害人及其亲属的报案和指证，经查看发现刘秋海的车辆确有碰撞痕迹，刘秋海与其司机亦承认当晚驾驶该车到过事故发生地。综合这些事实，将刘秋海的汽车认定为肇事嫌疑车辆，对该车及其行驶证采取暂扣措施，符合法律规定（但调解结束后交警大队继续扣留汽车，则构成违法）。由于一些媒体的倾向性报道，刘秋海“好心救人反遭诬陷”的经历引起了广泛关注和同情，这种同情又转化为对广西高院判决的猛烈抨击。媒体的抨击暴露了对行政诉讼审理对象和证据规则的误解。[78]

二　优势证据标准

优势证据标准，是指有关事实的不同主张中，其中一方的主张具有占明显优势的盖然性，结合生活常理判断较为可信，因而予以认定。

（一）适用优势证据标准的情形

优势证据标准可以适用于轻微的行政处罚决定，一些行政裁决行为，行政资助等授益性行为，行政机关告知、送达等程序性问题，以及国家赔偿受害人损害事实的认定。

1. 轻微的行政处罚

行政机关实施行政处罚，当事人违法的主要事实必须清楚，并得到证据的充分支持；否则，就构成“主要证据不足”。但是，行政处罚种类多样，对当事人权益的影响轻重不一，法律不要求每一个案件每一个方面的事实都确凿无疑。原则上，越是

---

〔78〕 相关讨论，参见《传媒与“刘秋海事件”》，载《南方周末》2000 年 1 月 14 日；袁曙宏、何海波：《道德的审判还是法律的审判：刘秋海诉北海市银海区交警大队案》，载《中国改革》2000 年第 5 期。此后，《道路交通安全法》第 72 条第 2 款规定：“交通警察应当对交通事故现场进行勘验、检查，收集证据；因收集证据的需要，可以扣留事故车辆，但是应当妥善保管，以备核查。”这一规定没有提及肇事嫌疑车辆，但从理论上讲，扣留事故车辆仍然应当基于交通肇事的嫌疑。

重大的行政处罚,行政机关的证明标准就越高。对于轻微的行政处罚,可以适用优势证据标准。

适用简易程序所做的行政处罚,往往只有现场执法人员的耳闻目睹,而且很多时候只有一位执法人员。通常情况下,现场执法人员自己对事实的认定有相当的确信,但在诉讼过程中,由于没有其他证据佐证,现场执法人员的陈述对法官来说就不是一个确凿无疑的事情。在廖宗荣诉重庆市公安局交通管理局第二支队行政处罚案中,原告驾驶小轿车沿滨江路行驶时,被执勤交警陶祖坤拦停。陶祖坤指出廖宗荣在道路隔离带缺口处违规左转弯,当场开具处罚决定书。廖宗荣申辩自己未左转弯,拒绝在处罚决定书上签字。重庆市渝中区法院认为,对于廖宗荣是否违规左转弯,虽然只有陶祖坤一人的陈述证实,但陶祖坤是依法执行公务的人员,其陈述的真实性相对较高。没有证据证明,陶祖坤与廖宗荣之间存在可能影响公正执法的利害冲突。在此情况下,陶祖坤的陈述构成优势证据,应当作为认定事实的根据。[79]

而在郁祝军诉常州市武进区公安局交通巡逻警察大队行政处罚案中,武进区法院从执法成本的角度论证了交警一人执法的优势证据标准。法院认为,在没有交通监控技术设施的条件下,对于在红灯禁行时机动车继续通行等稍纵即逝且不留痕迹的违法行为,只能根据执勤交警的现场判断来确定。如果原告要证明自己不存在被告所认定的违法事实,应当由原告来承担相应举证责任。对类似违法行为要求执法部门提供技术监控资料或目击证人,或者要求两名以上的执法人员在场,不仅增加执法成本,也不利于维护交通秩序,不具有可行性。因此,在没有相反证据的情况下,采信一名执勤交警的现场判断并无不当。[80]

上述意见似乎代表了法院的一般态度,但不适用于法律、法规对取证方式有特定要求的情形。在苏某诉广州市某区交警大队案中,交警大队在执法中发现苏某违反临时停车规定,要求立即开走、遭到拒绝后,对其处以 200 元罚款。案件开庭时,被告提交了当日执勤交警所写的执勤经过、绘制的现场示意图和事后在争议现场拍摄的照片等证据。广州市中级法院二审判决仍然撤销了该处罚决定。法院认为,根据公安部《交通警察道路执勤执法工作规范》的规定,查处机动车违法停车行为应当使用摄录设备、清障车等设备;“驾驶人员虽在现场但拒绝立即驶离的,应当摄录取证,依法对驾驶人的违法行为进行处理”。在公安部已就此类行为的取证方式作出明确规定的情况下,执勤交警未按上述规定使用摄录设备取证,所作处罚决定显属主要证据不足。[81]

---

〔79〕《最高人民法院公报》2007 年第 1 期。

〔80〕最高人民法院行政审判庭编:《中国行政审判指导案例》第 1 卷,中国法制出版社 2010 年版,第 27 页。

〔81〕李朝涛、仰双全:《广州三起“民告官”案 消防交警房管均败诉》,载新华网,http://news.xinhuanet.com/legal/2007-06/21/content_6272340.htm。公安部修订后的《交通警察道路执勤执法工作规范》(公通字〔2008〕58 号)在附件 4“查处违法停车操作规程”中继续要求,查处机动车违法停车行为应当采取拍照或者录像方式固定相关证据。

2. 权属争议、工伤认定等行政裁决案件

行政机关对山林土地权属争议、商标专利争议等的裁决往往涉及两方当事人的民事权益，性质上类似于法院审理民事案件，一般也采取优势证据标准。这类争议适用合理根据标准门槛太低，适用确凿无疑标准则门槛太高，因为争议双方几乎都有一定证据，但往往又无法彻底否定对方证据所指向的事实。同样的道理，工伤认定、交通事故责任认定往往涉及多方权益，一般也适用优势证据标准。当然，法院审理交通肇事等刑事案件、认定被告人有罪的另当别论，刑事案件应当适用更高的证明标准。

法院在多个案件中确认了上述证明标准的适用。在广西农垦昌菱农场有限公司诉上思县人民政府案中，最高法院再审判决明确指出，“土地、山林确权案件属于行政机关对民事争议的处理，遵循与民事诉讼案件一致的事实认定证明标准，即优势证明标准，而不是高度盖然性标准，更不是排除合理怀疑标准”。一审判决错误适用“证据确凿”标准判断被诉行政行为，导致其事实认定错误，予以纠正。[82] 在诺华股份有限公司诉国家知识产权局案中，最高法院也认为，“无效请求人与专利权人之间的专利权无效宣告请求行政纠纷，专利复审委员会居中裁决作出被诉决定，二审法院对被诉决定的审查参照适用民事诉讼的高度盖然性证明标准并无明显不当”。诺华公司主张本案应当适用排除合理怀疑的证明标准，缺乏法律依据，不予支持。[83] 在戴来娣诉上海市公安局静安分局交通警察支队交通事故责任认定案中，原告戴来娣骑助动车与第三人驾驶的小客车发生碰擦，戴来娣受伤。由于各方对第三人车辆的行驶轨迹和事发时路口交通信号灯的情况说法不一，被告通知当事人事故责任无法认定。上海市静安区法院则认为，利用优势证据标准，可以认定小客车的行驶轨迹及路口交通信号灯的情况，并进而作出交通事故责任认定。被告所作的事故责任无法认定的决定，应予撤销。[84]

3. 行政资助等授益性行为

这类行为往往量大面广，主要以当事人提交的申请材料为依据，不宜要求行政机关过多地从事调查取证，务必达到“确凿无疑”的程度。

在陈报四等诉义乌市人民政府取消扶持待遇案中，被告义乌市政府下设的义乌市大中型水库移民工作领导小组办公室认为，包括原告在内的 202 人不符合大中型水库农村移民条件，其移民身份有假，决定取消其大中型水库农村移民后期扶持待遇。被告的依据是其对时任村会计的陈报林以及陈报四的 4 个邻居的调查；后者均称，当时陈报四的房屋年久失修，陈报四夫妇去宁夏，家中仅有老母亲和一个病重的兄弟，村干部出于好心，借其他 5 户整体搬迁的机会一并帮助其迁移了房屋。陈报四则提供了 5 名证人的证言，均称陈报四移民是因为 1959 年修建岩口水库时水渠

---

〔82〕 最高人民法院行政判决书，(2019)最高法行再 285 号。

〔83〕 最高人民法院行政裁定书，(2018)最高法行申 5721 号。

〔84〕 上海市第二中级人民法院行政判决书，(2002)沪二中行终字第 236 号。

经过陈报四的房屋,因此符合移民条件;而被告提供的5名证人中有3名在当时尚未出生、只有3岁或者尚未过继,不可能了解情况。陈报四还提出,如果村里为照顾陈报四才让其与其他水库移民一起搬迁,那为什么不在原址修缮或重建?当时陈报四夫妇外出到宁夏,家中只剩一个老母亲与一个病重的兄弟,原址重建比搬迁更能体现照顾。义乌市法院一审判决认为,1959年修建岩口水库时,陈报四与另外5户水库移民一同搬迁至同一地段,且陈报四的房子被安排在第一排,这一事实清楚;陈报四也于2006年被确认为水库移民并开始享受浙江省大中型水库移民后期扶持资金补助。被告方认定当初为照顾陈报四才让其同其他人一并搬迁,但对原告方提出的合理怀疑又未能作出合理的解释与说明,因此对该说法不予采信。[85]

4. 行政机关告知、送达等程序问题

行政机关履行告知、送达等程序义务,应当遵循一定规则,并在诉讼过程中承担相应的举证责任。对于行政机关是否履行告知、送达等程序义务,一般采用优势证据标准来认定。在**谭永光、谭真明诉三亚市人民政府、三亚市规划局强制拆除房屋案**件中,两原告未经规划许可兴建三层楼房,规划局书面通知其停止施工并听候处理。之后,市政府、规划局组织人员将原告楼房拆除。庭审中,对于停建通知是否送达两原告发生争议。规划局提交了送达停建通知时正在建设的楼房现场照片、停建通知以及停建通知的送达回证,以证明规划局曾将停建通知送到施工现场。送达回证上有5名送达人签名,备注“施工人员拒绝提供姓名,拒收,放于施工现场”。两原告对现场照片的真实性有异议,坚称未看到停建通知。法院认为,结合停建通知、送达回证、现场照片三份证据综合分析,根据优势证据规则,可以认定规划局已将停建通知留置于施工现场。[86]

5. 国家赔偿案件受害人损害事实的认定

受害人损害事实的认定,也可以采用优势证据标准。在**江苏省南通市绿康生猪养殖场诉南通市崇川区政府行政赔偿案**中,南通市中级法院一审判决认为,由于被告的强制拆除行为没有法律依据,拆除过程中未依法对财产进行公证并登记,在房屋拆除后又未与原告办理财产交接手续并提供保管场所,被告对强拆过程中造成的财产损失应当承担相应的赔偿责任。鉴于原告因违法强拆造成财产损失的情况难以具体确定,遂根据原告损失清单所载物品、原告提供的收据、发票等,结合原告的生产规模、生产水平、设施设备的折旧年限以及被告的违法情节,酌情认定各项损失合计5,268,923元。江苏高院二审判决认为,一审法院在优势证据证明标准的基础上,基于客观、公平、合理的原则,酌情认定赔偿数额并无不当。被告在二审中未能

---

〔85〕 浙江省义乌市人民法院行政判决书,(2008)义行初字第31号。一审判决后,当事人在法定期限内没有上诉。

〔86〕 海南省高级人民法院行政判决书,(2004)琼行终字第119号。判决书同时指出,市规划局未将停建通知直接送达两原告或者留置送达其住所,该停建通知的送达存在瑕疵。

提供有效证据否定上述认定，对原审判决认定的赔偿数额应予支持。[87]

（二）优势证据的优势标准

优势证据是一个有弹性的概念。一些文献用“盖然性”来衡量双方证据。但盖然性是一个很难量化的指标；即使可以量化，单纯的盖然性可能也不足以说明证据的优势。试想一个极端情况，51%的盖然性对49%的盖然性，你很难说支持前者就是合理的。为此，有学者用“高度盖然性”来指称优势证据。但是，多高的盖然性足以形成优势证据，仍然是一个不易回答的问题。真正的标尺永远在人们的心中。在考虑待证事实的性质和取证的可能，综合比较双方当事人持有的证据之后，一个通情达理的人认为更为可信的一方，就是优势证据。

下面分别用几个案例，来说明优势证据标准在不同情况下的操作。

1. 言词证据的甄别

在宋德鸿诉东营市劳动和社会保障局工伤认定案中，就出现各方的不同说法。在该案中，原告宋德鸿于2003年6月被华特公司聘为公司业务销售员。同年8月，原告驾驶公司经理的桑塔纳轿车外出时发生交通事故，导致颅脑伤残。原告称其是受公司经理李刚指派外出购买饮用水的途中受伤，在其父亲代理下申请工伤认定。

被告辩称，宋德鸿在公司的工作岗位是业务员而非司机；华特公司提供的三份证言证明，经理李刚指派其他员工外出购买饮用水，宋德鸿在场听到后，即带着公司经理的车钥匙离开。因此，原告是私自驾车外出期间发生车祸，不属于工伤。

东营市中级法院二审判决认为：宋德鸿的日记记录自己曾多次为经理李刚开车的经历，所以，原告有为履行职责开车外出的可能性。华特公司的三份证人证言关于宋德鸿明知经理已安排他人用车仍私自驾车外出的陈述，不符合生活常理；而且，3名证人与华特公司均存在一定利害关系，其证言不能单独作为确认该事实的依据。综上所述，华特公司的举证不能排除宋德鸿驾车外出系履行职责的可能。依据《工伤保险条例》第19条第2款的规定，应当视为用人单位没有完成举证责任。[88]

2. 历史事实的认定

在广西农垦昌菱农场有限公司诉广西上思县人民政府案中，最高法院面对山林纠纷错综复杂的事实，适用优势证据标准作了果断的处理。

本案争议山原属第三人广西上思县叫安镇那工村新柳村民小组（以下简称新柳组）所有。但在土改、合作化、“四固定”时期，争议山均未划定权属。1957年，成立国营十万山林场（后并入原告前身昌菱林工商公司）。1959年，新柳组（原双板村福驮生产队）带山并入农场，但次年全组群众就退出农场，双方产生争议。新柳组申请确权。2016年，上思县政府作出处理决定，确认争议山场归新柳组所有。昌菱农场

---

〔87〕 江苏省南通市中级人民法院行政判决书，(2007)通中行初字第1号；江苏省高级人民法院行政判决书，(2007)苏行终字第90号。

〔88〕 山东省东营市中级人民法院行政判决书，(2005)东行终字第60号。

提起诉讼。

支持原告昌菱农场的证据主要有:(1)1957年,国营十万山林场成立时,时任县林业科副科长黄施政带领工作组走山,划定沿大山水流为界,但没有签订书面协议及制作附图。(2)1983年,上思县委工作组到现场勘查,制作了现场勘察笔录并绘制界线图,其中载明的林场场界包含现争议山。平江农场、自治区农垦局参加了工作组,但没有新柳组和周边村屯的代表参加和认可。(3)2001年,上思县政府给昌菱林工商公司颁发了《山界林权证》。结合现场确认,该证载明的四至界限包含争议山范围。

支持第三人新柳组的证据主要有:(1)1984年实行生产责任制、落实林业"三定"时,新柳组将责任山分给本组农户,并填写《责任山承包责任制合同表》,其中马多南等多个农户的责任山位于争议山范围内。但该表并未发到各户,农户也未按合同经营管理。(2)自1990年起,新柳组经村民大会讨论决定,将马多南、马品尤等人的部分责任山确定为集体统管山。(3)1991~1995年,马多南等人将承包的山林转租给他人割胶,被其他村民起诉。防城港市中级法院民事判决确认马多南等人林业"三定"时的承包合同合法有效,驳回其他村民的诉讼请求。(4)2002年,新柳组和昌菱林工商公司签订《协议书》,约定昌菱林工商公司在规定时间内将前述山林根径14厘米以上的松木全部砍伐,此后不再与新柳组产生争议,前述山林的权属和所余林木归新柳组所有。由于新柳组内部发生纠纷,上述协议没有实际履行。

一、二审判决撤销上思县政府的权属确认,责令其重新作出。主要理由是:(1)昌菱农场持有的《山界林权证》系国家机关出具的权利书证,其证据效力优于一般证人证言。(2)上思县政府的处理决定对十万山林场成立后的相关划界,以及争议各方经营管理行为的时期、地点、范围等诸多事实均未查实。

最高法院再审判决认为,土地、山林确权纠纷时间跨度大,争议各方都有相应的证据证明其主张。法院应当逐一审查核实,综合分析可采纳证据,根据优势证明标准认定事实。本案争议各方均不能举证证明土改、合作化、"四固定"时期,县政府已经登记确权归其所有。1983年划界和《山界林权证》确无四邻指界,亦无其他相关证据予以佐证,不能作为争议山场确权的根据。新柳组提供的1984年林业"三定"时的山林承包合同表、部分农户与他人签订的《林业用地租用经营合同书》、法院生效民事判决书、2002年与昌菱公司签订的《协议书》等证据,能够形成证据链,证明争议山场原属新柳组集体所有。一、二审判决要求查明争议山场权属来源和管理使用的详细情况,确保处理决定"万无一失"、排除一切合理怀疑,超出了优势证据的证明标准。据此,撤销一、二审判决,驳回原告诉讼请求,为该案争议彻底画上了句号。[89]

3. 可能被更改的网络数据

陈镜钊诉国家知识产权局专利复审委员会案,可以说明优势证据与确凿无疑的

---

〔89〕 最高人民法院行政判决书,(2019)最高法行再285号。

区别。在该案中,原告陈镜钊提交的证据2试图证明,早在2006年8月31日,“今日新塘”网站上就发布了“立式移动马骝机”的图片,第三人朱炽坡的实用新型专利已经丧失了新颖性和创造性。

专利复审委员会认为,“今日新塘”网站是地区性信息平台,该网站声明其网站上的信息由企业自行发布,该网站不承担保证责任,其信誉度不高。陈镜钊提交的证据仅能证明“今日新塘”网站在前述时间发布了网页信息中的文字内容,但对网页信息中的图片是否与本专利申请日前网页信息中的图片相一致存在合理怀疑。陈镜钊未能证明在“今日新塘”网站上的图片没有经过更改,也未能证明在本专利申请日前访问“今日新塘”网站可以链接到包含涉案图片的页面。在没有其他证据佐证的情况下,不能认定原告主张的事实,遂裁定维持第三人的专利权。

北京高院二审判决则认为,陈镜钊向专利复审委员会提交了利用广州市公证处的计算机从“今日新塘”网站下载打印的包含“供应立式移动马骝机(图)”的网页等证据,已经尽到举证责任。举证责任已经移转至朱炽坡和专利复审委员会,后者如主张上述事实不真实,应提供相反证据予以证明。专利复审委员会仅以“今日新塘”网站上包含涉案信息网页的生成时间和内容存在改变的可能性来支持其主张,难以得到支持。据此,法院推翻了专利复审委员会为专利无效宣告申请人设定的“排除合理怀疑”的标准。〔90〕

三 确凿无疑标准

“确凿无疑”标准要求行政机关所认定的事实不但得到充分证据的支持,还能够排除任何合理怀疑。对该标准的适用范围和具体尺度,并无定论,还有待司法实践的探索和总结。

(一) 确凿无疑标准的适用范围

现有立法很少规定行政行为的证明标准,以确定无疑的语言规定“确凿无疑”的标准更是罕见。本着“不冤枉好人”这样一个朴素而基本的法律原则,一般情况下,行政处罚和对当事人权益影响较大的不利处理应达到“确凿无疑”的标准。行政机关主张适用一个更低的标准,必须有正当理由并说明正当理由。采用推定方法来证明的,不能降低本应适用的证明标准。

1. 一般的行政处罚

除了前面所说的例外,行政处罚原则上要求建立在确凿证据的基础上。《行政处罚法》第57条第1款第1项规定,当事人“确有应受行政处罚的违法行为的”,根据情节轻重及具体情况,作出行政处罚决定。即使是适用简易程序作出的行政处罚也是如此。《行政处罚法》第51条规定,“违法事实确凿并有法定依据”,可以当场

---

〔90〕 北京市高级人民法院行政判决书,(2009)高行终字第643号。

作出一定限额内的罚款或者警告的行政处罚。《治安管理处罚法》第 100 条也规定，必须是“违反治安管理行为事实清楚，证据确凿”的，才可以当场作出治安管理处罚决定。

较大数额罚款或者没收、责令停产停业和吊销证照、行政拘留、劳动教养（已废止）等重大行政处罚案件，对行政相对人人身权、财产权有重大影响，更应当适用“确凿无疑”标准。下面举两个例子作为对照。

在宿海燕诉海口市劳动教养管理委员会案中，尽管法院没有明言，但实际上适用“确凿无疑”标准，撤销了劳动教养决定。原告宿海燕和被害人王国平曾经在广西合作开办美食城。后王国平未经宿海燕同意，私自将双方的合作项目转让给他人，自己来海口开办公司。原告宿海燕、其子李山和王斌（当时的美食城办公室主任）同机飞到海口，与邱光富、王先养（王国平在海口所办公司中的职工）一同到王国平的公司住所地找王国平。当晚 11 时许，王国平兄弟回到公司，与宿海燕等人在讨论债务时发生冲突，继而相互殴打。李山、王斌、邱光富、王先养用菜刀砍、用手脚打王国平兄弟，致王国平兄弟轻伤。宿海燕将王国平兄弟送往医院诊治，并帮其交付了入院费用，后在守护病人时被派出所抓走。被告以宿海燕纠集伤害他人为由，决定对宿海燕劳动教养三年。宿海燕则称，她并未叫人打王国平。海口市新华区法院认为，认定宿海燕纠集伤害他人主要凭王国平兄弟的陈述，没有其他旁证材料；究竟是否宿海燕纠集他人、指使动手，尚未查清。劳动教养决定事实不清、主要证据不足，予以撤销。[91]

而在王伯昭诉北京市公安局怀柔分局杨宋派出所案中，法院适用“确凿无疑”标准，决定对当事人不予处罚。在电视连续剧《小鱼儿与花无缺》中，有张卫健饰演的小鱼儿和谢霆锋饰演的花无缺对王伯昭饰演的杀父仇人江别鹤的尸体进行击打的剧情安排。在拍摄过程中，王伯昭被张卫健、谢霆锋击打致轻微伤。王伯昭认为，张卫健、谢霆锋假戏真做，故意殴打，要求公安机关追究张卫健、谢霆锋的行政违法责任。杨宋派出所接到报案后进行了调查取证，包括询问多名剧组成员。最后，派出所认为，虽然拍摄当天王伯昭曾与剧组人员发生过争执，但是证人证言无法证明该争执事件与王伯昭被击打致伤有因果关系，王伯昭的指控无法被证实。北京市第二中级法院二审判决认为，杨宋派出所在现有证据无法证明张卫健、谢霆锋假戏真做殴打他人的情况下，决定不予处理适用法律正确，应予维持。[92]

在行政处罚以外，其他对当事人权益影响较大的不利处理也可能适用“确凿无疑”标准。《政务处分法》第 5 条规定：“给予公职人员政务处分，应当事实清楚、证

---

〔91〕《最高人民法院公报》2000 年第 3 期。

〔92〕高志海：《王伯昭不服治安处理决定上诉　终审被驳》，载中国法院网 2005 年 4 月 29 日，http://www.chinacourt.org/public/detail.php? id=160201。法院在判决中也批评了公安机关在办案过程中的瑕疵，包括调查人未在调查笔录上签名、收取影像资料不及时等，但认为上述瑕疵尚不足以达到推翻相关证据证明力的程度。

据确凿、定性准确、处理恰当、程序合法、手续完备。”《海洋倾废管理条例》第15条第3款规定：“由于第三者的过失造成污染损害的，倾倒单位应向主管部门提出确凿证据，经主管部门确认后责令第三者承担赔偿责任。”

2. 使用推定方法不降低证明标准

“确凿无疑”标准的适用范围，主要是根据事项性质而不是证明方法来确定的。在应当适用确凿无疑标准的地方，行政机关不能因为使用推定等证明方法而降低证明标准。在证券执法中，罚没金额可能高达几亿元、几十亿元，如果仅因为当事人“很有可能”从事了内幕交易就作出处罚，是非常危险的。

在食品安全、环境保护、工伤认定等领域，流行病学也可能用于行政执法。采纳流行病学结论，也应当排除合理怀疑。例如，某工厂排放有毒气体，当地居民黄某等180人要求市环保局制止该工厂排放有毒气体但遭拒绝，于是集体提起行政诉讼。案件受理后，行政机关向法院提供其对该工厂生产过程及污染情况的调查报告，以证明工厂排放的气体不属于有毒气体，且排放程度符合国家规定的标准。提起诉讼的当地居民没有直接证明工厂排放的气体有毒的证据，但提供了当地居民某种疾病的发病率数据，并提供某医疗机构提供的这种病与工厂排放气体很可能有关系的证明。由于环保局拒绝原告的请求，有可能对公共安全造成重大影响，因此，该案应当适用排除合理怀疑的证明标准。也就是说，被告不能排除当地居民的某种疾病与工厂排放的气体有关，法院就应当责令限期重新作出行政行为。

（二）排除合理怀疑的事项

“确凿无疑”标准，是指证明案件主要事实的证据确凿、充分，而不是要求任何细节都清楚无疑。在陈淑琴等诉福建省莆田县人民政府行政复议案中，陈淑琴与郑妹英两家因在责任田钉木栅栏发生争吵，继而双方互殴，参与互殴人数达十余人，双方都有人受伤。莆田县公安局以陈淑琴殴打郑妹英致其轻微伤偏重，决定对陈淑琴拘留5日。被告所依据的当事人陈述和证人证言有：(1)郑妹英的两次笔录均陈述被陈淑琴殴打；(2)郑妹英的女儿杨白白、杨丽丽、儿子杨家永均指认陈淑琴参与殴打郑妹英；(3)证人林金英、杨双喜、杨长海、杨碧群、杨群雄均陈述陈淑琴参与殴打郑妹英；(4)陈淑琴的家人杨正建承认自己殴打郑妹英，陈淑琴参与吵闹。陈淑琴不服，认为各方证人对自己殴打郑妹英的具体部位说法不一，公安机关认定事实的主要证据不足。福建高院再审判决认为，由于证人所处角度不同、目睹现场的时刻不同，对陈淑琴在群殴中打在郑妹英哪个部位说法完全一致是不太可能的。而且，陈淑琴打在郑妹英哪个部位以及郑妹英受伤的主要致害人是谁，均不影响陈淑琴参与殴打郑妹英致其轻微伤这一主要事实的认定。因此，公安机关对陈淑琴参与殴打郑妹英致轻微伤的基本事实清楚，主要证据充分。[93]

---

〔93〕 福建省高级人民法院行政判决书，(2003)闽行再终字第1号。

但是,如果案件的主要事实存在显著疑点,行政行为显然不能通过"确凿无疑"标准的检验。在内幕交易行政处罚案件中,法律允许执法机关根据现有证据来推定内幕交易的事实,其中当事人与内幕信息知情人的关系和接触情况是一个重要考虑因素。在**苏嘉鸿诉中国证监会行政处罚案**中,被告认定苏嘉鸿从事内幕交易,内幕信息知情人殷卫国为苏嘉鸿的信息来源,但因为没有找到殷卫国,故未对其展开调查。北京高院认为,被告认定殷卫国为内幕信息知情人,除相关会议记录以及其他相关人员的证人证言外,还应当向殷卫国本人进行调查询问。被告没有竭尽全力联系并询问殷卫国,因而认定殷卫国为内幕信息知情人证据不足,所作处罚决定事实不清,予以撤销。[94]

(三)排除合理怀疑的操作标准

对事实的合理怀疑,可能来自现有证据的可靠性,也可能来自关键证据的缺失。

1. 被污染的证据

在实践中,行政机关所取的证据如果存在变质、调包的可能,常常导致对相关证据的合理怀疑。例如,食品卫生机关在检查食品商店时按照规定抽取了一定数量熟食送法定检验机构进行检验,检验结论为大肠杆菌超标。在诉讼中,食品商店提供的证据表明,食品卫生机关检查的当天气温为36℃,送检前未采取任何防止变质的措施,而检验时间为送检后的第二天。鉴于送检熟食完全可能在送检期间变质,该检验结论不能作为定案依据。[95] 而在**西凯视觉光学技术有限公司诉浙江省标准计量管理局行政处罚案**中,法院因为行政执法程序的瑕疵而拒绝采信行政机关所取得的证据。杭州市中级法院二审判决认为,被告执法人员抽检封存物证时未填写《封存通知书》,也未开列清单并由行政相对人签名或者押印;承检单位测试的样品在送检前已经启封,失去了封存抽检样品的意义,并导致检测机构的检验结论失去证明力。因此,被告关于西凯公司生产的隐形眼镜为伪劣产品的结论,不予采信。[96]

2. 缺失的证据

除了关键证据被人质疑,因为欠缺调查导致重要事实不清,也是常见的合理怀疑。前述**苏嘉鸿诉中国证监会案**提供了一个深入讨论内幕交易行政处罚案件证明标准的机会。该案涉及威华股份重大资产重组事项,被告认定苏嘉鸿从事内幕交易,内幕信息知情人殷卫国为苏嘉鸿的信息来源。但殷卫国如何知悉内幕信息、苏嘉鸿与殷卫国的联系接触情况,尚有争议。

原告否认殷卫国曾经与其沟通内幕信息。原告提出,殷卫国是否参与威华股份

---

〔94〕 北京市高级人民法院行政判决书,(2018)京行终445号。

〔95〕 蔡小雪:《行政诉讼证据规则及运用》,人民法院出版社2006年版,第196页。

〔96〕 最高人民法院中国应用法学研究所编:《人民法院案例选(1992—1999年合订本)·行政卷》,中国法制出版社2000年版,案例203。判决书还指出,被告执法人员在现场查处时未出示执法证件,所出具的法律文书及签封上加盖的是非技术监督行政管理机关的印章。

资产注入事项的初步沟通，现有证据存在矛盾；即使其有所参与，参与讨论的具体内容也不明确。由于调查人员没有找到殷卫国，将其认定为内幕信息知情人欠缺直接证据。

被告在这方面提供的证据有：（1）多位涉案人员询问笔录以及有关会议记录显示，殷卫国认识威华股份的董事长、总经理等高管，实际参与了资产注入事项的形成过程并知悉铜矿收购事项。（2）经查询通信记录，在内幕信息敏感期内，殷卫国与苏嘉鸿有过 45 次通话记录和 71 次短信联系。但限于调查手段，通话和短信内容不详。（3）苏嘉鸿在接受询问时承认，那段时间殷卫国来过上海，他们经常在一起吃喝玩乐。但是，证监会没有找到殷卫国，未对其展开调查。

被告提出，调查人员为联系殷卫国做了很多努力。（1）2013 年 12 月 3 日上午，调查人员前往殷卫国任职的中投新亚太公司的办公地和注册地寻找殷卫国，但没有发现中投新亚太公司的踪迹；当日中午，调查人员前往天津红磡投资公司和天津永泰红磡控股集团寻找殷卫国，均未能联系上殷卫国。（2）2013 年 12 月 4 日上午，调查人员用办公电话分别拨打殷卫国号码为 131 ××××××××、133 ××××××××、189 ××××××××的手机及号码为 022 ××××××××的座机，其中号段为 131、133、022 的号码都已停机；第一次拨打 189 时打通了，但没人接。调查人员在当天和第二天又拨打 4 次该手机号，但没打通。这些事实有执法笔录为证。

被告还认为，根据执法经验，即使找到了相关人员，他们不配合调查的情况也很常见。虽然殷卫国一直未被找到，但其他涉案人员询问笔录和有关会议记录足以证明，殷卫国实际参与了资产注入事项的形成过程并知悉铜矿收购事项，为内幕信息知情人。

北京高院认为，被告认定殷卫国为内幕信息知情人，除相关会议记录和证人证言外，还必须尽可能地向殷卫国本人调查询问。证监会调查人员为联系殷卫国采取了一定行动，但没有穷尽可以使用的调查手段，尽到全面、客观、公正调查的法定义务。（1）调查人员寻找殷卫国的场所只是他可能从业的单位，而未去殷卫国住所地、经常居住地或户籍所在地调查了解。（2）证监会联系殷卫国的电话遗漏了 139 ××××××××。这个手机号码正是苏嘉鸿与殷卫国存在数十次电话和短信联络的号码，也是苏嘉鸿接受询问时特别提到的与殷卫国的联系方式。由于上述疏漏，认定殷卫国为内幕信息知情人在客观上存疑，公正执法没有以当事人看得见的方式实现。据此，苏嘉鸿对该问题的主张成立，证监会认定殷卫国为内幕信息知情人事实不清、证据不足，所作处罚决定予以撤销。[97]

在现有的内幕交易行政案件中，苏嘉鸿案件不能代表司法判决的普遍态度，但无疑代表了证明标准的最高要求。其所确立的标杆乃至与一般案件的落差，都提示人们：事实问题也是正义问题，证明标准就是正义标准。

---

〔97〕 北京市高级人民法院行政判决书，（2018）京行终 445 号。

第四编　司法救济的手段

本编导论

行政诉讼的实际功能有多个方面，而权利救济无疑是其首要功能。原告起诉就是为了获得权利救济。一个不能提供有效救济的诉讼制度，不是一个好的制度。但司法救济方式是一个复杂的问题，有必要作为行政诉讼中的一个独立问题单独讨论。

司法救济的复杂性首先在于判决方式的复杂性。法院对争议问题作出实体判决是行政诉讼的典型场景，也是司法救济的主要方式。总的来说，法院的判决是以行政行为合法性判断为基础的：无论是撤销或者变更行政行为、确认行政行为违法或者无效、责令行政机关履行职责，还是驳回原告的诉讼请求，都建立在行政行为合法性判断的前提下。但是，行政行为合法性判断与司法判决方式不是简单的对应关系。行政行为不合法的，法院不一定判决撤销，而可能适用确认违法、无效、变更等其他方式。例如，离婚登记存在严重瑕疵，但如果撤销离婚登记，可能造成社会关系的混乱；建设工程规划许可明显违法，但小区楼房已经建成，撤销该许可将严重损害住户的利益。凡此种种提示我们，对违法行为不能全部一撤了之。

除了判决，司法救济手段还有多种。法院在作出判决之前，可能需要采取财产保全或者证据保全、暂停执行被诉行政行为、先予执行原告诉讼请求等临时性的救济措施。这些临时救济有助于保障诉讼有意义地进行，防止今后案件事实难以查明或者判决难以执行，它们是有效救济的必要环节。一些中国学者借鉴国外的经验，超越了原有的问题范式，转而从"临时性权利保护"的角度进行讨论。[1] 法院在作出判决之外，还可能通过主持调解、动员撤诉、附带审查、司法建议等其他方式，对案件作出处理。这些判决之外的处理方式也是司法救济制度的组成部分。

在国内行政诉讼法教材中，比较多地谈论法院的判决、裁定和决定，通常不把司法救济问题作为一个专门问题。鉴于司法救济问题的重要性、手段的多样性和方式选择的复杂性，本书专门安排一编加以阐述。具体包括：行政判决的救济方式，判决之前的临时救济和判决之外的处理方式。

---

〔1〕 参见刘东亮：《行政诉讼中临时权利保护制度比较研究——起诉是否停止执行与司法审查中的利益衡量》，载《法商研究》2004 年第 6 期；何忠凯：《论行政诉讼中的暂时法律保护制度》，载《行政法学研究》2009 年第 3 期；庄汉：《我国行政诉讼中暂时权利保护制度的缺失与构建》，载《法学评论》2010 年第 5 期。

第十章　行政判决的方式

行政判决的方式经历了一个扩充调整的过程。1989年《行政诉讼法》规定的判决方式共有5种，即维持、撤销、变更、责令履行和赔偿。2000年《若干解释》增加了驳回原告诉讼请求和确认行政行为合法/违法、有效/无效，法院还可以根据情况责令被告重新作出具体行政行为或者采取相应的补救措施。2014年《行政诉讼法》修改时，取消了已经不合时宜的维持行政行为的判决，也取消了没有多少实际用处的确认行政行为合法、有效的判决，同时对行政协议的判决方式作了特别规定。

行政判决方式的创新发展，看来不会就此止步。实际情形层出不穷，行政诉讼要提供无缝隙的、妥当的权利救济，不可能限定于目前规定的几种判决方式。例如，一些学者还设想过禁止判决、补正判决、认诺判决、确认行政行为不成立、确认法律关系判决等新的判决类型。[1] 此外，在行政附带民事诉讼中，法院还应当对民事问题一并作出判决。

法院审理后，应当针对原告的诉讼请求作出回应。法院不能遗漏原告的诉讼请求，哪怕是一句笼统的"驳回原告其他诉讼请求"也是一种回应。至于具体的判决方式，并不拘泥于原告的诉讼请求，不是"原告请求什么、法院就判什么"。法院应当考虑原告的诉讼请求，并根据行政处理、行政不作为、行政协议等诉讼类型，选择相应的判决方式。在同一诉讼类型下，法院可以采用原告在诉讼请求中没有提及的判决方式。例如，原告请求撤销行政处罚，法院可能决定变更；原告请求责令履行，法院可以确认违法。但是，行政赔偿作为特殊类型的行政诉讼，必须根据当事人的请求作出；当事人没有提出请求的，法院不应作出赔偿判决。根据具体情况，不同的判决方式可以结合使用。例如，法院在确认行政行为违法的同时，根据原告的请求，责令行政机关予以赔偿。判决方式与诉讼请求的对应关系，详见表6。

本章根据诉讼类型，把行政判决方式分为几个方面：一是针对行政处理的判决，包括撤销、责令重新作出、变更、确认违法或者无效、责令采取补救措施等方式；二是几种特殊类型诉讼的判决，包括针对行政不作为、拟作为、行政协议和行政复议的判决；三是针对行政赔偿诉讼的判决。驳回诉讼请求判决适用于所有类型的诉讼，主

---

〔1〕 参见江必新、梁凤云：《行政诉讼法理论与实务》，北京大学出版社2009年版，第32～34章；章剑生主编：《行政诉讼判决研究》，浙江大学出版社2010年版；杨伟东：《行政诉讼一审判决的完善》，载《广东社会科学》2013年第1期；林鸿潮：《论行政行为不成立之诉——〈行政诉讼法〉修订中的一个遗漏》，载《国家行政学院学报》2015年第1期。

要放在第一部分讨论。

表 6　判决方式与诉讼请求的对应关系

<table>
<tr><th colspan="2">诉讼类型</th><th>诉讼请求</th><th colspan="2">判决方式</th></tr>
<tr><td rowspan="13">主诉讼</td><td rowspan="3">行政处理</td><td>撤销、变更行政行为</td><td rowspan="3">撤销、变更或者确认,责令重作或者采取补救措施</td><td rowspan="15">驳回原告诉讼请求</td></tr>
<tr><td>确认行政行为违法</td></tr>
<tr><td>确认行政行为无效</td></tr>
<tr><td rowspan="2">不作为</td><td>责令被告履行法定职责</td><td rowspan="2">责令履行,确认违法或者采取补救措施</td></tr>
<tr><td>责令被告履行给付义务</td></tr>
<tr><td>拟作为</td><td>责令被告不得作出</td><td>责令不得作出</td></tr>
<tr><td rowspan="3">行政协议</td><td>确认协议有效、无效</td><td rowspan="3">确认协议有效、无效,责令被告继续履行协议或者解除协议,责令被告予以赔偿、补偿或者采取相应的补救措施</td></tr>
<tr><td>责令被告继续履行协议或者解除协议</td></tr>
<tr><td>责令被告予以赔偿、补偿或者采取相应的补救措施</td></tr>
<tr><td rowspan="4">赔偿、补偿</td><td>返还财产、恢复原状</td><td rowspan="4">根据案件情况选择赔偿、补偿的适当方式</td></tr>
<tr><td>支付赔偿金、补偿金</td></tr>
<tr><td>消除影响、恢复名誉、赔礼道歉</td></tr>
<tr><td>其他补偿方式</td></tr>
<tr><td rowspan="3">附带诉讼</td><td>一并解决相关的民事争议</td><td>诉讼请求必须由当事人提出</td><td>依照民法规定处理</td></tr>
<tr><td>一并裁判行政复议决定</td><td>当事人不提,法院也应主动审查</td><td>根据情况做出相应判决</td></tr>
<tr><td>一并审查相关的规范性文件</td><td>当事人不提,法院也可主动审查</td><td colspan="2">审查结论不载入判决主文</td></tr>
</table>

第一节　针对行政处理的判决

针对行政处理提起的诉讼是最常见的诉讼,可以说是行政诉讼的核心板块。由于原告在这类诉讼中所提的请求多为撤销行政行为,一些文献把这类诉讼称为“撤销诉讼”。[2] 但“撤销诉讼”实在不是一个准确的说法,因为法院的判决方式不止撤销一途:除了撤销被诉行政行为,也可能直接变更行政行为、确认行政行为违法或者

〔2〕［日］盐野宏:《行政法Ⅱ·行政救济法》,杨建顺译,北京大学出版社2008年版,第二章“行政案件诉讼”(撤销诉讼);陈清秀:《行政诉讼法》(第6版),元照出版有限公司2013年版,第三章“行政诉讼之类型”(撤销诉讼);章志远:《行政诉讼类型构造研究》,法律出版社2007年版,第四章“行政撤销诉讼”。

无效;撤销被诉行政行为后,还可能责令行政机关重新作出行政行为;确认行政行为违法或者无效的,还可能责令被告采取补救措施。原告的诉讼请求不能成立的,则判决驳回其诉讼请求。

一　撤销行政行为

《行政诉讼法》第70条规定,行政行为有下列情形之一的,判决撤销或者部分撤销,并可以判决被告重新作出行政行为:(1)主要证据不足的;(2)适用法律、法规错误的;(3)违反法定程序的;(4)超越职权的;(5)滥用职权的;(6)明显不当的。这一条规定了撤销判决的适用条件。对于其中的审查标准,本书第三编已经做了系统阐述,这里着重讨论判决方式的运用。虽然立法用了"行政行为"的笼统说法,实际上该条主要适用于行政处理行为,行政不作为谈不上撤销,行政协议也只是偶尔使用撤销。

(一)与撤销判决有关的审查范围

一个合法行政行为必须具备合法的全部要件,而违法行政行为的违法情形各不相同。有时,一个行政行为同时违反多个合法要件。问题是,法院需要审查和指出所有的违法情形吗?对此,学界有两种不同观点。一种观点倾向于法院"挨个找出所有违法情形",以便被告对应当改正的问题有比较明确的理解。[3] 另一种观点是,法院只需指出一种违法情形就够了。理由是,从结果上法院都可以撤销该行政行为,要求法院查明所有违法情形浪费司法资源。[4]

在实践中,法院出于避免卷入复杂问题、尽快结案等策略性考虑,有时采取"抓住一点、不及其余"的做法。在**集宁市天马酒业有限公司诉国家工商总局商标评审委员会案**中,商评委认为,一审判决仅以程序违法为由判决撤销行政裁定,而未对该裁定的实体问题进行审理,可能会造成审理拖延和诉讼效率低下。北京高院二审判决认为,由于被诉行政行为违反了法定程序,而该程序的纠正与商评委工作人员是否有权对该案件进行审理有关,在此情况下,一审法院对行政裁定的实体内容不予审理,并未违反相关法律规定。[5]

对上述问题需要具体分析。行政行为违法的几种情形不是完全并列,而是一个逻辑上的多层结构。一个合法的行政行为,首先必须建立在行政机关有管辖权的基础上,其次是事实清楚、程序合法、适用条件正确,最后才是处理得当的问题。如果行政机关对特定事务没有管辖权,不但行政行为应当撤销,被诉行政机关也不能重

---

〔3〕 余凌云:《对行政机关滥用职权的司法审查——从若干判案看法院审理的偏好与问题》,载《中国法学》2008年第1期。

〔4〕 章剑生主编:《行政诉讼判决研究》,浙江大学出版社2010年版,第557页。

〔5〕 北京市高级人民法院行政判决书,(2006)高行终字第186号。

新作出行政行为。在这种情况下,事实是否清楚、程序是否合法、处理是否得当就无从谈起,法院也没有必要作出评价。如果行政机关有管辖权,但行政行为主要证据不足、程序违法或者适用法律错误,法院也可能不便对处理结果作出评价。除此之外,行政行为的几种违法情形同时出现的,法院原则上应当一一指出其违法的情形。

《最高人民法院公报》刊登的平山县劳动就业管理局诉平山县地方税务局案,[6]是一个典型的案例。在该案中,平山县地方税务局认为劳动就业管理局(原平山县劳动服务公司)收取劳务管理费、劳务服务费等而没有依法纳税,两次通知限期缴纳却没有效果,于是对其罚款9万多元。该案存在两个争议:一是就业管理机构作为承担部分行政职能的自收自支的事业单位应否纳税;二是被告的处罚决定程序是否合法。法院判决认为,税务部门在作出处罚决定前没有举行听证,违反法定程序,据此撤销了被告的处罚决定。对于当事人争议的第一个问题,法院以"程序上违法便可撤销,无须继续对实体性争议进行审理"为由,轻巧地回避了。该判决伸张了行政程序的重要意义,并因此被作为典型案例载入《最高人民法院公报》。然而,它在判决理由的说明上仍然是欠缺的。由于法院没有就实体争议作出裁判,税务机关可以坚持认为对方应当纳税,并在听证后重新作出处罚决定。这可能导致无谓的重复行政和重复诉讼。所以,法院避免卷入两个政府部门之间重大实体争议的动机情有可原,但"无须继续对实体性争议进行审理"的观点并不足取。

如果说以上意见只是推测,那么,南阳广农农药厂诉河南省南阳市知识产权局责令赔偿决定案则提供了一个现成的例证。第三人南阳卧龙农药厂(以下简称卧龙厂)指控临近的南阳广农农药厂(以下简称广农厂)生产的农药侵犯了其发明专利。南阳市知识产权局于2001年6月27日受理该案,并于2002年作出处理决定书,责令广农厂停止生产、销售侵权产品,收缴已查封的侵权产品,赔偿卧龙厂经济损失243,540元。广农厂提起行政诉讼,法院判决撤销处理决定,责令被告重作。被告前后4次作出内容基本相同的处理决定,4次均被法院判决撤销。然而,法院判决撤销的理由各不相同。第一次,郑州市中级法院判决,原告享有专利先用权,被告的处理决定事实不清、证据不足。第二次,郑州市中级法院和河南高院均认定,被告的决定属于行政处罚,被告没有在处罚决定作出前依照《行政处罚法》告知当事人有关权利,构成程序违法。第三次,郑州市中级法院判决,第三人不是原专利权人,无权请求原告赔偿。第四次,郑州市中级法院认定,依据2001年7月1日起生效的修正后的《专利法》,专利管理部门无权作出责令赔偿决定,其处理决定超越职权。该判决得到河南高院终审判决的维持。案件至此才画上句号。[7] 如果法院最后一次判决成立的话,那么,被告根本就不应重新作出责令赔偿的处理。前三次判决没有指出被告责令赔偿超越职权的问题,是有严重缺陷的。被告"屡败屡战"、几次三番重新

[6] 《最高人民法院公报》1997年第2期。

[7] 李建伟:《行政执法屡战屡败屡败屡战》,载《中国知识产权报》2006年1月11日;李建伟:《历经5年官司、4次败诉、两次上诉:南阳市知识产权局讨回"执法权"》,载《中国知识产权报》2006年7月12日。

处理（至少是责令赔偿的处理），因此完全成了多余。

法院在判决中只需指出多种违法情形中的一种主张，只看到了行政诉讼解决眼前特定纠纷的功能，而没有看到行政诉讼确定原、被告权利义务的功能，更没有看到行政诉讼为潜在的诉讼当事人确定权利义务的功能。这种做法不利于实质性解决纠纷，减少行政机关重复行政和当事人重复起诉。据此，法院应当尽可能地对行政行为的合法性进行全面审查，并在行政判决中宣示行政行为不合法的全部理由。即使不同层次的违法情形交叠，法院在能够做出判断的情况下，也可以指出行政行为其他方面的违法情形。这不仅有助于加强其撤销判决的说服力，也有助于帮助行政机关明了法律的边界，从而避免重蹈覆辙。当然，在这种情况下，法院的评价只是附随意见，一般不构成裁判要旨；法院没有作出评价的，更不影响司法判决本身的合法性。

（二）撤销判决的效果

行政行为被撤销后，不仅失去往后的效力，通常还追溯到该行为作出时。在唐慧诉永州市劳动教养管理委员会行政赔偿案中，被告对唐慧作出劳动教养决定，该决定在随后的复议中被湖南省劳教委撤销。湖南高院二审判决认为，湖南省劳教委撤销决定的效力追溯至永州市劳教委对唐慧的劳动教养决定作出之日。由此可见，永州市劳教委对唐慧的劳动教养决定从作出之日起就不具有法律效力，对唐慧实际施行的9天劳动教养失去了法律依据。唐慧要求永州市劳教委赔偿侵犯人身自由的损失，应予支持。[8] 行政行为被复议决定撤销如此，被法院判决撤销同样如此。在夏秀英诉山东省威海市人民政府行政复议案中，一、二审判决撤销81号复议决定，并责令复议机关重新作出复议决定；复议机关随后重新作出81－1号复议决定。最高法院再审认为，一、二审判决应予撤销。再审裁定同时指出，由于一、二审判决被撤销，复议机关重新作出的81－1号复议决定随之失去法律基础，本案应回到原告提起本案诉讼时的状态。[9]

行政机关改变原行政行为的行政行为被判决撤销的，原行政行为的效力自然恢复。在金箭公司诉北京市工商局变更企业登记案中，被告根据市外经贸委的批复，为第三人办理了北京大观园游览中心法定代表人的变更登记并颁发了新的企业法人营业执照。一、二审法院以申请变更登记的主体资格不符为由，判决撤销被告的变更登记；而对于金箭公司要求第三人立即交还大观园经营管理权的诉讼请求，法院以其不属于本案审理范围为由不予支持。判决生效后，金箭公司要求被告执行判决，被告以法院仅判决撤销原变更登记而没有责令其颁发营业执照为由，拒不重新办理登记。结果，原告在胜诉后很长时间无法进驻大观园，而第三人也以工商局未

---

〔8〕 湖南省高级人民法院行政赔偿判决书，(2013)湘高法行终字第26号。

〔9〕 最高人民法院行政裁定书，(2018)最高法行再128号。

变更营业执照为由继续占据大观园。[10] 在该案中,工商局的理由有悖撤销判决的效力原理。

北京希优照明设备有限公司诉中国民用航空局等招标投诉案涉及行政复议决定被撤销后,根据复议决定要求作出的行政处理的效力问题。在北京大兴机场飞行区灯光设备的招标中,希优公司的竞争对手安伯公司中标。希优公司向民航华北局投诉,后者作出投诉处理决定(第一次决定),取消安伯公司中标资格。安伯公司向民航局申请行政复议,后者于2017年5月作出行政复议决定,撤销民航华北局作出的投诉处理决定,责令其重新处理。希优公司对复议决定仍然不服,向法院提起诉讼(第一起诉讼)。民航华北局则遵照复议决定启动了重新处理程序,并于2017年8月再次作出投诉处理决定(第二次决定),驳回希优公司的诉求。希优公司不服,对民航华北局再次作出的投诉处理决定提起诉讼(第二起诉讼)。

在第二起诉讼过程中,北京市第二中级法院于2018年6月作出行政判决,以复议程序违法、主要证据不足为由,撤销了民航局的行政复议决定。希优公司于是提出,被诉的投诉处理决定(第二次决定)是根据民航局的复议决定作出的,该复议决定现已被法院撤销,再次作出的投诉处理决定丧失法律依据,自始无效;民航华北局的第一次投诉处理决定自然恢复效力。

北京市两级法院判决认为,虽然民航华北局再次作出投诉处理决定是民航局复议决定的要求,但该决定建立在客观、全面、充分的重新调查工作的基础上,事实清楚,程序合法。复议决定被法院判决撤销并不必然导致重新作出的投诉处理决定无效,更不必然导致第一次投诉处理决定自然恢复效力。[11] 这一判决客观上限制了撤销判决的效力,避免了行政纠纷不必要地重复,有助于实质性地解决纠纷。

(三) 部分撤销、一并撤销和不撤销

行政行为部分违法,并且该部分的内容与其他部分可以分离的,法院可以判决部分撤销。例如,被诉房屋登记行为涉及多个权利主体或者房屋可分,其中部分主体或者部分房屋的登记违法,应予撤销的,可以判决部分撤销。[12] 部分撤销的,不影响其余部分的效力。

在复议决定维持原行政行为的情况下,需要对复议决定和原行政行为的合法性都作出处理。按照修改前的《行政诉讼法》,原告只起诉作出原行政行为的行政机关,法院只审查原行政行为;法院判决撤销原行政行为的,复议决定自然无效。[13] 而按照修改后的《行政诉讼法》第79条,复议机关与作出原行政行为的行政机关为

---

〔10〕 马怀德:《行政许可案件判决方式研究》,载《南京大学学报(哲学·人文科学·社会科学)》2000年第3期。

〔11〕 北京市第二中级人民法院行政判决书,(2020)京02行终618号。

〔12〕 《最高人民法院关于审理房屋登记案件若干问题的规定》,法释〔2010〕15号,第11条第1款。

〔13〕 2000年《若干解释》,第53条第1款。

共同被告,法院应当对复议决定和原行政行为一并作出裁判。法院撤销原行政行为的,复议决定一并撤销。

在一些情况下,行政行为违法却不适合撤销的,可以适用确认违法、无效或者其他补救措施。这些情况下的判决方式,放在后面讨论。

二 责令重新作出

判决责令重新处理不是一类独立的判决方式,而是撤销判决的附随判决。

(一)判决责令重作的考虑因素

法院在撤销被诉行政行为后,什么情况下需要责令行政机关重新作出?《行政诉讼法》"可以判决被告重新作出行政行为"的措辞,基本上把这一问题交给了司法裁量。总结实践经验,法院在裁量时,应当考虑重作的可能性、必要性和适当性。

首先,法院责令重作必须是法律上所容许的,并且在事实上是可能的。法院撤销被诉行政行为的根据有多种,应当区分情况。如果是因为被诉行政行为主要证据不足、违反法定程序、处理明显不当,行政机关可以重新作出。但如果是因为行政机关超越管辖权限而导致行政行为被撤销,被诉行政机关显然无权重新作出;其他行政机关不是案件当事人,法院无权判决要求它来作出。如果按照诉讼过程已经查明的事实,行政行为适用条件错误,而按照法律规定不能作出相应行为的,行政机关也不能重作。如果随着情势变化,行政机关的重作已经没有事实上的可能,法院也不应责令行政机关重作。

其次,法院责令重作还应当是必要的。从原理上讲,行政行为被法院判决撤销后,是否重新作出属于行政机关的裁量范围;只要法律和情势容许,行政机关都可以重新作出,法院不必事事要求重新作出。在一些情况下,法院判决撤销被诉行政行为后,行政机关如不及时重新作出行政行为,将会给国家利益、公共利益或者当事人利益造成损害的,法院应当判决责令行政机关重新作出。在大连日隆工贸实业发展公司诉锦州市工商行政管理局封存资产案中,被告所属的三分局为贯彻国务院办公厅停止发展多层次传销企业的精神,以原告名下的广厦珠宝行从事传销为由,通知该珠宝行停止营业并封存资产。辽宁高院一审判决以三分局不具有行政主体资格、责令停止营业无法律依据为由,撤销了该通知,并责令被告重新作出行政行为。最高法院认为,鉴于被告在一审过程中已发文停止争议文件的执行,而且传销员就退款事宜已向法院提起民事诉讼,封存的资产已被法院采取诉讼保全措施,故判决被告重新作出行政行为已无必要。为此,维持一审判决关于撤销被告通知的内容,撤销一审判决关于责令被告重新作出行政行为的内容。[14]

最后,法院判决行政机关重新作出行政行为还应当是适当的。如果法院有能力

〔14〕 最高人民法院行政判决书,(1998)行终字第6号。

对争议问题直接作出认定和处理，就没有必要由行政机关重新作出。法院直接作出认定和处理，可以消除潜在的争议，有利于实质性地解决纠纷。但这里边涉及司法的能力，也涉及司法与行政的关系。出于对司法自身权力的谦抑和对行政机关处理权的尊重，法院在一些情况下还是交由行政机关处理为好。在曹忠泉诉国家知识产权局专利复审委员会专利权无效案中，最高法院判决指出，法院判决撤销复审委作出的无效宣告请求审查决定时，是否判决被告重新作出行政行为要视案件的具体情况而定。判决书还进一步甄别了"具体情况"：第一，复审委认为专利权有效而法院认为专利权无效的，在判决撤销被诉决定的同时，应一并判决复审委重新作出决定。第二，复审委认为专利权无效的，法院在判决撤销被诉决定时，要区分两种情况：复审委针对无效宣告请求人所提出的无效理由和证据全部作出评述而法院认为专利权有效的，不必再判决复审委重新作出决定；复审委未对无效宣告请求人所提出的无效理由和证据全部作出评述，而依据部分理由及相应证据作出的无效决定不能成立的，法院应一并判决复审委针对无效宣告请求人所提出的其他无效理由和证据重新作出决定。[15] 在这里，法院是否判决复审委重新作出决定，主要取决于相关问题在专利复审程序中是否已经得到适当考虑。

（二）判决责令重作的适用情形

根据实践经验，在下列情况下应当判决行政机关重新作出：

1. 行政许可和行政登记被判决撤销，但对当事人的申请需要作出处理的。在车凤英诉徐州市郊区规划管理处建设工程规划许可案中，一审法院认为，被告批准第三人陈昌惠建房，所留的间距违反有关规定，而且没有按照规定报经市局审定，判决撤销被告颁发的建设工程规划许可证。徐州市中级法院维持了该判决。考虑到第三人陈昌惠符合建房条件且已建成第一层，行政机关应依照法定程序重新给他办理建房手续。为此，二审判决增加了责令被告对第三人陈昌惠建房申请重新作出具体行政行为。[16] 最高法院的一个司法解释进一步规定，法院认为原告请求准予行政许可的理由成立，而且被告没有裁量余地的，可以在判决理由中写明，然后判决撤销不予许可决定，并责令被告重新作出决定。[17]

2. 被告违法拒绝履行法定职责，但原告的履责请求尚需被告调查或者应由被告裁量决定的。当然，如果法院审理后认为原告请求被告履行法定职责的理由成立的，可以直接判决被告在一定期限内依法履行原告请求的法定职责。[18]

3. 涉及当事人民事争议的行政裁决被撤销，相关争议需要由行政机关作出处理

---

〔15〕 最高人民法院行政判决书，(2012)行提字第7号；《最高人民法院公报》2014年第9期。

〔16〕 徐州市郊区人民法院行政判决书，(1993)行初字第1号；徐州市中级人民法院行政判决书，(1993)行终字第33号。

〔17〕《最高人民法院关于审理行政许可案件若干问题的规定》，法释〔2009〕20号，第11条。

〔18〕 2018年《行诉法解释》，第91条。

的。《行政诉讼法》第61条规定，在涉及行政许可、登记、征收、征用和行政机关对民事争议所作的裁决的行政诉讼中，当事人申请一并解决相关民事争议的，法院可以一并审理。从实质解决争议的角度来说，法院最好是一并审理、一并解决。但如果当事人没有要求法院一并解决民事争议，或者案件情况不适宜一并审理的，法院在判决撤销后，应当责令行政机关重新作出。

4. 行政处罚被判决撤销，确需重新考虑处罚的。行政处罚决定的事实依据清楚、程序合法，法院可以直接变更处罚。如果因主要证据不足、违反法定程序等原因被判决撤销，而当事人违反行政管理秩序依法应当处罚的，法院可以责令行政机关重作。在**林秀月诉福建省莆田市工商行政管理局涵江区分局行政处罚案**中，莆田市中级法院二审判决认为，被告认定林秀月"倒卖外币"的主要证据不足，处罚程序违法。一审法院判决撤销被告的处罚决定是正确的，但没有责令其重新作出具体行政行为不妥。[19]

5. 行政复议决定被撤销，需要复议机关重新作出复议决定或者原行政机关重新作出行政行为的。复议决定改变原行政行为错误，法院判决撤销复议决定时，可以一并责令复议机关重新作出复议决定；必要时，也可以判决恢复原行政行为的法律效力。[20] 对当事人依法提出申诉的处理，也适用该规定的精神。在**杨茂诉成都市教育局申诉处理决定案**中，杨茂对成都大学将其"除名"的决定不服，向成都市教育局提出申诉，成都市教育局作出《教师申诉处理意见书》。杨茂仍不满意，以教育局为被告提起诉讼。成都市两级法院判决撤销了该意见书，责令被告重新作出申诉处理决定。[21]

（三）对行政机关重作行为的要求

法院判决被告重新作出行政行为，可以限定重新作出的期限。由于行政机关在作出原行政行为时已经收集了相关证据、了解了相关事实，相关的法律争议在诉讼过程中也已经比较清楚，法院判决重作的期限可以短于行政机关新作一个行政行为的法定期限。法院责令行政机关重作的判决具有法律效力。行政机关没有在规定期限内作出，构成不作为的违法。

行政机关重新作出行政行为，无论是否系法院判决重作，都应当遵循法院在判决主文以及判决理由中表明的精神。在**朱宝焕诉昆明市工商局行政处罚案**中，工商局对朱宝焕的处罚决定被昆明中院（1999）昆行终字第5号判决撤销后，重新对他作出处罚决定。新的处罚决定认定朱宝焕同时存在违反《公司法》和《反不正当竞争法》规定的违法行为，对其作出责令停止违法行为、罚款1.5万元的行政处

---

〔19〕 福建省莆田市中级人民法院行政判决书，（2000）莆中行终字第55号。

〔20〕 2000年《若干解释》，第53条第2款（应当责令复议机关重新作出复议决定）；2018年《行诉法解释》，第89条。

〔21〕 成都市中级人民法院行政判决书，（2005）成行终字第70号。

罚。在朱宝焕再次提起的诉讼中,昆明中院再次判决撤销该处罚决定。判决书指出,(1999)昆行终字第5号行政判决已经确认市工商局依据《公司法》第224条对朱宝焕进行处罚属适用法律错误,被告仍然依据该条款作出处罚,系适用法律错误。[22]

《行政诉讼法》第71条规定:"人民法院判决被告重新作出行政行为的,被告不得以同一的事实和理由作出与原行政行为基本相同的行政行为。"这一规定早在1989年《行政诉讼法》中就有了,其目的是"防止有的行政机关不按照人民法院的判决改变原具体行政行为,致使原告的权利得不到保护"。[23] 对于何谓"同一的事实和理由",司法解释认为,被告重新作出的行政行为与原行政行为的结果相同,但主要事实或者主要理由有改变的,不属于《行政诉讼法》禁止的情形;法院以违反法定程序为由,判决撤销被诉具体行政行为的,行政机关重新作出行政行为不受《行政诉讼法》该条规定的限制。[24]

行政机关重新作出行政行为,是否必须重新调查取证?在铃王(无锡)电器有限公司诉无锡市劳动局工伤认定案中,法院作了否定的回答。无锡市南长区法院一审判决认为,依据《工伤认定办法》,工伤认定程序中的调查核实由劳动保障部门根据需要进行,不是每个工伤认定的必经程序。劳动保障部门如果已经掌握了有关职工受事故伤害的证据,在重新启动的工伤认定程序中可以不再进行调查核实。本案被告在重新启动的工伤认定程序中,径行通知原告铃王公司举证而不再主动收集证据,不违背法律规定。[25] 当然,行政机关重新作出行政行为也应当遵循正当程序原则的要求。在重新作出的程序中如果涉及新的事实和证据,必须告知当事人并听取其意见。

行政处罚决定被撤销后,行政机关重新作出的行政处罚决定能否加重对原告的处罚?该问题目前尚不明确。从充分保障公民诉权的角度出发,加重处罚应予禁止。在焦志刚诉天津市公安局和平区分局行政处罚案中,被告的行政处罚被复议决定撤销后,被告在相同的事实基础上,加重了对原告的处罚。天津市第一中级法院二审判决认为,行政机关在没有任何新证据的情况下,重新作出的决定不得加重处罚。[26] 但是,如果与行政处罚有利害关系的第三人认为行政处罚太轻,以原告身份提起诉讼的,法院撤销行政处罚决定后,行政机关重新作出的处罚决定加重处罚,并不一概禁止。

---

〔22〕 昆明市中级人民法院行政判决书,(2001)昆行终字第46号。判决书同时认为,新的处罚决定所依据的事实不清、证据不足,而且违反法定程序。

〔23〕 王汉斌:《关于〈中华人民共和国行政诉讼法(草案)〉的说明》,1989年3月28日,第七届全国人民代表大会第二次会议。

〔24〕 2000年《若干解释》,第54条;2018年《行诉法解释》,第90条。

〔25〕 《最高人民法院公报》2007年第1期。

〔26〕 《最高人民法院公报》2006年第10期。

（四）对重作行为不服的救济

行政行为被判决撤销后，行政机关重新作出的行政行为是一个独立的行为。公民、法人或者其他组织对行政机关重新作出的行政行为不服的，可以向法院起诉。法院依照诉讼程序受理和审判，而不是作为原行政判决的执行程序处理。[27] 行政机关以同一事实和理由重新作出与原行政行为基本相同的行政行为，法院应当根据《行政诉讼法》的相关规定判决撤销或者部分撤销。法院还可以根据《行政诉讼法》第 96 条的规定，以行政机关拒绝履行生效判决论处。[28]

三 变更行政行为

变更判决原来只适用于行政处罚显失公正的情形。2014 年《行政诉讼法》修改后，适用范围有所扩大。在司法实践中，法院对变更判决的运用非常谨慎；在立法上，变更判决的适用范围仍需扩大。

（一）变更判决的发展

是否允许法院变更行政行为，在《行政诉讼法》制定和修改时都是一个比较有争议的问题。反对者基于职能分工的观点，认为：行政活动有其专业性、政策性，行政职权应由行政机关行使；法院的职能是监督而非代替行政机关行使职权；行政机关违法行使职权的，法院可以撤销并责令行政机关重新作出。赞成者基于纠纷解决和司法终局的观点，认为：允许司法变更可以避免行政机关重复行政，有助于提高行政效率；可以避免行政机关的成见，有助于实现公正。

1989 年的《行政诉讼法》最终采纳了一种折中观点，即承认有限的司法变更权。在适用范围上限于行政处罚，主要是考虑到行政处罚一般不需要专门知识，法官的生活经验足够担当。而且，行政处罚是当时行政诉讼案件的主要类型，也可以说是主要矛盾所在。在适用标准上明确规定为显失公正，也可以防止法院过分地干预行政活动。“至于行政机关在法律、法规规定范围内作出的行政处罚轻一些或者重一些的问题，人民法院不能判决改变。”[29]

司法实践展示了两个不同的趋势。一方面，法院对司法变更权的运用非常谨慎，以至于变更权几乎处于“备而不用”的状态。有学者搜集了 6 家法院在 2003 年

---

〔27〕 2000 年《若干解释》，第 38 条；2018 年《行诉法解释》，第 62 条。

〔28〕 2018 年《行诉法解释》，第 90 条第 3 款。

〔29〕 王汉斌：《关于〈中华人民共和国行政诉讼法（草案）〉的说明》，1989 年 3 月 28 日，第七届全国人民代表大会第二次会议。

作出的 484 份行政判决书，发现只有 1 起案件作出了变更判决。[30] 最高法院的统计数据也印证了这一发现。在 2014 年全国法院审结的 2 万余件一审行政处罚案件中，变更判决只有 23 件。但另一方面，法院实际运用司法变更权的，并不限于《行政诉讼法》明确规定的情形。有法院直接变更了行政机关采取的强制措施，也有法院直接变更了行政裁决。

2014 年《行政诉讼法》修改时，不少学者呼吁扩大司法变更权的适用范围。尽管如此，立法对变更判决的扩大非常慎重，只增加了一种情况，即“其他行政行为涉及对款额的确定、认定确有错误的”。原来“行政处罚显失公正”的措辞则改为“行政处罚明显不当”，与撤销判决中的“明显不当”用语保持一致。[31]

（二）变更判决的适用范围

《行政诉讼法》明确规定法院可以判决变更的只有两种情形，一是行政处罚明显不当，二是其他行政行为涉及对款额的确定、认定确有错误的。在这两者之外，行政行为涉及民事权利的确认、裁决，也可能需要予以变更。

《行政诉讼法》第 61 条第 1 款规定：“在涉及行政许可、登记、征收、征用和行政机关对民事争议所作的裁决的行政诉讼中，当事人申请一并解决相关民事争议的，人民法院可以一并审理。”立法者的基本思路是区分民、行诉讼。司法解释要求，民事争议应当单独立案（行政裁决除外），由同一审判组织审理，行政争议和民事争议应当分别裁判。[32] 这是立法者期待的法院今后审理民、行相关案件的基本模式。如果遵循这一模式，法院在民事裁判中自然可以改变被诉行政行为确定的内容。然而在实践中，法院可能不采用分别立案、分别裁判，而是直接一并处理、直接变更裁决。在常州神力德汇房地产开发有限公司诉常州市建设局拆迁行政裁决案中，原告（拆迁人）提供了三套安置房供被拆迁人丁和国选择，但是丁和国并不满意。被告作出行政裁决后，房地产公司提起诉讼。在承办法官主持协调的过程中，丁和国提出由其选择房屋，原告和被告均表示尊重丁和国的选择，三方在此基础上达成了合意。在此情况下，如果判决撤销行政裁决，不合法理；而维持该裁决，又不合情理。于是，法院判决将行政裁决的第一项变更为：原告向第三人提供住宅房一套（常州市典雅花园 5 号楼乙单元××室），房屋差价由双方按照评估金额结清。[33] 法院在本案中直接变更行政裁决，有助于彻底解决民事权益之争，节约诉讼资源，符合行政纠纷实

---

〔30〕 孔繁华：《我国行政诉讼功能之实证分析》，载《江苏行政学院学报》2009 年第 1 期。该文称，从 1998 年开始，有关变更判决的统计“无声无息地消失了”。这一说法并不正确。实际上，法院一直在进行统计，只是由于数目较少，《中国法律年鉴》等文献在发布统计数据时没有把它单独列出，而归入“其他”项目。

〔31〕 信春鹰主编：《中华人民共和国行政诉讼法释义》，法律出版社 2014 年版，第 203 页；江必新、梁凤云：《行政诉讼法理论与实务》（第 3 版），法律出版社 2016 年版，第 1622 页。

〔32〕 2015 年《适用解释》，第 18、19 条；2018 年《行诉法解释》，第 140、142 条。

〔33〕 常州市中级人民法院行政判决书，（2007）常行终字第 99 号，载《中国审判案例要览（2008 年行政审判案例卷）》，中国人民大学出版社 2009 年版，案例 37。

质性解决的精神。

实践中的一些案例也提醒人们,有必要继续扩大司法变更权的范围。在铃王(无锡)电器有限公司与无锡市劳动局工伤认定纠纷中,第三人郭维军在工作时间内在厂区摔倒致伤,历经整整6年才被认定为工伤。该案先后经历劳动局的三次工伤认定(前两次认定不是工伤,最后一次认定为工伤),两次行政复议,三次行政诉讼,法院先后作出三份判决。[34] 为了避免同一事项三番五次地诉讼,可以考虑,原则上法院对经过两次以上诉讼的应当直接作出处理。法院提供的救济方式应当尽可能充分,法院的判决才能恰到好处。

(三)变更判决的处理方式

通常认为,行政行为明显不当应当是按照常理来看,处理结果明显有失公正。在实践中,法院可以借助法定的考虑因素、行政法的一般原则、行政裁量基准、行政先例等方法来判断行政处罚是否明显不当。前一编司法审查的标准对此已有比较详细的论述。

法院变更的种类和幅度,与明显不当的审查标准相一致,应当是与原行政行为相比有明显差异的。在王忠生等诉云南省安宁市烟草专卖局行政处罚案中,被告以原告王忠生等人无证运输卷烟,对四原告处以各自运输卷烟总价值45%的罚款,合计6万余元。依据《烟草专卖法实施条例》,无准运证运输卷烟的,处以违法运输的卷烟总价值20%~50%的罚款。昆明市中级法院二审判决认为,被告对9名案外人的处罚与本案情况相同,而处罚幅度相差较大,有悖处罚公正原则。为此,将被告的罚款数额变更为违法运输卷烟总价值的30%。[35] 变更前后数额相差将近1万元,对四个自然人来说有较大差异,所作的变更大体是适当的。而同样是1万元的差异,对于一个几百万元的处罚来说就属搞笑了。当然,如果是"对款额的确定、认定确有错误的",都应变更,一般不受数额大小的限制。

在一般情况下(如治安管理处罚),行政处罚内容比较简单,司法变更也容易把握。但在城乡规划等少数领域,法院有时不得不对变更后的处罚内容作出细致到繁复的叙述。在黑龙江汇丰实业发展有限公司诉哈尔滨市规划局行政处罚案中,汇丰公司申请翻扩建位于哈尔滨市中央大街院内的两栋楼房,哈尔滨市规划局批准建设3层,汇丰公司却建成了两栋地下1层、地面9层的连体建筑。被告要求,临街建筑5层及以上全部拆除,院内建筑8、9层全部拆除,并处罚款374,400元。黑龙江高院一审判决认为,规划局既然确定以保护建筑外文书店为影响中央大街景观的参照标准,拆除范围就应限于违法建筑遮挡外文书店的部分。为此,将临街建筑的拆除范围变更为:该楼第7层由中央大街方向向后平行拆至第3/2支撑柱,第8层从中央

---

〔34〕《最高人民法院公报》2007年第1期。

〔35〕昆明市中级人民法院行政判决书,(2001)昆行终字第36号。

大街方向向后平行拆至第3支撑柱，第9层从中央大街方向向后拆至第4支撑柱；第7、8、9层电梯间予以保留，电梯间门前保留一个柱距面积通行道。维持对院内建筑的拆除决定，变更罚款数额为398，480元。最高法院维持一审判决。[36] 这样细致明确的规定有利于判决的执行，避免产生新的纠纷。

（四）对变更判决的限制

对行政处罚决定的变更，只适用于行政机关已经作出并存续的行政处罚。行政机关尚未作出行政处罚，法院不得直接给予行政处罚。行政处罚已被行政机关自行撤销而不存在的，法院也不能变更。在昆明威恒利商贸有限责任公司诉昆明市规划局行政处罚案中，被告在一审诉讼过程中撤销了原行政处罚决定，原告坚持诉讼，要求判令昆明市规划局将其处罚决定变更为罚款并补办手续。云南高院判决确认被诉行政行为违法，但驳回原告其他诉讼请求。最高法院二审判决认为，被诉行政行为在诉讼过程中已由被告昆明市规划局自行撤销，因此，原告请求变更的主张不能成立，一审判决并无不妥。[37]

变更判决通常适用于行政处罚事实清楚的案件。行政处罚决定所依据的事实清楚、证据确凿，仅仅是行政处罚结果失当，法院可以直接判决变更。通过诉讼调查，当事人的违法行为已经事实清楚的，法院也可以判决变更。如果案件事实复杂，难以确定的，法院不宜判决变更，而应判决撤销，并根据情况责令行政机关重新作出行政处罚。对于行政处理涉及的款额计算错误的，法院也应当在查清事实的前提下判决变更。

法院判决变更，原则上不得作对原告不利的变更。《行政诉讼法》第77条第2款规定："人民法院判决变更，不得加重原告的义务或者减损原告的权益。但利害关系人同为原告，且诉讼请求相反的除外。"据此，如果受害人对行政处罚不服提起诉讼，法院认为处罚结果畸轻的，可以判决加重处罚。在张小利诉北京市公安局丰台分局行政处罚案中，原告张小利男友的父亲唐文从与第三人田杰同属一个单位，两人分住一个单元。田杰对于张小利入住该单元有异议，双方发生争执。田杰用拳、掌击打张小利头、面部，致其轻微伤。之后，田杰反锁单元房门，不让唐文从夫妻进入，双方发生扭打，唐文从将田杰殴打成轻微伤（偏重）。被告丰台公安分局对唐文从处以行政拘留7天，对田杰处以200元罚款。唐文从认为自己所受处罚太重，提起诉讼（另案处理）；张小利认为被告对田杰的处罚太轻，也提起诉讼（田杰为第三人）。在后一案件中，北京市丰台区法院认为被告对田杰罚款200元的处罚畸轻，显失公正，遂变更为对田杰行政拘留3日。该判决得到二审法院的维持。[38] 当然，法院判决加重处罚应受严格限制。出于行政机关首先处理的原则，法院不得对行政机

---

〔36〕 最高人民法院行政判决书，（1999）行终字第20号。

〔37〕 最高人民法院行政判决书，（2008）行终字第1号，《最高人民法院公报》2009年第10期。

〔38〕 北京市第二中级人民法院行政判决书，（1998）二中行终字第34号。

关未予处罚的人直接给予行政处罚。[39] 出于正当程序的考虑，法院也不得对未参加诉讼的人加重处罚。

四　确认行政行为违法

确认行政行为违法是撤销判决、履行判决的一种替代方式。行政行为违法，但又不需要、不适宜判决撤销或者责令履行的，可以判决确认违法。确认违法判决对行政行为合法性作了否定评价，却不改变该行政行为所形成的法律关系。在行政系统内部，确认违法判决可以作为考评依法行政状况的一个依据；因行政行为受到损害的当事人，可以根据确认违法判决主张国家赔偿。

确认行政行为违法这一判决方式是在司法实践中创造出来的，而后得到最高法院司法解释的肯定，并在《行政诉讼法》修改中被吸纳。依据《行政诉讼法》第74条，确认违法判决适用于下列情形：(1)行政行为依法应当撤销，但撤销会给国家利益、社会公共利益造成重大损害的；(2)行政行为程序轻微违法，但对原告权利不产生实际影响的；(3)行政行为违法，但不具有可撤销内容的；(4)被告改变原违法行政行为，原告仍要求确认原行政行为违法的；(5)被告不履行或者拖延履行法定职责，判决履行没有意义的。其中(1)、(2)项属于不适宜撤销的，(3)、(4)、(5)项属于"不需要撤销或者判决履行的"。下面分述之。

（一）被诉行政行为违法，但根据案件具体情况，不宜撤销的

被诉行政行为违法，但判决撤销会给公共利益或者第三人利益造成重大损失，法院衡量具体情况后，可以不撤销行政行为。这种情形在日本法上称为"情况判决"；有所不同的是，日本法院将判决驳回原告的诉讼请求。[40] 依照中国法律，驳回诉讼请求只适用于被诉行政行为不构成违法的情况。

在房屋登记引起的行政诉讼中，被诉房屋登记行为违法，但判决撤销将给公共利益造成重大损失或者房屋已为第三人善意取得的，法院不撤销登记行为，只确认被诉行为违法。[41] *在武汉市中山医药集团股份公司诉武汉市住房保障和房屋管理局房屋登记案*中，原告与第三人张勇签订房屋转让协议后，因双方为房屋售价结算发生争议，原告未配合被告办理房屋权属转移登记手续。张勇的代理人伪造原告的委托书、房屋买卖合同等材料，骗取被告向第三人岸房公司颁发了《房屋所有权证》。武汉市中级法院二审判决认为，被告向第三人颁发的房屋权属证书本应撤销，但因涉案房屋大部分已作为安置用房过户到被拆迁户名下，撤销该房屋权属证书将会给众多被拆迁户的利益造成重大损害。而且，原告与第三人张勇对涉案房屋的买卖并

---

〔39〕 2000年《若干解释》，第55条第2款。

〔40〕 王天华：《行政诉讼的构造：日本行政诉讼法研究》，法律出版社2010年版，第176～182页。

〔41〕 《最高人民法院关于审理房屋登记案件若干问题的规定》，法释〔2010〕15号，第11条第3款。

无实质争议,买方在诉讼之前已交付大部分房款,双方关于剩余房款的纠纷可通过民事诉讼解决。据此,判决确认被诉颁证行为违法。[42]

城乡规划许可、城市房屋拆迁也是司法救济的一个复杂领域,行政诉讼经常遇到"木已成舟"的困境。法院需要权衡互相冲突的利益,作出适当的判决。[43] 在万文胜诉河南省光山县城乡规划管理局行政许可案中,被告为第三人东光房地产公司颁发了《建设工程规划许可证》,其中包括批准在13、14、15号楼之间建设车库。原告提出,被告把应当规划为绿地的部位规划为车库,以致小区绿化率达不到规划标准。法院认为,被告不能证明绿化率符合标准,所作的小区建设规划许可违法。但撤销许可将导致诸多法律关系处于不确定状态,有损公众利益,遂判决确认被告为第三人颁发的《建设工程规划许可证》关于批准在13、14、15号楼之间建设车库的规划违法。[44] 在张铎诉安徽省歙县人民政府行政合同案中,两级法院判决认为,被诉行政行为依法应予撤销,但考虑到争议地块事实上已被纳入小北街地段整体改造计划,而且改造工作已全部完成,判决撤销可能造成重大损失。为此,判决确认被诉行政行为违法并责令采取相应的补救措施。[45]

重大的公共工程建设项目也存在类似的问题。在河南省周口市益民燃气有限公司诉周口市人民政府等燃气管网招标案中,益民公司经原周口地区建设局批复认可为周口城市管道燃气专营单位,实际铺设了部分燃气管网。两年后,周口市政府组织了周口市管道燃气招标,把独家经营周口市天然气管网的资格给予第三人亿星公司。最高法院认为,被告的行为违法,损害益民公司的信赖利益。但是,如果撤销上述行政行为,将使公共利益受到损害。一是招标活动须重新开始,周口市"西气东输"的利用进程必然延误,周口市民和企业将无法及时使用天然气。二是重新招标的结果具有不确定性。如果第三人亿星公司不能中标,该公司与中石油公司签订的"照付不议"合同将随之作废,该公司合法投入的损失亦须由政府弥补。为此,判决确认被诉行政行为违法,同时责令被告采取相应的补救措施。[46]

《行政诉讼法》所列举的情况判决的适用范围,只限于保护国家利益和社会公共利益。但实践中,情况判决也可能适用于保护当事人或者第三人的重大利益。这种情况尤其可能出现在行政许可、行政登记案件中。依据最高法院的司法解释,被诉准予行政许可决定违反当时的法律规范但符合新的法律规范的,判决确

---

〔42〕 武汉市中级人民法院行政判决书,(2009)武行终字第175号。

〔43〕 章剑生:《论利益衡量方法在行政诉讼确认违法判决中的适用》,载《法学》2004年第6期;郑春燕:《论"基于公益考量"的确认违法判决——以行政拆迁为例》,载《法商研究》2010年第4期。

〔44〕 河南省光山县人民法院行政判决书,(2009)光行初字第15号。判决书还指出规划许可涉及内容众多云云。但这一说法意义不大,因为理论上法院可以判决部分撤销。

〔45〕 安徽省高级人民法院行政判决书,(2004)皖行终字第51号。

〔46〕 最高人民法院行政判决书,(2004)行终字第6号。

认该决定违法。[47] 在婚姻登记案件中,法院也可能基于价值衡量,以确认登记行为违法来代替撤销判决。[48]

(二) 行政行为程序轻微违法,对原告权利不产生实际影响的

撤销判决适用中的另一个难题是对行政机关程序违法的处理。一种意见认为,具体行政行为违反法定程序的,无论是否侵犯实体权益,也无论撤销重作可能的结果,都应当判决撤销。[49] 另一种意见则认为,对于行政机关的程序违法应当视其是否可能侵害当事人的实体权益而区别对待。如果其他方面没有问题,仅仅因为执法人员未尽告知义务、行政行为超越时限而予以撤销,那只会导致无谓的程序反复和资源浪费。

上述难题同样困扰向来注重程序正义的英国法官。不同的回答都能在普通法中找到各自的判例依据。一组判例表明,如果行政机关当初遵守了自然正义,结果也不会有什么不同,那么法院不会给以救济。当然,即使在这些案件中,法官也是在肯定"结果仍然一样"的情况下,才作此判决。而另一组判例表明法院的另一种立场:法官无须考虑程序瑕疵对实体结果的影响,单凭程序瑕疵就足以撤销行政行为。一位法官解释说:法院不应该去猜测,假如当初行政机关进行了听证结果又会怎样,因为一切都是可能的;即使行政机关遵不遵守程序要求,结果肯定一样,也不能说没有给当事人造成不公。自然正义不单是一个事实上公正的问题,它还要求"看上去公正"。这种"看上去的公正"有助于维系公众对程序公正的信心。[50] 上述两种立场似乎很难强求一律,真理大约在两者之间,区别仅在于重心的取舍。

中国的司法实践长期徘徊在两种不同意见之间。有时候,法官对程序违法采取严厉态度,有时候则宽大处理。在《行政诉讼法》修改过程中,对行政程序违法的处理也存在截然不同的意见,修正草案的条款也一改再改。[51] 最后通过的草案对行政程序违法采取了比较严格的立场。一方面,把撤销行政行为作为违反法定程序的一般处理方式,维持不变;另一方面,"行政行为程序轻微违法,但对原告权利不产生

---

[47] 《最高人民法院关于审理行政许可案件若干问题的规定》,法释〔2009〕20 号,第 10 条。该条同时规定,如果准予行政许可的决定不损害公共利益和利害关系人合法权益的,判决驳回原告的诉讼请求。

[48] 叶平:《不可撤销具体行政行为研究——确认违法判决适用情形之局限与补正》,载《行政法学研究》2005 年第 3 期。

[49] 罗豪才主编:《行政审判问题研究》,北京大学出版社 1990 年版,第 326 ~ 327 页; 姜明安:《行政诉讼法学》,北京大学出版社 1993 年版,第 202 ~ 203 页。

[50] 何海波:《英国行政法上的听证》,载《中国法学》2006 年第 4 期。

[51] 《行政诉讼法》修改草案第一次审议稿规定,具体行政行为"违反法定程序,且可能对原告权利产生实际影响的",予以撤销; "具体行政行为程序违法,但未对原告权利产生实际影响的",确认违法。第二次审议稿则规定,具体行政行为"违反法定程序,不能补正且可能对原告权利产生实际影响的",予以撤销; "具体行政行为程序轻微瑕疵,能够补正违法,但未对原告权利产生实际影响的",确认违法。第三次审议稿即现行法规定,行政行为"违反法定程序的",予以撤销; "行政行为程序轻微违法,但对原告权利不产生实际影响的",确认违法。

实际影响的”,都确认违法。而在过去的司法实践中,对于轻微的程序违法,如执法人员没有出示工作证件、未送达权利告知、未采用书面方式通知当事人参加听证等,法院多数只在判决理由中指出其违法之处,而在主文中驳回原告的诉讼请求。一些学者也认为,行政程序轻微违法,对原告权利不产生实际影响的,不需要确认整个行政行为违法。[52] 2014 年《行政诉讼法》对行政程序违法的严格立场,反映了公众对程序价值的空前强烈(也可能过高)的期待,也反映了立法者在特定时期加强程序法制的决心。

在司法实践中,何谓“轻微违法”、何谓“对原告权利不产生实际影响”,都需要法官判断。在李丹青诉浙江省教育厅要求查处学术不端行为案中,一、二审法院对程序违法的价值产生了分歧。一审判决认为,被告接到原告举报、启动调查后,没有告知原告调查组组成人员等相关事项并听取原告意见,但程序违法轻微,对原告权利不产生实际影响,故对被告的回复只判决确认违法。浙江高院二审判决则认为,被告的行为违反正当程序原则,属于严重违反法定程序,故改判撤销被告回复的相关内容,并责令重作。[53] 而对于显然轻微的违法,是否都确认违法,也有不同看法。据说,有的法院仅仅因为行政机关迟延一天答复,判决确认行政行为违法。上述做法的实际效果有待观察。不过有一点是肯定的:鉴于确认行政行为违法的要件之一是“对原告权利不产生实际影响”,这一类确认违法的判决不能作为当事人请求国家赔偿的根据。

(三)被诉行政行为违法,但不具有可撤销内容或者行政行为已不存在的

行政机关的事实行为,例如殴打行为或者执行行为,实际影响当事人的利益却不为当事人设定权利义务,因而不具有可撤销的内容。事实行为违法的,不应撤销,而应当确认其违法。在王丽萍诉河南省中牟县交通局行政赔偿案中,被告交通局工作人员发现为原告运送生猪的 3 台小四轮拖拉机没有交纳养路费,决定将其暂扣。王丽萍请求将生猪运抵目的地后再扣车,被告工作人员仍把装载生猪的两轮拖斗卸下、驾驶主车离去,拖斗内的生猪因挤压受热死亡。中牟县法院没有质疑暂扣车辆的决定,但认为交通局工作人员执行暂扣车辆决定的行为不符合合理、适当的要求,构成滥用职权。遂判决确认被告扣押小四轮拖拉机车头的行为违法,并责令其赔偿。[54] 在贾春旺等诉河南省范县民政局案中,被告 4 名执法人员根据电话举报误以为原告贾春旺已经死亡,以殡葬执法为名,驾驶殡葬车至原告村庄,向贾春旺父母

---

〔52〕 笔者曾经建议,对行政程序违法分三种情况处理:第一,行政行为违反法定程序的予以撤销,这一原则规定不变;第二,行政行为程序违法,但判决撤销没有实际意义的,如超过法定期限作出行政许可、行政复议决定,判决确认违法;第三,有一些轻微的程序违法,不影响当事人的实际权利,补正也没有多少实际意义的,驳回原告的诉讼请求。

〔53〕 浙江省高级人民法院行政判决书,(2018)浙行终 539 号。对该案的解读,参见惠忆、赵青航:《正当程序原则在行政程序中的独立价值》,载《人民法院报》2019 年 7 月 4 日,第 6 版。

〔54〕 《最高人民法院公报》2003 年第 3 期。判决书把执行暂扣车辆决定的行为也称为“行政行为”。

追索其“尸体”并要求火化。范县法院一审判决确认，被告基于对事实的错误认识，要求原告履行尸体火化义务的具体行政行为违法。[55]

行政登记行为因为标的物灭失或者法律关系已经改变的，法院也可能使用确认违法来代替撤销判决。在梁秋莲诉焦作市中站区人民政府结婚登记案中，焦作市中级法院认为，当事人梁仁政与赵俊花的户口所在地均不在被告辖区，被告为二人颁发结婚证不符合《婚姻登记管理条例》的规定。但鉴于梁仁政已死亡，撤销结婚证已无实际意义。遂判决确认被告准予结婚登记的行为违法。[56]

被告在诉讼期间改变行政行为，原告坚持诉讼的，法院依法应当对原行政行为予以审查。法院审查后认为原行政行为违法的，本来应当予以撤销，但由于撤销的对象已经不存在了，法院不宜再行撤销，而应当判决确认原行政行为违法。在张玉中诉荥阳市公安交通警察大队行政处罚案中，被告以原告在一起交通事故中负同等责任为由，决定吊销原告的驾驶证。原告起诉后，被告以处罚裁决书有误为由予以撤销，并将驾驶证交还原告。郑州市两级法院均认为，被告所作的处罚裁决违法，但由于它已被撤销，本案不具有可撤销的内容。故判决确认被告吊销驾驶证的处罚违法。[57] 最高法院在有关房屋登记的司法解释中也规定，被诉房屋登记行为违法，但该行为已被登记机构改变的，判决确认被诉行为违法。[58]

（四）被告不履行或者拖延履行法定职责，但判决履行没有意义的

通常情况下，被告不履行或者拖延履行法定职责的，原告可以请求法院判决责令其履行。但原告请求行政机关履行职责的事由消失，责令行政机关履行已经没有必要或者没有可能的，法院可以判决确认行政机关当时没有履行法定职责构成违法。在李庆龙诉宿迁市建设局不履行法定职责案中，李庆龙向宿迁市建设局申请对其与宿迁市房地产公司的房屋拆迁安置与补偿争议作出裁决，被告在法定期间内未作出裁决，李庆龙向宿迁市中级法院起诉，要求被告履行法定职责。在本案诉讼过程中，宿城区法院受理了房地产公司与李庆龙关于房屋拆迁安置与补偿纠纷的民事诉讼，并迅速作出一审判决，二审法院维持该判决。宿迁市中级法院认为，再判决被告对李庆龙的申请作出裁决已无实际意义，遂判决确认被告未在法定期限内作出裁决的行为违法。二审法院维持该判决。[59]

被告不履行或者拖延履行法定职责，原告仅仅要求确认违法而没有要求责令履行的，法院可以根据原告的诉讼请求，适用确认判决。在中海雅园物业管理委员会

---

〔55〕 河南省范县人民法院行政判决书，(2002)范法行初字第3号。二审判决不得而知。

〔56〕 河南省焦作市中级人民法院行政判决书，(2009)焦行初字第10号。

〔57〕 河南省荥阳市人民法院行政判决书，(2003)荥行初字第16号；郑州市中级人民法院行政判决书，(2003)郑行终字第281号。

〔58〕《最高人民法院关于审理房屋登记案件若干问题的规定》，法释〔2010〕15号，第11条第2款。

〔59〕 江苏省高级人民法院行政判决书，(2002)苏行终字第6号。

诉北京市海淀区国土资源和房屋管理局案中，北京市海淀区法院判决认为，海淀区房管局在长达一年的时间内，不依照职权对中海雅园管委会提出的换届选举登记备案申请给予任何书面答复，亦未依照规定尽其指导、监督的职责，构成违法。中海雅园管委会请求确认海淀区房管局的上述行为违法，应予支持。[60] 但是，如果根据查明的事实，被告继续履行职责还有实际意义的，即使原告只请求确认行政行为违法，法院也可以适用责令履行的判决。在韩宝荣诉沈阳市于洪区人民政府不履行行政复议职责案中，原告诉称被告对其行政复议申请逾期不作出决定，请求法院确认其违法。被告辩称其已经作出复议决定，只是原告拒绝接收(但不能证明已经送达)。法院认为，被告行政复议超期且送达不符合法定形式，应当视为尚未完整地履行复议职责。虽然原告请求确认被告违法，但考虑到被告继续履行复议职责仍有实际意义，故判决责令被告于判决生效之日起 30 日内向原告送达行政复议决定书。[61]

法院确认被告不履行法定职责违法的判决，可以作为原告请求行政机关赔偿的依据。在刘桂兰诉昆明市公安局官渡分局不履行法定职责案中，被害人遭人殴打倒地并处于昏迷状态，公安民警将其拉到派出所，置于天井花台旁长达 8 个小时，没有积极采取救治措施。后被害人因抢救无效死亡。法院判决确认被告不积极履行保护公民生命安全职责的行为违法，并责令其承担赔偿责任。[62]

五　确认行政行为无效

行政行为无效原是一个理论范畴。一个重大且明显违法的行政行为属于无效行政行为，无效行政行为在任何时候、对任何人没有约束力。法院可以依申请确认行政行为无效，也可以依职权确认其无效。[63] 2014 年《行政诉讼法》修改时，接受了确认行政行为无效的判决方式，并对它的适用条件作了规定。该法第 75 条规定："行政行为有实施主体不具有行政主体资格或者没有依据等重大且明显违法情形，原告申请确认行政行为无效的，人民法院判决确认无效。"

《行政诉讼法》规定的确认无效判决，比较接近行政行为无效的一般理论。按照该理论，无效不是行政违法行为的一般后果，而是行政违法的一种极端形态。中国

---

〔60〕《最高人民法院公报》2004 年第 5 期。

〔61〕沈阳市中级人民法院行政判决书，(2006)沈行初字第 49 号。

〔62〕昆明市中级人民法院行政判决书，(2003)昆行终字第 9 号。

〔63〕德国《联邦行政程序法》，第 43、44 条；我国台湾地区"行政程序法"，第 110、111 条。学理讨论参见[德]哈特穆特·毛雷尔：《行政法学总论》，高家伟译，法律出版社 2000 年版，第 254 页；陈敏：《行政法总论》，1998 年自版发行，第 356～358 页。我国大陆学者对此问题的阐述，参见姜明安：《行政法与行政诉讼》，中国卓越出版公司 1990 年版，第 253～254 页；罗豪才主编：《行政法学》(高等教育法学教材)，北京大学出版社 1996 年版，第 132～134 页；王锡锌：《行政行为无效理论与相对人抵抗权问题探讨》，载《法学》2001 年第 2 期；沈岿：《法治和良知自由：行政行为无效理论及其实践之探索》，载《中外法学》2001 年第 4 期；章志远：《行政行为无效问题研究》，载《法学》2001 年第 7 期；金伟峰：《我国无效行政行为制度的现状、问题与建构》，载《中国法学》2005 年第 1 期；信春鹰主编：《中华人民共和国行政诉讼法释义》，法律出版社 2014 年版，第 200 页。

的多部立法也有行政行为"无效"的说法,但与行政行为无效理论有所不同。讨论行政行为无效的具体情形,似乎不能完全从某一家理论出发,也不能从法律条文的一些字词出发,而必须从行政行为无效制度的整体出发,务求理论与实践的圆融。

在《行政诉讼法》修改之前,最高法院司法解释曾规定了确认行政行为无效的判决,[64]法院在审判中也陆续处理了一些涉及行政行为无效的案件。[65] 尽管如此,行政行为无效的构成要件、确认程序和法律后果,尚需在理论上和实践中进一步探索。特别是,何谓"重大且明显违法"、是否必须由原告申请、确认无效与撤销在效果上有何不同,亟须得到回答。

(一)"重大且明显违法"的情形

《行政诉讼法》第 75 条所规定的行政行为无效,是以"重大且明显违法"为基本标准的。这一基本标准在理论上较为简明,却不具有操作上的清晰性。该条列举的两种行政行为无效情形,即实施主体不具有行政主体资格或者行政行为没有依据,比较笼统。[66] 最高法院司法解释把"重大且明显违法"解释为下列情形:(1)行政行为实施主体不具有行政主体资格;(2)减损权利或者增加义务的行政行为没有法律规范依据;(3)行政行为的内容客观上不可能实施;(4)其他重大且明显违法的情形。[67]

在前述规定之外,《行政处罚法》(2021 年修订)第 38 条增列了一种行政处罚无效的情形,即"违反法定程序构成重大且明显违法的"。这一条继承了《行政处罚法》强调遵守法定程序的精神,也符合《行政诉讼法》前述条文的基调。但该规定仍然比较笼统,也未必合用。

如果对照行政行为无效的一般理论,即对于无效的行政行为当事人有权拒绝、无效行为不受起诉期限的限制、无效行为不得被强制执行,上述规定的无效情形是相当宽泛的。如此宽泛的规定,是否符合行政行为无效的一般理论,是否能够兼容当事人直接抵制、起诉期限、非诉执行等制度,是相当可疑的。以行政处罚为例,执法人员未告知当事人实施主体或者未制作和送达处罚决定书却实施处罚的,行政处罚应当无效;但行政机关仅依据规范性文件作出处罚、依法应当听证而未听证,行政处罚是否无效,大可商榷。

(二)部门立法中使用的"无效"

在《行政诉讼法》引入行政行为无效制度之前,中国的立法也有行政行为"无

---

〔64〕 依据 2000 年《若干解释》第 57 条第 2 款第 3 项,被诉具体行政行为无效的,法院应当作出确认其无效的判决。该条没有对其适用范围作任何规定。

〔65〕 叶必丰:《最高人民法院关于无效行政行为的探索》,载《法学研究》2013 年第 6 期。

〔66〕 更多讨论,参见梁君瑜:《论行政诉讼中的确认无效判决》,载《清华法学》2016 年第 4 期; 王贵松:《行政行为无效的认定》,载《法学研究》2018 年第 6 期。

〔67〕 2018 年《行诉法解释》,第 99 条。

效”的说法,但其含义与上述理论明显不同。不同话语体系的混用给人带来了不少困惑,需要注意甄别。

在一些情况下,立法所称的无效只是行政行为的一般后果,即“因为违法、所以无效”。这方面最典型的是1996年《行政处罚法》的规定:“没有法定依据或者不遵守法定程序的,行政处罚无效。”这里所说的“无效”只是用来强调行政行为违法的后果,而非特指重大且明显违法的后果。这一条款容易引起概念混淆,现在已经被删除。其他例子有,依据《土地管理法》第79条,违反法律规定的批准权限、规划用途或者批准程序,非法批准占用、征收土地的,“其批准文件无效”。《税收征收管理法》第33条规定,地方政府“违反法律、行政法规规定,擅自作出的减税、免税决定无效,税务机关不得执行”。这里所说的“无效”不等同于“重大且明显违法”意义上的无效,但也不排除具体情形符合上述意义的无效。

在行政登记、行政许可、专利授予领域,法律也规定有不少无效情形。例如,依据《婚姻法》和《婚姻登记条例》,婚姻可能被宣告无效;理论上,婚姻无效的,婚姻登记也属无效。《护照法》第16条第2款规定:“伪造、变造、骗取或者被签发机关宣布作废的护照无效。”司法实践中,法院也常常在类似意义上使用行政行为无效的判决。例如,当事人隐瞒诉争房产还有其他继承人的事实,以虚假材料骗取房屋所有权登记,法院判决确认该所有权登记无效。〔68〕 与前述行政行为无效不同,这一类无效主要是因申请人的原因而导致行政行为违背基本事实,产生错误结果。行政机关在审查发证时可能无法识别,行政行为很难说是违法的,更别说是“重大且明显违法”。对于这类行为,法院可以判决确认无效,但似乎不宜引用《行政诉讼法》第75条作为判决依据。

(三)依请求的确认无效判决

《行政诉讼法》第75条规定的确认无效判决有一个前提,“原告申请确认行政行为无效的”。这一规定有些令人费解。从原理上讲,法院对行政处理决定审查后,可以依法作出相应的判决,而不必受原告诉讼请求的限制。

2018年《行诉法解释》第94条对此作了一些变通。一是原告请求撤销行政行为,法院经审查认为行政行为无效的,应当作出确认无效的判决。二是原告请求确认行政行为无效,法院经审查认为行政行为不属于无效情形,经释明,原告请求撤销行政行为的,应当继续审理并依法作出相应判决;原告拒绝变更诉讼请求的,判决驳回其诉讼请求。第二点把针对行政处理的判决方式与原告的诉讼请求捆绑,给诉讼带来更多复杂因素。

当然,原告以行政行为无效为由提起诉讼,法院审查认为不属于无效,原告起诉

---

〔68〕 参见李瑞杰诉泉州市房地产管理局颁发房屋所有权证案,泉州市中级人民法院行政判决书,(2007)泉行终字第30号。

超过法定起诉期限的，法院裁定驳回起诉。

（四）确认无效的后果

现有条文没有规定判决确认无效的后果，特别是它与判决撤销的区别。如果按照行政行为无效的一般理论，对于无效的行政行为当事人有权拒绝，无效行为不受起诉期限的限制，无效行为不得被强制执行。这些效果基本上在法院判决之外。行政行为经法院判决确认无效的，与行政行为被法院判决撤销，似乎不存在实质的区别。

实践中，有一些确认无效判决完全可以用撤销判决来代替。在**郭静秋诉北京市宣武区建设委员会房屋拆迁许可案**中，被告向第三人宣武区市政管理委员会核发的《房屋拆迁许可证》确认了一个"城中村"环境整治项目，其中的222号院位于市级保护文物正乙祠的建设控制地带。宣武区法院一审判决认为，被告没有甄别拆迁范围内是否有不宜拆除的房屋，也没有审查对不宜拆除的房屋采取何种保护措施，即作出准予拆迁的决定，有悖于《城市房屋拆迁管理条例》《北京历史文化名城保护条例》等相关规定，其所作拆迁许可的效力不应及于222号院。为此，判决被告核发的《房屋拆迁许可证》中涉及222号院的拆迁许可内容无效。[69] 该案中的确认部分内容无效，完全可以改为部分撤销。

六　责令采取补救措施

与责令重新作出行政行为一样，责令采取补救措施也是一种附随的判决方式。被诉行政行为违法，但出于公共利益的考量不予撤销或者撤销判决仍不足以提供补救的，原告的利益如何获得实际保护？对此，司法实践在国家赔偿之外，创造了责令行政机关采取补救措施的判决方式。最高法院的司法解释肯定了这种判决方式[70]，2014年《行政诉讼法》也吸收了相关规定。从理论上讲，责令采取补救措施的判决丰富了法院的判决方式，有利于实质性解决行政纠纷、充分保护公民权利。然而，责令采取补救措施判决的适用情形、具体内容和效果，都值得探讨。[71]

（一）需要采取补救措施的情形

责令行政机关采取必要的补救措施，往往是因为被诉行政行为违法，采取撤销、

---

〔69〕 北京市宣武区人民法院行政判决书，（2007）宣行初字第161号；北京市第一中级人民法院行政判决书，（2008）一中行终字第537号。二审法院维持一审判决。相关报道，参见李芹、王文波：《北京四合院　依法来保护》，载《人民法院报》2008年6月25日。

〔70〕 2000年《若干解释》第58条规定，被诉具体行政行为违法，但撤销该具体行政行为将会给国家利益或者公共利益造成重大损失的，法院判决确认被诉具体行政行为违法的同时，还应责令被诉行政机关采取相应的补救措施；造成损害的，依法判决承担赔偿责任。《若干解释》第59条第2项把补救判决的适用扩大到撤销行政行为。

〔71〕 对过去案例的一个观察，参见陈思融：《论行政诉讼补救判决的适用——基于104份行政裁判文书的统计分析》，载《中国法学》2015年第2期。

确认违法、责令履行等方式不足以弥补当事人损害,采取国家赔偿的方式也仍然不够或者不适当。根据现有规定,补救措施主要运用于以下三种情况:

1. 行政行为被确认违法或者无效后,需要采取补救措施的。在土地使用权争议、土地征收与房屋拆迁、城市规划等领域,经常遇到类似困扰。《行政诉讼法》第76条规定:"人民法院判决确认违法或者无效的,可以同时判决责令被告采取补救措施;给原告造成损失的,依法判决被告承担赔偿责任。"在政府信息公开工作中,被告没有公共利益等法定事由,公开了涉及原告商业秘密或者个人隐私的政府信息,法院判决确认公开行为违法,并可以责令被告采取相应的补救措施。[72]

2. 行政行为被撤销后,仍需采取补救措施的。这种情形在《行政诉讼法》中没有规定,但实践中存在。在吴希碧诉湛江市霞山区人民政府侵犯经营权案中,原告经湛江市霞山区沙石土管理所批准开采沙沟,开采许可证载明的开采期限为1991年6月至1993年6月。但不久,被告霞山区人民政府批复同意案外人开采该地段,沙石土管理所于是通知吴希碧开采许可证作废,并禁止其开采。广东高院二审判决撤销了沙石土管理所的通知,同时判决原告的开采许可证继续有效,开采期限予以延长(延长时间为原告实际停止开采的1991年9月14日起至本判决发生法律效力止的总天数)。[73] 此后,《若干解释》第59条第2项明确规定:如果判决撤销违法的被诉具体行政行为将会给国家利益、公共利益或者他人合法权益造成损失的,法院在判决撤销的同时,也可以责令被诉行政机关采取相应的补救措施。

3. 行政协议违约的后续处理。依据《行政诉讼法》第78条,被告不依法履行、未按照约定履行或者违法变更、解除行政合同的,法院判决被告承担继续履行、采取补救措施或者赔偿损失等责任。

(二)补救措施的内容和期限

由于责令采取补救措施是一种履行判决,自身含义比较模糊,法院判决责令行政机关采取补救措施,应当尽可能明确补救措施的主体、内容和期限。在前述的河南省周口市益民燃气有限公司诉周口市人民政府等燃气管网招标案中,最高法院认为,由于批准益民公司燃气专营权的文件已被周口市建设局撤销,而且难以恢复,补救措施应当着眼于弥补益民公司的损失。一审判决对补救措施的判决尚存不足:一是未指定被告采取补救措施的期限,二是仅责令市政府采取补救措施,而未对另一被告市计委科以义务。为此,一审判决第二项改为"责令周口市人民政府、周口市发展计划委员会于本判决生效之日起6个月内采取相应补救措施,对周口市益民燃气有限公司的合法投入予以合理弥补"。[74]

---

〔72〕《最高人民法院关于审理政府信息公开行政案件若干问题的规定》,法释〔2011〕17号,第11条。

〔73〕最高人民法院中国应用法学研究所编:《人民法院案例选1992—1999年合订本·行政卷》,中国法制出版社2000年版,案例144。

〔74〕最高人民法院行政判决书,(2004)行终字第6号。

由于补救措施太复杂,难以明确,法院往往采取避实就虚的办法,用词尽量笼统宽泛。最常见的就是,责令被告"采取相应的补救措施",别的什么也不说。在**海南凯鹏房地产开发有限公司诉海口市人民政府等收回土地使用权案**中,二审法院甚至把一审判决中有关补救措施的具体内容给删除了。在该案中,被告之一海口市国土局以原告取得涉讼土地的使用权后长期闲置为由,决定无偿收回土地使用权。海口市中级法院一审判决认为,涉讼土地长期闲置的原因在于政府没有做好基础设施工作,原告无法开发建设,被告收回土地使用权的决定应予撤销;海口绕城公路占用了原告部分土地,被告应当作出相应的补救措施。为此判决:(1)撤销国土局作出的《收回国有土地使用权决定书》;(2)两被告于本判决生效之日起3个月内恢复未被占用的土地使用权,并为原告核发国有土地使用权证;(3)两被告应为原告等值置换已被海口市绕城高速公路占用的该宗土地,面积以实际测量为准。然而,海南高院二审判决认为,后两项判决"具体明确两上诉人应当作出补救措施的内容,亦属不当",予以撤销。取代它的是一个空泛的判决,即海口市政府应在本判决生效之日起3个月内对原告"因收地造成的损失作出相应的补救措施"。[75] 这样的判决不免让人遗憾。

判决书用词笼统宽泛,固然给了行政机关灵活处理的余地,使后者"可以在法律、法规和政策允许的范围内,在不侵犯公共利益和他人合法权益的情况下,合理裁量对(当事人)可以采取的补救措施";在一定意义上,这也是"基于对行政权的充分尊重"。[76] 然而,它造成的后果是原、被告双方的权利义务不够明确,原告不易获得实际补救,被告执行起来有时也很为难。这样的判决,有时候判了等于没判,原告胜了等于没胜。在**安徽翔鹰烟花爆竹有限公司等诉安徽省人民政府产业政策调整案**中,合肥市中级法院一审判决认为,安徽省政府办公厅《关于烟花爆竹生产企业整体退出意见的通知》要求全省75家烟花爆竹企业在2014年年底前全部关闭,构成违法。遂判决确认该通知违法,并要求省政府于判决生效后60日内采取相应的补救措施。一审判决后,败诉的被告上诉,"胜诉"的原告也上诉。原告上诉是出于对一审判决强烈不满,认为它缺乏可执行性,不能解决问题。[77] 在**董兰诉郑州市社会保险事业管理局养老保险待遇案**中,被告对于一审判决没有明确补救措施的内容也感到不满。被告在上诉时称,原审要求其在判决生效后10日内对原告的养老保险采取相应的补救措施,却没有明确补救措施的具体内容,"上诉人无法执行"。[78] 这就

---

〔75〕 海南省高级人民法院行政判决书,(2008)琼行终字第3号。

〔76〕 董兰诉郑州市社会保险事业管理局养老保险待遇案,郑州市中级人民法院行政判决书,(2012)郑行终字第93号。

〔77〕 任重远:《政府一纸令下 安徽再无花炮厂?》,载《南方周末》2014年11月13日;张紫赟等:《"红头文件"引发争议的背后》。转引自新华网,http://news.xinhuanet.com/2015-05/24/c_1115386945.htm;邢丙银:《安徽省政府强关花炮企业被判违法,企业称上诉后又被强令撤诉》,载澎湃新闻2015年6月12日,http://www.thepaper.cn/newsDetail_forward_1340808。

〔78〕 郑州市中级人民法院行政判决书,(2012)郑行终字第93号。"北大法宝"的裁判文书上,前面写的原告是"董兰",后面忽然变成"黄宇平",不知何故。

是两头不讨好了。

补救措施一般是指实体上的措施。行政行为程序违法，但仍有必要采取补救措施的，实践中也有程序上的补救。在郑成宝等38人诉山东省五莲县人民政府行政征收案中，被告作出征收决定前未经政府常务会议讨论决定，山东高院判决确认征收程序违法，责令被告采取补救措施。随后，被告在五莲县政府常务会议上追认了案涉征收决定的合法性。法院对该补救措施予以认可。[79] 这种补救只是在行政行为瑕疵表面涂上一层合法性的油彩，聊胜于无。

（三）责令采取补救措施的效力

责令行政机关采取补救措施是行政诉讼的一种判决方式，应当落到判决书的主文中。从原理上讲，主文的内容越明确越好。但有时候，主文的内容确实难以明确的，法院可以同时在判决理由中陈述相关的指导意见。在前述董兰诉郑州市社会保险事业管理局养老保险待遇案中，二审判决指出，被告按照企业养老保险标准向原告核发养老保险待遇违法，应当予以撤销。但将原告的参保手续转至有接收权限的部门操作上有困难，一时难以实现，而停发原告的基本养老保险待遇将危及原告的生存。所以，一审判决撤销被告的行政行为，仍责令被告在相关补救措施落实前继续按企业标准为原告发放养老保险金实属无奈之举，也符合"以人为本"的司法理念，二审予以支持。[80]

判决书主文的内容对当事人具有法律约束力。行政机关不采取补救措施的，构成拒绝履行生效判决，应当按照《行政诉讼法》第96条的规定处理。判决书中的理由说明应当作为解释判决书主文的依据，对当事人也有约束力。

七　驳回原告诉讼请求

驳回诉讼请求的判决原来是维持判决的一种替代方式，现在完全取代了维持行政行为的判决，成为原告败诉或者部分败诉的总称。它不仅适用于对行政处理决定提起的诉讼，也适用于行政不作为、行政赔偿、行政协议等其他类型的诉讼。这里一并阐述。

（一）驳回诉讼请求判决方式的发展

1989年《行政诉讼法》没有规定驳回原告诉讼请求的判决方式。当时规定的是一项颇具中国特色的判决方式：维持判决。法院经过审理，认为"具体行政行为证据确凿，适用法律、法规正确，符合法定程序的"，判决维持。这样规定体现了"维护和

---

〔79〕 山东省高级人民法院行政判决书，(2017)鲁行终634号；最高人民法院行政裁定书，(2018)最高法行申640号。

〔80〕 郑州市中级人民法院行政判决书，(2012)郑行终字第93号。

监督行政机关依法行使行政职权"的立法目的,即行政诉讼不但监督行政机关行使职权,也维护合法的行政行为。在行政诉讼制度初建之时,这有助于缓和行政人员对行政诉讼的抵触情绪,有利于行政诉讼制度的推行。[81]

后来,法院在实践中创造了驳回诉讼请求的判决方式,并得到最高法院司法解释的认可。现在看来,驳回诉讼请求判决更加符合行政行为公定力理论,更加符合行政诉讼解决纠纷的性质,也更加符合法院作出妥当裁判的需要。按照公定力理论,行政行为一经作出即产生确定力、拘束力和执行力,无须法院维持。行政诉讼解决纠纷的性质也要求,司法判决应当对原告的诉讼请求作出回应,驳回诉讼请求是一种更直接的回应。总的来说,驳回诉讼请求也比较妥帖。如果行政行为只是一般的不合理,法院判决撤销或者改变超出司法裁量的界限,判决维持又显得生硬,判决驳回诉讼请求则给行政机关主动纠正不适当的行政行为留有余地。在一些情况下,法院判决维持后,行政机关却需要改变或者撤销行政行为;如果使用驳回诉讼请求的判决,就可以避免被动和尴尬。

自从 2000 年《若干解释》增设了驳回诉讼请求,这一判决方式在实践中得到越来越多的运用。在 2014 年全国法院审结的各类一审行政案件中,判决驳回原告诉讼请求的占到 18.9%,大大高出维持被诉行政行为的比例(11%)。2014 年《行政诉讼法》修改时,完全废弃了维持行政行为的判决方式。法院对案件的争议问题进行审查后,认为原告的诉讼请求不能成立的,判决驳回其诉讼请求;认为原告的部分诉讼请求不能成立的,判决驳回不能成立部分的诉讼请求。

(二)驳回诉讼请求的适用条件

《行政诉讼法》第 69 条规定:"行政行为证据确凿,适用法律、法规正确,符合法定程序的,或者原告申请被告履行法定职责或者给付义务理由不成立的,人民法院判决驳回原告的诉讼请求。"这一条对驳回诉讼请求判决的适用范围和适用条件的规定显然是不全面的。下面根据司法实践和相关规定,对驳回原告诉讼请求判决的适用情况做一个总结。

1. 被告所作的行政处理决定不构成违法的

依据《行政诉讼法》第 69 条规定,"行政行为证据确凿,适用法律、法规正确,符合法定程序的",法院判决驳回原告的诉讼请求。如果对照该法第 70 条关于撤销判决的适用条件,这一条对驳回诉讼请求判决适用条件的规定遗漏了行政行为没有超越职权、滥用职权、明显不当的情形。前述规定最好理解为,行政处理符合各项合法要件,不构成违法的,判决驳回原告的诉讼请求。

被诉行政行为的内容或者形式有轻微瑕疵,但不构成违法的,司法实践中有的

---

〔81〕 江必新:《论行政诉讼中的肯定裁判》,载《法学杂志》1988 年第 6 期;甘文:《行政诉讼法司法解释之评论:理由、观点与问题》,中国法制出版社 2000 年版,第 159 页;张旭勇:《行政诉讼维持判决制度之检讨》,载《法学》2004 年第 1 期。

也适用驳回原告的诉讼请求。[82] 在李建华诉南京市玄武区民政局婚姻登记案中，原告李建华与第三人周珊申请结婚登记，周珊提交的其所在单位出具的婚姻状况证明有涂改，被告仍发放了结婚证。原告以周珊篡改婚姻状况证明、骗取婚姻登记为由，请求撤销结婚登记。南京市两级法院审查后认为，原告与第三人的结婚登记具备《婚姻法》规定的实质要件，被告审查工作有疏漏但尚不构成违法，遂判决驳回原告的诉讼请求。[83] 在刘公立诉锦州市工商局古塔分局行政处罚案中，法院指出被告的处罚决定书存在两个明显瑕疵：一是原告产品的质量检测单位是"鞍山市产品质量监督检验所"，决定书写成了"锦州市产品质量监督检验所"；二是决定书没有遵照《行政处罚法》关于"罚缴分离"的规定，而是要求原告将罚款缴至被告处。但法院认为，前一个问题显属笔误，对原告违法事实的定性和行政行为的合法性不产生影响，不构成撤销行政行为的理由；后一个问题属于行政处罚的履行问题，对原告的实体权利不产生任何影响，也不成为撤销行政行为的理由。据此，法院判决驳回原告的诉讼请求。[84] 需要说明的是，对于行政程序轻微违法、不损害原告权利的，现行《行政诉讼法》特别规定了确认违法的判决方式，不应适用驳回诉讼请求。

2. 起诉被告不作为，理由不能成立的

依据《行政诉讼法》第 69 条规定，原告申请被告履行法定职责或者给付义务，法院审理后认为其理由不成立的，判决驳回其诉讼请求。在政府信息公开诉讼中，驳回原告诉讼请求的判决方式被广泛适用。[85]

3. 原告的赔偿请求不能成立的

赔偿请求人的赔偿请求不能成立的，包括被告的行政行为违法但尚未对原告合法权益造成损害的，或者原告的请求没有事实根据或法律根据的，法院应当判决驳回原告的赔偿请求。[86]

4. 原告的诉讼请求超出法院的审查范围的

这种情形并不鲜见，但迄今为止，《行政诉讼法》和相关司法解释对此没有单独规定。在实践中，有的法院只在判决理由中予以说明，而不在判决主文中作出回应。

---

〔82〕 2000 年《若干解释》第 56 条第 2 项规定，"被诉具体行政行为合法但存在合理性问题的"，应当判决驳回原告的诉讼请求。

〔83〕 南京市玄武区人民法院行政判决书，(2003)玄行初字第 29 号；南京市中级人民法院行政判决书，(2003)宁行终字第 158 号。

〔84〕 锦州市古塔区人民法院行政判决书，(2007)锦古行初字第 12 号，转引自《辽宁省高级人民法院案例指导》第 1 辑，人民法院出版社 2009 年版，第 317 页以下。

〔85〕《最高人民法院关于审理政府信息公开行政案件若干问题的规定》，法释〔2011〕17 号，第 12 条。其中包括：(1)不属于政府信息、政府信息不存在、依法属于不予公开范围或者依法不属于被告公开的；(2)申请公开的政府信息已经向公众公开，被告已经告知申请人获取该政府信息的方式和途径的；(3)起诉被告逾期不予答复，理由不成立的；(4)要求被告更正与其自身相关的政府信息记录，理由不成立的；(5)不能合理说明申请获取政府信息系根据自身生产、生活、科研等特殊需要，且被告据此不予提供的；(6)无法按照申请人要求的形式提供政府信息，且被告已通过安排申请人查阅相关资料、提供复制件或者其他适当形式提供的。

〔86〕《最高人民法院关于审理行政赔偿案件若干问题的规定》，法发〔1997〕10 号，第 33 条。

在陕西省明德物业管理有限公司诉西安市人民政府行政决定案中，西安市安居工程领导小组办公室发出通知，终止陕西明德公司对明德门小区的物业管理，重新委托西安市房地产开发总公司对该小区实施物业管理。通知发出后，西安市房地产开发总公司成立了西安明德物业管理有限公司并组建了小区管委会，对明德门小区实施物业管理。而原告陕西明德公司继续对原属其管理的住户进行物业管理，形成一个住宅小区两个物业公司并存的局面。陕西明德公司提起行政诉讼，要求撤销上述通知、赔偿损失，并依法取缔西安明德公司和小区管委会。最高法院判决认为，取缔西安明德公司和小区管委会的请求不属于本案审查范围。然而，判决主文对此没有作出回应。〔87〕 从尊重原告诉权、解决行政纠纷的角度出发，这种情形今后似可适用驳回原告该项诉讼请求的判决。

5. 其他应当判决驳回诉讼请求的情形

这是一个兜底条款，为应对各种可能出现的新情况留下余地。例如，在行政协议诉讼中，原告关于责令行政机关继续履行协议、确认协议无效等诉讼请求不能成立的，可以适用驳回诉讼请求的判决。在政府信息公开诉讼中，原告反对行政机关向第三人公开涉及其商业秘密或者个人隐私的政府信息，法院认为其理由不能成立的，也适用驳回诉讼请求的判决。〔88〕

（三）驳回原告诉讼请求判决的效力

与驳回原告起诉不同，驳回诉讼请求意味着法院对案件争议问题进行了实质审查。法院的判决产生了既决效力。驳回原告诉讼请求意味着原告的诉讼请求被否定，在多数情况下也意味着法院认可被诉行政行为的合法性。但是，这不意味着拘束了行政机关及其上级机关，以致后者不能改变该行政行为。根据情势变化，行政机关改变一个原先被认定合法的行政行为，也不是完全不可以。至少，它不构成拒绝法院生效裁判的违法。

第二节　针对其他诉讼类型的判决

除了前述针对行政处理诉讼的判决，还有其他判决方式，分别适用于几种特殊类型的诉讼。它们包括：针对行政不作为的责令履行判决，针对行政机关拟作为的禁止判决，针对行政协议的判决以及针对行政复议决定的判决。

一　针对行政不作为的判决

随着针对行政不作为起诉的增多，责令行政机关履行职责日益成为行政诉讼的

〔87〕 最高人民法院行政判决书，(2002)行终字第2号。

〔88〕《最高人民法院关于审理政府信息公开行政案件若干问题的规定》，法释〔2011〕17号，第12条第4项。

一种重要判决方式。2014 年,全国法院一审判决责令行政机关履行法定职责的案件达 1882 件,占以实体判决方式结案的 3.4%,比较集中在土地管理、劳动和社会保障、城市规划和拆迁、房屋登记等领域。

责令履行判决在 1989 年《行政诉讼法》中只有一项,即第 54 条第 3 项:“被告不履行或者拖延履行法定职责的,判决其在一定期限内履行。”2014 年《行政诉讼法》修改后,相关内容写成两个条文。其中,第 72 条针对不履行法定职责:“人民法院经过审理,查明被告不履行法定职责的,判决被告在一定期限内履行。”第 73 条针对一般给付义务:“人民法院经过审理,查明被告依法负有给付义务的,判决被告履行给付义务。”这两条内容没有实质性区别,这里合在一起阐述。

(一) 适用责令履行判决的情形

行政机关对当事人的申请不予答复或者不置可否的,适用前述条款没有疑义。相关的争议,主要是行政机关对当事人的申请进行审查后,明确表示不予受理或者拒绝当事人申请的意思表示。对此,有两种不同的观点。[89]

一种观点认为,行政机关的拒绝也是行政机关行使其法定职权的结果,是一种积极的行政行为而不是不作为,不应适用责令履行判决;如果行政机关的拒绝不符合法律要件,应当判决撤销并责令重新作出行政行为。从实际效果来看,法院判决责令行政机关重作,并在判决理由中阐明当事人的申请是否满足法定要件,一般也能够起到救济作用。最高法院关于审理行政许可案件的司法解释也采纳了这一观点,认为原告请求准予许可的理由成立的,可以判决撤销不予许可决定,并责令被告重新作出决定。[90]

另一种观点则认为,行政机关违法拒绝当事人的申请,是不充分乃至错误地履行法定职责,是实质意义上的行政不作为,法院在判决撤销该行政行为的同时,可以责令其履行。行政诉讼的宗旨是解决行政纠纷,法院应当根据纠纷的实际性质和原告的诉讼请求作出判决。法院判决责令行政机关履行法定职责,更能满足当事人的要求,更有利于做到“案结事了”。在司法实践中,有的法院似乎也乐于接受这一观点。在广州贝氏药业有限公司诉卫生部不予复议案中,原告在一次药品集中招标采购中失标,对广东省卫生厅就其投诉的复函不服,向被告申请行政复议。被告以“通知”形式告知原告投诉复函不是具体行政行为,其反映的问题“可以向当地监察机关和纠风机构反映”。原告认为被告未依法履行复议职责,请求法院判决撤销该“通知”,并责令被告依法履行复议职责。北京市两级法院均支持了原告

〔89〕 章剑生:《行政诉讼履行法定职责判决论——基于〈行政诉讼法〉第 54 条第 3 项规定之展开》,载《中国法学》2011 年第 1 期。

〔90〕 《最高人民法院关于审理行政许可案件若干问题的规定》(法释〔2009〕20 号)第 11 条规定:“人民法院审理不予行政许可决定案件,认为原告请求准予许可的理由成立,且被告没有裁量余地的,可以在判决理由写明,并判决撤销不予许可决定,责令被告重新作出决定。”

的诉讼请求。[91] 最高法院关于审理行政许可案件的同一个司法解释规定，对于被告无正当理由拒绝原告查阅行政许可决定及有关档案材料或者监督检查记录的，法院可以判决被告在法定期限或者合理期限内准予原告查阅。[92]

（二）责令履行的适用条件

法院判决责令履行的前提是行政机关有履行的职责、能力和继续履行的必要。例如，原告申请公开的政府信息，行政机关在诉讼过程中已经按要求公开，就不宜再判决责令公开。如果继续履行已经没有实际意义，法院可以根据情况，判决确认行政机关当时没有履行构成违法或者判决驳回原告诉讼请求。

在甘肃省天水市麦积区检察院诉麦积区环保局怠于履行监管职责案中，法院同时考量了行政机关的履行职责和继续履行的必要。在该案中，马某等第三人自2002年起在本村建了养殖场，从事牲畜养殖，但没有办理养殖证照和环保审批。2010年，该片区被划入天水市一级水源保护区。2014年，当地政府开展专项执法检查，并组织搬迁畜禽养殖企业。截至检察机关提起诉讼，当地镇政府已与第三人签订了房屋征收补偿协议，后者也已停止养殖或者搬迁养殖地点；但因补偿款未到位，第三人马某的养殖场尚未拆除。法院审理后认为，为了维护区域生态环境、实现水源保护的目标，被告仍应督促第三人拆除养殖场。依据《水污染防治法》，批准拆除水源保护地内的建设项目属于县级以上政府的职权，被告无权决定拆除；但被告作为环境保护和水污染防治监督管理部门，可以上报同级人民政府批准。据此，判决确认被告自2010年该地被确定为一级水源保护区至2017年被告对该区域进行检查这段时间，未依法履行监督管理职责违法；同时，责令被告对一级水源保护区内现存养殖场继续履行监管职责，依法报请同级人民政府拆除。[93]

（三）责令履行的内容

法院可以在多大程度上为行政机关规定履行的内容？这一问题涉及司法权与行政权的关系。理论上，法院可以明确规定行政机关履行的内容，可以规定履行的指导意见，也可以笼统地要求被告履行法定职责。在实际操作中，法院既要着眼于有效地解决纠纷，也要避免不适当地干预行政管理。司法裁量的行使方式取决于行政裁量的性质和案件的具体情况。2018年《行诉法解释》第91条规定，原告请求被告履行法定职责的理由成立，被告违法拒绝履行或者无正当理由逾期不予答复的，法院可以判决被告在一定期限内依法履行原告请求的法定职责；尚需被告调查或者裁量的，应当判决被告针对原告的请求重新作出处理。

---

〔91〕 北京市第一中级人民法院行政判决书，(2002)一中行初字第142号；北京市高级人民法院行政判决书，(2003)高行终字第34号。

〔92〕《最高人民法院关于审理行政许可案件若干问题的规定》，法释〔2009〕20号，第12条。

〔93〕 甘肃省天水市秦州区人民法院行政判决书，(2017)甘0502行初21号。

田永诉北京科技大学案的判决集中体现了责令履行方式的多样性。针对田永提出的为其颁发毕业证书、学位证书以及办理毕业派遣手续的诉讼请求，北京市海淀区法院分别判决：(1)被告在本判决生效之日起30日内向原告颁发大学本科毕业证书；(2)被告在本判决生效之日起60日内召集本校的学位评定委员会对原告的学士学位资格进行审核；(3)被告于本判决生效之日起30日内履行向当地教育行政部门上报原告毕业派遣手续的职责。[94] 判决的第一项规定了履行职责的具体内容，因为根据法院对毕业证书颁发条件的理解和已经查明的事实，田永符合取得毕业证书的条件；第二项是笼统地要求履行职责，因为学位证书的颁发涉及学术评价，宜于由学位评定委员会审核后作出；第三项是指导性的，因为毕业派遣手续涉及多个部门，被告只是其中一个环节。

下面讨论各种履行方式的具体适用。

1. 明确规定履行的内容

法院明确规定行政机关履行的内容，应当具备两个条件：一是行政机关行使职权的条件和效果非常明确，行政机关实际上没有裁量余地，或者说相关的行政行为是一种羁束行为。二是根据审理所查明的事实，原告的申请完全符合条件。

由于行政许可(登记)的条件法定、处理方式相对单一，这种判决方式在申请行政机关颁发证照的案件中出现较多。在郑小榕诉三明市梅列区计划生育局拒绝办理独生子女证案中，三明市中级法院认为，被告在其辖区内有办理独生子女证的职权，原告郑小榕符合申领条件并且手续齐全，被告以郑小榕不办理子女养老保险而拒绝为其办理独生子女证的行为缺乏法律依据。遂责令被告在本判决书送达之日起5日内为郑小榕办理独生子女证。[95] 在杨宝玺诉天津服装技校不履行法定职责案中，原告杨宝玺全部课程学习成绩合格后毕业，但服装技校未向杨宝玺本人颁发毕业证书，而交给其主管单位。天津市河东区法院判决，自本判决生效之日起60日内，被告向原告颁发毕业证书，被告主管单位、第三人天津纺织集团(控股)有限公司予以协助办理。[96]

在一般给付案件中，原则上也适用这种判决方式。依据《行政诉讼法》第73条，原告申请被告依法履行支付抚恤金、最低生活保障待遇或者社会保险待遇等给付义务的，法院审理后认为原告的理由成立，被告依法负有给付义务而拒绝或者拖延履行义务的，法院可以判决被告在一定期限内履行相应的给付义务。

2. 规定履行的指导意见

如果法院经审理查明被诉行政机关负有相应职责，但应当采取什么处理方式取决于具体情况，尚需行政机关调查或者裁量的，法院可以判决行政机关履行法定职责，并对行政机关履行职责的方式提出指导意见。在汤晋诉安徽省当涂县劳动局不

---

[94] 《最高人民法院公报》1999年第4期。

[95] 福建省三明市中级人民法院行政判决书，(1998)三行终字第5号。

[96] 《最高人民法院公报》2005年第7期。

履行法定职责案中，汤晋向当涂县劳动局反映其工作单位当涂县建材公司违反《劳动法》，停发工资、乱扣收入，要求劳动局调查处理。该局局长将此信批转给物资局处理，未向汤晋本人作出任何答复。当涂县法院认为，依据《劳动法》，劳动局有责任也有权力对用人单位遵守劳动法的情况进行监督、检查和处理。遂判决责成被告依法对当涂县建材公司遵守劳动法律、法规的情况进行监督检查，并在2个月内对原告汤晋本人作出书面答复。[97] 在杨智全等诉北京市海淀区国家税务局行政奖励案中，原告举报案外人京农公司偷漏税款，被告以原告的举报只有部分属实、京农公司至今未将税款入库等理由，拒绝给原告奖励。法院判决责令被告2个月内对京农公司偷税行为作出处理，并在京农公司剩余税款追缴入库30日内，向杨智全等3名原告颁发相应的举报奖金。[98]

3. 笼统地要求履行

如果案件的事实情况和法律适用比较复杂，法院在诉讼中难以作出判断，宜于由行政机关首先处理的，法院判决可以笼统地要求行政机关履行法定职责，对履行职责的具体内容和方式不作规定。在海南凯立中部开发建设股份公司诉中国证监会案中，法院判决确认被告退回原告A股发行预选申报材料的行为违法，责令被告恢复对原告股票发行的核准程序，在本判决生效之日起2个月内作出决定。[99] 在三亚市羊栏镇羊栏管区羊西四队诉三亚市人民政府拖延土地确权案中，鉴于原告申请土地确权被告久拖未结，法院判决责令被告在3个月内对争执土地作出确权处理。[100]

在一些情况下，法院仅仅要求被告作出答复或者重新答复。在政府信息公开诉讼中，被告拒绝公开政府信息或者拒绝更正与原告相关的政府信息记录，法院可以判决责令被告在一定期限内公开或者更正；“尚需被告调查、裁量的，判决其在一定期限内重新答复”。[101]

二　针对行政拟作为的判决

在不少国家的经验中，可以看到法院禁止行政机关实施某个行为的判决方式。[102] 英国有个1917年的案例。原告莱普顿中学（Repton School）在学生宿舍楼

---

〔97〕《最高人民法院公报》1996年第4期。

〔98〕北京市第一中级人民法院行政判决书，（2000）一中行终字第34号。该案发生时，国家税务总局《税务违法案件举报奖励办法》（1998年）尚未生效。《北京市国家税务局对公民检举税务违章案件奖励暂行办法》（京国税〔1998〕51号）第1条规定，税款经查实入库后，可酌情给予举报人奖励。

〔99〕北京市第一中级人民法院行政判决书，（2000）一中行初字第118号；北京市高级人民法院行政判决书，（2001）高行终字第7号。

〔100〕三亚市中级人民法院行政判决书，（2001）三亚行初字第5号。

〔101〕《最高人民法院关于审理政府信息公开行政案件若干问题的规定》，法释〔2011〕17号，第9条第1、4款。

〔102〕参见［英］威廉·韦德、克里斯托弗·福赛：《行政法》（第10版），骆梅英等译，中国人民大学出版社2018年版，第426～431页（禁制令）、459～460页（禁止令）；王天华：《行政诉讼的构造：日本行政诉讼法研究》，法律出版社2010年版，第203～209页。

前搭建一个三层小房，主管机关不予许可并要求停工。当地的市政法规要求，任何新建房屋必须留出至少150平方英尺的后院。原告解释说，该楼后面已经没有空间了，但被告坚持按规定办事。多次交涉不成，原告向法院起诉，请求禁止被告拆除已经完成的建筑及干涉原告继续施工。法官认为，市政法规不留余地的规定不合情理，遂发出禁制令(injunction)。[103]

在行政诉讼中，禁止判决在很大程度上能够被其他判决或者裁定方式所替代。例如，对于行政机关已经作出、尚未实施的决定，当事人可以在提起撤销诉讼的同时，申请法院暂停该决定的实施。尽管如此，禁止判决仍有不可取代的意义。它要求非常明确，可以避免行政机关作出或者重新作出特定内容的行为，有助于消除法律关系的不确定性以及由此给当事人带来的风险。

禁止判决因其具有往后的持续效力，也可能过分地束缚行政管理的手脚，使行政机关在情况变化时不知所措，甚至丧失反应能力。所以，禁止作出行政行为不但起诉条件比较苛刻，判决方式的适用也有严格限制。通常来说，禁止判决只适用于如下情况：有合理根据认为，行政机关将要实施一定行为；有充分理由相信，行政机关将要实施的行为是违法的；而且，别无其他适当方法阻止该行为的发生。由于适用条件苛刻，禁止判决在存在这种制度的国家也比较罕见。

《行政诉讼法》没有规定禁止判决，但随着《政府信息公开条例》的施行，这一判决方式已经凸现。依据《政府信息公开条例》第23条(修订后为第32条)规定，依申请公开的政府信息公开会损害第三方合法权益的，行政机关应当书面征求第三方的意见；第三方不同意公开，但行政机关认为不公开可能对公共利益造成重大影响的，可以决定予以公开，并将决定公开的政府信息内容和理由书面告知第三方。实践中，第三方在收到行政机关征求意见的告知后，或者行政机关决定公开但尚未公开时，可能提起禁止公开的诉讼。最高法院的司法解释规定，申请公开的政府信息涉及原告商业秘密、个人隐私而且不存在公共利益等法定事由，法院“应当判决行政机关不得公开”。[104] 如果行政机关已经公开的，则只能判决确认公开政府信息的行为违法，同时责令采取相应的补救措施；造成损害的，根据原告请求依法判决被告承担赔偿责任。

在生态环境、文物保护等特定领域，禁止判决也存在适用的空间。例如，《环境保护法》第19条要求，编制有关开发利用规划，建设对环境有影响的项目，应当依法进行环境影响评价。该条第2款进一步规定：“未依法进行环境影响评价的开发利用规划，不得组织实施；未依法进行环境影响评价的建设项目，不得开工建设。”《文物保护法》也有诸多的禁止性规定。其中第9条规定：“基本建设、旅游发展必须遵守文物保护工作的方针，其活动不得对文物造成损害。”除因特别需要并经过批准

〔103〕 Repton School Governors *v.* Repton Rural District Council [1918] 2 KB 133.

〔104〕 《最高人民法院关于审理政府信息公开行政案件若干问题的规定》，法释〔2011〕17号，第11条第1款。

外，文物保护单位的保护范围内不得进行其他建设工程或者爆破、钻探、挖掘等作业，在文物保护单位的建设控制地带内进行建设工程不得破坏文物保护单位的历史风貌，等等。为贯彻这些条款，法院在必要时可以判决禁止行政机关作出一定行为，或者禁止其在有权部门依法批准前作出一定行为。

三　针对行政协议的判决

《行政诉讼法》第 78 条针对行政协议诉讼规定了几种判决方式，司法解释又作了一些具体规定。归纳起来，有确认行政协议有效并要求行政机关继续履行、准予变更或者解除协议、确认协议无效，以及与之相应的责令行政机关采取补救措施、给予补偿、赔偿等判决。关于行政协议行为的合法性和行政协议的效力问题，本书第七章曾做讨论，这里主要阐述法院的判决方式。

（一）继续履行有效协议

当事人应当按照约定全面履行自己的义务，这是合同法的基本要求。被告未依法履行、未按照约定履行行政协议，法院可以结合原告诉讼请求，判决被告继续履行，并明确继续履行的具体内容；被告无法履行或者继续履行无实际意义的，可以判决被告采取相应的补救措施；给原告造成损失的，判决被告予以赔偿。原告要求按照约定的违约金条款或者定金条款予以赔偿的，应予支持。[105] 如果被告明确表示或者以自己的行为表明不履行行政协议，原告可以在履行期限届满之前，向法院起诉请求其承担违约责任。[106]

在赵爱香诉济南市历城区人民政府不履行行政协议案中，济南市历城区雪山片区建设指挥部受历城区政府委托，与赵爱香签订了《雪山片区整合村民住宅拆迁安置补偿协议》，协议载明赵爱香一家选房面积 94 平方米。协议签订后，涉案房屋被拆除。然而，雪山指挥部认为，赵爱香在周边片区村庄整合中已经享受过拆迁安置房，依据《雪山片区拆迁安置办法》关于已有房改房和福利分房的不再予以安置的规定，拒绝为其分配安置房。赵爱香争辩，拆迁安置房并非福利分房，两处房屋应当分别安置。山东高院二审判决认为，历城区政府在制订拆迁安置方案及签订协议时未对拆迁安置房作出明确界定，在履行协议时将拆迁安置房视为福利分房，该解释不能成立。被诉拆迁安置补偿协议合法有效，责令历城区政府按照协议约定继续履行安置补偿义务。[107]

---

〔105〕《行政诉讼法》第 78 条第 1 款；《最高人民法院关于审理行政协议案件若干问题的规定》，法释〔2019〕17 号，第 19 条。

〔106〕《最高人民法院关于审理行政协议案件若干问题的规定》，法释〔2019〕17 号，第 20 条。

〔107〕山东省高级人民法院行政判决书，(2018)鲁行终 1145 号。

（二）变更、解除协议

当事人可以按照协议的约定，变更或者解除行政协议。实践中发生争议的，主要是行政机关单方变更或者解除协议。按照行政协议司法解释，在履行行政协议过程中，可能出现严重损害国家利益、社会公共利益的情形，被告可以变更、解除协议。原告请求撤销该行为，法院经审理认为合法的，判决驳回原告诉讼请求；给原告造成损失的，判决被告予以补偿。被告变更、解除行政协议的行政行为违法的，判决撤销或者部分撤销，并可以责令被告重新作出行政行为；也可以判决被告继续履行协议，并采取补救措施；给原告造成损失的，判决被告予以赔偿。[108]

在寿光中石油昆仑燃气有限公司诉寿光市人民政府解除特许经营协议案中，昆仑燃气公司取得在寿光市为期30年的天然气特许经营权，但因迟迟没有完工，被告决定解除特许经营协议，收回特许经营权。原告请求撤销被告收回特许经营权的决定。山东高院二审认为，被告在此情形下可以解除特许经营协议并收回特许经营权，但在此过程中没有履行告知、听证义务，违反法定程序。为了不影响城市发展需要和居民供气需求，判决确认违法而不予撤销。判决书同时在理由说明中指出，因原告燃气项目已经开工建设，如果被告收回特许经营权的行为给其造成损失，寿光市政府应当采取必要的补救措施。[109] 如果法院能够在判决主文中对被告应当采取的补救措施予以明确，应当更加符合法律精神。

依据司法解释，原告也可以请求解除行政协议。原告请求解除行政协议符合约定或者法定解除情形，并且不损害国家利益、社会公共利益和他人合法权益的，法院可以判决解除该协议。[110] 值得注意的是，《行政诉讼法》及其司法解释都没有规定法院可以判决变更协议。这主要是因为，协议的变更情况复杂，最好由当事人协商进行。而且，《行政诉讼法》明确授予法院的变更权力相当有限。[111]

（三）行政协议无效的处理

无效的行政协议自始没有法律约束力；部分无效的，该部分自始没有法律约束力。当事人因无效协议取得的财产，应当予以返还；不能返还或者没有必要返还的，应当折价补偿。对于行政协议无效负有过错的一方应当赔偿对方由此所受到的损失；各方都有过错的，应当各自承担相应的责任。

在清远盛兴投资有限公司诉广东省清远市清城区人民政府案中，清远市清城区人民政府横荷街道办事处受清城区政府委托，与盛兴公司签订了《项目投资协议书》。协议书约定，盛兴公司预付4，254，068元征地款，街道办事处为其办理58亩

---

〔108〕《最高人民法院关于审理行政协议案件若干问题的规定》，法释〔2019〕17号，第16条。

〔109〕《最高人民法院公报》2018年第9期。

〔110〕《最高人民法院关于审理行政协议案件若干问题的规定》，法释〔2019〕17号，第17条。

〔111〕梁凤云：《行政协议案件的审理和判决规则》，载《国家检察官学院学报》2015年第4期。

土地的国有土地使用权证。盛兴公司支付了350万元,但街道办事处未能依约交付土地。最高法院再审认为,该协议实质为国有建设用地使用权出让合同,协议有关内容因违反法律的强行性规定而无效。双方对此均有过错,但行政机关过错责任明显更大。清城区政府应当返还盛兴公司预付的350万元,并赔偿相应的利息损失。[112]

对于无效行政协议,目前主流观点是适用《行政诉讼法》第75条关于无效行政行为的一般规定。而依据该条款,法院判决确认无效以"原告申请确认行政行为无效"为条件,这使问题变得复杂。一般来说,可撤销的行为应当由当事人申请撤销,无效行为不需要当事人申请确认。但为了不与前述条文相违背,行政协议司法解释作了一个特别的规定:原告以被告违约为由请求法院判令其承担违约责任,法院经审理认为行政协议无效的,应当向原告释明,由原告变更诉讼请求,然后判决确认行政协议无效;原告经释明后拒绝变更诉讼请求的,法院可以判决驳回其诉讼请求。[113] 要求原告变更诉讼请求不便操作,因为拒绝变更就驳回诉讼请求也不合情理。这个条款也许说明,玄秘深奥的理论与似是而非的规定结合在一起,能够让法律变得多么扭曲。

(四)私方当事人违反行政协议的处理

对于公民、法人或者其他组织违反行政协议或者单方解除行政协议,《行政诉讼法》没有规定。这是因为在目前的"民告官"模式下,行政诉讼主要解决行政行为引起的争议。又因为行政机关被认为享有行政优益权,可以单方面作出决定,当事人可以在行政机关作出决定后再提起行政诉讼。

行政协议司法解释也体现了上述思想。依据该解释第24条,公民、法人或者其他组织未按照行政协议约定履行义务,经催告后不履行,行政机关可以作出要求其履行协议的书面决定;法律、行政法规规定行政机关对行政协议享有监督协议履行的职权,公民、法人或者其他组织未按照约定履行义务,经催告后不履行,行政机关可以依法作出处理决定。公民、法人或者其他组织在收到该决定后,在法定期限内既不申请行政复议或者提起行政诉讼也不履行该决定,而协议内容具有可执行性的,行政机关可以向法院申请强制执行。前述"行政机关可以作出要求其履行协议的书面决定",是司法解释创设的一种行政行为,目的是解决行政机关申请法院强制执行没有依据的问题;[114]"行政机关可以依法作出处理决定",目前主要是针对国有土地使用权人未按规定和约定使用土地,行政机关征收土地闲置费、罚款、无偿收回

[112] 最高人民法院行政裁定书,(2020)最高法行申3832号。
[113] 《最高人民法院关于审理行政协议案件若干问题的规定》,法释〔2019〕17号,第22条。
[114] 梁凤云:《行政协议司法解释讲义》,人民法院出版社2020年版,第234~235页。

土地使用权等决定。[115]

这是一个稍显复杂的规则,也是现行诉讼模式下的无奈之举。如果行政诉讼允许"官告民",也许就不需要这样的规则。

四　针对行政复议的判决

在行政行为经过复议的情况下,法院判决需要对行政复议决定作出处理。具体情况可以分为两种:一是复议机关改变原行政行为的,二是复议机关维持原行政行为的。下面分别讨论。

(一) 复议机关决定改变原行政行为的

依据《行政诉讼法》的规定,复议机关决定改变原行政行为的,应当以复议机关为被告、以复议决定为对象提起诉讼。法院经审理后认为,复议决定合法的,判决驳回原告诉讼请求,问题比较简单。如果法院认为复议决定违法,判决撤销复议决定的,如何对待原行政行为就成了一个问题。司法解释规定,法院判决撤销复议决定时,可以一并责令复议机关重新作出复议决定,或者判决恢复原行政行为的法律效力。[116] 该解释没有规定两种判决方式的具体适用情形。

在广西壮族自治区武宣县二塘镇樟村村委会第九村民小组诉广西来宾市政府行政复议案中,最高法院对此作了清晰的阐述。该案中,武宣县政府就原告与第三人土地权属争议作了处理,来宾市政府在行政复议后撤销了该处理决定,一、二审法院认定行政复议决定不当,武宣县政府处理决定正确,判决撤销来宾市政府的复议决定,责令其重新作出复议决定。最高法院认为,如果原行政行为认定事实清楚、主要证据充分,适用法律法规正确,程序合法,应当在判决撤销复议决定的同时,一并判决恢复原行政行为的法律效力。一、二审判决将本应恢复的法律关系再次置于不确定状态,不利于节约行政司法资源、减轻当事人诉累,有违诉讼经济原则和实质性化解行政争议的宗旨。据此,判决撤销一、二审判决和行政复议决定,恢复武宣县政府关于涉案土地权属纠纷处理决定的法律效力。[117]

如果原行政行为认定事实不清,或者程序违法、影响事实认定的,法院在判决撤

---

〔115〕《城市房地产管理法》第25条(2007年修正后调整为第26条):"以出让方式取得土地使用权进行房地产开发的,必须按照土地使用权出让合同约定的土地用途、动工开发期限开发土地。超过出让合同约定的动工开发日期满一年未动工开发的,可以征收相当于土地使用权出让金百分之二十以下的土地闲置费;满二年未动工开发的,可以无偿收回土地使用权;但是,因不可抗力或者政府、政府有关部门的行为或者动工开发必需的前期工作造成动工开发迟延的除外。"《城镇国有土地使用权出让和转让暂行条例》第17条:"土地使用者应当按照土地使用权出让合同的规定和城市规划的要求,开发、利用、经营土地。未按合同规定的期限和条件开发、利用土地的,市、县人民政府土地管理部门应当予以纠正,并根据情节可以给予警告、罚款直至无偿收回土地使用权的处罚。"

〔116〕2018年《行诉法解释》第89条规定:"复议决定改变原行政行为错误,人民法院判决撤销复议决定时,可以一并责令复议机关重新作出复议决定或者判决恢复原行政行为的法律效力。"

〔117〕最高人民法院行政判决书,(2019)最高法行再26号。

销复议决定时,原则上一并责令复议机关重新作出复议决定。为实质性解决行政争议,法院在可能的情况下,也可以在庭审查明事实的基础上作出相应判决。如果原行政行为认定事实清楚,但适用法律错误,法院一般应当在庭审查明的事实基础上作出相应判决。这与法院的二审判决有相通之处。

(二)复议机关决定维持原行政行为的

《行政诉讼法》修改前,复议机关决定维持原行政行为的,当事人只能以原行政机关为被告提起诉讼,复议机关不参加诉讼。在此情况下,法院不宜也没有多大必要针对复议决定作出判决。最高法院的态度是,法院判决撤销原行政行为的,复议决定"自然无效"。[118]

《行政诉讼法》修改后,在复议机关与原行政机关共同做被告的情况下,有必要对复议决定的效力作出一个交代。不然,复议机关参与了诉讼,最后的判决结果却与它无关,其诉讼地位就无法体现。而且,复议决定与原行政行为虽然高度关联,但毕竟不是同一行为,其合法要件也不尽相同。对复议决定和原行政行为分别作出判决,有助于厘清关系、各负其责。为此,《行政诉讼法》第 79 条规定:"复议机关与作出原行政行为的行政机关为共同被告的案件,人民法院应当对复议决定和原行政行为一并作出裁判。"

最高法院司法解释进一步明确了各种情形下的判决方式。[119] 具体地说:(1)法院判决撤销原行政行为和复议决定的,可以判决作出原行政行为的行政机关重新作出行政行为。(2)法院判决作出原行政行为的行政机关履行法定职责或者给付义务的,应当同时判决撤销复议决定。(3)原行政行为合法、复议决定违法的,法院可以判决撤销复议决定或者确认复议决定违法,同时判决驳回原告针对原行政行为的诉讼请求。(4)原行政行为被撤销、确认违法或者无效,给原告造成损失的,应当由作出原行政行为的行政机关承担赔偿责任;因复议决定加重损害的,由复议机关对加重部分承担赔偿责任。

原行政行为不符合复议或者诉讼受案范围等受理条件,复议机关作出维持决定的,法院应当裁定一并驳回对原行政行为和复议决定的起诉。[120]

第三节　行政赔偿判决

行政赔偿是行政机关对其违法行为承担责任的一种方式,也是法院给予受害人行政救济的一种方式。行政赔偿诉讼是一种特殊类型的行政诉讼。当事人可能单

---

[118] 2000 年《若干解释》,第 53 条第 1 款。

[119] 2015 年《适用解释》,第 10 条; 2018 年《行诉法解释》,第 136 条第 3、4、5、6 款。

[120] 2018 年《行诉法解释》,第 136 条第 7 款。

独提起行政赔偿诉讼,也可能在针对其他行政行为的诉讼中一并提出行政赔偿请求;当事人一并提出行政赔偿请求的,有的法院予以分别立案、合并审理。[121] 当事人没有提出赔偿请求的,法院不能作出赔偿判决。

1989 年《行政诉讼法》专章规定了行政侵权的赔偿责任,受害人取得赔偿获得了法律保障。1994 年《国家赔偿法》对行政赔偿、刑事赔偿和司法赔偿的范围、标准和程序作了系统规定,该法在 2010 年被多处修改。最高法院针对行政赔偿案件的审理,发布了专门的司法解释。2014 年《行政诉讼法》修改时,删除了"侵权赔偿责任"一章,但赔偿诉讼的实质内容没有变化。

据统计,自 1995 年《国家赔偿法》施行 25 年来,全国法院审结行政赔偿案件约 16 万件。[122] 更早的、截至 2010 年 10 月的统计则显示,全国法院共受理一审行政赔偿案件 67, 354 件,审结 59, 611 件,赔偿金额 17. 17 亿元。[123] 最近几年,法院每年受理的一审行政赔偿案件约一万件,直接判决赔偿的几百件,另有几百件达成赔偿调解。通过法院判决或者调解给予的行政赔偿,只是行政赔偿的一部分;更多的赔偿支出,是行政机关认识到错误后主动给予或者通过其他变通方式处理。目前尚不清楚,全国各级政府实际的赔偿支出究竟有多少。

一 行政赔偿的性质

在中国法律中,行政赔偿属于国家赔偿,是国家责任的一种承担方式。它有别于国家赔偿中的刑事赔偿和司法赔偿,也有别于行政责任中的行政补偿。

(一) 作为国家责任的行政赔偿

行政赔偿作为国家赔偿的一种,体现了明确的国家责任,即国家对其具体机关和工作人员的违法行为承担责任,并由国库资金来保证赔偿的落实。

在一些国家,早期阶段由于坚持"国王不会犯错""犯错的是国王仆人",很长时间没有建立起国家赔偿,赔偿责任由从事执法的公务员承担。这不利于公务员大胆行使职权,也不利于受害人获得充分赔偿。国家赔偿制度的确立意味着承认国家对其具体机关和工作人员的违法行为负有道义和法律上的责任,在理念上解决了这个问题。

对中国来说,国家赔偿制度的进步体现在另一层意义上。党和政府一贯主张

---

[121] 《最高人民法院关于审理行政赔偿案件若干问题的规定》(法发〔1997〕10 号)第 28 条规定:"当事人在提起行政诉讼的同时一并提出行政赔偿请求,或者因具体行政行为和与行使行政职权有关的其他行为侵权造成损害一并提出行政赔偿请求的,人民法院应当分别立案,根据具体情况可以合并审理,也可以单独审理。"

[122] 彭宁铃:《最高法:25 年来全国法院依法审结国家赔偿案件约 22 万件》,载中国新闻网 2020 年 12 月 29 日,http://www.chinanews.com/gn/2020/12-29/9373708.shtml。

[123] 张蔚然:《全国法院 15 年受理国家赔偿逾 9 万件》,载中国新闻网 2010 年 11 月 25 日,http://www.chinanews.com.cn/fz/2010/11-25/2681650.shtml。

“有错必纠”，损害要赔偿。“文革”后，拨乱反正，为解决历史遗留问题，我国政府曾对一大批受到不公平待遇的人予以“落实政策”。与之相比，国家赔偿在构成要件、赔偿标准和操作程序上更加明确和统一，国家责任更加突出，国家赔偿的资金也更有保障。为了防止行政机关无钱可赔，《国家赔偿法》明确要求，把赔偿费用列入各级财政预算。赔偿请求人凭生效法律文书向赔偿义务机关申请支付赔偿金，后者向有关财政部门提出支付申请，由财政部门支付赔偿金。[124]

（二）行政赔偿与刑事赔偿、司法赔偿的区别

在行政赔偿之外，《国家赔偿法》还规定了刑事赔偿和司法赔偿。公安机关、检察院、法院以及看守所、监狱管理机关在刑事诉讼过程中侵犯人身权、财产权的，适用刑事赔偿的规定。法院在民事诉讼、行政诉讼过程中，违法采取对妨害诉讼的强制措施、保全措施或者对判决、裁定及其他生效法律文书执行错误，造成损害的，也适用刑事赔偿程序的规定。刑事赔偿由中级以上法院设立的赔偿委员会作出最终赔偿决定。赔偿委员会审理案件不采用诉讼程序，不适用《行政诉讼法》。但依《国家赔偿法》，行政赔偿与刑事赔偿、司法赔偿的赔偿标准原则上是一致的。

（三）行政赔偿与行政补偿的区别

行政补偿也是行政诉讼中的常见判决方式。中国法律对行政赔偿和行政补偿作了区分，两种适用于不同的情形、采用不同的标准。大体来说，违法行政行为致人损害的，适用赔偿；合法行政行为致人损害的，适用补偿。除了弥补损害，行政赔偿还有一定惩戒性质，在同等情况下标准应当高于行政补偿。

行政补偿最主要的场景是土地、房屋、企业的征收。依据《土地管理法》《国有土地上房屋征收和补偿条例》，国家出于公共利益的需要可以征收土地和房屋，但应当给予补偿。一些法律还规定了临时征用的补偿。例如，依据《传染病防治法》，传染病暴发、流行时，地方政府根据疫情控制的需要，有权临时征用房屋、交通工具以及相关设施、设备，但应当依法给予补偿。行政补偿还适用于所谓的“管制性征收”（regulatory taking），即因行政管制措施而造成财产使用受限、价值减损的情形。例如，为了生态环境保护目的，国家对森林、草原、湿地、水流、耕地等的开发利用作出限制，为此建立了生态保护补偿制度。实践中，行政补偿判决还适用于行政机关为了公共利益而中止许可、变更或者解除协议的情形。

行政补偿没有统一标准，主要由具体的法律、法规和国家政策确定。实践中，有的采取足以弥补损失的充分补偿，有的只是部分弥补损失的适当补偿。依据 2011 年的《国有土地上房屋征收和补偿条例》，征收国有土地上的房屋，补偿范围包括被征收房屋价值的补偿，因征收房屋造成的搬迁、临时安置的补偿，以及因征收房屋造

---

〔124〕《国家赔偿法》（2010 年修正），第 37 条。

成的停产停业损失的补偿。其中,对被征收房屋价值的补偿,不得低于房屋征收决定公告之日被征收房屋类似房地产的市场价格,具体由具有相应资质的房地产价格评估机构按照房屋征收评估办法评估确定。这个标准比较接近"充分补偿"。而《土地管理法》(1998 年修正)第 58 条规定,地方政府为公共利益需要使用土地而收回国有土地使用权的,对土地使用权人应当给予"适当补偿"。根据自然资源部的意见,补偿金额应不低于土地使用权人取得土地的成本,综合考虑其合理的直接损失,参考市场价格确定。[125] 这个标准仍然模糊,大体确定的是,补偿金额应当高于成本、低于市场。[126]

行政赔偿与补偿适用情形和给付标准的差异,可以参考两个案例。在陈山河诉洛阳市人民政府行政赔偿案中,被告组建的指挥部于 2002 年 8 月组织有关部门对陈山河房屋及附属物实施拆迁,该拆迁行为被确认违法。河南省两级法院认为,由于陈山河的房屋已经拆除,无法对其价值进行评估,遂参照洛阳市物价、城建部门 1997 年公布的城市建设拆迁安置补偿标准予以赔偿。最高法院裁定认为,在被拆迁人未及时获得合理补偿而房屋价格明显上涨的情况下,一、二审法院仍按 5 年前的标准确定赔偿额,对陈山河"明显有失公平"。遂指令河南高院另行组成合议庭进行再审。[127] 在许水云诉金华市婺城区人民政府行政赔偿案中,最高法院进一步指出,因为行政机关违法实施征收行为造成被征收人损失的,法院应当坚持全面赔偿原则,确保受害人得到的赔偿应"不低于"其依照征收补偿方案可以得到的征收补偿。[128] 这是一个比较低微的标准,但也是一个具有弹性的标准。

二　行政赔偿责任的构成

行政机关及其工作人员违法行使行政职权,侵犯公民、法人和其他组织的合法权益造成损害的,行政机关应当承担赔偿责任。下面分别讨论行政职权、违法、损害和因果关系四个要件。

(一) 行使行政职权的行为

行政赔偿责任只适用于"行政机关及其工作人员在行使行政职权时"的侵权行为。在这一点上,它与一般行政诉讼的受案范围有所差异。

行政侵权责任的主体主要是国家行政机关。法律授权的行使公共职能的组织,

---

〔125〕《自然资源部办公厅关于政府原因闲置土地协议有偿收回相关政策的函》,自然资办函〔2018〕1903 号。

〔126〕在最高法院 2020 年 7 月 27 日发布的一个"产权保护行政诉讼典型案例"中,法院判决认为,被告有偿收回国有土地使用权,简单地以土地使用权人已缴交的土地出让价款、前期合理投入以及相应的利息总额进行补偿欠妥,责令被告重新作出。海口博泰隆房地产开发有限公司诉海口市人民政府案,海南省高级人民法院行政判决书,(2019)琼行终 132 号。

〔127〕《最高人民法院公报》2015 年第 4 期。

〔128〕《最高人民法院公报》2018 年第 6 期。

只有在有限的情况下才能成为行政侵权责任的主体。高等学校依据法律授权颁发学历、学位证书的行为属于可诉的行政行为，但高等学校在证书颁发过程中违法侵权给当事人造成损害的，目前尚未纳入国家赔偿范围。邮电、医院等国有企事业单位和桥梁、道路等国有公共设施，因设置、管理欠缺发生的赔偿问题，也不属于国家赔偿的范围。[129] 具有公共职能的社会自治组织因对其成员的管理行为，有可能成为行政诉讼的被告，但显然不属于国家赔偿责任的主体。

受行政机关委托的组织或者个人在行使受托权力时侵犯公民、法人和其他组织的合法权益造成损害的，国家赔偿责任应当由委托机关承担。在**高某亲属诉某税务局行政赔偿案**中，税务局将某一片区的生猪税收承包给殷某个人代征。在收税过程中，殷某雇请的代征人员与高某发生抓扯、互殴，导致后者失血休克死亡。高某亲属提起诉讼。法院认为，代征行为名为“承包”实为“委托”，税务机关应当承担赔偿责任。[130] 行政机关依据《行政诉讼法》的规定申请法院强制执行具体行政行为，由于据以强制执行的根据错误而发生行政赔偿诉讼的，申请强制执行的行政机关为赔偿义务机关。[131]

行政机关行使职权，应当是行政机关行使行政管理职权。与行使职权有关但不具有管理性质的行为，如行政执法车辆交通肇事、行政办公设施致人损害，目前也不属于行政赔偿范围。公安机关、看守所、监狱管理机关在行使《刑事诉讼法》规定的侦查、羁押等职权时侵犯人身权、财产权的，适用《国家赔偿法》有关刑事赔偿的规定。但公安机关超越《刑事诉讼法》的规定，滥用权力，致人损害的，有可能被纳入行政赔偿。在**谢京贵诉北京市公安局朝阳分局行政赔偿案**中，北京市第一中级法院二审判决认为，被告下属刑警大队将谢京贵强行带至公安机关调查取证，限制其人身自由达 7 小时，不仅未告知其作为证人的权利义务，还使用警械违法限制其人身自由，应当承担行政赔偿责任。[132]

行政机关及其工作人员行使职权的行为不但包括行政法律行为，也包括行政事实行为。依据《国家赔偿法》第 3 条，行政机关及其工作人员在行使行政职权时非法拘禁或者以其他方法非法剥夺公民人身自由的，以殴打、虐待等行为或者唆使、放纵他人以殴打、虐待等行为造成公民身体伤害或者死亡的，违法使用武器、警械造成公民身体伤害或者死亡的，也应当给予国家赔偿。

---

〔129〕 胡康生：《关于〈中华人民共和国国家赔偿法(草案)〉的说明》，1993 年 10 月 22 日，第八届全国人民代表大会常务委员会第四次会议。

〔130〕 文达成：《聘请人员致人损害赔偿责任由谁承担》，载《广安日报》2005 年 5 月 16 日。《税收征收管理法实施细则》(2002 年)第 44 条规定：“税务机关根据有利于税收控管和方便纳税的原则，可以按照国家有关规定委托有关单位和人员代征零星分散和异地缴纳的税收，并发给委托代征证书。受托单位和人员按照代征证书的要求，以税务机关的名义依法征收税款……”该案经调解，由某税务局赔偿高某亲属 14 万元。

〔131〕 《最高人民法院关于审理行政赔偿案件若干问题的规定》，法发〔1997〕10 号，第 19 条。

〔132〕 北京市高级人民法院编：《北京法院名案判解》，法律出版社 2001 年版，第 263 页。

行政机关工作人员行使行政职权的行为,其法律后果归属于该行政机关。但行政机关工作人员与行使职权无关的个人行为致人损害的,国家不承担赔偿责任。公务员公车私驾、交通肇事致人损害的,实践中有行政机关为其支付或者垫付赔偿费用,这不符合《国家赔偿法》的规定。[133] 但是,警察违法使用枪械的问题比较特殊。在民警吉忠春携枪杀人案中,云南省蒙自县公安民警吉忠春醉酒驾车时,因倒车与潘俊发生争吵。吉忠春拔出随身携带的“六四”式手枪朝潘俊连射3枪,致其当场死亡。云南高院终审判决:吉忠春犯故意杀人罪,判处死刑,缓期2年执行;吉忠春赔偿附带民事诉讼原告人10万元。[134] 法院的判决显然把警察的行为看成个人行为,这并不妥当。无论是依照《人民警察使用警械和武器条例》的规定[135],还是从国家对警察行为负责的精神来说,由国家赔偿更加合适。

(二)行政行为违法

《国家赔偿法》制定时,曾比较了不同国家和地区的赔偿责任原则。立法者注意到,有的国家和地区以公务员的主观过错加行为不法为双重责任要件,有的国家采取公务过错的标准,立法最后以行政机关违法行使职权为赔偿责任要件。[136] 虽然2010年《国家赔偿法》修正时取消了第2条中“违法”行使职权的内容[137],但这只是为了使该条能够恰当地适用于刑事赔偿的规定,并不影响行政赔偿责任的构成要件。在行政赔偿领域,行为的违法性仍然是国家赔偿的一个要件。

关于行政违法的情形,本书第三编已经有详细讨论。与行政赔偿有关的问题,主要在于实质违法与形式违法之争。曾经有一种观点认为,作为行政赔偿责任要件的违法仅仅指违反法律、法规的规定,不包括滥用自由裁量权,甚至不包括违反规章的规定。[138] 这种对违法的形式主义理解,现在已经被明确地抛弃,实质违法的观念获得广泛的接受。在实践中,法院有时运用公务过错的原理,即以处于相同职位的

---

[133] 郭启朝:《局长驾车陪玩撞死三人 单位拿出巨资替其埋单》,载《大河报》2010年11月15日;《局长酒后公车私驾撞死5人 邮政局垫付115万赔偿》,载南方周末网2010年12月10日,http://www.infzm.com/content/53445。

[134] 王妍:《云南蒙自县民警吉忠春杀人案终审判决:改判死缓》,载新华网,http://news.xinhuanet.com/legal/2009-12/17/content_12661207.htm。

[135] 《人民警察使用警械和武器条例》(1996年)第14条规定:“人民警察违法使用警械、武器,造成不应有的人员伤亡、财产损失,构成犯罪的,依法追究刑事责任……对受到伤亡或者财产损失的人员,由该人民警察所属机关依照《中华人民共和国国家赔偿法》的有关规定给予赔偿。”

[136] 肖峋:《中华人民共和国国家赔偿法的理论与实用指南》,中国民主法制出版社1994年版,第90~106页;江必新:《国家赔偿法原理》,中国人民公安大学出版社1994年版,第43、46页;马怀德:《国家赔偿法的理论与实务》,中国法制出版社1994年版,第95~104页。

[137] 1994年《国家赔偿法》第2条规定:“国家机关和国家机关工作人员违法行使职权侵犯公民、法人和其他组织的合法权益造成损害的,受害人有依照本法取得国家赔偿的权利。”该条修正后的内容为:“国家机关和国家机关工作人员行使职权,有本法规定的侵犯公民、法人和其他组织合法权益的情形,造成损害的,受害人有依照本法取得国家赔偿的权利。”

[138] 肖峋:《中华人民共和国国家赔偿法的理论与实用指南》,中国民主法制出版社1994年版,第96~102页。

公务员在特定情况下的行为标准，来判断行政机关的行为是否违法。

对于行政执行、行政救助等事实行政行为，由于法律规定相对简陋，公务过错标准有助于弥补制定法的欠缺。在王丽萍诉河南省中牟县交通局行政赔偿案中，被告交通局工作人员发现3台运送生猪途中的小四轮拖拉机没有交纳养路费，决定将其扣押。王丽萍请求待生猪运抵目的地后再扣车，被告工作人员仍把装载生猪的两轮拖斗卸下后驾主车离去，导致拖斗倾斜放置，拖斗内的多头生猪因挤压受热死亡。中牟县法院认为，在炎热的天气下，运输途中的生猪不宜受到挤压，更不宜在路上久留，被告工作人员未妥善处置即行扣车，其行为不符合合理、适当的要求，构成滥用职权。遂判决确认被告扣押行为违法，并责令其赔偿原告生猪死亡的损失。〔139〕 在陈宁诉辽宁省庄河市公安局行政赔偿案中，法院根据不同情况给出了不同的意见。原告丈夫韩勇驾驶的出租轿车发生交通事故，交警接警后立即赶到事故现场。轿车被撞变形，韩勇夹在驾驶座中，生死不明。交警采用撬杠等方法都不能打开车门，最后采用了气焊切割的方法，将韩勇从车中救出并送往医院。但气焊切割车门时造成轿车失火，事先准备的消防器材无法扑灭，汽车烧毁。原告要求公安局赔偿车辆烧毁的损失。大连市中级法院认为，当时情况紧急，交警为抢救韩勇强行打开车门，有充分的合理性；在抢救过程中已尽可能地采取防范措施，抢救行为没有超出依法履职的范围。在事故现场无法判断韩勇的生死状况，故不能以事后证实的韩勇死亡的结果认定抢救行为不当。据此，驳回原告的赔偿请求。〔140〕

行政机关实施行政许可、登记中，行政机关是否尽到审慎合理的审查义务也是判断其是否违法的标准。在中国银行江西分行诉南昌市房管局违法办理抵押登记案中，天龙公司利用伪造的产权证书，在南昌市房管局办理了房产抵押登记。银行凭据抵押发放贷款，结果造成巨大损失，转而要求房管局承担赔偿责任。最高法院二审判决认为，房地产登记主管部门有义务核对、也有条件识别抵押房产权属证书的真伪。被告违反职业规范，未尽必要的注意义务，其抵押登记行为违法，应当承担相应的赔偿责任。〔141〕 与之相似，最高法院关于行政许可的司法解释规定，行政机关在实施行政许可过程中，已经依照法定程序履行审慎合理的审查职责，因他人行为导致行政许可决定违法的，不承担赔偿责任。〔142〕

（三）损害的认定

合法权益的损害是行政机关承担赔偿责任的一个要件。行政违法行为没有造成损害的，谈不上赔偿；损害明显轻微的，不一定给予赔偿；损害不属于合法权益的，也不在法律保护的范围。损害事实，包括损害的存在和大小，原则上应当由原告举证。

---

〔139〕《最高人民法院公报》2003年第3期。

〔140〕《最高人民法院公报》2003年第3期。

〔141〕《最高人民法院公报》2004年第2期。

〔142〕《最高人民法院关于审理行政许可案件若干问题的规定》，法释〔2009〕20号，第13条第1款。

法律上的损害,应当是实际发生的人身损害或者财产损失。在**陕西省明德物业管理有限公司诉西安市人民政府行政决定案**中,西安市安居工程领导小组办公室发出通知,终止陕西明德公司对明德门小区的物业管理,重新委托西安市房地产总公司对该小区实施物业管理。陕西明德公司提起行政诉讼后,市安居办自行撤销了上述通知,法院亦确认该通知违法。其后,陕西明德公司提起行政赔偿诉讼,要求西安市政府赔偿其因该通知而无法收取的物业管理费、维修养护费、水电费等损失 1000 余万元,该公司承租营业用房的费用 25 万余元,因市安居办未把小区内的经营性设施交其经营而造成的亏损 900 多万元。最高法院判决认为,原告所列损失中,物业管理费、维修养护费、水电费系平等民事主体之间的债权债务问题,应受民事法律调整;营业房租金系物业管理公司进行经营活动的正常成本,不属于《国家赔偿法》规定的损失范围。[143]

在一定范围内,当事人对于行政行为所带来的后果有容忍的义务,不能因为任何轻微的损失都要求赔偿。例如,行政机关超越时限作出行政行为,当事人因此多等待了几天,不能说没有任何损害,但法律基本上不予考虑。但是,如果行政机关违反时限,给当事人造成特别的损害,或者因为行政程序反复、拖延给当事人造成直接损害,法院也可能会支持赔偿请求。在**王子健诉卫生部不履行法定职责案**中,原告因不服山东省卫生厅所作的医疗事故处理决定,于 1998 年 5 月向卫生部申请行政复议,卫生部退回其复议申请。王子健于当年 6 月再次提出复议申请,卫生部于 9 月 1 日通知其不予受理。直到 10 月,卫生部才受理王子健的复议申请,随后作出复议决定,维持山东省卫生厅的处理决定。在此期间,王子健数次往返山东和北京,花去交通、住宿、电话、邮寄费用 3000 余元。北京高院二审认为,卫生部接到王子健的复议申请后,超过期限 70 余天才作出不予受理通知,违反法定程序。虽然此后卫生部受理了该申请并作出决定,但不能否定违反程序的事实。为此,判决确认卫生部没有在《行政复议条例》规定的 10 日内作出是否受理的决定违法,并对王子健的损失予以赔偿。[144]

只有公民、法人或者其他组织的"合法权益"受到损害时,才有取得国家赔偿的权利。在**湖南省汉寿县新兴乡祝家岗砖厂诉汉寿县政府案**中,被告为落实节能减排目标,通告全县所有非法经营的粘土砖厂停产关闭,之后采取强制断电、强制拆除等方式取缔了原告的砖厂。原告要求赔偿。最高法院再审判决确认被告取缔关闭、强制拆除原告砖厂未听取原告申辩、未制作处罚决定书,行政行为程序违法,但驳回原告要求赔偿的请求。理由是:原告的采矿许可证已经过期,继续取土烧砖属于违法生产经营。违法取粘土生产出来的未烧制的砖坯,属于违法所得,依法不予保护。烧制粘土砖的轮窑、制砖机等机器设备的残值,原本属于合法财产;但是,用于非法

〔143〕 最高人民法院行政判决书,(2002)行终字第 2 号。

〔144〕 刘岚:《王子健状告卫生部不履行法定职责》,载《人民法院报》2002 年 2 月 19 日;北京市高级人民法院行政审判庭编:《北京行政诉讼案例研究》第 2 卷,法律出版社 2003 年版。

生产粘土砖后，上述设备成为非法生产经营的工具，亦不属于应予赔偿的合法权益范围。[145]

《国家赔偿法》第 15 条第 1 款规定："人民法院审理行政赔偿案件，赔偿请求人和赔偿义务机关对自己提出的主张，应当提供证据。"《行政诉讼法》第 38 条第 2 款也要求，作为一般原则，原告应当对行政行为造成的损害提供证据；"因被告的原因导致原告无法举证的，由被告承担举证责任"。通常情况下，受害人对其遭受的损害最清楚，有能力也有动力提供证据。由受害人对损害事实提供证据，符合举证责任的一般原理。如果原告泛泛地宣称自己受到行政行为的损害，而没有提供相关证据，其赔偿请求将无法得到法院的支持。但在一些特殊情况下，法律将举证责任倒置；如果行政机关不能推翻原告的主张，法院将基于常理决定是否采纳原告的主张。这样的规定比较好地兼顾了公平。

在赔偿诉讼中，双方争议的损害事实首先是有无损害的事实，其次才是损害大小的事实。在陈莉诉徐州市泉山区城市管理局行政处罚案中，被告执法人员以原告擅自占道经营、影响市容为由，当场扣押了她的物品，第二天才向她出具物品暂扣单。据原告称，被扣物品包括冰柜 1 台以及冰柜内的食品饮料、手推车 1 辆、遮阳伞 1 把；被告则称，只扣押 1 台空冰柜和 1 把遮阳伞，未扣押手推车和食品饮料（当时已由陈莉取走）。对此，徐州市中级法院一审判决认为，被告工作人员在执法时未现场制作扣押清单或者笔录，是造成损害事实难以确定的主要原因。被告提供的暂扣单不是现场制作的，没有相对人或其他在场人签字认可，不予采信。故法院采信陈莉的说法，认定被告扣押的物品包括手推车和食品饮料。[146]

比损害有无更难确定的，是损害的具体数额。原被告双方对损失的价值有分歧而需要鉴定的，一般应当由原告申请鉴定，但法律、法规、规章规定行政机关在作出行政行为时依法应当评估或者鉴定的除外；负有举证责任的一方当事人拒绝申请鉴定的，由其承担不利的法律后果。[147] 实践中，由于不能归咎于原告的原因而导致原告不能充分举证的，法院往往根据现有证据，结合常理进行估算。在前述的陈莉诉徐州市泉山区城市管理局行政处罚案中，徐州市中级法院一审判决认为，原告本应对被扣的手推车价值及食品饮料的品种、数量承担举证责任，但由于陈莉的手推车是自制的，其经营的零售摊点没有销售记录，两者都无法准确举证。陈莉主张手推车价值 200 元比较合理，应予支持；食品饮料的损失陈莉要求赔偿 1000 元，但根据陈莉冰柜型号和经营品种等情况，认定为 800 元比较合理。[148] 在尹琛琰诉卢氏县公安局行政赔偿案中，由于被告接到报警后没有及时出警，造成原告的工艺礼花渔具门市部被盗。原告声称被盗货物价值 24, 546. 5 元，并提供了门市部进货数、销货

---

[145] 最高人民法院行政判决书，(2020)最高法行再 1 号。

[146] 《最高人民法院公报》2003 年第 6 期。

[147] 2018 年《行诉法解释》，第 47 条。

[148] 《最高人民法院公报》2003 年第 6 期。

数、存货数证明自己的损失数额。卢氏县法院认为，原告主张的损失数额有合理的依据；被告虽然对具体数额表示怀疑，但没有提供证据予以否认。因此，对尹琛琰主张的财产损失予以认定。[149] 在朱金莲等诉海南省公安厅行政赔偿案中，原告朱金莲于1993年申请赴港定居，被告直到2000年才通知不予批准。朱金莲起诉，要求赔偿其多次来海口查询和等待审批结果的差旅费用等经济损失。朱金莲提供了2个招待所的证明和2张汽车票，但无法充分证明其所提出的4.68万元损失。海南高院遂根据赴港定居的审批期限和现有证据推算朱金莲的损失。法院确定以原告每次审批期限（60日）届满来回一趟、每趟按172元计（其中车票56元×2次），合计7280元；对朱金莲提出的其他赔偿请求，不予支持。[150]

（四）因果联系

要求行政赔偿，行政违法行为与当事人的损害之间还必须具有因果关系。法律上的因果关系问题相当复杂，实属一片法学理论的沼泽地。虽然有各种理论（如"必然因果关系""相当因果关系"）帮助人们判断，但它们解决疑难问题的作用并不比生活格言指导生活的作用更强。究其原因，法律上的因果关系不仅需要探知两个现象之间的关联方式和程度，还涉及对某类社会现象去留抑扬的态度和优劣得失的把握，背后隐藏着价值判断。一个公正的判决仍有赖于法官对社会情势的理解，以及对行政秩序维护和公民权利保护的平衡。

在朱新一、朱新明诉江苏省启东市公安局追截车辆行为案中，法院从公正司法的理念出发，对因果关系作了宽泛的解释。启东市公安局负责交通巡逻的警员田某等人在返城途中发现3辆面包车停在禁止停车的桥头附近，即下车检查。朱新明发现警察，即驾车驶离现场。田某见状，驾车紧跟其后，并打开警灯、拉响警报器，在农村非道路上追车40余分钟。当追至一中心路段时，朱母从车上下来，因车未完全停稳，朱母跌倒，经抢救无效死亡。南通市中级法院认为，田某等在朱新明驾车离开禁停区域后，长时间使用警灯、警报器对其尾追，其追截行为构成违法，并与朱母的死亡有一定的关联性。从公平执法、公正处事出发，被告应承担相应经济赔偿。该判决得到二审法院的支持。[151]

作为一般原则，赔偿请求人对侵权行为与损害事实之间存在因果关系的主张，应当承担举证责任。但在特定情况下，赔偿请求人由于客观原因或者由于行政机关的过错无法提供证据的，法律也可能要求由行政机关承担举证责任。《国家赔偿法》第15条第2款规定，"赔偿义务机关采取行政拘留或者限制人身自由的强制措施期

〔149〕《最高人民法院公报》2003年第2期。

〔150〕海南省高级人民法院行政判决书，(2000)琼行终字第31号。

〔151〕最高人民法院中国应用法学研究所编：《人民法院案例选》第39辑，人民法院出版社2002年版，第427页。判决书同时指出，交通巡逻警察负有堵截逃犯和其他违法犯罪嫌疑人的职责，但本案原告朱新明仅有一般违章停车之过错，不属堵截对象，被告对其长时间实施追截没有法律依据。

间,被限制人身自由的人死亡或者丧失行为能力的,赔偿义务机关的行为与被限制人身自由的人的死亡或者丧失行为能力是否存在因果关系,赔偿义务机关应当提供证据”。

行政不作为违法与损害结果之间的因果关系,是司法实践中比较难缠的问题。随着服务行政理念的发展,法律对行政机关履行职责的要求越来越高。相应地,在越来越多的情形下,行政机关的不作为被承认为造成当事人损害的原因。早在《行政诉讼法》实施初期,就有工商机关因为拖延颁发营业执照,给当事人造成损害而承担赔偿责任的案例。[152] 2001 年,最高法院在一个批复中确认:公安机关没有履行其保护人身权、财产权的法定职责,致使公民、法人和其他组织的合法权益遭受损害的,应当承担行政赔偿责任。[153] 在拘留所、看守所、劳动教养管理所等限制人身自由的场合,主管行政机关没有尽到监管职责,致使被限制人身自由的人被殴打致死、致残,主管机关也应承担相应的赔偿责任。[154]

公安机关负有保护公民生命、财产的特殊职责,在行政不作为赔偿中也首当其冲。在李茂润诉四川省阆中市公安局不作为案中,李茂润连续几天遭到精神病人郑国杰的纠缠、追打,向当地公安派出所求助,但未被理睬。后来,在郑国杰手持铡刀追逼下,李茂润从自家二楼跳下,造成八级残废。阆中市法院判决确认被告工作人员不履行法定职责的行为违法,责令被告赔偿原告医疗费、误工费、残疾赔偿金、财产损失等共计 19, 751. 32 元。[155] 在尹琛琰诉河南省卢氏县公安局行政赔偿案中,原告位于县城东门外的商店在深夜被人盗窃,其间卢氏县公安局“110”两次接到电话报警,却没有立即派人到现场查处。卢氏县法院认为,被告不履行职责的违法行为与门市部被盗损失存在法律上的因果关系,尹琛琰有权向其主张赔偿。[156] 在刘桂兰诉昆明市公安局官渡分局不履行法定职责案中,官渡分局将被他人殴打致伤且处于昏迷状态的杜文华抬至派出所,但在此后的 8 个小时里未予及时救助,延误了受害人杜文华的救治。法院判决认为,在本案特定的情境下,被告对伤者负有监护的责任。被告未积极履行保护公民生命安全的职责,对杜文华的死亡应承担相应的赔偿责任。[157]

当然,行政不作为的因果关系也不能无限延伸,令行政机关承担无限制的责任。法官有时不得不作出一个决断,在什么位置截断无限延伸的因果链条。孔贵林诉浙

---

〔152〕 覃某诉某区工商行政管理局不作为赔偿案,载岳志强等:《具体行政行为释论及其合法性审查 100 例》,法律出版社 1992 年版,第 268 ~270 页。

〔153〕《最高人民法院关于公安机关不履行法定行政职责是否承担行政赔偿责任问题的批复》,法释〔2001〕23 号。

〔154〕《最高人民法院关于劳动教养管理所不履行法定职责是否承担行政赔偿责任问题的批复》,〔1999〕行他字第 11 号,2001 年 7 月 4 日。

〔155〕 王甘霖:《逃进派出所却仍被暴打 农民告赢公安局》,载人民网 2001 年 10 月 11 日,http://www.people.com.cn/GB/shehui/44/20011011/579196.html。

〔156〕《最高人民法院公报》2003 年第 2 期。

〔157〕 昆明市中级人民法院行政判决书,(2003)昆行终字第 9 号。

江省慈溪市教育局行政赔偿案读起来令人悲伤,涉及的法律问题也很棘手。孔贵林8岁的儿子孔明星在慈溪广丰民工子弟学校就读,在课后玩耍时掉入教学楼后的废弃水池溺亡。学校赔偿孔贵林8.5万元。之后,孔贵林以慈溪市教育局早就知道该校非法办学、存在严重安全隐患却没有及时取缔为由,要求国家赔偿。法院认为,慈溪市教育局在事故发生前曾向该校发出《整改通知书》(其中包括"加强学校安全管理"的内容),事故发生后又发出《责令停止办学通知书》,应认为已经履行了法定职责。按照社会的通常观念,教育局的行为与孔贵林儿子溺亡并无因果关系。据此,判决驳回原告的诉讼请求。[158]

三 行政赔偿责任的减免

即使行政机关的行为满足前述构成要件,行政机关也不一定承担全部赔偿责任。受害人自身的过错、第三人的侵权行为以及法律的特别规定,都可能减轻或者免除行政机关的赔偿责任。

(一)受害人自身过错的行政赔偿责任

作为侵权法的一般原理,受害人的过错可能成为减轻或者免除侵权责任的原因。[159]《国家赔偿法》第5条规定,因公民、法人和其他组织自己的行为致使损害发生的,国家不承担赔偿责任。如果损害的发生完全是由受害人自己的原因造成的,国家自然不承担责任。但现实中确实存在一些混合过错,即行政行为违法与受害人自身过错共同导致损害结果的发生。对此,仍应根据侵权法的一般原理,区别情况处理。

受害人采取欺骗等故意方法造成损害的,国家不承担责任。《行政许可法》第69条规定,行政机关违法作出行政许可的可以撤销,被许可人的合法权益受到损害的应当给予赔偿;被许可人以欺骗、贿赂等不正当手段取得行政许可的,应当予以撤销,"被许可人基于行政许可取得的利益不受保护"。一波三折的陈涛、陈修存诉合肥市规划局行政赔偿案提供了一个很好的讨论素材。1997年,陈修存与合肥市西市区绿化办公室(现合肥市蜀山区林业局)达成协议,由陈修存在合肥市水湖路20号的苗圃内建造自用管理房,8年后交还西市区绿化办公室。1999年,西市区绿化办公室通过伪造单位职工张某的户籍资料,并以张某的名义,从西市区建委为陈修存所建的自用管理房补领了面积为90平方米的建设工程规划许可证(第626号);后

---

[158] 袁裕来:《民告官手记》(Ⅲ),中国检察出版社2006年版,第291页以下。

[159] 1986年《民法通则》(已废止)第131条:"受害人对于损害的发生也有过错的,可以减轻侵害人的民事责任。"2009年《侵权责任法》(已废止)第26、27条:"被侵权人对损害的发生也有过错的,可以减轻侵权人的责任";"损害是因受害人故意造成的,行为人不承担责任。"《民法典》第1173、1174条:"被侵权人对同一损害的发生或者扩大有过错的,可以减轻侵权人的责任";"损害是因受害人故意造成的,行为人不承担责任。"

来，蜀山区林业局将该房屋卖给陈修存。在此过程中，陈修存私自在该房屋旁边搭建了24平方米的房屋一间。2002年6月，陈修存到蜀山区建设局，谎称其24平方米房屋的规划许可证丢失，并通过复印、变造其位于水湖路18号房屋的规划许可证，为水湖路20号24平方米的房屋领取了第635号规划许可证。随后，陈修存以陈涛、张某的名义申请翻建，从市规划局蜀山分局领取了2004－1号建设工程规划许可证，建设位置为水湖路20号，建筑面积为376平方米。建设过程中，因该土地使用权人合肥市梅山宾馆提出异议，经过合肥市信访局组织协调，市规划局蜀山分局向陈涛、张某发放了2005－1号建设工程规划许可证，将房屋建设面积变更为164平方米。但不久，市规划局以陈涛、张某未合法取得土地使用权且不符合个人建房条件，原西市区建委和蜀山区建设局向其发放规划许可证错误为由，下文撤销了前述所有建设工程规划许可证。陈涛、陈修存遵照市规划局的《限期拆除通知书》自行拆除了翻建的房屋，同时要求赔偿。合肥市中级法院再审判决认为，陈涛、陈修存利用虚假材料申请发放建设工程规划许可证，属于以欺骗手段取得行政许可。该许可证被撤销所造成的损失不属于合法利益，依法不予保护。陈涛、陈修存认为市规划局应当对虚假申请材料承担审查不当的责任并要求赔偿，没有法律依据，不予支持。[160]

受害人并非出于故意，但对损害的发生也有过错的，可以减轻行政机关的赔偿责任。这种情况在行政不作为赔偿中比较明显。在尹琛琰诉河南省卢氏县公安局行政赔偿案中，原告位于卢氏县县城东门外的门市部被盗，公安机关没有及时出警，造成损失。卢氏县法院认为，原告的门市部发生盗窃犯罪时，尹琛琰没有派人值班或照看，对财产由于无人照看而被盗所造成的损失，也应承担相应的责任。[161]

在一些情况下，受害人的行为虽有不当之处，但法院考虑行政违法的情节和双方对损害发生的作用，也可能不要求受害人承担责任。在张道春诉湖北省当阳市规划局行政赔偿案中，原告张道春拆除翻修其房屋楼顶防水隔热层时，规划局工作人员认为是违法建设，前去制止。但规划局工作人员没有出示证件，也没有送达《违法建设停建通知书》。遭到张道春拒绝后，双方发生争执。张道春用砖头砸、用菜刀威胁规划局工作人员，并与后者相互纠扯，双方均有不同程度受伤。此后，工作人员强行拆除了楼顶部分墙体。宜昌市中级法院二审判决认定，“规划部门的工作人员在执法过程中，由于行为欠规范，相对人不予配合和协助，致使双方发生争执”。遂判决确认被告拆除原告房顶墙体、侵犯原告人身权的行为违法，规划局全额赔偿张道春医疗费、误工费、住院伙食补助费共4000余元。[162]

---

〔160〕 合肥市中级人民法院行政判决书，(2009)合行赔再终字第1号。

〔161〕 《最高人民法院公报》2003年第2期。

〔162〕 宜昌市中级人民法院行政赔偿判决书，(2007)宜中行终字第26号。判决书也指出，规划部门工作人员在执行职务过程中应做到依法行政、文明执法；作为行政管理相对人的张道春，在规划部门执行职务过程中，应依法积极配合和协助。

(二) 第三人致害案件中的行政赔偿责任

在一些情况下,受害人的损害不是源于行政机关的直接侵害,而是第三人的行为;行政机关的行为(包括不作为)只是损害发生的因素之一。这种情况下,行政机关赔偿责任的性质和承担责任的顺位、份额,是一个值得研究的问题。

《侵权责任法》(现为《民法典》侵权责任编)区别共同侵权行为和分别侵权行为,作了不同规定。二人以上共同实施侵权行为,造成他人损害的,应当承担连带责任。而对于无意思联络的分别侵权行为,法律又区别情况规定连带责任或者按份责任。二人以上分别实施侵权行为造成同一损害,每个人的侵权行为都足以造成全部损害的,行为人承担连带责任。二人以上分别实施侵权行为造成同一损害,能够确定责任大小的,各自承担相应的责任;难以确定责任大小的,平均承担赔偿责任。[163]

有关行政赔偿的司法解释,与上述规定基本一致。行政机关和第三人共同实施侵权行为的,可以适用《侵权责任法》第 8 条的原理。最高法院有关房屋登记的司法解释规定,行政机关工作人员与第三人恶意串通违法实施行政许可或者违法实施房屋登记,侵犯原告合法权益的,行政机关与第三人承担连带赔偿责任。[164] 实践中较多的是行政机关和第三人分别实施侵权行为,而且两者都不足以单独造成全部损害。这种情况与《侵权责任法》第 12 条比较吻合,最高法院有关司法解释也采纳了该条的精神。在一个涉及公安机关不履行法定职责的案件中,最高法院司法解释规定,应当考虑行政机关不履行法定职责的行为"在损害发生过程和结果中所起的作用等因素",确定赔偿的数额。[165] 行政机关在实施行政许可过程中,与他人违法侵犯原告合法权益的,也照此确定行政机关的赔偿责任。[166] 而最高法院有关房屋登记的司法解释更是明确规定,申请人提供虚假材料办理房屋登记,房屋登记机构未尽合理审慎职责,给原告造成损害的,房屋登记机构"应当根据其过错程度及其在损害发生中所起作用承担相应的赔偿责任"。[167]

但是,现有的司法解释没有考虑行政赔偿的特殊性,把行政机关的侵权行为与

---

〔163〕《侵权责任法》(已废止)第 8、11、12 条;《民法典》第 1168、1171、1172 条。

〔164〕《最高人民法院关于审理行政许可案件若干问题的规定》,法释〔2009〕20 号,第 13 条第 1 款;《最高人民法院关于审理房屋登记案件若干问题的规定》,法释〔2010〕15 号,第 13 条。

〔165〕《最高人民法院关于公安机关不履行法定行政职责是否承担行政赔偿责任问题的批复》,法释〔2001〕23 号。关于该批复的精神,参见最高人民法院研究室编《最高人民法院司法解释理解与适用》,中国法制出版社 2002 年版,第 254~262 页。蒋惠岭法官在文中认为,在第三人加害案件中,行政机关承担的是一种独立的责任,既非连带责任也非补充责任。而且,"如果相对人已经从加害人处获得赔偿,则不应再获得行政机关的赔偿";"加害人在承担赔偿责任时,可以以行政机关应当承担部分赔偿责任提出抗辩"。

〔166〕《最高人民法院关于审理行政许可案件若干问题的规定》,法释〔2009〕20 号,第 13 条第 1 款。

〔167〕《最高人民法院关于审理房屋登记案件若干问题的规定》,法释〔2009〕20 号,第 12 条。该条原文为:"申请人提供虚假材料办理房屋登记,给原告造成损害,房屋登记机构未尽合理审慎职责的,应当根据其过错程度及其在损害发生中所起作用承担相应的赔偿责任。"原文在因果关系的表述上似乎不够清晰、合理。

第三人的侵权行为完全同等看待,这一点仍然可以商榷。而司法实践为我们提供了进一步讨论的启示。

深圳亿亨投资有限公司诉郑州市人民政府行政决定案就涉及行政赔偿与民事赔偿的关系。亿亨公司承租全民所有制企业郑州市粮油食品总厂(以下简称粮油总厂)的生产大楼,并与粮油总厂订立出资开发粮油总厂厂区的合同。次年,粮油总厂申请破产,郑州市政府下属的破产办批复同意其破产,但决定由第三人海洋公司出资收购。法院裁定宣告粮油总厂破产,同意由海洋公司收购,对亿亨公司改、扩建粮油总厂厂房的投资给予补偿。亿亨公司被强行搬出大楼,第三人根据其与清算组的协议取得粮油总厂的房屋和土地。原告要求撤销郑州市破产办的批复,并赔偿损失。最高法院判决认为,郑州市破产办批复中关于粮油总厂由海洋公司收购的内容,系超越职权,应予撤销。但亿亨公司所主张的财产损失属于亿亨公司与其他民事主体之间的关系,与郑州市破产办的批复之间不具有因果关系。故对亿亨公司的赔偿请求,不予支持。[168] 法院把判决理由归结到因果关系上,似乎有些勉强。该案的实质问题是,在行政侵权与民事侵权竞合的情况下,是否应当优先考虑民事赔偿?

中国银行江西分行诉南昌市房管局违法办理抵押登记案是最高法院裁判的一个典型案例。在该案中,天龙公司以房屋作抵押,向中国银行江西分行申请贷款。经南昌市房管局办理抵押登记后,银行贷给天龙公司 700 万元,但不久发现,房产抵押手续系天龙公司法定代表人颜桂龙利用伪造的产权证书办理。银行立即进行追讨,仍有 450.5 万元无法追回,于是起诉要求房管局承担赔偿责任。在诉讼期间,颜桂龙因诈骗罪,被判处无期徒刑;天龙公司因未参加 1997 年度年检,被吊销营业执照。江西高院一审判决认为,房管局违法办理抵押登记,造成原告抵押权不能实现,应对原告的损失承担补充赔偿责任。遂判决房管局赔偿原告贷款损失 270.3 万元。南昌市房管局提出上诉。最高法院二审判决认为,房管局对其违法办理抵押登记而造成原告财产损失的后果,在天龙公司无法偿还贷款的情况下,应当承担相应的过失赔偿责任。[169]

在刘桂兰诉昆明市公安局官渡分局不履行法定职责案中,原告丈夫杜文华午夜被两男子殴打,官渡分局下属派出所接警后派员赶赴现场。民警发现杜文华躺在一农贸市场门口的公路边,身上有伤、醉酒不醒,即与"120"急救中心联系救治。医护人员检查后认为伤者无生命危险,5 分钟后即离开现场。民警将杜文华抬上警车拉到派出所,置于派出所天井花台旁。当天上午,原告到派出所报案时发现其丈夫杜文华大便失禁,处于昏迷状态,经送往医院抢救无效死亡。死亡原因为钝性暴力打击致颅脑严重损伤,呼吸、循环衰竭。昆明市中级法院二审判决,责令被告赔偿死亡赔偿金和死者生前抚养的三个未成年人的生活费共 49,142 元。[170] 这是在直接致

---

[168] 最高人民法院行政判决书,(2001)行终字第 12 号,法公布(2003)第 8 号。

[169] 《最高人民法院公报》2004 年第 2 期。

[170] 昆明市中级人民法院行政判决书,(2003)昆行终字第 9 号。

害人无法确定的情况下，行政机关因其过错而承担的部分赔偿责任。

综合上述案件，可以得出两点结论：

首先，在第三人致害和行政机关违法并存的情况下，行政机关承担的既不是连带责任也不是按份责任，而是补充性的责任。原则上，受害人只有在向直接致害人穷尽追偿后，才可能要求行政机关赔偿。在中国银行江西分行诉南昌市房管局案中，虽然二审判决以"过失赔偿责任"取代了一审判决所称的"补充赔偿责任"，但仍强调直接致害人为第一顺位的责任人。受害人应当首先向直接致害人追讨；只有直接致害人无力偿还贷款的情况下，受害人才可以请求行政机关赔偿。关于这一点，最高法院此后答复更加明确："公民、法人或者其他组织人身、财产损失系第三人行为造成的，应当由第三人承担民事侵权赔偿责任；第三人民事赔偿不足、无力承担赔偿责任或者下落不明的，应当根据公安机关不履行、拖延履行法定职责行为在损害发生过程和结果中所起的作用等因素，判决其承担相应的行政赔偿责任。公安机关承担相应的赔偿责任后，可以向实施侵权行为的第三人追偿。"〔171〕

由于第三人的特殊情况，受害人的损失具有一定的不确定性。法院只是根据审判当时的情况予以判断。例如，在前述中国银行江西分行诉南昌市房管局案中，虽然银行积极追讨，但由于颜桂龙因诈骗入狱、天龙公司因未年检被吊销，部分贷款确实已经无法追回。在刘桂兰诉昆明市公安局官渡分局案中，被告对杜文华被伤害致死一案已作为刑事案件立案侦查，但直到法院判决，犯罪嫌疑人尚未抓获，案件尚未侦查终结。〔172〕 在理论上，今后可能发现直接致害人新的财产，或者发现和抓获直接致害人，从而开始新的追偿。但为了及时解决纠纷、尽快稳定关系，行政赔偿诉讼并不坐等这种可能性实现或者消失，才作出判决。

其次，行政机关对于受害人所遭受的损失（也就是直接致害人不能承担的部分），并不一定承担全部赔偿责任。相反，法院考虑行政机关违法行为的情节、在损害发生中所起的作用等因素，判决其承担相应的责任。对于损害赔偿的具体比例，有几个判例可供参考。在中国银行江西分行诉南昌市房管局案中，一审判决赔偿原告贷款损失的60%，即270.3万元；二审改判赔偿55%加利息。在尹琛琰诉河南省卢氏县公安局行政赔偿案中，公安机关接到盗窃正在发生的报警后没有及时出警，对原告商店被盗的损失承担50%的赔偿责任。〔173〕 而在刘桂兰诉昆明市公安局官渡分局不履行法定职责案中，法院考虑到行政不作为的情节和被害人死亡的原因，判决被告对被害人死亡的后果承担20%的赔偿责任（包括死亡赔偿金和死者三个未成年子女的生活费两项，合计49，142元）。

---

〔171〕《最高人民法院关于公安机关不履行、拖延履行法定职责如何承担行政赔偿责任问题的答复》，〔2011〕行他字第24号，2013年9月22日。

〔172〕昆明市中级人民法院行政判决书，（2003）昆行终字第9号。

〔173〕《最高人民法院公报》2003年第2期。

（三）法律规定免除行政赔偿责任的情形

依据《国家赔偿法》第5条第3项的规定，法律规定国家不承担赔偿责任的，国家不承担赔偿责任。迄今为止，除了《国家赔偿法》规定的行政机关工作人员与行使职权无关的个人行为和因公民、法人和其他组织自己的行为致使损害发生的，法律从未明确规定国家不承担赔偿责任的情形。

但是，有些法律似乎隐含着国家不承担赔偿责任的意思。1992年的《税收征收管理法》第31条规定："因税务机关的责任，致使纳税人、扣缴义务人未缴或者少缴税款的，税务机关在三年内可以要求纳税人、扣缴义务人补缴税款，但是不得加收滞纳金。因纳税人、扣缴义务人计算错误等失误，未缴或者少缴税款的，税务机关在三年内可以追征；有特殊情况的，追征期可以延长到十年。"〔174〕虽然该条款没有明确规定国家不承担赔偿责任，但要求行政机关对其补征税行为承担赔偿责任，应当是违背立法意图的。法律既然规定"因税务机关的责任"少缴税款的可以要求补缴，哪有一边补缴、一边赔偿的道理？

如果上述观点成立，那么，《最高人民法院公报》刊登的上海汇兴实业公司诉上海浦江海关行政赔偿案就可以重新讨论。在该案中，浦江海关发现汇兴公司申报进口人工草坪的商品编号有误，工作人员根据错误申报的编号予以税则归类致使少征税款，故向汇兴公司补征关税和代征增值税共计4万多元。汇兴公司缴纳了补征税款后，向浦江海关申请行政赔偿。理由是，税款本来可以计入销售成本，因为少征税款导致原告确定销售价格时少计成本，减少了原告销售收益。上海高院二审判决认为，销售价格和收益受到供求关系等各种因素决定，属于不确定的利益。汇兴公司出售人工草坪的价格不一、相差较大，可见征税数额并非其合同定价的主要因素，汇兴公司主张的销售收入减少不构成直接损失。据此，原告就被告的补征税决定要求赔偿的请求不予支持。〔175〕在本案中，法院其实可以援引《税收征收管理法》的相关条文，结合《国家赔偿法》的免责规定，判决驳回原告的诉讼请求。这比论证原告没有遭受直接损害，更加直截了当，也更加令人信服。

四　行政赔偿的方式与标准

国家赔偿以支付赔偿金为主要方式；能够返还财产或者恢复原状的，予以返还财产或者恢复原状；致人精神损害的，还应当在侵权行为影响的范围内，为受害人消除影响，恢复名誉，赔礼道歉。下面针对人身损害、财产损害和精神损害，分别讨论。

---

〔174〕 该法在2001年修订时，上述条款调整为第52条，第1款内容未变，第2款中对于因纳税人、扣缴义务人计算错误等失误未缴或者少缴税款，税务机关追征税款和滞纳金的最长期限减为5年。同时增加规定："对偷税、抗税、骗税的，税务机关追征其未缴或者少缴的税款、滞纳金或者所骗取的税款，不受前款规定期限的限制。"

〔175〕 《最高人民法院公报》2004年第1期。

(一) 人身损害的赔偿

人身损害包括侵犯公民人身自由的损害和侵犯公民生命健康权造成身体伤害、丧失劳动能力或者死亡。

侵犯公民人身自由的,《国家赔偿法》第26条(修正后为第33条)规定,"每日的赔偿金按照国家上年度职工日平均工资计算"。依据最高法院的解释,该条规定的"上年度",应为赔偿义务机关、复议机关或者人民法院赔偿委员会作出赔偿决定时的上年度;复议机关或者人民法院赔偿委员会决定维持原赔偿决定的,按作出原赔偿决定时的上年度执行。国家上年度职工"日平均工资"的数额,应当以职工年平均工资除以全年法定工作日数的方法计算;年平均工资以国家统计局公布的数字为准。[176] 自2008年重新调整法定节假日后,全年法定工作日以261日计。[177]

对于侵犯公民生命健康权的赔偿标准,《国家赔偿法》修正时略有改动。依据修正后的《国家赔偿法》第34条,侵犯公民生命健康权的,赔偿金按照下列规定计算:

1. 造成身体伤害的,应当支付医疗费、护理费,以及赔偿因误工减少的收入。减少的收入每日的赔偿金按照国家上年度职工日平均工资计算,最高额为国家上年度职工年平均工资的5倍。

2. 造成部分或者全部丧失劳动能力的,应当支付医疗费、护理费、残疾生活辅助具费、康复费等因残疾而增加的必要支出和继续治疗所必需的费用,以及残疾赔偿金。残疾赔偿金根据丧失劳动能力的程度,按照国家规定的伤残等级确定,最高不超过国家上年度职工年平均工资的20倍。造成全部丧失劳动能力的,对其扶养的无劳动能力的人,还应当支付生活费。

3. 造成死亡的,应当支付死亡赔偿金、丧葬费,总额为国家上年度职工年平均工资的20倍。对死者生前扶养的无劳动能力的人,还应当支付生活费。

前款第二项、第三项规定的生活费的发放标准,参照当地最低生活保障标准执行。被扶养的人是未成年人的,生活费给付至18周岁止;其他无劳动能力的人,生活费给付至死亡时止。

各年度适用的赔偿标准,即上年度职工年(日)平均工资,见表7。需要说明的是,"上年度"指一审法庭辩论终结时的上一统计年度,职工平均工资按全国城镇非私营单位就业人员的平均工资计算。由于国家统计局通常到5月公布上一年度的相关数据,5月之前的判决沿用上一年度确定的赔偿标准。

---

[176] 《最高人民法院关于人民法院执行〈中华人民共和国国家赔偿法〉几个问题的解释》,法发〔1996〕15号,第6条第2款。

[177] 从1995年5月实行"每周5天工作制"后,依据劳动部意见和国家统计局建议,通常年份的工作日为254日。1999年10月实行新的法定节假日后,通常年份的工作日为251日。2008年1月起重新调整法定节假日后,通常年份的工作日为250日;但参照人力资源和社会保障部提供的日平均工资计算公式,折算日工资时不剔除国家规定的11天法定节假日,因此2008~2020年的工作日以261日计。参见最高人民法院历年所作的"国家赔偿决定涉及侵犯公民人身自由权的赔偿金计算标准的通知"。

表7　全国历年城镇单位在岗职工平均工资

单位:元

年份	年平均工资	日平均工资	年份	年平均工资	日平均工资
1994	4538	17.76	2008	29,229	111.99
1995	5500	21.65	2009	32,736	125.43
1996	6210	24.45	2010	37,147	142.33
1997	6470	25.47	2011	42,452	162.65
1998	7479	29.44	2012	47,593	182.35
1999	8346	32.86	2013	52,379	200.69
2000	9371	37.33	2014	57,346	219.72
2001	10,870	43.30	2015	63,241	242.30
2002	12,422	49.48	2016	67,569	258.89
2003	14,040	55.93	2017	74,318	284.74
2004	16,024	63.84	2018	82,461	315.94
2005	18,405	73.30	2019	90,501	346.75
2006	21,001	83.66	2020	97,379	373.10
2007	24,932	99.31	2021	106,837	409.34

上述规定执行全国统一的标准,不分地域和城乡,也不考虑受害人的实际收入和实际损失。这与民事赔偿存在显著的差异。[178] 这个规定在保持法律条文稳定性的同时,也保证了人身损害赔偿标准与年俱进。年平均工资从《国家赔偿法》实施上年的4538元逐年递增,到2020年达到97,379元。相应地,从1995年到2021年,侵犯人身自由的赔偿标准从每日17.76元增长到373.10元,死亡赔偿金则从90,760元增长到1,947,580元,增加了20多倍。

(二)财产损害的赔偿

侵犯公民、法人和其他组织的财产权造成损害的,原则上只赔偿直接损失。具体的标准在《国家赔偿法》修改时有所改变,主要是增加了赔偿利息的规定和对变卖价款明显过低的处理。下面对修正后的《国家赔偿法》第36条关于财产损害的赔偿标准作一个归纳的叙述。

〔178〕 在民事侵权中,死亡赔偿金按照受诉法院所在地上一年度城镇居民人均可支配收入或者农村居民人均纯收入标准,按20年计算。但60周岁以上的,年龄每增加1岁减少1年;75周岁以上的,按5年计算。赔偿权利人举证证明其住所地或者经常居住地城镇居民人均可支配收入或者农村居民人均纯收入高于受诉法院所在地标准的,可以按照其住所地或者经常居住地的相关标准计算。《最高人民法院关于审理人身损害赔偿案件适用法律若干问题的解释》,法释〔2003〕20号。依此标准,2006年度天津当地死亡赔偿金大约25万元,深圳则达50余万元。

1. 处罚款、追缴、没收财产或者违法征收、征用财产的,返还财产;查封、扣押、冻结财产的,解除对财产的查封、扣押、冻结。返还执行的罚款、追缴或者没收的金钱,解除冻结的存款或者汇款的,应当支付银行同期存款利息。

2. 应当返还的财产损坏的,能够恢复原状的恢复原状,不能恢复原状的,按照损害程度给付相应的赔偿金。应当返还的财产灭失的,给付相应的赔偿金。财产已经拍卖或者变卖的,给付拍卖或者变卖所得的价款;变卖的价款明显低于财产价值的,应当支付相应的赔偿金。

3. 吊销许可证和执照、责令停产停业的,赔偿停产停业期间必要的经常性费用开支。

4. 对财产权造成其他损害的,按照直接损失给予赔偿。

一般理解,直接损失是必然发生并且现实发生的损失,区别于可得利益的损失。在陕西省明德物业管理有限公司诉西安市人民政府行政决定案中,西安市安居工程领导小组办公室将明德门安居工程住宅小区前期物业管理工作委托给原告管理,后又发文终止委托。陕西明德公司提起行政赔偿诉讼,其赔偿请求包括因市安居办未把小区内的经营性设施交其经营而造成的亏损900多万元。原告提供了建设部关于"鼓励物业管理公司利用小区内经营性用房开展多种经营"的文件,主张其权利。最高法院判决认为,建设部文件系一般指导性条文,既未给有关行政部门设定将小区经营性设施交物业管理公司经营的法定义务,也未给物业管理公司创设相应的法定权利。故原告的上述赔偿请求,不属于《国家赔偿法》规定的行政赔偿范围。[179] 在前述清远盛兴投资有限公司诉广东省清远市清城区人民政府案中,最高法院认为,因行政协议无效而对当事人信赖利益损失的赔偿,不应包括如果协议有效而可能获得的预期利益。盛兴公司主张的购地款差额1169万元系土地升值权益,不属于赔偿范围。[180]

在《国家赔偿法》修正前,利息、租金等可得利益的损失一般不属于国家赔偿范围;修正后的《国家赔偿法》所规定的利息损失的赔偿范围仍然相当有限。但早在该法修正前,法院在个别特殊情况下就已经承认了利息损失和租金损失。在中国银行江西分行诉南昌市房管局违法办理抵押登记案中,最高法院认为,信托公司(后为中国银行)作为金融机构,需要支付储户的存款利息。该损失属于直接损失,应当给予赔偿,但只能按中国人民银行同期活期存款利率计算。中国银行要求按照贷款利息赔偿不予支持。[181] 在四川省眉山县东坡食品厂诉眉山市东坡区计划经济贸易局行政赔偿案中,四川高院二审判决认为,当事人正在收取的租金因行政侵权被迫中断并转由他人收取的,该租金损失构成当事人的直接损失,属于国家赔偿的范围。[182] 在海口市海联区造船厂与海口市人民政府土地征用案中,最高法院把利息损失扩大

[179] 最高人民法院行政判决书,(2002)行终字第2号。

[180] 最高人民法院行政裁定书,(2020)最高法行申3832号。

[181] 《最高人民法院公报》2004年第2期。

[182] 四川省高级人民法院行政赔偿判决书,(2004)川行终字第48号。

到被告拖延支付的赔偿金上。判决书指出，在违法占用土地确已无法返还的情况下，被告应当及时赔偿。但被告拖延长达25年，赔偿金所产生的利息亦属于直接损失的范围，应予赔偿。具体以被告违法占地的土地价值650万元为基数，以1992年11月1日为起始时间，以作出生效赔偿决定时中国人民银行公布的一年期人民币整存整取定期存款基准利率为标准，不计算复利。[183]

当事人因为行政机关违法行为而交涉、诉讼所产生的成本，通常不认为是行政违法行为所造成的直接损失，不属于国家赔偿的范围。但法院开始承认，当事人因为行政违法行为寻求救济的支出，属于当事人的直接损失，在合理范围内应当予以赔偿。在一系列的案件中，由于专利管理机关错误公告专利权人的联系地址、错误通知应当缴纳的专利费用数额或者错误认定未缴纳专利复审费，当事人几次往返北京交涉、诉讼。他们要求赔偿为此支出的费用，得到了法院的支持。[184] 在**朱金莲等诉海南省公安厅行政赔偿案**中，被告对原告赴港定居的申请，迟迟不作出审批决定。在长达7年的时间里，原告为查询和等待审批结果，多次往返海口。法院判决被告赔偿原告必要的差旅费用。[185] 在**张开盛诉北京市工商局案**中，法院把赔偿范围扩大到行政复议机关违法不予受理复议申请所产生的费用。原告张开盛不服北京市工商局所作的行政复议不予受理决定，向法院提起诉讼；终审判决撤销该决定后，北京市工商局受理张开盛的复议申请。随后，张开盛要求北京市工商局赔偿从其决定不予受理到决定受理期间，他因诉讼而支出的交通、住宿、邮寄、复印等费用。北京市第一中级法院二审判决，张开盛为寻求法律救济的直接支出，市工商局应当予以相应的赔偿。[186]

（三）精神损害赔偿

在1994年《国家赔偿法》制定之前，一些法院曾经判决给受害人精神损害赔偿。但《国家赔偿法》没有规定精神损害赔偿，实际上是取消了精神损害赔偿。尽管精神损害赔偿在民事侵权诉讼中获得了正式的承认，[187] 在国家侵权中却长期难以落实。

---

[183] 最高人民法院行政赔偿判决书，(2017)最高法行再5号。

[184] 王向东诉国家知识产权局案，北京市第一中级人民法院行政赔偿判决书，(2003)一中行初字第501号；陶小京诉国家知识产权局案，北京市第一中级人民法院行政赔偿判决书，(2006)一中行初字第923号；周新元诉国家知识产权局专利复审委员会案，北京市第一中级人民法院行政赔偿判决书，(2013)一中行初字第935号。

[185] 海南省高级人民法院行政判决书，(2000)琼行终字第31号。

[186] 北京市第一中级人民法院行政赔偿裁定书，(2014)一中行终字第9716号。

[187] 《最高人民法院关于确定民事侵权精神损害赔偿责任若干问题的解释》(法释〔2001〕7号)规定，自然人因人格权利或者“其他人格利益”遭受非法侵害，向法院起诉请求赔偿精神损害的，法院应当受理。但《最高人民法院关于人民法院是否受理刑事案件被害人提起精神损害赔偿民事诉讼问题的批复》(法释〔2002〕17号)规定，“对于刑事案件被害人由于被告人的犯罪行为而遭受精神损失提起的附带民事诉讼，或者在该刑事案件审结以后，被害人另行提起精神损害赔偿民事诉讼的，人民法院不予受理”。《侵权责任法》(2009年)第22条规定：“侵害他人人身权益，造成他人严重精神损害的，被侵权人可以请求精神损害赔偿。”

在谢京贵诉北京市公安局朝阳分局行政赔偿案中,北京市第二中级法院判决撤销了一审法院关于精神损害的赔偿;责令被告自收到本判决之日起10日内,在原告所在单位,以书面公告形式,为原告消除影响、恢复名誉、赔礼道歉。[188]

虽然法律规定有其他抚慰精神损害的形式,但赔偿标准偏低、精神损害赔偿缺失的问题仍被人指责。发生在2001年的麻旦旦诉陕西省泾阳县公安局"处女嫖娼"案,常常被作为赔偿标准偏低、精神损害赔偿缺失的一个案例。2001年1月8日晚,19岁的农村姑娘麻旦旦在她姐姐的理发店里看电视,被泾阳县蒋路派出所一干警和聘用司机带到派出所,要她承认有卖淫行为,并对她使用械具。在非法讯问了23小时后,泾阳县公安局次日作出《治安管理处罚裁决书》,以"嫖娼"为由决定对麻旦旦拘留15日(尚未执行)。直到麻旦旦做了两次身体检查,证明她还是处女后,咸阳市公安局撤销了泾阳县公安局的裁决。咸阳市秦都区法院一审判决被告支付违法限制人身自由两天的赔偿金74.66元(及其他费用1000余元),引起舆论大哗。12月11日,咸阳市中级法院终审判决被告支付违法限制人身自由两天的赔偿金74.66元,以及医疗费、交通费、住宿费、误工费等(共9135元)。法院拒绝了麻旦旦主张的500万元精神损害赔偿以及被告在媒体上公开赔礼道歉的请求。[189] 贾春旺等诉河南省范县民政局案同样说明了缺乏精神损害赔偿的弊端。在该案中,被告4名执法人员根据电话举报,误以为原告贾春旺已经死亡,以殡葬执法为名,一天内两次驾驶殡葬车到原告村庄,向贾春旺父母追索贾春旺"尸体"并要求火化,否则逮人。贾春旺70多岁的父母受惊吓后当场犯病。范县法院判决认为,被告的违法行为给贾春旺造成了名誉损害,但原告要求被告赔偿精神损失的请求不符合《国家赔偿法》的规定,不予支持。[190]

修正后的《国家赔偿法》有限地承认了精神损害赔偿。该法第35条规定:"有本法第3条或者第17条规定情形之一,致人精神损害的,应当在侵权行为影响的范围内,为受害人消除影响,恢复名誉,赔礼道歉;造成严重后果的,应当支付相应的精神损害抚慰金。"也就是说,该条仅仅适用于侵犯人身权,致人精神损害并造成严重后果的情形。至于何为"严重后果"、何为"相应",由赔偿义务机关或者复议机关、裁判机关根据情况酌定。

在一份针对刑事赔偿和司法赔偿的文件中,最高法院提出适用精神损害赔偿条款的指导意见。按照该意见,认定侵权行为是否"致人精神损害"、是否"造成严重后果"时,应当综合考虑受害人人身自由或者生命健康受到侵害情况,精神受损情

---

〔188〕 北京市高级人民法院:《北京法院名案判解》,法律出版社2001年版,第263页。

〔189〕 储国强:《陕西"处女嫖娼案"二审判决 原告共获赔偿9135元》,载新华网,http://news.xinhuanet.com/news/2001-12/11/content_157610.htm; 雨藤:《荒唐处女嫖娼案昨日终审判决 麻旦旦告赢两级公安局》,载《华商报》2001年12月12日。相关专题,参见《陕西荒唐"处女嫖娼案"》,载人民网2002年12月2日,http://www.people.com.cn/GB/shehui/212/5369/index.html。

〔190〕 河南省范县人民法院行政判决书,(2002)范法行初字第3号。一审判决甚至拒绝了要求被告公开赔礼道歉的诉讼请求,但给予共同原告、贾春旺的父母共340元的医药费。二审判决不得而知。

况，及其日常生活、工作学习、家庭关系、社会评价受到影响的情况。受害人因侵权行为而死亡、残疾（含精神残疾）或者所受伤害经有合法资质的机构鉴定为重伤或者诊断、鉴定为严重精神障碍的，应当认定侵权行为致人精神损害并且造成严重后果。确定精神损害抚慰金的具体数额时，应当综合考虑以下因素：精神损害事实和严重后果的具体情况；侵权机关及其工作人员的违法、过错程度；侵权的手段、方式等具体情节；罪名、刑罚的轻重；纠错的环节及过程；赔偿请求人住所地或者经常居住地平均生活水平；赔偿义务机关所在地平均生活水平；其他应当考虑的因素。精神损害抚慰金的具体数额，原则上不超过人身自由赔偿金、生命健康赔偿金总额的35%，最低不少于1000元。受害人对精神损害事实和严重后果的产生或者扩大有过错的，可以根据其过错程度减少或者不予支付精神损害抚慰金。[191] 在针对行政赔偿的司法解释出台前，法院在审理行政赔偿案件时可以参考上述指导意见。

〔191〕《最高人民法院关于人民法院赔偿委员会审理国家赔偿案件适用精神损害赔偿若干问题的意见》，法发〔2014〕14号。

第十一章　判决之前的临时救济

原告提起诉讼的目的是获得有利于他的判决,其典型形式是撤销被诉的行政行为或者责令作出其申请的行政行为。一般来说,诉讼尚未结束,法院不能预先裁判。但是,诉讼往往是一场漫长的战斗:走完两审、取得生效判决,半年时间是起码的,一年是寻常的,两年、三年也是不奇怪的。一旦诉讼期间行政行为被实际执行,损害将无法挽回,原告的期望就已经破碎;即使法院最终判决原告胜诉,原告所取得的可能只是一个空洞的胜诉。所以,一个有效的司法救济体系必须包括有效的临时救济。其他国家的经验也表明临时救济在诉讼中的重要地位;在一些情况下,是否给予临时救济可能成为诉讼中的焦点问题。[1]

临时救济的方式是多种多样的:暂停行政行为的执行,责令行政机关先予履行给付义务,禁止行政机关作出准备作出的行为,以及财产保全和证据保全等。财产保全和证据保全,不直接涉及诉讼标的,放在第五编"行政诉讼程序"中讨论。禁止行政机关作出准备作出的行为,《行政诉讼法》及司法解释都没有规定。为充分实现行政诉讼制度的功能,今后恐怕还需要进一步完善临时救济的方式。

下面讨论停止执行和先予执行。由于这方面文献较少,本章只做一个简单的阐述。

第一节　停止执行

停止执行不是废止行政行为,而是暂时中止其执行。1989 年《行政诉讼法》确立了"诉讼不停止执行"的原则,即除了该法规定的例外情形,行政行为不因原告提起诉讼而停止执行。诉讼不停止执行的原则是行政行为公定力理论的产物。根据该理论,行政行为在依照法定程序被有权机关否定以前均应推定为合法,各方当事人受其拘束,并可以付诸实施。即使当事人对行政行为提起诉讼,其效力仍然延续不灭。虽有学者主张诉讼期间行政行为"效力待定",但立法和司法实践都没有接受这种说法。目前,只有在法律另行规定的情况下,诉讼过程中才暂时中止行政行为的效力。

---

〔1〕对国外诉讼中临时救济的介绍,参见郑延谱、陈咏熙:《填补权利保护的漏洞——法国行政诉讼临时处分制度的晚近发展》,载《行政法学研究》2009 年第 3 期; 王天华:《行政诉讼的构造——日本行政诉讼法研究》,法律出版社 2010 年版,第 7 章"假救济制度"。

学界对“诉讼不停止执行”原则一直有争议。从实际效果来看,诉讼不停止执行有利于维护行政管理效率,保证行政管理目标的实现。也有意见认为,该原则不符合现代行政的发展趋势和保护公民权利的需要,应当变更。[2] 但即使法律改成诉讼期间以停止执行为原则,必定也有很多例外。例如,行政强制措施从性质上不因当事人起诉而停止执行,行政机关在必要时申请法院强制执行也是可能的。所以,法律原则的改变只是权利初始配置的改变,并不一定是法律秩序的实质性改变。两者差别主要在于:是让原告去法院申请停止执行,还是让被告去法院申请强制执行?

2014 年《行政诉讼法》修改时,没有废除“诉讼不停止执行”的原则,但扩大了例外情形。目前,有四种情形行政行为暂停执行:被告自行停止执行,法院根据原告或者利害关系人的申请裁定停止执行,法院主动决定不予执行,以及法律、法规规定停止执行。其中,利害关系人申请停止执行和法院主动决定停止执行是后加的。由于这些规定,“诉讼不停止执行”原则受到很多限制,停止执行实际上已成为常态。就司法实践的观点而言,重要的是界定停止执行的适用范围、情形、程序和效力。

一 停止执行的适用范围

“停止执行”到底停止的是什么?有人把停止执行等同于停止强制执行,认为没有强制执行标的的行政行为谈不上停止执行。这过于狭隘,不符合行政行为效力的原理,也不符合司法实践的做法。行政行为具有确定力、拘束力和执行力,行政行为停止执行就是停止行政行为的各种效力。暂缓强制执行是行政行为停止执行的常见形态,但不是停止执行的全部;中止行政行为的确定效力、拘束效力也是停止执行的形态。

行政行为停止执行,应当针对的是行政机关已经作出的有法律约束力的行政处理决定。只有行政处理才有可执行的内容。行政行为所依据的规范性文件,因为需要通过行政处理才能确定具体权利义务,通常不具有可执行的内容,不在我们这里讨论的停止执行的范围之内。行政机关的指导行为,一般也谈不上停止执行。行政不作为也不适用停止执行;必要的话,可以先予执行。此外,依照《行政处罚法》规定,当事人到期不缴纳罚款的,每日按罚款数额的3%加处罚款。这个加处的罚款属于执行罚,从性质上有别于已经作出的行政处理决定,谈不上应不应该停止执行。而按照法律和最高法院的意见,加处罚款的数额在行政复议或者行政诉讼期间不予计算。[3]

---

〔2〕 石红心:《起诉不停止执行原则质疑》,载《行政法学研究》1997 年第 4 期;张艺耀、沈军、张智华:《原则抑或例外——论行政诉讼(不)停止执行制度》,载《中国人民公安大学学报》2003 年第 2 期;卜晓虹:《行政诉讼起诉不停止执行原则之反思与重构》,载《法治论坛》2009 年第 4 期。

〔3〕《最高人民法院行政庭关于行政处罚的加处罚款在诉讼期间应否计算问题的答复》,〔2005〕行他字第 29 号;《行政处罚法》(2021 年修订),第 73 条第 3 款。更多讨论,参见蔡小雪:《行政处罚的加处罚款在诉讼期间不应计算》,载《人民司法》2008 年第 11 期。

下面从行政行为所确定的权利义务角度,讨论停止执行适用的范围。

(一)行政强制的停止

停止执行最典型的情况,是停止行政强制的实施。这既包括需要当事人履行的具有最终处理性质的行政行为,也包括行政强制措施等阶段性的处理行为。一旦法院裁定停止执行,当事人免除了履行该行为的义务,行政机关也不得实施强制。

行政机关作出的罚款、没收、拘留等处罚决定,以及责令当事人拆除违法建筑或者已被征收的房屋,是实践中常见的例子。这种情况下,法院裁定停止执行,相当于给行政机关发出了临时的阻止令。

行政机关实施查封、扣押、冻结等强制措施,通常在决定送达就付诸实施,当事人可能没有机会事先要求停止执行;在其实施期间,当事人仍可要求停止执行。在**戴文锋诉长沙市公安局冻结账户案**中,长沙市公安局发出协助冻结存款通知书,以案外人涉嫌"金融犯罪"为由,冻结戴文锋在两个证券营业部账户上的资金。湖南高院认为,被告在没有任何证据证实当事人有犯罪事实的情况下冻结其账户资金,是滥用职权行为。在一审判决作出前,法院就裁定停止执行刑事协助冻结存款通知书。[4]

行政机关实施的其他强制行为,也可以适用停止执行。在**常德市武陵区河伏镇建筑公司诉常德市武陵区河伏镇人民政府侵犯企业财产权案**中,针对被告所作的免去企业负责人职务、强行出卖企业财产、收缴企业印章等干预企业经营自主权的行政行为,法院裁定停止执行。[5]

(二)非强制行为的停止

一些行政行为并不要求当事人通过积极的行为去履行,而只是给当事人科处了不作为义务或者其他容忍义务。这些行为如果具有持续效力,也可以适用停止执行。在**刘占国诉哈尔滨市公安局双城分局交通警察大队注销驾照案**中,被告以原告驾驶与A2驾驶证准驾车型不符的"大型普通客车"为由,对原告作出罚款2000元(已交纳)、拘留10日(已执行)、记12分并注销驾驶证的处罚。原告在诉讼过程中,请求停止执行注销驾驶证的处罚。法院裁定停止执行。[6] 这意味着原告在停止执行期间,可以继续驾驶准驾车辆。在**合肥大贺印刷有限公司诉被告合肥市公共资源交易监督管理局行政处罚案**中,原告申请暂停对原告在招标中弄虚作假的公示。[7] 虽然该申请被驳回,但法院认可该行为属于停止执行的适用范围。

---

[4] 最高人民法院行政判决书,(2000)行终字第9号。

[5] 常德市武陵区人民法院行政判决书,(1999)武行初字第20号。

[6] 哈尔滨市双城区人民法院行政裁定书,(2018)黑0113行初6号。

[7] 合肥市包河区人民法院行政裁定书,(2017)皖0111行初90号。

(三) 涉及第三人的授益行为的停止

在行政给付类型的活动中,由于存在竞争性的利益,也有暂停行政行为执行,给予一方当事人临时救济的问题。在轰动一时的张先著诉芜湖市人事局"乙肝歧视"案中,芜湖市新芜区法院认定,芜湖市人事局在公务员招录中,以张先著体格检查不合格为由取消其进入考核程序资格,构成违法,应予撤销。但鉴于2003年安徽省国家公务员招考工作已经结束,且张先著报考的职位已由该专业考试成绩第二名的考生入职,被诉行政行为不具有可撤销内容,对其诉讼请求不予支持。[8] 张先著最终获得的只是一个道义的胜利。如果在复议和诉讼环节能够暂停相关岗位的公务员招录工作,也许可以避免这种困境。

类似地,在政府采购招标、国有土地使用权出让等活动中,也有对行政过程喊停的实际需要。在湖南省正阳光电科技有限公司诉合肥市公共资源交易监督管理局行政决定案中,原告通过投标,获得合肥市蜀山区市政和园林绿化管理中心的施工合同,被告通知原告中标无效,重新组织招标。原告对该决定提起诉讼,同时申请暂停执行。理由是,工程已进入实际履行阶段,在未确认《中标无效决定》效力之前启动重新招投标,可能导致同一工程项目、两个中标单位的情形,并给原告造成巨大的无法挽回的损失。[9]

在反对政府信息公开诉讼期间,原告认为第三人申请公开的政府信息涉及其商业秘密、个人隐私,也可以申请"暂时停止公开"。[10]

(四) 针对第三人的授益行为的停止

在诉讼过程中,法院能否停止行政机关给予案件第三人的行政许可、行政登记等授益行为?这些针对第三人的授益行为也可能损害当事人的合法权益,所以法律允许当事人提起诉讼。一旦这些行为得以实施,例如许可他人的房屋已经建成、登记产权的房屋被人转让,可能给当事人造成难以弥补的损失。为了提供无缝隙的权利救济,应当允许当事人在诉讼中请求停止执行。如果相应行政行为被停止执行,该行政行为的当事人(行政诉讼的第三人)不得实施该行政行为所许可、确认或者要求的行为。实践中,有当事人申请法院"先予执行",制止建设工程规划许可证的持有人施工。[11] 这种情况其实属于这里讨论的针对第三人的停止执行。

有法院认为,停止执行只适用于行政行为,而不能适应于第三人的行为,或者认

---

〔8〕 安徽省芜湖市新芜区人民法院行政判决书,(2003)新行初字11号。

〔9〕 合肥市包河区人民法院行政裁定书,(2019)皖0111行初30号。

〔10〕《最高人民法院关于审理政府信息公开行政案件若干问题的规定》,法释〔2011〕17号,第11条第2款。

〔11〕 相关案例,参见张培立诉武城县规划局案,山东省德州市中级人民法院行政裁定书,(2015)德中行终字第88-1号。

为行政许可行为一旦作出即已完成,不存在停止执行。[12] 这是对停止执行适用范围的错误理解,没有得到所有法院的认同。在王建新等诉湖北省崇阳县住房和城乡建设局行政许可案中,被告给第三人崇阳县气象局颁发了建设工程规划许可和建筑工程施工许可证,第三人已经动工建设。原告在诉讼中提出,被告颁证行为违法,第三人的3层楼房一旦建成将属于违法建筑,会给国家利益和原告的合法权益造成不可弥补的损失,遂申请停止执行被告为第三人颁发的许可。法院裁定停止执行。[13] 在深圳市宝安区泰华豪园第三届业主委员会诉深圳市宝安区西乡街道办事处物业管理案中,原告所住的小区因物业管理机构的去留发生争执,被告依据《深圳经济特区物业管理条例》,发出《关于召开临时业主大会的函》。原告在诉讼中申请停止该函的执行。[14] 该案中《关于召开临时业主大会的函》如果被停止执行,意味着该小区暂时不能按要求召开业主大会。

在公司登记管理中,能否停止公司登记行为的执行,把停止执行的第三人效力带到了法律的边界。在张秀芳诉天水市工商局工商登记案中,第三人华建公司因内部股权结构调整引发纠纷,原告对被告的准予公司变更登记和章程备案提起诉讼。被告撤销了对公司章程的备案,华建公司决定再次召开股东会,批准更改后的公司章程、实现增资扩股。在诉讼过程中,原告提出,为避免矛盾激化、减少诉累、保证法院判决的可执行性,申请停止被告关于华建公司变更登记的执行。法院认为,华建公司召开股东会是其公司的自治行为,被告是否准予变更登记是其职权行为,法院无权裁定被告停止执行。据此,驳回原告的申请。[15] 本案实质在于公司股东之间的民事争议,停止执行在多大程度上适用于股东的行为确实值得考虑。

二 应当停止执行的情形

《行政诉讼法》第56条规定,有下列情形之一的,法院裁定停止执行:"(一)被告认为需要停止执行的;(二)原告或者利害关系人申请停止执行,人民法院认为该行政行为的执行会造成难以弥补的损失,并且停止执行不损害国家利益、社会公共利益的;(三)人民法院认为该行政行为的执行会给国家利益、社会公共利益造成重大损害的;(四)法律、法规规定停止执行的。"这四种情形的裁量空间,依次递减。下面分述之。

---

〔12〕 例如,谭朝辉诉凤凰县沱江镇人民政府行政协议案,湖南省吉首市人民法院行政裁定书,(2019)湘3101行初115号;徐子军诉湖南省泸溪县自然资源局建设工程规划许可案,吉首市人民法院行政裁定书,(2020)湘3101行初16号。

〔13〕 湖北省崇阳县人民法院行政裁定书,(2017)鄂1223行初21号。

〔14〕 深圳市盐田区人民法院行政裁定书,(2016)粤0308行初269-1号。法院以原告申请停止执行的事项并非行政行为为由,驳回原告申请。后来,又以同样的理由驳回原告起诉。法院的理由似可商榷。

〔15〕 甘肃省陇南市中级人民法院行政裁定书,(2017)甘12行初6号。具体案情,另见甘肃省高级人民法院行政判决书,(2016)甘行终495号。

（一）行政机关自行停止执行

行政机关自行停止执行，属于行政机关的自由裁量。除非涉及第三人利益，行政机关在任何时候都可以决定停止执行。实践中，行政机关在诉讼期间多数自动停止执行，无须法院裁定。特别是罚款一类的行政处罚，行政机关极少在诉讼期间上门讨要。引发争议的多是对农村集体土地或者国有土地上房屋的征收、对违反土地管理或者城乡规划的建筑设施的拆除、因重大活动或者政策调整而关停并转等。这些往往涉及当地政府的中心工作，行政机关不会轻易停止，相关争议需要法院的介入。

（二）当事人申请停止执行

当事人申请停止执行的，是目前实践中最常见的情形。法院裁定停止执行的，首先需要原告或者利害关系人提出申请。利害关系人，除了行政诉讼的第三人，也包括其他与行政行为有利害关系但尚未提起或者参加诉讼的人。其次，该行政行为的执行会造成难以弥补的损失，而停止执行不损害公共利益。这一点要求法院衡量双方的利益。这包括几个方面的因素：A. 行政行为涉及当事人利益的大小；B. 行政行为一旦错误，可能的弥补方式和程度；C. 行政行为错误的可能性；D. 停止执行给公共利益带来的损害。如果（A－B）×C＞D，那么，停止执行就是应当的。实际的定量分析比较困难，这里只是揭示一个思考路径。

下面结合实践中的案例，进行探讨。

1. 利益大小和损害弥补方式

相对来说，拘留、收容教育等限制人身自由的行政处罚和强制措施对人损害较大，而且一旦错误实施，很难弥补。即使退而要求国家赔偿，其赔偿标准也相当有限。为此，在诉讼过程中实施强制执行应当慎重。在**曾杰诉邵阳市公安局双清区分局收容教育案**中，原告以双清分局认定其嫖娼没有证据、办案程序严重违法为由，向法院申请停止收容教育决定的执行。法院审查后认为，原告申请的理由正当，“为便于诉讼”，停止对原告收容教育的执行。[16] 在**许耀忠诉上海市公安局徐汇分局戒毒决定案**中，原告认为被告的错误决定严重侵犯了原告的合法权益，给原告的工作生活带来了巨大不便，精神上也造成了很大伤害和难以弥补的损失，故向本院申请停止执行正在执行的戒毒决定书。法院指出，社区戒毒决定只是要求原告每月定期到社区戒毒康复机构进行身体检查，其人身自由并未受到限制，故社区戒毒决定的执行并未给原告造成难以弥补的损失。据此，裁定驳回原告申请。[17]

房屋拆迁通常涉及当事人的重大利益，但重大程度仍有显著不同。当事人生活

〔16〕 湖南省邵阳市双清区人民法院行政裁定书，（1999）双法行初字第142号。法院后来判决撤销被告的收容教育决定，并责令对已经错误执行的部分予以赔偿。

〔17〕 上海铁路运输法院行政裁定书，（2018）沪7101行初749号。该案以原告撤诉告终。

所必需的居所、寄附着深厚社会记忆的建筑，其意义就不是一般房屋可比。在张海涛诉北京市通州区宋庄镇人民政府案中，被告认为第三人建设、原告居住的210平方米构筑物属于违法建设，作出《强制拆除决定书》。原告在诉讼中向法院申请停止执行。理由是，该屋是原告夫妻艺术创作的工作室，也是其唯一住所和全部资产；如果拆除，他们将无处居住且丧失生活来源。就算涉案建筑是违法建筑，但违法行为情节显著轻微，没有明显的社会危害性，完全可以暂不采取行政强制措施。法院认为符合停止执行条件，遂裁定停止执行。〔18〕 而在黄举能诉广州市人民政府房屋拆迁案中，法院拒绝了原告停止执行房屋拆迁裁决的请求。在该案中，原告居住的房子属于广州市房管局管理的经租房，原告承租的是一个面积为7.8平方米的阁楼。原告居住的片区广州市越秀区珠光北约列入旧城改造项目后，旧城改造项目办公室答应以位于白云区横沙的一套建筑面积67.9平方米的房屋作为他的安置用房，并由房管局与他重新签订房屋租赁合同。被告的裁决认可上述安排。〔19〕 考虑到该案的具体情况，法院的拒绝应当是有道理的。

行政机关关于原告违法的信息披露对原告有一定影响，但信息是否已经披露，停止执行的效果会有明显不同。在合肥大贺印刷有限公司诉被告合肥市公共资源交易监督管理局行政处罚案中，被告因原告“存在弄虚作假的不良行为”，作出累计记15分并予以披露的决定。原告在起诉过程中，请求停止执行。原告提出，披露公示导致近两年来多家印刷材料供应单位停止与原告的合作，影响到公司的生死存亡和员工就业。法院认为，该披露行为对原告在合肥市公共资源交易中心平台的投标资格一定期限内有影响，但不会给原告造成难以弥补的损失。遂驳回原告申请。〔20〕

2. 行政行为错误的可能性

《行政诉讼法》对这一点没有明确规定，但隐含了对行政行为错误可能性的考量。如果行政行为显然没有错误，也就谈不上“会造成难以弥补的损失”。错误的可能性越大，法院越是应当考虑停止执行。从实际情况看，法院裁定停止执行的，多数是原告最终胜诉。

在司法实践中，法院需要根据原告的说明和相关证据材料，判断行政行为错误的可能性有多大。在前述许耀忠诉上海市公安局徐汇分局戒毒决定案中，法院驳回原告停止执行的申请，除了社区戒毒决定对当事人影响相对轻微，还有一个重要事实是：原告在法官询问时陈述，其吸食冰毒已有两三年时间，在戒毒决定作出前夕仍有吸食冰毒的行为。法官据此足以形成初步判断，社区戒毒决定在实质要件上不存在问题。〔21〕 在前述刘占国诉哈尔滨市公安局双城分局交通警察大队注销驾照案

---

〔18〕 北京市通州区人民法院行政裁定书，(2020)京0112行初9号。

〔19〕 广州市中级人民法院行政判决书，(2010)穗中法行初字第20号。

〔20〕 合肥市包河区人民法院行政裁定书，(2017)皖0111行初90号。

〔21〕 上海铁路运输法院行政裁定书，(2018)沪7101行初749号。

中,原告驾驶的机动车车长小于 6 米、核定载客 11 人,明显属于 A2 驾驶证允许驾驶的中型客车。被告只因该车行驶证上错误标记为“大型客车”而对原告作出记 12 分并注销驾驶证等处罚,而且,该错误在原告提起诉讼时已得到更正。鉴于上述事实,法院裁定停止执行注销通知,并最终判决撤销被诉的处罚决定。[22]

当然,法院在判断时,对于行政行为错误可能性也不应要求太高。有人认为,法院裁定停止行政行为的执行,行政行为应当是明显、严重违法。这是一个过高的要求,可能不适当地限制停止执行的运用。停止执行毕竟是一种临时性的救济措施,而不是对行政行为合法性的最终认定。法院裁定停止执行,不意味着接下来必定判决原告胜诉;法院裁定停止执行后又判决原告败诉,也不意味着法院停止执行的裁定是错误的。

3. 停止执行对公共利益可能的损害

虽然立法使用的是“停止执行不损害公共利益”的说法,但不能僵硬地理解为,只要涉及公共利益就一切免谈。公共利益的因素不是有无的问题,而是大小的问题。必须把具体问题放在具体情境中衡量,才满足公正原则的要求。

一般来说,行政处罚行为停止执行对社会公共利益的损害较小,法院较有可能裁定停止执行。但行政处罚中的拘留,尽管对当事人关系重大,公安机关和法院实践中较少停止执行。一个重要原因是,复议和诉讼之后,被处罚人可能踪迹难觅,执法成本很高。在被处罚人依法提供担保的情况下,这种风险降低,原则上应当准许停止执行。

土地征收、房屋拆迁往往属于国家和地方的重大公共工程,牵涉问题比较复杂,法院决定停止执行就比较为难。但这类案件也不是不可触碰。法官有必要考虑,在特定案件中,停止执行对公共利益可能造成的损害。假如拆迁周期较长,待法院判决之后再行拆迁也不妨碍,那么,公共利益就不是一个压倒性的因素。再设想,被拆迁房屋是文物建筑,本身就承载着公共利益,更不能随意拆迁。

对公共利益的判断需要放在具体情境中讨论。在**湖南省正阳光电科技有限公司诉合肥市公共资源交易监督管理局行政决定案**中,原告通过投标,与蜀山区市政和园林绿化管理中心签订施工合同,被告通知原告中标无效,重新组织招标。原告对该决定提起诉讼,同时申请暂停执行。理由是,工程已进入实际履行阶段,原告为履行施工合同已与供应商签订了标的额为 3000 多万元的采购合同,多数材料已运至施工现场,并且施工班组人员达数百人。在未确认《中标无效决定》效力之前启动重新招投标,将会给原告造成巨大的无法挽回的损失,可能会导致同一工程项目、两个中标单位的情形。法院认为,原告履行施工合同进行了准备工作,被告所作的中标无效的决定对原告客观上会造成一定的损失,但损失尚非难以弥补。遂驳回原告

[22] 哈尔滨市双城区人民法院行政裁定书,(2018)黑 0113 行初 6 号;哈尔滨市中级人民法院行政判决书,(2018)黑 01 行终 500 号。

申请。[23] 如果单纯从原告角度，损失可能不是小数，关键在于本案涉及的公共利益有多大、中标无效的理由在表面看是否成立。

（三）法院主动决定停止执行

法院认为行政行为的执行会给国家利益、社会公共利益造成重大损害的，也可以主动决定停止执行。这一项是《行政诉讼法》修改时加上的，适用情形比较严格，实践中也不常见。

在此之前，针对行政机关在诉讼期间申请法院强制执行的特定情况，最高法院司法解释就有类似的规定。依据2000年《若干解释》第94条，在诉讼过程中，被告或者具体行政行为确定的权利人申请法院强制执行被诉具体行政行为，法院不予执行；不及时执行可能给国家利益、公共利益或者他人合法权益造成不可弥补的损失的，法院可以先予执行。这意味着，行政机关自己没有强制执行权、依法需要申请法院执行的行政行为，在诉讼过程中原则上停止执行。但前述规定仍然留了一个口子，即出于对国家利益、公共利益或者他人合法权益的考量，法院可以先予执行。在实践中，一些拆迁单位据此申请法院先予执行拆迁裁决，[24] 也有法院执行了环保部门对污染企业停止生产的决定。[25] 最高法院配合形势需要，鼓励法院执行劳动行政部门对恶意欠薪企业责令发放工资等处理决定，[26] 而对于土地征收、房屋拆迁中的强制执行则强调"必须严格控制"。[27]

《若干解释》的前述规定针对的是行政机关和第三人在诉讼过程中申请法院强制执行的情况。如果行政机关依法具有强制执行的权力，不需要申请法院执行，则不适用该规定。例如，《城乡规划法》（2007年）第68条规定，城乡规划主管部门作出责令停止建设或者限期拆除的决定后，当事人不停止建设或者逾期不拆除的，建设工程所在地县级以上地方政府可以责成有关部门采取查封施工现场、强制拆除等措施。依照修改后的《行政诉讼法》，在这些情况下，如果法院认为执行会给国家利益、社会公共利益造成重大损害，仍然可以主动裁定停止执行。

（四）法律、法规规定停止执行

有多部法律、法规规定，行政行为在起诉期限内停止执行。《行政强制法》第53

---

〔23〕 安徽省合肥市包河区人民法院行政裁定书，（2019）皖0111行初30号。

〔24〕 黄海蕾、王丽娜：《曙光西路"钉子户"占路8年被强拆》，载《京华时报》2011年12月16日；钱忠军等：《拒签房屋征收补偿协议影响地铁工程　武汉法院裁定拆迁"先予执行"》，载《文汇报》2016年3月21日。

〔25〕 朱旻、徐振宇、曹彬：《南通对涉环保行政处罚先予执行》，载《人民法院报》2013年10月14日。

〔26〕 《最高人民法院关于当前形势下做好行政审判工作的若干意见》，法发〔2009〕38号。

〔27〕 《最高人民法院关于坚决防止土地征收、房屋拆迁强制执行引发恶性事件的紧急通知》，法明传〔2011〕327号；《最高人民法院关于认真贯彻执行〈关于办理申请人民法院强制执行国有土地上房屋征收补偿决定案件若干问题的规定〉的通知》，法〔2012〕97号。

条规定："当事人在法定期限内不申请行政复议或者提起行政诉讼，又不履行行政决定的，没有行政强制执行权的行政机关可以自期限届满之日起三个月内，依照本章规定申请人民法院强制执行。"该条暗示，行政机关自己没有强制执行权的，在行政复议申请期限和行政诉讼起诉期限内，行政决定停止执行。《矿产资源法》《海关法》《税收征收管理法》《国有土地上房屋征收与补偿条例》等法律、法规也做了类似规定。1989 年《城市规划法》和《环境保护法》、1993 年《产品质量法》、1994 年《广告法》、1995 年《食品卫生法》等几部法律也有类似的条款，但在以后修改时被取消了。法律、法规规定在起诉期限内停止执行的，不但行政机关不得强制执行，法院也不应予以强制执行。

有个别法律规定了附条件的停止执行。依据《治安管理处罚法》，受到拘留处罚的人或其亲属能够找到担保人，或者按照规定交纳保证金的，在复议和诉讼期间，拘留决定可以暂缓执行。[28] 《税收征收管理法》规定，纳税人、扣缴义务人同税务机关在纳税上发生争议时，也可以提供相应的担保。[29] 当事人提供担保后，行政处理决定依法应当停止执行而不停止执行的，构成违法。在刘应礼诉浙江省庆元县公安局行政处罚案中，丽水市中级法院二审判决认为，在原告已经交纳了保证金的情况下，被告仍对其实施拘留，不符合《治安管理处罚条例》的规定，其行为是违法的。[30]

也有一些法律、法规规定了起诉不停止执行的原则。其中一些明确规定，行政机关为保护人身、财产安全的控制措施必须立即执行。例如，《公共场所卫生管理条例》(1987 年)第 16 条规定，对行政处罚不服的，可以在接到处罚通知之日起 15 日内向当地法院起诉；但对公共场所卫生质量控制的决定应立即执行。这里的"立即执行"，就排除了停止执行的可能。[31] 其他规定起诉不停止执行的法律、法规，似乎都不绝对排除停止执行。《行政处罚法》第 45 条(2021 年修订后为第 73 条第 1 款)规定："当事人对行政处罚决定不服，申请行政复议或者提起行政诉讼的，行政处罚不停止执行，法律另有规定的除外。"《社会抚养费征收管理办法》(2002 年)第 9 条规定，当事人对征收社会抚养费的决定提起行政诉讼的，在诉讼期间征收决定不停止执行，《行

---

〔28〕 1986 年的《治安管理处罚条例》第 40 条规定："对治安管理处罚提出申诉或者提起诉讼的，在申诉和诉讼期间原裁决继续执行。被裁决拘留的人或者他的家属能够找到担保人或者按照规定交纳保证金的，在申诉和诉讼期间，原裁决暂缓执行。"2005 年的《治安管理处罚法》第 107 条规定："被处罚人不服行政拘留处罚决定，申请行政复议、提起行政诉讼的，可以向公安机关提出暂缓执行行政拘留的申请。公安机关认为暂缓执行行政拘留不致发生社会危险的，由被处罚人或者其近亲属提出符合本法第一百零八条规定条件的担保人，或者按每日行政拘留二百元的标准交纳保证金，行政拘留的处罚决定暂缓执行。"

〔29〕 《税收征收管理法》(2001 年修订)第 88 条规定："纳税人、扣缴义务人、纳税担保人同税务机关在纳税上发生争议时，必须先依照税务机关的纳税决定缴纳或者解缴税款及滞纳金或者提供相应的担保，然后可以依法申请行政复议；对行政复议决定不服的，可以依法向人民法院起诉。"

〔30〕 浙江省丽水市中级人民法院行政判决书，(2001)丽中行终字第 38 号。

〔31〕 1982 年的《食品卫生法(试行)》和 1984 年的《药品管理法》曾经规定，主管行政机关对药品控制或者食品控制的决定必须(应当)"立即执行"。但相关条款在以后修改时被取消了。目前保留"立即执行"规定的，多为国务院 20 世纪 80 年代制定的行政法规。

政诉讼法》另有规定的除外。这些规定与《行政诉讼法》保持了衔接，都不排除行政机关自动停止执行或者法院裁定停止执行。此外，一些行政处罚法律文书载明，“复议和诉讼期间，上述决定不停止执行”。这类告示不能排除法院裁定停止执行。

三　停止执行的程序和效果

（一）停止执行的程序

在诉讼过程中，行政机关可以根据当事人申请或者主动决定停止执行。行政机关决定停止执行的，最好书面通知法院和当事人。行政机关决定停止执行后，法院必要时可以裁定确认。

在实践中，法院停止执行的裁定主要根据当事人的申请作出。原告、第三人或者其他利害关系人申请停止执行的，可以在起诉时一并提出，也可以在法院受理后另行提出。情况紧急，来不及提起或者参加诉讼的，参照民事诉讼中的诉前保全，似乎也可以先申请停止执行，但应及时提起或者参加诉讼。申请一般用书面形式；情况紧急的，也可以用口头形式。法院根据当事人的申请，作出是否停止执行的裁定。必要时，法院可以听取被告的意见。法院驳回当事人停止执行的申请后，如果出现新的重大情况，也可以根据当事人的申请重新裁定停止执行。停止执行的情形消失后，法院可以裁定恢复执行。

在一些情况下，原告申请停止执行，也可能得到被告的支持。在广州市南沙区东涌镇细沥村民委员会等诉广州市南沙区东涌镇人民政府案中，被告的《行政处理决定书》责令两原告在30日内，将一个地铁项目临时借用的土地补偿费剩余部分发放至所属各队。原告对该处理决定提起诉讼，同时向法院申请停止该决定的执行。被告在原告提交的停止执行申请书上出具“同意停止执行”的意见，并加盖公章。法院于是顺水推舟，裁定停止执行。[32]

法院停止执行的裁定应当以书面方式作出，加盖法院印章，并送达给当事人。在一些国家，法官在紧急情况下也可以口头通知行政机关停止执行。停止执行的裁定自送达之时起立即生效。当事人对停止执行或者不停止执行的裁定不服的，可以申请复议一次，但不能上诉。由于停止执行的问题时效性较强，一般来说，检察机关也不宜对停止执行的裁定提出抗诉。

（二）停止执行裁定的效力

在实践中，法院停止执行的裁定可能遭到行政机关的抗拒。[33] 无论法院裁定

---

〔32〕 广州铁路运输法院行政裁定书，(2018)粤7101行初6051号。

〔33〕 例如，在汪彬诉长江旅游船舶公安处收容审查案中，江汉区法院裁定停止收容审查的执行，但被告没有执行该裁定。法院后来以收容审查决定缺乏事实和法律依据、违反法定程序、滥用职权为由，判决撤销了收容审查决定。湖北省高级法院接受抗诉后，再审维持了收容审查决定。湖北省高级人民法院行政判决书，(1996)鄂行再字第1－1号。

是否合适,行政机关抗拒停止执行都是违法的。依据《行政诉讼法》第96条规定,行政机关拒绝履行法院生效裁定的,法院可以对该行政机关负责人处以罚款、对相关责任人员予以拘留、向社会公告、向有关部门提出司法建议。

法院停止被诉行政行为执行的裁定,不但拘束行政诉讼被告,也拘束第三人和相关的案外人。在前述王建新等诉湖北省崇阳县住房和城乡建设局行政许可案中,被告给第三人崇阳县气象局颁发了建设工程规划许可证和建筑工程施工许可证,第三人已经动工建设。在诉讼中,法院根据原告申请,裁定停止被诉许可的执行。在此情况下,第三人必须停止施工。[34] 在郭德兵诉新疆精河县公安局收容审查决定案中,原告郭德兵与工人发生经济纠纷,新疆精河县公安局认定其为诈骗犯罪,决定对其收容审查。原告向其所在地的江苏省南通县法院提起诉讼。在诉讼过程中,南通县法院根据原告的申请,作出停止执行收容审查的裁定。次日裁定书送达原告关押的处所(看来是南通县的看守所),原告即获释放。[35] 第三人和案外人抗拒法院停止执行裁定的,可以适用《民事诉讼法》第114条规定的对拒绝履行法院生效裁定的制裁。

第二节　先予执行

先予执行本是民事诉讼法的概念,《行政诉讼法》原先没有规定先予执行。在民事诉讼中,案件受理后、实体判决作出前,法院根据当事人的申请,裁定另一方当事人预先给付一定数额的金钱或者其他财物,以解决其生活和生产上的迫切需要。为了解决行政诉讼中的类似问题,最高法院以司法解释的形式规定了先予执行制度。[36] 2014年《行政诉讼法》修改时,吸收了这个做法。目前法律规定的先予执行对象限于行政诉讼的被告,没有涉及行政诉讼原告。

下面对两种情况分别讨论。

一　对行政机关的先予执行

《行政诉讼法》第57条第1款规定:"人民法院对起诉行政机关没有依法支付抚恤金、最低生活保障金和工伤、医疗社会保险金的案件,权利义务关系明确、不先予执行将严重影响原告生活的,可以根据原告的申请,裁定先予执行。"与前面所述的停止执行不同,这里的"先予执行"针对的是行政机关尚未作出但根据情况应当履行

---

〔34〕 湖北省崇阳县人民法院行政裁定书,(2017)鄂1223行初21号。

〔35〕 江苏省南通县人民法院行政判决书,(1990)南行初字第12号。3个月后,法院判决撤销对原告郭德兵的收容审查通知书。

〔36〕 2000年《若干解释》第48条第2款规定:"人民法院审理起诉行政机关没有依法发给抚恤金、社会保险金、最低生活保障费等案件,可以根据原告的申请,依法书面裁定先予执行。"

职责的行为。此处如果用“先予履行”也许更好理解,可以避免不必要的误解。

现行法律对先予执行的规定比较局限,法院往往也作严格解释,以致裁定先予执行的案例相当罕见。下面对先予执行的条件作一探讨。

1. 法律规定的先予执行,目前限于支付抚恤金、最低生活保障金和工伤、医疗社会保险金四类案件。对于明文规定的四类以外的先予执行请求,法院基本上不予认可。在**葫芦岛丰川装饰城诉葫芦岛市龙港区人民政府案**中,被告于2001年强制拆除丰川装饰城的全部建筑。2009年,辽宁省政府作出复议决定,确认被告强制拆除违法,责令其补偿丰川装饰城1217万元(后改为责令其3个月内依法妥善处理)。由于被告一直未作出任何处理,原告多次起诉。2019年,已经山穷水尽的原告再次起诉,要求被告兑付迟到十余年的赔偿款,并立即先予给付赔偿款的一部分100万元。法院认为,给付赔偿款不属于先予执行的范围,该请求不予支持。〔37〕这个案例提示,补偿款和赔偿款的给付也应纳入先予执行的范围。

2. 权利义务关系明确。权利义务关系明确应当是给付关系明确,而不是给付数额完全确定。法院只需在大体确定的数额范围内,选择一个稳妥的数字,责令被告“预支”款项。一些法院僵硬地理解条文,导致先予执行成为空文。在**赵维平诉伊犁哈萨克自治州人力资源和社会保障局等案**中,原告起诉请求确认被告不履行办理退休手续违法,同时请求先予支付退休金(具体数目裁判文书不详)。法院认为,支付退休金需以办理退休手续为前提,原、被告双方对赵维平的工龄有异议,尚无法确定其退休金的具体数额,“权利义务不明确”,故申请先予执行不符合法律规定。〔38〕即使双方对原告工龄有异议,没有异议的部分法院完全可以要求先行支付。

3. 严重影响原告生活。如果先予执行的适用范围扩大到行政补偿、赔偿,企业也可能成为申请人,严重影响原告的生产经营同样应当考虑。

4. 先予执行的给付内容目前主要是金钱。今后,随着先予执行适用范围的扩大,给付内容也可能包括财物。例如,在房屋拆迁案件中,请求先予安置。

最后要强调的是,先予执行是诉讼过程中的临时性救济措施,不是独立的诉讼类型。在**吴光周诉广东省徐闻县人民政府履行法定职责案**中,最高法院指出,当事人申请先予执行必须是在行政诉讼案件审理过程中提出,不能就先予执行单独提起行政诉讼。〔39〕当事人单独就先予执行提起诉讼的,一些法院直接驳回起诉。〔40〕从实质性解决纠纷的角度来说,法院最好予以释明,建议当事人就相关行政行为提起诉讼,同时可以申请先予执行。

---

〔37〕辽宁省高级人民法院行政裁定书,(2020)辽行终651号。法院不支持先予执行的另一个理由是,被告是否应当赔偿及赔偿的数额尚不明确。该案最终以原告重复起诉为由,驳回原告起诉。

〔38〕新疆维吾尔自治区高级人民法院伊犁哈萨克自治州分院行政裁定书,(2017)新40行他3号。

〔39〕最高人民法院行政裁定书,(2017)最高法行申2590号。

〔40〕刘华琳诉上海市人力资源和社会保障局案,上海市第三中级人民法院行政裁定书,(2017)沪03行终512号。

基于先予执行的性质，法院对先予执行申请应当作出裁定，而不适用判决。当事人对先予执行裁定不服的，可以申请复议一次，复议期间不停止裁定的执行。

二　对原告的先予执行

对公民、法人和其他组织的先予执行，目前法律没有规定，这可能是个漏洞。当事人在法定期限内不申请行政复议或者提起行政诉讼，又不履行行政决定的，行政机关可以依据《行政强制法》申请法院强制执行。法院作出生效裁判后，当事人不履行生效裁判所确认的义务，需要强制执行的，《行政诉讼法》也有规定。但当事人提起诉讼后，行政机关在诉讼过程中认为需要先予强制执行的，法律没有明确规定。武汉地铁施工过程中发生的“先予执行”，提供了一个值得讨论的案例。

2013 年 10 月，因武汉地铁 6 号线建设，位于江汉区香江新村吴某、李某共有的建筑面积为 287.51 平方米的楼房被列入征收范围。江汉区政府提出货币补偿和房屋产权置换两种方案，吴、李二人提出要 3000 万元补偿，双方未能达成一致。江汉区政府作出《房屋征收补偿决定》，决定予以征收并补偿 1500 万元。吴、李二人向武汉市政府提起行政复议，未获支持，又于 2015 年 10 月向武汉市中级法院提起行政诉讼，请求撤销江汉区政府的《房屋征收补偿决定》。江汉区政府提出，根据规划，地铁 6 号线一期工程于 2016 年年底通车；由于涉案房屋未拆，工程受阻，地铁通车时间难以保证。于是，向法院申请先予执行《房屋征收补偿决定》，并提供余额为 2.28 亿元的征收专用账户作为执行担保。经武汉中院审判委员会讨论并报湖北高院批准，2016 年 2 月 25 日，武汉中院作出行政裁定，准许江汉区政府先予执行被诉《房屋征收补偿决定》，并由江汉区政府具体组织实施。法院表示，房屋拆除后，吴、李二人提起的行政诉讼仍将继续进行。对于上述裁定，学界褒贬不一。[41]

本来，按照行政法的一般原则，行政决定作出后，在诉讼期间不停止执行。本案之所以成为一个疑难问题，是因为 2011 年《国有土地上房屋征收与补偿条例》第 27 条明确要求“先补偿、后搬迁”。也就是说，作出房屋征收决定的市、县级人民政府对被征收人给予补偿后，被征收人应当在补偿协议约定或者补偿决定确定的搬迁期限内完成搬迁；任何单位和个人不得采取暴力、威胁等非法方式迫使被征收人搬迁。由于补偿决定还在争讼期间，强制执行搬迁决定的要件尚不具备。在此情况下，出现了对当事人“先予执行”的问题。

对于类似本案的情况，法院采取先予执行有一定合理性，今后立法也可以予以考虑。需要强调的是，法院获得更大的裁量行事权力，同时也负有更重的保护公民权利的责任。

---

〔41〕 相关讨论，参见罗智敏：《论行政行为的“先予执行”——从武汉拆迁案谈起》，载《中国政法大学学报》2016 年第 6 期。

第十二章　判决之外的处理方式

除了依法判决和临时救济性质的裁定，法院对行政诉讼案件还有其他的处理方式。本章着重阐述如下4种：通过协调促成双方调解或者原告撤诉，决定案件诉讼费用和其他成本的负担，对相关规范性文件的附带审查，以及向有关组织提出司法建议。这些处理方式可能独立于司法判决（如协调处理），也可能依附于司法判决（如规范性文件的附带审查），也可能或单独或同时使用（如司法建议）。它们在一定意义上发挥着司法救济和监督的功能。如果设计和运用得当，它们有可能成为行政诉讼救济和监督的重要方式。

第一节　协调处理

行政诉讼协调处理包括调解和撤诉两种情形。调解，就是原、被告在法院斡旋下就纠纷的解决达成协议，并由法院制作调解书结案。撤诉，就是原告在法院就案件作出裁判前撤回起诉。实践中，撤诉多是原、被告在法院协调下达成和解的结果，可谓“没有调解书的调解”。这两种结案方式经常被法院用作替代判决的纠纷解决方式，所以放在一起讨论。

一　调解

调解是现代纠纷解决的重要方式，也是中国法律的一个重要传统。[1] 在中国的行政诉讼中，调解的适用范围相对有限，但仍是值得重视的结案方式。

（一）行政诉讼调解制度的历程

基于“公权力不得处分”的信念，早期的行政诉讼不赞成协调处理。早在1985年，最高法院就发文要求，法院审理经济行政案件不应进行调解。通知指出，法院审理行政案件，不同于解决原、被告之间的民事权利义务关系问题，而是审查和确认主管行政机关依据职权所作的行政处罚决定或者其他行政处理决定是否合法、正确。因此，法院应在查明情况的基础上作出公正的判决，而不应进行调解。[2] 这一通知

---

〔1〕 参见黄宗智：《民事审判与民间调解：清代的表达与实践》，中国社会科学出版社1998年版；徐昕主编：《调解：中国与世界》，中国政法大学出版社2013年版。

〔2〕 《最高人民法院关于人民法院审理经济行政案件不应进行调解的通知》，法（经）发〔1985〕25号。

奠定了行政诉讼协调处理的基调。除了行政赔偿诉讼,1989 年《行政诉讼法》规定行政案件不适用调解。实践中,法院多以动员原告撤诉来代替调解。

2014 年《行政诉讼法》修改时,调解方式的运用再次受到关注。一些学者呼吁扩大调解的适用范围,认为“最坏的调解也胜过最好的判决”。另一些学者对调解仍然心存疑虑,担心司法调解的权力被人滥用。立法最终采取了一个折中的方案,一方面维持“行政诉讼不适用调解”的原则性规定,另一方面有限地扩大调解的适用范围。“公权力不得处分”的原则,相应地修正为“不含裁量的公权力不得处分”。

(二) 调解的适用范围

依据《行政诉讼法》第 60 条第 1 款,法院审理行政赔偿、补偿案件以及行政机关行使法律、法规规定的自由裁量权的案件,可以调解。行政赔偿、补偿案件的范围比较确定,而“行政机关行使法律、法规规定的自由裁量权的案件”则大可斟酌。下面分述这几类情形。

1. 行政赔偿。行政赔偿案件可以调解,早在 1989 年《行政诉讼法》就有规定。《国家赔偿法》第 13 条规定,赔偿义务机关可以与赔偿请求人就赔偿方式、赔偿项目和赔偿数额进行协商。

2. 行政补偿。行政补偿可以调解,在一些法律、法规中也有明确的规定。《国有土地上房屋征收与补偿条例》第 25 条规定,房屋征收部门与被征收人依照本条例的规定,就补偿方式、补偿金额和支付期限、用于产权调换房屋的地点和面积、搬迁费、临时安置费或者周转用房、停产停业损失、搬迁期限、过渡方式和过渡期限等事项,订立补偿协议。

3. 行政机关行使法律、法规规定的自由裁量权的案件。立法者作此规定,主要是基于公权力处分的有限性,防止行政机关滥用调解,损害公共利益或者他人利益。这里“法律、法规规定的自由裁量权”,对应于法律、法规的强制性规定。法律、法规之外的规范性文件对行政执法的要求,不构成对行政机关在诉讼过程中处分的限制。例如,为强化土地出让收支监督管理、防止国有土地资产收益流失,国务院办公厅文件明确要求,“土地出让合同、征地协议等应约定对土地使用者不按时足额缴纳土地出让收入的,按日加收违约金额 1‰的违约金”。该通知还规定,对于擅自减免应缴国库的土地出让收入的,依法追究有关责任人的责任。[3] 在诉讼过程中,如果有利于行政纠纷解决的,主管机关也可以减免违约金,以获得调解。

(三) 调解的法律要求

《行政诉讼法》第 60 条第 2 款规定:“调解应当遵循自愿、合法原则,不得损害国家利益、社会公共利益和他人合法权益。”这是合法调解的基本要求。

---

〔3〕 国务院办公厅《关于规范国有土地使用权出让收支管理的通知》,国办发〔2006〕100 号。

由于《行政诉讼法》对调解的规定比较简单,《民事诉讼法》的相关规定在原理上可以适用。一直以来,《民事诉讼法》要求,法院对民事案件进行调解,应当"在事实清楚的基础上,分清是非"。但这一规定不符合调解的法理,也很难实际遵循。"分清是非"往往是成功调解的必要过程,却不是合法调解的法律要件。只有在当事人对案件事实存在重大误解,以致调解违背自愿原则,才可以否定调解的合法性。

蒋先福等诉湖南省桂阳县公安局非法拘传案是《国家赔偿法》施行初期一个调解结案的典型案例。1995 年 1 月,桂阳县一村民的耕牛被盗,桂阳县公安局流峰派出所根据失主提供的并不可靠的线索,将受害人蒋先福、刘金文、蒋贤华抓到公安局询问,限制人身自由长达 30 多小时。由于三原告否认盗窃,派出所干警将他们戴上械具,用皮带抽打、在身上拉小便等方式,逼迫其承认盗窃。三原告后来经法医鉴定为轻微伤或者经医院诊断为风寒湿痹,分别花去医药费 304.4 元、607.8 元、1278.44 元。事后证明,这纯粹是一起错案。三原告向被告申请赔偿未果,提起诉讼。

在诉讼中,三原告要求追究有关人员的法律责任,责令被告赔礼道歉、消除影响,并赔偿医药费、营养费、误工费 2200 元、扣押车辆损失费 1400 元以及名誉损失费 10,000 元。被告承认原告没有犯罪事实,审讯中有殴打现象,派出所办案程序违法,希望调解。法院的意见是:(1)被告在没有事实证明原告有犯罪重大嫌疑的情况下,对原告采取了限制人身自由的强制措施,被告对原告造成了损害,依法应当赔偿。(2)赔偿的数额不能过高,也不能太少,误工工资应赔偿,医疗费应赔偿,其他损失费被告应适当考虑。(3)关于原告提出的名誉损失费的赔偿问题,因《国家赔偿法》没有规定赔偿名誉损失,建议按该法第 30 条之规定,由流峰派出所赔礼道歉、消除影响。

最后,原、被告双方达成协议如下:(1)原告蒋先福、刘金文、蒋贤华未犯盗窃行为,被告桂阳县公安局将其限制人身自由和殴打,由被告当面向原告道歉。(2)由被告桂阳县公安局一次性向原告蒋先福、刘金文、蒋贤华三人赔偿医药费、误工费、精神损害等费共计人民币 3000 元。诉讼费 260 元,由被告桂阳县公安局承担。[4]

这个调解结果确认了案件基本事实,但没有纠缠本案应当适用刑事赔偿还是行政赔偿之类的法律问题,在赔偿方式上更是表现出相当的灵活性。首先,赔偿费用算"大账"、计整数,而不是按当事人提供的票据锱铢必较,算到几角几分。其次,各项赔偿费用打包处理,精神损害赔偿得到模糊承认。最后,鉴于三人大体相同的遭遇,对三人统一对待、不作区分。显然,《国家赔偿法》在其中被作为重要参考,而不是被严格适用。这跟判决有明显区别。

(四)调解的程序和调解结案的形式

理论上,调解可以在行政诉讼的各个阶段进行,可以在开庭之前,也可以在开庭

---

〔4〕 湖南省新田县人民法院行政赔偿调解书,(1995)新行初字第 22 号。

之后。在实践中,有的法院还尝试在立案阶段进行调解,即所谓“诉前调解”。法院收到原告起诉状后,有的先不立案,经与原告、被告协调后由原告撤回起诉材料,或者直接劝说原告撤回。有的法院还为此专门成立了“诉调对接中心”一类的机构。从实际解决纠纷的角度,这一做法可能有一定效果。但法院在此过程中穿针引线,有损法院的中立形象,而且往往拖延立案时间,不符合立案登记制的精神。诉前调解不能代表行政诉讼制度的发展方向。

依据《民事诉讼法》的相关规定,调解可以由审判员一人主持,也可以由合议庭主持,并尽可能就地进行。法院进行调解,可以用简便方式通知当事人、证人到庭,还可以邀请有关单位和个人协助。在实践中,有法院尝试引入专家,依法列席案件的庭审、调查、协调等各项审判活动。〔5〕 调解过程不公开,但当事人同意公开的除外。

调解达成协议,法院应当制作调解书。调解书应当写明诉讼请求、案件的事实和调解结果。调解书由审判人员、书记员署名,加盖法院印章,送达双方当事人。调解书经双方当事人签收后,即具有相当于生效判决的法律效力。有多个当事人的,最后一个当事人签收的日期为调解书的生效日期。调解未达成协议或者调解书送达前一方反悔的,法院应当及时判决。

为简化调解手续,《民事诉讼法》允许在一定情况下(如能够即时履行的案件),法院可以不制作调解书。对不需要制作调解书的协议,应当记入笔录,由双方当事人、审判人员、书记员签名或者盖章后,即具有法律效力。为慎重起见,行政诉讼调解不宜适用该条规定。当事人自行和解或者调解达成协议后,请求法院按照和解协议或者调解协议的内容制作判决书的,法院不予准许。〔6〕

一般来说,以调解方式结案的生效裁判文书不需要上网公开。但依据最高法院有关裁判文书上网的规定,行政调解书应当在互联网上公布。〔7〕 这一规定有利于对行政调解的监督、防止公权私用,但对行政调解的实施也起到了抑制作用。原、被告双方可能都不愿意把调解内容写在纸上、公布到网上,因而更倾向于少留痕迹的撤诉。新《行政诉讼法》实施后,每年以调解方式终结的行政诉讼案件只在一千件上下徘徊,不足撤诉案件的零头。2018 年《行诉法解释》规定,调解协议内容原则上不公开,除非法院认为确有必要公开。〔8〕

二　撤诉

撤诉作为原告处分诉权的一种方式,是诉讼制度的一部分,但被大规模地用作

〔5〕 林永传:《破解民告官难题　福建泉州法院首创专家会审机制》,载中国新闻网,http://www.chinanews.com/fz/2015/04-03/7184404.shtml。

〔6〕 2018 年《行诉法解释》,第 86 条第 5 款。

〔7〕 《最高人民法院关于人民法院在互联网公布裁判文书的规定》,法释〔2016〕19 号,第 3 条第 9 项。

〔8〕 2018 年《行诉法解释》,第 86 条第 3 款。

协调处理的方式,则是非常有中国特色的现象。

(一)撤诉的适用范围

《行政诉讼法》第 62 条(修正前为第 51 条)规定:“人民法院对行政案件宣告判决或者裁定前,原告申请撤诉的,或者被告改变其所作的行政行为,原告同意并申请撤诉的,是否准许,由人民法院裁定。”据此,在法院对行政案件宣告判决或者裁定前,原告都可以申请撤诉。法律对可以撤诉的案件类型没有限制,这一点体现了当事人自愿处分的原则。法律对可以撤诉的时机也没有什么限制,法庭辩论终结后原告都可以申请撤诉。[9] 在有的国家和地区,如果案件已经开庭并且被告已经做了答辩,原告撤诉应当征得被告同意。中国法律没有这样的规定,可能是个缺憾。

(二)对撤诉申请的处理

依据《行政诉讼法》第 62 条,原告撤诉应当向法院提出申请,是否准许由法院裁定。如果当事人有违反法律的行为需要依法处理,或者有其他涉及国家利益和社会公共利益的情形,法院可以不准许撤诉。[10] 在实践中,法院对原告撤诉申请的审查非常宽松。原告申请撤诉而法院不予准许的情形,即使不是完全没有,也是极其罕见的。相反,司法政策更多的是鼓励法院积极协调,动员原告撤诉。在大多数情况下,原告撤诉也是法官乐意看到的结果。

依据最高法院《关于行政诉讼撤诉若干问题的规定》(法释〔2008〕2 号),法院经审查认为被诉具体行政行为违法或者不当,可以在宣告判决或者裁定前,建议被告改变其所作的具体行政行为。被告改变被诉具体行政行为,原告申请撤诉,有履行内容且履行完毕的,法院可以裁定准许撤诉;不能即时或者一次性履行的,法院可以裁定准许撤诉,也可以裁定中止审理。准许撤诉裁定可以载明被告改变被诉具体行政行为的主要内容及履行情况,并可以根据案件具体情况,在裁定理由中明确被诉具体行政行为全部或者部分不再执行。二审或者再审期间行政机关改变被诉具体行政行为,当事人申请撤回上诉或者再审申请的,参照办理。

被告改变其所作的被诉行政行为、原告申请撤诉的,法院裁定准许应当符合以下条件:(1)申请撤诉是当事人真实意思表示;(2)被告改变被诉具体行政行为,不违反法律、法规的禁止性规定,不超越或者放弃职权,不损害公共利益和他人合法权益;(3)被告已经改变或者决定改变被诉具体行政行为,并书面告知人民法院;(4)第三人无异议。被告改变行政行为所认定的主要事实和证据、所适用的规范依据或者行政行为处理结果,都属于改变行政行为。被告根据原告的请求依法履行法定职责,采取相应的补救补偿措施,或者在行政裁决案件中书面认可原告与第三人

---

〔9〕 2018 年《行诉法解释》,第 80 条第 3 款。

〔10〕 2018 年《行诉法解释》,第 80 条第 2、3 款。

达成的和解,也可以视为被告改变其所作的行政行为。

申请撤诉不符合法定条件,或者被告改变被诉行政行为后当事人不撤诉的,法院应当及时作出裁判。一些司法文件或者法院领导的讲话也强调,坚持协调处理的合法、自愿、有限原则,避免滥用协调权,禁止"以权促撤""以拖压和"。[11]《行政诉讼法》第59条还增加了一项规定,即诉讼参与人或者其他人"以欺骗、胁迫等非法手段使原告撤诉的",构成妨害诉讼,法院可以予以训诫、责令具结悔过或者处1万元以下罚款、15日以下拘留。

(三)撤诉的效力

《行政诉讼法》对原告撤诉的效力没有明确规定。最高法院司法解释规定,法院裁定准许原告撤诉后,原告以同一事实和理由重新起诉的,法院不予受理。[12] 这一点与《民事诉讼法》的规定并不相同。[13] 它意味着当事人只有一次起诉的机会,法院准许撤诉的裁定具有既决效力。所以,原告申请撤诉应当慎重。如果行政机关承诺撤销被诉行政行为或者履行原告申请的事项,原告最好在行政机关履行之后再申请撤诉。

依据目前规定,准予撤诉的裁定确有错误的,当事人只能通过再审程序寻求救济。法院应当通过审判监督程序撤销原准予撤诉的裁定,重新对案件进行审理。在侯秀方诉山东省茌平县人民政府行政登记案中,原告不服茌平县政府所作的登记发证行为,于2015年5月15日向茌平县法院提起行政诉讼。法院开庭审理后,迟迟未作判决。11月5日,原告以"审理期限即将届满,需要补充证据"为由申请撤诉,法院裁定准许撤诉。原告调取到了新证据后,于12月向聊城中院再次起诉,后者以撤诉后重复起诉为由,裁定驳回起诉。原告对驳回起诉裁定提起上诉和再审申请,理由是:(1)原诉针对茌平县政府所作的行为,茌平县法院无管辖权,所作裁定违法无效;(2)原告申请撤诉的理由是补充证据,法院当时予以认可,现在调取证据后重新起诉应属正当。[14] 原告的这两条理由是有道理的,但在目前法律之下,原告需要

---

〔11〕 山东省高级人民法院行政审判庭:《关于在行政诉讼中引入和解机制有关问题的调研报告》,载最高人民法院行政审判庭编:《行政执法与行政审判》第20集(2006年第4集);王斗斗:《权威人士回应行政诉讼协调和解三大疑点》,载《法制日报》2007年3月29日(时任湖南省高院院长的江必新的意见);《最高人民法院关于认真贯彻执行〈关于行政诉讼撤诉若干问题的规定〉的通知》,法发〔2008〕9号("不能排除或放弃合法性审查原则""坚决防止和杜绝动员甚至强迫当事人撤诉的现象")。

〔12〕 2000年《若干解释》,第36条第1款;2018年《行诉法解释》,第60条第1款。

〔13〕 《最高人民法院关于适用〈中华人民共和国民事诉讼法〉的解释》(法释〔2015〕5号)第214条规定:"原告撤诉或者人民法院按撤诉处理后,原告以同一诉讼请求再次起诉的,人民法院应予受理。"

〔14〕 山东省茌平县人民法院行政裁定书,(2015)茌行初字第4号;山东省高级人民法院行政裁定书,(2016)鲁行终633号;最高人民法院行政裁定书,(2016)最高法行申2747号。最高法院注意到,侯秀方诉请撤销的是茌平县政府于2004年颁发的集体土地使用证,该证系对第三人牛炳兰于1992年取得的集体土地建设使用权证的换发,原告起诉显已超过法律规定的最长期限。另外,在再审过程中,侯秀方与第三人牛炳兰达成了调解协议,且已履行完毕。

对原来准许撤诉裁定申请再审。

三　协调的实现

行政诉讼协调是利益冲突的当事人在法院撮合下，相向而行，最终走到一起并握手言和的过程。协调与判决的不同在于：判决依赖法院的权威以及法官对法律的精准理解；协调则取决于双方当事人的意愿，更需要法官的耐心和技巧。一个法官能够作出优秀的判决，未必能够实现成功的协调。下面分别从法律、情势和技巧三个方面，讨论协调如何实现。

（一）法律的中间线

协调并不严格以法律为依据，但法律仍然构成协调的基本背景。双方当事人都在估测：一旦协调不成，法院将会怎么判决？双方都是以这个估测作为博弈的筹码。如果一方确信，法院的判决将会支持自己，他在协调中自然不会轻易让步，甚至从一开始就不接受协调。对判决结果的预测构成法律拉锯战的起点，也可以假定为当事人相向而行可能到达的中间线。

下面是法院在介绍一个成功协调的案件时，总结的三点经验：

> 在本案行政协调过程中……其成功经验值得借鉴：一是坚持合法性审查原则，在法律的框架下探索并实行和解撤诉制度，鼓励双方当事人通过平等协商达成和解协议，在妥善解决争议的基础上通过撤诉的方式结案，实现法律效果与社会效果的有机统一；二是积极探索判前司法建议，提前表明评判态度，指出被诉行政行为不合法，促成行政机关积极赔偿，彰显能动司法的功能；三是依法界定损失范围和赔偿数额，促使当事人各方调整自己的预期，缩小了差距，寻找利益的契合点，为协调结案奠定了坚实基础。[15]

相关的问题主要有两个：一是当事人对法律的认知，二是法律本身的确定性。

法律是一种公开知识，理论上不存在信息不对称的问题。但实践中，行政机关掌握的内部政策、长年从事的行政管理和以前的诉讼经验，使它处于相对优势地位。不同原告掌握的法律知识差异很大：有的当事人有丰富经验或者有专业律师的帮助，对法律有清晰的理解；有的当事人对法律懵懵懂懂，也没有能力去查阅法律条文和先前案例。这个问题需要通过法官的释明来弥补。

更大的问题是法律本身不确定所带来的风险。不同当事人承担不确定性风险的能力和态度是不同的。在特定情况下，当事人可以通过有权机关的解释来消解这种不确定性，从而争取主动。在付洁诉杭州市房产管理局房屋拆迁裁决案中，双方因对涉案土地的补偿额存在分歧，官司一直打到浙江高院。浙江高院对《浙江省城

---

〔15〕 连城县鑫都矿业有限公司诉福建省国土资源厅等行政许可及行政赔偿案，福建省高级人民法院（2009）闽行终字第35号。

市房屋拆迁价格评估暂行办法》的适用也把握不准，向最高法院请示。一年多后，最高法院行政庭答复：根据《城市房屋拆迁管理条例》第24条规定的精神，解放初期获得房地产所有权证的城市私有房屋附着土地超出容积率的部分，拆迁时应当按照房地产市场评估价格予以补偿。在此基础上，各方当事人最终达成和解协议。付洁得到合理补偿后，撤回再审申请。[16]

（二）法外因素的影响

协调往往是“边打边谈”的。法律规则只是讨论的起点，有多方面的因素会使中间线发生偏移。

一是依法判决的可靠性。把法院判决等同于法律规则，有一个逻辑上的问题：在现实世界中，法官即使认识到法律是什么，有时也未必能够依法判决。法官可能受到压力，无法做到依法判决，也可能不认同现有的规则，不愿“依法”判决。

二是后续的诉讼成本。即使法院能够依法判决，法院什么时候能够作出判决、判决什么时候能够生效、生效判决什么时候能够得到执行，也存在不确定因素。一些当事人出于“一千欠不如八百现”的考虑，愿意接受看上去吃亏却能够立即兑现的协调。

三是案外的牵挂。一些案件因为受到媒体广泛关注，甚至造成网络舆情，行政机关往往受到巨大压力，更愿意接受协调结果。一些当事人认为自己受到严重不公，不惜把事情“闹大”，就有这方面的考虑。还有一种情况，双方当事人之间在本案之外还有其他利益关系，也可能影响协调的结果。法院在审理**某某房地产公司诉贵港市人民政府收回国有土地使用权案**中了解到，除本案外，某某房地产公司因贵港市白凹窝地块经济适用住房建设项目涉及多起诉讼，同时贵港市也存在类似政企纠纷，该案涉及面广、关联性强、社会影响大。经多次调解，双方同意将所有相关涉诉纠纷予以“一揽子”解决，并由此达成协议。多起政企纠纷尘埃落定，双方冰释前嫌。[17]

（三）法官的因素

协调的成功，不但取决于法律和利益的考量，往往还取决于法官的权威、耐心和技巧。

诉讼过程的协调往往牵涉案里案外多种关系，需要足够的资源。主持协调的法院和法官越有权威，意味着越大的动员能力。有些案件在基层法院协调不下，到高层法院却能够协调，就是因为高层法院更有权威。一旦协调不成、必须判决，高层法院也更有可能依法判决。最高法院审理一个告某区政府的案件，通知区长出庭，区政府办公室来电询问，法官是什么级别。审判长回答：“你不用问级别，我肯定比他

[16] 浙江省高级人民法院行政裁定书，(2006)浙行监字第6号，2008年1月8日。
[17] 《广西高级人民法院发布行政审判典型案例》，载广西法治日报企鹅号2020年9月25日，https://new.qq.com/rain/a/20200925A0CO7Y00。

高。"这起讼争十几年的陈案,最后协调解决。如果换成下级法院的一个年轻法官,大概很难有这种底气和口气,也不太容易镇得住对方。在前述某某房地产公司诉贵港市人民政府收回国有土地使用权案中,被告2017年以棚户区改造为由收回土地,一审法院判决被告补偿房地产公司1170万元以及利息,房地产公司不服。到了二审,广西高院党组书记、院长黄海龙担任审判长主审本案,并出面协调。最后,双方达成协议,被告赔偿房地产公司直接损失8000万元。[18] 能够得到这个结果,跟法院级别和法官身份不无关系。

成功的协调往往需要法官的耐心。法官常常需要跟当事人沟通,去实地走访,跟案外人联系。例如,在吴某诉霍山县人力资源和社会保障局工伤保险医疗费用案中,因为当事人丢失治疗费的原始票据(只有发票复印件),又因为医疗保障局与社会保障局的职责尚未交接,社保局拒绝支付。承办法官与两个单位多次沟通协调,最后达成一致意见,由社会保障局审核,县医疗保障局支付。[19] 法官需要取得当事人的信任,有时还要弄清并解开当事人的心结。[20] 中间可能出现反反复复,为冷静处理而故意搁置也是可能的。多数情况下,协调案件所付出的时间、精力要多于判决的付出。能否协调解决,一定程度上取决于法官在他有限的精力和法定的审限内,能否付出额外的时间来处理这个案件。诸如最高法院行政庭法官五赴长沙、实现陈年老案成功调解的故事,无法成为司法的常态。[21]

成功的协调需要法官的技巧。为了让优势一方当事人接受协调,施加点压力是必要的。例如,最高法院审理一个陈年老案,通知被告区政府开庭审理时,要求其负责人出庭,同时告知庭审过程将网上直播。考虑到行政机关内部有个决策过程,开庭时间定于十几天后,而不是3天之后。为了避免刺激行政机关,有的协调方案用"补偿"来代替"赔偿"。在一个依法判决有时尚显尴尬或者艰难的时代,协调技巧是一个优秀法官的必备素质。[22]

四 协调的过去和未来

对于行政诉讼中的协调,人们一直有不同看法,实践的做法也起起落落。法律对行政诉讼协调处理有一种矛盾的心态:一方面认同协调处理的价值,另一方面则担心其衍生的问题。它的未来取决于行政诉讼的基本环境。

---

〔18〕《广西高级人民法院发布行政审判典型案例》,载广西法治日报企鹅号2020年9月25日,https://new.qq.com/rain/a/20200925A0CO7Y00。

〔19〕《安徽高院发布八起实质性解决行政争议典型案例》,载安徽法院网2020年10月22日,http://ahfy.chinacourt.gov.cn/article/detail/2020/10/id/5541297.shtml。

〔20〕蔡小雪:《审判业务专家是怎样炼成的》,法律出版社2017年版,第138~156页("心结的解开")、第187~206页("不信任的消除")。

〔21〕臧震:《最高法行政庭五次赴湘成功调解行政赔偿老案》,载《人民法院报》2020年12月20日,第1版。

〔22〕孙书东:《媒体报道中的"好法官":以〈人民法院报〉为样本的研究》,清华大学2010年硕士学位论文。

（一）行政诉讼协调处理的起伏

在过去近40年中，行政诉讼协调的做法一以贯之，但有明显起伏。由于调解结案的数量相当有限，在统计上几乎可以忽略不计。而原告撤回诉讼的比例始终很高，在一些年份甚至多于判决结案。进一步观察可以发现，行政诉讼撤诉率经历了大起大落，形成两个明显的驼峰（见本书第一章图2）。其曲折沉浮诉说着行政诉讼制度的艰难挣扎。〔23〕

从开始有统计数据的1987年，全国一审行政案件的撤诉率就达21.3%。此后一路攀升，于1997年达到57.3%的历史最高峰。撤诉率增长最快的是20世纪90年代中期。当时，面对老百姓告状难、行政庭无案可审的状况，最高法院要求各级法院"积极大胆地依法受案"。〔24〕一些地方法院把抓立案数作为行政诉讼的首要任务，甚至层层下指标、定数量。行政案件受案数量迅猛增长，1997年首次超过9万件。然而，法院限于实际能力，有些案件难以解决。收进来却判不出去的案件只好以动员撤诉等方式消化。其结果就是我们看到的撤诉率与收案数同步增长的局面。

行政诉讼撤诉率偏高的现象引起各方的关注和忧虑。最高法院强调，该判决的就要大胆判决，不能无原则动员撤诉。个别地方法院把降低撤诉率作为考核指标。1998年以后，撤诉率出现较大幅度的回落，判决结案略微上升。但与之同时，受案数一反十几年来持续上升的态势，出现大幅下降；驳回起诉、终结审理等其他结案方式则不断增加。2002年之后几年，全国一审行政案件的数量徘徊在10万件左右，撤诉率稳定在30%略多。

从2006年开始，风向突变，政法机关高调倡导协调和解。当年9月，中央办公厅、国务院办公厅下发了《关于预防和化解行政争议、健全行政争议解决机制的意见》；〔25〕最高法院也连续发文，要求地方法院"尽可能通过协调方式解决"行政纠纷（特别是群体性纠纷），鼓励地方法院不断创新诉讼和解的方法和机制。〔26〕最高法院还颁布司法解释，对行政诉讼协调做了正式的肯定和具体的安排。〔27〕地方法院纷纷出台具体政策，甚至把协调结案率作为对法院和法官的一项考评指标。在"和

---

〔23〕何海波：《行政诉讼撤诉考》，载《中外法学》2001年第2期；何海波：《没有判决的诉讼》，载台湾政治大学法学院公法学中心编著：《审判独立与权利救济、行政诉讼之发展与变革》，台湾政治大学法学院2016年版。

〔24〕马原（时任最高法院副院长）：《加强行政审判工作，更好地为改革开放和经济建设服务：在全国法院行政审判工作会议上的讲话》，1993年10月。

〔25〕中办发〔2006〕27号。该文件没有全文公布。但从地方行政机关和司法机关落实该文件的一些报道中，可以看出它的主要内容。

〔26〕《最高人民法院关于妥善处理群体性行政案件的通知》，法〔2006〕316号；《最高人民法院关于进一步发挥诉讼调解在构建社会主义和谐社会中积极作用的若干意见》，法发〔2007〕9号；《最高人民法院关于加强和改进行政审判工作的意见》，法发〔2007〕19号。

〔27〕《最高人民法院关于行政诉讼撤诉若干问题的规定》，法释〔2008〕2号。

谐司法”“大调解”的口号下，官方媒体也充斥着对协调处理的经验介绍和表扬赞颂。很快，行政诉讼的撤诉率在 2012 年再次攀升到 49.8%。而据统计，其中只有不到 10% 的案件是在被告撤销或者改变原行政行为的情况下原告撤诉的。而与之对应的是，法院判决原告胜诉（包括撤销、确认违法、责令履行等）的比例却跌到 7.9%。

随着“大调解”的弊端日益显现，社会上批评的声音越来越多，政法系统内部也在进行反思和调整。自 2013 年以后，行政诉讼的撤诉率连续回落。随着《行政诉讼法》的修改和立案登记制的实施，撤诉案件在统计中的比例更是断崖式下降（这主要是因为大量不符合受理条件的案件涌进法院，之后被驳回起诉）。2014 年，全国一审行政案件的撤诉率为 30.2%。2016 年之后，就不到 20% 了。这也是《行政诉讼法》实施以来的最低点。

观察过去 30 多年的实践，撤诉率的变化受到司法理念和司法政策的影响，但从根本上讲还是司法权威不足的产物。高层司法机关要求“严格执法”或者倡导“协调处理”，对撤诉率等指标能够起到一定影响，但常常“摁下葫芦浮起瓢”，难以从整体上改变局面。

（二）协调处理的未来

对行政诉讼的协调始终争议不绝。就事论事地说，协调处理有判决难以代替的作用。至少在理论上，协调有助于诉讼“案结事了”，有可能使原告的权益获得有效的保护。媒体的报道也展示了，确实有很多纠纷通过协调得以有效解决。所以，允许协调甚至调解未必损害原告利益或者公共利益，不允许协调也不见得能够保护原告利益和公共利益。

从根本上讲，行政诉讼协调的盛行，反映的是判决之难、诉讼之弊。由于法院权威性不足，司法能力有限，不得不把动员撤诉作为对策。在一些案件中，法院“以权促撤”“以拖压和”，原告的撤诉与其说是自愿的，不如说是被迫无奈的。还有一些案件，行政行为有明显瑕疵，但经过协调，被告许诺不予执行，法院则不予撤销或者宣告违法（原告撤诉）或者干脆判决维持该行政行为（原告不上诉）。这种方式的协调也许能让原告得到一点实际好处，合法性监督则无从谈起了。

所以，人们没有必要笼统地反对行政诉讼协调解决，也不必一味地鼓吹行政诉讼协调的好处。问题的核心不是法律上应不应当允许撤诉、调解，而是司法能否承担起法律赋予的裁判职能。如果法院无力公正裁判，只能依靠协调处理案件，则极有可能扭曲当事人的意愿和法治的精神，行政诉讼关于救济权利和监督行政的目标都难以冀望。因此，倡导行政诉讼协调处理，必须以一个强健的司法体系为前提，以法院能够确保依法判决为后盾。在司法管理中，调解和撤诉的比例不宜作为考核法官和法院的指标；在学术研究中，却可以作为观察行政诉讼实施状况的一个窗口。这两者的具体应用，值得继续关注。

第二节　费 用 负 担

诉讼有成本。诉讼成本的公平负担,是诉讼制度的重要内容之一。[28] 就当事人来说,诉讼成本包括当事人交纳给法院的诉讼费用,也包括当事人在诉讼过程中或明或暗的其他开支。几乎所有案件,包括以裁定方式结案的案件,都可能涉及诉讼成本的负担问题。除了当事人另行提起诉讼、要求行政机关赔偿诉讼开支之外,诉讼成本的负担不载于裁判主文,不属于判决方式。所以,把它放在判决之外的处理方式中讨论。

一　诉讼费用的负担

(一) 诉讼费用的一般规定

当事人应当向法院交纳的诉讼费用包括案件受理费、申请费,以及证人、鉴定人、翻译人员在法院指定日期出庭发生的交通费、住宿费、生活费和误工补贴。案件受理费包括一审、二审和再审的案件受理费。《行政诉讼法》第102条规定:"人民法院审理行政案件,应当收取诉讼费用。诉讼费用由败诉方承担,双方都有责任的由双方分担。收取诉讼费用的具体办法另行规定。"

根据最高法院1989年的《人民法院诉讼收费办法》,行政案件(治安、专利案件除外)有争议金额的,与其他财产案件一样,按争议金额的相应比例交纳案件受理费。实践中,行政案件的受理费可能高达数万、数十万元之巨。[29] 国务院2006年制定、取代上述收费办法的《诉讼费用交纳办法》大大降低了行政案件的受理费:商标、专利、海事行政案件每件100元,其他行政案件每件50元。适用简易程序审理的案件、以调解方式结案或者当事人申请撤诉的,减半交纳案件受理费。行政赔偿案件,裁定不予受理、驳回起诉、驳回上诉的案件,以及对不予受理、驳回起诉和管辖权异议裁定不服而提起上诉的案件,不必交纳案件受理费。按照审判监督程序审理的案件,原则上也不交纳案件受理费。[30]

---

[28] 对法院民事诉讼、群体诉讼收费等问题的讨论,参见方流芳:《民事诉讼收费考》,载《中国社会科学》1999年第3期;傅郁林:《诉讼费用的性质与诉讼成本的承担》,载《北大法律评论》第4卷第1辑,法律出版社2001年版;张榕:《民事诉讼收费制度改革的理念及路径》,载《法律科学》2006年第1期;王福华:《费用推动程序》,载《法学家》2010年第6期。

[29] 也有观点认为,行政案件不属于财产案件,不应按争议金额交纳案件受理费。在深圳亿亨投资有限公司诉郑州市人民政府行政决定案中,最高法院二审判决接受了被上诉人郑州市政府的异议,认为本案不涉及财产争议金额,受理费应按100元交纳;一审法院收取案件受理费60,010元不当,应予纠正。最高人民法院行政判决书,(2001)行终字第12号,法公布(2003)第8号。

[30] 但是,下列情形除外:(1)当事人有新的证据,足以推翻原判决、裁定,向人民法院申请再审,人民法院经审查决定再审的案件;(2)当事人对人民法院第一审判决或者裁定未提出上诉,第一审判决、裁定或者调解书发生法律效力后又申请再审,人民法院经审查决定再审的案件。《诉讼费用交纳办法》,第9条。

在案件受理费之外，当事人向法院申请保全措施，申请执行生效裁判，还应当交纳申请费。证人、鉴定人、翻译人员、理算人员在法院指定日期出庭发生的交通费、住宿费、生活费和误工补贴，由法院按照国家规定标准代为收取。当事人复制案件卷宗材料和法律文书应当按实际成本向法院交纳工本费。诉讼过程中因鉴定、公告、勘验、翻译、评估、拍卖、变卖、仓储、保管、运输、船舶监管等发生的依法应当由当事人负担的费用，根据“谁主张，谁负担”的原则，由当事人直接支付给有关机构或者单位，法院不代收代付。

当事人在行政诉讼过程中一并提起的民事诉讼，按照民事诉讼的标准收费。对行政机关不依法履行、未按照约定履行协议提起诉讼的，《适用解释》曾区分规定，行政机关单方变更、解除协议等行为引发的诉讼按行政案件标准交纳，其他案件准用民事案件标准交纳。此后，最高法院重新明确，行政机关不依法履行、未按照约定履行行政协议案件都属于行政案件，诉讼费用统一适用行政案件的交纳标准。[31]

行政案件的收费，因为涉及公共职能的行使和财政资金的使用，确实不适合按标的金额收费。但过分降低诉讼收费，不利于调节诉讼，也无助于公平负担。为引导公民理性诉讼，遏制轻率和不负责任的诉讼，实现行政纠纷解决的分流（特别是鼓励利用免费、便捷的行政复议渠道），可以考虑在现行规定的基础上适当提高诉讼收费。同时，还应扩大减免收费的范围，便利讼费交纳的方式。

（二）败诉方承担诉讼费用

由于目前行政案件只收取象征性的受理费，受理费的负担对于当事人来说也只有象征性的意义。尽管如此，合理分配案件诉讼费用的负担仍然是司法公正的一个环节。按照《诉讼费用交纳办法》，诉讼费用由败诉方负担，胜诉方自愿承担的除外。部分胜诉、部分败诉的，法院根据案件的具体情况决定当事人各自负担的诉讼费用数额。共同诉讼当事人败诉的，法院根据其与诉讼标的的利害关系，决定当事人各自负担的诉讼费用数额。二审法院改变一审法院作出的判决、裁定的，应当相应变更一审法院对诉讼费用负担的决定。行政案件的被告改变或者撤销具体行政行为，原告申请撤诉，法院裁定准许的，案件受理费由被告负担。

“诉讼费用由败诉方承担”是一个确定的原则，如何认定“败诉方”却是一个需要具体分析的问题。在实践中，法院很少对当事人的诉讼请求给予全部支持或者全部驳回；即使法院维持行政行为或者一审判决，也可能同时在理由说明中指出其存在的瑕疵。为此，需要根据判决主文和理由说明，确定实质性的败诉方。在一审程序中，法院判决维持被诉行政行为或者驳回原告的诉讼请求，原告为败诉方；法院判决撤销或者变更被诉行政行为、确认行政行为违法或者无效、责令被告履行职责的，被告为败诉方。法院部分地撤销或者变更行政行为、确认行政行为违法或者无效、责令被告

〔31〕《最高人民法院关于行政机关不依法履行、未按照约定履行行政协议案件诉讼费用如何交纳问题的答复》，〔2020〕最高法行他8号。

履行职责的，一般也视为被告败诉。在二审程序中，法院维持一审判决的，上诉人为败诉方；法院全部或者部分撤销原判的，被上诉人为败诉方。例如，在深圳亿亨投资有限公司诉郑州市人民政府行政决定案中，一审判决撤销被告行政行为的部分内容，但驳回亿亨公司的赔偿请求，案件受理费全部由被告郑州市政府承担。最高法院二审判决驳回亿亨公司的上诉，维持原判，二审诉讼费由亿亨公司负担。[32]

在行政登记等领域，第三人对于错误行政行为的发生负有重大责任的，法院也可能要求第三人承担部分甚至全部诉讼费用。在赵某某诉天津市大港区民政局撤销离婚证案中，被告为原告和第三人颁发了离婚证。后在诉讼中查明，原告有智力残疾，属于限制行为能力人。天津市大港区法院一审判决认为，原告在签署离婚协议时是限制行为能力人，不能预见离婚的后果；第三人在办理离婚登记时向被告隐瞒了原告智力残疾的事实，应当承担一定的责任；被告工作人员未尽审查义务，由第三人在《离婚协议书》上代签，侵犯了原告的人身权和财产权。在判决撤销离婚证的同时，诉讼费用（包括案件受理费 50 元、司法鉴定费用 600 元）由被告承担 450 元，第三人承担 200 元。[33] 在安徽省淮南市洞山农信社诉淮南市房地产管理局颁发房屋所有权证案中，最高法院判决认为，被告市房管局明知综合楼房屋产权有争议，又系违法建设且未经主管部门处理，径行为第三人颁发房屋所有权证，该证应予撤销。二审案件受理费 110,010 元由被上诉人（原审被告）房管局和被上诉人（原审第三人）金三角家具公司各负担 55,005 元。[34] 在吴苏琴诉苏州市吴江区工商局行政登记案中，第三人吴江瑞得公司通过伪造股东签名，取得公司股东变更登记。吴江区法院认为，登记机关尽到了应有的审查义务，错误登记是由于第三人提供虚假材料导致的。遂判决撤销被告作出的变更登记，案件受理费 50 元和鉴定费 2400 元全部由第三人吴江瑞得公司负担。该决定得到二审法院支持。[35]

（三）诉讼费用分配决定的效力

虽然诉讼费用的负担通常由法院在判决书、裁定书中写明，但它不属于司法判决、裁定的内容。当事人对法院关于诉讼费用的计算有异议的，可以向作出决定的法院请求复核；计算确有错误的，法院应当予以更正。当事人单独对法院关于诉讼费用的决定有异议的，可以向作出决定的法院院长申请复核；复核决定应当自收到当事人申请之日起 15 日内作出。当事人不得单独对法院关于诉讼费用的决定提起上诉。[36]

---

〔32〕 最高人民法院行政判决书，(2001)行终字第 12 号，法公布(2003)第 8 号。

〔33〕 天津市大港区人民法院行政判决书，(2007)港行初字第 5 号。

〔34〕 最高人民法院行政判决书，(1999)行终字第 19 号，法公布(2001)第 10 号。

〔35〕 苏州市中级人民法院行政判决书，(2013)苏中行终字第 125 号。相关讨论，参见秦绪栋：《诉讼费用的承担应体现一定的制裁功能——江苏苏州中院判决吴苏琴诉吴江工商局工商行政登记案》，载《人民法院报》2014 年 6 月 12 日，第 6 版。

〔36〕 《诉讼费用交纳办法》，第 43 条。

二 其他诉讼成本的负担

在诉讼费用以外,当事人支付的诉讼成本包括聘请律师的费用、调查取证的费用、往返法院的差旅费以及误工损失等。一些当事人为咨询专家、求助媒体、上访呼吁甚至“疏通”贿赂,还有额外的支出。在不少案件中,当事人在诉讼费用以外的支出要远远高于诉讼费用,甚至高于当事人胜诉所得的收益。“气死不打官司”的古训,也包含诉讼成本的考虑。

除了法律另有特殊规定,[37]其他诉讼成本均由当事人自己支付,胜诉的当事人也不能向对方主张赔偿。这一方面是基于一种理念,即诉讼是当事人维护自己权益的活动,当事人为维护自己权益的开支应当自己承担;另一方面似乎也是出于一种实际的考虑,担心当事人把不合理的开支转嫁到对方头上。在深圳市斯维尔科技股份有限公司诉广东省教育厅侵犯公平竞争权案中,原告以被告在其主办的竞赛中非法指定竞赛软件、侵犯公平竞争权为由提起诉讼,要求确认行政行为违法,并由被告和第三人承担原告因调查、制止其违法行为的开支10,800元。法院支持了第一项诉讼请求,但以调查、制止被诉行政行为所产生的费用并非该行政行为直接造成的损失为由,驳回了第二项诉讼请求。[38]

但是,如果一方当事人滥用诉权,给对方当事人造成不必要的开支,法院可以要求其负担对方当事人的合理支出。在陈莉诉徐州市泉山区城市管理局行政处罚案中,城市管理局在一审败诉后提起上诉,却怠于行使自己的诉讼权利:未向法院提交法定代表人身份证明书,也未委托诉讼代理人参加诉讼;先后两次接到开庭传票后均未到庭,且不说明任何理由。江苏高院认为,由于城市管理局不正当地行使诉讼权利,加重了被上诉人陈莉的负担。基于公平原则,城市管理局应当负担陈莉在此次诉讼中支出的直接、合理的费用。据此,裁定本案按撤回上诉处理,各方当事人按原审判决执行;上诉人城市管理局支付被上诉人陈莉在二审期间支出的委托代理费及两次往返必需的交通费用,共计人民币1570元。[39]

在行政诉讼中,今后似乎还可以考虑,如果行政机关或其工作人员恶意行使权力,侵犯公民、法人和其他组织的权利,后者除了要求国家赔偿外,还可以要求行政机关支付诉讼费用和其他直接、合理的费用。法律,不仅要让有理者“打得起官司”,还要让违法者“输不起官司”。

---

〔37〕 例如,《反不正当竞争法》(1993年)第20条规定,经营者违反本法规定,给被侵害的经营者造成损害的,应当承担损害赔偿责任,“并应当承担被侵害的经营者因调查该经营者侵害其合法权益的不正当竞争行为所支付的合理费用”。被侵害的经营者的合法权益受到不正当竞争行为损害的,可以向法院提起诉讼。

〔38〕 广东省高级人民法院行政判决书,(2015)粤高法行终字第228号。

〔39〕 《最高人民法院公报》2003年第6期。

第三节　附带审查

迄今为止，中国法院无权受理和裁判针对规范性文件提起的诉讼，但在审查具体行政行为的合法性时，可以对该行政行为所依据的规范性文件进行附带审查，并决定是否在该案中予以适用。2014 年《行政诉讼法》修改，法院对规范性文件的审查写入法律。虽然它没有实质性地改变相关法律规范，但带来的冲击是巨大的。法院有权并应当审查这一点更加明确了，当事人、法官对问题更重视了，在诉讼中提出审查的请求明显增加了。这给中国法院带来了机会，但也让法院面临巨大压力。

一　附带审查的定位

《行政诉讼法》第 53 条规定，公民、法人或者其他组织认为行政行为所依据的规范性文件不合法，在对行政行为提起诉讼时，可以一并请求对该规范性文件进行审查。与《行政诉讼法》其他地方的“一并解决（审理、裁判）”不同的是，法院对规范性文件的“一并审查”只是附带审查，不构成一种独立的诉讼类型。[40] 在各种文献中，规范性文件的“一并审查”与“附带审查”经常混用。

在《行政诉讼法》修改过程中，许多学者建议把规范性文件纳入行政诉讼的受案范围，并由法院审查后作出判决。[41] 但这一方案没有被接受。立法者不想把规范性文件直接纳入行政诉讼的受案范围，由法院来决定规范性文件的存废。由此，修改后的《行政诉讼法》规定的受案范围仍然限于具体行政行为（尽管名称上改成“行政行为”），规范性文件不可诉的条款没有任何改动。立法机关无意创设一种单独的规范性文件审查之诉。

在程序上，对规范性文件的审查依附于对具体行政行为的审查。依附性体现在以下几个方面：第一，没有对具体行政行为提起诉讼，法院就无从审查相应的规范性文件；法院不予受理或者驳回原告起诉，对相关规范性文件的审查不再进行（除非与受理条件有关）；一旦原告在诉讼过程中撤诉，法院对相关规范性文件的审查一般即

〔40〕 可以比较《行政诉讼法》的另外两处用法：该法第 61 条第 1 款“在涉及行政许可、登记、征收、征用和行政机关对民事争议所作的裁决的行政诉讼中，当事人申请一并解决相关民事争议的，人民法院可以一并审理”，以及第 79 条“复议机关与作出原行政行为的行政机关为共同被告的案件，人民法院应当对复议决定和原行政行为一并作出裁判”。

〔41〕 参见马怀德主编：《司法改革与行政诉讼制度的完善：〈行政诉讼法〉修改建议稿及理由说明书》，中国政法大学出版社 2004 年版，第 120～126 页； 江必新主编：《中国行政诉讼制度的完善：行政诉讼法修改问题实务研究》，法律出版社 2005 年版，第 43～53 页； 杨小君：《行政诉讼问题研究及制度改革》，中国人民公安大学出版社 2007 年版，第 26～41 页； 何海波等：《理想的行政诉讼法——〈中华人民共和国行政诉讼法〉学者建议稿》，载《行政法学研究》2014 年第 2 期，第 11 条。

告终止。[42] 第二,原告针对规范性文件申请审查,法院无须单独立案,其处理方式也有别于一般的诉讼请求。[43] 法院的审查结果不构成判决主文,只能在判决理由说明里加以论述。法院遗漏审查规范性文件的合法性,也不像遗漏诉讼请求,必定导致撤销原判、发回重审的后果。第三,当事人只能对判决结果提起上诉、申诉,不能单独就规范性文件的审查结果提起上诉、申诉。即使下级法院对规范性文件的审查存在错误,如果不影响对被诉行政行为的处理结果,二审或者再审也无须改判。[44]

在功能上,法院对规范性文件合法性审查只是被诉行政行为合法性审查的延伸。立法者认识到,规范性文件是许多行政行为的依据,也是许多行政违法的源头。要从根本上减少违法行政行为,必须从源头开始治理,赋予法院对规范性文件一定的审查权和处理权。[45] 对于违法的规范性文件,法院的处理权包括两个方面:一是在个案中不予适用,二是转送有关机关处理。前者是被诉行政行为合法性审查题中应有之义,后者则是法院顺便而为。在整个规范性文件合法性监督体系中,法院审查和转送的作用在于发现违法、促请纠正。它是在原有的行政行为合法性审查程序上附加的一个"小程序",并不改变原有行政行为合法性审查程序的性质。

二　附带审查的方针

规范性文件的附带审查主要涉及四个方面,即审查姿态、审查范围、审查程序和审查标准。从贯彻解决纠纷、保护权利和监督行政的立法宗旨出发,法院对与行政行为合法性审查相关规范性文件的相关条款,应当予以主动、全面、审慎、适度的审查。[46]

(一) 主动审查

《行政诉讼法》为原告一并请求审查规范性文件提供了明确依据。当事人在行政诉讼中申请附带审查,被认为是当事人的权利。对于当事人依法提出的申请,法院不能置之不理,而有义务在法庭审理中提供质辩机会,并在裁判文书的说理中予

〔42〕 宋某诉北京市丰台区人民政府案,最高人民法院行政裁定书,(2016)最高法行申1677号("对规范性文件一并审查的前提是本诉成立")。

〔43〕 有一些文献把原告请求对规范性文件一并审查视为原告的一项诉讼请求。参见程琥:《新〈行政诉讼法〉中规范性文件附带审查制度研究》,载《法律适用》2015年第7期(规范性文件附带审查是一个诉讼请求,而不是一个诉讼案件);2018年《行诉法解释》,第68条第1款第7项(《行政诉讼法》起诉条件中"有具体的诉讼请求"包括对规范性文件一并审查的请求)。这一观点可以再商榷。

〔44〕 梁凤云:《行政诉讼法司法解释讲义》,人民法院出版社2018年版,第413页。

〔45〕 信春鹰:《关于〈中华人民共和国行政诉讼法修正案(草案)〉的说明》,2013年12月23日在第十二届全国人大常委会第六次会议上,"二、关于对规范性文件的附带审查";信春鹰主编:《中华人民共和国行政诉讼法释义》,法律出版社2014年版,第172~173页;全国人大常委会法制工作委员会行政法室编:《行政诉讼法立法背景与观点全集》,法律出版社2015年版,第287~290页。

〔46〕 更多讨论,参见何海波:《论法院对规范性文件的附带审查》,载《中国法学》2021年第3期。

以回应。实践中的问题是，如果原告没有提出申请，法院能不能审查、要不要审查？一些法院以当事人没有提出或者没有及时提出审查请求为由，拒绝对规范性文件进行审查。这是对法律的错误理解。

对被诉行政行为所依据的规范性文件进行审查，是法院的权力所在，也是法院的职责所系。法院在行政诉讼中要对被诉行政行为的合法性做出正确判断，就有必要审查相关规范性文件。原告在诉讼中提出附带审查申请的，法院自然应当认真对待；即使原告没有提出或者没有及时提出，法院也应当进行审查。原告申请法院对规范性文件合法性予以审查，只是原告论辩被诉行政行为违法的一个理由。法院的裁判可以采纳或者不采纳当事人的论辩理由，但无须以当事人提出论辩理由为前提。从实践情况来看，中国的行政诉讼基本上是公民个人的诉讼，而且往往缺乏律师代理，要求原告申请法院才予审查，不利于保护原告权益。一些规范性文件是在法院开庭审理之后甚至一审判决之后获得或者生成的，在法庭调查阶段还不知情或者不存在，当事人客观上也无从申请审查。

法院对规范性文件的审查是应原告申请进行，“不申不理”，这一错误理解主要源于《行政诉讼法》的措辞。原告“在对行政行为提起诉讼时”可以一并请求的写法沿袭自《行政复议法》，在行政诉讼的语境下并不准确。“在对行政行为提起诉讼时”，应当理解为原告“在诉讼过程中”的合理时间内都可以提出。如果法院没有审查而导致规范性文件合法性认定错误，在二审乃至再审仍然不能免除错判责任。

（二）对相关条文的全面审查

全面审查，不是指法院应当对行政诉讼涉及的所有规范性文件的所有条款进行审查，而是对与被诉行政行为合法性有关的规范性文件的有关条款进行全面审查。这里主要讨论规范性文件的范围，与被诉行政行为合法性审查的相关性，实践中可能出现的选择性审查的问题。

1. 规范性文件

行政规范性文件定义主要包括三个方面：第一，内容的规范性；第二，适用对象的普遍性；第三，制定主体的行政性。

规范性文件应当具有规范性，有时被描述为具有普遍“约束力”的文件。从规范性文件附带审查的目的出发，对规范性文件的“约束力”宜于采取宽泛标准。凡是内容具有普遍影响，能够为行政执法提供根据、指导、说明作用的公文，都视为规范性文件。[47] 据此，行政机关有关法律适用问题的解释或者答复意见、行政裁量基准等，都属于规范性文件。实践中，有法院认为国土资源部办公厅针对下级机关法律

---

〔47〕 叶必丰、刘道筠：《规范性文件的种类》，载《行政法学研究》2000年第2期（另加行政告知性文件）；姜明安主编：《行政法与行政诉讼法》（第7版），北京大学出版社、高等教育出版社2019年版，第12章“行政规范性文件”（该章为叶必丰所撰）。

适用请示的答复意见不是规范性文件,[48]这不符合规范性文件附带审查的宗旨,也不符合前述对规范性文件的认知。

规范性文件应当具有普遍性。凡是被诉行政行为所依据的具有普遍约束力的文件,都可以作为附带审查的对象。行政机关针对人数众多但对象特定的人所发的文件,在规范性文件附带审查的语境中也可以成为审查对象。否则,可能造成“两头不搭”,逸脱了审查。在王坤富诉内江市卫生和计划生育委员会案中,法院认为原告请求审查的《关于做好医师资格遗留问题有关工作的通知》虽然涉及全省范围较多人数,“但该文件系为解决医师资格历史遗留问题开展的一次性的医师资格认定补办和省医师资格考试工作”,属于一般处分,因而拒绝审查。[49] 在邱林诉中山市城乡规划局案中,法院亦倾向于认为“控制性详细规划调整的是特定、具体的空间对象,进而在一定程度上对特定行政相对人产生影响”,因而不属于应当一并审查的规范性文件。[50]

由于法律、法规授予行使行政职权的组织被视为行政机关,行政机关以外主体制定的规范性文件也完全可能被视为行政规范性文件。例如,社会自治组织的规约,其中包括社会团体、高等学校和村民自治组织的章程、规定、公约,在理解上都已不成问题。党组织发布或者党政联合发布的规范性文件,可以根据文件内容对其性质作出区分;法院能否审查,也宜于根据其性质作出区别。对于处理党内事务的文件,“党来管党”,法院不宜介入。但有一些党的机构依据法律、法规、规章行使行政管理职权,或者在没有法律、法规、规章依据的情况下涉足行政管理。前者例如,机构改革后国家新闻出版广电总局的电影管理职责划入中央宣传部,原有的《电影产业促进法》《电影管理条例》等继续施行;后者例如,个别地方党委发文规定村集体留用地管理、征地拆迁补偿标准。这两种情况都已经超出通常所说的“党内法规”“党内规范性文件”的范围,[51]可以视为行政规范性文件,法院有权审查。《行政诉讼法》相关条款可以解释为包含这一内容,眼下需要的是政治上的确认。

2. 规范性文件的相关性

法院不是备案审查机关,不负责对所有规范性文件的合法性进行审查。作为附带审查机关,法院只审查与被诉行政行为合法性审查有关联的规范性文件。但由于《行政诉讼法》使用“行政行为所依据的规范性文件”,对于“依据”产生了不同理解。

---

[48] 梁山县拳铺镇郭堂村民委员会诉梁山县人民政府、济宁市人民政府案,山东省高级人民法院行政判决书,(2016)鲁行终1429号。案件所涉的《国土资源部办公厅关于土地登记发证后提出的争议能否按权属争议处理问题的复函》(国土资厅函〔2007〕60号)称,土地登记发证后提出的争议不属于土地权属争议,不适用《土地权属争议调查处理办法》。法院据此认为,被告不受理原告的土地权属争议申请不构成违法。

[49] 四川省内江市中级人民法院行政判决书,(2016)川10行终39号。

[50] 广东省中山市中级人民法院行政判决书,(2016)粤20行终254号。

[51] 关于党内法规的范围,可参见宋功德:《党规之治》,法律出版社2015年版,第12、517～525页。

"依据"一词在《行政诉讼法》多次出现,[52]不能简单套用。在规范性文件附带审查的情境中,凡是与被诉行政行为具有合理联系,对论证被诉行政行为的合法性起到支持作用的规范性文件的相关条款,都属于其"依据"。实践中,一些行政机关声称"参考"了行政执法指南等规范性文件,但强调没有把它作为"依据",因此法院不应当审查,这是不妥的。[53] 有的规范性文件在被诉行政决定书中没有引用,但被告在答辩期内作为合法性论据提交的。如果规范性文件与被诉行为内容上存在关联,法院也应当进行审查。[54]

3. 规范性文件的相关条款

一旦启动审查程序,法院应当审查的是整部规范性文件,还是规范性文件的相关条款?对此,司法解释建议法院只对"作出行政行为所依据的条款以及相关条款"进行审查。[55] 法院只审查相关条款不仅是节省司法资源的需要,也是节制司法权力的需要。法院精力有限,不宜在过多的事情上表态,尽量不做与案件审理不相干的事情。与具体案件没有关联的条款,双方没有辩论,法官也很难有成熟的意见,过分宽泛地审查是轻率和危险的。至于哪些条款与被诉行政行为有关,可以根据行政决定书、被告答辩、原告质辩等情况来确定。法院不宜简单地以原告指认的条款与被诉行政行为不相关为由,对整部规范性文件不予审查。

(三) 规范性文件审查的审慎程序

中国的行政诉讼程序是围绕具体行政行为的合法性审查建构起来的,管辖法院和诉讼参与人也都是根据被诉行政行为来决定的。规范性文件审查制度的引入,使个案诉讼产生了溢出个案的效果,越来越成为公共对话的平台。一方面,案件牵涉更加广泛的利益,更多人需要表达意见;另一方面,当事人和社会对于法院能否积极、公正、妥当地审查,是有疑虑的。为此,要用更加审慎的程序来保障规范性文件附带审查的落实,现有一些规定可能需要相应调整。

在目前体制下,有权审查规范性文件的法院层级偏低,甚至出现基层法院审理省级政府或者国务院部门的规范性文件的情况,当事人对法院能否公正审理没信心。同时,有权审查规范性文件的法院过于分散,理论上可能出现一份文件在两千多家法院接受审查的局面,妨碍法律的统一实施。为此,可以考虑允许当事人向中

---

〔52〕《行政诉讼法》(2014 年修正)使用"依据"一词的场合有:行政案件的审理需"以民事诉讼的裁判为依据"的,中止诉讼(第 61 条);人民法院审理行政案件"以法律和行政法规、地方性法规为依据",参照规章(第 63 条);规范性文件不合法的,"不作为认定行政行为合法的依据"(第 64 条);行政机关应当向法院提交作出行政行为的证据和"所依据的规范性文件"(第 67 条);行政行为"没有依据"的,属重大、明显违法情形,构成无效(第 75 条)。

〔53〕刘兴修诉四川省汉源县公安局案,四川省雅安市中级人民法院行政判决书,(2016)川 18 行终 19 号。

〔54〕章剑生:《现代行政法总论》(第 2 版),法律出版社 2019 年版,第 483 页(行政行为的"隐形依据")。

〔55〕2018 年《行诉法解释》第 148 条第 1 款规定:"人民法院对规范性文件进行一并审查时,可以从规范性文件制定机关是否超越权限或者违反法定程序、作出行政行为所依据的条款以及相关条款等方面进行。"

级法院起诉或者由受理案件的基层法院报请中级法院审理。当事人“越级起诉”或者基层法院上报之后,由中级法院裁量决定是否提级审理。案件涉及区县政府的规范性文件的,也可以依据《行政诉讼法》异地管辖的规定,由该区县以外的基层法院审理。

规范性文件的制定机关不是诉讼当事人的,应当能够以适当方式参与诉讼。法院可以要求文件制定机关就相关问题作出说明;法院认为有必要的,可以建议文件制定机关出庭陈述意见。经法院通知,文件制定机关未做说明或者未提供相关证明材料的,不妨碍法院对规范性文件进行审查。为保障诉讼公平,文件制定机关对规范性文件合法性的意见和相关证明材料,当事人有权知晓和质辩。

规范性文件涉及广泛的私人利益和公共利益,需要考虑吸收检察机关、社会组织和专家的参与。在法律没有规定检察机关直接对规范性文件提起诉讼的情况下,可以参照《民事诉讼法》的相关规定,采取支持起诉的办法。[56] 检察机关发现行政诉讼中涉及的规范性文件合法性存在争议,可以要求参与诉讼,或者由法院建议参与诉讼。与附带审查规范性文件有关的社会组织和个人,可以“法庭之友”的身份发表意见。“法庭之友”可以书面方式向法庭提交意见,也可以经合议庭许可,在开庭审理时口头表达意见。“法庭之友”的意见应当公开。对普遍性事实的审查往往需要专家的参与,对事实的认定有必要听取专家的意见。

(四)规范性文件审查的适度标准

在新《行政诉讼法》施行后,最高法院司法解释明确了“规范性文件不合法”的认定标准。[57] 该认定标准以法律、法规、规章的规定为依据,体现了“有法必依、唯法是从”的形式法治建构逻辑,但对规范性文件的实质合法性考虑不足。[58] 下面主要从法律依据、制定程序和内容妥当三个方面,讨论规范性文件的审查标准。

1. 规范性文件的法律依据

我们国家至今没有确立起严格的职权法定原则,行政机关自授权力还是相当普遍的现象。行政机关可以凭一纸规范性文件,禁止放鞭炮、禁止土葬,要求实名购

---

〔56〕《民事诉讼法》(2017 年修正)第 55 条规定:“对污染环境、侵害众多消费者合法权益等损害社会公共利益的行为,法律规定的机关和有关组织可以向人民法院提起诉讼。……前款规定的机关或者组织提起诉讼的,人民检察院可以支持起诉。”2021 年修正后,调整为第 58 条。

〔57〕2018 年《行诉法解释》第 148 条规定:“人民法院对规范性文件进行一并审查时,可以从规范性文件制定机关是否超越权限或者违反法定程序、作出行政行为所依据的条款以及相关条款等方面进行。有下列情形之一的,属于行政诉讼法第六十四条规定的‘规范性文件不合法’:(一)超越制定机关的法定职权或者超越法律、法规、规章的授权范围的;(二)与法律、法规、规章等上位法的规定相抵触的;(三)没有法律、法规、规章依据,违法增加公民、法人和其他组织义务或者减损公民、法人和其他组织合法权益的;(四)未履行法定批准程序、公开发布程序,严重违反制定程序的;(五)其他违反法律、法规以及规章规定的情形。”

〔58〕关于形式法治建构逻辑的分析,参见何海波:《实质法治:寻求行政判决的合法性》(第 2 版),法律出版社 2020 年版,第 1 章“形式法治的建构逻辑”。

票、实名购物,建立各种"黑名单"制度等。目前只有在行政处罚、行政许可、行政强制等少数领域,有法律明文规定规范性文件不得设定相关措施。在此情况下,仅仅以"不抵触上位法"作为标准是远远不够的。原则上,没有法律、法规、规章依据,其他规范性文件不得做出减损公民权利或者增加公民义务的规定。

另外,规范性文件审查需要照顾不同领域行政管理的实际需要。对于政策性、技术性或者自主性较强的领域,法院尤其需要慎重对待。**白紫山等诉武汉理工大学不授予学位证书案**提出的学位授予条件,就涉及高等学校的办学自主权。该案中,因原告英语四级成绩未达到学校规定的合格线,被告不授予其学位。原告认为,法律、法规并没有规定学士学位与四级英语挂钩,学校不能增设授予学位的条件。武汉市中级法院二审判决认为,《学位条例暂行实施办法》规定"学位授予单位可根据本暂行实施办法,制定本单位授予学位的工作细则";校方为保证学位授予的质量,对不授予学士学位的条件作出的规定,与相关的法律、法规的精神并不冲突。被告因原告未达到学士学位规定的条件而不授予其学士学位,并无不当。[59] 这一裁判精神后来得到了最高法院指导性案例的认可。[60]

除了明确的上位法依据,规范性文件审查需要引入宪法和一般法律原则,考虑法律精神和社会效果。即使法律、法规、规章有规定,如果机械地解释和适用相关条文,可能达不到良好的效果。在**华源医药股份有限公司诉国家工商总局商标局案**中,北京市知识产权法院审判委员会审查后认定,国家工商总局文件关于新增服务商标开始实施的一个月内提出的注册申请"视为同一天申请",不符合《商标法》关于"同一天"的含义,因此不予适用。这一审查结论没有充分考虑新增服务商标的特殊情况,给商标评审带来了一阵混乱。该判决在北京高院搁了两年,最后被撤销。[61] 该案是司法改革的一个里程碑,在法律适用上却不能算是一个成功案例。

2. 规范性文件的制定程序

中国对规范性文件的制定过程有相当全面的要求。但由于规范性文件涉及面广、利害关系复杂,不应因为一些程序瑕疵就令其失效;只有严重违反程序的规范性文件,才可以不予适用。对于何为"严重违反制定程序",《行诉法解释》列举了两项,一是未履行法定批准程序,二是未履行公开发布程序。在多数情况下,规范性文件要求经过制定机关负责人批准乃至"集体审议决定"。公开发布则是规范性文件对外生效的一个重要条件。《行政处罚法》《行政许可法》都规定,未经公布的文件不得作为实施行政处罚和行政许可的依据。国务院文件也要求,"未经公布的行政

---

〔59〕 武汉市中级人民法院行政判决书,(2006)武行终字第60号;侯晓敏、周梦榕:《英语四级应否与学位挂钩? 湖北大学生状告母校》,载新华网,http://news3.xinhuanet.com/edu/2006-05/31/content_4864703.htm(报道中原告用了化名"单枝柏")。

〔60〕 何小强诉华中科技大学拒绝授予学位案,指导案例39号,2014年12月25日发布。

〔61〕 郭京霞、司品华:《首例涉及对国家部委规范性文件合法性审查案件宣判 北京知产法院认定商标局相关文件规定不合法》,载《人民法院报》2015年12月9日,第3版;华源医药诉国家工商总局商标局,北京市高级人民法院行政判决书,(2016)京行终2345号。

规范性文件不得作为行政管理依据”。[62] 在谢文彬诉广东省司法厅案中,双方争议的问题是:司法部《关于律师执业年龄问题的批复》(司复〔1999〕4号)关于律师“年满70岁不再注册”的规定是否有效?对此,二审法院认为,“该《批复》是未向社会公布的文件”,不能作为本案审理的依据。[63]

3. 规范性文件的内容明显不当

规范性文件内容明显不当的,法院可以不予适用,这一点在学界是有共识的。[64] 疑问主要是《行诉法解释》造成的。该解释对规范性文件审查标准的规定完全是以法律、法规、规章为标准,没有涉及规范性文件明显不当的审查。这导致许多法官完全不敢触碰规范性文件的合理性问题。例如,主管部门规定浴池经营服务场所面积不得小于1000平方米,而原告的场所只有370平方米,不能取得营业执照;[65]双向六车道的城市道路限速40公里/小时,原告因车速62公里/小时而被罚款并记12分;[66]新冠肺炎疫情期间,因为口罩“购销差价额超15%”而被处罚。[67]这类规定是否明显不当可以讨论,但如果法院因为它不与法律规定相抵触就不再过问,则令人遗憾。

在实践中,也有法院对明显不当的规范性文件不予迁就,大胆审查的。例如,在肖鹏诉广州市交通委员会小客车指标案中,原告小客车被盗、未能找回,被告以广州市人民政府办公厅印发的《广州市中小客车总量调控管理办法》相关规定为由,拒绝原告重新配置指标的申请。广州市铁路运输中级法院认为相关措施违反比例原则,对被盗车辆的车主构成不当限制。[68] 这方面期待法院更多的探索。

---

〔62〕《国务院办公厅关于加强行政规范性文件制定和监督管理工作的通知》(国办发〔2018〕37号),第8点。

〔63〕见李桂茹、孔献之:《七旬律师被判可以执业〈律师法〉赢了司法部文件》,载《中国青年报》2003年6月4日,第7版。

〔64〕例如,程琥:《新〈行政诉讼法〉中规范性文件附带审查制度研究》,载《法律适用》2015年第7期(以合法性审查为原则,合理性、适当性审查为例外);陈良刚:《规范性文件一并审查的范围、标准与强度——以方才女诉淳安县公安局治安行政处罚案为例》,载《法律适用》2017年第16期(“实质合法性审查”);姜明安:《行政诉讼法》(第3版),北京大学出版社2016年版,第332页(对规范性文件“明显不当”也应审查);胡建淼:《行政诉讼法学》,法律出版社2019年版,第596页(规范性文件“违反各类法治原则”也属违法);高家伟主编:《行政行为合法性审查类型化研究》,中国政法大学出版社2019年版,第474~475页(“规范性文件内容明显不当的,构成实质违法”)。

〔65〕顾荣双诉上海市工商局普陀分局工商登记案,上海市第二中级人民法院行政判决书,(2003)沪二中行终字第308号。《个人独资企业法》第8条第4项规定,设立个人独资企业除了要有固定的生产经营场所,还要有“必要的生产经营条件”。法院认为,主管部门规定浴池经营服务场所面积不小于1000平方米并不抵触法律规定,应予适用。

〔66〕班忠明诉贵州省贵定县公安局交通警察大队行政处罚案,贵州省黔南布依族苗族自治州中级人民法院行政判决书,(2017)黔27行终6号。法院认为,该地段限速40公里/小时并无不当。关于类似情况的报道,参见《新路宽又直 限速60码》,载《贵州都市报》2010年6月14日。

〔67〕李玲、黄莉玲:《6毛口罩卖1元被罚后:“购销差价额超15%”的规定不再执行》,载《南方都市报》2020年2月15日。

〔68〕广州铁路运输中级法院行政判决书,(2017)粤71行终2203号。法院判决后,广州市人民政府办公厅于次年修正的《广州市中小客车总量调控管理办法》(穗府办规〔2018〕11号)即规定,中小客车被盗抢后,车主可以直接申领指标。

一般情况下,法院不应对规范性文件的合理性“指手画脚”,尤其要避免以自己的判断取代行政机关的判断。中国法上的“明显不当”有“明显”二字,与大陆法系上的比例原则不能简单等同。[69] 与中国法上的“明显不当”更为接近的,可能是英国法上的温斯伯里原则(Wednesbury doctrine)[70]和美国法上的谢弗朗原则(Chevron doctrine)[71]。这两个原则的尺度稍有差异,但基本精神是一致的,即在制定法的含义不明确的情况下,行政机关的解释只要说得过去(reasonable),法院就予以认可。回到中国,法院有权审查并应当积极审查规范性文件的合理性,但也要学会节制和尊让,原则上只拒绝适用明显不当的规范性文件。法律的精妙在于适度。

三 审查结果的处理

法院判决可能排除规范性文件在个案中的适用,但不会直接导致规范性文件效力的丧失,也不能拘束行政机关适用该规范性文件作出同类行为。为了从源头上消灭违法行政行为,《行政诉讼法》第 64 条设计了一个转送处理的机制,即法院经审查认为规范性文件不合法的,不作为认定行政行为合法的依据,并向制定机关提出处理建议。规范性文件附带审查机制要落到实处,有赖于这三个关键环节的良好运转,即法院认定规范性文件违法、法院发出司法建议、有关机关修改或者废止违法的规范性文件。

(一)规范性文件审查结果的说明

《行诉法解释》第 149 条规定,规范性文件不作为法院认定行政行为合法的依据的,应当“在裁判理由中予以阐明”。这里的阐明包括两点:一是法院对于该规范性文件合法性的态度,二是法院认定该规范性文件不合法的理由。

相较于法院过去的通行做法,这是一个进步。在过去的实践中,法院遇到不合法的规范性文件,往往“绕着走”。也就是说,法院不予适用,但也不在判决书中对它是否合法作出公开评价,甚至只字不提该规范性文件,就像它从不存在。这种做法的缺点很明显:它没有把规范性文件的合法性摆上台面,人们无法对问题进行公开的讨论,甚至无法注意到该问题的存在。在现有规定下,如何阐述规范性文件合法性的理由,仍是一个挑战。

---

[69] 关于比例原则使用中的困惑,参见蒋红珍:《论比例原则:政府规制工具选择的司法评价》,法律出版社 2010 年版,第 5 章“司法适用的困惑及其解决”。

[70] Associated Provincial Picture Houses Ltd. *v.* Wednesbury Corporation [1948] 1 KB 223. 更多讨论,参见何海波:《实质法治:寻求行政判决的合法性》(第 2 版),法律出版社 2020 年版,第 6 章第 1 节“来自温斯伯里原则的告诫”。

[71] Chevron USA Inc. *v.* Natural Resources Defense Council, Inc. ,467 U. S. 837 (1984). 更多讨论,参见高秦伟:《政策形成与司法审查——美国谢弗林案之启示》,载《浙江学刊》2006 年第 6 期; 李洪雷:《规制国家中对行政解释的司法审查:以谢弗林判例为中心的考察》,载《规制研究》第 1 辑,格致出版社、上海人民出版社 2008 年版。

法院在个案判决中对规范性文件合法性的认定,对于今后的案件是否有拘束力?对该问题的回答需要谨慎。从理论上讲,既判力原则上限于判决主文而不及于裁判理由,规范性文件合法性的认定并非判决主文,不应有既判力。从程序上讲,目前制度还不能保证规范性文件制定机关和其他受该规范性文件影响的人能够参与诉讼。在这种情况下,把法院对规范性文件合法性的认定扩张到当事人以外的人和机关,有违正当程序原则。从后果来讲,鉴于法院在绝大多数案件中认可规范性文件的效力,如果它们可以阻止其他法院在后来案件中再行审查,对当事人来说恐非福音。

(二) 处理建议的提出和公开

依据《行政诉讼法》的规定,法院认定规范性文件不合法的,有义务向规范性文件制定机关提出处理建议。法院的处理建议,有时可以起到立竿见影的效果。在湖南省汉寿县皓天网络公司诉汉寿县文化体育广电新闻出版局网吧经营许可案中,汉寿县法院认为,被告与其他部门联合下发的文件《关于认真贯彻网吧准入新政策、稳步放开网吧审批的实施意见》(汉文广新发〔2015〕1 号)关于在限制区域保持连锁经营模式、不审批新网吧的规定,违背《互联网上网服务营业场所管理条例》和文化部、省文化厅相关文件。据此,判决撤销被告不予批准筹建经营性网吧的决定,并责令其重新处理。判决生效后,法院向被告提出了删除前述文件中不合法内容的司法建议。被告随后发布通告,废止该文件。〔72〕

为了防止文件制定机关不认真对待法院的处理建议,《行诉法解释》增设了两个渠道:一是作出生效裁判的法院“可以抄送制定机关的同级人民政府、上一级行政机关、监察机关以及规范性文件的备案机关”。二是法院认为规范性文件不合法的,应当在裁判生效后报送上一级法院备案;涉及国务院部门、省级行政机关制定的规范性文件,还应当分别层报最高法院、高级法院备案。这一规定,既有助于督促行政机关及时修改、废止不合法的规范性文件,也有助于上级法院了解掌握情况,并提供必要的支持。

现有规定的不足之处是,它忽略了案件当事人和当事人背后的社会。实践中,法院制作和发出司法建议后,一般不给当事人,他们也不能查阅。为了充分保障原告的申请权和公众的知情权,司法建议应当抄送案件原告,并主动向社会公布。除了在法院官方网站上公布、通过新闻媒体公布,也可以通过最高法院的裁判文书网公布。目前,《行政诉讼法》所要求的和最高法院所推行的裁判文书上网公开都未包

---

〔72〕 湖南省汉寿县人民法院行政判决书,(2017)湘 0722 行初 11 号;《湖南高院发布行政审判 30 年十大典型案例》,载澎湃新闻 2020 年 9 月 27 日,https://www.thepaper.cn/newsDetail_forward_9371299。

括司法建议。[73] 今后,涉及规范性文件处理的司法意见应当全部上网公开。实践中,有法院在裁判文书中提及向有关机关发出司法建议的事实,是很好的做法。这一做法与裁判文书上网公开结合起来,至少能够实现司法建议部分信息的公开。

(三)修改废止的情况有待关注

行政机关在多大程度上会接受法院的裁判和建议,这是司法与行政持续互动的一部分,也是规范性文件司法监督的"收官之战"。[74] 在司法权威相对薄弱的国家,制度保障更显得必要,实施效果更值得关注。

《行诉法解释》要求,接受司法建议的行政机关应当在收到司法建议之日起 60 日内予以书面答复;情况紧急的,法院可以建议制定机关或者其上一级行政机关立即停止执行该规范性文件。《行政诉讼法》没有把规范性文件直接纳入受案范围而只规定法院在行政诉讼中进行间接审查,部分是因为立法者相信,通过法院不予适用以及随后的司法建议,已经能够起到监督作用。这一条如何落实,还有待关注。

实践中,行政机关因为法院认定规范性文件不合法而主动废止的,比较罕见。相反,行政机关对法院认定不合法的规范性文件,往往没有及时修改。一个例子是司法部《关于律师执业年龄问题的批复》(司复〔1999〕4 号)被多家法院判决不予适用,但直到该文件施行十几年后,才由司法部宣布废止。[75] 另一个例子是司法部、建设部 1991 年发布的《关于房产登记管理中加强公证的联合通知》(司公通字〔1991〕117 号)。通知要求,遗嘱处分房产和继承房产必须办理公证。这一点被法院认为抵触《物权法》《继承法》《房屋登记办法》等法律法规而不予适用,相关判决还作为典型案例登上了 2014 年的《最高人民法院公报》。但该通知迟迟未予废除,直到《不动产登记暂行条例》实施一年多、原来的文件制定机关不再负责房产登记,联合通知才被明令废止。[76] 不清楚这类例子有多少,但看来是不少的。

即使法院发出司法建议,行政机关的反应也难以预期。最高法院公布的几个规范性文件审查典型案例,其后续情况就不相同。在郑晓琴诉浙江省温岭市人民政府案中,一审法院于 2015 年 8 月向被告发出司法建议,指出被告制定的《温岭市个人建房用地管理办法》等规定限制了出嫁妇女的权利。被告不出一个月就回复说,已经启动修订工作;次年 6 月,被告发布新的规定,明确入赘者可以计入村民建房用地

---

〔73〕《行政诉讼法》(2014 年修正),第 65 条(法院应当公开"发生法律效力的判决书、裁定书");《最高人民法院关于人民法院在互联网公布裁判文书的规定》(法释〔2016〕19 号),第 3 条(对当事人实体权益有影响、对当事人程序权益有重大影响的裁判文书)。

〔74〕参见一位美国学者的研究:Nicholas R. Parrillo, *The Endgame of Administrative Law: Governmental Disobedience and the Judicial Contempt Power*, 131 Harvard Law Review 685 (2018).

〔75〕参见《司法部决定废止和宣布失效的规范性文件目录》,载司法部网站 2014 年 4 月 8 日,http://www.moj.gov.cn/government_public/content/2014-04/08/tzwj_6650.html。

〔76〕《司法部关于废止〈司法部 建设部关于房产登记管理中加强公证的联合通知〉的通知》,司发通〔2016〕63 号。相关讨论,参见阎巍:《从"陈爱华案"反思我国规范性文件的规制与监督》,载《法律适用》2015 年第 4 期。

有效户口。[77] 而在袁西北诉江西省于都县人民政府案中,江西省高级法院发出司法建议,指出被告污水处理费征收范围存在问题,但接收建议的机关迟迟没有答复和行动。[78] 在一些情况下,行政机关可能很快答复,却未必实际落实。至于对违法制定规范性文件的责任追究,似乎还是纸上谈兵[79],尚未听闻实际案例。

规范性文件附带审查机制的良好运作部分取决于法院的明确表态和令人信服的理由说明,但主要取决于行政机关对司法认定的尊重和落实。如果各地法院对某一规范性文件是否合法的判断一直无法统一,如果法院一再不予适用的规范性文件仍然长期存在,如果严重违反规范性文件的主事者从来没有得到追究,那么,是否说明立法者当初的预期并不成立?今后《行政诉讼法》修改时,是否应当改弦易辙,考虑设立法院直接审查的机制?对这些问题的回答并不容易,通过实证研究全面准确地了解事实将是有意义讨论的起点。

第四节　司法建议

司法建议是一项具有中国特色的制度,也是一项长期的实践。早在20世纪50年代,司法部就肯定了司法建议的做法。[80] 在20世纪80年代,一些地方法院也使用司法建议,并得到司法机关领导和学术界的肯定。[81] 1989年《行政诉讼法》第一次以立法形式规定司法建议,把它作为对付行政机关拒绝履行法院裁判的一项措施。后来的司法解释和立法扩大了司法建议的适用范围。最高法院还于2007年和2012年两次专门发文,以加强和规范司法建议工作。[82]

---

[77] 浙江省台州市中级人民法院行政判决书,(2015)浙台行终字第186号;《温岭市农村村民建房管理办法》(温政发〔2016〕32号),第21条;《行政诉讼附带审查规范性文件典型案例》,载最高人民法院网站2018年10月30日,http://www.court.gov.cn/zixun-xiangqing-125871.html;本文作者对该案一审主审郑金岳法官、原温岭市法制办朱友对副主任的电话访谈,时间分别为2020年4月26日、28日。

[78] 江西省高级人民法院行政判决书,(2016)赣行终245号;本文作者对该案二审审判长的电话访谈,2020年4月24日。

[79] 相关的讨论,参见刘松山:《违法行政规范性文件之责任追究》,载《法学研究》2002年第4期。

[80] 《司法部关于人民法院在审理案件中如发现某单位在工作中存在缺点时不要用"个别裁定"应用"建议书"的批复》,(56)司普字第853号,1956年7月13日;《司法部、最高人民法院关于城市中当前几类刑事案件审判工作的指示》,法研字第10350号、司普字第867号,1957年5月24日,第4点。两个文件分别载于司法部编:《中华人民共和国司法行政历史文件汇编(1949-1985)》,法律出版社1987年版,第646、923页。

[81] 参见《认真开展司法建议活动》,载《人民司法》1983年第7期;王道远、李克:《要积极开展司法建议活动》,载《人民司法》1984年第9期;北京市中级人民法院刑一庭:《司法建议好》,载《人民司法》1985年第5期;谭兵:《论人民法院的司法建议权》,载《现代法学》1986年第1期;齐延安:《对司法建议制度化的构思》,载《人民司法》1987年第12期。

[82] 《最高人民法院关于进一步加强司法建议工作为构建社会主义和谐社会提供司法服务的通知》,法发〔2007〕10号;《最高人民法院关于加强司法建议工作的意见》,法〔2012〕74号。

一　司法建议的适用场合

2014年《行政诉讼法》两处提到司法建议，分别适用于行政机关不应诉、不履行生效裁判的情况。从原理上，司法建议的适用并不限于法律明文规定的场合。总结现有法律规定和司法实践，司法建议主要适用于下面几个方面：

1. 司法建议作为司法判决内容的补充。最高法院曾经提出，撤销具体行政行为并责令重作的判决以及责令行政机关履行法定职责的判决，要尽可能明确具体，具有可执行性；不宜在判决书或判决主文表述的内容，可以通过司法建议加以明确。[83] 法院以这种方式使用司法建议应当慎重。判决内容涉及各方当事人的权利义务，应当尽可能在判决书中载明。

2. 法院驳回原告起诉或者其诉讼请求后，根据原告的处境，向有关部门建议给予原告法外救助。这是司法建议作为救济措施最直接的体现。在**吕运养等诉广西临桂县工商局行政处罚案**中，被告以吕运养等人非法经营木材为由，分别作出罚款处罚。法院撤销了对吕运养的处罚，但该案共同原告张小三、赵元才因在法定复议期间内未申请复议而丧失诉权，在再审期间撤回起诉。法官评论认为，法院"只能向临桂县工商局提出司法建议，给予赵、张二人合法合理的处理"。[84] 又如，某公司职工杨某骑摩托车上班途中遇车祸受伤，导致三级伤残，但因属无证驾驶，社保局认定不属工伤。法院二审判决维持了行政机关的认定，同时向区政府和有关机关发出司法建议，希望杨某所在单位及相关部门确保他的最低生活需求和医疗。通过这个办法，法院为杨某争取到了一定的医疗服务和经济补偿。[85]

3. 行政机关及其工作人员在行政诉讼过程中拒不履行诉讼义务，需要追究责任的。具体包括几种情况：(1)被告经传票传唤无正当理由拒不到庭，或者未经法庭许可中途退庭的；(2)涉及重大案件，被诉行政机关负责人按规定应当出庭而没有出庭，并且不说明理由的；(3)行政机关拒绝履行生效裁判文书的；(4)有义务协助调查或者执行的单位，拒绝、妨碍法院调查、执行的。[86] 司法建议可以向监察机关提出，也可以向上一级行政机关提出。在推行行政机关负责人出庭应诉工作的过程中，各地法院就曾发出多份司法建议。

4. 行政机关的主管人员、直接责任人员在行政过程中违法违纪，需要追究责任的。在**夏善荣诉徐州市建设局行政证明案**中，江苏高院再审改判后，向徐州市政府通报了本案案情，并指出某些行政机关工作人员伪造国家公文的行为严重影响行政

---

〔83〕《最高人民法院关于当前形势下做好行政审判工作的若干意见》，法发〔2009〕38号。

〔84〕中国高级法官培训中心、中国人民大学法学院编：《中国审判案例要览·1994年综合本》，中国人民公安大学出版社1995年版，第1520页。

〔85〕刘丰等：《法官发出司法建议为重伤者争取救济》，载《武汉晚报》2009年12月1日。杨某单位承诺为杨某提供救助，并为其办理了劳动社会保险；有关部门还为杨某办理了城镇低保和居民医保。

〔86〕所列第2项，见2018年《行诉法解释》第129条；第4项，见《民事诉讼法》(2021年修正)第117条。

管理秩序、损害政府的诚信。为此,建议徐州市政府依法追究相关人员的责任。[87]具体行政行为被生效判决撤销后,行政机关以同一事实和理由重新作出与原具体行政行为基本相同的行政行为,法院在再次审理和判决撤销后,也可以向该行政机关的上一级行政机关或者监察、人事机关发出相应的司法建议。法院向有关机关提出司法建议的同时,应当将材料一并移送该机关。

5. 对于行政管理活动中出现的普遍性问题,向有关部门提出建议,为改进工作或者改革制度提供参考。在陈秀清诉厦门市公安局行政复议案中,陈秀清因交通违章被罚款200元,逾期近20个月未缴纳,按照每日加处罚款金额3%的规定,被加处罚款3564元。厦门市中级法院支持了行政机关的决定。鉴于当时法律对加处罚款的上限未作规定,法院在判决后向行政复议机关发出司法建议,建议行政处罚告知书将未在规定期限缴纳罚款的后果一并告知相对人。[88] 在李刚诉卫生部案中,北京市朝阳区法院驳回了李刚的诉讼请求,同时向国家认证认可监督管理委员会和卫生部发函,建议对"全国牙防组"的认证活动进行审查,并对其违法认证行为展开调查并作出处理。之后,国家认证认可监督管理委员会和卫生部共同叫停"全国牙防组"开展的口腔保健品认证活动,并撤销了"全国牙防组"。[89]

是否发出司法建议完全由法院裁量处理。在实践中,有的当事人在诉讼中请求法院就某个问题发出司法建议。这种请求是建议性质的,不属于原告的诉讼请求之列,法院没有裁判的义务。在曹兵诉海南省公安厅招录人民警察案中,原告参加省公安厅招录人民警察的考试,因"肝功能不合格"而未能进入下一轮考核。原告对体检结果有异议,并主张海南省公安厅《2004年上半年全省统一招警体检工作方案》中"体检后不复检"的规定违反国家公务员录用体检办法、侵犯公民的救济权利。海口市两级法院判决维持了被告的决定,并驳回原告要求发出司法建议等诉讼请求。法院认为,原告关于发出司法建议的诉讼请求"不属于行政审判的范畴",故不予处理。[90]

二　司法建议的形式和程序

司法建议文书是法律文书的一种,应当以书面形式作出,格式应当符合最高法院颁布的样式。文书的首部包括法院名称、司法建议书、司法建议书编号、主送单位(建议对象)名称,尾部包括院印和日期。法官口头的告诫、规劝不构成司法建议,法

[87]　《最高人民法院公报》2006年第9期。

[88]　国家法官学院、中国人民大学法学院编:《中国审判案例要览·2006年行政审判案例卷》,中国人民大学出版社、人民法院出版社2007年版,第47页。公安部2008年修订的《道路交通安全违法行为处理程序规定》第52条(2020年修正后为第60条)补充规定,"加处罚款总额不得超出罚款数额"。

[89]　范米多、王亦君:《国家认监委与卫生部叫停牙防组口腔保健品认证》,载《中国青年报》2006年11月15日; 郭晓宇:《全国牙防组走向末路的警示》,载《法制日报》2007年5月18日。

[90]　海口市中级人民法院行政判决书,(2005)海中法行终字第19号。

院的内设机构也不得以自己名义发送司法建议。

司法建议单独成文，与司法判决区分。但也有法院在判决书中陈述法院发出司法建议的事实。例如，有一份判决书称："被告在作出被诉具体行政行为过程中，主要证据严重不足，程序严重违法，依法应予撤销。……同时，对于被告单位工作人员在工作中不负责任的行为，本院将依法向有关部门发出司法建议。"〔91〕这种做法是可取的。

司法建议书由所涉案件审判业务部门负责起草，综合司法建议书可以由有关综合性部门或者审判业务部门负责起草。司法建议书起草完成后，交司法建议工作日常管理机构审核，报分管院领导签发。向党政机关发送的重要司法建议书或者审判委员会决定发送的司法建议书，由院长签发。司法建议如需抄送建议对象的上级机关、主管部门或其他有关部门的，应当列明。司法建议起草部门应当及时将司法建议书、建议对象反馈意见及相关材料整理立卷，移送档案管理部门集中归档。〔92〕

实践中，司法建议发出后，多数不跟公民一方的当事人见面，当事人也不能查阅。司法建议书目前一般也不在裁判文书网上公开。这些都有待改进。跟当事人有关的司法建议发出后，应当送达给有关当事人。必要的话，法院可以把司法建议向社会公开。

三　司法建议的效力

司法建议的内容不具有强制执行的效力，也不能作为行政机关的执法依据。行政机关不采纳司法建议的，不构成违法。行政机关根据司法建议作出相应行为，也不能免除其法律责任。在杨志坤诉商丘市睢阳区人民政府土地行政处理案中，被告对原告和第三人的土地使用权争议进行了直接确权，原告提出异议。被告辩称，其确权决定是根据法院此前的司法建议作出的。商丘市中级法院二审判决认为，是否对争议的宅基证作出行政处理是被告的职权范围，司法建议并没有限制其正常行使职权。被告在没有对宅基证作出相应处理的情况下，直接对涉案土地进行确权，其程序违背相关法律的规定。〔93〕在任鸣雷诉安阳市龙安区规划建设局房产登记案中，2007 年 8 月，安阳市规划建设局根据安阳市文峰区法院的司法建议，以任鸣雷使用伪造的印章办理房产证为由撤销其房产证。安阳市中级法院再审判决认为，依据安阳市人民政府文件的规定，龙安区规划建设局自 2005 年 4 月起不再办理房屋所有权证，因此不再有撤销房产证的职权。该局根据司法建议作出撤销房产证的决定属越权行为，应予撤销。〔94〕

---

〔91〕滑县留固镇东留固村第六村民小组诉滑县人民政府土地行政许可案，河南省滑县人民法院行政判决书，(2010)滑行初字第 47 号。

〔92〕《最高人民法院关于加强司法建议工作的意见》，法〔2012〕74 号。

〔93〕河南省商丘市中级人民法院行政判决书，(2009)商行终字第 188 号。

〔94〕河南省安阳市中级人民法院行政判决书，(2009)安行再终字第 143 号。

行政机关应当重视司法建议,并对司法建议作出回复。《行政诉讼法》第96条第4项规定,“接受司法建议的机关,根据有关规定进行处理,并将处理情况告知人民法院”。《国务院关于加强法治政府建设的意见》也要求各级行政机关“认真对待人民法院的司法建议”。[95] 实践中,相当多的司法建议发出后,行政机关没有回复,如石沉大海。[96] 对此,最高法院除了要求保证司法建议程序的严肃性、内容的针对性和格式的规范性,也强调对建议的督促落实,跟踪了解建议的效果,提高工作的实效性。一些地方政府也采取措施积极应对,要求相关部门认真办理。除此之外,法院也可以考虑向社会公开司法建议。建议毕竟不是命令,公正、公开就是它的力量之源。

[95] 《国务院关于加强法治政府建设的意见》,国发〔2010〕33号,第25点。

[96] 刘晓鹏:《司法建议,为何没人“接茬儿”?》,载《人民日报》2007年3月20日; 黄秀丽:《7成司法建议“石沉了大海”》,载《北京日报》2007年1月22日; 侯毅君:《六成司法建议函石沉大海》,载《北京青年报》2010年2月23日。

第五编　行政诉讼程序

本编导论

在整个法律体系中，行政诉讼法属于程序法；但进一步观察，这部法律又包含程序内容和实体内容。相对于原告提交诉状、法院登记立案，行政诉讼受案范围就是一个实体问题；相对于法院制作并送达判决书，审查标准和判决方式就是实体问题。前面几编讲的主要是这部程序法中的实体内容，这一编讨论的是它的程序问题。

行政诉讼程序包括多个环节，如起诉、受理、答辩、举证、开庭、宣判、执行等；在二审终审制度下，还有上诉、申诉（申请再审）等。总体来说，程序的构造是以当事人平等对抗与意思自治为基础，实行不告不理、当事人举证、法庭辩论、撤诉和解等原则。但法院在诉讼过程中并非完全消极，而可以依职权采取一定行动，包括追加当事人，要求或者帮助原告澄清其诉讼请求，提示和释明相关规则，要求当事人提供、补充证据或者主动调取证据，在庭审中予以引导乃至主动发问，对原告的撤诉申请进行审查，甚至积极协调各方以达成和解。为保障程序公正，法律又确立了法院依法独立审判、合议回避、公开审判等一系列制度。

本编将首先阐述行政诉讼程序的一些基本问题，其次依次阐述一审、二审、再审、重审程序，最后讨论生效行政裁判和非诉行政案件的执行。

第十三章　诉讼程序概论

中国的行政诉讼制度移植自西方国家，但又有自己的鲜明特色。一方面，行政诉讼奉行程序法定主义，是否可以诉讼、谁来审理、审查标准和裁判方式等都由法律强行规定。程序的设置以正当法律程序为灵魂，奉行公正、公开、及时等原则。另一方面，行政诉讼被赋予了监督行政执法、推动依法行政的重任。法院在诉讼过程中实行“有限度的职权主义”，[1]追求行政纠纷的实质性解决。在司法公开、在线诉讼等方面，中国法院也颇有亮点。

本章讨论行政诉讼程序的3个核心问题，以及中国法律的回应。它们是：诉讼的任务是什么？参与诉讼过程的有哪些人？各方应当遵循的原则是什么？

第一节　行政诉讼的任务

行政诉讼具有解决纠纷、监督行政和发展法律的功能，解决纠纷是其中的首要功能。本书第二章曾对此详细阐述，这里将从规范的视角讨论行政诉讼的任务，即行政诉讼应当实现什么样的解决纠纷的目标？下面先讲述一个行政纠纷解决的实例，然后讨论行政诉讼的基本定位，探求行政纠纷实质性解决的目标。

一　一个纠纷解决的失败案例

故事的主人公刘书平，是河南省中牟县万滩镇杨桥村的村民。中牟县属于郑州市下辖的县，西邻郑州中心城区。杨桥村地处黄河之滨，离万滩镇大约10公里，离县城大约30公里，到郑州市中心大约50公里的路程。在郑东新区成立后，杨桥村被划给郑东新区管委会代管。

刘书平对村委会的现状不满，先后向有关部门反映村委会账目不清、选举舞弊、自己和家人曾遭殴打侮辱、刑讯逼供等情况。但看来，他没有得到令他满意的处理。从2015年起，他试图利用政府信息公开的渠道来打开缺口，先后向中牟县万滩镇人民政府、郑东新区杨桥办事处、郑州市民政局、郑州市公安局等多个部门申请公开相关信息。刘书平要求公开的政府信息集中在以下三个方面：(1)杨桥村委会及该村七组、八组从1984年以来的财务收支原始凭证和第三方审计报告；(2)杨桥村1993

---

[1] 杨伟东：《权力结构中的行政诉讼》，北京大学出版社2008年版，第197～200页；应松年主编：《当代中国行政法》(第8卷)，人民出版社2018年版，第3059～3066页。

年以来历届村委会选举的原始选票,并要求鉴定笔迹,调查拉票贿选、破坏选举的犯罪嫌疑人;(3)公安机关就他和家人2013年控告他人放火、寻衅滋事、故意伤害、侮辱等罪行的立案材料、讯问赵皮林等人的录像资料,以及他本人2014年遭公安人员刑讯逼供的录像资料。

经过一番曲折,有关部门相继给刘书平作了答复。(1)关于村委会的财务收支原始凭证和第三方审计报告,郑东新区杨桥办事处答复,"不属于本机关公开职责权限范围",建议向村委会申请;万滩镇政府答复,不属于政府信息公开范围,不予公开。(2)关于村委会选举的原始选票,郑州市民政局答复,它不是选票保管机关和选举争议的处理机关,建议向郑东新区杨桥办事处等申诉;杨桥办事处答复,早前选票已不在,2014年的选票可以携带本人有效身份证件到现场查阅,笔迹鉴定信息不存在。(3)关于公安机关对原告所控他人犯罪的立案材料和讯问录像,郑州市公安局龙子湖分局答复,它不是接处警单位,不持有相关信息。当刘书平再次申请,并要求"时间、声音、图像同步,不准解(打)码,不准炮制",龙子湖分局称已经答复,不再重复答复。关于刘书平曾遭公安人员刑讯逼供的录像,郑州市公安局答复,该申请不属于政府信息公开内容,建议向公安督察机关举报投诉。这些答复得到法院认可,刘书平的诉讼请求都被驳回。

刘书平将申请信息公开的范围扩大到了更多事项、更多机关。他向万滩镇政府申请,要求公开该镇政府从1984年至今的财务收支原始凭证和第三方审计报告;他向当地供电公司申请,要求公开杨桥村赵皮林等用电户从1993年至今缴纳电费的原始凭证;他向当地邮政公司申请,要求公开他向龙子湖分局邮寄的国内挂号信函的回执信息。他的这些诉讼请求也都被驳回。

刘书平还试图向更高层级的行政机关求助。2017年1月11日,刘书平向河南省政府投诉,称万滩镇政府、郑东新区管委会、杨桥办事处对其申请的政府信息没有依法公开,请求调查处理。省政府办公厅向郑州市政府办公厅发函,要求对刘书平所述情况进行调查,后向刘书平作了回复。刘书平认为调查结果不完整、不客观,"合谋造假",要求法院撤销调查结果,责令重新答复。法院认为,行政机关对于举报所作的处理不属于行政诉讼的受案范围,驳回起诉。[2] 刘书平还向民政部和国务院办公厅申请公开并调查该村村委会换届选举的原始选票,向公安部申请公开他被公安人员刑讯逼供的录像资料。对于他的这几个诉讼,法院依法裁定不予立案。[3]

在这些让人眼花缭乱的诉讼中,刘书平并非从无胜诉。当一些部门拒绝或者无

---

〔2〕 郑州市中级人民法院行政裁定书,(2017)豫01行初558号;河南省高级人民法院行政裁定书,(2017)豫行终2890号。

〔3〕 北京市高级人民法院行政裁定书,(2018)京行终2358号、(2017)京行终4217号、(2019)京行终1675号。法院认为,调查村委会选举不属于民政部应该履行的法定职责范围,国务院办公厅不具有刘书平所提诉讼要求的信息公开职责,公安部对公安机关工作人员涉嫌违法违纪等问题的信访处理不属于行政诉讼受案范围。

视刘书平的申请,法院也曾帮他说话。其中,寄给郑州市公安局龙子湖分局的申请,没有回音;寄给郑东新区杨桥办事处的挂号信件,据说没有收到;寄给郑东新区管委会的信件被退回,信封上黏贴的改退批条显示退回原因为"拒收"。对此,法院判决确认,有关部门对刘书平的申请不予答复构成违法。[4] 但刘书平的胜诉并没有给他带来实质性的好处。他就前述违法行为提出多个赔偿请求,结果无一例外地败诉。[5] 而最重要的是,他当初寻求解决的问题,没有一个得到解决。

根据对裁判文书的检索,刘书平先后提起至少80个诉讼。其中,要求公开历届村委会选举的原始选票,一届选举一份申请,一份申请一起诉讼。他没有律师代理。除了为数不多的几个胜诉案件,他把所有官司都打到了底。经过一审、二审、再审,最后到达最高法院的就有46个。粗略估计,光是法院的裁判文书加起来就超过50万字。当地法院曾在判决书中指出:"政府信息公开属于授益性行政行为,原告应当依法行使申请获取政府信息的权利,以免造成行政资源和司法资源的浪费;被告应当依法履行信息公开义务,以免增加原告不必要的获取政府信息的成本。"[6]这种温和的劝告对他并没有起到作用。作为一个粗通文墨的农民,他的法律知识是有限的,有的只是不达目的、决不罢休的决心。

刘书平的遭遇当然是比较极端的案例,但如果论纠纷解决的低效和失败,它恰恰是典型的。一个发生在基层社会治理中的问题,需要最高法院几十次地裁判,这本身就有问题。而更值得深思的是,行政诉讼像一台陷入空转的机器,法官们兢兢业业地操作着这台机器,一个接一个案件的依法裁判却没能换来问题的解决。行政诉讼到底能够解决、应当解决什么问题、如何解决,需要认真检讨。

二　行政纠纷的实质性化解

多年前,法院系统就注意到了行政诉讼程序空转、案结事不了、申诉上访率居高不下等现象,并提出了"行政争议实质性解决"的主张。[7] 后来,检察机关也关注到这个问题,并进一步提出了案件处理次数(案件比)作为衡量指标。[8] 把实质性化解行政争议作为行政诉讼的根本任务,获得了越来越多的共识。

下面从行政诉讼案件受理、审理程序、裁判方式几个方面,讨论行政纠纷如何实

---

〔4〕 郑州市二七区人民法院行政判决书,(2016)豫0103行初111、112、116、117号;郑州市中级人民法院行政判决书,(2016)豫01行初352、464号。

〔5〕 最高人民法院行政裁定书,(2018)最高法行赔申52－58号。当事人为寻求救济付出的必要费用,不属于国家赔偿的范围。

〔6〕 河南省中牟县人民法院行政赔偿判决书,(2017)豫0122行赔初6号。

〔7〕 戴建志:《最高人民法院行政审判庭庭长赵大光谈行政纠纷的实质性解决》,载《人民司法》2010年第7期;贾亚强(天津市高级法院):《论行政诉讼实质性解决行政争议的实现——以争讼行政法律关系的确定为研究进路》,载《法律适用》2012年第4期;江必新(时任最高法院副院长):《论行政争议的实质性解决》,载《人民司法》2012年第19期。

〔8〕 蒋安杰:《司法改革:"案件比"——检察抓住了纲》,载《法治日报》2021年3月8日,第1版。

现实质性化解。其中的问题前面几章已经详述,后面几章也会涉及,这里只做简要归纳。所提的方案,有些只是建议性的。

(一)充分吸纳行政纠纷,合理排除"泡沫案件"

行政诉讼要有效解决纠纷,首先要把适合诉讼解决的纠纷吸纳到这个渠道。为此,需要进一步解放思想,更新观念,破除限制法院受理的不合理的条条框框。除了在性质上不适合法院受理并由法律、司法解释明文排除的,都应当受理。在操作中,需要法院直面纠纷,依照法律规定积极大胆受理案件。但同时,也要防止明显不符合受理条件、明显不适合法院解决的案件涌进法院,占用有限的司法资源。

具体地说,有以下三点:

首先,行政诉讼的受案范围应当合理扩大。刘书平的遭遇让人印象最为深刻的,是社会纠纷多样性和制度供给有限性之间的落差。刘书平对村委会账目、选举不满,声称被人殴打、刑讯,但他提起的几十起诉讼都不是直接针对这些事情,而是通过政府信息公开渠道旁敲侧击。也许刘书平想过、试过直接针对这些事情起诉,但现有的法律没有为他开通这样的渠道。依据《村民委员会组织法》,对于村委会成员的经济责任审计,由乡镇政府或者县级政府相关部门负责组织;对于村委会选举过程中伪造选票、虚报票数等舞弊行为,由乡镇政府、县级政府及其主管部门负责调查处理。除了选民资格争议和村委会侵权行为,[9]现有法律没有明确规定村民可以就村民自治中的问题诉诸法院。假如法律设立经济责任审计诉讼和村委会选举诉讼,允许当事人在一定条件下向法院起诉,纠纷的解决无疑要直接得多、有效得多。

其次,法院应当受理和裁判实质性的纠纷,而不是一些纠纷的泡沫。如果法官一年到头办理"没用的案件",不仅浪费司法资源,也挫伤法官的职业认同。为此,对于不适合诉讼解决或者明显没有诉讼价值的案件,应当有个过滤机制。例如,对于一些以民事关系为基础的行政登记行为,行政诉讼的介入不一定能够有效解决纠纷,行政诉讼也许应当退让,让当事人"先行解决民事争议"。[10] 如果法院就相关民事关系作出判决,当事人能够凭生效民事裁判去登记机关变更登记,行政诉讼可能不再必要。又如,实践中,少数当事人无节制地提起大量琐细、重复的诉讼,过分挤

---

〔9〕《民事诉讼法》第181条规定:"公民不服选举委员会对选民资格的申诉所作的处理决定,可以在选举日的5日以前向选区所在地基层人民法院起诉。"《村民委员会组织法》第36条:"村民委员会或者村民委员会成员作出的决定侵害村民合法权益的,受侵害的村民可以申请人民法院予以撤销,责任人依法承担法律责任。村民委员会不依照法律、法规的规定履行法定义务的,由乡、民族乡、镇的人民政府责令改正。乡、民族乡、镇的人民政府干预依法属于村民自治范围事项的,由上一级人民政府责令改正。"

〔10〕《最高人民法院关于审理房屋登记案件若干问题的规定》(法释〔2010〕15号)第8条:"当事人以作为房屋登记行为基础的买卖、共有、赠与、抵押、婚姻、继承等民事法律关系无效或者应当撤销为由,对房屋登记行为提起行政诉讼的,人民法院应当告知当事人先行解决民事争议,民事争议处理期间不计算在行政诉讼起诉期限内;已经受理的,裁定中止诉讼。"

占有限的司法资源。对于这些明显滥用诉讼的行为,法院可以不予受理、驳回起诉。必要时,法院可以采取"灰名单"等制裁措施,对该特定公民今后的起诉实行严格审查,不符合条件的直接告知不予受理。

最后,法院的立案程序也应当服务于解决实质性纠纷的目标。实践中,一些法院立案后又大量驳回起诉,这个现象应当引起重视。法院受理后发现不符合受理条件的,依法可以驳回起诉。但过高的驳回起诉比例说明,原先立案门槛可能过低,许多明显不符合条件的"泡沫案件"也被收了进来。此外,一些法院拘泥于"一行为一诉"的教条,将可以合并起诉的多个诉讼一一立案,甚至人为拆分立案。例如,在前述事例中,刘书平要求公开杨桥村第一届到第七届村委会换届选举的原始选票,因对民政局的答复不满,在同一天向法院提起 7 个诉讼,法院分别立了 7 个案件;后续的二审、再审,也都分别立成 7 个案件。[11] 这种做法虚增了案件数量,也加重了法院和双方当事人的工作量。改变这种做法,需要法院落实繁简分流,完善考评方式和激励措施。

(二)合理运用审理程序,争取"案少事了"

法院在审理过程中遇到一些程序性问题,也应当本着解决纠纷而不是解决案件的态度,作适当处理。有些程序性问题的处理可能需要延长审理期限,法院在考评体系中应当予以考虑。

法院在审理案件中发现需要追加当事人的,应当依法追加。行政机关所作的集体土地和国有土地上房屋征收决定,往往涉及众多人的利益。法院收到当事人不同时间的起诉,宜于合并审理的合并审理,并可通知征收决定涉及的其他利害关系人参加诉讼。

立案后发现原告错列被告的,法院可以提示原告变更被告或者准许原告变更被告。实践中,一些法院直接驳回起诉,或者动员原告撤诉后重新起诉,并不妥当。在一个案件审理过程中,原告向法院申请撤诉,理由是"因法院告知"房屋登记行政主管部门已由市房产管理局变更为市国土资源局,市房产管理局不具有本案被告主体资格。法院认为申请撤诉属于当事人处分自己的诉讼权利,准许撤诉。[12] 这种做法很可能只是解决案件而不是解决纠纷。

法院发现以行政诉讼受理的案件应当按照民事诉讼审理,或者以民事诉讼受理的案件应当按照行政诉讼审理,可以裁定直接变更案件类型,并移送相应的审判庭审理。在实践中,有的法院径直裁定驳回当事人的起诉,不甚妥当。

诉讼期间,原告增加诉讼请求的,应当经过法院准许。目前的规定是,起诉状副

---

〔11〕 河南省新郑市人民法院行政判决书,(2017)豫 0184 行初 51－56、60 号。

〔12〕 刘心铨诉福州市住房保障和房产管理局案,福州市台江区人民法院行政裁定书,(2016)闽 0103 行初 90 号。

本送达被告后,原告提出新的诉讼请求的,法院一般不予准许。[13] 这一规定不利于纠纷的解决,特别是赔偿纠纷的解决。一些当事人不懂法律,只要求撤销行政行为而没有提出赔偿请求,或者只提出赔偿请求而没有就相关事实举证。法院宜于主动释明,并询问原告是否同时请求赔偿。

在诉讼期间,被告自行撤销或者变更行政行为的,司法解释规定由当事人选择:原告对改变后的行为不服提起诉讼的,法院应当就改变后的行政行为进行审理;原告坚持诉讼的,法院应当针对原行政行为作出判决。为实质性解决纠纷,法院应当优先考虑就变更后的行政行为进行审查。原告起诉被告不作为,在诉讼中被告作出行政行为,原告不撤诉的,参照前述规定处理。[14]

(三)合理运用裁判方式,力求案结事了

对被诉行政行为的合法性审查是《行政诉讼法》确立的一条原则,但不是行政诉讼的全部任务。法院应当根据诉讼类型和当事人的诉讼请求,作出适当的判决。在具体裁判方式上,尽量选择能够让当事人"服判息诉"的方式,减少程序反复。

法院对行政行为的审查应当建立在全面审查的基础上。判决撤销行政行为的,应当在裁判理由中明确撤销的理由,使行政机关明白能不能重新作出行政行为;如果可以重新作出行政行为,也使行政机关明白它应当遵循的要求是什么。

法院直接变更是确定性最强的判决方式,比较有利于纠纷的实质性解决。法院对行政处理决定进行审查后,认为有必要变更的,可以在查明事实的基础上直接变更。有人认为,变更判决只适用于行政裁量收缩为零的状况,否则就有司法权僭越行政权之嫌。这种观点没有法律依据,也过于束缚手脚。

法院判决责令行政机关履行职责义务的,应当尽可能规定履行职责的具体方式、补救措施的具体内容、行政赔偿的具体数额,以及相应的履行期限。笼统地要求行政机关履行法定职责不符合司法判决明确性的要求,不利于履行和执行。在个别案件中,法院判决撤销行政机关作出的行政(不予)赔偿决定后,没有确定赔偿内容,却责令行政机关重新作出赔偿决定。[15] 这种做法有违及时解决纠纷的宗旨,也有失法院依法判决的职责。

二审法院和再审法院应当慎用发回重审,避免案件翻来覆去。发现原判适用法律错误的,直接改判;原判事实不清的,尽量在查明事实后直接改判;原审违反法定程序的,必要时,也可以在公正审理的基础上直接改判。

法院和检察院对案件做协调处理,被普遍视为实质性解决纠纷的重要手段。本书第十二章曾专门讨论,此处不赘。

行政纠纷的实质性解决呼吁法官群体的意识和担当,也需要法律的支持和法院

---

〔13〕 2000年《若干解释》,第45条;2018年《行诉法解释》,第70条。

〔14〕 2000年《若干解释》,第50条;2018年《行诉法解释》,第81条。

〔15〕 王薇诉青岛市市南区人民政府等行政赔偿案,最高人民法院行政裁定书,(2016)最高法行申4713号。

内部配套措施的激励。

第二节 行政诉讼的参与人

如果说诉讼是一出话剧，法官和当事人自然是必不可少的主角，其他的角色也是经常需要的。在法院一边，除了审判人员，还有法官助理、书记员和可能在场的法警。当事人除了原告和被告，不少案件中还有第三人。当事人可以委托诉讼代理人。行政机关负责人和相关的行政执法人员也可能参加庭审。除此之外，参与诉讼的可能还有证人、鉴定人、勘验人、评估人和翻译人员。

一 审判组织

中国法律把审判权力授予法院，裁判也是以法院名义作出。但是，具体案件的审理往往由分属不同业务机构的法官单独或者组成合议庭负责，重大疑难案件还可能提交审判委员会讨论决定。独任法官、合议庭、审判委员会都是法定的审判组织。

（一）法院内部组织

在法院内部，有资格审理案件的法官人数众多，为此设立不同业务机构分工负责不同类型案件的审理。《行政诉讼法》第 4 条第 2 款规定："人民法院设行政审判庭，审理行政案件。"据此，行政诉讼案件原则上由行政庭统一审理。但行政庭审理行政案件有一些例外。例如，专利、商标等授权确权类知识产权行政案件由知识产权庭集中审理；[16] 在设立环境资源审判庭的法院，各类环境资源案件往往由它集中审理。此外，立案、审判监督和执行一般由专门设立的立案庭、审监庭、执行局负责。

除了法官，法院内部还有法官助理和书记员。法官助理在法官的指导下履行以下职责：(1)审查诉讼材料，协助法官组织庭前证据交换；(2)协助法官组织庭前调解，草拟调解文书；(3)受法官委托或者协助法官依法办理财产保全和证据保全措施等；(4)受法官指派，办理委托鉴定、评估等工作；(5)根据法官的要求，准备与案件审理相关的参考资料，研究案件涉及的相关法律问题；(6)在法官的指导下草拟裁判文书；(7)完成法官交办的其他审判辅助性工作。[17] 书记员在法官的指导下，按照有关规定履行以下职责：(1)负责庭前准备的事务性工作；(2)检查开庭时诉讼参与人的出庭情况，宣布法庭纪律；(3)负责案件审理中的记录工作；(4)整理、装订、归档案卷材料；(5)完成法官交办的其他事务性工作。[18] 在司法权力的运行过程中，

---

〔16〕《最高人民法院关于专利法、商标法修改后专利、商标相关案件分工问题的批复》，法〔2002〕117 号；《最高人民法院关于专利、商标等授权确权类知识产权行政案件审理分工的规定》，法发〔2009〕39 号。

〔17〕《最高人民法院关于完善人民法院司法责任制的若干意见》，法发〔2015〕13 号，第 19 条。

〔18〕同上，第 20 条。

他们扮演着不可或缺的重要角色。

陪审员参与诉讼是中国诉讼制度的一个特色。陪审员并不像一些国家那样组成陪审团来独立裁断案件,而是与法官共同组成合议庭参与审理案件。2004 年全国人大常委会通过《关于完善人民陪审员制度的决定》;在授权试点基础上,2018 年又制定了《人民陪审员法》。依据该法,参审案件的陪审员从陪审员名单中随机抽取确定,陪审员名单从本地居民中通过随机抽选、组织推荐等方式产生。截至 2014 年底,全国陪审员共约 21 万人,普通群众比例为 70%;2014 年陪审员参审案件 220 万件,占一审普通程序案件的 78%。[19]

(二) 合议庭

除了适用简易程序审理的行政案件由审判员一人独任审理,行政案件都由合议庭审理。合议庭由审判员组成,或者由审判员与陪审员组成。合议庭的成员应当是三人以上的单数。实践中,绝大多数是三人。《人民陪审员法》要求,法院审判行政公益诉讼案件,涉及征地拆迁、生态环境保护、食品药品安全,社会影响重大的案件,以及其他社会影响重大的案件,由法官三人与陪审员四人组成七人合议庭进行审理。最高法院在泰国贤成两合公司等诉深圳市工商行政管理局等注册登记案的二审中,由副院长罗豪才等七名法官组成合议庭,是极为罕见的。[20]

合议庭由院长或者庭长指定审判员一人担任审判长;院长、副院长、审判委员会委员、庭长、副庭长参加合议庭审理案件时,依照法律规定担任审判长。[21] 随着司法改革的推进,院、庭长参与办案已经成为常态。在很长时间里,经本级法院任命的助理审判员也单独或者作为合议庭成员审理案件。[22] 法官员额制改革之后,只有入额法官才可以审理案件,法官助理不能单独或者作为合议庭成员审理案件。

法官之间的案件分配,早期由院、庭长指定。随着相对固定审判团队的建立,最高法院鼓励实行"随机分案为主、指定分案为辅"的案件分配机制。[23] 目前各地法院没有一致做法,但有一些基本相同的经验。首先,根据审判领域类别和繁简分流安排确定合议庭;随后,采取轮流或者其他方式随机确定案件承办法官。一些特殊情况则另行考虑,如系列性、群体性或者关联性案件原则上由同一审判组织办理。

合议庭组成(或者审判人员确定,下同)后,应当以书面方式通知当事人,不得随

---

〔19〕 欧阳开宇:《去年陪审员共参审案件 219.6 万件》,载中新网,http://www.chinanews.com/fz/2015/04-28/7240944.shtml。

〔20〕 最高人民法院行政判决书,(1997)行终字第 18 号。

〔21〕 《人民法院组织法》(1983 年)第 10 条第 4 款(2006 年修正后调整为第 9 条第 4 款,内容未变);《最高人民法院关于人民法院审判长选任办法(试行)》,法发〔2000〕16 号,第 2 条第 3 款。

〔22〕 《全国人民代表大会常务委员会关于最高人民法院和地方各级人民法院助理审判员任免问题的决定》(已失效),1960 年 1 月 21 日第二届全国人大常委会第十二次会议通过;《最高人民法院关于助理审判员可否作为合议庭成员并担任审判长问题的批复》(已失效),法研字〔1983〕第 12 号。

〔23〕 《最高人民法院关于完善人民法院司法责任制的若干意见》,法发〔2015〕13 号,第 5 条;《最高人民法院关于进一步全面落实司法责任制的实施意见》,法发〔2018〕23 号,第 6 条"完善案件分配机制"。

意变更。因存在回避情形或者工作调动、身体健康、廉政风险等事由确需调整承办法官的，应当由院长、庭长按权限审批决定，调整结果应当及时通知当事人并在办案平台记载。[24] 开庭审理前合议庭成员变更的，应当及时以书面方式通知当事人。在潘世峰诉佛山市交通局行政许可及行政赔偿案中，原告上诉称，判决书记载的合议庭成员与原告收到的合议庭成员告知书所说的成员不符，告知书所说的审判长吴××未参与审理，却增加了陪审员唐××。原审法院随意变更合议庭成员，程序违法。佛山中院二审查明，原审法院在开庭前一个多月曾当面告知原告变更合议庭成员，庭审时再一次告知合议庭成员组成，原告也表示对合议庭成员不申请回避。该事实有询问笔录和庭审笔录证实。故原审法院已依法履行了告知义务，上诉人的该项主张不予支持。[25] 虽然二审法院维持了一审判决，但一审程序的瑕疵仍为人诟病。

开庭审理后，合议庭成员不得变更。因回避或者其他特殊情况变更合议庭成员的，不仅应当及时通知当事人，还应当再次开庭审理。但前次审理的内容不因合议庭成员的变更而作废。

（三）审判委员会

在合议庭之外，审判委员会也是法定的审判组织。依据《人民法院组织法》（1983 年）第 11 条，各级法院设立审判委员会，"总结审判经验，讨论重大的或者疑难的案件和其他有关审判工作的问题"。审判委员会由院长、副院长和若干资深法官组成，一些法院还配备有若干名专职委员。最高法院在一份文件中专门强调，"行政审判庭庭长要进入审判委员会"。[26]

对于审判委员会的功能及存废，学界有相当不同的意见。批评者认为，审判委员会的存在妨害了法官的独立审判，加强了法院内部的行政化倾向；支持者则强调，审判委员会不仅有助于审慎判决，减少腐败，也有助于抵挡各种外来压力。[27] 2018 年修订的《人民法院组织法》再次肯定了审判委员会制度。同时规定，中级以上法院可以按照委员专业和工作分工，召开刑事审判、民事行政审判等专业委员会会议。

二　当事人

行政诉讼的当事人除了原告和被告（详见第五章），在许多案件中还有第三人。

---

〔24〕《最高人民法院关于进一步全面落实司法责任制的实施意见》，法发〔2018〕23 号，第 6 条"完善案件分配机制"。

〔25〕广东省佛山市中级人民法院行政判决书，(2006)佛中法行终字第 145 号。

〔26〕《最高人民法院关于进一步加强行政审判工作的通知》，法〔2004〕33 号。

〔27〕参见《北大法律评论》第 1 卷第 2 辑（法律出版社 1999 年）上"中国的审判委员会制度"主题研讨，其中包括苏力《基层法院审判委员会制度的考察及思考》、陈瑞华《正义的误区——评法院审判委员会制度》、鲁智勇《关于审判委员会制度的思考》，以及朱晖等的评论。

当事人实施诉讼，还涉及法定代理人和法定代表人；在人数众多的共同诉讼中，还会出现诉讼代表人。检察机关提起行政公益诉讼时，也属当事人的一种。当事人享有诉讼权利，同时应当恪守诉讼诚信、遵守诉讼秩序、履行生效裁判确定的义务。

（一）第三人

行政诉讼有第三人是常态。有学者对部分判决书的统计表明，高达49%的一审行政诉讼案件有第三人；二审中，有第三人的比例更是高达60%。[28]

行政诉讼的第三人有两种情况：一是"同被诉行政行为有利害关系"，二是"同案件处理结果有利害关系"。两者的区别，可以用一个例子说明。承包经营集体土地的农户将其承包的土地转给他人耕种，行政机关对土地流转加以干预，原承包土地的农户向法院起诉的，受让耕种的人同被诉行政行为有利害关系，可以作为第三人参加诉讼。如果行政机关强行要求受让耕种的人种植指定作物，原承包土地的农户与该行政行为不存在利害关系；但如果受让耕种的人提起诉讼，原承包土地的农户与案件胜败有利害关系，也可以作为第三人参加诉讼。[29]

第三人享有当事人的部分权利和义务；法院判决其承担义务或者减损其权益的第三人，有权提出上诉或者申请再审。但第三人不是案件必须的当事人；第三人不参加诉讼，不妨碍法院对案件的审理和裁判。依法可以参加诉讼的第三人，因不能归责于本人的事由未参加诉讼，如果能够证明生效裁判损害其合法权益的，可以依法申请再审。[30]

由于第三人的加入，行政诉讼不仅是原、被告两造对抗，很有可能是三方混战。说是"混战"，因为第三人与原告或者被告一方的利益有重合，但又不全相同。是友是敌，随案情不同而不同。这里以工伤认定诉讼为例说明。如果企业依法缴纳了工伤保险，职工工伤后的相关费用从工伤保险基金支付，所以，认定工伤与否与其关系不大。告到法院的工伤案件往往是劳动局认定不是工伤，职工起诉，企业（第三人）有的还会站在职工一边主张工伤成立。如果企业没有缴纳工伤保险，工伤保险基金不负责支付，纠纷主要存在于企业和职工之间。劳动局认定工伤的，企业需要承担职工的相关损失，这时企业（原告）与劳动局（被告）互为对手，职工为第三人；如果劳动局认定不是工伤，职工（原告）与劳动局（被告）互为对手，而企业（第三人）与劳动局通常在法庭上联手。即使两个"盟友"，立场也会随情势变化产生微妙的差异。再以工伤认定为例。职工（原告）以事实错误为由，请求撤销不构成工伤的认定；被告可能承认认定结论有误，对撤销认定不持异议，但辩解错误事实在作出工伤认定

---

〔28〕 黄启辉：《行政诉讼一审审判状况研究——基于对40家法院2767份裁判文书的统计分析》、朱春华：《行政诉讼二审审判状况研究——基于对8家法院3980份裁判文书的统计分析》，载《清华法学》2013年第4期。由于有第三人的案件更难协调，更可能判决，上述比例可能略高于行政案件的一般情况。

〔29〕 信春鹰主编：《中华人民共和国行政诉讼法释义》，法律出版社2014年版，第79页。

〔30〕 2018年《行诉法解释》，第30条。

当时无法识别,因此工伤认定不属于违法;第三人(企业)则坚持认定结论没有错误,要求维持工伤认定的效力。

(二) 法定代理人和法定代表人

公民、法人或者其他组织是原告。原告为无诉讼行为能力的公民的,由他的监护人作为法定代理人代为诉讼;法定代理人之间互相推诿代理责任的,由法院指定其中一人代为诉讼。原告是法人的,应当由其法定代表人进行诉讼。原告是其他组织的,由其主要负责人进行诉讼。

由于法人和其他组织内部权力冲突,谁有权代表该组织实施诉讼有时会有争议。在**浙江省临海市第四建筑工程公司诉原临海市城关镇人民政府企业人事任免案**中,四建公司有过半数的职工推荐陈永明为代表,以四建公司的名义向法院提起行政诉讼。在法院审理期间,一些职工向法院声明不要起诉。三门县法院一审判决认为,四建公司的诉讼主体资格和其诉讼代表人的资格均符合起诉条件,法院应当予以受理。虽然在法院审理期间,有职工向法院声明不要起诉,但原告没有向法院申请撤诉,故不影响本案的成立。[31] **湖南金辰科技实业有限公司诉长沙市建设委员会要求履行法定职责案**则提出了公司法定代表人与公司印章的效力问题。在该案中,金辰公司由肖发群、张伟两股东出资组建,法定代表人为肖发群。公司成立时刻有一枚行政公章,由张伟保管,并在工商机关备案。在经营过程中,两股东产生分歧。2007 年 7 月,肖发群在当地报纸上刊登声明,金辰公司公章遗失、作废。随后,原告经向长沙市公安局申请,重新刻制了金辰公司行政公章一枚,但未向工商机关备案。当年 8 月,在本案审理过程中,张伟持盖有原告公章的申请书申请撤回起诉,长沙市岳麓区法院裁定准予撤诉。肖发群提出申诉,认为申请撤诉不是原告的真实意思表示,法院准予撤诉违反自愿原则。岳麓区法院再审裁定认为,再审原告在公司成立时向工商机关备案的行政公章对外具有公示效力,盖有该公章的撤诉申请应当视为公司的真实意思表示,原审裁定准予撤诉应当维持。[32]

(三) 诉讼代表人

《行政诉讼法》第 28 条规定:“当事人一方人数众多的共同诉讼,可以由当事人推选代表人进行诉讼。代表人的诉讼行为对其所代表的当事人发生效力,但代表人变更、放弃诉讼请求或者承认对方当事人的诉讼请求,应当经被代表的当事人同意。”依据较早时期的司法解释,同案原告为 5 人以上就应当推选 1 至 5 名诉讼代表人参加诉讼;后来的司法解释改为,通常一方人数在 10 人以上的,属于“人数众多”,可以推选 2 至 5 名诉讼代表人。[33] 当事人推选不出诉讼代表人的,可以由法院在当

---

〔31〕 浙江省三门县人民法院行政判决书,(2000)三行初字第 6 号。

〔32〕 湖南省长沙市岳麓区人民法院行政判决书,(2009)岳行再字第 2 号。

〔33〕 分别见 2000 年《若干解释》,第 14 条;2018 年《行诉法解释》,第 29 条。

事人中指定。

诉讼代表人制度不适用于行政诉讼的被告。在共同诉讼中，被告有多名的，应当独立应诉。在广州贝氏药业有限公司诉云南省卫生厅等九部门招标采购案中，原告起诉云南省卫生厅、省财政厅、省工商局、省经济贸易委员会、省发展改革委员会、省食品药品监督管理局、省劳动和社会保障厅、省纠风办、省体改办九个行政机关。在该案一、二审审理中，九名被告均推选云南省卫生厅为“诉讼代表人”参加诉讼，原告提出异议。昆明中院二审裁定认为，由于不同被告的行政职权各不相同，所作行政行为依据的法律和遵循的程序也不尽相同，一个行政机关不能也无法代表其他行政机关进行答辩。行政机关各有职能，委托诉讼代表人应诉也不利于充分保护行政相对人的合法权益。遂撤销原判，发回重审。[34]

（四）行政公益诉讼起诉人

检察机关提起行政公益诉讼的，有一个特殊的名称：“公益诉讼起诉人”。在法律地位上，公益诉讼起诉人相当于原告；除了法律、司法解释另有规定，公益诉讼起诉人享有原告的权利并应履行相应的诉讼义务。实践中，行政公益诉讼几乎都由基层检察院提起，案件由被诉行政机关所在地的基层法院管辖。检察院不服法院一审判决、裁定的，可以向上一级法院提起上诉，而不是像刑事诉讼那样采取“抗诉”。

检察机关作为国家法律监督机关，在公益诉讼中具有特殊性，“两高”解释对此作了一些特别规定。[35] 一是检察机关办理公益诉讼案件，可以向有关行政机关以及其他组织、公民调查收集证据材料；有关行政机关以及其他组织、公民应当配合。但是，需要采取证据保全措施的，应当依照《行政诉讼法》规定，向法院申请保全（法院也可以主动保全）。二是法院开庭审理行政公益诉讼案件，应当在开庭3日前向检察院送达《出庭通知书》；检察院则向法院提交《派员出庭通知书》。后者应当写明出庭人员的姓名、法律职务以及出庭履行的具体职责。三是开庭时，检察院应当派员出庭。出庭检察人员履行以下职责：（1）宣读公益诉讼起诉书；（2）对人民检察院调查收集的证据予以出示和说明，对相关证据进行质证；（3）参加法庭调查，进行辩论并发表意见；（4）依法从事其他诉讼活动。

三 委托代理人

诉讼代理制度有久远的历史。在诉讼越来越专业、精细的情况下，委托诉讼代理人更显重要。依据法律，每个当事人可以委托一至二人代为诉讼；一方当事人人数众多、推选有诉讼代表人的，每个诉讼代表人可以委托一至二人代为诉讼。

---

〔34〕 张文凌：《质疑招标采购越权 贝氏药业状告云南九行政部门》，载《中国青年报》2004年9月9日；吴军：《中标第一名却没有投标资质？》，载《中国医药导报》2006年第25期。

〔35〕 《最高人民法院、最高人民检察院关于检察公益诉讼案件适用法律若干问题的解释》，法释〔2020〕20号。

（一）委托代理人的类型

律师、基层法律服务工作者、当事人的近亲属或者工作人员以及其他符合条件的公民，可以受托担任诉讼代理人。

1. 律师

律师，即通过国家统一法律职业资格考试取得法律职业资格，并取得律师执业证书的人。律师执业必须加入一个律师事务所。在高等院校、科研机构中从事法学教育、研究工作的人员，符合律师执业条件并经所在单位同意，可以申请兼职律师执业。因故意犯罪受过刑事处罚、被开除公职或者被吊销律师执业证书的，不能成为执业律师。外国人、无国籍人、外国组织在中华人民共和国进行行政诉讼，委托律师代理诉讼的，应当委托中华人民共和国律师机构的律师。我国台湾地区诉讼当事人可以委托台湾地区居民以公民个人名义代理诉讼，但不得以律师身份代理。[36]

律师接受委托代理诉讼，应当符合律师执业规范。在特定情形下，律师及律师事务所不得与当事人建立或维持委托关系。例如，曾经亲自处理某一事项的审判人员或者行政人员成为律师后又代理该案件或者为对方代理该案件的，同一律师事务所的不同律师同时担任争议双方当事人的代理人。在其他可能存在利益冲突的情况下，律师应当告知委托人并主动提出回避。例如，同一律师事务所接受了对方当事人所委托的其他法律业务，或者在委托关系终止后一年内，律师又就同一法律事务接受对方当事人的委托的。委托人知悉并同意建立或维持委托关系的，律师才可以代理或者继续代理。[37]

2. 基层法律服务工作者

基层法律服务工作者，是指没有律师执业证书但取得《基层法律服务工作者执业证》的人员。原先，基层法律服务工作者的执业资格条件较宽，只需要高中或者中专以上学历；2018 年以后，要求高等学校法律专业本科毕业，并通过省级司法行政机关组织的考试。[38] 在中国律师人手不足、分布不均的情况下，基层法律服务工作者填补了法律服务的真空。

3. 当事人的近亲属和工作人员

前者是针对自然人而言，后者是针对法人和其他组织而言。最高法院有关民事诉讼的司法解释对公民代理条款做了界定。依据该解释，“近亲属”是指与当事人有夫妻、直系血亲、三代以内旁系血亲、近姻亲关系以及其他有抚养、赡养关系的亲属。法人或者其他组织的“工作人员”，是指与当事人有合法劳动人事关系的职工。

---

〔36〕《最高人民法院关于行政诉讼中台湾地区居民能否以个人名义担任诉讼代理人等有关问题的答复》，〔2004〕行他字第 4 号。

〔37〕中华全国律师协会《律师执业行为规范（试行）》，律发通〔2018〕58 号，第 51、52 条。

〔38〕参见司法部《基层法律服务工作者管理办法》（2000 年及 2017 年修订），第 6 条。

4. 符合条件的其他公民

中国法律原来对公民代理的资格比较放松：一般公民“经人民法院许可”也可以代理，而法院几乎都给予许可。实践中还出现了若干经常代理案件的“赤脚律师”。[39] 随着律师行业的发展壮大，以及一些法律界人士对公民代理法律水平的担心、对“挑讼缠讼”的反感，一般公民代理近来受到越来越多的限制。在《民事诉讼法》2012年修改、《行政诉讼法》2014年修改中，“经人民法院许可的其他公民”可以受委托为诉讼代理人的规定被相继删除。依据现行《行政诉讼法》第31条，除了前述的律师、基层法律服务工作者、当事人的近亲属或者工作人员之外，只有当事人所在社区、单位以及有关社会团体推荐的公民，可以受托担任诉讼代理人。

有资格推荐公民担任诉讼代理人的“有关社会团体”，应当符合下列条件：(1)社会团体属于依法登记设立或者依法免予登记设立的非营利性法人组织；(2)被代理人属于该社会团体的成员，或者当事人一方住所地位于该社会团体的活动地域；(3)代理事务属于该社会团体章程载明的业务范围；(4)被推荐的公民是该社会团体的负责人或者与该社会团体有合法劳动人事关系的工作人员。专利代理人经中华全国专利代理人协会推荐，可以在专利纠纷案件中担任诉讼代理人。[40]

诉讼代理构成了一个值得关注的法律服务市场。不同类型的诉讼代理人相互补充，共同发挥作用。[41] 有学者通过对部分案件的调查表明，一审行政诉讼原告有委托代理人的案件占74%；在有委托代理人的案件中，聘请律师代理的占47%，聘请法律工作者的占9%，委托一般公民的占36%。即使到了二审，一审原告（多数为二审的上诉人）委托一般公民代理的仍高达25%。一审行政诉讼中，被告（行政机关）聘请律师作为代理人的占30%，也有少量（2%）的案件委托一般公民作为诉讼代理人。[42]

（二）委托手续和委托权限

当事人委托诉讼代理人，应当向法院提交由委托人签名或者盖章的授权委托书。委托书应当载明委托事项和具体权限。仅写“全权代理”而无具体授权的，诉讼代理人无权代为承认、放弃、变更诉讼请求，进行和解，提起上诉。授权委托书应当在开庭审理前送交法院。当事人解除或者变更委托的，也应当书面报告法院。

公民在特殊情况下无法书面委托的，原来允许口头委托，由法院核实并记录在

---

〔39〕 应星：《“迎法入乡”与“接近正义”——对中国乡村“赤脚律师”的个案研究》，载《政法论坛》2007年第1期。

〔40〕 《最高人民法院关于适用〈中华人民共和国民事诉讼法〉的解释》，法释〔2015〕5号，第85~87条；2018年《行诉法解释》，第33条。

〔41〕 刘思达、吴洪淇：《法律边疆地区的纠纷解决与职业系统》，载《社会学研究》2010年第1期。

〔42〕 黄启辉：《行政诉讼一审审判状况研究——基于对40家法院2767份裁判文书的统计分析》，载《清华法学》2013年第4期；朱春华：《行政诉讼二审审判状况研究——基于对8家法院3980份裁判文书的统计分析》，载《清华法学》2013年第4期。

卷。新的司法解释取消了口头委托,但允许由他人代书并由自己捺印等方式确认,法院同样应当核实并记录在卷。[43] 在当事人被限制人身自由的特殊情况下,其近亲属作为代理人提起诉讼的,法院应向当事人本人核实;被诉行政机关或者其他有义务协助的机关拒绝法院向本人核实的,视为委托成立。

《行政诉讼法》第32条规定:"代理诉讼的律师,有权按照规定查阅、复制本案有关材料,有权向有关组织和公民调查,收集与本案有关的证据。对涉及国家秘密、商业秘密和个人隐私的材料,应当依照法律规定保密。当事人和其他诉讼代理人有权按照规定查阅、复制本案庭审材料,但涉及国家秘密、商业秘密和个人隐私的内容除外。"

四 行政机关负责人

行政机关负责人出庭应诉是一项有中国特色的制度。被诉行政机关负责人在概念上既不同于行政机关法定代表人,也不同于一般意义上的行政机关代理人,这里单独阐述。

行政机关负责人出庭应诉是地方实践中创造的,并得到中央文件和法律的支持。《国务院关于加强法治政府建设的意见》(国发〔2010〕33号,已失效)要求,"对重大行政诉讼案件,行政机关负责人要主动出庭应诉"。行政机关负责人出庭应诉,有利于缓和诉讼双方的对立情绪,妥善解决行政争议,也有利于行政机关负责人增强依法行政意识,及时发现和改进行政执法中的问题;在一定意义上,它也是行政机关尊重司法、崇尚法治的象征。[44] 为此,修改后的《行政诉讼法》第3条第3款规定:"被诉行政机关负责人应当出庭应诉。不能出庭的,应当委托行政机关相应的工作人员出庭。"

这里的"行政机关负责人",理解上有所变化。新《行政诉讼法》刚刚实施的时候,掌握得比较严,限于行政机关正职和副职负责人。后来放宽了,包括被诉行政机关内部其他参与分管的具有副职级别的人,以及地方人民政府的秘书长、副秘书长和政府法制部门负责人。[45]

这里的"应当出庭应诉",是一个原则,主要依靠行政系统内部规范和考评来落实。行政机关负责人是否出庭,在很大程度上仍取决于行政机关的工作安排和对案情的判断。一般来说,涉及重大公共利益、社会高度关注或者可能引发群体性事件等案件,被诉行政机关负责人应当出庭;法院认为需要行政机关负责人出庭的,也可以书面建议行政机关负责人出庭。行政机关负责人有正当理由不能出庭应诉的,应

---

〔43〕 2000年《若干解释》,第25条;2018年《行诉法解释》,第31条。

〔44〕 对行政首长出庭应诉的讨论,参见吕尚敏:《行政首长应当出庭应诉吗?——在司法的技术、权能与功能之间》,载《行政法学研究》2009年第4期;章志远:《行政诉讼中的行政首长出庭应诉制度研究》,载《法学杂志》2013年第3期。

〔45〕 2015年《适用解释》,第5条;2018年《行诉法解释》,第128条第1款。更多讨论,参见梁凤云:《行政诉讼法司法解释讲义》,人民法院出版社2018年版,第316~319页。

当向法院提交情况说明及证明材料,并加盖行政机关印章或者由该机关主要负责人签字认可。行政机关拒绝说明理由的,不发生阻止案件审理的效果,法院可以向监察机关、上一级行政机关提出司法建议。

行政机关负责人不能出庭的,必须委托行政机关相应的工作人员出庭,而不能仅仅委托律师出庭。"行政机关相应的工作人员",包括该行政机关具有国家行政编制身份的工作人员以及其他依法履行公职的人员。被诉行政行为是地方人民政府作出的,地方人民政府法制工作机构的工作人员,以及被诉行政行为具体承办机关工作人员,可以视为被诉人民政府相应的工作人员。[46] 由于行政机关负责人被赋予了独立的诉讼地位,副职领导人虽不是法定代表人,但不占用诉讼代理人的名额。副职领导人出庭的,行政机关还可以委托一至二名诉讼代理人。

在一些地方,行政机关负责人出庭应诉已经成为常态。2016 年 4 月,在贵阳市中级法院审理的一个土地征收补偿案件中,贵州省负责政府法制工作的副省长陈鸣明出庭。这是新中国成立后第一个省部级领导出庭参与行政诉讼,引发了众多媒体的关注,也带动了更多区县长走上法庭。[47]

五　其他诉讼参与人

除了前述人员,参与诉讼的人可能还有证人、鉴定人、勘验人、评估人、翻译人员;在一些案件中,相关行政执法人员也可能出庭参与诉讼。其他诉讼参与人类型多样,法律地位也不尽相同。

(一) 其他诉讼参与人的类别

1. 证人

在中国法律中,证人是指当事人以外、知晓案件事实情况的人。证人与案件当事人可能有亲疏远近,但与裁判结果没有法律上的利害关系。证人一般经当事人申请,并由法院通知参与诉讼。证人一般应当出庭,就特定问题向法庭说明相关情况,接受询问;因特殊原因无法出庭的,经法院准许,也可以提交书面证言。证人等因履行出庭作证义务而支出的交通、住宿、就餐等必要费用以及误工损失,由败诉一方当事人承担。

2. 鉴定人、勘验人、评估人

鉴定人、勘验人、评估人是具有相应资质,对案件的专门性事实从事鉴定、勘验、评估的人。

3. 专家辅助人

专家辅助人,有的称"专家证人",是就案件所涉特定专门性问题进行说明的本

---

〔46〕 2018 年《行诉法解释》,第 130 条。

〔47〕 贾世煜:《副省长出庭应诉"民告官"前后》,载《新京报》2016 年 4 月 18 日,第 A10 版;王家梁、张志斌:《副省长出庭带动千余区县长走到"前台"》,载《法制日报》2017 年 8 月 10 日。

领域专家。依据司法解释，对被诉行政行为涉及的专门性问题，当事人可以向法院申请由专业人员出庭进行说明，法院也可以通知专业人员出庭说明。当事人对出庭的专业人员是否具备相应知识、学历、资历等专业资格等有异议的，可以进行询问，由合议庭决定其是否可以作为专业人员出庭。专业人员可以对鉴定人进行询问。必要时，合议庭可以组织专业人员进行对质。[48] 在行政审判实践中，为说明高压电辐射对人体的影响等技术性问题，或者为说明行政垄断行为的认定、规范性文件的可诉性等法律适用问题，法院曾多次引入专家证人出庭发表意见。[49]

4. 翻译人员

翻译人员主要是为不通晓中文的外国人、不通晓当地通用语言的少数民族和不能正常交流的聋哑人提供的。

5. 相关行政执法人员

一般情况下，行政执法人员不参与诉讼，法院只对行政人员在执法过程中形成的法律文书进行审查。但案件事实的查明有时需要亲历执法过程的执法人员参与。有下列情形之一的，原告或者第三人可以要求相关行政执法人员出庭作证：(1)对现场笔录的合法性或者真实性有异议的；(2)对扣押财产的品种或者数量有异议的；(3)对检验的物品取样或者保管有异议的；(4)对行政执法人员的身份的合法性有异议的；(5)需要出庭作证的其他情形。[50] 法院认为有必要的，可以要求行政机关执法人员到庭，就案件有关事实接受询问。在询问之前，可以要求其签署保证书，保证据实陈述、如有虚假陈述愿意接受处罚。[51]

（二）其他诉讼参与人的义务

上述诉讼参与人应当遵守职业伦理和诉讼秩序。依据《行政诉讼法》第 59 条，其他诉讼参与人伪造、隐藏、毁灭证据或者提供虚假证明材料，妨碍人民法院审理案件的，法院可以根据情节轻重，予以训诫、责令具结悔过或者处 1 万元以下的罚款、15 日以下的拘留；单位有前述行为的，可以对其主要负责人或者直接责任人员予以罚款、拘留；构成犯罪的，依法追究刑事责任。在**魏淑英、齐帅诉辽宁省新民市人民政府强制清除地上物案**中，法院认定，沈阳嘉森森林资源资产价格评估事务所在缺乏基础的现场调查、询价咨询、资料分析情况下，出具编造数据的资产价值评估报告书，干扰诉讼秩序，妨碍案件公正审理。遂决定对该评估事务所罚款 1 万元，对评估

---

〔48〕 2002 年《证据规则》，第 48 条。

〔49〕 陈煜儒：《海淀法院首试“专家辅助人制度”》，载《法制日报》2006 年 9 月 7 日；付金：《北京四中院首次引入专家证人出庭作证行政诉讼案件》，载中国法院网 2017 年 11 月 30 日，https://www.chinacourt.org/article/detail/2017/11/id/3090852.shtml；万静：《司法判决首次对行政垄断说不　广东省教育厅指定赛事软件一审被判违法》，载《法制日报》2015 年 2 月 16 日。

〔50〕 2002 年《证据规则》，第 44 条；2018 年《行诉法解释》，第 41 条。

〔51〕 2018 年《行诉法解释》，第 44 条。

事务所的法定代表人张汝伯和评估技术人员周士杰、张继亮各罚款2000元。[52]

第三节　行政诉讼的原则

《行政诉讼法》总则规定了行政诉讼的一些原则，其中包括法院依法独立审判，"以事实为根据、以法律为准绳"，当事人在诉讼中的法律地位平等，有权使用本民族语言文字进行诉讼，辩论、合议、回避、公开审判、两审终审、检察监督，等等。法律列举的原则稍显零散，而且难以涵盖一些新的司法理念和改革要求。为此，本节将结合司法实践的新发展，从司法公正、司法公开、司法效率三个方面，重新概括行政诉讼的原则。

一　司法公正

诉讼制度可以说是围绕司法公正建立起来的。公正是司法的生命，也是司法公信力的源泉。要让当事人在每一个案件中都感受到公平正义，是不可能的。但没有个案公正的涓涓细流，是无法汇成司法公信的水库；而每一个让人感觉不公的裁判，都是对司法公信力的透支。

下面着重从审判体制、回避制度、审理标准、诉讼程序四个方面，讨论确保司法公正的制度安排。

（一）审判体制

依据我国宪法，人民法院独立行使审判权，不受行政机关、社会团体和个人的干涉。为保障审判权独立行使，中国开展了多轮司法体制改革。最新一轮改革推动省以下法院人财物的统一管理，探索建立跨行政区划的司法管辖制度。中央文件强调，"任何党政机关和领导干部都不得让司法机关做违反法定职责、有碍司法公正的事情，任何司法机关都不得执行党政机关和领导干部违法干预司法活动的要求"。[53] 这些措施和要求取得了一定成效，行政机关干预和抵制司法机关行使职权明显减少。尽管如此，建立权威、公正、高效的社会主义司法制度的目标还有待进一步落实。

司法权力运行机制也在不断优化。在法院内部，立案、审理、执行权力相互分离，由不同机构行使。在提高法官任职门槛的基础上，最新一轮改革实行了法官员额制，推广人民陪审制。为保障司法的审慎品格，法院审理案件一般采取合议制；同时，着力完善主审法官、合议庭办案责任制，实现"让审理者裁判、由裁判者负责"。

---

〔52〕最高人民法院罚款决定书，(2015)行监字第1921号。

〔53〕《中共中央关于全面推进依法治国若干重大问题的决定》，2014年10月23日，中国共产党第十八届中央委员会第四次全体会议通过。

上下级法院审级监督关系也得以规范，下级法院的请示汇报受到更多限制。

司法活动并非天然正义，对司法活动的监督也是司法体制的一部分。当事人的投诉、上诉和申诉，以及来自社会的关注和批评，构成一种宽泛意义的监督。检察院可以通过抗诉或者检察建议的形式，对生效裁判违法或者审判人员的违法行为进行监督。人大可以通过听取法院工作报告、组织执法检查、规范性文件备案审查等方式，展开监督。在坚持中国共产党的领导下，党的政法委员会有统筹政法工作、督促依法履职，保障宪法法律正确统一实施的职能。

（二）回避

为确保案件公正审理，案件应当由中立无偏的人员来审理。凡是审判人员与案件有特殊关系或者有不正当行为，可能影响案件公正审理的，都应当回避。

应当回避的具体情形包括：

1. 审判人员与案件有特定身份关系的。特定的身份关系，包括本人或者其近亲属与本案有利害关系，也包括与本案的诉讼代理人有夫妻、父母、子女或者兄弟姐妹关系的。这里的“近亲属”，包括与审判人员有夫妻、直系血亲、三代以内旁系血亲及近姻亲关系的亲属。

2. 审判人员与案件有其他特殊关系，可能影响案件公正审理的。例如，在一个审判程序中参与过本案审判工作的人员，不得再参与该案其他程序的审判。[54] 审判人员曾经参与被诉行政行为的实施，包括在行政行为作出过程中提供咨询意见的，也应当回避。

3. 审判人员有下列不正当行为的，也应当回避：(1)私下会见本案一方当事人及其诉讼代理人的；(2)为本案当事人推荐、介绍诉讼代理人、辩护人，或者为律师、其他人员介绍办理该案件的；(3)索取、接受本案当事人及其受托人的财物、其他利益，或者要求当事人及其受托人报销费用的；(4)接受本案当事人及其受托人的宴请，或者参加由其支付费用的各项活动的；(5)向本案当事人及其受托人借款，借用交通工具、通信工具或者其他物品，或者索取、接受当事人及其受托人在购买商品、装修住房以及其他方面给予的好处的。[55]

（三）审理标准

“以事实为根据、以法律为准绳”是现代诉讼的基本原则，也是保障司法公正的基本手段。在一个有几千家法院、十余万法官的大国，如果没有法律适用和事实认定的标准，实现公正是难以想象的。在绝大多数情况下，公正是由法律来定义的，遵循了法律也就认为是实行了公正。

---

〔54〕 2018 年《行诉法解释》，第 75 条。发回重审的案件，在一审法院作出裁判后又进入第二审程序的，原第二审程序中合议庭组成人员不受前述规定的限制。

〔55〕《最高人民法院关于审判人员在诉讼活动中执行回避制度若干问题的规定》，法释〔2011〕12 号。

对法定主义的追求贯穿了诉讼的整个过程。起诉条件是法律规定的,裁判方式是法律规定的,二审、再审和执行的条件也是法律规定的。待证事实、举证责任和证明标准是法律规定的,当事人提交证据的要求和法院采纳证据的标准也是法律规定的。

为保障法律的正确实施,立法机关制定和修改法律,最高法院发布了大量的司法解释,指导案例和其他权威案例也在不同程度上可供参考。尽管司法活动不可避免司法裁量,这些裁量仍应在现有法律体系构筑的框架内进行。与立法活动、行政执法和信访处理相比,法院的裁量余地明显更小,司法活动的可预测性更强。

(四) 诉讼程序

正当的法律程序是诉讼制度的灵魂。由于当事人无法掌控诉讼过程和裁判结果,诉讼制度的公正性很大程度上寄托于程序的正当性。没有正当程序的保障,诉讼将变成毫无公正可言的混战。《行政诉讼法》及其司法解释用大量条款规定了诉讼程序。总结这些条款的基本精神,最主要是两条:一是当事人在诉讼中的法律地位平等,二是保障当事人的诉讼权利。

为实现当事人在诉讼中的法律地位平等,行政诉讼规定了一系列制度:原告起诉后,被告应当答辩;双方可以就证据和法律适用展开质证和辩论;双方都可以委托诉讼代理人参与诉讼;双方都可以上诉和申请再审;对方拒不履行生效裁判的,都可以申请执行。庭审仪式也体现了这种平等:原、被告相对而坐,法官入庭和法院宣判时起立,甚至进入法院都要接受安检。

为保障当事人的诉讼权利,法律也作了大量规定,这里只举几个例子。对当事人依法提交的诉讼材料,法院应当接受,并出示凭证;对当事人的诉讼请求和诉讼中提出的申请,法院应当作出回应。对于当事人的诉讼权利和诉讼义务,如举证期限、申请回避、上诉,法院应当予以告知;对于诉讼中的一些安排,如开庭审理的步骤、在线诉讼的方式,法院应当予以说明;对于一些可能影响当事人权利的诉讼行为,如撤诉的后果,法院应当予以释明。[56] 对于实施诉讼有困难的当事人,如因经济困难无力交纳诉讼费或者聘请律师,或者说话、书写、行动有障碍的,法院应当予以照顾。

二 司法公开

司法活动既要对当事人公开,也要向社会公开。对当事人公开涉及当事人的诉讼权利和司法公正,前已述及,这里主要讲向社会公开。司法机构乃至整个司法制度要获得社会认可,赢得公信力,司法活动必须保持足够的透明。透明,不是要让法

---

〔56〕 法律和司法解释并未规定当事人申请撤诉时,法院有义务释明撤诉的法律后果。相反,主流意见认为,当事人应当知晓相应的法律规定并对自己的诉讼行为负责。段三毛诉武汉市东西湖区人民政府案,最高人民法院行政裁定书,(2018)最高法行申 9012 号。

官在玻璃房里办公,但司法活动的关键节点必须是透明的。在最高法院的大力推动下,中国法院的司法公开取得了长足进步,一些措施尤其可圈可点。[57]

(一)审务信息公开

对一个考虑到法院打官司的人来说,首先需要了解的可能是法院的管辖范围、办公地点、联系方式、审判人员等信息。得益于法院系统持续的信息化建设,各级法院都建立了官方网站,这些信息大部分能够从官方网站获得。这大大增强了当事人对法院的了解,便利了当事人。但目前,各地法院的信息公开还不尽规范,公开程度差异较大。

依据《民事诉讼法》的规定,公开审理的案件,法院应当公告当事人姓名、案由和开庭的时间、地点。开庭时,公民可以旁听。法院系统还建立了庭审直播网,对部分案件实行网上直播。对案件的判决,无论是否公开审理,都应当在法庭内或者其他方式公开宣判。

对于诉讼案件,媒体可以采访和报道。媒体对案件审理的采访、报道和评论,需要在司法公开和言论自由中间寻求一个恰当的平衡。曾经有意见认为,对司法审判的报道应当在法院生效判决之后,或者至少在法院一审判决之后;对案件的评论应当以法院认定的事实和判决内容为根据。诉讼过程中禁止报道和评论。[58] 这种意见无异于关闭司法公开的大门,无助于司法公正的实现。但是,媒体在报道和评论时,对案件所涉的事实应当有比较认真的查核,对司法判决所认定的事实和所依据的理由应当持有起码的尊重。这需要加强媒体、专家和公众的自律,以及提高新闻媒体的专业素养。

(二)裁判文书公开

裁判文书是司法程序的产品,裁判文书公开是司法公开的重要部分。自 2010 年起,最高法院先后发布多个文件,不断推进裁判文书公开。[59] 按照规定,除涉及国家秘密的以外,生效裁判文书原则上都应当在互联网及时、完整公布。除了判决书、裁定书,其他对当事人实体权益有影响、对当事人程序权益有重大影响的裁判文书,也应当公布。裁判文书包含家庭住址、通信方式、身份证号码、银行账号等敏感

---

〔57〕 最高人民法院:《中国法院的司法公开(2013 - 2016)》(白皮书),人民法院出版社 2017 年版;王小梅等:《中国司法透明度(2011—2016)》,社会科学文献出版社 2017 年版。

〔58〕 田雨:《最高法:案件报道不得超越司法程序预测审判结果》,载新华网,http://news.xinhuanet.com/legal/2006 - 09/12/content_5082567.htm("媒体对案件的报道,不得超越司法程序预测审判结果,发表评论或结论性意见");《中共广东省委宣传部、广东省高级人民法院关于规范采访报道法院审判案件活动的若干规定》,粤高法发〔2003〕11 号(采访报道"不得作出与法院裁判内容相反的评论")。赵凌:《最高法院媒体限令引发争论》,载《南方周末》2006 年 9 月 21 日。

〔59〕 《最高人民法院关于人民法院在互联网公布裁判文书的规定》,法发〔2010〕48 号、法释〔2013〕26 号、法释〔2016〕19 号。

信息的,公布时应当删除敏感信息。不在互联网公布的裁判文书,应当公布案号、审理法院、裁判日期及不公开理由。[60]

为落实上述规定,最高法院设立了裁判文书公开平台"中国裁判文书网",实现各级法院裁判文书的统一、大规模公开。截至2020年8月底,公开裁判文书总量突破1亿份,访问总量近480亿次。[61] 如潮而至的裁判文书是中国法院贯彻司法公开、促进司法公正的有力举措,也是中国近年司法改革和"智慧法院"建设的一项切实成就。调查也发现,文书公开存在选择性公布的现象,一些重大案件(包括热点案件和指导案例)的裁判文书没有公布;文书上传的及时性有所进步,但仍有相当数量的文书没有在合理时间内上传;文书信息过度隐匿和敏感信息未加隐匿的现象同时存在,大量未公开文书没有按规定上传文书基本信息。[62]

裁判文书公开给了法院和法官巨大压力。裁判中有什么问题,包括文字的错误,也容易被发现和指责。公开裁判文书中的负面信息,也给一些当事人带来不便。但毫无疑问,公开裁判文书对促进司法公正、提升司法公信、明晰法律规则、辅助领导决策,有不可替代的作用。裁判文书上网公开方向正确,值得坚持和推进。[63]

(三)司法统计公开

要了解司法工作的全貌,司法统计数据是必不可少的。就行政诉讼来说,行政诉讼案件数量有多少、分布在哪些行政管理领域、涉及哪些行政行为类型、原被告和审理法院情况、裁判结果怎么样、审理时长要多少,这些都是基本信息。没有相应数据,人们很难掌握面上的情况。

在长期工作中,法院系统建立了堪称庞大的统计指标体系。随着电子化工作和"智慧法院"建设的推进,系统能够即时生成难以尽数的统计数据。最高法院建立了中国司法数据服务平台,为司法管理和司法改革提供统计服务。[64] 与此同时,最高法院通过《最高人民法院公报》《中国法律年鉴》《中国统计年鉴》等渠道公布了一部分统计数据,各级法院还通过工作报告、白皮书等方式公布了一些数据。这些数据对于全面了解和深入研究司法状况和相关的社会状况,具有重要作用。但在现有的司法统计数据公开中,还存在数量偏少、数据不连贯、口径不统一、公开渠道零散等

---

〔60〕《行政诉讼法》,第65条;《最高人民法院关于人民法院在互联网公布裁判文书的规定》,法释〔2016〕19号。

〔61〕罗沙:《中国裁判文书网文书总量突破1亿篇》,载新华网,http://www.xinhuanet.com/legal/2020-09/02/c_1126444909.htm。

〔62〕马超、于晓虹、何海波:《大数据分析:中国司法裁判文书上网公开报告》,载《中国法律评论》2016年第4期;杨金晶、覃慧、何海波:《裁判文书上网公开的中国实践——进展、问题与完善》,载《中国法律评论》2019年第6期。

〔63〕何海波:《裁判文书上网公开,一件有中国特色、中国气派的事情》,载微信公众号"最高人民法院"2020年9月2日,https://mp.weixin.qq.com/s/NpDICs6VcXxWRF3Cjo5v3w。

〔64〕中国司法大数据服务网,http://data.court.gov.cn/pages/index.html。

问题,有待于今后工作中进一步改进。[65]

三 司法效率

诉讼不但应当公正、公开,还应当尽可能便利、快捷、早日终结。为此,修改后的《行政诉讼法》设置了简易程序。最近几年,法院系统大力推行在线诉讼。此外,法律也为当事人的诉讼行为和法院审理设置了期限,实行"诉访分离"、依法终结。这些都体现了中国行政诉讼对司法效率的竭力追求。

下面着重介绍和讨论简易程序、在线诉讼、审理期限、司法终局这四个举措或者制度。

(一) 简易程序

1989 年《行政诉讼法》没有规定简易程序。但有些地方为便利当事人诉讼、解决法院案多人少的矛盾,试行用简易程序审理行政案件,取得了明显效果。[66] 这一做法得到最高法院的认可和推广。[67] 2014 年《行政诉讼法》修改时,增设了简易程序。由于《行政诉讼法》的条文比较简陋,实践中还可以参照《民事诉讼法》以及最高法院相关的司法解释。[68]

1. 可以适用简易程序的案件

依据《行政诉讼法》第 82 条,被诉行政行为是依法当场作出的,案件涉及款额 2000 元以下的,以及政府信息公开案件,法院认为事实清楚、权利义务关系明确、争议不大的,可以适用简易程序。这里的"事实清楚",是指当事人对争议的事实陈述基本一致,并能提供相应的证据,无须人民法院调查收集证据即可查明事实;"权利义务关系明确",是指行政法律关系中权利和义务能够明确区分;"争议不大",是指当事人对行政行为的合法性、责任承担等没有实质分歧。[69] 除此之外,当事人各方同意适用简易程序的,也可以适用简易程序。依据最高法院关于民事诉讼法的解释,当事人约定适用简易程序的,应当在开庭前提出;口头提出的,记入笔录,由双方当事人签名或者捺印确认。

发回重审、按照审判监督程序再审的案件不适用简易程序。这类案件,当事人也不得约定适用简易程序。法院在审理过程中,发现案件不宜适用简易程序的,裁

---

〔65〕 严戈、刘泽:《人民法院司法统计改革相关问题研究》,载《法律适用》2011 年第 4 期;易霏霏、马超:《我国司法统计数据的公开:现状与建议》,载《中国应用法学》2017 年第 2 期;何盼盼:《司法大数据的开放与共享》,载《学术探索》2017 年第 2 期。

〔66〕 浙江省高级人民法院行政审判庭:《关于行政诉讼简易程序的调研报告——以温州市鹿城区人民法院为样本》,载最高人民法院行政审判庭编:《行政执法与行政审判》总第 40 集,中国法制出版社 2010 年版。

〔67〕《最高人民法院关于开展行政诉讼简易程序试点工作的通知》,法〔2010〕446 号,第 3 条。

〔68〕《最高人民法院关于适用〈中华人民共和国民事诉讼法〉的解释》,法释〔2015〕5 号,第 89、140、256 ~ 270 条。

〔69〕 2018 年《行诉法解释》,第 102 条。

定转为普通程序。当事人就案件适用简易程序提出异议,法院经审查,异议成立的,裁定转为普通程序;异议不成立的,口头告知当事人,并记入笔录。

2. 适用简易程序审理的规则

适用简易程序的案件,由审判员独任审判,审理期限较短。除此之外,在起诉和答辩方式、送达方式、开庭方式、审理期限等方面,也可以有一些特殊之处。

适用简易程序的案件,原告可以口头起诉,被告也可以口头答辩;被告要求书面答辩的,可以在合理时间内书面答辩。法院可以直接确定被告答辩、当事人举证的期限和开庭审理的时间,并告知双方当事人。法院告知当事人时,应当说明逾期举证以及拒不到庭的法律后果,由双方当事人在笔录和开庭传票的送达回证上签名或者捺印。当事人双方均表示同意立即开庭或者缩短答辩期间和举证期限的,法院可以立即开庭审理或者确定近期开庭。

在送达方式上,法院可以用口头、电话、短信、传真等简便方式传唤双方当事人、通知证人和送达裁判文书以外的诉讼文书;裁判文书仍应以正式方式送达。以简便方式送达的开庭通知,未经当事人确认或者没有其他证据证明当事人已经收到的,法院不得缺席判决。〔70〕适用简易程序的案件不适用公告送达。

适用简易程序审理案件,开庭审理的方式可以灵活,但仍须由书记员担任记录,不能由法官自问自记。庭审步骤也可以灵活,没有必要严格遵循当事人陈述、举证、质证、辩论的程式,但法院应当保障当事人陈述意见的权利。双方当事人同时到庭并径行开庭审理的,可以当场口头委托诉讼代理人,由法院记入笔录。对没有委托律师、基层法律服务工作者代理诉讼的当事人,法院在庭审过程中可以对回避、自认、举证责任等相关内容向其作必要的解释或者说明,并在庭审过程中适当提示当事人正确行使诉讼权利、履行诉讼义务。法院在制作判决书、裁定书、调解书时,对认定事实或者裁判理由部分可以适当简化。

适用简易程序审理的案件,应当在立案之日起 45 日内审结(普通程序审理的案件可有 6 个月)。不能在期限内审结,或者因为案情复杂等原因不宜适用简易程序的,应当裁定转为普通程序审理。

3. 简易程序的实际适用

由于简易程序的审限较短、程序简化程度不易掌握、实施中遇到的问题较多,简易程序的实际使用相当有限。〔71〕这一问题仍有待解决。

(二)在线诉讼

在线诉讼是随着电子技术和互联网技术的发展而发展起来的诉讼方式。包括中国在内的多个国家的法院先后尝试网上立案、网上送达、网上开庭、网上执行,让

---

〔70〕 2018 年《行诉法解释》,第 103 条。

〔71〕 刘一玮:《行政诉讼简易程序的理性反思与完善路径》,载《行政法学研究》2019 年第 4 期。

人们看到了它的巨大潜力。2020 年,新冠肺炎疫情期间,我国各地法院大力推行在线诉讼,为疫情防控提供了有力的司法保障。在这些经验积累和技术支持的基础上,最高法院于 2021 年制定了《人民法院在线诉讼规则》(法释〔2021〕12 号),全面推行在线诉讼。

依据这份规则,今后大部分诉讼的大部分环节,包括立案、调解、证据交换、询问、庭审、送达等,都允许在线完成。当事人可以在在线诉讼平台上直接填写起诉状、答辩状、代理意见等诉讼文书;已有的诉讼材料,也可以通过扫描、翻拍、转录等方式作电子化处理后,上传至诉讼平台。当事人可以在线提交证据,法院可以组织在线质证。当事人还可以选择非同步在线交换证据。也就是说,在法院确定的合理期限内,各方分别登录诉讼平台,查看已经导入诉讼平台的电子证据材料,并发表质证意见。一些简易案件,甚至庭审也允许非同步进行。这样的场景可能颠覆了许多人对诉讼的想象。

考虑到一些当事人不会或者不愿意使用新技术,目前的在线诉讼规则仍是以当事人同意为前提:部分当事人同意、部分当事人不同意的,同意的当事人在线上,不同意的当事人在线下;当事人只同意部分环节在线诉讼的,或者同意的当事人又反悔的,只要是在合理期限提出、没有不当情形的,也可以。总之,诉讼规则鼓励参与人利用在线诉讼,但充分尊重和保障参与人对诉讼方式的选择权。

在线诉讼最大的好处是时间和费用的节省。原来打一次官司,得跑几趟法院:起诉时一趟,证据交换一趟,开庭一趟,判决一趟,有时更多。如果当事人在外地,跑一趟可不容易。如果带着律师、证人,管吃管住的,成本更是累加上去了。在线诉讼与线下诉讼法律效力同等,诉讼成本却大大降低了。司法变得更加触手可及,正义也可能“物美价廉”。在此意义上,有人喻为“未来司法”。[72]

(三) 审理期限

审理期限是为了纠纷及时解决、防止案件堆积而作的一个硬性规定。中国法律对各种类型和各个审级案件的审理期限都有明确要求。无论是对实体争议做出判决,还是调解、原告撤诉、驳回起诉、移送其他法院、终结诉讼等,法院都应当在规定期限内审结。

行政诉讼的审结期限,原来规定一审为立案之后 3 个月,二审为 2 个月。这明显短于民事诉讼的一般期限。当时这样规定,主要是为了提高行政审判解决纠纷的效率。但由于期限偏短,各方参与者过于紧张和局促;地方法院为延长审限,频频奔波于高级法院和最高法院。

2014 年《行政诉讼法》修改时,一审的审限改为 6 个月、二审为 3 个月,与民事诉讼的一般期限相同;适用简易程序审理的,为 45 日,短于民事诉讼简易程序的审

〔72〕［英］理查德·萨斯坎德:《线上法院与未来司法》,何广越译,北京大学出版社 2021 年版。

限。这里所说的期限,是指从立案之日起至裁判宣告或者调解书送达之日止,但公告期间、鉴定期间、调解期间、中止诉讼期间、审理当事人提出的管辖异议以及处理人民法院之间的管辖争议期间不应计算在内。[73] 适用一般程序审理的案件,不能在前述期限内审结而需要延长的,由高级法院批准;高级法院审理案件需要延长的,由最高法院批准。

法院面对纷至沓来的诉讼案件能否及时审结,事关司法解决纠纷、服务社会的功能能否充分实现。长期以来,案件的审结率是法院内部一项重要的考核指标。原来的审结率是以一个年度内的结案数除以案件数(包括存案和新案)来计算,计算方式比较粗糙。在实践中,这种考核方式产生了年底突击办案、人为控制收案等负面的效果。自 2011 年起,法院系统采用"法定(正常)审限内结案率",即在法定(不含经批准延长)的审理期限内审结的案件数占结案数的百分比。[74] 统计数据显示,绝大多数案件都在法定审限内结案。以 2015 年为例,全国法院法定审限内结案率为 98.9%,其中行政案件为 97.8%。

(四)司法终局

诉讼必须有终局,没完没了的诉讼难以称得上正义。在二审终审制度下,当事人对一审裁判不服,可以在规定时间内提起上诉。二审裁判是发生法律效力的裁判,在绝大多数情况下也将是终局裁判。

依据法律,当事人对二审裁判仍然不服的,可以申请再审。从实际情况来看,当事人申请再审的数量不少,但法院实际启动再审的不多;即使法院启动再审,也不意味着法院一定改判。再审制度既要为司法过程和结果的瑕疵提供补救,也要避免过度冲击司法过程的终局性。

司法的终局性意味着,当事人对生效裁判不服的,只能通过司法程序争取改变。在司法之外,没有任何力量可以否定司法判决的既判力。如果因为当事人的不满、抵制,司法过程就轻易推倒重来,那么,司法就没有效率可言。如果因为某个领导的一个意见,司法判决的效力就被直接否定,那么,法治就荡然无存了。

---

〔73〕 2000 年《若干解释》,第 64 条;2018 年《行诉法解释》,第 50 条。

〔74〕 佟季、闫平超:《法定(正常)审限内结案率指标的释疑》,载《人民法院报》2011 年 10 月 29 日。

第十四章　第一审程序

一审程序是行政诉讼的必经程序,也是案件数量最多的程序。在各种审级的行政诉讼案件中,一审案件通常占2/3以上。以2020年为例,全国法院受理一审行政案件260,220件,二审行政案件130,462件,再审行政案件2280件。在建构公正及时解决行政纠纷的制度中,一审程序无疑是可以不断延展的诉讼链条的最重要环节。

本章首先介绍起诉的基本要求,然后大体上按照一审程序的流程来阐述,分别为:起诉和受理、庭外事项、开庭审理和一审裁判。简易程序作为诉讼中的特别问题,放在最后阐述。

第一节　起诉的基本要求

行政诉讼实行"不告不理",原告起诉原则上"一事一诉",诉讼请求应当明确、得当。这些构成了起诉的基本要求。

一　不告不理

行政诉讼奉行"不告不理"的原则。当事人没有提起诉讼,司法程序尚未启动,法院无从插手。即使当事人提起诉讼,对于原告未起诉的行政行为,法院不能审查;原告未提出某些需要原告提出的诉讼请求的,法院也不能给予救济。

原告起诉一个行政行为,但未起诉其他行政行为的,法院对其他行政行为不能审查。在北京伊尔库科贸有限公司诉无锡市工商局行政处罚案中,被告对原告先是实施扣留、查封财产的强制措施,后作出行政处罚决定。无锡市崇安区法院一审判决认为,扣留、查封财产与行政处罚是各自独立的具体行政行为。被告实施上述行为时,均向伊尔库公司告知了复议、诉讼的权利。伊尔库公司只起诉行政处罚行为,而未对扣留、查封的强制措施提起诉讼。因此,本案审查对象应是行政处罚行为,扣留、查封行为不在本案审查范围。原告在本案中指控扣留、查封行为违法,法院不予审查。[1] 因为同样的原因,实践中就出现同一原告先起诉行政处罚,后又起诉行政强制措施。[2]

---

〔1〕《最高人民法院公报》2006年第3期。

〔2〕高树仁与福建省安溪县财政局行政处罚、强制措施纠纷,福建省泉州市中级人民法院行政判决书,(2003)泉行终字第81号;福建省安溪县人民法院行政判决书,(2004)安行初字第11号。

通常,原告只要通过起诉对行政行为表示不服,法院就应当对该行政行为进行审查,并根据审查结果给予相应救济。法院的审查范围不限于原告主张的理由,法院的救济方式也不完全局限于原告的诉讼请求。例如,虽然原告请求撤销行政行为,法院可以判决变更,或者确认被诉行为违法。又如,对于被诉行政行为所依据的规范性文件、行政行为所据事实的认定,即使原告没有提出,法院也应当进行必要的审查。但是,法院判决确认行政行为无效的,《行政诉讼法》规定应当由原告提出请求;原告请求确认行政行为无效,法院认为该行政行为不属于无效情形的,不能径直判决撤销,而应当释明,由原告改变诉讼请求。[3] 对于行政赔偿诉讼和附带民事诉讼,原告希望法院解决的,也应当在诉讼请求中专门提出;原告未提出的,法院不能给予审查和救济。这也是"不告不理"的一种表现。

二　一事一诉

行政诉讼以"一事一诉"为原则。就同一个事由,不能重复起诉;关联的事由,可以合并起诉;完全不同的事由,应当分别起诉。但何为"一事",法律并无明确规定。实践中,有些法院要求"一行为一诉",即针对不同行政行为都应当分别起诉,否则法院不予受理或者驳回起诉。[4] 这种做法过分地限制当事人的诉讼权利,不利于实质性地解决纠纷,也受到一些质疑。在多个案件中,最高法院表示,一行为一诉并非强制性规定,司法实践中亦不排除在同一诉讼中审理多个行政行为。[5] 这一立场缓和了"一行为一诉"的弊端,但可能引发了新的问题。

从司法实践的观点来说,关键的问题是:哪些事由是必须一次诉讼解决,不能重复起诉的?哪些是可以合并起诉,一张起诉状解决的?哪些是必须分开起诉的?

(一)一个行政行为、一类诉讼请求

在以行政处理为对象提起的诉讼中,对一个行为只能提起一次诉讼。重复起诉的,法院将不予受理或者驳回起诉。这个问题在第二编中曾经专门讨论,此处不赘。

需要强调的是,除非法律另有规定,当事人提出新的证据、理由或者不同的诉讼请求,都不构成再次起诉的正当理由。依据法律,行政赔偿请求可以在起诉行政行为时一并提出,也可以在确认行政行为违法后单独提出。但是,当事人对同一个行政行为,先是起诉要求赔偿后又起诉要求补偿,或者先是起诉要求补偿后又起诉要求赔偿,因为本质上属于同一个事由,仍然属于重复起诉。

---

[3] 《行政诉讼法》,第75条;2018年《行诉法解释》,第94条。这一规定是否合理,可以再讨论。

[4] 马生忠诉宁夏回族自治区固原市人民政府行政批复、宁夏回族自治区固原市住房和城乡建设局房屋拆迁行政裁决案,最高人民法院行政裁定书,(2019)最高法行终1号。

[5] 雷善邦等诉南宁市人民政府土地征收案,最高人民法院行政裁定书,(2017)最高法行申2799号。

（二）当事人可以一并起诉的事由

多个当事人针对同一行政行为提起的诉讼，属于必要的共同诉讼。一般情况下，几个当事人用一张起诉状共同提起诉讼，法院只立一个案件。必须共同进行诉讼的当事人未提起诉讼的，法院应当通知其参加已经启动的诉讼；必须共同进行诉讼的几个当事人分别起诉的，法院予以合并审理。

同一当事人对同一行政机关基于同一事实或者就同一类事实所作的几个行政行为不服的，可以一并起诉，也可以分别起诉。基于同一事实的几个行政行为，例如行政机关对公民、法人和其他组织先是作出暂扣等强制措施，继而作出行政处罚决定。就同一类事实所作的几个行政行为，如就当事人多个交通违法行为而作出的多个处罚决定。法院内部曾有一种意见认为，原告起诉同一被告作出的两个以上不同行政行为的案件，原则上分别立案、分别裁判。[6] 实践中，有的法院秉持"一行为一诉"的僵硬观点，强制原告拆分案件，否则不予受理。在**孙桂花诉杭州市公安局交通警察支队江干交警大队系列处罚案**中，孙桂花的切诺基牌小型越野车因违反环保"黄标车"限行规定，受到多个行政处罚。孙桂花对处罚决定不服，一并提起诉讼。法院认为，针对多个处罚决定提起诉讼违反"一行为一诉讼"原则，裁定不予立案。[7] 这种做法过分限制了当事人的诉讼权利，给当事人带来诸多不便，也给法院立案、送达、裁判文书写作增加了负担。它不符合行政诉讼的效率原则和行政纠纷实质性解决的理念。

当事人一并提出赔偿请求的，可以一并起诉。在这个问题上，法律规定是清晰的，但司法解释的具体规则有些费解。司法解释曾经规定，当事人在提起行政诉讼的同时一并提出行政赔偿请求，法院应当分别立案（根据具体情况可以合并审理，也可以单独审理）。[8] 如果严格贯彻这一要求，原告似乎需要分别写出起诉状，这可能有违一并起诉的初衷。所幸的是，法院并没有机械执行上述要求。在**张金诉河北省唐山市路南区人民政府案**中，最高法院指出，提起行政诉讼时一并提出赔偿请求的，法院不能强制当事人分写起诉状。原审法院以当事人拒不分写诉状为由裁定驳回起诉，显属不当。[9] 新的司法解释已不再作那样的要求。

（三）经法院同意可以合并起诉的事由

在上述情形之外，为了高效、彻底地解决纠纷，经法院允许的，当事人也可以一

---

〔6〕《福建省高级人民法院立案庭、行政审判庭关于行政诉讼案件立案受理若干问题的意见（试行）》，闽高法行〔2005〕11号，第5条。意见同时指出，法院可以合并审理。

〔7〕杭州市中级人民法院行政裁定书，（2017）浙01行终544号。

〔8〕《最高人民法院关于审理行政赔偿案件若干问题的规定》（法发〔1997〕10号，已废止），第28条。

〔9〕最高人民法院行政裁定书，（2017）最高法行申625号。裁定同时指出，前引司法解释条款只是对法院如何审理一并提起行政赔偿案件的要求，而非对当事人应当分别提起确认行为违法和行政赔偿诉讼的强制性要求。

并起诉。依据《行政诉讼法》第 27 条，当事人一方为二人以上，因同类行政行为发生的行政案件，法院认为可以合并审理并经当事人同意的，为共同诉讼。非必要的共同诉讼，原理上几个当事人可以一并起诉，经法院同意的，立为一个案件；当事人没有一并起诉的，法院事后也可以合并审理。

从原理上讲，法院可以合并审理的，当事人就可以合并起诉。依据司法解释，有下列情形之一的，法院可以决定合并审理：(1)两个以上行政机关就同一事实，对公民、法人或者其他组织分别作出行政行为的；(2)行政机关就同一事实对若干公民、法人或者其他组织分别作出行政行为，当事人分别起诉的；(3)在诉讼过程中，被告对原告作出新的行政行为的；(4)法院认为可以合并审理的其他情形。[10] 由于管辖的局限，法院决定合并审理的，目前只限于当事人向同一法院起诉的情形。

在**恒运矸石厂等诉安徽省颍上县人民政府强制拆除案**中，被告对 14 家企业厂房设施实施强制拆除，后者共同提起诉讼。二审法院认为，对涉案企业的拆除不是同一个行为，当事人应当分别起诉。最高法院再审裁定否定了这种看法。裁定书进一步指出，只要符合以下条件，法院就应当准许合并审理：第一，各诉的诉讼标的可以适用同一程序；第二，受诉法院对各个诉讼标的具有管辖权；第三，没有其他专属管辖的规定，也没有禁止合并审理的规定。[11]

非必要的共同诉讼，是否准许一并起诉，主要取决于法院的裁量。实践中，有的法院出于各种考虑要求原告分开起诉，法院分别予以立案。这种做法并不一定妥当，但从原告角度来说，采用一张起诉状就有一定风险。

这一点可以从两个案例予以对比说明。发生在 20 世纪末的重大诉讼**泰国贤成两合公司、深圳贤成大厦有限公司诉深圳市工商局、原深圳市外资办案**涉及两个被告所作的三个行政行为。在该案中，由于泰国贤成两合公司与四家中方公司成立的深圳贤成大厦有限公司在经营过程中出现纠纷，深圳市有关部门在市政府办公厅协调下，决定介入。深圳市工商局注销了深圳贤成大厦有限公司的企业登记，随后成立清算组对该公司财产进行清算；原深圳市外资办批复，同意四家中方公司以原有土地使用权与第三人香港鸿昌公司合作经营鸿昌广场。原告对三个行为一并提起诉讼，广东高院受理了该案，并得到最高法院认可。[12] 在**唐安清、唐佰强诉邵阳县人民政府案**中，法院采取了不同的立场。原告唐安清、唐佰强系父子，他们起诉称：邵阳县政府为修建环城公路，超越批准范围，征用了唐佰强承包的 1640 平方米基本农田和 130 平方米林地，以及唐安清所有的 160 平方米宅基地。父子俩起诉，分别

---

〔10〕 2000 年《若干解释》，第 46 条；2018 年《行诉法解释》，第 73 条。

〔11〕 最高人民法院行政裁定书，(2017)最高法行申 295 号。最高法院还指出：二审裁定作出后，包括再审申请人在内的原审原告均已就强拆行为分别起诉，法院已经受理并正在审理中。因此，就上述问题没有提起再审的必要。

〔12〕 广东省高级人民法院行政判决书，(1995)粤高法行初字第 1 号；最高人民法院行政判决书，(1997)行终字第 18 号。

要求确认被告占用唐佰强的农田和林地违法，责令退还并恢复原状、赔偿损失，责令被告向唐安清支付宅基地安置补偿款或置换同等面积的宅基地。湖南省两级法院认为，唐安清与唐佰强虽是父子，但不在一个户口，不是案件所涉宅基地和承包地的共同权利人。征收行为涉及不同法律关系，法院不能合并在一案中进行审理。法院释明后，唐安清、唐佰强坚持诉讼，法院裁定驳回起诉。[13]

三　诉求得当

诉讼请求是原告在诉讼中所主张的实体权利，或者说希望通过诉讼获得法院救济的方式。诉讼请求的内容，不仅取决于案件争议的性质，也取决于司法救济的权能。原告的诉讼请求应当明确、得当，符合法律要求。原告不能提出与争议案件无关的请求，也不应提出超出法院权能的请求。在行政诉讼中，诉讼请求原则上以《行政诉讼法》及其司法解释为据。但也要看到，诉讼请求在实践中是不断发展的。确认行政行为违法、无效就是在实践中发展起来，之后被司法解释和立法所采纳。而一些学者建议，今后还应当增加确认行政行为不成立等目前没有规定的诉讼请求和判决方式。[14]

（一）可以单独提起的诉讼请求

综合现有的法律和司法解释，可以单独提起的诉讼请求主要包括以下几类：

1. 原告认为被告实施的行政行为违法的，可以分别情况提出撤销、变更该行政行为或者确认该行政行为违法、无效。在法律上，法院判决撤销或者部分撤销行政行为的同时，可以判决被告重新作出行政行为；行政行为被确认违法的，也可以请求法院判决被告采取补救措施。但实践中，原告一般不会请求法院判决被告重新作出行政行为或者请求法院变更行政处罚，原告往往只要求撤销该行政行为或者确认其违法、无效。

2. 被告不作为的，原告可以请求法院判决责令被告履行法定职责或者给付义务。法院在判决履行时，对于具体的履行方式和履行期限往往需要根据情况裁量确定。例如，要求被告就原告的申请作出决定，或者受理原告的申请，或者对于是否受理作出答复。但这不妨碍原告提出被告履行法定职责的具体方式和期限的请求。因为事过境迁，要求被告履行已经没有意义的，原告可以要求确认被告不作为违法。

3. 在行政协议纠纷中，诉讼请求比较多样。原告可以根据情况，请求确认协议有效、要求被告继续履行协议，请求解除协议、撤销协议或者确认协议无效，请求撤销被告变更、解除协议的行为或者确认其违法；因被告行为造成损失的，还可以要求

---

〔13〕 湖南省高级人民法院行政裁定书，（2019）湘行终2316号。

〔14〕 林鸿潮：《论行政行为不成立之诉——〈行政诉讼法〉修订中的一个遗漏》，载《国家行政学院学报》2015年第1期。

被告予以赔偿、补偿或者采取相应的补救措施等。

4. 在“反信息公开诉讼”中,原告认为相关政府信息公开后将侵害其商业秘密、个人隐私,可以请求法院判决行政机关不得公开。这一诉讼类型在《行政诉讼法》中没有提及,最高法院关于政府信息公开的司法解释规定了这一判决方式。[15] 原告可以据此提出相应的诉讼请求。

5. 原告认为被告的行政行为(包括行政作为、不作为、协议等)给他造成损害的,可以要求被告予以行政赔偿、补偿,或者采取其他补救措施。公民、法人或者其他组织可以在对行政行为提起诉讼的同时一并提起行政赔偿诉讼;行政行为已经被行政判决、行政复议决定或者作出行政行为的行政机关自己决定撤销或者确认违法、无效的,也可以单独就损害赔偿提起诉讼。实践中,多数赔偿案件是单独提起的。[16] 依据《国家赔偿法》,国家赔偿除了支付赔偿金(包括精神损害抚慰金),还包括返还财产、恢复原状,为受害人消除影响、恢复名誉、赔礼道歉等;但通常所理解的赔偿,主要是金钱赔偿。原告要求赔偿、补偿,应当明确具体事项和数额;要求采取其他补救措施,应当明确具体方式。

(二)可以一并提出的诉讼请求

在前述诉讼请求之外,原告还可以一并提出其他诉讼请求:

1. 对相关民事争议一并审理。《行政诉讼法》第 61 条规定,“在涉及行政许可、登记、征收、征用和行政机关对民事争议所作的裁决的行政诉讼中,当事人申请一并解决相关民事争议的,人民法院可以一并审理”。司法解释要求,当事人请求一并审理前述民事争议的,应当在第一审开庭审理前提出;有正当理由的,也可以在法庭调查中提出。[17]

2. 对规范性文件的附带审查。依据《行政诉讼法》第 53 条,原告认为行政行为所依据的规范性文件不合法,在对行政行为提起诉讼时,可以一并请求对该规范性文件进行审查。对规范性文件的审查主要是为实现行政行为合法性审查而作的附带审查。从原理上讲,即使原告没有提出,法院也应当进行审查。但当事人提出并敦请审查,可以提示法院该案存在的规范性文件适用问题。对于当事人依法提出的申请,法院不能置之不理,而有义务在法庭审理中提供质辩机会,并在裁判文书的说理中予以回应。

3. 诉讼费用的负担。原告在起诉状中请求法院判决由被告负担相应的诉讼费用,是常见做法。实际上,诉讼费用的负担由法院根据原、被告的胜负情况决定。法院关于诉讼费用负担的决定不属于司法裁判的主文,当事人不得对它单独提起上诉。所以,一般来说,原告在诉讼请求中不提诉讼费用的负担,也不会影响其权益。原告为寻

---

〔15〕《最高人民法院关于审理政府信息公开行政案件若干问题的规定》,法释〔2011〕17 号,第 11 条第 1 款。

〔16〕以 2014 年为例,单独提起行政赔偿的达 6029 件,附带提起行政赔偿的只有 2021 件。

〔17〕2015 年《适用解释》,第 17 条;2018 年《行诉法解释》,第 137 条。

求救济,在法定诉讼费用以外产生的合理支出,在特定情形下也可能由被告承担(见第十章第四节)。原告主张这部分支出由被告承担的,应当在诉讼请求中提出。

(三)不适当的诉讼请求

在司法实践中,诉讼请求不够明确、合理,并不少见。有的当事人生怕遗漏,把各种要求都写上;有的在起诉状中提出与争议案件无关的请求,或者提出超出法院裁判权能的请求。具体的情形可谓五花八门。

1. 诉讼请求不明确

在以行政行为合法性审查为核心的诉讼模式下,明确诉讼请求首先需要明确被诉行政行为。被诉行为不明确,法院无从开展审查。在钟维丽诉成都市人民政府土地征收案中,钟维丽提出的诉讼请求为:确认成都市政府未批先征土地的行政职权行为违法。法院指出,征收集体土地涉及多个行政主体实施的多个行政行为。钟维丽在行政起诉状中列举的,就有国土部门作出的拟征收土地告知、四川省政府作出的征收土地批复、成都市政府作出的征收土地公告、对其房屋及使用的土地实施征收的决定、成都市政府作出的不予行政赔偿告知。经一审法院释明后,仍未能明确其所诉的特定行政行为。因此,钟维丽提出的诉讼请求不明确,法院裁定驳回钟维丽的起诉并无不当。[18] 在郭永琴诉扬州市人民政府案中,原告在起诉状中列了九项诉讼请求,主要涉及规范性文件合法性、解除其与雷塘村签订的协议以及给予相关赔偿三个方面。其起诉被法院驳回。[19]

2. 诉讼请求不必要

有些要求已经包含在起诉条件或者行政行为合法性审查中,不必作为诉讼请求提出。在陈山河、赵会云诉洛阳市老城区人民政府案中,原告在一审中提出五项诉讼请求,因为被认为不符合起诉条件,被法院裁定驳回起诉。其中,原告要求确认相关证据材料真实合法有效,依附于对被诉行政行为的审查,不属于独立的行政诉讼审查对象,不宜作为诉讼请求;要求确认征收行为为行政行为,已经包含在受理条件中,亦不宜作为诉讼请求。[20]

3. 诉讼请求超出法院权能

这里以一个虚构的郝事哲诉"毒奶粉事件"主管机关案为例予以说明。

> 2008年9月,河北省三鹿集团因产品含三聚氰胺被曝光,随即包括伊利、蒙牛在内的22家奶粉企业也因同样问题被陆续曝光。政府在全国范围采取了整改措施,患病儿童得到救治,责任人受到处分和处罚,三鹿集团宣告破产,《食品安全法》也在此过程中颁布。但一年多后,媒体曝光,一批问题奶

---

〔18〕 最高人民法院行政裁定书,(2019)最高法行申12082号。裁定书同时指出,钟维丽可以明确诉讼请求后,依法另行提起诉讼。

〔19〕 最高人民法院行政裁定书,(2017)最高法行申4150号。

〔20〕 河南省高级人民法院行政裁定书,(2020)豫行终989号。

粉没有销毁，又流向了市场。公民郝事哲是这批"毒奶粉"的受害者。他以国家食品监管部门为被告，向法院提起行政诉讼。他的诉讼请求如下：(1)对所有"毒奶粉"的受害者予以国家赔偿；(2)责令被告在全国范围内对生产、流通环节的乳制品进行全面检查，杜绝市场上的"毒奶粉"；(3)对负有责任的政府官员，依法给予行政处分；(4)向社会公布今后如何落实食品安全管理措施、健全食品安全管理体制等政府信息。

这是一起明显带有公益性质的诉讼。但上述诉讼请求存在以下问题：(1)除了法律规定的公益诉讼，原告起诉只能是维护本人利益，而不能代表他人起诉。(2)"全面检查"的诉讼请求过于空泛，不具有诉讼上可执行的内容，不适合法院审查。(3)对行政官员的处分是行政机关的职权，法院无权对行政官员给予处分。要求对"毒奶粉"事件有关官员给予行政处分，不属于行政诉讼解决的范围。(4)申请公开政府信息，应当先向政府信息公开义务人提出；原告未向行政机关申请公开，径直向法院起诉，不符合行政诉讼受理条件。今后的整改措施，如果尚未形成以一定形式记录、保存的信息，就不属于《政府信息公开条例》定义的政府信息。

4. 诉讼请求相互矛盾

原则上，原告不能提出相互矛盾的诉讼请求，因为原告提出相互矛盾的诉讼请求，法院无法审查。对于原告提出的相互矛盾的诉讼请求，法院可以要求原告澄清，择一起诉。原告拒绝澄清的，法院可以驳回起诉。

但是，由于当事人无法预料法院的裁判结果，有时提出多项诉讼请求，在其第一项请求得不到支持的时候，请求法院考虑其第二项请求；甚至，在第二项请求得不到支持时，还可能有第三项请求。作为诉讼策略，后一项请求是预备性的，属于"退而求其次"的目标。[21] 在实践中，有法院对原告预备性的诉讼请求持宽容态度。在一个民事案件中，最高法院认为，当事人在前一个诉讼请求不被支持时，可以退一步主张后一个诉讼请求。当事人的两个诉讼请求都符合条件的，法院不能因其互相矛盾而驳回起诉。[22] 这一立场有利于最大限度地保护公民、法人和其他组织的合法权益，促进行政纠纷及时、有效化解。但预备性诉讼请求的引入将使诉讼过程变得复杂，一些问题有待探索。

（四）诉讼请求不适当的后果

诉讼请求应当明确，并且适于法院解决。但实践中，诉讼请求不明确、不合理的情形是相当多的。考虑当前我国社会的法律水平和法律服务水平，法院通常不能简

---

〔21〕 范光群：《主观预备合并之诉在台湾地区的发展》，载《法学家》1997年第4期、1999年第5期；李丽峰、浦欣：《预备合并之诉若干问题研究》，载《环球法律评论》2012年第3期；张卫平：《主观预备合并之诉及制度建构研究》，载《政法论丛》2020年第5期。

〔22〕 甘肃省国营八一农场诉金昌水泥（集团）有限公司股东会决议效力确认案，最高人民法院民事裁定书，(2019)最高法民再152号。

单地以诉讼请求不明确、不适当为由不予受理或者驳回起诉。

首先,法院具有释明的义务。对于诉讼请求不明确的,法院在立案和审理过程中可以要求原告予以明确;对于诉讼请求显然不适当的,法院在立案和审理过程中可以建议其变更。

其次,法院在受理时,应当予以包容。例如,原告不服行政机关向第三人颁发房产证的行为,提起诉讼。但由于城市房屋拆迁,相应的房产证已经被注销。原告无法请求法院撤销该房产证,只能请求确认颁发房产证的行为违法。如果原告提出撤销该房产证的诉讼请求,虽然不适当,但也不构成法院不予受理或者驳回起诉的理由。**在新疆伊宁市巴彦岱镇新村一组、二组等85村民诉伊宁市人民政府案**中,最高法院裁定认为,被告所诉的伊市政办(2011)111号文件系针对不特定对象发布的能反复适用的规范性文件,不属于行政诉讼的受案范围,原审裁定不予受理此项诉请并无不当。但是,起诉状尚有另外两项诉讼请求,分别针对被告无偿征收农民集体土地及侵占、挪用被征地单位土地补偿费,要求确认违法。原审法院对此未予审查,即笼统以抽象行政行为不属于受案范围为由裁定不予受理,应予纠正。〔23〕

最后,法院在判决时,也应当予以包容。对于原告所提的不适当的诉讼请求,法院在审理后可以判决驳回该诉讼请求。但法院不能仅仅因为诉讼请求不适当,而径直判决其完全败诉。即使原告所提的诉讼请求不适当,法院仍然应当针对被诉行政行为的合法性进行审查,依法作出相应的判决。这一点体现了行政诉讼的合法性审查原则。它有别于民事诉讼,而更接近刑事诉讼。在民事诉讼中,法院的审理和裁判应当围绕原告的诉讼请求进行,法院不能在原告的诉讼请求之外进行审判。〔24〕在刑事诉讼中,即使法院认为检察机关公诉的罪名不当,法院应当依据法律和审理认定的事实作出判决,不会因此判决被告无罪。〔25〕

第二节　起诉和受理

一　原告起诉

起诉应当向法院递交起诉状,并按照被告人数提出副本。依照法律规定,书写起诉状确有困难的,可以口头起诉,由法院记入笔录,出具注明日期的书面凭证,并告知对方当事人。实践中,口头起诉极少。原告书写起诉状有困难的,多请律师或

〔23〕 最高人民法院行政裁定书,(2015)行监字第484号。

〔24〕 依据《民事诉讼法》(2012年修正)第200条的规定,原判决、裁定超出诉讼请求的,构成当事人申请再审的法定理由。2021年修正后,调整为第207条,内容未变。

〔25〕 《最高人民法院关于执行〈中华人民共和国刑事诉讼法〉若干问题的解释》(已失效),法释〔1998〕23号,第176条第2项;《最高人民法院关于适用〈中华人民共和国刑事诉讼法〉的解释》,法释〔2012〕21号,第241条第2项;《最高人民法院关于适用〈中华人民共和国刑事诉讼法〉的解释》(已失效),法释〔2021〕1号,第295条第2项。

者其他法律专业人士起草。

（一）起诉状的内容和格式

《行政诉讼法》没有规定起诉状应当记明的事项。根据行政诉讼的特点并参考《民事诉讼法》的规定，起诉状应当记明下列事项：当事人的身份情况，诉讼请求，事实根据和理由，证据和证据来源。

1. 标题

标题通常写“行政起诉状”，用大号字体，居中排列。后面正文，可以用四号宋体。

2. 当事人的基本情况

原告是公民的，写明姓名、性别、年龄、民族、职业、工作单位和住所。当事人的姓名以身份证上的写法为准；有曾用名的，一般应当注明。在特定情况下，原告不愿意写明自己的真实姓名，用化名起诉的，有的法院也予以准许。[26] 公民的住址一般应写住所地；住所地和经常居住地不一致的，写经常居住地。

原告是无诉讼行为能力的公民的，除写明原告本人的基本情况外，还应另起一行写明其法定代理人或指定代理人的姓名、性别、年龄、住所，并在姓名后括注其与原告的关系。

原告是法人或者其他组织的，写明名称、住所、社会信用代码以及法定代表人的姓名、职务；由法定代表人以外的人提起诉讼的，如由公司监事会、符合条件的股东、清算组织代表公司提起诉讼，应当注明。原告是个体工商户的，写明业主的姓名、性别、年龄、民族、住所；起有字号的，在其姓名之后用括号注明“系……（字号）业主”。

群体诉讼案件推选或指定的诉讼代表人，在原告身份事项之后写明“原告暨诉讼代表人……”并写明诉讼代表人的基本情况。原告人数众多的，可在首部列明诉讼代表人基本情况，原告名单及各原告的基本情况可列入起诉状附录部分。

原告在起诉时已委托了诉讼代理人的，可以在原告及法定代理人、法定代表人、诉讼代表人基本情况之后，另起一行写明诉讼代理人的姓名、性别、年龄、职业、住所及与原告关系等基本情况。律师担任诉讼代理人的，只需写明律师姓名以及“××律师事务所律师”，不再写性别、年龄、住所及与原告关系等情况。

行政起诉状中的被告，应写明其名称、所在地址；另起一行写明法定代表人姓名、性别和职务。有第三人的，列在被告之后，基本情况的写法同上。

3. 诉讼请求

在当事人基本情况之后，另起一栏，写明“诉讼请求”。诉讼请求有多项的，可以分行列写，并标注序数。诉讼请求应力求明确、得当，以便于法院审理和判决。诉讼

---

〔26〕 侯勇：《原告能否以化名提起行政诉讼探析》，载《行政法学研究》1999 年第 3 期。

请求的具体写法在前面已作专门讨论。

4. 事实根据和理由

恰当地陈述事实根据和理由不但有助于法院审判工作的展开,也有利于原告获得胜诉。在行政诉讼中,事实根据主要是被告所实施的行政行为;在被告不作为的案件中,则是被告不作为的事实;在行政赔偿案件中,还包括原告遭受损害的事实。通常,起诉状需要写明被告实施或者不实施行政行为的来龙去脉。与民事诉讼相比,《行政诉讼法》没有要求原告在起诉时陈述理由,只要求"有具体的诉讼请求和事实根据"。因此,原告在行政起诉状中不必详细陈述理由,表示对行政行为不服即可。尽管如此,多数情况下原告仍然会努力陈述理由。

5. 证据和证据来源

原告在起诉时应当提供必要的证据。《证据规则》第4条第1款规定:"公民、法人或者其他组织向人民法院起诉时,应当提供其符合起诉条件的相应的证据材料。"具体地说:(1)对于行政机关实施的行政行为不服的,原告应当指明被告作出的行政行为,并提供该行政行为存在的证据。例如,原告对行政处罚不服的,提供行政处罚决定书就够了;原告对被告拒绝其申请的决定不服的,只需提供被告拒绝其申请的决定。(2)在起诉被告不作为的案件中,依据《证据规则》第4条第2款的规定,原告应当提供其在行政程序中曾经提出申请的证据材料。例外的情况是,被告应当依职权主动履行法定职责。如果因被告受理申请的登记制度不完备等正当事由,原告不能提供相关证据材料的,原告能够作出合理说明的也可以。(3)原告要求行政赔偿的,还应当陈述行政行为给其造成损害的事实。《行政诉讼法》和相关的司法解释没有明确规定,原告在起诉时必须提供与损害事实相关的证据。

通常情况下,原告无须提供其起诉没有超出诉讼时效的证据。如果被告认为原告起诉超过诉讼时效的,应当由被告承担举证责任。但如果原告的起诉超过了通常适用的期限,原告有正当事由的,最好在起诉时一并说明,并提交相应的证据。

从实践的观点而言,原告在起诉时通常会尽可能地提供所有的证据。但作为起诉条件,法律并不要求原告提供与案件有关的全部证据,而只要求提供能够支持起诉的相应证据。原告在起诉时没有提供全部证据的,还可以在法院指定的证据提交日期或者开庭审理时提供。[27]

6. 尾部

起诉状的尾部一般应当写明原告起诉状递交的法院、原告签名并载明起诉的日期。所诉法院通常采用书信格式,分两行写"此致　××人民法院"。原告为自然人的,应当由本人签名;原告为法人或者其他组织的,应当加盖公章,并由法定代表人或者其他有权代表的人签字。目前,法律有"代为诉讼"的规定,却没有代为起诉的

〔27〕 依据2018年《行诉法解释》第35条,"原告或者第三人应当在开庭审理前或者人民法院指定的交换证据清单之日提供证据。因正当事由申请延期提供证据的,经人民法院准许,可以在法庭调查中提供"。

明确规定。[28] 在实践中,有的原告委托代理人提起诉讼(委托书中注明代理权限),在起诉状落款处不再签字、盖章,而由代理人签字。对此,有的法院基于便利诉讼的原则予以接受;有的法院以法律没有规定、诉讼应当慎重为由,不予接受。

7. 附录

原告人数众多的,可以在起诉状附录中列明各原告的基本情况。证据材料较多的,可以在起诉状附录中列明原告提供的所有证据和其他材料的目录。

(二)起诉时应当提交的其他材料

1. 原告及其代理人的身份证明

原告是公民的,提交起诉状时应当附有身份证复印件;原告没有诉讼行为能力的,还应当提交其法定代理人或者指定代理人的身份证复印件。原告是法人或者其他组织的,应当提交其营业执照或者登记证书的复印件以及法定代表人或者其他诉讼代表人的身份证复印件。

原告起诉时已委托他人代为诉讼的,应当将授权委托书随起诉状一并递交。委托代理人是律师的,通常还提交该律师所在律师事务所给法院的函件,表明该所律师接受当事人委托的事实。委托代理人是其他公民的,通常还提交该公民的身份证复印件和其他证明符合委托条件的证据。例如,企业职工代理企业参与诉讼的,应当提交缴纳社保凭证、领取工资凭证或者其他证据,以证明其与当事人有合法劳动人事关系。

2. 联系方式

原告在起诉时,应当尽可能地提供原告(或其法定代理人、指定代理人)及其委托代理人的联系方式,以便于法院沟通联络。联系方式主要是通信地址(及邮政编码)、移动电话,有的还包括电子邮箱等其他方式。联系方式可以在起诉状正本中写明,也可以单独提供。

3. 证据材料

原告起诉时,还应当提交起诉所必要的证据。原告也可以同时提交其他与案件有关的证据,特别是证明被诉行政行为违法的证据。原告在提交证据时,应当提供证据的来源,以便法院核实;如果提供证人,则应载明证人的姓名、住所、工作单位和联系方式,以便法院传唤和调查。

二 法院立案

行政诉讼的立案受理,经过了一些比较大的改革。一是按照《人民法院五年改

---

〔28〕《民事诉讼法》第52条第1款规定:"当事人有权委托代理人,提出回避申请,收集、提供证据,进行辩论,请求调解,提起上诉,申请执行。"第62条规定:"委托他人代为诉讼,必须向人民法院提交由委托人签名或者盖章的授权委托书";"授权委托书必须记明委托事项和权限。诉讼代理人代为承认、放弃、变更诉讼请求,进行和解,提起反诉或者上诉,必须有委托人的特别授权"。

革纲要》所确立的“立审分离”原则，行政案件的立案受理不再由行政审判庭负责，而由法院的立案机构负责。立案机构的设置由各级法院自行决定。实践中，有的单独设立“××人民法院立案庭”，有的设在告诉申诉审判庭内，名称为“××人民法院立案室”，并对外公开挂牌。[29] 二是从 2015 年 5 月开始实行立案登记制，要求简便立案手续、保障公民诉权，做到“有案必立、有诉必理”。

（一）接收登记

原告可以用三种方式递交起诉材料：一是到受诉法院立案机构的办公地点亲自递交；二是委托代理人递交；三是邮寄递交。一些地方还推行网上立案、预约立案、巡回立案，为当事人行使诉权提供便利。

法院收到原告的起诉后，必须接收诉状，出具书面凭证并注明收到日期。书面凭证应当注明证据名称、原件或复制件、收到时间、份数和页数，由负责审查起诉的人员和原告签名或者盖章。最高法院严词要求，“人民法院应当一律接收诉状”，[30] 禁止不收材料、不予答复、不出具法律文书。对于不接收起诉状、接收起诉状后不出具书面凭证，《行政诉讼法》规定，当事人可以向上级法院投诉，上级法院应当责令改正，并对直接负责的主管人员和其他直接责任人员依法给予处分。

（二）起诉材料的补正

依据《行政诉讼法》第 51 条第 3 款，“起诉状内容欠缺或者有其他错误的，应当给予指导和释明，并一次性告知当事人需要补正的内容。不得未经指导和释明即以起诉不符合条件为由不接收起诉状”。当事人未能正确表达诉讼请求的，法院应当予以释明。

依照最高法院关于民事诉讼的司法解释，原告提供被告的姓名或者名称、住所等信息具体明确，足以使被告与他人相区别的，可以认定为有明确的被告；起诉状列写被告信息不足以认定明确的被告的，法院可以告知原告补正。原告补正后仍不能确定被告的，法院裁定不予受理。[31] 在行政诉讼中，由于被告都是行政机关，相对容易确认。如果所列被告的名称不准确，或者欠缺地址和法定代表人姓名等事项，法院可以要求补正。但如果原告已经写清被告名称，足以辨认，而欠缺具体事项，法院也可以予以立案。

最高法院的一个文件曾规定，原告“证明其诉讼请求的主要证据不具备的”，应当及时通知其补充证据；法院收到起诉状的时间，从当事人补交有关证据材料之日

---

〔29〕《最高人民法院关于人民法院立案工作的暂行规定》(已废止)，法发〔1997〕7 号，第 20、21 条；《最高人民法院关于全国法院立案工作座谈会纪要》，法〔1999〕186 号。

〔30〕《最高人民法院关于人民法院登记立案若干问题的规定》，法释〔2015〕8 号，第 2 条；《最高人民法院关于人民法院推行立案登记制改革的意见》，法发〔2015〕6 号。

〔31〕《最高人民法院关于适用〈中华人民共和国民事诉讼法〉的解释》，法释〔2015〕5 号，第 209 条。

起开始计算。[32] 这一规定对起诉条件要求似乎过于苛刻,在实践中可能妨碍原告行使起诉权利。实行立案登记制后,这一规定被废止。在起诉阶段,原告只需提交证明其起诉条件成立的必要证据,而无须提交证明其诉讼请求成立的证据。

原告在起诉状中有谩骂和人身攻击之辞的,法院应当告知其修改后提起诉讼。[33] 诉讼是理性的论辩,不是谩骂的场所。

原告起诉不符合形式要件的,法院应当及时释明,以书面形式一次性全面告知应当补正的材料和期限。原告在指定期限内经补正符合法律规定条件的,法院应当登记立案。[34] 当事人在指定期限内补正的,法院决定是否立案的期间,自收到补正材料之日起计算。当事人在指定期限内没有补正的,退回诉状并记录在册;坚持起诉的,裁定不予受理。经补正仍不符合要求的,裁定不予受理。[35] 《行政诉讼法》还规定,法院立案人员不一次性告知当事人需要补正的起诉状内容的,当事人可以向上级法院投诉,对直接负责的主管人员和其他直接责任人员依法给予处分。

(三)审查立案

最高法院司法解释曾经规定:"人民法院应当组成合议庭对原告的起诉进行审查。"[36] 实行立案登记制之后,立案环节更强调简便快速,立案机构对原告起诉是否符合条件原则上只作形式审查,原有规则不再适用。当然,立案机构对于是否应当受理,有时会咨询行政审判庭的意见;[37] 重大疑难案件还可能报院长审批或者经审判委员会讨论决定[38]。

依据修改后的《行政诉讼法》第 51 条要求,法院接到起诉状,对符合法定起诉条件的,应当当场予以登记立案;当场不能判断是否符合起诉条件的,应当在 7 日内决定是否立案,7 日期限,从受诉法院收到起诉状之日起计算;因起诉状欠缺必要内容或者有其他错误而通知原告补正的,从法院收到补正材料之日起计算;由上级法院转交下级法院立案的案件,从受诉法院收到起诉状之日起计算。依据法律,期间开始之日不计算在期间之内;期间届满的最后一日是节假日的,以节假日后的第一日为期间届满的日期;邮寄文书的,期间不包括在途时间。[39] 所以,前述期间应从受诉法院收到起诉状或者补正材料的第二日开始数 7 日;有其他情况的,原告实际等待时间更长一点。

---

〔32〕《最高人民法院关于人民法院立案工作的暂行规定》(已废止),法发〔1997〕7 号,第 9 条。

〔33〕《最高人民法院关于适用〈中华人民共和国民事诉讼法〉的解释》,法释〔2015〕5 号,第 210 条。

〔34〕《最高人民法院关于人民法院推行立案登记制改革的意见》,法发〔2015〕6 号,"三、登记立案程序"。

〔35〕《最高人民法院关于人民法院登记立案若干问题的规定》,法释〔2015〕8 号,第 7 条。

〔36〕2000 年《若干解释》,第 32 条第 1 款。

〔37〕例如,《福建省高级人民法院立案庭、行政审判庭关于行政诉讼案件立案受理若干问题的意见(试行)》(闽高法行〔2005〕11 号)第 2 条规定:"对不符合立案条件,立案庭拟裁定不予受理的案件,可征求行政审判庭的意见。"

〔38〕《最高人民法院关于人民法院立案工作的暂行规定》(已废止),法发〔1997〕7 号,第 13 条。

〔39〕1991 年《民事诉讼法》,第 75 条(2021 年修正后,调整为第 85 条); 2018 年《行诉法解释》,第 48 条。

对于行政诉讼的受理条件,本书第二编曾经详细讨论,这里简单提示一下相关法律和司法政策。《行政诉讼法》第 49 条列举了原告、被告、受案范围、管辖法院等起诉条件。另据最高法院意见,原告违法起诉、重复起诉,所诉事项不属于法院主管范围以及对于涉及危害国家主权和领土完整、危害国家安全、破坏国家统一和民族团结、破坏国家宗教政策的,法院不予登记立案。〔40〕 同时,禁止在法律规定之外设定受理条件,全面清理和废止不符合法律规定的立案"土政策"。〔41〕 为了便利当事人起诉,法院在立案环节对起诉条件一般只作形式审查。最高法院也曾强调,"要正确处理起诉权和胜诉权的关系,不能以当事人的诉讼请求明显不成立而限制或者剥夺当事人的诉讼权利"。〔42〕

(四) 不予立案

法院审查后认为不符合起诉条件的,作出不予立案的裁定。裁定书应当载明不予立案的理由。原告对裁定不服的,可以上诉。一份较早时期的文件还规定,对于不予立案或者原告在立案前撤回起诉的,应当将起诉材料退还,并由当事人签收。〔43〕

在实践中,法院裁定不予受理的数量相对较少。以 2014 年为例,全国一审法院裁定不予受理的行政案件 4610 件,而当年一审法院裁定驳回起诉的行政案件达 12, 353 件。这主要是由于法院采取"形式审查""先予受理"的做法,也不排除一些法院对原告起诉采取"三不主义"(不收材料、不予立案、不下裁定)造成的。实行立案登记制后,法院裁定不予受理案件的数量有较大增长,但仍没有驳回起诉多。以 2020 年为例,全国一审法院裁定不予受理的行政案件 13, 837 件,而当年一审法院裁定驳回起诉的行政案件达 56, 239 件。一审裁定不予受理或者驳回起诉的案件,当事人上诉的,绝大部分得到二审法院的维持,只有少数被指令立案或者继续审理;在一审法院受理并作出判决的案件中,也有少量被二审法院裁定驳回起诉。

受诉法院既不立案,又不作出不予立案裁定的,曾经是行政诉讼中的一个突出问题。《行政诉讼法》第 52 条规定,在此情况下当事人可以向上一级法院起诉;上一级法院认为符合起诉条件的,应当立案、审理,也可以指定其他下级法院立案、审理。这一条吸收了最高法院司法解释的原有规定〔44〕,但有所调整:上级法院指定的,不

〔40〕《最高人民法院关于人民法院登记立案若干问题的规定》,法释〔2015〕8 号,第 10 条;《最高人民法院关于人民法院推行立案登记制改革的意见》,法发〔2015〕6 号,"二、登记立案范围"。

〔41〕《最高人民法院关于人民法院推行立案登记制改革的意见》,法发〔2015〕6 号。

〔42〕《最高人民法院关于依法保护行政诉讼当事人诉权的意见》,法发〔2009〕54 号。

〔43〕《最高人民法院关于人民法院立案工作的暂行规定》(已废止),法发〔1997〕7 号,第 10 条。

〔44〕 2000 年《若干解释》第 32 条第 3 款规定,受诉法院在 7 日内既不立案又不作出裁定的,当事人可以向上一级法院申诉或者起诉;上一级法院认为符合受理条件的,应予受理,受理后可以移交或者指定下级法院审理,也可以自行审理。《最高人民法院关于行政案件管辖若干问题的规定》(已废止),法释〔2008〕1 号,第 3 条也有类似规定。

能再指定原来有管辖权的法院审理。原有法院既不立案又不裁定的,当事人难以相信其还能秉持公正立场进行审理并作出判决。[45] 在胡志刚诉新余市渝水区人民政府案中,胡志刚向新余市中级法院提起诉讼,该院收到起诉状后,在法定期限内既不立案又不作出不予立案裁定。胡志刚向江西高院提起诉讼。江西高院审查后,认为胡志刚的起诉符合法定立案条件。遂作出裁定:本案由宜春市中级法院立案。[46]

(五)诉前调解

过去几年里,一些法院在"诉源治理""繁简分流"的口号下,尝试诉前调解。具体做法是,法院在立案前,征询当事人意见,是否接受调解。当事人同意诉前调解的,转入诉前调解程序。诉前调解可以由立案庭法官主持,也可以交由相关调解组织或者调解员承担。一些法院聘请退休法官担任调解员,也有法院与调解组织建立固定的联系。有法院建立了诉前调解案件流程管理系统,并将诉前调解案件纳入全年审判绩效考评的范围。有法院要求,对一审民事、行政案件原则上应先行通过调解平台进行诉前调解;调解不成的,再将案件信息推送内网进行立案审理。[47] 建设一站式多元解纷机制、一站式诉讼服务中心,成了一个阶段目标。[48]

最高法院对行政诉讼中的诉前调解予以肯定,同时也作了一些规范。开展诉前调解应在调解平台上进行,并编立相应案号。诉前调解中,当事人没有争议的事实应当记入调解笔录,并由当事人签字确认。已确认的无争议事实,在审理过程中一般不再进行举证、质证。经诉前调解达成和解协议,当事人共同申请司法确认的,法院可以依法确认和解协议效力,出具行政诉前调解书。[49]

在一些案件中,诉前调解对于纠纷的快速解决和实质性解决,起到了明显作用。在李燕诉教育部等政府信息公开案中,清华大学研究生李燕申请教育部等部委提供副部长分管事务范围的信息,没能实现。李燕向北京市第一中院提起诉讼后,法院没有马上立案,而是与被告进行沟通。教育部等 3 个部委提供了相关信息,有的还在官方网站领导介绍中增设了副部长分工栏目。李燕对结果基本满意,同意不再立案。[50]

诉前调解也可能带来问题。一些法院变相强制当事人接受诉前调解,导致新的

---

[45] 信春鹰主编:《中华人民共和国行政诉讼法释义》,法律出版社 2014 年版,第 137 页。

[46] 江西省高级人民法院行政裁定书,(2017)赣行初 3 号。

[47] 例如,《江苏省高级人民法院诉前调解案件流程管理规定(试行)》,苏高法审委〔2011〕17 号;《山东省高级人民法院关于民事诉前调解程序的若干规定(试行)》,鲁高法〔2019〕29 号;《湖南省高级人民法院关于推进诉源治理,加强"两个一站式"建设的实施意见(试行)》,湘高法〔2020〕38 号。

[48] 《最高人民法院关于建设一站式多元解纷机制、一站式诉讼服务中心的意见》,法发〔2019〕19 号。

[49] 《最高人民法院关于推进行政诉讼程序繁简分流改革的意见》,法发〔2021〕17 号,第二部分"促进行政争议诉前分流"。

[50] 万静:《清华女研究生状告三部委要求公开副部长职权信息》,载《法制日报》2011 年 9 月 15 日;叶逗逗:《清华女生诉三部委信息公开案不了了之》,载财新网,https://china.caixin.com/2011-10-11/100312765.html。

"立案难"。诉前调解的实际成效,也需要更加中立和深入的考察。严守当事人同意原则,严守7天的立案审查时限,也许是诉讼的正道。

(六)受理和移交

法院经审查决定立案后,立案机构应当编立案号,填写立案登记表,确定案件受理费。经审查决定受理或立案登记的日期为立案日期。立案后,应当向原告发出案件受理通知书。通知书列明诉讼案由、受理时间、需要准备的事项以及案件受理费的数额、缴纳方式、期限和逾期不缴的后果。

登记立案后,立案机构应当及时将案件移送审判庭审理。一般情况下,立案机构应当在决定立案后2日内将案件移送审判庭审理,并办理移交手续。[51] 在实行在线办公、网上立案之后,理论上立案机构可以即时移送。案件移交后,接下来的工作就由行政审判庭或者其他承担业务的庭室负责了。

三 被告答辩

被告对原告的起诉应当作出答辩,并及时提供相关证据。对原告起诉和法院管辖有异议的,也应当及时提出。必要时,双方还可以用书面方式展开互辩。

(一)通知和告知

法院立案后,还应当在立案之日起5日内,向被告送达应诉通知书和起诉状副本。有第三人的,一并向第三人送达应诉通知书和起诉状副本。

法院向当事人送达案件受理通知书或者应诉通知书时,应当同时告知其诉讼权利和义务。《证据规则》第8条特别规定,应当告知当事人举证范围、举证期限和逾期提供证据的法律后果,并告知因正当事由不能按期提供证据时应当提出延期提供证据的申请。另一个司法解释要求,法院应当在受理案件通知书、应诉通知书中告知当事人在互联网公布裁判文书的范围,以便当事人明白诉讼潜在的后果。[52] 实践中,有的法院分别制作案件受理通知书(应诉通知书)和权利义务告知书,有的法院则在受理通知书和应诉通知书中一并告知。

随着法院信息化工作的推进,法院建立了审判流程管理电子系统,诉讼当事人可以通过手机、互联网进行案件信息查询,上传案件材料。[53] 法院还逐步推行在线诉讼,当事人通过网络参与庭审。按要求,法院开展在线诉讼应当征得当事人同意,

---

〔51〕《最高人民法院关于人民法院立案工作的暂行规定》(已废止),法发〔1997〕7号,第14、15条。

〔52〕《最高人民法院关于人民法院在互联网公布裁判文书的规定》(已失效),法释〔2013〕26号,第5条。

〔53〕刘茸:《在北京打官司 即日起可在线实时查案件进展》,载人民网,http://legal.people.com.cn/n/2014/0716/c42510-25288153.html;许聪、蒋国华:《网上司法社区将应公开事项"一网打尽" 浙江高院集成大数据助力审判流程公开》,载《人民法院报》2015年1月11日。

并告知适用在线诉讼的具体环节、主要形式、权利义务、法律后果和操作方法等。[54]

（二）答辩状和证据

《行政诉讼法》第67条规定，被告应当在收到起诉状副本之日起15日内，向法院提出答辩状，并提交作出行政行为的证据和所依据的规范性文件。被告不提出答辩状的，不影响法院审理。

被告因正当事由不能提供证据的，可以向法院申请延期提供。正当事由，一是被告在作出行政行为时已经收集了证据，但因不可抗力或者其他客观上不能控制、主观上并无过错的理由而不能提供；二是原告在起诉时提出了在行政处理程序中没有提出的理由或者证据的，被告需要补充证据的。[55] 被告申请延期提供证据，应当以书面方式提出。因故不能提供，经法院准许延期提供证据的，被告应当在正当事由消除后15日内提供；[56]需要补充证据的，应当在法院规定的合理时间内提供。

《行政诉讼法》第34条第2款进一步规定，被告不提供或者无正当理由逾期提供证据，视为没有相应证据；被诉行政行为涉及第三人合法权益，第三人提供证据的除外。在杭燚诉南京理工大学取消研究生入学资格案中，被告在接到一审法院的应诉通知和举证期限通知后，未在法定期限内提供作出行政行为的证据和依据。一审法院据此认定其所作的取消原告入学资格的决定没有证据和依据，判决予以撤销。上诉时，南京理工大学提出，未在法定期限内提供证据和依据是因为"各部门工作衔接问题和对行政诉讼举证期限不了解"。南京中院二审判决认为，其主张的抗辩理由并非法定的正当理由，一审判决应予维持。[57]

（三）对原告起诉和法院管辖的异议

被告或者第三人对法院管辖有异议的，应当在接到法院应诉通知之日起15日内以书面形式提出。对当事人提出的管辖异议，法院应当进行审查。异议成立的，裁定将案件移送有管辖权的法院；异议不成立的，裁定驳回。[58] 参照民事诉讼的做法，管辖异议包括对法院级别管辖的异议。[59] 但是，对指定管辖裁定有异议的，不适用管辖异议的规定。[60]

---

〔54〕《人民法院在线诉讼规则》，法释〔2021〕12号，第4条第1款。

〔55〕《行政诉讼法》，第36条。

〔56〕2000年《若干解释》，第26条第2款；2002年《证据规则》，第1条；2018年《行诉法解释》，第34条。前两个司法解释规定，被告申请延期提供证据的期限为收到起诉状副本之日起10日。由于《行政诉讼法》把被告答辩期限延长到15日，被告申请延期提供证据的期限相应延长为15日。

〔57〕公丕祥主编：《典型裁判案例2》，法律出版社2011年版。

〔58〕2000年《若干解释》第10条。司法解释规定被告和第三人对原告起诉和法院管辖的异议期限为收到起诉状副本之日起10日。由于《行政诉讼法》把被告答辩期限延长到15日，该期限相应延长为15日。

〔59〕《最高人民法院关于审理民事级别管辖异议案件若干问题的规定》，法释〔2009〕17号。

〔60〕《最高人民法院关于行政案件管辖若干问题的规定》（已废止），法释〔2008〕1号，第7条。

被告和第三人在应诉期限届满后，再提管辖异议的，法院可以不予接受。[61] 在**福建省莆田县轮船公司、陈金栋等诉广东省惠州市公安局等限制人身自由、扣押财产和行政处罚案**中，被告惠州市公安局认定莆田县轮船公司所属轮船走私，扣押了该轮船及船上物品，并将船长陈金栋等 13 名船员收容审查，后作出没收走私物品和罚款的处罚。莆田县轮船公司和陈金栋等人向莆田中院提起诉讼，请求撤销被告限制人身自由的行政行为，撤销罚没决定，发还被扣物品，并赔偿损失。被告在上诉时提出，一审法院仅对限制人身自由的行政行为有权管辖，对扣押、罚款、没收的行政行为无权管辖，把几个诉讼合并审理违反《行政诉讼法》有关管辖的规定。福建高院二审判决认为，被告在一审答辩期间没有提出管辖异议，应视为接受管辖。因此，莆田中院对本案当事人的几个诉讼合并审理是正确的。[62]

除了管辖异议，被告和第三人认为原告的起诉不符合其他起诉条件，包括被诉行为不属于行政诉讼受案范围、当事人主体不适格、原告起诉超过法定期限、重复起诉、应当先经复议而未经复议等，也应当在答辩期间提出。但被告和第三人在答辩期间没有提出而到开庭审理时才提出，现有法律也未明确禁止。

（四）答辩状送达和互辩

法院应当在收到答辩状之日起 5 日内，将答辩状副本发送原告；有第三人的，同时发送第三人。

在民国时期行政诉讼实行书面审理的制度下，原告还可以就被告的答辩提出书面意见，被告还可以针对原告的意见再次答辩，称为“互辩”。[63] 由于现行行政诉讼采取了公开审理、口头辩论的程序，当事人通过书面方式的互辩不再必要。通常情况下，原告收到被告的答辩状后，就等着法庭上见了。但在新的时代条件下，法院对特定类型的案件可能采取非同步方式的在线审理。[64] 这种情况下，需要给当事人互辩的机会。必要时，经过当事人两个回合的交锋，法院才作出裁判。

第三节　庭 外 事 项

原告起诉和被告答辩之后，法院不一定能够或者需要直接开庭审理。在诉讼过

---

〔61〕《民事诉讼法》（2012 年修正）第 127 条第 2 款规定：“当事人未提出管辖异议，并应诉答辩的，视为受诉人民法院有管辖权，但违反级别管辖和专属管辖规定的除外。”2021 年修正后，调整为第 130 条第 2 款。

〔62〕福建省高级人民法院行政判决书，（1995）闽行终字第 1 号。被告在莆田中院裁定先予执行后，在对该裁定申请复议时才提出管辖异议，已经超过 10 天的答辩期限。另依据后来的司法解释，行政机关基于同一事实，既采取限制公民人身自由的行政强制措施，又采取其他行政强制措施或者行政处罚的，原告所在地法院可以一并管辖。见 2000 年《若干解释》，第 9 条第 2 款；2018 年《行诉法解释》，第 8 条第 2 款。

〔63〕《中华民国行政诉讼法》（1932 年）第 14 条：“行政法院认为必要时，得限定期间，命原告、被告以书状为第二次之答辩。”

〔64〕《人民法院在线诉讼规则》，法释〔2021〕12 号，第 20 条。

程中，常常有一些特殊事项需要处理，如诉的变更和合并，证据的补充、交换、保全和调取，停止执行、先予执行和财产保全，诉讼的中止、终结、移送和撤回。这些事项，有的著作称为“开庭前的准备”。但其实，它们不见得是为开庭审理所作的准备，也不一定发生在开庭审理之前。鉴于这些事项基本发生在庭审之外，并且不需要通过开庭审理来解决，本书称为“庭外事项”。

在司法实践中，法院可能在答辩之后、开庭之前召集双方当事人会议，为开庭做准备，并对一些事项作出处理。庭前会议的内容可能包括：(1)明确原告的诉讼请求和被告的答辩意见；(2)审查处理当事人增加、变更诉讼请求的申请和提出的反诉，以及第三人提出的与本案有关的诉讼请求；(3)根据当事人的申请决定调查收集证据，委托鉴定，要求当事人提供证据，进行勘验，进行证据保全；(4)组织交换证据；(5)归纳争议焦点；(6)进行调解。[65]

一　诉的变更和合并

法院立案后，诉讼主体或者内容可能发生变化。例如，需要追加或者变更当事人，被告改变被诉行政行为，原告变更诉讼请求，法院决定将几个诉讼合并审理。

(一) 追加当事人

诉讼想要解决纠纷，适格的当事人参与是一个重要条件。法院立案后，有时还会出现追加和变更当事人的问题。

1. 追加原告

当事人一方为两人以上，因同一行政行为发生行政争议，依法必须共同进行诉讼。必须共同进行诉讼的当事人没有参加诉讼的，法院应当通知其参加；法院没有通知，当事人自己知道情况后，也可以向法院申请参加。法院认为当事人申请参加诉讼的理由不成立的，裁定驳回；申请理由成立的，书面通知其参加诉讼。法院追加共同诉讼的当事人时，应当通知其他当事人。应当追加的原告，已明确表示放弃实体权利的，可不予追加；既不愿意参加诉讼，又不放弃实体权利的，应追加为第三人。[66]

2. 追加被告

必须参加诉讼的被告缺漏的，法院应当告知原告追加被告；原告不同意追加的，法院通知其以第三人的身份参加诉讼，但行政复议机关作共同被告的除外。[67] 修改后的《行政诉讼法》规定，复议机关决定维持原行政行为的，作出原行政行为的行政机关和复议机关是共同被告。据此，原告只起诉作出原行政行为的行政机关或者复议机关的，法院应当告知原告追加被告；原告不同意追加的，将另一机关列为共同

---

〔65〕《最高人民法院关于适用〈中华人民共和国民事诉讼法〉的解释》，法释〔2015〕5号，第225条。

〔66〕2018年《行诉法解释》，第27、28条。

〔67〕2000年《若干解释》，第23条第2款；2018年《行诉法解释》，第26条第2款。

被告。[68]

3. 追加第三人

《行政诉讼法》第29条规定,公民、法人或者其他组织同被诉行政行为有利害关系但没有提起诉讼,或者同案件处理结果有利害关系的,可以作为第三人申请参加诉讼,或者由法院通知参加诉讼。例如,行政机关的同一具体行政行为涉及两个以上利害关系人,其中一部分利害关系人对具体行政行为不服提起诉讼,没有起诉的其他利害关系人可以作为第三人参加诉讼。[69] 又如,在房屋登记行政案件中,法院受理后,应当通知没有起诉的下列利害关系人作为第三人参加诉讼:(1)房屋登记簿上载明的权利人;(2)被诉异议登记、更正登记、预告登记的权利人;(3)法院能够确认的其他利害关系人。[70] **在中国建银投资有限公司诉河南省延津县人民政府行政赔偿案**中,法院追加房屋实际使用人参加诉讼。[71]

(二) 变更当事人

当事人变更,主要是被告的变更。除非因死亡(终止)而转移,原告不会变更。

1. 变更被告

原告所起诉的被告不适格,法院应当告知原告变更被告;原告不同意变更的,裁定驳回起诉。[72] **在王金南诉江苏省常州市武进区人民政府案**中,原告对武进区政府给第三人颁发《国有土地使用证》的行为不服,以武进区政府为被告提起诉讼。一审法院在审理中认为,《不动产登记暂行条例》施行后,土地登记职能已经转给常州市国土局,依法应由国土局承当被告。在法院释明的情况下,王金南拒绝变更,一审法院遂裁定驳回起诉。王金南为此相继提起上诉、申请再审,被法院驳回。[73] **在曾丽容等33人诉南宁市青秀区人民政府国有土地上房屋征收决定案**中,曾丽容等人对青秀区政府的征收决定不服,以青秀区政府、青秀区住建局为被告提起诉讼。因所涉行政行为系青秀区政府作出,经一审法院释明,曾丽容等人撤回对青秀住建局的起诉。[74]

变更被告的方式,法律没有明确规定。实践中,有的法院要求原告重新提交起诉状。如果只是被告名称的写法不规范,并不影响辨识的,如把"劳动和社会保障局"写成"社会保障局",不属于应当变更被告的情形;法院在适当场合作出更正和说明即可,不必要求另交起诉状。

---

〔68〕 2015年《适用解释》,第7条。

〔69〕 2000年《若干解释》,第24条第1款;2018年《行诉法解释》,第30条第1款。

〔70〕 《最高人民法院关于审理房屋登记案件若干问题的规定》,法释〔2010〕15号,第6条。

〔71〕 最高人民法院行政裁定书,(2019)最高法行赔申487号。

〔72〕 2000年《若干解释》,第23条第1款;2018年《行诉法解释》,第26条第1款。

〔73〕 最高人民法院行政裁定书,(2017)最高法行申137号。

〔74〕 广西壮族自治区高级人民法院行政判决书,(2020)桂行终317号。

2. 当事人的继承

在诉讼过程中，作为当事人的公民死亡的，由其近亲属继续参加诉讼；丧失诉讼行为能力的，确定法定代理人后继续诉讼。作为当事人的行政机关、法人或者其他组织终止的，由其权利义务承受人继续参加诉讼。原当事人的诉讼行为对继续参加诉讼的当事人继续有效。

这一点同样适用于二审和再审。在杜东平诉西安市人力资源和社会保障局案中，原告商业协会在再审过程中被西安市碑林区民政局撤销。被申请人向法院提出，应当等待权利继承者确定后再恢复审理，请求中止对本案的审查。商业协会原法定代表人杜东平表示，对于商业协会被撤销没有异议，但其本人作为原商业协会的法定代表人继续参加诉讼。故法院将再审申请人由商业协会变更为杜东平，但不中止案件的审理。[75]

（三）被诉行为改变和诉讼请求的变更

在诉讼期间，被告可能自行撤销或者变更行政行为。法律对此没有禁止，只要求被告在一审期间改变被诉行政行为的，应当书面告知法院。原告或者第三人对改变后的行为不服提起诉讼的，法院应当就改变后的行政行为进行审理；原告坚持诉讼的，法院应当针对原行政行为作出判决。原告起诉被告不作为，在诉讼中被告作出具体行政行为，原告不撤诉的，参照前述规定处理。[76]

在诉讼过程中，原告可以撤销部分诉讼请求。撤销部分诉讼请求是原告对诉权的处分，不增加他人义务，法律上没有限制。在胡云成诉抚顺市人民政府清运煤矿行为案中，被告组建的"绿都指挥部"以原告非法占地为由，清运了原告厂区内的煤矿。原告起诉要求确认被告的清运行为违法，并责令被告赔礼道歉、赔偿损失。沈阳中院一审判决认为，被告的行政行为超越职权、缺少事实证据、适用法律错误、违反法定程序，构成违法。但由于原告在庭审中表示放弃被告赔礼道歉的请求，后又向法院书面表示撤销行政赔偿的请求，故对这两项诉讼请求"不作审查"，只判决确认被告对煤矿的清运行为违法。[77]

原告增加或者变更诉讼请求的，涉及被告答辩和举证，应当受到一定限制。起诉状副本送达被告后，原告提出新的诉讼请求的，法院不予准许，除非原告有正当理由。[78] 何谓"有正当理由"，广东深圳亿亨投资有限公司诉河南省郑州市人民政府行政决定案提供了一个事例。亿亨公司在起诉状中要求判决郑州市政府重新作出行政行为。本案发回重审后，亿亨公司不再要求郑州市政府重新作出行政行为，而要求赔偿经济损失。最高法院判决认为，鉴于本案重审期间情况发生变化，涉案粮

---

〔75〕 最高人民法院行政裁定书，(2006)行监字第187－2号。

〔76〕 2000年《若干解释》，第50条；2018年《行诉法解释》，第81条。

〔77〕 沈阳市中级人民法院行政判决书，(2005)沈行初字第17号。

〔78〕 2000年《若干解释》，第45条；2018年《行诉法解释》，第70条。

油总厂的破产程序已经终结，要求郑州市政府重新作出行政行为已无实际意义。在此情况下，亿亨公司提出赔偿请求属于有正当理由，应予准许。[79] 而在**李庆龙诉江苏省宿迁市建设局不履行法定职责案**中，李庆龙起诉要求被告对房屋拆迁安置与补偿申请作出裁决；在第一审开庭后，原告又提出确认被告的拆迁公告和拆迁许可证违法并要求赔偿的诉讼请求。一审法院对李庆龙增加的诉讼请求不予审理。江苏高院二审判决认为，李庆龙在第一次庭审后增加诉讼请求，没有正当理由，且其增加的诉讼请求与本案不属同一法律关系，一审法院不予审理是正确的。[80]

（四）变更诉讼类型和诉讼程序

在民事诉讼和行政诉讼分立的情况下，案件类型构成一个特殊问题。审判庭对立案机构移送的案件认为不属本庭职责范围的，应当及时提出，报院长决定。[81] 法院发现自己以行政诉讼受理的案件应当按照民事诉讼审理，或者以民事诉讼受理的案件应当按照行政诉讼审理，法院可以裁定直接变更案件类型，并移送相应的审判庭审理。在实践中，有的法院径直裁定驳回当事人的起诉，不甚妥当。还有法院对于当事人以民事案件起诉和以行政案件起诉的都不予受理，这就悖谬法理了。[82]

适用简易程序审理的案件，不能在45日内的期限内审结，或者因为案情复杂等原因不宜适用简易程序的，应当裁定转为普通程序审理。需要转为普通程序审理的，应当在审理期限届满前作出裁定，并将合议庭组成人员及相关事项书面通知双方当事人。转为普通程序前，双方当事人已确认的事实，可以不再进行举证、质证。案件转为普通程序审理的，审理期限自法院立案之日计算。

（五）合并审理

合并审理是法院将法律上有关联但不同的几个诉讼合并在一起，由同一审判组织适用同一程序予以审理和判决。合并审理有助于简化诉讼程序，提高审判效率，避免裁判冲突。

依据《行政诉讼法》及其司法解释，可以合并审理的情形有：

1. 多个当事人针对同一行政行为提起的诉讼

多个当事人针对同一行政行为分别提起的诉讼，一般应当合并审理。在**曾丽容诉南宁市行政审批局行政许可案**中，原告曾丽容不服被告南宁市行政审批局给广西香港街房地产有限公司颁发《建筑工程施工许可证》，向南宁铁路运输法院提起诉讼。法院立案后发现，本案与潘宝喜等人提起的（2020）桂7102行初349号诉讼，针

---

〔79〕 最高人民法院行政判决书，（2001）行终字第12号；法公布（2003）第8号。

〔80〕 江苏省高级人民法院行政判决书，（2002）苏行终字第6号。

〔81〕《最高人民法院关于人民法院立案工作的暂行规定》（已废止），法发〔1997〕7号，第17条。

〔82〕 一个现实的案例，参见韦洪乾、王义杰：《交通事故施救收费合法吗》，载《方圆法治》2008年12月9日，检察日报网 http://fy.jcrb.com/shownews1.aspx?newsid=1344。

对的是同一行政行为。故裁定将本案并入该案审理。[83] 在曾丽容等33人诉南宁市青秀区人民政府国有土地上房屋征收决定案中,因为涉及同一个征地决定,法院也将多个当事人先后起诉的案件合并审理。[84]

行政机关所作的征收土地决定,往往涉及多个乃至众多的当事人,从原理上应当合并审理。但由于当事人起诉时间差异较大,可能出现后来起诉时,早起诉的案件已经作出裁判。理论上,解决这个问题的办法是,法院收到起诉后,通知该征地决定涉及的其他利害关系人参加诉讼。

2. 多个当事人针对同类行政行为提起的诉讼

多个当事人针对同类行政行为提起的诉讼,如果当事人申请或者同意,法院认为可以合并审理的,也可以合并审理。

3. 针对关联行政行为提起的诉讼

依据司法解释,有下列情形之一的,法院可以决定合并审理:(1)两个以上行政机关就同一事实分别作出具体行政行为,当事人向同一法院起诉的;(2)行政机关就同一事实对若干公民、法人或者其他组织分别作出具体行政行为,当事人不服分别向同一法院起诉的;(3)在诉讼过程中,被告对原告作出新的具体行政行为,原告不服向同一法院起诉的;(4)法院认为可以合并审理的其他情形。[85]

在泰国贤成两合公司等诉深圳市工商行政管理局等注册登记案中,法院不但把两个行政机关依据不同法律分别作出的关联行政行为合并审理,还把被告在诉讼过程中作出的新的行政行为也合并审理。在该案中,泰国贤成两合公司与四家中国公司为建设深圳贤成大厦,成立中外合资企业深圳贤成大厦有限公司。由于贤成大厦建设陷于停工,深圳市政府协调由第三人鸿昌公司取代贤成两合公司与中方四家公司建立合资企业,承接原贤成大厦业务。之后,被告之一市工商局注销了贤成大厦有限公司的企业登记,另一被告市外资办批复同意鸿昌公司与中方四家公司签订的合作经营合同。贤成两合公司、贤成大厦有限公司就市工商局的注销登记和市外资办的批复提起诉讼,广东高院予以受理。在诉讼过程中,市工商局又作出成立贤成大厦有限公司清算组的决定,原告对该决定又提起诉讼。广东高院于1995年10月立案受理,并决定与前诉合并审理。[86]

4. 与行政行为有关的民事争议

依据《行政诉讼法》第61条,在涉及行政许可、登记、征收、征用和行政机关对民事争议所作的裁决的行政诉讼中,当事人申请一并解决相关民事争议的,法院可以一并审理。当然,如果有不宜一并审理的情形,例如法律规定应当由行政机关先行

---

[83] 南宁铁路运输法院行政裁定书,(2020)桂7102行初355号。裁定书同时交代,原告曾丽容预交的案件受理费50元,将在(2020)桂7102行初349号案件中作出处理。

[84] 广西壮族自治区高级人民法院行政判决书,(2020)桂行终317号。

[85] 2000年《若干解释》,第46条; 2018年《行诉法解释》,第73条。

[86] 广东省高级人民法院行政判决书,(1995)粤高法行初字第1号。

处理的、违反民事诉讼法专属管辖规定或者协议管辖约定的、已经申请仲裁或者提起民事诉讼的,则不予一并审理,当事人可以通过其他渠道主张权利。对不予准许一并审理的决定,当事人可以申请复议一次。法院在行政诉讼中一并审理相关民事争议的,民事争议应当单独立案,由同一审判组织审理;但是,审理行政机关对民事争议所作裁决的案件,一并审理民事争议的,不另行立案。[87]

通常情况下,只有对已经依法提起的关联诉讼,法院才可以合并审理。当事人未依法提起诉讼的,谈不上合并审理。在非常特殊的情况下,法院也可能予以变通。在刘桂兰诉昆明市公安局官渡分局行政赔偿案中,被告官渡分局在将被人殴打致伤的杜文华抬至派出所后,未予及时救治,导致杜文华死亡。杜文华妻子刘桂兰请求确认被告不作为违法,并赔偿杜文华死亡的损失以及杜文华生前抚养的三个未成年子女的生活费。昆明中院二审判决认为,被告不作为违法,应对原告承担相应的赔偿责任。赔偿三位被抚养人生活费的诉讼请求,依法应由被抚养人提起。但考虑到三位被抚养人均为刘桂兰与杜文华共同抚养的子女,且未成年,为减少讼累,本案可一并予以裁判。[88] 在该案中,法院实际上是将本应由三位未成年子女提起的诉讼(由刘桂兰作为法定代理人)与刘桂兰所提起的诉讼合并审理。

二 证据问题的处理

证据问题是一审程序需要处理的一个重要问题。当事人通常应当在法院开庭前提交或者交换证据;在特定情况下,当事人可以补充证据。法院还可能应当事人申请或者依职权调取证据、保全证据、勘验现场、委托鉴定和传唤证人。下面分述之。

(一) 证据的提交和交换

1. 提交证据

当事人应当在规定的时间内提交证据。被告原则上应当在收到起诉状副本之日起 15 日内,提供作出行政行为时的证据。不能在该期限内提供证据的,应当在收到起诉状副本之日起 15 日内,向法院提出延期提供证据的书面申请。法院准许延期提供的,被告应当在正当事由消除后 10 日内提供证据。原告或者第三人应当在开庭审理前或者法院指定的交换证据之日提供证据。因正当事由申请延期提供证据的,经法院准许,可以在法庭调查中提供。逾期提供证据的,视为放弃举证权利。原告或者第三人在第一审程序中无正当事由未提供而在第二审程序中提供的证据,法院不予接纳。

当事人提交的证据涉及国家秘密、商业秘密或者个人隐私的,应当作出明确标

---

〔87〕 2015 年《适用解释》,第 17、18 条; 2018 年《行诉法解释》,第 139、140 条。

〔88〕 云南省昆明市中级人民法院行政判决书,(2003)昆行终字第 9 号。

注,并向法庭说明,法庭予以审查确认。当事人应当对其提交的证据材料分类编号,对证据材料的来源、证明对象和内容作简要说明,签名或者盖章,注明提交日期。法院收到当事人提交的证据材料,应当出具收据,注明证据的名称、份数、页数、件数、种类等以及收到的时间,由经办人员签名或者盖章。

2. 证据交换

在一些案件中,证据的提交、接纳和质证是个艰巨的工作。特别是在知识产权、金融监管等领域,案件材料可能多达几十上百个卷宗,需"车载人推"进入法院。为节省庭审时间,对于案情比较复杂或者证据数量较多的案件,法院可以组织当事人在开庭前向对方出示或者交换证据,并将交换证据的情况记录在卷。当事人在庭前证据交换过程中没有争议并记录在卷的证据,经审判人员在庭审中说明后,可以作为认定案件事实的依据。[89]

(二)补充证据

被告向法院提供的证据,不但应当是在行政决定作出前取得,还应当在规定期限内提供。依据《行政诉讼法》第35条的规定,在诉讼过程中,被告及其诉讼代理人不得自行向原告、第三人和证人收集证据。被告及其诉讼代理人在诉讼过程中自行收集的证据,法院不予接纳。只有经法院准许或者应法院要求,被告在举证期限后补充证据才予准许。

被告申请调查收集证据,应当是必要的、正当的。申请调查收集的证据与待证事实无关联、对证明待证事实无意义或者其他无调查收集必要的,法院不予准许。[90] 法院准许被告补充证据的,《行政诉讼法》只规定了一种情况,即原告或者第三人提出了其在行政处理程序中没有提出的理由或者证据的(第36条)。被告在作出行政行为时已经收集了证据,但因不可抗力等正当事由不能提供的,也应当在答辩期限内向法院申请延期提供证据,并经法院准许。延期提供证据在理论上不再视为补充证据。

法院要求被告补充证据的,也有限制。依据《行政诉讼法》第39条,法院有权要求当事人提供或者补充证据。举证原则上是当事人的权利和义务。如果法院过于宽泛地使用这一权力,法律关于举证期限的规定将形同虚设,不利于诉讼效率;实践中,还可能帮助行政机关规避事先取证的要求。出于这些考虑,司法解释目前只规定在两种情况下,法院可以要求当事人提供或者补充证据。一是原告或者第三人确有证据证明被告持有对其有利的证据而未提交,向法院提出书面申请,法院认为其申请提交的理由成立,责令行政机关提交的。[91] 二是对当事人虽无争议,但涉及国家利益、公共利益或者他人合法权益的事实,法院可以责令当事人提供或者补充有

---

〔89〕 2002年《证据规则》,第21、35条;2018年《行诉法解释》,第38条。

〔90〕 2018年《行诉法解释》,第39条。

〔91〕 2018年《行诉法解释》,第46条。

关证据。[92]

（三）调取保全证据、勘验鉴定和传唤证人

当事人申请法院调取证据、保全证据，原告或者第三人对被告据以认定案件事实的鉴定结论申请重新鉴定，应当在举证期限内提交书面申请。当事人申请证人出庭作证或者当事人出庭接受询问的，原则上也应当在举证期限内提出。

1. 法院调取证据

为了更好查明案件事实、正确审理行政案件，法院有权向有关行政机关以及其他组织、公民调取证据。法院调取证据可分为依当事人申请调取和依法院职权调取。但有一个基本限制："不得为证明行政行为的合法性调取被告作出行政行为时未收集的证据。"[93]

实践中，法院调取证据主要是基于当事人申请。行政机关依法有权收集证据，一般不存在申请法院调取证据的问题，需要申请调取证据的是原告或者第三人。《行政诉讼法》第41条规定，与本案有关的下列证据，原告或者第三人不能自行收集的，可以申请法院调取：（1）由国家机关保存而须由法院调取的证据；（2）涉及国家秘密、商业秘密和个人隐私的证据；（3）确因客观原因不能自行收集的其他证据。在政府信息公开诉讼中，被告主张政府信息不存在，原告能够提供该政府信息系由被告制作或者保存的相关线索的，可以申请法院调取证据。[94] 当事人申请法院调取证据的，应当在举证期限内提交调取证据申请书。

法律为法院依职权调取证据保留了空间，但法院行使职权时应当节制。有下列情形之一的，法院可以不待当事人申请，主动调取证据：（1）涉及国家利益、公共利益或者他人合法权益的事实认定的；（2）涉及依职权追加当事人、中止诉讼、终结诉讼、回避等程序性事项的。[95]

法院调取证据时，有关行政机关以及其他组织、公民应当积极协助。有义务协助调查的人，对法院的协助调查要求无故推脱、拒绝或者妨碍，法院可以予以训诫、责令具结悔过、罚款、拘留等制裁。法院需要调取的证据在异地的，可以书面委托证据所在地法院调取。受托法院应当在收到委托书后，按照委托要求及时完成证据调取工作，送交委托法院。受托法院不能完成委托内容的，应当告知委托法院并说明原因。

2. 保全证据

《行政诉讼法》第42条规定："在证据可能灭失或者以后难以取得的情况下，诉讼参加人可以向人民法院申请保全证据，人民法院也可以主动采取保全措施。"《行

---

〔92〕 2002年《证据规则》，第9条；2018年《行诉法解释》，第37条。

〔93〕 《行政诉讼法》，第40条。

〔94〕 《最高人民法院关于审理政府信息公开行政案件若干问题的规定》，法释〔2011〕17号，第5条第5款。

〔95〕 2002年《证据规则》，第22条。

政诉讼法》没有规定诉前保全;法律、司法解释规定诉前保全证据的,依照其规定办理。

依据《证据规则》的规定,当事人向法院申请保全证据的,应当在举证期限届满前以书面形式提出,并说明证据的名称和地点、保全的内容和范围、申请保全的理由等事项。当事人(包括行政机关)申请保全证据的,法院可以要求其提供相应的担保。法院保全证据的,可以根据具体情况,采取查封、扣押、拍照、录音、录像、复制、鉴定、勘验、制作询问笔录等保全措施。法院保全证据时,可以要求当事人或者其诉讼代理人到场。

3. 勘验现场

依据《证据规则》的规定,法院可以依当事人申请或者依职权勘验现场。勘验现场时,勘验人必须出示法院证件,并邀请当地基层组织或者当事人所在单位派人参加。当事人或其成年亲属应当到场,拒不到场的,不影响勘验的进行,但应当在勘验笔录中说明情况。审判人员应当制作勘验笔录,记载勘验的时间、地点、勘验人、在场人、勘验的经过和结果,由勘验人、当事人、在场人签名。勘验现场时绘制的现场图,应当注明绘制的时间、方位、绘制人姓名和身份等内容。当事人对勘验结论有异议的,可以在举证期限内申请重新勘验,是否准许由法院决定。

4. 重新鉴定

1989 年《行政诉讼法》第 35 条曾规定:“在诉讼过程中,人民法院认为对专门性问题需要鉴定的,应当交由法定鉴定部门鉴定;没有法定鉴定部门的,由人民法院指定的鉴定部门鉴定。”行政诉讼主要是对行政机关既有事实认定和相关证据的审查,而不是由法院通过鉴定等工作积极主动地查证事实。因此,这一条在《行政诉讼法》修改时被删除了。目前的主要问题是当事人对于现有鉴定意见有异议、要求重新鉴定的,初次鉴定只在行政赔偿案件中涉及损害情况时经常用到。

依据《证据规则》的规定,原告或者第三人有证据或者有正当理由表明被告据以认定案件事实的鉴定结论可能有错误,在举证期限内书面申请重新鉴定的,法院应予准许。当事人对法院委托的鉴定部门作出的鉴定结论有异议申请重新鉴定,提出证据证明存在下列情形之一的,法院应予准许:(1)鉴定部门或者鉴定人不具有相应的鉴定资格的;(2)鉴定程序严重违法的;(3)鉴定结论明显依据不足的;(4)经过质证不能作为证据使用的其他情形。对有缺陷的鉴定结论,可以通过补充鉴定、重新质证或者补充质证等方式解决。对需要鉴定的事项负有举证责任的当事人,在举证期限内无正当理由不提出鉴定申请、不预交鉴定费用或者拒不提供相关材料,致使对案件争议的事实无法通过鉴定结论予以认定的,应当对该事实承担举证不能的法律后果。

5. 传唤证人

依据《证据规则》的规定,凡是知道案件事实的人,都有出庭作证的义务。有下列情形之一的,经法院准许,当事人可以提交书面证言:(1)当事人在行政程序或者庭前证据交换中对证人证言无异议的;(2)证人因年迈体弱或者行动不便无法出庭的;(3)证人因路途遥远、交通不便无法出庭的;(4)证人因自然灾害等不可抗力或者其他意外事件无法出庭的;(5)证人因其他特殊原因确实无法出庭的。

当事人申请证人出庭作证的,应当在举证期限届满前提出,并经法院许可。法院准许证人出庭作证的,应当在开庭审理前通知证人出庭作证。当事人在庭审过程中要求证人出庭作证的,法庭可以根据审理案件的具体情况,决定是否准许延期审理。[96]

三　停止执行、先予执行和财产保全

行政诉讼过程中,根据当事人的申请,法院可能需要采取临时性救济措施,包括停止执行、先予执行和财产保全。停止执行和先予执行的问题在第四编中曾经讨论,这里只简略地提及。

(一)停止执行

依据《行政诉讼法》第56条的规定,诉讼期间,行政行为原则上不停止执行。但是,如果行政行为的执行会造成难以弥补的损失,并且停止执行不损害国家利益、社会公共利益的,法院可以根据原告或者利害关系人的申请,裁定停止执行;如果该行政行为的执行会给国家利益、社会公共利益造成重大损害的,法院也可以主动裁定停止执行。当事人对停止执行或者不停止执行的裁定不服的,可以申请复议一次。

(二)先予执行

依据《行政诉讼法》第57条的规定,法院对起诉行政机关没有依法支付抚恤金、最低生活保障金和工伤、医疗社会保险金的案件,权利义务关系明确、不先予执行将严重影响原告生活的,可以根据原告的申请,裁定先予执行。当事人对先予执行裁定不服的,可以申请复议一次。复议期间不停止裁定的执行。

(三)财产保全

在行政诉讼实践中,财产保全主要是针对原告或者第三人,而不是行政机关。在一些情况下,法院采取财产保全措施替代先予执行,既能达到防止生效裁判难以执行的目的,又能够把对当事人的不便和损害减到最低限度。

依据司法解释,法院对于因一方当事人的行为或者其他原因,可能使行政行为或者法院生效裁判不能或者难以执行的案件,根据对方当事人的申请,可以裁定对其财产进行保全。法院采取保全措施,可以责令申请人提供担保;申请人不提供担

---

〔96〕 2002年《证据规则》,第41、43条。

保的,裁定驳回申请。法院接受申请后,对情况紧急的,必须在48小时内作出裁定;裁定采取保全措施的,应当立即开始执行。申请人对不予保全的裁定不服的,可以申请复议。当事人没有提出申请的,法院在必要时也可以裁定采取保全措施。[97]

新的司法解释增加了诉前保全。利害关系人因情况紧急,不立即申请保全将会使其合法权益受到难以弥补的损害的,可以在提起诉讼前申请采取保全措施。诉前保全申请应向被保全财产所在地、被申请人住所地或者对案件有管辖权的法院提出。申请人应当提供担保,不提供担保的,法院裁定驳回申请。法院接受申请后,必须在48小时内作出裁定;裁定采取保全措施的,应当立即开始执行。申请人在法院采取保全措施后30日内不依法提起诉讼的,法院应当解除保全。[98]

法院的保全范围限于申请人请求的内容,或者与本案有关的财物。法院可以采取查封、扣押、冻结等保全措施或者法律规定的其他方法,包括责令被申请人作出一定行为或者禁止其作出一定行为。法院保全财产后,应当立即通知被保全人。被保全人对保全的裁定不服的,可以申请复议,但复议期间不停止裁定的执行。涉及财产的案件,被申请人提供担保的,法院应当裁定解除保全。申请有错误的,申请人应当赔偿被申请人因保全所遭受的损失。

四　诉讼的中止、终结、移送和撤回

诉讼进程可能因为特殊原因而中止,或者因特定原因未获实体裁判就终结。

(一) 中止诉讼

在诉讼过程中,出现一些特殊情形的,法院将中止诉讼。[99] 中止诉讼的原因消除后,恢复诉讼。中止诉讼的时间不计算在法院审理期限之内。2014年,一审法院裁定中止诉讼1676件,占当年法院审理的全部一审行政案件的1.3%;2016年,一审法院裁定中止诉讼1364件,占当年法院审理的全部一审行政案件的0.6%。

依据司法解释的规定,在以下几种情况下,法院中止诉讼:

1. 一方当事人遭遇重大变故,无法继续诉讼的。具体包括:(1)原告死亡,须等待其近亲属表明是否参加诉讼的;(2)原告丧失诉讼行为能力,尚未确定法定代理人的;(3)作为一方当事人的行政机关、法人或者其他组织终止,尚未确定权利义务承受人的;(4)一方当事人因不可抗力的事由不能参加诉讼的。

2. 案件涉及法律适用问题,需要送请有权机关作出解释或者确认的。根据最高法院及其业务庭的要求,地方法院在行政审判中遇有疑难问题和疑难案件的,可以向上一级法院请示,直至最高法院。向最高法院请示的内容应当是:(1)适用法律存

---

[97] 2000年《若干解释》,第48条;2018年《行诉法解释》,第76条。
[98] 2018年《行诉法解释》,第77条。
[99] 2000年《若干解释》,第51条;2018年《行诉法解释》,第87条。

在疑难问题;(2)适用法律规范冲突,应当报请最高法院与有关部门协调或者确认的;(3)依照有关规定应当报请最高法院审核的涉外、涉港澳台和涉侨案件。[100] 必要时,最高法院也可能与国务院有关部门、全国人大法工委等机构沟通和协调。在上述情况下,诉讼将予中止。

3. 案件的审判须以相关民事、刑事或者其他行政案件的审理结果为依据,而相关案件尚未审结的。例如,在房屋登记案件中,当事人以作为房屋登记行为基础的买卖、共有、赠与、抵押、婚姻、继承等民事法律关系无效或者应当撤销为由,对房屋登记行为提起行政诉讼的,法院应当告知当事人先行解决民事争议;已经受理的,裁定中止诉讼。[101]

4. 其他应当中止诉讼的情形。依据最高法院关于行政诉讼撤诉的司法解释,被告改变被诉行政行为,原告申请撤诉,有履行内容但不能即时或者一次性履行的,法院可以裁定准许撤诉,也可以裁定中止审理。[102] 这一规定也适用于二审程序。在**辽宁省凤城市东方硼铁矿业有限公司诉凤城市劳动和社会保障局行政裁决案**的审理过程中,上诉人项福安等34位农民工与被上诉人东方矿业公司、凤城市劳动局自愿达成和解协议,但由于在审限内不能兑现协议约定内容,法院裁定中止诉讼。一个多月后,和解协议得到履行,上诉人申请撤回上诉,法院裁定准许。[103]

(二)终结诉讼

依据《若干解释》第52条的规定,在以下几种情况下,法院终结诉讼:(1)原告死亡,没有近亲属或者近亲属放弃诉讼权利的;(2)作为原告的法人或者其他组织终止后,其权利义务的承受人放弃诉讼权利的;(3)原告死亡、丧失诉讼行为能力或者行政机关、法人、其他组织终止,除有特殊情况外,中止诉讼满90日仍无人继续诉讼的。[104] 终结诉讼的案件数量在不同年份有所差异,最近几年一审终结的平均每年100余件。

(三)移送案件

法院立案后,管辖尽量保持稳定,不受当事人住所地改变、追加被告等事实和法律状态变更的影响。[105] 但是,有一些情况,需要改变管辖,从而出现案件移送的问题。需要移送处理的,有下列情形:

1. 受诉法院没有管辖权的

《行政诉讼法》第22条规定:"人民法院发现受理的案件不属于本院管辖的,应

---

〔100〕《最高人民法院行政审判庭关于严格执行行政审判工作请示制度的通知》,法行〔2000〕44号。

〔101〕《最高人民法院关于审理房屋登记案件若干问题的规定》,法释〔2010〕15号,第8条。

〔102〕《最高人民法院关于行政诉讼撤诉若干问题的规定》,法释〔2008〕2号,第5条。

〔103〕辽宁省丹东市中级人民法院行政裁定书,(2007)丹行终字第3-1号、第3号。转引自《辽宁省高级人民法院案例指导》第1辑,人民法院出版社2009年版,第300页以下。

〔104〕2000年《若干解释》,第52条;2018年《行诉法解释》,第88条。

〔105〕2018年《行诉法解释》,第4条。

当移送有管辖权的人民法院,受移送的人民法院应当受理。受移送的人民法院认为受移送的案件按照规定不属于本院管辖的,应当报请上级人民法院指定管辖,不得再自行移送。"

当事人对法院的管辖也可以提出异议。被告提出管辖异议的,应当在收到起诉状副本之日起15日内提出;追加的当事人有管辖异议的,也应当在答辩期内提出。法院对当事人提出的管辖异议进行审查后,认为异议成立的,裁定将案件移送有管辖权的法院;异议不成立的,裁定驳回。法院对管辖异议审查后确定有管辖权的,不因当事人增加或者变更诉讼请求等改变管辖,但违反级别管辖、专属管辖规定的除外。当事人在第一审程序中未按照法律规定的期限和形式提出管辖异议,在第二审程序中提出的,法院将不予审查。上级法院发回重审或者按第一审程序再审的案件,当事人不能再提管辖异议。[106]

2. 受诉法院不适合管辖的

依据《行政诉讼法》第24条以及有关行政案件管辖的司法解释,上级法院有权审理下级法院管辖的第一审行政案件,下级法院也可以将其管辖的第一审行政案件报请上级法院审理或者由其指定管辖。上级法院应当在7日内,决定自行审理、指定本辖区其他法院管辖或者仍由报请的法院审理。[107] 因为案件重大、新型、复杂等原因,基层法院或者中级法院报送上级法院审理的,上级法院应当及时决定是否由自己审理。[108]

3. 案件宜由其他法院合并审理的

由于专属管辖和选择管辖的存在,几个关联的案件可能分属不同法院管辖。为了协调有效地解决纠纷,这种情况似乎可以由受案法院协商决定或者由上级法院指定,将关联案件合并给一家法院审理。例如,行政机关基于同一事实、对几个当事人分别作出限制人身自由、扣押财产的强制措施和行政处罚,法律允许将相关诉讼合并审理。[109] 如果案件已经分别由不同法院立案,可以考虑移送给一家法院审理。

自《行政诉讼法》实施以来,以移送方式结案的行政案件约占全部一审行政案件的4%;个别年份畸多,达到8.2%。2020年,法院移送处理的共9809件,占一审结案的3.7%;其中,移送其他法院管辖6036件,被上级法院提级管辖679件,被指定其他法院管辖3094件。

(四)原告撤回起诉

原告撤诉是行政诉讼的重要结案方式。撤诉结案最高时达到一半以上,最近几年大幅回落,仍有20%左右。

---

[106] 2018年《行诉法解释》,第10、11条。

[107] 2018年《行诉法解释》,第7条。

[108] 《最高人民法院关于规范上下级人民法院审判业务关系的若干意见》,法发〔2010〕61号,第3~5条。

[109] 2000年《若干解释》,第9条第2款;2018年《行诉法解释》,第8条第2款。

依据《行政诉讼法》第62条，法院对行政案件宣告判决或者裁定前，原告可以申请撤诉，是否准许由法院裁定。在一些情况下，被告在诉讼过程中改变其所作的行政行为，原告同意并申请撤诉。准许撤诉的裁定可以载明被告改变被诉行政行为的主要内容及履行情况，并可以根据案件具体情况，在裁定理由中明确被诉行政行为全部或者部分不再执行。申请撤诉不符合法定条件，或者被告改变被诉行政行为后当事人不撤诉的，法院应当及时作出裁判。[110]

在原告申请撤诉之外，有一些情况在法律上视为原告撤诉。经法院传票传唤，原告无正当理由拒不到庭，或者未经法庭许可中途退庭的，可以按照撤诉处理。[111]在张某诉天水市工商局行政登记案中，原告张某收到开庭传票后，向法院邮寄了延期审理的申请。合议庭审查认为，原告的申请事由不属于因意外事件或者不可抗力而无法按时到庭的情形，不准予延期审理。在预定的开庭之日，原告张某及其委托代理人均未到庭。法院认为，原告消极行使诉讼权利，故裁定本案按照撤诉处理，案件受理费50元由原告承担。[112] 理论上，原告申请撤诉，法院裁定不予准许，原告拒不参加诉讼的，法院还可以缺席判决。[113] 但实践中，这种情况少而又少。

第四节　开 庭 审 理

开庭审理是诉讼的核心环节，是正义的“橱窗”。前述的庭外事项主要是为开庭审理所作的准备，有理没理往往是在法庭上见分晓。绝大部分行政案件是经过开庭审理后才结案，而一审法院对行政案件作出判决则必须经过开庭审理。除了查清事实和辩论法律的基本功能，开庭审理也有很强的法律普及和教化作用。它是最能够让人看得见、感得到公平正义的地方。如果开庭审理中有明显不公，那也没有什么比它对司法公正的伤害更强烈了。

一　庭审事项的确定

开庭审理，需要确定庭审的方式、时间、地点和场所。法院系统这几年推行在线审理，具体的开庭方式有所变化。

（一）庭审方式的确定

法院立案受理后，组成合议庭或者确定独任审理的法官，并确定开庭方式。

案件适用在线诉讼的，法院应当征得当事人同意。原告选择或者同意在线诉讼

---

〔110〕《最高人民法院关于行政诉讼撤诉若干问题的规定》，法释〔2008〕2号。

〔111〕《行政诉讼法》，第58条。

〔112〕甘肃省陇南市中级人民法院行政裁定书，(2017)甘12行初6号。

〔113〕2000年《若干解释》，第49条第2款；2018年《行诉法解释》，第79条第1款。

的，法院应当通知被告和其他诉讼参与人，询问其是否同意以在线方式参与诉讼。被通知人同意采用在线方式的，应当在收到通知的3日内通过诉讼平台验证身份、关联案件；被通知人未明确表示同意采用在线方式，且未在指定期限内注册登录诉讼平台的，针对被通知人的诉讼活动在线下进行。[114]

行政案件原则上公开审理，除非涉及国家秘密、个人隐私或者法律另有规定。最高法院的司法解释要求，法院审理政府信息公开行政案件，“应当视情况采取适当的审理方式”，以避免泄露涉及国家秘密、商业秘密、个人隐私或者法律规定的其他应当保密的政府信息。[115] 当事人认为案件涉及国家秘密、商业秘密、个人隐私，不宜公开审理的，应当在开庭审理前向法院提出。

（二）庭审日期的确定

开庭方式和时间、地点确定后，应当通知诉讼参与人。其中，适用普通程序审理案件的，应当在开庭3日前用传票传唤当事人；对证人、鉴定人、勘验人、翻译人员，应当用通知书通知其到庭。当事人或者其他诉讼参与人在外地的，应当留有必要的在途时间。[116] 公开审理的，还应当公告当事人姓名、案由和开庭的时间、地点。

有下列情形之一的，可以延期开庭审理：（1）应当到庭的当事人和其他诉讼参与人有正当理由没有到庭的；（2）当事人临时提出回避申请且无法及时作出决定的；（3）需要通知新的证人到庭，调取新的证据，重新鉴定、勘验，或者需要补充调查的；（4）其他应当延期的情形。[117] 当事人有特殊情况无法按时出庭的，可以申请法院延期开庭审理并说明理由，法院认为理由正当的，可以决定延期开庭审理；法院也可以根据情况直接决定延期开庭审理。法院决定延期开庭审理的，应当及时通知诉讼参与人，并重新确定开庭日期。

司法实践中，为提高效率起见，绝大多数案件是一次开庭解决的，一次开庭多数在半天之内结束。当天不能结束的，可以在第二天继续开庭。还有一些情况，例如需要追加或者变更当事人，原告提出新的诉讼请求并得到法院准许，需要重新鉴定、调取新的证据、通知证人到庭，法院需要另定日期再次开庭。再次开庭的日期，能够当庭确定的，最好当庭确定；不能当庭确定的，庭后通知诉讼参与人。法院再次开庭，也应当公告。

（三）庭审地点和场所的安排

《行政诉讼法》对开庭审理的地点没有规定。只要不违反司法公正的原则，法院可以自行选择审判地点。实践中，当然多是在法院的审判厅举行。但也有个别法院

---

〔114〕《人民法院在线诉讼规则》，法释〔2021〕12号，第4、10条。
〔115〕《最高人民法院关于审理政府信息公开行政案件若干问题的规定》，法释〔2011〕17号，第6条。
〔116〕2018年《行诉法解释》，第71条。
〔117〕2018年《行诉法解释》，第72条。

为了营造宽松环境，放在法院会议室内举行[118]；或者为了便利当事人或者增加宣传效果，赶到法院所在地以外的地方举行。在1988年轰动全国的**包郑照诉苍南县人民政府强行拆除房屋案**中，温州中院一审选择在苍南县城的电影院开庭，浙江高院二审则在温州市政府礼堂开庭。[119] 最高法院有一段时间大力推广"巡回审判"，鼓励法官深入基层社区、甚至在田间炕头办案。[120] 但总的来说，行政诉讼案件似乎不太适合这种方式的"巡回审判"。

法庭摆设体现了诉讼的严肃性和对抗性。法庭正面应当悬挂国徽。国徽下方为审判区，居中为审判席。审判席的正前方为法官助理和书记员的席位，右前方为原告，左前方为被告。第三人根据其利害关系，与原告或者被告并列。审判厅应当设有一定数量的旁听席，旁听区一般与审判活动区相对，以栏杆等进行隔离。有新闻媒体旁听或报道庭审活动时，旁听区可以设置专门的媒体记者席。法院应当根据具体情况，选择规模合适的审判厅，以保证有足够的旁听席容纳旁听人员。法院还应当通过官方网站、电子显示屏、公告栏等向公众公开各法庭的编号、具体位置、旁听席位数量等信息，以便利公民旁听。

（四）必须到庭的人员

前面讨论过法律上参与诉讼的各方，这里讨论的是实际参加开庭的人。参与诉讼的可以是组织，参加庭审的必定是个人。不是所有的诉讼参加人都会实际参加开庭审理，但不同角色缺席庭审的法律效果并不相同。

合议庭所有成员必须出庭，亲自聆讯。书记员和法官助理现在也是庭审的标配。

当事人或者当事人的法定代表人、法定代理人可以亲自出庭，可以委托诉讼代理人出庭，也可以与诉讼代理人同时出庭。一般情况下，当事人的诉讼代理人到庭的，视同当事人到庭。但法院认为有必要的，可以要求当事人本人或其法定代表人、法定代理人到庭，就案件有关事实接受询问。负有举证责任的当事人拒绝到庭、拒绝接受询问或者拒绝签署保证书，待证事实又欠缺其他证据加以佐证的，法院对其主张的事实不予认定。[121]

依据《行政诉讼法》及相关司法解释，原告经法院传票传唤，无正当理由拒不到庭，或者未经法庭许可中途退庭的，可以按照撤诉处理。原告申请撤诉，法院裁定不予准许的，原告经传票传唤无正当理由拒不到庭，或者未经法庭许可中途退庭的，法

---

[118] 郑春笋：《民告官案圆桌审　协商对话好宽松：德州法院行政案庭审新模式促和解率近八成》，载《法制日报》2008年7月24日。

[119] 黄传会：《中国的"挑战者"号——首例农民告县长案始末》，海潮出版社1990年版。

[120] 《最高人民法院关于大力推广巡回审判方便人民群众诉讼的意见》，法发〔2010〕59号。

[121] 2018年《行诉法解释》，第44条。

院可以缺席判决。[122] 被告经传票传唤无正当理由拒不到庭,法院可以按期开庭;被告未经法庭许可中途退庭的,法院可以继续开庭审理。法院对到庭的当事人诉讼请求、双方的诉辩理由以及已经提交的证据及其他诉讼材料进行审理后,依法缺席判决。[123] 第三人经传票传唤无正当理由拒不到庭,或者未经法庭许可中途退庭的,同样不发生阻止案件审理的效果。

在王成增诉河南省郸城县石槽镇人民政府处理决定案中,当事人出庭问题成为一个关键事实。该案被告将原告与第三人有争议的宅基地确定给原告使用,后又撤回了该文件,原告提起诉讼。郸城县法院受理并确定开庭日期后,分别向当事人送达了传票,但原告未到庭。后经周口市中级法院裁定,该案转由鹿邑县法院审理。鹿邑县法院向原、被告和第三人分别送达了开庭传票,但被告和第三人未到庭。法院缺席审理,并判决支持原告的诉讼请求。第三人上诉,周口市中级法院以"一审判决违反法定程序"为由撤销原判,发回重审。重审判决维持被告撤回文件的决定,并得到二审法院的支持。[124] 该案细节尚不清楚,但当事人出庭的重要性可见一斑。

(五)公民旁听

公开审理的案件,公民可以旁听。实践中,法院通常要求旁听人员持本院发放的旁听证进入法庭。旁听席位不能满足需要时,法院可以根据申请的先后顺序或者通过抽签、摇号等方式发放旁听证,但应当优先安排当事人的近亲属或其他与案件有利害关系的人旁听。下列人员不得旁听:(1)证人、鉴定人以及准备出庭提出意见的有专门知识的人;(2)未获得法院批准的未成年人;(3)拒绝接受安全检查的人;(4)醉酒的人、精神病人或其他精神状态异常的人;(5)其他有可能危害法庭安全或妨害法庭秩序的人。依法不公开的庭审活动,除法律另有规定外,任何人不得旁听。[125]

外国人和无国籍人持有效证件要求旁听的,参照中国公民旁听的规定办理;外国记者的旁听按照我国有关外事管理规定办理。[126]

二 开庭审理的步骤

开庭审理的步骤,大体包括开庭预备、宣布开庭、审核出庭人员、当事人陈述与答辩、事实调查、法律辩论、休庭评议、宣判等环节。这些环节的区分不是绝对的,尤其是事实调查和法庭辩论可能会交替进行。在庭审过程中,经常会出现一些特别的

---

[122] 2018年《行诉法解释》,第79条第1款。

[123] 《行政诉讼法》,第58条;2018年《行诉法解释》,第79条第3款。

[124] 河南省鹿邑县人民法院行政判决书,(2009)鹿行初字第8号;河南省周口市中级人民法院行政裁定书,(2010)周行终字第26号;河南省周口市中级人民法院行政判决书,(2011)周行终字第2号。

[125] 《人民法院法庭规则》(2016年修正),法释〔2016〕7号,第9条。

[126] 《最高人民法院关于严格执行公开审判制度的若干规定》,法发〔1999〕3号,第10、11条。

情况，需要作出相应的处理。

中国行政诉讼的庭审程序是当事人主义和司法职权主义的混合。一方面，庭审的构造是以当事人主义为基础，要求当事人在质证、辩论中充分发挥能动作用；另一方面，法官在庭审过程中需要发挥主导作用，而不是完全消极的裁决者。法官可以通过归纳案件的争议要点引导当事人的质证和辩论，也可以主动提问。但无论如何，法官在庭审中应当保持中立，不仅不能偏袒一方，还要避免给人偏袒一方的印象。

书记员应当将法庭审理的全部活动记入笔录。一些法院对庭审过程全程录像，允许当事人查阅或者在审结后给当事人附送光盘。这些措施大大固化了庭审过程，减少了可能的纷争。但这些措施还在探索当中，目前还不能取代庭审笔录。

《行政诉讼法》和最高法院的司法解释对庭审程序的规定比较简陋。实践中，各地法院对庭审程序的规范和改进作了大量探索。下面参考一些法院的做法，[127] 并结合自己的理解，对庭审程序做一个阐述。

（一）开庭预备

从书记员核查当事人及其他诉讼参与人、宣布法庭纪律到审判人员入庭，属于开庭前的准备阶段。这一阶段由书记员主导，步骤比较程式化。

当事人及其他诉讼参与人出庭，应当携带相关身份证明。诉讼代理人除提交授权委托书外，还应当向法院提交相关材料：律师应当提交律师执业证、律师事务所证明材料；基层法律服务工作者应当提交法律服务工作者执业证、基层法律服务所出具的介绍信以及当事人一方位于本辖区内的证明材料；当事人的近亲属应当提交身份证件和与委托人有近亲属关系的证明材料；当事人的工作人员应当提交身份证件和与当事人有合法劳动人事关系的证明材料；当事人所在社区、单位推荐的公民应当提交身份证件、推荐材料和当事人属于该社区、单位的证明材料；有关社会团体推荐的公民应当提交身份证件和符合社会团体推荐条件的证明材料。[128]

（二）宣布开庭

审判人员入庭后，程序就由审判长为主的合议庭主持。合议庭是程序的主人，当事人应当服从合议庭的安排。审判长未安排、当事人需要发言的，应当以举手方式提出，是否准许由审判长决定。

合议庭入庭后，应当首先确认各方当事人及其诉讼代理人的身份符合法定条件。然后，审判长宣布开庭，并宣布下列事项：(1)开庭审理的案件；(2)合议庭组成人员、法官助理、书记员名单；(3)当事人的诉讼权利、义务。审判长应当询问当事人

---

〔127〕 北京市高级人民法院《关于一审行政案件庭审程序的规定(试行)》，京高法发〔2008〕76 号。

〔128〕 《最高人民法院关于适用〈中华人民共和国民事诉讼法〉的解释》，法释〔2015〕5 号，第 88 条。

是否清楚其诉讼权利义务,是否申请相关人员回避。

(三) 审核出庭人员

庭审尚未正式开始,战斗可能就已打响。实践中,当事人在这个环节可能提出审判人员回避的请求,也可能对对方出庭人员的资格提出异议。

当事人申请审判人员回避的,审判长应当宣布休庭。依据《行政诉讼法》第55条的规定,审判人员的回避应当报院长决定(院长担任审判长的回避,报审判委员会决定)。如果院长决定审判人员不需回避的,可以重新开庭,在审判长宣布院长的决定后继续审理。当事人对院长的决定不服的,可以申请复议;对当事人的复议申请,书记员应当记录在案,但当事人申请复议一般不影响继续审理。如果院长认为审判人员应当回避的,则应当延期审理,重新组织合议庭后重新开庭。当事人申请书记员、翻译人员、鉴定人、勘验人等其他人员回避的,由审判长决定。被申请回避的人员,在法院作出是否回避的决定前,应当暂停参与本案的工作,但案件需要采取紧急措施的除外。

对当事人提出的回避申请,法院应当在3日内以口头或者书面形式作出决定;实践中,法院多数会迅速作出决定。对当事人提出的明显不属于法定回避事由的申请,法庭可以当庭驳回。申请人对驳回回避申请决定不服的,可以向作出决定的法院申请复议一次。复议期间,被申请回避的人员不停止参与本案的工作。对申请人的复议申请,法院应当在3日内作出复议决定,并通知复议申请人。[129]

当事人还可能对对方诉讼代理人、代表人的资格有异议,也可能对行政机关负责人未出庭有意见。对这些问题,合议庭一般当场作出决定。实践中,有当事人申请对方当事人的律师回避,但法院多以律师不属于申请回避对象等理由予以驳回。[130] 对于律师代理存在重大利益冲突、严重违反律师执业规范、损害司法公平公正公信的,法院应当取消其在特定案件中的代理资格。

行政机关负责人应当出庭应诉而未出庭,是否继续开庭,由合议庭裁量决定。一般来说,行政机关负责人未出庭的,不阻碍法院继续开庭。法院建议行政机关负责人出庭应诉,而行政机关负责人不出庭的,法院应当记录在案,在裁判文书中载明,并可以建议有关机关依法作出处理。[131]

(四) 当事人陈述和答辩

当事人的陈述和答辩,即当事人陈述其诉讼主张和基本理由,是开庭审理的一

---

〔129〕 2018年《行诉法解释》,第74条。

〔130〕 例如,赵俊红诉国家卫生和计划生育委员会政府信息公开案,最高人民法院行政裁定书,(2017)最高法行申3053号;朱艳丽诉腾冲市医疗保障局案,云南省保山市中级人民法院行政判决书,(2020)云05行终72号。

〔131〕 2018年《行诉法解释》,第132条。

个独立过程，而不是法庭调查的一部分。

陈述和答辩依照原告、被告和第三人的顺序进行。有委托代理人参加诉讼的，应当先由当事人本人（法定代理人、法定代表人）陈述，后由其委托代理人陈述；当事人明确表示由其委托代理人代为陈述的，可以直接由委托代理人陈述。在实践中，当事人或其诉讼代理人多是宣读起诉状和答辩状。当事人身份等事项由于庭审开始时已经作了核对，宣读起诉状或者答辩状时可以略去不读，直切主题。

实践中，有的法院在陈述和答辩阶段先由被告宣读其作出行政行为的法律文书（如果没有书面形式的，则由被告当庭陈述被诉行政行为的主要内容），然后由原告宣读起诉状，最后由被告和第三人宣读答辩状。这似乎体现行政诉讼"审被告"的特点，但不符合诉讼的一般规律。虽然行政诉讼的核心是被告行政行为的合法性，但诉讼程序的发动是基于原告的起诉，行政诉讼需要解决的问题归根结底是原告的诉讼请求。所以，由原告先陈述其诉讼主张和基本理由，更加合乎逻辑。

合议庭可以根据案件的具体情况，并征询当事人意见，在当事人陈述诉讼主张和基本理由前，确认被诉行政行为的内容。为明确当事人论争的要点，提高庭审效率，合议庭可以围绕合法性审查的目的，结合当事人诉讼主张、基本理由的陈述和答辩情况，确定开庭审理的重点，并在征求各方当事人意见后予以宣布。庭审中，当事人对法庭确定的重点之外的问题进行陈述和论辩，法庭认为陈述、论辩的内容与被诉行政行为的合法性有关联的，应予准许。

一方当事人误解另一方当事人陈述的诉讼主张或者诉讼理由的，合议庭不应替代另一方当事人进行说明，但可以提示另一方当事人重新陈述或者予以解释。合议庭认为一方当事人的陈述存在逻辑上的明显错误或者前后不一的，不应直接予以纠正，而应提请当事人进一步明确。庭审中，合议庭成员不应与当事人进行争辩。

由于申请回避没有被接受或者其他原因，实践中，个别当事人在庭审中对已经决定的问题纠缠不休，拒绝陈述，导致庭审无法进行。对此，司法解释规定，经法庭释明法律后果后仍不陈述意见的，视为放弃陈述权利，由其承担不利的法律后果。[132]

被告或者第三人对原告是否符合法定起诉条件提出异议的，合议庭应当首先对原告起诉是否符合法定起诉条件进行审查。合议庭认定原告起诉不符合法定起诉条件的，应当裁定驳回起诉，不再审查其他问题；合议庭对原告是否符合法定起诉条件暂时难以确定的，应按庭审程序继续审理。

（五）法庭调查

庭审中，合议庭一般应将法庭调查和法庭辩论分别进行，根据案件的具体情况也可以合并进行。分开进行或者合并进行，应当在法庭调查开始时明确告知诉讼参

---

〔132〕 2018《行诉法解释》，第80条。

与人,以便他们明了在什么阶段该讲什么话。

法庭调查主要是当事人举证和质证。依据《证据规则》,证据应当在法庭上出示,并经庭审质证。未经庭审质证的证据,不能作为定案依据。当事人在庭前证据交换中没有争议并记录在卷的证据,经审判人员在庭审中说明后,可以作为认定案件事实的依据。涉及国家秘密、商业秘密和个人隐私或者法律规定的其他应当保密的证据,不得在开庭时公开质证。不公开审理案件中,涉及国家秘密、重大商业秘密的证据,法庭不宜公开出示的,可以适当归纳说明,并听取当事人的意见。当事人应当围绕证据的关联性、合法性和真实性,针对证据有无证明效力及证明力大小,进行质证。法庭在质证过程中,准许当事人补充证据的,对补充的证据仍应进行质证。法庭对经过庭审质证的证据,除确有必要外,一般不再进行质证。

依当事人申请由法院调取的证据,合议庭应当在庭审中予以说明,并交由申请调取证据的当事人出示,由其他当事人质证。法院依职权调取的证据,由合议庭出示,并应就调取证据的情况进行说明,听取当事人的意见。在法庭调查过程中,原告或者第三人要求补充证据或者申请重新鉴定、勘验的,合议庭应当当庭或在休庭合议后作出决定。被告要求补充证据的,合议庭应当当庭或在休庭合议后作出是否准许的决定。

合议庭可以根据当事人的陈述和答辩以及事先组织证据交换的情况,归纳争议焦点,引导当事人有针对性地开展质证。合议庭一般应当组织各方当事人对证据逐一进行举证、质证,也可以综合举证、质证;证据数量较多的,最好根据法庭确定的审理重点,分组举证、质证。经合议庭准许,当事人及其代理人可以就证据问题相互发问。当事人质证后,在必要时,合议庭可以直接询问当事人。当事人的质证和合议庭的发问都应当围绕诉讼标的,特别是被诉行政行为的合法性,而不是偏离标的,查究原告行为的合法性。[133]

根据法庭质证的情况,合议庭对事实和证据能够当庭认定的,当庭作出认定;不能当庭认定的,经合议庭休庭合议后作出认定。对与案件没有关联的证据材料,应予排除并说明理由。在庭审中一方当事人或者其代理人在代理权限范围内对另一方当事人陈述的案件事实明确表示认可的,合议庭可以对该事实予以认定,有相反证据足以推翻的除外。在不受外力影响的情况下,一方当事人提供的证据,对方当事人明确表示认可的,可以认定该证据的证明效力;对方当事人予以否认,但不能提供充分的证据进行反驳的,综合全案情况审查认定该证据的证明效力。

(六) 证人出庭

法庭调查有时涉及证人出庭作证。证人出庭作证是法庭调查的一部分,一般在当事人提交和质证书证、物证、鉴定结论、勘验笔录、现场笔录等证据之后进行。

---

〔133〕 吴国强:《论对被告所认定的原告违法事实的合法性审查》,载《行政法学研究》1996 年第 3 期。

证人出庭作证时,应当出示证明其身份的证件。法庭应当告知其诚实作证的法律义务和作伪证的法律责任;必要时,可以要求其签署保证书,保证据实陈述、如有虚假陈述愿意接受处罚。出庭作证的证人不得旁听案件的审理。法庭询问证人时,其他证人不得在场,但组织证人对质的除外。证人应当陈述其亲历的具体事实或者知晓的专业知识;证人对案件事实所作的判断、推测或者评论,不能作为定案的依据。

经合议庭准许,当事人及其代理人可以向证人发问。发问的内容应当与案件事实有关联,不得采用引诱、威胁、侮辱等语言或者方式。当事人有下列行为之一的,合议庭应当予以制止,对方当事人也可以请求合议庭予以制止:(1)向证人的发问具有诱导性的;(2)发言内容与案件没有关联的;(3)对对方当事人进行人身攻击的;(4)其他可能扰乱法庭秩序的行为。当事人发问完毕后,合议庭仍有问题的,可以向证人发问。

鉴定人、勘验人、评估人、其他专业人员和相关行政执法人员出庭,参照前述规则。

(七)法庭辩论

法庭辩论是当事人结合法庭调查的情况,就法律适用问题发表意见。法庭辩论按照原告、被告、第三人的顺序进行。同一方当事人中,由当事人本人(法定代理人、法定代表人)首先发言,然后由其委托代理人发言;当事人表示由其委托代理人发言的,可以直接由委托代理人发言。

为了提高庭审效率,合议庭可以归纳案件争议焦点问题,并在征询当事人意见的基础上,要求当事人主要围绕争议焦点展开论述。与之同时,合议庭应当充分尊重当事人的辩论权利。除非当事人的发言明显离题,过于烦琐重复,或者进行人身攻击,合议庭不应打断其发言。除非当事人的发言过于冗长,合议庭也不应限制当事人的发言时间。

当事人在法庭辩论中提出在法庭调查中没有提出的新的事实和证据,合议庭认为必要的,可以暂停法庭辩论,恢复法庭调查。当事人质证、辩论结束后,合议庭认为相关事实仍然不清楚的,应当宣布恢复法庭调查,由合议庭向当事人直接发问。

庭审结束前,合议庭应当告知各方当事人进行最后陈述。

当事人最后陈述完毕,合议庭应当询问当事人是否愿意调解。当事人不同意调解或者调解未达成协议的,合议庭应当及时作出裁判。

(八)休庭

上述环节结束后,审判长宣布休庭,等待合议庭合议后作出裁判。休庭评议的时间取决于法院当庭宣判还是择期宣判。当庭宣判的,合议庭合议后,继续开庭;不能当庭宣判的,择期宣判。

在过去实践中,法院很少当庭宣判,绝大多数案件是择期宣判。在最高法院“逐步提高当庭宣判比率”的要求下,[134]当庭宣判率有巨大上升。2014年,一审行政案件当庭宣判21,733件,占结案的全部一审行政案件的16.6%,占以判决方式和裁定驳回起诉方式结案的31.7%。无法当庭宣判的,部分是由于法院内部的审判管理机制,合议庭的评议结果有的需要庭长、分管副院长乃至院长签批,或者审判委员会讨论;部分是因为合议庭需要更多时间来考虑、咨询或者请示案件的处理,或者需要时间来冷却事态或者协调案件。

庭审结束后,当事人和其他诉讼参与人当场阅读庭审笔录;不能当场阅读的,应当在休庭后5日内阅读。当事人或者其他诉讼参与人阅读有障碍的,由书记员宣读。当事人和其他诉讼参与人认为记录无误的,应当在笔录上签名。当事人拒绝在笔录上签名的,书记员应当向审判长报告,并记明情况附卷。当事人或者其他诉讼参与人认为庭审笔录有误或者有遗漏,申请补正的,可以在笔录上修改或者另页补正。重要的修改、补正内容,书记员应向合议庭报告。

(九)评议和宣判

合议庭合议案件,书记员应当将合议庭成员的意见和理由如实记入笔录,并由合议庭成员核对后签名。合议庭合议后,根据多数意见作出裁判。合议庭不能形成多数意见或者认为案件重大、疑难的,应当报请庭长、院长讨论研究,并根据庭长、院长的意见进行复议。院长认为需要提交审判委员会讨论决定的案件,由院长提交审判委员会讨论决定。合议庭应当根据审判委员会的决定制作裁判文书。

合议庭合议案件过程中发现有下列情形之一的,应当决定再次开庭:(1)依法应当由当事人举证而未由其举证的;(2)相关证据依法应当由当事人质证而未质证的;(3)遗漏诉讼参加人的;(4)其他应当再次开庭的情形。合议庭决定再次开庭审理的,应当通知当事人再次开庭审理的时间、地点,依法需要当事人补充证据的,应当通知其补充证据的内容和期限。

无论案件是否公开审理,对案件判决、裁定的宣告都应当公开举行。宣判应当由法官主持。诉讼当事人对裁判有异议的,法官应作出必要的释明。

三 法庭礼仪和纪律

法庭是庄严的场所,进入法庭的人不但应当遵守纪律,也要讲究礼仪。最高法院先后于1979年、1993年、2016年颁布了不同版本的《人民法院法庭规则》。

(一)安检

依据2016年修正的《人民法院法庭规则》,进入法庭的人员应当出示有效身份证件,并接受人身及携带物品的安全检查。除经法院许可,需要在法庭上出示的

---

[134] 《最高人民法院关于加强人民法院审判公开工作的若干意见》,法发〔2007〕20号。

证据外，可能危害法庭安全或妨害法庭秩序的物品不得携带进入法庭。其中包括：(1)枪支、弹药、管制刀具以及其他具有杀伤力的器具；(2)易燃易爆物、疑似爆炸物；(3)放射性、毒害性、腐蚀性、强气味性物质以及传染病病原体；(4)液体及胶状、粉末状物品；(5)标语、条幅、传单。

持有效工作证件和出庭通知履行职务的检察人员、律师可以通过专门通道进入法庭。这是法院对法律职业共同体成员的礼遇。行政诉讼的其他参与人，包括出庭应诉的行政机关工作人员和出庭作证的行政执法人员、鉴定人、勘验人，一般不享有这种礼遇。2016 年 4 月，贵州省副省长陈鸣明作为被诉行政机关负责人出庭时，也是步行进入法院，走安检通道进法庭。[135] 这为尊重司法权威、遵守庭审秩序树立了良好的榜样。

（二）着装

依据最高法院制定的，出庭履行职务的人员，包括审判人员、书记员、律师、抗诉人、司法警察，应当按照规定着职业装；没有职业着装规定或者所在单位系案件当事人的，着正装；非履行职务的出庭人员及旁听人员，应当文明着装。[136] 文明着装的具体标准，应视当地社会的一般观念而定；法院有明确要求的，一般应遵从明确要求。例如，不得穿拖鞋进法庭。曾有案件原告戴鸭舌帽参加庭审，经审判长释明不符合着装要求并多次劝导，拒不改正。法院认为，其行为属于消极方式扰乱法庭秩序，致使庭审无法正常进行，应视为放弃诉讼权利，于是裁定按撤诉处理。[137]

（三）起立

审判人员进入法庭时，全体人员应当起立。检察人员、行政机关负责人出庭的，同样适用。在国家行政学院进修的学员(包括省部级学员)曾经多次集体到法院旁听审判，也都遵守这些法庭礼仪。[138]

审判长宣告法院判决时，全体人员也应当起立。判决内容较长的，可以在宣告判决主文即“判决如下”时起立。

（四）庭审秩序

审判人员应当严格按照法律规定的诉讼程序进行审判活动，维护法庭的威仪，保持司法中立，保障诉讼参与人的诉讼权利。审判长(或独任审判员，下同)在庭审

---

[135] 贾世煜：《副省长出庭应诉“民告官”前后》，载《新京报》2016 年 4 月 18 日，第 A10 版。

[136] 《人民法院法庭规则》(2016 年修正)，第 12 条。

[137] 廖艳：《原告戴帽子出庭被按撤诉处理，南通中院回应称于法有据》，载澎湃新闻 2019 年 12 月 26 日，https://www.thepaper.cn/newsDetail_forward_5347490。

[138] 郭京霞：《九十余名省部级官员旁听“民告官”》，载中国法院网 2004 年 9 月 14 日，https://www.chinacourt.org/article/detail/2004/09/id/132327.shtml。

中居于核心地位。审判长主持庭审活动时,依照规定使用法槌。

诉讼参与人在庭审活动中应当服从审判长的指挥,尊重司法礼仪,遵守法庭纪律。进入法庭后,应当主动关闭手机,或者将其调整到静音状态。开庭时,任何人不得鼓掌、喧哗,吸烟、进食,拨打或接听电话以及有其他危害法庭安全或妨害法庭秩序的行为。检察人员、诉讼参与人发言或提问,应当经审判长或独任审判员许可。旁听人员不得进入审判活动区,不得随意站立、走动,不得发言和提问。

法庭不应有骂声,也不需要掌声。在刘燕文诉北京大学、北京大学学位评定委员会案中,北京市海淀区法院在第二次庭审后当庭宣判,原告刘燕文胜诉。判决口头宣布完毕,有两百多听众的审判大厅响起了热烈的掌声。这时,审判长饶亚东法官扫视了一下听众,平静却不失威严地说:“请旁听人员注意法庭纪律。”她的“训诫”获得了旁听人员的尊敬。

(五) 庭审报道

依据《人民法院法庭规则》(2016 年修正),法院应当对庭审活动进行全程录像或录音。依法公开进行的庭审活动,法院可以通过电视、互联网或其他公共媒体进行图文、音频、视频直播或录播。媒体记者经许可对庭审活动进行录音、录像、拍照或使用移动通信工具等传播庭审活动,应当在指定的时间及区域进行,不得影响或干扰庭审活动。其他人员不得对庭审活动进行录音、录像、拍照,或者使用移动通信工具等传播庭审活动。

(六) 惩戒

对违反法庭纪律的人员,审判长应当予以警告;对不听警告的,予以训诫;对训诫无效的,责令其退出法庭;对拒不退出法庭的,指令司法警察将其强行带出法庭。违法规定,对庭审活动进行录音、录像、拍照或使用移动通信工具等传播庭审活动的,法院可以暂扣其使用的设备及存储介质,删除相关内容。对于违法携带管制物品进入法庭,哄闹、冲击法庭,以及其他危害法庭安全或扰乱法庭秩序的行为,予以罚款、拘留;构成犯罪的,依法追究其刑事责任。

司法警察依照审判长的指令维持法庭秩序。出现危及法庭内人员人身安全或者严重扰乱法庭秩序等紧急情况时,司法警察可以直接采取必要的处置措施。法院依法对违反法庭纪律的人采取的扣押物品、强行带出法庭以及罚款、拘留等强制措施,由司法警察执行。

第五节　一审裁判

一审裁判主要是三个问题:作出裁判的机制,裁判文书的写作,诉讼档案的管理。

一　作出裁判的机制

依据宪法和法律，审判权由法院行使，裁判以法院名义作出。审判权的实际运行包含着复杂的权力关系，裁判的作出可能是多人参与的过程。在审案法院的内部，存在合议庭、审委会、院庭长等不同组织和职位的分工；在上下级法院之间，存在监督指导的关系；在法院系统之外，人大、政法委等组织监督、协调法院的审判工作，可能对裁判过程有微妙的影响。相关的制度仍处在改革调整的过程中。改革的目标是明确的，即确立"让审理者裁判，由裁判者负责"的审判权运行机制。

（一）法院内部的决定机制

法院内部的决定机制，一是合议庭内部成员的分工，二是合议庭与审判委员会的关系，三是合议庭与院长、庭长等其他人员的关系。这几种关系长期处在调整之中。[139]

1. 合议庭内部成员的分工

除了适用简易程序、由法官独任审理的案件，合议庭是法定的审判组织。合议庭主要的职责是审理案件、评议案件、裁判案件并制作裁判文书；同时，也办理有关审判的其他事项，包括对诉讼过程中出现的财产保全、证据保全、先予执行等事项作出裁定或者提出裁判意见。合议庭的审判活动由审判长主持，全体成员平等参与案件的审理、评议、裁判，共同对案件认定事实和适用法律负责。尽管如此，合议庭审理案件时，内部也存在分工。

承办法官应当履行以下审判职责：(1)主持或者指导法官助理做好庭前会议、庭前调解、证据交换等庭前准备工作及其他审判辅助工作；(2)就当事人提出的管辖权异议及保全、司法鉴定、非法证据排除申请等提请合议庭评议；(3)对当事人提交的证据进行全面审核，提出审查意见；(4)拟定庭审提纲，制作阅卷笔录；(5)自己担任审判长时，主持、指挥庭审活动，不担任审判长时，协助审判长开展庭审活动；(6)参与案件评议，并先行提出处理意见；(7)根据合议庭评议意见制作裁判文书或者指导法官助理起草裁判文书；(8)依法行使其他审判权力。

审判长除承担由合议庭成员共同承担的审判职责外，还应当履行以下审判职责：(1)确定案件审理方案、庭审提纲、协调合议庭成员庭审分工以及指导做好其他必要的庭审准备工作；(2)主持、指挥庭审活动；(3)主持合议庭评议；(4)依照有关规定和程序将合议庭处理意见分歧较大的案件提交专业法官会议讨论，或者按程序

---

〔139〕《最高人民法院关于人民法院合议庭工作的若干规定》，法释〔2002〕25号；《最高人民法院关于进一步加强合议庭职责的若干规定》，法释〔2010〕1号；《最高人民法院关于完善人民法院司法责任制的若干意见》，法发〔2015〕13号；《最高人民法院关于进一步全面落实司法责任制的实施意见》，法发〔2018〕23号。

建议将案件提交审判委员会讨论决定；(5)依法行使其他审判权力。审判长自己承办案件时，应当同时履行承办法官的职责。

2. 审判委员会讨论决定程序

依据《人民法院组织法》，审判委员会讨论决定重大、疑难案件。提交审判委员会讨论的范围和程序，最高法院于2010年发布了实施意见，2019年作了完善。[140]根据完善后的意见，法院审理的下列行政案件，应当提交审判委员会讨论决定：(1)涉及国家安全、外交、社会稳定等敏感案件；(2)重大、疑难、复杂案件；(3)法律适用规则不明的新类型案件；(4)本院已经发生法律效力的判决、裁定、调解书等确有错误需要再审的案件。法院审理下列行政案件，可以提交审判委员会讨论决定：(1)合议庭对法律适用问题意见分歧较大，经专业(主审)法官会议讨论难以作出决定的案件；(2)拟作出的裁判与本院或者上级法院的类案裁判可能发生冲突的案件；(3)同级检察院提出抗诉的重大、疑难、复杂行政案件；(4)指令再审或者发回重审的案件；(5)其他需要提交审判委员会讨论决定的案件。合议庭(或者独任法官，下同)认为案件需要提交审判委员会讨论决定的，由其提出申请，层报院长批准；未提出申请，院长认为有必要的，也可以提请审判委员会讨论决定。拟提请审判委员会讨论决定的案件，应当经过专业(主审)法官会议研究讨论，再决定是否需要提请。审判委员会工作部门可以先行审查是否属于审判委员会讨论范围，报请院长决定。

审判委员会讨论案件的程序，也在实践中不断总结完善。提交审判委员会讨论的案件，合议庭应当形成书面报告。审判委员会委员应当提前审阅会议材料，必要时可以调阅相关案卷、文件及庭审音频视频资料。审判委员会全体会议及专业委员会会议应当由院长或者院长委托的副院长主持。审判委员会讨论决定案件和事项，一般先由合议庭、承办人汇报，委员询问，然后委员按照法官等级和资历由低到高顺序发表意见，主持人最后一个发表意见并作总结，最后会议作出决议。[141] 审判委员会会议全程录音录像，按照保密要求进行管理。合议庭对其汇报的事实负责，审判委员会委员对本人发表的意见和表决负责。审判委员会的决定，合议庭应当执行。

为了增强审判委员会决定过程的公开性，审判委员会议题的提交、审核、讨论、决定等纳入审判流程管理系统，实行全程留痕。除了法律规定不公开的以外，审判委员会讨论案件的决定及其理由应当在裁判文书中公开。审判委员会召开会议，同级检察院检察长或者其委托的副检察长可以列席，法院也可以邀请人大代表、政协委员、专家学者等列席。实践中，有法院尝试改变“听汇报、定案件”的传统方式，而

---

〔140〕《最高人民法院关于改革和完善人民法院审判委员会制度的实施意见》，法发〔2010〕3号；《最高人民法院关于健全完善人民法院审判委员会工作机制的意见》，法发〔2019〕20号，第7～11、13条。

〔141〕《最高人民法院关于完善人民法院司法责任制的若干意见》，法发〔2015〕13号，第11条；《最高人民法院关于健全完善人民法院审判委员会工作机制的意见》，法发〔2019〕20号。

由审判委员会全体委员直接公开开庭审理案件。[142]

行政裁判经过审判委员会讨论的比例没有专门统计。有学者对一家基层法院的调查显示,审委会讨论行政案件的比例比讨论其他类型案件的要稍高。[143] 检索"北大法宝"的司法案例,也印证了这一发现。在全部16,139件一审行政裁判文书中,提到"审判委员会"的占4.2%,明显高于一审民事裁判(2.0%)和一审刑事裁判(2.2%)的相应比例。在不同审级中,一审行政裁判文书提到"审判委员会"的占3.5%,略低于二审(3.8%),大大低于再审(29.4%)。在不同层级的法院中,基层法院所作行政裁判文书提到"审判委员会"的占5.2%,高于中级法院(4.6%)和高级法院(3.2%),但低于最高法院所作行政裁判文书提到"审判委员会"的比例(16%)。[144] 考虑到"北大法宝"所选案例多为"重大、疑难案件",前述数据不能代表诉讼过程中审判委员会参与的一般比例。但是,前述数据能够大体上反映审判委员会在不同类型、审级、层级的案件中参与程度的差异。

3. 法院内部其他组织的参与

在法院内部,院长、副院长、庭长具有一定的审判管理和监督职责。新的司法责任制强调,其审判管理和监督活动应当严格控制在职责和权限的范围内,并在工作平台上公开进行。院长、副院长、庭长除参加审判委员会、专业法官会议外,不得对其没有参加审理的案件发表倾向性意见。[145]

对于有下列情形之一的案件,院长、副院长、庭长有权要求独任法官或者合议庭报告案件进展和评议结果:(1)涉及群体性纠纷,可能影响社会稳定的;(2)疑难、复杂且在社会上有重大影响的;(3)与本院或者上级法院的类案判决可能发生冲突的;(4)有关单位或者个人反映法官有违法审判行为的。院长、副院长、庭长对上述案件的审理过程或者评议结果有异议的,不得直接改变合议庭的意见,但可以决定将案件提交专业法官会议、审判委员会进行讨论。院长、副院长、庭长针对上述案件监督建议的时间、内容、处理结果等应当在案卷和办公平台上全程留痕。

合议庭认为所审理的案件因重大、疑难、复杂而存在法律适用标准不统一的,可以将法律适用问题提交专业法官会议研究讨论。专业法官会议由法官按审判领域分别组成,不以职务、等级为必要条件。专业法官会议的功能是为合议庭理解和适用法律提供咨询,统一法律适用。专业法官会议的讨论意见供合议庭复议时参考,采纳与否由合议庭决定。合议庭不采纳专业法官会议多数意见的,应当在办案系统中标注,并说明理由;庭长、院长认为有必要的,可以按程序将案件提交审判委员会

---

[142] 郭京霞等:《北京知产法院七名审委会委员全部落座审判席 审委会直接开庭审案开全国先河》,载《人民法院报》2015年9月18日。在该案中,审判委员会仅就案件涉及的一个商标局文件的合法性进行审理。

[143] 洪浩、操旭辉:《基层法院审判委员会功能的实证分析》,载《法学评论》2011年第5期。

[144] 检索日期为2011年6月19日。

[145] 《最高人民法院关于完善人民法院司法责任制的若干意见》,法发〔2015〕13号,第6、8、23、24条。

讨论。[146]

合议庭审理案件形成的裁判文书,由承办法官、合议庭其他成员、审判长依次签署;审判长作为承办法官的,由审判长最后签署。独任法官审理案件形成的裁判文书,由独任法官直接签署。审判组织的法官签署完毕后,裁判文书即可印发。除审判委员会讨论决定的案件以外,院长、副院长、庭长未直接参加审理案件的,对裁判文书不再进行审核签发。[147]

(二) 上下法院之间的请示与批复

法院内部的案件请示由来已久。中华人民共和国成立不久召开的第一次全国司法会议上,就肯定并强调了审判工作中的报告请示制度,认为它"对于密切上下级关系、交流经验、正确处理重大或疑难问题,避免错误缺点,以及提高干部和改进工作,都有很大的好处"。[148] 此后,最高法院及其业务庭陆续出台 10 余个规范性文件,一些地方法院也发文对案件请示进行规范。

依照最高法院的要求,向最高法院请示的内容必须是:(1)适用法律存在疑难问题;(2)适用法律规范冲突,应当报请最高法院与有关部门协调或者确认的;(3)依照有关规定应当报请最高法院审核的涉外、涉港澳台和涉侨案件。[149] 在个别情况下,最高法院还明确要求地方法院就特定问题"报告"上级法院。例如,最高法院在 2006 年通知:"要坚持大要案报告制度,重大、复杂的群体性行政案件要及时向上级人民法院报告,上级人民法院要加强对下级人民法院受理和审理群体性行政案件指导。对于在审判中出现的重要、敏感情况和问题,应当及时报告上级人民法院。"[150] 这里讲的"报告"和"指导",与请示和答复不完全相同,但在裁判内容的形成机制上有类似之处。

某些情形下,法律规定应由特定机关作出解释、裁决和监督,这时法院(包括最高法院)似乎无权径行处理,而应当请示该特定机关。综合有关法律,此类情形有:(1)法律条文含义的界定。也就是说,法律的规定需要进一步明确具体含义的,或者法律制定后出现新的情况,需要明确适用法律依据的,由全国人大常委会解释。[151] (2)法律规范冲突的裁决。也就是说,法律之间、行政法规之间、地方性法规、规章之间对同一事项的规定不一致,根据授权制定的法规与法律规定不一致,不能确定如

---

[146] 《最高人民法院关于完善人民法院司法责任制的若干意见》,法发〔2015〕13 号,第 8 条;《最高人民法院关于进一步全面落实司法责任制的实施意见》,法发〔2018〕23 号,第 8 条。

[147] 《最高人民法院关于完善人民法院司法责任制的若干意见》,法发〔2015〕13 号,第 6 条。

[148] 陈绍禹:《关于目前司法工作的几个问题》,载《中央政法公报》第 31 期(1951 年)。转引自北京政法学院编:《中华人民共和国审判法参考资料汇编》第 2 辑,1956 年。

[149] 《最高人民法院行政审判庭关于严格执行行政审判工作请示制度的通知》,法行〔2000〕44 号。

[150] 《最高人民法院关于妥善处理群体性行政案件的通知》,法〔2006〕316 号,第 8 条。

[151] 《立法法》(2015 年修正),第 45 条。

何适用时,由特定机关裁决。[152] (3)排除违宪、违法的法律、法规的适用。也就是,法律、行政法规、地方性法规、自治条例和单行条例有超越权限、抵触上位法规定或者严重违背法定程序等情形的,由特定机关予以改变或者撤销。[153] 在上述情形下,法院应当中止案件的审理,逐级报请或者送请有权部门解决。除了上述情形之外,地方法院理论上可以根据实际情况决定向上级法院请示,其中包括法律、法规具体应用问题的解释以及法院排除行政规章的适用。

基层法院和中级法院就审判中的问题需要向上级法院请示的,应逐级请示。向最高法院请示问题,应当先经高级法院审判委员会讨论,以高级法院名义报送(不得以行政审判庭的名义报送)。请示必须有书面报告,写明高级法院审判委员会的意见及理由;有分歧意见的,要写明倾向性意见及理由。涉及地方法规、地方规章及其他规范性文件的,应当一并报送。[154] 最高法院收到请示后,由相关部门研究,提出答复意见;必要时,还将征询全国人大法工委、国务院法制办(今司法部)或者国务院相关部门的意见。答复以最高法院批复、审判庭答复意见等形式下发请示单位;其中的"批复"属于最高法院司法解释的一种,需经最高法院审判委员会讨论通过。[155]

在实践中,法院请示的问题未必都是法律上疑难的问题,而往往是判决结果没把握的案件。行政审判面临内外压力,一些法院和法官把案件请示作为规避风险、减压抗震的手段。[156] 有学者认为,案件请示不但拖延诉讼进程,还使上诉程序变成"走过场",有违司法原理和法治原则。[157] 对此,法院系统尝试改革请示制度,强调请示的问题应当是法律适用问题,逐步限制乃至取消个案请示。[158] 作为替代措施,地方法院(主要是基层法院和中级法院)对于其受理的重大、疑难、复杂案件,可以报

---

〔152〕《立法法》(2015 年修正),第 94、95 条。

〔153〕《行政诉讼法》,第 63 条(法院审理行政案件以法律、法规为"依据");《立法法》(2015 年修正),第 97 条。

〔154〕《最高人民法院关于审判工作请示问题的通知》,法〔1999〕13 号;《最高人民法院行政审判庭关于严格执行行政审判工作请示制度的通知》,法行〔2000〕44 号。

〔155〕《最高人民法院关于司法解释工作的若干规定》(已失效),法发〔1997〕15 号;《最高人民法院关于司法解释工作的规定》,法发〔2007〕12 号。

〔156〕何海波:《实质法治:寻求行政判决的合法性》,法律出版社 2009 年版,第 85 ~ 102 页(行政诉讼请示考)。

〔157〕李华:《案件报送请示制度刍议》,载《法律适用》1997 年第 2 期;万毅:《历史与现实交困中的案件请示制度》,载《法学》2005 年第 2 期;何帆(时任最高法院司改办法官):《改革案件请示做法的路径》,载《法制资讯》2009 年第 5 期;陈瑞华:《为中国"案件请示"把脉》,载《法制资讯》2009 年第 5 期。相反的观点,参见侯猛:《案件请示制度合理的一面——从最高人民法院角度展开的思考》,载《审判研究》2010 年第 8 期。

〔158〕张娅、台建林:《陕西高院将逐步取消个案请示》,载《法制日报》2006 年 5 月 19 日(请示的范围仅限于法律适用问题,向上级人民法院请示应经下级人民法院审判委员会讨论决定);浙江省高级人民法院《关于落实"三项承诺"的实施意见》,2006 年 7 月("下级人民法院就涉及具体个案事实、证据认定的内部请示一律取消")。

请上一级法院审理。[159]

(三) 来自法院外部的干预

长期以来,法院的审判工作面临各种来自外部的干预。为了保障法院依法、独立、公正行使职权,中共中央办公厅、国务院办公厅下发了《领导干部干预司法活动、插手具体案件处理的记录、通报和责任追究规定》(中办发〔2015〕23 号)。文件规定,对司法工作负有领导职责的机关,因履行职责需要,可以依照工作程序了解案件情况,组织研究司法政策,统筹协调依法处理工作,督促司法机关依法履行职责,为司法机关创造公正司法的环境,“但不得对案件的证据采信、事实认定、司法裁判等作出具体决定”。对领导干部干预司法活动、插手具体案件处理的情况,司法人员应当全面、如实记录,做到全程留痕,有据可查。党委政法委对领导干部违法干预司法活动可予以通报,必要时可以向社会公开。

最高法院的文件进一步规定,法院应当在案件信息管理系统中设立“外部人员过问信息专库”,并定期汇总分析,报送政法委和上级法院。对于党政机关、社会组织就案件处理向司法机关发文发函提出要求的,作为一种“参考意见”,法院应当存入案件正卷备查。[160]

随着这些改革举措的落实,法院审判的独立性可望得到强化,“让审理者裁判、由裁判者负责”的目标也将逐渐接近。

二 裁判文书的制作

行政诉讼的裁判文书有判决书、裁定书、决定书和调解书。判决书适用于对案件实体问题所作的裁判。裁定书适用于不予受理、驳回起诉、管辖异议、移送或者指定管辖、中止诉讼、终结诉讼、准许或者不准许撤诉等程序性事项,诉讼期间是否停止行政行为的执行、先予执行、财产保全等临时性救济,以及补正裁判文书中的笔误等。[161] 决定主要适用于是否回避、延长诉讼期限等程序问题,以及对妨碍诉讼行为所采取的惩戒措施。

多年来,学术界对裁判文书的改进做了很多探讨[162],司法实务界也做了不少探

---

〔159〕《最高人民法院关于规范上下级人民法院审判业务关系的若干意见》,法发〔2010〕61 号,第 3 条:“基层人民法院和中级人民法院对于已经受理的下列第一审案件,必要时可以根据相关法律规定,书面报请上一级人民法院审理:(一)重大、疑难、复杂案件;(二)新类型案件;(三)具有普遍法律适用意义的案件;(四)有管辖权的人民法院不宜行使审判权的案件。”

〔160〕最高人民法院《人民法院落实〈领导干部干预司法活动、插手具体案件处理的记录、通报和责任追究规定〉的实施办法》,法发〔2015〕10 号。

〔161〕2000 年《若干解释》,第 63 条;2018 年《行诉法解释》,第 101 条。

〔162〕例如,潘庆云:《民事裁判文书改革研究》,载《法学》1998 年第 10 期;张志铭:《司法判决的结构和风格——对域外实践的比较研究》,载《法学》1998 年第 10 期;傅郁林:《民事裁判文书的功能与风格》,载《中国社会科学》2000 年第 4 期;何海波:《实质法治:寻求行政判决的合法性》(第 2 版),法律出版社 2020 年版,第 393 ~ 397 页(判决理由回应公共议论)。

索。继1992年发布《法院诉讼文书样式(试行)》(已失效)之后,最高法院于2004年印发了《一审行政判决书样式(试行)》。〔163〕 2015年,为配合修改后的《行政诉讼法》,最高法院研究制定了《行政诉讼文书样式(试行)》,汇集成书,供各级法院审判工作参考使用。〔164〕 新的样式在事实认定和理由说明部分有很大改进,更加注重裁判文书的论理性和可读性,强调繁简得当,允许灵活个性。经过持续探索和总结,裁判文书的写作总体上有明显提高,说理周详、清晰的优秀文书大量涌现。在众多的裁判文书汇编之外,有法官把自己撰写的有代表性的裁判文书结集出版。〔165〕

下面着重以作为类行政案件为例,结合本人的理解,阐述一审行政判决书的样式。最高法院印发的样式把行政判决书分为首部、事实、理由、判决结果、尾部和附录,具体又因案件类型而有所区别。首部通常包括标题、案号、当事人的基本情况、案由和诉讼过程等。

(一)标题与案号

标题分两行,写"________人民法院 行政判决书",大字号居中。其中的法院名称,一般应与法院印章文字一致,基层法院应冠以省、市、自治区的名称。裁判文书的名称,主要是"行政判决书""行政裁定书""行政调解书"。一并提起的民事案件,用"民事判决书";单独提起的行政赔偿案件,用"行政赔偿判决书"或者"行政赔偿调解书"。审理行政机关对民事争议所作裁决的案件,一并审理民事争议的,法院一并作出判决,不另用判决书。审理原告一并提出的行政赔偿诉讼,法院也一并作出判决,不另用判决书。

案号是不同案件的序列编号,位于标题下空一行,靠右排列。案号由收案年度、法院代字、类型代字、案件编号组成,一案一号。收案年度是收案的公历自然年,用阿拉伯数字表示,加圆括号。案件类型由案件性质和审级构成。其中行政案件性质的代字,一般用"行",表示行政案件;单独提起的行政赔偿案件,用"行赔";行政管辖案件,用"行辖"。法院审级分别为"初""终""再"代表一审、二审和再审。例如,北京市海淀区人民法院2015年第5号一审行政案件,表述为"(2015)海行初字第5号"。

为统一案号的编制,最高法院于2015年发布了专门的案号管理规定,后又作了一些修正。〔166〕 大的改革有三点:一是对法院简称做了代码化处理。其中,最高法院以及各高院的简称用中文汉字表示,中级、基层法院则用"高院代字+数字代码"表

---

〔163〕 最高人民法院《一审行政判决书样式(试行)》,法发〔2004〕25号。

〔164〕 最高人民法院行政审判庭编:《行政诉讼文书样式(试行)》,人民法院出版社2015年版。相关报道并全文下载,参见最高法院网站2015年6月29日,http://www.court.gov.cn/zixun-xiangqing-14826.html。

〔165〕 参见最高法院李广宇法官的三卷本《理性诉权观与实质法治主义》《诉讼类型化与诉的利益》《司法的温度与界限》,以及他的心得总结《裁判是怎样写成的》(法律出版社2021年版)。

〔166〕 《最高人民法院关于人民法院案件案号的若干规定》,法〔2015〕137号;《最高人民法院关于修改〈关于人民法院案件案号的若干规定〉的决定》,法〔2018〕335号。

示。例如,北京市海淀区法院的代字为“京0108”,而不是原先简单的“海”字。由此,实现了全国3500多家法院的代字不重复。二是为使案号更简洁,原先案号中的“字”“第”不要了。相应地,海淀法院2016年第5号一审行政案件表述为“(2016)京0108行初5号”。三是专门法院和专门法庭审理的案件,在案件类型前加专门审判代字。这样,知识产权法院审理的行政案件,用“知行”。

实践中,一个案件可能有多份裁判文书。为保证同一案件案号的唯一性,首份裁判文书直接使用案号,第二份开始在案号后缀“之一”“之二”……以示区别;但同一案件不同类型的裁判文书之间,无须通过后缀进行区别。[167] 例如,在湖南省吉首市法院审理的谭朝辉诉湖南省凤凰县沱江镇人民政府行政协议案中,原告谭朝辉以他人已在争议地块上施工为由,向法院提出保全申请,被法院裁定驳回,裁定书使用的案号是“(2019)湘3101行初115号”。随后,法院以所诉沱江镇政府不适格为由,裁定驳回原告起诉,裁定书使用的案号是“(2019)湘3101行初115号之一”。后来,法院发现驳回起诉裁定上原告姓名有误,需要补正,补正裁定使用的案号是“(2019)湘3101行初115号之二”。

(二)当事人的基本情况

当事人的基本情况,依次写明原告、被告和第三人(如果有);当事人有法定代理人或者法定代表人的,在各自的当事人后另起一行列写;当事人有委托代理人的,再另起一行列写。

当事人有曾用名或者名称变化的,在名称后加括号注明曾用名或者原名称。被诉行政机关负责人出庭应诉的,应当在被诉行政机关及其法定代表人之后列明。群体诉讼案件,推选或指定诉讼代表人的,在原告身份事项之后写明“原告暨诉讼代表人……”并写明诉讼代表人的基本情况,格式与原告基本情况相同。如涉及原告人数众多的,可在首部列明诉讼代表人基本情况,原告名单及其基本情况可在裁判文书附录中叙明。

当事人的基本情况,每段缩进两格书写。诉讼参加人地位(原告、被告、第三人、委托代理人)与其姓名、名称之间,以前有的用冒号或者空格隔开,现在统一不用冒号、不空格。

(三)案由与诉讼过程

判决书作为一份面向当事人和社会公众的案件审理报告书,应当记载案由与诉讼过程,包括原告起诉、被告与第三人应诉、审判组织、当事人证据交换情况,以及开庭审理过程。记载诉讼过程有助于增加司法过程的透明度,维持司法判决的公信力。

---

〔167〕《最高人民法院关于在同一案件多个裁判文书上规范使用案号有关事项的通知》,法〔2016〕27号。

诉讼过程的格式，通常为：

原告______不服被告______的______（案由），于____年____月____日向本院提起行政诉讼。本院于____年____月____日受理后，由审判员______与______、______组成合议庭，于____年____月____日公开（或不公开）开庭审理了本案。原告（或原告的法定代表人）______及其诉讼代理人______，被告______的法定代表人（或者负责人）______、诉讼代理人______，第三人______及其诉讼代理人______，以及证人（鉴定人、勘验人）______，到庭参加诉讼。……本案现已审理终结。

案由是诉讼案件类型的简明标签，行政案件的案由通常按照被诉行政行为确定。最高法院先后两次制定了行政案件案由的规定。[168] 新的案由规定遵循简洁、明确、规范、开放的原则，将行政案件案由分为三级，140 余个。法院在确定案由时，优先适用具体案由；无对应的具体案由，依次适用概括的案由。例如，起诉行政机关作出的罚款行政处罚，案由写“罚款”，不写“行政处罚”或者更加概括的“行政行为”。

为增加司法透明、提高司法公信，判决书应当记载诉讼过程中的其他问题，包括：(1) 管辖异议的提出和处理，合议庭成员的回避、中途更换，当事人的追加与变更；(2) 当事人申请停止执行、先予执行、财产保全等情况，诉讼过程中对当事人的惩戒；(3) 庭前会议或者法院组织当事人交换证据的情况，当事人申请延期举证或者在期限内未提交证据的处理；(4) 开庭日期的变更及其原因，不公开开庭审理的理由，缺席判决的情况和原因；(5) 审判委员会对案件的讨论及其决定，法院依法提出的请示；(6) 延长审限的原因和手续（包括批准延长审理期限批复的文号）。

判决书对诉讼过程的记载，应当具体、明了。例如，法院通知第三人参加诉讼的，应当写明：“因______与本案被诉行政行为（或与案件处理结果）有利害关系，本院于____年____月____日通知其作为第三人参加诉讼。”被告未到庭而缺席审理的，应当写明：“本院确定开庭日期后，于____年____月____日用传票传唤被告，被告无正当理由拒不到庭，本院依法缺席审理。”进行证据交换或召开庭前会议的应写明：“本院于____年____月____日召开庭前会议（或组织原、被告及第三人进行了证据交换），并送达了证据清单副本。”有关程序活动可根据时间节点的先后顺序表明。

（四）案件事实

案件事实部分应写明当事人争议的内容以及经法院审理确认的事实和证据。

---

〔168〕《最高人民法院关于规范行政案件案由的通知》（已失效），法发〔2004〕2 号；《最高人民法院关于行政案件案由的暂行规定》，法发〔2020〕44 号。

它由以下几个小部分组成:对行政行为的叙述,当事人的诉辩意见,当事人举证、质证和法庭认证,以及法庭"经审理查明"的事实。案件事实部分通常首先叙述行政行为,体现了行政诉讼审查行政行为合法性的特点。

在案件事实的认定上,原来流行的写作格式过于格式化,反映不出当事人质辩和法院认证的动态过程。大量证据的罗列使读者不胜其烦,不知争议焦点和问题关键之所在。证据的审查和认定过于简单武断,有的甚至搞成"一证一认定",完全违背诉讼规律。新的写作样式强调,案件事实的几个小部分既可以互相独立,自成段落,也可以根据具体案情和当事人争议的情况灵活安排,不求一律。此外,由于裁判文书原则上要求上网公开,法院在表述案件事实时,应注意保守国家秘密,保护当事人的商业秘密和个人隐私。

下面是关于各个小部分的提示:

行政行为的叙述部分,一般应当写明行政行为认定的主要事实、定性依据、处理结果等核心内容。要注意详略得当,力求通过简洁的表述说明案件的诉讼标的。被告实施行政行为的过程,根据案件争议情况,可以予以简单交代。行政处理决定内容较为简短的,可以全文引用;其他的,原文引用一般只限于比较关键的部分。行政行为理由表述有歧义,被告在答辩中已经予以明确的,经说明后,也可以被告明确后的理由为准。如被诉行政行为系非要式行为,可结合被告作出行政行为时的意思表示、该行政行为的实际效果和庭审中双方认可的结论,确定行政行为的内容。

当事人的诉辩意见部分,应当准确、完整地记载原告、被告以及第三人的诉讼请求和主要理由。对各方诉讼理由的阐述,既要尊重当事人原意,也要注意归纳总结。要防止遗漏当事人的诉辩主张和理由要点;即使合议庭认为该主张或者理由根本不能成立,可以略写,但不宜删除。同时,也要避免大段大段地照抄起诉状、答辩状或者代理意见。

一般情况下,写明当事人的诉辩意见后,即可写明其提供的相关证据。证据可以分项列写,一一注明其名称、基本内容和证明目的;也可以综合分类列举证据,并归纳证明目的;当事人提供的证据数量浩繁的,可以概括说明。如果当事人提供的证据有较强的关联性,合并叙述更有利于综合反映案件证据情况的,宜于将当事人的证据合并叙述。

判决书对于证据的获取、提交中的一些特殊问题,应当作出交代。例如,当事人在法定期限内未提交证据的,应当予以说明;当事人超过法定举证期限提供证据,法院予以采纳的,应当说明情况和理由。对于当事人在诉讼中申请调取证据,法院决定不予调取的,应当在判决书中予以记载。对于根据原告(或者第三人、被告)的申请,委托鉴定部门进行鉴定的,需写明鉴定部门、鉴定事项和鉴定结论以及当事人的意见。对法院根据原告、第三人的申请调取的证据,可以作为原告、第三人提交的证据予以载明;对法院依职权调取的证据,则应当单独予以说明。

"经庭审质证"和"认证如下"部分,具体写法可以因案而异。对于与案件明显无关联的证据,可以简要说明当事人的质证意见;对于证据数量浩繁的案件,可以概括说明当事人的主要质证意见。对于当事人无争议、法院也未发现问题的证据,可以直接采信,即"对以下证据,各方当事人均无异议,本院依法予以确认"。对于当事人有争议的证据,特别是对可能影响行政行为合法性的证据,应当着重认定,写明采信或者不予采信的理由。需要注意的是,有很多证据(特别是言辞证据)无法孤立地认定其内容真伪,而必须结合相关证据综合判断。有的案件事实无法从现有证据中得到可靠地证明,而必须借助推理的方法。在这个过程中,判决书有必要阐明法官推理的方法,而不应从有限的证据中武断地作出认定结论。如果案件争议主要集中在事实问题,也可将对证据的质证、认证意见与案件的争议焦点结合起来,置于"本院认为"部分论述。

"经审理查明"部分是法院根据审理的结果,对案件事实所作的重新叙述。这是一篇记叙文,应当力求准确、清晰,繁简适当。叙述一般采用时间顺序,也可以根据具体案情采用其他方式,以能够清晰地反映案件情况为原则。要围绕案件的争议焦点和裁判结果进行叙述,避免写成事无巨细的流水账。关键之处,可以原文摘录证据内容;无关之处,略去不提。例如,叙述案件大小事实的时间,不一定处处写上年、月、日;判决撤销的案件,可以重点叙述构成行政行为违法的相关事实和证据,其余部分可以简略乃至省略。

(五)判决理由

法官写作判决书时,判决结论已经形成,判决理由实际上是对判决结论正当性的论证。针对行政诉讼的特点,判决理由部分("本院认为")主要是阐述行政机关所作的行政行为是否合法,在此基础上原告的诉讼请求能否获得支持。一份优良的判决,应当有一个内容合情合理、表达清晰准确的理由说明。

《行政诉讼法》规定了司法审查的根据。这些根据可以简单归纳为:(1)被告是否具有法定职权,是否超越职权;(2)行政行为是否符合法定程序;(3)认定事实是否清楚、主要证据是否充分;(4)行政行为适用法律是否正确;(5)行政行为是否明显不当或者滥用职权,等等。相应地,判决理由应当围绕这些审查根据,点面结合地阐述:既要全面检视各个审查根据,又要根据具体案情和当事人的辩论情况,有重点地展开。

判决书在阐述理由时,可以归纳出案件的几个争议焦点,然后分别加以论述。一个案件往往有多个争议问题,许多问题事实和法律还纠缠在一起。我们通常把法律决定的理由分为事实根据和法律理由两部分,并在这种两分基础上编排论述。但实际上,事实问题和法律问题无法截然分开。例如,法律规定"情节严重的"予以处罚、"为了公共利益的需要"可以征收、"紧急情况下"允许例外;是否符合这些要件,不但需要界定相关法律,也需要厘清特定事实。在很多情况下,对案件事实的不同认定可能引发对不同的法律争议问题,从而影响法律的适用;而对法律规定的不同理解也可能赋予同样事实不同的意义,从而影响对案情的剪裁取舍。没有脱离案件事实的法律争议,没有脱离法律制度的案件事实。所以,判决书在论证法律决定的理由时,常常需要在案件事实和法律根据之间来回观照,提炼出切中要害的争议焦点,然后根据争议焦点组织论述。

判决书理由写作涉及的另一个问题是法律根据的说明。依据《行政诉讼法》和有关司法解释的规定,法院判案必须"依据"法律、法规和最高法院的司法解释,并可以"参照"规章和最高法院发布的指导案例。目前的写作格式要求判决书准确、具体地援引这些法条和文本,同时也把判决书引用的内容限于这些法条和文本。在实践中,法院除了在"本院认为"部分引述和阐释法律依据,在"本院认为"之后、"判决如下"之前往往还有一段话,列明判决依据的名称和条款。按照要求,这部分应当引用法律、法规或者司法解释;对于应当适用的行政规章,也可以直接引用。最高法院发布的指导案例作为裁判说理的依据,也可以在此处引用。[169] 其他规范性文件,根据审理案件的需要并经审查认定合法有效的,"可以作为裁判说理的依据",但不在此处引用。[170]

在一个成文法主宰的国家,判决理由不可避免地以法律、法规、司法解释为主要根据,理由的阐述主要也是围绕着这些条文展开。但总的来说,司法实践中的判决理由说明过于强调法律的正式渊源,而忽视乃至无视法律的非正式渊源。司法裁判只能引用特定形式的法条和文本,是一种狭隘的法条主义的观点。这种做法在带来某种形式合法性的同时,往往掩盖了司法判决的实质理由,有时使判决理由显得牵强而生硬。如果承认司法判决实际推理的复杂性,承认法律渊源和论证方式的多样性,判决书就应当坦诚地展示这些考虑因素。如果法官排除了行政规章和其他规范性文件的适用,应当予以说明,并阐述其理由。如果具有参考作用的司法先例被提出来,判决书应当予以交代,并说明参照的理由或者不予适用的理由。如果法官考量了法律的一般原则、行政惯例和社会习惯、比较法等不成文的法律渊源,或者考量了法律共同体对特定社会问题形成的普遍共识,也应当在理由说明中提及。如果法官在推理中运用了价值衡量的方法,也应当充分地展示其权衡的因素和对权重的判断。

判决书引用法律条文,也应当兼顾表述的准确性和文书的可读性。一般来说,引用时应当准确完整写明规范性法律文件的名称以及条款项目的序号。并列引用

---

〔169〕 对相关问题的讨论,参见胡云腾主编:《最高人民法院指导性案例参照与适用》,人民法院出版社2012年版;黄泽敏、张继成:《指导性案例援引方式之规范研究》,载《法商研究》2014年第4期。

〔170〕《最高人民法院关于裁判文书引用法律、法规等规范性法律文件的规定》,法释〔2009〕14号。

多个规范性法律文件的,按照法律、行政法规、地方性法规、司法解释的顺序引用;引用包括实体法和程序法的,先引用实体法,后引用程序法。根据案件的不同需要,"本院认为"部分在援引法律依据时,既可以写明整个条文的内容,也可以摘抄与案件相关的内容;条文内容较多的,也可以只援引法律条款的序号,并简述其要点,而将具体内容陈列在判决书的附录中。大段地引用冗长而又不太切题的法律条文,读者会感到厌烦;只写法律条文的序号而不说明其内容,读者不知所云。

引用法律条文及其内容中的笔误,即使不妨害法律的适用,也是一件容易被人指责的事情。所以,应当小心核查,竭力避免。在**李强等3人诉武汉市人民政府案**中,最高法院的裁定书指出,一审法院在"本院认为"部分将"《最高人民法院关于适用〈中华人民共和国行政诉讼法〉的解释》"错写为"《最高人民法院关于适用〈中华人民共和国行政诉讼法〉若干问题的解释》",存在笔误。但最高法院没有接受再审申请人关于一审法院适用法律错误的说法。[171]

(六) 判决结果

判决结果是法院对行政争议作出的处理结论,是判决书中有直接约束力的主文。一般认为,只有判决主文才可以作为强制执行的依据;判决书的其他内容,包括"本院认为"部分,不能作为执行依据。[172] 因此,判决结果虽文字不多,却至关重要。

根据《行政诉讼法》的规定,一审作为类行政判决可分为撤销或者部分撤销行政行为、变更行政行为、确认行政行为违法或者无效、驳回原告诉讼请求等情形;在判决撤销的同时,还可能责令行政机关重新作出行政行为或者采取相应的补救措施。对行政不作为、行政协议、行政赔偿补偿的诉讼,适用各自的判决方式。行政争议和民事争议应当使用不同裁判文书,分别裁判。

判决结果内容较多的,应当分项列写,每项自成一段。

判决主文应当对原告的每一个诉讼请求做出回应。原告的诉讼请求法院不予支持的,判决驳回该诉讼请求。实践中,判决书针对原告的某项或者某几项诉讼请求作出支持或者部分支持的判决后,往往采取"驳回原告__________的其他诉讼请求"的表述。

依据《行政诉讼法》第79条,"复议机关与作出原行政行为的行政机关为共同被告的案件,人民法院应当对复议决定和原行政行为一并作出裁判"。这种情况下,无论原告是否提出请求,裁判主文都应当对复议决定和原行政行为的合法性作出认定和处理。

---

〔171〕 最高人民法院行政裁定书,(2019)最高法行申3655号。

〔172〕 《最高人民法院执行工作办公室关于以判决主文或判决理由作为执行依据的请示的复函》,〔2004〕执他字第19号。

(七)尾部

尾部应依次写明诉讼费用的负担,交代上诉的权利,合议庭成员的姓名,判决日期、法官助理和书记员姓名等内容。

法院关于诉讼费用负担的决定,应当在判决书中载明。依据《诉讼费用交纳办法》(2006 年)第 53 条规定,案件审结后,法院应当将诉讼费用的详细清单和当事人应当负担的数额书面通知当事人,同时在判决书、裁定书或者调解书中写明当事人各方应当负担的数额。法院准予当事人减交、免交诉讼费用的,也应当在法律文书中载明。需要向当事人退还诉讼费用的,法院应当自法律文书生效之日起 15 日内退还有关当事人,但这一内容不写在判决书中。

交代上诉权利,包括上诉审法院、上诉期限、方式以及逾期不上诉的后果。格式通常为:"如不服本判决,可以在判决书送达之日起 15 日内向本院递交上诉状,并按对方当事人的人数提出副本,上诉于 ________ 人民法院。逾期不提起上诉的,本判决将发生法律效力。"涉外案件的上诉期限参照民事诉讼法的规定。

判决书的落款日期,目前没有统一规定。当庭宣判、事后补写判决书的,一般以当庭宣判日期为落款日期。择期宣判的,一般以具有签发权的法官签署日期为落款日期。

判决书应当加盖人民法院的印章。实行网上办案后,操作人员可以通过网络办案系统加盖法院电子印章,然后由法院文印处印制文书。判决书的正本还应在判决日期的左下方、书记员署名的左上方,加盖"本件与原本核对无异"字样的印戳。这个起源于手写裁判文书时代的规定,到今天是否还有必要继续是可疑的,但它就是现行的规则。[173]

(八)附录

根据案件的不同需要,可将判决书中的有关内容载入附录部分。例如,将判决书中所提到的法律规范条文附上,以供当事人全面了解有关法律规定的内容。附录的法条按 1、2、3、4 序号列明,其顺序一般为:先实体法律规范,后程序法律规范;先上位法律规范,后下位法律规范;先法律,后司法解释。另外,群体诉讼案件中原告名单及其身份情况、知识产权案件中的图案等也可以列入附录。

三 送达、上网和归档

诉讼程序并没有随着法院宣判而告终。法院宣判后,还有裁判文书送达、裁判文书上网、诉讼档案管理等事项。这些事项是法院就诉讼案件向当事人、向社会乃

---

〔173〕 蒋含辉:《"本件与原件核对无异"还需要吗?》,载乐平市法院网 2011 年 1 月 26 日,http://lpsfy.chinacourt.org/public/detail.php? id=279。

至向历史的交代。

（一）诉讼文书送达

裁判文书以及其他法律文书的送达，是诉讼的一个必经环节。在司法实践中，由于一些当事人无法联系或者无理拒收，这个"小事情"常常成为一个相当麻烦的大问题。为此，在确定具体送达方式时，既要保障当事人的诉讼权利，维护司法公信，也要求当事人恪守诉讼诚信，并在可能的情况下追求司法效率。

《行政诉讼法》对送达没有专门规定，司法解释也不详细，目前主要适用民事诉讼法的相关规定。本书将以现有规定为基础，结合司法实践情况，对送达规则进行重述。下面分别讨论直接送达，电子送达，委托、转交、邮寄送达，以及公告送达。

1. 直接送达

直接送达，也就是当面交付，可以分为当庭送达、自取送达和上门送达。法院择期宣判的，宣判后即交付当事人或其诉讼代理人。法院也可以通知当事人或其诉讼代理人到法院领取，或者上门送达。直接送达必须有送达回证，由受送达人在送达回证上记明收到日期，签名或者盖章。受送达人在送达回证上的签收日期为送达日期。

上门送达涉及接受送达的人和送达地址，情形比较复杂。当事人签署有送达地址确认书的，应当送达到送达地址确认书确认的地址。当事人没有签署送达地址确认书或者送达地址确认书确认的地址不能送达的，一般送达到当事人的住所；必要时，法院也可以在当事人住所以外实际活动的地点，向当事人送达诉讼文书。上门送达诉讼文书，原则上应当直接交付当事人本人签收。当事人是公民，本人不在的，交他的同住成年家属签收；当事人是法人或者其他组织的，应当由法人的法定代表人、其他组织的主要负责人或者该法人、组织的办公室、收发室、值班室等负责收件的人签收；当事人已向法院指定诉讼代理人或者其他人代收的，送交代收人签收。当事人或其同住成年家属、法人或者其他组织负责收件的人以及当事人指定的代收人，都是合法的受送达人。

针对实践中出现的受送达人拒收的情况，法律作了相应规定。当事人或其诉讼代理人宣判时在场或者经通知到达法院，但拒绝签收的，审判人员、书记员在宣判笔录或者送达回证上注明送达情况并签名，即视为送达。上门送达的受送达人拒绝签收诉讼文书的，送达人可以邀请受送达人住所地的村（居）委会或者所在单位的工作人员，作为基层组织代表到场见证。送达人说明情况后，在送达回证上记明拒收事由和日期，由送达人、见证人签名或者盖章，把诉讼文书留置在受送达人的住所，即视为送达；基层组织代表无人到场或者不愿签名的，送达人把诉讼文书留置在受送达人的住所，采用拍照、录像等方式记录送达过程，并在送达回证上记明情况，即视为送达。

2. 电子送达

电子送达是随着新技术出现而出现的便捷有效的送达方式。经当事人同意,法院可以采用传真、电子邮件、移动通信、在线诉讼平台等能够确认其收悉的方式送达诉讼文书。当事人同意电子送达的,应当提供并确认传真号、电子信箱、移动电话等电子送达地址。采用前述方式送达的,以系统显示传真、电子邮件、移动通信、在线诉讼平台等发送成功的日期为送达日期;但受送达人证明到达其特定系统的日期与法院对应系统显示发送成功的日期不一致的,以到达其特定系统的日期为送达日期。

当事人在第一审程序中确认的送达地址,在提起上诉、申请再审、申请执行时,可以作为第二审程序、审判监督程序、执行程序的送达地址。当事人送达地址发生变更的,应当及时书面告知受理案件的法院;未及时告知的,法院按原地址送达,视为依法送达。

传统上,判决书、裁定书、调解书不适用电子送达。但随着电子技术的进步和在线诉讼的发展,在当事人同意的前提下,判决书、裁定书、调解书也可以通过适宜的电子送达方式送达。[174] 例如,移动通信目前还不适宜用来送达裁判文书,但电子邮箱、微信、在线诉讼平台专用账号用于接收 PDF 版本的裁判文书都不存在技术障碍。法律所需要的是保证裁判文书的内容和格式固定,不易丢失,不被篡改,并能够确认其收悉。电子送达的受送达人提出需要纸质文书的,法院仍应提供。

3. 委托、转交、邮寄送达

直接送达诉讼文书有困难的,可以委托其他法院代为送达、委托有关单位转交送达或者邮寄送达。

委托送达的,委托法院应当出具委托函,并附需要送达的诉讼文书和送达回证。受托法院应当自收到委托函及相关诉讼文书之日起 10 日内代为送达。受托法院的送达方式参照前述直接送达的方式。受送达人在送达回证上签收的日期为送达日期。

转交送达,适用于受送达人处于特殊管理之下而无法当面送达的情形。受送达人是军人的,通过其所在部队团以上单位的政治机关转交。受送达人被监禁或者被采取强制性教育措施的,通过其所在监所或者所在强制性教育机构转交。代为转交的机关、单位收到诉讼文书后,必须立即交付受送达人签收。受送达人在送达回证上的签收日期为送达日期。

邮寄送达,应当通过国家邮政机构以法院专递方式进行送达。邮寄送达的,以回执上注明的收件日期为送达日期。

4. 公告送达

受送达人下落不明,或者用前述方式都无法送达的,公告送达。法院可以在报

---

〔174〕《人民法院在线诉讼规则》,法释〔2021〕12 号,第 29 条;《民事诉讼法》(2021 年修正),第 90 条。

纸、信息网络等媒体上刊登公告,也可以同时在法院的公告栏和受送达人住所地张贴公告,并采取拍照、录像等方式记录张贴过程。公告送达判决书、裁定书的,应当说明裁判主要内容;当事人有权上诉的,还应当说明上诉权利、上诉期限和上诉法院。公告发出日期以最后一次刊登或者张贴的日期为准。自发出公告之日起,经过60日,即视为送达。

公告送达,应当在案卷中记明原因和经过。调解书以及适用简易程序的案件,不适用公告送达。

(二)裁判文书上网公布

《行政诉讼法》第65条规定:"人民法院应当公开发生法律效力的判决书、裁定书,供公众查阅,但涉及国家秘密、商业秘密和个人隐私的内容除外。"为推进全面、及时、规范地公布裁判文书,最高法院设立了全国统一的裁判文书公布平台"中国裁判文书网"(www. court. gov. cn/zgcpwsw),并制定了多个裁判文书上网公布的规定。目前施行的主要是2016年修订的版本。[175]

依据该规定,除涉及国家秘密的以外,生效裁判文书原则上都应当在前述平台上公布。其中,在行政案件中应当公布的文书包括:(1)行政判决书;(2)行政裁定书,包括补正笔误的裁定书;(3)涉及公共利益和他人合法权益,需要公开的调解书;(4)驳回申诉通知书;(5)对妨害诉讼行为、执行行为作出的拘留、罚款决定书和复议决定书;(6)其他有中止、终结诉讼程序作用,或者对当事人实体权益有影响、对当事人程序权益有重大影响的裁判文书。办案法官认为不宜公布的,应当提出书面意见及理由,经部门负责人审查后报主管副院长审定,才不在互联网公布。不在互联网公布的裁判文书,应当公布案号、审理法院、裁判日期及不公开理由,但公布上述信息可能泄露国家秘密的除外。

法院公布裁判文书,应当尽量保持信息完整,与送达当事人的裁判文书一致。在特定类型的民事、刑事案件中,法院在公布前需要对当事人及诉讼参与人的姓名进行匿名处理;但公布行政裁判文书,应当保留当事人的真实信息,不能用"某某某"来代替。其中,当事人及其诉讼代理人是自然人的,保留姓名、出生日期、性别、住所地所属县、区,以及与当事人的关系;当事人是法人或其他组织的,保留名称、住所地、组织机构代码以及法定代表人或主要负责人的姓名、职务;委托代理人是律师或者基层法律服务工作者的,保留姓名、执业证号和律师事务所、基层法律服务机构名称。

裁判文书包含当事人的下列敏感信息,公布时应当删除敏感信息:(1)自然人的家庭住址、通信方式、身份证号码、银行账号、健康状况、车牌号码、动产或不动产权属证书编号等个人信息;(2)法人以及其他组织的银行账号、车牌号码、动产或不动

[175] 《最高人民法院关于人民法院在互联网公布裁判文书的规定》,法释〔2016〕19号。

产权属证书编号等信息；(3)涉及商业秘密、个人隐私和技术侦查措施的信息；(4)未成年人及其法定代理人的相关信息；(5)其他不宜公开的内容。

办案法官负责在前述平台上公布裁判文书，并保证公布的裁判文书与原本的一致性和敏感信息处理的规范性。按要求，发生法律效力的裁判文书，应当在生效之日起 7 个工作日内公布；依法提起上诉的一审判决书、裁定书，应当在二审裁判生效后 7 个工作日内公布。已经公布的裁判文书，经审查发现不宜公布的，应当及时撤回；与裁判文书原本不一致或者敏感信息处理不当的，应当及时撤回，并在纠正后重新公布。

(三) 诉讼文书归档

案件审结后，还要把诉讼文书整理后立卷、归档。立卷归档是一件琐细的工作，但对于保存历史记录、便利今后查阅有重要意义。最高法院曾经单独或者连同国家档案局发布了多个文件予以规范，最新的是 2013 年的规定。[176]

1. 正卷和副卷

诉讼档案分正卷和副卷，正卷可供查阅，副卷不对外公开。2013 年的规定减少了副卷内容，并规定无不宜对外公开材料的，可以不立副卷。目前，这个神秘的副卷包括下列材料：(1)阅卷笔录；(2)案件审理报告；(3)合议庭评议案件笔录；(4)审判委员会讨论案件记录；(5)延长审理期限的申请及批示材料；(6)司法裁判文书、司法建议书和其他法律文书原本；(7)其他不宜对外公开的材料。

与原有规定相比，新规定去掉了已经不合时宜、不予鼓励的做法所形成的材料。例如，承办人与有关部门内部交换意见的材料或笔录，有关本案的内部请示及批复，审判庭研究、汇报案件记录，案情综合报告原、正本，审判监督表或发回重审意见书。一些传统上放在副卷的内容，现在也被要求归入正卷。例如，党政机关、行业协会商会、社会公益组织和依法承担行政职能的事业单位依照工作程序就案件处理提出的参考意见，应当存入正卷。[177] 新的规定不意味着原有做法完全废止，但具有重要的导向意义。

2. 整理和装订

审判业务部门负责诉讼文书材料的收集、整理和立卷归档工作，具体由书记员承担，承办法官检查。收集、整理和立卷是个细活，有许多可学的内容。以前到法院实习、见习的大学生，往往就是从装订卷宗开始的。

---

〔176〕 最高人民法院、国家档案局《人民法院诉讼档案管理办法》，〔84〕法办字第 5 号；《人民法院诉讼文书立卷归档办法》，法[办]发〔1991〕46 号；最高人民法院《诉讼档案收集、整理、立卷、归档、借阅的操作程序》，法办〔2003〕269 号；最高人民法院、国家档案局《人民法院诉讼档案管理办法》《人民法院电子诉讼档案管理暂行办法》，法〔2013〕283 号。

〔177〕 最高人民法院《人民法院落实〈领导干部干预司法活动、插手具体案件处理的记录、通报和责任追究规定〉的实施办法》，法发〔2015〕10 号，第 5 条。

从案件立案开始，承办书记员即应着手收集有关本案的各种诉讼文书材料。结案后，根据案件类别，按年度、审级、一案一号的原则单独立卷。整理时，以A4办公纸为标准，对大小不规范的文件予以剪裁折叠或者粘贴衬纸；对与本案无关和重份文件予以剔除，对没有正本的文件则用复印件来代替。证物能装证物袋的装入证物袋，不能装的拍成照片入卷。本院的判决书、裁定书、调解书保留三份，装入卷底袋内备用。

诉讼文书集齐后，按顺序排列，装订成册。每册的厚度一般不超过15毫米、200页，超过的分册装订。每册编写页码，页码用阿拉伯数字编写在外侧上角。装订前，还要填写卷宗封面和卷内目录，加备考表。卷内目录按照卷内文件的先后顺序填写，一个文件填写一个顺序号。卷宗装订要求右齐下齐，三孔一线。卷底装订线结扣处粘贴封志，由立卷人或者档案机构加盖骑缝章。

一般情况下，案件结案后3个月内即应归档。审判庭内勤或承办书记员编写归档清册，将档案移交档案机构。已经归档的案卷不得擅自增添或者抽取材料；确需增减材料的，应当经相关审判业务部门负责人审批并征得档案工作人员同意后，按立卷要求办理，同时在备考表中注明。

3. 电子档案

随着信息化技术的推进，在诉讼案件办理过程中产生了大量电子文件。例如，法律文书的电子文本、电子证据、电子庭审录音录像，以及同步数字化产生的纸质诉讼材料的电子版本。对电子诉讼档案的管理，遵循统一管理、全程管理、规范标准、便于利用、安全保密的要求。电子诉讼文件的归档期限与纸质诉讼材料的归档期限相同，也分立正、副卷。最高法院建立全国统一的人民法院电子诉讼档案查阅服务平台，逐步实现电子诉讼档案远程异地查阅。

电子诉讼档案文件的效力得到了明确。各级法院档案机构提供的电子诉讼档案经打印输出的纸质副本，一般应当覆有表明其为复制件的水印，在加盖人民法院档案证明专用章后，具有与档案原件同等的效力；法院之间按照有关规定移转的纸质诉讼档案的电子版本，可以视同为原件使用。[178]

4. 档案保管和利用

诉讼档案的保管期限分为永久、60年和20年定期。行政诉讼档案的保管期限，根据当事人身份、案件性质、案件的影响程度和审理程序综合划定，取其中最长的保管期限。例如，国务院各部门、省级政府及所属工作部门、社会知名人士为当事人的案件、涉及不动产权益的行政案件、经再审改判的案件，为永久保管。而以乡、镇政府为被告或者以撤诉、移送、终止结案的案件，保管期限一般为20年。

档案的利用一向比较严格。各级法院工作人员因工作需要，可以查阅、借阅本院与其工作相关的诉讼档案；上级法院可以查阅、调阅下级法院诉讼档案；下级法院

---

〔178〕 最高人民法院、国家档案局《人民法院电子诉讼档案管理暂行办法》，法〔2013〕283号，第29条。

或者同级法院之间,经档案所在法院审查同意,可以查阅、复制诉讼档案正卷有关内容。案件当事人及其代理人可以查阅诉讼档案,但只能查阅正卷,不能查阅副卷。案件当事人查阅的,应持身份证或者其他有效身份证明;当事人是法人的,应持法定代表人身份证明、工商登记证明复印件。律师查阅的,持执业证、律师事务所介绍信、当事人授权委托书、当事人身份证明复印件。涉及国家秘密、商业秘密、个人隐私和可能造成不良社会影响、后果的诉讼档案,在提供利用前应当由相关审判业务部门进行审查,严格限制利用范围。〔179〕

〔179〕《最高人民法院关于诉讼代理人查阅民事案件材料的规定》,法释〔2002〕39 号;《最高人民法院办公厅关于案件当事人及其代理人查阅诉讼档案有关问题的复函》,法办〔2005〕415 号;《最高人民法院办公厅关于诉讼档案查阅范围的复函》,法办〔2006〕110 号;最高人民法院、国家档案局《人民法院诉讼档案管理办法》,法〔2013〕283 号,第 15、16 条。

第十五章　二审、再审与重审

在二审终审制下，当事人对一审判决和部分一审裁定不服的，可以提起二审；认为生效裁判错误的，可以申请再审。二审与再审作为同一诉讼案件的继续，是保障司法公正的重要机制。经二审或者再审发回后重审的，不属于一个独立审级，但因其诉讼程序的特殊性，也在这一章中专门讨论。

第一节　第二审程序

一　上诉权利与二审法院

当事人对一审判决和部分一审裁定不服的，可以要求上级法院对案件给予重新审理，此为二审。与提起诉讼一样，提起上诉也是当事人诉权的一部分。

（一）提起上诉的权利

有权提起上诉的当事人包括一审案件的原告、被告和第三人。作为被告的行政机关对一审判决不服的，也可以上诉。这一点不同于行政复议：作为被申请人的行政机关即使对复议决定不服的，也应当执行，而不能继续争议（包括向法院提起诉讼）。依据《行政诉讼法》第29条规定，法院判决第三人承担义务或者减损第三人权益的，第三人也有权依法提起上诉。

在所有行政诉讼案件中，当事人都可以要求二审，除非最高法院自己承担案件一审。在理论上，最高法院可以管辖“全国范围内重大、复杂的第一审行政案件”，但在实践中从未出现，今后也必定是罕见的。

当事人除了对一审判决不服可以上诉，还可以对部分一审裁定提起上诉，要求二审。可以上诉的裁定包括：（1）不予受理；（2）驳回起诉；（3）管辖异议。[1] 对于其他裁定，如中止诉讼、终结诉讼、移送或者指定管辖、诉讼期间停止或者不停止行政行为的执行、财产保全、先予执行、准许或者不准许撤诉、补正裁判文书中的笔误、中止或者终结执行、准许或者不准许行政行为的执行，当事人可以异议，但无权上诉。

上诉遵循不诉不理的原则。一审法院作出判决和裁定后，诉讼当事人中的一部分人提出上诉，对方当事人为被上诉人，其他当事人依原审诉讼地位列明；当事人均提

〔1〕 2000年《若干解释》，第63条；2018年《行诉法解释》，第101条。

起上诉的,上诉各方均为上诉人。对于行政诉讼过程中一并审理的相关民事争议,当事人仅对行政裁判或者民事裁判提出上诉的,未上诉的裁判在上诉期满后即发生法律效力。第二审法院发现未上诉的生效裁判确有错误的,按照审判监督程序再审。

当事人提起上诉,通常会说明理由,但说明理由不是当事人提起上诉的必要条件。在法律上,当事人只要表明对一审判决不服,提起上诉的,上级法院就应当进行审理。

(二) 上诉期限

当事人的上诉权利有期限的限制。当事人不服法院一审判决的,应当在判决书送达之日起 15 日内提起上诉;不服法院一审裁定的,应当在裁定书送达之日起 10 日内提起上诉。逾期不提起上诉的,第一审判决或者裁定发生法律效力。依据法律,期间开始之日不计算在期间之内;期间届满的最后一日是节假日的,以节假日后的第一日为期间届满的日期;邮寄文书的,期间不包括在途时间。[2]

(三) 二审法院

依据法律的规定,当事人上诉的,应当上诉于一审法院的"上一级人民法院"。当事人不能越级上诉。因此,二审案件的管辖不存在选择的余地,确定了一审法院就确定了二审法院。但参考国外的经验,并结合中国的实际,在特定领域和特殊情况下应当允许当事人"飞跃上诉"。[3]

在知识产权领域,中国已经建立了飞跃上诉制度。2018 年,全国人大常委会依法作出授权,当事人对专利、技术秘密、计算机软件、垄断等专业技术性较强的知识产权行政案件以及专业技术性较强的知识产权民事案件的第一审判决、裁定不服,提起上诉的,由最高法院审理。[4] 最高人民法院知识产权法庭于 2019 年成立后,全国范围技术类知识产权民事、行政上诉案件由其集中统一管辖。[5] 该法庭当年受理的 1684 件二审案件,除了 6 件是高级法院一审,其他都是从中级法院上诉而来的。[6] 飞跃上诉制度的建立有助于统一裁判标准,缩短纠纷解决周期。

在其他情形下,飞跃上诉和异地审理的可能性也可以探讨。例如,当事人有证据证明,上一级法院在一审判决前已经对一审案件的具体处理作了决定和指示,由

---

〔2〕 2018 年《行诉法解释》,第 48 条。

〔3〕 相关讨论,参见方斯远:《我国飞跃上诉的制度构建:兼论有限三审制的改革路径》,载《中国法学》2020 年第 5 期。

〔4〕 《人民法院组织法》(2018 年修正),第 16 条第 3 项(最高法院增加管辖全国人大常委会规定的上诉、抗诉案件);《全国人民代表大会常务委员会关于专利等知识产权案件诉讼程序若干问题的决定》,2018 年 10 月 26 日第十三届全国人大常委会第六次会议通过。

〔5〕 《最高人民法院关于知识产权法庭若干问题的规定》,法释〔2018〕22 号。

〔6〕 曹音:《最高法:知识产权"飞跃上诉",统一裁判标准,提高裁判效率》,载中国日报网,http://cn.chinadaily.com.cn/a/202005/28/WS5ecf1ef8a310f5a71bd1f797.html。

该院进行二审已经毫无意义。在此情况下，当事人请求更上一级法院直接审理的，更上一级法院可以决定直接审理，或者指令本辖区内的其他下级法院审理。在这种情形下，飞跃上诉有助于保障司法公正，维护司法公信。

二　二审的审理程序

二审的审理程序主要涉及上诉的提起、二审的审理方式、审理对象和范围，以及二审过程中一些特殊问题的处理。

（一）上诉的提起

当事人提出上诉，一般应当向原审法院提交上诉状和其他材料，并按照其他当事人或者诉讼代表人的人数提出上诉状副本。最高法院 1991 年的《贯彻意见》曾经规定，当事人既可以通过原审法院提出上诉，也可以直接向二审法院上诉。后来的司法解释取消了直接向二审法院提交上诉材料的规定。〔7〕实践中，当事人向二审法院提交上诉材料的，可能会被告知去下级法院提交。这主要是因为直接向二审法院提交，二审法院仍然需要向一审法院调卷，徒添周折。而且，现在法院接收材料也比较规范，当事人向原审法院提交上诉材料的顾虑也减少了。当然，如果当事人坚持向二审法院提交上诉材料的，二审法院仍然应当予以接收，并出具接收单据。二审法院接收后，自接收之日起 5 日内将上诉材料移交原审法院。〔8〕

原审法院收到上诉状，应当在 5 日内将上诉状副本发送其他当事人，对方当事人应当在收到上诉状副本之日起 15 日内提交答辩状。原审法院应当在收到答辩状之日起 5 日内，将副本送达当事人。对方当事人不提交答辩状的，不影响法院审理。

原审法院收到上诉状、答辩状，应当在 5 日内连同全部案卷和证据，报送二审法院。已经预收诉讼费用的，一并报送。行政诉讼过程中一并审理相关民事争议的，一审法院应当将全部案卷一并移送二审法院，由行政审判庭审理。

按照“立审分离”的原则，对一审法院移送的上诉材料及一审案件卷宗材料，首先由二审法院的立案机构接收并审查。立案机构应当查对以下内容：(1)上诉状、一审裁判文书齐全，一审卷宗数与案件移送函标明的数量相符；(2)上诉人递交上诉状的时间在法定上诉期限以内，或者虽然超过法定上诉期限，但提交了因正当理由申请顺延上诉期限的书面材料；(3)附有上诉案件受理费单据，或者上诉人关于缓、减、免交上诉费用的申请。卷宗、材料不齐的，应当及时通知一审法院补充。经查对有关材料无误的，填写立案登记表，编立案号，向当事人发送案件受理通知书和上诉案

〔7〕 2000 年《若干解释》，第 66 条；2018 年《行诉法解释》，第 108 条。

〔8〕《最高人民法院关于规范人民法院裁判文书相关表述及依法收转当事人诉讼材料的通知》，法〔2015〕57 号，第 4 条。

件应诉通知书,并将案卷材料于立案登记的第二日移交行政审判庭。[9]

(二)二审的审理

二审的审理,主要涉及审判组织、审理方式、对象和期限。

1. 二审的审判组织

二审法院对上诉案件,应当组成合议庭审理。合议庭由审判员组成,或者由审判员、陪审员组成,实践中基本是由审判员组成。二审案件不适用独任审理。

2. 二审的审理方式

从贯彻审判公开、保障司法公正的角度出发,二审案件应当尽量开庭审理,可能的话当庭宣判。但是,原先法律规定比较模糊,只要法院"认为事实清楚的"就可以实行书面审理。由于案件负担、审理期限、担心社会影响等原因,有的二审法院对于开庭审理不够积极。结果,长期以来,多数案件实行书面审理。在最高法院的大力推动下,情况有了明显改变。2014 年全国各级法院二审结案 47,818 件,其中开庭审理 27,173 件,占 56.8%;当庭宣判 3835 件,占开庭审理案件的 14.1%,占全部二审案件的 8.0%。修改后的《行政诉讼法》确立了以开庭审理为常态、不开庭审理为例外的原则。该法第 86 条规定,法院对上诉案件"应当开庭审理";经过阅卷、调查和询问,当事人没有提出新的事实、证据或者理由,合议庭认为不需要开庭审理的,才可以不开庭审理。

3. 二审的审理对象

行政诉讼二审的审理对象和范围与民事诉讼有明显区别。在民事诉讼中,二审法院只对上诉请求的有关事实和适用法律进行审查。[10] 而在行政诉讼中,二审法院应当主动对全案问题予以审查,不受上诉请求范围和当事人争议问题的限制。《行政诉讼法》第 87 条规定:"人民法院审理上诉案件,应当对原审人民法院的判决、裁定和被诉行政行为进行全面审查。"据此,二审法院不但应当对一审裁判的事实认定和法律适用问题进行审查,还要对一审法院审判程序的合法性进行审查;不但应当对一审裁判是否合法进行审查,还要对被诉行政行为是否合法进行审查。对被诉行政行为的全面审查,与一审法院相同。二审法院审理后,需要改变原审判决的,应当同时对被诉行政行为作出判决。

当然,全面审查不等于毫无重点,甚至简单地重复一审程序。在庭审过程中,合

---

[9] 《最高人民法院关于人民法院立案工作的暂行规定》(已废止),法发〔1997〕7 号,第 20、21 条。

[10] 《民事诉讼法》(1991 年)第 151 条规定:"第二审人民法院应当对上诉请求的有关事实和适用法律进行审查。"2021 年修正后调整为第 175 条,内容不变。《最高人民法院关于民事经济审判方式改革问题的若干规定》(法释〔1998〕14 号,已失效)第 35 条规定:"第二审案件的审理应当围绕当事人上诉请求的范围进行,当事人没有提出请求的,不予审查。但判决违反法律禁止性规定、侵害社会公共利益或者他人利益的除外。"《最高人民法院关于适用〈中华人民共和国民事诉讼法〉的解释》(法释〔2020〕20 号,已失效)第 323 条规定:"第二审人民法院应当围绕当事人的上诉请求进行审理。当事人没有提出请求的,不予审理,但一审判决违反法律禁止性规定,或者损害国家利益、社会公共利益、他人合法权益的除外。"

议庭可以归纳双方的争议焦点,引导当事人的质证和辩论。对于当事人没有争议的问题,可以由合议庭说明并当庭确认,不再重复举证、质证和辩论。[11]

从保护当事人上诉权利的角度出发,全面审查原则上不应导致对上诉人更加不利的后果,特别是不应加重对公民的处罚。当然,对方当事人同为上诉人的,对于对方当事人提起上诉的部分,二审法院可以作出对本方当事人更加不利的判决。[12]

4. 二审的审理期限

《行政诉讼法》规定,二审案件应当在收到上诉状之日起 3 个月内作出终审判决。有特殊情况需要延长的,由高级法院批准;高级法院审理上诉案件需要延长的,由最高法院批准。

(三) 二审特殊情况的处理

第二审是对第一审所审理案件的二次审理。为保持诉的恒定性,二审期间追加当事人、变更诉讼请求、补充证据以及当事人撤诉,都有限制。

1. 追加当事人

二审期间不应追加新的当事人。原审判决遗漏了必须参加诉讼的当事人的,二审法院应当裁定撤销原审判决,发回重审。

2. 变更和增加诉讼请求

当事人在二审期间可以变更其上诉请求,但不能增加其在一审期间未提出的诉讼请求。原审原告增加其在一审期间未提出的诉讼请求的,二审法院对增加的诉讼请求不予审理。当事人在二审期间提出行政赔偿请求的,二审法院可以进行调解;调解不成的,应当告知当事人另行起诉。但如果是当事人在一审期间提出了诉讼请求,原审漏判的,则应根据情况相应处理。

3. 补充证据

当事人在二审过程中可以补充证据,但有严格限制。原告或者第三人在一审程序中无正当事由未提供而在二审程序中提供的证据,法院不予接纳。[13] 下列证据,属于有正当理由而提供的新的证据:(1)在一审程序中应当准予延期提供而未获准许的证据;(2)当事人在一审程序中依法申请调取而未获准许或者未取得,法院在二审程序中调取的证据;(3)原告或者第三人提供的在举证期限届满后发现的证据。对于当事人在二审程序中依法提供的新的证据,法庭应当进行质证。当事人对一审认定的证据仍有争议的,法庭也应当进行质证。[14]

---

〔11〕 史笔:《关于二审行政审判方式改革的几个问题》,载《行政法学研究》1999 年第 3 期。

〔12〕 甘文:《行政诉讼法司法解释之评论——理由、观点与问题》,中国法制出版社 2000 年版,第 185 ~ 188 页; 江必新、梁凤云:《行政诉讼法理论与实务》,北京大学出版社 2009 年版,第 918 ~ 919 页。

〔13〕 2002 年《证据规则》,第 7 条第 2 款; 2018 年《行诉法解释》,第 35 条第 2 款。

〔14〕 2002 年《证据规则》,第 50、52 条。

4. 撤回上诉

在法院作出二审裁判前，上诉人可以申请撤回上诉，是否准许由法院裁定。法院准许撤回上诉的，一审判决、裁定即发生法律效力；但如果是双方当事人均提起上诉，一方当事人撤诉并不导致案件终结。上诉人申请撤回上诉，法院不予准许，上诉人经传票传唤无正当理由拒不到庭的，或者未经法庭许可中途退庭的，法院可以缺席判决。[15]

行政机关在二审期间改变被诉行政行为，当事人申请撤回上诉的，法院的裁定可以载明行政机关改变被诉行政行为的主要内容及履行情况，并可以根据案件具体情况，在裁定理由中明确被诉行政行为或者原裁判全部或者部分不再执行。[16]

上诉人未按规定期限预交案件受理费，又不提出缓交、减交、免交申请，或者提出申请未获批准的，按自动撤诉处理。在按撤诉处理后，上诉人在法定期限内再次上诉，并依法解决诉讼费预交问题的，法院应予受理。[17]

5. 撤回起诉

原审原告在二审过程中能否撤回起诉，这个问题在行政诉讼和民事诉讼中长期存有争议。赞成者认为，这充分体现了当事人对其实体权利和诉讼权利的处分自由；反对者认为，这种做法无视了一审判决的存在，容易诱发滥诉。最高法院2015年民事诉讼法司法解释对此作了有条件的认可："在第二审程序中，原审原告申请撤回起诉，经其他当事人同意，且不损害国家利益、社会公共利益、他人合法权益的，人民法院可以准许。准许撤诉的，应当一并裁定撤销一审裁判。"[18]这一规定较好地平衡了不同价值，可以为行政诉讼所借鉴。

6. 调解

行政诉讼二审适用调解。参照民事诉讼法的规定，当事人在二审程序中达成和解协议的，法院可以根据当事人的请求，对双方达成的和解协议进行审查并制作调解书送达当事人；因和解而申请撤诉，经审查符合撤诉条件的，法院应予准许。[19]

三　二审的裁判方式

除了因上诉人撤回上诉、当事人达成调解等其他法定原因而终结诉讼，二审法院应当对争议的案件作出裁判。裁判涉及三个方面，一是不予受理、驳回起诉和管辖异议的裁定，二是对案件有关实体问题的判决，三是对不符合受理条件的一审判

---

〔15〕 2018年《行诉法解释》，第79条第1款。

〔16〕 《最高人民法院关于行政诉讼撤诉若干问题的规定》，法释〔2008〕2号，第8条。

〔17〕 2000年《若干解释》，第37条；2018年《行诉法解释》，第61条。

〔18〕 《最高人民法院关于适用〈中华人民共和国民事诉讼法〉的解释》，法释〔2015〕5号，第338条第1款。该条第2款规定："原审原告在第二审程序中撤回起诉后重复起诉的，人民法院不予受理。"这个问题体现了对二审过程中撤回起诉的严格立场。但这个问题在行政诉讼中并不存在，因为在行政诉讼中，原告撤诉后本来就不能重复起诉。

〔19〕 《最高人民法院关于适用〈中华人民共和国民事诉讼法〉的解释》，法释〔2015〕5号，第339条。

决的处理。下面先分别阐述这三个问题,之后讨论二审裁判文书的写作。

(一)对一审裁定的裁定

二审法院审查的一审裁定,目前就三种情形:一是不予受理裁定,二是驳回起诉裁定,三是对当事人管辖异议的裁定。对这三种裁定,二审裁判也使用裁定作出处理。

1. 不予受理、驳回起诉的裁定

二审法院经审理认为原审法院不予受理或者驳回起诉的裁定正确的,应当维持原裁定。二审法院经审理认为原审法院不予受理或者驳回起诉的裁定确有错误,当事人的起诉符合起诉条件的,应当裁定撤销原审法院的裁定,指令原审法院依法立案或者继续审理。[20]

2. 关于管辖异议的裁定

二审法院经审理认为原审法院驳回管辖异议的裁定错误,应当撤销该裁定,并将案件移送有管辖权的法院审理。在个别情况下,一审法院支持当事人的管辖异议,裁定将案件移送其他法院,提出管辖异议一方的对方当事人上诉。二审法院经审理认为原审法院支持管辖异议的裁定错误,可以撤销该裁定,决定将案件留存原先法院继续审理。

按规定,法院受理案件后,被告提出管辖异议的,应当在收到起诉状副本之日起15 日内提出。法院对管辖异议审查后确定有管辖权的,不因当事人增加或者变更诉讼请求等改变管辖,但违反级别管辖、专属管辖规定的除外。对于发回重审或者按第一审程序再审的案件,当事人提出管辖异议的,法院不予审查。当事人在一审程序中未按法定期限和形式提出管辖异议,在二审程序中提出的,二审法院也不予审查。[21]

(二)对一审判决实体问题的处理

依据《行政诉讼法》第 89 条的规定,对于一审判决实体问题的裁判,二审法院可以分别作出维持原判、直接改判或者发回重审的裁判。

1. 维持原判

原判决认定事实清楚,适用法律、法规正确,审判程序合法的,判决驳回上诉,维持原判。

2. 直接改判

原判决认定事实清楚,但适用法律、法规错误的,依法改判。原判决认定事实不清、证据不足,或者由于违反法定程序可能影响案件正确判决的,撤销原判,发回重

---

〔20〕 2000 年《若干解释》,第 68 条; 2018 年《行诉法解释》,第 109 条第 1 款。

〔21〕 2018 年《行诉法解释》,第 10、11 条。

审;必要时,也可以查清事实后改判。二审法院需要改变原审判决的,应当同时对被诉行政行为作出判决。

如果一审判决事实不清,二审法院查清事实,但认定结果相同,是否应当改判?在淮南市洞山农村信用合作社诉淮南市房地产管理局案中,一审判决以房证不符、手续不全为由,撤销被告颁发的房屋所有权证。最高法院二审判决认为,一审判决未认定讼争房屋产权存有争议,事实不清。遂撤销原判,并撤销被告颁发的房屋所有权证。[22] 该案二审判决与一审判决主文相同,只是理由有所不同,二审法院似乎没有必要撤销一审判决。

3. 发回重审

一审判决在事实认定或者审判程序上存在问题,但不宜由二审法院直接改判,而需要由原审法院依照一审程序重新审理的,予以发回重审。发回重审适用于几种情形:一是原审判决认定事实不清,证据不足,需要由一审法院查明的;二是原审判决遗漏当事人或者违法缺席判决等严重违反法定程序的;三是原审判决遗漏了诉讼请求,需要由一审法院处理的。但是,原审判决遗漏行政赔偿请求,二审法院经审查认为依法不应当予以赔偿的,判决驳回行政赔偿请求;二审法院经审理认为依法应当予以赔偿的,在确认被诉行政行为违法的同时,可以就行政赔偿问题进行调解;调解不成的,应当就行政赔偿部分发回重审。

发回重审的形式,司法解释规定用裁定。[23] 二审法院裁定发回原审法院重新审理的行政案件,原审法院应当另行组成合议庭进行审理。当事人对重审案件的判决、裁定,可以上诉。

行政诉讼实践中,一个比较大的问题是发回重审的过度使用。依据《行政诉讼法》的规定,一审判决认定事实不清、证据不足,或者由于违反法定程序可能影响案件正确判决的,二审法院撤销原判后,是发回重审还是直接改判主要由二审法院裁量决定。一般来说,发回重审有助于查清案件事实,慎思明辨,防止二审法院一裁终局,因而符合二审终审的原则。但发回重审也可能造成诉讼拖延,增加诉讼成本,甚至损害当事人的诉讼权利。一些二审法院为了回避矛盾,喜欢用发回重审来代替对案件实体问题作出判决,导致案件不能及时了断。

在苏德贤诉辽宁省辽阳县环境保护局行政处罚案中,被告以原告苏德贤承包经营的砖厂超标排放烟尘,致使第三人种植的薏米减产为由,对砖厂罚款1万元,并责令赔偿第三人经济损失1.6万余元(事实上,这是经法院判决撤销后被告重新作出的决定)。在此后几年的时间里,该案经历了一次初审、两次重审,一审法院在两次重审中查明的事实与初审时基本一致,三次判决的理由和结果相同,二审法院两次发回重审的理由也完全相同。[24] 更有甚者,有一个案件先后经历了14次裁判,翻

---

〔22〕 最高人民法院行政判决书,(1999)行终字第19号,法公布(2001)第10号。

〔23〕 2000年《若干解释》,第63条第1款第13项;2018年《行诉法解释》,第101条第1款第13项。

〔24〕 辽阳市中级人民法院行政判决书,(2003)辽阳行终字第56号。

来覆去、无休无止：当事人不服一审判决4次上诉，中院3次发回重审，经市检察院抗诉后又3次再审。[25] 为了避免此类情形再次出现，有必要限制二审法院发回重审的权力。

最高法院有关民事诉讼的司法解释规定，一审判决因为事实认定错误或者事实不清、证据不足被发回重审后，二审法院认为事实还存在问题的，应当查清事实后直接改判，不能再次发回重审。[26] 此后，最高法院又发文强调：一审已经查清事实的案件，二审法院原则上不得以事实不清、证据不足为由发回重审；二审法院因原审判决事实不清、证据不足将案件发回重审的，原则上只能发回重审一次。[27] 2014年《行政诉讼法》修改时，增加了一款："原审人民法院对发回重审的案件作出判决后，当事人提起上诉的，第二审人民法院不得再次发回重审。"

一审判决遗漏当事人诉讼请求的问题比较麻烦。依据司法解释，一审判决遗漏当事人诉讼请求的，二审法院原则上应当裁定撤销一审判决，发回重审。但在实践中，二审法院也有根据情况直接加以裁判的。在**大连日隆工贸实业发展公司诉锦州市工商行政管理局封存资产案**中，被告以原告名下的广厦珠宝行从事传销为由，通知该珠宝行停止营业并封存资产。日隆公司认为被告封存资产侵犯其财产权，向法院提起诉讼。最高法院二审判决认为，日隆公司提出的赔偿请求缺乏事实与法律依据，不予支持。一审法院虽然对原告提出的赔偿请求进行了审理，但在判决书中未加表述"欠妥"。[28] 在**赵贵金诉湖北省任丘市民政局不依法发放抚恤金案**中，原告赵贵金提出了三项诉讼请求：(1)立即足额发放拖欠原告2001年度每月600元的抚恤金；(2)补发1996年至1998年欠发的抚恤金11,859元；(3)今后必须按国家规定定期足额发放。一审法院判决支持了第一、二项诉讼请求，但未对第三项请求作出处理。沧州中院撤销一审判决，改判为：民政局应按民政部安置司、总政治部干部处420号文的规定，向赵贵金发放自1996年1月起的定期生活补助费。法官评论认为，一审判决主文中未表述民政局在2001年12月后应当如何，欠妥。但如果发回重审，只是走一下程序，费时费力，而无实际意义。二审予以直接改判，既支持一审原告的诉讼请求，又节省了时间，符合诉讼经济原则。[29]

（三）不符合受理条件案件的一审判决的处理

依据现行司法解释，一审法院作出实体判决后，当事人上诉，二审法院审查后认

---

[25] 吴毓平：《一起经过14次裁判的行政案件》，载《行政法学研究》1998年第4期。

[26] 《最高人民法院关于人民法院对民事案件发回重审和指令再审有关问题的规定》（已失效），法释〔2002〕24号，第1条；《最高人民法院关于民事审判监督程序严格依法适用指令再审和发回重审若干问题的规定》，法释〔2015〕7号，第4条。

[27] 《最高人民法院关于规范上下级人民法院审判业务关系的若干意见》，法发〔2010〕61号，第6、7条。

[28] 最高人民法院行政判决书，（1998）行终字第6号。

[29] 最高人民法院中国应用法学研究所编：《人民法院案例选》2003年第3辑（总第45辑），人民法院出版社2004年版。

为该案不符合受理条件、不应当立案的，在撤销一审判决的同时，可以径行驳回起诉。[30] 这一规定建立在受理条件法定和二审全面审查两个原则之上，不考虑当事人在诉讼中是否对受理条件问题提出异议，只要二审法院认为不符合受理条件的就予以驳回。在实践中，案件到二审仍被驳回起诉的并不少见。2020 年，一审法院作出 13 万份行政判决，同年二审法院撤销原判并驳回起诉 1524 件。据此推算，二审驳回起诉约占一审判决的 1.1%。

一审法院作出实体判决后，二审法院裁定驳回起诉应当有所限制。被告在答辩时乃至庭审时都可以对是否符合受理条件提出异议，法院也随时可以审查，并决定不予受理或者驳回起诉。一审法院既已作出实体裁判，表明一审法院认为该案符合受理条件，据此行使了国家裁判权。二审法院再驳回起诉，白白耗费一审付出的司法资源，更严重挫伤当事人对司法裁判的期待。为此，今后可以考虑，当事人在一审程序中未按法定期限和形式对起诉条件提出异议，在二审程序中提出的，二审法院不予审查；一审法院对案件作出实体判决后，二审法院认为该案不符合受理条件的，原则上不再驳回起诉，而是继续就实体问题进行审理。

更早的司法解释规定，一审法院对案件作出实体判决后，二审法院认为不应当受理的，在撤销一审判决的同时，可以径行驳回起诉，也可以发回重审。[31] 发回重审适用于原告的起诉是否符合受理条件的相关事实有待查清，而且二审法院不容易查清的情形。在刘燕文诉北京大学学位评定委员会案中，北京市第一中院就以被告所提的"（刘燕文起诉超过）诉讼时效问题，原审法院未能查清"为由，裁定撤销原判，发回重审。海淀法院经过重审，以原告起诉超过法定期限为由驳回起诉。刘燕文上诉，北京市第一中院裁定维持，案件才得以终局。[32] 为尽快实质性解决纠纷，避免在是否受理问题上来来去去，新的司法解释取消了对此类问题发回重审的做法。

（四）二审裁判文书的写作

二审裁判包括判决、裁定、决定，以及调解。二审法院维持原审判决或者直接改判的，用判决书；撤销原判、发回重审的，因为未对案件实体问题作出裁判，用裁定书。二审裁判文书与一审裁判文书的结构基本相同，但在写作上有自己特色。下面主要以行政判决书为例，阐述二审裁判文书的写作。

1. 标题与案号。标题分两行，写"＿＿＿＿人民法院　行政判决书"。标题不写"二审"或者"终审"字样，审级通过案号中的代字"终"字来显示。例如，上海市第一中级法院 2015 年第 5 号二审行政判决书，表述为"（2015）沪一中行终字第 5 号"；

---

〔30〕 2018 年《行诉法解释》，第 123 条第 1 项。

〔31〕 2000 年《若干解释》，第 79 条第 1 项。

〔32〕 北京市第一中级人民法院行政裁定书，（2000）一中行终字第 43 号；北京市海淀区人民法院行政裁定书，（2000）海行初字第 157 号；北京市第一中级人民法院行政裁定书，（2001）一中行终字第 50 号。

2016 年改用新的法院代字系统后,则表述为“(2016)沪 01 行终 5 号”。

2. 当事人的基本情况。当事人的基本情况依次写明上诉人、被上诉人和第三人(如果有)。“上诉人”“被上诉人”之后用括号标明其在一审中的地位,例如“上诉人(一审原告)”“被上诉人(一审被告)”。当事人均提起上诉的,上诉各方均为上诉人。诉讼当事人中的一部分人提出上诉,没有提出上诉的对方当事人为被上诉人,其他当事人依原审诉讼地位列明。

3. 案件来源和诉讼过程。案件来源和诉讼过程,应当叙明当事人提起的诉讼案件,一审裁判的日期、裁判文书的名称、案号和裁判要点,当事人提起上诉的日期,以及二审诉讼的过程。二审诉讼过程部分应当说明是否开庭审理。

4. 事实和理由。虽然二审法院应当对一审裁判和被诉行政行为的合法性进行全面审查,但由于事先经历过一次审理,案件的争议焦点通常更加明确和集中。二审裁判文书可以着重围绕争议焦点展开论述。二审裁判文书应当对一审判决的主要理由是否成立作出明确的评断。

5. 裁判结论。裁判结论应当简洁、规范、明了。当事人的上诉主张不能成立的,裁判结论为“驳回上诉,维持原判”。上诉主张成立的,应当撤销原判,发回重审或者直接改判;直接改判的,还应当对被诉行政行为和一审原告的诉讼请求作出相应的处理。上诉人的主张部分成立、部分不成立的,可以撤销一审裁判的相应部分。原审裁判结论有多项的,为便于当事人理解,应当在维持、撤销原有裁判相关项目的同时,说明该项的内容。例如,“撤销(2006)海中法行初字第 54 号行政裁定第二项,即驳回原告宓广民的起诉”。[33]

四　二审程序的实施状况

在二审终审制下,第二审裁判是决定诉讼命运的裁判,其实施状况是个值得关注的问题。下面将根据全国性的统计数据,分析行政诉讼二审程序的案件数和结案方式。

(一) 行政诉讼二审的案件数

全国二审行政案件的数量从 1990 年的 3431 件增长到 2014 年的 49, 984 件,24 年时间增加了 14 倍。这一增长幅度大体上与一审行政案件的增长相当。不同的是,一审案件的数量在此期间起伏较大,二审案件的数量却持续、稳步地上升(个别年份虽有些微下降,但毫不改变基本趋势)。这意味着,二审法院(多为中院)的案件负担逐步加重。

法院对一审案件的上诉率似乎没有正式统计,我们不妨以当年的二审立案数除以一审结案数来估算。具体有两个指标:一是二审立案数除以全部一审结案数,二

---

〔33〕 海南省高级人民法院行政裁定书,(2007)琼行终字第 32 号。

是二审立案数除以可上诉裁判的总数。

如果以全部一审结案数为基数来计算,行政案件的上诉率在不同时期起伏明显。在1996~1998年这个"谷底",一度下降至不到15%;2005~2008年稳定在30%左右的水平;最近几年接近50%,为历史最高(见图12)。大体上讲,上诉率较低的年份正是一审撤诉率高涨的时期,两者呈现明显的此消彼长关系。考虑到相当比例的一审案件是以撤诉等方式结案,行政案件的上诉率还是相当高的。它不但大大高于刑事案件和民事案件的相应比例,而且总体上呈现增长的态势。

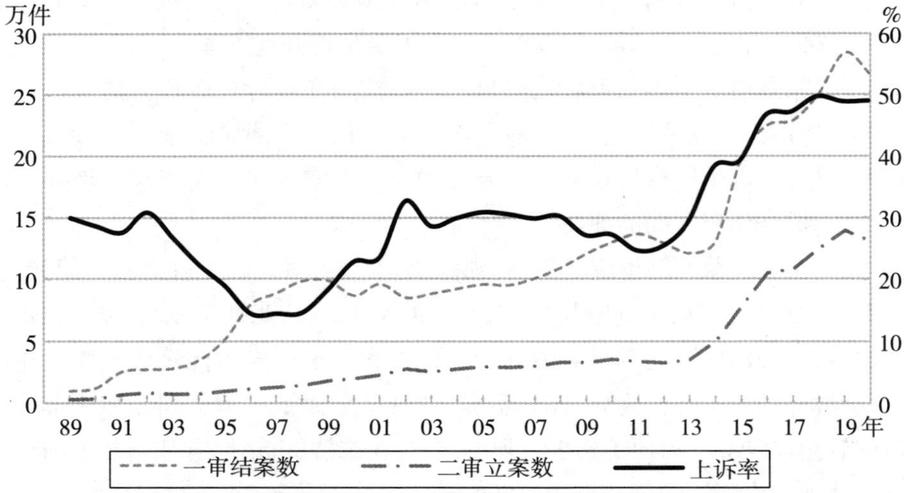

图12　二审行政案件的数量和上诉率

如果以二审立案数除以可上诉裁判的总数,行政案件的上诉率可以说是居高不下,而且稳步增长。在《行政诉讼法》实施初期,二审案件只占可上诉裁判的一半左右;最近几年,增长到了七成左右。以2014年为例,一审判决结案55,339件,可以上诉的裁定(不予受理和驳回起诉)16,963件,二审共收案49,984件(其中对判决提起的上诉38,805件,对不予受理和驳回起诉裁定提起的上诉11,179件)。据此估算,对一审判决的上诉率约为70.1%,对一审裁定的上诉率约为65.9%。

虽然不能简单地以上诉率来衡量一审裁判的质量,但高位的上诉率似乎说明一审裁判的公信力还有待提高,在及时消弭行政纠纷上还有待改进。联系到一审裁判支持原告的比例始终低迷,以及原告提出上诉占据绝大多数的事实,居高不下的上诉率也是对一审裁判说服力的质疑。

(二)行政诉讼二审的结案方式

在二审法院主要结案方式中,维持原判的比例始终保持在60%上下;如果加上驳回上诉请求等在实际效果上维持原判的,则在80%上下。直接改判的比例,整体上从《行政诉讼法》实施初期的16%左右大幅下降,最近几年在5%上下;发回重审的比例在《行政诉讼法》实施初期约为8%,最近20年持续下降,到2020年仅2%。

而在此期间,驳回起诉的比例则在整体上持续上升,从 1999 年的 6.5% 上升到 2014 年的 19.9%;上诉人撤回上诉的比例也在整体上持续上升,从 1990 年的 3% 上升到 2011 年的 10.6%(此后有回落)(见图 13)。以二审法院直接改判和发回重审的比例为指标,二审程序对一审裁判的监督力度整体上明显下降,当事人通过上诉程序获得救济的可能性也变得更为渺茫。这一事实有可能导致更多当事人走上申诉之路,从而增加了再审程序的压力。

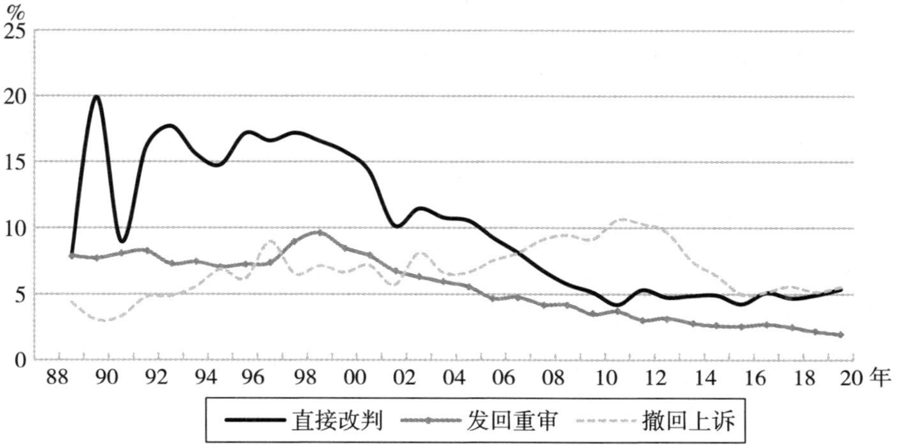

图 13　二审行政案件的结案方式[34]

第二节　再 审 程 序

再审是原审法院或者上级法院对已经生效的行政判决、裁定和调解的再次审理。再审程序作为对二审终审制的补充,在三大诉讼法中都有规定。对于行政案件的再审,在《行政诉讼法》的简略规定之外,最高法院、最高检察院曾以法律解释、答复意见、座谈会纪要等形式作了规范。长期以来,再审程序处于理论探讨和实践探索之中。[35] 目前,再审制度面临一些重大的改革。

一　提起再审的事由

与上诉不同,当事人申请再审并不必然引发法院再审。能否获得再审取决于法

〔34〕 为了图表的简洁,本图省略了维持原判、调解、驳回起诉等其他结案方式。由于《行政诉讼法》规定的限制,调解结案的适用范围过去非常有限,调解结案率基本不超过 0.3%;其他结案方式也比较有限,最近几年占 5% 上下。

〔35〕 李浩:《民事再审程序改造论》,载《法学研究》2000 年第 5 期;张卫平:《民事再审事由研究》,载《法学研究》2000 年第 5 期;虞政平:《我国再审制度的渊源、弊端及完善建议》,载《政法论坛》2003 年第 2 期;陈光中、郑未媚:《论我国刑事审判监督程序之改革》,载《中国法学》2005 年第 2 期;王亚新:《民事审判监督制度整体的程序设计——以〈民事诉讼法修正案〉为出发点》,载《中国法学》2007 年第 5 期。

定的再审事由。对于再审事由,如果法律规定和实践中掌握的再审事由过窄过严,不利于当事人获得再审;过于宽松,也可能过分地损害司法裁判的既判力。法院为此不停地摸索和调整,没有一个长期稳定的规则,甚至很难说形成完全确定的规则。〔36〕

依据法律,再审适用于已经发生法律效力的判决、裁定,其中包括不予立案、驳回起诉、准予撤诉的裁定。调解违反自愿原则或者调解书内容违法的,也是提起再审的法定事由。《行政诉讼法》第 91 条规定了 8 种应当再审的情形。总的来说,该条列举的情形还是比较笼统宽泛,如"原判决、裁定认定事实的主要证据不足","适用法律、法规确有错误"。下面将这 8 种情形分为事实认定、法律适用、诉讼程序三个方面,分别讨论。

(一) 因为事实问题的再审

因为事实问题需要再审的,有三种情形:(1)原判决、裁定认定事实的主要证据不足、未经质证或者系伪造的;(2)有新的证据,足以推翻原判决、裁定的;(3)据以作出原判决、裁定的法律文书被撤销或者变更的。这里比较有争议的是"主要证据不足"和"新的证据"。

在《行政诉讼法》里,"主要证据不足"是法院审查行政行为的标准,是二审法院撤销一审判决的根据,也是提起再审的法定事由。在形式上,这似乎设定和维持了一个统一的标杆。但这种理解没有考虑不同审级和不同法院层级的功能区分,把再审等同于一审的重审,把高级法院和最高法院混同于基层法院。它可能导致一个法律上已经终结的程序,仅仅因为对案件事实的不同理解而推倒重来。如果过于宽泛地掌握这个标准,不仅导致纠纷无休无止,也可能会过分加重高级法院和最高法院的案件负担。为此,不妨把这里的"主要证据不足"理解为证明案件关键事实的主要证据明显不足。它可能源于法院错误地排除或者采纳重要证据、错误地分配举证责任、明显错误地适用证明标准。

何谓"新的证据",也是一个值得探讨的问题。在**陕西省靖边县杨桥畔镇杨桥畔二村八组与靖边县政府林业登记案**中,最高法院审视了现有的规定。该案因再审申请人杨二村八组不服靖边县政府颁发的 4208 号林权证而引发。法院二审判决后,申请人向最高法院申请再审,并提交了靖边县自然资源和规划局的《靖边县土地利用现状图》(大桥畔 J49G058018)。该图标注的杨二村与大桥畔村的争议地,与 4208 号林权证所载林地存在部分重合(经计算约 16 公顷)。申请人主张,林地权属存在争议,依据《林木和林地权属登记管理办法》不应登记发证。最高法院认为,由于不可归责于本人的原因,原告或者第三人在举证期限届满前尚未发现或者无法取得,

---

〔36〕　一个较早的规定是《最高人民法院关于规范人民法院再审立案的若干意见(试行)》,法发〔2002〕13 号,第 9 条。

在举证期限届满后才发现或者取得的证据，属于“新的证据”。最高法院组织询问后了解到，该图系由再审申请人从靖边县自然资源和规划局获取，被申请人对该图的真实性并无异议；也无证据显示，该图系申请人在举证期限届满前已经取得或者能够取得而未取得。故该图属于足以推翻原审判决的“新证据”，该案应当予以再审。[37]

（二）因为法律问题的再审

《行政诉讼法》对于法律问题而申请再审，规定得非常简略，即“（四）原判决、裁定适用法律、法规确有错误的”。是否所有法律上的不同见解都是错误、是否所有的错误都应当再审，是可以讨论的。法律议论向来是一个充满分歧的过程，能够确定谁对谁错的不是真理而是权力。认识到这一点，有权者应当节制手中的权力。

前述认识上的差别，可以通过对比两个案例说明。清远盛兴投资有限公司诉广东省清远市清城区人民政府案涉及 14 年前所签协议的效力以及损失赔偿的计算。最高法院认为，案涉土地使用权出让因违反法律强行性规定而无效，被告应当返还盛兴公司的预付款项并赔偿损失。但盛兴公司在一审阶段仅主张返还 350 万元购地款及利息，并未主张其他信赖利益损失，更未举证证明其他损失的金额。二审法院判决清城区政府返还 350 万元并赔偿按银行同期同类贷款利率计算的利息损失，“符合本案实际情况”，应当予以支持。据此，盛兴公司的再审申请不符合《行政诉讼法》第 91 条规定的情形，予以驳回。[38] 而在陈山河诉洛阳市人民政府行政赔偿案中，最高法院认为，在被拆迁人未及时获得合理补偿而房屋价格明显上涨的情况下，一、二审法院仍按 5 年前的标准确定赔偿额，对陈山河“明显有失公平”。遂裁定指令河南高院再审。[39] 鉴于法律规定的模糊性，两者的差异可能只在于法官对何谓“不公”的感知。

一个 2021 年的司法解释明确了原审裁判适用法律确有错误、最高法院应当再审的情形。它包括：（1）在全国具有普遍法律适用指导意义的案件；（2）在全国范围内或者省、自治区、直辖市有重大影响的案件；（3）跨省、自治区、直辖市的案件；（4）重大涉外或者涉及港、澳、台地区的案件；（5）涉及重大国家利益、社会公共利益的案件；（6）经高级法院审判委员会讨论决定的案件；（7）最高法院认为应当再审的其他案件。[40] 总的来说，这个解释所列举的情形更加注重法律的普遍适用，更加注重再审的社会影响。

地方法院在决定是否再审时，可以参考上述规定。但需要侧重与法律、法规、司法解释以及其他法律渊源所确定的既定法律规则保持一致。例如，法院判决与最高

---

〔37〕 最高人民法院行政裁定书，（2019）最高法行申 8365 号。

〔38〕 最高人民法院行政裁定书，（2020）最高法行申 3832 号。

〔39〕 《最高人民法院公报》2015 年第 4 期。

〔40〕 《最高人民法院关于办理行政申请再审案件若干问题的规定》，法释〔2021〕6 号，第 2 条。

法院司法意见和指导案例的精神不一致，而没有正当理由的，就应当再审。

（三）因为程序问题而再审

《行政诉讼法》规定的与程序有关的再审理由有四种：(1)不予立案、驳回起诉裁定确有错误的；(2)原判决、裁定遗漏诉讼请求的；(3)诉讼程序违反法律规定，可能影响公正审判的；(4)审判人员在审理该案件时有贪污受贿、徇私舞弊、枉法裁判行为的。其中，"诉讼程序违反法律规定，可能影响公正审判的"主要指以下情形：(1)审判组织的组成不合法，或者依法应当回避的审判人员没有回避的；(2)应当参加诉讼的当事人，因不能归责于本人或者其诉讼代理人的事由，未参加诉讼的，或者无诉讼行为能力人未经法定代理人代为诉讼；(3)违反法律规定，剥夺当事人辩论权利的；(4)未经传票传唤，缺席判决的。[41]

上述几种情形都严重侵害当事人的诉权，或者严重损害司法的公信力，法院应当再审。但在特殊情况下，根据查明的事实，提起再审显然没有意义的，法院也可以不予再审。在刘书平诉郑州市郑东新区管理委员会行政赔偿案中，刘书平通过中国邮政向郑东新区管委会邮寄国家赔偿申请，信件被标注"拒收"退回。刘书平请求确认拒收行为违法，被法院驳回起诉。最高法院在审查再审过程中查明，刘书平在信件被拒收后再次邮寄了国家赔偿申请，被告已经受理，相关赔偿争议也已进入诉讼程序。在此情况之下，"没有提起再审的任何必要"。[42] 在朱美欢诉广州市花都区人民政府政府信息公开案中，最高法院认为，一、二审以被告答复不属于行政诉讼受案范围为由裁定驳回起诉不妥。但鉴于一、二审在论理部分实际上已经对被告答复的合法性进行审查，而且该答复符合法律规定，即使再审将驳回起诉改判为驳回诉讼请求，无益于原告实体权益的保护，徒增诉累，故本案不予再审。[43]

管辖异议的裁定错误的，不属于《行政诉讼法》规定的必须再审的范围。但如果原审违反管辖规定，可能影响公正审判的，似乎也应当再审。如果案件尚未作出生效判决，应当及时再审，并裁定将案件移送有管辖权的法院；再审期间，可以指令中止原诉讼程序。

二 启动再审的程序

依据现有规定，再审的提起有三种渠道：当事人申请、检察院抗诉和法院主动再审。这三种渠道相互联系，错综复杂。从实际情况来看，当事人申请再审的最多（近年数以万计），但"命中率"有限；检察抗诉的必定再审，但数量最少（一年一二百

---

〔41〕《民事诉讼法》(2007年修正)，第179条第1款第8、9、10、11项。2021年修正后，调整为第207条第7、8、9、10项。

〔42〕最高人民法院行政裁定书，(2017)最高法行申5735号。

〔43〕最高人民法院行政裁定书，(2019)最高法行申5320号。依据《档案法》的规定，国家档案馆保管的档案有封存期（一般为30年）；在档案封存期内，一般不向社会开放。这使得到档案馆查阅相当困难。

件)；法院主动再审的也占了较大比例，个别年份甚至达一半以上。[44]

(一) 当事人申请再审

当事人申请再审，以前叫"申诉"，以别于"起诉"和"上诉"；称"申请再审"，强调这是当事人的诉讼权利，以别于一般的申诉。《行政诉讼法》第 90 条规定："当事人对已经发生法律效力的判决、裁定，认为确有错误的，可以向上一级人民法院申请再审，但判决、裁定不停止执行。"

1. 当事人申请再审的期间

《行政诉讼法》没有明确申请再审的期间，相关规定都由司法解释作出。早期的司法解释曾经规定，当事人申请再审的期间为 2 年，自裁判文书发生法律效力之日算起。[45] 2015 年后，改为 6 个月，自裁判文书发生法律效力之日或者当事人知道或者应当知道再审事由之日算起。有下列情形之一的，自知道或者应当知道之日起 6 个月内提出：(1)有新的证据，足以推翻原判决、裁定的；(2)原判决、裁定认定事实的主要证据是伪造的；(3)据以作出原判决、裁定的法律文书被撤销或者变更的；(4)审判人员审理该案件时有贪污受贿、徇私舞弊、枉法裁判行为的。[46] 该解释没有完全限定当事人申请再审的期间。但依据新近的解释，申请再审期间为不变期间，不适用中止、中断、延长的规定。[47]

2. 当事人申请再审的程序限制

当事人申请再审还有程序限制。首先，当事人原则上应当在穷尽上诉手段后才可以申请再审。当事人对一审判决和可以上诉的裁定未提出上诉，在一审判决、裁定发生法律效力后申请再审的，应当说明未提出上诉的理由；没有正当理由的，法院不予受理。[48] 其次，当事人申请再审应当向作出生效裁判法院的上一级法院提出；申请人向原审法院申请再审或者越级申请再审的，后者应当告知其向作出生效裁判法院的上一级法院提出。[49] 法院基于抗诉或者检察建议作出再审判决、裁定后，当事人又申请再审的，法院不予立案。[50] 最后，委托他人代为申请再审的，诉讼代理人应为《行政诉讼法》规定的有资格代理诉讼的人。[51] 这一点与一审、二审没有区别。

---

〔44〕 以 2014 年为例，本院决定再审的行政案件 526 件，上级法院决定再审 662 件(其中上级法院提审 172 件，指令下级法院再审 490 件)，检察抗诉 188 件(相当部分亦由作出生效裁判的法院审理)。

〔45〕 2000 年《若干解释》，第 73 条。

〔46〕 2015 年《适用解释》，第 24 条(6 个月)；2018 年《行诉法解释》，第 110 条(6 个月)。

〔47〕 《最高人民法院关于行政申请再审案件立案程序的规定》，法释〔2017〕18 号，第 12 条第 3 款。

〔48〕 《最高人民法院、最高人民检察院关于对民事审判活动与行政诉讼实行法律监督的若干意见(试行)》，高检会〔2011〕1 号，第 4 条。

〔49〕 《最高人民法院关于行政申请再审案件立案程序的规定》，法释〔2017〕18 号，第 11 条。

〔50〕 2015 年《适用解释》，第 25 条第 2 款；2018 年《行诉法解释》，第 117 条第 2 款。

〔51〕 《最高人民法院关于行政申请再审案件立案程序的规定》，法释〔2017〕18 号，第 3 条。有资格代理诉讼的人包括：(1)律师、基层法律服务工作者；(2)当事人的近亲属或者工作人员；(3)当事人所在社区、单位以及有关社会团体推荐的公民。

3. 当事人申请再审的材料

当事人凭一纸上诉状就能引发二审,申请再审却不行。申请再审的,应当提交以下材料:(1)再审申请书,并按照被申请人及原审其他当事人的人数提交副本;(2)再审申请人的身份证明,如自然人的身份证明复印件、法人或者其他组织的营业执照和组织机构代码证书的复印件、法定代表人或者主要负责人身份证明;(3)委托他人代为申请再审的,应当提交授权委托书和代理人身份证明;(4)原审判决书、裁定书、调解书,或者与原件核对无异的复印件;(5)法律、法规规定需要提交的其他材料。〔52〕

再审申请书应当载明再审申请人、被申请人及原审其他当事人的基本情况(包括双方当事人的有效联系电话和通信地址),原审法院名称,原审判决、裁定或者调解书的案号,申请再审的具体法定事由及事实、理由,受理再审申请的法院名称,递交申请的日期等信息,并由再审申请人签名、捺印或者盖章。

此外,申请人一般还应提交起诉状、上诉状的复印件、在原审诉讼过程中提交的主要证据材料、支持再审申请和再审请求的证据材料等其他材料。〔53〕虽然这不是强制的,但一个认真的申请者总会尽量提供相关材料,并将其整理得井井有条,以利于法院审查。

4. 对当事人再审申请的立案和审查

对当事人的再审申请,一般由法院立案庭负责审查。〔54〕

申请人提交的再审申请书等材料符合上述要求的,审查人员应当出具《诉讼材料收取清单》,注明收到材料日期,并加盖专用收件章。申请人提交的再审申请书等材料不符合要求的,审查人员应当将材料退回再审申请人,并一次性全面告知其在指定的合理期限内予以补正。审查人员认为再审申请不符合法定申请再审期间要求的,应当告知再审申请人;申请人认为未超过法定期间的,审查人员可以要求其在10日内提交证明裁判文书实际生效日期的相应证据材料。〔55〕

对符合条件的再审申请,法院应当及时立案,并应自收到符合条件的再审申请书等材料之日起5日内向再审申请人发送受理通知书,同时向被申请人及原审其他当事人发送应诉通知书、再审申请书副本及送达地址确认书。被申请人可以在收到再审申请书副本之日起15日内向法院提出书面答辩意见;被申请人未提出书面答辩意见的,不影响法院审查。法院可以要求申请人和对方当事人补充有关材料,询

〔52〕《最高人民法院关于行政申请再审案件立案程序的规定》,法释〔2017〕18号,第4条。

〔53〕同上,第5条。

〔54〕对当事人再审申请(申诉)的审查机构,各地原先并不统一。后来,各地法院陆续设立了专门的立案机构和审判监督机构,各地做法渐趋规范。《最高人民法院关于开展审判监督工作若干问题的通知》,法〔2004〕103号。白龙:《最高人民法院成立立案一庭、立案二庭》,载人民网2009年9月10日,http://politics.people.com.cn/GB/1026/10024097.html;王斗斗:《最高法要求各高级法院设专门机构审查民事再审案》,载《法制日报》2011年1月8日。

〔55〕《最高人民法院关于行政申请再审案件立案程序的规定》,法释〔2017〕18号,第8、9、13条。

问有关事项；新的证据可能推翻原判决、裁定的，应当询问当事人。审查再审申请期间，申请人申请法院委托鉴定、勘验的，不予准许；申请人撤回再审申请的，是否准许，由法院裁定。

法院应当自再审申请案件立案之日起6个月内完成审查，有特殊情况需要延长的，由本院院长批准。因通信地址不详等原因，受理通知书、应诉通知书、再审申请书副本等材料未送达当事人的，不影响案件的审查。

为解决最高法院行政申请再审案件太多、负担太重的问题，2021年的一个司法解释允许最高法院将部分再审申请案件的审查下放给作出生效裁判的高级法院。其中包括：(1)案件基本事实不清、诉讼程序违法、遗漏诉讼请求的；(2)再审申请人或者第三人人数众多的；(3)由高级法院审查更适宜实质性化解行政争议的。〔56〕

5. 对当事人再审申请的处理

经审查，当事人主张的再审事由成立，且符合其他再审条件的，法院应当裁定再审。当事人主张的再审事由不成立，或者当事人申请再审超过法定申请再审期限、超出法定再审事由范围等不符合再审条件的，法院应当驳回再审申请。〔57〕审查再审申请期间，被申请人或者原审其他当事人依法提出再审申请的，法院应当将其列为再审申请人，对其再审事由一并审查，审查期限重新计算。经审查，其中一方再审申请人主张的再审事由成立的，应当裁定再审。各方再审申请人主张的再审事由均不成立的，一并裁定驳回再审申请。〔58〕

驳回再审申请以前用"驳回再审申请(申诉)通知书"，后改为裁定。驳回再审申请裁定书的内容不必如再审判决书一样全面、翔实，但应当针对再审申请人的主张，说明其申请不符合再审条件的主要理由，并作出明确的结论。而对于生效裁判认定事实清楚，适用法律、法规正确，当事人主张的再审事由不成立的，最高法院也可以用内容简略的格式文书，径行裁定驳回再审申请；格式文书不要求说明申请不符合再审条件的具体理由。〔59〕

当事人不服法院驳回再审申请裁定的，可以依法向检察院申请抗诉或者检察建议。

(二) 检察抗诉

检察监督是中国行政诉讼的重要制度，检察抗诉是实现法律监督的主要方式。从行政诉讼制度建立初期，检察抗诉即已存在。〔60〕最近几年，检察系统的领导提出

---

〔56〕《最高人民法院关于办理行政申请再审案件若干问题的规定》，法释〔2021〕6号，第3条。

〔57〕2018年《行诉法解释》，第116条第2款。

〔58〕2018年《行诉法解释》，第114条。

〔59〕《最高人民法院关于办理行政申请再审案件若干问题的规定》，法释〔2021〕6号，第4条及附件3。

〔60〕《两个"首例"民行抗诉案件》，载正义网，http://news.jcrb.com/jxsw/201809/t20180903_1903004.html。1991年11月20日，江苏省盐城市检察院就射阳县法院"准予撤诉"的裁定申诉案，向盐城市中级法院提出抗诉。盐城中院审理后认为，原审法院准予撤诉不当，遂撤销一审裁定，指令其他法院审理。后者审理后当庭判决，撤销对原告和第三人的罚款。据称，这是检察机关提出的首例行政裁定抗诉案件。

强化检察监督,“做实行政检察”,检察行政监督更趋活跃。[61]

《行政诉讼法》规定,检察机关对于已经发生法律效力的判决、裁定,有权按照审判监督程序提出抗诉。检察抗诉的具体范围和程序,各方长期存有争议。最高检察院曾经制定了《人民检察院民事行政抗诉案件办案规则》(2001 年)等规定,最高法院也以司法解释或者座谈会纪要等形式作了规范,2011 年“两高”会签了《关于对民事审判活动与行政诉讼实行法律监督的若干意见(试行)》。此外,依据《行政诉讼法》等相关规定,地方各级检察院发现同级法院已经发生法律效力的判决、裁定、调解有违法情形,或者发现审判人员在其他程序中有违法行为,有权向同级法院提出检察建议。检察建议也是法律监督的一种方式。

下面主要以现行规定为依据,对检察机关的抗诉条件、提起抗诉的程序和检察抗诉的效力做一个阐述。

1. 检察抗诉的条件

首先,可以抗诉的裁判文书有种类限制。依据《行政诉讼法》第 93 条的规定,检察院抗诉的对象有两种:一是“已经发生法律效力的判决、裁定”存在前述应予再审的情形之一的;二是调解书损害国家利益、社会公共利益的。法院的生效裁定,主要是不予受理、驳回起诉、管辖权异议等裁定。法院就诉讼费负担、中止诉讼、在执行程序中作出的查封财产等裁定,不属于抗诉范围;检察机关对这些裁定提出抗诉的,法院不予受理。[62] 对于调解书能否抗诉,“两高”曾有不同意见,但经过协商后给予了有限的同意,并得到新《行政诉讼法》的采纳。[63] 与当事人申请再审和法院决定再审不同,检察抗诉着重于保护公共利益。因此,调解违反自愿原则或者一般情况下的调解书内容违法,不在检察抗诉的范围之内。

其次,当事人申请检察抗诉,原则上应当先穷尽司法救济。有下列情形之一的,当事人可以向检察院申请抗诉:(1)法院驳回再审申请的;(2)法院逾期未对再审申请作出裁定的;(3)再审判决、裁定有明显错误的。[64] 当事人撤回诉讼后申请抗诉,或者在一审判决、裁定作出后,未提起上诉却直接申请抗诉,一般不予允许,除非有

---

〔61〕 张军(最高人民检察院检察长):《强化新时代法律监督 维护宪法法律权威》,载《学习时报》2019 年 1 月 2 日; 高斌、杨晓:《做实行政检察:解决老问题,完成新任务——专访最高人民检察院第七检察厅厅长张相军》,载《检察日报》2021 年 2 月 21 日。

〔62〕 《最高人民法院关于人民法院不予受理人民检察院单独就诉讼费负担裁定提出抗诉问题的批复》,法释〔1998〕22 号;《最高人民检察院关于对已生效的中止诉讼的裁定能否提出抗诉的答复》(已失效),高检发研字〔1999〕13 号;《最高人民法院关于对执行程序中的裁定的抗诉不予受理的批复》,法复〔1995〕5 号;《最高人民法院、最高人民检察院关于对民事审判活动与行政诉讼实行法律监督的若干意见(试行)》,高检会〔2011〕1 号,第 5 条。

〔63〕 《最高人民法院关于人民检察院对民事调解书提出抗诉人民法院应否受理问题的批复》(已失效),法释〔1999〕4 号(不予受理);《最高人民法院、最高人民检察院关于对民事审判活动与行政诉讼实行法律监督的若干意见(试行)》,高检会〔2011〕1 号,第 6 条(有限允许)。

〔64〕 2015 年《适用解释》,第 25 条第 1 款; 2018 年《行诉法解释》,第 117 条第 1 款。

正当理由。[65] 在湖南金辰科技实业有限公司诉长沙市建设委员会案中,原告要求被告履行城乡建设行政监督职责案一审过程中,法院裁定准许原告撤诉。长沙市检察院向长沙中院提出抗诉,认为该公司另一股东持盖有原金辰公司公章的申请书申请撤诉,不是法定代表人的真实意思表示,法院准许撤诉违反自愿原则。长沙中院指令一审法院进行再审。[66]

最后,同一级检察院不得重复抗诉。上级检察院对下级法院已经发生法律效力的行政案件提出抗诉的,无论是同级法院再审还是指令下级法院再审,凡作出维持原裁判的判决、裁定后,原提出抗诉的检察院再次提出抗诉的,法院不予受理;原提出抗诉的检察院的上级检察院提出抗诉的,法院应当受理。[67] 与之类似,法院基于抗诉或者检察建议作出再审判决、裁定后,当事人申请再审的,法院不予立案。这些措施都是为了保证诉讼及时终了,防止案件无限纠缠。

2. 抗诉的审查和提起

检察机关收到当事人的抗诉申请后,应当进行审查。有下列情形之一的,可以向当事人或者案外人调查核实:(1)可能损害国家利益、社会公共利益的;(2)原告、第三人在原审中因客观原因不能自行收集证据,书面申请法院调查收集,法院应当调查收集而未调查收集的;(3)行政诉讼活动违反法定程序,可能影响案件正确判决、裁定的。[68] 在《行政诉讼法》实施初期曾有一个意见,即检察院在审查拟提出抗诉的行政案件时,可以向法院调阅有关案件材料。[69] 但在操作中,向法院调阅案件材料还存有障碍,这一意见后来似乎没有采行。

检察院经审查认为法院的审判活动合法、裁判正确的,应当及时将审查结果告知相关当事人并说明理由,做好服判息诉工作。当事人双方有和解意愿的,可以建议当事人自行和解。检察院认为生效判决、裁定、调解符合抗诉范围的,可以向同级法院提起抗诉或者提出检察建议。地方各级检察院对符合抗诉范围的判决、裁定、调解,可以提请上级检察院向其同级法院提出抗诉,可以向本级法院提出再审检察建议,并报上级检察院备案。[70]

3. 对检察抗诉和检察建议的审查处理

对于检察院依法提起的抗诉,法院应当再审,没有裁量余地。即使法院此前已经裁定驳回当事人的再审申请,法院审理检察抗诉或者检察再审建议的案件,不受

---

〔65〕《最高人民法院、最高人民检察院关于对民事审判活动与行政诉讼实行法律监督的若干意见(试行)》,高检会〔2011〕1号,第4条。

〔66〕湖南省长沙市岳麓区人民法院,(2009)岳行再字第2号。

〔67〕《最高人民法院关于人民检察院提出抗诉按照审判监督程序再审维持原裁判的民事、经济、行政案件,人民检察院再次提出抗诉应否受理的批复》,法复〔1995〕7号。

〔68〕《最高人民法院、最高人民检察院关于对民事审判活动与行政诉讼实行法律监督的若干意见(试行)》,高检会〔2011〕1号,第3条。

〔69〕《最高人民法院关于人民检察院对行政诉讼进行法律监督具体程序问题请示的答复》,法(行)函〔1991〕91号。

〔70〕《行政诉讼法》(2014年修正),第93条第2款。

此前裁定的限制。[71] 这与当事人向法院申请再审明显不同,体现了检察院作为国家法律监督机关的权威地位。

法院收到检察院的抗诉书后,接受抗诉的法院应当自收到抗诉书之日起30日内作出再审的裁定。在审查抗诉材料期间,当事人之间已经达成和解协议的,法院可以建议检察院撤回抗诉。如果接到抗诉的法院基于其他的再审启动程序,正在就同一案件是否再审进行审查的,应当终止审查,按照抗诉案件处理;法院裁定再审后收到抗诉书的,有一种意见认为,可不作为抗诉案件审理。[72] 这种情况下,检察机关似乎可以以支持起诉的方式参与。法院应保障检察机关的参与权,审理时应将前述情况告知各方当事人,案件审结后应将裁判文书送有关检察院。

法院收到再审检察建议后,应当组成合议庭,在3个月内进行审查。经审查,发现原判决、裁定、调解书确有错误,需要再审的,裁定再审,并通知当事人;决定不予再审的,应当书面回复检察院。[73] 检察院认为法院不予再审的决定不当的,可以提请上级检察院提出抗诉。[74]

(三)法院决定再审

已经发生法律效力的判决、裁定如果存在前述应当予以再审的情形,或者调解违反自愿原则或者调解书内容违法,法院也可以依职权决定予以再审。依据《行政诉讼法》第92条的规定,法院依职权决定再审有两条渠道:一是作出生效裁判法院的院长认为需要再审的,提交审判委员会讨论后决定;二是作出生效裁判法院的上级法院提审或者指令下级法院再审。上级法院根据当事人申请或者检察抗诉决定再审的,前面已经讨论。这里主要是法院自主发现生效裁判存在违法情形,应当予以再审;实践中,也可能是当事人过了申请再审的期限,向法院申诉,法院认为确有必要再审的。[75]

现有法律没有限制法院依职权决定再审的期间。这主要是为了给法院足够的裁量空间,以及时纠正错误、布施正义。但越是没有限制的裁量,法院在行使时越要谨慎克制。实践中,法院决定予以再审,大多数源自法院内外部的领导批示交办、各级人大交办或者人大代表反映,虽然背后的动力仍是来自当事人的努力。对此,学界多有诟病。法院主动再审不能缺,但也不能多。它宜于作为当事人申请、检察抗诉和检察建议之外的补充救急措施,而不是提起再审的主要渠道。

---

〔71〕 2018年《行诉法解释》,第127条。

〔72〕 《最高人民法院审判监督庭关于审理民事、行政抗诉案件几个具体程序问题的意见》(已废止),法审〔2003〕11号,第5条。

〔73〕 2018年《行诉法解释》,第126条。

〔74〕 《最高人民法院、最高人民检察院关于对民事审判活动与行政诉讼实行法律监督的若干意见(试行)》,高检会〔2011〕1号,第7条。

〔75〕 信春鹰主编:《中华人民共和国行政诉讼法释义》,法律出版社2014年版,第240页。

三　再审的审理

法律对再审案件的审理程序没有特别规定的，一般适用第二审程序（包括原来是第二审的以及原来是第一审但上级法院提审的），所作的判决、裁定是发生法律效力的判决、裁定。原来作出一审裁判的法院在该裁判生效后予以再审的（包括自行决定再审和上级法院指令再审），适用第一审程序；当事人对再审裁判不服，可以上诉。[76]

下面讨论再审审理中的几个特别问题，包括再审的立案和管辖、中止执行、开庭审理以及再审程序的终结。

（一）再审案件的管辖

由于再审启动机制的多样性，再审案件的管辖也比较复杂。法院对本院已经发生法律效力的裁判提起再审的，自然由本院审理。应当事人申请再审的，上级法院可以提审，也可以指令下级法院再审。对于检察抗诉案件，接受抗诉的法院一般自己审理；如果案件涉及事实和证据需要查清的，也可以指令下级法院再审。实践中，上级法院为了减轻案件负担或者审判压力，往往指令下级法院再审。

由于原先法律对再审次数没有限制，实践中甚至出现同一法院对同一案件多次再审的情况。这不仅大大影响案件公正处理和及时终了，也严重损害了司法的公信力。**张会修诉吉林省白城市公安局案**就提供了一个典型案例。[77] 1991 年 4 月 15 日，原白城市公安局以白城市汽车电线厂工人金红军寻衅滋事、扰乱工厂秩序为由，决定对其处以 15 日治安拘留（已执行）。原白城地区公安局于同年 5 月 23 日对金红军的申诉按复议程序立案后，决定撤销原裁决。电线厂厂长张会修提起诉讼。一审法院以金红军申请复议超过法定期限为由，判决撤销原白城地区公安局的复议裁决；二审法院维持一审判决。吉林高院根据金红军的申诉，以其行为不构成寻衅滋事为由，再审改判维持原白城地区公安局的复议裁决。张会修不服，向吉林高院申诉。吉林高院对该案进行第二次再审后，以复议机关受理复议超过法定期限为由，判决撤销该院第一次再审判决。金红军不服，向最高法院申诉。最高法院裁定，指令吉林高院予以再审。吉林高院第三次再审，维持第二次再审的判决。金红军再次申诉。最高法院于 2000 年 11 月提审后，撤销吉林高院后两次再审判决，维持其第一次再审判决。该案至此才画上句号。

为了规范再审管辖，最高法院曾经发布了多个文件，要求严格再审审查标准，限制指令再审的适用。[78] 对于检察抗诉案件，司法解释明确要求：如果下一级法院已

---

〔76〕 2000 年《若干解释》，第 76 条第 1 款；2018 年《行诉法解释》，第 119 条第 1 款。

〔77〕 最高人民法院行政判决书，（2001）行提字第 2 号。

〔78〕 最高人民法院《全国审判监督工作座谈会关于当前审判监督工作若干问题的纪要》，法〔2001〕161 号；《最高人民法院关于人民法院对民事案件发回重审和指令再审有关问题的规定》，法释〔2002〕24 号；《最高人民法院关于正确适用〈关于人民法院对民事案件发回重审和指令再审有关问题的规定〉的通知》，法〔2003〕169 号；《最高人民法院关于民事审判监督程序严格依法适用指令再审和发回重审若干问题的规定》，法释〔2015〕7 号，第 1 条。

经再审过的，接受抗诉的法院不得指令下一级法院再审。[79] 无论如何，同一法院对同一案件反复再审的情况，今后应当不会再次出现。

（二）中止执行

按照审判监督程序决定再审的案件，裁定中止原判决、裁定、调解书的执行，但支付抚恤金、最低生活保障费或者社会保险待遇的案件，可以不中止执行。上级法院决定提审或者指令下级法院再审的，应当作出裁定，裁定应当写明中止原判决的执行；情况紧急的，可以将中止执行的裁定口头通知负责执行的法院或者作出生效判决、裁定的法院，但应当在口头通知后 10 日内发出裁定书。[80] 中止执行裁定原来要求由法院院长签署，加盖法院印章。[81] 新《行政诉讼法》实施后，中止执行的内容一般在决定再审的裁定中同时说明，裁定改由合议庭署名。

在抗诉案件中，接受抗诉的法院如不能及时作出中止原判决执行的再审裁定，应在调取原审卷宗时通知执行法院或有关执行机构暂缓对原判决的执行，直至再审裁定作出为止。调卷函说明检察院提出抗诉的事实，要求接受调卷的法院接函后，立即通知下级执行法院、本院执行机构暂缓执行原判决，并于规定日期内将该案全部案卷材料检齐报送。[82]

（三）开庭审理

再审案件立案后，法院应当组成合议庭。法院审理经过本院裁判的再审案件，原来的审判人员不能参加合议庭。下级法院的生效裁判需要再审的，由各业务庭审理；本院的生效裁判需要再审的，由审判监督庭审理。

除了适用一审程序的再审案件必须开庭审理，现有法律没有规定再审案件必须开庭审理，是否开庭审理主要取决于法院的裁量。但由于修改后的《行政诉讼法》规定二审案件以开庭审理为原则，最高法院有关民事诉讼的司法解释也更加强调再审案件开庭审理[83]，今后行政案件的再审将基本上开庭审理。开庭审理的地点一般在再审法院；为查清事实或者其他考虑，也可以在一审法院或者二审法院所在地进行。在**林建国诉济南市住房保障和房产管理局案**再审过程中，因退休工人林建国肢体重度残疾，行走存在严重障碍，最高法院以贺小荣庭长为审判长的合议庭即赶赴

---

〔79〕 2018 年《行诉法解释》，第 124 条。

〔80〕 2018 年《行诉法解释》，第 118 条。

〔81〕 2000 年《若干解释》，第 77 条第 1 款。一个例子，见陈山河诉洛阳市人民政府行政赔偿案，载《最高人民法院公报》2015 年第 4 期。

〔82〕 《最高人民法院关于印发〈民事、行政抗诉案件调卷函样式〉的通知》，法发〔2004〕8 号。

〔83〕 《最高人民法院关于适用〈中华人民共和国民事诉讼法〉的解释》，法释〔2015〕5 号，第 403 条第 1 款规定："人民法院审理再审案件应当组成合议庭开庭审理，但按照第二审程序审理，有特殊情况或者双方当事人已经通过其他方式充分表达意见，且书面同意不开庭审理的除外。"

当地开庭,并主持调解。[84]

法院审理抗诉案件,应当开庭,并在开庭3日前通知检察院派员出席法庭。检察院出席法庭的标牌为“抗诉机关”。依照“两高”的意见,检察人员出席再审法庭的任务是:(1)宣读抗诉书;(2)对检察院依职权调查收集的证据予以出示,并对当事人提出的问题予以说明。检察人员发现庭审活动违法的,应当等庭审结束或者休庭后,向检察长报告,以检察院名义提出检察建议。[85] 经法院通知,检察院不派员出席法庭的,有观点认为,法院应当按撤回抗诉处理。[86]

法院审理再审案件应当围绕再审请求和被诉行政行为合法性进行。但法院对行政行为合法性的审查认定,不限于原审裁判和当事人申请再审的理由。在北京康智乐思网络科技有限公司诉国家知识产权局案中,最高法院指出,法院在诉讼中可以主动审查诉争商标是否具有《商标法》第10条第1款第8项规定的“有害于社会主义道德风尚或者有其他不良影响”。在该案中,商标评审委员会认为原告注册的由中文“大姨妈”和卡通女孩头像组成的商标,用于计算机编程等服务缺乏商标应有的显著特征,违反《商标法》第11条,裁定无效。北京市知识产权法院和北京高院一、二审判决均认为,诉争商标具有显著性,商评委的裁定应予撤销。最高法院的再审判决抛开了显著性问题,转而认为:诉争商标“与我国文化传统不相符,有损公众情感和女性尊严,有违公序良俗”,应当宣告无效。原商评委作出的无效裁定结果正确,但没有认定该商标属于《商标法》第10条第1款第8项规定的“有其他不良影响”的情形,有所不当。[87]

当事人的再审请求超出原审诉讼请求,符合另案诉讼条件的,告知当事人可以另行起诉。被申请人及原审其他当事人在庭审辩论结束前提出的再审请求,符合规定的申请期限的,法院应当一并审理。法院经再审,发现已经发生法律效力的判决、裁定损害国家利益、社会公共利益、他人合法权益的,应当一并审理。[88] 对于当事人依法提供的新的证据,法庭应当进行质证;因原判决、裁定认定事实的证据不足而提起再审所涉及的主要证据,法庭也应当进行质证。[89]

(四)再审程序的终结

再审程序,包括最高法院的再审程序,可以因当事人达成调解而终结。在林建

〔84〕《最高人民法院行政审判十大典型案例》,载最高人民法院网站2017年6月13日,http://www.court.gov.cn/zixun-xiangqing-47862.html。

〔85〕《最高人民法院、最高人民检察院关于对民事审判活动与行政诉讼实行法律监督的若干意见(试行)》,高检会〔2011〕1号,第13条。

〔86〕最高人民法院《全国审判监督工作座谈会关于当前审判监督工作若干问题的纪要》,法〔2001〕161号,第18条。

〔87〕最高人民法院行政判决书,(2019)最高法行再240号。

〔88〕2018年《行诉法解释》,第120条。

〔89〕2002年《证据规则》,第51条。

国诉济南市住房保障和房产管理局公租住房案中,原告于2007年通过摇号取得一套廉租房,并签订了租赁合同。据原告后来解释,因该房位置偏远、地处山坡、交通不便,自己肢体残疾,故居住不久即搬出。2010年,市房管局以其连续6个月未实际居住为由,决定收回该房,并取消其实物配租资格。林建国起诉要求确认被告决定违法,责令该局赔偿其相应的租金损失。一审法院部分支持,二审法院驳回其全部诉讼请求。最高法院提审后,双方当事人在合议庭主持下达成调解,林建国获得按新政策调配的公租房及救助金7万元。[90]

再审申请人在再审期间撤回再审请求,法院准许的,裁定终结再审程序。再审申请人经传票传唤,无正当理由拒不到庭的,或者未经法庭许可中途退庭,按撤回再审请求处理。再审程序终结后,法院裁定中止执行的原生效判决自动恢复执行。

在检察抗诉案件中,情形可能稍微复杂。检察院撤回抗诉的,法院裁定终结再审程序。抗诉案件的申请人撤回申请,或者经合法传唤,无正当理由拒不到庭或者未经法庭允许中途退庭的,法院也应裁定终结再审程序。但是,如果检察抗诉的理由涉及公共利益或者他人合法权益的,申请人撤回申请似乎应当经过检察院同意。[91] 在再审过程中,双方当事人达成和解协议,内容不损害公共利益或者他人合法权益的,也应终结再审程序。和解协议尚未履行或者未履行完毕的,法院可以根据和解协议的内容制作行政调解书,并送达双方当事人。在公式召诉吉林市烟草专卖局行政处罚案中,最高检察院接受原告的申诉,向最高法院提出抗诉。在最高法院再审期间,双方当事人自愿达成和解协议。最高法院裁定该案终结。[92]

四 再审裁判

再审裁判涉及三个方面,一是不予受理、驳回起诉和管辖异议的裁定,二是对案件有关实体问题的判决,三是对不符合受理条件的原审判决的处理。再审裁判与二审裁判原理相通,但由于前面可能经历两个甚至三个审级,情况稍微复杂一些。下面就这三个方面分别阐述,然后简要讨论再审裁判文书的写作。

(一) 对不予受理、驳回起诉和管辖异议裁定的处理

二审法院维持不予立案的一审裁定错误的,再审法院应当撤销一、二审裁定,指令一审法院受理;二审法院维持驳回起诉的一审裁定错误的,再审法院应当撤销一、

---

〔90〕《最高人民法院行政审判十大典型案例》,载最高人民法院网站2017年6月13日,http://www.court.gov.cn/zixun-xiangqing-47862.html。相关评论,参见陈新民:《论残疾人士廉租房的权利与行政诉讼的保障界线》,载《行政法学研究》2018年第4期。

〔91〕类似的意见,参见《最高人民法院关于人民法院在再审程序中应当如何处理当事人撤回原抗诉申请问题的复函》,法函〔2004〕25号;2018年《行诉法解释》,第121条第2款。

〔92〕最高人民法院行政裁定书,(2012)行提字第23号。

二审裁定，指令一审法院审理。[93]

关于管辖异议的生效裁定错误，确有可能影响公正审判的，再审法院应当撤销生效裁定，将案件移送适合管辖的法院。

原告起诉多个被告，其中部分被告符合资格、部分不符合资格的，法院可以裁定驳回对不符合资格被告的起诉，同时要求法院就符合部分继续审理。在**董紫平诉陕西省渭南市临渭区人民政府、临渭区人民街道办事处拆迁补偿案**中，一、二审法院以临渭区街道办不是拆迁工作主体、原告起诉对象错误等理由，驳回原告起诉。最高法院再审认为，对街道办的起诉不符合法律，但对临渭区政府的起诉不存在不符合起诉条件的情形。据此，维持一审裁定驳回原告对街道办起诉的部分，撤销一审裁定驳回原告对临渭区政府起诉的部分，指令一审法院继续审理原告对临渭区政府提出的诉讼请求。[94] 这一裁定有利于实质性解决纠纷。

（二）对于判决实体问题的处理

对于生效行政判决，再审法院根据情况判决维持原判、直接改判或者裁定发回重审。依据《若干解释》第 78 条的规定，原生效判决、裁定确有错误，再审法院在撤销原生效裁判的同时，可以对生效裁判的内容作出相应裁判，也可以裁定撤销生效裁判，发回作出生效裁判的法院重新审判。因违反法定程序、认定事实错误、适用法律错误进入再审程序的案件，应视情形分别处理。

1. 维持原判

再审案件的改判必须慎重，既要维护法院判决的严肃性和既判力，又要纠正符合法定改判条件且必须纠正的生效判决。有下列情形的，一般不予改判：(1)原判文书在事实认定、理由阐述、适用法律方面存在错误、疏漏，但原判文书主文正确或者基本正确的；(2)原判结果的误差在司法裁量幅度范围内的；(3)原判有错误，但可以用其他方法补救，不必进行再审改判的。在抗诉案件中，当事人的再审申请被法院裁定驳回后又向检察院申诉，法院经审理查明检察院的抗诉事由与当事人的申请再审事由实质相同的，可以判决维持原判。[95]

对于原审裁判在事实认定、法律适用或者审判程序上存在瑕疵，又无须改判的，法院可以裁定驳回再审申请。在**北京康智乐思网络科技有限公司诉国家知识产权局案**中，最高法院认为，原商评委作出的无效裁定结果正确，但没有认定该商标属于《商标法》第 10 条第 1 款第 8 项规定的“有其他不良影响”的情形，有所不当。遂裁定撤销一、二审判决，驳回再审申请人康智乐思公司的诉讼请求。[96]

---

〔93〕 2000 年《若干解释》，第 79 条第 2、3 项；2018 年《行诉法解释》，第 123 条第 2、3 项。

〔94〕 最高人民法院行政裁定书，(2020)最高法行再 270 号。

〔95〕《最高人民法院、最高人民检察院关于对民事审判活动与行政诉讼实行法律监督的若干意见(试行)》，高检会〔2011〕1 号，第 8 条。

〔96〕 最高人民法院行政判决书，(2019)最高法行再 240 号。

2. 直接改判

法院审理再审案件,认为原生效裁判确有错误,在撤销原生效裁判的同时,可以直接改判。有下列情形之一的,再审法院应予改判:(1)原审判决适用法律错误,并导致对行政机关的职权、行政行为的性质认定错误的;(2)行政机关严重违反法定程序,并可能影响当事人实体权益,原判没有撤销或者确认其违法的;(3)原审判决在证据采信、事实认定方面存在重大错误,并且影响当事人实体权益的;(4)原判决存在其他重大违法,应当改判的。行政判决被改判的同时,对于一并审理的民事争议案件也应作出相应判决。

3. 发回重审

法院审理再审案件,认为原生效裁判确有错误,也可以裁定撤销生效裁判,发回重审。发回重审,应当发回作出生效裁判的法院重新审理。[97] 有下列情形之一的,应当发回重审:(1)审理本案的审判人员、书记员应当回避而未回避的;(2)依法应当开庭审理而未经开庭即作出判决的;(3)未经合法传唤当事人而缺席判决的;(4)遗漏必须参加诉讼的当事人的;(5)对与本案有关的诉讼请求未予裁判的;(6)其他违反法定程序可能影响案件正确裁判的。[98]

为了避免同一案件反复审理,法院再审后发回重审应当有所节制。《若干解释》没有把"作为定案依据的主要证据未经当庭质证的"作为发回重审的一项法定事由。这一点暗示,原审判决在证据采信和事实认定上存在严重问题时,再审法院一般应当在查明事实后直接改判。最高法院的一份文件要求,法院按照二审程序审理再审案件,发现原判决认定基本事实不清的,一般应当通过庭审认定事实后依法作出判决;原判决认定事实错误的,上级法院不得以基本事实不清为由裁定发回重审。但原审法院未对基本事实进行过审理的,可以裁定撤销原判决,发回重审。上级法院发回重审的,应当在裁定书中阐明发回重审的具体理由。[99]

(三)对不符合受理条件的判决的处理

依据现有规定,原告起诉不符合受理条件,法院已经受理的,应裁定驳回起诉;法院已经作出判决的,在二审乃至再审时,仍然应当驳回起诉。在实践中,一、二审法院已经对案件作出生效判决,再审以该案不符合受理条件为由驳回起诉的,不在个别。

俞国华诉莆田市荔城区建设局不予办理企业资质年检案就是一个典型。1995年,原告俞国华承包经营的莆田县建筑工程公司向被告前身莆田县建设局申请办理企业资质年检,后者以建筑公司未交足上级管理费为由不予办理,俞国华的企业因此不能承接工程项目。此事拖到2004年下半年,俞国华先后申请行政复议,

---

〔97〕 2000年《若干解释》,第78条;2018年《行诉法解释》,第122条。

〔98〕 2000年《若干解释》,第80条。

〔99〕《最高人民法院关于民事审判监督程序严格依法适用指令再审和发回重审若干问题的规定》,法释〔2015〕7号,第1条。

提起行政诉讼，请求确认被告行为违法并承担赔偿责任。荔城区法院裁定驳回俞国华的起诉；莆田市中院撤销该裁定，指令荔城区法院继续审理。此后，荔城区法院和莆田市中院相继作出判决，二审判决确认被告行为违法。福建省检察院以俞国华超过申请复议期限和起诉期限、法院予以审理和判决错误为由，提出抗诉。福建高院再审认为，俞国华不具有原告主体资格，起诉超过法定期限且无正当理由，依法应裁定驳回其起诉。遂裁定撤销一、二审判决和莆田市中院指令继续审理的裁定，维持荔城区法院驳回起诉的裁定；一、二审案件受理费和二审其他诉讼费用由俞国华负担。[100]

在诸如此类的案件中，为了保护当事人的诉讼权利，维护司法裁判的公信力，彻底解决纠纷，再审法院也可以不裁定驳回起诉。特别是，对于原告起诉超过起诉期限、违反复议前置要求等问题，如果被告在原审程序中没有提出异议，在再审程序中不应以此为由驳回起诉；被告提出异议的，再审法院也可以斟酌情况，不驳回起诉。

（四）再审判决书的写作

再审判决书的标题也是用“__________人民法院 行政判决书”，而不写“再审行政判决书”。其审判程序是通过裁判文书案号的代字来反映的，即用“再”字代替一、二审裁判文书的“初”字和“终”字。例如，北京市高级法院2020年第3号再审行政判决表述为“（2020）京行再3号”。再审案件的审查立案程序比较特别，相关裁判文书案号另起。按照不同的再审启动程序，分别用“行申”“行抗”“行监”代表当事人申请再审、检察抗诉、法院依职权提起再审的审查。

当事人的基本情况，依次写明再审申请人、被申请人和第三人（如果有）。“再审申请人”“被申请人”之后用括号标明其在一、二审中的地位，如“再审申请人（一审第三人、二审上诉人）”“被申请人（一审原告、二审被上诉人）”；检察院提起抗诉的案件，应当首先列明“抗诉机关”，然后依次写明各方当事人。

再审判决文书应当叙述原审情况及再审程序提起的过程。对诉讼过程的叙述应当简略地反映当事人的争议要点，使读者对案情有一个概貌的了解。当一个案件经过几级法院数次审理，对案情经过的叙述难免冗长曲折，叙述的条理性非常重要。为避免引起歧义，判决书中不宜使用“原审”“原判”的表述，而应指出具体审级，如“二审法院”“二审判决”。

再审判决书应当根据案件的具体情况，简要阐述当事人原审诉辩主张；对抗诉理由或申请再审的主要理由，应作具体的表述。支持当事人原审诉辩主张和申请再审的主要证据可以分项列述。判决书应当提炼案件的争议问题。对当事人无争议的事实可作简单概括，对原审认定不清、有争议的事实应当详细地综合认证。判决理由说明应当围绕再审申请的主要理由和当事人的争议焦点展开。

---

[100] 福建省高级人民法院行政裁定书，（2008）闽行再终字第2号。

判决主文应当简洁、规范、便于执行。判决主文的表述顺序为：先维持、后撤销、再改判。由于再审案件往往经过多个审级，不同审级的裁判结论可能还不一样，再审裁判维持什么、撤销什么常常让人摸不着头脑。表述时，除了说明原审裁判的法院、案号、裁判主文的项目，还应当说明其内容。

五　再审程序的现状与改进

在行政诉讼的各个审级中，没有什么比再审程序更有争议了。民事诉讼的再审制度在2007、2012年经历了两次较大修改，行政诉讼的再审程序在2014年也做了相应修改，与再审制度相联系的信访制度也在调适之中。尽管如此，再审制度还有待进一步改革。

（一）行政再审程序的实施现状

1. 再审案件的数量

在各类再审案件中，再审行政案件的数量不大，相对稳定。多数年份全国再审行政案件不到2000件，最多的也不过3000多件。随着行政案件总量的增长，再审行政案件在行政诉讼案件中的比例总体上走低。再审案件占二审案件的比例从1989年的19.5%，最近几年下降到2%以下；占一审案件的比例从1989年的5.8%，最近几年下降到百分之零点几（见图14）。

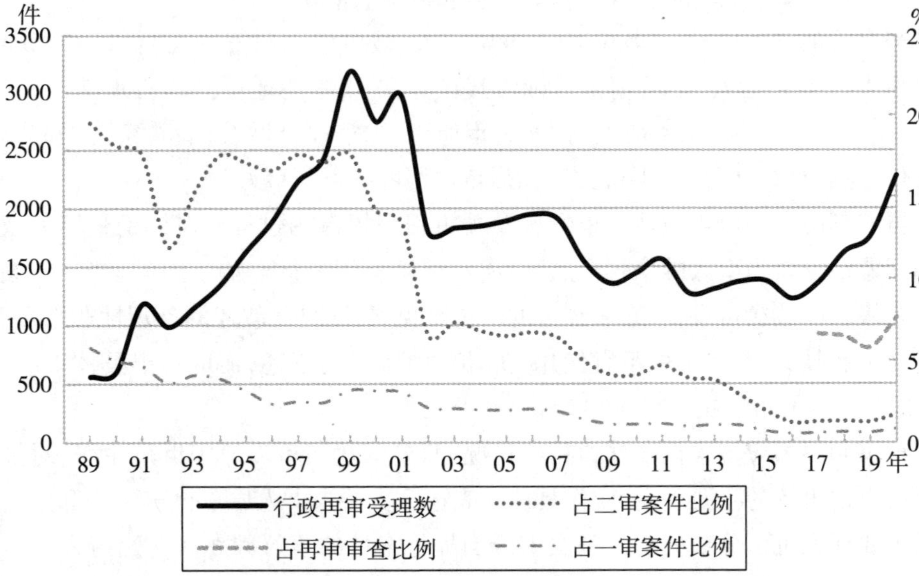

图14　再审行政案件的数量和再审比例

如果看当事人申请再审的数字，情况就不那么乐观。与再审案件相比，当事人申请再审的数量更能说明当事人对生效裁判的接受程度。最近几年，当事人申请行政再审的每年都有二三万件，约占一审案件的1/10，占二审案件的1/5。在法院审查的全部再审要求（包括当事人申请、院长提交、检察抗诉）中，只有6%～7%的案件能够进入再审，成为前述二三千件再审案件中的一件。[101]

继行政诉讼高位的上诉率之后，这一事实似乎再次说明行政纠纷的复杂性和尖锐性，说明现有的审判体制对公正审判的制约在行政诉讼领域更为明显。

2. 再审的结案方式

在再审的各种结案方式中，维持原判的比例各个年份有起有伏，大体可以分为两个阶段。1998年，维持原判的比例从此前的60%多猛跌到27%。后来回升到40%以上，最近几年基本在30%左右（见图15）。还有少量案件，法院判决驳回再审请求，实质上维持了原审判决。相对较高的维持率说明，即使法院决定再审，申请人也不是稳操胜券的。

再审直接改判的比例整体上处于上升态势。《行政诉讼法》实施初期只有11%左右，2002年以后基本在20%以上，最高的年份甚至接近30%。发回重审的比例也比较显著，基本在10%上下。自2004年以来，除个别年份外，原审裁判被撤销的比例都在三四成之间，大大超过二审法院撤销一审裁判的比例。这主要是因为，提起再审前，法院已经通过立案审查程序对案件做了过滤，只有符合再审事由和条件的案件才能进入实体审理程序。

相对于一审、二审而言，当事人在再审程序中撤诉调解的比例较低。《行政诉讼法》实施前后还曾超过10%，最近几年不到2%。这一事实说明，能够协调处理的案件基本上在一、二审中已经协调了，进入再审程序后诉讼的对抗性增强，达成和解的难度很大。这也要求法院在再审中更加注重依法判决。

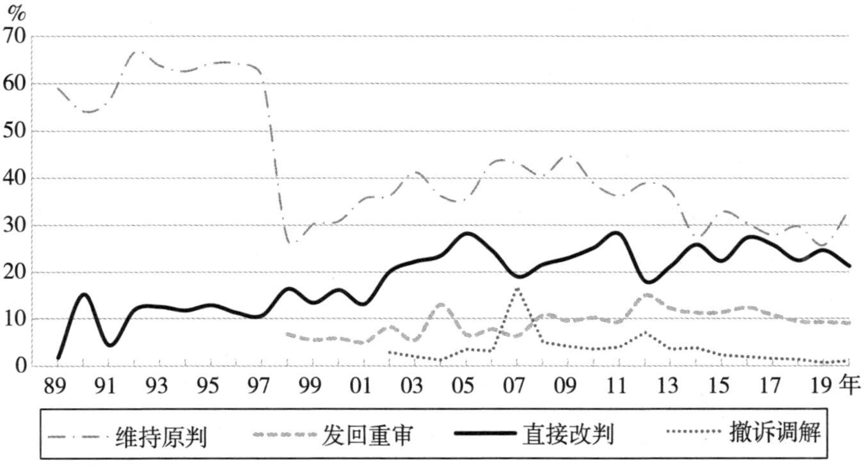

图15　再审行政案件的结案方式

[101] 以2020年为例，当事人申请行政再审27,586件，占一审案件的10%，占二审案件的21%。当年法院实际再审2280件，占当年法院审结的29,884件再审审查案件（其中依职权提交1205件、当事人申请28,492件、检察抗诉187件）的7.6%。而这一比例在近年中还是最高的。

3. 最高法院的再审案件

对再审程序作诉讼化改造,受影响最大的还是最高法院。光是最高法院行政庭的再审审查案件,从 2014 年的 396 件猛增到 2016 年的 2841 件。[102] 如果加上各个巡回法庭,案件数量更是翻倍。而且,此后数年,增长势头未减。检索中国裁判文书网上公布的最高法院文书,清楚地印证了这个趋势。根据再审审查案件编号的最大数估算,最高法院审查的行政再审申请从 2016 年的 5160 件,增长到 2020 年的 15,405 件(见图 16)。一段时间里,行政再审审查案件大约占到最高法院所有案件的一半,行政法官成了最高法院各业务庭里最忙的法官。

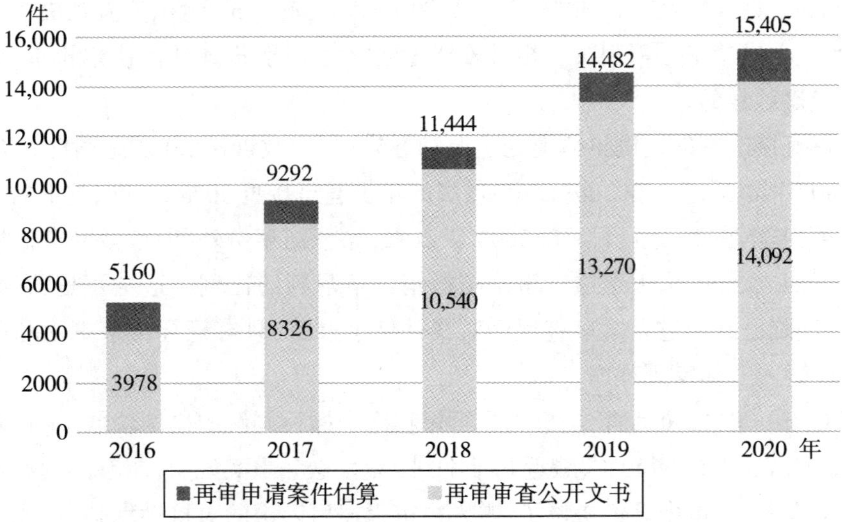

图 16　最高法院行政再审申请审查案件数量[103]

尽管当事人再审申请数量巨大,进入最高法院实体审理的案件相当有限。根据对裁判文书网和北大法宝的检索,最高法院 2020 年再审审查案件中,能够查找到裁判文书的 14,057 件(其中检察抗诉 1 件)。经再审审查后进入实体审理的 458 件(包括 172 件知识产权案件),只占前述再审审查案件的 3.3%。

进入实体审理案件的处理结果,不同类别案件也不相同。以能够检索到的最高法院 2020 年行政再审裁判文书为例。知识产权类案件再审改判的比例较高,达 94%。在 286 件非知产类再审案件中,指令法院审理的 113 件,占 40%;再审改判的 78 件,占 27%;发回重审的 21 件,占 7%;准许撤回再审申请 56 件,调解结案 1 件,两者相加占 20%;其余的,分别为维持原判(9 件)、驳回诉讼请求(3 件)、驳回起诉(5 件)。相对来说,最高法院对非知识产权类案件进行实体审理的较少,审理后直接作出一锤定音判决的更少(见图 17)。

---

〔102〕 王亦君:《2016 年最高法新收行政案件 2841 件　创历史新高》,载中青在线,http://news.cyol.com/content/2017-06/13/content_16183980.htm。

〔103〕 检索日期为 2021 年 8 月 24 日。

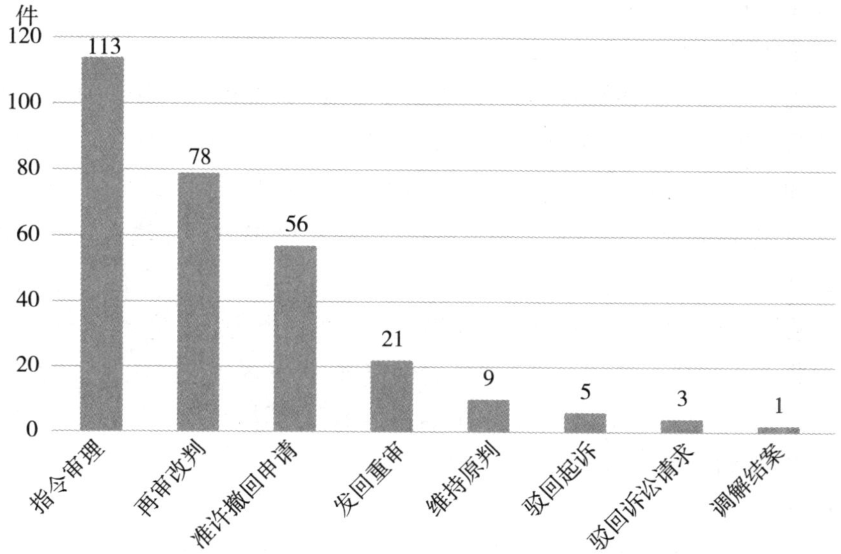

图 17　最高法院 2020 年行政再审案件结案方式〔104〕

（二）再审程序的问题

对于再审程序，再审申请人和各级法院的感受可能截然不同。

申请人的普遍感受是再审立案难。据某高院统计，每年应各级领导或人大代表过问而再审的案件数量，占该院再审案件总数的 70% 以上，真正由当事人申诉、申请引发的再审案件数量并不多。〔105〕 一些当事人为了获得再审，四处奔波，寻求各种社会力量的支持，“生命不息，申诉不止”。再审程序成了各方比拼资源和意志的消耗战、疲劳战。

从法院方面来说，对申诉上访和再审申请的审查处理占据了太多的精力，本来是裁判纠纷的法院成了信访机构乃至信访对象。一段时间里，仅最高法院一年就要处理 10 万余件申诉来信，接待上万名来访者。〔106〕 对再审申请进行诉讼化改造后，相当一部分申诉转成了再审申请。程序更加规范、严格了，但成效有多大提高仍待证实。

（三）再审程序的改进

行政纠纷的解决需要整个法院系统、所有审级的共同努力。只有做好一、二审审判，减少当事人对生效裁判的不满、不服，才能从源头上减少再审申请和申诉信访。就再审制度本身而言，恐怕也需要进一步总结再审的立案和裁判标准，理顺再

---

〔104〕 检索日期为 2021 年 8 月 18 日。数据不含知识产权类再审案件。

〔105〕 沈德咏：《关于再审之诉改革的几个问题》，载《人民司法》2005 年第 9 期。

〔106〕 同上。

审启动和管辖机制,坚持"诉访分离"和依法终结。

1. 完善再审立案和裁判标准

行政再审不但有纠错补救功能,也有澄清法律、统一法律适用的功能。面对申请人的呼号,最高法院一度提出"实体权益充分救济"原则,要求对在证据采信、事实认定和法律适用等方面影响当事人实体权益的错误裁判,应当纠正的,坚决依法改判。[107] 这一思路强调的是前者。相对而言,再审程序应当更加注重它对于澄清和发展法律、维护法律统一适用的功能,注意它对于潜在的再审申请具有的导向作用。不必要的再审、不适当的裁判,除了损害特定案件的既判力,也可能诱导更多的申请和申诉。相对于行政诉讼一审和二审的全面审查,再审程序应当集中于法律问题的审查;即使是事实认定和证据采信问题,也应当着重解决事实认定和证据采信的规则问题。在这方面,有一些案件是可以总结和反思的。

在前述张会修诉吉林省白城市公安局案中,原白城市公安局对金红军治安拘留处罚经过一次行政复议、两级法院的审判后,吉林高院先后三次再审,最后由最高法院提审。最高法院根据再审查明的事实,认定金红军的复议申请未超过法定期限,处罚机关认定金红军寻衅滋事主要证据不足。[108] 在这翻来覆去的再审中,吉林高院的第二次再审从立案到裁判都值得商榷。但即使是最高法院的再审裁判,注意力也集中在个案事实和证据的审查认定上,而没有确立一般性的规则,甚至没有意识到案件中涉及的规则问题。例如,行政复议作为上级机关对下级机关的一种监督机制,受理并撤销行政处罚决定是否受当事人申请期限的限制?即使复议机关受理超过申请期限的复议申请,法院是否应当撤销?

贵州省桐梓县农资公司诉桐梓县技术监督局行政处罚案是最高检察院提出的第一个抗诉案件,先后经历了四级法院的审理。在该案中,桐梓县技术监督局确认桐梓县农资公司购进的 180 吨复混肥为劣质商品,决定没收已售部分的收入 49,651.97 元并处非法收入 20% 的罚款,要求未售部分重新依质论价、挂牌销售。对于该案中的复混肥质量问题,当事人、工商局、技术监督局等先后做了 4 次检测,检测结论之间存在冲突。二审判决将处以非法收入 20% 的罚款改为 15%,其余维持。贵州省检察院提出抗诉,贵州高院再审判决撤销罚款决定,维持二审判决其余内容。最高检察院以确认该批复混肥均为劣质商品"没有充分证据"、技术监督局"重复处理"等理由提起抗诉。在该案纠纷发生 4 年多后,最高法院最终维持贵州高院的判决。[109] 无论从裁判结果还是从抗诉理由来看,两级检察院的抗诉似乎都不是理想的抗诉。

---

〔107〕 罗书臻:《积极探索审判监督纠错新机制　切实维护人民群众合法权益》,载《人民法院报》2010 年 12 月 15 日。

〔108〕 最高人民法院行政判决书,(2001)行提字第 2 号。

〔109〕 《最高人民法院公报》1995 年第 4 期。相关评论参见赵正群:《"打假"的司法审查标准》,载《人民法院报》2001 年 1 月 8 日。

一个理想的再审制度是，既能为司法过程和结果的瑕疵提供补救，也不过度冲击司法判决的既判力。这是一个不易实现的平衡，却是必须努力追求的平衡。它要求以相对少量的再审案件，去影响尽量广泛的人群。再审不仅仅是补救过去的错误，也是树立面向未来的法律界碑。

2. 明确审级职能定位，完善再审程序

把申诉上访纳入再审程序、把再审审查改造为诉讼程序，减少了申诉上访的数量，但不改变当事人对生效裁判不服这一基本局面。面对如潮而来的申请、申诉，最高法院部署全国各级法院集中开展解决行政案件申诉上访专项治理活动，开门受理再审申请。在这个过程中，最高法院也在不断探索和改进再审制度和工作机制。

再审的启动和管辖向来头绪纷繁，不仅启动再审的渠道多样，审理再审案件的法院也有上有下。从简化再审程序、明晰再审标准、及时解决纠纷的角度，宜于由上级法院受理再审申请、提审再审案件并直接作出裁判。为此，似乎有必要限制本级法院主动再审的启动机制和指令下级法院审理的管辖机制，特别是限制同一法院对同一案件的再审次数。《行政诉讼法》2014 年修改时部分采纳了上述思路，将当事人申请再审案件的管辖上提了一级，即向作出生效裁判的地方法院的上一级法院申请再审。

然而，面对持续几年每年上万起的行政再审申请，最高法院不得不再次调整再审级别管辖和工作方法，把案件下沉。2021 年的一个司法解释将最高法院的再审范围主要限于法律问题，允许最高法院将部分再审申请案件的审查下放给作出生效裁判的高级法院，并允许最高法院用内容简略的格式文书迳行裁定驳回再审申请。[110] 最高法院还得到了全国人大常委会的授权，尝试把部分告区县政府的一审案件下放给基层法院，把绝大部分再审案件下放给高级法院。[111] 未来何去何从，还有待观察。

作为国家最高司法机关，最高法院的主要职能应当是指导监督全国法院的审判工作、确保法律正确统一适用。最高法院的法官不是办案越多越好，更不能被再审申请的潮水淹没。为此，最高法院“择案而审”是必须的，主要解决法律问题也是应当的。在选择再审案件时，注重再审案件的指导意义，力求做到“审理一个、解决一片”。与此同时，一些程序机制也值得考虑。例如，向最高法院申请再审，原则上应当由律师代理；再审申请应当说明该案的法律争议焦点和提出的法律适用问题。上级法院对再审申请进行审查后，决定提审的，可以由原合议庭继续审理，或者在原合议庭基础上增加法官，组成大合议庭进行审理。

3. 坚持“诉访分离”、依法终结

自 2013 年以来，中央调整原有政策，逐步把涉法涉诉信访事项导入法律程序，

---

〔110〕《最高人民法院关于办理行政申请再审案件若干问题的规定》，法释〔2021〕6 号。

〔111〕《全国人民代表大会常务委员会关于授权最高人民法院组织开展四级法院审级职能定位改革试点工作的决定》，2021 年 8 月 20 日第十三届全国人大常委会第三十次会议通过。

并建立涉法涉诉信访依法终结制度。[112] 相关文件要求："当事人不服政法机关生效法律结论，其救济权利已经充分行使、放弃行使或者已经丧失，反映问题已经依法律按政策公正处理，仍反复申诉控告、缠访缠诉，除有法律规定的情形以外，政法机关可依法作出终结结论，对该信访事项不再启动复查程序。"[113] 新的政策有利于增强司法判决的确定性和权威性，减少行政再审案件，避免没完没了的申诉上访。

这无疑是一个正确的方向，必须始终坚持。但同时，它对司法能力和司法的公信力提出了巨大挑战。司法机构的中立性和权威性必须得到维护，司法过程的公正性和公开性必须予以保障，法官的专业素养需要进一步提高。另外，它对民众的法治观念也提出了普及更新的要求。民众需要理性对待于己不利的裁判，从理念上接受司法裁判的终局性。这需要一个过程。

第三节 重审程序

重审是指原审判决因违反法定程序或者有其他法定情形，被上级法院通过二审或者再审程序发回，由原审法院重新审理。重审不是一个独立的审级。案件被二审法院裁定发回重审的，由原审法院按照一审程序重新审理；案件经过再审被发回重审的，则根据作出原生效判决的审级确定审级。实践中，由于原生效判决多数为二审判决，发回后即按照二审程序审理。

一 发回重审

（一）被发回重审的裁判

发回重审一般指撤销原审判决，发回重审。原审法院作出的不予受理或者驳回起诉的裁定有错误的，应当撤销裁定，指令原审法院立案受理或者继续审理。[114]

（二）发回重审的事由

发回重审的事由，主要是原审违反法定程序，并且可能影响实体权利的处理。在一些情况下，原审事实不清，需要重新查证，并且在二审或者再审程序中不适宜查证的，也可以发回原审法院重审。法院过度使用发回重审权力，在民事诉讼和刑事诉讼中存在，在行政诉讼中也存在。[115] 上级法院发回重审应当有所节制，特别是不

---

〔112〕《中共中央关于全面深化改革若干重大问题的决定》，2013 年 11 月 12 日中国共产党第十八届中央委员会第三次全体会议通过；中共中央办公厅、国务院办公厅《关于依法处理涉法涉诉信访问题的意见》，中办发〔2013〕26 号。

〔113〕《中央政法委关于健全涉法涉诉信访依法终结制度的意见》，中政委〔2014〕28 号。

〔114〕2000 年《若干解释》，第 68 条。

〔115〕《无休止的"诉讼怪圈"损害法院公信力》，载《经济参考报》2010 年 1 月 25 日；李恩树、郑小琼：《发回重审程序被滥用的根源》，载《法治周末》2010 年 12 月 2 日。

能以事实不清为由反复发回重审。

二审法院作出发回重审的裁定时，应当在裁定书中详细阐明发回重审的理由及法律依据。[116] 有的法院在发回重审的裁定中，极其简略地称原审判决“事实不清、证据不足”或者“违反法定程序”，而把详细理由放在法院内部函件中，不跟当事人见面。这是对当事人诉讼权利的不尊重。随着司法改革的推进，法院取消了内部使用的审判监督表或发回重审意见书，相关意见更应当在裁定书中阐述。

（三）重审法院

案件已经经过一审、二审乃至再审，经审判监督程序发回重审的，原则上由作出原生效判决的法院重审。在特殊情况下，也可能“一撸到底”，发回一审法院。一份针对民事诉讼的司法解释规定，法院按照二审程序审理再审案件，发现一审法院有下列严重违反法定程序情形之一的，可以发回一审法院重审：(1)原判决遗漏必须参加诉讼的当事人的；(2)无诉讼行为能力人未经法定代理人代为诉讼，或者应当参加诉讼的当事人，因不能归责于本人或者其诉讼代理人的事由，未参加诉讼的；(3)未经合法传唤缺席判决，或者违反法律规定剥夺当事人辩论权利的；(4)审判组织的组成不合法或者依法应当回避的审判人员没有回避的；(5)原判决、裁定遗漏诉讼请求的。[117] 这一规定今后在行政诉讼中可供参考，但需要谨慎借鉴，防止纠纷长久拖延。

二　重审的审理

重新审理系对原案的重新审理，法院可以分别情况按照一审程序或者二审程序审理。

（一）审判组织

发回重审的案件，原审法院应当另行组成合议庭，原先参与审理的人员不得参与重审。二审法院发回一审法院重审的案件，一审法院应当另行组成合议庭进行审理；经再审发回重审的案件，重审法院也应当另行组织合议庭。[118] 这是正当程序的要求，也是法律的明确规定。但是，发回重审的案件，在一审法院作出裁判后又进入第二审程序的，原第二审程序中合议庭组成人员不受前款规定的限制。[119]

（二）重审期间追加当事人

重审期间可以依法追加当事人。上级法院关于重新审理的裁定指出原审判决

---

〔116〕《最高人民法院关于规范上下级人民法院审判业务关系的若干意见》，法发〔2010〕61号，第6条第2款。

〔117〕《最高人民法院关于民事审判监督程序严格依法适用指令再审和发回重审若干问题的规定》，法释〔2015〕7号，第5条。

〔118〕2000年《若干解释》，第69、76条。

〔119〕2018年《行诉法解释》，第75条第2款。

遗漏了必须参加诉讼的当事人的,重审期间必须追加当事人。

(三) 重审期间诉讼请求的变更

再审发回重审的案件,应当围绕当事人原诉讼请求进行审理。原告申请变更、增加诉讼请求的,按照相关规定审查决定是否准许;有正当理由的,可以变更诉讼请求。在深圳亿亨投资有限公司诉郑州市人民政府行政决定案中,最高法院判决认为,依据《若干解释》的规定,当事人在二审期间仍可以提出赔偿诉讼请求。亿亨公司在本案发回重审(实为指令继续审理)期间提出赔偿诉讼请求,符合法律规定。本院在将本案发回重审时,所涉及的是一审法院对本案是否应当受理的问题,并不影响亿亨公司在重审过程中提出赔偿请求。被上诉人称本院发回重审的裁定未涉及行政赔偿问题、亿亨公司的诉讼请求应受生效裁定拘束的理由,不能成立。[120]

(四) 重审期间补充证据和变更主张

重审期间,当事人可以补充证据,但应受证据规则的限制。当事人变更其在原审中的诉讼主张、质辩意见的,应说明理由并提交相应的证据,理由不成立或证据不充分的,法院不予支持。具体要求,可参见本书关于一审、二审程序中当事人提供证据的阐述。

三 重审裁判

(一) 重审案件的审查

重审虽是对原案的重新审理,但不是完全推倒重来。当事人在原审程序中所提供的证据,在重审程序中仍然有效,无须重新举证;当事人没有争议的事实,也无须重新质证。当事人对事实的陈述和自认,受“不可翻供”原则的拘束,没有正当理由不能改变。

法院对于重审案件应当全面审查。但与原审判决相比,重审判决受到上级法院发回重审裁定的拘束。上级法院在发回重审裁定中所述的理由,包括原审判决存在的事实问题和法律问题,对重审法院具有拘束力,重审裁判不能违背发回重审裁定对相关问题的认定。

(二) 重审裁判文书的写作

重审案件裁判文书的写作,与其他一审、二审裁判文书的写作基本相同。

重审案件裁判文书的案号,没有统一规定。实践中,对发回重审的案件法院多是重新立案,按排序给它新的案号。这一做法不利于识别两个实质上相同的案件。

---

〔120〕 最高人民法院行政判决书,(2001)行终字第12号,法公布(2003)第8号。

曾有法院另起字号，在代字中加“重”字，即“(2002)黄行初重字第××号”；也有的建议在案号后加“之二”表述序数，即“(2002)黄行初字第15号之二”。这些方案只供今后考虑。

重审裁判文书的案件审理经过部分，应当叙明上级法院发回重审的事实，包括发回重审裁定的字号、裁定作出时间和主要内容。裁判文书的理由说明部分，也应当围绕发回重审裁定指出的问题和当事人在重审程序中的争议焦点进行阐述。

第十六章　强 制 执 行

行政纠纷经过法院裁判后，当事人在行政法上的权利义务得到确定，并受其拘束。负有义务的一方当事人拒绝履行的，法院或者法律授权的行政机关有可能实施强制执行，以确保行政义务的履行。在另外一些情况下，行政行为作出后，负有义务的一方当事人既不提起诉讼也不履行的，也可能需要法院强制执行或者法院准许强制执行。由于是对未经诉讼行政行为的执行，后者被称为“非诉执行”。本章分别阐述行政裁判的执行和非诉案件的强制执行。

第一节　行政裁判的强制执行

《行政诉讼法》第94条规定：“当事人必须履行人民法院发生法律效力的判决、裁定、调解书。”然而实践中，无论是公民、法人、其他组织还是行政机关，都有可能出现不履行生效裁判的情况。下面分别阐述。

一　对公民一方的强制执行

《行政诉讼法》第95条规定：“公民、法人或者其他组织拒绝履行判决、裁定、调解书的，行政机关或者第三人可以向第一审人民法院申请强制执行，或者由行政机关依法强制执行。”

（一）申请强制执行的条件

上述条文包含了申请强制执行的主要条件，司法解释作了补充。

1. 拒绝履行生效裁判

当事人拒绝履行、引发执行的生效裁判文书，包括发生法律效力的行政判决书、行政裁定书、行政赔偿判决书和行政调解书。当事人应当履行的义务属于生效裁判确定的义务。生效裁判文书确定的义务包括生效裁判文书主文载明的义务，也包括为生效裁判所维持的行政行为确定的义务。法院判决驳回原告诉讼请求，行政行为的效力得到维持，该行政行为确定的义务是应当履行的义务；法院以行政行为程序瑕疵等理由而判决确认行政行为违法，并不否定该行政行为的效力，该行政行为确定的义务也是应当履行的义务。

据以申请执行的法律文书不具有可执行的内容，或者申请执行的内容超出生效裁判确定的义务范围，法院不予执行。在卫奎枝与祁俊梅纠纷执行案中，获嘉县政府对卫奎枝与祁俊梅的土地权属争议作出确权处理，并得到法院终审判决的维持。由于在施工建设过程中遭到祁俊梅的阻挠，卫奎枝向法院申请强制执行行政判决。获嘉县法院认为，前述判决只是对获嘉县政府土地确权行为的肯定而不是对当事人之间侵权行为的裁判，既没有规定当事人之间的义务也不包含给付内容。卫奎枝的强制执行申请超出生效判决确定的内容，因此不予执行。[1]

2. 申请人资格

申请人除了行政机关，还包括行政诉讼的第三人。大量行政诉讼案件包含第三人，一些裁判文书确认了第三人的实体权益。第三人有时比行政机关更加关心裁判的执行。赋予第三人申请强制执行的资格，能够更加周全地保护第三人的合法权益。

3. 申请期限

申请执行的期限，原先规定为 180 日，新的司法解释延长到 2 年。[2] 申请执行的期限从法律文书规定的履行期间最后一日起计算；法律文书规定分期履行的，从规定的每次履行期间的最后一日起计算；法律文书中没有规定履行期限的，从该法律文书送达当事人之日起计算。申请执行时效的中止、中断，适用法律有关规定。逾期申请的，除有正当理由外，法院不予受理。

4. 执行管辖

法院对生效裁判的执行具有管辖权。而且，依据《行政强制法》第 13 条，凡是法律没有规定行政机关强制执行的，作出行政决定的行政机关都应当申请法院强制执行。

发生法律效力的裁判文书，无论是一审法院作出还是二审法院或者再审法院作出，原则上由一审法院执行。这样规定，主要是考虑到一审法院与当事人通常比较接近，方便执行。一审法院认为情况特殊、需要由二审法院执行的，可以报请二审法院执行；二审法院可以决定由其执行，也可以决定由一审法院执行。[3] 司法解释对执行管辖有特殊规定的，从其规定。例如，专利管理机关依法作出的处理决定和处罚决定，由被执行人住所地或财产所在地的省、自治区、直辖市有权受理专利纠纷案件的中级法院执行；国务院各部门、各省级政府和海关依照法律、法规作出的处理决定和处罚决定，由被执行人住所地或财产所在地的中级法院执行。[4]

（二）申请、受理和通知

行政机关或者第三人申请法院执行，应向法院递交申请执行书和生效法律文书

---

〔1〕 河南省获嘉县人民法院执行裁定书，(2003)获执字第 167 号。

〔2〕 分别参见 2000 年《若干解释》，第 84 条；2018 年《行诉法解释》，第 153 条。

〔3〕 2000 年《若干解释》，第 85 条；2018 年《行诉法解释》，第 154 条。

〔4〕《最高人民法院关于人民法院执行工作若干问题的规定(试行)》，法释〔1998〕15 号，第 13、14 条。2020 年修正后，内容未动，条文序号调整为第 11、12 条。

副本。申请执行书应当写明申请执行的理由、事项、执行标的,以及申请执行人所了解的申请强制执行标的情况。《行政强制法》针对非诉执行规定,行政机关申请法院强制执行前,应当催告当事人履行义务;行政机关向法院申请强制执行,应当提供当事人的意见及行政机关的催告情况。这一规定似乎也可以适用于对行政裁判的执行。

按照"审执分离"的原则,对生效行政裁判的执行由法院设立、专门负责执行工作的执行机构负责。法院在审理行政案件中作出的财产保全和先予执行裁定,一般也应移送执行机构执行;特殊情况下,可由审理案件的审判庭负责执行。[5]

法院应当在收到申请执行书或者移交执行书后10日内,发出执行通知。执行通知中除应责令被执行人履行法律文书确定的义务外,还应通知其承担迟延履行利息或者迟延履行金。[6] 从实践来看,被执行人接到法院的执行通知后,多数会在期限内自动履行,也有部分当事人在此期间达成了执行和解,真正需要实施强制执行的属于少数。

(三)强制执行的方式

对公民、法人和其他组织不履行生效裁判的强制执行方式,《行政诉讼法》和相关司法解释没有明确规定。从原理上,可以参照《行政强制法》有关行政机关实施强制执行和《民事诉讼法》有关民事强制执行的规定。根据这些规定,当事人不履行金钱缴纳义务的,法院可以采取冻结、划拨存款,扣留提取收入,查扣、冻结、拍卖、变卖等方式执行。当事人拒绝交出被依法征收的土地或者房屋的,法院可以请人代履行。

《行政强制法》第42条规定了执行和解:"实施行政强制执行,行政机关可以在不损害公共利益和他人合法权益的情况下,与当事人达成执行协议。执行协议可以约定分阶段履行;当事人采取补救措施的,可以减免加处的罚款或者滞纳金。执行协议应当履行。当事人不履行执行协议的,行政机关应当恢复强制执行。"法院在强制执行生效裁判文书的过程中,可以参考该规定。

《行政强制法》第43条还针对行政机关规定了两种禁止情形:一是除遇情况紧急外,不得在夜间或者法定节假日实施行政强制执行;二是不得对居民生活采取停止供水、供电、供热、供燃气等方式迫使当事人履行相关行政决定。这两个禁止性规定的精神也应当适用于法院实施的强制执行行为。

二　对行政机关的强制执行

行政机关拒不履行生效法律文书的,当事人也可以申请法院强制执行。对行政

〔5〕《最高人民法院关于人民法院执行工作若干问题的规定(试行)》,法释〔2020〕21号,第3条。
〔6〕同上,第22条。

机关强制执行的申请条件与对公民、法人和其他组织的申请条件基本相同,在强制执行的程序和方式上有所区别。

(一) 申请范围

对行政机关的强制执行,应当是行政裁判确定了行政机关的履行义务,而行政机关不履行的。实践中,主要是法院判决行政机关履行行政赔偿、行政补偿或者其他行政给付义务,行政机关拒不履行的。行政机关负有其他应当履行的法定职责,被法院判决履行的,也属于可申请强制执行的范围。例如,判决责令行政机关提供特定政府信息或者删除错误信息、给当事人办理登记或者颁发许可、对当事人予以答复、对特定事情予以查处、采取相应补救措施。

法院判决撤销行政行为或者确认行政行为违法、无效,主要是确立了当事人之间的法律关系,一般情况下不需要执行。但如果撤销或者确认判决附带了行政机关的履行义务,而行政机关拒不履行的,也可能引发执行问题。在金箭公司诉北京市工商局变更企业登记案中,被告为第三人办理了北京大观园游览中心法定代表人的变更登记并颁发了新的企业法人营业执照。原告起诉后,法院判决撤销被告的变更登记;而对于金箭公司要求第三人立即交还大观园经营管理权的诉讼请求,法院以其不属于本案审理范围为由不予支持。判决生效后,金箭公司要求被告重新办理登记,被告拒绝,以致原告在胜诉后迟迟无法进驻大观园。[7] 在该案中,原告应当可以申请法院强制执行,促使被告重新办理登记,以落实生效判决的效力。

(二) 申请和异议

公民、法人和其他组织申请法院执行,应向法院递交申请执行书和生效法律文书副本。依据《诉讼费用交纳办法》,申请人不必预交执行申请费,执行申请费执行后交纳。

公民、法人和其他组织对行政机关执行法院生效裁判的情况可以提出异议。异议成立的,法院应当作出相应处理;异议不成立的,法院裁定驳回。在杨利晓诉河南省教育厅不履行法定职责案中,杨利晓向教育厅反映濮阳职业技术学院 2006 年“专升本”推荐中的问题,未获结果,遂提起诉讼。郑州市金水区法院判决责令教育厅在本判决生效后 15 日内对申请人的反映作出处理,并书面告知申请人。期限届满后,杨利晓申请强制执行。2010 年 1 月,杨利晓收到教育厅作出的《关于对杨利晓反映 2006 年“专升本”推荐有关问题的回复》。内称:该厅只负责审核各学校“专升本”学生的推荐比例和毕业生资格,而具体推荐工作由学校负责;该厅已通知濮阳职业技术学院对杨利晓所反映的问题进行调查,现函告调查结果。杨利晓提出书面异议,认为该回复违背判决要求,申请法院按照判决内容继续强制执行。请求事项为:

---

〔7〕 马怀德:《行政许可案件判决方式研究》,载《南京大学学报(哲学人文科学社会科学)》2000 年第 3 期。

(1)依法对本案的执行情况组织听证;(2)撤销该回复,指令被申请人按照判决内容作出处理并书面告知申请人;(3)对被申请人按日处50元至100元的罚款,并向其上一级行政机关或者监察、人事机关提出司法建议。金水区法院认为,申请人所请不属于法律规定的执行异议范围。遂裁定对杨利晓的异议申请不予受理。〔8〕

(三)对行政机关的执行方式

《行政诉讼法》第96条规定,行政机关拒绝履行判决、裁定、调解书的,一审法院可以采取以下措施:(1)对应当归还的罚款或者应当给付的款额,通知银行从该行政机关的账户内划拨;(2)在规定期限内不履行的,从期满之日起,对该行政机关负责人按日处50元至100元的罚款;(3)将行政机关拒绝履行的情况予以公告;(4)向监察机关或者该行政机关的上一级行政机关提出司法建议;(5)拒不履行判决、裁定、调解书,社会影响恶劣的,可以对该行政机关直接负责的主管人员和其他直接责任人员予以拘留;情节严重,构成犯罪的,依法追究刑事责任。

从实际情况来看,行政机关公然拒绝履行生效裁判的比较少见,法院对行政机关采取执行强制措施的更属罕见。但从媒体报道来看,这样的事例仍偶有发生。在**李远湖诉湖北省阳新县城建监察大队行政强制案**中,被告2001年强行铲除了原告的豆腐坊,被大冶市法院一审判决赔偿经济损失12,118.75元。被告不服,但既不上诉也不履行。大冶市法院采取强制执行措施,冻结了该大队在银行的账户;后者闻讯,又以种种手段继续逃避履行。2002年,大冶市法院作出决定,从当年9月28日起,对该大队每日罚款100元,至其完全履行之日止。〔9〕 2014年《行政诉讼法》修改后,对行政机关的罚款改为对行政机关负责人的罚款。

实践中的一个突出问题是,法院撤销行政行为并责令重作的,行政机关三番几次地以相同的理由和依据作出同样行为,从而导致"循环诉讼"。〔10〕 这种情况实质上也构成拒绝履行生效判决,法院可以依照《行政诉讼法》的规定采取惩戒措施。

(四)强制执行的现状与改进

从历年的统计数据来看,在行政诉讼案件总体上增长的同时,对行政裁判的执

---

〔8〕 郑州市金水区人民法院执行裁定书,(2010)金执异字第165号。

〔9〕 朱学斌:《"民告官"告得有理》,载《湖北日报》2002年10月8日; 楚东、光灿、学斌:《"民告官"胜诉"官赖账"拒赔 法院:每日罚款100元》,载《楚天都市报》2002年12月5日;《豆腐坊风波》,载央视国际2003年2月21日,http://www.cctv.com/program/lawtoday/20030221/100378.shtml。截至央视报道时,阳新县城建监察大队已付给李远湖赔偿金2000元。

〔10〕 刘大伟:《诉讼怪圈何时休:一起行政诉讼案的恶性循环》,载《人民法院报》2000年11月6日(城建委先后4次作出内容相同的拆迁裁决书); 金陵梦:《一场行政权与司法权的博弈:泰州一起工伤认定陷入循环诉讼怪圈》,载《工人日报》2006年9月18日(社保局作出4份"不予认定工伤"的决定); 崔世海:《六年十四审 冲不破行政诉讼怪圈》,载《民主与法制时报》2007年5月9日(房管局6年时间里4次行政裁决); 韦文洁:《3次复议3轮诉讼6年无果 济南一起退税案陷入诉讼怪圈》,载《法治周末》2010年4月1日。

行案件(包括对原告和对被告的执行)的数量却逐渐下降。进入强制执行的行政案件最高曾经达到4万多件,后来降低,稳定在1万件上下(见图18)。[11] 与之相应,行政诉讼案件进入强制执行的比例,从《行政诉讼法》实施初期的20%以上,减为5%上下(不包括2017年统计方式改变之后)。这主要归因于非判决结案方式的增多,以及法院在裁判时考虑了后续执行问题,估计难以执行的不作生硬判决。同时,它也可能说明,诉讼当事人对生效司法裁判的服从程度在提高,抵触在减少。

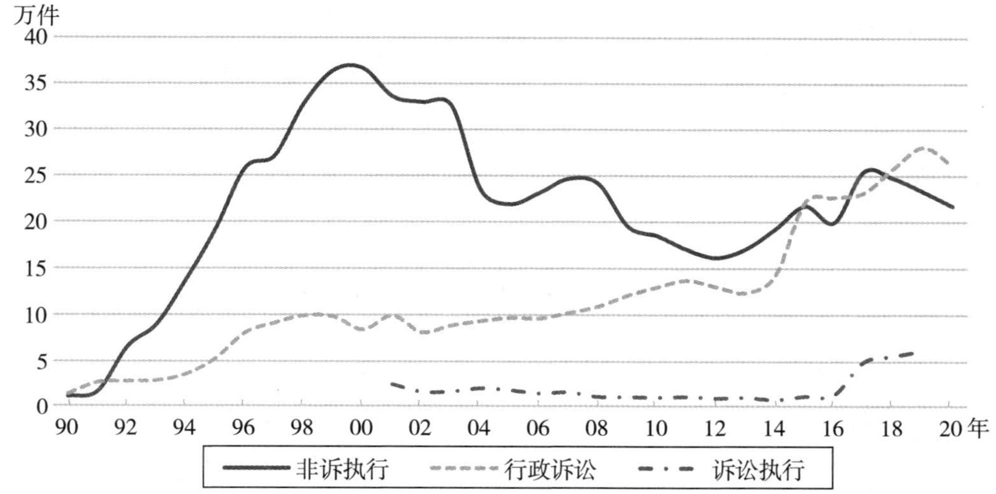

图18　历年行政执行案件的数量

尽管如此,有少数行政案件仍然存在"执行难"的问题。媒体报道的**黄友元诉天津市公安局塘沽分局行政赔偿案**就是一个极端的个案。1990年6月,黄友元以"涉嫌(投机)倒把"被塘沽分局收容审查,3个月后变更为取保候审;期间,塘沽分局将黄友元存放在天津港的3万多吨混煤处理给广州钢铁公司等11个单位和个人。1994年12月,塘沽分局以"不构成犯罪"为由撤销取保候审。1996年3月,株洲中院判决责令塘沽分局赔偿经济损失500余万元。但该案判决一直得不到执行。1999年1月,最高法院函告中央政法委,原审法院判决并无不妥,希望"本案判决能够尽快得到顺利执行"。几个月后,中央政法委发函,请天津市政法委"督促公安机关认真做好此案判决的执行工作"。株洲中院法官两赴塘沽,均无功而返。2004年6月,株洲中院在递交湖南高院的报告中说:此案执行,希望渺茫,无从下手。2008年3月,最高法院执行办召开了由湖南、天津两地高院参加的会议,还以督办函的形式对此案进行督办。但截至报道时,此案的前景仍不明朗。[12]

与前述极端案件相比,生效裁判的执行更可能遭遇行政机关以技术性理由的推

〔11〕 2017年后,行政裁判的执行案件突然跃升到五六万件,主要是统计方式和统计指标的改变造成的。详情还有待进一步调研。

〔12〕 吴意:《执行难　难于上青天?行政法学专家为黄友元案执行把脉》,载《中国律师》2007年第10期;贺信:《天津公安塘沽分局被湖南法院判赔500万　12年不执行》,载《南方都市报》2008年4月24日。

诿、拒绝。逸悦投资顾问有限公司诉上海市国土资源局、上海市房屋管理局房产登记案提供了一个反面的案例。原告以被告颁发给它的房产证附图将配电房登记为公用部分、与实际不符为由，要求更正，得到法院支持。生效判决要求，被告于 20 日内“重新作出具体行政行为”。由于被告未履行，原告向浦东新区法院申请执行。在执行过程中，被执行人通知申请人提供相关书面文件，申请人提供了除地籍图和房屋平面图之外的全部材料。按惯例，地籍图和房屋平面图由登记机关从测绘部门的电子系统中调取并直接打印。但被执行人称，由于本案地籍图和房屋平面图可能有误，故不予调取。因为申请人未在法定期限内补齐材料，故对其登记事项不予受理。法院认可了被执行人的说法，认为本案“已执行完毕”。〔13〕 绕了一圈，事情似乎回到了原点，原告当初的“胜诉”也没有带来问题的解决。生效裁判的执行是一个技术活，需要法院良好掌握法律精神，坚定落实裁判内容。

第二节 非诉案件的强制执行

法院除了执行经过裁判的行政案件，还要执行或者准予执行行政机关申请的未经诉讼的行政行为。从统计数据来看，全国非诉执行案件的数量在 20 世纪 90 年代快速上升，1999 年达 36 万余件的高峰；以后出现大幅度下降，到 2014 年跌到 16 万件以内。这大大高于行政诉讼执行的数量，甚至还明显高于行政诉讼案件的数量（见图 18）。很长一段时间，一些基层法院行政庭的主要业务不是审理行政诉讼案件，而是审查非诉执行案件。这一状况直到近年才有所改变。

一 非诉执行的申请条件

《行政诉讼法》第 97 条规定：“公民、法人或者其他组织对行政行为在法定期限内不提起诉讼又不履行的，行政机关可以申请人民法院强制执行，或者依法强制执行。”

（一）可以申请法院执行的行政行为

未经诉讼的行政决定，中国法律规定以行政机关申请法院执行为原则，以行政机关自己执行为例外。依据《行政强制法》第 13 条的规定，行政强制执行应当由法律设定，法规无权设定行政机关强制执行的权力；凡是法律没有规定行政机关强制执行的，作出行政决定的行政机关应当申请法院强制执行。在《行政强制法》实施后，行政机关申请法院强制执行的只限于法律没有赋予行政机关强制执行权的案件。

〔13〕 上海市浦东区人民法院行政裁定书，(2012)浦执字第 1988 号。相关讨论，参见王志根、戴玉龙、杨现正：《执行内容为具体行政行为案件中当事人义务之界定》，载《人民司法》2012 年第 18 期。

行政机关申请法院强制执行的规定，最早见于1982年的《商标法》和《海洋环境保护法》。前者规定，对于工商管理部门责令侵权人立即停止商标侵权行为、赔偿被侵权人损失、罚款的处理，当事人期满不起诉又不履行的，由有关工商管理部门申请法院强制执行。后者规定，有关主管部门对造成或者可能造成海洋环境污染的人所作的责令限期治理、缴纳排污费、支付消污费、赔偿国家损失以及警告和罚款，当事人期满不起诉又不履行的，由有关主管部门申请法院强制执行。此后，《海上交通安全法》《水污染防治法》《药品管理法》《森林法》《草原法》《计量法》《渔业法》《矿产资源法》《土地管理法》《国境卫生检疫法》《邮政法》《水法》等法律相继作了同样规定。1989年的《行政诉讼法》确认了这一模式。而依据《海关法》《税收征收管理法》等法律，行政主管部门对于特定行为有权自行强制执行，但对于其所作的行政处罚，通常仍应申请法院强制执行。

中国有十余部法律规定行政机关有权自己执行。这些法律主要在税收、海关、治安、军事、消防、防洪、海上交通安全和海域管理等多个领域。例如，《税收征收管理法》第38条规定，从事生产经营的纳税人未按照规定的期限缴纳或者解缴税款，税务机关责令限期缴纳而逾期仍未缴纳的，经县以上税务局（分局）局长批准，税务机关可以书面通知其开户银行从其存款中扣缴税款，或者依法拍卖或者变卖其价值相当于应纳税款的商品、货物或者其他财产，以拍卖或者变卖所得抵缴税款。《治安管理处罚法》第103条规定："对被决定给予行政拘留处罚的人，由作出决定的公安机关送达拘留所执行。"《城乡规划法》第68条规定："城乡规划主管部门作出责令停止建设或者限期拆除的决定后，当事人不停止建设或者逾期不拆除的，建设工程所在地县级以上地方人民政府可以责成有关部门采取查封施工现场、强制拆除等措施。"

除了前述的部门管理法律，《行政强制法》还规定了行政机关可以自己强制执行的几种情形：(1)行政机关依法作出金钱给付义务的行政决定，当事人逾期不履行的，行政机关可以依法加处罚款或者滞纳金（第45条第1款）；(2)行政机关依法作出金钱给付义务的行政决定，当事人在法定期限内不申请行政复议或者提起行政诉讼，经催告仍不履行的，在实施行政管理过程中已经采取查封、扣押措施的，行政机关可以将查封、扣押的财物依法拍卖抵缴罚款（第46条第3款）；(3)对违法的建筑物、构筑物、设施等需要强制拆除的，经行政机关公告限期当事人自行拆除，当事人在法定期限内不申请行政复议或者提起行政诉讼又不拆除的，行政机关可以依法强制拆除（第44条）；(4)行政机关依法作出要求当事人履行排除妨碍、恢复原状等义务的行政决定，当事人逾期不履行，经催告仍不履行，其后果已经或者将危害交通安全、造成环境污染或者破坏自然资源的，行政机关可以代履行或者委托没有利害关系的第三人代履行（第50条）；(5)需要立即清除道路、河道、航道或者公共场所的遗洒物、障碍物或者污染物，当事人不能清除的，行政机关可以决定立即实施代履行（第52条）。

此外,还有数十部行政法规赋予行政机关强制执行的权力。例如,1992 年的《城市市容和环境卫生管理条例》曾规定,凡不符合城市容貌标准、环境卫生标准的建筑物或者设施,由有关主管部门责令限期改造或者拆除;逾期未改造或者未拆除的,经县级以上人民政府批准,由有关主管部门组织强制拆除。在《行政强制法》施行后,这些行政法规不能继续作为行政机关强制执行的依据。但在《行政强制法》有具体授权的情况下,行政机关可以根据该法的规定继续实施强制执行。

行政法规和地方性法规规定行政机关申请法院强制执行的,只要不与法律的规定相抵触,继续有效。例如,《土地管理法实施条例》第 62 条规定,违反土地管理法律、法规规定,阻挠国家建设征收土地的,由县级以上政府土地主管部门责令交出土地;拒不交出土地的,申请法院强制执行。《国有土地上房屋征收与补偿条例》第 28 条第 1 款规定:"被征收人在法定期限内不申请行政复议或者不提起行政诉讼,在补偿决定规定的期限内又不搬迁的,由作出房屋征收决定的市、县级人民政府依法申请人民法院强制执行。"

最高法院有关行政协议的司法解释还规定了一种申请法院强制执行的情况。公民、法人或者其他组织未按照行政协议约定履行义务,经催告后不履行,行政机关可以作出要求其履行协议的书面决定。公民、法人或者其他组织在收到该决定后,在法定期限内既不申请行政复议或者提起行政诉讼也不履行该决定,而协议内容具有可执行性的,行政机关可以向法院申请强制执行。[14]

(二) 申请法院执行的期限

《行政强制法》第 53 条规定,"当事人在法定期限内不申请行政复议或者提起行政诉讼,又不履行行政决定的,没有行政强制执行权的行政机关可以自期限届满之日起三个月内,依照本章规定申请人民法院强制执行"。《行政强制法》施行后,以前制定的与之不一致的规定应当废止,都适用《行政强制法》"三个月内"的规定。考虑到当事人申请复议和提起诉讼的期限,这 3 个月应当自当事人申请复议和起诉期限届满时开始计算。由于目前法律规定的起诉期限长于申请复议的期限,所以,实际操作中,上述条款可以理解为"自被执行人的法定起诉期限届满之日起三个月内提出"。[15]

行政机关根据法律的授权对平等主体之间民事争议作出裁决后,当事人在法定期限内不起诉又不履行,作出裁决的行政机关在申请执行的期限内未申请法院强制执行的,生效行政裁决确定的权利人或者其继承人、权利承受人在 6 个月内可以申请法院强制执行。[16] 这一规定实际上延长了申请执行的期限,额外给了权利人 3 个月的时间。

---

〔14〕《最高人民法院关于审理行政协议案件若干问题的规定》,法释〔2019〕17 号,第 24 条。
〔15〕2018 年《行诉法解释》,第 156 条。
〔16〕2000 年《若干解释》,第 90 条(期限为"90 日内");2018 年《行诉法解释》,第 158 条。

必须等到当事人申请复议和提起诉讼的期限届满,才能申请法院强制执行,符合行政行为的原理和行政法的精神。只有申请复议和提起诉讼的期限都已届满,行政行为才能发生最终确定力和可执行效力。等到这个时候才可申请强制执行,也有利于保护当事人的合法权益,减少不必要的纷争。这也是中国法律较早确立、立法部门着意强调的一个规则。[17]

由于行政诉讼起诉期限比较复杂,特别是当事人未被告知诉权、不知道行政行为的起诉期限延长,这给行政机关申请执行的时间带来了一些难题。

(三) 管辖

依据《行政强制法》第 54 条,行政机关申请强制执行,由申请人所在地法院管辖;执行对象是不动产的,由不动产所在地法院管辖。司法解释规定,行政机关申请法院强制执行其行政行为,由基层法院受理。基层法院认为执行确有困难的,可以报请上级法院执行;上级法院可以决定由其执行,也可以决定由下级法院执行。[18] 享有权利的公民、法人或者其他组织申请法院强制执行生效行政裁决,参照上述规定。

(四) 催告

依据《行政强制法》第 54 条,行政机关申请法院强制执行前,应当催告当事人履行义务;催告书送达 10 日后当事人仍未履行义务的,行政机关才可以向法院申请强制执行。设立申请执行前的催告程序,目的是督促义务人主动履行义务,减少强制手段的使用,并减缓义务人可能的抵触情绪。

二 非诉执行的程序

(一) 申请

《行政强制法》第 55 条规定,行政机关向法院申请强制执行,应当提供下列材料:(1)强制执行申请书;(2)行政决定书及作出决定的事实、理由和依据;(3)当事人的意见及行政机关催告情况;(4)申请强制执行标的情况;(5)法律、行政法规规定的其他材料。强制执行申请书应当由行政机关负责人签名,加盖行政机关的印

---

〔17〕 例如,1989 年《环境保护法》(已被修改)第 40 条规定,当事人对行政处罚决定不服的,可以在接到处罚通知之日起 15 日内,向作出处罚决定机关的上一级机关申请复议,或者直接向法院起诉;当事人逾期不申请复议也不向法院起诉、又不履行处罚决定的,由作出处罚决定的机关申请法院强制执行。后来的《行政复议法》把复议申请期限改为最少 60 日。全国人大法工委认为,根据以上规定,当事人自接到环保部门的行政处罚通知之日起,超过 15 天未起诉、超过 60 日未申请复议,又不履行处罚决定的,作出处罚决定的环保部门可申请法院强制执行。参见《全国人民代表大会常务委员会法制工作委员会关于环保部门就环境行政处罚决定申请人民法院强制执行的期限有关问题的答复》,法工委复字〔2001〕17 号。虽然 1989 年《环境保护法》的相关条款在后来修订时已被删除,这一意见的精神在今天仍然有效。

〔18〕 2000 年《若干解释》,第 89 条;2018 年《行诉法解释》,第 157 条。

章,并注明日期。“法律、行政法规规定的其他材料”,例如《国有土地上房屋征收与补偿条例》第28条规定的“强制执行申请书应当附具补偿金额和专户存储账号、产权调换房屋和周转用房的地点和面积等材料”。

(二)受理

法院接到行政机关强制执行的申请,对符合条件的,应当在5日内立案受理,并通知申请人;对不符合条件的申请,裁定不予受理。行政机关对法院不予受理裁定有异议的,可以在15日内向上一级法院申请复议,上一级法院应当自收到复议申请之日起15日内作出裁定。

行政机关或者行政行为确定的权利人申请法院强制执行前,有充分理由认为被执行人可能逃避执行的,可以申请法院采取财产保全措施。后者申请强制执行的,应当提供相应的财产担保。[19] 需要采取强制执行措施的,由本院负责强制执行非诉行政行为的机构执行。

依据《行政强制法》第60条的规定,行政机关申请法院强制执行不缴纳申请费,强制执行的费用由被执行人承担。法院以划拨、拍卖方式强制执行的,可以在划拨、拍卖后将强制执行的费用扣除。这一规定改变了原先行政机关申请强制执行需要缴纳申请费的做法。

(三)审查

行政机关申请法院强制执行的案件,由行政审判庭负责对行政行为的合法性进行审查。

法院对行政机关强制执行申请的审查,原则上书面进行。法院发现有下列情形之一的,在作出裁定前,应当听取被执行人和行政机关的意见:(1)明显缺乏事实根据的;(2)明显缺乏法律、法规依据的;(3)其他明显违法并损害被执行人合法权益的。[20] 在实践中,有的法院分别听取双方当事人的意见,有的法院以听证方式同时听取双方当事人的意见。一些地方法院制定了执行程序中的听证规则,并广泛实行听证。[21] 享有权利的公民、法人或者其他组织申请法院强制执行的,法院应当向作出裁决的行政机关调取有关材料。

(四)裁定

法院受理行政机关申请执行其行政行为的案件后,应当在7日内作出是否准予执行的裁定;发现行政行为明显违法并损害被执行人合法权益,需要听取被执行人和行政机关的意见的,应当自受理之日起30日内作出是否准予执行的裁定。法院

---

〔19〕 2000年《若干解释》,第92条;2018年《行诉法解释》,第159条。

〔20〕 《行政强制法》,第58条第1款(可以听取);2018年《行诉法解释》,第160条第2款(应当听取)。

〔21〕 例如,北京市高级人民法院《北京市法院执行听证程序规则(试行)》,京高法发〔2004〕390号。

裁定不予执行的，应当说明理由，并在5日内将不予执行的裁定送达行政机关。

行政机关对法院不予执行的裁定有异议的，可以自收到裁定之日起15日内向上一级法院申请复议，上一级法院应当自收到复议申请之日起30日内作出裁定。

法院经审查后认为，执行申请人的申请不符合申请执行条件的，可以裁定驳回申请。在西安市国土资源局申请执行张乐拆除违法建筑案中，国土资源局申请法院执行该局所作的"拆除非法占用土地上的所有违法建筑及其他设施，恢复土地原状"的处罚决定，被一审法院裁定不予执行。申请人申请复议。在复议审查过程中，涉案建筑被拆除。西安中院认为，该申请不再具有可执行内容，不符合申请执行的条件，故撤销原审裁定，驳回申请人的申请。〔22〕

非诉执行申请案件案号中的案件类型代字，统一用"行审"，不再用"非行审"；非诉执行复议案件，用"行审复"。〔23〕 例如，厦门海事法院受理的某申请执行行政处罚案，案号为"(2018)闽72行审6号"。

三　非诉执行的裁定

法院对行政机关的执行申请不应"照单全收"，一概执行。在实践中，有相当一部分案件被法院裁定不予执行，而且其比例总体上有所上升，近几年保持在10%以上。2013年，法院裁定不予执行的高达14.4%，甚至明显高于法院在行政诉讼案件中判决被告败诉的比例。

（一）不准予执行的理论依据

法院裁定不准予执行，从理论上是基于行政行为无效的观点，即因重大明显违法而无效的行政行为自始无效，对当事人不具有拘束力和执行力。在前述情况下，当事人既不起诉也不履行，事后仍然能够得到法院的认可和保护。这一观点认可了公民、法人和其他组织对明显违法行政行为的藐视，也避免法院沦为行政机关的执行工具。它不仅是对某些严重违法行政行为的彻底否定，也是对当事人权益的充分保护。相比于法院不由分说、一概执行的情形，法院有权裁定不准予执行是法治和人权的进步。

但是，也要防止来自另一个方面的对法治的威胁。如果行政行为作出后，当事人只要不服就可以不履行，那行政秩序恐怕难以维系。如果法院在申请执行的审查中，采取与诉讼一样的程序和标准，那么，整套行政诉讼将形同虚设。法律不鼓励当事人消极对待有异议的行政行为，坐等法院上门执行。为此，非诉执行的程序应当简便，审查标准应当更宽松。法院裁定不准予执行的门槛，应当要比经行政诉讼判决撤销行政行为的门槛高一些。

---

〔22〕 西安市中级人民法院行政裁定书，(2019)陕01行审复2号。

〔23〕 《最高人民法院关于人民法院案件案号的若干规定》，法〔2015〕137号。

由于法律判断的不确定性，当事人不理睬自认为“无效行政行为”的做法有相当风险。一旦法院不认可当事人对行政行为无效的判断，而裁定准予执行，当事人将不得不吞食坐失诉讼机会的苦果。所以，通常情况下，当事人在法定期限内提起复议或者诉讼才是明智之举。[24]

（二）不准予执行的标准

《行政强制法》规定了法院在程序上应当慎重对待的情形，但没有明确规定法院裁定不予执行的条件。依据司法解释，被申请执行的行政行为有下列情形之一的，法院应当裁定不准予执行：(1)实施主体不具有行政主体资格的；(2)明显缺乏事实根据的；(3)明显缺乏法律、法规依据的；(4)其他明显违法并损害被执行人合法权益的情形。[25] 总的来说，司法解释采取了“明显违法”的标准。

此外，《行政处罚法》规定了行政处罚无效的情形，一些法律规定了公民对严重违法的行政行为有拒绝的权利。这些也可以作为法院裁定不准予执行的依据。对于市、县级政府申请法院强制执行国有土地上房屋征收补偿决定的案件，最高法院的司法解释对不予执行的情形作了更加细致的列举。除了前述规定，征收补偿决定存在下列情形之一的，法院也应当裁定不准予执行：(1)明显不符合公平补偿原则，严重损害被执行人合法权益，或者使被执行人基本生活、生产经营条件没有保障；(2)明显违反行政目的，严重损害公共利益；(3)严重违反法定程序或者正当程序。[26]

由于在很多情况下“明显违法”的标准并不那么明显，法院裁定不准予执行的尺度有待于在实践中把握，具体标准也需要在学理上更多总结。下面结合司法案例，讨论三种主要的情形。

1. 明显缺乏事实根据的

行政行为明显缺乏事实根据，应当是支撑行政行为的基本事实明显不成立。下面以两个例子作为对比。

在山东省东营市散装水泥办公室申请执行东营金山桥学校行政征收案中，申请执行人水泥办向金山桥学校作出《散装水泥专项资金征收通知》，要求后者一次交清散装水泥专项资金40万元。东营中院听证后认为，金山桥学校还未正式成立，不具备行政法律关系的主体资格，征收通知没有事实根据，遂裁定不准予执行。[27] 在重庆市彭水自治县劳动和社会保障局申请执行武隆县巷口镇建筑有限公司拖欠工资案中，彭水劳动局对被申请人巷口建筑公司违法拖欠农民工工资的行为作出《劳动

---

〔24〕 何海波：《公民对行政违法行为的藐视》，载《中国法学》2011年第6期。

〔25〕 2000年《若干解释》，第95条；2018年《行诉法解释》，第161条第1款。

〔26〕《最高人民法院关于办理申请人民法院强制执行国有土地上房屋征收补偿决定案件若干问题的规定》，法释〔2012〕4号，第6条。

〔27〕 山东省东营市中级人民法院行政裁定书，(2005)东行执字第291号。

保障监察行政处理决定书》，责令其于两周内支付所欠工资 130,530 元，并加付应付金额 50% 的赔偿金。因被申请人未提起复议、诉讼也未履行，劳动局向法院申请强制执行。在听证过程中，建筑公司对于拖欠农民工工资的事实不持异议，但提出以下抗辩：(1)彭水劳动局不具有为农民工代催代收工资的职权；(2)拖欠工资是因为当地政府和开发商不能使农贸市场工程继续完工，工程款尚未结算；(3)劳动局的处理决定书用的是“拟作出如下行政处理”，可见它不属于生效法律文书，不能作为申请执行的依据。彭水县法院认为：申请人具有劳动保障监察职能，在催促被申请人及时支付农民工工资无果的情况下，对其作出行政处理于法有据；工程因故未完工、工程款没有结算，不是拖欠农民工工资的正当理由；处理决定书中的“拟”字确有不妥，但根据该处理决定书的形式和全部内容来看，该处理决定具有法律效力。据此，准予执行该处理决定。[28] 在上述案例中，作为收费对象的学校还未成立、公司确实拖欠了农民工工资，分别构成法院据以裁定的基本事实。

2. 明显缺乏法律依据的

行政行为明显缺乏法律依据，指对当事人不利的行政决定明显超出法定职权或者法定要件。这里的“明显”，应当是按照一般人的法律常识就能认识或者理解。下面也以两个例子作为对比。

在四川省简阳市住房和城乡建设局申请执行四川华邦建筑工程质量检测鉴定有限公司加处罚款案中，华邦公司因出具虚假危房鉴定报告，于 2018 年 7 月受到罚款 3 万元的处罚。处罚决定书载明，华邦公司应当自收到该处罚决定书之日起 15 日内缴纳罚款；到期不缴纳的，将依据《行政处罚法》的规定，每日按罚款数额的 3% 加处罚款。华邦公司对该处罚决定提起诉讼，但没有得到法院支持。在二审判决送达后，华邦公司在 15 日内缴纳了 3 万元罚款。但随后，申请执行人于 2019 年 6 月向华邦公司发出履行行政决定催告书，以华邦公司逾期缴纳罚款为由，加处罚款 3 万元。因华邦公司拒绝履行，简阳市住房和城乡建设局向法院申请强制执行。简阳市法院裁定认为，本着公平合理的原则，对行政诉讼期间相对人不履行行政处罚决定所确定缴纳罚款义务的，不应计算加处罚款，加处罚款的时间应从行政终审判决生效后起算。本案加处罚款 3 万元于法无据，不准予执行。[29]

在重庆市黔江区人口与计划生育委员会申请执行喻绍超等征收社会抚养费案中，申请人区计生委以喻绍超、蒲红梅夫妇违法生育二胎为由作出《征收社会抚养费决定书》，对两人分别征收社会抚养费 24,500 元。在执行听证过程中，喻绍超、蒲红梅夫妇辩称，他们俩本是农业户口，先后因电站库区移民和自行购买转为非农户口，但未享受到非农户口的任何待遇，实为无职无业的农民，应按农业户口标准计征；区计生委按非农户口的标准对其征收社会抚养费是错误的。黔江区法院认为，喻绍

---

〔28〕 重庆市彭水苗族土家族自治县人民法院非诉讼行政执行裁定书，(2007)彭法非诉行执审字第 1 号。

〔29〕 四川省简阳市人民法院行政裁定书，(2019)川 0180 行审 76 号。

超、蒲红梅夫妇转为非农户口后就不再符合生育第二个子女的条件，申请人征收决定事实清楚，适用法律、法规正确，程序合法，无超越职权和滥用职权，准予执行。[30]

3. 明显且严重违反法定程序的

因违反法定程序而不准予执行的，应当限于明显违法而且严重影响实体权益的情形。对于一般的违反法定程序，哪怕在行政诉讼中应当撤销的情形，在非诉执行审查中也不宜过多、过细追究。在陕西省安康市城乡建设局与周瑞智违章建筑行政处罚执行案中，安康市汉滨区法院认为，申请执行人城乡建设局在处罚决定作出前告知当事人拟作出立即停工的决定，而事后作出的却是限期拆除违章建筑的行政处罚。该行为剥夺了被执行人周瑞智的陈述、申辩权，属程序违法，其限期拆除处罚决定依法不能成立。遂裁定对城乡建设局的申请不准予执行。[31] 本案法院似乎审查过细。毕竟，当事人本来有机会通过诉讼途径解决纠纷，而不必坐等行政机关申请执行。

（三）不准予执行的法律后果

法院裁定不准予执行，不仅法院不予执行，行政机关也不得执行。虽然法院没有撤销该行为，但行政行为彻底丧失了执行力。

行政行为被法院裁定不准予执行后，行政机关能否针对原来的事项重新作出处理？对于行政机关如何善后处理，法律没有明确规定。从原理来讲，法院裁定不准予执行的后果与法院判决撤销相似：如果行政行为因为实施主体不合格、明显缺乏法律依据等原因被裁定不准予执行，行政机关不应重作决定；如果因为行政行为事实不清、程序违法等原因被裁定不准予执行，理论上不禁止行政机关重新作出决定。有法院认为，法院裁定不予执行后，行政机关在一定情况下可以甚至应当重新作出行政行为。

在翟进荣诉北京市海淀区城市管理监察大队不履行法定职责案中，海淀区城管大队根据翟进荣的投诉，认定案外人刘珂未经城市规划主管部门批准，擅自新建砖混结构房屋一处，责令其拆除违法建筑。由于刘珂未按期自行拆除，海淀区城管大队向海淀区法院申请强制执行。后者认定城管大队适用法律、法规不当，裁定不准予执行。此后，在长达几个月的时间内，城管大队未对刘珂的违法建设作进一步处理。翟进荣认为城管大队不履行法定职责，向法院提起诉讼。北京市两级法院判决认为，根据《北京市市容环境卫生条例》的规定，被告负有对未经批准、影响市容的建筑物进行查处的法定职责。除非法律、法规另有规定，行政机关接到法院不准予执行的裁定后，应当在60日内重新作出行政行为。被告不能以所作行政行为未被准许执行为由，怠于履行职责。遂判决责令被告于判决生效后60日内对原告所反映

---

〔30〕 重庆市黔江区人民法院非诉讼行政执行裁定书，(2008)黔法非行审字第90号。
〔31〕 陕西省安康市汉滨区人民法院行政裁定书，(2005)安汉行执字第69号。

的违法建设问题进行处理。[32]

四　非诉执行的实施

非诉执行的实施，在原理上与法院生效裁判的执行相同。下面简单讨论几个实施中的特殊问题。

（一）执行机构

法院对于行政机关申请执行其行政行为的案件，作出准予强制执行的裁定后，需要法院采取强制执行措施的，由本院负责强制执行非诉行政行为的机构执行。在法院“审执分离”后，行政审判庭一般不再负责非诉行政行为的执行，目前多数法院由执行庭（局）负责执行。[33] 也有少数基层法院和中院设有“行政审判第二庭”，专门负责审查和执行行政机关申请强制执行的案件。

在《行政强制法》立法过程中，有学者建议法院对非诉行政案件只作审查、不搞执行；法院裁定准予执行的，由行政机关自己执行，或者由专门设立的“行政执行局”负责执行。这一建议由于涉及行政体制和机构编制的巨大变动，没有被采纳。此后，最高法院通知，对于市、县级政府申请法院强制执行国有土地上房屋征收补偿决定的案件，法院裁定准予执行的，“一般由作出征收补偿决定的市、县级人民政府组织实施，也可以由人民法院执行”。[34] 而根据《行政强制法》《城乡规划法》的有关规定精神，对涉及违反《城乡规划法》的违法建筑物、构筑物、设施等的强制拆除，法律已经授予行政机关强制执行权，法院不受理行政机关提出的非诉行政执行申请。[35]

在海南省文昌市国土资源局申请执行韩美畴行政处罚执行案中，文昌市法院裁定准予强制执行申请人的行政处罚决定，并按事项由政府和法院分工执行。裁定书载明：（1）责令被执行人 15 天内改正占用基本农田建养猪场的行为，恢复遭占用的基本农田原种植条件。该项由文昌市人民政府依法组织实施。（2）对被执行人非法占用 1.069 亩基本农田（现状为水田）建养猪场行为处以耕地开垦费每亩 0.8 万元的 1.1 倍罚款（区域修正系数 0.9），共计 8466.48 元。该项由本院依法执行。[36]

---

〔32〕 北京市海淀区人民法院行政判决书，（2008）海行初字第 136 号；北京市第一中级人民法院行政判决书，（2008）一中行终字第 1706 号。

〔33〕 《最高人民法院关于办理行政机关申请强制执行案件有关问题的通知》（法〔1998〕77 号）要求：“行政机关申请人民法院强制执行案件由行政审判庭负责审查。经教育，行政行为相对人自动履行的，即可结案。需要强制执行的，由行政审判庭移送执行庭办理。”

〔34〕 《最高人民法院关于办理申请人民法院强制执行国有土地上房屋征收补偿决定案件若干问题的规定》，法释〔2012〕4 号，第 9 条。

〔35〕 《最高人民法院关于违法的建筑物、构筑物、设施等强制拆除问题的批复》，法释〔2013〕5 号。

〔36〕 海南省文昌市人民法院行政裁定书，（2018）琼 9005 行审 102 号。

（二）执行方式

对于法院在非诉案件中实施强制执行的方式，法律没有具体规定。从原理上，可以参照行政裁判的执行方式，以及《行政强制法》和《民事诉讼法》的相关规定。

（三）执行期限和程序

由于强制执行具体情况的复杂性，《行政强制法》没有规定法院强制执行的期限。但是，该法第59条规定了紧急情况下的加快程序："因情况紧急，为保障公共安全，行政机关可以申请人民法院立即执行。经人民法院院长批准，人民法院应当自作出执行裁定之日起五日内执行。"

强制执行实施过程中可能出现一些特殊情况，需要中止或者终结执行程序。参照《行政强制法》第39条规定，有下列情形之一的，法院中止执行：(1)当事人履行行政决定确有困难或者暂无履行能力的；(2)第三人对执行标的主张权利，确有理由的；(3)执行可能造成难以弥补的损失，且中止执行不损害公共利益的；(4)行政机关认为需要中止执行的其他情形。中止执行的情形消失后，行政机关应当恢复执行。对没有明显社会危害，当事人确无能力履行，中止执行满3年未恢复执行的，行政机关不再执行。

参照《行政强制法》第40条规定，有下列情形之一的，法院终结执行：(1)公民死亡，无遗产可供执行，又无义务承受人的；(2)法人或者其他组织终止，无财产可供执行，又无义务承受人的；(3)执行标的灭失的；(4)据以执行的行政决定被撤销的；(5)行政机关认为需要终结执行的其他情形。**在陕西省岚皋县人口与计划生育局与李金城、储成香社会抚养费执行案中**，被执行人李金城、储成香在法院执行过程中履行了部分给付义务。因被执行人家庭困难，申请人对余下费用表示放弃，并向法院请求撤销对该案的执行。岚皋县法院审查认为，申请人撤销执行是在法律规定范围内的有权处分，其申请符合法律规定，故依照《民事诉讼法》的有关规定，裁定终结社会抚养费征收决定书的执行。[37]

（四）执行后果

违法强制执行的损失如何处理、责任由谁承担，并不是一开始就明确。最高法院曾经有一个意见：法院的执行活动全部合法，而生效行政行为违法的，应转送作出行政行为的行政机关依法处理，并通知申诉人同该行政机关直接联系；法院采取的强制措施等违法，造成损害的，应依照《国家赔偿法》的有关规定办理。[38] 也就是说，法院并不对其准予执行的行政行为的违法承担责任，法院只对其实施强制执行

---

〔37〕 陕西省岚皋县人民法院执行裁定书，(2010)岚行执字第4号。

〔38〕《最高人民法院对当事人对人民法院强制执行生效具体行政行为的案件提出申诉人民法院应如何受理和处理的请示的答复》，法行〔1995〕12号。

行为的违法承担责任。《行政强制法》第 8 条第 2 款基本采纳了上述立场:“公民、法人或者其他组织因人民法院在强制执行中有违法行为或者扩大强制执行范围受到损害的,有权依法要求赔偿。”

法院因强制执行中的违法而承担赔偿责任,实践中相当罕见。但它是一个法治的宣言:“违法应当担责,侵权应当赔偿。”这个问题正好也是法律规范的逻辑终点——行为终于强制,责任归于赔偿。

* * *

中国当代行政诉讼法丛林中的漫长跋涉,到此结束了。谢谢你一起走过这布满荆棘和鲜花、充满困顿和希望的旅程。让我们共同祈愿——

正义的甘霖普降人间,

法治的阳光照耀大地。

附　　录

文献参考

说　明

一、此处所列100余种书籍,绝大部分是本文写作时参考的,供有兴趣的读者进一步阅读。

二、所录书籍主要是晚近出版的行政诉讼法学研究著作,少量收录早期著作、实务著作和外国法译著,未收其他主题的行政法学著作。

三、文献目录大体按主题分类,同一主题下按初次出版时间排列。经过再版的著作,标注第一版和最新版。

(一)教材与概论

行政诉讼法教材

1. 罗豪才主编:《中国司法审查制度》,北京大学出版社1993年版。

2. 姜明安:《行政诉讼法学》,北京大学出版社1993年初版;《行政诉讼法》,北京大学出版社2016年第3版。

3. 马怀德主编:《行政诉讼原理》,法律出版社2003年初版、2009年第2版。

4. 梁凤云:《新行政诉讼法讲义》,人民法院出版社2015年版。

5. 胡建淼:《行政诉讼法学》,法律出版社2019年版。

行政诉讼法概论

6. 江必新:《行政诉讼问题研究》,中国人民公安大学出版社1989年版。

7. 张树义:《冲突与选择:行政诉讼的理论与实践》,时事出版社1992年版。

8. 章剑生:《行政诉讼法基本理论》,中国人事出版社1998年版。

9. 江必新、梁凤云:《行政诉讼法理论与实务》,北京大学出版社2009年初版,法律出版社2016年第3版。

10. 章志远:《社会转型与行政诉讼制度的新发展》,北京大学出版社 2019 年版。

11. 程琥等:《新行政诉讼法疑难问题解析与实务指引》,中国法制出版社 2019 年版。

行政法与行政诉讼法

12. 龚祥瑞主编:《行政法与行政诉讼法》,法律出版社 1989 年版。

13. 姜明安主编:《行政法与行政诉讼法》,北京大学出版社/高等教育出版社 1999 年初版、2019 年第 7 版。

14. 应松年主编:《当代中国行政法》,中国方正出版社 2005 年初版,人民出版社 2018 年再版。

15. 叶必丰:《行政法与行政诉讼法》,高等教育出版社 2006 年初版、2015 年第 3 版。

(二)专题研究

法律传统

16. 瞿同祖:《中国法律与中国社会》,中华书局 1981 年初版,商务印书馆 2017 再版。

17. 高道蕴、高鸿钧、贺卫方编:《美国学者论中国法律传统》,中国政法大学出版社 1994 年初版,清华大学出版社 2004 年增订版。

18. 那思陆:《清代州县衙门审判制度》,中国政法大学出版社 2006 年版。

19. 黄源盛编:《平政院裁决录存》,台北,五南图书出版股份有限公司 2007 年版。

20. 赵勇:《民国北京政府行政诉讼制度研究:基于平政院裁决书的分析》,中国政法大学出版社 2017 年版。

21. 张晋藩:《中国监察法制史》,商务印书馆 2019 年初版、2021 年再版。

22. [日]夫马进编:《中国诉讼社会史研究》,范愉、赵晶等译,浙江大学出版社 2019 年版。

专题理论

23. 杨伟东:《权力结构中的行政诉讼》,北京大学出版社 2008 年版。

24. 何海波:《实质法治:寻求行政判决的合法性》,法律出版社 2009 年初版、2020 年第 2 版。

25. 汪庆华:《政治中的司法:中国行政诉讼的法律社会学考察》,清华大学出版社 2011 年版。

26. 李哲范:《行政诉讼司法权界限》,中国书籍出版社 2013 年版。

27. 梁君瑜:《行政诉权研究》,中国社会科学出版社 2019 年版。

法律适用

28. 董皞:《司法解释论》,中国政法大学出版社 1999 年初版、2007 年修订版。

29. 高秦伟:《行政法规范解释论》,中国人民大学出版社 2008 年版。

30. 王旭:《行政法解释学研究:基本原理、实践技术与中国问题》,中国法制出版社 2010 年版。

31. 伍劲松:《行政解释研究:以行政执法与适用为视角》,人民出版社 2010 年版。

32. 李纬华:《行政案件法律适用方法》,法律出版社 2011 年版。

33. 杨登峰:《法律冲突与适用规则》,法律出版社 2017 年版。

审查标准

34. 蔡小雪:《行政审判中的合法性审查》,人民法院出版社 1999 年版;《行政行为的合法性审查》,中国民主法制出版社 2020 年版。

35. 杨伟东:《行政行为司法审查强度研究》,中国人民大学出版社 2003 年版。

36. 解志勇:《论行政诉讼审查标准:兼论行政诉讼审查前提问题》,中国人民公安大学出版社 2004 年初版、2009 年修订版。

37. 朱新力:《司法审查的基准:探索行政诉讼的裁判技术》,法律出版社 2005 年版。

38. 王贵松:《行政裁量的构造与审查》,中国人民大学出版社 2016 年版。

39. 俞祺:《行政规则的司法审查强度:基于法律效力的区分》,法律出版社 2018 年版。

40. 阎巍:《行政诉讼证据规则:原理与规范》,法律出版社 2019 年版。

41. 高家伟主编:《行政行为合法性审查类型化研究》,中国政法大学出版社 2020 年版。

各类诉讼

42. 章志远:《行政诉讼类型构造研究》,法律出版社 2007 年版;《行政诉讼类型构造论》,法律出版社 2021 年第 2 版。

43. 杨科雄:《行政非诉强制执行基本原理与实务操作》,中国法制出版社 2014 年版。

44. 张光宏、毕洪海主编:《行政附带民事诉讼的理论与实践》,中国政法大学出版社 2014 年版。

45. 蔡小雪、郭修江:《房屋征收案件审理指引》,人民法院出版社 2015 年版。

46. 熊勇先:《行政给付诉讼研究》,法律出版社 2016 年版。

47. 赵清林、彭代兵:《预防性行政诉讼研究》,上海大学出版社 2017 年版。

48. 杜仪方:《行政不作为的国家赔偿》,中国法制出版社 2017 年版。

49. 梁凤云:《行政协议司法解释讲义》,人民法院出版社 2020 年版。

50. 杨科雄、郭雪:《行政协议法律制度的理论与实践》,中国法制出版社 2021 年版。

51. 杨东升:《行政给付诉讼类型研究》,东南大学出版社 2021 年版。

裁判方式

52. 章剑生主编:《行政诉讼判决研究》,浙江大学出版社 2010 年版。

53. 解志勇:《行政诉讼调解》,中国政法大学出版社 2012 年版。

54. 邓刚宏:《行政诉判关系研究》,法律出版社 2013 年版。

55. 张旭勇:《行政判决原论》,法律出版社 2017 年版。

诉讼程序

56. 马立群:《行政诉讼标的研究——以实体与程序连接为中心》,中国政法大学出版社 2013 年版。

57. 叶赞平:《行政诉讼管辖制度改革研究》,法律出版社 2014 年版。

58. 最高人民法院行政审判庭编著:《行政诉讼跨区域管辖改革实践与探索》,人民法院出版社 2018 年版。

立法讨论

59. 马怀德主编:《司法改革与行政诉讼制度的完善:〈行政诉讼法〉修改建议稿及理由说明书》,中国政法大学出版社 2004 年版。

60. 江必新主编:《中国行政诉讼制度的完善:行政诉讼法修改问题实务研究》,法律出版社 2005 年版。

61. 胡建淼主编:《行政诉讼法修改研究:〈中华人民共和国行政诉讼法〉法条建议及理由》,浙江大学出版社 2007 年版。

62. 杨小君:《行政诉讼问题研究与制度改革》,中国人民公安大学出版社 2007 年版。

63. 莫于川主编:《建设法治政府需要司法更给力:行政诉讼法修改问题研究及专家建议稿》,清华大学出版社 2014 年版。

64. 薛刚凌等:《法治国家与行政诉讼:中国行政诉讼制度基本问题研究》,人民出版社 2015 年版。

65. 全国人大常委会法制工作委员会行政法室编:《行政诉讼法立法背景与观点全集》,法律出版社 2015 年版。

66. 何海波编:《行政法治奠基时:1989 年〈行政诉讼法〉史料荟萃》,法律出版社 2019 年版。

实施状况

67. 龚祥瑞主编:《法治的理想与现实:〈中华人民共和国行政诉讼法〉实施现状

与发展方向调查研究报告》,中国政法大学出版社 1993 年版。

68. 汪庆华、应星编:《中国基层行政争议解决机制的经验研究》,上海三联书店 2010 年版。

69. 林莉红主编:《行政法治的理想与现实:〈行政诉讼法〉实施状况实证研究报告》,北京大学出版社 2014 年版。

70. 蔡小雪编撰:《行政诉讼 30 年:亲历者的口述》,法律出版社 2019 年版。

(三)实务指南

司法观点

71. 蔡小雪、郭修江、耿宝建:《行政诉讼中的法律适用:最高人民法院行政诉讼批复答复解析》,人民法院出版社 2011 年版。

72. 梁凤云:《最高人民法院行政诉讼批复答复释解与应用》(三卷本),中国法制出版社 2011 年版。

73. 刘德权、陈裕琨、缪蕾主编:《最高人民法院司法观点集成·行政及国家赔偿卷》,中国法制出版社 2017 年版。

74. 薛政编著:《行政诉讼法注释书》,中国民主法制出版社 2020 年版。

法律释义

75. 最高人民法院行政审判庭编:《〈关于执行中华人民共和国行政诉讼法若干问题的解释〉释义》,中国城市出版社 2000 年版。

76. 甘文:《行政诉讼法司法解释之评论——理由、观点与问题》,中国法制出版社 2000 年版。

77. 江必新:《中国行政诉讼制度之发展:行政诉讼司法解释解读》,金城出版社 2001 年版。

78. 甘文:《行政诉讼证据司法解释之评论:理由、观点与问题》,中国法制出版社 2003 年版。

79. 蔡小雪:《行政诉讼证据规则及运用》,人民法院出版社 2006 年版。

80. 信春鹰主编:《中华人民共和国行政诉讼法释义》,法律出版社 2014 年版。

81. 袁杰主编:《中华人民共和国行政诉讼法解读》,中国法制出版社 2014 年版。

82. 李广宇:《新行政诉讼法逐条注释》,法律出版社 2015 年版。

83. 最高人民法院行政审判庭编著:《最高人民法院行政诉讼法司法解释理解与适用》,人民法院出版社 2018 年版。

84. 梁凤云:《行政诉讼法司法解释讲义》,人民法院出版社 2018 年版。

办案手记

85. 袁裕来:《特别代理:民告官手记》(Ⅰ-Ⅷ),中国检察出版社 2003 ~2012 年版。

86. 林庆坚:《行政法治在路上:政府公职律师手记》,人民出版社 2017 年版。

87. 蔡小雪:《审判业务专家是怎样炼成的》,法律出版社 2017 年版。

88. 李广宇:《裁判是怎样写成的》,法律出版社 2021 年版。

案例研讨

89. 余凌云:《行政法案例分析和研究方法》,中国人民大学出版社 2008 年初版,清华大学出版社 2019 年第 2 版。

90. 李广宇:《如何裁判行政案件:裁判体现的理念和方法》,法律出版社 2018 年版。

91. 何兵主编:《行政诉讼案例研习》,法律出版社 2018 年版。

92. 罗智敏主编:《行政法案例研习》(第 1 辑)、赵宏主编:《行政法案例研习》(第 2 辑),中国政法大学出版社 2020 年版。

93. 章剑生、胡敏洁、查云飞主编:《行政法判例百选》,法律出版社 2020 年版。

94. 朱淑娣主编:《涉华国际贸易行政诉讼案例精析》,上海人民出版社/格致出版社 2021 年版。

(四)比较法

95. 何海波编:《中外行政诉讼法汇编》,商务印书馆 2018 年版。

英国

96. 王名扬:《英国行政法》,中国政法大学出版社 1987 年版,北京大学出版社 2016 年版。

97. 何海波:《司法审查的合法性基础:英国话题》,中国政法大学出版社 2005 年版。

98. [英]彼得·莱兰、戈登·安东尼:《英国行政法教科书》,杨伟东译,北京大学出版社 2007 年版。

99. [英]威廉·韦德、克里斯托弗·福赛:《行政法》(第 10 版),骆梅英等译,中国人民大学出版社 2018 年版。

美国

100. 王名扬:《美国行政法》,中国法制出版社 1995 年版,北京大学出版社 2016 年版。

101. 北京大学法学院司法研究中心编:《宪法的精神:美国联邦最高法院 200 年经典判例选读》,邓海平等译,中国方正出版社 2003 年版。

102. [美]理查德·皮尔斯:《行政法》,苏苗罕译,中国人民大学出版社 2016 年版。

103. [美]劳伦斯·弗里德曼:《美国法律史》,周大伟译,北京大学出版社2021年版。

法国

104. 王名扬:《法国行政法》,中国政法大学出版社1988年版,北京大学出版社2016年版。

105. [英]L. 布朗、[法]约翰·贝尔:《法国行政法》,高秦伟、王锴译,中国人民大学出版社2006年版。

德国

106. 刘飞:《德国公法权利救济制度》,北京大学出版社2009年版。

107. [德]哈特穆特·毛雷尔:《行政法学总论》,高家伟译,法律出版社2000年版。

108. [德]弗里德赫尔穆·胡芬:《行政诉讼法》,莫光华译,法律出版社2003年版。

109. 刘飞:《行政诉讼制度专题研究:中德比较的视角》,法律出版社2016年版。

110. 何源:《德国联邦行政法院典型判例研究:行政决定篇》,法律出版社2020年版。

日本

111. 杨建顺:《日本行政法通论》,中国法制出版社1998年版。

112. [日]盐野宏:《行政法总论》《行政救济法》《行政组织法》,杨建顺译,北京大学出版社2008年版。

113. 王天华:《行政诉讼的构造:日本行政诉讼法研究》,法律出版社2010年版。

114. 王丹红:《日本行政诉讼类型法定化制度研究》,法律出版社2012年版。

115. 石龙潭:《日本行政诉讼诉的利益》,中国政法大学出版社2021年版。

其他国家

116. 朱应平:《澳大利亚行政裁量司法审查研究》,法律出版社2011年版。

117. 罗智敏:《意大利行政诉讼制度研究》,中国政法大学出版社2018年版。

港台地区

118. 林峰:《香港地区行政诉讼:制度、立法与案例》,浙江大学出版社2011年版。

119. 刘宗德、赖恒盈:《台湾地区行政诉讼:制度、立法与案例》,浙江大学出版社2011年版。

120. 陈清秀:《行政诉讼法》,法律出版社2016年版。

案例索引

说　明

一、案件当事人使用缩略语，按原告（申请人）的字母顺序排列。原告为企业的，按照原告字号的字母顺序排列。非诉执行案件、清末民国案例、外国法院和国际机构的案例单列于后。

二、原告为企业的，名称一般只写“地名＋字号＋行业＋公司”。例如，黑龙江汇丰实业发展有限公司缩略为“黑龙江汇丰实业公司”。只有地名、没有字号的，则写“地名＋行业＋公司（厂）”。

三、行政机关名称采用约定俗成的缩写，标明地域。例如，北京市工商行政管理局海淀区分局缩略为“北京市工商局海淀分局”。

（一）中国法院诉讼案例

D

E

F

G

H

J

K

L

M

N

P

Q

R

S

T

X

Y

Z

（二）非诉执行案件

（三）清末民国案例

（四）外国法院与国际机构案例

英国

术语索引

说　明

一、以拼音字母为顺序，遵循约定俗成的用法，少量使用二级术语和参见。

二、在下列情况下，使用二级术语：(1)一个常用概念使用于不同场合，需要区分的，如“回避”分为行政机关的回避、行政人员的回避和审判人员的回避；(2)一个概念包含多种情形，具有明显种属关系，但读者不常使用的，例如“裁判文书”项下分为裁判文书的写作、送达、上网、归档；(3)几个概念含义相关、排序相近，读者容易查找到，因而归并一个术语之下的，如法治国家、法治政府和法治秩序列到“法治”项下。

三、在下列情况下，使用参见：(1)虽有种属关系，但在本书中查找结果相同的，如行政法原则(见 法律原则)；(2)含义相同或者相似，但有不同习惯说法的，如行政合同(见 行政协议)。

G

H

Q

R

S

T

Y

Z

图表索引

（一）图形

（二）表格

本书作者的其他著作

实质法治
寻求行政判决的合法性
何海波 著

司法审查的合法性基础
——英国话题
何海波 著
中国政法大学出版社

口述

法治的脚步声
——中国行政法大事记（1978–2014）
中国政法大学出版社

法学论文
写作

法治的晨光
何海波 著

行政法治
奠基时
1989年《行政诉讼法》史料荟萃

中外行政诉讼法
汇编
何海波 编